시편 주해

철학박사 김수홍 지음

도서출판 언약

Exposition of Psalms

by

Rev. Soo Heung Kim, S.T.M., Ph.D.

Published by
Eonyak Publishing Company
Suwon, Korea
2020

"성경의 원어를 읽든지 혹은 우리 번역문을 읽든지,
성경을 읽는 것은 성부 하나님, 성자 예수님, 성령 하나님을 읽는 것이고,
본문을 아는 것이 하나님을 아는 것이며,
성경 본문을 붙잡는 것이 하나님을 붙잡는 것이고,
성경본문을 연구하는 것이 하나님을 연구하는 것(신학)이다".

머리말

시편(Psalms)을 주해한다는 것은 필자에게 흥미로운 일이 아닐 수 없었다. 이유는 지금까지 살아온 동안 시편을 읽고 묵상할 때마다 많은 은혜를 받았기 때문이다. 그러나 시편의 분량이 너무 방대하여 어떻게 주해할지를 놓고 고민하였다. 한 권의 주해 책으로 낼까 아니면 두 권의 주해 책으로 나누어 낼까를 두고 오랫동안 생각했다. 두 권 분량의 책으로 내는 경우 독자들에게 너무 큰 부담이 되니 한 권의 주해서를 집필하기로 작심(作心)했다.

시편은 은혜가 많아 기쁨에 넘쳐 주해를 시작했는데, 시편 한편 마다의 역사적인 배경이 따로 있어 다른 성경을 주해하는 것보다는 훨씬 더 힘든 주해임을 실감했다. 가령 욥기 같은 성경은 참으로 난해하기는 하나 그 배경이 비교적 단순해서 주해하기에는 그리 힘들지 않았다. 그러나 시편 주해는 매 편마다 그 배경이 달라 많은 시간을 드려야 했다.

필자가 시편을 주해하면서 크게 감동되었던 것은 저자마다 성령님의 큰 감동 속에서 저작했다는 사실이다. 감사이면 감사, 찬송이면 찬송을 하는 장면에서 저자들은 온 마음을 다해 감사했고 또 찬송했다. 또 악기를 동원하여 찬송한 대목에 와서는 필자는 악기를 다룰 줄 모르는데 어떻게 그 경지로 올라갈 수 있을까 비교가 됐다. 악기를 다룰 줄 아느냐 모르느냐의 차이는 큰 차이로 느껴졌다.

필자가 시편을 주해하면서 크게 깨달은 것은 시(詩)의 깊이가 내단하다는 것이었다. 사람의 심정을 아는 데도 아주 깊다는 것이고, 저자의 기쁜 심정을 피력할 때 동감하기가 쉽지 않았다는 점이다. 또 사람의 심리의 악한 면을 파헤치는데도 탁월하다는 것이었다. 아무튼 시편 기자가 사람의 심리를 묘사하는데 있어서 현대인들이 공감하기가 힘든 점이 있다는 것이다. 이렇게 시의 깊이가 깊은 이유는 성령님께서 역하셨기 때문이었을 것이다.

필자가 시편을 주해하면서 놀란 것은 시편 저자는 먼 앞날을 바라보고 글을 쓴다는 것이었다. 멀리 후손을 생각하면서 글을 쓰며 또 더 나아가 영원을 안전에 두고 글을 써 나간다는 것이었다. 오늘 우리는 당대나 바라보고 글을 쓰며 기껏해야 아들과 딸을 생각하며 글을 써 나가는데 시편 기자들은 먼 훗날까지 그들의 안목(眼目)에 있다는 것이었다.

시편을 주해하면서 가장 놀라웠던 것은 시편의 글에서 신약시대(新約時代)가 보였고 나아가서 그리스도를 보게 되었다는 것이다. 시편에서 그리스도를 보는 우리가 놀라운 인물이라기보다는 시편의 글에서 그리스도가 비치는 것이 놀라운 일이 아닐 수 없다. 우리가 시편에서 그리스도를 바라볼 수 있게 되어 얼마나 기쁜지 알 수 없다. 구약의 다른 성경에서도 그리스도를 예표하는 인물들이 등장하는 일이나 마찬가지로 시편이라는 글 안에서도 그리스도를 보게 된다는 것은 우리에게 큰 기쁨이 아닐 수 없는 것이다.

한 가지 안타까운 것은 시편 주해를 내면서 각 절마다 더 자세히 설명하지 못한 점이다. 그것은 지면의 한계를 느꼈기 때문이다. 독자들을 위해 한권의 주해 책으로 내야 한다는 강박관념에서(대부분의 주석 책들은 두 권 혹은 세권으로 출판했다) 부득이 자세히 설명하는 일을 생략할 수밖에 없었다.

본 주해를 펴내면서 오자(誤字)나 탈자가 있을 수 있고 또 표현이 모자란 것을 크게 양해하시기를 바란다. 주해 책을 낼 때마다 항상 죄송한 마음도 함께 드린다. 이 책을 받아 읽으시는 모든 분들에게 주님의 크신 은혜가 임하기를 기원한다.

2020년 2월

수원 원천동 우거에서

저자 김수홍

본 주해를 쓰면서 주력한 것

1. 성경을 성경으로 해석해야 한다는 원리를 따랐다. 따라서 외경이나 위경에서는 인용하지 않았다.
2. 본 주해를 집필함에 있어 문법적 해석, 역사적 해석, 정경적 해석의 원리를 따랐다. 성경을 많이 읽는 중에 문단의 양식과 구조와 배경을 파악해냈다.
3. 문맥을 살펴 주해하는 일에 심혈을 기울였다.
4. 매절마다 빼놓지 않고 주해하였다. 난해 구절도 모두 해결하느라 노력했다.
5. 매절을 주해하면서도 군더더기 글이 되지 않도록 노력했다. 군더더기 글은 오히려 성경을 더 복잡하게 만들어 놓기 때문이다.
6. 절이 바뀔 때마다 독자의 편의를 위하여 한 줄씩 떼어놓아 눈의 피로를 덜도록 했다.
7. 본 주해를 집필하는 데 취한 순서는 먼저 개요를 쓰고, 다음 한절 한절을 주해했다. 그리고 실생활을 위하여 적용을 시도했다.
8. 매절(every verse)을 주해할 때 히브리어 원어의 어순을 따르지 않고 한글 개역개정판 성경의 어순(語順)을 따랐다. 이유는 우리의 독자들을 위해야 했기 때문이다.
9. 구약 원어 히브리어는 주해에 필요한 때에만 인용했다.
10. 소위 자유주의자의 주석이나 주해 또는 강해는 개혁주의 입장에 맞는 것만 참고했다.
11. 주해의 흐름을 거스르는 말은 각주(footnote)로 처리했다.
12. 본 주해는 성경학자들과 목회자를 위하여 집필했지만 일반 성도들도 얼마든지 이해할 수 있도록 평이하게 집필했다. 특히 남북통일이 되는 날 북한 주민들도 읽고 이해할 수 있도록 가능한 쉽게 집필했다.
13. 영어 번역이 필요할 경우는 English Standard Version(ESV)을 인용했다.

그러나 때로는 RSV(1946-52년의 개정표준역)나 NIV(new international version)나 다른 번역판들(NASB 등)을 인용하기도 했다.

14. 틀린 듯이 보이는 다른 학자의 주석을 반박할 때는 "혹자는"이라고 말했고 그 학자의 이름은 기재하지 않았다. 그러나 단지 필자와 다른 견해를 제시하는 학자의 이름은 기재했다.

15. 성경 본문에서 벗어난 해석들이나 주장들을 반박할 때는 간단히 했다. 너무 많은 지면을 쓰는 것은 바람직하지 않고 독자들을 피곤하게 만들기 때문이다.

16. 성경 장절(Bible references)을 빨리 알아볼 수 있도록 매절마다 장절을 표기했다(예: 창 1:1; 출 1:1; 레 1:1; 민 1:1 등).

17. 가능한 한 성경 장절을 많이 넣어 주해 사용자들의 편의를 도모했다.

18. 필자가 주해하고 있는 성경 책명 약자는 기재하지 않았다(예: 1:1; 출 1:1; 막 1:1; 눅 1:1; 요 1:1; 롬 1:1 등). 제일 앞의 1:1은 욥기 1장 1절이란 뜻이다.

19. 신구약 성경을 지칭할 때는 '성서'라는 낱말을 사용하지 않고 줄곧 '성경'이라는 용어를 사용했다. '성서'라는 용어는 다른 경건 서적에도 붙일 수 있는 용어이므로 반드시 '성경'이라는 용어를 사용했다.

20. 목회자들의 성경공부 준비와 설교 작성을 염두에 두고 집필했다.

21. QT에도 적절하게 사용할 수 있도록 주해했다.

22. 가정 예배의 교재로 사용할 수 있도록 쉽게 집필했다.

시편 주해

Exposition of Psalms

■ 총 론

시편의 책 명칭은 어떻게 해서 생겼나

"시편"이라는 책 이름은 70인역(LXX)의 여러 사본에 나타나 있다. 라틴 월겟 역(Vulgate)은 70인역의 사본을 따라서 똑같은 이름(Liber Psalmorum)을 붙여 놓았다. 시편 자체 안의 57개의 많은 시편에 "시"라는 이름이 붙어 있다(박윤선). 그리고 신약 성경에도 구약 시편 이름을 "시편"이라고 이름을 붙여 사용하고 있다. 예를 들면 눅 20:42; 24:44; 행 1:20; 13:33에 보면 나타나 있다.

히브리시의 특징은 어떤 것들이 있는가

히브리시는 한마디로 음율법(rhythm)이고, 또 평행법(parallelism)이라고 할 수 있다(Ryrie). 음율법(rhythm)이란 시가의 음절(syllables)을 따른 것이 아니라 강음(accents)을 따라 구성되는 것을 말한다. 그리고 그 강음의 수를 따라 분류되는 것이다. 가령 2-2조(아가), 3-2조(애가), 3-3조(욥, 잠언) 등으로 엮어지는 것이다. 그리고 이 음율법이 평행적 표현을 승화시켜 그 뜻을 강조하여 주는 것이다(이상근).

평행법에는 동의적 평행법과 대구적 평행법, 및 종합적 평행법 등의 유형들이 있다(Nonemacher). 동의적 평행법(synonymous parallelism)이란 같은 내용을 비등한 표현으로 반복하는 것으로, 시인은 첫째 줄에서 그의 생각을 밝힌 후 둘째 줄에서 유사한 표현으로 그를 중복 강조하는 것이다(2:4). 그리고 대구적 평행법(Antithetic parallelism)이란 둘째 줄에서 첫째 줄과는 아주 상반되는 표현으로 대조시켜 첫째 줄의 사상을 드러내는 형식이다(1:6). 그리고 종합적 평행법(Synthetic parallelism)이란 첫째 줄의 사상을 둘째 줄 또는 계속되는 줄들에서 보다 상승시켜 다양한 표현으로 드러내는 것이다(1:1-2). 평행법은 반드시 두 줄로 한하지 않고, 경우에 따라서는 여러 줄로도 형성된다(36:5; 42:2; 49:1; 129:5-7).

시편의 저자는 누구인가

시편 전체 5권 총 150편의 시들은 멀리는 B.C. 15세기 무렵의 모세(Moses)로부터 B.C. 5세기 경의 포로 귀환 시대의 고라 자손들의 시에 이르기까지 장장 1,000년 이상의 오랜 세월에 걸쳐, 시대를 달리하고 지역을 달리하는 수십 명의 저자에 의해 각각 저작되었다(그랜드 종합 주석). 시편 전체 150편 중 73편은 다윗이 지은 시(詩)이다. 나머지 77편의 저자로는 고라 자손이 12편(민 16장; 26:9-11 참조), 아삽이 12편(스 2: 4참조), 솔로몬이 2편, 모세, 헤만(왕상 4:31), 에단(대상 15:19)이 각각 1편씩 저작한 것으로 되어 있다. 70인역(LXX)에는 누가 지었다는 것이 표시되어 있지 않은 무(無) 표제의 시 34편도 두 편 외에는 모두 다윗의 시로 표기되어 있고 또 다윗 다음으로 중요한 시인들인 아삽과 고라 자손들도 다윗의 악인(樂人)들이었으므로 시편은 전체적으로 "다윗의 시편"(The Psalms of David)이라 불린다(이상근).

그러나 다윗이 저작했다는 것을 반대하는 학설들이 여럿 있다. (1) 시편의 어떤 편들은 다윗 시대보다 문체가 더 발달한 면이 보인다는 이유이다. 예를 들면 25, 37, 74편 등은 그 문체가 다윗 시대 이후의 것이라는 주장이다. 더구나 119편의 알파벳 순서로 시편이 구성된 것은 다윗 시대보다 훨씬 이후라는 주장이다. (2) 시편에 "성전"이라는 표현은 다윗 시대의 것이 아니라는 주장이다. 이유는 다윗 시대에는 성전이 없었다는 주장이다(5, 26, 27, 28. 65 등). (3) 제사 의식이 다윗 시대의 것이 아니고 예언자 시대의 것인 시들이 등장한다는 이유이다(40, 50, 69편 등). 그래서 어떤 학자들은 시편에 다윗의 저작은 한편도 없다고 주장하기도 한다(Pfeiffer). 반대론자들은 시편은 다윗 시대의 산물이 아니라 바벨론 포로 이후나 마카비 시대의 작품이라고까지 말하는 것이다(Duhm, Cornill, Bewer, Eissfeldt 등). 그러나 이런 반대설의 근거는 자기들 나름대로는 그 생각이 무슨 진보를 이룬 된 듯 생각하는 경향으로 보인다. 우리는 학문이 더 밝아지는 것은 환영하나 진보했다고 정도를 벗어나는 것은 반대한다. 결국 어떤 학자들의 진보는 타락이다. 우리는 시편을 보면서 그 시편 표제에 기록되어 있는 대로의 것을 그대로 받는다. "다윗의 시"라고 기록되어 있는 것은 그대로 다윗의 시로 여기는 것이 정직한 일이 아닌가.

성경 표제에 기록되어 있는 대로 받는 학자들은 Calvin, K.&D., Lange, Young, Young 등이 있는데 정직한 학자들로 여긴다. 지지설의 근거는 다음과 같다.

1) 구약 성경 도처에 다윗의 음악적 재능을 밝히고 있는 것(삼하 1:19-27; 23:1; 암 6:5)을 보면 충분히 다윗 시대에 저작된 시편들이 그 후의 것으로 보인다는 것이다.

2) 다윗은 특히 성령의 사람이었던 것을 보면 그의 시편들은 아주 밝아서 마치 훗날에 저작된 것처럼 보인다는 것이다(삼하 27:1; 막 12:36).

3) 그 외 다윗의 이름은 흔히 시와 관련되어 나타나는 것을 감안하면(삼하 6:5-15; 대상 16:4; 대하 7:6; 29:30) 시편을 다윗의 시로 보는 것은 당연한 일이다.

4) 시편 자체 안에 다윗의 역사를 반영하는 구절이 많다는 것을 감안하면 (23, 51, 57편 등) 시편을 다윗의 저작으로 아는 것은 무리가 아니다.

5) 구약과 신약 성경 안에는 다윗의 저작임을 뒷받침하는 구절들이 많은 점(삼하 22:1-2; 마 22:44; 막 12:37-37; 눅 20:42-44; 행 1:16-20; 롬 4:6-8; 11:9-10 등)을 감안하면 시편의 저자가 다윗이라는 것을 부인할 이유가 없다.

6) 다윗의 시들 안에 성전에 관한 언급을 두고 다윗의 시가 아니라고 부인할 이유가 없다. "성전"이란 표현은 법궤가 들어있는 회막을 지칭하는 것으로 보는 것이다(출 28:43; 수 6:24; 삿 18:31; 삼상 1:7 등).

다윗 다음으로 중요한 시편 저자는 아삽이다. 아삽은 다윗의 악장(樂章) 중 한 사람이었고(대상 6:39; 15:17, 19; 16:5), 히스기야 시대에 그의 시로 하나님께 찬송을 부르게 되었다(대하 29:30). 아삽의 시는 12편으로 제 2권에 한 편이 있고(제 50편), 그 외에는 제 3권에 있다(73-83편).

아삽과 더불어 "고라 자손"의 시도 12편이 수록되어 있다(42, 43, 44-49, 84, 85, 87, 88). 고라는 다윗 시대에 역시 악장(樂章)으로 높은 지위를 차지하고 있었다(대상 9:19; 12:6).

그 외의 시편 저자로는 솔로몬이 두 편(72, 172편), 모세 한편(90편), 에단 한편(89편), 고라 자손인 헤만이 각각 1편(88편)씩을 저작했다.

히브리어 원전(MT)에는 48편 내지 50편이 무명의 시로 나타나 있다. 그것(48편 내지 50편)은 시편 전체의 3분의 1에 해당한다. 그러나 70인역(LXX)에는 그 중 5편(138, 146-149편)은 예언자 스가랴(혹은 학개와 함께)의 저작으로, 19편(42-43, 45-49, 67, 71, 91, 93-99, 104, 137)은 다윗의 저작으로 표기되고 있다.

시편은 언제 편집되었는가

B.C. 10세기 다윗과 솔로몬 때부터 B.C. 5세기 중엽의 에스라 느헤미야까지 500년에 걸쳐서 각 시대의 필요에 따라 일단 각권별로 수집과 편집이 이루어졌다. 그리고 그 후 각권별로 약간의 차이는 있겠으나 전체 5권 모두 몇 차례의 재편집 과정을 거쳐서 결국에는 5세기 말이나 4세기 초에 이르러서야 비로소 현재와 같은 전체 5권, 총 150편의 체제로 정착되었다고 할 수 있다. 다시 말해 시편은 각 편별 저작, 각권별 수집 및 수차의 재편집 과정을 거쳐서 완성된 책이라고 할 수 있다.

또한 시편의 거의 3분의 1에 해당하는 49편의 시들은 그 저자가 알려지지 않은 시들이다. 그리고 저자가 명시된 시들도 그 구체적인 시기와 배경을 알 수 없는 경우가 많다. 따라서 시편은 전체적으로 그 저자와 기록 연대를 한 마디로 규정 짖기가 매우 곤란하다고 말할 있다.

이제 필자는 150편 전체의 시편들 중 저자가 알려진 101편의 시들을 일단 다음과 같이 그 저자별로 분류하고 전 5권의 기본 편집 과정을 한 번 더 약술하는 것으로 저자와 기록 연대를 한 마디로 논하기 힘든 시편 서론의 본 항을 정리해보기로 한다.

제 1권 안에 다윗의 시편들은 제 3-9편, 제 11-39편, 제 34-41편(총 37편), 그리고 아삽 저작, 고라 자손 저작, 솔로몬 저작, 모세 저작, 에스라 사람 헤만 저작, 에스라 사람 에단 저작은 제 1권 안에 한편도 없다.

그리고 제 2권 안에는 다윗 저작은 제 51-65편, 제 68-70편(총 18편), 그리고 아삽 저작은 제 50편(총 1편), 고라 자손 저작은 제 42편, 제 44-49편(총 7편), 솔로몬 저작은 제 72편(총 1편)이 있다.

그리고 제 3권 안에는 다윗 저작이 제 86편(총 1편), 아삽 저작이 제 73-83편(총 11편), 고라 자손 저작이 제 84-85편, 제 87-88편(총 4편), 솔로몬 저작과 모세 저작은 하나도 없고, 에스라 사람 헤만의 저작은 제 88권(총 1편), 에스라 사람 에단의 저작은 제 89편(총 1편)이 있다.

그리고 제 4권 안에는 다윗의 저작이 제 101편, 제 103편(총 2편), 아삽의 저작과 고라 자손의 솔로몬 저작이 하나도 없으며, 모세 저작이 제 90편(총 1편), 에스라 헤만의 저작이나 에스라 사람 에단의 저작은 한 편도 없다.

그리고 제 5권 안에는 다윗 저작이 제 108-110편, 122편, 124편, 131편, 133편, 138-145편(총 15편)이 있고, 아삽의 저작이나, 고라 자손의 저작이 한 편도 없고, 솔로몬 저작이 제 127편(총 1편), 모세 저작이나 에스라 사람 헤만이나 에스라 사람 에단의 저작은 한 편도 없다.

이렇게 해서 다윗 저작은 150편 중 총 73편을 저작했고 아삽 자손은 총 12편, 고라자손은 총 11편, 솔로몬의 저작은 총 2편, 모세 저작은 총 1편, 에스라 사람의 저작은 총 1편, 에스라 사람 에단의 저작은 총 1편이다.

종교적 노래를 공식 제사나 개인을 위한 찬양 생활에 사용하기 위하여 공적 권위를 가지고 수집하고 편찬하기 시작한 것은 다윗 시대(King David.

B.C. 1010-971년)가 그 시초일 것이다(대상 15:16). 그리고 다윗은 여기에 자기 자신이 직접 저작한 상당수의 시편들을 첨가시켰다. 이러한 작업은 그의 후계자인 솔로몬 시대(King Solomon-930년)에게 이어져서 활발한 수집과 창작을 망라한 추가 편찬 작업이 시도되었다. 그러나 솔로몬 이후에는 상당한 기간 발전이 없었다. 그러다가 히스기야 시대(King Hezekiah, B.C. 715-687년)가 다시 선대의 수집물에 추가 편찬을 시도한 것으로 보인다(잠 25:1). 그러나 이 때까지는 권 구분 없이 전체가 한권의 책이었거나 아니면 다른 분류법이 있었을 것으로 보이고, 현대와 같은 5권 분류 체제가 아니었다. 그러다가 마침내 포로 귀환 시대에 민족 중흥의 제 1과제로 종교 부흥을 시도한 에스라-느헤미야 시대에 이르러 바벨론 포로기나 포로 귀환 시대의 시편들을 새롭게 추가하고 이를 전체 5권 체제로 나눈 전체 5권 총 150편의 현 체제가 완성된 것으로 추정된다. 그리고 이때에는 일부 특정 시편들의 경우 그 용도가 공식적으로 정착된 듯이 보인다(그랜드 종합 주석).

시편은 무슨 내용을 담고 있는가

성경은 인류가 범죄하게 된 원인을 기록하고 동시에 하나님은 이들의 범죄를 덮으시기 위해 무수한 사랑의 기사를 주셨다는 것을 드러낸다. 범죄하게 된 원인은 1) 하나님의 기사를 잊어버린 일(78:11, 42), 2) 심중에 하나님을 시험한 일(78:18, 56), 3) 탐욕으로 행한 일(78:30), 4) 사람이 하나님에게 아첨하는 일(78:36, 37), 시험한다는 것은 의심한다는 뜻이다. 5) 신실하지 못한 일(78:57, 58), 사람이 신실하지 못하고 진리를 파수하지 못하기 때문에 범죄한 것이다.

하나님은 범죄한 사람들을 회개시키기 위해 무수한 사랑의 기사 16가지 이상을 주셨다(78:13, 14, 15, 24, 27, 31, 34, 44, 45, 46, 47, 50, 51, 52, 55, 61). 그와 반면에 이스라엘 백성의 불신행위에 대하여는 10가지의 재앙을 내리셨다(78:11, 17, 18, 19, 30, 32, 36, 40, 41, 56-58).

시편은 어떻게 분류되어 있는가.

시편의 내용은 다양하나 크게 나누어 다음의 세 가지로 분류되어 있다.

1) 하나님을 향한 절대적인 신뢰와 감사(4, 11, 16, 23, 27, 62, 131편 등).

2) 자신의 죄에 대한 참회(6, 32, 38, 51, 102, 103, 143편 등).

3) 미래에 대한 소망을 묘사한 시편, 즉, 메시아를 대망함으로 "메시아적 시편"이라 불린다.

이 외에 순례자의 시(120-134편 등), 언약 갱신의 시(50, 76, 78, 89, 111, 114편), 지혜와 토오라(율법)의 시(1, 25, 32, 34, 37, 49, 52, 58, 94, 101, 112, 119편 등) 등이 있다.

시편들은 어떤 용도로 사용되는가

시편은 첫째, 성도들의 개인적 경건 생활에 큰 도움이 되고, 나아가 성전 예배에 사용되었으며 또 현재 신약시대의 교회와 성도들을 위해 가장 친숙한 구약 성경이 된 것이다.

좀 더 구체적으로 말하면 시편은 성도들의 경건 생활의 지침이 되고 있다. 첫째, 하나님께 대한 절대 신뢰를 가르쳐준다. 주야로 하나님께 호소하던 시인의 간곡한 태도가 이런 절대 신앙을 부추겨 준다(86, 88, 115편). 둘째, 성도들의 죄의식을 명백하게 하고 자신을 하나님 앞에서 철저하게 회개하게 한다. 시편에는 특히 7개의 회개 시편들이 있다(6, 32, 38, 51, 102, 130, 143편). 셋째, 메시아를 대망하게 하고 미래에 하나님 나라의 소망을 확신하게 해주고 있다(2, 8, 16, 18, 20, 132, 144 등).

또 한편 시편은 성전 예배에 사용되고 있다. 가령 성전 이전, 다윗 시대에 회막에서 시 105편으로 찬양한 일이 있었고(대상 16:7-36), 다윗의 예배 규범은 솔로몬의 성전 예배에 계승되었다. 솔로몬의 성전이 파괴된 후에는 성전의 유적에서 예배드린 사람이 많았다. 그들은 그곳에서 성경을 읽고 시편을 노래했다. 그리고 또한 그들의 귀환 후 제 2성전에서 그대로 답습했고, 유대인들의 회당과 가정에서도 답습되었다.

시편이 보여주는 그리스도

성경은 그 내용과 형식에 있어서 다양하지만 그 근본 주제나 모두 예수 그리스도의 구속 사역이라는 동일한 주제의 여러 측면과 역사를 다양하게 보여주는 책이다. 따라서 시편에서는 다음 두 가지 관점에서 그리스도의 모습을 발견할 수가 있다. 하나는 간접적으로 그리스도를 제시하고 있는 것이고 다른 하나는 직접적으로 그리스도를 제시하고 있다는 것이다.

1) 예표적 관점에서 본 시편의 그리스도.

시편에 등장하는 모든 고난의 시들이나 비탄시들 혹은 저주 시들은 각각 만 세대 성도의 구원을 위하여 이 땅에 오사 사탄과 그의 무리들의 죄성으로 야기된 고난과 질고 그리고 마침내 구속 수난까지 당하셔야 했던 그리스도의 고통과 분노를 예표한다.

특히 여호와께서 선민 이스라엘을 구심점으로 하여 당신이 택한 왕을 통하여 이 땅의 역사를 다스리시며 나아가서 여호와 하나님께서 전 우주를 다스리심을 노래한 소위 신정시들은 우리 주 예수 그리스도께서 메시아로서 자신의 초림으로 이미 도래 되었고 당신의 재림으로 최종 도래하실 하나님의 나라를 다스릴 종말론적 진리에 대한 예표이다.

2) 예언적 관점에서 본 시편의 그리스도.

시편에는 성령님의 특별한 영광과 간섭으로 궁극적으로는 종말관적 메시아로서 오실 예수 그리스도를 예언하고 있는 7편의 메시아 시편들인 제 2, 16, 22, 24, 45, 72, 110편 등이 있다.

시편의 특징들

1) 시편은 성경 66권 중 가장 많은 저자가 관련된 책이다. 시편은 가장 많은 저자가 관련된 책이다.

2) 시편은 강한 운율의 진한 감흥이 잘 드러나는 책이다.

3) 시편은 예언서라는 이름은 붙어 있지 않았어도 예수 그리스도에 대한 예언을 가장 많이 담고 있는 책이다.

4) 시편은 구약의 그 어떤 다른 책보다도 신약에서 가장 많이 인용된 책이다. 실례로 예수님께서 직접적으로 시편을 많이 인용하셨다(시 26:8; 27:4->눅 2:49, 시 6:8; 48:2->마 5:35->7:23, 시 78:2->마 13:35, 시 8:2->마 21:16, 시 118:22-23->마 21:42, 시 91:4->마 23:37, 시 82:6->요 10:34, 시 136편->마 26:30, 시 22:1; 31:5->마 27:46; 눅 23:46).

■ 내용분해

【시편】

제 1 권 다윗의 시 1-41편

제 1 편 인생 앞에 두 길
제 2 편 메시아께서 임하신다
제 3 편 아침의 노래
제 4 편 저녁의 노래
제 5 편 악인을 처치해 주시기를 원하는 아침의 기도
제 6 편 밤중의 기도
제 7 편 하나님의 공의에 근거한 무죄자의 호소
제 8 편 하나님의 창조를 찬양한 시
제 9 편 하나님의 의의 심판을 찬미하다
제 10편 성도가 악인의 압제 아래서 주님께 애원하다
제 11편 신앙을 결단하다
제 12편 타락한 시대를 위한 기도
제 13편 환난 중에서 호소하다
제 14편 하나님이 없다하는 자
제 15편 주와 교제할 수 있는 자
제 16편 하나님이여 나를 지켜주소서
제 17편 죄 없는 자가 구원을 애원하다
제 18편 받은 구원 때문에 찬미하다
제 19편 자연계시와 성문 계시를 인하여 찬미하다
제 20편 출전하는 왕을 위해 기도하다

제 21편 개선하는 왕 때문에 감사하다
제 22편 어찌 나를 버리시나이까
제 23편 여호와는 나의 목자
제 24편 여호와와 교제할 수 있는 자
제 25편 여호와를 경외하는 자가 받을 복들
제 26편 무죄한 자가 주님의 권고를 요청하다
제 27편 모든 것을 갚으시는 하나님께만 구하자
제 28편 주의 백성을 구하소서
제 29편 영광과 능력을 여호와께 돌리라
제 30편 여호와를 찬송하라
제 31편 내게 은혜를 베푸소서
제 32편 허물을 여호와께 자복하자
제 33편 의인들아 여호와를 즐거워하라
제 34편 여호와를 찬송하고 남들을 권하여 여호와를 경외하게 만들다
제 35편 여호와께서 나와 싸우는 자와 싸우소서
제 36편 하나님의 인자와 공의를 바라보고 위안을 얻다
제 37편 악인의 일시적인 번영을 보고 불평하지 말라
제 38편 원수의 조롱을 받던 자가 깊은 죄감으로 회개하며 주님을 바라보다
제 39편 악인 앞에서 침묵하고 하나님께 기도하라
제 40편 여호와의 기도응답을 인하여 감사하고 또 기도하라
제 41편 징벌 아래 있는 자를 위해 기도하자

제 2 권 다윗과 고라 자손의 시 42-72편

제 42편 방랑자의 실망과 소망
제 43편 하나님의 변호를 청구하다
제 44편 시련 받는 가가 호소하다
제 45편 왕의 결혼 노래

제 3권 아삽의 시 73-89편

제 73편 왜 악인이 형통하는가
제 74편 파괴된 성소를 돌아보소서
제 75편 가까이 다가오는 하나님의 진노
제 76편 승리를 인해 드리는 찬송
제 77편 과거에 받은 은혜를 인하여 위안을 얻다
제 78편 이스라엘의 불신과 하나님의 은혜
제 79편 고난의 백성을 돌아보소서
제 80편 포로된 이스라엘을 돌려보내 주소서
제 81편 나팔을 불어 하나님의 구원을 기념하다
제 82편 불의한 재판장들에 대한 하나님의 심판
제 83편 택한 백성의 원수들에 대하여 하나님의 처리를 기구하다
제 84편 주님의 집을 갈망하다
제 85편 사죄하신 자를 계속 구원해 주시기를 원하다
제 86편 환난 중에서 기도로 호소하다
제 87편 복음의 세계적 선포에 대한 예언
제 88편 우울함과 고통 중에 기도를 드리다
제 89편 다윗에게 언약하신 복을 내리소서

제 4 권 무명의 시 90-106편

제 90편 인생무상을 탄식하다
제 91편 하나님을 의지한 자를 해할 자는 없다
제 92편 하나님의 행사를 묵상하며 찬송하다
제 93편 하나님께서 통치하시다
제 94편 박해하는 자를 신원해 주시기를 위해 기도하다
제 95편 하나님께 찬송하며 경배를 드리자고 하다
제 96편 하나님의 미래 통치를 찬송하다
제 97편 하나님의 위엄찬 통치

제124편 환난이 지난 후 하나님의 보호가 컸던 것을 깨닫다
제125편 성도의 안전
제126편 돌아온 포로가 기도하다
제127편 모든 것은 하나님의 복에 달렸다
제128편 하나님을 경외하는 자의 가정
제129편 이스라엘을 박해하던 자들의 종말
제130편 깊은 환난에서 부르짖다
제131편 어린아이 같이 의뢰하자
제132편 하나님의 집과 다윗의 집을 위해 기도하다
제133편 형제 화목의 즐거움
제134편 밤에 봉사하는 여호와의 종들아 송축하라
제135편 여호와의 선하심을 찬송하라
제136편 여호와께 감사하라
제137편 바벨론 강변에서 울다
제138편 모든 왕들 중에서 높아진 은혜를 인하여 감사하다
제139편 하나님의 전지하심을 아는 성도가 원수들을 비웃다
제140편 잔인한 악도에서 구원해 주시기를 청원하다
제141편 악에 빠지지 않게 구원해주시기를 기도하다
제142편 동굴에서 부르짖다
제143편 상한 영혼을 구하소서
제144편 하나님 백성이 받을 복
제145편 하나님의 선하심을 찬송하라
제146편 하나님을 의지할 수 있음을 찬송하다
제147편 이스라엘의 회복 자이신 하나님께 감사하다
제148편 모든 피조물이 찬양하다
제149편 성도들이 하나님을 찬송하다
제150편 모두 다 찬양하라

참고도서

김수홍. *그리스도의 말씀이 연합에 미친 영향.* 수원시: 도서출판 영음사, 2019.

나이트, G. *시편 (상),* 이기문 역, Christian Literature Press, 1985.

________. *시편 (하),* 이기문 역, Christian Literature Press, 1985.

마빈 E. 테이트. *시편 51-100,* 손석태옮김, Dallas Texas: Word Books, Publisher, 2002.

레슬리 알렌. *시편 101-150,* 손석태옮김, Dallas Texas: Word Books, Publisher, 2001.

박윤선. *시편(1-41편) (상)* 구약주석, 서울: 도서 출판 영음사, 1985.

______. *시편(42-89 편) (중)* 구약주석, 서울: 도서 출판 영음사, 1985.

______. *시편(90-150편)(하)* 구약주석, 서울: 도서 출판 영음사, 1985.

옥스퍼드원어성경대전. *시편 제 1-21편,* 서울시: 제자원, 2005년.

__________________. *시편 제 22-38편,* 서울시: 제자원, 2005년.

__________________. *시편 제 39-58편,* 서울시: 제자원, 2005년.

__________________. *시편 제 59-74편,* 서울시: 제자원, 2005년.

__________________. *시편 제 75-89편,* 서울시: 제자원, 2005년.

__________________. *시편 제 90-106편,* 서울시: 제자원, 2005년.

__________________. *시편 제 107-119편,* 서울시: 제자원, 2005년.

__________________. *시편 제 120-150편,* 서울시: 제자원, 2005년.

이상근. *시편 주해,* 대구 직할시: 성등사, 1994.

루폴드, H.C. *시편(상),* 반즈 성경주석, 명종남역, 서울 강남구: 크리스챤 서적, 1993.

카일. 델리취. *구약주석(19), 시편 (상),* 최성도역, 도서출판: 기독교문화협회, 1983.

__________. *구약주석(21), 시편 (하),* 최성도역, 도서출판: 기독교문화협회, 1984.

메이스, 제임스 L. *시편, Interprecation,* 신정균 번역, 현대성서주석/목회자와 설교자를 위한 주석, 한국장로교출판사, 1994.

스펄전, 찰스. *설교의 황제 스펄전의 시편 강해(1), 1편-17편,* 안효선옮김, 생명의 말씀사, 1997.

Anderson, A.A. *The New Century Bible Commentary Psalms(1-72), Vol. I,* Grand Rapids: Eerdmans, 1972.

____________.. *The New Century Bible Commentary Psalms(73-150), Vol. II,* Gramd Rapids: Eerdmans, 1972.

Baxter, J. Sidlow. *Explore the Book.* Grand Rapids: Zondervan Publishing House, 1966.

Black, Matthew & Rowley, H.H. *Peake's Commentary on the Bible*, Nashville: Thomas Nelson, 1962.

Bratcher, Robert G. and Reyburn, William D. *A Handbook on Psalms*, UBS Handbook Series, New York: United Bible Socities, 1991.

Calvin, John. *칼빈 성경주석, 8, 시편 II,* 존. 칼빈 성경주석출판위원회번역, 서울특별시: 성서 교재간행사, 1992년.

___________. *칼빈 성경주석, 9, 시편 III,* 존. 칼빈 성경주석출판위원회번역, 서울특별시: 성서 교재간행사, 1992년.

___________. *칼빈 성경주석, 10, 시편 IV,* 존. 칼빈 성경주석출판위원회번역, 서울특별시: 성서 교재간행사, 1992년.

___________. *칼빈 성경주석, 11, 시편 V,* 존. 칼빈 성경주석출판위원회번역, 서울특별시: 성서 교재간행사, 1993.

Guthrie D. & Motyer, J.A. *The New Bible Commentary*, Grand Rapids: Eerdmans, 1970.

Jamieson, R. Fausset, A.R. & Brown D. *Commentary on the Whole Bible,* Grand Rapids: Zondervan, 1976.

Kyle M, Yates. "Psalms" in *The Wycliffe Bible Commentary*. Chicago: Moody Press, 1962.

Lange, John Peter. *Commentary on the Whole Scripture*, Grand Rapids: Zondervan, 1876.

Leupold, H.C. *Exposition of Psalms,* Barnes on the Old Testament, Grand Rapids: Baker Book House, 1942.

Maclaren, Alexander. *Expositions of Holy Scripture*, Grand Rapids: Baker Book House, 1984.

Morgan, G. Campbell. *An Exposition of the Whole Bible*, Old Tapen: Fleming H. Revell, 1959.

Myer, F.B. *Bible Commentary*, Wheaton: Tyndale, 1984.

Nicoll W. Robertson ed. *The Expositor's Bible*, Chicago: W.P. Blessing Co. n.d.

Perowne, J. J. Stewart. *The Book of Psalms, Vol. 1 Psalms 1-72,* Grand Rapids: Zondervan, 1966.

__________________. *The Book of Psalms, Vol. 2 Psalms 73-150,* Grand Rapids: Zondervan, 1966.

Plummer, W. S. *Psalms,* The Banner of Truth Trust, Pensylvania Carlisle, 1867.

Rawlinson, G. *풀핏성경주석, 제 19권, 시편 (상)* 장병일 역, 대구시: 보문출판사, 1975.

__________. *풀핏성경주석, 제 20권, 시편 (중)* 장병일 역, 대구시: 보문출판사, 1975.

__________. *풀핏성경주석, 제 21권, 시편 (하)* 최 현 역, 대구시: 보문출판사, 1975.

Stott, John. *Favorite Psalms,* Moody Press, 1988.

Walvoord, John F. & Zuck Roy B. ed. *The Bible Knowledge Commentary*, Wheaton: Victor, 1985.

Weiser, Artur. *The Psalms, A Commentary,* SCM Press LTD, 1962.

【 사전 】

바이블렉스 8.0

데릭 윌리엄스, *IVP 성경사전*, 이정석 외 한국기독학생회 출판부 역, 한국기독학생회 출판부(IVP), 1992,

Achtemeier, Paul J. *Harper's Bible Dictionary*, New York: A Division of Harper Collins Publishers, 1985.

Baker, David W. *Dictionary of the Old Testament: Pentateuch,* Leichester: InterVarsity Press, 2003.

Douglas, J. D. *New Bible Dictionary*, (2nd edition), Wheaton: Tyndale House Publishers, 1982.

Tenney, Merrill C. *The Zondervan Pictorial Bible Dictionary,* Grand Rapids: Regency, 1967.

Tregelles, Samuel Prideaux. *Gesenius' Hebrew and Chaldee Lexicon,* Grand Rapids: Eerdmans, 1969.

Unger, M. F. *Unger's Bible Dictionary.* Chicago: Moody, 1957.

【 지도 】

Personal Map Insert. Ft. Smith: Son Light Publishers, Inc, 1997.

시편 주해

제 1 권 다윗의 시　1-41편

제 1 편　복 있는 자

시편 1편과 2편은 아무 표제가 없다. 제 1권 안에 있는 41편의 시편들 중에 불과 4편(1, 2, 10, 33편)을 제외하고는 "다윗의 시"라는 표제가 있는데 1, 2편은 표제가 없다. 그런고로 시편 1편, 2편을 하나의 시편으로 보는 시각이 있다. 시편 1편이 시편 전체의 서론이라는 것은 널리 공인되고 있다 (Calvin, Hitzig, Lange, 이상근). 교부들 중에는 어떤 이는 제 1편을 시편에 포함시키지 않고 아예 밖으로 내놓아 서문으로 두려는 시도도 했다. 시편 1편의 저자를 다윗이라고 주장하는 학자도 있다(Hengsternberg). 이 서론적 시는 "복 있는 자"라는 시로 내용은 1) 복 있는 자(1-3절)들은 어떤 자들인가, 2) 악인의 길(4-6절)로 구분되어 있다.

1-3절. 복 있는 자들은 어떤 자들인가.

시 1:1. 복 있는 사람은 악인들의 꾀를 따르지 아니하며 죄인들의 길에 서지 아니하며 오만한 자들의 자리에 앉지 아니하고.

본 절의 "참으로 복 있는 사람"(אַשְׁרֵי הָאִישׁ)이란 말은 유교에서 말하는 다섯 가지 복(오복, 五福)-장수, 재물의 부, 강녕, 유호덕: 도덕을 지키기를 낙으로 삼음, 고종명: 제 명대로 살다가 편히 죽는 일)을 받은 자를 말함이 아니라, 문맥을 따라 '의인들'(6절)을 지칭하는 말이다. 의인들이란 여호와의 율법을 즐거워하여 읽고 연구하고 그 율법을 주야로 묵상하는 자들을 지칭한다(6절). 복 있는 사람은 먼저 부정적으로 "악인들(도덕적 기준을 잃고 안정되지 못한 자들)의 꾀를 따르지 아니하며 "죄인들"(하나님의 법의 목표에서 벗어난 자들)의 길에 서지 아니하며 오만한 자들(하나님과 의인을 무시하고 안하무인격으로 사는 자들)의 자리에 앉지 아니한다"는 것이다. 위의 세 가지 죄인들은 1) 서로 다른 죄인들인가(약 1:15, H. C. 루폴드, 박윤선, 그랜드 종합 주석, 호크마 주석), 아니면 2) 대동소이한 죄인들로 보아야 하는가(이상근). 1편 전체의 문맥을 보아(5, 6절) 대동소이한 것으로 보는 것이 좋을 것이다. 다시 말해 2)번의 견해가 바른 것으로 보인다.

시 1:2. 오직 여호와의 율법을 즐거워하여 그의 율법을 주야로 묵상하는도다.

"참으로 복 있는 사람"(1절)은 오직 여호와의 율법을 즐거워한다는 것이다. "여호와의 율법을 즐거워한다"(시 119:16, 44, 77)는 말은 마음속으로 깊이 사랑하기 때문에 '여호와의 율법 읽기를 즐거워하고 연구하기를 좋아한다'는 뜻이다. 그리고 "그 율법을 주야로 묵상한다"(시 63:6; 119:15, 48, 78, 97)는 것이다. 묵상한다는 것은 말씀의 깊이를 음미하고, 그 말씀으로 영의 양식을 삼는 것을 말한다.

시 1:3. 그는 시냇가에 심은 나무가 철을 따라 열매를 맺으며 그 잎사귀가 마르지 아니함 같으니 그가 하는 모든 일이 다 형통하리로다.

참으로 복 있는 사람(1절)이 여호와의 율법을 즐거워하여 그의 율법을 주야로 묵상하니(2절) 결과적으로 1) 시냇가에 심은 나무가 철을 따라 열매를 맺게 된다는 것이다. 열매를 맺어야 할 때 신앙인의 열매를 맺게 된다는 것이다(갈 5:22 참조). 2) 그 잎사귀가 마르지 않는다는 말은 율법을 주야로 묵상하니 생생한 신앙적 행위가 풍성하다는 것이다. 3) 그가 하는 모든 일이 다 형통하다는 것이다.

4-6절. 악인의 길.

시 1:4. 악인들은 그렇지 아니함이여 오직 바람에 나는 겨와 같도다.

악인들(죄인들, 오만한 자들)은 복 있는 자들과 같지 아니하고 바람에 나는 겨와 같이 가벼워서 많은 죄를 짓고 심판을 받게 된다는 것이다(욥 21:18; 시 35:5; 사 5:24; 17:13; 29:5; 33:11). 악인은 바람에 나는 쭉정이와 같이 허무하다는 것이며, 그 말로(末路)는 한마디로 비참하게 된다는 것이다.

시 1:5. 그러므로 악인들은 심판을 견디지 못하며 죄인들이 의인들의 모임에 들지 못하리로다.

본 절에도 역시 "악인들"(죄인들, 오만한 자들)이란 말과 "죄인들"이란 말이 "의인들"이란 말과 대조되는 동의어로 쓰였음을 알 수 있다. 악인들은 심판을 견디지 못하며 죄인들(악인들, 오만한 자들)이 의인들의 모임에 들지 못할 것이라고 말한다. 악인들은 하나님의 종말의 심판을 견디지 못한다. 그들이 의인들의 모임에 들지 못한다는 것을 보면 여기 죄인들(악인들)이 당할 심판은 의인들과 영원히 갈라서는 종말의 심판을 뜻하는 것으로 본다(Rashi, Briggs, Kay, Rawlinson, 박윤선, 이상근). 본 절의 "의인들의 모임"이란 교회를 뜻하는 말이다. 구약 시대에 이스라엘 백성들에게 있어서 의인들의 모임에 들지 못한다는 것은 곧 저주를 의미하는 것이었다.

시 1:6. 무릇 의인들의 길은 여호와께서 인정하시나 악인들의 길은 망하리로다.

무릇 의인들의 길은 여호와께서 인정하신다는 것이고 악인들의 길은 망한다는 것이다. 여호와께서 인정하신다는 말은 여호와께서 알아주신다는 뜻이다. 즉, 시냇가에 심은 나무가 철을 따라 열매를 맺으며 그 잎사귀가 마르지 아니함 같으니 그가 하는 모든 일이 다 형통하게 되게 하시는 것을 뜻한다. 그런데 악인들의 길은 망하리라는 말은 5절에 기록된 대로 심판을 견디지 못하게 되는 것을 뜻한다.

제 2 편 메시아께서 임하신다.

시 2:1. 어찌하여 이방 나라들이 분노하며 민족들이 헛된 일을 꾸미는가.

본문 초두에 나오는 "어찌하여"란 말은 '웬일로'라는 뜻으로, 2편의 저자가 세상 나라와 세상의 민족들이 하나님의 통치를 거부하는 일을 보면서 탄식하는 말이다. 본편의 "이방 나라"란 말과 "민족들"이란 말은 동의어로 사용되었는데, 세상의 불신자들을 지칭하는 말이다. 그리고 "분노한다"(רָגְשׁוּ)는 말과 "헛된 일을 꾸민다"(הגוּ)는 말은 본래 다른 뜻이지만 여기서는 동의어로 쓰여 '대적하고 분노하며 덤빈다'는 뜻이다. 세상 사람들은 그리스도를 대적하여 없애려고 하여 십자가에 못 박아 죽여서 없애려고 했다. 그러나 예수 그리스도는 다시 살아나셔서 무덤에 계시지 않았다. 옛날 로마 제국에서 그리스도를 핍박한 임금들과 관원들 30명은 모두 다 불행한 죽음을 죽었다. 30명 중 세 사람은 자살했고, 다섯 사람은 저들의 친근한 자들에 의해서 암살당했고, 한 사람은 눈이 뽑히었고, 한 사람은 소경이 되었으며 또 한 사람은 물에 빠져 죽었고, 한 사람은 교수형(絞首刑)을 당했으며, 그 나머지 사람들도 모두 불행하게 죽었다(Lange, 박윤선).

메시아를 대적하여 분노하며 떠들다가 죽은 사람들은 그들뿐이 아니었다. 대 헤롯, 네로, 도미시안, 히틀러, 스탈린 등이 비참하게 생을 마감했으며, 앞으로도 그런 군왕들이 일어날 것이다. 저들은 메시아의 통치를 막으려고 작당하여 모의하나 그것은 허사에 지나지 않은 것이다(이상근).

시 2:2. 세상의 군왕들이 나서며 관원들이 서로 꾀하여 여호와와 그의 기름 부음 받은 자를 대적하며.

본 절은 메시아를 대적하는 세상의 군왕들과 그들의 손발 노릇을 하는 관원들(협조자들)이 함께 단합하여 여호와와 그의 기름 부은 자 다윗을 대적한다는 것을 말한다. 본 절의 "기름 부음 받은 자"(מְשִׁיחוֹ)란 '메시아'라는 뜻으로 구약에서는 왕(삼상 2:10; 12:3; 삼하 1:14, 16; 시 18:50; 20:6)과 예언자(왕상 19:16)와 제사장(레 4:3; 6:22)에게 기름을 부어 직책을 감당하게 했다. 이들은 하나님과 인간 사이의 중보자들로 장차 오실 그리스도의 그림자들이었다. 다윗은 자신이 기름 부음 받은 자(삼상 16:13; 삼하 2:4; 5:3)로서 초연하신 메시아를 예언하며, 자신을 메시아의 그림자였던 사실을 고백했다.

시 2:3. 우리가 그들의 맨 것을 끊고 그의 결박을 벗어 버리자 하는도다("Let us burst their bonds apart, and cast away their cords from us"-ESV**).**

세상의 군왕들과 관원들(대적자들)이 함께 말하기를 "우리들이 우리들을 얽어맨 족쇄를 벗어 던지자. 우리를 얽어맨 사슬을 끊어 버리자고 야단들이구나". 여기 본 절의 "그들의 맨 것"이나 "그의 결박"은 '하나님의 법', '하나님의 통치'를 지칭한다. 세상의 대적자들은 하나님의 법에서 벗어나려 하고 하나님의 통치를 벗어나려고 한다. 오늘 우리 성도들에게는 하나님의 통치는 말로 표현할 수 없는 은혜가 아닐 수 없다.

시 2:4-6. 하늘에 계신 이가 웃으심이여 주께서 그들을 비웃으시리로다 그 때에 분을 발하며 진노하사 그들을 놀라게 하여 이르시기를 내가 나의 왕을 내 거룩한 산 시온에 세웠다 하시리로다.

4절부터 6절은 하늘에 계신 여호와께서 세상의 군왕들과 그들의 협력자들이 함께 하나님을 대적하는 것을 보시고 그들을 아주 가볍게 여기신다는 것을 말하며 또 하나님께서 분을 발하셔서 그들을 놀라게 하여 하나님께서 예수님을 시온에 세웠다고 하셨다는 것을 말씀한다.

4절은 하늘에 계신 하나님께서 하나님을 대적하는 세상의 군왕들과 또 군왕들을 협조하는 협력자들을 향하여 비웃으셨다는 것을 말씀한다. 하나님은 하늘에 계시는 중 그를 대적하는, 땅에 있는 자들을 비웃으시는 분이시다. 땅에서는 하나님의 통치를 벗어날 자는 없다.

5절은 하나님께서 "그 때에"(אָז), 즉 '어떤 시기가 지난 후에'

(Rawlinson), 다시 말해 땅에 있는 사람들에게 회개할 기회를 주신 후에 사람들이 회개하지 않으면 분을 발하시며 진노하신다는 것이다. 하나님께서 어떤 기간 동안 참아주신다는 것도 사람들에게 다행이 아닐 수 없다. 본 절의 한동안 하나님께서 참아주시다가 사람들이 회개하지 않으면 하나님께서 "분을 발하며 진노하사 그들을 놀라게 한다"는 말에 대하여는 두 가지 견해가 있다. 1) 하나님의 뜻을 선포하심으로 이방의 왕들을 두렵게 한 사실을 나타내는 것이라는 견해(Briggs, Craigie, Anderson, Kraus, Kay). 2) 본 구절은 하나의 역사적인 사건의 성취로 이해해야 한다는 견해(Rawlinson, Dahood, 박윤선). 하나님의 진노하신 결과는 그리스도를 무덤에서 부활하게 하사 하늘의 왕이 되게 하신 것이다(행 2:36). 예수님의 원수들은 예수님을 십자가에 못 박았으나 하나님께서는 그를 다시 살리시고 영원하신 주님으로 다시 살리셨다(박윤선). 본 절의 예언과 예수님의 부활과는 1,000년의 세월이 떨어져 있지만 그래도 역사적인 사건으로 보아야 할 것이다.

6절의 "내가 나의 왕을 내 거룩한 산 시온(예루살렘)에 세웠다"는 말씀은 5절의 예언 성취이다. 본 절은 메시아께서 예루살렘에 군림하셨다는 사실을 드러낸 말씀이다. 여기 "내가"란 말은 '여호와 자신'을 뜻하는 말이다. 메시아는 그의 대적자들의 모략에도 불구하고 기필코 시온 산(예루살렘 언덕)에 군림하신 것이다. 본 절의 "시온"은 예루살렘의 언덕을 뜻하는 말인데 언덕의 동 남편 언덕이라는 것이 대체적인 의견들이다.

시 2:7. 내가 여호와의 명령을 전하노라 여호와께서 내게 이르시되 너는 내 아들이라 오늘 내가 너를 낳았도다(I will tell of the decree of the LORD: He said to me, "You are my son, today I have begotten you"-RSV).

본 절의 뜻은 '나를 왕으로 세우시며 선포하신 여호와의 칙령(勅令-임금의 명령)을 들어라. 여호와는 메시아에게 "너는 내 아들, 나 오늘 너를 낳았도다'"라고 하신다. 본 절의 "여호와의 명령"(חק יְהוָה)이란 말은 '여호와의 작정'[1]이라는 뜻이다. 메시아께서는 이를 성부 하나님에게서 받으셨다. 이 작정은 메시아를 보고 죽었다가 다시 살라는 명령이었다(박윤선).

"너는 내 아들이라 오늘 내가 너를 낳았도다"는 구절은 다윗 언약인 삼하 7:14의 내용과 일치한다. 하나님께서 자신의 택하신 왕을 자신의 아들로 말씀하시고 자신을 그 왕의 아버지로 말씀하신 것은 하나님과 그 택하신 왕 사이가 부자지간에만 갖는 친밀감이 있음을 뜻함과 동시에 그 왕의 통치권이 절대적인 신적 권위를 갖는 것임을 드러낸다(그랜드 종합 주석). 그리고 본 절의 "오늘 내가 너를 낳았도다"라는 말은 육신적인 출생 관계를 의미하는 것이 아니라, 하나님이 자신의 택하신 자를 왕으로 세우시고 기름 부으셔서 왕으로 삼으신 것을 뜻한다(K.&D.). 바울 사도는 본 절을 예수 그리스도에게 적용했는데(행 13:33), 이는 다윗 언약(삼하 7장)이 궁극적으로 다윗의 자손인 예수 그리스도와 그 분으로 말미암아 완성될 영원한 메시아 왕국에 관한 것임을 증거한다.

본 구절은 신약에 아주 많이 인용되는 구절이다(행 13:33; 히 1:5; 5:5). 이 구절에서 밝히는 성부자간의 관계는 인간계의 부자관계와 유사한 점이 있고, 반면에 전혀 같지 않은 점이 있다. 유사한 점이란 그 직무의 관계를 들 수 있고, 전혀 같지 않은 점은 그 신분적 관계를 들 수 있다. 즉, 인간관계의 부자(父子)란 "낳는" 것이고, 그러므로 아들에게는 기원이 있는 것이나, 성자는 시초가 없고, 성부와 똑같이 영원하신 존재인 것이다. 이러한 점들로 인해 니케야 회의(The Nicean Council, 주후 325년) 때 극렬한 논쟁이 있었다. 즉, 아리우스(Arius, 256-336)는 성자는 성부와 동류(Homoousios)로서 성부에게서 낳고, 그러므로 동질은 아니라 했으나, 아다나시우스(Athanasius, 293-373)는 성자는 성부와 동질(homoosius)이고, "낳지 않고 나셨다"고 한 것이다. 니케아 회의는 아리우스의 학설을 이단으로 규정했고,

---

1) 이 "명령"이라는 낱말은 본래 왕의 명령을 기록한 공문서를 가리킨다. 이 공문서는 어떤 사람을 한 직위에 세우는 임명장과 같은 것임을 알 수가 있다.

아다나시우스를 정통파로 인정했다. 본 절의 "오늘날"이란 말은 성자가 그의 업무를 개시한 날이다. 다시 말해 그가 구속의 역사를 개시하신 날이고, 그런고로 성부께서 성자에게 심판권을 주신 날이다(Rawlinson, 이상근).

시 2:8. 내게 구하라 내가 이방 나라를 네 유업으로 주리니 네 소유가 땅 끝까지 이르리로다.

성부는 성자에게 '나에게 구하여라. 내가 만방을 너에게 유산으로 줄 것이니 네 소유가 땅 끝에서 땅 끝까지 될 것이라'고 하신다. 이렇게 성부께서 명하시니 성자께서 성부에게 구하여 성부는 성자에게 아들의 기업으로 열방을 그에게 주셔서 통치하게 하신 것이다. 그런고로 지상의 모든 왕들이 메시아에게 무릎을 꿇고(시 72:11; 사 49:22; 60:3-4; 마 28:19), 땅 끝까지 성자의 소유가 된 것이다(사 52:10; 렘 16:19; 미 5:4; 슥 9:10; 행 13:47). 본 절의 예언은 부활하신 그리스도에게서 이루어졌다(히 1:2).

시 2:9. 네가 철장으로 그들을 깨뜨림이여 질그릇 같이 부수리라 하시도다.

성부는 성자에게 '네가 그들을 철퇴로 부수며 질그릇 부수듯이 부술 것이라'고 하셨다. 본 절은 성자께서 세상을 통치하실 때 죄악의 권세와 하나님의 원수들을 남김없이 아주 쳐부수실 것을 예언한 것이다. 이 예언은 주님께서 재림하실 때에 이루어질 것이다. 그리고 주님께서 재림하실 때에 함께 따르는 자들이 누릴 일이다.

시 2:10. 그런즉 군왕들아 너희는 지혜를 얻으며 세상의 재판관들아 너희는 교훈을 받을지어다.

본 절부터 12절까지는 다윗이 세상의 군왕들을 향하여 회개를 독촉한다. 즉, '그런즉 이제 세상의 왕들아 지혜를 얻어 지혜롭게 행동하여라. 세상의 통치자들아 너희는 경고하는 이 교훈을 받아들여라'고 권한다. 본 절은 세상의 군왕들이나 통치자들이나 일반 사람들 모두 회개하라고 권하는 것이다. 왜냐하면 회개하지 않으면 모두 멸망하기 때문이다.

시 2:11. 여호와를 경외함으로 섬기고 떨며 즐거워할지어다.

본 절은 세상에 사는 모든 사람들은 '두려운 마음을 가지고 주님을 섬기고, 떨리는 마음을 가지고 주님을 찬양하라'는 권면이다. 참으로 최고의 두려운 마음을 가지고 여호와를 섬기지 않으면 큰 일이 나는 것이고 또 최고의 떠는 마음을 가지고 주님을 찬양하지 않으면 망하는 것이니 우리는 최고의 두려운 마음을 가지고 여호와를 예배하고 봉사하며 또 찬양해야 할 것이다. 사람이 하나님을 섬기는 일은 말로 다 할 수 없는 특권이다. 그러므로 그 특권을 가진 사람들은 두려운 마음을 가지고 모든 일을 해야 한다. 우리는 교만한 마음에 빠지지 않도록 경외하는 마음으로 두렵게 생각하며 행해야 할 것이다.

시 2:12. 그의 아들에게 입맞추라 그렇지 아니하면 진노하심으로 너희가 길에서 망하리니 그의 진노가 급하심이라 여호와께 피하는 모든 사람은 다 복이 있도다.

다윗은 모든 인생들에게 여호와의 아들 예수님에게 입을 맞추라(Calvin, K.&D.)고 권면한다. 다시 말해 예수님을 사랑하라고 권면한다. 그렇지 아니하면 하나님께서 진노하셔서 세상을 사는 중에 망할 것이라고 한다. 이유는 여호와의 진노가 급하게 임할 것이기 때문이라고 한다. 다윗은 모든 인생들에게 여호와께 피하는 모든 사람, 즉 여호와를 사랑하는 모든 사람은 다 복을 받을 것이라고 한다.

제 3 편 아침의 노래

본 시편은 "다윗이 그의 아들 압살롬을 피할 때에 지은 시"이다. 문자적으로는 "그의 아들 압살롬으로부터 도망하는 가운데서"라고 되어 있다. 따라서 다윗의 저작으로 본다. 이 시편에는 "대적"이란 말이 두 번 쓰여 있다(1,7절). 이 대적(원수)이 누구일까를 두고 견해가 갈린다. 비평가들 중에는 이 대적이 불경건한 외국인일 것이라고 하고(Birkeland), 혹은 포로 후 시대의 불경건한 무리(Duhm)일 것이라 하며, 혹은 사술하는 자들(Mowinckel)일 것이라 하기도 하고, 또는 악한 신의 세력을 지칭한다고도 한다(Boehl). 그러나 이 견해들은 압살롬 일당을 생각하게 하는 견해에서 먼 것들이다. 따라서 여기 대적은 압살롬의 반란시의 모든 반역자들임이 분명하다(박윤선).

다윗이 "주께서 나의 모든 원수의 뺨을 치시며 악인의 이를 꺾으시기를" 소원한 것을 보면 하나님 앞에 합당한 기도임을 알 수 있다. 다윗이 밧세바와의 불륜에 대해서 일찍이 죄를 자복했는데도(삼상 15-18장) 압살롬 일당이 다윗을 괴롭혔으니 압살롬 일당이 하나님을 괴롭힌 것임을 알 수가 있다.

"시"(מִזְמוֹר)라는 낱말은 시편의 표제 중 가장 빈번히 나타나는 낱말이다. 이는 개인적인 시의 보편적 낱말로 57편에 달한다. 본편의 내용은 시인 자신의 사정을 하나님께 아뢰는 부분(1-2절). 하나님의 도우심을 호소하는 부분(3-4절), 시인이 하나님께서 구원해 주실 것을 확신하는 부분(5-8절)으로 나누어진다.

시 3:1. <다윗이 그의 아들 압살롬을 피할 때에 지은 시> 여호와여 나의 대적이 어찌 그리 많은지요 일어나 나를 치는 자가 많으니이다.

"다윗이 그의 아들 압살롬을 피할 때에 지은 시"란 말은 압살롬이 다윗왕을 반역할 때의 역사적인 사정과 잘 부합한다. 그 때 압살롬에게 합류한 백성이 아주 많았다(삼하 15:12). 다윗은 이상적인 왕으로 사방 열국을 정복하여 국위를 선양하고, 이스라엘을 크게 일으켰으나 백성의 응답은 민심의 이탈이었다.

다윗은 이런 때 여호와를 향하여 '여호와여! 나를 괴롭히는 자가 왜 이리도 많습니까? 나를 넘어뜨리려는 자가 왜 이리도 많습니까?'라고 부르짖는다. 그는 이미 죄를 자복하고 난 후였는데 이렇게 민심이 다윗을 반역한 것은 다윗으로 하여금 더욱 기도하게 하기 위함이었다. 우리 주위의 적들이 많은 것은 그만큼 여호와께 부르짖으라는 신호로 보아야 한다.

시 3:2. 많은 사람이 나를 대적하여 말하기를 그는 하나님께 구원을 받지 못한다 하나이다 (셀라).

본 절의 "많은 사람"이란 1절의 '많은 수의 대적'을 지칭한다. 다시 말해 압살롬을 도우려고 나선 대적을 지칭한다. 이들은 다윗을 향하여 "그는 하나님께 구원을 받지 못한다"라고 떠들었다. 다윗 혼자 이 많은 사람들에게서 어찌 피할 수 있을까라고 말한 것이다. 이제 다윗을 '독안에 든 쥐'라고 했다. '다윗의 죽음은 시간문제'라고 한 것이다. 사실 다윗이 구원을 받지 못할 것이라는 말은 다윗에겐 저주의 말이었다. 그리고 본 절의 "나를 대적하여"(לְנַפְשִׁי)란 말은 '나의 영혼에게'란 뜻이다. 압살롬을 따라 나선 많은 사람들은 다윗의 영혼에 대해 파고들면서 다윗이 구원을 받지 못하는 불행한 사람이라고 한 것이다. 우리는 우리 주위의 누구라도 우리를 향해서 '네(너희)가 구원을 받지 못한다' 하고 저주해도 하나님을 바라보며 꿋꿋하게 믿음으로 나아가야 할 것이다.

본 절 끝의 "셀라"(סֶלָה)[2]란 말이 무슨 부호냐를 두고 세 가지 견해가 있는데 그 뜻은 분명하지 않다. 1) 이 말의 유래와 뜻이 확실하지 않다고 보는 견해(J. Ridderbos, Bratcher and Reyburn, 이상근). 2) 쉼표(휴지부)로 보는 견해(70인역, Boettcher, Young, Rawlinson). 3) '음성을 높이라'는 뜻으로 보는 견해(Kimchi, Gesenius, K.&D, IVP성경사전, 박윤선, 그랜드 종합 주석). 이들 견해 중에 3)의 견해를 바르게 본다.

---

2) 셀라(동사)는 살랄(סָלַל, 들어 올리다, 높이다)에서 유래했으며, '올리다, 높이'를 의미한다. 구약성경에서 이 단어는 74회 나오며, 하박국에서 3회(합 3:3, 합 3:9, 합 3:13)를 제외하면 모두 시편에서 사용되었다(71회). 셀라는 예배에서의 음악 용어이며, 어원에 의하면 가성, 또는 주악의 리듬을 올리는 것으로 여겨진다. 그러나 그 의미가 불확실하다(참조: BD).

시 3:3. 여호와여 주는 나의 방패시요 나의 영광이시요 나의 머리를 드시는 자이시니이다.

다윗은 많은 대적들의 저주를 듣고 여호와를 향하여 부르짖는다. 즉, '그러나 주님, 주님은 나의 앞뒤에 씌운 방패시요(창 15:1; 신 33:29; 삼하 22:3; 시 28:7; 33:20; 84:9) 나에게 영광을 주시는 분이시며 나의 머리를 들게 하시는 분이십니다'라고 기도한다. 하나님은 오늘도 우리에게 영광을 안겨주시는 분이시다. 그리고 하나님은 우리를 위해 소망과 위로와 승리를 주시는 하나님이시다. "머리를 드시는 자"란 말은 다윗을 높여주는 분이라는 뜻이다. 하나님은 다윗을 왕으로 삼아주셨고, 전쟁에서 승리하게 해주셨다. 하나님은 오늘도 우리를 높여주시는 분이시다.

시 3:4. 내가 나의 목소리로 여호와께 부르짖으니 그의 성산에서 응답하시는도다(셀라).

다윗은 앞 절에서 헤아릴 수 없이 많은 대적들을 앞에 두고 신앙을 고백한 후 본 절에서는 하나님을 향하여 기도한다. 그가 여호와께 구원을 위해 기도하니(시 77:1; 142:1) 여호와께서 "그의 성산에서 응답하신다"고 말한다. 여기 "그의 성산에서 응답하신다"는 말은 '시온 산에서(2:6절 참조) 응답해주신다'는 뜻이다. 시온 산은 하나님이 계시는 보좌를 상징한다. 다윗은 피난길에서 하나님의 임재를 상징하는 법궤를 예루살렘으로 돌려보냈다(삼하 15:25). 지금 다윗은 요단 강 동편인 마하나임에 피난 와서 있기에 그가 있는 장소에서 기도하고 있지만(삼하 17:27), 그의 마음은 하나님의 법궤가 있는 예루살렘을 향하고 있다는 것이다. 다윗은 자신이 비록 예루살렘에서 멀리 떨어진 이곳에 피난해 있지만 하나님께서 시온 산에서 자신의 기도에 응답하실 것을 확신하고 있었다.

시 3:5. 내가 누워 자고 깨었으니 여호와께서 나를 붙드심이로다.

다윗은 4절에서 여호와께 기도한 것을 응답을 받았다. 그는 편히 누워

자고 깨었다. 이제 다윗은 평안한 아침을 맞이했다. 이렇게 평안히 누워 자고 깬 것을 보면서 다윗은 "여호와께서 자신을 붙들어주신 것"을 확신하게 되었다(127:2 참조). 오늘 우리가 하룻밤을 잘 지낼 수 있는 것도 하나님의 은혜인줄 알아야 한다.

시 3:6. 천만인이 나를 에워싸 진 친다 하여도 나는 두려워하지 아니하리이다.

다윗은 앞 절의 하나님의 붙들어주심에 근거하여 본 절의 확신에 이른다. 즉, "천만인이 나를 에워싸 진 친다 하여도 나는 두려워하지 아니하겠다"는 확신에 이른다. 다시 말해 '수많은 대적들이 밀려와 나를 에워쌀지라도 나는 무서울 것 하나 없습니다'는 확신에 이른 것이다. 다윗은 여호와를 의지하여 골리앗 같은 거인이 중무장한 앞에서도 두려워하지 않았고 골리앗을 죽이고 승리를 거두었다(삼상 17:45-51).

여기 "두려워하지 아니하리이다"란 말 뒤에 전례(前例)와 같은 "셀라"(높임표)가 없는 것은 이 구절은 낮은 음성으로 노래해야 할 것이기 때문이다. 그러므로 본 구절은 고요하고 잔잔하게 믿음으로 말하는 온유한 표현이다(Delitzsch, 박윤선).

시 3:7. 여호와여 일어나소서 나의 하나님이여 나를 구원하소서 주께서 나의 모든 원수의 뺨을 치시며 악인의 이를 꺾으셨나이다.

다윗은 앞 절에서는 천만인을 두렵지 않다고 했는데 본 절에서는 여호와께 구원을 청한다. 다윗은 "여호와여 일어나소서 나의 하나님이여 나를 구원하소서"라는 기도를 드린다. 본 절의 "일어나소서"라는 말과 "나를 구원하소서"라는 말은 동의어로 쓰였다. 즉, '일어나 구원해 주소서'라는 뜻이다(민 10:35; 시 7:6; 9:19; 10:12; 17:13; 68:1).

그리고 다윗은 "주께서 나의 모든 원수의 뺨을 치시며 악인의 이를 꺾으셨나이다"라고 말한다. 하나님은 과거에 다윗과 함께 하셔서 블레셋(삼하 5:17-25), 모압(삼하 8:2), 소바(삼하 8:3-4), 수리아(삼하 8:6), 에돔(삼하 8:13-14), 암몬(삼하 10:7-14), 강 건너편 수리아(삼하 10:16-19) 등을 무찌르셨다. 그와 같이 다윗은 현재의 대적자들에게서도 구원해 달라고 간구한다(이상근). 우리 역시 하나님께서 과거에 해 주셨다면 현재에도 얼마든지 해 주실 수 있으신 것으로 믿고 구해야 한다.

시 3:8. 구원은 여호와께 있사오니 주의 복을 주의 백성에게 내리소서 (셀라).

다윗은 '구원은 여호와께만 있습니다. 주님의 복을 백성에게 내려 주십시오. (셀라)'라고 기도한다. 본 절의 "구원"이란 말과 "주님의 복"이란 말은 동의어로 쓰였다. "구원은 여호와께 있다"는 말은 '구원은 여호와의 손에 달려 있다'는 뜻이다. 다윗은 자기 자신만을 위해 기도하지 않고 주의 복을 주의 백성에게 내리소서라고 기도한다. 여기 주의 백성이란 자신을 따라나선 사람들만을 위하지 않고 압살롬을 따라 나선 대적들도 포함하는 백성들이다. 다윗은 앞으로 그들을 다스릴 것을 생각하고 그들을 위해 기도한다. 오늘 우리는 백성들을 위해 기도해야 할 것이다.

제 4 편 저녁의 노래

본 시편은 제 3편에 계속되는 시로 본다(Hitzig, 이상근). 문맥으로 보아 압살롬의 반역 때의 작품으로 보고(K&D, Briggs, Lange), 리델보스(Ridderbos)는 이 시편을 사울 왕이 다윗을 핍박할 때로 본다. 제 3편이 '아침의 노래'인데 비해, 본 시편은 '저녁의 노래요, 또 기도'이다.

본 시편의 내용은 1) 다윗이 여호와께 기도한 일(1-3절), 2) 악인에 대하여 질책한 일(4-5절), 3) 다윗이 여호와께 기도하여 응답을 받은 일(6-8절)을 노래한 것이다.

본 시편을 "다윗의 시"라고 한 것은 본 시편도 제 3편에 계속되는 다윗의 시로 본 것이다. 그리고 "인도자를 따라 현악에 맞춘 노래"라고 되어 있는 표제는 '시를 부를 때에 인도자를 따라 부르라'는 뜻이며, "현악에 맞춘 노래"라는 말은 '현악기에 맞추어 부르라'는 뜻이다.

시 4:1. <다윗의 시, 인도자를 따라 현악에 맞춘 노래> 내 의의 하나님이여 내가 부를 때에 응답하소서 곤란 중에 나를 너그럽게 하셨사오니 내게 은혜를 베푸사 나의 기도를 들으소서(To the choirmaster: with stringed instruments. A Psalm of David. Answer me when I call, O God of my righteousness! You have given me relief when I was in distress. Be gracious to me, and hear my prayer!-ESV).

다윗은 여호와를 향하여 '내 의의 하나님이여! 내가 부를 때 응답하소서'라고 부르짖는다. 다윗은 여호와를 향하여 "내 의의 하나님"이라고 부른다. '하나님은 본성적으로 의로우셔서 나를 의롭게 만들어주시는 하나님'이라고 부른 것이다. 로마서 전체는 하나님께서 우리를 의롭게 해 주셨음을 강조하고 있다.

다윗은 하나님께서 과거에 자신을 수없이 의롭게 구원해주신 것같이 지금도 자기를 긍휼히 여기사 자신의 기도를 들어달라고 부르짖는다. 오늘 우리가 의로우신 여호와를 부르며 살 수 있다는 것은 참으로 복이 아닐 수 없다. 우리는 우리의 의로우신 하나님께서 우리를 불쌍히 여겨주시기를 기도해야 할 것이다.

시 4:2. 인생들아 어느 때까지 나의 영광을 바꾸어 욕되게 하며 헛된 일을 좋아하고 거짓을 구하려는가 (셀라).

다윗은 본 절 초두에 "인생들아"라고 부른다. 나약한 인생들을 부르는 말이다. 다윗은 압살롬을 포함한 모든 대적자들을 향하여 이 칭호를 사용하여 '너희가 어느 때까지 나의 왕위를 망가뜨리는 것이냐'고 말한다. 언제까지 다윗을 모욕하여 다윗을 욕되게 하며 헛된 일을 좋아하고 그 거짓된 행동을 구하고 있느냐고 질책한다. 다윗은 자신이 여호와께 기도하기에 인생들의 행동이 헛된 일이 되고 거짓된 일이 될 줄 알았다. 오늘 우리가 기도하는 한 우리를 대적하는 세상 사람들의 역모는 헛된 일로 돌아갈 줄 믿어야 할 것이다.

시 4:3. 여호와께서 자기를 위하여 경건한 자를 택하신 줄 너희가 알지어다 내가 그를 부를 때에 여호와께서 들으시리로다.

본 절은 여호와 하나님께서 다윗의 기도를 들어주실 이유를 드러내고 있다. 여호와 하나님께서 자기를 위하여 경건한 다윗을 택하셨으니 다윗이 여호와께 기도할 때에 여호와께서 다윗의 기도를 들어주실 것이 확실하다는 것이다. 본 절의 "경건한 자"란 말은 '여호와를 믿는 자'를 지칭하는 말이다. 하나님은 다윗의 대적자들이 아무리 많다 해도 다윗은 여호와를 신앙하는 자로서 여호와께 기도하면 반드시 들어주신다는 확신을 가지고 있다. 오늘 우리가 하나님을 믿으면서 기도하여 응답을 받아야 할 것이다.

시 4:4. 너희는 떨며 범죄하지 말지어다 자리에 누워 심중에 말하고 잠잠할지어다 (셀라).

다윗은 인생들(2절)에게 "떨며 범죄하지 말라"고 경고한다. "떤다"는 말은 다윗을 대적하기를 두려워하여 떨라는 말이다. "범죄하지 말라"는 말은 다윗의 영광(왕위)을 바꾸어 욕되게 하며 헛된 일을 좋아하고 거짓을 구하지 말라는 뜻이다. 인생들은 누구나 어떤 범죄든지 범하지 않기를 노력해야 할 것이다.

다윗은 인생들에게 범죄하지 않는 법에 대해 설명한다. 범죄하지 않기 위하여는 "자리에 누워 심중에 말하고 잠잠해야" 한다. 다시 말해 조용히 자신의 범죄 건을 생각하면서 죄를 자복해야 하는 것이다. 사람마다 어떤 사람들은 죄를 더 짓는 방향으로 나아가고 어떤 사람은 잠잠히 죄를 자복해서 죄를 떠나는 사람들이 있다.

시 4:5. 의의 제사를 드리고 여호와를 의지할지어다.

다윗은 인생들(2절)에게 두 가지를 권면한다. 첫째, "의의 제사를 드리라"고 권면한다. '의를 많이 행하여 하나님께 의를 드리라'고 권면하는 말씀이다. 이것이 바로 동물의 제사를 드리는 것보다 우수하다는 것을 드러낸다. 둘째, "여호와를 의지하라"고 권면한다. 여호와를 의뢰하는 것이 심히 중요하다는 것이다.

시 4:6. 여러 사람의 말이 우리에게 선을 보일 자 누구뇨 하오니 여호와여 주의 얼굴을 들어 우리에게 비추소서.

본 절의 "여러 사람"이란 다윗이 '지금까지 말해온 다윗의 대적자들'(2절의 인생들)을 지칭하는 것으로 본다. 다윗의 대적자들은 다윗에게 선을 보여 달라고 말해왔다. 그런고로 다윗은 여호와를 향하여 "주의 얼굴을 들어 우리에게 비추어 주옵소서"라고 기도한다. 여호와께서 다윗의 기도를 들어주시면 여러 사람들에게 떳떳하게 보란 듯이 여호와를 보여주겠다고 말씀드린다. 우리는 세상에 살면서 세상 사람들에게 여호와를 보여주어야 할 것이다.

시 4:7. 주께서 내 마음에 두신 기쁨은 그들의 곡식과 새 포도주가 풍성할 때보다 더하니이다.

다윗은 본 절과 다음절에서 여호와로부터 기도(1-6절) 응답을 받은 것을 드러낸다. 본 절은 다윗의 마음에 기쁨이 가득히 임한 것을 말하고, 다음 절은 여호와께서 평안을 주신 것을 말씀한다.

다윗은 여호와로부터 기도 응답을 받아 기쁨이 충만한 것을 말한다. 다윗이 받은 기쁨은 "그들(세상 불신자들)의 곡식과 새 포도주가 풍성할 때보다 더하다"고 말한다. 오늘 우리 성도들이 가지고 있는 마음의 기쁨은 세상 불신자들(대적자들)이 세상 것으로 인해 가지는 기쁨보다 훨씬 상위에 있는 것임을 믿으며 하나님께 감사드려야 한다.

시 4:8. 내가 평안히 눕고 자기도 하리니 나를 안전히 살게 하시는 이는 오직 여호와이시니이다.

다윗은 기도 응답으로 여호와로부터 평안을 받아 이제는 "내가 평안히 눕고 자기도 하겠다"고 말한다(3:5). 밤에 평안히 눕고 잠을 잘 수 있다는 것은 큰 평안의 복이다. 다윗은 그 평안이 하나님으로부터 왔다고 확언한다. 즉, "나를 안전히 살게 하시는 이는 오직 여호와이시니이다"라고 말한다. 다윗은 압살롬의 난에 쫓기면서도 그의 심중에는 평안이 임해서 평안히 잠도 자고 쉬기도 한다고 말한다. 우리는 언제나 여호와로 말미암아 평안히 살 수 있음을 기억하며 감사하자.

제 5 편 아침의 기도

본편은 아침의 기도이다. 본편은 공 예배용 시편으로 찬양대가 아침 제사 때에 하나님께 부른 기도에서 불린 시로 보인다(Briggs). 다윗이 이 시편을 저작한 시기는 다윗이 압사롬의 반란을 만나기 전, 다시 말해 압살롬의 음모를 알아차렸을 때로 추측된다(K.&D., Rawlinson, 이상근). 본 시편의 내용은 1) 하나님께 다윗의 심정을 아뢴 일(1-3절), 2) 하나님은 악을 미워하시는 분이라는 것(4-6절), 3) 하나님을 의지하는 것을 노래한 일(7-9절), 4) 악인이 패망할 일과 의인이 복 받을 일(10-12절)을 진술한 것이다.

"다윗의 시, 인도자를 따라 관악에 맞춘 노래"에서 "인도자"에 대한 것은 4편 표제를 참조하라. "관악"이란 말은 이곳에 한번만 보이고, '퉁소'를 가리킨다. 본 시편은 퉁소의 반주로 부른다.

1-3절. 하나님께 다윗의 심정을 아뢴 것이다.

시 5:1. <다윗의 시, 인도자를 따라 관악에 맞춘 노래> 여호와여 나의 말에 귀를 기울이사 나의 심정을 헤아려 주소서.

다윗은 "여호와여! 나의 말에 귀를 기울이셔서 내 한숨 짓는 까닭을 알아주소서"라고 기도한다. 다윗은 압살롬의 음모를 미리 알고 여호와를 향하여 자신이 한숨 짓는 까닭을 알아주시라고 애원한다. 압살롬의 음모를 미리 알아차린 다윗의 심정은 얼마나 괴롭고 복잡하며, 당황했을까. 다윗은 이런 상황에서 여호와께 자신의 심정을 헤아려주시라고 간구하고(66:1; 86:6)있다. 믿음의 사람은 이런 어려운 때를 만났을 때 다른 무엇이 아닌 여호와만을 더욱 애절하게 찾는 것이다.

시 5:2. 나의 왕, 나의 하나님이여 내가 부르짖는 소리를 들으소서 내가 주께 기도하나이다.

다윗은 여호와를 향하여 '나의 왕이시여, 나의 하나님이시여! 살려 달라 애원하는 이 소리 모르는 체 마십시오. 나는 당신께 이 아침에 기도를 드립니다'라고 부르짖는다. 하나님은 다윗의 통치자시요, 보호자이시며, 심판자시라는 것이다. 그리고 여호와는 다윗의 왕이신 동시에 왕 이상인 하나님이시라는 것이다(시 84:3). 다윗은 이런 왕이신 하나님께 그의 사정을 아뢰면서 그의 사정을 들어달라고 애원한다.

시 5:3. 여호와여 아침에 주께서 나의 소리를 들으시리니 아침에 내가 주께 기도하고 바라리이다.

다윗은 여호와를 향하여 "여호와시여, 당신은 아침 기도를 들어 주시는 분이시기에 이른 아침부터 주님께 기도하고 여호와의 처분만을 기다리고 있습니다"라고 기도한다. 이스라엘인들은 '저녁과 아침과 정오에'(시 55:17) 기도를 드렸다. 본편은 아침에 드린 기도이다.

다윗은 "내가 주께 기도하고 바라리이다"라고 말한다. 여기 "기도"(אֶעֱרָךְ)란 말은 '질서 있게 벌여놓는다'는 데서 생겨난 말이다(레 1:7, 8: 민 28:4 참조). 제사장은 나무를 벌여놓고 그 위에 제물을 올려 놓은 후에 나무에 불을 붙여 놓았는데, 기도란 곧 제사를 드리는 것을 뜻했다. 다윗은 "하나님께 기도하고 바란다"고 말했다.

4-6절. 하나님은 죄를 미워하시는 분이시다.

시 5:4. 주는 죄악을 기뻐하는 신이 아니시니 악이 주와 함께 머물지 못하며.

다윗은 '주님은 죄악을 기뻐하는 신이 아니시니 악이 주님과 함께 머물지 못한다'고 말한다. 본 절의 "악"이란 말은 5-6절에 기록된 여섯 가지 죄인들을 총칭하는 말로 하나님은 죄인들과 함께 공존하지 않으신다는 뜻이다.

시 5:5. 오만한 자들이 주의 목전에 서지 못하리이다 주는 모든 행악자를 미워하시며.

본 절의 "오만한 자들"이란 말은 '거만하고 자랑을 늘어놓는 자들'을 뜻하는데 여호와께서는 이런 자들과 함께 계시지 않으신다. 그리고 여호와는 "모든 행악자를 미워하시며" 파멸에 던지신다(시 73:3, 18). 여기 "모든 행악자"란 다윗을 대항하여 반역을 꾸민 자들일 것이다. 다윗은 여호와께서 행악자들을 미워하신다는 확신을 가지고 있었다.

시 5:6. 거짓말하는 자들을 멸망시키시리이다 여호와께서는 피 흘리기를 즐기는 자와 속이는 자를 싫어하시나이다.

다윗은 본 절에서 여호와께서 세 종류의 죄인들, 즉 거짓말하는 자들을 멸망시키시며 또 피 흘리기를 즐기는 자와 속이는 자들을 싫어하신다고 말한다. 우리도 하나님께서 그런 죄인들을 싫어하시고 멸망시킨다는 확신을 가지고 살아야 할 것이다.

7-9절. 다윗은 악인들이 자신을 반역하려는 가운데서 하나님을 절대적으로 신뢰한다.

시 5:7. 오직 나는 주의 풍성한 사랑을 힘입어 주의 집에 들어가 주를 경외함으로 성전을 향하여 예배하리이다.

다윗은 '그러나 나는 주님의 크신 은혜를 힘입어 주님의 성전으로 들어가서, 주님을 경외하는 마음으로 주님의 성전을 바라보며, 주님께 꿇어 엎드립니다'라고 말한다. 우리는 언제나 주님의 크신 은혜를 입지 않으면 모든 일을 바로 하지 못한다는 것을 알아야 할 것이다. 다윗은 주님의 크신 사랑을 힘입어 다윗 때에 시온에 있었던 장막에 들어간 것이다. 다윗은 하나님의 집에 들어가서 예배하는 것을 가장 큰 즐거움으로 여겨 그것을 원했다. 그리고 우리가 하나님을 경배한다면 '주를 경외'하는 마음으로 해야 한다. 그리고 본 절의 "성전을 향하여"란 말은 '지성소를 향하여'란 뜻이다. 오늘날 우리는 지성소 되시는 그리스도를 향하여 경배를 드려야 할 것이다.

시 5:8. 여호와여 나의 원수들로 말미암아 주의 의로 나를 인도하시고 주의 길을 내 목전에 곧게 하소서.

다윗은 여호와 하나님에게 '나를 대적하는 원수들(압살롬의 반역에 가담한 자들)이 나를 망하게 하려고 활동하고 있사오니 주님의 공의의 성품으로 나를 바르게 인도하여 주십시오. 내 앞에 주님의 길을 환히 열어 주십시오'라고 기도한다. 원수들이 우리를 망하게 하려할 때 우리는 주님께 바른 길을 열어주시라고 부르짖어야 할 것이다.

시 5:9. 그들의 입에 신실함이 없고 그들의 심중이 심히 악하며 그들의 목구멍은 열린 무덤 같고 그들의 혀로는 아첨하나이다.

원수들은 중심이 썩었으니 그들의 입에도 신실함이 없고 그들의 목구멍은 열린 무덤 같이 거짓이 끊임없이 흘러나오며 그들의 혀로는 아주 아첨하는 일에 달인이 되었으니 다윗은 그들에게 망하지 않게 8절처럼 주님께 바른 길로 인도해 주시라고 기원하는 것이다.

10-12절. 악인들은 패망하고 의인들에게는 복이 임하게 하옵소서라고 기도한다.

시 5:10. 하나님이여 그들을 정죄하사 자기 꾀에 빠지게 하시고 그 많은 허물로 말미암아 그들을 쫓아내소서 그들이 주를 배역함이니이다.

다윗은 '하나님이시여, 그 악인들을 정죄하셔서 자기 꾀에 걸려 넘어지게 하시고, 그들이 저지른 많고 많은 허물을 보시고, 그들을 주님 앞에서 쫓아내 주십시오. 그들은 주님을 거역하는 자들입니다'라고 기도한다. 이 기도대로 아히도벨은 자신 스스로 자살해서 죽고 말았다(삼하 17:23). 여기 "그들이 주를 배역했다"는 말은 그 악인들이 다윗에게만 반역한 것이 아니라 결국은 하나님을 배역한 것이 되었다는 의미이다. 하나님께서 세우신 사람을 반역하는 것은 하나님을 배역하는 것이 된다는 사실을 보여준다.

시 5:11. 그러나 주께 피하는 모든 사람은 다 기뻐하며 주의 보호로 말미암아 영원히 기뻐 외치고 주의 이름을 사랑하는 자들은 주를 즐거워하리이다.

다윗은 앞 절과는 반대로 '주님께로 피신하는 모든 사람(주님을 신앙하는 모든 사람)은 누구나 기뻐하게 되고, 대적자들이 아무리 많아도 여호와의 보호 때문에 영원히 즐거워 외치게 되며, 주님을 사랑하는 사람들은 주님 때문에 기쁨을 누리면서 살게 될 것이라'고 확신한다. 본 절 초두의 "주께 피하는 모든 사람"은 복수로서 주님을 신앙하는 성도들을 지칭한다. 다윗은 의인이 기뻐하고 또 영원히 기뻐 외치며 즐거워할 수 있게 해주십사고 기도한다.

시 5:12. 여호와여 주는 의인에게 복을 주시고 방패로 함 같이 은혜로 그를 호위하시리이다(For you bless the righteous, O LORD; you cover him with favor as with a shield-ESV).

다윗은 '여호와시여, 주님께서는 바르게 살아가는 의인에게 복을 베풀어 주시고, 큼직한 방패로써 사람을 보호하시듯 의인을 은혜로 보호해 주옵소서'라고 기도한다. 다윗은 대적자들이 주님을 배역하는 사람들이니 멸망시키시고(6절), 쫓아내시라(10절)고 기도했는데 의인들을 위해서는 복을 내리시고 방패로 막아주듯이 보호해 주시도록 기도하고 있다.

제 6 편 밤에 부르는 노래

본편은 밤에 부르는 노래이다(6절). 시편에는 일곱 편의 "회개시"(6편; 32편; 38편; 51편; 102편; 130편; 143편)가 있는데, 본편은 그 중에 제일 앞선 시이다. 본편의 환난은 문맥으로 보아 앞선 시편에서보다 더욱 심해졌다. 그 원인을 다윗은 자신의 죄에서 찾았다. 그래서 그는 자기 죄를 자복하여 응답을 받는다.

다윗은 자신의 고통을 죄로 인한 양심의 가책으로 본다(Calvin, Hengsternberg, Aben Ezra, K.&D., Rawlinson). 본 시의 내용은 1) 다윗이 여호와께 호소한 일(1-3절), 2) 밤중에 부른 노래(4-7절), 3) 여호와께서 응답하신 일(8-10절) 등이 진술된다.

"다윗의 시, 인도자를 따라 현악 여덟째 줄에 맞춘 노래"라는 말에서 "여덟째 줄"(הַשְּׁמִינִית)이란 말은 '제 8음'이란 뜻인데 8현(絃) 악기를 뜻한다.

1-3절. 다윗이 여호와께 호소하다.

시 6:1. <다윗의 시, 인도자를 따라 현악 여덟째 줄에 맞춘 노래> 여호와여 주의 분노로 나를 책망하지 마시오며 주의 진노로 나를 징계하지 마옵소서.

다윗은 '여호와여! 노여우심 중에 나의 죄를 묻지 마시오며, 화가 나신 중에 나를 벌하지 말아 주소서'라고 기도한다. 다윗은 아직도 죄의식이 있기 때문에 이 자복 기도를 드린 것으로 본다. 본 절의 "주의 분노"란 말과 "주의 진노"란 말은 동의어로 다윗은 하나님께서 다윗을 향하여 아직도 노여움이 있을지도 모른다는 생각을 가지고 있었던 것으로 보인다. 그리고 본 절의 "책망하다"는 말과 "징계하다"는 말도 역시 동의어로 사용되었다. 이 두 가지 낱말은 '벌하다'는 뜻이다. 오늘 우리는 항상 죄인의 괴수라는 의식을 가지고 살아야 할 것이다(딤전 1:15).

시 6:2. 여호와여 내가 수척하였사오니 내게 은혜를 베푸소서 여호와여 나의 뼈가 떨리오니 나를 고치소서.

다윗은 여호와께 '주님이시여! 내 기력이 쇠하였으니, 내게 은혜를 베풀어 주시옵소서. 내 뼈가 마디마다 떨리오니 나를 고쳐 주시옵소서'라고 부르짖는다. 죄의식으로 루터가 졸도했다는 사실과 죄의식 때문에 육신까지 쇠약해졌다는 캘빈이 연상된다. 우리 역시도 여호와께 죄를 자복할 때 우리의 심히 약함을 인정하며, 아뢰는 것이 바람직하다.

시 6:3. 나의 영혼도 매우 떨리나이다 여호와여 어느 때까지니이까.

다윗은 여호와께 기도하기를 '내 마음은 심히 떨립니다. 주님께서는 언제까지 지체하시렵니까?'하고 여쭙는다. 다윗은 그의 육신만(2절) 아니라 영혼까지도 심히 떨린다고 고백한다. 이렇게 영육 간에 쇠약한 것은 하나님 앞에 향기로운 제물이 되는 것이다(시 51:17; 사 57:15; 눅 18:13-14). 그러면서 다윗은 하나님께서 다윗 자신의 때를 이대로 미루어 언제까지 나가실 것인가를 묻는다.

4-7절. 밤중에 부른 노래이다. 다윗은 극한 죄책 때문에 온 밤을 지새우며 통회한다.

시 6:4. 여호와여 돌아와 나의 영혼을 건지시며 주의 사랑으로 나를 구원하소서.

다윗은 여호와를 향하여 '여호와시여! 돌아와 주소서, 이 목숨 구해주옵소서. 여호와의 자비로써 나를 살려 주소서'라고 기도한다. 다윗은 하나님께서 자기를 버리시고 떠나가신 것을 느끼고, 자신이 멸망의 구덩이에 빠졌음을 느끼며, 자신이 스스로는 구원 받을 수 없음을 느끼고 있었다. 그런고로 이제 하나님을 향하여 자신에게 돌아오시라고 부르짖으며, 구덩이에 빠진 것 같은 자신의 영혼을 하나님의 자비하심을 따라 건져주시라고 애원한다.

시 6:5. 사망 중에서는 주를 기억하는 일이 없사오니 스올에서 주께 감사할 자 누구리이까.

다윗은 '자신이 일단 죽으면 현세에 있는 느낌으로 주님을 찬양하지 못합니다. 무덤에서 누가 주님께 감사할 수 있겠습니까?'라고 아뢴다. 다윗의 이 말은 믿는 사람이 일단 죽으면 내세에서 아무런 활동도 못한다는 말은 아니다. 다만 이 세상에서 할 일은 더 이상 하지 못한다는 뜻이다. 다윗은 내세에 대한 신앙이 분명했다. 그러므로 본 절의 말씀을 내세의 부인을 의미하는 것으로 보기보다는 사후에 모든 것이 달라지는 상황을 표현한 말로 보아야 한다.

시 6:6. 내가 탄식함으로 피곤하여 밤마다 눈물로 내 침상을 띄우며 내 요를 적시나이다.

다윗은 '내가 탄식하는 중에 지치고 말았습니다. 나는 밤마다 눈물 지으며 침상을 적시며 내 잠자리를 적시고 있습니다'라고 아뢴다(시 31:9; 32:3-4 참조).

시 6:7. 내 눈이 근심으로 말미암아 쇠하며 내 모든 대적으로 말미암아 어두워졌나이다.

다윗은 여호와께 '내 눈은 너무 심한 슬픔 때문에 흐려져 버리고 말았고, 내 모든 대적 때문에 어두워지고 말았습니다'라고 아뢴다. 다윗은 심적인 심각한 슬픔 때문에 눈이 흐려져 버렸다는 것이며. 다윗 앞에 있는 대적 때문에 눈이 어두워지고 말았다는 것이다.

8-10절. 다윗은 여호와께서 응답하신 일(8-10절) 등을 진술한다.

시 6:8. 악을 행하는 너희는 다 나를 떠나라 여호와께서 내 울음소리를 들으셨도다.

다윗은 대적자들을 향하여 '너희는 다 나를 떠나라'고 말한다. 떠나야 할 이유는 세 가지였다. 하나는 "여호와께서 내 울음소리를 들으셨기 때문"이었다. 여호와께서 다윗의 울음소리를 들으셔서 기도 응답을 하셨으니 이제 대적자들은 다윗 곁을 떠나라는 것이었다.

6:9. 여호와께서 내 간구를 들으셨음이여 여호와께서 내 기도를 받으시리로다.

다윗이 대적자들을 향하여 떠나라고 담대하게 말할 수 있었던 두 번째 이유는 '여호와께서 다윗의 간구를 들으셨기 때문에 여호와께서 다윗의 기도를 받으실 것이 확실하니 이제 대적자들은 모두 다윗을 떠나라'는 것이었다. 우리는 여호와께서 우리의 기도를 들으셨다는 확신이 임할 때까지 기도해야 할 것이다.

시 6:10. 내 모든 원수들이 부끄러움을 당하고 심히 떪이여 갑자기 부끄러워 물러가리로다.

다윗은 '내 원수들은 모두 부끄러움을 당하고 벌벌 떨다가 언젠가는 갑자기 낙담하며 홀연히 물러 갈 것이라'고 말한다. 이 시편은 압살롬군의 급작스러운 멸망으로 응해졌다(삼하 18:9-18 참조). 루터(Martin Luther)도 아주 난처한 때를 당하여 밀실에서 기도하다가 부르짖기를 "우리가 정복했다. 우리가 정복했다"(Vicimus, Vicimus)고 외쳤다. 성도가 기도로 승리할 때 마음에는 평화요, 밖의 원수들은 갑자기 실패하는 것이다(박윤선).

제 7 편 하나님의 공의에 근거한 무죄자의 호소

다윗은 자신의 무죄를 확신하며, 자신이 승리를 거둘 것을 확신한다. 본편의 내용은 1) 무죄한 다윗의 간절한 호소(1-5절), 2) 다윗을 박해하는 측과 다윗의 심판을 구함(6-10절), 3) 다윗이 승리할 것을 확신하고 있는 것(11-17절)을 진술한다. 다윗이 이 시를 쓰는 배경에 대해서는 사울을 피해 엔게디 황무지에 있을 때로 보는 견해(삼상 24장, Hengsternberg)와 하길라 산에 있을 때의 경험을 배경으로 삼았다는 견해(삼상 26장, Hitzig)가 있다. 두 경우는 다 같이 다윗이 자기 손안에 있었던 사울을 죽이지 않고 살려 보낸 때였다. 따라서 이 시편의 저작 시기는 사울의 난을 피할 때로 본다.

"다윗의 식가욘, 베냐민인 구시의 말에 따라 여호와께 드린 노래"라는 표제에서 "식가욘"(שִׁגָּיוֹן)이란 말은 시편에서 이곳에만 나타나는 말이다. 이는 하박국의 "시기오놋"과 공통되는 것으로 보인다. 이 뜻을 살펴보면 1) "실수함 또는 틀림"(K.&D.)이란 뜻으로 볼 수도 있으며, 2) 또는 "위대함"으로 볼 수도 있다.

"베냐민인 구시"란 말도 불분명하다. 이는 아마도 사울에게 다윗을 해치도록 권유한 인물로 보인다. 그런고로 다윗은 베냐민 사람 구시의 말을 듣고 여호와께 노래를 드린 것으로 보인다.

1-5절. 무죄한 다윗의 간절한 호소.

시 7:1. <다윗의 식가욘, 베냐민인 구시의 말에 따라 여호와께 드린 노래> 여호와 내 하나님이여 내가 주께 피하오니 나를 쫓아오는 모든 자들에게서 나를 구원하여 내소서.

다윗은 여호와 하나님께 기도한다. 즉, '내가 주께 피하오니 나를 쫓는 모든 자로부터 나를 구원하여 건지소서'라고 기도한다. 많은 박해자들부터 박해를 받고 있는 다윗은 하나님을 향한 신앙을 잃지 않고, 더욱 하나님을 의지하면서 하나님에게 보호를 요청하고 구원해 주실 것을 바라고 있다. 수많은 박해자들이 우리 앞에 있는 두려운 때에도 한분 하나님을 바라보는 믿음에서 흔들리지 않는다면 우리의 문제는 해결 받게 된다.

시 7:2. 건져낼 자가 없으면 그들이 사자 같이 나를 찢고 뜯을까 하나이다.

다윗은 '만일 하나님께서 구원해 주지 않으시면 사자처럼 달려들어 이 목숨을 발기발기 찢어놓을 것입니다'라고 아뢴다. 여기 다윗을 박해하는 "사자"는 '사울'일 것이다(시 10:9; 17:12; 22:13, 21; 35:17). 신자들 주위에는 언제나 괴롭히는 사자 같은 사람이 있다. 그것은 우리로 하여금 항상 하나님께 기도하며 살게 하시는 하나님의 섭리이다.

시 7:3-4. 여호와 내 하나님이여 내가 이런 일을 행하였거나 내 손에 죄악이 있거나 화친한 자를 악으로 갚았거나 내 대적에게서 까닭 없이 빼앗았거든.

다윗은 사자에게 찢김을 당할만한 이유가 없다고 말한다. 오늘 우리 역시 사자에게 찢김을 당할만한 이유가 없이 살아야 할 것이다. 다윗은 '내가 이런 일, 즉 내 손에 죄악이 있거나 화친한 자를 악으로 갚았거나 내 대적에게서 까닭 없이 빼앗았다면' 하나님에 의해서 다윗이 벌을 받도록 하시라(5절)고 말씀한다. 그만큼 다윗은 그럴만한 죄가 없다고 강변한다.

시 7:5. 원수가 나의 영혼을 좇아 잡아 내 생명을 땅에 짓밟게 하고 내 영광을 먼지 속에 살게 하소서 (셀라)(let the enemy pursue me and overtake it, and let him trample my life to the ground, and lay my glory in the dust. [Selah]-ESV)**.**

다윗은 '원수들이 내 뒤를 좇아 와서, 나를 잡아, 내 목숨을 땅에 짓밟고, 내 영광(영혼)을 땅속에 두게 하옵소서 (셀라)'라고 말씀드린다. 즉, 다윗은 어떤 벌이라도 받겠다고 말한다. 다시 말해 원수가 다윗의 목숨을 좇아 잡아서 다윗의 생명을 땅에 짓밟게 하고 다윗의 목숨을 흙 속에서 살게 하셔도 좋다고 말씀드린다. 우리는 어떤 죄도 남김없이 다 자복한대로 살아야 할 것이다.

6-10절. 다윗은 자신을 박해하는 측을 심판해 주십사고 요청한다.

시 7:6. 여호와여 진노로 일어나사 내 대적들의 노를 막으시며 나를 위하여 깨소서 주께서 심판을 명령하셨나이다(Arise, O LORD, in your anger, lift yourself up against the fury of my enemies; awake for me, O my God; you appointed a judgment-ESV)**.**

다윗은 '주님이시여, 진노하신 가운데서 일어나시고, 내 대적들의 기세를 막아 주십시오. 그리고 하나님께서 나를 위해 틀림없이 판결을 내려 주십시오'라고 기도한다. 본 절의 "진노"(עֶבְרוֹת)란 말은 '넘쳐서 흘러나오는 노(怒)'를 뜻한다. 다윗은 대적들의 노(怒)를 주님의 넘쳐흐르는 노로 막아주시라고 부탁한다.

시 7:7. 민족들의 모임이 주를 두르게 하시고 그 위 높은 자리에 돌아오소서 (Let the assembly of the peoples be gathered about you; and over it return on high-ESV).

다윗은 '모든 민족들로 하여금 주님 앞으로 모이게 하시고, 주님께서는 그 높은 법정으로 돌아오소서'라고 기도한다. 다윗은 여호와께 높은 법정에 오르셔서 대적들을 판단해 주시라고 요청한다.

시 7:8. 여호와께서 만민에게 심판을 행하시오니 여호와여 나의 의와 나의 성실함을 따라 나를 심판하소서.

다윗은 '주님께서는 모든 백성들을 판단하시는 분이시니, 다윗 자신의 의로움과 성실함을 따라 자신을 변호해 주십사'고 간구한다. 다윗은 아무리 생각해도 자신에게는 백성들의 위협을 당할만한 죄가 없는 것을 생각하고 자신이 의롭게 살아온 일과 성실하게 살아온 일을 근거하고 심판해 주십사고 기도한 것이다. 다윗은 하나님 앞에서 자신의 의로움과 다윗을 박해하는 측의 죄악이 극명하게 드러나기를 소원한다.

시 7:9. 악인의 악을 끊고 의인을 세우소서 의로우신 하나님이 사람의 마음과 양심을 감찰하시나이다.

다윗은 상선 벌악하시는 여호와께 '악인의 악을 끊고, 의인을 세워주십시오. 하나님께서는 의로우시기 때문에 사람의 마음과 양심을 훤히 꿰뚫어 보시는 분이라'고 말씀한다. 다윗은 하나님께서 사람의 마음과 양심을 훤히 감찰하시고 악인의 악을 끊으시고 의인을 세워 주십사고 기도한다.

시 7:10. 나의 방패는 마음이 정직한 자를 구원하시는 하나님께 있도다.

다윗은 '하나님은 나를 지키시는 방패시고(시 3:3; 5:12), 마음이 바른 사람을 구원해 주시는 분이시라'고 고백한다. 얼핏 보기에는 교활한 자가 스스로 구원을 얻는 것처럼 보이지만 그러나 하나님께서는 마음이 정직하고 바른 사람을 구원해 주신다는 것이다. 여기 "마음이 정직한 자를 구원하시는 하나님"이란 말은 '하나님과의 관계를 바르게 가지는 자를 구원하시는 하나님'이란 뜻이다. 다시 말해 '하나님 앞에 회개하고 믿는 자를 하나님은 구원해 주신다'는 말이다.

11-17절. 다윗이 승리할 것을 확신하고 있다.

시 7:11. 하나님은 의로우신 재판장이심이여 매일 분노하시는 하나님이시로다.

다윗은 '하나님은 공정한 재판장이시라서 매일 같이 분노하셔서 벌하시는 분이시라'고 말한다. 하루도 빠짐없이 분노하신다는 것은 우리 성도들에게는 기쁨이 아닐 수 없다.

시 7:12. 사람이 회개하지 아니하면 그가 그의 칼을 가심이여 그의 활을 이미 당기어 예비하셨도다(If a man does not repent, God will whet his sword; he has bent and readied his bow-ESV).

다윗은 '사람이 하나님 앞으로 돌아오지 않으면 하나님께서 칼을 갈고 활을 겨누어 심판을 준비하신다'고 말한다(신 32:41; 사 27:1; 34:5). 본절의 "활을 당기셨다"는 말은 '하나님은 이미 활을 당기어 고정시켜 놓으셨다'는 뜻이다. 하나님은 언제나 활을 당기어 고정시켜 놓고 계신다.

시 7:13. 죽일 도구를 또한 예비하심이여 그가 만든 화살은 불화살들이로다.

다윗은 '사람이 하나님 앞으로 돌아오지 않으면 하나님께서 살상 무기를 준비하시고, 화살을 쏘시기 위해 화살 끝에 불을 붙여 놓고 계신다'고 말한다. 여기 "화살"이란 '화살 끝에 송진을 칠한 끈이 있어 거기에 불을 붙여 쏘기도 했고, 또 때로는 화살 끝에 독약을 칠하여 쏘는 독전'도 포함한다.

시 7:14. 악인이 죄악을 낳음이여 재앙을 배어 거짓을 낳았도다.

다윗은 '악인들은 죄악을 잉태하였다가 때가 되면 재앙을 불러오고 또 다른 거짓을 함께 산출한다'고 말한다. 악인들의 범죄 행위를 여인의 해산에 비유하여 설명한다. 악인들은 남을 해할 계획을 꾸민 다음 그 계획의 실행은 거짓을 통해 한다는 것이다(욥 15:35; 사 59:4 참조).

시 7:15. 그가 웅덩이를 파 만듦이여 제가 만든 함정에 빠졌도다.

다윗은 '악인들은 자기들이 묻힐 웅덩이를 파 만들어 자기들이 만든 함정에 빠진다'고 말한다. 대적들은 다윗을 빠뜨리기 위해 웅덩이를 파 놓았는데 그 웅덩이에 결국은 자기들이 빠져서 헤매다가 거기서 생을 마감한다는 뜻이다(시 9:15, 16; 35:8; 57:6). 하만이란 사람은 남을 죽일 생각으로 장대를 만들어 놓았는데 결국은 자기가 거기에 매달리고 말았다(에 7:10).

시 7:16. 그의 재앙은 자기 머리로 돌아가고 그의 포악은 자기 정수리에 내리리로다.

다윗은 '악인들이 만들어낸 악행들이 자기들 머리로 돌아가고 그들의 포악들은 자기들의 정수리 위에 떨어지고 만다'고 말한다. 본 절은 앞 절의 반복이다. 본 절의 "재앙"이란 말과 "포학"이란 말은 동의어로 사용되어 아주 악독한 악행들을 지칭하는 말이다. 그리고 "자기 머리"란 말과 "자기 정수리"란 말도 동의어로 쓰여 '자기 앞으로'란 뜻이다. 세인들은 자기들 스스로를 해치면서 살아가고 있다.

시 7:17. 내가 여호와께 그의 의를 따라 감사함이여 지존하신 여호와의 이름을 찬양하리로다.

다윗은 본 절에서 두 가지를 말하고 있다. 하나는 "내가 여호와께 그의 의를 따라 감사한다"는 것이고, 또 하나는 "지존하신 여호와의 이름을 찬양하리라"는 것이다. 다윗은 여호와께서는 의로우시고 또 의로우신 심판을 행하시며 그 의로우신 심판으로 인해 자신이 구원을 받았으니 여호와께 영원히 감사한다는 것이다. 그리고 다윗은 여호와는 우리의 생각밖에 높으신 분이시니 찬양을 한다는 것이다. 본 절의 "여호와의 이름"이란 말은 '여호와 자신'을 지칭하는 말이다.

제 8 편 하나님의 창조를 찬양한 시

본편은 하나님의 창조를 찬양한 시(詩)이다. 본편의 내용은 1) 하나님께서 만드신 하늘과 땅의 영광을 찬양한 일(1절), 2) 하나님께서 그의 권능을 드러내신 것을 찬양한 일(2-3절), 3) 하나님께서 인간을 창조하신 것을 찬양한 일(4-5절), 4) 하나님께서 인간을 높은 지위에 두신 것을 찬양한 일(6-8절)을 진술한 것이다.

"다윗의 시, 인도자를 따라 깃딧에 맞춘 노래"라는 표제에서 "다윗의 시"란 말에 대해서는 3편 주해 참조. "깃딧"이란 말은 '기쁜 곡조'를 가리키는 것으로 본다.

1절. 다윗은 하나님께서 만드신 하늘과 땅의 영광을 찬양한다.

시 8:1. <다윗의 시, 인도자를 따라 깃딧에 맞춘 노래> 여호와 우리 주여 주의 이름이 온 땅에 어찌 그리 아름다운지요 주의 영광이 하늘을 덮었나이다.

다윗은 '주 우리 하나님, 주님의 이름이 온 땅에서 어찌 그리 아름다운지요? 주님의 영광이 하늘을 덮었나이다'라고 고백한다. 본 절에 "주님의 이름"이란 말과 "주님의 영광"이란 말은 동의어로 쓰여 '주님의 위엄이 땅과 하늘에 충만히 덮였다'는 것을 말한다. 하나님의 은혜를 체험하는 자마다 하늘과 땅에 하나님의 영광이 충만함을 느낀다. 나뭇잎이 흔들리는 것을 보아도 그렇게 아름다울 수가 없고, 새 소리를 듣는 순간도 그렇게 아름다울 수가 없다. 지금도 우리가 처음 예수님을 믿을 때에 받았던 그런 은혜를 다시 체험할 수만 있다면 하늘과 땅이 온통 하나님의 영광으로 충만한 것을 느낄 수 있을 것이다.

2-3절. 다윗은 하나님께서 그의 권능을 드러내신 것을 찬양한다.

시 8:2. 주의 대적으로 말미암아 어린 아이들과 젖먹이들의 입으로 권능을 세우심이여 이는 원수들과 보복자들을 잠잠하게 하려 하심이니이다.

다윗은 '여호와께서는 여호와의 대적자들을 잠잠하게 하시기 위하여 아주 어린 아이와 젖먹이 같은 어린 신자들의 입을 통하여 권능을 세우셨습니다. 주님께서 이렇게 하신 이유는 원수와 복수하는 자들을 잠잠케 하시기 위함입니다'라고 말한다. 본 절의 "어린 아이들"이란 말과 "젖먹이들"이란 말은 동의어로 사용되어 아주 신앙이 나약한 신자들을 지칭한다. 하나님은 그의 권능을 보여주시기 위하여 신앙이 아주 약한 사람들을 들어 쓰셔서 원수들과 보복자들을 잠잠하게 하신다는 것이다(마 21:15-16 참조). 하나님은 하늘과 땅에 영광이 충만하게 하시기도 하지만(1절), 또 신자들에게 큰 권능을 주셔서 주님의 영광을 드러내시기도 하신다.

시 8:3. 주의 손가락으로 만드신 주의 하늘과 주께서 베풀어 두신 달과 별들을 내가 보오니.

다윗은 "주님의 손가락으로 만드신 주의 하늘"이란 말과 "주께서 베풀어 두신 달과 별들"이란 말은 동의어로 사용되었다. 여기 특별히 하늘을 "손가락으로 만드셨다"(출 8:19; 31:18; 신 9:10)는 말은 하나님의 창조를 더욱 힘 있게 묘사하기 위함이다. 즉, "주님의 손"으로 창조하셨다는 말(삼상 5:11; 스 7:9; 느 2:8; 욥 2:10; 사 62:3)보다도, "손가락"으로 하늘을 만드셨다는 말씀의 표현은 더욱 강력하신 하나님을 드러낸다.

4-5절. 다윗은 하나님께서 인간을 창조하신 것을 찬양한다.

시 8:4. 사람이 무엇이기에 주께서 그를 생각하시며 인자가 무엇이기에 주께서 그를 돌보시나이까.

다윗은 '인생이 무엇이기에 인생을 그토록 생각해 주시며 인생이 무엇이기에 이토록 보살펴 주십니까?'라고 하나님의 사랑을 찬양한다. 사람이란 버러지와 같고 안개와 같은데 주님께서는 인간을 생각해 주시고 인간을 권고해 주신다고 고맙게 생각한다. 다윗만 아니라 오늘 우리도 하나님의 기이한 돌봄을 받으며 살고 있다. 특히 오늘 우리는 그리스도의 십자가 대속의 사랑으로 구원을 얻었다.

시 8:5. 그를 하나님보다 조금 못하게 하시고 영화와 존귀로 관을 씌우셨나이다.

다윗은 '주님께서는 인간을 하나님 다음가는 지위에 두시고, 인간에게 존귀하고 영화로운 관을 씌워 주셨습니다'고 말한다. 하나님은 인간을 하나님과 가까운 존재로 만들어 주셨다는 것이다. 다시 말해 만물의 영장으로 영화와 존귀의 관을 씌워주셨다.

시 8:6. 주의 손으로 만드신 것을 다스리게 하시고 만물을 그의 발 아래 두셨으니.

다윗은 '하나님께서 인간으로 하여금 주님의 손으로 만드신 것을 다스리게 하시고, 만물을 인생의 통치를 받는 위치에 두셨다'고 말한다. 그러나 인간의 이 통제권은 인간의 죄 때문에 문제가 생겼는데 하나님은 이런 인간들을 위해 그 아드님을 보내셔서 인간의 통제권을 다시 회복시켜 주셨다.

시 8:7-8. 곧 모든 소와 양과 들짐승이며 공중의 새와 바다의 물고기와 바닷길에 다니는 것이니이다.

다윗은 하나님께서 인간으로 하여금 주님의 손으로 만드신 것을 다스리게 하셨는데(6절) 7-8절은 구체적인 예를 들고 있다. 즉, '모든 소와 양과 들짐승이며 공중의 새와 바다의 물고기와 바닷길에 다니는 것들'이라고 말한다. 인간의 만물 통제권은 현세에서 약간의 문제점도 있기는 하나(왕하 17:25-26; 욥 40:24), 인간과 만물이 회복될 때 그 지배권도 완전히 회복되는 것이다(사 11:6-9; 65:25, 이상근).

시 8:9. 여호와 우리 주여 주의 이름이 온 땅에 어찌 그리 아름다운지요.

다윗은 '주 우리의 하나님, 주님의 영광이 온 땅에서 어찌 그리 아름다운지요'라고 말한다. 본 절은 1절과 동일하다. 1절이 반복되는데, 이에 대해서는 다윗이 하나님의 영광에 압도되어 다시 한 번 강조하여 기록한 것으로 보는 편이 좋을 듯하다. 중생한 성도는 하나님의 영광이 온 땅에 아름다운 것을 거듭 말하게 된다.

제 9 편 하나님의 의(義)의 심판을 찬미하다.

본편의 내용은 1) 하나님께서 심판하신 것을 찬양함(1-8절), 2) 압제를 받는 자를 구원하신 일(9-16절), 3) 악인을 심판하실 것을 기원한 일(17-20절) 등이 진술된다.

1-8절. 하나님께서 심판하신 것을 찬양한다.

시 9:1. <다윗의 시, 인도자를 따라 뭇랍벤에 맞춘 노래> 내가 전심으로 여호와께 감사하오며 주의 모든 기이한 일들을 전하리이다.

다윗은 '주님! 나의 온 마음을 다 바쳐서 감사를 드립니다. 그리고 주님께서 친히 이루어주신 놀라운 행적들을 끊임없이 전파하겠습니다'라고 한다. 우리가 주님께 감사할 때는 전심으로, 온 마음 다 바쳐서 해야 한다. 다윗이 주님께 전심을 다해 감사하는 이유는 주님께서 친히 기이한 일들을 이루셨기 때문이다. 주님은 오늘도 우리에게 수많은 은혜를 주시니 우리는 전심으로 감사해야 한다.

시 9:2. 내가 주를 기뻐하고 즐거워하며 지존하신 주의 이름을 찬송하리니(I will be glad and exult in you, I will sing praise to your name, O Most High-ESV).

다윗은 '심히 높으신 주님! 제가 주님 때문에 기뻐하고 즐거워하며, 주님의 이름을 찬양합니다'라고 말한다. 본 절에 "기뻐하고" "즐거워한다"고 이중(二重)으로 말한 것은 다윗의 기쁨이 큼을 말하기 위함이다. 우리는 주님께서 주시는 은혜가 크기 때문에 이삼중(二三重)으로 기뻐하고 감사해야 할 것이다.

시 9:3. 내 원수들이 물러갈 때에 주 앞에서 넘어져 망함이니이다(When my enemies turned back, they stumbled and perished before your presence-ESV).

다윗은 '내 원수들이 주님 앞에서 뒤돌아서 도망쳐 비틀걸음치며 넘어져서 죽었습니다'고 회고한다. 다윗은 원수들이 전쟁에서 패전하여 물러갈 때의 모습을 생생하게 기억하고 있었다. 본 절의 내 원수들이 주님의 면전에서 물러가는 모습을 기억하고 있었던 것은 하나님께서 그 전쟁을 주관하셔서 적들을 쳐서 멸망시켰다는 뜻이다.

시 9:4. 주께서 나의 의와 송사를 변호하셨으며 보좌에 앉으사 의롭게 심판하셨나이다(For you have maintained my just cause; you have sat on the throne, giving righteous judgment-ESV).

다윗은 '이는 주께서 나의 바른 판결을 옹호하시며, 보좌에 앉으셔서 나를 죄 없다고 판결하셨기 때문입니다'고 말한다. 본 절 초두에는 이유를 말하는 접속사 왜냐하면(כִּי)이란 말이 있어서 본 절은 앞 절의 이유를 제공하고 있다. 즉, 다윗이 전쟁에 승리한 이유는 하나님은 바른 판결을 옹호하시며 보좌에 앉으셔서 다윗을 죄 없다고 판결하셨기 때문이라는 것이다. 하나님께서 우리 둘 사이의 전쟁을 판단해 주셨기 때문에 다윗은 전쟁에 승리했다는 것이다.

시 9:5. 이방 나라들을 책망하시고 악인을 멸하시며 그들의 이름을 영원히 지우셨나이다.

다윗은 자신이 전쟁에 승리한 이유를 여기서 또 드러낸다. 즉, 하나님께서 이방 나라들을 책망하시고, 이방나라에 있는 악인들을 멸하시며 그들의 악한 이름을 영원히 역사상에서 지우셨기 때문이라는 것이다.

시 9:6. 원수가 끊어져 영원히 멸망하였사오니 주께서 무너뜨린 성읍들을 기억할 수 없나이다.

다윗과 대적들 사이의 전쟁에서 다윗 측이 승리한 이유는 원수가 끊어져 영원히 멸망하였고 주님께서 무수히 많은 성읍들을 무너뜨리셨기 때문이라고 말한다. 전쟁은 여호와께 속하였기에 승리는 반드시 다윗 측이 되는 것이었다. 여호와를 의지한다는 것은 놀라운 승리를 의미하는 것이다.

시 9:7. 여호와께서 영원히 앉으심이여 심판을 위하여 보좌를 준비하셨도다.

다윗은 '주님께서 영원토록 다스리시며 또 심판하실 보좌를 견고히 준비하셨다'고 말한다. 본 절은 여호와의 의로우신 심판이 일시적인 것이 아니라 영원하다는 것을 말한다. 하나님께서는 심판의 보좌에 앉으사 영원히 심판하시고 종말 심판까지 하시는 것이다. 우리는 하나님께서 영원히 의로 심판하시는 것을 알고 감사 또 감사를 드려야 한다.

시 9:8. 공의로 세계를 심판하심이여 정직으로 만민에게 판결을 내리시리로다.

다윗은 '주께서는 정의로 세계를 다스리시며, 공정하게 만백성을 판결하신다'고 말한다. 본문 초두에는 "그리고 그가"(וְהוּא)라는 말이 나타나 본 절을 강조하고 있다. 다시 말해 '그리고 주께서는 정의로 세계를 다스리시며,

공정하게 만백성을 판결하신다'고 강조하고 있다. 하나님의 공의로우신 심판을 다시 강조하는 것이다.

9-16절. 주님께서는 압제를 받는 자를 구원하시다.

시 9:9. 여호와는 압제를 당하는 자의 요새이시요 환난 때의 요새이시로다 (The LORD is a stronghold for the oppressed, a stronghold in times of trouble-RSV, ESV). .

다윗은 '여호와께서는 압제를 당하는 자를 위한 요새이시요, 환난을 당하는 때를 위한 요새가 되어 주시는 분이시다'라고 말한다. 본 절의 "요새"라는 말은 '피난처'라는 뜻이다.

다윗은 사울을 피하여 다닐 때 산성에 숨은 경험이 있었기에(삼상 23:14; 24:1-3; 26:1) 산성이 무엇인지를 잘 알고 있었을 것이다. 하나님은 오늘도 여전히 우리의 요새가 되어 주신다.

시 9:10. 여호와여 주의 이름을 아는 자는 주를 의지하오리니 이는 주를 찾는 자들을 버리지 아니하심이니이다.

다윗은 '여호와시여! 주님을 사랑하는 사람은 주님을 의지하게 되어 있습니다. 이유는 주께서 주님을 찾는 사람을 버리지 않으시기 때문입니다'라고 말한다. 다윗은 과거에 어려움을 당할 때 하나님을 의지했고, 의지할 때마다 하나님으로부터 구원을 받았으므로 본 절은 그의 체험적인 고백이다(시 22:1; 37:28).

시 9:11. 너희는 시온에 계신 여호와를 찬송하며 그의 행사를 백성 중에 선포할지어다.

다윗은 '너희는 시온(예루살렘 성전 산)에 계신 여호와를 찬송하며, 여호와께서 하시는 일(압제자들을 멸하시고 또 압박당하는 자들을 보호하셔서 구원하시는 일)을 이스라엘 백성 가운데 알리고 또 하나님께서 구원하시는 일을 세계 모든 백성에게 전파해야 할 것이라'고 말한다.

시 9:12. 피 흘림을 심문하시는 이가 그들을 기억하심이여 가난한 자의 부르짖음을 잊지 아니하시도다(For he who avenges blood is mindful of them; he does not forget the cry of the afflicted-RSV, ESV).

다윗은 '살인자에게 보복하시는 분께서는 억울하게 죽어 간 사람들을 기억하시며, 고난 받는 사람들의 부르짖음을 모르는 체하지 않으신다'고 말한다. 하나님은 피를 찾으시는 분이신데(창 9:5-6), 세상의 압제자가 가난하고 약한 백성을 압제하여 그를 죽여 피를 흘리면 하나님은 그 피를 보시고 그 피를 흘린 자에게 보복하신다. 하나님은 피를 흘리면서 부르짖는 약한 자의 기도를 기억하시고 응답하신다(이상근).

시 9:13. 여호와여 내게 은혜를 베푸소서 나를 사망의 문에서 일으키시는 주여 나를 미워하는 자에게서 받는 나의 고통을 보소서.

다윗은 '여호와시여! 나에게 은혜를 베푸소서. 나를 사망의 문에서 일으키신 주님이시여(욥 38:17; 시 107;18), 나를 미워하는 자에게서 받는 나의 고통을 통촉하소서'라고 말한다. 세상에는 우리를 미워하고 압박하는 자들이 수없이 많다. 그런고로 우리는 끊임없이 기도하지 않을 수 없다.

시 9:14. 그리하시면 내가 주의 찬송을 다 전할 것이요 딸 시온의 문에서 주의 구원을 기뻐하리이다.

다윗은 '주님께서 그렇게 해주시면 제가 주님의 찬송을 다 전할 것이요, 딸 시온의 문에서 주님께서 구원자이심을 기뻐하겠습니다'라고 말한다. 본 절의 "딸 시온의 문"이란 말은 '시온의 문 안에서'라는 뜻이다. 이런 예는 '딸 바벨론'(시 137:8; 사 47:1), '딸 갈대아'(사 47:5), '딸 에돔'(애 4:21) 등이 있다. 이 표현은 앞 절의 "사망의 문"과 대조가 되는 말이다. 다윗은 주님께서 다윗을 건지사 예루살렘 문에 두셨으므로 여호와의 구원을 기뻐하며 또 주님을 찬송하면서 전하는 것이다.

시 9:15. 이방 나라들은 자기가 판 웅덩이에 빠짐이여 자기가 숨긴 그물에 자기 발이 걸렸도다.

다윗은 '저 이방 나라 사람들은 자기들이 판 함정에 빠진 다음 나오지 못하고, 자기들이 몰래 쳐 놓은 덫에 자기 발들이 먼저 걸려 옴짝 못하게 되는구나'라고 말한다. 이는 하만의 사례와 같다(에 7:10). 세상의 불신자들은 남을 잡으려다가 자기가 잡힌다.

시 9:16. 여호와께서 자기를 알게 하사 심판을 행하셨음이여 악인은 자기가 손으로 행한 일에 스스로 얽혔도다(힉가욘, 셀라).

다윗은 '여호와께서는 자신을 알게 하사 공정한 심판을 행하셨구나. 악한 자는 자기가 한 일에 얽혀 들었다'고 말한다. "힉가욘"(הִגָּיוֹן)이란 말은 본문 외에 세 번 더 나타나는데 '묵상한다'는 뜻(시 19:14), '정숙한 소리'(시 92:3), '사색함'(애 3:61) 등으로 번역된다. 이 음표가 올 때에는 회중이 고요히 묵상한 것으로 보인다(Rawlinson).

17-20절. 다윗은 하나님께서 악인을 심판하실 것을 기원하다.

시 9:17. 악인들이 스올로 돌아감이여 하나님을 잊어버린 모든 이방 나라들이 그리하리로다(The wicked shall return to Sheol, all the nations that forget God-ESV).

다윗은 그 어떤 악인들을 생각하면서 '악인들이 스올로 돌아갈 것이다. 하나님을 거역한 뭇 나라들도 갈 곳은 그 곳뿐이라'고 말한다. 본 절의 "스올"이란 말은 두 곳을 의미한다. 먼저 '무덤'을 뜻하고, 다음으로 '지옥'을 뜻한다. '무덤'을 뜻하는 이유는 믿는 사람이나 믿지 않는 사람이나 일단 죽으면 지상에 있는 무덤(흙)으로 돌아가는 것이니 '무덤'을 의미한다고 보아야 하고, 본 절의 "무덤"은 더욱이 악인들이 돌아가는 곳이라 했으니 '지옥'이라고 보아야 한다. 이렇게 악인들이나 모든 불신자들이 스올(지옥)로 돌아가게 된 이유는 하나님의 의로우신 심판 때문이다.

시 9:18. 궁핍한 자가 항상 잊어버림을 당하지 아니함이여 가난한 자들이 영원히 실망하지 아니하리로다.

다윗은 '그러나 가난한 사람이 끝까지 잊혀지는 일은 없을 것이며, 억눌린 자의 소망도 결코 헛되지 않을 것이라'고 말한다. 악인들이나 믿지 않는 이방인들은 지옥으로 돌아가지만(앞 절) 세상의 궁핍하고 가난한 사람들은 하나님의 기억하신바가 되어 하나님으로부터 잊어버림을 당하지 않고 기억하신바가 되어 실망하지 아니할 것이라는 뜻이다. 세상에서 가난했던 사람들도 예수님을 잘 신앙하면 기억하신바가 되어 세상에서 흥왕하기도 한다.

시 9:19. 여호와여 일어나사 인생으로 승리를 얻지 못하게 하시며 이방 나라들이 주 앞에서 심판을 받게 하소서.

다윗은 '여호와여! 일어나셔서 믿지 않는 인생으로 하여금 승리를 얻지 못하게 하시며, 불신하는 이방 나라들이 주님 앞에서 심판을 받게 하여 주소서'라고 기도한다. 다윗은 본 절에서 하나님께 의의 심판을 촉구하고 있다. 본 절의 "인생"이란 말과 "이방 나라들"이란 낱말은 동의어로 사용되어 '세상 불신자들'을 뜻한다. 다윗은 세상의 악인들이 하나님의 심판을 받아 세상에서 승리를 얻지 못하고 멸망하도록 기도한 것이다.

시 9:20. 여호와여 그들을 두렵게 하시며 이방 나라들이 자기는 인생일 뿐인 줄 알게 하소서 (셀라).

다윗은 '주님이시여! 그들로 하여금 두려움에 떨게 하시며 자신들은 한낱 사람에 지나지 않음을 스스로 알게 하여 주십시오. (셀라)'라고 소원한다. 여기 "셀라"의 뜻을 위해서는 3:2주해를 참조하라.

제 10 편 성도가 악인 아래서 주님께 애원하다.

제 10편은 제 9편에서 연속된 시이다. 본편은 9편의 연속으로 저자도 역시 다윗이다. 본편의 내용은 악인의 언행(1-11절), 악인의 언행 때문에 압박당하는 다윗의 기도(12-18절)가 진술된다.

1-11절. 악인의 언행을 진술하다.

시 10:1. 여호와여 어찌하여 멀리 서시며 어찌하여 환난 때에 숨으시나이까.

다윗은 환난을 당하여 여호와께 '주님이시여! 어찌하여 주님께서는 그리도 멀리 서 계시며, 어찌하여 우리가 고난을 받을 때에 숨어 계시나요'라고 부르짖는다. 본 절의 "멀리 서시며"라는 말과 "숨어 계시나요"라는 말은 동의어로 쓰여 '돌보시지 않으시나요'라는 뜻이다. 주님께서 압제를 받는 다윗을 돌보시지 않으신 것은 더욱 애절하게 주님을 찾으라는 뜻이다. 욥도 고난을 받을 때 하나님께서 멀리 서셔서 얼른 돕지 아니하셨다. 그러나 하나님은 결국에는 욥을 돌아 보사 큰 복을 주셨다(욥 42장).

시 10:2. 악한 자가 교만하여 가련한 자를 심히 압박하오니 그들이 자기가 베푼 꾀에 빠지게 하소서.

다윗은 '악인이 교만하여 약한 자를 괴롭히고 있는데 악인이 스스로 쳐 놓은 올가미에 자기들 스스로가 걸려들게 해주십시오'라고 부르짖는다. 악인이 교만한 것은 하나님의 섭리이다. 악인으로 하여금 성도들을 압제하도록 하기 위해 하나님께서 허락하신 것이다. 다윗이 악인들이 자기가 베푼 꾀에 빠지기를 기도한 것은 그런 경우가 많기 때문이었다.

시 10:3. 악인은 그의 마음의 욕심을 자랑하며 탐욕을 부리는 자는 여호와를 배반하여 멸시하나이다(For the wicked boasts of the desires of his soul, and the one greedy for gain curses and renounces the LORD-ESV).

다윗은 '악독한 자는 자기 야심을 제어하지 못해서 자랑하고, 탐욕을 부려 얻은 것을 부끄러운 줄 모르고 하나님의 복(福)인 양 생각하며 주님을 모독하고 멸시합니다'라고 말한다.

저들은 부끄러움을 영광으로 생각하는 사람들이다(빌 3:19). 악독한 자들이 자기의 야심을 제어하지 못하고 여호와를 배반하여 멸시하는 것은 그들이 신자들을 박해하기 위함이고, 결국은 여호와의 의의 심판을 받기 위함이다.

시 10:4. 악인은 그의 교만한 얼굴로 말하기를 여호와께서 이를 감찰하지 아니하신다 하며 그의 모든 사상에 하나님이 없다 하나이다.

다윗은 악인은 교만한 얼굴을 해가지고 항상 뻔뻔스럽게 말하기를 '벌주는 이가 어디에 있느냐? 하나님이 어디에 있느냐' 하며 하나님이 없다고 떠든다는 것이다. 악인의 근본 사상은 하나님이 없다는 사상으로 가득 차 있다.

시 10:5. 그의 길은 언제든지 견고하고 주의 심판은 높아서 그에게 미치지 못하오니 그는 그의 모든 대적들을 멸시하며(His ways prosper at all times; your judgments are on high, out of his sight; as for all his foes, he puffs at them-ESV**).**

다윗은 본 절에서 악인들의 생각을 대변하고 있다. 즉, '악인들의 길은 견고하여 악인들은 언제나 번영한다는 것이고, 하나님의 심판대는 너무 높아서 저들이 알아 볼 수가 없다는 것이다. 다시 말해 하나님의 심판은 아예 없다는 주장이다. 그리고 저들은 모든 대적을 멸시한다'는 것이다.

본 절의 "견고하고"(יָחִילוּ)란 말은 '강하고 고집스러운 것'을 의미한다. 그리고 "주의 심판은 높아서 그에게 미치지 못한다"는 말은 악인들 보기에는 하나님의 심판은 알 수 없는 방식으로 오기 때문에 그들은 하나님의 심판이 없다고 주장하는 것이다.

시 10:6. 그의 마음에 이르기를 나는 흔들리지 아니하며 대대로 환난을 당하지 아니하리라 하나이다.

다윗은 '악인은 마음속으로 장담하기를 "내가 망하는가 어디 두고 좀 봐라. 나에게는 나를 심판할 하나님이 없기 때문에 영원히 환난이란 것은 있을 수 없다"고 큰 소리를 칩니다'라고 한다.

시 10:7. 그의 입에는 저주와 거짓과 포악이 충만하며 그의 혀 밑에는 잔해와 죄악이 있나이다(His mouth is filled with cursing and deceit and oppression; under his tongue are mischief and iniquity-RSV, ESV).

다윗은 '악인들의 입은 밖으로 내뱉는 것은 모두 남을 저주하는 것뿐이요, 입 안에 찬 것은 거짓말과 남에게 압박을 주는 폭언(시 59:12; 109:17-18)이며, 혀 밑에는 남을 향한 욕설과 악담뿐입니다'라고 말한다. 악인들의 입은 온통 심판 받을 것으로만 가득한 것이다. 악인들의 입에는 남을 향한 사랑과 축복이란 말은 없다는 것이다.

시 10:8. 그가 마을 구석진 곳에 앉으며 그 은밀한 곳에서 무죄한 자를 죽이며 그의 눈은 가련한 자를 엿보나이다.

다윗은 '악인들은 으슥한 길목에 숨어 있다가 은밀한 곳에서 순진한 사람을 쳐 죽입니다(욥 24:14). 그들의 두 눈은 언제나 가련한 사람을 노립니다'라고 말한다. 역사상에는 수없이 많은 악인들이 은밀히 사람을 죽여 왔다.

시 10:9. 사자가 자기의 굴에 엎드림 같이 그가 은밀한 곳에 엎드려 가련한 자를 잡으려고 기다리며 자기 그물을 끌어당겨 가련한 자를 잡나이다.

다윗은 악인들의 행위는 사자의 행동과 같다고 말한다. 즉, "사자가 자기의 굴에 엎드림 같이 악인이 은밀한 곳에 엎드려 가련한 자를 잡으려고 기다리며 자기 그물을 끌어당겨 가련한 자를 잡습니다"라고 말한다. 악인들의 행동은 사람들이 취해서는 안 되는, 참으로 잔인한 행동이다.

시 10:10. 그가 구푸려 엎드리니 그의 포악으로 말미암아 가련한 자들이 넘어지나이다.

다윗은 '악인은 웅크려 엎드리니 악인들의 폭력으로 가련한 사람들이 넘어지고 맙니다'라고 말한다. 악인들이 가련한 사람들을 잡는 것을 보면 마치 사자들이 약한 동물들을 잡아 입속에 넣는 것 같이 한다는 것이다. 악인들은 도처에 가만히 숨어 있다가 적당한 시기를 보아 가련한 사람들을 마구 잡이로 잡아먹는다는 것이다.

시 10:11. 그가 그의 마음에 이르기를 하나님이 잊으셨고 그의 얼굴을 가리셨으니 영원히 보지 아니하시리라 하나이다.

다윗은 '악인이 자기들 마음에 이르기를 하나님께서 자기들에 대해서는 전혀 관심이 없으셔서 아예 얼굴까지 가리고 계시니 자기들을 영원히 보지 않으실 것이라고 말합니다'고 한다.

12-18절. 다윗이 압박을 당하면서 기도하다.

시 10:12. 여호와여 일어나옵소서 하나님이여 손을 드옵소서 가난한 자들을 잊지 마옵소서.

다윗은 하나님을 향하여 '주님이시여!, 일어나 손을 들어 악인을 벌하여 주십시오. 고난 받는 가련한 사람들을 잊지 마십시오'라고 부르짖는다. 악인들을 옆에 두고 성도들은 하나님께 기도할 것밖에 다른 일은 할 것이 없다.

시 10:13. 어찌하여 악인이 하나님을 멸시하여 그의 마음에 이르기를 주는 감찰하지 아니하리라 하나이까.

다윗은 하나님을 향하여 '어찌하여 악인이 하나님을 멸시하여 그 마음속에 뇌까리기를 "주님은 자기들을 심판하지 않을 것이다"(9:12)라고 말하게 놔두십니까?'고 말씀드린다. 하나님께서 이렇게 악인들을 내버려 두시는 것은 악한 날에 쓰시기 위함이다. 그러나 우리 성도들은 하나님께 간구하여 그들이 잠잠하도록 기도해야 할 것이다.

시 10:14. 주께서는 보셨나이다 주는 재앙과 원한을 감찰하시고 주의 손으로 갚으려 하시오니 외로운 자가 주를 의지하나이다 주는 벌써부터 고아를 도우시는 이시니이다(you do see, for you do note mischief and vexation, that you may take it into your hands; to you the helpless commits himself; you have been the helper of the fatherless-ESV)**.**

다윗은 주님께 '주님께서는 학대하는 자의 포악함과 학대받는 자의 억울함을 살피시고 손수 갚아주려 하시니 가련한 사람이 주님께 의지합니다. 주님께서는 일찍부터 고아를 도우시는 분이셨습니다'라고 애절하게 기도를 드린다.

본 절은 악인들이 하나님께서는 피 압제자의 기도를 감찰하시지 않는다(11절)는 주장에 대조시켜 하나님은 감찰하신다는 주장을 편 것이다. 하나님은 악인의 행한 잔해와 원한을 감찰하시고 연약한 고아를 도우신다는 것이다.

시 10:15. 악인의 팔을 꺾으소서 악한 자의 악을 더 이상 찾아낼 수 없을 때까지 찾으소서.

다윗은 '주님이시여! 악인들의 팔을 꺾으셔서 악한 자들의 악을 더 이상 찾아낼 수 없을 만큼 찾아주소서'라고 기도한다. 다윗은 하나님에게 악인들을 철저히 처벌해 주시라고 기도한다. 악한 자들의 팔을 꺾어 다시는 더 사용하지 못하도록 기도하는 것이다.

시 10:16. 여호와께서는 영원무궁하도록 왕이시니 이방 나라들이 주의 땅에서 멸망하였나이다.

다윗은 본 절에서 여호와께서 영원한 왕이시니 하나님을 대적하는 이방 나라들이 영원히 심판 받을 것을 확신한다. 악인들이 영원히 심판을 받는 것은 예수님의 대 심판 때이고, 그 이전에는 심판을 계속해서 받는다. 악인들이 지구상에 있어야 그들이 심판 받는 것을 우리 성도들이 경험하게 되는 것이다.

시 10:17. 여호와여 주는 겸손한 자의 소원을 들으셨사오니 그들의 마음을 준비하시며 귀를 기울여 들으시고.

다윗은 본 절에서 또 그의 신앙을 발표한다. 즉, '주님이시여!, 주님께서는 불쌍한 사람들의 소원을 들어주십니다. 그들의 마음을 굳게 하여 주시고, 그들의 부르짖음에 귀 기울여 들어 주십니다'라고 감사한다. 본 절의 "겸손한 자"란 말은 세상에서 가난하고 약한 자로 악인들에게 압제를 당하는 자들을 지칭한다. 다윗은 주님께서 불쌍한 사람들의 소원을 들어주시니 감사하다는 것이다.

시 10:18. 고아와 압제 당하는 자를 위하여 심판하사 세상에 속한 자가 다시는 위협하지 못하게 하시리이다.

다윗은 본 절에서 결론적으로 '주님께서 고아들과 압제를 당하는 자들을 위하여 압제하는 자들을 심판하셔서 세상에 속한 자가 다시는 위협하지 못하게 하소서'라고 기도한다. 세상에서 악을 행하던 사람들은 인류 종말에 완전히 멸망을 받을 것은 확실하나(고후 5:10) 그 이전에는 간간히 성도들의 기도를 들으시고 심판하신다. 하나님께서 우리의 기도를 들으시는 것이 얼마나 감사한지 알 수 없다.

제 11 편 신앙을 결단하다

본편은 다윗이 사울의 박해를 받을 때에 지은 시(詩)이다. 다윗은 사울 일행 때문에 많은 고난을 받았다. 다윗은 박해를 받는 성도로서 만고의 표본이 되는 성도였다. 본편의 내용은 1) 다윗을 향하여 도망하라고 권고하고(1-3절), 2) 하나님을 의지하고 신앙적인 결단을 내린 것(4-7절)을 권고한다.

"다윗의 시, 인도자를 따라 부르는 노래"라는 말의 해석. "다윗의 시"에 대해서는 3편의 서론을 참조하라.

1-3절. 대적자들은 다윗을 향하여 도망하라고 권고하다.

시 11:1. <다윗의 시, 인도자를 따라 부르는 노래> 내가 여호와께 피하였거늘 너희가 내 영혼에게 새 같이 네 산으로 도망하라 함은 어찌함인가.

다윗은 사울의 박해를 당하여 이미 기도 중에 여호와께 피했는데 대적자들은 그것도 알지 못하고 다시 다윗을 향하여 다윗이 도망할만한 산으로 도망하라고 권고한다. 성도는 세상에서 가장 안전한 하나님 품 안으로 이미 피했는데 하나님을 믿지 않는 사람들은 별로 안전하지도 않은 세상으로 피난하라고 권고한다는 것이다. 그러나 우리가 안전하지 않은 세상의 어디로 피한들 무슨 안전감이 있을 것인가.

시 11:2. 악인이 활을 당기고 화살을 시위에 먹임이여 마음이 바른 자를 어두운 데서 쏘려 하는도다.

사울을 따라 다니면서 다윗을 박해하는 사람들이 놀라운 일을 시도한다. 즉, '악인이 활을 당겨서 자기 화살을 활시위(활줄)에 메기고(화살을 활시위에 물리는 일), 어둠 속에서 다윗을 포함하여 마음이 바른 사람들을 쏘려하고 있다'는 것이다. 참으로 잔인한 사람들이 잔인한 행동을 하는 것이다. 다윗을 대적하는 사람들은 이런 악한 행동을 하면서도 하나님께서 보시지 않는다고 생각하여 모든 악행을 시도하고 있었다(삼상 19:1-2 참조).

시 11:3. 터가 무너지면 의인이 무엇을 하랴.

본 절 초두에는 이유를 말하는 접속사(כִּי)가 있어 앞 절의 이유를 제공하고 있다. 본 절은 앞 절에 이어 다윗에게 적당한 곳으로 피하기를 권고한 자의 말로서 다윗이 사울의 무지막지한 손에 잡혀 죽는다면(삼상 19:1, 10 참조) 나라의 기초가 무너질 것이고, 그 지경이 되면 다윗처럼 의를 따르는 사람들은 어떻게 하겠느냐는 것이다. 따라서 새처럼 산으로 도망하는 것이 상책이라는 것이다.

4-7절. 하나님을 의지하고 신앙적인 결단을 내린다.

시 11:4. 여호와께서는 그의 성전에 계시고 여호와의 보좌는 하늘에 있음이여 그의 눈이 인생을 통촉하시고 그의 안목이 그들을 감찰하시도다.

다윗은 결코 인간적인 방법으로 피난하지 않고 오직 여호와를 바라보고 행동하기로 한다. 그는 말하기를 '여호와께서는 자기 성전(5:7 참조)[3]에 계시고 여호와의 보좌는 하늘에 있으시니, 그분의 눈은 인생들을 굽어보시며 그분의 눈동자는 그들을 살펴보신다'고 말한다. 여호와는 지상의 회막에 계시고, 여호와의 보좌는 하늘에 계신다. 여호와께서는 거기서 인간들의 모든 동작을 감찰하시고 또 심판하신다. 다윗은 세상의 어느 곳으로 피난할 필요가 없었고 하늘에 계신 여호와를 바라보기로 한 것이다.

시 11:5. 여호와는 의인을 감찰하시고 악인과 폭력을 좋아하는 자를 마음에 미워하시도다.

여호와는 하늘에 계시면서 하나님을 신앙하는 의인을 사랑으로 돌보시고, 악인들과 폭력을 좋아하는 사람은 마음에 미워한다는 것이다. 하나님의 미움을 받는 사람들은 참으로 비참하게 살다가 인생을 비참하게 끝낸다.

시 11:6. 악인에게 그물을 던지시리니 불과 유황과 태우는 바람이 그들의 잔의 소득이 되리로다.

---

3) 여기 '성전'이라는 말은 '여호와의 보좌'라는 말과 같다.

본 절은 하나님을 대적하는 사람들에게 하나님께서 어떻게 대하시는지 극명하게 보여주신다. 하나님은 악인에게 악인을 포위할 그물을 던지시고, 또 불과 유황과 태우는 바람을 보내셔서 그들의 잔의 소득이 되게 하신다는 것이다. 악인들이 이렇게 비참하게 사는 것을 생각할 때 참으로 불쌍한 생각도 드는 것이다.

시 11:7. 여호와는 의로우사 의로운 일을 좋아하시나니 정직한 자는 그의 얼굴을 뵈오리로다(For the LORD is righteous, he loves righteous deeds; the upright shall behold his face-RSV, ESV).

다윗은 본 절에서 악인에게 임할 심판(6절)과 대조되는 의인에 대한 하나님의 보상에 대하여 언급하고 있다. "정직한 자", 즉 '불의를 멀리하는 의인'에 대한 하나님의 보상은 하나님의 얼굴을 볼 수 있게 해주는 것이다. 여기서 '하나님의 얼굴을 뵈옵는다는 것'은 언제나 하나님의 은총 아래 살게 되는 것을 의미한다(그랜드 종합 주석). 다시 말해 죄인은 이 땅에 사는 동안에도 하나님의 지켜 보호하심을 받게 되며 죽어서도 장차 하나님 나라에서 영원토록 하나님과 동거하는 복을 누리게 되는 것이다. 다윗은 바로 이러한 하나님의 보호하심을 믿었기에 위기(危機) 중에 산으로 도망하라고 말한 친구들의 권유(1절)를 물리치고 죽든지 살든지 오직 하나님의 도우심만을 간구할 수 있었던 것이다.

제 12 편 타락한 시대를 위한 기도

본 시편은 세상이 심히 타락하여 더러움이 한량없이 팽창해 나갈 때 진실한 신자가 드리는 기도이다. 본편의 내용은 1) 경건한 자가 끊어지고 있다는 것(1절), 2) 거짓을 말하는 자들이 사회에 가득하게 되었다는 것(2절), 3) 구원의 소망은 하나님께만 있다는 것(3-7절), 4) 본편의 결론(8절)이 진술된다.

"다윗의 시, 인도자를 따라 여덟째 줄에 맞춘 노래"란 말에 대한 해설.

이 표제에 대해서는 6편 표제를 참조하라. "여덟째 줄"(שְׁמִינִית)이란 말은 '낮은 음'을 뜻한다.

시 12:1. <다윗의 시, 인도자를 따라 여덟째 줄에 맞춘 노래> 여호와여 도우소서 경건한 자가 끊어지며 충실한 자들이 인생 중에 없어지나이다.

다윗은 '주님이시여!, 도와주세요. 경건한 자(하나님을 믿는 자)도 이 세상에서 점점 끊어지고 있고, 충실한 사람(진실한 사람)도 이 세상에서 점점 사라지고 있습니다'라고 기도한다. "경건한 자"(חָסִיד)란 말은 '하나님을 두려워하고, 사람에게 겸손한 자'를 뜻한다. 경건한 자들이 세상에서 점점 사라지고 있다는 것이니 시인은 얼마나 안타까울 가를 알 수 있다. 우리도 오늘 이런 시대를 만났다. 옛날에는 강산이 한번 변하려면 10년을 잡았는데 오늘날은 3년이면 세상은 말할 수 없이 타락한다는 것이다. "충실한 자"(אֱמוּנִים)는 '믿을만한 자'(faithful)라는 뜻이다. "없어지는 것"을 느끼는 사람은 하나님을 두려워하고 사람에게 겸손한 자, 다시 말해 믿을만한 자들이다. 타락한 자들은 경건한 자가 세상에서 점점 없어지는 줄 알지 못한다.

시 12:2. 그들이 이웃에게 각기 거짓을 말함이여 아첨하는 입술과 두 마음으로 말하는도다.

여기 "그들"이란 '악인들'(8절)을 지칭한다. 그 악인들의 특징은 먼저 누구든지 "거짓을 말한다"는 것이다. 거짓말을 한다는 말은 '사실이 아닌 것을 말하는 것'을 뜻한다. 사실과 사실이 아닌 것 두 가지가 있을 때 사실이 아닌 것을 말하는 것이 거짓을 말하는 것이다.

그리고 악인들은 "아첨하는 입술"을 가지고 있어서 사람들에게 아첨한다는 것이다. "아첨하는 입술"은 마음에 없는 말을 하는 입술을 가진 자를 지칭한다. 마음에 없는 말을 하는 것도 역시 거짓말이다.

그리고 “두 마음”이란 것도 ‘속 다르고 겉 다른 마음’을 지칭하는데 그 때 그 때 분위기에 따라 편리한 대로 말을 내뱉는다. 이것도 역시 거짓말을 내 뱉는 것이다.

시 12:3. 여호와께서 모든 아첨하는 입술과 자랑하는 혀를 끊으시리니.

다윗은 ‘여호와께서 모든 거짓 입술과 자랑하는 혀를 끊으실 것이라’는 확신을 드러낸다. 본 절의 “아첨하는 입술”이란 말과 “자랑하는 혀”란 말은 동의어로 사용되었다. 그리고 “끊으실 것이라”라는 말은 하나님께서 그들을 ‘심판하신다’는 뜻이고, 또 때로는 이스라엘의 총회에서 ‘추방하신다’는 뜻도 표현되어 있다(창 17:14; 출 12:15, 19; 레 7:20, 27; 17:10).

시 12:4. 그들이 말하기를 우리의 혀가 이기리라 우리 입술은 우리 것이니 우리를 주관할 자 누구리요 함이로다.

“그들이 말하기를”이란 말은 ‘거짓말쟁이들이 허풍을 떤다’는 뜻이다. 거짓말쟁이들이 허풍을 떨기를 “우리의 혀가 이길 것이라”고 장담한다. 이길 수 있는 이유는 “우리 입술은 우리 것이니 우리를 주관할 자 없기” 때문이라는 것이다. 악인들은 말을 자유자재로 할 수 있기 때문에 자기들의 언어의 자유를 막을 자는 세상에 없다는 것이다.

시 12:5. 여호와의 말씀에 가련한 자들의 눌림과 궁핍한 자들의 탄식으로 말미암아 내가 이제 일어나 그를 그가 원하는 안전한 지대에 두리라 하시도다.

본 절의 “가련한 자들의 눌림”이란 말과 “궁핍한 자들의 탄식”이란 말은 동의어로 사용되어 ‘악한 자들에 의해 눌리는 부류의 사람들’을 지칭하는 말이다. 여호와께서는 가련한 자들과 궁핍한 자들의 탄식으로 말미암아 경건한 자의 기도를 들으시고 여호와께서 일어나 그들을 그들이 원하는 안전한 지대에 두시겠다고 하신다. 여호와께서는 경건한 자의 기도를 들으시기를 아주 좋아하신다.

시 12:6. 여호와의 말씀은 순결함이여 흙 도가니에 일곱 번 단련한 은 같도다 (The words of the LORD are pure words, like silver refined in a furnace on the ground, purified seven times-ESV).

앞 절의 여호와의 구원의 말씀(약속)은 거짓말쟁이들의 말과는 달리 아주 순결해서 반드시 지키신다는 것을 본 절이 드러낸다. 즉, 여호와의 말씀은 어느 정도 순결한가 하면 "흙 도가니에 일곱 번 단련한 은(銀) 같다"고 묘사한다. 은 광석을 제련하여 순 은을 만들어내기 위해 일곱 번의 과정을 거친 것으로 최고의 순결한 은과 같다는 것이다.

시 12:7. 여호와여 그들을 지키사 이 세대로부터 영원까지 보존하시리이다.

기도하는 사람은 여호와께 '여호와시여! 우리를 지켜 주십시오. 지금부터 영원까지 우리를 지켜 주십시오'라고 기도한다. 주님께서 압박당하는 자를 구원하시겠다고 약속하신대로(5절) 이제부터 영원까지 지켜 주시라고 기도한다. 거짓이 판을 치는 이 세대에서 거짓에 물들지도 않고 압제를 받지도 않게 영원히 보존하여 주시라고 기도한 것이다.

시 12:8. 비열함이 인생 중에 높임을 받는 때에 악인들이 곳곳에서 날뛰는도다.

본편의 결론에서 기도 자는 다시 세대의 타락상을 개탄하면서 주님께 아뢴다. 즉, '주위에는 악인들이 활개를 치고 존경까지 받고 있습니다. 악인들이 그늘 속에서 판을 치고 있습니다'라고 아뢴다. 더러운 것들이 주위 사람들로부터 멸시를 당하는 사회가 되어야 하는데 오히려 떳떳함을 느끼는 때가 되었으니 거짓된 것들이 판을 치는 사회가 된 것이다.

제 13 편 환난 중에서 호소하다

본편은 환난 중에 빠진 시인이 기도하는 것을 쓴 것이다. 본편의 내용은 환난 중에 부르짖는 호소(1-4절), 승리를 확신하는 신앙(5-6절)을 진술한 것이다. 이 13편은 10편과 같이 환난 중에 빠져 있는 시인이 여호와를 향하여 부르짖는 호소를 기록한 것이다.

1-2절에 보면 "어느 때까지니이까"라는 말이 네 번이나 나오는 것을 보면 아주 극란한 환난을 당할 것을 짐작할 수가 있다. 이 환난이 어떤 환난이냐를 두고 견해가 갈린다. 1) 육체의 중병이었을 것이라는 견해(Gunkel, Schmidt)는 거리가 있다(4절 참조). 2) 외국의 침입(Rosenmueller, Dewette)으로 당한 환난이었을 것이라는 견해, 3) 다윗이 사울의 추격에서 받은 고통(Calvin, Rawlinson, 이상근)일 것이라는 견해 등으로 나누어진다. 3)설이 가장 타당한 것으로 본다. "다윗의 시, 인도자를 따라 부르는 노래"라는 말에 대한 해설은 11편 표제 주해를 참조하라.

1-4절. 사울의 박해에서 심한 환난에 빠진 자가 부르짖는 호소이다.

시 13:1. <다윗의 시, 인도자를 따라 부르는 노래> 여호와여 어느 때까지니이까 나를 영원히 잊으시나이까 주의 얼굴을 나에게서 어느 때까지 숨기시겠나이까.

1-2절에 "어느 때까지니이까"란 말이 네 번이나 강조되어 시인이 당하는 환난이 큰 것임을 짐작할 수 있다. "어느 때까지니이까"란 말이 1 절에 두 번 등장한다. 다윗은 하나님께서 자신을 영원히 잊지 않으셨나 착각할 정도였다(42:9; 44:24; 애 5:20). 혹시 자기를 떠나 숨지 않으셨나 하는 생각까지 든 것이었다(30:7; 사 1:15; 겔 39:29). 심한 환난에 놓인 자들에게 환난은 지극히 힘듦을 안겨주지만 환난을 통해 우리 모두는 성장하게 된다.

시 13:2. 나의 영혼이 번민하고 종일토록 마음에 근심하기를 어느 때까지 하오며 내 원수가 나를 치며 자랑하기를 어느 때까지 하리이까(How long must I take counsel in my soul, and have sorrow in my heart all the day? How long shall my enemy be exalted over me?-ESV).

"어느 때까지입니까"란 말이 본 절에 또 두 번 나타난다. 첫 번째 것은 다윗이 사울의 박해에서 빠져나가 보려고 궁리하고 연구하기 위해 '번민하고' '마음으로 근심하는' 것이 어느 때까지 지속되어야 하는지 알 수가 없고, 또 '원수 사울이 나를 치며 자랑하기를 어느 때까지 할 것인지 알 수가 없으니' 답답하여 견딜 수가 없다는 것이다. 이런 일들이 언제쯤 끝날지 모른다는 것은 참으로 답답한 일이 아닐 수 없다. 여기 "내 원수"라고 하는 사람은 그 움직임을 보아 사울인 것이 확실하다(7:2, 5, 11-16; 8:2; 9:6, 16; 10:2-11; 11:5, Rawlinson).

시 13:3. 여호와 내 하나님이여 나를 생각하사 응답하시고 나의 눈을 밝히소서 두렵건대 내가 사망의 잠을 잘까 하오며(Consider and answer me, O LORD my God; light my eyes, lest I sleep the sleep of death-ESV).

다윗은 여호와 하나님을 향하여 '나를 생각하사 응답해 주시라'(5:1; 9:13)고 기도를 드린다. 여기 "나를 생각하사"(הַבִּיטָה)란 말은 '나를 보아 주사'라는 뜻이다. 다윗은 하나님을 향하여 자신이 하나님을 보는 것 보다는 하나님께서 '자신을 보아 주시라'고 소원한 것이다. 하나님께서 자신을 감찰하셔서 "응답해 주시라"고 애원한 것이다. 우리는 하나님께서 우리를 기억해 주시라는 기도를 드려 응답을 받아야 할 것이다.

그리고 다윗은 하나님께서 자신을 기억해 주셔서 응답해 주시라는 기도를 드리면서 '나의 눈을 밝혀 주시라'는 기도를 드린다. 여기 '나의 눈을 밝혀주시라'는 기도는 '우리의 육신의 눈을 밝혀주시라는 기도(이상근, 호크마 주석)라기보다는 문맥(4절 하반절)으로 보아 우리의 영적인 눈이 밝아지기를 위해 기도한 것(H.C. 류폴드, 박윤선)으로 보아야 한다. 류폴드는 '본 절의 간청인 "나의 눈을 밝히소서"는 그가 자신 안에 있는 생명의 등불이 완전히 꺼져가는 위험에 있다는 것을 의미한다. 생명력이 꺼져갈 때 히브리어는 그의 눈이 어두워진다고 말한다(비교. 이 용례에 대해서는 삼상 14:27,

29; 스 9:8)'고 했다.

사람의 영안이 밝아져야 첫째 "사망의 잠을 자지 않게"되는 것이다. 여기 "사망의 잠"이란 말은 '육신의 잠이라는 말이기 보다는 영적인 잠'을 지칭하는 말이다. 우리는 영안이 밝아져서 영적 잠을 자는 일이 없어야 할 것이다.

시 13:4. 두렵건대 나의 원수가 이르기를 내가 그를 이겼다 할까 하오며 내가 흔들릴 때에 나의 대적들이 기뻐할까 하나이다(lest my enemy say, "I have prevailed over him"; lest my foes rejoice because I am shaken-ESV).

사람의 영안이 밝아져야 나의 '원수가 우리를 이겼다하고 말하지 않게 될 것이며, 내 자신이 흔들리지도 않고 또 나의 대적들이 기뻐하지 않게 될 것이라'는 뜻이다. 다윗은 자신의 영안이 어두우면 여러 가지 어려움이 생기니 영안이 밝아지기를 위해 간곡히 기도한 것이다.

시 13:5. 나는 오직 주의 사랑을 의지하였사오니 나의 마음은 주의 구원을 기뻐하리이다.

5절과 6절에 보면 다윗의 외부적 환경은 변하지 않았으나 그 심령에 기쁨이 찾아온 것을 알 수가 있다. 다윗이 이렇게 기뻐하는 것은 주님의 사랑(חֶסֶד)[4]을 의지하게 되었기 때문이다. 주님의 사랑을 의지하고 긍휼을 구했으니 마음이 구원을 기쁘게 여기게 되었다는 것이다. 우리는 주님의 사랑을 의지하고 긍휼을 구해서 항상 구원을 기뻐하는 삶을 살아야 할 것이다.

---

4) 여기 히브리어 "헤세드"(사랑, 인자하심, 긍휼)란 말은 하나님께서 당신의 백성과 언약을 맺으신 것, 또는 그 언약에 대해 신실하시게 이행하시는 것을 나타내는 것을 뜻하나, 그러나 이때에 하나님께서 약속을 이행하시는 것은 그 약속에 대한 의무적인 이행이 아니다. 도리어 자기 백성이 먼저 그 약속을 깨뜨렸기에 하나님께서는 그 약속을 이행하셔야 할 의무가 전혀 없으심에도 불구하고 은총으로 약속을 지켜주시는 것이다.

시 13:6. 내가 여호와를 찬송하리니 이는 주께서 내게 은덕을 베푸심이로다.

다윗은 "여호와를 찬송하겠다"고 말한다. 이유는 여호와께서 다윗 자신에게 은혜를 베풀어주시기 때문이다. 다시 말해 다윗은 자신이 하나님의 은혜를 사모하여 간구할 때 여호와께서 자신이 드린 기도대로 응답하시며, 말할 수 없는 사랑과 은총을 주실 것을 확신하고 감사하여 찬양하겠다고 고백하고 있는 것이다. 은혜를 기대하거나 혹은 은혜를 받는 사람은 여호와를 찬송하지 않을 수 없다.

제 14 편 하나님이 없다하는 자

본 시편도 역시 내용으로 보아 다윗이 쓴 시(詩)임이 분명하다. 다윗은 당시의 시대가 타락한 것을 개탄하고 회복을 갈망하는 마음으로 이 시를 쓴 것으로 보인다.

"다윗의 시, 인도자를 따라 부르는 노래"란 말에 대하여 제 11편, 13편 주제 해설을 참조하라. 본 시편의 내용은 1) 어리석은 무신론자(1-4절), 2) 회복의 확신(5-7절)을 진술한 것이다. 본 시편의 배경은 당시의 시대적 타락상을 고발하는 내용으로 보아 압살롬의 시대라고 지적하기도 한다(K.&D.). 시대가 타락한 것과 종교가 타락한 것은 일맥상통이다. 사람들의 행실이 악한 것은 그 만큼 하나님에 대한 무지를 드러내 주고 있음을 보여준다(딛 1:16; 약 2:17 참조).

다윗은 인류 대다수가 하나님을 모르지만 그 중에도 땅 위에 의인의 세대가 있다는 것과 하나님께서 그들과 함께 하신다는 것을 말한다(5-7절). 1) 다윗은 허다한 무신론자들이 공포를 느낄만한 하나님의 심판이 가끔 나타난다는 것을 말한다(5-6절, 출 14:1-31; 사 37:36). 2) 다윗은 억울함을 당한 성도들의 구원 받을 일을 예견하고 기뻐한다(7절). 과거에 하나님께서 구원해 주신 사건은 캄캄한 미래를 내다보게 하는 등불과 같다(박윤선).

1-4절. 어리석은 무신론자.

시 14:1. <다윗의 시, 인도자를 따라 부르는 노래> 어리석은 자는 그의 마음에 이르기를 하나님이 없다 하는도다 그들은 부패하고 그 행실이 가증하니 선을 행하는 자가 없도다.

본 절의 "어리석은 자"(נָבָל)란 말은 지식적으로 어리석은 자를 말함이 아니라 '의지적으로 패역하게 행동하면서 무지하게 행하는 자'를 말한다(64:2-8; 신 32:6, 21; 수 7:15; 삼상 25:25; 삼하 13:12, 13; 욥 2:10; 42:8). 의지적으로 패역하게 행하면서 무지하게 행하는 사람들은 마음속으로 "하나님이 없다"고 한다. 그들은 마음속으로 하나님이 없다고 말하니 그 마음이 "부패"할 수밖에 없다. 마음속에 하나님을 모셔야 마음이 새로워지는 것 아니겠는가. 그리고 동시에 마음속으로 하나님이 없다고 하니 그들의 밖으로 나타나는 행실이 가증할 수밖에 없다. 그래서 그들은 선을 행할 수가 없다. 아무튼 무신론이 악의 근원이다.

시 14:2. 여호와께서 하늘에서 인생을 굽어살피사 지각이 있어 하나님을 찾는 자가 있는가 보려 하신즉.

본 절의 "인생"이란 말은 나라와 인종을 초월한 '전 인류'를 지칭한다. 그리고 "지각"이란 말은 '하나님을 찾는 종교적 지각', '종교적 지혜'를 뜻한다. 하나님께서는 하늘에서 땅을 굽어 살피시면서 혹시 하나님을 찾는 사람이 있을까 하시고 굽어 살피신다.

시 14:3. 다 치우쳐 함께 더러운 자가 되고 선을 행하는 자가 없으니 하나도 없도다.

다윗은 '인생은 모두 엉뚱한 길로 빗나가서 하나같이 썩어버려 착한 일을 하는 사람이 하나도 없다'고 말한다. 여기 하나같이 썩었다는 말은 역사상에 많이 나타나나는 기이한 현상이다. 다시 말해 전적으로 타락했다(Total depravity)는 것이다(창 6:5-6; 18:20). 바울은 그의 서신(로마서)에서 전적 타락을 말하고 그리스도의 대속이 아니면 소망이 없음을 말한다(롬

1:18-3:20; 3:21-5:21).

시 14:4. 죄악을 행하는 자는 다 무지하냐 그들이 떡 먹듯이 내 백성을 먹으면서 여호와를 부르지 아니하는도다(Have they no knowledge, all the evildoers who eat up my people as they eat bread, and do not call upon the LORD?-ESV)**.**

다윗은 '악을 행하는 모든 자는 무지하지 않느냐? 그들이 떡 먹듯이 내 백성을 먹으면서(박해하면서) 여호와를 부르지 아니한다'고 말한다. 본 절은 1-3절의 결론이다. 하나님을 찾지 않는 자들은 크게 두 가지로 죄를 저지르고 있다는 것이다. 하나는 하나님의 백성들을 박해하는 일, 그리고 또 하나는 여호와를 부르지 않는 것, 다시 말해 회개하지 않는 것이다.

5-6절. 허다한 무신론자들이 공포를 느낄만한 하나님의 심판이 가끔 나타난다는 것을 말한다.

시 14:5. 그러나 거기서 그들은 두려워하고 두려워하였으니 하나님이 의인의 세대에 계심이로다(There they shall be in great terror, for God is with the generation of the righteous-RSV, ESV)**.**

다윗은 '하나님께서 옳게 사는 사람들과 함께 계시니 무지하여 성도들을 박해하고 회개하지 않는 무지한 자들은 겁에 질려 소스라치리라'고 말한다. 본 절의 "거기서"(there)란 말은 '하나님의 심판을 나타내시는 때'(박윤선), '하나님의 분노를 터뜨리기 시작하실 때'(류폴드)를 말한다. 성도들이 더욱 기도할 때에 무지한 자들은 더욱 하나님의 심판을 느껴 더욱 소스라치게 두려워하는 것이다.

시 14:6. 너희가 가난한 자의 계획을 부끄럽게 하나 오직 여호와는 그의 피난처가 되시도다.

다윗은 '무지하여 행악을 일삼는 자들은 가난한 성도(박해를 받느라 가난하게 사는 성도)의 계획을 늘 좌절시키고 박해하지만 여호와는 가난한 사람을 늘 돌보신다'고 말한다. 악한 자들의 횡포가 강할수록 여호와께서는 성도들을 더욱 돌보신다는 것이다.

7절. 다윗은 억울함을 당한 성도들의 구원 받을 일을 예견하고 기뻐한다. **시 14:7. 이스라엘의 구원이 시온에서 나오기를 원하도다 여호와께서 그의 백성을 포로된 곳에서 돌이키실 때에 야곱이 즐거워하고 이스라엘이 기뻐하리로다**(O that deliverance for Israel would come out of Zion! When the LORD restores the fortunes of his people, let Jacob rejoice, let Israel be glad-ESV).

다윗은 '하나님, 시온(2:6 참조)에서 나오셔서 이스라엘을 구원하여 주십시오! 여호와께서 그 백성의 포로 된 것을 돌이키실 때 야곱은 즐겁고 이스라엘은 기쁠 것입니다'라고 말한다. 여호와는 시온에 계셔서(9:11 참조) 만민을 통치하신다. 그런고로 구원은 시온에서 나오는 것이다.

본 절의 "여호와께서 그의 백성을 포로된 곳에서 돌이키실 때에"란 말은 '여호와께서 이스라엘 백성을 바벨론 포로에서 돌리실 때에'라는 역사적인 사건을 지칭하는 것이 아니라 하나님의 백성들이 악인들에게 억압당하는 상태에서 자기 백성을 건져주실 하나님의 구원을 상징하는 말이다(Calvin, Hengstenberg, 박윤선). 다윗은 억압 상태에 있는 자기 백성을 하나님께서 건져주실 구원을 확신하고 있는 것이다.

제 15 편 주님과 교제할 수 있는 자격자

본편은 주님과 교제할 수 있는 자가 누구인지를 말하고 있다. 신 23:2-9에는 하나님의 총회에 들어갈 수 있는 자의 자격이 제시되어 있으며, 대하 23:19은 성전의 여러 문들에 문지기들이 있어서 "아무 일에든지 부정한 자는 들어오지 못하게 하였다"고 기록되어 있다(시 118:19:20). 본 시를 기록한 때는 24편과 같이 법궤를 예루살렘으로 모셔올 때(삼하 6장)에 쓰여

진 것으로 보인다. 다시 말해 본편이 언제 쓰여졌을까를 결정하는 것은 1절의 내용을 살필 때 결정된다. 1절에는 "주의 성전"이라 하지 않고 "주의 장막"이라고 한 것을 보면 이 시편이 아직 성전 건축 전에 저술되었다고 보인다. 그리고 1절에 "성산"이라고 기록한 것을 보면 다윗이 법궤를 옮겨 벌써 장막 안에 모신 때였음(삼하 6:12; 대상 16:1)을 알 수 있다. 본편 1절은 본편을 다윗의 작품으로 보는 데는 거의 이의가 없다(1절).

그런데 그 내용은 1) 누가 주의 장막에 유할 자인가(1절). 2) 바르게 사는 자들(2-5a)이 주의 장막에 유할 수 있다고 말한다. 3) 그리고 바르게 사는 자는 영원히 요동치 아니하리라(5b)고 말한다.

시 15:1. <다윗의 시> 여호와여 주의 장막에 머무를 자 누구오며 주의 성산에 사는 자 누구오니이까(A Psalm of David. O LORD, who shall sojourn in your tent? Who shall dwell on your holy hill?-ESV).

본편 서두에 "다윗의 시"라고 기록된 것을 보면 본편이 다윗의 작품인 것을 보여준다. 11편 주해 참조. 다윗은 '주님이시여! 누가 주님께서 계시는 장막에 머무를 수 있겠으며, 주님께서 계신 거룩한 시온 산에 누가 살 수 있겠습니까?'라고 묻는다. 본 절의 "주의 장막에 머무를 자 누구오며"란 절과 "주의 성산에 사는 자 누구오니이까"라는 말은 동의절로 사용되었다. "주의 장막"은 "주의 성산"인 시온 산 안에 있기 때문이다. 그리고 다윗은 자신의 물음에 대하여 2-5절 상반절에서 대답한다.

본 절의 "머문다"(יָגוּר)는 말은 '나그네로 산다'는 뜻이다. 그러니까 다윗의 질문은 '누가 주님께서 계시는 장막에서 나그네로 머무를 수 있겠느냐'는 것이다(시 39:12). 하나님께서 주인이신 장막에서 누가 나그네로 살 수 있겠는가를 물은 것이다. 우리 인생은 진정한 나그네가 되어야 하고 하나님은 주인의 입장에서 우리 인생을 사랑하신다는 것이다.

시 15:2. 정직하게 행하며 공의를 실천하며 그의 마음에 진실을 말하며.

본 절부터 5절 상반절까지에는 하나님과 교제할 수 있는 자의 자격에 대하여 9가지로 말씀한다. 1) "정직하게 행하는 자"라야 한다는 것이다. 여기 "정직하다"(תָּמִים)는 말은 '깨끗하다'는 뜻이다. 다시 말해 '하나님 보시기에 2중 생활이 아닌 것'을 뜻한다(욥 1:1, 8; 2:3). 2) "공의를 실천하는 자"라야 한다는 것이다. 여기 "공의"(צֶדֶק)라는 말은 '하나님 보시기에 옳다'는 뜻이다. 비록 사람이 죄를 지었을지라도 죄를 자복하면 '하나님께서 옳게 여기시고' 자신과의 교통을 허락하신다(눅 18:13-14). 3) "그의 마음에 진실을 말하는 자"(דֹבֵר אֱמֶת)라야 한다는 것이다. "마음에 진실을 말하는 자"는 하나님 앞에서 중심에 진실을 말하며, 이웃을 해롭게 할 만한 참소를 하지 않으며 훼방을 하지 않는다. 남을 해롭게 하는 자는 하나님을 찬송할만한 자격을 잃게 된다(약 3:9-12).

시 15:3. 그의 혀로 남을 허물하지 아니하고 그의 이웃에게 악을 행하지 아니하며 그의 이웃을 비방하지 아니하며.

하나님과 교제할 수 있는 자의 자격에 대하여 본 절에서도 더 말씀하고 있다. 4) "그의 혀로 남을 허물하지 아니한다"는 것이다. "혀로 남을 허물하지 아니한다"는 말은 '혀를 놀려 남의 허물을 들추지 않는다'는 뜻이다(표준). 즉, '사방으로 다니며 거짓으로 남을 모함하지 않는 것'을 뜻한다. 5) "그의 이웃에게 악을 행하지 아니한다"는 것이다. "그의 이웃에게 악을 행하지 아니한다"는 말은 '친구에게 해를 끼치지 않는다'는 뜻이다. 우리는 이웃에게 행악하지 아니해야 할 것이다. 6) "그의 이웃을 비방하지 아니한다"는 것이다. "이웃을 비방하지 아니한다"는 말은 '이웃을 공개적으로 능욕하지 않는다'는 뜻이다. 다시 말해 우리는 남을 함부로 멸시해서 안 되며 비난해서는 안 될 것이다.

시 15:4. 그의 눈은 망령된 자를 멸시하며 여호와를 두려워하는 자들을

존대하며 그의 마음에 서원한 것은 해로울지라도 변하지 아니하며(in whose eyes a vile person is despised, but who honors those who fear the LORD; who swears to his own hurt and does not change-ESV).

본 절에서도 하나님과 교제할 수 있는 자의 자격에 대하여 더 말씀한다. 7) "그의 눈은 망령된 자를 멸시해야" 하는 것이다. "망령된 자"란 말은 '하나님 앞에서 교만하게 행하는 자'를 뜻한다. 신앙인은 하나님 앞에서 교만한 자를 멸시해야 하는 것이다. 우리는 하나님 앞에서 교만한 자를 높여서는 안 될 것이다. 8) "여호와를 두려워하는 자들을 존대해야" 하는 것이다. "여호와를 두려워하는 자를 존대하는 자가 바로 여호와를 두려워하는 자이다. 하나님은 그를 경외하는 자와 함께 하신다"(시 103:13, 17, 박윤선). 9) "그의 마음에 서원한 것은 해로울지라도 변하지 아니해야" 하는 것이다. 하나님은 그 앞에서 작정한 것을 그대로 실행하는 자를 기뻐하신다(전 5:4 참조).

시 15:5. 이자를 받으려고 돈을 꾸어 주지 아니하며 뇌물을 받고 무죄한 자를 해하지 아니하는 자이니 이런 일을 행하는 자는 영원히 흔들리지 아니하리이다.

본 절에서도 하나님과 교제할 수 있는 자의 자격에 대하여 더 말씀한다. 10) "이자를 받으려고 돈을 꾸어 주지 아니하는 자"여야 하는 것이다. 고리로 대금하는 것은 모세 율법에 금했다(출 22:25; 레 25:35-38; 신 23:19). 율법에 금했으면 하지 말아야 하는 것이다. 11) "뇌물을 받고 무죄한 자를 해하지 아니하는 자여야" 하는 것이다(26:10; 출 23:8; 신 16:19; 27:25; 욥 15:34). 이런 규정이 있었으나 예언자 시대에 이르러 이런 규정들이 무시되고 있었다(사 1:23; 겔 22:12; 호 4:18; 미 3:11 참조).

"이런 일을 행하는 자는 영원히 흔들리지 아니 할" 것이라 한다. 즉 3-5절에 언급한 바와 같은 선을 행하는 자는 주의 장막과 주의 성산에 거하며 영원히 요동하지 않고, 하나님의 보호를 받으며 어떤 환경에서도 결코 요동치 않는 복을 받게 된다는 것이다.

제 16 편 의인이 죽음을 초월하는 확신을 가짐과 기쁨을 드러냄

본편은 비탄시가 많은 제 1권(1-41편)에서 그리 흔하지 않은 메시아 예언 시 중 하나이다. 본편은 먼저 복과 생명의 근원되시는 하나님을 믿고 부활과 영생을 확신하여 죽음의 위협조차 두려워하지 않는 다윗의 신앙고백이다. 그리고 궁극적으로는 만 세대 중에 택한 성도의 죄를 대신 지고 그들의 구속을 위하여 심지어 하나님에게서조차 버림받은 십자가 고난의 고통을 감당하심은 물론 가장 먼저 부활하여 부활의 첫 열매가 되신 그리스도 예수에 대한 확신과 예언을 노래한 것이다(2, 5, 10, 11절). 다윗은 본시를 기록함에 있어 죽음조차 각오해야 하는 어떤 위기 상황에 처하여 지은 것이다(1절, 그랜드 종합 주석).

본시의 내용은 1) 다윗이 위기 상황에서 구원을 간구한 일(1절), 2) 다윗이 여호와 유일 신앙을 보여준 일(2-6절), 3) 다윗이 죽음을 초월한 신앙의 확신과 기쁨을 노래한 일등(7-11절)을 진술한다. 8-11절은 베드로(행 2:25-28) 및 바울(행 13:35)에 인용되어 그리스도의 부활을 증언하고 있다. "다윗의 믹담"이란 말은 '다윗의 황금 시' 혹은 '다윗의 금언 시'란 뜻으로 여섯 시편에 나타난다(16편, 56-60편).

1절. 다윗은 아주 위험한 시기를 맞이하여 여호와를 의지한다고 말한다.

시 16:1. <다윗의 믹담> 하나님이여 나를 지켜 주소서 내가 주께 피하나이다.

다윗은 '하나님이시여! 나를 지켜 주십시오. 내가 주님께로 피합니다'라고 기도한다. 다윗이 여호와께로 피하게 된 이유에 대해서는 2-11절에 길게 설명하고 있다. 다윗은 악하고 유혹이 많은 세상에서 하나님께 자신의 영과 육을 지켜 보호하시라는 기도를 드리고 있다. 다윗은 아무리 시험이 많아도 자신은 여호와만을 절대적으로 의지한다는 신앙 고백을 한다.

2-6절. 다윗이 여호와 유일 신앙을 보여준다.

시 16:2. 내가 여호와께 아뢰되 주는 나의 주님이시오니 주 밖에는 나의 복이 없다 하였나이다.

다윗은 '내가 여호와께 말씀드리기를 "주님은 나의 주님이시오니, 주님 밖에는 나에게 복이 없습니다"고 하겠다'고 말한다. 다윗은 주님을 향하여 절대적 신앙을 고백한다. 다윗은 주님 밖에는 나의 복이 없다고 고백한다. 본 시편의 "복"(טוֹבָתִי)이란 말은 '좋은 것'이란 뜻으로 '번영과 복'을 뜻한다(106:5).

시 16:3. 땅에 있는 성도들은 존귀한 자들이니 나의 모든 즐거움이 그들에게 있도다.

다윗은 '땅에 사는 성도들에 관해 말하라면 '성도들은 존귀한 사람들이요, 나의 기쁨'이라고 하겠습니다'라고 한다. 여호와를 절대적으로 신뢰하는 성도들끼리의 즐거운 교제를 말한다. 본 절의 "존귀한 자"라는 말은 '하나님을 의지하여 구원받은 성도들'을 지칭한다. 이처럼 존엄한 성도들은 서로 간에 존경하면서 영광스러운 성도의 교제를 즐기는 법이다.

시 16:4. 다른 신에게 예물을 드리는 자는 괴로움이 더할 것이라 나는 그들이 드리는 피의 전제를 드리지 아니하며 내 입술로 그 이름도 부르지 아니하리로다.

다윗은 '다른 신들을 섬기는 자들은 더욱더 심한 고통을 당할 것이다. 그 우상들에게 피를 쏟아 바친다는 것은 끔찍한 일이다. 나의 입에는 그 신들의 이름도 올리지 않겠다'고 말한다. 다른 신들, 즉 우상 숭배는 모세의 계명에 엄금하고 있다(출 20:3-6; 23:13; 신 12:3). 따라서 우상 숭배자들은 더욱 심한 고통을 당하는 것은 당연한 이치이다. 다윗은 우상에 대한 심한 증오심을 가지고 있다. 그는 "그 이름도 부르지 아니하리라"고 했으니 심한 혐오감을 가지고 있었던 것을 알 수 있다.

시 16:5. 여호와는 나의 산업과 나의 잔의 소득이시니 나의 분깃을 지키시나이다(The LORD is my chosen portion and my cup; you hold my lot-ESV).

다윗은 '여호와야말로 내가 받을 유산의 몫입니다. 주님께서는 나에게 필요한 모든 복을 내려주시는 분이십니다. 나의 미래는 주님이 책임을 지십니다'라고 말씀드린다. 성경에는 또 성도들이 하나님의 기업이라고도 하여(엡 1:11), 결국은 하나님과 성도들 간의 '상호 소유'의 신비를 말하고 있다. 하나님은 성도들의 기업이시고, 또 기업의 부여자이시다(이상근). 다윗은 하나님께서 번영의 잔을 주셔서 그를 지키신다고 고백한다. 본 절의 "산업"이란 말은 '기업'이란 말이다. "소득"이란 말도 '몫'이란 뜻으로 어떤 사람에게 분배된 할당량을 의미한다. 다윗은 자신이 누릴 복과 소망이 오직 여호와께만 있음을 고백하고 있다. "분깃"이란 말도 '산업', '소득'과 같은 의미로 사용된 말이다.

시 16:6. 내게 줄로 재어 준 구역은 아름다운 곳에 있음이여 나의 기업이 실로 아름답도다(The lines have fallen for me in pleasant places; indeed, I have a beautiful inheritance-ESV).

다윗은 '나에게 줄로 재어 주신 땅은 기름진 곳이며, 그 유업은 참으로 아름답습니다'라고 말한다. 하나님께서 다윗의 기업이 되시고, 또 가나안 땅이 젖과 꿀이 흐르는 아름다운 땅이었으나 하나님은 그것에 비할 수 없이 아름다우신 기업이라는 것이다.

"줄로 재어 준"이란 말은 '땅을 기업으로 받을 때에 측량해서 준 것'을 말한다(신 32:9; 수 17:15). 이처럼 하나님은 다윗의 기업이 되고 또 가나안 땅이 젖과 꿀이 흐르는 아름다운 기업의 땅이지만 하나님 자신이 그것과는 비할 수도 없는 아름다운 기업 자체라는 것이다.

7-11절. 다윗이 죽음을 초월한 신앙의 확신과 기쁨을 노래한 일을 말한다.

시 16:7. 나를 훈계하신 여호와를 송축할지라 밤마다 내 양심이 나를 교훈하도다.

다윗은 '주님께서 날마다 나를 훈계하신 것을 송축하며, 밤마다 나의 마음에 교훈을 주시니, 내가 주님을 찬양합니다'라고 말한다. 다윗은 하나님께서 자신의 교사가 되셔서 훈계하신 것을 송축하며, 밤마다 자신의 심장(마음)에 교훈과 지시를 주신 것을 송축한다는 것이다. 하나님은 다윗의 산업만 되시는 것이 아니었다. 교사가 되시고 모사가 되신다는 것이었다(32:8). 하나님은 오늘 우리에게도 끊임없이 가르쳐주시고 계신 것이다. 얼마나 감사한지 말할 수 없다.

시 16:8. 내가 여호와를 항상 내 앞에 모심이여 그가 나의 오른쪽에 계시므로 내가 흔들리지 아니하리로다.

다윗은 '주님께서는 언제나 나와 함께 계시며, 그가 나의 오른쪽에 계시니, 나는 흔들리지 않는다'고 말한다. 다윗은 밤낮으로 주님을 앙모함으로 언제나 하나님의 임재를 느끼면서 살고 있다. 다윗은 하나님께서 그의 우편에 계셔서 능력이 되어 주시고 보호자가 되어 주심으로 그는 어떤 환난을 만나도 흔들리지 않았다.

시 16:9. 이러므로 나의 마음이 기쁘고 나의 영도 즐거워하며 내 육체도 안전히 살리니(Therefore my heart is glad, and my whole being(soul) rejoices; my flesh also dwells secure-ESV)**.**

본 절 초두의 "이러므로"(그러므로)란 말은 바로 앞 절에 말한바 다윗이 "여호와를 항상 내 앞에 모시고 있으며, 여호와께서 나의 오른쪽에 계시므로 내가 흔들리지 아니한" 결과로 생긴 일을 말하는 "이러므로"(therefore)이다. 즉, 다윗은 '그러므로 내 마음이 즐거워하고 나의 영도 기뻐하며 내 육체가 안전히 살 것이니'고 말한다. 여기 "내 마음(לִבִּי)이 즐거워하고"란 말과 "나의 영"(כְבוֹדִי)이란 말은 동의어로 쓰였다. 우리는 항상 하나님을 모신 가운에 마음도 즐겁고 영도 즐거우며 그리고 육체까지 즐거운 삶을 살아야 할 것이다.

시 16:10. 이는 주께서 내 영혼을 스올에 버리지 아니하시며 주의 거룩한 자를 멸망시키지 않으실 것임이니이다(For you will not abandon my soul to Sheol, or let your holy one see corruption-ESV).

본 절 초두의 "이는"(כִּי)이란 말은 이유를 말하는 접속사(for)로 다윗이 앞 절에서 말한바 마음도 영도 육체도 즐거운 이유를 본 절에서 제공하고 있는 것이다. 즉, 다윗은 '주님께서 나를 보호하셔서 죽음의 세력이 나의 생명을 스올에 버리지 않게 하실 것이며, 주님의 거룩한 자를 죽음의 세계에 버리지 않으실 것이기 때문입니다'라고 말한다. 다윗은 죽음 후에 죽음의 상태에 그대로 있지 아니하고 부활할 것을 예견하고 있다. 다윗은 자기를 포함하여 모든 성도들의 부활도 멀리 바라보고 있는 것이다. 즉, 다윗은 그리스도의 부활의 그림자로 나타나고 있다.

시 16:11. 주께서 생명의 길을 내게 보이시리니 주의 앞에는 충만한 기쁨이 있고 주의 오른쪽에는 영원한 즐거움이 있나이다.

다윗은 '주님께서 몸소 생명의 길을 나에게 보여 주시니, 주님을 모시고 사는 삶에 기쁨이 넘칩니다. 주님께서 내 오른쪽에 계시니, 이 큰 즐거움이 영원토록 이어질 것입니다'라고 말한다. 본 절의 "생명의 길"이란 '하나님과 함께 하는 삶'을 뜻한다. 생명의 길은 "음부로 내려가는 길"(잠 2:19; 6:23; 10:17)과 대조되어 '영원한 생명으로 가는 길'이다.

본 절은 다윗이 영원한 내세에 들어갈 복을 바라보고 하는 말이다. 본 절은 앞으로 하나님의 성도들에게 닥쳐올 미래에 대해서 세 가지로 진술한다. 첫째, "주께서 생명의 길로 내게 보이신다"는 진술이다. 어떤 사람들이 생명의 촛불이 꺼진 이후 죽음만을 전망하지만 다윗을 비롯한 성도들은 생명을 보고 있다. 둘째, "주의 앞에는 기쁨이 충만하다"는 진술이다. 다윗 일행은 끝이 없는 "충만한 기쁨"을 바라보고 있다. 여기에 바로 진정으로 행복한 삶의 비밀이 있다. 셋째로 "주님의 오른편에는 영원한 즐거움이 있다"는 것이다. 하나님의 손에 있는 선물들은 '기쁨' 또는 '즐거움'이다. 믿음으로 우리가 하나님을 붙든다면 하나님께서는 우리를 완전하게 보호하실 것이라고 당연히 말할 수 있다.

제 17 편 죄 없는 자가 구원을 애원하다

본편은 전편과 비슷한 시편이다. 다윗이 초기에 쓴 것으로 그가 사울의 추격을 받아 마온 황무지에 숨어 있을 때(삼상 23:24-29)의 작품으로 보인다(Hitzig, Rawlinson, 이상근). 본편의 내용은 1) 다윗이 자신의 무죄를 변명한 후(1-5절), 2) 적으로부터 구원해 줄 것을 여호와께 호소한 것이다(6-15절). 본편도 역시 전편과 마찬가지로 부활 신앙을 고백하고 있다.

"다윗의 기도"란 말은 본편과 86편에만 보이는 표제이다. 본편 전체가 간곡한 호소의 말로 이어지고 있다(1, 2, 6, 7, 8, 9, 13, 14절).

1-5절. 다윗은 자신의 무죄를 확신하며 여호와 앞에 호소하고 있다.

시 17:1. <다윗의 기도> 여호와여 의의 호소를 들으소서 나의 울부짖음에 주의하소서 거짓되지 아니한 입술에서 나오는 나의 기도에 귀를 기울이소서.

다윗은 '주님이시여! 제 진실을 변호하여 주십시오. 제 부르짖는 소리를 들어 주십시오. 거짓 없이 드리는 제 기도에 귀를 기울여 주십시오'라고 부르짖는다. 다윗이 자기의 옳음을 주장하는 것은 원수들이 트집 잡는 어떤 사건에 있어서 애매하다는 의미뿐이다(박윤선). 히스기야 왕도 이런 의미의 기도를 드린 때가 있었다(왕하 20:3).

시 17:2. 주께서 나를 판단하시며 주의 눈으로 공평함을 살피소서.

다윗은 '주님께서 나를 판단해 주시며, 주님의 눈으로 살피셔서 나의 공평함을 살펴주소서'라고 부르짖는다. 다윗은 지금 자신의 무죄함에 대하여 하나님의 완전하시고, 공평하신 판단을 받고자 애원한다.

시 17:3. 주께서 내 마음을 시험하시고 밤에 내게 오시어서 나를 감찰하셨으나 흠을 찾지 못하셨사오니 내가 결심하고 입으로 범죄하지 아니하리이다.

다윗은 '주님께서 제 마음을 시험하여 보셨고, 밤새도록 심문하시며 샅샅이 캐어 보셨지만 제 잘못을 찾지 못하셨습니다. 그런고로 저도 결심하고 입으로 범죄하지 않으렵니다'고 말한다. 하나님의 시험을 통과한 다윗은 자신이 결코 죄를 짓는 일에 빠지지 않겠다는 것이었다.

시 17:4. 사람의 행사로 논하면 나는 주의 입술의 말씀을 따라 스스로 삼가서 포악한 자의 길을 가지 아니하였사오며(With regard to the works of man, by the word of your lips I have avoided the ways of the violent-ESV**).**

다윗은 '남들이야 어떠했든지 간에 저는 주님께서 주신 말씀을 따랐기에, 포악한 자의 길로 가지 않았습니다'라고 말씀한다. "사람의 행사로 논하면"이란 말은 '사람들의 일반적 행위대로 말한다면'이란 뜻이다. 그런고로 이 구절의 뜻은 '다른 사람들이야 어떠하든 간에 저만큼은 달리 행했다'는 뜻이다.

시 17:5. 나의 걸음이 주의 길을 굳게 지키고 실족하지 아니하였나이다.

다윗은 '제 발걸음이 주님의 발자취만을 굳게 지켰기에, 주님의 길에서 벗어난 일이 없었습니다'고 말씀드린다. 오늘 우리가 주님의 발자취만 바로 따르면 실족할 일이 없을 것이다.

6-15절. 다윗은 적으로부터 구원해 줄 것을 여호와께 호소한다.

시 17:6. 하나님이여 내게 응답하시겠으므로 내가 불렀사오니 내게 귀를 기울여 내 말을 들으소서.

다윗은 '하나님이시여! 내게 응답하시겠으므로 내가 주님을 부릅니다. 하나님이시여! 내게 귀를 기울이셔서 내 말을 들으소서'라고 말씀드린다. 오늘 우리는 과거에 하나님께서 우리의 기도를 응답하신 것을 근거로 부르짖어 기도에 응답을 받아야 할 것이다.

시 17:7. 주께 피하는 자들을 그 일어나 치는 자들에게서 오른손으로 구원하시는 주여 주의 기이한 사랑을 나타내소서.

다윗은 '주님께로 피하는 사람들을, 주위에서 나타나 저(다윗 자신)를 치는 자들의 손에서 힘 있는 손으로 구원하여 주시는 주님! 주님의 기이한 사랑으로 저를 건져 주십시오'라고 기도한다. 본 절은 여호와께서 우리의 든든하신 피난처라는 것을 드러내고 있다(14:6; 46:1, 7, 11 48:3 참조). 여호와께서는 우리 주위의 어떤 강한 박해자로부터 우리를 구원해 주시고 보호해 주시는 분이시다. 본 절의 "오른 손"이란 말은 '하나님의 힘 있는 손'을 지칭한다(44:3; 98:1; 삿 7:2; 사 59:1 참조). "주의 기이한 사랑"이란 말은 '주님께서 가기고 계신 특이한 사랑'을 지칭한다.

시 17:8-9. 나를 눈동자 같이 지키시고 주의 날개 그늘 아래에 감추사 내 앞에서 나를 압제하는 악인들과 나의 목숨을 노리는 원수들에게서 벗어나게 하소서.

8절과 9절은 7절을 이어 다윗이 계속해서 기도하는 말이다. 8절은 신 32:10-11을 간접적으로 인용한 글이다. 다윗은 '주님의 눈동자처럼 나를 지켜 주시고, 주님의 날개 그늘에 나를 숨겨 주시며, 나를 공격하는 악인들(이들은 "사자"나 "젊은 사자"같은 사람들이다, 12절)로부터 나를 지켜 주십시오. 나의 생명을 노리는 원수들이 나를 둘러싸고 있습니다'라고 부르짖는다.

8절의 "눈동자"(אִישׁוֹן)란 말은 '조그마한 사람'이라는 뜻인데, 좀 더 구체적으로 말해 '사람의 눈동자에 나타나는 사람의 상(像)'을 말한다. 필자가 목회를 할 때 '우리 한 사람 한 사람을 주님의 눈동자같이 지켜 주시라'는 기도를 하도 많이 해서 교우들도 그 기도의 말을 다 외우고 있을 정도였다. 성도는 하나님께서 늘 감찰하시고 돌보시는 대상인 만큼 하나님의 눈동자와 같은 셈이다. 우리가 하나님의 "눈동자"라는 신념을 가지고 있다면 하나님의 도움을 구할 용기를 가진다(박윤선). "주의 날개 그늘 아래"란 말은 주님께서 우리를 보호해 주시는 은혜를 비유한다(시 36:7; 57:1; 63:7; 눅 13:34 참조).

9절의 "내 앞에서 나를 압제하는 악인들"이란 말과 "나의 목숨을 노리는 원수들"은 동의절로 다윗의 원수들을 강조하기 위해 쓰인 말들이다. 이들은 남의 생명을 멸하려 하는 악인들이고 심혼골수로부터 남을 미워하며 적대하는 원수들이다. 하나님께서는 성도들 주위에 이런 사람들을 배치해 놓으시고 성도들로 하여금 기도를 하게 하신다.

시 17:10. 그들의 마음은 기름에 잠겼으며 그들의 입은 교만하게 말하나이다.

본 절은 바로 앞 절(9절)의 "악인들"("원수들")의 마음과 입이 어떠한가를 설명하는 구절이다. 그들의 마음은 기름에 잠겨버렸으며, 그들의 입은 교만해서 그 정도를 헤아릴 수 없다는 것이다. "기름에 잠겼다"는 말은 '마음이 완고하기가 짝이 없다'는 뜻이다. 마음이 완고하여 무엇으로 찔러도 들어가지 않고 누구의 말도 듣지 않으며 무슨 악행이라도 감행한다는 것이다. 그리고 다윗의 주위에 있는 "악인들"과 "원수들"의 입은 세상에 둘도 없는 입들로서 교만하기 이를 데 없다는 뜻이다. 마음이 완고하니 결국 입이 교만하게 작용하는 것이었다.

시 17:11. 이제 우리가 걸어가는 것을 그들이 에워싸서 노려보고 땅에 넘어

뜨리려 하나이다.

본 절도 역시 다윗 주위에 있는 악인들(원수들)의 행동을 묘사하고 있다. 다윗은 '드디어 그들이 제가 걸어가고 있을 때 뒤따라와 에워싸고, 이 몸을 땅바닥에 메어치려고 노려보고 있습니다'라고 호소한다. 다윗이 이런 일을 당한 것은 엔게디 황무지에 있을 때(삼상 24장)나 혹은 하길라 산에 숨어 있을 때(삼상 26장)였을 것이다. 오늘날 성도들도 이런 환경을 만나서 하나님 앞에 기도하여 구원을 체험하게 된다.

시 17:12. 그는 그 움킨 것을 찢으려 하는 사자 같으며 은밀한 곳에 엎드린 젊은 사자 같으니이다.

본 절도 역시 다윗 주위에 있는 악인들(원수들)의 행동을 묘사하고 있다. 본 절은 특히 다윗의 원수들의 모습을 "사자"와 "젊은 사자"에 비한다. 즉, 다윗은 '그들은 움킨 것을 찢으려 하는 사자와 같고, 숨어서 먹이를 노리는, 기운 팔팔한 사자와도 같습니다'(7:2; 10:9; 57:4)라고 아뢴다. 우리는 주위에 우리를 해하려는 악인들이 있음을 기억하고 항상 하나님께 기도하는 삶을 살아야 한다.

시 17:13. 여호와여 일어나 그를 대항하여 넘어뜨리시고 주의 칼로 악인에게서 나의 영혼을 구원하소서.

본 절과 다음 절(14절)은 악인들(원수들)을 앞에 두고 하나님의 구원과 보호를 호소하는 것을 보여준다. 즉, 다윗은 '주님이시여! 일어나(7:6; 9:19; 10:12; 44:26) 그들(악인들, 원수들)을 대적하시고, 굴복시키십시오. 그리고 주님께서 칼을 드셔서, 악인에게서 나의 생명을 구하여 주십시오'라고 부르짖는다. 우리는 기도할 때 우리를 호시 탐탐 노리는 사람들을 생각하면서 하나님께 간절하게 기도해야 한다.

시 17:14. 여호와여 이 세상에 살아 있는 동안 그들의 분깃을 받은 사람들에

게서 주의 손으로 나를 구하소서 그들은 주의 재물로 배를 채우고 자녀로 만족하고 그들의 남은 산업을 그들의 어린 아이들에게 물려주는 자니이다.

다윗은 '주님이시여! 사람들에게서 그들의 생애에 자신들의 몫을 받은 세상 사람들에게서 주님의 손으로 나를 구원하소서. 주님의 힘으로 저를 몸소 구해 주십시오. 그들은 주님께서 쌓아 두신 재물로 자신들의 배를 채우고 남은 것을 자녀에게 물려주고 그래도 남아서 자식의 자식들에게까지 물려줍니다'라고 기도한다. 악인들은 세상에서 물질밖에 귀한 것이 없다. 우리의 귀한 것은 하나님이시다. 하나님 안에는 구원이 있고 모든 복이 있다.

다윗은 본 절에서 악인들(원수들)에서 구원받기를 호소하며 그들의 악행을 더욱 설명한다. 그들의 악행에 대해서 하나님께서 모르셔서 설명하는 것이 아니라 우리 자신들이 더 경성하여 기도하기 위해 악인들에 대해서 설명하여 드리는 것이다.

시 17:15. 나는 의로운 중에 주의 얼굴을 뵈오리니 깰 때에 주의 형상으로 만족하리이다.

다윗은 '저는 떳떳하게 주님의 얼굴을 뵈올 것입니다. 깨어나서 주님의 모습 뵈올 때에 주님과 함께 있는 것만으로도 내게 기쁨이 넘칠 것입니다'라고 말한다. 본 절의 "의로운 중에"란 말은 다윗이 '하나님의 의를 힘입을 것을 암시하는 말'(박윤선)이다. 본 절의 "깰 때에"란 말에 대해서는 네 가지의 다른 견해가 있다. 1) 성전 경내에서 밤을 지내고 깰 때를 지칭한다는 견해(Calvin). 2) 다윗이 신탁을 받기 위해 꿈을 꾸며(Incubation) 아침에 일어날 때를 지칭하는 것으로 보는 견해(Mowinkel, H. Schmidt). 3) 저녁에 피곤한 몸이 아침에 새 힘을 얻어 깰 때를 말한다는 견해(Hitzig, Hupfeld). 4) '죽음에서 부활하여 하나님을 뵈올 때'를 지칭한다는 견해(Gesenius, Luther, Rosenmueller, K.&D., Lange, Rawlinson, 박윤선, 이상근). 이 모든 견해 중에 4)번의 견해가 가장 타당한 것으로 본다.

제 18 편 받은 구원 때문에 찬미하다

본편은 삼하 22장과 거의 비슷한 내용을 담고 있다. 델리취(Delitzsch)는 "본문의 현상으로 보아 본편이 삼하 22장의 것보다 더욱 기본적인 행적을 많이 보인다"고 했다. 다윗이 이 시편을 쓴 것은 모든 적에게서 구원 받아 왕위에 오르면서 부른 찬미이다. 다윗은 승리한 다음 모든 영광을 하나님께 돌린다. 저작의 때는 삼하 7-8장의 시기로 본다.

본편의 내용은 먼저 서론적 찬미를 부르고(1-3절), 다음 환난 중에서의 구원 찬송을 불렀으며(4-19절), 다음으로 여호와의 공의로우신 보상을 진술하고(20-30절), 다음으로 오직 여호와로 인한 구원을 노래하며(31-45절), 마지막 결론으로 찬미한다(46-50절).

"여호와의 종 다윗의 시, 인도자를 따라 부르는 노래, 여호와께서 다윗을 그 모든 원수들의 손에서와 사울의 손에서 건져 주신 날에 다윗이 이 노래의 말로 여호와께 아뢰어 이르되"란 말은 삼하 22:1과 공통되는 표제이다. 여기 "종"이란 말이 첨가된 것은 본편이 다른 시와는 다르다는 것을 보여주고 있고, 36편에 똑 같은 것을 볼 수 있다. 본편을 저작한 시기는 삼하 7-8장의 시기로 보인다.

1-3절. 다윗은 먼저 구원의 찬미를 부른다.

시 18:1. <여호와의 종 다윗의 시, 인도자를 따라 부르는 노래, 여호와께서 다윗을 그 모든 원수들의 손에서와 사울의 손에서 건져 주신 날에 다윗이 이 노래의 말로 여호와께 아뢰어 이르되> 나의 힘이신 여호와여 내가 주를 사랑하나이다.

다윗은 본 절에서 '나의 힘이 되신 주님이시여! 내가 주님을 사랑합니다' 라고 말한다. 주님이 다윗의 힘이 되신 것은 다윗이 물맷돌 하나를 가지고도 골리앗을 이겼으니 이 이상 더 큰 힘이 또 있을까. 하나님은 범사에 우리의 힘이시다. 여기 다윗이 주님을 사랑하심은 다윗의 심령 속에 깊이 뿌리를 박은 것이다. 다윗이 그렇게 하나님을 사랑하게 된 이유가 무엇인지에 대해서는 2절과 3절에서 진술하고 있다.

시 18:2. 여호와는 나의 반석이시요 나의 요새시요 나를 건지시는 이시요 나의 하나님이시오. 내가 그 안에 피할 나의 바위시요 나의 방패시요 나의 구원의 뿔이시요 나의 산성이시로다.

본 절은 다윗이 주님을 사랑한 이유를 여덟 가지로 말하고 있다. 본 절에는 하나님의 이름이 여덟 가지로 진술되어 있으니 바로 그것이 주님을 사랑하는 증거로 내 세운 것이다. 1) "여호와는 나의 반석이시기" 때문에 주님을 사랑한다는 것이다. 여호와는 또 우리의 반석도 되신다. 2) "나의 요새이시기" 때문에 주님을 사랑한다는 것이다. "요새"란 말은 '방어', '방패'란 뜻으로 여호와는 오늘 우리의 방패도 되신다. 3) "나를 건지시는 이시기" 때문이다. 여호와는 다윗을 건져주시는 이시기 때문에 여호와를 사랑한다는 것이다. 4) 여호와는 "다윗의 하나님이시기" 때문에 사랑한다는 것이다. 여기 "하나님"이란 말은 '능력의 하나님'이란 뜻이다. 다시 우리를 구원하시기에 조금도 부족하심이 없으신 권능의 하나님이시다. 5) 다윗이 "그 안에 피할 바위시기" 때문에 사랑한다는 것이다. 여호와는 우리에게 다가오는 모든 화살을 막아주는 바위이시다. 6) 여호와는 "다윗의 방패이시기" 때문에 사랑한다는 것이다. 7) 여호와는 "다윗의 구원의 뿔이시기" 때문에 사랑한다는 것이다. 여기 "뿔"이란 말은 '힘'이라는 뜻이다. 여호와는 우리를 넉넉히 구원해 주시는 하나님이시다. 8) 여호와는 "다윗의 산성이시기" 때문에 여호와를 사랑한다는 것이다.

시 18:3. 내가 찬송 받으실 여호와께 아뢰리니 내 원수들에게서 구원을 얻으리로다.

다윗은 '나의 찬양을 받으셔야 할 주님, 내가 주님께 아뢸 것이니 주님께서 나를 원수들에게서 건져 주십시오'라고 부르짖는다. 다윗이 받은 구원의 체험이 어떤 것인지 다음절부터(4-5절) 진술된다. 그리고 하나님의 구원이 얼마나 굉장한 것인지 6절부터 19절까지 진술된다(6-19절). 우리가 하나님을 찬양하기 위해서는 하나님께서 어떤 일을 하셨는지 분명히 진술되어야 한다.

4-19절. 다윗이 환난 중에서 구원 받은 일을 찬송한다.

시 18:4-5. 사망의 줄이 나를 얽고 불의의 창수가 나를 두렵게 하였으며 스올의 줄이 나를 두르고 사망의 올무가 내게 이르렀도다.

다윗은 본 절부터 5절까지 구원체험을 진술한다. 즉, 다윗은 '사망의 줄이 나를 얽고 파멸의 급류가 나를 엄습했으며 스올의 줄이 나를 동여매고 죽음의 올가미가 나를 덮쳤어도' 여호와께서 다윗을 구원하셨다고 말한다. '사망의 줄'이 다윗을 얽어매어 결박했다는 말, '파멸의 급류'가 다윗을 엄습했다는 말, '스올의 줄'(다윗을 지옥으로 끄는 줄)이 다윗을 둘러 꼼짝 못하게 했다는 말, '사망의 올무'가 다윗에게 이르렀다는 말들은 참으로 무서움을 자아내는 말들이다.

시 18:6. 내가 환난 중에서 여호와께 아뢰며 나의 하나님께 부르짖었더니 그가 그의 성전에서 내 소리를 들으심이여 그의 앞에서 나의 부르짖음이 그의 귀에 들렸도다.

다윗은 '내가 고통 가운데서 여호와께 아뢰며, 나의 하나님을 바라보면서 살려 달라고 부르짖었더니 주님께서 땅의 성전(하늘 성전에서란 말도 가능한 것이다)에서 나의 간구를 들으셨다. 주님께 부르짖은 나의 부르짖음이 주님의 귀에 들렸도다'라고 말한다. 하나님은 우리와 가까이 성전에서 우리 기도를 들으신다.

시 18:7. 이에 땅이 진동하고 산들의 터도 요동하였으니 그의 진노로 말미암음이로다.

다윗은 '자신의 기도의 응답으로 땅이 흔들리고 진동하며 산의 기초가 요동했다'고 말한다. '이런 현상이 나타난 것은 여호와께서 진노하셨기 때문이라'는 것이다.

시 18:8. 그의 코에서 연기가 오르고 입에서 불이 나와 사름이여 그 불에 숯이 피었도다.

다윗은 자신의 기도의 여파로 지진만 일어난 것이 아니라 본 절에서는 '여호와의 코에서부터는 연기를 내뿜으시고 입에서는 불을 토하시며 숯불이 모든 것을 살라버리는 것처럼 모든 것을 살라 버리셨다'고 말한다. 본 절은 하나님을 의인화하여 묘사한 것이다. 하나님의 코와 입에서 연기와 불이 나와 다윗의 적을 살라버리셨다고 묘사한 것이다.

시 18:9. 그가 또 하늘을 드리우시고 강림하시니 그의 발 아래는 어두캄캄하도다(He bowed the heavens, and came down; thick darkness was under his feet-RSV, ESV).

본문은 다윗의 기도의 응답으로 '여호와께서 또 하늘을 가르시고 내려오시니 그의 발아래에는 검은 구름이 깔려 있었다'는 것을 말한다. 본문의 진술은 폭풍을 동반한 검은 구름의 광경이다. 하나님께서 하늘의 보좌에서 지상에 강림하시는 과정에서 그 발아래 시커먼 구름이 깔려 있는 것을 묘사한 것은 성경에 가끔 진술되어 있다(144:5; 출 3:8; 19:16; 삼하 22:10; 사 64:1, 3 참조).

시 18:10. 그룹을 타고 다니심이여 바람 날개를 타고 높이 솟아오르셨도다(He rode on a cherub, and flew; he came swiftly on the wings of the wind-ESV).

다윗은 '여호와께서는 그룹을 타고 내려 오셨는데 바람을 타고 급히 오르셨다'고 말한다. 본 절의 상반절 번역과 하반절 번역은 성경에 따라 갈린다. 개역개정판의 상반절 번역은 여호와께서 그룹을 타고 "내려오신 것"으로 번역했고, 하반절은 바람 날개를 타시고 "높이 오르신 것"으로 번역했다. 다시 말해 내려오실 때는 그룹을 타고 내려 오셨으며 오르실 때에는 바람을 타고 오르셨다고 번역한 것이다(개역판 성경, 개역개정판 성경, 표준 새 번역).

그런가하면 다른 번역판 성경들은 그런 구분이 없이 하나님께서 그룹을 타시고 혹은 바람 날개를 타고 빨리 왕래하신다고 번역했다(바른 성경, 공동번역).

여기 "그룹"(cherubim)이란 천사는 하나님 곁에서 수종드는 천사로 묘사되어 있다. 이 천사는 날개를 가진 천사로 만들어져 지성소 법궤 위에 안치되어 있었다(출 25:18-22). 성경에서 그룹은 하나님을 보좌하며 수종드는 존재로 그 기능과 모양이 여러 가지로 다양하게 묘사되어 있다(80:1; 출 24:22; 민 7:89; 삼상 4:4; 겔 1:16). 여기서 하나님께서 그룹을 타고 날으신다는 묘사는 하나님의 초월성을 보여주기 위하여 사용되었다. 그리고 "바람 날개를 타고 높이 솟아오르셨다"는 묘사도 역시 하나님의 초월성을 비유하는 것이다. 이는 마치 독수리가 날개를 활짝 펴 공중 높이 떠 있다가 쏜살같이 땅으로 내려오는 것에 비유한 표현이다(그랜드 종합 주석).

시 18:11. 그가 흑암을 그의 숨는 곳으로 삼으사 장막 같이 자기를 두르게 하심이여 곧 물의 흑암과 공중의 빽빽한 구름으로 그리하시도다.

다윗은 '여호와께서 어둠을 장막삼아 두르시고 빗방울 머금은 먹구름과 공중의 빽빽한 구름으로 둘러서 장막을 만드셨다'고 말한다. 본 절은 하나님께서 어두운 구름 가운데 계시다는 것을 뜻한다. 박윤선은 본 절의 묘사에 대하여 '이것은 죄인을 싫어하시는 무서운 기분을 보이심에 대한 비유'라고 했다.

시 18:12. 그 앞에 광채로 말미암아 빽빽한 구름이 지나며 우박과 숯불이 내리도다(Out of the brightness before him hailstones and coals of fire broke through his clouds-ESV).

다윗은 '여호와 앞의 광채로부터 먹구름을 통해 우박과 벼락이 내린다'고 말한다. 여호와 하나님으로부터 우박의 재앙이 내린다는 묘사이다(출 9:22-26 참조). 여기 "우박"과 "숯불"이란 말은 모두 하나님의 진노를 뜻하는 낱말들이다.

시 18:13. 여호와께서 하늘에서 우렛소리를 내시고 지존하신 이가 음성을 내시며 우박과 숯불을 내리시도다.

다윗은 '여호와께서 하늘로부터 우렛소리(천둥소리)를 내시고, 가장 높으신 분께서 그 목소리를 높이시며, 우박을 쏟으시고, 벼락을 떨어뜨리셨다'고 말한다. 본 절의 "하늘로부터 우렛소리를 내신다"는 말과 "음성을 내신다"는 말은 동의절로 사용하여 글을 힘 있게 만들고 있다. "우박"과 "숯불"이란 말은 모두 하나님의 진노를 뜻한다(29:3-9; 욥 38:4-5 참조).

시 18:14. 그의 화살을 날려 그들을 흩으심이여 많은 번개로 그들을 깨뜨리셨도다.

본 절은 여호와께서 다윗의 기도를 들으시고 다윗의 적들을 멸하셨다는 것을 말한다. 즉, 다윗은 '여호와께서 화살을 쏘아 적들을 흩으셨고, 번개소리를 내서 그들을 혼란에 빠뜨리셨다'라고 말한다(7:13).

시 18:15. 이럴 때에 여호와의 꾸지람과 콧김으로 말미암아 물 밑이 드러나고 세상의 터가 나타났도다(Then the channels of the sea were seen, and the foundations of the world were laid bare, at your rebuke, O LORD, at the blast of the breath of your nostrils-ESV).

다윗은 '그 때에 여호와께서 꾸짖으실 때에 바다의 바닥이 모두 드러나고, 주님께서 진노하셔서 콧김을 내뿜으실 때에 땅의 기초도 모두 드러났다'고 말한다. 즉, 하나님께서 심판하신 결과 땅 위에는 큰 변화가 일어났다는 것을 말한다. 그 변화란 하천의 물이 말라 강바닥이 드러났고 땅의 기초도 드러났다는 것이다. 아마도 이 현상은 요단 강이 마른 것을 뜻할 것이다.

시 18:16. 그가 높은 곳에서 손을 펴사 나를 붙잡아 주심이여 많은 물에서 나를 건져내셨도다.

다윗은 '여호와께서 높은 곳에서 손을 내밀어 나를 붙잡으시고, 큰 물에서 나를 건져내어 주셨다'라고 말한다. 본 절의 "큰 물에서 나를 건져내 주셨다"는 말은 아마도 나일 강에서 모세를 건져주신 것을 연상하게 하는 말일 것이다(출 2:5, 10 참조). 오늘 우리의 경우도 사방으로 길이 막혀도 하나님께서 우리를 얼마든지 구원해 주신다는 것을 보여준다.

시 18:17. 나를 강한 원수와 미워하는 자에게서 건지셨음이여 그들은 나보다 힘이 세기 때문이로다.

다윗은 '여호와께서 나보다 힘이 더 강한 원수들과 나를 미워하는 자들부터 나를 건져주셨다'라고 말한다(삼상 31:1-4). 세상에는 우리 하나님보다 더 강한 세력은 없으시다.

시 18:18. 그들이 나의 재앙의 날에 내게 이르렀으나 여호와께서 나의 의지가 되셨도다.

다윗은 '원수들이 다윗의 사정이 어쩔 수 없는 재앙의 날(삼상 23:13-15; 24:1-3; 26:1-4)에 다윗에게 이르렀으나 여호와께서 나의 의지가 되어 주셔서 모면하게 되었고 이기게 해 주셨다'고 말한다. 다윗은 여호와의 구원을 잊을 수가 없었다.

시 18:19. 나를 넓은 곳으로 인도하시고 나를 기뻐하시므로 나를 구원하셨도다.

다윗은 '여호와께서 나를 넓은 곳(안전지대)으로 인도하시고 나를 기뻐하시는 고로 나를 구원해 주셨다'고 말한다. 여호와께서는 다윗을 구원하신 다음 왕위에 오르게 하셨고 또 다윗이 어디를 가든지 승리케 해 주셨다(삼하 8:6).

20-30절. 여호와의 공의로우신 보상을 진술하다.

시 18:20. 여호와께서 내 의를 따라 상주시며 내 손의 깨끗함을 따라 내게 갚으셨으니.

다윗은 '여호와께서는 내가 의롭게 산다고 하여, 나에게 상을 내려 주셨고, 내가 깨끗하게 산다고 하여, 주님께서 나에게 보상해 주셨다'고 말한다. 다윗은 자신의 의를 변명한 일이 있다(7:1-8). 다윗이 이렇게 자기가 의롭다고 말한 것은 다른 사람들에게 비하여 의롭게 산다는 것이었다. 다시 말해 그가 성심을 다하여 하나님을 구했고 정직하게 말했으며, 또 깨끗하게 살아 온 것을 뜻한다.

시 18:21. 이는 내가 여호와의 도를 지키고 악하게 내 하나님을 떠나지 아니하였으며.

문장 초두에 있는 "이는"(for)이라는 이유 접속사는 앞 절에 다윗이 하나님으로부터 보상을 받은 이유를 설명하는 단어이다. 다윗이 보상을 받은 이유는 다윗이 여호와의 도를 지키고 살았으며, 하나님을 악하게(고의적으로) 떠나지 아니했기 때문이라는 것이었다. 우리는 고의적으로 악을 행해서는 안 될 것이다.

시 18:22. 그의 모든 규례가 내 앞에 있고 내게서 그의 율례를 버리지 아니하였음이로다.

본 절도 역시 앞 절과 마찬가지로 다윗이 여호와로부터 보상을 받은(20절) 이유를 설명한다. 즉, 다윗이 보상을 받은 이유는 '여호와의 모든 규례(공의의 법)가 다윗 앞에 있었고 또 다윗은 여호와의 율례(계약 내용을 기록한 문서)를 버리지 않았기' 때문이었다. 다시 말해 다윗은 여호와의 규례와 율례를 삶의 지표로 삼아 의를 행했다는 것이다. 오늘 우리 역시 하나님의 율법을 진정한 마음으로 성실히 지켜야 할 것이다.

시 18:23. 또한 나는 그의 앞에 완전하여 나의 죄악에서 스스로 자신을 지켰나니.

본 절도 역시 다윗이 앞 절들(21-22절)과 마찬가지로 다윗이 여호와로부터 보상을 받은(20절) 이유를 설명한다. 다윗은 '여호와 앞에서 흠 없이 살면서 죄 짓는 일이 없도록 자신 스스로를 지켰기 때문이라'고 말한다. 다윗이 절대적인 의미에서 죄를 짓지 않았다는 뜻이 아니라 다른 사람들과 비교해서 죄를 짓지 않았다는 것이다. 다윗이 여호와 앞에서 "완전했다"는 말은 그가 진심으로 하나님을 구하며 정직하게 생활한 것을 가리키는 말이다(왕상 11:4; 14:8; 15:5).

시 18:24. 그러므로 여호와께서 내 의를 따라 갚으시되 그의 목전에서 내 손이 깨끗한 만큼 내게 갚으셨도다.

본 절 초두의 "그러므로"란 말은 '다윗이 앞 절들(21-23절)과 같이 살았으므로'란 뜻이다. 다윗이 하나님 앞에서 바로 살았으므로 여호와께서 다윗이 바르게 산 것을 따라 갚으셨고 여호와의 목전에서 다윗이 행한 깨끗한 대로 갚으셨다는 것이다. 하나님은 오늘도 우리의 행위를 따라 보상하신다.

시 18:25. 자비로운 자에게는 주의 자비로우심을 나타내시며 완전한 자에게는 주의 완전하심을 보이시며.

다윗은 '여호와께서는 신실한 사람에게는 그의 신실하심으로 대하시고, 큰 흠이 없는 사람에게는 주님의 완전하심을 보이신다'고 말씀한다. 본 절은 남에게 자비를 행한 자는 주님의 자비를 받게 된다는 뜻이다. 마 5:7에서는 "긍휼이 여기는 자는 복이 있나니 저희가 긍휼히 여김을 받을 것이라"

고 했다. 그리고 약 2:13에는 "긍휼을 행하지 아니하는 자에게는 긍휼 없는 심판이 있으리라"고 했다.

그리고 "완전한 자에게는 주의 완전하심을 보이신다"고 말한다. 즉, '완전하게 행하는 자에게는 주님께서 완전하신 보상을 보이신다'고 말한다. 오늘 우리는 주님 안에서 온전한 삶을 살아서 온전한 보상을 받아야 할 것이다.

시 18:26. 깨끗한 자에게는 주의 깨끗하심을 보이시며 사악한 자에게는 주의 거스르심을 보이시리니.

다윗은 '여호와께서는 깨끗한 사람(요일 3:3)에게는 깨끗함을 보이시고, 그릇된 사람에게는 진노를 보이신다'고 말한다. 즉, 주님께서는 마음이 청결한 자(시 119:9)에게는 주님의 성결하심을 보여주신다는 것이다. 다시 말해 성결하신 심령의 소유자에게는 성결하신 하나님께서 나타나신다는 것이다. 그리고 사악한 자, 곧 패역한 자에게는 주님께서 벌하심으로 보응하신다는 것이다.

시 18:27. 주께서 곤고한 백성은 구원하시고 교만한 눈은 낮추시리이다.

다윗은 '주님께서 연약한 백성(가난한 백성, 10:12-14; 11:2)은 구하여 주시고, 교만한 눈(압제자의 교만한 자세)은 낮추신다'고 말한다. 다시 말해 주님께서 압제를 받느라 고난을 받는 백성은 구원하여 주시고, 압제자에 대해서는 끝내 쳐서 낮추신다는 것이다(101:5; 잠 6:17).

시 18:28. 주께서 나의 등불을 켜심이여 여호와 내 하나님이 내 흑암을 밝히시리이다.

다윗은 '참으로 주님께서 내 등불을 켜주실 것이니, 여호와 내 하나님께서 나에게 닥친 어둠을 밝혀 주실 것입니다'라고 말한다. 주님은 우리의 흑암을 밝혀주실 것이다. 우리가 여호와의 말씀을 심령에 가지고 있는 동안 우리의 어두운 심령을 밝혀주셔서 번영하게 하실 것이며 생명을 주실 것이다. 하나님께서 번영케 하시는 사람은 그의 천직에 성공한다. 다윗은 그의 천직이 군인이었으니 만큼 하나님의 은혜로 승리했다(박윤선).

시 18:29. 내가 주를 의뢰하고 적군을 향해 달리며 내 하나님을 의지하고 담을 뛰어넘나이다.

다윗은 '주님께서 참으로 나와 함께 하셔서 도와주시면, 나는 날쌔게 적군을 향해 달려서 적군을 뒤쫓을 수 있으며, 또 높은 성벽이라도 뛰어넘을 수 있습니다'라고 말한다. 하나님께서 함께 하시면 적군을 뒤쫓는 것이나 또 적군을 무찌르기 위하여 높은 성벽이라도 뛰어 넘을 수 있다는 것이다. 다윗이 이렇게 용단을 가지고 행동한 원인은 다음 구절들(30-32절)이 밝혀 준다.

시 18:30. 하나님의 도는 완전하고 여호와의 말씀은 순수하니 그는 자기에게 피하는 모든 자의 방패시로다.

다윗은 '하나님의 도(말씀)는 완전하고 여호와의 말씀은 섞인 것이 없이 순수하시니 그 말씀을 의뢰하는 자들은 실패하지 않고 하나님의 보호를 받는다'고 말한다. 하나님의 말씀을 의뢰해 본 사람은 그 말씀의 보호를 받는 것을 분명하게 알게 되는 것이다.

31-45절. 오직 여호와로 인한 구원을 노래하다.

시 18:31. 여호와 외에 누가 하나님이며 우리 하나님 외에 누가 반석이냐.

본 절 초두에는 이유 접속사(yKi)가 나타나 본 절이 앞 절(30절)의 이유를 말하고 있다. 다시 말해 다윗이 앞 절에서 말한바 여호와께서는 자기에게 피하는 모든 자의 방패가 되시는 이유는 "여호와 외에 하나님이 없으며 우리 하나님 이외에는 반석이 없기" 때문이라는 것이다. 첫째, 여호와 외에는 하나님이 없다는 것이다(출 20:3; 신 32:39). 그리고 그 하나님은 유일하신 하나님이신 것이다. 둘째, 홀로 한 분이신 여호와가 우리의 구원의 반석이신 것이다. 이 "반석"이란 말은 2절 주해 참조.

시 18:32. 이 하나님이 힘으로 내게 띠 띠우시며 내 길을 완전하게 하시며.

다윗은 '하나님께서 나에게 용기를 북돋우어 주시며 나의 길을 완전하게 지켜 주신다'고 말한다. 하나님은 다윗에게 힘을 주셔서 일을 이루게 해주신다는 것이다.

시 18:33. 나의 발을 암사슴 발 같게 하시며 나를 나의 높은 곳에 세우시며.

다윗은 '여호와께서 나의 발을 암사슴 발처럼 빠르게 해주셔서 산등성이 위에 서게 해 주셨다'고 말한다. 여기 "암사슴 발"은 빠르게 활동하는 것으로 알려졌다(삼하 2:18; 대상 12:8). 그런고로 다윗이 적을 쉽게 제어할 수 있다는 것을 말한다. 그런고로 "여호와께서 나를 나의 높은 곳에 세우신다"고 말한다. 여호와께서 다윗을 빨리 달리게 해 주셨으며 또 다윗을 높은 안전지대에 세워주셨다는 것을 말한다.

시 18:34. 내 손을 가르쳐 싸우게 하시니 내 팔이 놋 활을 당기도다.

다윗은 '여호와께서 내 손을 훈련시켜 병법에 익숙하게 하사(삼하 17:8) 전쟁하게 하시며, 나의 팔이 놋쇠로 만들어진 강한 활을 당겨 전쟁하게 하신다'고 말한다. 하나님은 오늘도 하나님을 신뢰하는 자에게는 천직에 맞는 지혜와 기술을 주셔서 감당하게 하신다. 게다가 자기의 천직을 아는 신자가 천직을 위하여 기도하면 더욱 비상하게 감당하게 된다.

시 18:35. 또 주께서 주의 구원하는 방패를 내게 주시며 주의 오른손이 나를 붙들고 주의 온유함이 나를 크게 하셨나이다(You have given me the shield of your salvation, and your right hand supported me, and your gentleness made me great-ESV).

다윗은 '주님께서는 적의 화전을 막아내는 방패를 나의 손에 들려주셔서 적의 공격에서 나를 구원하여 주셨고, 주님께서는 그의 힘 있는 손으로 나를 넘어지지 않게 강하게 붙들어 주셨습니다. 주님의 온유하심이 나를 가르쳐 나를 크게 만들어 왕위에까지 올려주셨습니다'라고 말한다.

시 18:36. 내 걸음을 넓게 하셨고 나를 실족하지 않게 하셨나이다.

다윗은 '주님께서는 나로 하여금 힘차게 걷도록 힘을 주셨고, 발을 잘못 디디는 일이 없게 해 주셨다'고 말한다. 하나님께서는 다윗이 가는 곳마다 승리하게 하셔서 다윗의 영토를 넓게 해 주셨고 다윗의 걸음이 실족하지 않게 해 주셨다는 것이다.

시 18:37. 내가 내 원수를 뒤쫓아가리니 그들이 망하기 전에는 돌아서지 아니하리이다.

다윗은 '내가 원수를 뒤쫓아 가서 다 죽였으며, 그들을 전멸시키기까지 돌아서지 않았다'라고 간증한다(삼상 30:8-17; 삼하 8:1-13; 10:6-8; 왕상 11:15-16 참조). 하나님은 다윗으로 승리하게 하셔서 승리의 노래를 부르게 하신 것이다.

시 18:38. 내가 그들을 쳐서 능히 일어나지 못하게 하리니 그들이 내 발 아래에 엎드러지리이다.

다윗은 '내가 그들을 쳐서 부수니 그들이 더 이상 일어나지 못하고 내 발 아래 엎드러질 것이라'고 말한다. 다윗이 적들을 치니 모두 패하여 적들이 다윗의 발 아래에 엎드러져 조공을 바치는 입장이 되었다는 것이다.

시 18:39. 주께서 나를 전쟁하게 하려고 능력으로 내게 띠 띠우사 일어나 나를 치는 자들이 내게 굴복하게 하셨나이다.

다윗은 '주님께서 나로 하여금 싸우러 나갈 용기를 북돋우어 주셔서(32

절) 나를 치려고 일어선 자들을 내 발 아래에서 무릎 꿇게 하셨다'고 말한다. 모든 것은 하나님께서 해주시는 것이다.

시 18:40. 또 주께서 내 원수들에게 등을 내게로 향하게 하시고 나를 미워하는 자들을 내가 끊어 버리게 하셨나이다.

다윗은 '또 주님께서는 나의 원수들로 하여금 내 앞에서 등을 보이면서 도망가게 하셨고, 나를 미워하는 자들을 내가 완전히 무찌르게 하셨다'고 말한다. 다윗은 그를 미워하는 모든 원수들을 없애버리고 말았다.

시 18:41. 그들이 부르짖으나 구원할 자가 없었고 여호와께 부르짖어도 그들에게 대답하지 아니하셨나이다.

다윗은 '그들이 우상 신들에게 부르짖어보아도 묵묵부답이었고 하나님께서도 구원해 주지 않으실 뿐 아니라 하나님께서 그들에게 그들의 부르짖음에 대답조차 하지 않으셨다'고 말한다.

시 18:42. 내가 그들을 바람 앞에 티끌 같이 부숴뜨리고 거리의 진흙 같이 쏟아 버렸나이다.

다윗은 '내가 원수들을 바람 앞에 티끌처럼 바싹 부숴버렸고, 거리의 진흙 같이 짓이겨 쏟아버리고 말았다'고 말한다. 본 절은 다윗이 원수들을 완전히 박살냈다는 묘사이다.

시 18:43. 주께서 나를 백성의 다툼에서 건지시고 여러 민족의 으뜸으로 삼으셨으니 내가 알지 못하는 백성이 나를 섬기리이다.

다윗은 '주님께서 반역하는 이스라엘 백성들의 다툼에서 나를 건져내셨고, 또 나를 민족들의 머리로 삼아 주셨으니, 내가 알지 못하던 백성이 나를 섬기고 있다'고 말한다. 다윗은 이스라엘 백성들의 다툼을 정복하고 이어서 이방 민족들을 정복하여 그 우두머리가 되어 조공을 받게 된 것이다.

시 18:44. 그들이 내 소문을 들은 즉시로 내게 청종함이여 이방인들이 내게 복종하리로다.

다윗은 '이방 민족들이 내 전승(戰勝)의 소문을 듣자마자 나에게 가까이 다가와서 복종한다'고 말한다. 일이 이렇게 된 것은 하나님께서 다윗과 함께 하신 증표였다.

시 18:45. 이방 자손들이 쇠잔하여 그 견고한 곳에서 떨며 나오리로다.

다윗은 '이방 백성들이 다윗의 소문을 듣자 손에 맥을 잃고, 숨어 있던 요새에서 나와 나에게 합류한다'고 말한다.

46-50절. 결론적으로 찬미하다.

시 18:46. 여호와는 살아 계시니 나의 반석을 찬송하며 내 구원의 하나님을 높일지로다.

다윗은 '나의 주님 여호와는 살아 계신다! 나의 든든한 반석을 찬양하여라. 나를 구원하신 하나님을 높여드려라'고 말한다. 여호와께서 살아계신다는 말은 이스라엘의 기본적인 신앙이다(신 5:26). 그러나 성경은 여호와께서 살아 계시다는 말을 많이 사용하지 않는다. 이유는 성경은 여호와께서 살아 계시다는 것을 아예 전제하고 있기 때문이다. 성경은 여호와께서 살아 계시다는 말은 주로 죽어 있는 우상 신과 대조하여 사용한다. "반석"에 대해서는 1:31 주해 참조. "나의 구원의 하나님"에 대해 25:5; 27:9; 38:22; 51:14; 88:1 참조. "나의 구원의 하나님"이란 말은 다윗의 애용구이기도 했다.

시 18:47. 이 하나님이 나를 위하여 보복해 주시고 민족들이 내게 복종하게 해 주시도다.

본 절은 하나님께서 다윗을 위하여 원수들을 갚아주셨고(3, 6, 14, 17절), 또 여러 이방사람들을 다윗에게 복종하게 해 주셨다는 것을 말한다(37-42절).

시 18:48. 주께서 나를 내 원수들에게서 구조하시니 주께서 나를 대적하는 자들의 위에 나를 높이 드시고 나를 포악한 자에게서 건지시나이다.

본 절은 주님께서 다윗을 위하여 은혜를 주신 것을 열거한다. 즉, 주님께서 다윗을 다윗의 원수들에게서 구해 주신 일과 또 이방 대적들의 위에 높이 올려 왕으로 삼으신 일이며, 또 다윗을 포학한 자들에게서 건지신 일을 찬양하는 것이다.

시 18:49. 여호와여 이러므로 내가 이방 나라들 중에서 주께 감사하며 주의 이름을 찬송하리이다.

"그런고로"란 말은 '다윗이 앞 절에 말한 하나님의 여러 가지 은혜 때문에'란 뜻이다. 다윗은 여호와께서 베푸신 여러 가지 은혜를 생각할 때 여호와를 불러 깊이 감사 찬양하지 않을 수 없다는 것이다. 그래서 다윗은 이방 나라들 중에서도 주님께 감사하며 또 여호와 자신에게 찬송한다는 것이다. 본 절에 나온 "주의 이름"이란 말은 '주님 자신'을 뜻한다.

시 18:50. 여호와께서 그 왕에게 큰 구원을 주시며 기름 부음 받은 자에게 인자를 베푸심이여 영원토록 다윗과 그 후손에게로다.

다윗은 '여호와께서는 친히 기름 부어 세우신 왕에게 큰 승리를 안겨 주셨고 이 다윗과 다윗의 후손에게 길이길이 한결같은 사랑을 베풀고 계신다'고 말한다. 본 절의 결론은 다윗이 법궤를 예루살렘으로 옮겨온 후 하나님께서 선지자 나단을 보내셔서 그의 왕위가 영원할 것을 언약하신 사실(삼하 7:1-17)과 연관될 것으로 보인다(이상근).

본 절의 "기름부음 받은 자"는 일차적으로 이스라엘의 기름 부음 받은 왕인 다윗 자신을 가리킨다(삼하 5:3). 그리고 궁극적으로는 장차 만왕의 왕으로 오실 예수 그리스도를 지칭한다(삼하 22:51 주해 참조). 본 절의 "영원한 왕위"는 다윗의 육신적인 자손들이 아니라 그리스도로 말미암은 메시아 왕국에서 실현될 예언이었다.

제 19 편 자연계시와 성문계시를 인하여 찬미하다

제 19편은 자연 계시에 나타난 하나님의 영광(1-6절)과 성문 계시에 나타난 하나님의 계시(7-14절)로 양분되며, 이 중에 13-14에서는 양심의 정결을 위한 기도(13-14절)를 덧붙이고 있다. 전반부(1-6절)에서는 하나님의 명칭이 "엘"(אֵל)로 되어 있고, 후반부(7-14절)에서는 "여호와"(יְהוָה)로 표기되어 있다. 이는 전반부는 일반계시, 후반부는 특별계시라는 뜻이다. 본편에 대하여 혹자들은 앞선 부분(1-6절)은 다윗의 작품이지만 후반부(7-14절)는 후대인의 저술이라고 주장한다(Gunkel, Valeton-Obbink, Staerk). 그러나 다른 학자들(Hensternberg, 박윤선)은 이 시편 내용이 한 사람 저자의 작품이 되기에 문제가 되지 않는다고 말한다. 곧, 1) 첫 부분은 둘째 부분의 서론이라고 말할 수 있고, 2) 위대한 율법을 주신 이는 곧바로 위대한 자연계의 창조자라는 의미에서 다윗은 1-6절 말씀을 저술하였다고 말한다.

표제의 "다윗의 시, 인도자를 따라 부르는 노래"라는 묘사를 위해서는 11편 표제 주해를 참조하라.

1-6절. 자연을 통한 하나님의 창조의 영광을 찬송하다.

시 19:1. <다윗의 시, 인도자를 따라 부르는 노래> 하늘이 하나님의 영광을 선포하고 궁창이 그의 손으로 하신 일을 나타내는도다.

다윗은 '하늘(해와 달과 별들이 있는 곳)은 하나님의 영광을 드러내고, 창공은 그의 솜씨를 알려 준다'고 말한다. 여기 "하늘"이란 말은 "하솨마임"(הַשָּׁמַיִם)이라는 복수로 표기되어 있는데, 이는 하늘이 장엄함을 뜻하는 말이다. 과학자들은 인간이 속한 은하계 외에 은하계가 1천억 개나 더 있다고 말한다. 그 모든 하늘들과 거기에 흩어져 있는 별들을 생각할 때 하나님의 무한성과 전능하심을 생각할 수 있어 하나님 앞에 영광을 돌리게 된다는 것이다.

본 절의 "하나님"(אֵל)이란 말은 '능력있는 하나님'이란 뜻이고, 본 절의 "궁창"(רָקִיעַ)이란 말은 "개장(開張)"이라는 뜻으로 '쳐서 편다'는 뜻으로 지구를 두르고 있는 대기층으로 이곳에 구름이 있고 새들이 날고 있는 곳이다(창 1:7, 8). 궁창도 역시 하늘처럼 하나님의 창조의 영광을 드러내고 있다(창 1:6, 20 참조). 다윗이 이와 같은 말들은 자기 당대의 다른 민족들에게는 이해될 수 없는 것이었다. 그 이유는 그 때의 다른 민족들에게는 하늘에 있는 해와 달과 별들을 섬기면서 하나님을 알지 못했고 섬기지도 않았기 때문이었다.

시 19:2. 날은 날에게 말하고 밤은 밤에게 지식을 전하니

(וְלַיְלָה אֹמֶר יַבִּיעַ לְיוֹם יוֹם דָּעַת יְחַוֶּה־ לְּלַיְלָה).

다윗은 '낮은 낮에게 말씀을 전해 주고 밤은 밤에게 지식을 알려 준다'고 말한다. "날은 날에게 말한다"는 말은 '날은 다음 날에게 말을 샘솟듯이 하여 준다'는 뜻이다. 다시 말해 "날은 날에게" 말하듯이 그렇게도 규칙적으로 하루가 지난 후에 또 다시 하루가 오게 한다는 것이다. 날들은 서로 약속이나 한 듯이 질서 있게 움직인다는 뜻이다. 변하지 않고 주야가 오는 것은 자연 계약을 지키시는 하나님의 신실하심을 보여준다. 날만 있고 밤이 없으면 인간이 살 수 없는 것이다. 그리고 밤들도 역시 서로 약속이나 한 듯이 질서 있게 움직인다. 여기 "지식을 전한다"는 말은 밤들의 존재가 우연한 것이 아니고 하나님의 지식대로 된다는 것을 알려준다. 밤은 우리의 휴식을 위하여 온다. 밤이 없으면 우리가 쉴 수가 없으니 살 수가 없다.

시 19:3. 언어도 없고 말씀도 없으며 들리는 소리도 없으나.

하나님께서 낮과 밤을 교체하시는 엄청난 일을 위해서 그 특별한 무엇을 동원하시지 않으신다는 것이다. 그래서 다윗은 "언어도 없고 말씀도 없으며 들리는 소리도 없다"고 말한다. 하나님은 언어도 없이, 말씀도 없이, 들리는 소리도 없이 이루신다는 것이다. 오늘 우리가 무엇을 하든지 떠들지 말고 조용히 이루어야 할 것이다.

시 19:4. 그의 소리가 온 땅에 통하고 그의 말씀이 세상 끝까지 이르도다 하나님이 해를 위하여 하늘에 장막을 베푸셨도다(Their voice goes out through all the earth, and their words to the end of the world. In them he has set a tent for the sun-ESV).

다윗은 '그 소리가 온 세상(누리)에 퍼지고, 그의 말씀이 세상 끝까지 번져간다. 하나님께서 해를 위하여 하늘에 장막을 치셨다'고 말한다. 여기 "그의 소리가 온 땅에 통한다"(בְּכָל־הָאָרֶץ יָצָא קַוָּם)는 말은 '그의 줄(측량줄)이 온 땅에 퍼졌다'는 뜻이다. 그래서 본 절의 "소리", "말씀"은 자연계에 보이신 '하나님의 계시'라는 뜻으로 하나님의 계시가 아무런 소리가 없는 가운데 땅 끝까지 전해진다는 뜻이다(롬 1:20; 10:18). 하나님의 계시는 소리가 없는 소리이고, 말씀이 아닌 말씀이다.

본 절의 "하나님이 해를 위하여 하늘에 장막을 베푸셨도다"라는 말은 시적(詩的)인 묘사로서 하나님께서 하늘에 일정한 장막을 베푸시고 태양으로 그곳에 거하게 하셨다는 뜻이다. 이와 같이 항성의 위치가 정해지고 그 주위를 유성들이 돌고 있는 것이다.

시 19:5. 해는 그의 신방에서 나오는 신랑과 같고 그의 길을 달리기 기뻐하는 장사 같아서.

본 절도 역시 태양의 신비로운 움직임을 시적으로 묘사한다. 아침 태양광선이 비취는 것이 마치 그의 신방에서 나오는 신랑과 같다고 묘사한다. 태양광선이 비취는 것이 마치 신랑이 신방에서 나오는 신랑처럼 늠름하고 신성하며 희망에 넘친다는 것이고, 태양과 우주의 운행이 장사가 전장(戰場)을 달리는 것처럼 용감하다는 것이다. 하나님은 이 자연계를 우리의 머리 위에 두시고 우리로 하여금 우러러 보도록 하셨다. 하나님께서 우리 작은 인간들을 위하여 이와 같이 큰 우주를 지어 주셨으니 우리는 감사할 뿐이다. 이렇게 광활한 우주도 그 가치로 보면 우리 인간 한 사람의 목숨보다 못한 것이라니 참으로 놀랄 일이 아닐 수 없다(눅 9:25, 박윤선).

시 19:6. 하늘 이 끝에서 나와서 하늘 저 끝까지 운행함이여 그의 열기에서 피할 자가 없도다.

다윗은 '태양이 아침 이 끝에서 나와서 저녁에는 하늘 저 끝까지 운행하는데 그 열기에서 피할 자가 없다'고 말한다. 태양의 거리가 지구에서 그렇게도 먼데도 지구상에 살고 있는 인간들은 태양의 열기를 받지 않는 자가 없다는 것이다. 우리는 감사할 뿐이다.

7-14절. 율법을 통해 나타난 하나님의 특별계시를 찬송하다. 이 부분에서는 하나님의 칭호가 "여호와"(구원의 하나님, 자비의 하나님)로 나타난다.

시 19:7. 여호와의 율법은 완전하여 영혼을 소성시키며 여호와의 증거는 확실하여 우둔한 자를 지혜롭게 하며.

다윗은 '여호와의 율법은 완전하여 영혼을 소생시키고, 여호와의 증거는 확실하여 어리석은 사람을 지혜롭게 해준다'고 말한다. 본 절의 "여호와의 율법"이란 말은 성경 전체를 지칭하는 말이다. 여호와의 율법은 완전하다는 것이다. 하나님께로부터 나오는 모든 것이 완전하지만 특히 율법이 완전하다는 것이다. 율법은 어리석은 자의 속에 들어가면 영혼을 소생시킨다. 다시 말해 영혼이 살아난다는 것이다.

그리고 "여호와의 증거"란 말은 '여호와의 율법'이란 뜻이다. 그리고 "확실하다"는 말은 '참되다', '견실하다'는 뜻이다. 여호와의 율법은 참되어서 그 율법을 받아드리는 자는 도덕적 판단력을 준다는 것이다. 우리는 성경을 읽고 묵상할 때마다 그 성경말씀을 마음속 깊이 받아들여 지혜를 얻어야 할 것이다.

시 19:8. 여호와의 교훈은 정직하여 마음을 기쁘게 하고 여호와의 계명은 순결하여 눈을 밝게 하시도다.

다윗은 '여호와의 교훈은 정직하여 마음을 즐겁게 하며, 여호와의 명령은 순수하여 눈을 밝게 한다'고 여호와의 율법을 찬양한다. 여기 "정직하다"는 말은 '바르다', '곧다'는 뜻이다. 여호와의 율법은 죄인의 마음을 찔러 회개시킨다. 사람이 회개하면 마음이 기뻐지게 마련이다.

그리고 여호와의 율법은 "순결하여 눈을 밝게 한다"는 것이다. 여기 "순결하다"는 말씀은 '깨끗하다'는 뜻이다. 우리의 영혼은 하나님의 순결한 말씀을 마음속에 넣어야 깨끗하게 되어 영안이 밝아지게 된다. 우리는 아무튼 순결한 율법을 많이 읽고 묵상하여 우리의 영혼이 밝아져야 할 것이다.

시 19:9. 여호와를 경외하는 도는 정결하여 영원까지 이르고 여호와의 법도는 진실하여 다 의로우니(the fear of the LORD is clean, enduring for ever; the rules of the LORD are true, and righteous altogether-ESV).

"여호와를 경외하는 도"란 말은 '여호와를 경외하게 만들어주는 도', 곧 '여호와의 율법'을 지칭한다. 여호와의 율법은 그것을 받아들이는 자로 하여금 여호와를 경외하게(믿게) 만들어준다. 우리는 항상 여호와의 율법을 사랑하여 묵상해서 여호와를 더욱 잘 믿어 열매를 맺어야 할 것이다. 그리고 "정결하다"는 말은 '불순물이 섞이지 않았다'는 뜻이다. 다시 말해 하나님의 말씀 속에는 오류나 거짓된 것이 없다. 하나님께서 영원하신 것처럼 하나님의 말씀도 "영원하여 없어지지 않고" 우리에게 복을 전달한다(벧전 1:24, 25).

그리고 "여호와의 법도는 진실하여 다 의롭다"는 것이다. 여기 "법도"(מִשְׁפָּטֵי)란 말은 '심판'이란 뜻이다. 하나님의 심판은 인간의 심판과 달라서 '진실하여 다 의로운' 것이다. 여기 "진실하다"는 말은 여호와의 심판이 진실하신 것처럼 아주 '진실하시다'. 그리고 "의롭다"는 말도 역시 여호와의 심판이 의로우신 것처럼 '다 의롭다'는 것이다.

시 19:10. 금 곧 많은 순금보다 더 사모할 것이며 꿀과 송이 꿀보다 더 달도다.

다윗은 '여호와의 율법이 이상과 같이(7-9절) 우리에게 한량없이 유익하니 많은 순금보다 더 사모해야 할 것이며 또 꿀보다도 더 단 것으로 알아야 할 것'라고 말한다. 세상의 금을 사모하는 데는 범죄가 따르고 비극이 닥쳐오기도 하지만 여호와의 율법을 사모하면 사모할수록 평안이 따르고 기쁨이 따라온다. 그리고 세상 꿀을 너무 많이 먹으면 부작용이 따라 오나 여호와의 말씀은 더 연구할수록 더 큰 은혜, 더 놀라운 은혜를 받는다.

시 19:11. 또 주의 종이 이것으로 경고를 받고 이것을 지킴으로 상이 크니이다.

다윗은 여호와께 고백하기를 '또 주님의 종인 나 자신이 여호와의 법을 지켰기 때문에 경계를 받고, 율법을 지킴으로 상이 큽니다'라고 말한다. 다윗은 자기 자신을 "주의 종"이라고 부르고 있다. 이 말은 다윗 자신이 주님께 절대 순종한다는 뜻으로 그렇게 자칭(自稱)한 것이다. 다윗은 율법을 지킬 때에 삶의 경계를 받았으며 또 놀라운 상을 받은 경험 때문에 본 절처럼 말하는 것이다. 이 세상은 큰 것 같으나 세상을 따른 결과는 비참뿐이나 하나님의 말씀을 지킨 결과는 영혼 구원이고 또 세상에서의 평안이다.

시 19:12. 자기 허물을 능히 깨달을 자 누구리요 나를 숨은 허물에서 벗어나게 하소서.

다윗은 '자기의 허물을 깨달을 자가 누구이겠습니까? 나 자신의 숨겨진 허물에서 나를 깨끗하게 하소서'라고 기도한다. 아무리 예수님을 잘 믿는 자라 할지라도 우리는 자기의 허물을 100% 다 깨닫지 못한다. 그런고로 다윗은 자신의 허물을 깨닫기 위하여 하나님의 율법을 다루는 이 시편에서 자기의 허물 문제를 들고 나온다. 다시 말해 율법을 마음속에 넣을 때 마음속이 밝아져서 허물을 조금이라도 더 깨닫게 된다. 우리는 매일 하나님의 말씀으로 우리의 심령을 밝혀서 허물을 알고 기도하여 허물에서 벗어나야 할 것이다.

우리가 우리의 허물에서 벗어나려면 "나를 숨은 허물에서 벗어나게 하소서"라고 안타깝게 부르짖어야 할 것이다. 우리 스스로는 심령 속에서 허물을 끄집어내지 못한다. 그런고로 우리는 우리의 허물을 꺼내실 수 있으신 하나님께 철저히 부르짖어야 한다.

시 19:13. 또 주의 종에게 고의로 죄를 짓지 말게 하사 그 죄가 나를 주장하지 못하게 하소서 그리하면 내가 정직하여 큰 죄과에서 벗어나겠나이다.

다윗은 '주님의 종인 제 자신이 죄인 줄 확실히 알면서도 일부러 죄를 짓지 않도록 막아 주셔서 죄의 세력에 다시는 잡히지 않게 지켜 주십시오. 그 때에야 나는 온전하게 되어서 모든 끔찍한 죄악을 벗어 버릴 수 있을 것입니다'라고 기도한다. "고의로 죄를 짓는다"(זֵדִים)는 말은 '고범 죄를 짓는다'는 뜻이다. "고의로 죄를 짓는 것"은 '죄인 줄 알면서 하나님을 대항하여 죄를 범하는 것'을 뜻한다. 이것은 마귀의 본성을 가진 사람이다(출 21:14; 민 15:30; 신 17:12). 고범 죄를 계속 지으면 죄의 종이 되어 그 죄에서 벗어나지를 못한다. 다시 말해 완전히 죄에 사로잡히고 만다.

고범 죄를 짓지 않게 되면 다윗은 "내가 정직하여 큰 죄과에서 벗어날 것"이라고 말씀드린다. 고범 죄를 짓지 않게 되면 온전하게 되어 큰 죄과(고범 죄)에서 벗어나게 될 것이라고 말씀드린다.

시 19:14. 나의 반석이시요 나의 구속자이신 여호와여 내 입의 말과 마음의 묵상이 주님 앞에 열납되기를 원하나이다.

다윗은 '나의 반석되시는 여호와여, 나의 구속자이신 여호와시여! 내 입의 기도와 마음으로 드린 묵상 기도가 주님 앞에 올라가 주님을 기쁘시게 되게 하기를 원하나이다'라고 기도한다. "반석"이라는 말에 대해서 18:1주해 참조.

제 20 편 출전하는 왕을 위해 기도하다

본편은 전장으로 출전하는 왕을 위한 기도이다(K.&D., Briggs, Lange). 저작의 시기는 다윗 왕이 암몬과의 전투에 출전할 때(삼하 10장; 12:26)일 것으로 본다(K.&D.). 본편은 다윗이 어떤 군사 행동을 앞두고 그 일을 위하여 하나님께 제사드릴 때 지은 시로 보인다. 리델보스(J. Ridderbos)는 말하기를 "다윗은 이 노래를 지어 민중에게 주고, 민중은 그 노래를 부르면서 그를 위한 전승 기원을 드릴 때의 것으로 본다"(박윤선).

본편의 내용은 전쟁터로 나가는 왕을 위한 기도를(1-5절) 드리고 있다. 민중은 국사가 형통한 것이 하나님께만 있는 줄 알고 그들의 왕(다윗)의 기도만 이루어지기를 기원했다. 이렇게 사람을 의지하지 않고 하나님만을 의지하는 자들이 자기들의 지도자를 바로 높인다. 본편은 또 승리의 확신을 보여주고(6-9절) 있다. 참된 기도는 확신으로 끝맺는다. 특별히 그 때에 대중이 합심하여 기도했으니만큼 하나님께서 응답하실 만한 분위기를 이루었다(박윤선). 하나님은 사람들의 합심을 기뻐하신다(마 18:19, 20).

1-5절. 전쟁터로 나가는 왕(다윗)을 위한 기도를 드리다

시 20:1. <다윗의 시, 인도자를 따라 부르는 노래> 환난 날에 여호와께서 네게 응답하시고 야곱의 하나님의 이름이 너를 높이 드시며.

다윗은 '우리의 임금님께서 환난을 만나 여호와께 기도하시면 여호와께서 임금님께 응답하여 주시기를 원합니다. 야곱의 하나님께서 친히 임금님을 지켜 주시기를 바랍니다'라고 말한다. 한 나라가 환난을 만났으면 먼저 지도자가 기도하고 다음으로 백성들도 지도자를 위해 기도를 해야 하는 것이다.

본 절의 "야곱의 하나님의 이름"이란 말은 '기도를 들으시는 하나님'이란 말과 같다. 야곱은 특히 기도하므로 하나님의 복을 받았다. "너를 높이 드신다"는 말은 '모든 전란에서 왕에게 승리를 주시며 나라를 선양하게 하시기를 바란다'는 뜻이다.

시 20:2. 성소에서 너를 도와주시고 시온에서 너를 붙드시며.

다윗은 '여호와께서 성소(예루살렘 시온산에 좌정하신 성막)에서 임금님을 도우시고, 시온(이스라엘의 수도)에서 임금님을 붙들어 주시기를 원합니다'라고 말한다. "너를 붙드시며"라는 말은 여호와께서 왕으로 하여금 실족하지 않도록 도와주시라는 것이다.

시 20:3. 네 모든 소제를 기억하시며 네 번제를 받아 주시기를 원하노라 (셀라).

다윗은 백성들에게 이렇게 노래하라고 가르쳐 준다. 즉, '임금님께서 바치는 모든 소제(모든 헌물들)를 여호와께서 기억하여 주시고, 임금님께서 올리는 번제(태워드리는 제사)를 여호와께서 기쁘게 받아 주시기를 바랍니다(셀라)'라고 가르쳐 준다. "셀라"에 대하여는 3:2 주해를 참조하라.

제물을 드릴 때 여호와께서 받으시는 것은 그 제물을 드리는 자의 인격이 여호와께 열납된 증표이다. 여호와께 열납되는 인격은 의로워서 모든 일을 바로 하며 또 바로 하지 못한 것은 즉시 회개하여 다시 드리는 자이다(박윤선).

시 20:4. 네 마음의 소원대로 허락하시고 네 모든 계획을 이루어 주시기를 원하노라.

다윗은 백성들로 하여금 이렇게 노래하라고 가르쳐준다. 즉, '임금님(다윗 임금)의 소원대로, 여호와께서 임금님께 모든 것을 허락하여 주시고, 임금님(다윗 임금)의 계획대로, 여호와께서 임금님께 모든 것을 이루어 주시기를 원합니다'라고 가르쳐 준다. 여호와 앞에서 소원을 아뢰어 성취 받는 임금은 이상적 임금이다. 군왕은 이 세상에서 통치함에 있어서는 여호와의 대리자이다. 그런고로 그의 의사가 하나님의 뜻에 부합해야 할 것이다.

시 20:5. 우리가 너의 승리로 말미암아 개가를 부르며 우리 하나님의 이름으로 우리의 깃발을 세우리니 여호와께서 네 모든 기도를 이루어 주시기를 원하노라.

본 절에서도 다윗은 백성들에게 이렇게 기도하라고 가르쳐 준다. 즉, '우리 백성들은 임금님의 승리를 소리 높여 기뻐하고, 우리 여호와의 이름으로 깃발을 높이 세워 승리를 기뻐할 수 있도록, 여호와께서 임금님의 모든 소원을 이루어 주시기를 원합니다'라고 기도하라고 가르쳐준다.

6-9절. 승리의 확신을 보여주고 있다. 백성의 기도에 대제사장이 승리를 선언한(6-8절) 다음 백성들이 다 같이 합창으로 기도했다(9절)

시 20:6. 여호와께서 자기에게 기름 부음 받은 자를 구원하시는 줄 이제 내가 아노니 그의 오른손의 구원하는 힘으로 그의 거룩한 하늘에서 그에게 응답하시리로다.

다윗은 백성들에게 이렇게 기도하라고 가르쳐준다. 즉, '여호와께서 기름 부음을 받으신 왕을 구원하시는 줄 이제 내가 알았습니다. 그 거룩한 하늘에서 왕에게 응답하여 주시고, 주님의 힘찬 오른손으로 왕에게 승리를 안겨 주시는 것으로 알았습니다'라고 가르쳐준다. 본 절은 1-5절의 백성들의 기도에 대한 응답인데 그 응답자는 제사를 집례하던 대제사장으로 보인다(Rawlinson). 대제사장은 하나님께서 기름 부어 세우신 다윗 왕이 승리할 것과 또 하나님께서 능력의 오른 손으로 그가 계신 하늘에서 왕에게 응낙하신다고 선언하는 것이다(이상근).

시 20:7. 어떤 사람은 병거, 어떤 사람은 말을 의지하나 우리는 여호와

우리 하나님의 이름을 자랑하리로다.

다윗은 백성들에게 이렇게 기도하라고 가르쳐준다. 즉, '어떤 이는 병거(전쟁 때 말이 끄는 차)를 자랑하고, 어떤 이는 전쟁터의 통신 수단인 말(馬)을 자랑하지만, 우리는 여호와 우리 하나님의 이름만을 자랑합니다'라고 가르쳐 준다. 다윗은 세상의 무기를 의지하지 않고 오직 하나님만 의지한다는 것을 보여준다(대상 18:4; 19:18).

시 20:8. 그들은 비틀거리며 엎드러지고 우리는 일어나 바로 서도다.

다윗은 백성들에게 이렇게 기도하라고 가르쳐준다. 즉, '대적들은 비틀거리고 넘어지지만, 우리는 하나님의 도움으로 일어나서 꿋꿋이 섭니다'라고 가르쳐준다. 여호와 하나님에 의해 양쪽 군대는 판이하게 다른 전황을 맞이하게 될 것을 미리 말한다.

시 20:9. 여호와여 왕을 구원하소서 우리가 부를 때에 우리에게 응답하소서.

다윗은 백성들에게 이렇게 기도하라고 가르쳐준다. 즉, '여호와시여! 왕을 구해주소서. 우리가 기도할 때에 응답해 주소서'라고 가르쳐준다. 백성들과 제사장은 함께 기도하여 승리를 얻는다.

제 21 편 개선하는 왕 때문에 감사하다

본편이 20편과 함께 다윗의 작품이라고 주장하는 데는 이견이 없다(J. Ridderbos, 박윤선). 앞선 20편이 출전하는 왕의 승리를 위해 기도하도록 가르친 시(詩)라면 본편은 왕이 개선할 것을 두고 감사하도록 가르친 시(詩)이다. 본편의 내용은 앞선 20편처럼 두 구분되어 1) 왕이 승리하고 돌아오는 데 대한 감사(1-3절), 2) 왕이 앞으로 장수할 것과 영달할 것을 염두에 둔 감사(4-6절), 3) 왕이 미래에도 승리할 것을 염두에 두고 감사하는 시이다(7-13절). 본편에 나타난 다윗은 앞으로 오실 메시아의 그림자라는 것(5, 7절)이 다수 주석가들의 견해이다(Talmud, Targum, Augustine,

Delitzsch, Rosenmueller, 박윤선, 이상근). 본편에 진술된 왕의 승리는 장차 오실 메시아 왕, 곧 예수 그리스도에게서 이루어질 사건의 그림자이다. 그의 승리로 인한 "영원한 장수"(4절), "존귀와 위엄"(5절), "지극한 복"(6절), "요동치 아니함"(7절), "많은 원수들을 진멸함(8-13절)"등은 모두 다 그리스도의 승리로 말미암아 얻으실 것에 해당한 말씀이다. 그리스도의 승리는 바로 그리스도와 연합한 자에게 그대로 옮겨지는 것이다. "다윗의 시, 인도자를 따라 부르는 노래"란 말에 대한 주해는 11편 표제 주해를 참조하라.

1-3절. 왕이 승리하고 돌아오기 때문에 감사한다.

시 21:1. <다윗의 시, 인도자를 따라 부르는 노래> 여호와여 왕이 주의 힘으로 말미암아 기뻐하며 주의 구원으로 말미암아 크게 즐거워하리이다.

다윗은 '여호와시여! 여호와께서 우리 왕에게 힘을 주시므로 왕이 기뻐하며, 여호와께서 구원을 주시므로 왕이 크게 즐거워합니다'라고 노래하게 만든다. 여호와께서 왕에게 힘을 주시고 또 구원하사 승리케 하실 일은 앞 편에서 예견된 바였다(20:5, 6, 9). 여호와께서는 그리스도 안에서 오늘 우리에게도 구원을 주시고 힘을 주신다.

시 21:2. 그의 마음의 소원을 들어 주셨으며 그의 입술의 요구를 거절하지 아니하셨나이다 (셀라).

다윗은 '여호와께서 왕이 소원하는 바를 들어주시고, 왕이 입술로 기도하는 바를 물리치지 않으셨습니다.(셀라)'라고 노래하게 만든다. "셀라"라는 말에 대해 3:2 주해를 참조하라. 여호와께서 왕이 소원하는 바를 들어주시고 기도하는 바를 들어주신 것을 보면 이 임금(다윗)은 하나님 앞에 합당한 임금임을 알 수 있다.

시 21:3. 주의 아름다운 복으로 그를 영접하시고 순금 관을 그의 머리에

씌우셨나이다.

다윗은 '앞 절에서 말한바 왕이 넘치게 감사하는 이유는 여호와께서 모든 좋은 복을 왕에게 내려 주셨고, 왕의 머리에 순금 면류관을 씌워 주셨기 때문입니다'라고 노래하게 해서 찬송하게 한다. 본 절에 말한바 여호와께서 아름다운 복으로 다윗을 영접하시고 또 순금 관을 다윗의 머리에 씌우신 것은 실제로 있었던 일이다(삼하 12:30). 이런 놀라운 승리는 왕 혼자의 힘으로 얻은 승리가 아니라 하나님의 권능과 도우심으로 된 것이었다.

4-6절. 왕의 장수와 영달이 있을 것을 염두에 두고 감사하다.

시 21:4. 그가 생명을 구하매 주께서 그에게 주셨으니 곧 영원한 장수로소이다.

다윗은 '왕(다윗 자신)이 여호와께 생명을 구하니 여호와께서는 그에게 장수를 허락하셨습니다. 곧, 오래오래 살도록 긴긴날을 그에게 허락하셨습니다'라고 노래를 지어 노래를 부르게 했다. 여기 다윗이 얻었다는 생명은 개인의 생명을 뜻하는 것이 아니라, 그의 왕위의 긴 생명을 말하는 것이다. 다시 말해 다윗의 왕위가 자손에 의해 길이 존속된 것을 뜻한다. 이 왕위가 길게 된 것은 나단을 통하여 언약하신 바였는데(삼하 7:13, 16), 그의 자손으로 나실 그리스도를 통한 영원한 통치를 지칭하는 것이기도 하다 (Rawlinson).

시 21:5. 주의 구원이 그의 영광을 크게 하시고 존귀와 위엄을 그에게 입히시나이다.

다윗은 '여호와께서 왕에게 승리를 안겨 주셔서 왕이 크게 영광을 받게 하셨으며 존귀와 위엄을 그에게 입혀 주셨습니다'라고 찬송하게 한다. 여호와께서 다윗에게 큰 영광을 주셔서 다윗은 다른 왕들보다 훨씬 영광스럽게 하셨고 추앙을 받는 왕이 되게 하셨다. 하나님께서 그에게 은혜를 주시니 심히 뛰어난 왕이 되었으니 두려운 일이 아닐 수 없었다.

시 21:6. 그가 영원토록 지극한 복을 받게 하시며 주 앞에서 기쁘고 즐겁게 하시나이다.

다윗은 '여호와께서 왕으로 하여금 영원한 복을 내려 주시고 여호와께서 그와 함께 계시니 왕으로 하여금 기쁘고 즐겁게 만들어 주십니다'라고 노래하게 했다. 다윗에게 내리신 복이 이처럼 지속된 것은 일찍이 여호와께서 아브라함에게 선언하신 것이었다(창 12:3; 18:18; 22:18). 하나님께서 한번 언약하신 것은 영원히 지속된다.

7-13절. 왕이 미래에도 승리할 것을 염두에 두고 감사한다.

시 21:7. 왕이 여호와를 의지하오니 지존하신 이의 인자함으로 흔들리지 아니하리이다.

다윗은 '왕(다윗 자신)이 오직 여호와를 의지하고, 가장 높으신 분의 사랑을 입으므로 그는 결코 흔들리지 않을 것입니다'라고 백성들로 하여금 노래하게 한다. 문장 초두에 이유 접속사(כִּי)가 있어 앞 절에 말한바 다윗이 지극한 복을 받는 이유를 본 절이 말하고 있다. 다윗이 지극한 복을 받는 이유는 왕이 여호와를 의지하기 때문이라는 것이다. 다윗 왕이 여호와를 의지하니 지극히 높으신 자의 인자함으로 흔들리지 아니할 것이라는 것이다. 다윗 왕은 왕이 된 후에도 겸손하게 하나님을 의지하고 성실했기 때문에 하나님의 사랑을 계속해서 받아 그의 지위가 흔들리지 않는 왕이 되었다. 사람의 지위가 올라가면 신앙이 식어져서 점점 흔들리기 쉬운데 다윗은 지위가 올라가도 여전히 여호와를 의지하는 것을 보면 참으로 대단한 왕이었음을 알 수 있다.

시 21:8. 왕의 손이 왕의 모든 원수들을 찾아냄이여 왕의 오른손이 왕을 미워하는 자들을 찾아내리로다.

다윗은 '왕이시여! 왕의 손이 왕의 모든 외국 원수를 찾아내며, 왕의 오른손이 왕을 미워하는 모든 외국 원수를 사로잡을 것입니다'고 감사하게 만든다. 다윗은 외국 원수까지도 모두 사로잡을 것이라는 확신을 발표한다.

시 21:9. 왕이 노하실 때에 그들을 풀무 불 같게 할 것이라 여호와께서 진노하사 그들을 삼키시리니 불이 그들을 소멸하리로다.

다윗은 '왕이 노하실 때에 원수들을 불구덩이 속에 던지실 것입니다. 여호와께서도 동시에 진노하셔서 원수들을 불태우시고 불이 그들을 삼키실 것입니다'라고 노래하게 만든다. 다윗 왕이 진노할 때에는 여호와께서도 동시에 진노하실 것이라는 것이다. 뒤집어 말해 여호와께서 진노하실 때에 다윗 왕이 여호와를 대신하여 진노한다는 것이다.

시 21:10. 왕이 그들의 후손을 땅에서 멸함이여 그들의 자손을 사람 중에서 끊으리로다.

다윗은 '왕이 원수의 자손들을 이 땅에서 아주 멸하실 것이며, 그들의 자손을 사람들 가운데서 씨를 말리실 것입니다'라고 노래를 지어 노래하게 만든다. 본 절의 예로는 다윗이 암몬의 경우 요압을 시켜서 모든 남자들을 멸한 데서 찾을 수 있다(왕상 11:16). 하나님을 신실히 믿는 종은 위대하여 모든 원수들은 그 앞에서 씨가 마를 수 있음을 알아야 한다.

시 21:11. 비록 그들이 왕을 해하려 하여 음모를 꾸몄으나 이루지 못하도다.

다윗은 '비록 원수들이 임금님께 악한 손을 뻗쳐서 음모를 꾸민다 해도, 결코 이루지 못할 것입니다'라고 노래하게 만든다. 다윗 왕이 하나님을 신뢰하는 사람이니 원수들이 다윗을 해하려는 시도는 여호와를 해하려는 시도와 같은 것이다. 우리가 어떻게 하나님을 해하겠는가.

시 21:12. 왕이 그들로 돌아서게 함이여 그들의 얼굴을 향하여 활시위를

당기리로다.

다윗이 '임금님께서 원수들의 얼굴에 활을 겨누시면 모두들 도망치고 말 것입니다'라고 가르쳐서 노래하게 만든다. 다윗에게 계교를 꾸며 침입하는 자는 다윗의 반격을 받아 뒤돌아서 도망하게 되고(18:40), 다윗은 그 원수들의 얼굴에 화살을 쏘게 된다는 것이다. 결국은 다윗은 원수들에게 승리를 얻게 되는 것이다.

시 21:13. 여호와여 주의 능력으로 높임을 받으소서 우리가 주의 권능을 노래하고 찬송하게 하소서.

다윗은 '여호와시여! 힘을 떨치시면서 일어나 주십시오. 우리가 주님의 힘을 노래하며, 찬송 하겠습니다'라는 노래를 불러 백성들로 하여금 노래하게 만든다.

제 22 편 어찌 나를 버리시나이까

본편이 다윗의 시(詩)냐를 두고 문제가 있었으나 다윗이 지은 시인 것은 분명하다. 그것은 본편의 내용으로 보아 다윗이 사울에게 쫓겨 다닐 때에 지은 고난의 시(The passion Psalm)임이 분명하다. 본 시편을 메시아의 고난을 예언하는 시라는 것을 신약 성경의 인용절로 보아도 확실하다. 본편 1절은 막 15:34에, 7절은 마 27:39-43; 막 15:29; 눅 23:35-37에, 8절은 마 27:43에, 15절은 요 19:28에, 17절은 눅 23:15에, 18절은 요 19:23-24에, 그리고 22절은 히 2:11-12에 인용되고 있다. 우리는 이 시편을 표제에 있는 대로 다윗의 작품으로 알아야 할 것이다. 이 시편은 분명히 메시아의 고난과 승리를 예언하는 시이다. 이 시편은 분명 예수 그리스도의 고난을 예언하였고(1, 15-18절) 또한 그가 부활하심으로 승리하시고 온 세상의 구주로 선포되실 것을 예언했다고 본다(23-31절).

본편의 내용은 다윗이 극도의 고난 중에 호소한 일(1-21절)을 진술하고 있는데 고난을 당할 때의 호소(1-11절)와 고난의 실상(12-21절)으로 양분된다. 그리고 구원을 받은 일 때문에 찬송한 일(22-31절)을 진술하고 있다.

"다윗의 시, 인도자를 따라 아얠렛샤할에 맞춘 노래"란 말 중에 "다윗의 시"란 말에 대하여 3편 표제 주해를 참조하라. 그리고 "아얠렛샤할"(אַיֶּלֶת הַשַּׁחַר)이란 '새벽의 사슴'이란 뜻이다.

1-11절. 다윗이 고난을 호소하다.

시 22:1. <다윗의 시, 인도자를 따라 아얠렛샤할에 맞춘 노래> 내 하나님이여 내 하나님이여 어찌 나를 버리셨나이까 어찌 나를 멀리 하여 돕지 아니하시오며 내 신음 소리를 듣지 아니하시나이까.

다윗은 '나의 하나님 나의 하나님 어찌하여 나를 버리셨나이까? 어찌하여 그리 멀리 계셔서 돕지 아니하시오며, 살려 달라고 울부짖는 나의 신음 소리를 듣지 아니하십니까?'라고 부르짖는다. 여기 예수님의 가상(架上) 7언의 첫 번째 말, "내 하나님이여 내 하나님이여 어찌 나를 버리셨나이까"(אֵלִי אֵלִי לָמָה עֲזַבְתָּנִי)라는 말은 엄격히 히브리어도 아니고, 고대 갈대어도 아닌, 당시 상용화된 아람어였다. 아무튼 이는 시인이 극한 고통을 호소하는 말이었다. 고통이 심할 때 시인은 하나님이 자기를 버리셨고, 자기의 신음 소리를 외면하시며 돕지 않으신다고 느낀 것이다. 이 시인의 고통은 십자가상의 그리스도의 고통의 그림자가 되었다. 그러나 시인은 "나의 하나님"이라고 부른 것을 보면 절망의 호소가 아니라, 믿음의 호소였음을 알 수 있다(Rawlinson). 다윗이 저런 아픈 탄식(1절 상반)을 느끼면서도 하나님을 신뢰하고 있음을 3-5절이 보여주고 있다. 곧, 다윗은 하나님을 거룩하시다고 고백할 뿐 아니라, 그의 열조들(조상들)이 하나님을 신뢰하여 구원받은 사실을 회고하며, 마음을 확정했다(박윤선).

시 22:2. 내 하나님이여 내가 낮에도 부르짖고 밤에도 잠잠하지 아니하오나 응답하지 아니하시나이다.

다윗은 '내 하나님이시여! 내가 낮에도 부르짖고 밤에도 잠잠하지 않고 온종일 불러도 대답하지 않으시고 모르는 체하십니다'라고 애타한다. 응답이 없는 중에도 계속해서 부르짖었다(렘 14:17; 애 3:49). 다윗이 그렇게 계속해서 부르짖은 것도 큰 믿음의 증거였다(Calvin). 오늘 우리가 하나님께서 우리의 기도를 들어주시지 않으시는 것이 답답함을 만나도 끊임없이 부르짖으면 큰 은혜를 받는 것이다.

시 22:3. 이스라엘의 찬송 중에 계시는 주여 주는 거룩하시니이다.

본 절부터 21절까지를 보면 다윗이 그 어려움을 당하면서도 낙심하지 않고 끊임없이 기도하는 5가지 이유를 말한다. 1) 하나님은 거룩하셔서 필경은 성도의 기도를 들어 주시는 까닭(3절). 2) 하나님은 과거에 많은 성도들의 기도를 들으신 까닭(4-5절). 3) 다윗이 신앙 때문에 받은 훼방이 심했던 까닭(6-8절). 4) 다윗이 확실히 하나님께 헌신한 종인 까닭(9-11절). 5) 다윗의 대적은 너무 강하고 자기 신세는 너무 비참한 까닭(12-21절)이다.

다윗은 '기도의 응답을 아직 받지는 못했으나 저의 신앙 고백은 여전합니다. 하나님은 지성소에 계셔서 이스라엘의 찬송을 받으시고, 또 기도를 들으십니다. 여호와께서는 사람에게서 높이 초월하신 거룩하신 하나님이십니다. 그런고로 여호와의 생각과 판단은 사람의 그것과는 다릅니다'고 말한다. 하나님은 그를 신앙하는 자들을 도우시므로 그들에게 찬송을 받으신다. 본 절의 "거룩하시니이다"라는 말은 여호와께서는 악인들에게 모욕을 당하시고 실패하시는 이가 아니고, 반드시 그것을 귀정하셔서 그 성호를 거룩히 유지하신다. 여호와께서 그 성호를 보호하시는 방법은 여호와를 신앙하는 자들을 구원해 주심으로 하신다(박윤선).

시 22:4. 우리 조상들이 주께 의뢰하고 의뢰하였으므로 그들을 건지셨나이다.

다윗은 '우리 조상들(아브라함, 이삭, 야곱, 요셉, 모세 등)이 주님을 믿었고 또 믿어 주님께서는 그들을 구원해 주셨습니다'라고 말한다. 이렇게 하나님께서 다윗의 조상들을 구원해 주셨으므로 다윗 자신도 구원해 주시라는 것이다. 오늘 우리가 하나님께 부르짖으면 우리를 반드시 구원해 주신다.

시 22:5. 그들이 주께 부르짖어 구원을 얻고 주께 의뢰하여 수치를 당하지 아니하였나이다.

다윗은 '우리의 조상들이 주님께 부르짖어 구원을 얻고 주님께 의뢰하여 수치를 당하지 아니한 것처럼 오늘 우리도 구원해 주시라'는 기도를 드리고 있다.

시 22:6. 나는 벌레요 사람이 아니라 사람의 비방거리요 백성의 조롱거리니이다.

다윗은 '그러나 나는 사람도 아니고 벌레일 뿐이요, 사람들의 비방거리가 되고, 백성의 모욕거리일 뿐입니다'라고 말씀드리며 하나님의 동정을 구한다(사 49:7; 53:3; 마 27:39 참조). 우리는 자신을 알고 하나님 앞에 구해야 할 것이다.

시 22:7. 나를 보는 자는 다 나를 비웃으며 입술을 비쭉거리고 머리를 흔들며 말하되.

다윗은 '나를 지켜보는 사람은 누구나 나를 비웃으며, 입술을 비쭉거리고 머리를 흔들면서 얄밉게 약을 올려댑니다'라고 말한다. "입술을 비쭉이는 것"은 '조소의 표현'이고(35:21; 욥 16:10), "머리를 흔드는 것"은 '이제 끝났다'는 것을 드러내는 단정적 자세이다(109:25; 왕하 19:21). 오늘도 우리 주위에는 신앙인을 비웃는 사람이 한두 사람이 아니다.

시 22:8. 그가 여호와께 의탁하니 구원하실 걸, 그를 기뻐하시니 건지실 걸 하나이다.

다윗은 '다윗 자신을 빈정대는 사람이 다윗을 향하여 빈정대는 말을 계속한다. 다윗이 여호와께 그토록 의지하니 구원하실 것이다. 여호와께서 그를 사랑하신다니 주님이 그를 건져 주시겠지'라고 빈정댄다. 이 조롱은 그리스도께서 십자가에 달리셨을 때 그대로 성취되었다(마 27:43).

시 22:9. 오직 주께서 나를 모태에서 나오게 하시고 내 어머니의 젖을 먹을 때에 의지하게 하셨나이다.

다윗은 '그러나 주님께서 나를 모태에서 나오게 하셨고, 어머니의 젖을 빨 때부터 주님을 의지하게 하셨습니다'라고 말한다. 본 절은 두 가지를 말하는 셈이다. 하나는 주님께서 다윗을 어머니의 몸으로부터 출생하게 하셨고, 또 하나는 다윗이 젖을 빨 때에 주님을 의지하게 하셨다는 것이다. 그는 결코 스스로 출생했다고 말하지 않았고, 또 자기 스스로 주님을 의지했다고 말하지 않고 주님의 손에 의지해서 되었다고 말한다. 철저한 신앙이었다. 오늘 우리도 우리의 출생과 성장이 주님의 손에 의해서 되었음을 믿어야 할 것이다.

시 22:10. 내가 날 때부터 주께 맡긴바 되었고 모태에서 나올 때부터 주는 나의 하나님이 되셨나이다.

다윗은 '나는 태어날 때부터 주님께 맡긴 몸이 되었고, 모태에서 나올 때부터 주님께서 나의 하나님이었습니다'라고 믿음을 표현한다. 앞 절에서는 다윗의 출생 때 주님의 간섭으로 출생했고 젖을 먹을 때에도 주님을 의지하게 하셨다고 했는데, 본 절에서는 출생할 때부터 주님께 맡겨진바 되었고 또 주님께서 다윗의 하나님이셨다고 말한다. 다윗은 그가 출생 때부터 하나님을 의지하는 사람이었으니 지금에 와서 버려질 사람이 아니고 주님께서 구원해 주실 것을 확신하고 있었다. 우리는 한 생애동안 주님께 맡겨진 신앙인으로 살아야 할 것이다.

시 22:11. 나를 멀리 하지 마옵소서 환난이 가까우나 도울 자 없나이다.

다윗은 '주님이시여! 내게서 멀리 계시지 마소서. 환난이 가까우나 도울 자가 없습니다'라고 애절하게 부르짖는다. 다윗이 사울의 난을 피해 다닐 때 그에게는 추종자들이 많이 있었다. 때로는 400명(삼상 22:2), 또는 600명(삼상 25:13)의 부하들이 있었고, 압살롬의 난을 피해 다닐 때도 가드에서 온 600명(삼하 15:18)과 여러 충성된 충성꾼들이 있었으나 다윗은 그들의 도움을 받으면서도 진정한 구원자는 오직 여호와 하나님이신 줄 알았다. 우리도 세상의 도움 자 보다는 오직 여호와 하나님만이 우리의 참 구원자임을 알고 부르짖어야 할 것이다.

12-21절. 다윗이 고난의 실상을 호소하다.

시 22:12. 많은 황소가 나를 에워싸며 바산의 힘센 소들이 나를 둘러쌌으며.

다윗은 '바산(요단 동편의 비옥한 목장, 암 4:1; 겔 39:18; 미 7:14)의 황소 떼 같은 사울의 군사들이 나를 둘러쌌으며, 바산의 힘센 소들 같은 사울의 군사들이 나를 죽이려고 에워쌌습니다'라고 고난의 실상을 토로한다. 전반 절과 후반 절의 차이는 단지 "황소"란 말과 "소들"이란 말이 다를 뿐이다. 뜻을 강조하기 위하여 사용된 동의어들이다.

시 22:13. 내게 그 입을 벌림이 찢으며 부르짖는 사자 같으니이다.

다윗은 '자기를 죽이러 달려드는 사울의 군사들의 모습이 다른 짐승을 잡아먹기 위해 입을 찢은 사자 같다'고 그 무서움을 말한다. 오늘 세상은 성도들을 미워하고 타도하려는 군중으로 가득 차 있다고도 할 수 있다. 우리는 오직 주님만 의지해야 할 것이다.

시 22:14. 나는 물 같이 쏟아졌으며 내 모든 뼈는 어그러졌으며 내 마음은 밀랍 같아서 내 속에서 녹았으며.

다윗은 사울 앞에 쫓기는 자신이 말할 수 없이 두려워하는 것을 세

가지 마음으로 묘사하고 있다. 첫째는 "나는 물 같이 쏟아졌다"고 말한다. '물이 쏟아지면 그대로 멸절하고 마는 것'이다. 둘째는 "내 모든 뼈는 어그러졌다"고 말한다. '뼈가 어그러지면 다시는 몸을 지탱할 수 없는 것'이다. 셋째는 "내 마음은 밀랍 같아서 내 속에서 녹아버렸다"고 말한다. '밀랍이 녹아버리면 없어져서 다시는 불을 밝힐 수가 없게 되는 것'이다. 다윗은 자기가 아주 없어질 것 같은 신세가 되었음을 고백한다.

시 22:15. 내 힘이 말라 질그릇 조각 같고 내 혀가 입천장에 붙었나이다 주께서 또 나를 죽음의 진토 속에 두셨나이다.

다윗은 본 절에서도 자기의 현재의 입장을 세 가지로 말한다. 첫째는 "내 힘이 말라 질그릇 조각 같이 되었다"고 말한다. 이는 '다윗의 힘이 아주 바닥났다'는 뜻이다. 둘째는 "내 혀가 입천장에 붙었다"고 고백한다. '다윗의 혀는 말라 버려서 이틀에 붙었다'는 것이다. 그리고 셋째는 "주께서 또 나를 죽음의 진토 속에 두셨다"고 묘사한다. 이는 '다윗의 몸이 죽어 무덤에 있는 티끌같이 되어 버렸다'는 표현이다. 다윗은 자기의 몸이 이렇게 된 것이 주님께서 하신 일이라 했으니 다시 주님께서 일으켜 세우실 수가 있다는 것을 믿은 것이다.

시 22:16. 개들이 나를 에워쌌으며 악한 무리가 나를 둘러 내 수족을 찔렀나이다.

다윗은 '사울의 추종자들이 자신을 에워싼 것이 마치 개들이 에워싼 것 같이 보였고, 사울의 추종자들이 다윗에게 다가와서 나를 둘러 내 수족을 찌른 것처럼 보인다'는 것이었다.

시 22:17. 내가 내 모든 뼈를 셀 수 있나이다 그들이 나를 주목하여 보고.

다윗은 '내 모든 뼈가 튀어나와 눈에 보이게 되니 내 눈으로 뼈를 셀 수가 있게 되었고, 원수들이 나를 주목하여 보는 마른 몸매가 되었습니다'라고 말한다. 이 구절은 예수님께서 십자가에서 달려 계실 때 "백성은 서서 구경하며 관원들도 비웃은" 대목에서 성취되었다(눅 23:34).

시 22:18. 내 겉옷을 나누며 속옷을 제비 뽑나이다.

다윗은 '그 원수들이 내 겉옷을 나누어 가지고, 나의 속옷도 제비를 뽑아서 나누어 가집니다'라고 말한다. 사람이 별세하면 죽은 사람의 겉옷은 나누어 가지고, 속옷은 통으로 짰기 때문에 나누지 못하기 때문에 제비를 뽑아 누군가 혼자 가진다. 이 말씀은 다윗에게나 그 누구에게도 응하지 않았고 오직 그리스도에게 응했다(Rawlinson). 예수님께서 십자가에서 죽으셨을 때 그 형(刑)을 집행한 로마 군인들이 예수의 겉옷은 나누고 속옷은 제비 뽑은 것이다(마 27:35; 요 19:24).

시 22:19. 여호와여 멀리 하지 마옵소서 나의 힘이시여 속히 나를 도우소서.

다윗은 '나의 주님이시여!, 멀리하지 말아 주십시오. 나의 힘이신 주님이시여! 어서 빨리 나를 도와주십시오'라고 애원한다. 다윗은 이미 이런 기도를 드렸으나(11절) 다시 본 절에 다급한 기도를 드리고 있는 것이다.

시 22:20. 내 생명을 칼에서 건지시며 내 유일한 것을 개의 세력에서 구하소서.

다윗은 '여호와시여! 내 생명을 원수의 칼에서 건져 주십시오. 하나뿐인 내 목숨을 개(적들을 지칭하는 단어이다)의 입에서 빼내어 주십시오'라고 기도한다. 다윗의 기도는 비유에 능한 것을 볼 수 있다.

시 22:21. 나를 사자의 입에서 구하소서, 주께서 내게 응답하시고 들소의 뿔에서 구원하셨나이다.

다윗은 '여호와시여! 사자의 입에서 나를 구하여 주십시오. 주께서 내게 응답하셨고 나의 기도를 들어 주셨습니다'라고 말한다. 다윗은 자신을 "사자의 입에서 구해 달라"고 여호와께 기도했다. 여기 "사자의 입"이란 '악한 자의 박해'를 말한다. 위에 말한 세 종류의 짐승, "소"(12절), "개"(16절), "사자"(13절)라는 짐승들은 '성도들을 대적하는 원수들'을 상징한다. 우리는 이 짐승들의 성격을 일일이 분석하고 또 우리 원수들의 악독함을 일일이 분석하여 우리의 원수들이 어떤 짐승에 해당한다고 대조할 필요까지는 없다. 그저 우리 원수들은 악독하기가 서로 비슷한 사람들임을 알면 된다.

우리는 성도들을 박해하는 원수들의 무리가 생기면 시종일관 기도하여 원수들을 약화시켜야 할 것이다. 성도들을 괴롭히는 사람들은 세상 끝 날까지 계속해서 존재하는 법이다. 우리는 성도들을 괴롭히는 사람들을 보면 그들을 미워하기보다는 주님께 기도하라는 신호로 받아들여야 할 것이다.

본 절 하반절에는 "주께서 내게 응답하시고 들소의 뿔에서 구원하셨나이다"라고 구원에 대한 감사가 나온다. 전반절에서는 "나를 사자의 입에서 구하소서"라며 구원을 호소하다가 하반절에서는 갑자기 여호와께서 들소의 뿔에서 구원해 주신 것을 감사하는 내용이 나온다. 따라서 상반절에서 하반절로 넘어오는 과정이 갑작스러운 것 같이 보이지만 시간적인 차이가 있었을 것으로 보인다. 본 절의 상반절과 하반절이 나누어진 것은 본편 전체가 상반부(1-21절)와 하반부(22-31절)로 나눠진 것과 연관된다.

다윗은 이제 여호와의 구원을 맛보고 지극한 감사를 드리는 것이다. 우리도 사자의 입에서 구원해 주시라는 기도를 계속 드리면 그 언젠가 들소의 뿔에서 구원해 주신 것을 감사하는 때가 있음을 알 수 있다.

22-31절. 구원을 받은 일 때문에 찬송하다.

시 22:22. 내가 주의 이름을 형제에게 선포하고 회중 가운데에서 주를 찬송하리이다.

다윗은 '내가 주님의 구원하시는 이름을 내 백성에게 전하고, 예배드리는 회중 한가운데서 주님이 구원하셨음을 찬양하렵니다'라고 말한다. 다윗은 구원을 받은 후 제일 먼저 형제가 생각났고 또 회중 가운데서 먼저 주님을 찬송할 생각을 한 것이다. 예수님은 자신이 부활하셨을 때 그 소식을 형제들에게 전하고(마 28:10; 요 20:170, 또 만민에게 전하라(마 28:18-20)고 명하신 일의 모형으로 지적된다(Rawlinson).

시 22:23. 여호와를 두려워하는 너희여 그를 찬송할지어다 야곱의 모든 자손이여 그에게 영광을 돌릴지어다 너희 이스라엘 모든 자손이여 그를 경외할지어다.

다윗은 '여호와를 두려워하는 너희여! 너희는 그를 찬양하여라. 야곱의 모든 자손이여! 그에게 영광을 돌려라. 이스라엘 자손아! 그를 경외하여라'고 말한다. "여호와를 두려워하는 너희여", "야곱의 모든 자손이여!", "너희 이스라엘 모든 자손이여!"는 모두 동의어로서 강조하기 위해 사용된 낱말들이다. 그리고 "그를 찬송할지어다"라는 말, "그에게 영광을 돌릴지어다"라는 말, "그를 경외할지어다"라는 말들은 역시 동의절로 사용되었다. 이 동의절들은 여호와께서 다윗의 군대에게 승리를 주셨으니 감사하자는 뜻으로 사용된 동의절들이다.

시 22:24. 그는 곤고한 자의 곤고를 멸시하거나 싫어하지 아니하시며 그의 얼굴을 그에게서 숨기지 아니하시고 그가 울부짖을 때에 들으셨도다.

본 절 초두에는 이유를 말하는 접속사(כִּי)가 나타나 앞 절에 나타난 찬송의 이유를 본 절이 제공한다. 즉, 다윗은 '여호와는 고통 받는 사람의 아픔을 가볍게 여기시거나 그들을 외면하지도 않으시며 그리고 부르짖는 사람에게는 언제나 응답하여 주신다'고 말한다. 여호와께서는 우리의 기도를 들어주셔서(본 절) 여호와께서 우리로 하여금 여호와를 찬송하게 만들어 주신다(앞 절)는 것이다. 여호와는 우리가 울부짖을 때 반드시 들어주시니 항상 기도하여 기쁨의 삶을 살아야 할 것이다.

시 22:25. 큰 회중 가운데에서 나의 찬송은 주께로부터 온 것이니 주를

경외하는 자 앞에서 나의 서원을 갚으리이다(From you comes my praise in the great congregation; my vows I will perform before those who fear him-ESV).

다윗은 '내가 큰 회중 가운데서 찬송하게 된 것은 주님께로부터 온 것이니 나는 주님을 경외하는 사람들 앞에서 하나님을 찬송하여 내 서원을 갚을 것입니다'라고 말한다. 우리가 주님께 찬송을 드리게 된 것은 주님의 은혜이다.

시 22:26. 겸손한 자는 먹고 배부를 것이며 여호와를 찾는 자는 그를 찬송할 것이라 너희 마음은 영원히 살지어다.

다윗은 '겸손한 자(고난 중에서 시련을 받은 다윗 자신)는 먹고 배부를 것이며, 여호와를 찾는 사람들은 그분을 찬양할 것이니, 당신들의 마음은 영원히 살 것입니다'라고 말한다. 본 절의 "겸손한 자"라는 말과 "여호와를 찾는 자"라는 말은 동의어로 '경건한 신자'를 지칭한다. "먹고 배부를 것이며"라는 말은 '하나님께서 주시는 위로와 기쁨으로 만족할 것'이라는 뜻이다. "너희 마음은 영원히 살지어다"라는 말은 '영원히 복된 영적 생명의 풍족함을 받을 것'을 의미한다.

시 22:27. 땅의 모든 끝이 여호와를 기억하고 돌아오며 모든 나라의 모든 족속이 주의 앞에 예배하리니.

다윗은 '땅 끝에 사는 사람들에게도 이스라엘을 구원하신 하나님의 은혜가 전달되어 주님께로 돌아올 것이며, 이 세상 모든 민족이 주님 앞에 나아와 주님을 경배할 것이다'라고 말한다(18:43-49; 45:17; 46:9; 87:1-7). 이는 결국 예수님의 십자가 구원의 소식이 세계만방에 전해지고, 교회가 세계적으로 설립되며, 하나님의 나라가 유대인과 이방인에게 전해질 것을 예언하는 것이다(마 28:18-20; 롬 1:21-23; 11:25).

시 22:28. 나라는 여호와의 것이요 여호와는 모든 나라의 주재심이로다.

다윗은 '세상 모든 나라들도 여호와의 피조물이요 여호와께서 주재하시는 여호와의 것이다'고 말한다(2:4; 96:10; 97:1). 그래서 자신들의 우상숭배의 미신을 버리고 "나라는 여호와의 것이요 여호와는 모든 나라의 주재심이로다"라는 고백을 드린다는 것이다. 본 절은 예수 그리스도의 복음으로 말미암아 세상에서 주님께 돌아올 자들이 많을 것을 예언한다. 실로 우리 세상의 성도들은 하나님이 온 우주의 창조자시요, 또한 주권자이심을 입술로 고백하며 찬양하지 않을 수 없는 것이다.

시 22:29. 세상의 모든 풍성한 자가 먹고 경배할 것이요 진토 속으로 내려가는 자 곧 자기 영혼을 살리지 못할 자도 다 그 앞에 절하리로다.

다윗은 '세상에서 번영하는 모든 사람이 장차 다 같이 주님 앞에 나아와 먹고 주님께 경배할 것이며, 진토로 내려가는 사람, 곧 가난하고 억압 중에서 진토에 살면서 무능하고 환난이나 질병이나 비애로 인하여 눌린 자(Lange, Ridderbos)가 다 주님 앞에 나아와 그 앞에 절할 것이라'고 말한다. "진토 속으로 내려가는 자", 곧 '가난하고 억압 중에서 진토에 살면서 무능하고 환난이나 질병이나 비애로 인하여 눌린 자'(Lange, Ridderbos)가 다 주님 앞에 그 앞에 절할 것이라는 뜻이다.

시 22:30. 후손이 그를 섬길 것이요 대대에 주를 전할 것이며.

다윗은 '자손이 그분을 섬기며, 대대로 주님을 전할 것이라'고 말한다. 본 절은 신실한 하나님의 성도가 죽으면 그의 후손이 계승하여 여호와를 섬길 것이요(69:36; 102:28; 창 17:7; 신 30:6) 또 주님과 주님의 복음은 대대로 전해져 세상 끝 날까지 이를 것이라는 뜻이다(이상근).

시 22:31. 와서 그의 공의를 태어날 백성에게 전함이여 주께서 이를 행하셨다 할 것이로다.

다윗은 '그들이 와서 장차 태어날 백성에게 그분의 의를 전하면서, "주께서 이같이 행하셨다"라고 전할 것이다'라고 말한다. 문장 초두의 "와서"란 말은 앞 절(30절)의 '후손들이 세상에 태어나서'란 뜻이다. 앞 절의 후손들이 세상에 태어나서 하나님의 공의(구원)를 태어날 백성에게 전할 것이고, 주께서 구원을 이루셨다고 전할 것이라는 뜻이다. 본 절은 예수 그리스도의 복음이 대대로 끊어지지 않고 전파될 것이라고 말하는 것이다.

제 23 편 여호와는 나의 목자

시편 23편은 전심으로 여호와께 의뢰하는 자의 평화와 고요한 즐거움을 말해주는 참으로 아름다운 전원시이다(Rawlinson). 시편 1편과 23편은 거의 모든 성도들에게 가장 잘 알려진 은혜로운 시이다. 23편의 저작 시기는 다윗이 압살롬의 반란으로 쫓겨나서 유다 광야에서 피난 생활을 할 때의 작품으로 여겨지고 있다(Delitzsch, Ewald, Maurer, 이상근). 모든 주석가들은 이 은혜로운 시편을 더 이해하기 어렵게 만들어 놓아 성도들로 하여금 거리를 두게 만드는 우를 범해서는 안 될 것이다. 본 시의 내용은 1) 여호와는 나의 목자(1-4절), 2) 여호와의 잔치(5-6절)라는 내용이다. 본편의 "다윗의 시"란 말에 대해 3편, 11편 주해 참조.

시 23:1. <다윗의 시> 여호와는 나의 목자시니 내게 부족함이 없으리로다.

다윗은 '여호와는 나의 목자시기에 내게 아쉬움이 없도다'고 고백한다. 다시 말해 여호와께서 나의 목자이시기에 내게 부족함이 없이 모두 채워주셨다는 것이다. 여기 "여호와"란 말은 "하나님"이란 단어와 비교해서 약간의 차이가 있다. "여호와"란 단어는 '하나님께서 우리를 구원하시고, 자비를 베푸시는 방면'을 드러낼 때 사용된다(79:13; 78:52; 80:1; 95:7; 창 48:15; 49:24; 사 63:13; 미 7:14). 그리고 "하나님"이란 단어는 '하나님의 권능, 하나님의 힘'을 드러낼 때 사용된다. 신약에서 예수 그리스도를 "목자"라 칭했다(요 10:1-16; 히 13:20; 벧전 2:25; 5:4). "목자"(רֹעִי)는 양을 먹이고

(2절), 인도하며(3절), 보호하시는 직분이다(4절). 여호와는 위의 직분을 완벽하게 수행하셔서 우리에게 부족함이 없으시다.

다윗은 환난 중에도 여호와께서 자신의 주님이시기 때문에 아무 부족함이 없었다고 고백한다. 오늘 우리의 고백도 그와 일치하고 있다. 필자는 예수님을 구주로 영접한 이후 지금까지 고령이 되도록 여호와께서는 모든 필요한 것을 부족함이 없이 채워주셨다는 고백을 하는 것이다.

시 23:2. 그가 나를 푸른 풀밭에 누이시며 쉴 만한 물 가로 인도하시는도다.

다윗은 '여호와께서 나를 푸른 풀밭에 눕게 해주시고 잔잔한 물가로 인도하셔서 쉬게 하십니다'라고 말한다. 본 절은 목자가 양들을 먹이는 모습을 그린 것이다. 목자가 양들이 좋아하는 푸른 꼴이 많은 풀밭으로 인도하사 양들이 배불리 먹게 하고 그 풀밭에서 쉬게 한다는 것이다. 여기 "물가"는 물이 천천히 흐르는 시냇가를 지칭한다. 이런 시냇가에서 물을 실컷 마시게 하고는 거기서 쉬게 하신다. 오늘 우리도 흡족하게 먹고 살고 있으며 주안에서 쉬면서 살고 있다.

시 23:3. 내 영혼을 소생시키시고 자기 이름을 위하여 의의 길로 인도하시는도다.

다윗은 '여호와께서 내 영혼에게 다시 새 힘을 주시고, 여호와의 이름을 위하여 바른 길로 나를 인도하십니다'라고 말한다. 본 절은 목자가 양을 인도하는 모습을 보여준다. 1) 여호와는 우리의 영혼에게 새 힘을 주신다는 것이다. 우리가 새 힘을 받기 위하여 우리가 죄를 자복하기만 하면 여호와께서 우리의 영혼을 새롭게 하여 주시고 새 힘을 주시니 얼마나 감사한지 모를 일이다.

2) "자기 이름을 위하여 우리를 바른 길로 인도하신다"는 것이다. "자기 이름을 위하여 우리를 바른 길로 인도하신다"는 말은 '여호와의 영광을 위하여 우리를 의(義)의 길로 인도하신다'는 뜻이다. 여호와께서는 자신의

영광스런 이름을 위하여 우리를 반드시 성화시키신다. 여호와께서는 그의 택하신 백성을 구원하지 못하는 자라는 이름을 받기를 원하지 않으신다. 여호와께서 이렇게 자신의 영광을 위하여 일을 하시니 오늘 우리도 여호와의 영광을 위하여 일을 해야 할 것이다.

시 23:4. 내가 사망의 음침한 골짜기로 다닐지라도 해를 두려워하지 않을 것은 주께서 나와 함께 하심이라 주의 지팡이와 막대기가 나를 안위하시나이다.

다윗은 '내가 비록 죽음의 음침한 골짜기로 다닐지라도, 주님께서 나와 함께 계시고, 주님의 막대기와 지팡이로 나를 보살펴 주시니 내게는 두려움이 없습니다'라고 말한다. 아무리 어려운 환경에 처한다 해도 해를 두려워하지 않을 수 있는 이유는 두 가지라는 것이다. 하나는 주님께서 다윗과 함께 하신다는 것이고, 또 하나는 주님의 막대기와 지팡이로 다윗을 보호해 주신다는 것이다. 다윗은 과거 사울에게 쫓겨 다닐 때 죽을 고비를 여러 차례 만났고 또 압살롬의 난을 피하면서도 죽음의 위기를 만난바 있었다. 그 때마다 여호와께서 다윗을 보호해 주셔서 두려워하지 않는다는 것이다. 오늘 우리도 죽음의 고비에서 여호와께서 동행해 주시는 경험을 한다. 그리고 본문의 "지팡이"와 "막대기"는 다윗을 안위하는(comfort) 역할을 한다는 것이다. 하나님은 목자로서 지팡이와 막대기를 가지고 양들을 인도하시며, 양들을 맹수들에게서 보호하신다. 즉, "지팡이"는 평상시에 양을 인도하는데 사용하는 것이고, "막대기"는 양을 해치려 하는 맹수를 공격하는 무기로 사용한다. 하나님은 오늘도 우리를 인도하시며 보호하신다. 우리가 하나님의 인도만 따라가면 절대로 실족할 일이 없으며, 하나님의 보호의 손길만 따라가면 위험 속으로 내 팽개쳐질 일이 없는 것이다.

시 23:5. 주께서 내 원수의 목전에서 내게 상을 차려 주시고 기름을 내 머리에 부으셨으니 내 잔이 넘치나이다(You prepare a table before me in the presence of my enemies; You anoint my head with oil, my cup overflows-ESV).

다윗은 '주님께서 내 원수들 앞에서 내게 상을 차려 주셨고, 내 머리에 기름을 부으셨으니 내 잔이 넘칩니다'라고 말한다. "주께서 내 원수의 목전에서 내게 상을 차려 주셨다"는 말은 '원수들이 눈을 뜨고 보는 앞에서 주님께서 내게 상을 차려 주셨다'는 뜻이다. 다시 말해 '원수들이 아직 눈을 뜨고 지켜보는 앞에서 주님께서 내가 승리했기 때문에 잔치 상을 차려 주셨다'는 것이다. 그리고 원수의 목전에서 주님께서 '다윗의 머리에 기름을 부어주셨다'고 말한다. 여기 "기름을 다윗의 머리에 부으셨다"는 말은 '다윗을 귀빈 대접해 주셔서 머리에 기름을 부어주셨다'는 뜻이다. 그리고 본절의 "내 잔이 넘친다"는 말은 다윗이 여호와께로부터 특별한 대우를 받았다는 뜻이다. 오늘 우리도 주님만 따를 때 원수들이 보는 앞에서 잔치 상을 받고, 귀빈 대접을 받으며 잔이 넘치는 복이 있어야 할 것이다. 우리는 항상 내 잔이 넘치는 상을 받으며 살아야 한다.

시 23:6. 내 평생에 선하심과 인자하심이 반드시 나를 따르리니 내가 여호와의 집에 영원히 살리로다.

다윗은 본 절에서 두 가지 확신을 말한다. 곧, "내 평생에 선하심과 인자하심이 반드시 나를 따를 것"이라는 확신과 "내가 여호와의 집에 영원히 살 것이라"는 확신을 가진다. "내 평생에 선하심과 인자하심이 반드시 나를 따를 것"이라는 확신은 '하나님의 선하심과 인자하심이 반드시 다윗을 따를 것이라'는 확신이다. 하나님의 선하심과 인자하심이 주체가 되어 반드시 다윗을 따를 것이라는 것이다. 하나님의 선하심과 인자하심이 주체가 되어 반드시 다윗을 따를 것이라는 말은 하나님께서 다윗과 함께 하실 것이란 말과 같은 뜻이다. 이유는 하나님의 선하심과 인자하심이란 것이 하나님 안에 있기 때문이다. 하나님의 사랑은 영원하셔서 다윗은 그 사랑을 받고 살아갈 것이다(요 3:16; 요일 4:8). 그리고 다윗이 "내가 여호와의 집에 영원히 살 것이라"고 확신하고 있는데 이는 다윗이 회막에서 영원히 여호와를 섬기는 일을 계속하겠다는 확신이다(Calvin, K.&D., Koenig). 여호와를 영원히 섬기겠다는 확신은 참으로 좋고 즐거운 확신이다.

제 24 편 여호와와 교제할 수 있는 자

주석가들의 견해로는 본편은 다윗이 하나님의 법궤를 오벧에돔의 집에서 예루살렘으로 모셔올 때(삼하 6:12-19)의 기쁨과 영광을 노래한 시로 알려져 있다(J. Ridderbos, Delitzsch, Rawlinson, Ryrie, 박윤선, 이상근). 이런 의미에서 본시는 47편과 같은 시편으로 알려져 왔다(박윤선). 본 시편은 표제에 있는 대로 "다윗의 시"로 알려지고 있다. 본 시편은 고대로부터 메시아 예언시로 알려져 왔다. 이 시편은 그리스도께서 부활하시고 승천하실 일에 대한 것의 모형 시로 알려져 왔다. 본편의 내용은 세 부분으로 나뉘어져 1) 우주의 통치자이신 여호와(1-2절), 2) 여호와께 나아갈 자의 자격(3-6절), 3) 영광스런 왕의 입성(7-10절)으로 구성되어 있다.

1-2절. 여호와는 우주의 통치자이시다.

시 24:1. <다윗의 시> 땅과 거기에 충만한 것과 세계와 그 가운데에 사는 자들은 다 여호와의 것이로다.

다윗은 '땅과 거기에 가득 찬 것들과 세상과 그 안에 사는 사람들은 모두 다 여호와의 것이다'라고 말한다. 다시 말해 전체 우주와 거기에 있는 모든 것들이 다 하나님의 창조물이기에 그것은 모두 여호와의 것들이다(50:12; 89:11; 96:11; 98:7; 신 33:16).그런고로 피조물인 우주는 여호와의 영광스러우심을 선포하고 있다(19:1).

시 24:2. 여호와께서 그 터를 바다 위에 세우심이여 강들 위에 건설하셨도다.

본 절 초두에는 이유를 나타내는 접속사(כִּי)가 있어서 앞 절에 말한바 하나님께서 모든 것을 창조했다(1절)는 이유를 드러내고 있다. 모든 것을 하나님의 소유라고 할 수 있는 이유는 그것들을 창조하신 분이 하나님이시기 때문이라는 것이다. 즉, 다윗은 '여호와께서 그 기초를 바다 위에 세우셨고, 강들 위에 단단히 세우셨도다'라고 말한다. 즉, 여호와께서 그 땅이라는 기초를 바다 위에 세우셨고 강들 위에 땅덩어리를 세우셨다는 것이다. 육지가 나타나기 전에 땅이 물로 뒤덮였던 것은 창 1:2을 보아서 알 수 있다. 이 사실은 오늘날 지질학으로도 증명되고 있다. 오늘날의 지질학의 연구는 산악에서 해산물의 화석들이 발견되는 것을 보고 알 수 있다.

3-6절. 여호와께 나아갈 자의 자격.

시 24:3. 여호와의 산에 오를 자가 누구며 그의 거룩한 곳에 설 자가 누구인가.

다윗은 '여호와의 시온 산(여호와를 경배할 수 있는 곳)에 오를 사람이 누구며, 그 거룩한 곳에 설 사람이 누구냐?'고 자문한다. 여호와를 경배할 수 있는 곳에 오를 사람이 누구이며 또 계속해서 하나님과 교제할 수 있는 자격자가 누구인가고 묻는 것이다. 교제할 수 있는 자의 자격은 다음 절에 거론되고 있다.

시 24:4. 곧 손이 깨끗하며 마음이 청결하며 뜻을 허탄한 데에 두지 아니하며 거짓 맹세하지 아니하는 자로다.

여호와를 경배할 수 있는 자와 교제할 수 있는 자는 1) "손이 깨끗한" 사람이 되어야 한다는 것이다. 다시 말해 죄를 자복하고 항상 죄를 무서워하는 사람이어야 한다는 것이다. 2) "마음이 청결"해서 하나님을 볼 수 있는 사람이어야 한다는 것이다(마 5:8). 3) "뜻을 허탄한 데에 두지 아니하는" 사람이어야 한다는 것이다. 즉, '이 세상 영광과 재리에 대한 허욕을 갖지 아니해야 하는 사람'이어야 한다. 4) "거짓 맹세하지 아니하는 자"라야 한다는 것이다. 다시 말해 헛소리를 하지 않아야 한다는 것이다.

시 24:5. 그는 여호와께 복을 받고 구원의 하나님께 공의를 얻으리니.

다윗은 '여호와를 경배할 수 있는 자와 교제할 수 있는 네 종류의 사람들(앞 절)은 첫째, 여호와께 복을 받을 뿐 아니라 구원의 하나님으로부터 공의를 얻을 것이라'고 말한다. "여호와께 복을 받는다"는 말은 '여호와께서 만복의 근원이시니 무슨 복이든지 받는다'는 뜻이다. 여기 "복"이란 말에는 관사가 없으니 무슨 복이든지 받는 것을 뜻한다. 그리고 "구원의 하나님께 공의를 얻는다"는 것이다. "구원의 하나님께 공의를 얻는다"는 말은 구원의 하나님으로부터 구원 받음을 지칭한다(사 45:25; 46:12; 48:18; 54:17).

시 24:6. 이는 여호와를 찾는 족속이요 야곱의 하나님의 얼굴을 구하는 자로다 (셀라)(Such is the generation of those who seek him, who seek the face of the God of Jacob. [Selah]-RSV, ESV)**.**

다윗은 '이와 같은 사람은 여호와를 찾는 족속이며, 야곱의 하나님의 얼굴을 구하는 사람이라'고 말한다. 다시 말해 4-5절에 진술된 바와 같이 "손이 깨끗하며 마음이 청결하며 뜻을 허탄한 데에 두지 아니하며 거짓 맹세하지 아니하는 자"가 여호와를 찾는 이스라엘의 성민이요, 야곱의 하나님의 얼굴을 구하는 자라고 할 수 있다는 것이다. 본문의 "야곱의 하나님의 얼굴을 구하는 자"란 말은 '하나님은 야곱처럼 힘써 기도하면 위험을 극복해 주시는 하나님'이란 뜻이다. 우리는 항상 기도하기에 힘을 써야 한다. "셀라"에 대해서는 3:2주해 참조.

7-10절. 영광스런 왕의 입성. 다윗은 여호와께서 성전에 들어가시는 사실을 너무 감격하게 여긴다. 천지를 지으신 하나님께서 성전에 계시다니!(박윤선)

시 24:7. 문들아 너희 머리를 들지어다 영원한 문들아 들릴지어다 영광의 왕이 들어가시리로다.

다윗은 '성전 문과 성막의 문들아, 영광의 왕을 모신 법궤가 안으로 들어가려 하시니 너희 머리들을 들어라. 영원한 문들아, 활짝 열려라. 영광의 왕께서 들어가신다'라고 말한다. 영광스런 여호와께서 사람이 지은 성전 문으로 들어가시려 하시니 시인 다윗은 여기서 성전 문들을 향하여 들리라고 말한다. 여기 이 말씀은 우리 성도들의 마음도 역시 문들을 넓게 열어야 할 것을 보여준다.

"문들"을 "영원한 문들"이라고 부른 것은 여호와께서 그 성전 안에서 이스라엘 백성들을 영원히 복주시겠다고 약속하신 사실을 생각하여 부른 이름이다(시 132:14). 여호와께서 그 백성과 한번 약속하신 것은 영원히 변치 않으신다.

"영광의 왕"이란 말은 여호와 하나님을 가리킨 명칭이다. 여호와 하나님을 "영광의 왕"이라고 부른 것은 여호와 하나님께서 친히 영광스러운 분이시고 또 영광을 발휘하시기 때문이다. 오늘 우리가 그 하나님께 가까이 갈수록 더욱 영광스러워짐을 알 수 있다.

시 24:8. 영광의 왕이 누구시냐 강하고 능한 여호와시요 전쟁에 능한 여호와시로다.

다윗은 본 절에서 "영광의 왕"(앞 절)에 대해 좀 더 설명한다. 영광의 왕이 누구신고 하면 "강하고 능한 여호와시라"고 한다. 여기 "강하시다"는 말과 "능하시다"는 말은 동의어로 여호와 하나님은 심히 강하시다는 것이다. 그리고 영광의 왕은 "전쟁에 능한 여호와시라"는 것이다. 전쟁에 한 번도 패하신 일이 없으신 분이라는 것이다. 다윗은 여호와 하나님을 신앙했기에 능한 왕이 되었으며 승승장구하는 왕이 되었다.

시 24:9. 문들아 너희 머리를 들지어다 영원한 문들아 들릴지어다 영광의 왕이 들어가시리로다.

본 절 주해를 위해서 7-8절 주해를 참조하라. 다윗이 이렇게 자기의 말을 반복하는 것은 강조하기 위함이다.

시 24:10. 영광의 왕이 누구시냐 만군의 여호와께서 곧 영광의 왕이시로다 (셀라).

"영광의 왕이 누구신지"(8절)에 대해 또 말한다. "만군의 여호와"께서 영광의 왕이시라는 것이다. "만군의 여호와"(יְהוָה צְבָאוֹת)란 말은 '별들의 하나님' 곧 '하늘의 모든 별들을 창조하셨고 또 운행하시는 하나님'이라는 뜻이다. 다시 말해 '천지의 주재'라는 것이다. 이 명칭은 구약 성경 곳곳에 나타나고 있다(사 1:9; 렘 2:19; 암 4:13). 천지의 주재께서 땅의 장막에 오시다니 이 얼마나 황송한 일인가.

제 25 편 여호와를 경외하는 자가 받을 복들

본편은 다윗의 작품으로 그 사상 내용이 다윗의 경험과 부합하는 데서 확증된다(Hengsternberg, J. Ridderbos, 박윤선). 다윗은 하나님에게 세 가지를 구했다. 1) 보호해 주시라는 것(2-3절). 다윗은 원수들로 말미암아 무고하게 속임을 당했다. 이렇게 극도로 억울함을 당할 자를 하나님께서 돌아보아 주신다. 다윗은 하나님의 돌봄을 받기 위해 하나님만 의지했다. 2) 주님의 길을 가르쳐 주시라는 것(4-5절). 우리는 하나님의 보호를 받을 만한 길을 가야 한다. 그 길은 진리의 길이고 의를 따라가는 길이다. 3) 용서하여 주실 것을 간구했다(6-7절). 다윗은 하나님께서 그의 긍휼에 의하여 사죄하여 주시기를 원했다. 다윗은 사죄를 구하되 소시의 죄를 구했다(7절).

다윗은 위의 세 가지를 다시 해설한다(8-22절). 다윗은 하나님께서 그의 길을 죄인들에게 가르치는 원리에 대해 말하고(8-10, 12-14절), 자기의 죄의 용서를 구한(11절) 다음 하나님의 보호를 간절히 요청한다(15-22절). 하나님의 길에 대하여 가르침을 받을 만한 자는 "온유한 자"(9절), "하나님의 언약과 증거를 지키는 자"(10절), "여호와를 경외하는 자"(12, 14절) 등이다.

다윗은 하나님의 보호를 청구함에 있어서 좀 더 자세하게 말한다. 다시 말해 하나님께서 긍휼이 여겨 주실 원리를 말한다. 다윗은 그 자신의 어쩔 수 없는 비참한 사실을 하나님 앞에 아뢴다. 즉, "나는 외롭고 괴롭사오니"(16절), "내 마음의 근심이 많사오니"(17절), "나의 곤고와 환난을 보시고"(18절), "내 원수를 보소서. 저희가 많고"(19절)란 말씀들은 다윗이 당한 환난이 너무 비참한 것을 보여준다. 성도는 먼저 자기가 당한 비참한 형편을 볼 줄 알아야 하며 그것을 하나님께 호소할 줄 알아야 한다. 시인 다윗은 "나의 죄악이 중대하다"(11절)고 아뢰고, "내 모든 죄를 사하소서"(18절)라고 호소한다.

1-3절. 수치를 당하지 않을 수 있는 복.

시 25:1. <다윗의 시> 여호와여 나의 영혼이 주를 우러러보나이다.

다윗은 '여호와시여! 내 영혼이 주님을 우러러 봅니다'라고 말한다. 우리의 영혼은 죄에 잠겨 있어서 주님을 우러러 보기가 힘들다. 그런고로 우리가 죄를 자복하여 죄를 걷어내고 나면 주님을 쉽게 우러러 볼 수가 있는 것이다. 우리는 죄를 자복하지 않고 주님을 바라보려 하는데 그것은 참으로 힘이 든다.

시 25:2. 나의 하나님이여 내가 주께 의지하였사오니 나를 부끄럽지 않게 하시고 나의 원수들이 나를 이겨 개가를 부르지 못하게 하소서.

다윗은 '나의 하나님이시여, 내가 주님을 신뢰하니, 내가 부끄러움을 당하지 않게 하시고, 내 원수들이 나를 두고 기뻐하지 못하게 하소서'라고 부르짖는다. 다윗은 앞 절에서 '주를 우러러 보았는데 본 절에서는 "주께 의지한다"고 말한다(7:1; 11:1; 31:1, 6). 우러러 보는 일보다 주님을 의지하는 일은 일보 전진한 행위이다. 다윗이 주님을 의지하고 부르짖은 것은 "나를 부끄럽지 않게 하시고 나의 원수들이 나를 이겨 개가를 부르지 못하게 하소서"라는 부르짖음이다. 우리는 우리가 원수로부터 부끄러움을 당하지 않고 원수들이 개가를 부르지 않게 되기 위해 기도해야 한다.

시 25:3. 주를 바라는 자들은 수치를 당하지 아니하려니와 까닭 없이 속이는 자들은 수치를 당하리이다.

다윗은 '주님을 간절히 기다리는 사람들은 수치를 당할 리 없지만, 남을 함부로 속이는 자들은 수치를 당하고야 말 것입니다'라고 말한다. 본 절 초두에는 "참으로"(גַּם)라는 말이 나타나 본문의 내용을 강조하고 있다. 그리고 "주를 바라는 자들"(קֹוֶיךָ)이란 말은 '당신을 기다리는 자들'이란 뜻이다. 이 말은 '하나님께 소망을 두고 기다리는 자들'이라는 뜻이다. '하나님께 소망을 두고 기다리는 자들'은 수치를 당하지 않는다.

"까닭 없이 속이는 자들"(הַבּוֹגְדִים רֵיקָם)이란 말은 '헛되이 속이는 자들'이란 뜻인데 '비양심적으로 거짓말을 만들어 속이는 자들'을 지칭한다(박윤선). 언제나 성도의 원수들은 그 성도를 넘어뜨리려고 거짓말을 만든다. 성도를 못 쓰게 거짓말을 만드는 자들은 세상에 널려 있다. 그들이 심히 수치를 당하는 것은 성도가 주님을 바라보고 굳건히 기도할 때 빨리 수치를 당하게 마련이다.

4-11절. 하나님의 인도와 사죄를 받는 복.

시 25:4. 여호와여 주의 도를 내게 보이시고 주의 길을 내게 가르치소서.

다윗은 '여호와시여! 주님의 도를 내게 알려 주시고, 주님의 길을 내게 가르치소서'라고 기도한다. 본 절의 "주의 도"라는 말과 "주의 길"이라는 말은 동의어이다. 강조하기 위해 반복하고 있다. "주의 도"란 말과 "주의 길"이란 말은 모두 '주님의 뜻'을 지칭한다. 주님의 뜻은 기록된 성경에 나타나 있다. 우리는 주님의 뜻을 알기 위하여 부단히 기도해야 한다. 특별히 죄를 자복하고 성령의 인도를 구하면서 뜻을 깨닫기 위하여 기도해야 한다.

시 25:5. 주의 진리로 나를 지도하시고 교훈하소서 주는 내 구원의 하나님이시니 내가 종일 주를 기다리나이다.

다윗은 '주님만이 나를 구원해 주실 하나님이시오니 주님의 진리로 나를 인도하시고 가르치소서. 주님은 나를 구원하시는 하나님이시니 내 자신이 주님의 도움만을 기다린다'고 애원한다. 본 절의 "주의 진리"란 말도 역시 '주님의 뜻'을 지칭한다. 다윗은 주님의 뜻으로 다윗 자신을 지도하시고 교훈해 주시라고 기도하는 이유는 그것만이 다윗 자신의 구원이 되시니 주님의 뜻을 따라 나를 지도하시고 교훈해 주시라고 기도하는 것이다.

시 25:6. 여호와여 주의 긍휼하심과 인자하심이 영원부터 있었사오니 주여 이것들을 기억하옵소서(Remember your mercy, O LORD, and of your steadfast love, for they have been from of old-ESV).

다윗은 '주님이시여! 먼 옛날부터 변함없이 베푸셨던, 주님의 긍휼하심과 한결 같은 사랑을 기억하여 주십시오'라고 애원한다. 다윗은 주님의 한결같으신 사랑이 계속되기를 애원한다. 다윗은 하나님의 긍휼과 인자하심은 영원한 줄 믿고 하나님의 사랑이 영원히 계속되기를 애원하는 것이다. 오늘 우리에게도 하나님의 사랑은 영원하심을 알고 매달려야 할 것이다.

시 25:7. 여호와여 내 젊은 시절의 죄와 허물을 기억하지 마시고 주의 인자하심을 따라 주께서 나를 기억하시되 주의 선하심으로 하옵소서.

다윗은 '내가 젊은 시절에 지은 죄와 반역을 기억하지 마시고, 주님의 자비로우심과 선하심으로 나를 기억하여 주십시오'라고 기도한다. 복을 받으려면 죄를 용서받는 것이 중요함으로 다윗은 자신이 젊은 시절에 지은 죄를 용서해 주시기를 기원한다. 다윗은 좀 더 적극적으로 "주의 인자하심을 따라 주께서 나를 기억해" 주시기를 애원한다. 다시 말해 주님의 인자를 발동하셔서 나를 용서해 주시라고 애원한 것이다. 다윗은 또 반복하여 "주의 선하심으로 하옵소서"라고 기도한다. 즉, 주님의 선을 발동하셔서 나의 죄를 사하여 주시라고 애원한 것이다.

시 25:8. 여호와는 선하시고 정직하시니 그러므로 그의 도로 죄인들을 교훈하시리로다.

다윗은 '여호와는 선하시고 올바르셔서, 죄인들이 돌이켜서 걸어가야 할 바른 길을 가르쳐 주신다'고 말한다. 여호와는 선하시기도 하고 정직하시기도 하다는 것이다. 사람은 이 두 가지를 온전히 겸전하기는 힘들다. 어떤 이는 선하기는 하나 바르지 않는 수가 있고 또 어떤 이는 바르기는 하나 선하지 않는 수가 있다. 그러나 하나님은 아주 선하신 분이시다(눅 18:19). 그러면서 하나님은 바르시다. 이런 두 가지를 겸전하신 여호와께서 하나님의 도(ways)를 가지고 죄인으로 하여금 죄를 떠나 선하게 살게도 하시고 또 바른 길을 걷게도 하신다.

시 25:9. 온유한 자를 정의로 지도하심이여 온유한 자에게 그의 도를 가르치시리로다.

본 절은 여호와께서 온유한 자에게 주시는 두 가지 복을 말하고 있다. 하나는 여호와께서 온유한 자를 "정의로 지도하신다는 것"과 또 하나는 여호와께서 온유한 자에게 "여호와의 도를 가르치신다"는 것이다. "온유한 자를 정의로 지도하신다"는 말은 '하나님의 징계를 받고 심령이 겸손해진 온유한 자를 공의로 인도하신다'는 것이다. "공의로 인도하신다"는 말은 '절대 공의로 인도하셔서 결국 성화에 이르게 하신다'는 것이다.

또 하나님은 온유한 자에게 "그의 도를 가르치실 것"이라고 한다. 하나님의 자녀가 겸손해진 다음 온유한 자는 하나님의 도를 가르침 받게 된다. 하나님의 학교에서 배울 수 있는 자격자는 온유 겸비이다(마 11:25).

시 25:10. 여호와의 모든 길은 그의 언약과 증거를 지키는 자에게 인자와 진리로다.

다윗은 '여호와의 계약과 증거(계명)을 지키는 자에게는 여호와의 모든 길이 사랑이며 진리입니다'라고 말한다. "여호와의 모든 길"이란 '여호와의 모든 행동 방식'을 뜻한다. 여호와의 모든 행사들은 알기 어려운 듯한 것들이 많이 있으나 그것들이 결국은 진실한 성도에게 유익이 된다(롬 8:28). 곧, 그것들은 하나님의 언약과 증거를 지키는 자에게 복이 된다는 것이다.

본 절의 "언약과 증거"란 말은 동의어이다(Calvin). "언약"이란 하나님께서 성도들에게 주신 약속을 지칭한다. 약속 내용이란 1) 믿고 따르는 자마다 하나님의 구원과 복을 받는다는 것, 2) 하나님께서 그들로 하여금 그를 신종하게 해주신다는 것이다.

본 절의 "인자와 진리"란 말은 '성도를 돌아보시는 하나님의 사랑과 약속을 지키시는 하나님의 신실하심을 의미한다. 인간은 거짓되어 그들 중 가장 진실하다는 자도 약속을 어기는 일이 많다. 단시일 내에라도 그들의 허약함과 열매가 없음이 드러난다. 그러나 하나님께는 몇 백 년, 혹은 몇 천 년을 앞두고 택한 백성을 상대로 약속하는 일이 많고 그 약속하신 것을 몇 천 년 후에라도 정확히 이루신다(박윤선).

시 25:11. 여호와여 나의 죄악이 크오니 주의 이름으로 말미암아 사하소서.

다윗은 '여호와시여! 주님의 이름을 생각하셔서라도, 내가 저지른 큰 죄악을 용서하여 주십시오'라고 기도한다. 시인 다윗은 앞서 7절에서 "내 소시의 죄"에 대해 언급했으나 본 절에서는 그의 전체적인 죄악이 중대하다고 고백한다. 자신의 죄악이 너무 중대함으로 무조건 주의 인자에 의지하고 주님의 이름을 위해 사유하심을 빌고 있다(눅 18:13). 성도가 복을 받으려면 죄악 문제를 해결하지 않으면 복을 받을 수 없으니 사죄를 빌어야 한다.

12-14절. 네 가지 복. 성도가 받을 네 가지 복은 다음과 같다. 1) 택할 길을 보여주심, 2) 영혼이 평안함, 3) 그 자손이 땅을 상속함, 4) 여호와께서 언약을 보여주시는 일이다.

시 25:12. 여호와를 경외하는 자 누구냐 그가 택할 길을 그에게 가르치시리로다.

다윗은 '여호와를 경외하는 자가 누굽니까? 그가 선택해야 할 길을 주님께서 그에게 가르쳐 주실 것입니다'라고 말한다. 여호와를 경외하는 자가 길을 택하는 것보다 여호와를 경외하는 것이 앞서야 한다는 것을 보여준다.

시 25:13. 그의 영혼은 평안히 살고 그의 자손은 땅을 상속하리로다.

다윗은 '그의 영혼은 한 생애 동안 편안히 살 것이고, 그 자손이 땅을 유업으로 받을 것이라'고 말한다. 성경에 '그 나라와 그 의를 구하면 현세의 모든 복도 더하여 주시겠다'고 하신다(마 6:33).

시 25:14. 여호와의 친밀하심이 그를 경외하는 자들에게 있음이여 그의 언약을 그들에게 보이시리로다.

다윗은 '여호와께서는 그를 경외하는 자들과 의논하시며, 그들에게서 주님의 언약이 진실함을 확인해 주신다'고 말한다. 본 절의 "친밀함"이란 말은 '은밀'을 의미한다. 이 말은 하반절에 나오는 "언약"이란 말과 같은 뜻으로 사용되었다. 성도의 구원과 복에 대한 하나님의 약속은 하나님을 경외하는 자 밖에는 알자가 없다. 그것을 외식 자들과 불택 자들은 이해되지 않는다. 시 11:10 참조(박윤선).

15-22절. 결론적으로 드리는 기도.

시 25:15. 내 눈이 항상 여호와를 바라봄은 내 발을 그물에서 벗어나게 하실 것임이로다.

다윗은 '내 눈이 언제나 주님을 바라보는 목적은 주님만이 내 발을 원수의 올무에서 건지는 분이시기 때문입니다'라고 말한다. 여기 "그물에서 벗어나게 하실 것이란" 말은 다음 구절들이 말한 것과 같이 모든 고독과 근심에서 벗어나게 하시고, 환난 중에서 벗어나게 하시는 것을 말한다.

시 25:16. 주여 나는 외롭고 괴로우니 내게 돌이키사 나에게 은혜를

베푸소서.

다윗은 '주님이시여! 나를 돌보아 주사, 나에게 은혜를 베풀어 주십시오. 나는 외롭고 괴롭습니다'라고 말한다. 성도에게는 외롭고 괴로운 때가 있고 또 마음이 근심스러운 때가 있는데 하나님께서 사죄하시는 때에 깨끗이 사라진다. 그런고로 특히 성도는 죄를 자복하는 일에 힘을 써야 한다.

시 25:17. 내 마음의 근심이 많사오니 나를 고난에서 끌어내소서.

다윗은 '주님이시여! 내 마음의 고통에서 벗어나게 해 주시고, 나를 이 아픔에서 건져 주십시오'라고 기도한다. 다윗은 마음의 고통과 아픔에서 건져 주십사고 애원한다.

시 25:18. 나의 곤고와 환난을 보시고 내 모든 죄를 사하소서.

다윗은 '나의 괴로움과 비참함을 보시고, 내 모든 죄를 용서하소서'라고 기도한다. 우리는 때로 자신의 괴로움과 비참함을 느끼면서도 자신의 죄 때문에 그런 슬픔들이 찾아온 줄 모르는 수가 많다. 그런고로 얼른 자복해야 할 죄가 없는지 확인해야 할 것이다.

시 25:19. 내 원수를 보소서 그들의 수가 많고 나를 심히 미워하나이다.

다윗은 '내 원수를 보소서. 그들이 많이 있어서 나를 몹시 미워하고 있습니다'라고 기도한다. 성도에게도 하나님의 원수가 있다. 하나님의 원수는 성도의 원수이다. 우리는 하나님의 원수를 맞이하여 원수가 멸하여지기를 위해 기도해야 할 것이다. 그런데 그런 원수는 세상에 아주 많이 있을 뿐 아니라 신자들인 우리를 심히 미워하고 있다.

시 25:20. 내 영혼을 지켜 나를 구원하소서 내가 주께 피하오니 수치를 당하지 않게 하소서.

다윗은 '내 영혼을 지키시고 나를 구원하소서. 내가 주님께 피하오니,

나로 하여금 부끄러움을 당하지 않게 하소서'라고 기도한다. 인간은 자기 스스로 자기의 영혼을 지킬 수가 없다. 인간의 영혼은 죄가 있기 때문에 무기력하기 짝이 없다. 하나님께서만 구원하실 수가 있으시다.

그런고로 "내가 주께 피하오니 수치를 당하지 않게 하소서"라고 기도해야 한다. "내가 주께 피하오리니"란 말은 '내게는 힘이 없으니 주님만 나의 영혼을 구원하실 수 있다'고 애절하게 고백해야 한다(6:4; 17:3; 22:20). 그리고 우리는 "수치를 당하지 않게 하소서"라고 아뢰는 것은 '주님께 피한 자신을 원수에게 내어주어 수치를 당하지 않기'를 기원해야 한다(2절).

시 25:21. 내가 주를 바라오니 성실과 정직으로 나를 보호하소서(May integrity and uprightness preserve me, for I wait for you-ESV)**.**

다윗은 '내가 여호와를 바라오니 완전하고 올바르게 살아가도록 지켜 주십시오'라고 기도한다. 다윗은 주위에는 하나님의 원수가 많아서 아주 위협을 받으며 살아가고 있었지만 외식하지 않고 전심으로 행하는 중에 주님의 보호를 받기를 원했다. 실제로 우리가 성실과 정직을 잃으면 하나님의 보호는 떠나는 것이다.

시 25:22. 하나님이여 이스라엘을 그 모든 환난에서 속량하소서.

다윗은 '하나님이시여! 이스라엘(참 성도들)을 모든 환난에서 구원해 주소서'라고 기도한다. 다윗은 본편의 결론 부분에 와서 자기 개인의 입장을 떠나 이스라엘 전체(참 성도들)의 구원을 위해 기도한다. 우리는 나 자신의 경지를 넘어 성도들 전체의 구원을 위해 기도해야 할 것이다.

제 26 편 무죄한 자가 주님의 권고를 요청하다

본편은 7편, 17편과 함께 무죄한 자가 주님의 권고를 요청하는 기도를 드린다는 내용이다. 본편의 내용은 전편(25편)과 유사하나 본편에서는 전편에 나타나는 죄의식 같은 것은 나타나지 않는다.

본편의 저작 시기는 1) 다윗이 압살롬의 난을 만났을 때라고 주장하기도 하고(Delitzsch), 2) 다윗이 법궤를 옮긴 때(삼하 6장)와 다윗이 큰 범죄를 저질렀을 때(삼하 11장)의 중간이라(Rawlinson, 이상근)고도 주장한다. 아마도 본편의 내용으로 보아 2)번의 주장이 더 설득력이 있을 것으로 보인다.

본편의 내용은 1) 다윗이 신앙생활을 성실하게 한 사실에 대하여 변명한 일(1-8절). 2) 기도를 구체적으로 드린 일(9-12절)로 구분된다. 1절의 "다윗의 시"란 말에 대해서는 3편, 25편 주제의 주해를 참조하라.

1-8절. 다윗이 신앙생활을 성실하게 한 사실에 대하여 변명하다.

시 26:1. <다윗의 시> 내가 나의 완전함에 행하였사오며 흔들리지 아니하고 여호와를 의지하였사오니 여호와여 나를 판단하소서(Vindicate me, O LORD, for I have walked in my integrity, and I have trusted in the LORD without wavering-ESV)**.**

다윗은 '주님이시여! 나는 올바르게 살아왔고, 주님만을 의지하고 흔들리지 않고 살아 왔습니다. 그러니 나를 변호해(판단해) 주십시오'라고 기도한다. "나의 완전함"(בְתֻמִּי)이란 말은 '나의 성실함'이란 뜻이다. 다윗은 하나님의 진리를 지키되 '성실하게' 지켰다고 고백한다. 다윗은 하나님의 은혜를 받을만한 미덕을 가지고 있었다. 그러니 다윗은 여호와를 향하여 "나를 판단해 주시라"(Vindicate, Judge)는 요청을 한다. 다윗의 하나님께 대한 담대한 요구는 최선을 다해 하나님의 말씀을 성실하게 지키며 하나님을 의지한 자신의 삶에 근거한 것일 뿐 아니라 또한 인간의 모든 행위를 선악간에 두루 살피셔서 반드시 공의의 보응을 해주시는 하나님의 공의를 믿는 믿음에 근거한 것이 아닐 수 없다(그랜드 종합 주석). 오늘 우리가 다윗과 같은 기도를 드릴 수는 없을까.

시 26:2. 여호와여 나를 살피시고 시험하사 내 뜻과 내 양심을 단련하소서.

다윗은 '주님이시여! 나를 샅샅이 살펴보시고 시험하여 보십시오. 나의 속 깊은 곳과 마음을 달구어 보십시오'라고 기도한다. 다윗의 "나를 살피시고"(בְּחָנֵנִי)란 말은 '나를 깊이 들여다보시라'는 말이고, "시험하사"(נַסֵּנִי)라는 말은 '나를 시험하사 지내보시라'는 의미이다. 그리고 "단련하소서"(צָרְופָה)란 말은 '불로 연단해 보소서'라는 뜻이다. 다윗은 자기 인격에 그 어떤 불순물이 있는가를 살피시라고 요청하는 말이다. 이런 도발적 기도는 평소의 삶에 있어서 아주 경건된 자만이 할 수 있는 기도이다. 다윗은 오직 하나님의 은혜로만 인격이 형성되었다는 겸비에서 드린 기도였다(박윤선).

시 26:3. 주의 인자하심이 내 목전에 있나이다 내가 주의 진리 중에 행하여.

다윗은 '나는 주님의 한결같은 사랑을 바라보면서 주님의 진리를 따라 살았습니다'고 고백한다. 본 절에서 다윗은 두 가지를 말한 것이다. 하나는 주님의 한결같은 사랑을 바라보면서 살았다고 말한다. 또 하나는 "주님의 진리", 즉 '율법'을 따라 살았다고 말한다. 다윗은 주님의 사랑이 그의 눈앞에 있으니 아무 것도 두려움이 없이 진리를 따라 살았다고 고백한다. 우리 앞에도 주님의 사랑, 십자가 사랑이 있으니 주님의 뜻대로 살아야 할 것이다.

시 26:4. 허망한 사람과 같이 앉지 아니하였사오니 간사한 자와 동행하지도 아니하리이다.

다윗은 과거와 현재를 한눈에 보듯이 '나는 과거에 헛된 자와 함께 앉지 않았으며, 앞으로 간사한 자와 동행하지도 않겠습니다'라고 말한다. 시 1:1 주해 참조. 본 절의 "간사한 자"란 말은 '내용적으로는 악하면서도 겉으로는 아주 선한 체 하는 사람'을 지칭한다.

시 26:5. 내가 행악자의 집회를 미워하오니 악한 자와 같이 앉지 아니하리이다.

다윗은 '나는 현재 악인들의 집회를 마음으로 미워할 뿐 아니라 앞으로 악인들의 모임에 끼이지도 않을 것입니다'라고 말한다. "행악자의 집회"는 악을 행하기 위하여 모인 단체인고로 다윗은 마음으로 미워해 왔다. 그리고 다윗은 앞으로 "악한 자와 같이 앉지도 아니할 것이라"고 말한다. 우리는 악을 행하지 아니하려면 모든 악한 자들과 동행하지 아니해야 하는 것이다. 우리가 악인들과 동행하지 않는다는 말은 악인들과 깊은 교제를 하지 않는다는 말이지 지구상에서 함께 사는 것까지도 금한다는 말은 아니다. 만일 우리가 지구 위에서 함께 사는 것까지 하지 않으려면 우리가 지구 밖으로 나가야 할 것이다.

시 26:6. 여호와여 내가 무죄하므로 손을 씻고 주의 제단에 두루 다니며.

다윗은 '주님이시여! 내가 손을 씻어 내 무죄함을 드러내 보이고, 주님의 제단을 두루 돌아다닐 것입니다'라고 말한다. 마치 제사장이 손을 씻고(출 30:17-21; 신 21:6, 7, 30-33) 그의 무죄함을 확인받고 제단 앞에 나아가는 것처럼, 다윗은 무죄의 확인을 받고 제사에 종사하려고 주님 앞에 나아간다는 것이다. 누구든지 예배하기 전에 모든 죄 문제를 해결하고 예배에 응해야 하는 것이다(마 5:23-24).

시 26:7. 감사의 소리를 들려주고 주의 기이한 모든 일을 말하리이다.

다윗은 '하나님의 기적적 은사에 대하여 감사의 노래를 소리 높여 부르며 주님께서 나에게 해주신 놀라운 일들을 사람들에게 모두 다 전하겠습니다' 라고 말한다. 성도들이 하나님으로부터 은혜를 받았을 때는 반드시 감사해야 하고 사람들에게 널리 광포해야 하는 것이다.

시 26:8. 여호와여 내가 주께서 계신 집과 주의 영광이 머무는 곳을 사랑하오니.

다윗은 '주님이시여! 내가 주님께서 계시는 집을 참으로 사랑합니다.

주님의 영광이 머무르는 그 곳을 내가 진정으로 사랑합니다'라고 말씀드린다. 본 절의 "주께서 계신 집"이라는 말과 "주의 영광이 머무는 곳"이란 말은 동의어로 사용되어 다 같이 '성막'을 뜻한다. 다윗이 여호와를 사랑한 것은 그의 성소를 사랑함에서 구현된 일이었다(23:6; 27:4). 다윗은 행악자의 집회를 미워했고(5절), 여호와께서 계신 성막을 사랑했다. 오늘날 우리는 주님께서 계신 교회, 즉 성도들을 지극히 사랑해야 한다. 교회는 결단코 싸움하는 곳은 아니다.

9-12절. 다윗이 기도를 구체적으로 드린다.

시 26:9. 내 영혼을 죄인과 함께 내 생명을 살인자와 함께 거두지 마소서.

다윗은 '내 이 목숨을 죄인들의 목숨과 함께 거두지 마소서. 내 이 생명을 살인자들의 생명과 함께 거두지 마소서'라고 애원한다. 다윗은 과거에 악인들과 악인들의 집회를 미워했음으로 자신을 악인들과 함께 취급하지 마시라고 애원한다. 본문의 "살인자"란 말은 '피의 사람', 다시 말해 '사람의 피를 흘려 죽였다'는 끔찍한 뜻이다. 다윗은 주님을 향하여 자신을 그런 부류와 함께 취급하지 마시라고 애원한다.

시 26:10. 그들의 손에 사악함이 있고 그들의 오른손에 뇌물이 가득하오나.

다윗은 '그들은 세상에서 무슨 악(잠 12:2; 14:17)이라도 저지르던 사람들이고 그들은 뇌물(15:5; 사 1:23; 렘 22:17; 겔 22;12)만 집어주면 무슨 일이든 감행하는 사람들입니다'라고 말한다. 다윗은 바로 앞 절의 죄인과 살인자들을 좀 더 설명하기 위해 본 절을 더 말한 것이다. 우리는 세상을 아무렇게나 살 것이 아니라 주님의 법을 따라 살아야 할 것이다.

시 26:11. 나는 나의 완전함에 행하오리니 나를 속량하시고 내게 은혜를 베푸소서.

다윗은 과거에도 완전함(깨끗하게 살았다. 1절)에 행하였는데 이제 앞으로도 '완전함에 행하겠다'고 서원한다. 그러면서 다윗은 주님을 향하여 '나를 원수들의 손에서 구원해주시고 내게 은혜를 베풀어주시라'고 기도한다. 우리는 깨끗하게 살려는 지극한 열망이 있어야 하고 또 그렇게 되기 위해 기도를 해야 할 것이다.

시 26:12. 내 발이 평탄한 데에 섰사오니 무리 가운데에서 여호와를 송축하리이다.

다윗은 '주님이시여! 지금 내가 선 자리가 든든하오니 예배하는 모임에서 주님을 찬양하렵니다'라고 말한다. 본 절의 다윗의 기도는 여호와께서 기도에 응답해 주실 줄 확신하고 드리는 기도이다. 우리 성도는 항상 확신으로 기도를 끝맺어야 할 것이다. 혹시 기도 응답이 안 되면 어쩌나 하고 불안해 할 필요는 없다. 우리 주님은 우리의 확신의 기도를 물리치시지 않는다.

제 27 편 모든 것을 갚으시는 하나님께만 구하자

본시의 저작 시기로는 내용으로 보아 압살롬의 난(難) 때라는 것이 유력하다(Delitzsch, Hengsternberg, J. Ridderbos, Rawlinson, 박윤선, 이상근). 본편은 전장(戰場)에서의 승리를 확신한 일(1-6절), 위험에서의 구원을 기원한다(7-14절). "다윗의 시"라는 표제를 위해 23편 표제 주해를 참조하라.

1-6절. 전장에서의 승리를 확신하다.

시 27:1. <다윗의 시> 여호와는 나의 빛이요 나의 구원이시니 내가 누구를 두려워하리요 여호와는 내 생명의 능력이시니 내가 누구를 무서워하리요.

다윗은 '주님께서 나의 빛이요 나의 구원이시니 내가 누구를 두려워하랴? 주님이 내 생명을 위한 능력이시니 내가 누구를 무서워하랴?'라고 말한다. "여호와는 나의 빛"이시라는 말은 '주님은 우리에게 진리와 구원과 생명'이 되신다는 뜻이다(요 1:7-9; 12:35-36; 요일 1:5; 사 60:1; 미 7:8). 다윗이 위험에 처해 있을 때 하나님께서 그에게 생명의 빛을 비취신 것이다. "나의 구원"이란 말은 다윗을 위기에서 구원하실 분이 오직 여호와시라는 것이다(18:2; 62:2, 6). 그리고 "생명의 능력"이란 말은 하나님께서 항상 그에게 생명의 힘을 주시는 이시라는 것이다(28:8; 31:4). 이와 같이 하나님께서 다윗의 빛이 되시고 구원과 생명의 능력이 되시니 다윗은 누구를 무서워 할 것이 없었다(롬 8:31, 이상근).

시 27:2. 악인들이 내 살을 먹으려고 내게로 왔으나 나의 대적들, 나의 원수들인 그들은 실족하여 넘어졌도다.

다윗은 '나의 대적들, 나의 원수들, 저 악인들이 나를 잡아먹으려고 내게로 다가왔으나 앞 절에 진술된 대로 여호와께서 다윗의 빛이 되시고 구원이시며 능력이 되시니 그들은 비틀거리며 넘어졌다'라고 말한다. 여호와께서 다윗의 보호자가 되시니 그들은 모두 넘어질 수밖에 없었다.

시 27:3. 군대가 나를 대적하여 진 칠지라도 내 마음이 두렵지 아니하며 전쟁이 일어나 나를 치려할지라도 나는 여전히 태연하리로다.

다윗은 '비록 군대가 나를 대항하여 진 칠지라도 내 마음은 두려워하지 아니하며, 비록 나를 치려고 전쟁을 일으킬지라도 나는 여전히 여호와를 신뢰하여 태연할 것이라'고 말한다. 여호와를 신뢰하는 자들은 그 주위 환경이 어떻다 해도 두렵지 않은 것이다. 성도들은 환경이 문제가 되지 않는다.

시 27:4. 내가 여호와께 바라는 한 가지 일 그것을 구하리니 곧 내가 내 평생에 여호와의 집에 살면서 여호와의 아름다움을 바라보며 그의 성전에서 사모하는 그것이라.

다윗은 '내가 여호와께 청하는 한 가지 일, 그것을 구할 것이니, 곧 내 평생에 여호와의 집에 살면서(23:6; 26:8) 여호와의 아름다움을 바라보고 그 성전에서 간구하는 것(6절)이라'고 말한다. 본편의 시는 다윗이 피신하여 외국에서 망명 생활을 하면서 하나님의 성전을 사모하여 지은 시(詩)라고 한다(Calvin).

본 절의 "여호와의 아름다움"이 무엇이냐를 두고 견해가 갈린다. 1) 하늘 성전과 그 외형의 미(Calvin, Aben Ezra), 2) 하나님의 계시의 아름다움(Delitzsch, Kay, Rawlinson, 박윤선, 이상근) 등으로 갈린다. 이것은 은혜 충만한 하나님 계시의 아름다움을 지칭한다(Delitzsch). 다윗이 여기서 사모한 것은 하나님의 선하심과 인자하신 그분의 공의로우심 등을 의미한다. 또한 이는 하나님께서 인간에게 베푸시는 은혜를 가리키기도 한다(Rawlinson). 그리고 "그의 성전에서 사모하게"라는 말은 '그의 성전에서 묵상함'을 의미한다. 여기 묵상이란 말은 잠시 동안만 생각하는 것이 아니고 흥미 있게 정신을 집중하여 생각하는 것이다.

시 27:5. 여호와께서 환난 날에 나를 그의 초막 속에 비밀히 지키시고 그의 장막 은밀한 곳에 나를 숨기시며 높은 바위 위에 두시리로다.

히브리어 원문에는 본 절 초두에 이유 접속사(כִּי)가 있어서 이 구절이 앞 절 말씀의 이유 절인 사실을 보여준다. 윗절에 말한 대로 다윗이 성전에서 하나님과 사귀기를 원하는 이유는 그가 성전에서 하나님과 사귐이 모든 위험에서 구원받는 방도이기 때문이다. 즉, 다윗은 '주님께서 다윗의 환난 날에 나를 주님의 초막(성막) 속에 은밀하게 지키시고 주님의 장막 은밀한 곳에 숨겨주시며 높은 반석 위에 나를 들어 올리실 것이기 때문이라'고 말한다. 본 절의 "나를 그의 초막 속에 비밀히 지키시고"란 말은 하나의 비유적 표현으로 하나님께서 다윗을 받으셔서 위기 속에서 보호하셨다는 뜻이다. 그리고 "높은 바위 위에 두시리로다"라는 말은 성막과는 대조되는 곳이지만 안전한 피난처에 다윗을 두고 보호하신다는 것을 묘사한다.

시 27:6. 이제 내 머리가 나를 둘러싼 내 원수 위에 들리리니 내가 그의 장막에서 즐거운 제사를 드리겠고 노래하며 여호와를 찬송하리로다.

다윗은 '이제 내 머리가 나를 둘러싼 내 대적들 위로 들려 승리자가 될 것이니, 내가 주님의 장막에서 기쁨의 제사를 드리며, 노래하여 여호와를 찬송할 것이라'고 말한다. 다윗은 하나님과 친밀하게 사귄 결과로 다윗의 신변이 보호될 것이니 그것으로 인하여 제사를 드리겠다는 것이다. 본 절의 "내 머리가 나를 둘러싼 내 원수 위에 들리리니"란 말은 다윗이 많은 원수 앞에서 몰락하지 않고 도리어 승리할 것을 묘사하는 말이다. 따라서 다윗은 필경 승리자로서 하나님께 감사를 드리게 된다.

7-14절. 위험에서의 구원을 기원하다. 내용의 분위기가 앞선 부분과는 완전히 바뀌었다.

시 27:7. 여호와여 내가 소리 내어 부르짖을 때에 들으시고 또한 나를 긍휼히 여기사 응답하소서.

다윗은 '주님이시여! 내가 소리 내어 부르짖을 때에 들으시고 또한 나를 긍휼히 여겨주셔서 응답해 주소서'라고 기도한다. 전쟁의 위기를 당하여 다윗은 큰 소리를 내어 하나님께 간곡히 기도한다. 이런 간곡한 기도를 하나님께서 들으시고 응답해 주시라는 것이다.

시 27:8. 너희는 내 얼굴을 찾으라 하실 때에 내가 마음으로 주께 말하되 여호와여 내가 주의 얼굴을 찾으리이다 하였나이다.

다윗은 '주님께서 너희는 내 얼굴을 찾으라고 말씀하실 때 내 자신이 마음으로 주님께 말씀드리기를 여호와시여 내가 주의 얼굴을 찾으리이다고 말씀드릴 것입니다'라고 한다. 본 절의 "너희는 내 얼굴을 찾으라"는 문장은 '너희는 하나님의 은총과 긍휼을 찾으라'는 뜻이다. 그리고 "내가 주의 얼굴을 찾으리이다"는 말은 하나님의 기도하라는 명령에 순종하여 기도하겠다는 뜻이다. 하나님은 오늘도 우리 모든 성도에게 쉬지 말고 기도하라고 말씀하신다(살전 5:17).

시 27:9. 주의 얼굴을 내게서 숨기지 마시고 주의 종을 노하여 버리지 마소서 주는 나의 도움이 되셨나이다 나의 구원의 하나님이시여 나를 버리지 마시고 떠나지 마소서.

다윗은 '주님의 얼굴을 내게서 숨기지 마시고, 주님의 종을 진노 중에 내치지 마소서. 주님은 내 도움이 되셨습니다. 나의 구원의 하나님이시여, 나를 떠나지 마시고 나를 버리지 마소서'라고 애원한다. 다윗은 하나님께서 그를 돕는 자이시고(3:3-7; 4:1; 6:8; 18:2), 또 구원이시니(1절; 18:2; 62:1) 지금도 그 자신을 버리지 말고 구원해 주시라고 애원하는 것이다.

현세에 있어서 하나님의 얼굴을 보지 못하는 자들은 내세에 이르러서 감히 볼 수도 없는 무서운 하나님을 대하게 된다(계 6:15-17, 박윤선).

시 27:10. 내 부모는 나를 버렸으나 여호와는 나를 영접하시리이다.

다윗은 '내 부모는 나를 버렸을지라도, 여호와는 나를 받아 주실 것이다' 라고 확언한다. 본 절 초두에는 이유 접속사(כִּי)가 있어서 본 절이 전 절의 이유를 말하고 있다. 하나님의 사랑이 부모의 사랑 이상이라는 것을 말하는 것이다. 그 이유는 다윗의 부모가 다윗을 버릴지언정 하나님은 그를 버리시지 않을 것이 확실하기 때문이다. 하나님은 언제든지 그 백성을 홀로 버려두지 않으신다.

시 27:11. 여호와여 주의 도를 내게 가르치시고 내 원수를 생각하셔서 평탄한 길로 나를 인도하소서.

본 절은 다윗이 여호와께 두 가지를 소원한다. 하나는 '주님이시여! 주님의 길을 나에게 가르쳐 주시라'는 것이고, 또 하나는 '내 원수로 인하여 나를 평탄한 길로 인도해 주십사'라는 것이다. '주님의 길을 나에게 가르쳐 주시라'는 기도는 의로운 길을 가르쳐 주시라는 기도이다. 의로운 길을 가야 원수들이 많은 곳에서 안전하기 때문에 의로운 길, 바른 길을 물은 것이다. 그리고 당장 "내 원수를 생각하셔서 평탄한 길로 나를 인도하소서"라는 기도는 대적의 위협이 없는 길로 인도해 주십사 하는 기도이다. 결국 두 가지 기도는 한 가지의 기도인 셈이다. 우리는 우리의 지혜로 세상을 걸어갈 것이 아니라 주님께 길을 물어가야 하는 것이다.

시 27:12. 내 생명을 내 대적에게 맡기지 마소서 위증자와 악을 토하는 자가 일어나 나를 치려 함이니이다.

다윗은 '나를 내 원수의 뜻에 맡겨 두지 마소서'라고 애원한다. 그 이유는 '거짓 증인들과 악을 토하는 자가 나를 대적하러 일어나기 때문입니다'라고 말씀드린다. 본 절의 "내 대적"이란 문맥에 의하여 '압살롬의 반역에 가담한 자들'이었을 것이다. 다윗은 내 생명을 그들(압살롬의 반역에 가담한 자들)에게 맡기지 마시라고 애원한다. 이유는 그 대적 중에는 "위증자와 악을 토하는 자가 일어나 나를 치려"고 하기 때문이라는 것이다. 여기 "위증자"라는 말과 "악을 토하는 자"란 말은 동의어로 사용된 낱말들로서 다윗의 선한 정치를 왜곡하여 악정(惡政)이라고 평하는 사람들이었다. 성도들 주위에는 항상 위증 자(악담하는 자)가 있게 마련이다. 다윗은 여호와께 자기의 생명을 그들에게 맡기지 마시라고 간구한 것이다.

시 27:13. 내가 산 자들의 땅에서 여호와의 선하심을 보게 될 줄 확실히 믿었도다(I believe that I shall see the goodness of the LORD in the land of the living!-ESV).

다윗은 '내가 이 세상에 머물고 있는 내 한 생애 동안에 여호와의 선하심을 맛볼 것을 확실히 믿었습니다'라고 말한다. 다윗은 현세에서 여호와를 믿는 중에 여호와의 선하심을 맛볼 줄 믿었다는 확신을 피력한다. 캘빈(Calvin)은 본 절 마지막에 "그렇지 않았더라면 멸망할뻔 하였도다"라는 말을 보충한다. 즉, 다윗은 아직 현세에서 믿음으로 여호와의 은혜를 받으면서 살고 있으나 만일 그렇지 않았더라면 벌써 죽어 음부에 가 있었을 것이라는 것이다.

본 절의 "산자의 땅"(אֶרֶץ חַיִּים)이란 '이 세상'을 뜻한다(사 38:11). 다윗은 이 세상에서도 하나님의 은혜를 체험할 날이 있는 줄 믿었다. 그랬기 때문에 그는 그 현세의 환난 중에서 멸망하지 않았다(박윤선).

시 27:14. 너는 여호와를 기다릴지어다 강하고 담대하며 여호와를 기다릴지어다.

다윗은 '너는 주님을 기다려라. 강하고 담대하게 주님을 기다려라'고 말한다. 본 절의 "너"란 말은 남들에게 권고하기 위해 사용한 낱말이다. "시의 결론에서 시인은 스스로에게 권하고, 또 자신과 유사한 처지에 있는 자들을 권하는 것이다(Lange, 이상근). 성도는 그 어떤 환경을 만나서도 놀라지 말고 하나님의 도우심을 믿고 기다려야 한다. 우리는 어떤 역경에서라도 "빛이시요 구원이시며 생명의 능력이신 여호와"(1절)를 굳게 바라보며 기다려야 할 것이다.

제 28 편 주의 백성을 구하소서

본편의 시는 전편(27편)에 계속되고 압살롬의 반란 때의 작품으로 본다(Delitzsch, Ridderbos, Lange, 박윤선, 이상근). 내용은 1) 환난 중에 드린 호소(1-5절). 2) 기도 응답에 대한 감사(6-9절)로 구성되어 있다. 8절에 "기름 부음 받은 자"란 말을 보면 다윗 임금이었을 것이니 본편의 저자로 보인다. 이 시편에 나타낸 다윗의 간구는 나라 안의 원수들에게서 구원해 주시기를 원하는 것이다. 2절에 "내가 주의 지성소를 향하여 나의 손을 들고"란 말은 다윗이 압살롬의 난을 피하여 도망한 곳에서 예루살렘을 향하여 기도하였다는 것을 가리킨다(Ridderbos). 3절에 있는 표리부동한 자들에 대한 말씀은 반역의 무리를 가리킨 것이다. 이 말씀도 이 시편이 반역자 압살롬의 일당으로 말미암아 수난하는 다윗의 작품인 것을 알려준다. 표제의

“다윗의 시”란 말에 대하여 3편, 11편 표제 주해를 참조하라.

1-5절. 환난 중의 호소.

시 28:1. <다윗의 시> 여호와여 내가 주께 부르짖으오니 나의 반석이여 내게 귀를 막지 마소서 주께서 내게 잠잠하시면 내가 무덤에 내려가는 자와 같을까 하나이다.

다윗은 ‘여호와시여! 내가 주님께 부르짖습니다. 나의 반석이시여! 내게 귀를 막지 마소서. 주께서 내게 침묵하시면 나는 구덩이에 내려가는 사람과 같을 것입니다’라고 애원한다. 본 절의 “반석”이란 말은 여호와께서 우리의 참으로 의지할 수 있는 분이시라는 말이다. 다윗은 하나님을 의지하여 실패를 본 때가 없었다. 그리고 “주께서 내게 잠잠하시면 내가 무덤에 내려가는 자와 같을까 하나이다”란 말은 ‘기도 응답을 받지 못함이 사망과 같다’는 의미이다.

시 28:2. 내가 주의 지성소를 향하여 나의 손을 들고 주께 부르짖을 때에 나의 간구하는 소리를 들으소서.

다윗은 ‘내가 주님의 지성소를 향하여 손을 들고 주님께 부르짖을 때에, 주님께서 내가 간구하는 소리를 들으소서’라고 한다. 다윗은 하나님이 계신 지성소를 향하여 부르짖었는데, “손을 들고” 기도했다. 손을 들고 기도하는 것은 기도의 일반 자세였다(시 63:4; 141:2; 출 9:29; 17:11-12; 왕상 22:54; 애 2:19). 다윗은 하나님의 응답을 받으려는 자세로 부르짖은 것이다. “부르짖고, 소리”를 내어 부르짖은 것은 ‘간절한 기도를 한 것’을 뜻한다.

시 28:3. 악인과 악을 행하는 자들과 함께 나를 끌어내지 마옵소서 그들은 그 이웃에게 화평을 말하나 그들의 마음에는 악독이 있나이다.

다윗은 ‘악인과 악을 행하는 자들과 함께 나를 끌어내지 마옵소서’라고 애걸한다. "악인과 악을 행하는 자들"에 대해 26:9 주해를 참조하라. "함께 나를 끌어내지 마옵소서"라는 말은 '여호와께서 자신을 악인과 같이 취급되지 않기를 소원한 것'이다. 악인과 함께 취급되지 않기를 바란 이유는 "그들은 그 이웃에게 화평을 말하나 그들의 마음에는 악독이 있기" 때문이었다. 이들은 이중적인 사람들이었다. 여기 "악인과 악을 행하는 자들"은 보통 악인이 아니고 하나님의 오래 참으심으로써도 용납하실 수 없는 극악한 자들을 말한다. 그들은 전적으로 악에 침륜된 자들이다(Calvin). 그들의 극악 상태는 입으로는 화평을 말하나 마음에는 악독이 가득한 자들이었다. 이런 자들은 사리를 진실하게 취급하지 않는다. 그런 자들은 하나님의 원수요 동시에 성도들의 원수들이었다.

시 28:4. 그들이 하는 일과 그들의 행위가 악한 대로 갚으시며 그들의 손이 지은 대로 그들에게 갚아 그 마땅히 받을 것으로 그들에게 갚으소서.

다윗은 '그들의 행실에 따라, 그들이 저지른 죄악에 따라, 그들의 소행에 따라 마땅히 단단히 갚으소서'라고 기도한다. 행한 대로 보응을 받는다 함은 이상론이 아니고 엄숙한 현실인 것이다. 이렇게 하나님께서 보응하고 계심을 우리는 부인할 수 없다.

시 28:5. 그들은 여호와께서 행하신 일과 손으로 지으신 것을 생각하지 아니하므로 여호와께서 그들을 파괴하고 건설하지 아니하시리로다.

본 절 초두에는 이유 접속사(כִּי)가 나타나 전 절의 이유를 말한다. 즉, 다윗은 '악인과 악을 행하는 자들(3절)이 여호와께서 하신 일과 그분의 손으로 지으신 것을 분별치 못하기 때문에 주께서 그들을 파멸시키시고 다시 세우지 않으실 것입니다'라고 말한다. 다윗은 악인들이 만물에 관하여 하나님의 창조를 인정하지도 않고 감사하지도 않으니 하나님께서는 그들을 파괴하실 수밖에 없다는 것이다.

6-9절. 기도 응답에 대한 감사.

시 28:6. 여호와를 찬송함이여 내 간구하는 소리를 들으심이로다(Blessed be the LORD! for he has heard the voice of my pleas for mercy-ESV)**.**

다윗은 '여호와를 송축하라. 이는 그분께서 내 간구의 소리를 들으시기 때문이다'라고 말한다. 여호와를 찬송할 이유는 여호와께서 내 간구하는 소리를 들으시기 때문이라는 것이다. 다윗은 그의 기도가 응답될 줄 알고 찬송한다는 것이다. 어떤 이들은 위급한 때에 하나님께 기도할 줄 안다. 그러나 위급한 상황에서 구원받았을 때에 실제로 감사할 줄은 모른다.

시 28:7. 여호와는 나의 힘과 나의 방패이시니 내 마음이 그를 의지하여 도움을 얻었도다 그러므로 내 마음이 크게 기뻐하며 내 노래로 그를 찬송하리로다.

다윗은 '여호와는 나의 힘이시며 나의 방패이시니, 내 마음이 그분을 신뢰하므로 내가 도움을 받았도다. 그러므로 내 마음이 기뻐 뛰며 내 노래로 그분을 찬양할 것이다'라고 말한다. 다윗은 평소에 여호와께서 그의 "힘과 방패"이심을 믿고 있었음으로(3:3; 18:1-2; 119:114), 여호와께 기도하여 큰 도움을 받았다(11:1 참조). 그러므로 다윗은 여호와를 의지하여 도움 받은 것을 기뻐하며 여호와를 찬송하는 것이다. 우리가 주님을 믿으면 믿을수록 확실한 응답을 받는다. 본 절의 "내 마음이 크게 기뻐한다"는 말은 기도 응답도 중요하지만 하나님께서 다윗을 사랑하시는 사실이 알려졌기에 기뻐한다는 것이다.

시 28:8. 여호와는 그들의 힘이시요 그의 기름 부음 받은 자의 구원의 요새이시로다(The LORD is the strength of his people, he is the saving refuge of his anointed-ESV)**.**

다윗은 '주님께서는 이스라엘 백성의 힘이 되시며, 기름 부어 세우신 왕을 위하여 구원의 요새이십니다'라고 말한다. 본 절의 "그의 기름 부음 받은 자"란 말은 다윗 개인을 지칭한다. 다시 말해 다윗은 자신과 백성을 일체시하고(Delitzsch, 이상근), 저들의 구원을 찬송하고 있는 것이다.

시 28:9. 주의 백성을 구원하시며 주의 산업에 복을 주시고 또 그들의 목자가 되시어 영원토록 그들을 인도하소서.

다윗은 '주님을 향하여 주님의 백성을 구원하시며 주님의 산업인 이스라엘에게 복을 주시며 영원하도록 이스라엘을 인도하소서'라고 애원한다. "주의 백성을 구원하시며 주의 산업에 복을 주셨다"는 말씀은 '이스라엘을 애굽에서 구원해 내셔서 그의 기업으로 삼으신 것'을 뜻한다(신 9:29; 왕상 8:51). 그리고 다윗은 여호와께서 이 기업의 백성들의 목자로서(23:1-2), 그들을 영원토록 인도하시며 그들에게 복을 내리소서라고 복을 빌고 있다. 우리는 교회에게 영원한 복을 주시라고 기도해야 할 것이다.

제 29 편 영광과 능력을 여호와께 돌리라

29편의 시(詩)는 자연시(自然詩)이다. 그러나 자연 그대로를 기록하지 않고 그것을 특수 계시에 비추어 해석해서 기록한 것이다. 본시에 "여호와"란 말이 들어간 것은 본시가 특수계시에 비추어 해석한 시임을 드러낸다. 특별히 본 시편은 뇌성에 나타나는 하나님의 위엄을 노래하는 시로 "여호와의 소리"가 7회나 나타난다. 본편의 내용은 1) 서론(1-2절), 2) 여호와의 소리(3-9절), 3) 송영(10-11절)으로 구성되어 있다. 11절 말씀을 보면 "여호와께서 자기 백성에게 힘을 주심이여 여호와께서 자기 백성에게 평강의 복을 주시리로다"라는 말씀을 볼 수 있는데 이 말씀은 뇌성으로 나타난 자연 계시를 특수 계시의 광명에 의하여 해석하는 결론적 말씀이다. 다시 말해 뇌성이 구속함을 받은 성도들에게는 공포를 주지 않고 위안과 힘을 준다는 것이다. 그러므로 헹스텐벌키(Hengsternberg)는 말하기를 자연계시는 이중의 의미를 주는 언어라고 했는데 그것이 불신자에게는 위협이고 신자에게는 약속이라는 것이다. "다윗의 시"란 말에 대하여는 3편 및 27편 주해를 참조하라.

1-2절. 서론. 이 서론은 오늘날 예배에의 부름에 해당한다.

시 29:1. <다윗의 시> 너희 권능 있는 자들아 영광과 능력을 여호와께 돌리고 돌릴지어다.

다윗은 '하나님을 모시는 권능 있는 자들아! 영광과 권능을 여호와께 돌려드리고 또 돌려드리라'고 권고한다. 본 절의 "권능 있는 자들"이란 '사람들 중에 권세 있는 모든 자들'을 지칭한다(Calvin, Koester, 박윤선, 이상근). '사람들 중에 권세 있는 모든 자들'은 하나님 앞에 나아와 하나님께 경배하며, 영광과 권능이 모두 하나님께로부터 온 줄 광포하며 예배하라는 권고이다. 이는 오늘날 신약 시대의 예배에의 부름으로 보면 될 것이다.

시 29:2. 여호와께 그의 이름에 합당한 영광을 돌리며 거룩한 옷을 입고 여호와께 예배할지어다.

다윗은 '여호와의 이름에 걸 맞는 영광을 주님께 돌려드려라. 거룩한 옷을 입고 주님 앞에 꿇어 엎드려라'고 말한다. "여호와께 그의 이름에 합당한 영광을 돌리라"는 말은 '여호와께 여호와의 이름에 딱 들어맞는 영광을 올려드리라'는 뜻이다(96:8). 즉, 여호와는 창조주이시고 통치주이시며, 모든 영광과 권능이 주님께로부터 왔고 우리의 일상생활의 모든 필수품 까지도 주님께로부터 왔음을 인정하고 감사를 돌리라는 뜻이다.

그리고 "거룩한 옷을 입으라"는 말은 '거룩한 인격을 갖추라', '정결한 마음과 내적인 성결을 갖추라'는 의미이니 성도들은 각종 죄를 자복해야 할 것이다. "하나님께서 구하시는 제사는 상한 심령이라"(시 51:17)고 한다. 우리의 마음이 상하도록 죄를 자복해야 한다는 뜻이다. 우리는 예배할 때마다 우리의 인격이 거룩해져서 하나님께 예배해야 할 것이다.

3-9절. 여호와의 소리. 우렛소리와 번개는 하나님께서 나타내시는 위엄인데

그 불빛을 보고 또 그 소리를 들으면서 하나님께 참된 경외심을 표하는 자들은 성도들뿐이다(박윤선).

시 29:3. 여호와의 소리가 물 위에 있도다 영광의 하나님이 우렛소리를 내시니 여호와는 많은 물 위에 계시도다(The voice of the LORD is over the waters; the God of glory thunders, the LORD, over many waters-ESV).

"여호와의 소리"(קוֹל יְהוָה)란 구체적으로 '우렛소리'를 지칭한다(1절). "여호와의 소리"란 말이 3-9절에 7번이나 나타나 이 부분(3-9절)의 주제를 이루고 있다. 본 절의 "물"(waters)이란 '하나님께서 창조하신 만물'을 지칭한다.

"여호와의 소리가 물 위에 있도다"란 말은 '우렛소리가 만물 위에 있다'는 뜻이다. 그리고 "영광의 하나님이 우렛소리를 내시니 여호와는 많은 물 위에 계시도다"란 말은 '위엄과 권능의 하나님께서 우렛소리를 내시니 그 우렛소리를 내시는 여호와께서 만물 위에 좌정해 계신다'는 뜻이다. 동양의 주석가들(박윤선, 이상근)은 공자에 대해 언급한다. 즉, 공자는 하나님도 몰랐고 또 그의 사역도 알지 못했으나 밤중에라도 우렛소리가 나면 의복을 바로 입고 정좌했다는 것이다. 그만큼 인간들은 우렛소리의 위엄에 대해 놀랍게 여기고 있다.

시 29:4. 여호와의 소리가 힘 있음이여 여호와의 소리가 위엄차도다(The voice of the LORD is powerful, the voice of the LORD is full of majesty-ESV).

본 절은 "여호와의 소리"에 대해 두 가지로 묘사한다. 하나는 여호와의 소리가 "힘이 있다"는 것이고 또 하나는 여호와의 소리가 "위엄차다"는 것이다. "힘이 있다"는 말은 '힘으로 충만하다'는 뜻이고 "위엄차다"는 말은 '위엄이 넘친다'는 뜻이다. 이와 같이 여호와께서는 권능이 무한하시고 위엄이 넘치시는 분이시다. 여호와께서는 우렛소리를 통해서 그의 능력과 위엄을 드러내고 계신다.

시 29:5. 여호와의 소리가 백향목을 꺾으심이여 여호와께서 레바논 백향목을 꺾어 부수시도다.

여호와께서 우렛소리를 내시면서 번개 불을 내실 때는 레바논의 백향목을 꺾어 부수시기도 한다는 것이다. 하나님께서 이런 것을 보여주시는 것은 때로 세상 사람들을 꺾어 부수실지도 모른다(심판)는 경고를 하시는 것이다.

시 29:6. 그 나무를 송아지 같이 뛰게 하심이여 레바논과 시론으로 들송아지 같이 뛰게 하시도다.

다윗은 '여호와께서 레바논 나무를 송아지처럼 뛰게 하시며 레바논(레바논 산맥)과 시론을 들 송아지처럼 뛰게 하신다'고 말한다. 여호와께서 벼락을 치셔서 레바논 산맥의 나무를 송아지처럼 뛰게 하시며, 레바논 산맥이나 시론산(레바논산맥의 최고봉인 헬몬 산) 자체까지 들 송아지 같이 뛰게 하신다는 것이다. 본문의 "시론산"은 고대 시돈 사람들이 헤르몬 산을 "시론"(신 3:9)이라 불렀다. 하나님께서 벼락을 치셔서 세상을 움직이시는 것은 하나님께서 큰 심판을 하실 수 있다는 것을 보여주는 것이다.

시 29:7. 여호와의 소리가 화염을 가르시도다.

다윗은 '여호와의 음성이 불꽃을 튀기신다'고 말한다. 이는 여호와의 음성이 날 때 '하늘에서 벼락이 갈라지는 것'을 표현한 것이다. 다시 말해 하늘에서 천둥소리와 함께 '여러 갈래의 번개가 번쩍이는 것과 같은 청각적 시각적 이미지로 형상화하여 표현한' 구절이다(Ross). 다윗은 이 여러 갈래의 번개를 단순한 자연의 현상으로 묘사한 것이 아니라 그 이면에 숨겨져 있는 하나님의 권능 곧 자연을 주관하시는 위대한 능력을 현시해 주시는 것으로 이해하고 표현한 것이라고 할 수 있다.

시 29:8. 여호와의 소리가 광야를 진동하심이여 여호와께서 가데스 광야를 진동시키시도다.

다윗은 '주님의 목소리가 광야를 흔드시고, 주님께서 가데스 광야를 뒤흔드신다'고 말한다. 여호와께서 내시는 우렛소리가 가데스 광야를 뒤흔드시고, 주님께서 우렛소리를 내셔서 가데스 광야를 진동하신다는 뜻이다. 본 절의 "광야"란 하반절에 나오는 가데스 광야를 지칭하는 말이다. "가데스 광야"란 '가데스 바네아'와 동일한 지역(민 32:8; 신 1:2, 19; 2:14; 수 10:41; 15:3)으로 이곳은 팔레스틴의 최남단에 위치한 곳으로, 에돔(민 20:16)과 아모리 족속의 산지(신 1:20)와 접경한 곳이다. 이 가데스에서 레바논까지는 곧 팔레스틴 전역을 포함한다고 할 수 있다. 이곳은 성지의 남방, 즉 에돔 변경에 있는 석회와 모래로 쌓인 산야이다(창 20:4; 민 13:26). 따라서 가데스 광야를 진동시켰다는 본 절의 표현은 하나님의 장엄하고도 광대한 권능이 팔레스틴 전역을 뒤흔들었다는 뜻이다. 이렇게 볼 때 본 절은 전세계에 대한 하나님의 주권을 선포한 것이라고 할 수 있다(그랜드 종합 주석).

시 29:9. 여호와의 소리가 암사슴을 낙태하게 하시고 삼림을 말갛게 벗기시니 그의 성전에서 그의 모든 것들이 말하기를 영광이라 하도다(The voice of the LORD makes the oaks to whirl, and strips the forests bare; and in his temple all cry, "Glory!"-ESV**)**.

다윗은 '여호와의 음성이 암사슴으로 낙태하게 하시고, 숲을 벌거숭이로 만드시니, 여호와를 예배하는 성전에서는 모두 '영광'이라 외친다'고 말한다. 벼락이 새끼를 밴 동물을 놀라게 하여 낙태시키는 경우가 많다고 한다. 이는 하나님의 권능을 드러내는 말이다. 그리고 "여호와의 소리가 삼림을 말갛게 벗기신다"는 말은 벼락을 동반한 폭풍우로 인해서 산의 나무들이 온통 입이 떨어지고 가지가 꺾이며 뿌리까지 뽑힌다는 것이다(Keil). 이는 곧 인간의 삶의 기반이 여호와에게서 비롯된 것이며 여호와를 경외하지 않는 인간은 언제라도 하나님의 징벌에 의해 그의 삶의 기반을 상실할 수 있음을 보여주는 것이다(그랜드 종합 주석).

"그의 성전에서 그의 모든 것들이 말하기를 영광이라 하도다"라는 말은 위에 말한바와 같이 우렛소리로 동물이 낙태하고, 벼락으로 삼림이 불타고 마는 광경을 볼 때 하늘 성전과 땅의 성전에서 경배하는 모든 자들은 인간과 역사에 대한 하나님의 주권을 인정하고 그 앞에 절대 순종하며 하나님께 영광을 돌리는(경배하는) 것이다.

시 29:10. 여호와께서 홍수 때에 좌정하셨음이여 여호와께서 영원하도록 왕으로 좌정하시도다.

다윗은 '여호와께서 노아 홍수 때에 범람하는 물위에 좌정하셨다. 주님께서 왕으로 좌정하셔서 영원토록 다스리시도다'라고 말한다. 즉, 여호와께서는 홍수를 주관하셔서 인간 사회를 심판하셨다. 여호와께서 홍수 이후 현재와 영원하도록 당신의 보좌 위에 좌정하셔서 왕으로서 세상을 지배하시며 심판하고 계신다. 하나님께서 세상을 심판하시는 것은 성도들에게는 큰 기쁨이 아닐 수 없는 일이다(눅 21:28). 여호와께서는 노아 홍수 때에 일시적으로 왕으로 심판하신 것이 아니라 영원한 심판자 곧 만왕의 왕이심을 우리는 알고 찬양해야 할 것이다.

시 29:11. 여호와께서 자기 백성에게 힘을 주심이여 여호와께서 자기 백성에게 평강의 복을 주시리로다.

다윗은 '여호와께서는 당신을 따르는 백성에게 힘을 주신다. 여호와께서는 당신을 따르는 백성에게 평화의 복을 내리실 것이다'고 말한다. 본 절은 송영의 결론으로 하나님의 성민에 대한 축복을 말한다. 성민의 적(敵)인 세상을 심판하신 여호와께서는 그 심판의 능력으로 성민에게 힘을 주시고, 그들에게 평강의 복을 내리시는 것이다. 여호와께서 심판 주시라고 하는 사실은 오늘 우리에게 큰 위안이 아닐 수 없다.

제 30 편 여호와를 찬송하라

거의 죽을 지경에 이른 다윗이 구원을 받고 감사하는 시(詩)이다. 저작의 시기는 다윗이 인구 조사를 한 때(삼하 24장)였을 것으로 보인다(Rawlinson). 본편의 내용은 먼저 중병(重病)에서 구원 받은 것을 감사하고(1-5절), 다음으로 그 구원의 과정을 회상한다(6-12절).

"다윗의 시"라는 표제에 대해서는 3편, 11편, 29편 표제 주해를 참조하라. "성전 낙성가"(חֲנֻכַּת הַבַּיִת)란 말은 '집의 봉헌'이란 뜻으로 1) 성전기지를 봉헌 했을 때(삼하 24장, 대상 21:26, Hengsternberg), 2) 압살롬에 의해 더럽혀진 궁전을 다윗이 다시 봉헌 했을 때(Calvin), 3) 다윗이 새 궁전을 짓고 봉헌했을 때(삼하 5:11, Delitzsch, Aben Ezra, 이상근), 4) 이 부분은 마카비 시대(주전 165년 경)의 수전절 때에 첨가한 것(Ridderbos, 박윤선, 그랜드 종합 주석) 등의 견해들이 있다. 마지막 4번의 견해가 가장 바른 것으로 여겨진다. 4번의 견해를 택해야 하는 이유는 다윗은 성전 건축을 준비하기는 했으나 그 낙성은 보지 못하고 죽고 말았기 때문이다. 또한 본시의 내용자체도 성전 낙성식과는 전혀 관련이 없기 때문이다. 그런고로 포로 귀환 후에 재건된 성전 봉헌식(B.C. 516, 스 6:16-22) 때나, 안티오커스 IV세에 의해 훼손되어진 성전을 마카비가 중수하여 다시 봉헌 한 때(주전 165년경), 곧 수전 절 행사에 본시가 감사 찬양 시로 선택되어 낭송되었기 때문이라는 것이다. 이런 정황을 종합할 때 본시는 다윗이 어느 특정 시기를 배경으로 기록했다기보다는 하나님께 기름부음 받은 왕으로서 일생동안 이 세상에 속한 자들과 극한투쟁을 전개해야 했던 자신을 한순간의 단절도 없이 끝없이 그리고 신실하게 지켜 주신 하나님을 기리고자 쓴 찬양 시로 보는 것이 가장 나을 것을 것으로 여겨진다.

1-5절. 다윗이 중병에서 놓이게 된 것을 감사하다.

시 30:1. <다윗의 시, 곧 성전 낙성가> 여호와여 내가 주를 높일 것은 주께서 나를 끌어내사 내 원수로 하여금 나로 말미암아 기뻐하지 못하게

하심이니이다.

본 절에는 다윗이 여호와께 찬양할 일(감사할 일) 한 가지를 말하고 있다. 즉, 다윗은 '주님이시여! 내가 주님을 높여야 할 이유는 주님께서 나를 수렁에서 건져 주시고, 내 원수가 나를 비웃지 못하게 해 주셨으니, 내가 주님을 우러러 찬양하렵니다'라고 말한다. 다윗은 먼저 자신이 "주님을 높여야 한다"고 말한다(34:3; 99:5, 9 참조). 다윗이 이 말을 할 때는 참으로 그의 마음이 뛰고 있었다. 시인 다윗은 자신이 중병에서 구원 받은 일 때문에 감사로 충만한 것이다. "주께서 나를 끌어내사"란 말은 '주님께서 다윗을 중병에서 끌어내 주셨다'는 뜻이다. "내 원수로 하여금 나로 말미암아 기뻐하지 못하게 하심이니이다"란 말은 '다윗이 병들어 죽었더라면 다윗의 원수들이 다윗의 죽음을 놓고 기뻐했을 터인데 여호와께서 다윗을 살려 주셨기에 대적들이 기뻐하지 못하게 하셨다는 것이다. 다윗은 이것 때문에도 주님께 감사하는 것이었다.

시 30:2. 여호와 내 하나님이여 내가 주께 부르짖으매 나를 고치셨나이다.

다윗은 '여호와 내 하나님이시여, 내가 주께 부르짖으니, 주께서 나를 고쳐 주셨습니다'라고 감사한다. 다윗은 "여호와 내 하나님이여"라고 부른 데서 하나님과의 친밀감이 두드러져 보인다. 우리는 하나님을 부를 때 심히 가까운 느낌, 마땅히 높이는 느낌을 표시해야 할 것이다.

다윗은 "내가 주께 부르짖으매 나를 고치셨나이다"란 말은 '내가 부르짖었더니 나의 부르짖음을 외면하시지 않고 고쳐주셨다'는 뜻이다. 하나님께서는 우리가 부르짖지 않으면 우리가 부르짖기까지 기다리신다. 어떤 이들은 '우리가 기도하지 않은 것까지도 다 이루어주시라'고 기도한다. 그러나 하나님께서는 보통 그렇게 역사하시지 않으시고 우리가 부르짖기까지 기다리신다.

본 절의 "고치셨나이다"란 말은 1) 정신적 고통에서 구출하신 일(Rawlinson). 2) 병에서 고치신 일(Aben Ezra, Delitzsch, Lange, Purkiser,

이상근). 3) 위기에서 구출하신 일(Calvin, 박윤선, 그랜드 종합 주석) 등의 견해가 있다. 3번을 취해둔다. 이유는 1절의 "내 원수"란 말이 있는 것을 보면 다윗이 원수로 말미암아 그 어떤 극난한 형편에 빠졌을 때 하나님께서 구출해 주신 것을 연상할 수가 있다.

시 30:3. 여호와여 주께서 내 영혼을 스올에서 끌어내어 나를 살리사 무덤으로 내려가지 아니하게 하셨나이다.

다윗은 '여호와시여! 주께서 내 영혼을 스올에서 건져 살리시고, 구덩이에 내려가지 아니하게 하셨나이다'라고 감사한다. 본 절의 "스올"이란 말은 '무덤 혹은 죽음'이란 뜻이다(6:5절 주해 참조). 다윗이 죽을 뻔한 위기는 평생에 많이 있었다(삼하 24장). 우리가 기도할 때는 스올보다 강하신 여호와께서 우리를 구출하여 주신다.

시 30:4. 주의 성도들아 여호와를 찬송하며 그의 거룩함을 기억하며 감사하라.

다윗은 '주님의 성도들아, 여호와를 찬양하며 그분의 거룩하심을 기억하고 감사하라'라고 말한다. 다윗은 혼자만 찬송하는 것이 아니라 모든 성도들에게 여호와를 찬양하라고 권한다. 오늘날 이런 정치가들은 거의 없는 형편이다. 본 절의 "그의 거룩함을 기억하며 감사하라"는 말은 '여호와의 구별되심을 기억하며 감사하라'는 뜻이다. 여호와는 피조물과 구별되시고 또 자기 존재의 위신을 영원히 상실하시지 않으시는 분이시다.

시 30:5. 그의 노염은 잠깐이요 그의 은총은 평생이로다 저녁에는 울음이 깃들일지라도 아침에는 기쁨이 오리로다.

본 절 초두에는 이유를 말하는 접속사(כִּי)가 나와 본 절이 앞 절의 이유를 드러내는 절임을 말한다. 즉, 다윗은 '주님의 노여움은 우리 생애 중에 잠깐이고, 주님의 은총은 우리의 생애 중에 평생 계속하기 때문이다.

다시 말해 저녁에는 눈물이 머물더라도, 아침에는 기쁨이 올 것이기 때문에 여호와를 찬송하며 감사하자는 것이라'고 말한다. 우리의 생애를 보아도 저녁에는 여호와로부터 노염을 받아 울게 되지만 한 밤이 지나고 아침이 오면 여호와로부터 은혜를 받아 기쁨이 오는 것이 아닌가(욥 33:26; 잠 3:11-12; 사 26:20; 54:7).

6-12절. 다윗이 극난에서 놓이게 된 과정을 회고한다. 먼저 그는 극난에서 자신의 죄를 고백하여 사죄를 받고(6-10절), 그의 극난도 해결 받고 하나님께 지극히 감사하는 것이다(11-12절).

시 30:6. 내가 형통할 때에 말하기를 영원히 흔들리지 아니하리라 하였도다.

다윗은 '내가 한 생애 중에 잘 나가는 평안할 때에 하나님을 잊어버리고 말하기를 '나는 영원히 흔들리지 않고 평안하겠지'라고 하였다. 다윗까지도 이렇게 잠시 하나님을 잊어버리고 교만한 소리를 했으니 우리도 조심해야 할 것이다.

시 30:7. 여호와여 주의 은혜로 나를 산 같이 굳게 세우셨더니 주의 얼굴을 가리시매 내가 근심하였나이다.

다윗은 '주님이시여! 주님의 은혜로 나를 산 같이 굳게 세우셨더니 주께서 얼굴을 잠시 가리시므로 내가 낙심하였습니다'라고 말한다. 다윗은 실패한 후에 주님께서 얼굴을 가리신 줄 알게 되어 회개하기에 이르러 다시 은총을 받게 된 것이다.

시 30:8. 여호와여 내가 주께 부르짖고 여호와께 간구하기를.

다윗은 자기의 교만 후에 찾아온 불행을 알고 주님께 자기의 죄를 고백하며 여호와께 은총을 구했다는 것이다. 성도는 만사가 주님의 손안에 달린 줄 알고 이렇게 바르게 처신한다.

시 30:9. 내가 무덤에 내려갈 때에 나의 피가 무슨 유익이 있으리요 진토가 어떻게 주를 찬송하며 주의 진리를 선포하리이까.

다윗은 '내가 무덤에 내려간다면, 내 피가 무슨 소용이 있습니까? 어찌 티끌이 주님을 찬양하며, 주님의 진리를 전하겠습니까?'라고 말한다. 본 절은 다윗이 죽는 경우 첫째, 다윗의 피가 무슨 소용이 있겠느냐고 질문하고, 둘째, 다윗이 무덤에 내려가 다윗의 몸이 진토가 되면 어떻게 주님을 찬송할 수 없으니 살려 달라는 애원이며, 또 다윗이 그 무덤에서 진리를 어떻게 선포할 수 있겠느냐고 여호와께 질문한다.

다윗은 그의 극난한 상황이 너무 심각하여 죽음에 내려갈는지도 모른다는 위기감까지 가졌었던 것으로 보인다. 사람이 이렇게 어려움을 당할 때 그 무엇인가 새로운 깨달음을 얻게 된다. 다윗이 죽어버리는 경우 "나의 피가 무슨 유익이 있으리요"라고 질문한다. "나의 피가 무슨 유익이 있으리요"라는 질문은 그가 하나님의 징계를 받아 죽고 마는 것이 유익이 없다는 것이다. 다윗이 징계를 받아 죽고 나면 찬송도 못하고 전도도 못하게 되니 살려 주시라는 애원이다. 우리는 모든 점을 하나님의 유익을 위해 기도해야 할 것이다.

시 30:10. 여호와여 들으시고 내게 은혜를 베푸소서 여호와여 나를 돕는 자가 되소서 하였나이다.

다윗은 '주님시여! 내 기도 소리를 들으시고 내게 은혜를 베푸소서. 주님이시여! 주께서 나를 돕는 자가 되소서'라고 간구한다(54:4; 히 13:6). 본 절의 "내게 은혜를 베푸소서"라는 기도는 모든 기도의 기본 정신이다. 죄 많은 인간으로서 자기의 공로를 의지하고 하나님께 기도할 자는 아무도 없다(사 64:6; 롬 3:23 참조, 박윤선).

시 30:11. 주께서 나의 슬픔이 변하여 내게 춤이 되게 하시며 나의 베옷을 벗기고 기쁨으로 띠 띠우셨나이다(You have turned for me my mourning into dancing; You have loosed my sackcloth and clothed me with gladness-ESV).

다윗은 '주께서는 나의 통곡을 춤으로 바꾸어주셨고 나의 베옷을 벗기셨으며(대상 21:16), 내게 기쁨으로 띠를 둘러 주셨습니다'(대상 21:26)라고 말한다. 다윗은 주님께서 과거에 자기에게 은혜 베푸신 것을 회고한다. 하나님의 성도는 곤경에서 구출 받았을 때 기뻐하며 여호와께 감사의 제사를 드리게 된다(출 15:20; 시 149:3; 렘 31:4). 본 절의 "나의 베옷을 벗기고 기쁨으로 띠 띠우셨나이다"라는 묘사는 '하나님께서 죄를 자복하고 긍휼을 구하는 다윗의 기도를 들어주심으로써 다윗의 슬픔의 옷을 벗기시고 기쁨의 새 옷을 입혀 단장시켜 주셨다'는 묘사이다.

시 30:12. 이는 잠잠하지 아니하고 내 영광으로 주를 찬송하게 하심이니 여호와 나의 하나님이여 내가 주께 영원히 감사하리이다(that my soul may sing you and not be silent. O LORD my God, I will give thanks to you forever!-ESV).

다윗은 나의 통곡을 춤으로 바꾸어주셨고, 나의 베옷을 벗기셨으며, 내게 기쁨으로 띠를 둘러 주신(11절) '이유는 내 영혼으로 하여금 주님을 찬양하며 잠잠하지 않게 하심이니, 여호와 나의 하나님이시여, 내가 주님을 영원히 찬양하겠습니다'라고 말한다. 그러므로 다윗은 영원히 주님께 감사하겠다고 다짐한다. 히스기야 왕도 중병에서 구출 받았을 때 종신토록 주님께 찬송하겠다고 했다(사 38:20). 우리에게 가끔 어려운 환경이 찾아오는 것은 주님을 영원히 찬송하게 하려는 목적에서다.

제 31 편 내게 은혜를 베푸소서

본편은 다윗이 심한 박해를 받을 때의 기도로 여겨진다. 그가 사울의 박해를 피하여 그일라에 있을 때에 썼을 것이라는 지적이 있다(Delitzsch). 본편에서 비추어진 것은 다윗의 고난과 예레미야의 고난이 흡사하기 때문에 예레미야의 시(詩)라는 견해를 주장하는 이도 있다. 이 시편의 내용이 다윗의 생활환경에 부합하는 환경인만큼 다윗의 시로 보는 것이 바르다고 보인다. 이 시편은 메시아께서 고난당하실 것을 예언하는 의미를 가진다(J. Ridderbos).

본편의 내용은 1) 서론으로서의 기원(1-4절), 2) 자기가 처한 사정을 자세히 아뢰며 드리는 간구(9-18절), 3) 과거에 받은 은혜를 회상하는 찬미(19-24절)로 구성되어 있다.

1-4절. 서론 역할을 하는 기원.

시 31:1. <다윗의 시, 인도자를 따라 부르는 노래> 여호와여 내가 주께 피하오니 나를 영원히 부끄럽게 하지 마시고 주의 공의로 나를 건지소서.

다윗은 '주님이시여! 내가 주께 피하오니, 내가 영원히 부끄러움을 당하지 않게 하여 주시고, 주님의 의로우심으로 나를 건지소서'라고 기도한다. 본 절은 두 가지를 기도하고 있다. 하나는 "나를 영원히 부끄럽게 말게 하시라"는 것이고, 또 하나는 "주의 공의로 나를 건져 주시라"는 것이다. "나를 영원히 부끄럽게 하지 말게 하시라"는 말은 '현재 부끄러움을 당하는 것을 이를 면하게 해주시라'는 것이다. 앞으로는 이런 일이 영영히 없게 하시라는 기도이다. 그리고 "주의 공의로 나를 건져 주시라"는 말은 '주님의 의로우심으로 나를 건지소서'라는 뜻이다. 다윗은 자기의 그 어떤 의를 내 놓은 것이 아니라 하나님의 의를 의지하여 구원해 주시라는 것이다. 사람에게는 아무런 의도 없고 다만 기도로 아뢰는 일밖에 없는 것이다.

시 31:2. 내게 귀를 기울여 속히 건지시고 내게 견고한 바위와 구원하는 산성이 되소서.

다윗은 '속히 건져 주신(38:22; 40:17; 70:1; 71:12) 다음 내게 견고한 바위와 구원하는 산성이 되어 주십사'고 부탁한다. 본 절의 "내게 귀를 기울여 주십사"라는 말은 '그저 여호와의 거룩하신 의지의 결정만으로도 무슨 일이든지 용이하게 해결해 주시는 전능자이심'을 보여주는 말이다. 그리고 "견고한 바위"(צוּר־מָעוֹז)란 '은신할 수 있는 반석 위의 간성(干城, 방패와 성벽)'을 의미하고, 그리고 "구원하는 산성"이란 말은 '산꼭대기에 세운 피신 건물'을 뜻한다. 이 명칭들은 보호하시는데 능하신 하나님을 비유한다(박윤선).

시 31:3. 주는 나의 반석과 산성이시니 그러므로 주의 이름을 생각하셔서 나를 인도하시고 지도하소서.

다윗은 '주님께서는 나의 반석이시며 산성이시니 그러므로 주님의 이름을 위하여 나를 인도하시고 지도하소서'라고 기도한다. 다윗은 앞 절에서는 '주님께서는 내게 견고한 바위와 구원하는 산성이 되소서'라고 기도했는데, 본 절에서는 "주는 나의 반석과 산성이시라"고 고백하면서 기도를 이어간다. 즉, '주의 이름(주님의 영광)을 생각하셔서 나를 인도하시고 지도하소서'라고 기도한다. 우리의 기도 생활을 위해서는 주님의 이름, 곧 주님의 영광을 위하여 우리를 인도하시고 지도해 주십사고 기도해야 할 것이다.

시 31:4. 그들이 나를 위하여 비밀히 친 그물에서 빼내소서 주는 나의 산성이시니이다.

다윗은 '자기의 적들이 자기를 잡아 죽이려고 몰래 쳐놓은 그물(계책)에 걸리지 않도록 빼 주시라는 것이다. 왜냐하면 주님은 자기를 구원하시는 피난처이시기 때문이라'라고 말한다. 본 절의 "주는 나의 산성이시니이다"라는 어구 앞에는 이유를 말하는 접속사(כִּי-"왜냐하면")가 있어 상반절의 이유를 말하고 있다. 즉, "그들이 나를 위하여 비밀히 친 그물에서 주님께서 나를 빼내셔야" 할 이유는 하나님께서 우리의 피난처이시기 때문이라는 것이다. 우리는 세상에 살면서 우리를 온갖 덫에서 구원하시는 피난처이신 주님께 그 마귀의 덫에 걸리지 않도록 기도해야 할 것이다.

5-8절. 다윗이 하나님을 신뢰하는 이유를 말한다.

시 31:5. 내가 나의 영을 주의 손에 부탁하나이다 진리의 하나님 여호와여 나를 속량하셨나이다.

다윗은 '내가 내 영혼을 주님의 손에 부탁합니다. 여호와 진리의 하나님이시여! 주께서 과거에 나를 구속하셨습니다'라고 말한다. "나의 영"(רוּחִי)이란 말은 인간 생명의 근본부분으로 '나의 영혼'을 뜻하는 말이다. 예수님은 십자가상에서 최후에 "내가 나의 영을 주의 손에 부탁하나이다"라는 기도를 드리셨다(사 38:16; 눅 23:46 참조).

이를 본받아 스데반 집사(행 7:59), 순교자 폴리갑(Polycarp), 성경학자 제롬(Jerome), 성자 버나드(Bernard), 교회 개혁자 후스(Huss), 교회 개혁자 루터(M. Luther), 교회 개혁자 멜랑톤(Melanchton) 등도 모두 이 기도를 드리고 생의 최후를 맞았다. 자신의 생명을 최후로 주님께 맡기는 것은 성도의 바른 태도이다. 본 절의 "진리의 하나님"이란 말은 '여호와 하나님만이 참 하나님'이시란 뜻이다. 다시 말해 하나님께서만 자기를 계시하시며 그의 언약하신 바를 신실하게 이루신다는 뜻이다(Delitzsch, 박윤선).

시 31:6. 내가 허탄한 거짓을 숭상하는 자들을 미워하고 여호와를 의지하나이다.

본 절은 다윗이 두 가지를 말하고 있다. 하나는 "내가 허탄한 거짓을 숭상하는 자들을 미워한다"는 것이며, 또 하나는 "여호와를 의지한다"는 것이다. "내가 허탄한 거짓을 숭상하는 자들을 미워한다"는 말은 '우상을 숭배하는 자들을 미워한다'는 뜻이다(신 32:21; 시 135:15-21; 렘 2:5; 8:19; 14:22; 18:15). 신앙생활에 있어서 우상 숭배만큼 더러운 것은 없으며 그만큼 위험한 것은 없다. "여호와를 의지한다"는 말은 '여호와를 신뢰하고 전적으로 자신을 맡긴다'는 뜻이다.

시 31:7-8. 내가 주의 인자하심을 기뻐하며 즐거워할 것은 주께서 나의 고난을 보시고 환난 중에 있는 내 영혼을 아셨으며 나를 원수의 수중에 가두지 아니하셨고 내 발을 넓은 곳에 세우셨음이니이다.

다윗은 7, 8절에서 자신이 주님의 사랑을 기뻐하며 즐거워하는 이유 두 가지를 말한다. 첫째, "주께서 나의 고난을 보시고 환난 중에 있는 내 영혼을 아셨기" 때문이고(7절), 둘째, "나를 원수의 수중에 가두지 아니하셨고 내 발을 넓은 곳에 세우셨기" 때문이라(8절)는 것이다. "주께서 나의 고난을 보시고 환난 중에 있는 내 영혼을 아셨기" 때문이란 말은 '주님께서 다윗이 고난당하는 것을 보시고 환난 중에 있는 다윗의 영혼을 사랑하셨기' 때문이라는 뜻이다. 주님은 오늘 우리가 어떤 형편에 처해 있더라도 우리를 사랑하신다. 그리고 "나를 원수의 수중에 가두지 아니하셨고 내 발을 넓은 곳에 세우셨기" 때문이라는 말은 '주님께서 다윗을 넓은 곳에 두시고 자유를 허용하셨다'는 뜻이다.

9-18절. 자기가 처한 사정을 자세히 아뢰며 드리는 간구.

시 31:9. 여호와여 내가 고통 중에 있사오니 내게 은혜를 베푸소서 내가 근심 때문에 눈과 영혼과 몸이 쇠하였나이다.

다윗은 '주님이시여! 내가 눈과 영혼과 몸이 쇠하였아오니 내게 은혜를 베푸셔서 구원해 주시옵소서'라고 기도한다. 다윗은 본 절에서 자기의 고통을 진솔하게 말씀 드린다. 이제는 지칠 대로 지쳤다는 것이었다. 더 지칠 수는 없다는 내용이다. 우리는 진솔하게 우리의 정황을 아뢰어야 할 것이다.

시 31:10. 내 일생을 슬픔으로 보내며 나의 연수를 탄식으로 보냄이여 내 기력이 나의 죄악 때문에 약하여지며 나의 뼈가 쇠하도소이다.

다윗은 '내 일생이 너무 괴로워서 숨이 넘어갈 것 같으며, 내 한 생애를 한숨으로 지냅니다. 내가 더 이상 견딜 수 없이 약해져버렸고, 내 뼈 마디마디가 다 녹아나는 듯합니다'라고 말씀드린다. 다윗이 이 이상 괴로우면 더 표현할 수가 없었을 것이다.

본 절의 "나의 죄악"이란 말이 다윗이 밧세바를 범하고 그 사실을 숨기기 위하여 우리아를 죽인 일을 가리키는 듯하다(삼하 11:4-17). 다윗의 이 죄 때문에 압살롬의 반란도 일어났고 다윗은 그 죄 때문에 평생 애통하며 살았다(38:17; 51:3).

시 31:11. 내가 모든 대적들 때문에 욕을 당하고 내 이웃에게서는 심히 당하니 내 친구가 놀라고 길에서 보는 자가 나를 피하였나이다.

다윗은 '내가 내 모든 대적들 때문에 욕을 당하고 내 이웃에게까지 조롱을 당하므로, 내 친구가 겁에 질리고, 또 길에서 나를 보는 자가 나를 피합니다'라고 말한다. 본 절의 "내가 모든 대적들 때문에 욕을 당했다"는 말은 '다윗이 그 대적들보다 의로움으로 그들이 다윗을 미워하고 대적하였다'는 뜻이다. 다윗이 이렇게 그가 의롭기 때문에 이웃으로부터 핍박을 받았으니 복이 있는 사람이 되었다(마 5:10-12; 시 69:7-9 참조). 다윗은 길에서 만난 사람에게서부터 박해를 받게 되었으니 그는 복이 있는 사람이 된 것이다. 성도는 사람들의 박해와 미움을 받는 것을 중요하게 생각할 필요는 없다. 우리는 하나님의 칭찬만을 바라보고 살아야 할 것이다.

시 31:12. 내가 잊어버린바 됨이 죽은 자를 마음에 두지 아니함 같고 깨진 그릇과 같으니이다.

다윗은 '내가 사람들의 마음에서 죽은 사람처럼 잊혀진 신세가 되었고, 또 깨어진 그릇처럼 잊혀지는 입장이 되었습니다'라고 말한다. 본 절은 죽은 사람이나 깨어진 그릇이 사람에게서 잊혀지는 것처럼 다윗이 여러 사람들로부터 잊혀진 사람이 되었다는 것을 말한다. 오늘 우리는 하나님으로부터 잊혀지지 않는 사람이 되어야 할 것이다.

시 31:13. 내가 무리의 비방을 들었으므로 사방이 두려움으로 감싸였나이다. 그들이 나를 치려고 함께 의논할 때에 내 생명을 빼앗기로 꾀하였나이다.

다윗은 '나는 참으로 많은 사람이 비방하는 소리를 들었고, 사방으로부터 공포를 느꼈으며, 나를 대항하려 그들이 함께 모의하고, 내 생명을 빼앗으려고 음모를 꾀하는 것을 보았습니다'라고 말한다. 즉, 다윗은 주위로부터 비방하는 소리를 들었고, 사방에서부터 공포스러움을 느꼈으며, 또 다윗의 생명을 죽이려고 하는 음모를 꾸미는 소리도 들었다는 것이다. 그러나 그에게는 신앙이 있었기에 그는 오히려 담대하게 원수들을 향하여 도전적 태도를 취했다(17절).

시 31:14. 여호와여 그러하여도 나는 주께 의지하고 말하기를 주는 내 하나님이시라 하였나이다.

다윗은 '그러하여도 여호와시여! 내가 주님을 의지하고, 말하기를 "주님은 내가 의지하는 하나님이십니다"라고 할 것이라'고 말한다. 여호수아는 백성을 상대한 최후의 권고에서 "너희는 우상을 섬기려면 섬기라. 오직 나와 내 집은 여호와를 섬기겠노라"(수 29:15)고 한 것과 같다. 다윗이 "주는 내 하나님이시라"고 말한 말은 다윗의 친밀한 신앙자세를 보여준다.

시 31:15. 나의 앞날이 주의 손에 있사오니 내 원수들과 나를 핍박하는 자들의 손에서 나를 건져 주소서(My times are in your hand; deliver me from the hand of my enemies and my persecutors!-ESV).

다윗은 '나의 미래가 주님의 손에 있으니 주님에게 맡긴 내 생애를 내 원수들과 나 자신을 박해하는 자들의 손에서 나 자신의 생명을 구원해 주시라'고 말씀드린다. 다윗은 "나의 미래가 주님의 손에 있는" 줄 알았다. 다윗은 자기 시대에 일어나는 모든 사건들이 주님의 손에서 좌우되는 줄 믿었다. 아무튼 다윗이 일평생 당할 모든 사건들 일체를 주님의 손에 맡기면서 원수들과 핍박하는 자들의 손에서 구원해 주시라고 기도하고 있다. 우리의 일생 모든 일을 주님의 손에 맡기면 그 누가 못쓰게 만들 것인가.

시 31:16. 주의 얼굴을 주의 종에게 비추시고 주의 사랑하심으로 나를 구원하소서.

다윗은 '주님의 사랑의 얼굴을 주님의 종에게 비추어 주십시오. 주님의 한결같은 사랑으로 나를 구원하여 주십시오'라고 기도한다. 본 절의 기도문은 시편에 자주 보이는 기도문으로(4:6; 67:1; 80:3, 7; 119:135) 다윗은 하나님의 구원의 은총을 빌고 있다.

시 31:17. 여호와여 내가 주를 불렀사오니 나를 부끄럽게 하지 마시고 악인들을 부끄럽게 하사 스올에서 잠잠하게 하소서.

다윗은 '여호와시여! 내가 지금 주님을 불러 구원을 위해 기도했사오니 나를 부끄럽게 하지 마시고, 오히려 악인들을 부끄럽게 하셔서 무덤에 들어가 잠잠하게 만들어 주소서'라고 기도한다. 본 절은 두 가지를 말하는 셈이다. 하나는 기도를 드린 다윗은 부끄러움을 당하지 않게 해주십사는 것이고, 죄를 자복하지 않은 악인들에 대해서는 부끄럽게 하시라는 것이다.

시 31:18. 교만하고 완악한 말로 무례히 의인을 치는 거짓 입술이 말 못하는 자 되게 하소서.

다윗은 '교만하고 완악한 말로 무례하게 의인을 치는 거짓 입술을 벙어리 되게 하소서'라고 기도한다. 악인들은 교만하고 완악한 말로 의인을 치는 아픈 말을 하는 자들이었다(삼하 16:7-8; 17:1-3 참조). 이런 자들은 패배를 당하고 음부(무덤)로 내려가 부끄러운 중에서 벙어리처럼 잠잠하게 되게 하소서라는 기도이다.

19-24절. 과거에 받은 은혜를 회상하며 드리는 찬미.

시 31:19. 주를 두려워하는 자를 위하여 쌓아 두신 은혜 곧 주께 피하는 자를 위하여 인생 앞에 베푸신 은혜가 어찌 그리 큰지요.

다윗은 '주님께서 주님을 두려워하는 성도들을 위해 쌓아 두신 은혜, 곧 주님께 피하는(기도하는) 사람들을 위해 인생들 앞에서 베푸신 주님의 선하심이 어찌 그리 크신지요'라고 말한다. 다윗은 하나님의 은혜가 엄청나게 크다는 것을 알고 찬양한다. 다윗은 하나님께서 성도들을 위해 쌓아두신 것을 주실 때에는 성도들의 기도를 들으시고 주신다는 것을 말한다.

시 31:20. 주께서 그들을 주의 은밀한 곳에 숨기사 사람의 꾀에서 벗어나게 하시고 비밀히 장막에 감추사 말다툼에서 면하게 하시리이다.

다윗은 앞 절에서는 주님을 두려워하는 자를 위해 은혜를 쌓아두셨다고 했는데 본 절에서는 '주께서 그들 자신을 주의 은밀한 곳에 숨기셔서 사람의 꾀에서 벗어나게 하신다'고 말한다. 다시 말해 '그들 자신을 비밀히 장막에 감추셔서 말다툼에서 면하게 해 주신다'고 말한다. 아무튼 하나님께서 성도들을 숨겨주신다는 것은 큰 은혜가 아닐 수 없다.

시 31:21. 여호와를 찬송할지어다 견고한 성에서 그의 놀라운 사랑을 내게 보이셨음이로다.

다윗은 본 절에서 여호와를 찬송해야 할 이유를 말한다. 그것은 하나님께서 그의 견고한 성에서 그의 놀라운 사랑을 다윗에게 보이셔서 보호 하셨기 때문이라고 한다. 전 절에서는 성도들을 주의 은밀한 곳에 숨기셔서 사람의 꾀에서 벗어나게 하신 것을 말했는데, 본 절에서는 주님의 견고한 성에서 주님의 놀라운 사랑을 다윗에게 보이신 것을 말한다.

시 31:22. 내가 놀라서 말하기를 주의 목전에서 끊어졌다 하였사오나 내가 주께 부르짖을 때에 주께서 나의 간구하는 소리를 들으셨나이다.

다윗은 '내가 놀라서 말하기를 "내가 이제는 주님의 목전에서 끊어졌다"고 말하였으나, 내가 주께 부르짖을 때 주께서 나의 간구하는 소리를 들어주셨다'고 말한다. 다윗이 "내가 놀라서 말한 때"가 아마도 사울에게 쫓길 때나(삼상 27:1), 압살롬의 반역 때(삼하 15:14) 같은 경우를 가리킬 것이다. 사람이 이렇게 어려운 때를 만나서 이제는 소망이 없구나 싶어서 최후의 말을 하지만 그래도 마음을 가다듬고 주님께 기도하면 주님께서 우리의 기도를 들어주어 소망스러운 날을 맞이하게 된다는 것이다.

시 31:23. 너희 모든 성도들아 여호와를 사랑하라 여호와께서 진실한 자를 보호하시고 교만하게 행하는 자에게 엄중히 갚으시느니라.

다윗은 '너희 모든 성도들아! 여호와를 사랑하라. 여호와께서는 신실한 사람들을 지켜 주시나, 교만하게 행하는 사람에게는 엄하게 갚으실 것이라'고 말한다. 다윗은 자기의 개인 일을 말하다가 시(詩)의 결론에 와서는 다른 모든 성도들에게 관심을 두고 "너희 모든 성도들아! 여호와를 사랑하라"고 권면한다. 여기 "사랑하라"는 말은 '여호와를 찬송하라'는 뜻이다(25:22; 28:9; 30:4 등). 오늘 우리도 여호와께 감사하고 여호와를 찬송해야 할 것이다. 다윗은 동시에 모든 성도들에게 '여호와께 신실할 것을 권고하면서 여호와께서는 진실한 자를 보호하신다'고 말한다. 그리고 '교만하게 행하는 자에게는 엄중하게 갚으신다'고 말한다. 교만하게 행하는 모든 사람에게는 엄중한 심판을 행하신다고 경고한다.

시 31:24. 여호와를 바라는 너희들아 강하고 담대하라.

다윗은 모든 성도들에게 '여호와를 바라고 의지하는 모든 성도들아, 너희는 마음을 강하게 하고 담대히 하라'고 권고한다. 다윗은 여호와를 의지하는 성도들은 여호와를 의지할 뿐 아니라 '강하고 담대해야 한다'고 권한다(신 31:6; 약 4:7, 8; 벧전 5:8, 9; 요일 2:14; 5:4, 5 참조).

제 32 편 허물을 여호와께 자복하자

다윗이 쓴 7개의 회개 시(The Seven Penitential Palms, 6, 32, 38, 51, 102, 130, 143편) 중에서 두 번째인 본편은 51편과 더불어 다윗이

우리아의 아내 밧세바를 범한 후의 회개 시(詩)이다. 제 51편은 회개 때의 고통스러운 심정을 시로 표현했고, 본편은 회개 후의 복에 중점을 두고 쓴 것이다. 이 시편은 이스라엘 백성이 대 속죄일(7월 10일)에 회당예배에 사용했다고 하며 성 어거스틴은 본시를 애송했는데 그의 죽음의 병상에서도 벽에 걸어놓고 애송했다는 것이다. "다윗의 마스길"이란 말은 '다윗의 교훈 시'란 뜻으로 13개의 시 중에 나타나고 있는데(32, 42, 44, 45, 52, 53, 54, 55, 74, 78, 88, 89, 142 편), 명상적이고 교훈적 시들이다(이상근).

리델보스(J. Ridderbos)는 3절의 말씀 "내가 토설치 아니할 때에 종일 신음함으로 내 뼈가 쇠하였도다"라고 말한 것이 육적 고통보다 마음의 고통이라고 한 것이 죄에 대한 고통이라고 했다. 이 시편이 다윗의 작품이라는 사실은 롬 4:6에서도 확증한다. 이 시편은 다윗이 51편을 지은 지 얼마 되지 않아 지었을 것이다. 삼하 12:13 참조. 다윗은 회개하고 사죄 받은 후에 다른 사람들을 가르칠 수 있는 담력을 가졌다(8, 9절).

1-5절. 사죄를 받음은 복이다. 마음이 간사하지 아니하여 진실한 자는 죄를 회개하므로 하나님의 사죄를 받고 정죄를 당하지 않는다(1, 2절). 그러나 간사는 회개하지 못하게 하고 따라서 정죄를 받게 한다. 죄를 자복하지 않는 때는 고통이 따르고, 죄를 자복한 때에는 행복이 따른다. 인생이 죄를 자복하면 복을 누릴 터인데 그것을 자복하지 않고 고통과 불행에 머물고자 함은 그 무슨 우매한 짓인가(3-5절, 박윤선).

시 32:1. <다윗의 마스길> 허물의 사함을 받고 자신의 죄가 가려진 자는 복이 있도다.

다윗은 '허물을 용서받고, 죄가 가려진 사람은 복이 있다'고 교훈한다. "허물의 사함을 받고"란 말과 "자신의 죄가 가려진 자는 복이 있도다"란 말은 동의적 평행법이다. 뜻에 차이가 없는 것은 아니다. "허물"(פֶּשַׁע)이란 말은 '거역함', '실수'란 뜻이고 죄가 밖으로 나타나는 것을 말한다. "죄"(חֲטָאָה)란 말은 '과녁을 맞추지 못한 것'이란 뜻이다. 아무튼 죄가 가려진 것(허물을 용서받는 것)은 큰 복이 아닐 수 없다. 세상에서 이처럼 큰 복은 없다.

시 32:2. 마음에 간사함이 없고 여호와께 정죄를 당하지 아니하는 자는 복이 있도다.

다윗은 '그 마음에 속임이 없어서 죄를 깨끗이 자복하는 사람은 여호와께서 정죄를 하지 아니하시기 때문에 복이 있다'고 교훈한다. 즉, 자신의 죄를 가리지 않고 솔직하게 바로 고백하는 자는 하나님의 용서를 받기 때문에 복되다는 것이다. "정죄를 당하지 아니하는 자"란 말은 죄가 없다는 뜻이 아니고, 죄가 있었으나 고백하기 때문에 죄로 정죄되지 않는다는 것이다(롬 8:1 주해 참조).

시 32:3. 내가 입을 열지 아니할 때에 종일 신음하므로 내 뼈가 쇠하였도다.

본 절은 다윗이 범죄하고 그 죄를 하나님 앞에 고백하기 전에 양심에 받은 고통을 말한다. 즉, 다윗은 '내가 잠잠히 있어 죄를 고백하지 않을 때, 온종일 신음하게 되었고, 따라서 내 뼈가 쇠약해지는 고통을 당했다'고 말한다. 다윗은 죄를 범하고도 자신의 죄를 정확히 깨닫지 못하다가 나단이 찾아와서 "왕이 그 사람이라"(삼하 12:7)고 지적해 주었을 때 그는 확실히 자신의 죄를 깨닫게 되고 자복할 용기도 얻게 되었다. 인간은 하나님의 계시가 찾아와야 죄를 온전히 깨닫게 된다.

시 32:4. 주의 손이 주야로 나를 누르시오니 내 진액이 빠져서 여름 가뭄에 마름 같이 되었나이다 (셀라).

다윗이 '주님의 손이 주야로 나를 무겁게 짓누르시니, 내 진액이 여름철 가뭄같이 말라 버리고 말았습니다'라고 말한다. (셀라). 죄를 고백하지 않음으면 마음의 고통이 말할 수 없이 심한데, 거기에다가 하나님의 진노의 손이 영적으로 무겁게 첨부되므로 설상가상이라는 뜻이다. 그뿐 아니라 그는 영적으로 고갈 상태에 빠진다. 그의 심령에는 하늘 생수가 공급되지 않고 하늘이 무쇠처럼 느껴졌다. 그는 영적으로 한재(旱災)를 당하고 있다. 죄 때문에 이렇게 고통하는 정도는 아직 회개에 이른 것은 아니다. 여기 "셀라"란 말에 대한 뜻을 위해서는 3:2 주해를 참조하라.

시 32:5. 내가 이르기를 내 허물을 여호와께 자복하리라 하고 주께 내 죄를 아뢰고 내 죄악을 숨기지 아니하였더니 곧 주께서 내 죄악을 사하셨나이다 (셀라).

다윗은 '내가 내 허물을 주님께 자백하리라 하고, 주님께 내 죄악을 감추지 않으며 주님께 내 죄를 숨기지 않고 하나하나 자백했더니, 곧 주님께서 내 죄의 악을 모두 용서하셨습니다'라고 말한다. 회개의 단계로서는 첫째, 자신이 범죄한 사실을 실제로 인정한 것, 둘째, 자기의 죄를 실제로 하나님 앞에 자복한 것이다. 그랬더니 다윗은 하나님으로부터 사유하심을 받았다(삼하 12:14). 하여튼 "만일 우리가 우리 죄를 자백하면 저는 미쁘시고 의로우사 우리 죄를 사하시며 모든 불의에서 우리를 깨끗하게 하신다"(요일 1:9). '셀라'에 대한 뜻을 위해서 3:2 주해를 참조하라.

시 32:6. 이로 말미암아 모든 경건한 자는 주를 만날 기회를 얻어서 주께 기도할지라 진실로 홍수가 범람할지라도 그에게 미치지 못하리이다 (Therefore let every one who is godly offer prayer to you at a time when you may be found; surely in the rush of great waters, they shall not reach him-ESV).

6, 7절은 사죄 받은 자가 받는 복을 말한다. 사죄 받은 자가 받는 복은 단순히 사죄만을 받는 것이 아니라 육적인 복도 받는 것이다. 그런고로 다윗은 '모든 경건한 성도는 주님을 만날 만한 기회를 얻어서 주님께 기도하

십시오. 참으로 많은 물이 넘치려 할지라도 그에게는 물이 넘치지 못할 것입니다'라고 교훈한다. (셀라). 다시 말해 주님을 만날 기회를 잃지 말아야 한다는 것이다(69:13; 신 4:29; 사 40:1-2; 49:8; 렘 29:13). 본 절의 "주를 만날 기회"란 교회의 공 예배 때와 개인적으로 기도하는 자리, 혹은 기도원을 찾아가서 특별히 기도하면 큰 은혜의 기회를 얻을 수 있는 것이다.

시 32:7. 주는 나의 은신처이오니 환난에서 나를 보호하시고 구원의 노래로 나를 두르시리이다 (셀라).

다윗은 '주님은 나의 은신처이시오니, 환난에서 나를 보호하시고, 구원의 노래로 나를 둘러싸실 것입니다'라고 말한다. '셀라'. 주님은 다윗의 은신처이셨기(17:8; 27:5; 31:20; 143:9) 때문에 모든 어려움에서 다윗을 구원하셨다. 본 절의 "구원의 노래로 나를 두르시리이다"란 말은 '다윗이 구원 받고 기쁨을 이기지 못해 하나님께 감사 찬양을 계속해서 드리면서 살게 될 것을 나타내 주는' 표현이다.

시 32:8. 내가 네 갈 길을 가르쳐 보이고 너를 주목하여 훈계하리로다.

본 절의 말씀이 누구의 말씀이냐에 대하여는 견해가 갈린다. 1) 고대에는 '하나님의 말씀이라'했고(Jerome, Kay, Luther), 2) 근대 학자들은 '다윗의 말'(Calvin, Delitzsch, Lange, Rawlinson, 박윤선, 이상근)로 본다. 즉, 다윗은 '네가 가야 할 길을 내가 너에게 지시하고 가르쳐 주마. 너를 눈여겨 보며 너의 조언자가 되어 주겠다'고 말한다. 다윗은 친히 자기의 죄 자백을 통하여 사죄의 행복을 체험한 고로 남들에게 회개를 권고할 용기를 가진 것이다(시 51:13).

시 32:9. 너희는 무지한 말이나 노새 같이 되지 말지어다 그것들은 재갈과 굴레로 단속하지 아니하면 너희에게 가까이 가지 아니하리로다.

다윗은 '자신의 말을 듣고 있는 사람들은 분별력 없는 말이나 노새처럼 무지한 존재가 되지 말라. 그것들은 재갈과 굴레로 단속해야 겨우 억지로 너에게 다가오니 말이다'라고 말한다. '너희는 말이나 노새와 같은 짐승 수준에서 행동하지 말라'. 성경은 "사람이 비록 존귀에 처하나 깨닫지 못하면 멸망할 짐승 같다"고 말한다(49:20). 우리는 지혜 되시는 그리스도에게서 지혜를 받아서 지혜롭게 살아야 할 것이다(고전 1:24).

시 32:10. 악인에게는 많은 슬픔이 있으나 여호와를 신뢰하는 자에게는 인자하심이 두르리로다.

본 절과 다음 절은 본 시편의 결론으로 악인과 선인의 운명을 대조시킨다. 즉, 악인(죄를 자백하지 않는 악인들)에게는 많은 슬픔이 있으나 반대로 선인(여호와를 믿는 자들)에게는 인자하심으로 가득하다는 것이다(신 32:10). 우리는 항상 죄를 자백하는 가운데 살아서 인자하심이 우리를 두르게 해야 할 것이다.

시 32:11. 너희 의인들아 여호와를 기뻐하며 즐거워할지어다 마음이 정직한 너희들아 다 즐거이 외칠지어다.

다윗은 '너희 의인들아 여호와를 기뻐하며 즐거워하라. 마음이 정직한 모든 사람들아 너희는 다 기쁨으로 외치라'고 권고한다. 여기 "의인들"이란 '죄를 자백한 자들'을 지칭한다. 죄를 자백한 자들은 사죄를 받고 마음의 평안을 소유하게 마련이다. 그런고로 의인들은 저들을 구원하여주신 여호와를 기뻐하고 즐거워하라는 것이다. 본 절의 "정직한 너희들"이란 사람들도 '죄를 자백한 자들' 다시 말해 '의인들'을 지칭한다.

제 33 편 의인들아 여호와를 즐거워하라

본편에는 표제가 없기 때문에 '다윗의 시'가 아닐 것이라는 추측이 강해서 1) 혹자는 본 시를 히스기야 시대의 예루살렘이 산헤립 군대에 의해 포위되었을 때(왕하 18:13이하)의 작품일 것이라는 학설이 있긴 하다

(Theodore of Mops, Kessler, Kittle). 이 학설이 생긴 이유는 산헤립의 침략 시에 유대 선지자였던 이사야의 사상이 본 편에 들어 있다는 데 근거한다. 본편 4절의 "여호와의 행하시는 일"이란 말이 사 5:12에 있고, 11절의 "여호와의 도모"(여호와의 계획)란 말이 사 5:19; 14:26에 있다. 2) 그러나 전편에 연속해서 다윗의 시편으로 보는 학설(LXX, Hengsternberg, K.&D., 박윤선, 이상근)이 유력하다. 다윗이 본 시편을 저작한 시기는 다윗이 암몬을 정복했을 때(삼하 12:26-31)로 보는 것이 일반적 견해다. 본 시편은 그 어떠한 특별한 색다른 점이 없어, 하나님의 일반적 구원을 찬미하는 시로 본다. 본편의 내용은 1) 서론(1-3절), 2) 천지의 주재 하나님(4-9절), 3) 만국을 주재하시는 하나님(10-19절), 4) 결론적 기원(20-22절)으로 분류되어 있다.

1-3절. 서론. 저작자는 의인들에게 여호와를 찬송하라고 권한다. 이유는 찬송은 정직한 자들이 마땅히 해야 할 것이기 때문이다.

시 33:1. 너희 의인들아 여호와를 즐거워하라 찬송은 정직한 자들이 마땅히 할 바로다.

본 절은 32:11과 내용이 거의 같다. 그곳 주해를 참조하라. 본편은 전편에 계속되는 시로서 다윗이 저작한 것임이 증명된다(68:3; 97:12 참조). 다윗은 '너희 모든 의인들아, 여호와께 감사하며 기뻐하라. 찬양은 올바른 사람에게 합당한 것이다'고 말한다.

본 절의 "정직한 자들"(יְשָׁרִים)이란 말은 '성도'를 지칭하는 말이다. 1) 정직한 자들(성도들)만이 하나님을 참으로 알기 때문에 그들은 하나님을 찬송할 능이 있고, 2) 하나님께서 그들을 택하신 목적이 그를 찬송하기 위한 것이니 마땅히 그들이 찬송해야 한다. 3) 정직한 자들은 하나님의 영광을 그대로 고백할 양심의 소유자이니 하나님을 찬송해야 할 것이다(박윤선).

시 33:2. 수금으로 여호와께 감사하고 열 줄 비파로 찬송할지어다.

본 절은 하나님께 찬양할 때 악기를 쓰라고 권고한다. "수금"을 쓰라 하고, "열 줄 비파"를 가지고 찬송하라고 말한다. "수금"(כִּנּוֹר)은 시편에 처음 등장하는 악기인데, 이스라엘의 대표적 악기였다. 이 악기는 7줄로 만들어졌지만 고대 애굽의 수금은 6척 높이에 22줄이나 되었다고 한다. 이 악기는 이스라엘에서 특히 여호와를 찬송하는 거룩한 음악에 사용되었다(삼상 10:5; 삼하 6:5; 대상 15:16; 느 12:27 참조). 그리고 "열줄 비파"는 오늘날 기타와 같은 악기로 성전 예배 때에 사용되었다(대상 15:16, 28; 대하 5:12).

시 33:3. 새 노래로 그를 노래하며 즐거운 소리로 아름답게 연주할지어다.

본 절의 "새 노래"란 구원의 감격에서 날마다 새로운 심령으로 찬송하는 노래이다(40:3; 96:1; 98:1; 사 42:10). 하나님 나라에서 구원 받은 성도는 영원히 새 노래로 하나님께 찬미하는 것이다(계 5:9; 14:3). 그리고 수금 등을 연주하면서 하나님을 찬송할 것이다(98:4; 100:1).

4-9절. 천지의 주재 하나님. 천지의 창조와 섭리에 관하여 하나님 말씀의 정직하심과 그의 행사의 진실하심과 공의로우심과 인자하심을 초두에 말한다. 그 이유는 창조는 하나님의 정직한 말씀이 성립시켰다는 것이다.

시 33:4. 여호와의 말씀은 정직하며 그가 행하시는 일은 다 진실하시도다.

본 절 초두에는 "왜냐하면"(כִּי)이라는 접속사가 나타나 앞 절들(1-3절)에서 말한바 '여호와를 즐겁게 찬송해야 할' 이유를 본 절에서 제공한다. 즉, 본 절은 두 가지 이유를 말하고 있다. 하나는 "여호와의 말씀은 정직하다"는 것이고, 또 하나는 "여호와께서 행하시는 일은 다 진실하시기 때문이라"는 것이다. 다시 말해 여호와의 말씀은 사소한 티도 없는 정직한 것이고,

주께서 그 말씀으로 나타내시는 행사도 모두 진실이시며 또 그 말씀으로 천지를 창조하신 것도 모두 진실이기 때문이라는 것이다(6절).

시 33:5. 그는 공의와 정의를 사랑하심이여 세상에는 여호와의 인자하심이 충만하도다(He loves righteousness and justice; the earth is full of the steadfast love of the LORD-ESV)**.**

다윗은 '여호와는 공의와 정의를 사랑하는 분이시니, 땅은 여호와의 인자하심으로 충만하다'고 말한다. 여기 "공의와 정의"라는 두 단어는 전혀 거짓이 없으시며 악을 미워하시고 또한 그 말씀하신 바를 공의의 법대로 올바로 행하시는 하나님의 순전하심과 의로우심을 이중적으로 표현하고 있는 낱말들이다. 한편 이러한 성품의 하나님께서는 자신이 택한 백성들도 이처럼 정직과 공의를 좇아 살기를 원하고 계신다(암 5:24, 그랜드 종합주석). 그리고 "세상에는 여호와의 인자하심이 충만하도다"라는 말은 주로 '택한 백성을 결코 버리지 아니하겠다는 하나님의 언약에 근거해 성도들에게 베푸시는 하나님의 언약적 사랑을 가리키고 있다.

시 33:6. 여호와의 말씀으로 하늘이 지음이 되었으며 그 만상을 그의 입 기운으로 이루었도다.

다윗은 '여호와의 말씀으로 하늘이 만들어졌고, 그분의 입김으로 만상(all the host)이 만들어졌다'고 말한다. '여호와께서는 그의 말씀으로 천지를 지으셨다'(19:1-6). 여호와는 말씀으로 천지와 그 가운데 있는 모든 것을 창조하셨다(요 1:3; 히 1:2, 10). 본 절의 "만상"이란 말은 '만물'을 지칭하는데 하늘의 해, 달, 별들을 지칭하는 말이다. 그리고 "입 기운"이란 말도 역시 '여호와의 말씀'을 지칭한다. 여기 '말씀'이란 말은 '성자'를 가리키는 말이다.

시 33:7. 그가 바닷물을 모아 무더기 같이 쌓으시며 깊은 물을 곳간에

두시도다.

다윗은 '여호와께서 바다의 물을 무더기같이 모으셨고, 깊은 물을 창고에 두셨다'고 말한다. 다윗의 이 말은 "하나님이 가라사대 천하의 물이 한곳으로 모이고 뭍이 드러나라 하시매 그대로 되니라"는 말(창 1:9)의 시적인 표현이다. 다시 말해 본 절의 다윗의 말은 하나님께서 천지를 창조하실 때 천하의 물을 한곳으로 모으시고 그곳이 바다가 되게 하신 것을 마치 추수한 볏단을 수북하게 쌓아올린 것처럼 표현한 구절이다. 그리고 본 절의 "깊은 물을 곳간에 두시도다"란 말은 하나님께서 천하의 물을 바다 및 하수, 즉 땅 밑의 깊은 샘으로 모은 것을 마치 창고에 물건을 모아 두신 것처럼 표현한 것이다.

시 33:8. 온 땅은 여호와를 두려워하며 세상의 모든 거민들은 그를 경외할지어다.

다윗은 '온 땅 사람들아! 여호와를 경외하여라. 세상에 사는 모든 사람들아! 그분을 두려워하라'고 권고한다. 두려워해야 할 이유는 6, 7절에 기록된 대로 여호와 하나님께서 위(6, 7절)와 같이 천지를 지으셨기 때문이었다. 세상 전체가 하나님을 경외하는 중에 사람만 빠져서 하나님을 경외하지 않으니 세상의 모든 거민들은 천지를 지으신 하나님을 두려워하라는 것이다.

시 33:9. 그가 말씀하시매 이루어졌으며 명령하시매 견고히 섰도다.

본 절 초두에도 "왜냐하면"(כִּי)이라는 접속사가 나타나 하나님을 경외해야 할 이유가 본 절에 나와 있다. 하나님을 경외해야 할 이유는 '주님의 한 마디 말씀으로 모든 것이 생겨졌고, 주님의 명령 한 마디로 모든 것이 견고하게 제자리를 잡았기' 때문이라는 것이다.

10-19절. 만국을 주재하시는 하나님. 하나님은 그의 뜻에 따라 만국을 지배하시며 그의 뜻에 순종하는 성도들에게는 복을 내리시고, 그 뜻을 거역하는

열방의 계획하는 바를 폐하신다는 것이다.

시 33:10. 여호와께서 나라들의 계획을 폐하시며 민족들의 사상을 무효하게 하시도다.

다윗은 '여호와께서 나라들의 계획들을 헛되게 하셨고, 민족들의 사상이나 의도를 막으셨다'라고 고백한다. 하나님께서는 이방 나라들의 계획이나 술수를 일시동안 허용하시나 성도들의 기도를 들으시고 그 계획이나 술수들을 아주 무효하게 하시고 폐하시고 만다고 한다.[5)]

시 33:11. 여호와의 계획은 영원히 서고 그의 생각은 대대에 이르리로다.

다윗은 '앞 절과는 달리 본 절에서는 주님께서 계획하신 것은 영원히 유효하시며, 주님의 뜻은 대대에 이르신다'고 말한다. 여호와께서는 이방 나라들의 계획과 술수들을 일시동안이라도 허용하시고 악도들이 승리한 듯 느끼게 그냥 두시다가 어느 때에 성도들의 부르짖음을 들으시고 악도들의 계획을 폐하시며 민족들의 사상을 무효하게 하신다는 것이 다윗의 앞 절의 말씀이었다. 그러나 이제는 본 절에서 여호와께서 악도들의 계획들을 폐하시고 '여호와의 계획은 영원히 선 것을 보여주시고 여호와의 생각이 대대에 이르는 것'을 보여주신다는 것이 본 절 말씀이다. 하나님을 대적하여 주먹질을 하는 세상 사람들의 우쭐함을 보는 것은 우리 성도들의 즐거움이 되기도 한다.

시 33:12. 여호와를 자기 하나님으로 삼은 나라 곧 하나님의 기업으로 선택된 백성은 복이 있도다.

---

5) 그렇다면 그들 이방나라들의 계획을 일시 동안이라도 흥하게 왜 하나님께서 허용하시는가? 그 이유는 1) 하나님께서 그 오래 참으시는 덕으로 그들을 묵인해 두시는 것, 2) 그 묵인하심으로 인하여 한 동안 성도들의 인내심을 증진하심, 3) 그 묵인하시는 동안 악도들이 왕성하여 죄악이 관영하게 하셔서 인류는 악이 어떠한 것이라는 것을 알고 악을 미워하게 하시려는 것이다(박윤선).

다윗은 '여호와를 자기 하나님으로 믿는 나라와 그 백성들, 곧 여호와의 유업으로 선택된 여호와의 백성이 영원히 복이 있다'고 말한다. '여호와의 유업으로 선택된 여호와의 백성이 영원히 복이 있는' 이유는 "여호와의 계획은 영원히 서고 그의 생각은 대대에 이르는"(앞 절) 것을 볼 수 있기 때문이다. 여호와를 믿는 사람이야 말로 여러 가지로 복을 받는다.

시 33:13-14. 여호와께서 하늘에서 굽어보사 모든 인생을 살피심이여, 곧 그가 거하시는 곳에서 세상의 모든 거민들을 굽어살피시는도다.

13절과 14절은 여호와께서 하늘에 계시면서 땅 위에 살고 있는 모든 인생을 굽어 살피신다는 것을 말씀한다. 여호와께서는 하늘에 계시면서 땅 위에 살고 있는 모든 인생을 감찰하시고 살피신다(11:4; 14:2; 102:19). 그러나 하나님을 모르는 사람들은 여호와께서 인생을 굽어 살피시는 것을 알지 못하고 자기 마음대로 산다. 그러면서 그것이 성공인 줄 알고 자행자지한다. 하나님을 모르는 불신자들은 하나님께서 멀리 하늘에나 계신 줄 알고 땅에 대해서는 전혀 간섭하시지 않는 줄로 착각한다. 그러나 우리는 하나님께서 그가 거하시는 하늘에서 세상의 모든 거민들을 굽어 살피시는 줄 알아야 할 것이다. 행동만 아니라 생각까지도 일체 살피시는 것을 알아야 한다.

시 33:15. 그는 그들 모두의 마음을 지으시며 그들이 하는 일을 굽어 살피시는 이로다.

다윗은 '여호와께서 세상사람 모두의 마음을 지으셨기 때문에 그들이 하는 행동 하나하나를 굽어 살피시는 분이라'(139:1-4)고 말한다.

시 33:16-17. 많은 군대로 구원 얻은 왕이 없으며 용사가 힘이 세어도 스스로 구원하지 못하는도다. 구원하는 데에 군마는 헛되며 군대가 많다 하여도 능히 구하지 못하는도다.

이 부분(16-17절)은 세상의 왕들이 아무리 많은 군대를 보유하고 있고 또 용사들이 힘이 있다고 해도 구원을 받을 수는 없다는 것을 말한다. 나라를 보호하고 인민을 보호하는 데는 군대가 헛되고 군대의 숫자가 많다고 해도 전혀 불가능하다고 말한다. 전쟁의 승패는 여호와께 달려 있다는 것을 알아야 할 것이다(20:7; 대하 14:11; 잠 21:31).

시 33:18-19. 여호와는 그를 경외하는 자 곧 그의 인자하심을 바라는 자를 살피사, 그들의 영혼을 사망에서 건지시며 그들이 굶주릴 때에 그들을 살리시는도다.

18-19절은 누가 구원을 받을 수 있는지를 말한다. 여호와께서는 그를 두려워하고 믿는 자 곧 하나님의 은총(사랑)을 바라는 자들을 살피셔서 구원하신다고 말한다. 하나님께서는 그들을 살피시되 영혼을 전쟁의 죽음에서 구원하시며 여호와를 경외하는 자들이 굶주릴 때(창 12:10; 26:1; 삼하 21:1)에 양식을 주신다고 말한다.

20-22절. 결론적 기원. 결론적으로 여호와 하나님을 신앙하는 자만이 구원을 받는다는 것이다.

시 33:20. 우리 영혼이 여호와를 바람이여 그는 우리의 도움과 방패시로다.

다윗은 '우리의 영혼이 여호와를 바라고 기다린다(25:21; 62:1, 5). 여호와는 우리의 도움이시며, 우리의 방패(5:12; 18:2; 28:7; 91:4; 119:114)시라'고 말한다. 우리는 참으로 여호와를 바라보며 많은 기도를 드려야 한다.

시 33:21. 우리 마음이 그를 즐거워함이여 우리가 그의 성호를 의지하였기 때문이로다(For our heart is glad in him, because we trust in his holy name-ESV).

다윗은 '우리 마음이 주님을 믿는 믿음 안에서 즐거워하고 있다. 이유는 우리가 주님의 거룩한 이름을 의뢰하기 때문이다'라고 말한다. 우리는 여호와의 거룩하신 이름을 믿기 때문에 우리의 마음은 주님을 심히 즐거워하며 살게 되었다.

시 33:22. 여호와여 우리가 주께 바라는 대로 주의 인자하심을 우리에게 베푸소서.

다윗은 '여호와시여! 우리가 주님을 심히 바랍니다. 주님의 인자하심(사랑)을 우리에게 베푸소서'라고 애원한다. 우리는 여호와 하나님께 많은 기도를 드려야 할 것이다. 우리가 기도한 만큼 여호와 하나님은 우리에게 은총을 베푸실 것이니 말이다. 예수님도 우리에게 "네 믿음대로 되라"는 말씀을 하셨다(마 9:29).

제 34 편 여호와를 찬송하고 남들을 권하여 여호와를 경외하게 만들다

"다윗이 아비멜렉 앞에서 미친 체하다가 쫓겨나서 지은 시"(삼상 21:10-15)라는 표제는 다윗이 사울을 피하여 블레셋의 5도시 중 하나였던 가드에 갔으나 신분을 숨기기 위해 미친 체 하다가 쫓겨났을 때 지은 시이다(삼상 21:10-22:2). 여기서 문제가 되는 것은 삼상 21:10에는 "가드 왕 아기스"라고 기록된 데 반해 여기 본 절의 표제에는 "아비멜렉"이라고 적힌 것이다. 이것에 대한 해결은 "아비멜렉"(창 20:2)은 블레셋 왕의 왕호였고, "아기스"라는 말은 그의 개인 이름으로 생각된다는 것이다(Hitzig, Hengsternberg, Delitzsch, 박윤선, 이상근).

혹자는 이 시편이 알파벳순으로 기록된 시라고 하여 다윗의 작품이 아니라는 학설을 내 세운다. 알파벳순을 취하는 기교는 타락한 후대의 번쇠한 장난이었겠으니 이런 시는 다윗이 지었을 수가 없다는 것이다. 그러나 다윗도 알파벳순을 취한 시를 썼다(6, 10편). 다윗이 알파벳순을 따름에 있어서 기계적으로 실행하지 않았다. 거기에는 자유로운 예외를 포함하고 있다. 그 자유로운 예외는 서사자(書寫者)의 오서(誤書)가 아니라 다윗 자신의 자유로운 솜씨임이 분명하다(Delitzsch, 박윤선).

본 시편의 내용은 1) 여호와의 선하심을 찬미하라는 것(1-7절), 2) 여호와를 경외하라는 것이다(8-22절).

시 34:1. <다윗이 아비멜렉 앞에서 미친 체하다가 쫓겨나서 지은 시> 내가 여호와를 항상 송축함이여 내 입술로 항상 주를 찬양하리이다.

다윗은 '내 자신이 입술로 항상 주님을 찬양할 것이라'고 말한다. 그리고 이 "찬양하리이다"(אֲבִימֶלֶךְ)란 말이 절의 초두에 나타나 이 말이 강조되고 있다. 그리고 이 찬양이 계속되리라는 말속에 강조점이 있다(92:1-2; 145:1-2). 하나님께서 주신 큰 구원을 체험한 자들은 모두 다 이런 결심을 하지 않는 사람이 없다.

시 34:2. 내 영혼이 여호와를 자랑하리니 곤고한 자들이 이를 듣고 기뻐하리로다.

다윗은 '내 영혼이 여호와를 자랑할 것이니, 곤고한 사람들이 내가 여호와를 자랑하는 소리를 듣고 기뻐할 것이라'고 말한다. 본 절의 "여호와를 자랑하리니"란 말은 역시 강조된 말로 '참으로 자랑하겠다'란 뜻이다. 다윗은 쫓겨 다니는 입장이었으나 지금은 블레셋 땅 가드에서 자기 자신을 숨기기 위해 미친 체까지 했으나 자기는 여호와를 신앙하기 때문에(44:8) 여호와를 자랑하겠다고 말한다.

그런데 다윗은 자신을 부끄럽게 여기지 않고 오히려 자기처럼 곤고한 처지에 있는 자들도 자기의 소식을 듣고 함께 기뻐할 것이라고 말한다.

시 34:3. 나와 함께 여호와를 광대하시다 하며 함께 그의 이름을 높이세.

다윗은 '다른 성도들도 나와 함께 여호와를 위대하시다고 하며 함께 여호와의 이름을 높이자'고 권한다. 우리는 다윗 같은 성도가 있는 것을 알고 우리도 역시 여호와를 위대하시다고 하며 함께 여호와의 이름을 높이자고 권해야 할 것이다. 함께 여호와의 위대하심을 전파하고 함께 찬양해야 할 것이다.

시 34:4. 내가 여호와께 간구하매 내게 응답하시고 내 모든 두려움에서 나를 건지셨도다.

다윗은 '내가 여호와께 간절하게 기도했더니 여호와께서 내게 응답하시고 내 모든 두려움에서 나를 건지셨다'고 말한다. 다윗이 엔게디 황무지나(삼상 24장), 하길라 산지에서(삼상 26장) 사울의 손에서 기적적으로 구원받은 것은 이와 같은 간곡한 기도가 있었다. 우리가 세상에서 그 어떤 위경을 만난다 해도 그 위험한 지경이 하나님의 위대하심에 비하면 아무 것도 아님을 알고 하나님을 찬양해야 할 것이다.

시 34:5. 그들이 주를 앙망하고 광채를 내었으니 그들의 얼굴은 부끄럽지 아니하리로다.

다윗은 '그들이 주님을 바라보고 얼굴에 광채가 났으니 그들의 얼굴이 부끄러움을 당하지 않을 것이라'고 말한다. 본 절 초두의 "그들"이란 '다윗과 같은 사정에서 함께 모여 여호와를 찬양하는 무리'를 뜻하고(2-3절), 다윗은 이들 중에 대표였다(Hengsternberg). "그들"은 참으로 위험한 환경에서 주님을 앙망했고, 여호와는 그들에게 은혜를 주셔서 그들의 얼굴에 광채를 주셨으며, 다시는 부끄럽지 않게 해 주셨다. 다윗은 다른 성도들과 함께 자신을 그 일원으로 알았다. "광채를 내었으니"(נָהָרוּ)란 말은 '빛나다'는 뜻이다(Briggs, Delitzsch). 주님을 바라보는 자들은 얼굴에 광채를 내어 빛난다는 것이다. 그리고 "부끄럽지 아니하리로다"(אַל־יֶחְפָּרוּ)란 말은 말 그대로 '부끄럽지 아니하리로다'라는 뜻이다.

시 34:6. 이 곤고한 자가 부르짖으매 여호와께서 들으시고 그의 모든 환난에

서 구원하셨도다.

다윗은 자신을 '곤고한 자'라고 칭한다. "부르짖으매"(קָרָא)란 말은 '심각하게 소리 질러 하나님 앞에 부르짖은 것'을 가리킨다. 다윗이 자기의 입장이 다급해서 소리 질러 부르짖었더니(18:6; 22:2; 28:1; 55:16; 88:13; 130:1; 욥 30:28 등) "여호와께서 들으시고 그의 모든 환난에서 구원하셨다"고 말한다. 우리는 간구 건을 놓고 간절하게 부르짖어 해결해야 할 것이다.

시 34:7. 여호와의 천사가 주를 경외하는 자를 둘러 진 치고 그들을 건지시는도다.

다윗은 '여호와의 천사가 주님을 경외하는 사람들을 둘러 진 치고, 그들을 구출해 준다'라고 말한다. 문장 초두의 "여호와의 천사"(מַלְאַךְ־ יְהוָה)란 말은 '하늘 군대의 장관'을 뜻한다. 성도들이 위험한 경우를 만날 때 하늘 군대의 장관이 나타나 돕는다. 야곱이 에서를 두려워할 때에도 하늘의 천사가 나타나 도왔고(창 32:1-2), 여호수아가 여리고성을 공격할 때도 그런 일이 있었으며(수 5:14; 6:5), 아람 왕이 이스라엘의 선지자 엘리사를 잡으려 할 때도 엘리사에게 불말과 불병거가 나타나 보였다(왕하 6:8-17). 하나님께서는 이와 같이 성도들이 알지 못하는 사이에 하늘 군대를 동원시켜서 보호하신다. 하나님은 우리를 도우시기 위하여 한없이 많은 천사를 동원하실 수 있으시다. 우리가 하나님을 믿을 때 하나님께서 우리를 위해서 한없는 천사를 동원하여 도우신다.

시 34:8. 너희는 여호와의 선하심을 맛보아 알지어다 그에게 피하는 자는 복이 있도다(O taste and see that the LORD is good! Blessed is the man who takes refuge in him!-ESV).

다윗은 '당신들은 여호와의 선하심을 맛보아 아십시오. 여호와께 피하는 자는 복이 있습니다'고 말한다. 여기 "여호와의 선하심"이란 '여호와의 구원 역사', '여호와의 은혜'라는 뜻이다. 다윗은 자기와 비슷한 환경에 있는 자들에게 여호와께서 구원해 주시는 일, 여호와께서 베푸시는 은총을 맛보아 알라고 권한다. 여기 "맛보아"(טַעֲמוּ)라는 말은 '음식 맛을 알아보기 위해 먹어보는 것'(삼상 14:24), '경험을 통해 알아보는 것'을 뜻한다. 우리는 여호와의 구원, 여호와의 은혜를 체험을 통해 알아야 할 것이다(벧전 2:3 참조). 성경 말씀을 많이 읽을수록, 그리고 성경 말씀을 많이 묵상할수록 여호와의 선하심을 더욱 체험하게 되고, 또 더 많은 기도를 하면 할수록 여호와의 선하심을 더욱 알게 된다.

다윗은 "여호와에게 피하는 자는 복이 있다"고 말해준다. 여기 "피한다"는 말은 '하나님을 신뢰하여 그에게만 소망을 걸고 순종하는 것'(박윤선), '하나님 앞에 나아가 의지하는 것', '하나님 앞에 나아가 기도하는 것'을 뜻한다.

시 34:9. 너희 성도들아 여호와를 경외하라 그를 경외하는 자에게는 부족함이 없도다.

다윗은 '당신들 성도들이여! 여호와를 경외하십시오. 그분을 경외하는 자들은 부족함이 없을 것입니다'라고 말한다. 다윗은 비슷한 처지에 있는 성도들을 향하여 "여호와를 경외하라"고 권한다. "여호와를 경외하라"는 말은 '하나님을 존귀하게 여기는 가운데 두려워하라'는 말이다. 하나님을 존귀하게 여기면서 하나님을 두려워하면 "부족함이 없게 된다"고 말한다(121:1-2). 하나님은 창조주이시고 모든 만물을 가지고 계시기 때문에 자기가 원하시는 성도들에게 부족함이 없이 주신다.

시 34:10. 젊은 사자는 궁핍하여 주릴지라도 여호와를 찾는 자는 모든 좋은 것에 부족함이 없으리로다.

본 절은 앞 절의 말씀을 더욱 보충하고 있다. 즉, 젊은 사자는 궁핍하여 주릴지라도(젊은 사자가 궁핍하여 주릴 이유는 없는 것이다), 여호와를 찾아 믿는 자는 하나님께서 채워주시기 때문에 모든 좋은 것에 부족함이 없게 된다는 것이다.

시 34:11. 너희 자녀들아 와서 내 말을 들으라 내가 여호와를 경외하는 법을 너희에게 가르치리로다(Come, O children, listen to me, I will teach you the fear of the LORD-ESV).

본 절에서는 시인 다윗이 교사의 입장을 취하여 젊은이들을 가르치겠다고 말한다. 즉, 다윗은 '자녀들이여! 와서 내 말을 들으십시오. 내가 여호와 경외하는 법을 당신들에게 가르칠 것입니다'라고 권한다. 본 절부터 시인 다윗이 가르친 것은 사람이 실제적으로 여호와를 두려워할 구체적 방법을 말한다.

시 34:12. 생명을 사모하고 연수를 사랑하여 복 받기를 원하는 사람이 누구뇨.

다윗은 '생명을 사모하고 장수하여 좋은 것을 보기를 원하는 그 사람은 누구인가?'라고 말한다. 여기 "생명"이란 말과 "연수"란 말은 동의어로 사용되어 '영생'을 뜻한다. 영생을 사모하여 복 받기를 원하는 것은 세상 만민이 원하는 것이다. 그러나 사람들이 길을 잘못 들어 헛된 길을 가고 있다. 그래서 다윗이 가르쳐 주고 싶었던 것이다.

시 34:13. 네 혀를 악에서 금하며 네 입술을 거짓말에서 금할지어다.

다윗은 '당신들의 혀를 악으로부터 지키시고, 당신들의 입술을 속이는 말로부터 지키시오'라고 권한다. 한 마디로 거짓말(악담, 저주, 아첨, 훼방, 누설, 황언)을 말라는 이야기이다(5:9; 10:7; 12:3; 15:3; 50:19; 57:4; 73:8-9; 욥 38:2; 잠4:24; 13:3; 21:23). 인간이 입술로써 남을 해함이 다른 방법으로써 해함보다 심하니 입술은 위험한 것이다. 약 3:5 참조.

시 34:14. 악을 버리고 선을 행하며 화평을 찾아 따를지어다.

다윗은 '악에서 떠나 선을 행하며 화평을 찾아 그것을 따르라'고 권한다. 복 받기를 원하는 사람은 소극적으로 남을 해치는 악한 행위를 금하고, 나아가 적극적으로 선을 행해야 한다는 것이다. 다시 말해 하나님의 뜻을 행하여 남을 돕고, 남과의 화평에 힘을 써야 하는 것이다.

시 34:15. 여호와의 눈은 의인을 향하시고 그의 귀는 그들의 부르짖음에 기울이시는도다.

다윗은 '여호와의 눈은 의로운 자들을 향하시고, 그 귀는 그들의 부르짖음에 열려 있으시다'고 말한다. 즉, 여호와께서는 혀에서 악을 빼내고, 선을 따르는 의인들에게 눈을 두시고(33:18; 욥 36:7; 벧전 3:12), 여호와의 귀는 의인들이 어려움을 당하여 부르짖을 때 반드시 들어 주신다는 것이다.

시 34:16. 여호와의 얼굴은 악을 행하는 자를 향하사 그들의 자취를 땅에서 끊으려 하시는도다(The face of the LORD is against those who do evil, to cut off the memory of them from the earth-ESV).

본 절은 앞 절과는 전적으로 반대되는 내용을 담고 있다. 즉, 다윗은 '여호와의 얼굴은 악을 행하는 자들을 대항하여 그들에 대한 기억을 땅에서 끊으려 하신다'고 말한다. 노아 때의 홍수가 그랬고(창 7 장), 소돔 때의 멸망이 그랬다(109:13; 창 19 장; 욥 18:17; 잠 10:7).

시 34:17. 의인이 부르짖으매 여호와께서 들으시고 그들의 모든 환난에서 건지셨도다.

본 절은 6절과 또 15절 후반의 내용의 반복이다. 즉, 다윗이 '의인이 부르짖으면 여호와께서 반드시 들어주시고 그들의 모든 환난에서 건져 주신다'라고 말한다. 다윗은 바로 그런 환난 중에서 부르짖어 구원을 받았고(6절), 또 하나님의 응답을 받은 것이다.

시 34:18. 여호와는 마음이 상한 자를 가까이 하시고 충심으로 통회하는 자를 구원하시는도다(The LORD is near to the brokenhearted, and saves the crushed in spirit-ESV).

앞 절이 의인의 행복에 대하여 말씀한 반면에 본 절은 죄가 많아 마음이 찢어진 사람들의 행복에 대하여 말한다. 즉, 다윗은 '여호와께서는 마음이 상한 자를 가까이 해주시고, 통회하는 영혼을 구원하신다'고 말한다. 앞 절에 말한 "의인"과 본 절이 말하는 "마음이 상한 자"는 동의어로 사용된 것이다.

시 34:19. 의인은 고난이 많으나 여호와께서 그의 모든 고난에서 건지시는도다.

다윗은 '의인은 고난이 많으나 여호와께서 그 모든 고난에서 그를 구해주신다'고 말한다. 의인(경건한 자)이 고난을 많이 당한다는 말은 성경 도처에서 드러내고 있다(딤후 3:12). 의인들에게 고난이 많으나 여호와께서는 그들을 감시하시며 구원해 주신다고 말한다(눅 12:7).

시 34:20. 그의 모든 뼈를 보호하심이여 그 중에서 하나도 꺾이지 아니하도다.

다윗은 '여호와께서 의인의 모든 뼈를 지켜 주시니, 그중에 하나도 부러지지 않을 것이라'고 말한다. 여기 "모든 뼈"란 말은 '신체의 모든 부분'을 지칭한다(6:2; 31:10; 32:3). 하나님께서는 고난을 당하는 의인의 모든 부분을 세심하게 보호하시고 그의 뼈의 하나도 꺾이지 않게 하신다는 것이다. 본 절은 예수 그리스도께서 십자가에 달리셨을 때 예수님의 뼈가 하나도 꺾이지 않았다는 말씀의 예언이 되기도 한다(요 19:36).

시 34:21. 악이 악인을 죽일 것이라 의인을 미워하는 자는 벌을 받으리로다(Afflicion will slay the wicked; and those who hate the righteous will be condemned-ESV).

다윗은 '악인은 그 악함 때문에 끝내 죽음을 맞이하고, 의인을 미워하는 사람은 반드시 마땅한 벌을 받을 것이라'고 말한다. 다시 말해 그 자신의 잘못된 행위가 그 악인의 파멸을 가져온다는 것이다(시 7:15-16, Rawlinson). 이는 성경적인 종말론적 인과응보 사상을 나타내 주고 있다. 즉, 악인이 이 땅에서 일시적으로 부귀와 번영의 형통함을 누릴 수 있을지언정 하나님의 최후의 심판에는 공의의 보응을 피할 수는 없으니 그 결국이 멸망인 것이다(마 25:31-46; 계 20:11-15, 그랜드 종합 주석).

시 34:22. 여호와께서 그의 종들의 영혼을 속량하시나니 그에게 피하는 자는 다 벌을 받지 아니하리로다.

다윗은 '여호와께서 그 종들의 목숨을 구속해 주시니, 그분께 피하는 모든 사람들은 벌을 받지 않을 것이다'라고 말한다. 여기 "종들"이란 말은 '하나님의 백성'을 지칭한다(34:22; 69:36; 102:28; 왕하 9:7; 느 1:10). "영혼을 속량하시나니"란 말은 '종들의 생명을 악인의 공격에서 구원하신다'는 뜻이다. 그리고 저들은 여호와를 의지하여 죄의 심판에서도 면한다는 것이다. 본 절은 궁극적으로 그리스도가 인간의 죄를 대신하여 십자가에서 죽으심으로 인해 저를 믿는 자마다 죄에서 해방되어 영생을 얻게 됨을 말한다(롬 6:22).

그리고 "다 벌을 받지 아니하리로다"라는 말은 범죄 하지 않는다는 말이 아니라, 결코 정죄를 당하지 않는다는 말이다. 이는 곧 궁극적으로 성도들이 그리스도의 대속의 공로로 하나님께로부터 법적으로 의롭다 칭함 받는 것을 나타내 준다(롬 5:7-9).

제 35 편 여호와께서 나와 싸우는 자와 싸우소서

본편은 표제에 "다윗의 시"라고 진술한대로 다윗이 환난 중에 지은 시이다. 그러나 그 환난은 다윗이 병에 걸렸을 때는 아니다. 궁켈(Gunkel)은

13-15절에 "나는 그들이 병들었을 때에 굵은 베 옷을 입었다"는 말을 근거로 다윗이 병들었을 때에 지은 시라고 주장하나, 리델보스(J. Ridderbos)는 13절의 "병들었다"는 말은 '고통을 느낀다'는 뜻으로 해석할 수 있다고 말하여 궁켈의 견해를 뒤집는다(박윤선). 다윗이 이 시편을 지은 때는 사울의 박해를 피해 다닐 때(삼상 19-26장)였을 것으로 본다. 본편의 내용은 1) 다윗이 무고하게 자기를 치는 자의 패망을 빌고(1-10절), 2) 원수의 배은망덕을 고발하며(11-18절), 3) 원수들의 오해를 지적하며 하나님의 심판을 구한다(19-28절). 표제에 "다윗의 시"라는 말을 위해서 3편 23편 주해를 참조하라.

1-10절. 다윗이 무고하게 자기를 치는 자의 패망을 빈다.

시 35:1. <다윗의 시> 여호와여 나와 다투는 자와 다투시고 나와 싸우는 자와 싸우소서.

본 절의 "나와 다투는 자와 다투시고"란 말과 "나와 싸우는 자와 싸우소서"라는 말은 동의절로 '여호와께서 대리로 싸워주시라'는 뜻이다(사 63:1-6; 요 15:18). 사울이 다윗을 추격했을 때 다윗은 "여호와께서 재판장이 되어 나와 왕 사이에 판결하사 나의 사정을 살펴 신원하시고 나를 왕의 손에서 건지시기를 원하나이다"(삼상 24:15)라고 했다. 우리는 우리의 싸움을 여호와께서 대리하시도록 부탁해야 하는 것이다.

시 35:2. 방패와 손 방패를 잡으시고 일어나 나를 도우소서.

본 절은 여호와께서 다윗을 대리하여 싸움을 싸우시는 방법을 제시한다. 즉, '방패와 손 방패를 잡으시고 일어나 원수들을 치시고 나를 도우소서'라고 애원한다. "방패"(מָגֵן)란 말은 '전신을 보호하기 위한 큰 방패'를 말하고 "손 방패"(צִנָּה)는 머리를 보호하기 위한 작은 방패를 가리킨다(Lange, 박윤선). 우리가 하나님을 의지할 때 하나님은 반드시 대리로 싸워주신다.

시 35:3. 창을 빼사 나를 쫓는 자의 길을 막으시고 또 내 영혼에게 나는 네 구원이라 이르소서.

본 절도 역시 하나님께서 다윗을 대리하여 싸우실 때 가지셔야 할 무기(창)를 지정한다. 이 글은 시적 표현인데 다윗은 이렇게 말해야 더욱 안심하는 편으로 보인다. 그리고 다윗은 여호와께 부탁하기를 "내 영혼에게 나는 네 구원이라 이르소서"라고 부탁한다. 다윗은 여호와께서 자기 중심인 영혼에게 "나는 네(다윗의) 구원이 된다"고 말씀해 주시라는 것이다. 하나님은 지금도 우리에게 '나는 네 구원이라'고 말씀해 주신다.

시 35:4. 내 생명을 찾는 자들이 부끄러워 수치를 당하게 하시며 나를 상해하려 하는 자들이 물러가 낭패를 당하게 하소서.

본 절부터 8절까지에는 다윗이 무고하게 자기를 죽이려는 자들의 패망을 구하고 있다. 다윗은 본 절에서 비슷한 표현을 두 번 연거푸 말하고 있다. 즉, "내 생명을 찾는 자들이 부끄러워 수치를 당하게 하시라"는 표현과 "나를 상해하려 하는 자들이 물러가 낭패를 당하게 하소서"라는 표현은 원수들이 패배하게 해주시라는 부탁이다. 다윗의 일생의 원수들은 사울을 따르는 자들(삼상 19:15-24:4)과 압살롬을 따르는 자들(삼하 15:13-18:8)이었다. 다윗이 기도대로 이들은 결국은 모두 수치를 당하고 또 패배를 당하고 말았다.

시 35:5. 그들을 바람 앞에 겨와 같게 하시고 여호와의 천사가 그들을 몰아내게 하소서.

다윗은 여호와께 '자신의 원수들을 바람 앞의 겨처럼 흩어지게 하시고, 여호와의 천사가 그들을 몰아내 버리게 하소서'라고 부탁한다. "겨"라는 것은 아주 가벼운 존재를 비유한다(시 1:4). 겨라는 존재는 가볍기 때문에 바람만 불어도 옮겨지기 쉬운 것인데 "여호와의 천사가 그들을 몰아내면" 여지없이 축출을 당하고 말 것이다. 오늘 우리의 원수들도 겨같은 존재들이다.

시 35:6. 그들의 길을 어둡고 미끄럽게 하시며 여호와의 천사가 그들을 뒤쫓게 하소서.

다윗은 여호와께 '다윗의 원수들의 길을 어둡게 만드시고, 또 길이 미끄럽게 하시며, 여호와의 천사가 원수들을 뒤쫓게 하소서'라고 기도한다. 원수들의 길이 어둡고 미끄럽게 되면 도망하지도 못하고 넘어질 수밖에 없을 터인데 거기다가 천사가 그들을 뒤쫓으면 그들은 꼼짝없이 망하고 말 것이다.

시 35:7. 그들이 까닭 없이 나를 잡으려고 그들의 그물을 웅덩이에 숨기며 까닭 없이 내 생명을 해하려고 함정을 팠사오니.

다윗은 본 절과 다음 절에서 원수들이 망해야 할 이유를 말한다. 다윗은 '원수들이 까닭 없이 나를 잡으려고 그들의 그물을 웅덩이에 숨겼으며 까닭 없이 내 생명을 해하려고 함정을 팠습니다'고 말한다. 원수들은 다윗을 잡을만한 이유가 없었는데 그들의 그물을 웅덩이에 숨겼고, 또 까닭 없이 다윗의 생명을 잡으려고 함정을 판 것이었다. 오늘 기독교인들 주위에도 까닭 없이 웅덩이를 숨기고 까닭 없이 함정을 파는 악인들이 많이 있다.

시 35:8. 멸망이 순식간에 그에게 닥치게 하시며 그가 숨긴 그물에 자기가 잡히게 하시며 멸망 중에 떨어지게 하소서.

그런고로 다윗은 여호와를 향하여 '멸망이 순식간에 원수들에게 닥치게 하시고, 그가 숨긴 그물에 자기들이 잡히게 하시며, 그들이 결국은 멸망으로 떨어지게 해주십사'고 기도한다. 다윗의 기도에 의하여 악인은 결국 멸망으로 끝난다. 우리의 기도는 결코 헛되지 않다.

시 35:9. 내 영혼이 여호와를 즐거워함이여 그의 구원을 기뻐하리로다.

다윗은 '여호와께서 앞 절과 같이 자기의 원수를 갚아주시면 내 영혼이 여호와를 즐거워하며, 여호와의 구원을 기뻐할 것입니다'라고 말한다. 여기 "구원"이란 생명이 위태로운 데서의 구원이다. 다윗은 그의 구원이 여호와께 있음을 확신하고 살았다(3절).

시 35:10. 내 모든 뼈가 이르기를 여호와와 같은 이가 누구냐 그는 가난한 자를 그보다 강한 자에게서 건지시고 가난하고 궁핍한 자를 노략하는 자에게서 건지시는 이라 하리로다.

"내 모든 뼈가 이르기를 여호와와 같은 이가 누구냐"는 말은 '내 뼈 속 깊은 곳에서 나오는 고백인데 여호와와 같으신 분이 또 어디 있습니까라는 말이 나온다'라는 말이다. 이 말은 결코 다윗의 입술에서만 나오는 말이 아니라 인격 전체에서 나오는 고백이란 뜻이다. 즉, "여호와는 가난한 자를 그보다 더 강한 자에게서 건지시고, 또 가난하고 궁핍한 자를 노략하는 자에게서 건지시는 분이시라"는 말은 다윗의 인격에서 나오는 말이라고 고백한다는 것이다. 다윗은 원래 천하고 가난했으나 하나님은 다윗을 사울의 수중에서 건지시고 보호하사 일국의 왕으로 삼으신 것이다. 우리는 우리 인격에서 여호와는 우리의 구원자이신 줄 알아야 할 것이다.

11-18절. 다윗이 원수의 배은망덕을 고발한다.

시 35:11. 불의한 증인들이 일어나서 내가 알지 못하는 일로 내게 질문하며.

다윗은 '불의한(포악한) 증인들이 일어나서 내가 알지도 못하는 것을 내게 질문합니다'라고 말한다. 다윗의 원수들은 불의한 증인들을 고용하여 다윗이 알지도 못하는 일을 가지고 다윗에게 책임을 돌리며, 다윗을 심문하여 대답을 강요한 것이다. 원수들이 이런 일을 한 것은 법정에서 한 일은 아닐 것으로 보인다(이상근). 삼상 24:9; 26:19 참조.

시 35:12. 내게 선을 악으로 갚아 나의 영혼을 외롭게 하나.

다윗은 '원수들이 나에게 선을 악으로 갚았습니다. 그리고 내 영혼을 이토록 외롭게 했습니다'라고 말한다. 다시 말해 다윗이 행한 선을 원수들이 악하게 만들었고 원수들이 그런 일을 해놓았으니 다윗의 영혼을 외롭게 만들고 만 것이다. 그런 사람들은 양심이 없는 사람들이니 하나님의 원수이고 성도들의 원수이다.

시 35:13. 나는 그들이 병 들었을 때에 굵은 베 옷을 입으며 금식하여 내 영혼을 괴롭게 하였더니 내 기도가 내 품으로 돌아왔도다(But I, when they were sick --- I wore sackcloth, I afflicted myself with fasting. I prayed with head bowed on my chest-RSV, ESV)**.**

본 절은 다윗이 저들에게 은혜 베푼 것을 말한다. 즉, 다윗은 '나는 원수들이 병 들었을 때 그들을 위하여 기도하느라 굵은 베 옷을 입었고 금식하며 내 영혼을 괴롭게 했더니 내 기도가 내 품으로 돌아왔습니다'라고 말한다. "내 기도가 내 품으로 돌아왔다"는 말은 '다윗이 그를 위해 기도했지만 다윗의 기도가 그에게 가지 않고 그냥 다윗에게 돌아왔다는 것이다. 사울이 악신에게 고통을 당할 때 다윗이 수금을 타서 그 악귀를 쫓아내며 사울을 고쳐주었으나 사울은 다윗을 죽이려고 창을 던졌던 것이다(삼상 16:14, 23; 18:10-11). 다윗은 사울을 위해서 수금만 탄 것이 아니라 사울왕을 위해 굵은 베를 입고 금식하며 기도까지 했었다. 그러나 다윗의 기도는 사울에게 응답되지 않았고 다윗의 품으로 돌아왔다. 예수님께서도 기도가 다시 돌아온다는 말씀을 하신 적이 있었다(마 10:13). 우리의 기도는 우리 원수에게 가기도 하고 원수가 우리의 기도를 받을 자격이 없으면 다시 돌아오는 것이다.

시 35:14. 내가 나의 친구와 형제에게 행함 같이 그들에게 행하였으며 내가 몸을 굽히고 슬퍼하기를 어머니를 곡함 같이 하였도다.

본 절은 다윗이 '원수들에게 내가 나의 친구와 형제에게 행함 같이 그들에게 행했고, 다윗이 몸을 굽히고 슬퍼하기를 어머니를 곡함 같이 했다'고 말한다. "내가 몸을 굽히고 슬퍼하기를 어머니를 곡함 같이 하였도다"는 말은 '다윗이 원수의 불행에 대해 자신의 모친상을 당했을 때 허리를 굽히고 슬퍼함 같이 했다는 것이다. 실제로 사울이 전사했을 때 다윗은 애가를 지으며 그를 위해 슬퍼했었다(삼하 1:17-27).

시 35:15. 그러나 내가 넘어지매 그들이 기뻐하여 서로 모임이여 불량배가 내가 알지 못하는 중에 모여서 나를 치며 찢기를 마지아니하도다.

본 절은 앞 절의 다윗의 호의와는 대조적으로 다윗이 환난을 당할 때에 원수들이 자그마한 동정은 고사하고 기뻐하며 다윗이 알지 못하는 중에 비류 등을 모아 다윗을 쳤다(삼상 18:22-29참조). 세상의 기독교인의 원수들은 이처럼 배은망덕 행위를 감행한다.

시 35:16. 그들은 연회에서 망령되이 조롱하는 자 같이 나를 향하여 그들의 이를 갈도다.

다윗은 '그들은 잔치 자리에서 비웃고 조롱하는 자들처럼 나를 향해 이를 갈았다'고 말한다. 연회석은 원수 되었던 관계도 풀어버리는 좌석인데 거기서도 그 은인을 질시하고 해하려 함은 극히 불의한 심령이라 할 수 있다.

시 35:17. 주여 어느 때까지 관망하시려 하나이까 내 영혼을 저 멸망자에게서 구원하시며 내 유일한 것을 사자들에게서 건지소서.

다윗은 여호와를 향하여 '주님이시여! 어느 때까지 그냥 지켜만 보고 계시겠습니까'라고 부르짖는다. 그런 다음 다윗은 '내 영혼을 저 멸망자(잔인무도한 원수들)에게서 구원하시며 내 유일한 것(내 영혼)을 사자들(잔인무도한 원수들)에게서 건지소서'라고 애원한다.

여기 "내 유일한 것"이란 말은 바로 앞에 등장한 단어인 '내 영혼'을 지칭하는 말이다. "내 유일한 것"이란 말을 "내 영혼"이라고 해석하는 이유는 내 영혼이 오직 하나이기 때문이고 또 문맥에서 그렇게 지적하기 때문이다. 본 절의 "내 영혼을 저 멸망자에게서 구원하시며"라는 말과 "내 유일한 것을 사자들에게서 건지소서"라는 말은 동의절이다.

시 35:18. 내가 대회 중에서 주께 감사하며 많은 백성 중에서 주를 찬송하리이다.

본 절은 다윗이 자기의 기도가 응답될 것을 미리 내다보고 주님을 찬송하겠다고 서원하는 말이다. 즉, 다윗은 '내 자신이 대회(大會, 많은 성도가 모인 곳)중에서 주님께 감사하며 또 많은 백성이 모인 중에서 주님을 찬송하겠습니다'고 고백한다.

19-28절. 다윗이 원수들의 오해를 지적하며 하나님의 심판을 구한다.

시 35:19. 부당하게 나의 원수된 자가 나로 말미암아 기뻐하지 못하게 하시며 까닭 없이 나를 미워하는 자들이 서로 눈짓하지 못하게 하소서(Let not those rejoice over me who are wrongfully my foes, and let not those wink the eye who hate me without cause-RSV, ESV)**.**

다윗은 여호와를 향하여 '부당하게(아무런 이유 없이) 내 원수된 자들(사울과 시므이 같은 사람들)이 나로 말미암아(다윗이 실패하는 경우) 기뻐하지 못하게 막아주시며, 까닭 없이 다윗 자신을 미워하는 원수들이 서로 눈짓하지(조롱하지) 못하게 막아주소서'하고 애원한다. 본 절은 다윗이 실패하지 않게 해주시라는 간곡한 애원을 담은 말이다. 다윗이 실패해서 원수들이 기뻐하고 다윗을 조롱하는 일이 없게 해주시라는 애원이다.

시 35:20. 무릇 그들은 화평을 말하지 아니하고 오히려 평안히 땅에 사는 자들을 거짓말로 모략하며.

다윗은 '그들은 평화를 원하는 사람들(다윗 같은 사람)에게 평화를 말하지 아니하고, 오히려 세상에서 평화롭게 사는 자들에게 거짓말로 모략이나 말하여 평지풍파를 일으킵니다'라고 하나님께 아뢴다. 사람들 중에는 화평을 말하지 아니하고, 화평하게 일도 처리하지 않으며, 오히려 평화롭게 사는 사람들에게 거짓을 말하여 평지풍파나 일으키는 사람들이 있다.

시 35:21. 또 그들이 나를 향하여 입을 크게 벌리고 하하 우리가 목격하였다 하나이다.

다윗은 '원수들이 나를 향해 입을 크게 벌리고 말하기를 "하하, 하하, 우리 눈으로 다윗이 넘어지는 것을 똑똑히 보았다"라고 기뻐서 떠듭니다'라고 말한다. 다윗의 원수들은 이제 자기들이 승리한 줄 알고 떠벌리지만 그들의 승리감은 오래지 못한다. 이유는 하나님께서는 다윗 같은 성도들을 머지않아 도우시기 때문이다.

시 35:22. 여호와여 주께서 이를 보셨사오니 잠잠하지 마옵소서 주여 나를 멀리하지 마옵소서.

다윗은 '주님이시여! 주님께서 악인들이 다윗을 치며 조롱하는 것을 보셨아오니 잠잠하지 마옵소서. 주님이시여! 나를 멀리 하지 마시고 도우시옵소서'라고 애원한다. 본 절의 "주께서 이를 보셨사오니"란 말은 '여호와께서 다윗의 곤고한 처지를 보셨다'는 뜻이다(박윤선). 여호와께서는 그의 성도가 억울함을 당한 것을 오래도록 그냥 버려두시지 않고 구원하신다.

시 35:23. 나의 하나님, 나의 주여 떨치고 깨셔서 나를 공판하시며 나의 송사를 다스리소서.

본 절은 전 절의 "잠잠하지 마옵소서"라는 말보다 더욱 강하게 표현된 말이다. 즉, 다윗은 하나님을 향하여 '나의 하나님이시여! 나의 주님이시여! 깨어 일어나셔서 나를 판결하소서(44:23; 78:65; 82:2). 나를 변호하소서'(9:4; 35:1; 43:1)라고 애원한다. 시인 다윗은 원수들의 박해 앞에서 하나님만 믿고 그들과 타협하거나 굴복하지 않은 굳은 신앙을 가진 것을 볼 수 있다(박윤선).

시 35:24. 여호와 나의 하나님이여 주의 공의대로 나를 판단하사 그들이 나로 말미암아 기뻐하지 못하게 하소서.

본 절은 다윗의 기도 내용 두 가지를 말한다. 하나는 다윗은 "여호와 나의 하나님이여 주의 공의[6]대로 나를 판단하소서"라는 기도와 또 하나는 "그들이 나로 말미암아 기뻐하지 못하게 하소서"라는 기도이다. 여기 "주의 공의대로 나를 판단하소서"라는 기도는 '주님의 공의의 심판을 요구하고 있는 것'이다. 다시 말해 다윗은 주님의 심판대 앞에 떳떳하게 설 자신을 가지고 있음을 볼 수 있다. 그것은 그가 공의를 따라 살아온 신념이 강했기 때문이었다(이상근).

그리고 "그들이 나로 말미암아 기뻐하지 못하게 하소서"라는 기도는 '다윗의 원수들이 다윗의 실패로 인하여 기뻐하지 못하도록 기원한 것이다. 다윗의 원수들은 다윗이 패망하는 것을 원했고 또 그것을 보고 기뻐하려고 했다. 오늘날 성도의 주변에도 성도의 패망했다는 소식 듣기를 아주 좋아하는 사람들이 있는 것을 알고 성도들은 주님 안에 바로 서서 살아야 할 것이다.

시 35:25. 그들이 마음속으로 이르기를 아하 소원을 성취하였다 하지 못하게 하시며 우리가 그를 삼켰다 말하지 못하게 하소서.

본 절은 앞 절을 더욱 강조한 내용이다. 다윗은 하나님을 향하여 '원수들

---

6) "공의": 족장 시대에 공의는 보통 기존의 인정된 가치 기준에 부합하는 것을 뜻했다. 모세 시대 이후로 공의는 하나님의 뜻 및 그 뜻에서 비롯되는 사역들과 관련하여 언급된다. 하나님은 항상 안전하고 올바르게 행하신다(89:14). 따라서 공의는 자연히 하나님께서 인간 행사를 측정하실 때 근간으로 삼으시는 윤리적 기준과 동일시되었다. 하나님의 백성은 마땅히 '공도를 행해야' 하는데(창 18:19) 이는 참된 거룩의 표현이며(미 6:8) 범죄와 반대되는 일이다(전 7:20). 또한 공의는 메시아의 특징적 모습이기도 하다(사 9:7; 행 3:14). 사 45:21에서 하나님은 공의를 행하며 구원을 베푸시는 분으로 묘사된다.

이 마음속으로 이르기를 아하 이제는 우리가 소원을 성취했다 말하지 못하게 하시며, 또 우리가 다윗을 삼켰다 말하지 못하게 하소서'라고 애원한다. 여기 "우리가 다윗을 삼켰다"는 말은 '우리가 이제는 드디어 다윗을 이겼다'는 말이다.

시 35:26. 나의 재난을 기뻐하는 자들이 함께 부끄러워 낭패를 당하게 하시며 나를 향하여 스스로 뽐내는 자들이 수치와 욕을 당하게 하소서.

다윗은 '내가 재난을 받을 때 기뻐하는 자들이 다 함께 부끄러워 낭패를 당하게 하시며, 나를 향하여 스스로 뽐내는 자들이 모두 수치와 욕을 당하게 하소서'(4절 주해 참조, 40:14; 70:2; 71:13; 109:29 등)라고 기도한다.

시 35:27. 나의 의를 즐거워하는 자들이 기꺼이 노래 부르고 즐거워하게 하시며 그의 종의 평안함을 기뻐하시는 여호와는 위대하시다 하는 말을 그들이 항상 말하게 하소서.

다윗은 윗 절과는 반대로 '내가 받은 무죄 판결을 기뻐하는 자들(친구들)은 즐거이 노래 부르고 즐거워하게 하시며, 그들은 쉬지 않고, "주님은 위대하시다. 그를 섬기는 사람에게 기꺼이 평화를 주시는 분이시다"하고 항상 말하게 하소서'라고 기도한다. 다윗은 자신의 친구들에게 여호와께서 늘 기쁨으로 노래를 부르고, 여호와는 광대하시다고 찬미하게 해달라는 것이다. 다윗의 이런 친구로는 요나단 같은 친구가 있었다(삼상 19:1-5; 20:32).

시 35:28. 나의 혀가 주의 의를 말하며 종일토록 주를 찬송하리이다.

다윗은 '내 혀로는 주님의 의를 말하겠습니다. 온종일 주님을 찬양하겠습니다'라고 말한다. 다윗은 시의 결론에서 주님을 찬송하겠다는 것이다(9, 10, 18절 참조). 다윗은 그의 난관에서 구원받은 후에도 하나님을 찬송할 뿐이다. 찬송은 여호와께서 행하신 놀라운 구원 행위를 송영함에 불과하다.

그러나 하나님은 이것을 기쁘게 받으신다(히 13:15, 박윤선).

제 36 편 하나님의 인자와 공의를 바라보고 위안을 얻다

본편은 교훈적 시이다. 본편의 내용은 1) 인류가 하나님을 두려워하지 않기 때문에 언행이 악해졌다는 것(1-4절), 2) 하나님만이 인류의 구원이라는 것(5-9절), 3) 하나님의 구원의 은혜를 받기를 원한다는 것(10-12절)을 말한다.

"여호와의 종 다윗의 시, 인도자를 따라 부르는 노래"라는 말의 해석을 위해서 4편 표제를 참조하라.

1-4절. 인류가 하나님을 두려워하지 않기 때문에 언행이 악해졌다는 것을 말한다. 이 부분은 악인의 생태를 논한다. 1) 악인은 하나님을 두려워함이 없음(1절). 2) 악인은 죄에 무관심함(2절). 3) 악인은 거짓말을 함(3절). 4) 지혜와 선을 떠남(3절). 5) 침상에서 악을 꾀함(4절). 6) 불선한 길에 섬(4절). 7) 악을 싫어하지 않음(4절)이란 악의 7단계가 보인다(D.L. Moody).

시 36:1. <여호와의 종 다윗의 시, 인도자를 따라 부르는 노래> 악인의 죄가 그의 마음속으로 이르기를 그의 눈에는 하나님을 두려워하는 빛이 없다 하니(The transgression of the wicked saith within my heart , that there is no fear of God before his eyes-KJV. Transgression speaks to the wicked deep in his heart; there is no fear of God before his eyes-ESV)**.**

본 절의 "그의 마음에"라는 낱말이 사본들이나 역본들에 따라, 1) "나의 마음에"(לִבּוֹ)라고 진술하는 사본들과 역본들이 있고(고대 사본들, KJV, NIV, 개역판성경, Kay, Alexander), 2) "그의 마음에"(לִבִּי)라고 진술하는 역본들(LXX, Syriac, Arabian, RSV, ESV, 개역개정판,

Gesenius, Hoffmann, Luther, Delitzsch, 박윤선, 이상근)이 있다. 이 둘("나의 마음에"와 "그의 마음에") 중에 어느 말이 문맥을 더 분명하게 하느냐 하는 것을 보아야 할 것이다. 전자("나의 마음에")를 택하는 경우 "악인의 죄가 내 마음에 이르기를"이라는 말은 '그가 악인의 죄악을 볼 때에 자기 마음속에 깨닫는 것이 있다'는 의미가 된다. 이 깨달음은 그 악인이 하나님을 경외하지 않는다는 것이다. 우리가 남의 행위를 보고 그 사상을 추측할 수가 있다. 후자("그의 마음에")를 택하는 경우 "악인의 죄가 그의 마음에 이르기를"이란 말은 시인 다윗의 마음이 아니고 악인의 마음을 지칭한다. 그렇다면 본 절의 뜻은 그 악인의 죄가 그의 마음에 아첨하면서 하나님을 두려워할 것 없다고 말한다는 것이다. 후자가 문맥을 더 분명하게 하고 또 10:11; 14:1과도 잘 상통하며 또 더 많은 지지를 받고 있다.

시 36:2. 그가 스스로 자랑하기를 자기의 죄악은 드러나지 아니하고 미워함을 받지도 아니하리라 함이로다(For he flatters himself in his own eyes that his iniquity cannot be found out and hated-RSV, ESV).

본 절 초두의 이유 접속사(כִּי)는 앞 절에 말한바 악인이 하나님을 두려워하지 않는 이유를 본 절이 제공하고 있다. 즉, 다윗은 '이는 그가 자긍하기를, 자기 죄악이 드러나지 않을 것이고 미움을 받지도 않을 것이라고 장담하기 때문이다'라고 말한다. 사람이 하나님을 두려워하지 않는 이유는 악인의 마음속이 스스로에게 아첨하여 자기의 죄악이 드러나지 않을 것이고, 따라서 하나님으로부터 미움을 받지도 않을 것이라고 장담하기 때문이라는 것이다. 사람들은 한평생 아첨하고 산다. 그런고로 우리는 하나님께서 주신 계시의 말씀을 보면서 자기 마음속을 들여다보면서 경책을 받아야 할 것이다.

시 36:3. 그의 입에서 나오는 말은 죄악과 속임이라 그는 지혜와 선행을 그쳤도다.

다윗은 '악인의 입에서 나오는 말들은 죄악과 속임들 뿐이니, 악인은 지혜롭게 처신하거나 선을 행하기를 그만둔 것이다'라고 말한다. "그는 지혜와 선행을 그쳤도다"란 말은 '악인들은 지혜롭게 행하여 선하게 행하기는 그쳤다'는 것이다. 악인들은 지혜롭게 행하여 선하게 살기는 아주 중단해 버린 사람들이다. 그들은 하나님께 지혜를 구하지 않으니 지혜를 얻을 수도 없고, 따라서 선을 행할 의욕도 없고 힘도 없어진 것이다.

시 36:4. 그는 그의 침상에서 죄악을 꾀하며 스스로 악한 길에 서고 악을 거절하지 아니하는도다.

다윗은 '악인들은 잠자리에 누워서 죄를 지을 것을 계획하며 스스로 친히 악한 길로 들어서고 악을 행하기를 거절하지 않는다'고 말한다. 사실 "침상"이란 곳은 사람이 홀로 고요하게 자신의 죄를 반성하고 회개할 곳이다(4:4; 6:6). 그러나 악인들은 그 회개의 장소에서 오히려 어떻게 하면 범죄할까 하고 꾀한다는 것이다(이상근). 악인들에게 악을 행하기를 거절한다는 것은 큰 손해인 것이다.

5-9절. 하나님만이 인류의 구원이라는 것을 말한다.

시 36:5. 여호와여 주의 인자하심이 하늘에 있고 주의 진실하심이 공중에 사무쳤으며.

다윗은 '주님이시여! 주님의 인애가 하늘에 충만하고, 주님의 신실하심이 하늘에 충만합니다'라고 말한다. 인간의 사악함(1-4절)이 땅 위에 충만한 것을 말한 다윗은 하나님의 사랑과 신실하심이 하늘에 충만함을 말하여 날카롭게 대조하고 있다. 하나님은 "인자하시고 신실"하시다. 이 말은 아무리 강조해도 다 강조할 수 없는 말이다. 하나님은 사랑 때문에 인간을 구원하시고 또 신실하시기 때문에 범죄할 때 심판하시는 것이다.

시 36:6. 주의 공의는 하나님의 산들과 같고 주의 심판은 큰 바다와 같으니이

다 여호와여 주는 사람과 짐승을 구하여 주시나이다.

다윗은 '주님의 의로우심은 하나님의 산들과 같고 주님의 판결은 깊고 깊은 바다와 같아서 주께서 사람과 짐승을 보호하십니다'라고 말한다. 즉, 주님의 공의로우심은 하나님의 산들과 같아서 견고하시고 요지부동하시며, 주님의 판단하심은 깊은 바다와 같이 깊고 깊으셔서, 사람들과 짐승들을 살려주시고 보호하신다. 사람들과 짐승들을 살려주시고 보호하신다는 말은 하나님의 사랑의 현현(나타나심)을 보여주기도 한다.

시 36:7. 하나님이여 주의 인자하심이 어찌 그리 보배로우신지요 사람들이 주의 날개 그늘 아래에 피하나이다.

다윗은 '하나님이시여! 주님의 인애가 어찌 그리 보배로우신지요? 인생들이 주님의 날개 아래로 피합니다'라고 말한다. 본 절의 "날개 그늘"이란 말은 암탉이 자기 새끼를 펴서 자기 새끼들을 품어 외적의 침입을 면케 하고 또 따뜻함을 주고 위안을 주는 사실을 염두에 둔 말이다(17:8; 57:1; 63:7; 91:4; 신 32:11 등). 아무튼 주님의 인애가 얼마나 큰지는 말로는 다 표현할 수가 없다. 십자가의 사랑을 어떻게 다 묘사할 수 있을 것인가. 오늘 우리는 그 사랑의 날개 아래에서 매일 살고 있다.

시 36:8. 그들이 주의 집에 있는 살진 것으로 풍족할 것이라 주께서 주의 복락의 강물을 마시게 하시리이다.

다윗은 '하나님의 사랑 안에 거하는 사람들은 주님의 집에 있는 살진 것으로 풍족할 것이며, 주께서 그들로 큰 기쁨의 강물을 마시게 하십니다'라고 말한다. 하나님의 나라 혼인 잔치에는 "소와 살진 짐승을 잡고 모든 것을 갖추고 계신다"(마 22:4). "주의 복락의 강물"이란 주님께서 주신 은혜의 강수를 지칭한다(사 51:3; 55:1; 요 4:14; 7:37-38). 오늘 우리는 매일같이 은혜의 강수를 마시고 산다.

시 36:9. 진실로 생명의 원천이 주께 있사오니 주의 빛 안에서 우리가 빛을 보리이다.

본 절 초두에는 이유 접속사(כִּי)가 나와 있어 앞 절에 말한바 우리가 복락의 강수를 마시게 된 이유를 본 절이 말하고 있다. 즉, 다윗은 '참으로 생명 샘이 주님과 함께 있으며(신 30:20; 요 1:4), 주님의 빛 가운데서 우리가 빛을 보기 때문입니다'라고 말한다. 본 절의 "주의 빛"은 '모든 생명을 발생시키는 능력'을 가진다(요 1:4). 이 우주에 빛이 없었다면 생물들이 없었을 뻔했다. 그러므로 하나님께서 무엇보다 먼저 빛을 지으신 것이다(박윤선). 하여튼 여기서 시인 다윗은 생명(Life)을 빛(Light)과 일치시키고 있고 또 이 부분의 주제가 하나님의 사랑(Love)이므로 결국 "생명과 빛과 사랑"이 일치되어 있다. 그것은 요한복음의 그리스도론과 일맥상통한 것으로 본다(요 1:4; 6:57 주해 참조).

10-12절. 하나님의 구원의 은혜를 받기를 원한다는 것을 말한다.

시 36:10. 주를 아는 자들에게 주의 인자하심을 계속 베푸시며 마음이 정직한 자에게 주의 공의를 베푸소서.

다윗은 하나님을 향하여 '주님을 아는 자들(주님의 사랑을 따르는 자들)에게 하나님의 인자하심이 계속 임하게 하시며, 마음이 정직한 자들에게 주님의 공의가 함께 하시기'를 기도한다. 본 절의 "공의를 베푸소서"란 말은 '모든 억울한 것 가운데서 건져주시고 정의를 실시하여 주시라'고 구하는 기도이다.

시 36:11. 교만한 자의 발이 내게 이르지 못하게 하시며 악인들의 손이 나를 쫓아내지 못하게 하소서.

다윗은 '교만한 사람(하나님과 사람을 겸하여 무시하는 불경건한 자들)의 발이 내게 미치지 못하게 하시고, 악한 사람들의 손이 나를 내쫓지 못하게 하소서'라고 기도한다. 여기 악인은 아마도 압살롬(삼하 15:13-30)을 가리켰을 것이다(Olshausen, Hitzig, Rawlinson, 이상근).

시 36:12. 악을 행하는 자들이 거기서 넘어졌으니 엎드러지고 다시 일어날 수 없으리이다.

다윗은 '악을 행하는 사람들이 거기서 넘어졌으니, 그들이 엎어져 내팽개쳐져서 다시 일어날 수 없을 것입니다'라고 말한다. 여기 "거기서"란 말은 '주님께서 악인을 심판하시는 현장'을 의미한다. 여기 또 "넘어졌으니"란 말은 과거동사이지만 실상은 과거 시제가 아니라, 시인의 기도가 응답되어 그 원수가 패망할 것을 확신하는 의미에서 사용한 과거사이다. 리델보스(J. Ridderbos)는 이런 어법을 "확신 완료 시상"이라고 이름 붙였다(박윤선). 다윗은 악인의 발과 손이 다윗을 추격하고 추방하려는 바로 그 장소에서 넘어지고 엎드러져 멸망하여 다시 일어나지 못하게 해달라고 기도한 것이다. 이 기도는 다윗의 기도대로 압살롬에게 문자적으로 그대로 응답되었다. 다윗을 추격한 압살롬은 에브라임 숲에서 비참하게 죽고 다시 일어나지 못했다(삼하 16:9-15).

제 37 편 악인의 일시적인 번영을 보고 불평하지 말라

본편은 지혜문의 성격을 띠고 있는 시(詩)이다. 본 시편은 "섭리의 거울"(The Mirror of Providence)(Tertullian)이라 불리고 있다. 즉, "어찌하여 악인이 번영하고 선인이 고난을 받느냐"는 질문에 회답하는 시로 그것은 모두 일시적인 현상이고, 결국 악인은 멸망하고, 선인이 기업을 차지한다는 내용이다. 본편의 저자 다윗은 시 1편에서처럼 개인의 선행에 관한 보상에 대하여 말한다. 다윗은 신자가 현재에는 억울할지라도 훗날에 잘 될 것을 바라보고 인내와 신앙으로 살아야 할 것을 교훈한다.

본편의 내용은 1) 악인의 번영을 탐내지 말 것(1-11절), 2) 여호와는 악인을 심판하신다는 것(12-20절), 3) 여호와는 의인에게 복을 주신다는 것(21-31절), 및 악인은 망하고 의인은 구원받는다는 것(32-40절)을 진술한다. "다윗의 시"란 말에 대해 27편 주해를 참조하라.

1-11절. 악인의 번영을 탐내지 말라.

시 37:1. <다윗의 시> 악을 행하는 자들 때문에 불평하지 말며 불의를 행하는 자들을 시기하지 말지어다.

다윗은 '악을 행하는 자들(파괴적인 행위를 일삼는 사람들)이 아무리 번영한다 해도 그것 때문에 마음에 불평하지 말고, 불의를 행하는 자들(불법적인 일을 계획하고 계속해서 저지르는 자들)이 잘되는 듯해도 시기하지 말라'고 경고한다. 포로기의 하박국이 악인들이 번영하고 잘 되는 듯해서 불평하고 시기했던 것이다. 하박국은 악인이 의인을 박해하는데 대하여 하나님을 향해서 이것이 어찌된 일이냐고 문제를 제기했을 때(합 1 장), 하나님의 응답은 "의인은 믿음으로 살아야 한다"고 답해 주셨다(합 2:4). 우리는 하나님을 믿는 믿음으로 살아야 할 것이다.

시 37:2. 그들은 풀과 같이 속히 베임을 당할 것이며 푸른 채소 같이 쇠잔할 것임이로다.

본 절 초두에는 이유 접속사(כִּי)가 있어 악을 행하는 자들과 불의를 행하는 자들 때문에 불평하거나 시기하지 말라는 이유가 본 절에 제시되고 있다. 즉, 다윗은 하박국의 질문을 받고 '그들은 풀처럼 삽시간에 시들고 푸성귀처럼 금방 스러지기 때문에 그들을 불평하거나 시기하지 말라'고 말한다. 금방 인생 망칠 사람들이 잠시 잘 된다고 해서 불평하고 시기할 이유가 없는 것이다.

시 37:3. 여호와를 의뢰하고 선을 행하라 땅에 머무는 동안 그의 성실을 먹을거리로 삼을지어다.

다윗은 '여호와께 매달려 선을 행하며 살아라. 이 땅에 살면서 하나님의 성실을 먹을거리로 알고 살라'고 답한다. 이 땅의 "선"이란 '여호와께 매달려 사는 것'이지 여호와께 매달리는 선이 아니면 진정한 선이라고 말할 수가 없다. 그리고 "그의 성실을 먹을거리로 삼을지어다"란 말은 '하나님의 성실한 사상으로 만족하라'는 뜻이다. 다시 말해 '땅 위에서 하나님께서 보장해주시는 안전 속에서 기쁨을 누리고 살라'는 뜻으로 보아야 한다. 실로 하나님의 언약에 따라 당신의 백성을 끝까지 버리지 아니하시고 지키시는 그 분의 성실하심이 우리 성도들의 가장 안전하고 확실한 복인 것이다(애 3:23).

시 37:4. 또 여호와를 기뻐하라 그가 네 마음의 소원을 네게 이루어 주시리로다.

다윗은 '여호와를 의뢰할 뿐만(3절) 아니라 본 절에서 여호와를 기뻐하라고 말한다. 하나님을 기뻐하는 신앙은 하나님을 의뢰하는 신앙보다 한층 더 성장한 신앙이다. 그것은 하나님의 뜻을 자기의 뜻과 같이 여기는 생활 단계로 나아간 신앙이다. 세상의 부귀영화를 기뻐하지 말고 여호와를 의뢰하고 기뻐할 때에 하나님은 그의 마음의 소원을 이루어 주신다'고 말한다.

시 37:5. 네 길을 여호와께 맡기라 그를 의지하면 그가 이루시고.

다윗은 '네 길(신자의 모든 염려되는 일들과 알 수 없는 앞길)을 여호와께 맡기라. 맡기고 여호와를 의뢰하면 여호와께서 다 이루어주신다'고 말한다. 우리의 모든 문제들을 여호와께 맡기면 하나님께서 그 문제들을 맡아 기쁨으로 선처해 주신다. 우리가 우리의 모든 짐을 여호와께 맡기고 나면 우리 마음이 얼마나 가벼운지 모른다.

시 37:6. 네 의를 빛 같이 나타내시며 네 공의를 정오의 빛 같이 하시리로다.

다윗은 우리의 짐을 여호와께 맡기면(5절) 그 결과로 '우리가 여호와께 우리의 짐을 맡긴 것을 우리가 잘한 의(義)같이 여기시고 우리의 의를 빛같이 나타내시며 우리가 한 의로운 일을 정오의 빛 같이 하실 것이라'고 말한다. 우리가 모든 짐을 여호와께 맡긴다는 것이 하나님을 얼마나 기쁘시게 하는지 모른다.

시 37:7. 여호와 앞에 잠잠하고 참고 기다리라 자기 길이 형통하며 악한 꾀를 이루는 자 때문에 불평하지 말지어다.

다윗은 '여호와께 우리의 짐을 맡긴(5절) 다음에는 잠잠하고 기다리라. 자기의 길이 형통하며 악한 꾀를 이루는 자 때문에 불평하지 말라'고 말한다. 악인의 번영은 일시적으로 끝나는 것이니 불평하지 말라는 것이다. 여호와께서 우리의 소원을 이루어 주실 것이니 그 때까지 참고 기다리라는 것이다(72:5-12).

시 37:8. 분을 그치고 노를 버리며 불평하지 말라 오히려 악을 만들 뿐이라.

다윗은 '화를 내지 말고 분노를 가라앉혀라. 불평하지 말라. 이렇게 하면 자신에게 해로울 뿐이라'고 말한다. 악인의 형통을 볼 때 노여워하지 말고 불평하지 말라는 것이다. 그런 악을 떠나는 일은 쉽지 않은 일이니 그런 악을 떠나기 위하여 성령 충만을 구해야 한다. 다시 말해 그런 악들이 우리의 인격을 주장하지 못하게 하려면 성령께서 우리를 주장하게 해야 하는 것이다.

시 37:9. 진실로 악을 행하는 자들은 끊어질 것이나 여호와를 소망하는 자들은 땅을 차지하리로다.

본 절 초두에는 이유를 말해주는 접속사(כִּי)가 나타나 앞 절에 말한바 불평하지 말아야 하는 이유를 본 절이 제공하고 있다. 즉, 다윗은 '악을 행하는 자들은 끊어질 것이나, 여호와를 바라는 사람들은 땅을 차지할 것이기 때문에 불평하지 말아야 한다'고 말한다. 여호와를 의뢰하고 그 은총을 기다리는 자(3, 5절)가 결국은 번영하여 땅을 차지하게 되는 것이다. 다시 말해 하나님의 자녀로서 내세의 기업을 누린다는 것이다.

시 37:10. 잠시 후에는 악인이 없어지리니 네가 그 곳을 자세히 살필지라도 없으리로다.

다윗은 '조금 후에는 악인들이 없어질 것이니, 네가 그들이 있던 자리를 살펴도 그들은 없을 것이라'고 말한다. 그런고로 우리는 악인들이 일시적으로 번영하는 것을 시기해서는 안 될 것이다.

시 37:11. 그러나 온유한 자들은 땅을 차지하며 풍성한 화평으로 즐거워하리로다.

다윗은 '앞 절(10절)에 진술한 바와 같이 악인들은 잠시 후에 없어질 것이지만 온유한 자들(여호와를 기대하며 묵묵히 기다리는 온유한 자들)은 실제로 땅을 차지하게 되며 결국은 내세의 기업을 차지하게 되는 것이다. "풍성한 화평으로 즐거워할 것이라"는 말은 '온유한 자는 하나님만 소망하고 하나님으로만 만족하는 자인만큼 그의 심령은 늘 즐겁고 평화롭다는 것'이다. 이렇게 온유한 자(의인)가 늘 평강을 누리는 이유는 1) 의인은 하나님의 택한 자인만큼 하나님께서 함께 하시는 까닭이며, 2) 하나님은 의의 편에 계시어 늘 구원의 역사를 이루시기 때문이다(잠 28:1 참조).

12-20절. 여호와께서는 악인을 심판하신다.

시 37:12. 악인이 의인 치기를 꾀하고 그를 향하여 그의 이를 가는도다.

본 절은 악인이 하는 일들을 드러낸다. 악인은 의인 치기를 꾀하고, 또 의인을 향하여 이를 간다는 것이다. 악인은 아무런 연고 없이 의인 치기를 꾀하는 것이다.

시 37:13. 그러나 주께서 그를 비웃으시리니 그의 날이 다가옴을 보심이로다.

그러나 주님께서 악인이 의인 치는 것을 보시고 비웃으실 것이고, 악인이 끝장나는 날이 다가옴을 보신다는 것이다. 분명 악인들 자신은 잠시 후에 하나님의 심판을 받아 없어지고 마는 것이다(2, 9, 10절).

시 37:14. 악인이 칼을 빼고 활을 당겨 가난하고 궁핍한 자를 엎드러뜨리며 행위가 정직한 자를 죽이고자 하나.

본 절도 역시 악인들이 하는 일들(12절)을 드러낸다. 즉, 다윗은 '악인들이 칼을 뽑아 들고 또 그 활의 시위를 당기며 가난한 사람과 비천한 사람들을 쓰러뜨리고 행위가 올바른 사람들을 죽이려한다'고 말한다. 악인들은 무기들(칼과 활)을 가지고 가난하고 궁핍한 자들을 엎드러뜨리며 행위가 정직하게 사는 의인들을 죽이려고 한다는 것이다. 다윗은 이 시를 쓰면서 사울이나 압살롬이 자신을 죽이기 위해 무장한 군인들과 함께 자신을 찾아다닌 것을 연상했을 것이다(삼상 23:8, 14; 24:2; 26:2; 삼하 17:24-26; 18:6-8).

시 37:15. 그들의 칼은 오히려 그들의 양심을 찌르고 그들의 활은 부러지리로다.

다윗은 앞 절의 악인들이 행한 일들이 자기 자신들의 양심을 찌르고 또 자신들이 사용하려던 활은 부러질 것이라고 한다. 예수님께서는 "칼을 쓰는 자는 칼로 망한다"고 하셨다(마 26:52). 앞으로의 세계도 무기로 망할 것을 알아야 할 것이다.

시 37:16. 의인의 적은 소유가 악인의 풍부함보다 낫도다.

다윗은 '의인이 가지고 사는 소유물이 적어도, 악인들이 풍성하게 가지고 호화롭게 사는 것보다 낫다'고 말한다. 진정한 생명은 소유의 넉넉한데 있지 않고(눅 12:15) 의를 소유함에 있다는 것을 말하는 것이다.

시 37:17. 악인의 팔은 부러지나 의인은 여호와께서 붙드시는도다.

본 절 초두에는 이유 접속사(כִּי)가 나타나 "의인의 적은 소유가 악인의 풍부함보다 나은"(앞 절) 이유를 제공한다. 즉, 다윗은 '악인의 팔은 여호와의 팔에 의해 맥을 추지 못하고 부러지나(15절; 10:15) 의인은 여호와께서 붙들어 주시니 온전하게 서서 번창하게 되기 때문이라'고 말한다. 성도들은 세상에 사는 동안 하나님을 배경삼고 걱정 없이 살아야 한다.

시 37:18. 여호와께서 온전한 자의 날을 아시나니 그들의 기업은 영원하리로다.

다윗은 '여호와께서 흠 없는 사람(순전한 사람, 즉 여호와를 의지하고 그 뜻을 행하는 사람)의 일상생활을 익숙하게 아시는 중 참 신자에게 복을 주시니 참 신자의 유업(소유물)은 영원히 다함이 없을 것이라'고 말한다. 본 절의 "날"(יְמֵי)이란 말은 '날들'이란 뜻으로 '평생의 날들' 혹은 '일상생활'이란 뜻이다. 그리고 "기업"(נַחֲלָתָם)이란 말은 '순전한 사람이 살며 즐기면서 사는 소유물'을 지칭한다. "기업이 영원하다"는 말은 '소유물이 다함이 없다'는 뜻이다. 하나님께서 참 신자의 삶을 돌보아 주시니 '소유물이 부족하지 않고 만족하게 살게' 하신다. 성도들은 한 세상 사는 동안 소유물이 부족하지 않고 족하게 사는 것을 알고 탐내어 살 필요가 전혀 없는 것이다. 죄를 지으며 살 필요가 있는가.

시 37:19. 그들은 환난 때에 부끄러움을 당하지 아니하며 기근의 날에도 풍족할 것이나.

다윗은 '온전한 자들, 즉 순전한 신자들은 사회적인 환난이 닥쳐도 낭패를 당하지 않고 부끄러움을 당하지 아니하며(고후 4:8-9), 세상에 기근의 날들이 닥쳐와도 풍족하게 지내게 된다'고 말한다. 본 절의 "부끄러움을 당하지 아니한다"는 말은 '패배를 당하지 아니한다' 혹은 '낭패를 당하지 아니한다'는 뜻으로 사회적으로 각종 환난이 닥쳐도 그 환난 때문에 부끄러운 일을 만나지 않는다는 뜻이다. 그것은 하나님의 도움 때문이다. 그리고 "풍족하다"는 말은 '족하다'는 뜻이다. 세상에 기근이 닥쳐도 참 신자들은 하나님의 도움으로 만족하게 살게 되는 것이다.

시 37:20. 악인들은 멸망하고 여호와의 원수들은 어린 양의 기름 같이 타서 연기가 되어 없어지리로다.

본 절 초두에는 이유 접속사(כִּי)가 나타나 본 절이 앞 절의 이유를 밝히고 있다. 즉, 다윗은 '온전한 자와는 반대로 악인들(여호와의 원수들, 성도들의 원수들)은 멸망하고 여호와의 원수들은 어린 양의 기름이 타버리듯 타서 연기가 되어 사라지고 말게 된다'고 말한다. 환난 때에 악인은 무엇을 믿고 위로를 얻으며 살 수 있으랴(박윤선).

21-31절. 여호와께서는 의인에게 복을 주신다. 의인은 여호와의 복을 받아 그 자손들까지도 궁핍함이 없다는 것이다.

시 37:21. 악인은 꾸고 갚지 아니하나 의인은 은혜를 베풀고 주는도다.

악인은 원래 부요했었으나(16절), 하나님으로부터 복을 받지 못해 가난하게 되어 남에게 꾸는 신세가 되는데 그런데 문제는 남에게 꾸고는 갚을 것이 없어서 갚지 못하고 살아간다는 것이다. 그러나 의인(참 성도들)은 별로 많은 돈은 없지만 하나님으로부터 복을 받아 남들에게 은혜를 베풀고 주면서 산다는 것이다(신 15:6; 28:12, 44).

시 37:22. 주의 복을 받은 자들은 땅을 차지하고 주의 저주를 받은 자들은 끊어지리로다.

다윗은 '주님의 복을 받은 사람들은 땅을 차지하지만 주님의 저주를 받은 자들은 끊어질 것이라'고 말한다. 인간이 잘 되고 못되는 것은 결국 하나님께 달려 있는 것이고 인간에게 달려 있는 것이 아니다. 그런고로 우리는 자기의 수완을 믿지 말고 하나님을 믿어야 할 것이다.

시 37:23. 여호와께서 사람의 걸음을 정하시고 그의 길을 기뻐하시나니.

다윗은 '여호와께서 참 성도의 걸음걸이를 정하시고 그대로 인도하시며 성도의 가는 길을 기뻐하신다'고 말한다. 본 절의 "사람"이란 말은 '성도'란 뜻이다. "그의 길을 기뻐하시나니"란 말은 '하나님의 뜻을 따라 사는 성도의 가는 길을 기뻐하신다'는 뜻이다. 우리가 하나님께서 인도하시는 대로만 따라가면 큰 복을 받는 것이다.

시 37:24. 그는 넘어지나 아주 엎드러지지 아니함은 여호와께서 그의 손으로 붙드심이로다.

다윗은 '참 성도는 넘어지기도 하나 아주 일어나지 못할 정도로 넘어지지는 아니하고 다시 일으킴을 받는다. 이유는 여호와께서 그의 손으로 참 성도를 붙드시기 때문이라'고 말한다. 성도는 넘어져도 결코 영원히 넘어져 있지는 않는다. 다시 일어나게 된다. 성도에게는 영원한 실패는 없다.

시 37:25. 내가 어려서부터 늙기까지 의인이 버림을 당하거나 그의 자손이 걸식함을 보지 못하였도다.

다윗은 '내가 유년 시절부터 늙기까지 의인(성도)이 하나님으로부터 버림을 당하거나 그의 자손이 걸식하는 일을 보지 못했노라'고 말한다. 여기 다윗이 "늙기까지" 관찰한 것을 기록한 것을 보면 본 시편은 다윗이 늙어서 쓴 시임이 분명하다. 의인(참 성도)은 결코 버림을 당하거나 걸식하지 않도록 하나님께서 돌보시니 성도들은 세상에서 살면서 물질 모으느라 혈안이 될 것이 아니라 바로 살기를 노력해야 한다.

시 37:26. 그는 종일토록 은혜를 베풀고 꾸어 주니 그의 자손이 복을 받는도다.

다윗은 '의인(참 성도)이 종일토록 남들에게 은혜를 베풀고 꾸어주니 그의 자손이 하나님으로부터 복을 받아 번영한다'(25:13; 102:28; 112:2)고 말한다. 우리는 은혜를 베푸는 일에 최선을 다해야 할 것이다.

시 37:27. 악에서 떠나 선을 행하라 그리하면 영원히 살리니.

다윗은 '의인들(성도들)은 악에서 떠나 선(남에게 베푸는 일)을 행하라. 그리하면 영원히 잘 되고 번영할 것이다'고 말한다. 악인들의 번영이란 금방 끝나는 것이지만(2, 9절), 선을 행하는 사람은 자자손손이 복을 받게 되는 것이다.

시 37:28. 여호와께서 정의를 사랑하시고 그의 성도를 버리지 아니하심이로다 그들은 영원히 보호를 받으나 악인의 자손은 끊어지리로다.

본 절 초두에는 이유를 말하는 접속사(yKi)가 나와 있어 의인이 '악에서 떠나 선을 행해야 할'(앞 절) 이유를 본 절이 말하고 있다. 즉, 다윗은 '여호와께서 공평(공의로운 심판)을 사랑하시며(11:7; 33:5; 99:4; 103:6), 경건한 자들을 버리지 아니하시기 때문이다'고 말한다. 그리고 다윗은 '경건한 자들은 영원히 보호를 받으나 악인들의 후손은 끊어질 것이다'고 말한다.

시 37:29. 의인이 땅을 차지함이여 거기서 영원히 살리로다.

다윗은 '의인은 땅을 차지하여 거기서 영영히 살 것이다'(3, 9, 11, 18, 22, 28, 34절; 잠 2:21)라고 말한다. "의인이 땅을 차지한다"하는 말은 1) 물질적 생활 안정을 얻는다는 뜻이고, 2) 하나님의 품속에서 영구히 보호를 받는다는 뜻이며, 3) 마음속에 평안을 누린다는 의미도 가진다(Calvin, 박윤선). 이 사상은 구약과 성경 전체의 기본 사상이다. 다윗은 이 기본 사상을 강조한다(이상근).

시 37:30. 의인의 입은 지혜로우며 그의 혀는 정의를 말하며.

다윗은 '의인은 입으로 지혜를 말하고 그의 혀로는 공평을 말한다'고 한다. 잠언에서는 "지혜"가 '신앙' 또는 '의'의 대명사로 취급되고 있다. 의인의 마음에 있는 의가 입을 통해 밖으로 나오는 것은 자연스러운 일이다(이상근).

"의인의 혀는 정의를 말한다"는 말은 '의인의 혀는 하나님 말씀에 적합한 정직함과 선함을 말한다'는 뜻이다. 따라서 본 절은 하나님을 경외하는 자는 그 혀로 하나님을 모독하는 말이나 거짓된 말을 하지 아니하며 경건하고 정직한 말을 한다는 것이다.

시 37:31. 그의 마음에는 하나님의 법이 있으니 그의 걸음은 실족함이 없으리로다.

다윗은 '의인의 마음에는 의(義)와 하나님의 율법이 새겨져 있으니(11:8; 119:11; 신 6:6) 그의 발걸음이 미끄러지지 아니한다'고 말한다. 여기 하나님의 율법이 의의 기초인 것임을 알 수 있다. 의인의 걸음, 즉 행동은 하나님의 법을 따라 행하는 것이므로 실족함이 없는 것이다. 이처럼 의인의 마음에 새겨진 의는 입으로 나타나고, 하나님의 법으로 그 걸음에서 나타나는 것이다.

32-40절. 여호와는 악인은 망하게 하고 의인을 구원하신다.

시 37:32-33. 악인이 의인을 엿보아 살해할 기회를 찾으나 여호와는 그를 악인의 손에 버려두지 아니하시고 재판 때에도 정죄하지 아니하시리로다.

다윗은 '악인이 의인을 엿보아 그를 살해할 기회를 찾으나 여호와는 의인을 악인의 손에 버려두지 아니하시며, 재판 때에도 그를 정죄하지 않으실 것이다'라고 말한다. 악인은 의인을 싫어하고 미워한다. 그리고 의인을 해칠 기회를 늘 엿본다. 사단이 그렇게 시킨 결과이다. 그러나 여호와께서는 의인을 악인의 손에 버려두지 아니하시고 재판이 열릴 때에도 하나님께서는 의인을 정죄하지 않으신다(롬 8:1). 랑게(Lange)는 "성도를 박해하는 악인의 손이 길다 할지라도, 성도를 구원하시는 하나님의 손은 그들의 손보다 더욱 길고 군세다"라고 말한다.

시 37:34. 여호와를 바라고 그의 도를 지키라 그리하면 네가 땅을 차지하게

하실 것이라 악인이 끊어질 때에 네가 똑똑히 보리로다.

다윗은 '여호와를 기대하고 여호와의 도(여호와의 율법)를 지키라고 권한다. 그렇게 하면 의인(성도)이 땅을 차지하게 하실 것이다. 하나님께서 악인을 멸절시키고 없애버리실 때 그것을 의인이 똑똑하게 보게 될 것이라'고 말한다.

본 절의 "네가 땅을 차지하게 하실 것이라"는 말에 대하여 29절 주해를 참조하라. 그리고 "악인이 끊어질 때에 네가 똑똑히 보리로다"라는 말은 악인들은 확실하게 멸망한다는 것과 그들의 멸망이 먼 장래의 일이 아니고 아주 가까운 장래의 일이라는 것이다. 이렇게 아주 가까이 그런 일이 생기는 이유는 여호와께서 성도들로 하여금 똑똑히 보게 하시기 위함이다.

시 37:35-36. 내가 악인의 큰 세력을 본즉 그 본래의 땅에 서 있는 나무 잎이 무성함과 같으나 내가 지나갈 때에 그는 없어졌나니 내가 찾아도 발견하지 못하였도다.

다윗은 '내가 악인의 큰 세력을 본즉 그 본래의 땅에 서 있는 푸른 나무같이 번성한 채 서 있었으나 내 자신이 그 곁을 지나는 길에 살펴보니 그 악인이 없어져서 내가 그 악인이 어떻게 되었는가를 자세히 살펴보아도 발견할 수 없었다'고 말한다.

35절과 36절은 악인의 번영은 잠시의 현상이라는 것을 말한다. 그들이 얼핏 보기에는 마치 의인의 번성함 같이 천년만년이 갈 것 같이 보이지만 하나님께서 그들을 아주 단시간 내에 없애 버리신다는 것이다. 악인들이 없어지는 것은 이렇게 잠시일 뿐 아니라 하나님께서 그들의 자취까지도 없애버리신다는 것이다.

시 37:37. 온전한 사람을 살피고 정직한 자를 볼지어다 모든 화평한 자의 미래는 평안이로다.

다윗은 '온전한 사람을 지켜보고 올바른 사람을 살펴보아라. 결국은 이런 사람에게 평화가 있을 것이다'라고 말한다. "온전한 사람"(순전하여 간사하지 않은 사람)과 "올바른 사람"(하나님 앞에서 바른 사람)은 같은 사람으로 '의인', '성도'들을 지칭한다. 이들을 살펴보고 지켜보라고 말하는 이유는 이들은 악인들(35-36절)과는 달리 "화평하고" 평안하게 사는 것을 하나님께서 보여주시니 이들을 본받아 살라는 뜻이다.

시 37:38. 범죄자들은 함께 멸망하리니 악인의 미래는 끊어질 것이나.

본 절은 앞 절과는 다른 사상을 전개한다. 즉, 범죄자들은 함께 멸망한다는 것이고, 악인의 미래는 끊어진다는 것이다. 한마디로 멸망해서 끊어지는 것이다(1, 9, 10, 15, 20, 34절; 암 4:2; 9:1; 겔 23:25 참조).

시 37:39. 의인들의 구원은 여호와로부터 오나니 그는 환난 때에 그들의 요새이시로다.

본 절은 의인들의 구원은 여호와께 있다(3:8; 68:20)는 것과 여호와는 환난 때에 의인들의 산성(18:1; 46:1)이 되신다는 것을 말한다. 결국은 하나님께서 성도들을 구원해 주신다는 것을 말씀한다.

시 37:40. 여호와께서 그들을 도와 건지시되 악인들에게서 건져 구원하심은 그를 의지한 까닭이로다.

본 절은 여호와께서 의인들을 도와 구원하시는 이유를 말한다. 여호와께서 성도들을 구원하시는 이유는 그들이 여호와를 의지하기 때문이라는 것이다. 본 시편은 성도들이 여호와를 의지해야 할 것을 강조한다.

제 38 편 원수의 조롱을 받던 자가 깊은 죄책감으로 회개하며 주님을 바라보다

본편은 일곱 개의 회개 시(6, 32, 38, 51, 101, 131, 143편) 중에 셋째로 교회에서는 4순절(Lent) 주간, "재의 수요일(Ash Wednesday)"에 낭독되었다. 저작 시기는 압살롬의 반란 조금 이전으로 보이며(Delitzsch, Cook), 그 때 다윗은 고통(질병의 고통, 친구들이 배반하고 떠날 때 느끼는 고통, 원수들의 박해의 고통 중 하나) 들 중의 하나에 시달린 것으로 보인다.

본편의 내용은 1) 고난 중에서의 회개(1-10절), 2) 친구의 배반으로 인한 고통(11-15절), 3) 구원의 애원을 소원한 시(16-22절)이다. 시인 다윗은 자기가 당하는 고통을 자기의 죄로 인하여 당하는 하나님의 징계로 알고 고요히 참았고(1-3절, 18절), 소망을 하나님께 두었으며(15절), 하나님께 구원을 부탁했다(21-22절). 시인 다윗이 당한 고통스러운 처지는 사 50장과 53장에 기록된 “여호와의 종”의 고난과 유사한 점들이 있다(사 53:3, 4, 5, 7-9). 그러나 이 시편 저자의 것은 자기 죄 때문이고, 이사야서의 “여호와의 종”의 고난은 남들의 죄 때문이다. “다윗의 기념하는 시”란 말은 화제(火祭)를 바쳐 하나님의 마음에 기념케 함이란 뜻(레 24:7)으로, 후대에 가서 기념화제 때 이 시를 낭독한데서 생긴 표제로 본다(이상근).

1-10절. 고난 중에서의 회개.

시 38:1. <다윗의 기념하는 시> 여호와여 주의 노하심으로 나를 책망하지 마시고 주의 분노하심으로 나를 징계하지 마소서(O LORD, rebuke me not in your anger, nor chasten me in your wrath!-ESV)**.**

본편은 편의 회개 시(6:1-3)의 시작과 아주 비슷하다. 즉, 다윗은 ‘주님이시여! 주님의 분노로 나를 책망하지 마시고, 주님의 진노로 나를 벌하지 말아 주십시오’라고 기도한다. 다윗은 자기 죄 때문에 당하는 벌을 면하려 하지는 않고 다만 주님께서 무서운 분노로 벌하시지 않기를 소원한다. 우리 성도는 회개할 때에 죄에 대한 책임감을 느끼고 자기의 죄 값을 받음이 당연한 줄 알아야 할 것이다. 삭개오도 그렇게 회개했고(눅 19:8), 십자가에 달렸던 한 강도도 그렇게 회개했다(눅 23:41, 박윤선).

시 38:2. 주의 화살이 나를 찌르고 주의 손이 나를 심히 누르시나이다.

본 절의 "주의 화살"이란 말과 "주의 손"이란 말은 동의어로 사용되었다. "찌르고"란 말과 "심히 누르시나"라는 말도 동의어로 사용되었다. 본 절의 "주의 화살"이란 말은 성경에 자주 나타나는 낱말(7:13; 18:14; 45:5; 64:7; 77:17)로 사용되어 '질병'(욥 6:4), '기근'(겔 5:16), 일반적 재난(신 22:23) 등을 지칭한다. 본문의 경우 질병을 지칭하는 것으로 보인다(Hitzig, Alexander, Delitzsch, Lange, 박윤선, 이상근). 그의 신병은 아주 위중했던 것으로 본다.

시 38:3. 주의 진노로 말미암아 내 살에 성한 곳이 없사오며 나의 죄로 말미암아 내 뼈에 평안함이 없나이다.

다윗은 '주님의 노여움으로 말미암아 내 살에 성한 곳을 찾아볼 수 없으며, 나의 죄 때문에 내 뼈에 평안함이 없습니다'라고 말한다. 시인 다윗은 중병에 걸려 아프지 않은 곳이 없었다. 다윗은 자신의 육체적인 병과 죄를 연관시키고 있다(6:2; 22:14; 31:10; 42:10).

시 38:4. 내 죄악이 내 머리에 넘쳐서 무거운 짐 같으니 내가 감당할 수 없나이다(For my iniquities have gone over my head; like a heavy burden, they are too heavy for me-ESV).

본 절 초두에는 이유 접속사(כִּי)가 있어 본 절이 전 절의 이유를 말하고 있다. 즉, 다윗은 '내 죄악이 내 머리에 넘쳐서 무거운 짐처럼 내게 너무 무겁기 때문입니다'라고 고백한다. "내 죄악이 내 머리에 넘쳤다"는 말은 홍수의 비유로 자기의 죄악이 홍수가 난 것처럼 넘쳐서 자기 자신이 그 홍수에 수몰되고 말았다는 뜻이다. 인류는 누구든지 죄악의 홍수에 빠져서 자기 힘으로는 빠져 나올 수가 없어서 예수님께서 오셔서 십자가에서 대속의 피를 흘려주신 것이다.

시 38:5. 내 상처가 썩어 악취가 나오니 내가 우매한 까닭이로소이다.

다윗은 '내 상처가 곪아터져 악취가 나니, 나의 어리석은 까닭입니다'라고 고백한다. 여기 다윗의 "내 상처가 썩었다"고 묘사한 것은 다윗이 징벌을 받은 지 벌써 오래 되었다는 것을 뜻한다. 다윗은 자신의 상처가 썩어서 악취가 나오고 있는데 그것은 그가 우매한 까닭이라는 것이다. 다윗은 자기의 상처가 썩어서 그 상처에서 악취가 나게 된 것은 자기의 "우매"(foolishness-어리석음) 때문이라고 말했는데 이는 자기가 우매해서 죄를 저질렀기 때문이라는 것을 말한 것이다.

시 38:6. 내가 아프고 심히 구부러졌으며 종일토록 슬픔 중에 다니나이다(I am utterly bowed down and prostrate; all the day I go about mourning-RSV, ESV).

다윗은 '내가 완전히 구부러져서 심히 힘을 잃고, 종일토록 울며 다니고 있습니다'라고 말한다. "내가 아프고 심히 구부러졌다"는 말은 '통회자가 전혀 교만하지 않고 완전히 겸비해진 것'을 말한다. 그리고 "종일토록 슬픔 중에 다닌다"는 말은 '온종일 슬퍼하는 중에 다닌다'는 뜻으로 회개자의 철저한 회개를 보여주는 말이다.

시 38:7. 내 허리에 열기가 가득하고 내 살에 성한 곳이 없나이다.

본 절 초두에는 이유를 말하는 접속사(כִּי)가 있어 본 절이 전 절의 이유를 드러내고 있다. 즉, 다윗은 '참으로 내 허리는 열기로 가득 찼으며, 내 살에는 성한 데가 없기 때문입니다'라고 말한다. 허리가 너무 아파 타는 것 같은 느낌이고, 전신이 상하여 성한 곳이 없다는 것이다. 하나님께서 징벌하실 때에는 이렇게 전신에 문제가 생기기도 하는 것이다.

시 38:8. 내가 피곤하고 심히 상하였으매 마음이 불안하여 신음하나이다(I am feeble and crushed; I groan because of the tumult of my heart-ESV).

다윗은 '내가 기력이 쇠하고 심히 상하였으니, 내 마음이 신음하며 울부짖습니다'라고 말한다. 본 절의 "마음이 불안하다"는 말은 '죄악 때문에 마음이 불안하다'는 뜻이다. 성도는 자기 죄의식 때문에 당하는 고통을 모든 고통들 중에 제일 아픈 것으로 느낀다. 이렇게 죄 감에서 불안하여 견디지 못하는 자도 만세 반석이신 그리스도에게 가면 사죄를 받아 그 심령이 안정되고 영원토록 요동하지 않게 된다(박윤선).

시 38:9. 주여 나의 모든 소원이 주 앞에 있사오며 나의 탄식이 주 앞에 감추이지 아니하나이다.

다윗은 '주님이시여! 내 모든 소원은 주님 앞에 있사오며, 내 탄식 소리는 주님께 숨겨지지 아니하고 훤히 비춰집니다'라고 고백한다. 다윗은 자신의 죄를 사하시는 분도 주님이시고, 그의 육체의 질병을 고치시는 분도 오직 주님이신 것을 고백하며 부르짖는다. 그리고 다윗이 "나의 탄식이 주 앞에 감추이지 아니했다"고 말한 것은 '육신과 영혼의 고통 때문에 탄식하는 탄식이 주님 앞에 감추이지 않고 훤히 드러났다'는 뜻이다.

시 38:10. 내 심장이 뛰고 내 기력이 쇠하여 내 눈의 빛도 나를 떠났나이다.

본 절은 전 절의 탄식을 더 설명한다. 즉, 다윗은 '내 심장이 두근거리고 내 기력이 쇠약해졌으며 내 눈의 빛도 나를 떠났습니다'라고 고백한다. "심장이 뛴다"는 말은 '심장이 심하게 흥분되어 있고, 기력이 다 빠진 상태'를 말한다. 그리고 "내 눈의 빛도 나를 떠났다"는 말은 '체력이 완전히 소진된 것'을 묘사하는 말이다. 사람의 체력이 완전히 소진되면 결국 눈빛이 떠난다.

11-14절. 친구의 배반으로 인한 고통. 친구는 고통의 시기에 위로를 해 주어야 하는 신분이지만 위로는 하지 않고 배반하니 그 아픔이 아주 심한 것이다.

시 38:11. 내가 사랑하는 자와 내 친구들이 내 상처를 멀리하고 내 친척들도

멀리 섰나이다.

다윗은 '내 사랑하는 사람과 친구들이 나의 재앙을 멀리하고, 내 친척들도 내게서 멀리 섰습니다'라고 고백한다. 배신을 당하는 당사자는 참으로 기가 막힌 심정이 되는 것이다. 멀리 하는 친구들과 친척들은 자기들이 무슨 일을 할 수 있으랴 하고 멀리 서서 추이를 지켜보고 있는 것이다.

시 38:12. 내 생명을 찾는 자가 올무를 놓고 나를 해하려는 자가 괴악한 일을 말하여 종일토록 음모를 꾸미오나.

본 절은 다윗의 원수들이 무슨 일을 했는지를 보여주고 있다. 그들은 다윗의 생명을 노리고 있는 자들이었는데 그들은 다윗을 골탕 먹이기 위해 "올무를 놓았다"는 것이다. "올무를 놓았다"는 말은 '사람을 죽이기 위해 덫을 놓은 것'을 뜻한다. 그리고 원수들은 "괴악한 일을 말했다". "괴악한 일을 말했다"는 말은 '다윗을 죽이기 위하여 괴팍한 말을 함부로 지껄인 것'을 뜻한다. 그리고 원수들은 "종일토록 음모를 꾸몄다". '종일토록 죽일 음모를 꾸민 것'을 뜻한다(35:20).

시 38:13. 나는 못 듣는 자 같이 듣지 아니하고 말 못하는 자 같이 입을 열지 아니하오니.

다윗의 생명을 죽이기를 꾀하는 자들이 다윗을 골탕 먹이기 위해 올무를 놓았고 괴팍한 말을 함부로 지껄였으며 종일토록 시간 가는 줄 모르고 음모를 꾸몄으나(앞 절) 다윗은 못 듣는 자같이 듣지 아니했고 또 말 못하는 자같이 입을 열지 않으면서 오로지 여호와만 바라보고 기도만 했다는 것이다. 이런 태도는 다윗만 아니라 이사야도 그랬고(사 50:4-9), 그가 예언한 고난의 메시아도 그랬다(사 53:7). 우리도 세상에서 병신처럼 살면서 여호와께만 기도해야 할 것이다.

시 38:14. 나는 듣지 못하는 자 같아서 내 입에는 반박할 말이 없나이다.

다윗은 '나는 원수들의 비방에 대해 듣지 못하는 사람 같이 되었고, 그 입에 항변할 말이 없는 사람같이 되었습니다'라고 말한다. 이 세상을 의지하는 사람들은 세인들의 조롱을 견디지 못하고 여러 가지로 반응한다. 그러나 하나님을 믿는 우리는 하나님만 바라보면서 기다린다. 우리는 때로 귀머거리 같기도 하고 때로는 벙어리 같기도 하다(마 5:39-41).

15-22절. 구원을 소원하다. 성도는 세상에서 여호와에게 적의 모략을 물리치시고 구원하여 주소서 하는 소원을 가지고 산다.

시 38:15. 여호와여 내가 주를 바랐사오니 내 주 하나님이 내게 응답하시리이다.

본 절 초두에는 이유를 말하는 접속사(כִּי)가 있어 본 절이 전 절의 이유를 제공하고 있다. 즉, 다윗은 '여호와시여! 내가 주님을 기다리니 내게 응답하소서, 내 주님 하나님이시여! 내게 응답하소서'라고 고백한다. 다시 말해 다윗이 세상에서 바보처럼 사는 이유는 오직 주님을 기다리기 때문이다. 우리가 세상에서 주님만 바라보고 바보처럼 살든지 아니면 주님을 바라보지 않고 떠들면서(좌충우돌하면서) 살든지 해야 할 것이다.

시 38:16. 내가 말하기를 두렵건대 그들이 나 때문에 기뻐하며 내가 실족할 때에 나를 향하여 스스로 교만할까 하였나이다.

본 절 초두에도 이유를 말하는 접속사(כִּי)가 있어 본 절이 앞 절의 이유를 제공한다. 다시 말해 다윗은 앞 절에서 말한바 하나님께서 다윗의 기도에 응답하셔야 할 이유를 본 절에서 말한다. 즉, 다윗은 '그들이 내가 실패한 것을 보고 기뻐 날뛰지 못하게 하시고, 내 발이 미끄러질 때 우쭐대지 못하게 하소서'라고 애원한다. 성도가 실패하면 성도를 괴롭히던 적들이 우쭐댈 터이니 그렇게 되지 않도록 막아주시라는 애원이다. 우리는 하나님의 영광을 위하여 계속해서 기도해야 할 것이다.

시 38:17. 내가 넘어지게 되었고 나의 근심이 항상 내 앞에 있사오니.

본 절부터 20절까지도 역시 다윗의 기도가 응답되어야 할 절박한 이유들이 나열되어 있다. 다윗은 자기의 사정이 극도로 악화되어 있음을 말씀드린다. 즉, 다윗은 '내가 넘어지게 되었고 내 고통이 항상 내 앞에 있습니다'라고 고백한다. 그러니 내 기도를 응답해 주시라는 것이다. 우리는 우리 사정의 절박함을 깨닫고 여호와께 아뢰어야 할 것이며, 우리 스스로는 우리의 사정을 해결할 수 없음을 아뢰며 하나님만 가능하심을 아뢰어야 할 것이다.

시 38:18. 내 죄악을 아뢰고 내 죄를 슬퍼함이니이다.

다윗은 본 절에서 자기와 하나님 사이를 가로막았던 자기의 죄악을 통회했음을 아뢰고(1-4절 참조) 자기의 죄를 슬퍼하고 애통한다고 고백하면서 기도응답을 기다린다. 우리의 문제가 풀리지 않는 것은 죄임을 알고 성도는 누구든지 죄를 통회해야 할 생각을 제일 먼저 해야 할 것이다(51:3).

시 38:19. 내 원수가 활발하며 강하고 부당하게 나를 미워하는 자가 많으며.

다윗은 본 절에서도 자기의 기도가 응답되어야 절박한 이유를 말한다. 즉, 다윗은 '자신의 원수가 아주 활발하며 또 강하다는 것, 그리고 다윗을 부당하게 미워하는 원수의 숫자가 많다는 것'을 고백한다. 다윗을 해하는 원수들이 활발하다는 것, 또 많다는 것은 다윗을 아주 압박하는 요소들이었다. 우리는 외부 압력 세력을 주님께 아뢰는 것이 필요하다.

시 38:20. 또 악으로 선을 대신하는 자들이 내가 선을 따른다는 것 때문에 나를 대적하나이다.

다윗은 본 절에서도 자기의 기도가 응답되어야 절박한 이유를 말한다. 즉, 다윗은 '원수들은 다윗이 선을 행한 것을 악으로 갚는 자들이며, 내가 선을 따르므로 나를 대적하는 자들이라'고 고백한다. 원수들은 자기들이 다윗에게 악을 행하는 것을 좋아하고 자기들끼리 서로 합세하여 다윗을 대적하기를 바라고 있었다. 다윗은 여호와께서 다윗의 기도를 응답하시는 것을 얼마나 소원했는지 지극히 소원하고 있다.

시 38:21. 여호와여 나를 버리지 마소서 나의 하나님이여 나를 멀리하지 마소서.

본 절과 다음 절에서 다윗은 기도의 결론을 맺고 있다. 즉, 다윗은 '여호와시여! 나를 버리지 마소서. 나의 하나님이시여! 내게서 멀리 떠나 계시지 마소서'라고 애원한다. 다윗은 여호와를 향하여 가까이 오셔서 구원해 주시기를 애원한다. 이 이상 더 애원하는 기도를 들어본 적이 없다.

시 38:22. 속히 나를 도우소서 주 나의 구원이시여.

다윗은 여호와를 향하여 멀리 계시지 말고 가까이 오셔서 구원해 주시라고 기도한 다음 본 절에서는 "속히 나를 도우소서"라고 부르짖는다. 다윗은 여호와를 향하여 "주 나의 구원이시여"라고 맺는다. 가인의 기도에는 '나의 구원이시여!'가 빠져 있다(창 4:13-14, 이상근). 우리의 기도에는 '주님이시여! 나의 구원이시여!'가 들어있어야 할 것이다.

제 39 편 악인 앞에서 침묵 일관하고 하나님께 기도하라

본편은 앞 편과 흡사하고 다윗의 범죄 후 밧세바가 낳은 아들이 병들었을 때(삼하 12장), 또는 압살롬의 반란 때의 작품으로 보인다(Delitzsch). 본편의 내용은 1) 악인 앞에서 침묵한 일(1-3절), 2) 인생이 허무하다는 것을 말한 일(4-6절), 3) 용서와 회복을 위해 기도한 일을 진술한 것이다(7-13절).

"다윗의 시, 인도자를 따라 여두둔 형식으로 부르는 노래"란 말을 보면 본편은 다윗이 지은 시라는 것을 알 수 있고, "여두둔"(יְדִיתוּן)이란 아삽과 헤만과 함께 다윗의 동급 악사들이었고(대상 16:37-43; 25:1; 대하 5:12), 또 인도자였으며, 왕의 선견자(대하 35:15)이기도 했다. 본편에 관련된 고통은 질병인 듯하다(10, 11, 13절).

1-3절. 악인 앞에서 침묵하라. 이 시편의 저작자는 견디기 어려운 역경에서 하나님을 원망하는 죄를 범하지 않으려고 침묵하기를 힘썼다(1, 2, 9절).

시 39:1. <다윗의 시, 인도자를 따라 여두둔 형식으로 부르는 노래> 내가 말하기를 나의 행위를 조심하여 내 혀로 범죄하지 아니하리니 악인이 내 앞에 있을 때에 내가 내 입에 재갈을 먹이리라 하였도다.

다윗은 '내가 속으로 다짐하기를 나의 행위를 조심하여 내 혀로 죄를 짓지 않을 것이니, 악인이 내 앞에 있을 때에 나는 내 입에 재갈을 물릴 것이라"고 작정했다. 다윗은 고난 중에서 입으로 죄를 지은 것을 회상하면서 다시는 입으로 범죄하지 않겠다고 다짐한다. 그러면 그가 입으로 범죄한 것이 무엇이었는가를 두고 견해가 갈린다. 1) 하나님께 대하여 원망한 일(Calvin, Kimchi), 2) 악인의 형통을 보면서 불평의 말을 한 일(Michaelis, Delitzsch), 3) 악인을 대하여 말로 범죄한 일(Hitzig)이라고 말한다. 다윗이 자기 앞에 악인이 있을 때에 자기 자신이 자기의 입에 재갈을 먹이겠다고 말한 것을 보면 2)번과 3)번의 가능성이 많은 것으로 보인다.

다윗이 자기 입에 재갈을 물릴 것이라고 작정한 것을 보면 참으로 훌륭한 처세임에는 분명하다. 그러나 다윗이 이런 문제를 놓고 여호와께 기도하기로 하고 기도한 것은 더욱 훌륭하다. 다윗이 시므이의 공격을 받고도 참은 것(삼하 16:5-14)은 고요하게 회개하며 하나님께 기도하여 그 징벌의 해제를 받는데 있는 줄 알았기 때문이다(박윤선).

시 39:2. 내가 잠잠하여 선한 말도 하지 아니하니 나의 근심이 더 심하도다.

다윗은 '내가 잠잠하여 조용해서 선한 말조차 하지 아니하였더니, 내 근심만 더 심하였다'(32:3; 렘 20:9)라고 말한다. 다윗은 악한 말만 아니라 아예 선한 말도 하지 않았다. 그랬더니 마음속의 근심(억울한 마음)은 더 심해갔다는 것이다.

시 39:3. 내 마음이 내 속에서 뜨거워서 작은 소리로 읊조릴 때에 불이

붙으니 나의 혀로 말하기를.

다윗은 '선한 말도 하지 않고 있으니 내 마음이 내 속에서 뜨거워지고 내가 작은 소리로 읊조릴 때에(묵상할 때에) 마음의 불은 더 타올라서 내가 내 혀로 다음 절들(3, 4절) 이하에 말한 바와 같이 기도하게 되었다'고 말한다. 우리 피조물들은 우리를 만드신 창조주 하나님께 기도하지 않고는 아무 문제도 해결하지 못하고 살게 되는 것이다.

4-6절. 인생은 허무하다. 다윗은 인생의 연수가 길지 못할 것과 이 세상이 헛된 것을 더욱 절실히 느끼므로 그 때에 그가 당한 역경의 쓰라린 고통을 눈감아 버리려고 했다(4-6, 11절). 다윗은 자기 생명의 연한이 짧은 것을 실감하게 해 주시기를 하나님께 기도한다.

시 39:4. 여호와여 나의 종말과 연한이 언제까지인지 알게 하사 내가 나의 연약함을 알게 하소서.

다윗은 '여호와시여! 내 생의 끝과 수명이 어떠한지 깨닫게 하셔서, 내가 얼마나 연약한 인생인지 알게 하소서'라고 애걸한다. 다윗은 본 절에서 입으로 범죄치 않기 위하여 두 가지를 기도한다. 하나는 자신의 연한이 얼마나 짧은지와 또 하나는 인생의 연약함을 알게 하여 주십사고 여호와께 부탁한다. 이 두 가지를 한 가지로 줄여서 말한다면 인생무상을 알게 해주십사고 기도한 것이다. 우리는 인생이 얼마나 무상한지 알면 범죄를 많이 줄일 수 있을 것이다. 우리는 무엇보다 성령 충만을 간구하여 성령님께서 우리를 주관하게 하사 범죄하지 않고 살아야 한다.

시 39:5. 주께서 나의 날을 한 뼘 길이만큼 되게 하시매 나의 일생이 주 앞에는 없는 것 같사오니 사람은 그가 든든히 서 있는 때에도 진실로 모두가 허사뿐이니이다 (셀라).

본 절 초두에는 "보라!"(הִנֵּה)라는 말이 나타나 본 절 전체를 주의해서 눈여겨 볼 것을 주문한다. 다윗은 '보라! 주께서 나의 날을 한 뼘 정도만큼 되게 하셨으니, 내 일생이 주 앞에서는 참으로 없는 것 같사오니 사람은 그 든든히 서 있는 때에도 모두가 헛될 뿐입니다'라고 말한다. "셀라"라는 말은 '높임 표'로 본다(3:2 주해를 참조하라).

본 절을 살피면 인간 일생을 세 가지로 묘사한다. 1) "한 뼘 길이만큼"이라는 묘사이다. 한 평생이 아주 짧은 것을 솔로몬도 말했다(90:9-10). 2) "없는 것 같음"이라는 묘사이다. 하나님과 비교하면 인생은 아예 없는 것 같은 존재이다. 3) "허사 뿐"이라는 묘사이다. 여기 "허사"(הֶבֶל)란 말은 '입김'(Breath)이라는 뜻이다. 눈 깜빡할 사이에 없어지는 입김인 셈이다. 이렇게 짧은 생애인데 그것도 길다고 자기 부인(아내) 한 사람하고만 사는 것은 부적절 하다고 하여 황혼이 되어 이혼을 하고 또 다른 부인을 맞이하는 분위기가 되었다. 또 혹자들은 부부끼리 살다가 한 생애가 지겹다고 졸혼(卒婚-중간에 결혼 생활을 중단하고 별거하여 살다가 나중에 다시 합하는 형식으로 한다 함)하는 분위기가 되었다. 그러나 그런 행위들은 성경에 분방(分房)하지 말라는 경고가 있는 것(고전 7:5)을 잊은 것이다.

시 39:6. 진실로 각 사람은 그림자 같이 다니고 헛된 일로 소란하며 재물을 쌓으나 누가 거둘는지 알지 못하나이다.

본 절은 짧은 한 생애(4, 5절) 중 사람들이 주로 무슨 일을 하면서 지내는가를 보여주고 있다. 세 가지로 묘사하고 있다. 1) "각 사람은 그림자 같이 다닌다"는 것이다. "그림자 같이 다닌다"는 말은 '실체가 아닌 존재로 살다가 쉽게 사라진다'는 뜻이다(약 4:14 참조). 그저 사람이 그림자 같이 어른거리면서 돌아다니다가 잠깐 후에는 여기저기서 죽었다는 소식이 들려온다. 2) "헛된 일로 소란하다"는 것이다. 별로 중요하지도 않은 일을 무슨 큰일이나 되는 것처럼 떠들다가 없어지는 것이다. 3) 재물을 쌓으나 누가 거둘는지 알지 못하는 것이 인생이라는 것이다. 여기 "재물"이란 말은 히브리 원문에는 없으나 이해를 돕기 위하여 번역자들이 보역한 것이다. 사람들이 무엇인가 자기 앞으로 잡아들인다. 그러나 그것이 자기 것이 되지 않는 수가 허다하지 않은가.

7-13절. 용서와 회복을 위해 기도하다. 다윗은 자기의 소망이 주님께만 있는 줄 알기에 그가 당한 곤고와 역경을 문제시하지 않고 주님께 기도만 했다(7-13절).

시 39:7. 주여 이제 내가 무엇을 바라리요 나의 소망은 주께 있나이다.

다윗은 그의 눈을 그림자와 같이 허무한 세상으로부터 실체이신 영원하신 하나님께로 돌려 기도하기 시작한다. 즉, 다윗은 '주님이시여! 이제 내가 무엇을 바라겠습니까? 나의 소망은 주께 있습니다'라고 말한다. 다윗은 아무것도 바랄 것이 없다고 말하면서 자신의 소망은 여호와 하나님께 있음을 고백한다. 우리가 영원하신 여호와께 우리의 눈을 두는 시간이 많을수록 우리는 엄청난 은총을 받는다.

시 39:8. 나를 모든 죄에서 건지시며 우매한 자에게서 욕을 당하지 아니하게 하소서.

다윗은 자기의 눈을 주님께 돌린 다음 '나의 모든 죄에서 나를 건져주시고, 나를 어리석은 자들의 욕을 먹지 않게 하소서'라고 애걸한다. 다윗은 자신의 구원을 위해 기도한 다음 이제는 더 이상 어리석은 불신자들로부터 욕을 먹지 않게 해주시라고 기도한다. "우매한 자"(נָבָל)란 말은 '어리석은 자', '비열한 자', '하나님을 떠난 자'를 지칭하는 말이다. 다윗은 우매한 자로부터 고난을 당하지 않게 해주십사고 기도한 것이다.

시 39:9. 내가 잠잠하고 입을 열지 아니함은 주께서 이를 행하신 까닭이니이다.

다윗은 '내 자신이 잠잠하고 입을 열지 아니한 이유는 주께서 이 모든 일을 하셨기 때문입니다'라고 말한다. 다시 말해 다윗이 고난 중에서 잠잠했던(1-2절 주해 참조) 이유는 그 고난을 하나님께서 주셨음을 믿었기 때문이다. 만약에 자신의 고난의 원인을 사람으로 보는 경우 사람을 미워하며 원망하게 되었을 것이다. 그러나 다윗은 주님께서 자신의 고난을 주신 것을 알았기 때문에 자신의 죄를 고백하고 구원의 소망을 가지게 되는 것이다.

시 39:10. 주의 징벌을 나에게서 옮기소서 주의 손이 치심으로 내가 쇠망하였나이다.

다윗은 '주님의 재앙을 나에게서 거두어 주소서. 주님의 손이 나를 치시므로 내 목숨은 끊어질 것입니다'라고 말한다. 다윗은 자신의 현재의 고난이 자신의 죄에 대한 주님의 징계인 것을 믿는 고로 그 징계를 거두어 주시라고 하는 것이다. 성도는 자기의 현재의 고난의 원인이 자기의 죄에 있고 따라서 주님의 징계에 있는 줄을 믿으면 소망이 있다. 소망이 있는 이유는 주님께 그 징계를 거두어 주시라고 부탁할 수 있기 때문이다.

시 39:11. 주께서 죄악을 책망하사 사람을 징계하실 때에 그 영화를 좀먹음 같이 소멸하게 하시니 참으로 인생이란 모두 헛될 뿐이니이다 (셀라)(When you discipline man with rebukes for sin, you consume like a moth what is dear to him; all mankind is a mere breath! *Selah*-ESV)**.**

다윗은 '주께서 죄악을 책망하여 사람을 징계하실 때에 사람의 영화를 좀먹은 듯이 소멸되게 하시니, 참으로 모든 사람이 한낱 헛될 뿐입니다'라고 말한다. 본 절의 "영화"(what is dear to him)라는 말의 해석을 두고 견해가 갈린다. 1) '세상의 영화'를 지칭할 것이라는 견해(그랜드 종합 주석, 이상근). 2) '인간의 건강' '인간의 힘'일 것이라는 견해(Rawlinson). 3) '이전에 귀한 것들로 간구했던 것들'이라는 견해(류폴드). 4) '인간이 가장 귀중하게 여기는 생명'일 것이라는 견해(William D. Reyburn). 아마도 위의 4가지 견해 중 2), 3), 4)번의 견해가 바른 견해로 보인다. "셀라"에 대하여는 5절 주해를 참조하라.

시 39:12. 여호와여 나의 기도를 들으시며 나의 부르짖음에 귀를 기울이소서 내가 눈물 흘릴 때에 잠잠하지 마옵소서 나는 주와 함께 있는 나그네이며 나의 모든 조상들처럼 떠도나이다.

본 절은 다윗의 기도의 결론이다. 즉, 다윗은 '여호와시여! 내 기도를 들으시고, 내 부르짖음에 귀를 기울이시며, 내 눈물 흘릴 때에 침묵하지 마옵소서. 나는 주님과 함께하는 거류민이고, 나의 모든 조상과 같은 나그네일 뿐입니다'라고 말한다. 성경에는 눈물의 호소가 많이 언급되고 그 눈물의 기도는 항상 응답을 받았던 것을 말한다(6:6; 42:3; 56:8; 왕하 20:5; 욥 16:29; 사 16:9; 행 20:19).

시 39:13. 주는 나를 용서하사 내가 떠나 없어지기 전에 나의 건강을 회복시키소서.

기도의 결론이다. 다윗은 그의 고난 중에서 죽어 없어지기를 원하지 않고, 모든 고난의 원인이 되는 죄의 사유하심을 받고, 다음으로 자신이 세상을 떠나 없어지기 전에 그의 건강의 회복을 빌고 있다. 누구나 인간은 죄 사유를 빌며 건강 회복을 비는 것 아니겠는가.

제 40 편 여호와의 기도응답을 인하여 감사하고 또 기도하라

본 시편은 표제에 말한 대로 다윗의 시(詩)이다. 이 시편은 세 부분으로 나누어져 있다. 1) 서론 부분(1-3절). 2) 하나님께 대한 찬양과 그에 대한 복종의 약속(4-10절). 3) 하나님께 대한 기도(11-17절)로 구분되어 있다. 저작의 시기는 압살롬의 반란 때라는 견해가 유력하다(Rudinger, Venema, J. Ridderbos, Hengsernberg, Lange, Rawlinson, 박윤선, 이상근). 이 시편의 저작 시기가 다윗이 압살롬의 때라는 것은 또한 그리스도의 비하의 그림자로 지적된다(Hengsternberg). "다윗의 시, 인도자를 따라 부르는 노래"라는 말에 대한 주해는 4편 표제 주해를 참조하라.

1-3절. 서론 부분.

시 40:1. <다윗의 시, 인도자를 따라 부르는 노래> 내가 여호와를 기다리고 기다렸더니 귀를 기울이사 나의 부르짖음을 들으셨도다.

다윗은 '내가 여호와를 기다리고 기다렸더니, 귀를 기울여 나의 부르짖음을 들으셨다'고 말한다. "기다리고 기다렸다"는 말은 '끊임없이 기다렸다'는 뜻인데 이렇게 기도하는 자는 반드시 기도 응답을 받는다. 시편에는 이런 기다림의 기사가 많다(27:7; 62:1, 5; 69:3). 기도하는 사람들은 이런 기다림의 인내가 필요하다.

시 40:2. 나를 기가 막힐 웅덩이와 수렁에서 끌어올리시고 내 발을 반석 위에 두사 내 걸음을 견고하게 하셨도다.

다윗은 기다리고 기다린 결과 '여호와께서 나를 파멸의 웅덩이와 진흙 수렁에서 끌어올리시고, 내 발을 반석위에 두어 내 걸음을 견고하게 하셨다'고 말한다. 여기 "웅덩이"와 "수렁"은 '다윗이 당하고 있던 시련'을 지칭하고, "반석"이란 말은 '안전지대'를 지칭한다(17:5; 18:36; 94:18).

시 40:3. 새 노래 곧 우리 하나님께 올릴 찬송을 내 입에 두셨으니 많은 사람이 보고 두려워하여 여호와를 의지하리로다.

다윗은 하나님께서 기도 응답을 하신 다음 다윗에게 '새 노래, 곧 우리 하나님께 올릴 찬송을 내 입에 두셨으니 많은 사람이 듣고(보고) 두려워하여 여호와를 의지할 것이라'고 말한다.

4-10절. 하나님께 대한 찬양과 그에 대한 복종의 약속.

시 40:4. 여호와를 의지하고 교만한 자와 거짓에 치우치는 자를 돌아보지 아니하는 자는 복이 있도다.

다윗은 '복 있는 사람은 여호와를 신뢰하고, 교만한 자(포학한 자)나 거짓에 치우친 자를 돌아보지 않는다(높이 보지 않는다)'고 말한다. 복 있는 사람은 적극적으로 여호와를 신뢰하고 부정적으로는 교만한 자나 거짓에 치우치는 자를 높이 보지 아니한다. 다시 말하면 신자는 불의한 세력에 아첨하지 않는다.

시 40:5. 여호와 나의 하나님이여 주께서 행하신 기적이 많고 우리를 향하신 주의 생각도 많아 누구도 주와 견줄 수가 없나이다 내가 널리 알려 말하고자 하나 너무 많아 그 수를 셀 수도 없나이다.

다윗은 '여호와 나의 하나님이시여! 주께서 행하신 놀라운 기적이 많고, 우리를 향하신 주님의 생각도 많아서 누구도 주님과 견줄 수가 없습니다. 내가 널리 선포하고 말하려 하나, 너무 많아 그 수를 셀 수도 없습니다'라고 말한다. 하나님께서 성도를 향하신 기적도 많고 또 성도를 향하신 섭리하심도 많은 것이다. 다윗 자신이 널리 말해보고자 했으나 너무 많아 그 수를 셀 수도 없다고 말한다. 하나님께서 베푸신 은혜와 기적을 셀 수 없는 것이 사실이다.

시 40:6. 주께서 내 귀를 통하여 내게 들려주시기를 제사와 예물을 기뻐하지 아니하시며 번제와 속죄제를 요구하지 아니하신다 하신지라(In sacrifice and offering you have not delighted, but you have given me an open ear. Burnt offering and sin offering you have not required-ESV).

다윗은 '주님께서 원하시는 감사는 무슨 제물이나 곡식 제물을 기뻐하시는 것이 아니고, 내 귀를 열어 주셔서 말씀을 들려주신 바로는, 주님께서 번제나 속죄 제물을 요구하지 않으신다는 것이라'고 말한다.

"주께서 내 귀를 통하여 내게 들려주시기를"(אָזְנַיִם כָּרִיתָ לִּי)이란 말은 직역하면 "당신이 내 귀를 뚫으셨습니다"라고 번역이 되는데, 그 내용은 '하나님께서 다윗에게 그의 귀를 뚫은 듯이 열어 말씀을 깨닫는 은혜를 주셨다'는 의미라고 한다(Calvin). 하나님께서 구약에 정하신 모든 제물 드리는 제도는 예물이나 번제물 같은 것을 원하신 것이 아니고 그것들을 드리는 자의 순종을 원하시는 것뿐이라는 것이다(8절 참조. 박윤선).

시 40:7. 그 때에 내가 말하기를 내가 왔나이다 나를 가리켜 기록한 것이 두루마리 책에 있나이다(Then I said, “Behold, I have come; in the sroll of the book it is written of me”-ESV).

다윗은 ‘그 때에 나는 주님께 아뢰었습니다. 보십시오. 나에 관하여 기록한 두루마리 책에 따라 내가 지금 왔습니다’라고 했다. 여기 “그 때”란 말은 ‘다윗의 귀가 열려 하나님의 말씀의 뜻을 깨달은 때’(전 절)를 지칭한다. “보십시오”(הִנֵּה)란 말은 하나님의 눈에 띄기 위해 주의를 기울이는 말이다. “내가 왔나이다”란 말은 주인의 부름을 받은 종이 ‘주님의 뜻을 수행하러 왔습니다’라는 뜻이다(민 22:38; 삼상 3:4, 8; 삼하 19:21; 사 6:8; 마 8:9 참조).

“두루마리 책”이란 말은 ‘모세의 율법 책’을 지칭한다. 다윗은 주님의 부름을 받아 율법에 기록된 말씀을 준행하기 위해 왔다고 말한 것이다. 예수 그리스도는 눅 24:44에 자신이 구약에 기록된 것들을 수행하러 오셨다고 말씀하신다. 오늘 우리도 예수님의 순종을 본받아 하나님께 순종할 것을 대비하고 살아야 할 것이다.

시 40:8. 나의 하나님이여 내가 주의 뜻 행하기를 즐기오니 주의 법이 나의 심중에 있나이다 하였나이다.

다윗은 ‘나의 하나님이시여! 내가 주님의 뜻을 행하기를 즐기오니, 주님의 율법이 내 속 깊은 곳에 있습니다’고 말한다. 다윗은 기쁨으로 하나님의 뜻을 행했다. 이런 점에서 다윗은 예수님의 예표가 된 것이다. 오늘도 하나님의 말씀을 실행하기를 원하는 성도들은 그 말씀이 우리의 심령 속에 있도록 묵상해야 한다(시 1:1). 성도들이 말씀 실행에 실패하는 이유는 그 말씀이 마음속에 있지 않은 탓이다.

시 40:9. 내가 많은 회중 가운데에서 의의 기쁜 소식을 전하였나이다 여호와여 내가 내 입술을 닫지 아니할 줄을 주께서 아시나이다.

다윗은 '내가 많은 회중 가운데서 의(義)의 소식을 선포했습니다. 보소서, 여호와시여! 내가 내 입을 닫지 않는 줄을 주께서 아십니다'라고 말한다. 본 절의 "많은 회중"이란 말은 '이스라엘 백성'을 지칭한다(35:18). "의의 기쁜 소식을 전하였다"는 말은 '구원의 기쁜 소식을 전했다'는 뜻이다. 그리고 "내가 내 입술을 닫지 아니할 줄을 주께서 아시나이다"라는 말은 '입술을 닫지 아니하고 계속해서 하나님의 구원을 전할 줄을 주님께서 알고 계신다'는 뜻이다. 우리는 오늘 계속해서 예수님을 전해야 한다.

시 40:10. 내가 주의 공의를 내 심중에 숨기지 아니하고 주의 성실과 구원을 선포하였으며 내가 주의 인자와 진리를 많은 회중 가운데에서 감추지 아니하였나이다.

본 절은 앞 절의 "내가 많은 회중 가운데서 의(義)의 소식을 선포했습니다"라는 말을 보다 자세하게 말하는 것이다. 즉, 다윗은 '내 자신이 주님의 의로우심을 내 마음속에 감추어 두지 않았고, 주님의 신실하심과 구원을 말하였으며, 주님의 인애와 진리를 많은 회중 가운데 숨기지 않았습니다'라고 다시 말한다. 여기 "주의 의로우심"이란 말은 하나님의 구원행위를 뜻하고, "주님의 신실하심과 구원", "주님의 인애와 진리"라는 모든 말씀도 모두 주님의 구원을 말하는 것이다.

11-17절. 하나님께 대한 기도. 다윗은 자기를 보호해 주시기를 다시 기도한다. 이렇게 그가 다시 기도한 것은 자기에게 죄가 많은 것을 느꼈기 때문이다(12절).

시 40:11. 여호와여 주의 긍휼을 내게서 거두지 마시고 주의 인자와 진리로 나를 항상 보호하소서.

다윗은 '주님이시여! 주님의 긍휼을 내게서 거두지 마시고, 주님의 사랑과 진리로 항상 나를 지키소서'라고 애원한다. 다윗은 자신을 구원하신 하나님의 불쌍히 여겨주심을 자신에게서 거두지 마시고, 자신이 이스라엘 대회 중에서 전한 주님의 인자와 진리로 자신을 보호해 주시기를 기도한다(앞 절 주해 참조).

시 40:12. 수많은 재앙이 나를 둘러싸고 나의 죄악이 나를 덮치므로 우러러 볼 수도 없으며 죄가 나의 머리털보다 많으므로 내가 낙심하였음이니이다.

다윗은 '수많은 재앙들이 나를 둘러싸고, 내 죄악들이 나를 덮쳤으므로 내가 쳐다볼 수조차 없고, 그 죄악들이 내 머리카락보다도 많으므로 내가 낙심하였습니다'라고 말한다. 다윗은 자기에게 닥친 재앙들을 먼저 진술하고 재앙들의 원인인 죄악과 죄를 뒤에 기록하는 이유는 아마도 그 원인들을 길게 기록하기 위함이었을 것이다.

여기 "수많은 재앙이 나를 둘러싸고" 있다는 말은 사울과 압살롬의 박해를 위시하여 일평생 무수한 재앙들을 만난 것을 뜻한다. 그리고 "내 죄악들이 나를 덮쳤으므로 내가 쳐다볼 수조차 없다"는 말은 '내 죄악들이 너무 많이 다윗 자신의 머리 위에 쌓여 있기 때문에 우러러 볼 수도 없다는 것이다. 그리고 "죄악들이 내 머리카락보다도 많으므로 내가 낙심하였다"는 말은 '다윗의 죄의식이 강하여 자기의 죄악이 머리카락보다도 많다'고 표현한 것이다.

시 40:13. 여호와여 은총을 베푸사 나를 구원하소서 여호와여 속히 나를 도우소서.

다윗은 '여호와시여! 나에게 은총을 베풀어 주셔서 나 자신을 구원하여 주소서. 나를 속히 구원하여 주소서'라고 애원한다. 다윗은 적들의 위협(14절)과 조롱들(15절)을 느끼면서 하나님의 신속한 구원을 부탁한다(22:19; 31:2; 38:22). 우리가 신속한 구원을 요청할 때 그 신속함은 하나님께서 결정하셔서 도우신다.

시 40:14. 내 생명을 찾아 멸하려 하는 자는 다 수치와 낭패를 당하게 하시며 나의 해를 기뻐하는 자는 다 물러가 욕을 당하게 하소서.

본 절은 거의 문자적으로 35:4, 26을 반복한 것이다(그곳 주해 참조). 즉, 다윗은 "내 생명을 찾아 멸하려 하는 자는 다 수치와 낭패를 당하게 하시며"라는 말과 "나의 해를 기뻐하는 자는 다 물러가 욕을 당하게 하소서"라는 절은 동의 절이다. 다윗 자신을 멸하려 하는 자와 다윗이 해 받기를 기뻐하는 자는 모두 수치와 낭패를 당하고 물러가 욕을 당하게 해주시라는 것이다.

시 40:15. 나를 향하여 하하 하하 하며 조소하는 자들이 자기 수치로 말미암아 놀라게 하소서.

다윗은 '나를 향하여 하하, 하하하며 조소하던 자들은 자신들의 수치 때문에 경악하게 하소서'라고 애원한다. 본 절은 35:21, 25의 반복이다. 다윗의 원수들이 다윗을 향하여 조롱하던 자들이 수치와 무안을 당하게 해주십사고 기도한다. 반드시 되받는 것은 사실이지만 하나님을 향하여 빌면 빨리 응답되는 것이다. 그들이 수치를 당하게 되면 그들과 또 그들을 지켜보던 다른 이들이 하나님의 존재와 권능을 체험할 수 있고 또 성도들의 신앙이 견고해 질 수 있으니 그들의 실패를 위해 기도하는 일은 필요한 것이다.

시 40:16. 주를 찾는 자는 다 주 안에서 즐거워하고 기뻐하게 하시며 주의 구원을 사랑하는 자는 항상 말하기를 여호와는 위대하시다 하게 하소서.

다윗은 주님에게 '주님을 찾는 사람들은 다 주님을 찾았기 때문에 기뻐하고 즐거워하게 하시고, 주님의 구원을 사랑하는 사람들은 구원을 체험하여 여호와는 위대하시다고 항상 말하게 하소서'라고 기도했다. "여호와는 위대하시다 하게 하소서"라는 말은 '여호와께서는 인간을 구원하시는 위대한 분이라고 말하게 하소서'라는 뜻이다(25:2, 3, 20-22; 28:1-9; 35:27 참조).

시 40:17. 나는 가난하고 궁핍하오나 주께서는 나를 생각하시오니 주는 나의 도움이시요 나를 건지시는 이시라 나의 하나님이여 지체하지 마소서.

다윗은 주님에게 '나는 가난하고 궁핍하오나 주님께서 나를 생각해 주시오니, 주님은 나의 도움이시오, 나를 건지는 분이십니다(9:18; 10:12, 17, 18; 34:6; 35:10; 고후 7:6). 나의 하나님이시여! 지체하지 마시고 나를 도와주시고 건져 주소서'(13절 참조)라고 기도했다. 고난을 당하는 성도는 자포자기(自暴自棄) 할 것이 아니라 도리어 기도할 용기를 품어야 한다. 하나님은 창조주로서 고난을 당하는 성도를 알아주시고 생각해 주시는 분이시다(박윤선).

제 41 편 징벌 아래 있는 자를 위해 기도하자

본 시편은 제 1권(1-41편)의 마지막 시이며, 다윗이 압살롬의 반역 때, 친근했던 아히도벨의 배신과 자신의 병으로 인해 지은 것으로 보인다(Birkeland, Rawlinson). 다윗은 사면의 적들에 둘러싸인 환난 중에 이 시편을 썼다. "다윗의 시, 인도자를 따라 부르는 노래"라는 말의 뜻을 위해 4편 표제 주해를 참조하라. 본편의 내용은 1) 하나님은 의로운 자를 도우신다는 것(1-3절), 2) 적의 공격 하에 놓인 형편(4-10절), 3) 승리를 확신한 일(11-13절)로 구성되어 있다.

1-4절. 하나님은 의로운 자를 도우신다. 다윗은 빈약한 자, 곧 자기와 같이 하나님의 징계 아래서 비참스러워진 자를 돌보아 주는 자가 하나님의 복을 받는다고 말한다.

시 41:1. <다윗의 시, 인도자를 따라 부르는 노래> 가난한 자를 보살피는 자에게 복이 있음이여 재앙의 날에 여호와께서 그를 건지시리로다.

다윗은 '가난하고 힘없는 사람을 돌보는 사람은 복이 있다. 가난하고 어려운 자를 돌본 것 같이 그 자신에게 재난이 닥칠 때에 주님께서 그를 구해 주신다'고 말한다(잠 19:17; 전 11:1; 마 6:14-15; 10:42). 본 절의

"가난한 자"란 말은 '하나님의 징계 아래에서 모든 고난을 당하는 자'를 가리킨다(Calvin). 이런 사람을 "보살핀다"는 말은 '그를 동정하여 생각해 주는 것'을 가리킨다. 그런 사람을 동정하는 사람은 재앙의 날에 하나님께서 그를 "건지신다"는 것이다. 다시 말해 '하나님께서 그를 구원하여 주신다'는 것이다. 빈약한 자를 그 고난 중에서 구출한 자는 그 자신이 고난 가운데서 구원받아 마땅하다(잠 19:17).

시 41:2. 여호와께서 그를 지키사 살게 하시리니 그가 이 세상에서 복을 받을 것이라 주여 그를 그 원수들의 뜻에 맡기지 마소서.

본 절은 앞 절을 보충한 것이다. 즉, 다윗은 '주님께서 그를 지키시며 오래 살게 하실 것이니 그는 이 세상에서 복 있는 사람으로 여겨질 것이다. 주님께서 그를 원수의 뜻에 맡기지 않으실 것이라'고 말한다. 그리고 주님께서 저희 의인들을 원수의 뜻에 맡기지 마시고 계속해서 보호하셔서 복 주시기를 기도하는 것이다.

시 41:3. 여호와께서 그를 병상에서 붙드시고 그가 누워 있을 때마다 그의 병을 고쳐 주시나이다.

다윗은 '여호와께서 그(의인)를 병상에서 붙들어 주시니, 그가 병상에 누워있을 때마다 주님께서 찾아오셔서 자리를 떨쳐 일어나게 하신다'고 말한다. 주님께서 병상에 있는 병자를 찾아오셔서 병을 낫게 해주시는 것은 놀라운 사랑이 아닐 수 없다.

시 41:4. 내가 말하기를 여호와여 내게 은혜를 베푸소서 내가 주께 범죄하였사오니 나를 고치소서 하였나이다.

다윗은 '내가 말하기를 여호와시여! 내게 은혜를 베푸소서. 내가 주님께 죄를 지었사오니 나를 고치소서'라고 기도한다. 다윗은 자기가 죄를 지은 것을 인정하면서 죄를 자백하면서 병상에서 일어나기를 소원한다. 우리에게 가장 필요한 것은 죄를 자백하는 일이다.

5-10절. 다윗이 적의 공격 하에 놓이다. 다윗은 자기 원수들의 행동 성격 몇 가지를 기록한다(5-9절). 1) 그들이 다윗의 사망을 원함(5, 8절), 2) 다윗에게 대하여 악선전함(9절). 3) 다윗을 배신한 일(9절)이다.

시 41:5. 나의 원수가 내게 대하여 악담하기를 그가 어느 때에나 죽고 그의 이름이 언제나 없어질까 하며.

다윗은 '내 원수들이 내게 대하여 악담하기를 다윗이 어느 때에나 죽어서 그 이름이 없어질까'라고 말한다고 한다. 다윗은 자기의 원수가 다윗 자신을 향하여 악담하는 소리를 들었다. 세상에 우리를 향하여 악담하는 사람이 한 사람이라도 있다는 것은 큰 압박이 아닐 수 없다. 우리는 이런 사실까지 주님께 보고해야 할 것이다. 이유는 주님은 모든 것을 해결하시는 분이시기 때문이다.

시 41:6. 나를 보러 와서는 거짓을 말하고 그의 중심에 악을 쌓았다가 나가서는 이를 널리 선포하오며.

다윗은 원수가 '나를 만나러 와서는 마음으로 거짓된 것만 말하고, 스스로 악한 일을 모아 두었다가, 밖으로 나가서 악하게 선전한다'고 말한다. 이 원수가 다윗을 사랑하는 듯이 찾아와서 아첨하는 말을 했다. 그러나 그런 행위는 간악한 정탐들이 하는 짓이다. 그들은 그 때에 다윗의 정황을 살펴가지고 혹은 억측하고 혹은 거짓을 꾸며 마음속에 간악한 계획을 세워둔다. 그리고 그들은 밖에 나가서는 다윗에 대하여 악선전했다.

시 41:7-8. 나를 미워하는 자가 다 하나같이 내게 대하여 수군거리고 나를 해하려고 꾀하며 이르기를 악한 병이 그에게 들었으니 이제 그가 눕고 다시 일어나지 못하리라 하오며.

다윗은 '나를 미워하는 모든 사람들이 다 함께 내게 대해 수군거리며 나를 해하려고 꾀하며 이르기를, 악한 병이 그에게 들었으니, 그가 자리에 누워 다시는 일어나지 못할 것이라고 합니다'라고 한다. 다시 말해 다윗의 원수들은 다윗을 죽이려고 음모를 꾸민다는 것이다. 원수들은 다윗에게 악한 병(죽을 병)이 들었다고 악선전을 한다. "그가 자리에 누워 다시는 일어나지 못할 것이라"는 말은 다윗의 병든 것을 아주 기뻐하는 말이다. 의인이 병든 것을 두고 기뻐하는 것은 적그리스도의 무리가 취하는 행동이다(계 11:9-11).

시 41:9. 내가 신뢰하여 내 떡을 나눠 먹던 나의 가까운 친구도 나를 대적하여 그의 발꿈치를 들었나이다(Even my close friend in whom I trusted, who ate my bread, has lifted his heel against me-ESV**)**.

다윗은 '내가 신뢰하여 한 솥밥을 함께 먹던 내 가까운 친구조차 나를 대적하여 발꿈치를 들었습니다'고 말한다. 본 절은 다윗과 아주 가깝고 친하던 친구들이 다윗을 배반하고 대적하고 있다는 뜻이다. 여기 "내 떡을 나눠 먹던 나의 가까운 친구"란 말은 '식사를 함께 할 정도로 돈독한 우정을 나누던 친구'를 지칭하는 말이다. 그리고 "나의 가까운 친구"(ymi/lv] vya)란 말은 문자적으로 번역하면 '내 평화의 사람'이란 뜻이다(Rawlinson). 이 히브리어는 대개 '가장 가까운 친구'를 부를 때 사용하던 말이다(55:13). 그리고 "그의 발꿈치를 들었나이다"란 말은 '짐승이 자신의 주인에게 뒷발질하는 모습에서 따온 표현으로 다른 사람에게 은혜를 입고도 도리어 악으로 갚는 배신행위'를 뜻한다(욥 19:13, 14; 미 7:5). 여기 이 표현은 시인 다윗이 절대적으로 믿었던 친한 벗에게서 도리어 심한 멸시와 모욕을 당했음을 뜻한다. 한편 본 절은 예수님께서 3년 동안이나 자기를 따라 다녔던 열두 제자중의 하나였던 가룟 유다의 배신에 대하여 예언할 때 "내 떡을 먹는 자가 내게 발꿈치를 들었다 한 성경을 응하게 하려는 것이니라"(요 13:18) 하시면서 인용하신 구절로 유명하다. 이런 점에서 본 절은 예수 그리스도의 수난에 관련된 예언이다(그랜드 종합 주석).

시 41:10. 그러하오나 주 여호와여 내게 은혜를 베푸시고 나를 일으키사 내가 그들에게 보응하게 하소서 이로써.

다윗은 '그러하오나 주님 여호와시여! 내게 은혜를 베푸시고, 나를 일으켜 세우셔서 내가 그들에게 앙갚음하게 하소서'라고 말한다. 다윗은 본 절에서 두 가지를 위해 기도한다. 하나는 자기에게 은혜를 베푸셔서 힘을 주시라는 것이고, 또 하나는 자기를 배신한 그들에게 복수하도록 도와주시라고 기도한다.

그런데 여기서 다윗이 말한 "보응"이란 말은 사적(私的)인 보복을 뜻하는 말이 아니라 신정 왕국의 왕인 자신이 하나님의 공의를 확립하기 위해 악을 징치코자 한 것이다(Keil, Rawlinson). 따라서 다윗의 보복을 위한 기도는 하나님의 영광을 높이기 위한 정당한 간구라 할 수 있다. 오늘 우리 성도는 하나님의 이름이 모욕을 당하게 되는 것을 볼 때는 침묵하지 않아야 한다. 성도는 하나님의 영광이 짓밟힐 때는 일어나야 하는 것이다. 성도는 하나님의 영광을 드러내야 한다.

11-13절. 다윗은 최후의 승리를 확신하다. 다윗은 하나님께서 자기를 불쌍히 여겨주실 것을 원한다. 다윗은 하나님의 원수가 자기를 이기지 못하기를 원한다.

시 41:11. 내 원수가 나를 이기지 못하오니 주께서 나를 기뻐하시는 줄을 내가 알았나이다(By this I know that you delight in me, in that my enemy will not shout in triumph over me-ESV)**.**

다윗은 '이것으로 주께서 나를 기뻐하시고, 내 원수들이 나를 이기고 소리치지 못할 것을 내가 알겠습니다'라고 말한다. 여기 "이것으로"(By this)란 말은 '주님께서 내 원수가 나에 대하여 승리하지 못하게 하심으로써'란 뜻이다. 다윗은 원수들이 자기를 이기지 못할 줄 확신을 가지고 있었다. 여기 "주께서 나를 기뻐하시는 줄을 내가 알았나이다"란 말은 '원수가 다윗을 이기지 못하고 다윗이 이길 줄 안 것은 환난 날에 의인을 돌아보시는 하나님의 사랑에 대한 확신'이기도 하다.

시 41:12. 주께서 나를 온전한 중에 붙드시고 영원히 주 앞에 세우시나이다 (But you have upheld me because of my integrity, and set me in your presence for ever-ESV).

다윗은 '주님께서 나를 온전하도록 붙들어 주시고, 내가 주님 앞에 영원히 서게 하소서'라고 기도한다. 다윗은 본 절에서 두 가지를 위해 기도한다. 하나는 "주님께서 나를 온전하도록 붙들어 주시라"는 기도와 또 하나의 기도는 "주님께서 나를 영원히 주 앞에 세우소서"라는 기도이다. "온전하게 붙들어 주시라"는 기도는 '죄 없는 온전한 사람이 되도록 기도한 것이 아니라 주님을 전적으로 의뢰하는 사람이 되도록 붙들어 주시라'는 것이다. 우리는 주님께서 우리를 되게 하신만큼 되는 것이니 온전한 신앙인이 되도록 끊임없이 기도해야 할 것이다. 그리고 우리는 다윗이 기도한 두 번째의 기도도 중요한 줄 알고 금생에도 내생에도 영원히 주 앞에 세워주시도록 기도해야 할 것이다.

시 41:13. 이스라엘의 하나님 여호와를 영원부터 영원까지 송축할지로다 아멘 아멘.

다윗은 여호와 이스라엘의 하나님을 영원부터 영원까지 송축한다고 말하고 연거푸 아멘, 아멘이라고 신앙을 보인다. 본 절은 다윗의 신앙을 보여주는 결론적 구절이다. 다윗은 원수들로 인하여 답답한 마음으로 기도를 시작했다. 그러나 그 기도는 하나님의 궁극적 도움을 믿는 확신에 이르고(12절), 거기서 찬송으로 결실한 것이다(박윤선). 우리는 어떤 환난 중에도 다윗이 보인대로 찬송하고 감사를 넘치도록 해야 할 것이다.

본 절과 유사한 "아멘" 찬송은 전체 5권으로 이루어진 시편의 각 권이 끝나는 부분에 동일하게 나타나고 있다(13절; 72:19; 89:52; 106:48). 그래서 일부 학자들은 본 절이 본편만의 결구가 아닌 시편 1권(1-41편) 전체의 결구인 것으로 해석하기도 한다(Calvin, Condor, Kirkpatrick).

한편 본 절에서 시인 다윗이 "이스라엘의 하나님"이라고 부른 것은 조상들과 맺은 하나님의 굳건한 언약을 상기하면서 하나님께서 반드시 다윗 자신을 구원해 주실 줄로 믿는 확신을 나타내기 위해서다(그랜드 종합 주석). 그리고 본 절에서 "아멘"을 반복한 것은 구원의 기쁨과 그로 인한 하나님께 대한 감사의 마음을 열정적으로 나타낸 강조적 표현으로 볼 수 있다(Calvin).

제 2 권 다윗과 고라 자손의 시 42-72편

시편 전체(1-150편)는 5권으로 나누어지고, 5권은 다시 3권(2-3권과 4-5권을 합해서)으로 분류된다. 제 2권(42-72편)은 제 3권(73-89편)과 더불어 다윗과 그의 악인(樂人)들인 고라 자손(제 2권)과 아삽(제 3권)의 시가 주종을 이루고 있다. 또 하나님의 명칭이 제 1권에서는 주로 "여호와"라 하였으나, 제 2권에서는 "하나님"으로 묘사되어 있다(그래서 엘로힘 시로 불리기도 한다). 제 2권은 주로 다윗(17편)과 고라 자손(7편)의 시로 구성되고, 그 외 무명 시(5편)와 아삽과 솔로몬의 시가 각각 1편씩 첨가되어 도합 31편으로 되어 있다(이상근).

제 42 편 방랑자의 실망과 소망

본편(제 42편)은 제 43편과 한편이라고 다수의 주경 신학자들은 믿고 있다(박윤선, 이상근). 그 이유로 1) 제 43편에 표제가 없다는 것, 2) 본편이나 제 43편의 시형이나 사상이 동일하다는 것, 3) 42:5, 11의 후렴의 "영혼아 네가 어찌하여 낙망하며..."가 43:5에도 나타나는 것 등을 들 수 있다. 저작 시기는 1) 사울의 박해 때(Calvin)라는 주장이 있으나, 2) 압살롬의 반란 때 반란을 피해 요단 강 동편으로 피난했을 때(Rawlinson)로 추정한다. 2)번의 견해가 더 유력하다.

이 부분(42편-43편)의 내용은 1) 하나님께 대한 갈급함(42:1-5), 2) 방랑 중에서 주님을 바라봄(42:6-11), 3) 구원을 위해 기도한 일(43:1-5) 등으로 구성된다.

"고라 자손의 마스길, 인도자를 따라 부르는 노래"란 말의 "고라"는 레위의 증손으로 모세를 반역하다가 광야에서 죽었으나(민 16장), 고라 자손은 멸망하지 않고(민 26:11), 성막 문지기가 되었으며(대상 9:19), 귀환후도 역시 왕궁 문지기가 되었다(대상 9:17). 고라 자손은 아삽과 더불어 다윗의 중요한 악인(樂人)이었고 또 한 사람의 악인인 헤만도 고라 자손이었다. 고라 자손의 시는 모두 12편이었다(42-49편, 84-85편, 87-88편).

캘빈(Calvin)은 "고라 자손의 시"란 말이 그들의 저작을 뜻하는 말이 아니라 그들을 시켜 부른 것으로 이해하기도 한다(박윤선). 본시에 사용된 어휘의 상당 부분이 다윗이 지은 시(詩)들과 유사한 것으로 보아 다윗이 압살롬의 반역으로 인해 예루살렘을 떠났을 때(B.C. 979년)에 다윗이 지은 시를 고라 자손 중 한 사람이 수집한 시로 보는 것이 가장 타당한 듯이 보인다. "마스길"이란 말은 '교훈 시'란 뜻이다.

1-5절. 하나님께 대한 갈급함.

시 42:1. <고라 자손의 마스길, 인도자를 따라 부르는 노래> 하나님이여 사슴이 시냇물을 찾기에 갈급함 같이 내 영혼이 주를 찾기에 갈급하니이다.

제 1권의 시편들에는 "여호와"라고 부른 것이 여기에서는 "하나님"으로 바뀌어진 것이 눈에 띈다. 즉, 다윗은 '하나님이시여! 사슴이 시냇물을 찾기에 갈급하듯이, 내 영혼이 주님을 찾기에 갈급합니다'라고 말한다. 여기 "사슴"은 연중 언제나 물을 찾기에 갈급한 동물이다. 그리고 "시냇물"이란 말은 고인 물이 아니라 계속해서 흐르는 물을 지칭한다. 시냇물은 가뭄에도 물을 보유하고 있는 것이다(Delitzsch). "찾기에 갈급하니이다"(ערג)라는 말은 '헐떡거리는 소리를 내며 갈망하여 찾음'을 의미한다. 다윗은 영적인 갈증을 느끼면서 하나님을 향해 갈급한 형편인 것이다. 이런 탐구가 있은 후에야 생수 같은 하나님의 위안이 임한다. 이런 시인이야 말로 복을 받은 영혼이었다. 우리는 항상 우리의 영혼이 주님을 찾기에 갈급한 심정이 되어야 하겠다. 우리는 주님을 떠나지 않는 사람들이 되어야 할 것이다.

시 42:2. 내 영혼이 하나님 곧 살아 계시는 하나님을 갈망하나니 내가 어느 때에 나아가서 하나님의 얼굴을 뵈올까.

다윗은 '내 영혼이 하나님, 곧 살아 계시는 하나님을 갈망하고 있으니, 내가 어느 때에 나아가서 하나님의 얼굴을 뵈올 수 있을까?'라고 말한다. 시인은 하나님을 향한 심각한 갈증(63:1; 143:6; 사 55:1)을 느끼면서 살아 계신 하나님의 얼굴을 뵈옵기를 바란다.

"내가 어느 때에 나아가서 하나님의 얼굴을 뵈올까"라는 말은 예루살렘의 성막으로 나가서 하나님을 경배할 수 있을까라는 뜻이다(출 23:17; 34:23). 지금 다윗은 예루살렘을 멀리 떠나 다윗 왕을 따라 요단 강 동편에서 방황하고 있는 것이다. 어느 때에야 예루살렘에 돌아가 하나님의 성막에 올라가 주님을 경배하리이까 하는 것이다. 이역(異域)에 있던 구약 시대 성도들은 예루살렘 성막에서 하나님을 합법적으로 경배하는 법을 알고 간절히 사모했다(시 137:1-6).

시 42:3. 사람들이 종일 내게 하는 말이 네 하나님이 어디 있느뇨 하오니 내 눈물이 주야로 내 음식이 되었도다.

다윗은 '사람들이 온종일 내게 하는 말이 "네 하나님이 어디에 있느냐?" 하므로, 내 눈물이 밤낮으로 내게 음식이 되었습니다'라고 말한다. 다윗은 불신자들로부터 너를 구원하실 하나님이 어디 있는 것이냐, 네가 구원 받지 못하는 것은 바로 너를 구원하실 하나님이 없는 것이 아니냐는 말을 듣고 불신자들의 이런 조롱을 받는 다윗이 너무 슬퍼 눈물만 흘리고 음식도 먹지 못해 내 눈물을 주야로 음식을 삼고 지낸다고 말한다는 것이다. 단순히 아이처럼 신앙하는 성도들은 언제나 이 세상 사람들의 조롱거리가 된다. 바울은 천사와 사람에게 구경거리가 되었었다(고전 4:9). 그리고 "세상의 더러운 것과 만물의 찌기 같이 되었다"고도 했다(고전 4:13).

시 42:4. 내가 전에 성일을 지키는 무리와 동행하여 기쁨과 감사의 소리를 내며 그들을 하나님의 집으로 인도하였더니 이제 이 일을 기억하고 내 마음이 상하는도다.

다윗은 과거에 자기가 종교적 지도자 격으로 활동한 사실을 기억하고 마음이 상해서 심히 안타까워하고 있다. 다윗은 '이전에 내가 절기를 지키러 가는 무리와 동행하여 기쁨과 감사의 소리를 발하며 하나님의 집으로 그들을 인도하였더니 이제 이런 일을 회상하니, 내 마음이 상하는구나'라고 회상한다. 다윗은 지금은 예루살렘을 멀리 떠나 원수들 때문에 예루살렘에 돌아갈 수 없으니 그는 눈물을 흘리고 있는 것이다.

시 42:5. 내 영혼아 네가 어찌하여 낙심하며 어찌하여 내 속에서 불안해 하는가 너는 하나님께 소망을 두라 그가 나타나 도우심으로 말미암아 내가 여전히 찬송하리로다.

본 절은 11절과 43:5에 반복되고 있다. 다윗은 '내 영혼아 네가 어찌하여 낙담하며 내 속에서 불안해하느냐? 너는 하나님을 바라라. 나는 그 얼굴의 구원으로 인하여 여전히 그분을 찬양할 것이라'고 말한다. 성도가 난관에 처하더라도 낙심하지 않을 이유는 얼마든지 많이 있다. 성도가 난관에 처하면 1) 오히려 성공하는 인격 훈련을 받을 수 있다. 2) 우리는 하나님에게서 받은 은혜가 많은 사실을 기억하게 된다. 우리는 무엇보다도 그리스도께서 우리의 구주 되신 사실을 기억하게 된다. 3) 하나님의 약속을 기억하게 된다. 하나님은 그 약속을 어김없이 이루신다. 4) 전능하신 하나님을 믿게 된다(박윤선).

6-11절. 방랑 중에서 주님을 바라봄.

시 42:6. 내 하나님이여 내 영혼이 내 속에서 낙심이 되므로 내가 요단 땅과 헤르몬과 미살 산에서 주를 기억하나이다.

다윗은 '내 하나님이시여! 내 영혼이 내 속에서 낙심이 되므로, 내가 요단 땅과 헤르몬과 미살 산에서 주님을 기억합니다'라고 말한다. 다윗은 요단 지방의 헤르몬 산지에서 유리방황하면서 낙심이 되는 고로 거기에서 그는 그 방비책을 강구했으니 곧 하나님을 기억하고 신뢰한다고 말한다. 우리가 세상에서 낙심이 될 때에는 빨리 그리스도 앞에 나아가 그리스도를 바라보고 기도하면 멋있게 해결해 주신다. 여기 "미살산"이란 문자적으로 '작은 산'이란 뜻으로 요단 동편의 '어느 작은 산'을 지칭하는 것으로 보인다(Hengsternberg, Rosenmueller). 다윗은 이 시점에서 요단 강 동편 지방을 방황하면서 주님을 기억하여 묵상하고 있는 것으로 보인다.

시 42:7. 주의 폭포 소리에 깊은 바다가 서로 부르며 주의 모든 파도와 물결이 나를 휩쓸었나이다.

다윗은 '주께서 일으키시는 폭포 소리에, 깊은 바다가 서로 부르며 주께서 일으키시는 파도와 물결이 모두 내 위를 덮습니다'라고 말한다. 다윗이 겪은 시련은 헤르몬의 물이 요단 강으로 주입되면서 생기는 폭포와 바다로 떨어져 부딪쳐 무서운 폭음을 일으키는 것과 같고, 또 바다의 파도가 연속적으로 자신을 엄습함과 같다는 것이다. 시련은 연속적으로 오는 법이다(이상근).

시 42:8. 낮에는 여호와께서 그의 인자하심을 베푸시고 밤에는 그의 찬송이 내게 있어 생명의 하나님께 기도하리로다.

본 절은 다윗이 과거 시온에서 은혜를 받으면서 경건한 생활을 보낼 때의 생활을 회고하면서 하는 말이다(Lange). 즉, 시인은 '낮에는 여호와께서 그 인애를 베푸실 것이고, 밤에는 여호와의 찬송이 내게 있으니, 내 생명의 하나님께 기도합니다'라고 말한다. 다시 말해 낮의 예배와 밤의 예배가 계속되는 중에 하나님의 인자하심을 체험하고 또 살아계신 하나님께 찬송하며 기도했다는 것이다. 본 절의 "베푸시고"(יְצַוֶּה)란 말은 미래사로 '앞으로 베푸실 것이라'는 뜻이다. 다윗은 현재에는 곤란하나 앞으로는 하나님의 풍성한 은혜를 받을 것을 기대하고 있다. 이렇게 신앙이 있었으니 다윗은 다음절에서 기도하고자 한 것이다.

시 42:9. 내 반석이신 하나님께 말하기를 어찌하여 나를 잊으셨나이까 내가 어찌하여 원수의 압제로 말미암아 슬프게 다니나이까 하리로다.

다윗은 '내가 나의 반석이신 하나님께 "어찌하여 주께서 나를 잊으셨습니까? 어찌하여 내가 원수의 압박 속에 울면서 돌아다녀야 합니까?"라고 말할 것입니다'라고 한다. 시인은 위와 같이 과거의 복되었던 신앙생활을 회상하면서 현재의 형편에 대해 실망의 말을 하는 것이다. 다윗은 여호와를 향하여 반석이신 하나님(18:1; 31:3)이라고 고백하면서도 "어찌하여 나를 잊으셨나이까"라고 실망의 하소연을 하는 것이다. 다윗은 이와 같이 적의 공격에 쫓겨 다니는 것이 하나님께서 자신을 잊으셨기 때문으로 느낀 것이다.

시 42:10. 내 뼈를 찌르는 칼 같이 내 대적이 나를 비방하여 늘 내게 말하기를 네 하나님이 어디 있느냐 하도다.

다윗은 '내 원수들이 날마다 나를 조롱하여 말하기를 네 하나님이 어디 있느냐고 말하여 내 뼈를 찔러대는 듯이 아픕니다'고 말한다. "네 하나님이 어디 있느냐"고 말하는 것이 그렇게 마음을 찌르는 것 같이 아프게 느껴지는 시인 다윗은 하나님을 참으로 사랑하는 사람이었다.

시 42:11. 내 영혼아 네가 어찌하여 낙심하며 어찌하여 내 속에서 불안해 하는가 너는 하나님께 소망을 두라 나는 그가 나타나 도우심으로 말미암아 내 하나님을 여전히 찬송하리로다.

본 절은 5절과 거의 동일한 내용으로 이루어진 후렴구이다. 그러나 단어가 똑같지는 않고 약간의 차이가 있다. 히브리인들은 후렴구에서 문자적인 반복은 피한다(24:8, 9; 49:12, 20; 56:4, 11(Hengsternberg).

5절 주해 참조.

제 43 편 하나님의 변호를 청구하다

본편은 앞의 42편의 계속으로 보인다. 아마도 본편을 보관한 악사들이 어떤 편리를 위하여 본편을 앞 편과 구분한 듯하다(박윤선). 본편의 내용은 다윗이 예루살렘 성막 안으로 들어가도록 기도하는 시로 보인다.

1-5절. 구원을 위해 기도하다.

시 43:1. 하나님이여 나를 판단하시되 경건하지 아니한 나라에 대하여 내 송사를 변호하시며 간사하고 불의한 자에게서 나를 건지소서.

본편은 다윗이 다윗 자신과 그를 추격하는 적과의 사이에 하나님께서 공의로운 재판을 베푸시기를 부탁하는 기도이다. 즉, 다윗은 '하나님이시여! 나를 판단하소서. 경건치 못한 사람들(무자비한 나라 혹은 무자비한 사람들)과 싸우는 나의 송사를 변호하시며, 다윗 자신과 다윗을 추격하는 불의한 자에게서 하나님께서 나를 구하소서'라고 애원한다. 다윗은 '간사하고 불의한 자(무자비한 사람들)에게서 나를 건져 주시라'고 애원한다. 간사한 자들은 겉과 속이 다른 사람들로서 하나님을 믿지 않는 사람들이다. 이들은 하나님의 원수들이다. 우리는 하나님의 원수를 사랑할 수는 없는 일이다. 우리는 그들로부터 건짐을 받도록 기도해야 한다.

시 43:2. 주는 나의 힘이 되신 하나님이시거늘 어찌하여 나를 버리셨나이까 내가 어찌하여 원수의 억압으로 말미암아 슬프게 다니나이까.

다윗은 '주님께서는 나의 힘이 되신(28:7 참조. 피난처 되신) 하나님이신데 어찌하여 나를 버리셨습니까?(42:9 참조) 내가 어찌하여 원수의 압박 속에서 울면서 이리저리 돌아다녀야 합니까?'라고 울부짖는다. 본 절의 "나의 힘"(מָעוּזִּי)이란 말은 '나의 피난처'를 뜻하는 말이다. 다윗은 하나님이 자신의 피난처로 알았으니 "어찌하여 나를 버리셨나이까?"라는 기도를 드릴 수 있었다. 우리는 하나님에게 우리를 버리시지 않도록 애걸해야 할 것이다.

시 43:3. 주의 빛과 주의 진리를 보내시어 나를 인도하시고 주의 거룩한 산과 주께서 계시는 곳에 이르게 하소서.

다윗은 '주님의 빛과 주님의 진리를 보내셔서 나를 인도하시고, 주님의 거룩한 산, 그 거룩한 산에 있는 주님의 장막에 나를 이르게 하소서'라고 기도한다. 본 절의 "빛"과 "진리"란 말은 동의어로 사용되었다. 우리는 주님의 인도를 철저히 구하여 바른 길로 인도받아 그리스도 앞으로 나가야 할 것이다.

시 43:4. 그런즉 내가 하나님의 제단에 나아가 나의 큰 기쁨의 하나님께 이르리이다 하나님이여 나의 하나님이여 내가 수금으로 주를 찬양하리이다.

다윗은 앞 절에서 하나님의 은혜를 간구했고 이제 본 절에서는 그가 은혜를 받은 후에 할 일을 말씀드린다. 즉, 다윗은 '그러면 내가 하나님의 제단으로, 곧 내 기쁨과 즐거움의 하나님께 나아가겠습니다. 나의 하나님이시여! 나의 하나님이시여! 내가 수금으로 주님을 찬양하겠습니다'라고 말한다. 본 절의 "나의 큰 기쁨의 하나님"(אֵל שִׂמְחַת גִּילִי)이란 말은 '내가 기뻐하는 기쁨의 하나님'이란 뜻이다. 오늘 우리가 찾는 하나님은 우리에게 무한한 기쁨을 주시는 하나님이시다. 그리고 다윗은 "나의 하나님이시여! 내가 수금으로 주를 찬양하리이다"라고 말한다. 다윗은 입으로만 하나님을 찬양하는 것이 아니라 악기를 가지고 하나님을 찬양하겠다고 말한다. "수금"이란 '하프'라는 악기를 이름이다.

시 43:5. 내 영혼아 네가 어찌하여 낙심하며 어찌하여 내 속에서 불안해 하는가 너는 하나님께 소망을 두라 그가 나타나 도우심으로 말미암아 내 하나님을 여전히 찬송하리로다.

본 절의 주해를 위하여 42:5, 11 주해를 참조하라. 다윗은 "그가 나타나 도우심으로 말미암아 내 하나님을 여전히 찬송하리로다"라고 말한다. 다윗은 고난을 당하는 자신을 도와주셔서 얼굴에 희색을 가지게 하시는 하나님을 여전히 찬송하겠다고 말한다. 우리의 감사와 찬양은 영원히 끊이지 않아야 할 것이다.

제 44 편 시련 받는 자가 호소하다

본 시편은 이스라엘이 국가적으로 패전을 당하여 시련을 받을 때 하나님께 호소하는 시(詩)이다. 저작 시기는 다윗 시대로 보인다(Hengsternberg, Delitzsch, Cook, 박윤선, 이상근). 본편의 내용은 1) 영광스러웠던 과거를 회고한다(1-8절). 2) 현재는 모욕을 당하고 있다(9-22절). 3) 구원을 호소하다(23-26절). "고라 자손의 마스길, 인도자를 따라 부르는 노래"라는 말에 대해서는 42편 표제를 참조하라.

1-8절. 영광스러웠던 과거를 회고한다. 그들은 자기들이 들은 대로 여전히 과거를 회고한다.

시 44:1. <고라 자손의 마스길, 인도자를 따라 부르는 노래> 하나님이여 주께서 우리 조상들의 날 곧 옛날에 행하신 일을 그들이 우리에게 일러 주매 우리가 우리 귀로 들었나이다.

다윗은 '하나님이시여! 우리가 우리 조상들이 옛날, 곧 그들의 시대에 주께서 하신 일을 우리에게 말해 주었는데 그것을 우리 귀로 들었습니다'라고 말한다. 이스라엘 백성은 하나님께서 이스라엘 조상들을 하나님께서 구원해 주신 역사에 대해 자자손손이 전해주는 것을 들었다는 것이다(22:31; 78:3; 출 10:2; 12:26; 13:8, 14; 신 6:20). 우리는 성경을 통하여 하나님의 구원 역사를 들어 알고 있어야 할 것이다.

시 44:2. 주께서 주의 손으로 뭇 백성을 내쫓으시고 우리 조상들을 이 땅에

뿌리박게 하시며 주께서 다른 민족들은 고달프게 하시고 우리 조상들은 번성하게 하셨나이다.

다윗은 '주께서 주님의 손으로 민족들을 몰아내시고, 우리 조상들을 심으셨으며, 주께서 족속들을 재앙으로 치시고, 우리 조상들을 번성하게 하신 것을 들었습니다'라고 말한다. 이스라엘의 건국 역사는 모두 하나님께서 하신 일이었다는 것을 이스라엘 사람들은 들은 것이다. 이스라엘 사람들은 모두 하나님을 찬양할 것밖에 없게 된 것이다.

시 44:3. 그들이 자기 칼로 땅을 얻어 차지함이 아니요 그들의 팔이 그들을 구원함도 아니라 오직 주의 오른손과 주의 팔과 주의 얼굴의 빛으로 하셨으니 주께서 그들을 기뻐하신 까닭이니이다.

본 절 초두에는 이유를 말하는 접속사(כִּי)가 있어 본 절이 앞 절과 같이 이스라엘이 승리하게 된 이유를 말하고 있다. 본 절은 이스라엘이 가나안 땅을 정복한 것이 전적으로 하나님의 도우심으로 된 것을 말한다. 즉, 다윗은 '참으로 이스라엘인들이 자기의 칼로 땅을 차지한 것이 아니요, 그들의 팔이 그들에게 승리를 가져다 준 것도 아니며, 오직 주님의 오른손과 팔과 얼굴의 빛으로 하셨으니, 이는 주께서 그들을 기뻐하신 까닭입니다'라고 말한다. 본 절의 "얼굴의 빛"이란 말은 '하나님의 능력과 은총을 상징하는 표현'이다. 그리고 "주께서 그들을 기뻐하신 까닭이니이다"라는 말은 '하나님께서 이스라엘을 기뻐하신 까닭에 그들을 구원하셨다'는 표현이다. 이스라엘은 하나님의 택한 백성이기 때문에 그들을 무조건적인 사랑으로 받아들이시고 또 무엇이든 그들에게 베풀어주시고자 하시는 마음에서 이스라엘에게 구원을 주셨음을 말하는 것이다. 하나님께서 오늘도 우리에게 은혜를 주시는 것은 우리가 택한 백성이기 때문에 무조건적으로 우리를 사랑하시기 때문에 주시는 것임을 알고 감사가 넘쳐야 할 것이다.

시 44:4. 하나님이여 주는 나의 왕이시니 야곱에게 구원을 베푸소서.

본 절부터 8절까지는 하나님께 대한 이스라엘의 전적인 신뢰를 발표하는 부분이다. 즉, 다윗은 '하나님이시여! 주님은 나의 왕이시니 야곱에게 구원을 베푸소서'라고 애원한다. 여기 "야곱"이란 말은 '이스라엘 백성'을 뜻하는 말이다. 즉, 다윗은 하나님께 이스라엘 백성들을 구원하소서라고 부르짖는다.

시 44:5. 우리가 주를 의지하여 우리 대적을 누르고 우리를 치러 일어나는 자를 주의 이름으로 밟으리이다.

다윗은 '우리가 주님을 의지하여 우리의 원수를 누르고, 주님의 이름으로 우리를 치러 일어나는 사람들을 밟았습니다'(신 33:17)라고 말한다. 기드온(삿 7장) 다윗(삼상 17장) 등은 여호와의 힘을 입어 적군들을 물리쳤다. 지금도 성도들은 주님의 힘을 의지하고 얼마든지 적군을 밟을 수 있는 것이다.

시 44:6. 나는 내 활을 의지하지 아니할 것이라 내 칼이 나를 구원하지 못하리이다.

다윗은 '참으로 나는 내 활을 의지하지 않을 것이고, 내 칼도 나를 구원하지 못하는 고로 칼을 의지하지 않을 것입니다'라고 말한다. 오직 하나님만을 의지해야 하는 성도들은 세상의 무기는 거의 무용지물에 가까운 것들임을 알아야 할 것이다. 20:7 참조.

시 44:7. 오직 주께서 우리를 우리 원수들에게서 구원하시고 우리를 미워하는 자로 수치를 당하게 하셨나이다.

본 절 초두에는 이유를 말하는 접속사(כִּי)가 있어 본 절이 앞 절의 이유를 제공하고 있다. 앞 절에서 다윗은 자기 자신의 힘을 믿지 않는다고 했는데 그 이유를 본 절이 말하고 있다. 곧 다윗이 하나님의 구원을 믿는 까닭이라고 하는 것이다. 즉, 다윗은 '참으로 주께서 우리를 우리의 원수로부터 구원하셨고, 우리를 미워하는 자들은 부끄럼을 당하도록 만들어 주셨습니다'라고 말한다. 우리가 우리 하나님의 힘을 믿을 때에는 우리 자신의 힘을 믿지 않게 된다. 우리가 하나님을 믿는다는 것과 우리 자신을 믿는다는 것은 서로 용납이 안 됨으로 우리가 잘 믿으려면 자신을 포기해야(부인해야) 한다.

시 44:8. 우리가 종일 하나님을 자랑하였나이다 우리는 하나님의 이름에 영원히 감사하리이다 (셀라).

다윗은 '우리가 온종일 하나님을 자랑하고 또 영원토록 주님의 이름을 찬양하겠습니다'라고 말한다. 다윗은 본 절에서 두 가지를 하겠다고 말한다. 하나는 온종일 하나님을 자랑하는 것과 또 하나는 영원토록 하나님을 찬양하는 것이다. 자랑과 찬양은 성도의 마땅한 의무이다. 이 의무를 다른 이에게 미루어서는 안 된다. "셀라"라는 말은 음의 높임표로 본다. 3:2주해 참조. 하나님을 자랑하는 자는 자신을 내 세우지 않는다. 그리고 하나님을 찬양하는 자는 자신을 찬양하지 않는다.

9-22절. 현재는 모욕을 당하고 있다.

시 44:9. 그러나 이제는 주께서 우리를 버려 욕을 당하게 하시고 우리 군대와 함께 나아가지 아니하시나이다.

다윗은 '그러나 이제는 주님께서 우리를 버려 수치를 당하게 하셨고, 우리 군대와 함께 출전하지 아니하셨습니다'라고 말한다. 여기 "그러나 이제"(but)라는 말은 하나님께서 과거와 달리 이제는 이스라엘을 달리 취급하신다는 것을 묘사하는 말이다. 즉, 과거에는 하나님께서 함께 하셔서 이스라엘로 하여금 승리하게 하셨는데 이제는 이스라엘을 버리셔서 이스라엘 군대와 함께 출전하지 아니하신다는 뜻을 드러낸다.

시 44:10. 주께서 우리를 대적들에게서 돌아서게 하시니 우리를 미워하는

자가 자기를 위하여 탈취하였나이다.

다윗은 '주님께서 우리를 원수와의 전투에서 패배케 하셔서 돌아서게 하시니, 우리를 미워하는 원수들이 우리를 약탈하였습니다'라고 말한다. 하나님께서 이스라엘을 버리시니 이스라엘은 적과의 전투에서 돌아설 수밖에 없게 되었고, 그 적들이 이스라엘의 물건을 전리품으로 탈취해 갔다는 것이다. 하나님께서 이스라엘을 버리신다는 것은 이스라엘에게는 엄청난 충격일 수밖에 없다.

시 44:11. 주께서 우리를 잡아먹힐 양처럼 그들에게 넘겨주시고 여러 민족 중에 우리를 흩으셨나이다.

본 절은 주님께서 이스라엘에게 행하신 두 가지 사건을 진술한다. 하나는 주님께서 이스라엘을 잡아먹힐 양(도살될 양)같이 원수에게 넘겨주신 사건이고, 또 하나는 주님께서 이스라엘 민족을 다른 여러 곳(대하 21:16, 17; 욜 3:2)에 흩으셨다는 것을 진술한다. 그러나 많은 주석가는 본 절 하반절의 예언을 이스라엘을 바벨론에 포로 되어 가게 하실 것을 예언한 것으로 보기도 한다. 하반절의 "여러 민족 중에"라는 표현은 이스라엘 민족이 바벨론으로 포로 되어 가기 이전의 여러 민족만을 지칭하는 것이 아니라 바벨론으로 포로 되어 간 것을 예언하는 것으로 볼 수도 있을 것이다. 아무튼 본 시편을 쓴 시인은 하나님께서 이스라엘 민족을 잡아먹힐 양처럼 죽게 된 민족으로 예언하고 또 여러 곳으로 잡혀 갈 것으로 예언한 것은 하나님께서 하시는 것으로 본 점에서 소망이 있는 것이다. 하나님께서 하시니 또 하나님께서 훗날 회복시키실 수 있다는 확신을 가지고 이 시편을 쓴 것이다.

시 44:12. 주께서 주의 백성을 헐값으로 파심이여 그들을 판값으로 이익을 얻지 못하셨나이다.

다윗은 '주님께서 주님의 백성을 헐값에 파셨으니, 높은 값을 매기지 못하셨습니다'라고 말한다. 주님께서 이스라엘을 포로로 넘기실 때 값없이 적에게 끌려가게 하셨다는 뜻이다. 이스라엘 민족은 패전국이 되어 비참하게 넘어갔다는 뜻이다.

시 44:13. 주께서 우리로 하여금 이웃에게 욕을 당하게 하시니 그들이 우리를 둘러싸고 조소하고 조롱하나이다.

다윗은 주님께서 이스라엘 민족으로 하여금 이웃 민족들에게 욕을 당하게 하셔서 이웃 민족들이 이스라엘을 둘러싸고 조롱하게 만드셨다고 말한다. 주님께서 이스라엘로 하여금 조롱을 당하게 하셨으니 다시 회복시켜 번성케 하실 수도 있으시다는 것을 소망하는 것이다.

시 44:14. 주께서 우리를 뭇 백성 중에 이야기거리가 되게 하시며 민족 중에서 머리 흔듦을 당하게 하셨나이다.

다윗은 주님께서 우리 이스라엘 민족을 많은 백성 중에 말거리(웃음거리)가 되게 하셨으며 또 많은 민족들이 이스라엘 민족을 놓고 머리를 흔들게 만드셨다고 말한다. "머리를 흔든다"는 말은 무시와 조롱의 표시로 머리를 흔든다는 뜻이다. 이스라엘 민족이 여러 민족들 중에서 이런 푸대접을 받게 된 것은 하나님께서 하신 일이었다.

시 44:15. 나의 능욕이 종일 내 앞에 있으며 수치가 내 얼굴을 덮었으니.

다윗은 이스라엘 민족이 당하는 수치가 종일토록 이스라엘 앞에 있으며 부끄러움이 이스라엘 사람들의 얼굴을 덮었다고 말한다. 이스라엘 사람들은 끊임없이 수치와 능욕을 당하는 신세가 되었다는 것이다.

시 44:16. 나를 비방하고 욕하는 소리 때문이요 나의 원수와 나의 복수자 때문이니이다(at the sound of the taunter and reviler, at the sight of the enemy and the avenger-ESV)**.**

다윗은 '자신과 이스라엘 민족이 능욕을 당하며 수치를 얼굴에 덮어 쓴 것은 나 자신과 이스라엘을 비난하고 모독하는 자의 소리와 나와 이스라엘을 보복하는 원수들 때문입니다'라고 말한다. 언제나 패전 국가 국민은 승전국 국민들로부터 천대와 멸시를 받는 법이다. 그러나 이 시를 쓴 시인은 그런 불행 중에도 행복하게 지내고 있다. 이유는 그가 그 원수들까지도 제어하실 수 있는 만군의 여호와 하나님을 알고 또 그에게 기도하기 때문이다(박윤선). 우리는 범사에 기도하여 복 있는 자로 살아야 할 것이다.

시 44:17. 이 모든 일이 우리에게 임하였으나 우리가 주를 잊지 아니하며 주의 언약을 어기지 아니하였나이다.

본 절부터 22절까지는 시인 다윗이 자기와 자기 민족이 고난을 받을 이유가 없다고 말한 것을 진술한 것이다. 특별한 범죄 사실이 없이 민족적 환난을 받는 것은 이해하기 곤란한 문제였다. 그러나 이 시인은 결국 이 문제를 성전에서 해결했다고 말한다(73:17).

다윗은 본 절에서 '이 모든 일이 우리에게 닥쳤으나 우리가 주님을 잊지 않았고 주님의 언약을 어기지도 않았습니다'라고 말한다. 다시 말해 많은 고난이 닥쳐왔는데 자기들은 고난을 받을만한 일을 하지 않았고, 자기와 자기 민족은 주님 자신을 잊지 않았고 주님과 맺은 언약을 잊지 않았다는 것이다.

시 44:18. 우리의 마음은 위축되지 아니하고 우리 걸음도 주의 길을 떠나지 아니하였으나.

다윗은 '적들의 모욕을 받으면서도 우리 마음이 주님을 배반한 적이 없고, 우리 발걸음도 주님이 말씀하신 길에서 벗어난 적이 없습니다'라고 말한다. 이스라엘이 외국인들의 압제를 받으면서도 우리의 마음만큼은 주님을 멀리 떠난 적이 없었고 또 주님께서 행하라고 말씀하신 길을 벗어난 적이 없었다는 것이다.

시 44:19. 주께서 우리를 승냥이의 처소에 밀어 넣으시고 우리를 사망의 그늘로 덮으셨나이다(yet you have broken us in the place of jackals, and covered us with the shadow of death-ESV).

다윗은 '자기 자신과 이스라엘 민족이 주님의 길을 떠나지 않았는데도 (앞 절) 주님께서는 우리를 승량이의 처소에 밀어 넣으셨고 우리를 사망의 그늘로 덮으셨습니다'라고 말한다. 여기 "승량이의 처소"(מְקוֹם תַּנִּים, the place of jackals)란 '황량한 빈들', '황폐한 곳'이란 뜻이다(사 34:13; 렘 9:10, 22; 49:33; 51:37). 그리고 "사망의 그늘"이란 말은 '이스라엘의 적' 혹은 '큰 고통과 절망의 상태를 은유적으로 표현한 말'이다.

시 44:20. 우리가 우리 하나님의 이름을 잊어버렸거나 우리 손을 이방 신에게 향하여 폈더면.

다윗은 '만일 우리가 우리 하나님의 이름을 잊어버렸거나 우리가 우상 숭배를 했더라면' 다음 절처럼 하나님께서 이를 처리하지 아니하셨을 리 만무하다는 뜻이다. "우리 손을 이방 신에게 향하여 폈다"는 말은 '우상을 섬기는 것'을 뜻한다. 이스라엘이 아무리 패전하고 다른 민족의 압박을 받아도 하나님을 잊어버리지 않았고 우상을 섬기지 않았다는 것이다. 우리는 어떤 환경을 만나도 하나님을 잊거나 우상을 섬겨서는 안 될 것이다.

시 44:21. 하나님이 이를 알아내지 아니하셨으리이까 무릇 주는 마음의 비밀을 아시나이다.

다윗은 '우리 이스라엘 민족이 하나님을 잊어버렸거나 우상을 숭배했다면(앞 절) 하나님께서 이런 사실을 알아내지 못하셨을까요? 분명히 주님은 우리의 마음을 아시는 분이시니 심판하시지 않으시겠습니까?'고 말한다. 다윗은 사람의 눈보다 하나님의 눈을 무서워하며 사는 사람이었다.

시 44:22. 우리가 종일 주를 위하여 죽임을 당하게 되며 도살할 양 같이

여김을 받았나이다.

다윗은 '우리 이스라엘이 하나님을 잊어버리지도 않았고 우상을 섬기지도 않았는데 우리가 주님 때문에 온종일 죽임을 당하게 되었으며, 도살당할 양같이 여김을 받았습니다'라고 말한다. 다시 말해 주님을 위해 순교를 당하게 되었다는 것이다(롬 8:36 주해 참조).

23-26절. 구원을 호소하다. 이스라엘이 현재 패전하여 적의 모욕을 받고 있으나 그들이 여전히 하나님을 섬기고 있으니 구원하여 주소서라고 말한다.

시 44:23. 주여 깨소서 어찌하여 주무시나이까 일어나시고 우리를 영원히 버리지 마소서.

다윗은 '주님이시여! 일어나소서 어찌하여 주무시고 계십니까? 일어나셔서 우리를 영영히 버리지 마소서'라고 애원한다. 본 절은 시인 다윗이 하나님의 침묵을 시적으로 표현한 것으로 사실은 이스라엘을 지키시는 하나님은 졸지도 않으시고 주무시지도 않으신다(121:4). 다윗은 하나님을 향하여 이제는 일어나셔서(7:6; 9:19: 10:12 참조), 이스라엘을 구원하여 주소서라고 애원한다.

시 44:24. 어찌하여 주의 얼굴을 가리시고 우리의 고난과 압제를 잊으시나이까.

다윗은 하나님을 향하여 어찌하여 이스라엘을 돕지 않으시고 얼굴을 가리고 계시면서 이스라엘이 당하는 고난과 압제를 잊고 계십니까라고 말한다. 본 절을 얼핏 보면 하나님을 향한 불평같이 느껴지지만 불평이 아니고, 겸손한 마음으로 간절히 기도를 드리는 것으로 보아야 한다. 다윗은 온전히 주님을 향하여 큰 소망을 가지고 기도를 드리고 있다. 신앙인은 어떤 환경에서라도 하나님을 바라보고 있어야 하고 기도를 계속해서 드려야 한다.

시 44:25. 우리 영혼은 진토 속에 파묻히고 우리 몸은 땅에 붙었나이다.

다윗은 이스라엘이 당하고 있는 비참함을 하나님께 시적(詩的)으로 고하고 있다. 즉, 다윗은 '우리 이스라엘의 영혼은 하나님으로부터 버림을 받아 진토에 구푸려 있는, 가련하고 불쌍한 모습이 되었고, 우리 이스라엘의 몸은 적에게 눌린바 되고 땅에 눌린바 되어 땅에 붙어 있다'고 고백한다. 본 절의 "진토"란 말은 '먼지' 혹은 '티끌'을 지칭하는 말로 고대 근동에서 먼지나 재를 뒤집어쓰는 것은 극한 슬픔을 나타내는 모습을 그린 것이다. 또 "우리 몸은 땅에 붙었나이다"라는 표현은 하나님에게 절대 충성한다는 표시이고 또 기도자의 간절한 심정을 표시하는 말이다. 시인이 자기들이 당하고 있는 현실을 이렇게 묘사하고 있는 것은 하나님의 크신 긍휼을 구하기 위함이다. 우리가 살길은 하나님의 긍휼에 있음을 알고 우리는 자신들을 낮추어야 할 것이다.

시 44:26. 일어나 우리를 도우소서 주의 인자하심으로 말미암아 우리를 구원하소서.

다윗은 본 절에서 기도의 결론을 말하고 있다. 다윗은 하나님께 '일어나 우리를 어서 도와주십시오. 주님의 한결같은 사랑으로 우리를 구하여 주소서'라고 애원한다. 즉, 하나님께서 일어나셔서 옛날 광야에서 이스라엘을 도우신 것처럼 지금 이스라엘을 도우시고 주님의 사랑으로 이스라엘을 적의 압박에서 구출하여 주시기(25:22; 6:4; 31:16)를 빌고 있다.

제 45 편 왕의 결혼을 묘사하는 시(詩)

본편이 어느 왕의 결혼을 말하는 것이냐에 대해서는 견해가 분분하다. 1) 요람 왕이 아달리아와 결혼한 것을 두고 지은 시라는 견해(Delitzsch). 2) 솔로몬 왕이 결혼한 것을 두고 지은 시라는 견해(Calvin, Hofmann, Grotius). 그러나 본 시편이 솔로몬 왕의 결혼을 두고 지은 시 같지는 않다. 이유는 솔로몬은 평화의 왕이었는데, 본 시편에는 전쟁에 대한 언급(4-6절)이 있기 때문이다. 3) 어떤 학자들은 본편이 바사나 수리아 왕의 결혼에 대한 시라고 하나 이스라엘 시인이 그런 이방 임금에 대하여 하나님의 복이 영원할 것이라고 말한다는 것은 생각할 수 없는 일이다. 4) 본편이 매코비 시대의 아리스톱불루스 1세(Aristoblus I, B.C. 105년경)에 대한 시(Duhm)라는 견해. 그러나 이 견해도 이연하지 않다. 5) 아합과 이세벨의 결혼에 대한 시라고 하는 견해(Hitzig, Schmidt). 이들이 이렇게 주장하는 이유는 12절의 "두로의 딸"이란 말에 근거하나 이 학설 역시 이연하지 않다. 이유는 이세벨은 시돈 여자이고 두로의 공주가 아니기 때문이다. 그뿐 아니라 16절에 있는 "왕의 열조들"이란 말이 아합에게 부합하지 않는다. 아합 왕조에 있어서 그의 선조는 오므리(Omri) 한 사람뿐이었다. 6) 위의 견해들이 합당하지 않으니 여기 "왕"은 다윗 계통의 '어떤 왕'일 것이다(박윤선). 위의 6개의 견해 중 6)번의 견해가 가장 타당한 것으로 보인다.

이 왕은 그리스도의 모형이다(히 1:8). 이 왕이란 말이 그리스도를 직접적으로 지칭하는가 아니면 간접적으로 지칭하는가. 고대 교회의 해석가들은 그리스도를 직접적으로 지칭한다고 보았으나 간접적으로 지칭한다고 보아야 한다(Delitzsch, 박윤선). 간접 학설이 정당하다. 그 이유는 이 시편에 있는 구절들, 즉 "왕은 사람들보다 아름다워"(2절 상반절)란 말, "하나님이 왕에게 영원히 복을 주시도다"(2절 하반절)라는 말, "하나님이여 주의 보좌는 영원하며"(6절)란 말들이 단순한 인간에게는 지나친 표현들이기 때문이다. 이 시(詩)는 신랑 신부의 직접적 사랑 노래가 아니라 신랑, 신부에 대한 시인 자신의 찬양과 교훈 및 열방의 찬양에 대한 기원이다. 이를 통하여 시인은 독자들로 하여금 지극한 영광과 권능의 왕이신 메시아와 영적으로 연합할 신약 교회의 성도들이 장차 궁극적으로 누릴 영광이 실로 영원하고 복될 것임을 예견케 한다. 나아가 그토록 영광스럽고 영원한 자리에 마침내 이르기 위해서 우리 모든 성도는 세상의 헛된 구습을 벗어버리고(10절) 오직 그리스도의 영적 신부로서 합당한 성결하고 아름다운 신앙인의 모습을 온전히 갖추기 위해 노력하고 또 노력해야 할 것을 교훈하고 있다(엡 4:22; 벧후 1:4 참조. 그랜드 종합 주석).

본편의 내용은 1) 신랑이신 왕의 위엄과 영화에 대한 찬양이다(1-9절). 2) 왕의 신부된 자의 영광을 찬양함과 신부될 자가 가져야 할 합당한 자세에 대한 조언 및 아름답게 단장한 신부가 왕에게로 인도되는 장면을 묘사한 것이다(10-15절). 3) 두 사람의 결혼에 복을 비는 것으로 자손 번성과 그 왕권이 영원히 계승하고 보존되기를 축원하는 내용이다(16-17절).

"고라 자손의 마스길, 사랑의 노래, 인도자를 따라 소산님에 맞춘 것"이란 말에 대해서는 전편 표제 주해를 참조하라. 이 노래가 왕의 결혼을 위한 노래임으로 "사랑의 노래"라고 불린다. "소산님"이란 '백합화곡'이란 뜻으로 본시와 69편에 보인다(이상근).

1-9절. 신랑이신 왕의 위엄과 영화에 대한 찬양이다. 왕의 미, 영광, 능력, 덕, 위엄 등을 노래한 것이다.

시 45:1. <고라 자손의 마스길, 사랑의 노래, 인도자를 따라 소산님에 맞춘 것> 내 마음이 좋은 말로 왕을 위하여 지은 것을 말하리니 내 혀는 글솜씨가 뛰어난 서기관의 붓끝과 같도다.

시인은 '내 마음이 아름다우니 아름다운 말이 넘쳐나서, 내가 왕께 노래를 지어 드리니, 내 혀는 능숙한 서기관의 붓과 같습니다'라고 말한다. 여기 '서기관'이란 말은 '사본 기자와 같은 필적으로 능숙하게 글을 쓰는 자'를 지칭한다. 이 시인은 왕의 위대한 모습에 취하여 입술을 기묘하게 사용하겠다고 말한다(박윤선). 시인은 먼저 성령의 감동을 받아 그 마음이 아름다워야 하고 그 아름다운 말을 붓끝으로 표현할 수 있어야 한다.

시 45:2. 왕은 사람들보다 아름다워 은혜를 입술에 머금으니 그러므로 하나님이 왕에게 영원히 복을 주시도다.

시인은 '왕은 사람이 낳은 아들 가운데서 가장 아름다워 그 입술에서는 은혜가 쏟아지니 하나님께서 임금님에게 영원한 복을 주십니다'고 말한다. 왕이 은혜의 말씀을 신하들에게 쏟아내니 하나님도 왕에게 영영히 복을 내리신다는 것이다.

여기 "왕은 사람들보다 아름답다"는 말은 '메시아께서 모든 인생들보다 거룩한 덕(德)이 탁월하신 것'을 뜻한다. 그리고 "은혜를 입술에 머금다"는 말은 '왕의 입술에 은혜를 머금고 은혜로운 통치를 한다'는 뜻이다. 왕은 지혜가 있어야 백성을 잘 통치할 수 있는 것이다. 여기에 진술된 왕은 메시아를 지칭하는 말로 메시아께서 전하신 말씀이 은혜로울 것을 예표한다(눅 4:22). 그러므로 왕이 그 입에 은혜를 소유한 것은 하나님께서 왕에게 복을 내리셨기 때문이다.

시 45:3. 용사여 칼을 허리에 차고 왕의 영화와 위엄을 입으소서.

본 절에서는 시인이 왕의 능력과 영화를 노래한다. 즉, '왕이신 용사시여! 허리에 칼을 차시고 왕의 영광과 위엄을 드러내소서'라고 노래한다. 앞 절의 미와 본 절의 능력과 영화는 그대로 메시아를 예언하는 말씀이다.

시 45:4. 왕은 진리와 온유와 공의를 위하여 왕의 위엄을 세우시고 병거에 오르소서 왕의 오른손이 왕에게 놀라운 일을 가르치리이다.

본 절은 왕의 전쟁하는 목적을 진술한다. 그 목적은 "진리와 온유와 공의"라고 한다. "진리와 온유와 공의"(אֱמֶת וְעַנְוָה־צֶדֶק)란 말은 "진실과 온유한 의"라고 번역될 수 있다(Alexander). 다시 말해 "진실과 온유한 의"는 폭군들의 통치 방식인 거짓과 교만한 불의(不意)를 반대하여 싸우는 덕이다(박윤선).

"왕의 위엄을 세우시고 병거에 오르소서"라는 말은 '저 이상적 임금께서 군마를 타고 출전하여 승리하기'를 비는 말이다. 이 축원은 바로 메시아께서 그 백성을 구속하시기 위한 그의 영적 전쟁이 언제나 승리하실 것을 예표한다. 그리고 "왕의 오른손이 왕에게 놀라운 일을 가르치리이다"란 말은 '메시아의 오른 손(능력의 손)이 모든 놀라운 일들을 연출하실 것이라'는 예언이다.

시 45:5. 왕의 화살은 날카로워 왕의 원수의 염통을 뚫으니 만민이 왕의 앞에 엎드러지는도다.

본 절은 왕의 군비는 강력하여 원수를 제압하고 열왕들이 왕 앞에 항복한다는 것을 말한다. 즉, 시인은 '왕의 화살은 날카로워 왕의 원수들의 심장을 뚫으니, 만민이 왕의 발 아래서 엎드러지는구나'라고 찬양한다. 혹자는 본 절의 왕을 솔로몬으로 말하고 있으나 본편 서론에서 밝힌바와 같이 그럴듯하지 않다. 하나님을 힘입은 왕은 군비를 가지고 원수를 거침없이 제어한다는 말인데 본 절은 메시아께서 영적으로 그런 승리자이심을 예언한다.

시 45:6. 하나님이여 주의 보좌는 영원하며 주의 나라의 규는 공평한 규이니이다.

본 절은 메시아구적 성격이 아주 완연하다(히 1:8, LXX, Rosenmueller, Hengsternberg, Kay, Rawlinson, 박윤선, 이상근). 시인은 '하나님이시여! 주님의 보좌는 영원하고, 주님의 나라의 규(홀)는 공평한 규(왕권의 상징)입니다'라고 찬양한다. 본 절에서는 메시아가 "하나님"이심을 드러내고 있다. 그리고 "주님의 보좌는 영원하다"는 말은 주님께서 왕으로 취임하셨다가 하야하셨다 하는 왕이 아니시라 영원이 왕이신 메시아를 보여주는 말이다. "주의 나라의 규는 공평한 규이니이다"라는 말은 주님의 보좌가 영원한 이유를 드러내는 말이다. 즉, 왕권을 상징하는 규(홀)가 공평하기 때문이다. 통치가 공평한 것은 왕권의 불변동함을 성립시킨다.

시 45:7. 왕은 정의를 사랑하고 악을 미워하시니 그러므로 하나님 곧 왕의 하나님이 즐거움의 기름을 왕에게 부어 왕의 동료보다 뛰어나게 하셨나이다.

시인은 '공평한 홀을 잡으신 왕(앞 절)께서 정의를 사랑하시고 악을 미워하시니 그러므로 하나님, 곧 왕의 하나님께서 왕에게 기쁨의 기름을 부으셔서, 왕의 동료들을 제치시고 뛰어나게 하셨습니다'라고 찬양한다. 왕께서 상선벌악을 하시게 된 것은 하나님께서 그에게 성령을 부어주신 까닭이다(눅 4:18-19).

시 45:8. 왕의 모든 옷은 몰약과 침향과 육계의 향기가 있으며 상아궁에서 나오는 현악은 왕을 즐겁게 하도다.

본 절은 왕의 옷과 궁의 화려한 모습을 찬양한다. 즉, 시인은 '왕의 모든 옷에는 아라비안 산의 몰약과 인도 산의 침향과 계피향이 나고 있으며, 상아 궁에서 흘러나오는 현악기들 소리는 왕을 즐겁게 합니다'라고 찬양한다. 본 절의 상아 궁은 그리스도의 고귀한 인격과 메시아 왕국의 모습을 예언하고 있다.

시 45:9. 왕이 가까이 하는 여인들 중에는 왕들의 딸이 있으며 왕후는 오빌의 금으로 꾸미고 왕의 오른쪽에 서도다.

시인은 '왕이 귀하게 여겨 가까이 하는 여자들(후궁들) 중에는 열왕의 딸들이 있으며, 왕후는 오빌의 금으로 단장하고 왕의 오른쪽에 서 있습니다'라고 찬양한다. 혹자는 본 절을 주해하면서 왕이 가까이 하는 여인들을 두고 솔로몬에게 후궁과 귀빈이 많았고 그 중에 바로의 딸이 있었다고 주해한다. 그러나 본편 서론에서 밝혔듯이 본 절의 왕은 솔로몬을 지칭하는 것이 아닌 것으로 보인다. "오빌의 금"은 '희귀한 금'으로 유명하다(대상 29:4; 욥 28:16). 왕후는 오빌의 금으로 몸을 장식하고 왕의 옆에 서 있다는 것이다.

10-15절. 왕의 신부된 자의 영광을 찬양함과 신부될 자가 가져야 할 합당한 자세에 대한 조언 및 아름답게 단장한 신부가 왕에게로 인도되는 장면을 묘사한 것이다.

시 45:10. 딸이여 듣고 보고 귀를 기울일지어다 네 백성과 네 아버지의 집을 잊어버릴지어다(Hear, O daughter, consider, and incline your ear; forget your people and your father's house-ESV).

시인은 '딸이여! 듣고 생각하고 귀를 기울이거라. 네 백성과 네 아버지의 집을 잊어버리라'고 말한다. 여기 "딸이여!"라고 부르는 말은 왕후를 부를 때 애칭으로 부르는 말이다. 왕후가 첫째 할 일은 "듣고 보고 귀를 기울이는 것"이다. "듣고 보고 귀를 기울이는 것"은 '듣고 생각하고 귀를 기울이는 것'이다. 이 말은 왕후가 도를 배우기에 전심전력을 기울이고 왕과의 관계를 바르게 정립하라는 것이다.

왕후가 앞에 말한바와 같이 하기 위해 "네 백성과 네 아버지의 집을 잊어버려야" 하는 것이다. 여기 "네 백성"이라고 쓴 것을 보면 왕후가 다른 나라의 백성이라는 것을 알 수 있다.

시 45:11. 그리하면 왕이 네 아름다움을 사모하실지라 그는 네 주인이시니 너는 그를 경배할지어다.

시인은 '왕후가 자신의 도를 배우고 또 자기 백성을 잊어버리고 헌신적인 아내가 되면(앞 절) 왕이 왕후의 아름다움을 사모하실 것이다. 왕이 왕후의 주님이시니, 너는 그에게 경배하라'라고 말한다. 본 절에서도 왕은 메시아를 예표하고 있고, 왕비는 신약 교회를 예표하고 있다. 교회가 이전에 따르던 불신 세상을 멀리 떠나고 잊으며 그리스도인의 모습을 갖출 때 그리스도의 총애를 받게 된다는 것이다.

시 45:12. 두로의 딸은 예물을 드리고 백성 중 부한 자도 네 얼굴 보기를 원하리로다.

시인은 '두로의 딸이 예물을 드리고 백성 중 부자들이 네 은총을 구할 것이라'고 말한다. 교회가 거룩해지면 '두로와 같은 이방 민족도 교회의 복음 증거를 듣고 회개하고 돌아와 예물을 드린다'는 것이다. 그리고 비록 백성 중 부한 자들도 교회를 통하여 신령한 은혜를 받고자 한다는 것이다.

시 45:13. 왕의 딸은 궁중에서 모든 영화를 누리니 그의 옷은 금으로 수놓았

도다.

시인은 '왕의 딸은 왕궁에서 온갖 영화를 누리니, 그 여자의 옷은 금으로 수놓았구나'라고 말한다. 여기 "왕의 딸"은 '왕후'를 의미한다(9절). 왕후는 궁중에서 모든 영화를 누리고 왕후는 금으로 수놓은 옷을 입고 궁중에서 살고 있다. 이것은 신약 시대의 성도들이 그리스도 안에서 신령한 은혜를 받고 살게 될 것을 예표한다.

시 45:14. 수놓은 옷을 입은 그는 왕께로 인도함을 받으며 시종하는 친구 처녀들도 왕께로 이끌려 갈 것이라.

시인은 '수놓은 옷을 입은 왕후는 왕께로 인도를 받아가서 결혼 예식을 치를 것이고 동시에 경배를 드릴 것이며, 왕후를 시종하는 친구 처녀들도 왕께로 이끌려 갈 것이라'고 말한다. 본 절은 왕의 결혼 예식 광경을 묘사한 것이다(K.&D., Rawlinson, 이상근). 시녀들도 왕후와 함께 왕후의 소유가 되는 것이다. 이 모습은 교회가 그리스도 앞에 나아가는 그림자가 된다.

시 45:15. 그들은 기쁨과 즐거움으로 인도함을 받고 왕궁에 들어가리로다.

시인은 '그들(신약 시대의 성도들)이 기쁨과 즐거움으로 그리스도 앞으로 인도함을 받고, 왕의 궁궐로 들어갈 것이라'고 말한다. 이렇게 해서 그리스도와 성도간의 결혼(연합)은 끝나는 것이다. 이는 교회(성도들)가 그리스도 안에서 즐길 일의 그림자이다.

16-17절. 두 사람의 결혼에 복을 비는 것으로 자손 번성과 그 왕권이 영원히 계승하고 보존되기를 축원하는 내용이다.

시 45:16. 왕의 아들들은 왕의 조상들을 계승할 것이라 왕이 그들로 온 세계의 군왕을 삼으리로다.

시인은 '왕자들이 조상들의 뒤를 이을 것이니, 왕이 그들을 온 땅의 통치자로 삼을 것이라'고 말한다. 본 절은 하나님께서 다윗에게 언약하신 것이기도 하다(삼하 7:13-17). 이 다윗 언약은 다윗의 자손인 그리스도에게서 그의 메시아 왕국의 형태로 성취되었다. 다시 말해
그리스도는 만왕의 왕이시오 만주의 주가 되신 것이다(계 19:16).

여기 "왕의 아들들은 왕의 조상들을 계승할 것이라"는 말은 '신자들은 복음 전도로 말미암아 영적 자손들을 볼 것이라'는 뜻이다. 그리고 "왕이 그들로 온 세계의 군왕을 삼으리로다"라는 말은 '그들도 모두 다 그리스도로 말미암아 왕들이 된다'(계 5:10)는 뜻이다.

시 45:17. 내가 왕의 이름을 만세에 기억하게 하리니 그러므로 만민이 왕을 영원히 찬송하리로다.

시인은 "내가 왕의 이름을 만세에 기억하게 할 것이라"고 말한다. 즉, 메시아의 이름은 너무 귀하여 만민이 영원히 기억하며 찬송하게 할 것이라는 말이다. 그리고 "만민이 왕을 영원히 찬송할 것이라"는 말은 예언대로 그리스도에게서 그대로 성취되었다.

제 46 편 하나님은 나의 힘이다

본편은 하나님의 위로를 말해주는 시(詩)이다. 본편은 다음의 47-48편과 더불어 이스라엘이 큰 위기에 처했을 때 하나님이 시온의 보호자로서 시온을 중심한 전 세계의 지배자이시란 것을 노래함으로 이스라엘을 크게 위로하시는 것이다. 본편의 저작시기로는 1) 아람과 이스라엘 군이 유다를 침공했을 때(Hitzig), 2) 여호사밧 왕이 모압과 암몬과 에돔의 연합군의 침략을 받았을 때(대하 20장, Delitzsch), 3) 히스기야 왕이 앗수르 왕 산헤립의 침공을 받았을 때, 주전 701년(왕하 18:13-16, Hengsternberg, Ewald, Hupfeld, 이상근), 4) 과거의 어떤 역사적 사건을 회고하면서 이 세상 끝 날에 될 일을 생각하여 지은 시(Ridderbos)라는 등의 견해 들이 있다Gunkel, Kittel, 박윤선). 위의 견해 들 중 3)번, 혹은 4)번의 견해를 받아야 할 것이다. 본편의 내용은 1) 하나님은 나의 힘이시다(1-3절). 2)

하나님은 시온의 보호자이시다(4-7절). 3) 하나님은 세계의 지배자이시다 (8-11절) 등으로 구분된다.

"고라 자손의 시, 인도자를 따라 알라못에 맞춘 노래"란 말에 대한 "고라 자손의 시"에 대해서는 42편 표제 주해를 참조하라. "알라못"이란 말은 본편에만 보이는 말로서 뜻은 분명하지 않으나 일종의 음표로 고음(高音)을 표시하는 것으로 보인다.

1-3절. 하나님은 시온의 보호자이시다.

시 46:1. <고라 자손의 시, 인도자를 따라 알라못에 맞춘 노래> 하나님은 우리의 피난처시요 힘이시니 환난 중에 만날 큰 도움이시라.

시인은 '하나님은 우리에게 피난처와 힘이시니, 환난 때에 만날 큰 도움이 되신다'고 말한다. 하나님은 적의 공격을 받을 때에 우리의 피난처가 되시고(18:2; 94:22 참조), 환난을 당할 때에 아무 염려 없이 그를 의지하여 도움을 받을 수 있는 분이시다(대하 15:4). 우리에게 힘이 없어도 하나님께서 힘이시니 아무 염려 없이 의지할 수 있는 분이시다.

시 46:2-3. 그러므로 땅이 변하든지 산이 흔들려 바다 가운데에 빠지든지 바닷물이 솟아나고 뛰놀든지 그것이 넘침으로 산이 흔들릴지라도 우리는 두려워하지 아니하리로다 (셀라).

시인은 '하나님께서 우리의 피난처이시고 우리의 힘이 되시니 땅이 변하든지 산이 흔들려 바다 가운데에 빠지든지 바닷물이 솟아나고 뛰놀든지 그 뛰노는 물이 넘쳐서 산이 흔들리는 일이 발생할지라도 우리는 두려워하지 않을 것이라'고 말한다. 본 절에 기록된 모든 환난이 그 무엇을 지칭하든지 우리는 하나님이 피난처이시고 힘이 되시니 두려울 것이 없는 것이다. 두려워한다면 신앙이 없는 것이다. "셀라"라는 말은 올림표로 본다. 3:2 주해 참조.

4-7절. 하나님은 시온의 피난처이시다.

시 46:4. 한 시내가 있어 나뉘어 흘러 하나님의 성 곧 지존하신 이의 성소를 기쁘게 하도다(There is a river whose streams make glad the city of God, the holy habitation of the Most High-RSV, ESV).

본 절의 묘사 속에는 "한 시내가 있어 나뉘어"란 말이 있어 귀하다. 시내가 나뉘어 있으니 만큼 한 방면만 아니라 여러 방면에 물을 대 준다. 이 말은 하나님의 생명의 역사가 성격이 서로 다른 많은 개인들에게 분배되고 있음을 비유한다. 그리스도인은 누구든지 하나님의 은혜를 독차지 한 줄로 생각하면 안 된다. 즉, 시인은 '강이 하나가 있으니, 그 줄기들이 흘러 하나님의 성, 곧 지극히 높으신 하나님의 거룩한 처소를 기쁘게 한다'고 말한다. 여기 "하나의 강이 있다"는 말은 구원의 원천이신 하나님의 계시를 상징한다(요 4:14; 7:38 참조). 그리고 "지존하신 이의 성소를 기쁘게 한다"는 말은 구원의 은혜가 있는 곳은 기쁨의 장소가 된다는 뜻이다(박윤선). 시온의 도성이 흉용한다 해도(앞 절) 그 저변에는 이와 같은 평화로운 하나님의 보호하시는 은혜가 흐르고 있는 것이다.

시 46:5. 하나님이 그 성 중에 계시매 성이 흔들리지 아니할 것이라 새벽에 하나님이 도우시리로다.

본 절은 비유로 진술된 앞 절의 말씀을 풀어쓴 것이다. 즉, "한 시내가 있어 나뉘어 흐르는 것"(앞 절)이 무엇인지 본 절이 밝히고 있다. 그것은 바로 "하나님이 그 성중에 계시다"는 것이다. 시인은 '하나님께서 그 성 안에 계시므로 성이 요동하지 않을 것이다. 하나님께서 새벽에 도우실 것이다'라고 말한다. 역사적인 예로는 앗수르 대군이 시온 성(예루살렘 성)을 아주 얕잡아보고 공격했다가 하나님의 천사가 나타나 앗수르 대군 185,000명을 대파한 것이다(사 37:36). 그러므로 하나님께서 함께 하시는 동안 하나님의 백성은 아무런 염려를 하지 않게 된다는 것이다.

"새벽에 하나님이 도우시리로다"란 말은 '어두운 밤을 지나 구원과 기쁨의 상징인 새벽에 하나님께서 급히 도와주신다'는 뜻이다. 왕하 19:35에 보면 앗수르 군대가 하나님의 기적으로 인하여 파멸된 사실이 이른 아침에 발견되었다는 것이다. 하나님은 우리가 알지도 못하는 시간에 일을 하신다.

시 46:6. 뭇 나라가 떠들며 왕국이 흔들렸더니 그가 소리를 내시매 땅이 녹았도다.

시인은 '많은 나라들이 소란하고 왕국들이 요동하였으나, 주님께서 소리를 한번 내시니, 땅이 녹아내리는구나'라고 말한다. 앗수르 군대가 요란하게 시온 성에 진입했으나 하나님께서 역사하시니 앗수르 대군 185,000명이 모두 죽고 말았다. 이는 인류 종말에 하나님께서 온 세상을 심판하실 것을 미리 보여주는 사건이기도 하다. "소리를 내시매"라는 말은 땅 위의 모든 사건에 대하여 하나님께서 간섭하신다는 뜻이다. 하나님은 오늘도 우리의 모든 일을 간섭하셔서 도우신다.

시 46:7. 만군의 여호와께서 우리와 함께 하시니 야곱의 하나님은 우리의 피난처시로다 (셀라).

시인은 '만군의 여호와(하늘의 일월성신을 지으신 여호와 하나님)께서 우리와 함께하시니 야곱[7]과 계약하시고 그대로 이루어주신 하나님은 우리의 피난처가 되신다'고 말한다. 다시 말해 창조주 하나님께서 우리의 피난처시라는 뜻이다. "셀라"는 높은 음표이다(3:2 주해 참조).

8-11절. 하나님은 세계의 지배자이시다.

시 46:8. 와서 여호와의 행적을 볼지어다 그가 땅을 황무지로 만드셨도다.

시인은 '모두들 와서, 여호와(창조주요 구원주)께서 하신 놀라운 일들을 보라. 창조주께서 이 땅을 황폐케 하셨다'고 말한다. 하나님은 세상의 통치주

---

7) "야곱의 하나님"이란 말은 계약하신 하나님께서 야곱의 후손들에게 그대로 복을 주신 하나님이란 뜻이다. 야곱과 계약하신 하나님께서 앗수르 대군을 대파해 주셨다는 뜻이다.

로 모든 것을 주장하시는 하나님이시니 그 하나님께서 하신 일을 보라는 뜻이다.

시 46:9. 그가 땅 끝까지 전쟁을 쉬게 하심이여 활을 꺾고 창을 끊으며 수레를 불사르시는도다.

시인은 '만군의 여호와께서 땅 끝까지 전쟁을 그치게 하시며 활을 꺾으시고 창을 부러뜨리시며 병거를 불로 태워 버리신다'고 말한다. 만군의 여호와 하나님은 앗수르 군대를 격파하실 뿐 아니라 세계의 전쟁도 쉬게 하신다는 것이다. 평화의 왕이신 하나님은 세상의 모든 무기는 없는 것 같이 여기신다는 뜻이다(사 2:4; 11:9; 미 4:3 참조).

시 46:10. 이르시기를 너희는 가만히 있어 내가 하나님 됨을 알지어다 내가 뭇 나라 중에서 높임을 받으리라 내가 세계 중에서 높임을 받으리라 하시도다.

시인은 '여호와께서 말씀하시기를 너희는 가만히 있어 내가 하나님인 것을 알아라. 내가 민족들 가운데 높임을 받고, 이 땅에서 높임을 받을 것이라 하신다'고 말씀하신다. 이스라엘 민족이 출애굽할 때 하나님께서 말씀하신 말씀은 아주 유명하다. 이스라엘 민족이 홍해를 건널 때 두려워했으나 여호와께서 말씀하시기를 "너희는 가만히 있어 내가 하나님 됨을 알지어다"라고 하셨다(출 14:13-14; 대하 20:17; 사 30:15). 이 말씀은 전적으로 하나님을 의지하면 하나님께서 구원해 주신다는 말씀인데 믿음이 없는 사람들은 "가만히 있으면 어떻게 하느냐"고 크게 반발하기도 한다.

하나님은 "내가 뭇 나라 중에서 높임을 받으리라 내가 세계 중에서 높임을 받으리라 하신다"고 한다. 하나님은 세상의 많은 나라 중에서 높임을 받으실 것이라 하시고 세계 중에서 높임을 받으시리라고 하신다. 하나님은 세상 중의 어느 나라나 세상 어느 민족보다 높으신 분이시다.

시 46:11. 만군의 여호와께서 우리와 함께 하시니 야곱의 하나님은 우리의 피난처시로다 (셀라).

시인은 '세상의 모든 것을 창조하신 여호와께서 우리와 함께하시니, 야곱의 하나님은 우리의 피난처가 되신다'고 말한다(7절 주해 참조). "셀라"는 높은 음표이다(3:2 주해 참조).

제 47 편 왕이신 하나님을 찬미하다

본편은 앞 편에 이어 하나님의 왕권을 노래한다. 이 시는 하나님을 중심하고 거행된 의식행사를 진술한 것이다. 이 시는 유대교 회당에서 신년의 노래로 사용하였고, 그리스도 교회에서는 승천일의 노래로 불렀다. 본편을 승천일의 노래로 부른 이유는 5절의 "하나님이 즐거이 부르는 중에 올라가심이여"가 그리스도의 승천을 예언하는 것으로 보기 때문이다. 이 시편은 그런 의미에서 제 24편과 유사하다. 제 24편은 법궤를 모시고 성전을 향해 가는 행진에 대한 것이고, 본편은 그 행진 끝에 법궤를 모셔 들이는 의식에 관한 것이다(박윤선). 아무튼 본시는 메시아 시로 메시아 왕국에서의 그리스도의 통치를 예언하는 것이다.

저작의 시기는 다윗이 법궤를 예루살렘 성막으로 옮겼을 때(삼하 6:12-15)로 추측되며(Hengsternberg), 본편의 내용은 왕이신 하나님(1-4절)과 왕을 찬미하다(5-9절)로 나누어지는 것으로 본다(이상근). "고라 자손의 시, 인도자를 따라 부르는 노래"라는 말에 대한 주해는 제 42편 표제 주해를 참조하라.

1-3절. 하나님은 왕이시다. 이 시인은 사람이 마땅히 하나님의 통치를 즐거워해야 할 것을 역설한다. 그리고 만민이 택한 백성(우리)에게 복종하게 될 것을 내다본다.

시 47:1. <고라 자손의 시, 인도자를 따라 부르는 노래> 너희 만민들아 손바닥을 치고 즐거운 소리로 하나님께 외칠지어다.

시인은 '너희 모든 백성들아! 손뼉을 치며 즐거운 소리로 하나님께 크게 외쳐라'고 말한다. 여기 "즐거운 소리"란 말은 다른 말로 '기쁨의 함성'이라고도 한다. 시인은 백성들을 향하여 개선의 왕에게 손바닥을 치면서 환호하라고 주문한다.

시 47:2. 지존하신 여호와는 두려우시고 온 땅에 큰 왕이 되심이로다(For the LORD, the Most High, is terrible, a great king over all the earth-ESV).

본 절 초두에는 이유를 말하는 접속사(כִּי)가 있어 본 절은 앞 절에 대한 이유를 제공하고 있다. 즉, 시인은 '참으로 지극히 높으신 여호와는 두려운 분이며, 온 땅의 위대한 왕이시기 때문이라'고 말한다. 온 백성들이 즐거운 소리로 하나님께 외쳐야 하는(앞 절) 이유는 지존하신 여호와는 두려우시고 온 땅에 큰 왕이 되시기 때문이라(95:3; 96:10; 97:1)는 것이다.

시 47:3. 여호와께서 만민을 우리에게, 나라들을 우리 발 아래에 복종하게 하시며.

시인은 '여호와께서는 백성들을 우리 발 아래, 족속들을 우리 발 아래 굴복시키셨다'고 말한다. 여호와께서 백성들을 이스라엘의 발 아래에, 그리고 족속들을 이스라엘의 발 아래에 굴복시키신 때가 있었는데 그것이 바로 다윗시대였다. 다윗은 애굽의 나일 강에서 갈대아의 유브라데까지를 점령하여 그 땅을 그 아들 솔로몬왕에게 계승시켜 주었다(왕상 4:21). 그것은 장차 이스라엘 중심의 메시아 왕국의 그림자였다.

4절. 하나님께서 백성을 위하여 기업을 택해주시니 하나님을 찬미할 것이다.

시 47:4. 우리를 위하여 기업을 택하시나니 곧 사랑하신 야곱의 영화로다 (셀라).

시인은 '하나님께서 우리를 위해 기업을 택해 주셨으니, 이 땅은 주님께서 사랑하시는 야곱의 자랑거리였다'고 말한다. 다시 말해 가나안의 기업은 하나님께서 아브라함에게 약속하신 것인데 하나님께서 실제로 다윗과 솔로몬 시대에 당시의 땅을 주신 것이었다. 우리의 미래의 기업은 천국인 것이다. "셀라"의 뜻에 대해서 3:2 표제 주해를 참조하라.

5-9절. 왕이신 하나님을 찬미하다. 이 시인은 그리스도께서 구속 사업을 완성하시고 승천하실 사실을 내다본다. 이 예언은 신약 교회의 복음 운동으로 성취되었다.

시 47:5. 하나님께서 즐거운 함성 중에 올라가심이여 여호와께서 나팔 소리 중에 올라가시도다.

시인은 '하나님께서 환호 소리 중에 오르시며 여호와께서 나팔 소리 가운데 올라가신다'고 말한다. 하나님께서 그 선민을 구원하시며 앗수르 군을 심판하신 후 성도들의 환호 소리 중에 승천하셨다는 것을 말한다(7:8; 68:19; 창 17:22; 삿 13:20). 이는 그리스도께서 십자가에서 만민을 구속하시고, 부활 승천하신 그리스도의 승천을 예언한 것이다(Calvin).

시 47:6. 찬송하라 하나님을 찬송하라 찬송하라 우리 왕을 찬송하라.

시인은 '하나님께서 위대하신 일을 하셨으니 찬양하여라, 하나님을 찬양하여라. 찬양하여라, 우리 왕을 찬양하여라'고 말한다. 우리는 오늘 그리스도께서 십자가 대속 사역을 완성하신 것을 두고 한없이 찬양해야 할 것이다.

시 47:7. 하나님은 온 땅의 왕이심이라 지혜의 시로 찬송할지어다.

본 절 초두에는 이유를 말하는 접속사(yKi)가 있어 본 절이 앞 절의 이유를 제공하고 있다. 즉, 시인은 '하나님은 이스라엘만 아니라 온 세상의 왕이시니 정성을 다하여 찬양하라'고 말한다. 본 절의 "지혜의 시로 찬송할지어다"(זַמְּרוּ מַשְׂכִּיל)란 말은 '교훈의 시로 찬양할지어다'라는 뜻이다. 이는 곧 하나님의 영광과 권능을 찬양하는 노래를 지어 하나님을 찬양하되 그러한 노래를 듣는 이들로 하여금 하나님이 온 땅의 유일한 최고 통치자이심을 깨닫고 그러한 하나님을 자신의 주로 섬기며 경외할 수 있게 하라는 것이다(그랜드 종합 주석).

시 47:8. 하나님이 뭇 백성을 다스리시며 하나님이 그의 거룩한 보좌에 앉으셨도다.

시인은 '하나님께서 모든 민족들을 다스리시며, 하나님께서 그 거룩한 보좌에 앉으셨다'고 말한다. 하나님은 세계의 모든 나라들을 지배하신다(앞 절 참조). 하나님은 거룩한 보좌에 앉으셔서 만방을 통치하신다.

시 47:9. 뭇 나라의 고관들이 모임이여 아브라함의 하나님의 백성이 되도다 세상의 모든 방패는 하나님의 것임이여 그는 높임을 받으시리로다.

시인은 '모든 나라들의 고관들이 아브라함의 하나님의 백성이 되어 모일 것이며, 세상의 방패들이 하나님께 속할 것이니, 그분이 크게 높임을 받으실 것이라'고 말한다. 여기 "아브라함의 하나님의 백성"이란 말은 하나님께서 아브라함을 부르시고 그와 언약을 맺으셔서 그가 열국의 아비가 되며 땅의 모든 족속이 그를 통해 복을 받을 것을 약속하신 것이다(창 12:1-3; 17:1-4). 이 언약은 교회에서, 메시아 왕국에서 성취될 것이다(롬 11장).

"세상의 모든 방패는 하나님의 것임이여"라는 말은 오직 하나님만이 진정한 보호자시라는 비유적 표현이다. 그리스도께서 재림하시면 진정하신 보호자가 하나님뿐이신 사실이 드러날 것이다. 하나님은 통치주이심으로 세상의 모든 군비를 통솔하시되 지존하신 보좌에서 통솔하신다는 뜻이다. "고라 자손의 시 곧 노래"란 말에 대하여는 제 42편 표제 주해를 참조하라.

제 48 편 시온(예루살렘)을 즐거워하라

46편 이하는 하나님의 왕권을 노래하나 본편에서는 하나님의 왕도(王都) 시온을 노래한다. 그 시기는 1) 제 46편처럼 산헤립이 예루살렘을 공략했을 때(Calvin, Dewette, Hupfeld)로 보기도 하나 이 학설은 합당하지 않다. 이유는 우리 본문 4절에 열왕이란 말이 나오는 것을 보면 많은 왕들을 의미하고 있으니 한 사람을 가리키지 않았으니 이 학설이 성립될 수 없다. 2) 여호사밧 때 모압과 암몬의 연합군이 유다를 침략했을 때(대하 20:1, 24, Rosenmueller, Hengsternberg, Delitzsch, Rawlinson) 등으로 추측된다. 본편의 내용은 1) 여호와의 광대하심을 찬송하다(1절). 2) 하나님의 성전을 아름답게 보며 찬송하다(2-3절). 3)과거에 하나님의 능력으로 인하여 열방의 무서운 세력이 패배한 것을 진술한다(4-8절). 4) 주님의 전 가운데서 하나님의 위대를 깨닫다(9-10절). 5) 그 때의 교회에 대하여 말하기를 "너희는 시온을 편답하고...순행하라"고 말한다(11-14절). 이 말씀은 하나님께서 시온(예루살렘)에 계심으로 그곳이 안전하고 아름다운 것을 명심하라는 뜻이다. "고라 자손의 시 곧 노래"란 말에 대하여 42편 표제 주해를 참조하라.

1절. 여호와의 광대하심을 찬송하다.

시 48:1. <고라 자손의 시 곧 노래> 여호와는 위대하시니 우리 하나님의 성, 거룩한 산에서 극진히 찬양 받으시리로다(Great is the LORD and greatly to be praised in the city of our God! His holy mountain-RSV, ESV)**.**

시인은 '주님은 위대하시니 우리 하나님의 성, 그 거룩한 산에서 크게 찬양을 받으실 분이시라'고 말한다. 주님은 위대하시니 크게 찬송을 받으셔야 한다는 것이다. 찬송 받으실 장소는 시온에서라는 것이다. 우리 하나님의 성막은 거룩한 산, 곧 시온 산에 계시니 거기서 극진히 찬송을 받으셔야 한다는 것이다. 오늘날은 우리 하나님의 성막 되시는 메시아께서 그 어디나 계시니 우리의 찬양도 어디서나 가능하다.

2-3절. 하나님의 성전을 아름답게 보며 찬송하다.

시 48:2. 터가 높고 아름다워 온 세계가 즐거워함이여 큰 왕의 성 곧 북방에

있는 시온 산이 그러하도다(beautiful in elevation, is the joy of all the earth, Mount Zion, in the far north, the city of the great King-ESV)**.**

시인은 '성전의 북쪽에 위치하고 있는 시온 산은 높고 아름다우며 온 세상의 기쁨이 되니, 위대한 왕의 성이라'고 말한다. 예루살렘은 다른 도시들보다 "터가 높은 곳"에 건설된 산악도시이다(Cheyne). 이 도시를 "아름답다"고 한 것은 시인의 눈에 비친 대로 묘사한 것이고 누구나 공감할 수 있을만한 아름다움이 있는 곳이다. 시인은 이 예루살렘이 "온 세계가 즐거워할만 하다"고 묘사하고 있다. 예루살렘이 즐거워할만 하다는 것은 자연 경치방면에서만 아니라 영적인 방면에서도 고려한 말이다. "시온"을 앞 절에서는 '하나님의 성'(하나님의 성막)이라고 했는데 본 절에서는 '큰 왕의 성'(하나님이 계신 성)이라 한다. 하나님은 "큰 왕"(위대하신 왕)이시다.

시 48:3. 하나님이 그 여러 궁중에서 자기를 요새로 알리셨도다.

시인은 '하나님께서 그 시온 성의 여러 요새에서 자신을 요새(피난처)라고 스스로를 알려주셨다'고 말한다. 그 시온 성의 여러 요새가 자연 피난처가 된 것이 아니고 하나님 자신이 피난처라고 알리셨다는 것이다. 우리가 어디 있든지 하나님은 우리의 피난처가 되신다.

4-8절. 과거에 하나님의 능력으로 인하여 열방의 무서운 세력이 패배한 것을 진술한다.

시 48:4. 왕들이 모여서 함께 지나갔음이여.

시인은 '세계 여러 나라의 왕들이 모여서 예루살렘을 치려했으나 결국은 예루살렘을 점령하지 못하고 함께 그림자처럼 지나가 버리고 말았다'고 말한다. 하나님께서 보호자가 되시니(앞 절) 세상의 군왕들은 예루살렘을 점령해 보려 했으나 다 실패하고 갔다는 것이다.

시 48:5. 그들이 보고 놀라고 두려워 빨리 지나갔도다.

시인은 '외국의 군왕들이 시온 성에서 보게 된 하나님의 권능을 보고 놀라고 너무 두려워서 빨리 지나가고 말았다'는 것이다. 오늘 이 땅의 교회들이 이처럼 능력이 있어서 외인들이 하나님의 능력을 보고 놀라고 두려워 빨리 지나가고 말아야 한다.

시 48:6. 거기서 떨림이 그들을 사로잡으니 고통이 해산하는 여인의 고통 같도다.

시인은 '시온 성의 요새에서 침략자들이 큰 두려움에 사로잡혔으니, 고통당하는 그들의 모습이 해산하는 여인과 같았다'고 말한다. "고통이 해산하는 여인의 고통"이란 말은 '고통이 보통 고통이 아니고 최상의 고통에 질려버렸다'는 표현이다. 오늘 교회를 괴롭히는 세력마다 해산하는 여인의 고통 같은 고통을 느끼게 해야 한다.

시 48:7. 주께서 동풍으로 다시스의 배를 깨뜨리시도다.

시인은 '시온을 침략한 침략자들이 해산하는 여인의 고통같은 고통을 느끼게 되는 동시에 동풍에 파선되는 다시스의 배와도 같은 파산을 당하게 되었다'고 말한다. 여기 "동풍"이란 말은 시록코(Sirocco)의 열풍을 뜻하는 말이다(렘 18:17; 겔 17:10 참조). 시온 성을 침략한 자들은 큰 고통만 겪는 것이 아니라 아예 파괴까지 당했다는 것을 말하는 것이다. 오늘 교회에 하나님께서 계시니 누구든지 교회(목사, 장로, 집사, 권사, 평신도)를 건드리는 자마다 파괴를 당한다는 것을 알아야 할 것이다.

시 48:8. 우리가 들은 대로 만군의 여호와의 성, 우리 하나님의 성에서 보았나니 하나님이 이를 영원히 견고하게 하시리로다 (셀라).

시인은 '우리가 들은 대로, 만군의 여호와의 성, 곧 우리 하나님의 성에서 보았으니, 하나님이 이 성을 영원히 견고케 하실 것이라'고 말한다. 시인이 "들은 대로"라고 말한 것은 과거에 침략자들이 예루살렘 성을 침략했으나 하나님께서 예루살렘을 도우심으로 구원을 받은 것(대하 12:2-12; 대하 14:9-19; 왕하 19:35-37)을 들었다는 것이다. 이제 앞으로는 하나님께서 예루살렘을 견고하게 보호하실 것이라는 것이다. 하나님은 오늘 교회를 영원히 보호하실 것이다. "셀라"의 뜻을 위해서 3:2 주해를 참조하라.

9-10절. 주님의 전 가운데서 하나님의 위대하심을 깨닫다.

시 48:9. 하나님이여 우리가 주의 전 가운데에서 주의 인자하심을 생각하였나이다.

시인은 '하나님이시여! 우리는 주님의 성전 안에서 주님의 사랑을 생각하였습니다'라고 말한다. 시인은 하나님의 보호하심으로 적의 공격을 격퇴한 사실을 주의 전(성막)에서 생각하며 감사했다는 것이다. 이는 아마도 여호사밧왕이 암몬과 모압과 에돔의 연합군을 격파하고 여호와의 전으로 나아가 주님의 인자하심을 찬송한 사실(대하 20:27-28)을 가리킬 것이라는 지적이 있다(Rawlinson). 우리는 주님의 은혜와 보호를 받고 감사해야 할 것을 알 수 있다.

시 48:10. 하나님이여 주의 이름과 같이 찬송도 땅 끝까지 미쳤으며 주의 오른손에는 정의가 충만하였나이다(As your name, O God, so your praise reaches to the ends of the earth. Your right hand is filled with righteousness-ESV)**.**

시인은 '하나님이시여! 주님의 이름에 합당하도록 주님을 찬양함이 세상 끝까지 들리니, 주님의 오른손에는 의가 가득합니다'라고 말한다. 앞에 언급한바와 같이 하나님께서 시온을 구속하신 소문은 땅 끝까지 이르렀고 따라서 하나님 찬송도 땅 끝까지 미쳤다. 그리고 하나님의 능하신 오른 손의 행사는 정의의 행사였다. 그 정의로운 행사도 역시 찬송을 받아야 한다는 것이다. 하나님의 기적적 역사에서 능력과 정의는 성도들에게 큰 찬양을 받아야 하는 것이다.

11-14절. 그 때의 교회에 대하여 말하기를 "너희는 시온을 편답하고...순행하라"고 말한다. 이 말씀은 하나님께서 시온(예루살렘)에 계심으로 그곳이 안전하고 아름다운 것을 명심하라는 뜻이다.

시 48:11. 주의 심판으로 말미암아 시온 산은 기뻐하고 유다의 딸들은 즐거워할지어다.

시인은 '주님의 심판, 곧 주님께서 예루살렘을 공격한 원수들을 격퇴하신 반면 유다 민족을 구원하신 심판으로 말미암아 시온 산이 즐거워하며 유다의 딸들이 기뻐할 것입니다'라고 말한다. 하나님께서 심판하심으로 유다는 구원을 받았으니 시온과 유다 전체 백성이 즐거워하라는 것이다. 오늘 우리도 여호와께서 심판하신 것을 두고 참으로 기뻐하고 감사를 넘치게 해야 하는 것이다.

시 48:12. 너희는 시온을 돌면서 그 곳을 둘러보고 그 망대들을 세어 보라.

시인은 '너희는 시온을 두루 돌며 그곳을 둘러보고 그 망대들을 세어 보라'고 말한다. 여호와의 구원의 역사로 시온이 구원을 받았고 유다 백성이 구원을 받았으니 그 성벽을 둘러 보고 그 망대의 수를 헤아려 보면서 하나님의 구원의 기적적 손길을 묵상하면서 하나님을 찬양하라는 것이다. 오늘날 성도들은 구약 시대의 시온에 해당하는 교회의 역사를 돌아보면서 하나님의 구원의 역사와 은혜의 역사를 생각하면서 하나님께 감사를 넘치게 해야 할 것이다.

시 48:13. 그의 성벽을 자세히 보고 그의 궁전을 살펴서 후대에 전하라.

시인은 '시온의 백성들과 유다 백성들은 그 성벽을 자세히 보고 그 궁전을 살펴서 그것을 후세에 전하라'고 말한다. 시온의 백성들과 유다 백성들은 그것을 자세히 둘러보고 그 궁전을 살펴서 자기들만 감사하고 찬양하고 끝날 것이 아니라 후세에 전하기도 해야 한다는 것이다. 오늘 우리는 우리의 후세들에게 교회를 지켜주신 하나님의 역사를 전해야 할 것이다.

시 48:14. 이 하나님은 영원히 우리 하나님이시니 그가 우리를 죽을 때까지 인도하시리로다.

시인은 '시온 성과 주민을 구원하신 하나님, 그리고 유다 백성들을 구원해 주신 하나님은 영원히 우리 하나님이시니 그가 우리를 죽을 때까지 인도하실 것이라'는 말로 끝난다. 우리 하나님은 우리를 한번 구원하시는 것이 아니라 영원히 우리를 구원하시고 인도하신다.

제 49 편 이 세상 번영을 바라지 말고 영원한 구원을 사모하자

제 49편은 교훈을 목적한 시(詩)로 제 37편 및 제 73편과 유사하다. 교훈의 내용은 부의 허무성을 논하고 부를 의지하지 말 것을 권고한다. 본편의 내용은 1) 지혜의 말을 들을 것(1-4절), 2) 부는 사람을 구원하지 못한다는 것(5-15절), 3) 부를 의지하지 말아야 할 것(16-20절) 등을 교훈한다. 본편을 저작한 사람은 다윗으로 본다(Delitzsch, Hitzig). "고라 자손의 시, 인도자를 따라 부르는 노래"는 말에 대해서 제 42편 표제의 주해를 참조하라.

1-4절. 지혜의 말을 들어라. 이 시인은 어떤 특수한 역사적 제한을 두지 않고 보편적으로 인류에게 교훈한다. 매클라렌(Maclaren)은 "이 시편은 구약에 있어서 내세 신앙의 고봉(高峰)이라"고 했다.

시 49:1. <고라 자손의 시, 인도자를 따라 부르는 노래> 뭇 백성들아 이를 들으라 세상의 거민들아 모두 귀를 기울이라.

본 절의 "뭇 백성들아"라는 말과 "세상의 거민들아"라는 말은 동의어로 사용되었다. 그리고 "들으라"는 말과 "귀를 기울이라"는 말도 동의어로 사용되었는데 2절 이하의 교훈을 들으라는 것이다. 즉, 본 절은 '만민들아! 이 말을 들어라. 이 세상에 사는 모든 만백성아 모두 귀를 기울여라'고 말한다. 하나님의 진리는 어떤 한 민족을 가르치기 위한 것이 아니라 모든 인종과 민족을 차별하지 않고 교훈한다.

시 49:2. 귀천 빈부를 막론하고 다 들을지어다.

다윗은 '천한 사람이나 귀한 사람이나, 부한 사람이나 가난한 사람이나 다 함께 귀를 기울여 교훈의 말을 들으라'고 말한다. 하나님의 말씀은 사람들을 상대할 때 계급 차별을 두지 않는다. 사람과 사람 사이에 어떤 계급의 차별을 두는 것은 죄악이다. 하나님의 말씀은 어떤 층계의 사람이든지 찾아서 구원하려 하는 것이다.

시 49:3. 내 입은 지혜를 말하겠고 내 마음은 명철을 작은 소리로 읊조리리로다(My mouth shall speak wisdom; the meditation of my heart shall be understanding-ESV).

다윗은 '내 입은 지혜를 말할 것이며 내 마음의 묵상은 깨달음을 줄 것이다'라고 말한다. 본 절의 "내 마음은 명철을 작은 소리로 읊조리리로다"(הָגוּת לִבִּי תְבוּנוֹת)라는 말은 '내 마음의 묵상이 깨달음을 말하리라'는 뜻이다. 그러니까 본 절은 다윗이 자기를 자랑하는 말이 아니라 하나님의 "지혜"나 "명철"을 말하겠다는 솔직한 고백일 뿐이다.

시 49:4. 내가 비유에 내 귀를 기울이고 수금으로 나의 오묘한 말을 풀리로다.

다윗은 '내가 잠언(하나님의 중요한 진리를 평이하게 표현한 말)에 내 귀를 기울이고(다윗 자신도 그러한 잠언의 가르침에 전적으로 공감하며 깊은 감명을 받겠다는 뜻), 수금을 타면서('기쁨과 놀라움의 탄성으로 하나님께 찬양하겠다'는 뜻) 내 수수께끼를 풀 것이라고 말한다. 여기 "오묘한 말"이란 '삶의 여정에서 부딪칠 수 있는 여러 가지 난제들'을 뜻한다.

5-15절. 부(富)는 사람을 구원하지 못한다.

시 49:5. 죄악이 나를 따라다니며 나를 에워싸는 환난의 날을 내가 어찌 두려워하랴

다윗은 '나를 속이는 자의 악이 나를 둘러쌀 때에 어찌 내가 재앙의 날들을 두려워하랴?'고 말한다. 본 절의 "죄악"이란 말은 다윗의 죄악을 말함이 아니라 그를 박해하는 자들의 악행과 포학을 말한다. 다윗은 핍박자들의 악한 모략으로 포위를 당할 때에 아무런 두려움을 가지지 않을 것이라고 말한다. 그 이유에 대해서는 이 아래 말씀들이 말해 준다. 곧, 그 악도들의 믿는 번영이 그들 자신을 죽음에서 건지지 못하지만 다윗은 하나님의 구속을 받아서 영생할 것이기 때문이다(박윤선). 15절 참조.

시 49:6. 자기의 재물을 의지하고 부유함을 자랑하는 자는.

다윗은 '자기의 재물을 신뢰하는 사람들은 자기의 많은 재산을 어리석게도 자랑한다'고 말한다. 자기의 재물을 의지하는 사람들은 하나님을 떠나고 가난하고 의로운 자를 박해한다는 것이다.

시 49:7. 아무도 자기의 형제를 구원하지 못하며 그를 위한 속전을 하나님께 바치지도 못할 것은.

다윗은 '자기의 재물을 의지하는 자는 아무도 자기의 형제를 구원하지 못하며 형제를 위한 속전을 하나님께 바치지도 못한다'고 말한다. 즉, 자기의 재물을 의지하는 자는 값을 내고 사람을 사망에서 구속하지 못한다는 것이다.

시 49:8. 그들의 생명을 속량하는 값이 너무 엄청나서 영원히 마련하지 못할 것임이니라.

다윗은 '그들의 생명을 대속하는 값이 너무도 비싸서, 사람은 영원히 이웃을 속량하는 일을 감당할 수 없다'라고 말한다. 생명은 오직 하나님께서 주관하시는 것으로서 세상의 부귀나 어떤 힘으로는 생명을 한 시간도 연장하지 못하고 단축하지도 못한다(이상근). 예수님께서도 사람의 생명의 가치를 온 천하보다 귀하다고 하셨다(마 16:26). 그런고로 예수님 외에 누구도 사람의 생명을 구속하는 일은 영원히 없는 것이다.

시 49:9. 그가 영원히 살아서 죽음을 보지 않을 것인가.

다윗은 '누구도 영원히 살 수는 없으며 결코 무덤을 보지 않을 수는 없는 일이다'라고 말한다. 부(富)의 힘으로는 사람의 죽고 사는 문제를 전혀 해결할 수 없다.

시 49:10. 그러나 그는 지혜 있는 자도 죽고 어리석고 무지한 자도 함께 망하며 그들의 재물은 남에게 남겨 두고 떠나는 것을 보게 되리로다.

다윗은 '참으로 지혜 있는 사람도 죽고, 어리석은 사람이나 미련한 사람도 다 같이 망하여, 자신들의 재산을 타인에게 남겨 두고 떠나는 것을 그가 볼 것이라'고 말한다. 지혜 있는 자나 어리석은 자 모두 다 죽으니 사람이 남기고 간 재물이란 결국 다른 사람이 차지하고 마는 것이다. 세상의 부는 무능하기 짝이 없고 허무하기 짝이 없는 것이다.

시 49:11. 그러나 그들의 속 생각에 그들의 집은 영원히 있고 그들의 거처는 대대에 이르리라 하여 그들의 토지를 자기 이름으로 부르도다.

다윗은 '현실은 위와 같은데도 부자들의 생각 속에는 그들의 집은 영원히 있고 그들의 거처는 대대에 이르리라 하여 자기들의 집이나 거처나 토지를 자기 이름으로 부르게 만들어 놓는다는 것이다'라고 말한다. 이렇게 자기 이름으로 등기를 해 놓아도 결국 자신이 죽으면 다른 이의 것이 되는 것이다.

시 49:12. 사람은 존귀하나 장구하지 못함이여 멸망하는 짐승 같도다.

다윗은 '사람이 아무리 존귀해도 계속 살 수는 없는 일이니, 그 또한 장구하지 못한 점에서는 멸망할 짐승과 같은 것이라'고 말하는 수밖에 없는 것이다.

시 49:13. 이것이 바로 어리석은 자들의 길이며 그들의 말을 기뻐하는 자들의 종말이로다 (셀라).

다윗은 '이것이 바로 어리석은 자들이 가는 길이며, 그들의 말을 기뻐하는 후대 사람들이 가는 길이라'고 말한다. 앞에 말한 것과 같이 착각하고 사는 자들이 바로 어리석은 자들이고, 이들이 사는 방식이 어리석은 것인지도 모르고 뒤 따라가면서 기뻐하는 자들이 있는데 그들도 똑같은 사람들이다. "셀라"라는 말에 대하여 3:2 주해를 참조하라.

시 49:14. 그들은 양 같이 스올에 두기로 작정되었으니 사망이 그들의 목자일 것이라 정직한 자들이 아침에 그들을 다스리리니 그들의 아름다움은 소멸하고 스올이 그들의 거처가 되리라.

다윗은 '그들은 양처럼 스올로 내려가도록 작정되었으니, 죽음이 그들을 인도하는 목자가 될 것이다. 아침에는 올바른 사람들이 그들을 다스릴 것이며, 그들의 아름답던 형상은 소멸하여 스올이 그들의 살 곳이 될 것이라'고 말한다.

여기 "스올"이란 말은 '무덤'을 뜻하는 말로 악도들의 목자로서 그 악도들을 지배한다는 것이다. "스올"이란 말은 바로 뒤에 등장하는 "사망"이란 말로 대치되었다. 그리고 "정직한 자들"(יְשָׁרִים)이란 말은 '옳은 자들', 곧 '성도들'을 지칭한다. 그리고 "아침"이란 말은 '내세'를 비유하는 말이다(Kimchi, Cheyne, Rawlinson, 박윤선, 이상근). 내세가 되면 악도들과 성도들의 입장이 완전히 바뀐다는 것을 본 절이 교훈하고 있다. 다시 말해 의인은 죽으나 부활하여 새 생명을 얻어 음부에 있는 어리석은 자들을 지배할 것이다. 어리석은 부자는 세상의 아름다운 모든 것을 잃고 거처도 없이 음부에 거한다.

시 49:15. 그러나 하나님은 나를 영접하시리니 이러므로 내 영혼을 스올의 권세에서 건져내시리로다 (셀라).

다윗은 '그러나 하나님은 내 영혼을 스올의 권세에서 구속하실 것이니, 그분께서 내 영혼을 스올의 권세에서 건져 주실 것이라'고 말한다. 여기

"나를 영접하시리니"란 말은 '하나님께서 나를 받아주실 것이라는 뜻인데, 성도의 사후에 그 영혼을 하나님의 나라로 데려가실 것'을 의미한다. 의로운 자의 영혼은 자신의 힘으로가 아니라 하나님으로 말미암아 구속을 받는다는 것이다. "셀라"란 말에 대한 해석은 3:2 주해 참조.

16-20절. 부를 의지하지 말라. 본편을 지은 시인은 세상 사람들이 믿고 사는 물질이 영원하지 못하다는 것과 인간은 필경 죽는다는 것을 다시 기억시킨다.

시 49:16. 사람이 치부하여 그의 집의 영광이 더할 때에 너는 두려워하지 말지어다.

다윗은 '어떤 사람이 부자가 되어 그 집의 영화가 커질 때에 너는 부자가 되지 못하여 하나님으로부터 버림을 받은 것이 아닌가하고 두려워하지 말라'고 말한다. 사실 두려워할 것이 없는 것이다. 이유는 부자의 재물은 사람을 구원하지 못하고(7-9절), 또 그 재물은 우리가 죽을 때 한줌도 가져가지 못하기 때문이다. 스펄존은 "개들로 하여금 뼈다귀를 그냥 먹게 두어라. 돼지들로 하여금 찌꺼기를 그냥 먹게 두어라"고 했다.

시 49:17. 그가 죽으매 가져가는 것이 없고 그의 영광이 그를 따라 내려가지 못함이로다.

본 절 초두에는 이유를 말하는 접속사(כִּי)가 있다. 본 절은 앞 절의 이유를 제공하고 있다. 즉, 다윗은 '왜냐하면 악인들이 죽을 때에 아무것도 가져갈 것이 없으며 그 영화도 그를 따라 내려갈 수 없기 때문에 우리가 혹시 하나님의 버림을 당한 것이 아닌가 하고 두려워할 것이 없다는 것이다'라고 말한다. 욥은 "우리가 적신으로 왔다가 적신으로 돌아간다"고 했다(욥 1:21).

시 49:18. 그가 비록 생시에 자기를 축하하며 스스로 좋게 함으로 사람들에

게 칭찬을 받을지라도.

본 절 초두에는 이유를 말하는 접속사(כִּי־)가 있어 본 절이 16절의 이유를 밝힌다. 즉, 다윗은 '왜냐하면 불의한 부자가 비록 생전에 자기 영혼을 복되게 하고 선을 행하므로 사람들에게 칭송을 받는다 하여도 그들은 비참한 최후를 맞이할 것이기 때문에 두려워할 것이 없다'고 말한다. 세상적으로 부요하다는 것은 임시적이며 현세적이다. 여기 "자기를 축하하며"란 말은 자신의 부요를 자랑하고 그 부요에 만족한다는 뜻이다(10:3; 눅 12:19). 어리석은 부자는 스스로 자기의 부요를 자랑하고, 사람들로 하여금 자기의 부요의 영광을 칭찬하게 한다. 그러나 그것은 아주 잠간의 일일 뿐이다.

시 49:19. 그들은 그들의 역대 조상들에게로 돌아가리니 영원히 빛을 보지 못하리로다.

다윗은 '어리석게도 세상의 부요를 자랑하는 자들은 잠시 후 그들의 조상에게로 돌아가리니 영원토록 빛을 보지 못하리라'고 말한다. "역대 조상들에게로 돌아갈 것이라"는 말은 죽음을 가리키는 히브리식 표현이다(왕상 2:10; 11:43; 14:20). 그들은 금명간 선조들에게 돌아가게 된다.

시 49:20. 존귀하나 깨닫지 못하는 사람은 멸망하는 짐승 같도다.

본 절은 12절의 반영이다. 다윗은 '사람이 아무리 존귀하다 해도 깨닫지 못한다면 멸망할 짐승과 다를 바 없다'고 말한다. 본 절의 "존귀하나"라는 말은 문맥으로 보아 '사람이 부요하여 자랑하면서 겉보기에 고급스럽게 산다 해도'란 뜻이다. 사람은 아무리 돈이 많아 떵떵거리고 산다고 해도 지혜가 없어 하나님을 알지 못해서 믿지 못하고 산다면 멸망할 짐승과 다름이 없다는 것이다.

제 50 편 하나님을 기쁘시게 하는 참된 제물

본편도 역시 전편과 같이 교훈 시(詩)이다. 그러나 전편과는 여러 점에서 대조가 된다. 첫째, 전편은 저자가 고라 자손이었지만 본편의 저자는 아삽이다. 내용면에 있어서 전편은 지혜 문학적이었지만 본편은 예언적이다. 그리고 전편은 전 세계적이나 본편은 이스라엘 중심적이다. 본편의 내용은 1) 이 시편의 저작자는 하나님께서 외식하는 종교가들을 심판하신다고 말한다(1-6절). 2) 하나님께서 종교가들의 형식주의를 경계하신다(7-15절). 3) 외식하는 종교가들의 죄악을 지적한다(16-21). 4) 결론적 권면에 대한 진술을 주고 있다(22-23절).

"아삽의 시"란 말은 '아삽이 지은 시'란 뜻이다(대상 15:17, 19; 25:2; 대하 29:30). 이 아삽은 다윗의 레위인 악장이었다(대상 16:4-5). 아삽은 선견자였다(대상 6:39; 15:19; 25:1, 2; 대하 20:14; 29:30; 스 2:41; 3:10; 느 7:44; 11:22; 12:46 참조, 박윤선). 본편의 저작 시기는 포로 전 시대 혹은 포로 후 시대라고 말한다(J. Ridderbos). 그의 시(詩)는 제 3권에 73-83편에 집결되고 있으나 이곳은 예외적으로 이곳에 삽입되고 있다(이상근).

1-6절. 하나님께서 온 세계를 향하여 하나님 말씀을 들으라고 하신다.

시 50:1. <아삽의 시> 전능하신 이 여호와 하나님께서 말씀하사 해 돋는 데서부터 지는 데까지 세상을 부르셨도다.

아삽은 '전능하신 분, 여호와 하나님(수 22:22)께서 말씀하시어, 해가 돋는 데서부터 해가 지는 데까지 온 세상을 부르셨다'고 말한다. 하나님은 어떤 한 민족의 하나님이 아니시고 온 세계의 하나님이시다. 그런고로 모든 사람은 하나님의 말씀을 들어야 한다. 이유는 온 세상이 모두 하나님의 지으심을 받았기 때문이다. 하나님은 전 세계의 만민을 부르시고 심판을 행하신다.

시 50:2. 온전히 아름다운 시온에서 하나님이 빛을 비추셨도다.

아삽은 '더없이 아름다운 시온으로부터 하나님께서 빛을 발하신다'고 말한다. "시온"(예루살렘)은 하나님의 사랑을 받는 곳임으로 지극히 아름다운 곳이다. 그 어떤 것이든지 사랑을 받는 표준은 하나님의 사랑을 받는 사실에 있다. 하나님은 시온을 택하시고 거기서 만민을 위한 "빛을 발"하셨다. 즉, '자신을 계시'하셨다.

시 50:3. 우리 하나님이 오사 잠잠하지 아니하시니 그 앞에는 삼키는 불이 있고 그 사방에는 광풍이 불리로다.

아삽은 '우리 하나님께서 심판하시기 위해 오실 것이고 그분은 가만히 계시지 아니할 것이니, 그분 앞에 삼키는 불이 있고 그분 주위에는 강풍이 불 것이라'고 말한다. 즉, 하나님께서 무지한 백성들을 경성케 하시기 위해 말씀하시며 위엄을 나타내시는 것을 상징하는 것으로 본다. 출 19:16; 히 12:18 참조. 하나님은 불을 발하여 악한 자를 소멸하시고(21:9), 사방에는 무서운 광풍으로 임하시는 것이다(출 19:16; 왕상 19:11; 욥 38:1).

시 50:4. 하나님이 자기의 백성을 판결하시려고 위 하늘과 아래 땅에 선포하여.

아삽은 '하나님께서 위에서 하늘을 부르시고, 또 땅을 부르셔서 자기 백성을 심판하신다'고 말한다. 여기 "자기의 백성"이란 말은 '이스라엘 백성'을 지칭한다. 즉, 여기 심판은 이스라엘 백성의 심판이다. 그리고 "위 하늘"이란 말은 '하늘의 천사들'을 지칭하고, "아래 땅"이란 말은 '전 세계 모든 사람'(1절)을 지칭한다. 이들은 재판의 증언자들로 이 재판에 참여하는 것이다(이상근). 그 재판은 5-23절에 등장한다.

시 50:5. 이르시되 나의 성도들을 내 앞에 모으라 그들은 제사로 나와 언약한 이들이니라 하시도다(Gather to me my faithful ones, who made a covenant with me by sacrifice!-RSV, ESV)**.**

아삽은 '하나님께서 말씀하시기를 너희는 내 성도들을 내게로 모아라. 그들은 나와 제물로 언약을 맺은 자들이다'고 말한다. 여기 "나의 성도들"

이란 말은 '이스라엘 백성들'을 지칭한다. 그들은 아브라함 이래 여러 차례 언약으로 맺어진 언약의 백성이고(창 12:1-3; 15:18; 17:1-4), 그 언약은 그들의 제사를 통하여 확고하게 맺어진 것이었다(출 24:7-8). 여기 "제사로"(עֲלֵי־ זָבַח)란 말은 '제사 위에'란 뜻이다. 이 말의 의미는 희생제사 이상 되는 그 언약을 이행한다는 조건으로 하나님과 관계된 자들을 가리킨다.

시 50:6. 하늘이 그의 공의를 선포하리니 하나님 그는 심판장이심이로다 (셀라).

아삽은 '하늘이 하나님의 의를 선포하실 것이니, 하나님께서 친히 재판관이 되시기 때문이다'라고 말한다. 본 절의 "하늘"이 의인화 되었다. "하늘이 그의 공의를 선포한다"는 말은 '하늘의 천사들이 하나님의 이스라엘에 대한 심판의 공의성을 선포한다'는 뜻이다. 하나님은 공의로운 심판장이시다. 여기 "하나님 그는 심판장이심이로다"라는 말은 '하나님은 공의로운 심판장이시라'는 뜻이다. 하나님의 심판은 항상 공정하게 나타난다. "셀라"에 대해 3:2 표제 주해 참조.

7-15절. 하나님께서 종교가들의 형식주의를 경계하신다.

시 50:7. 내 백성아 들을지어다 내가 말하리라 이스라엘아 내가 네게 증언하리라 나는 하나님 곧 네 하나님이로다.

아삽은 '하나님께서 말씀하시기를 내 백성아, 귀를 기울여 잘 들어라. 내가 말할 것이다. 이스라엘아! 내가 너희에게 증언하겠다. 나는 하나님, 곧 너희의 하나님이다'라고 말한다. 본 절의 "내 백성아"라는 말과 "이스라엘아"라는 말은 동의어로 사용되어 이스라엘의 주의를 환기시킨다. 그리고 또 "내가 말하리라"라는 말과 "내가 네게 증언하리라"는 말도 동의어로서 이스라엘의 주의를 환기시킨다. 하나님은 이제 이스라엘 종교가들의 거짓됨을 대적하여 증언하시겠다고 하신다.

시 50:8. 나는 네 제물 때문에 너를 책망하지는 아니하리니 네 번제가 항상 내 앞에 있음이로다.

아삽은 '나는 네가 바친 제물을 두고 너를 탓하지는 않을 것이다. 이는 너의 번제가 항상 내 앞에 있기 때문이다'라고 말한다. 하나님은 이스라엘이 제물을 안 바친다든지 혹은 부족하게 바친다든지 해서 책망하는 것은 아니라고 하신다. 이유는 이스라엘이 항상 번제를 내 앞에 바치고 있기 때문이라고 하신다. 이들의 문제는 제사를 드릴 때 정성이 문제라는 것이다. 오늘도 하나님께 예배하는 일에 있어서 하나님께서 기쁘게 받으실 수 있게 드려야 하는 것이다.

시 50:9. 내가 네 집에서 수소나 네 우리에서 숫염소를 가져가지 아니하리니.

아삽은 '내가 네 집에서 기르고 있는 수소나, 네 우리에서 기르고 있는 숫염소를 취하지는 않을 것이라'고 말한다. 다시 말해 하나님은 이스라엘 백성이 충실히 바치고 있는 수소나 숫염소 등의 제사를 원치 않으신다는 것이다. 하나님은 이스라엘이 바치고 있는 제물에 부족하신 것은 아니라고 하신다(사 66:1-4).

시 50:10-12. 이는 삼림의 짐승들과 뭇 산의 가축이 다 내 것이며 산의 모든 새들도 내가 아는 것이며 들의 짐승도 내 것임이로다 내가 가령 주려도 네게 이르지 아니할 것은 세계와 거기에 충만한 것이 내 것임이로다.

10절 초두에는 이유를 말하는 접속사(כִּי)가 있어 본 절(10절)부터 12절까지가 앞 절의 이유를 제공하고 있다. 즉, 아삽은 '이는 숲속의 모든 짐승들과 모든 산의 가축들이 다 내 것이며, 산에 있는 모든 새들을 내가 알고, 또 들에 있는 모든 짐승들도 내 것이로다. 만일 내가 주린다 해도 네게 말하지 않을 것이니, 이유는 세계와 그 안에 가득 찬 것들이 내 것이기 때문이다'라고 말한다. 하나님은 만물 창조주이시고 만물은 하나님께서 지으신 것들이니 하나님께서는 이스라엘 백성들이 드리는 제물들을 두고 문제를 삼지는 않으실 것이라고 하신다.

시 50:13. 내가 수소의 고기를 먹으며 염소의 피를 마시겠느냐.

아삽은 '내가 황소의 고기를 먹으며, 숫염소의 피를 마시겠느냐?'고 말한다. 하나님은 영이시므로 고기나 피를 잡수시지 않는다.

시 50:14. 감사로 하나님께 제사를 드리며 지존하신 이에게 네 서원을 갚으며.

아삽은 '이스라엘 백성은 하나님께 제사를 드릴 때 감사가 넘치는 마음으로 드려야 하며, 또 지극히 높으신 분에게 서원한 것을 갚는 것이 중요하다'고 말한다. 다시 말해 이스라엘 백성은 마음을 다하여 하나님께 감사 제사를 드리는 것이 중요하며, 하나님께 서원한 것은 서원한 대로 갚는 것이 중요하다는 것이다(15:4; 22:5; 61:8; 65:1; 신 23:21).

시 50:15. 환난 날에 나를 부르라 내가 너를 건지리니 네가 나를 영화롭게 하리로다.

아삽은 또 '환난 날에 나를 불러라. 내가 너를 건질 것이니, 네가 나를 영화롭게 할 것이라'고 말한다. 즉, 환난이 왔을 때 염려하지 말고 기도하라는 것이다. 기도하면 하나님께서 건져주실 것이며, 건짐 받은 이스라엘 백성은 하나님께 감사하고 하나님을 높일 것이니 하나님께서 영광을 받으실 것이라는 뜻이다.

16-21절. 외식하는 종교가들의 죄악을 지적하다. 하나님은 이스라엘의 경건한 자들에게 권면하신(7-15절) 후 이제 16절부터 21절까지는 불경건한 자들에 대한 책망이 이어진다. 이는 불경건한 자들에게 가식적 율법 준수와 부도덕한 종교 생활을 책망하신다.

시 50:16. 악인에게는 하나님이 이르시되 네가 어찌하여 내 율례를 전하며

내 언약을 네 입에 두느냐.

아삽은 '그러나 악인(18-20절에 등장하는 불경건한 종교인)에게는 하나님께서 말씀하신다. 어찌하여 네가 나의 율례들을 전하고, 내 언약을 네 입에 담고 있느냐?'고 책망하신다. 불경건한 종교인들이 경건한척하면서 남에게 율법을 전했으며 또 하나님의 언약(25:10 참조)을 입으로 말했다.

시 50:17. 네가 교훈을 미워하고 내 말을 네 뒤로 던지며.

아삽은 '네가 내 훈계를 싫어하고, 내 말을 네 뒤로 던지며'라고 말한다. 본 절의 "교훈"이란 말과 "내 말"이란 말은 동의어로 사용되어 두 말씀 다 하나님의 교훈을 의미하고 또 하나님의 말을 미워하고 뒤로 멀리 던져버렸다는 뜻이다.

시 50:18. 도둑을 본즉 그와 연합하고 간음하는 자들과 동료가 되며.

아삽은 '네가 도둑을 보면 그와 친분을 쌓고, 간음하는 자들을 보면 한 짝이 되었다'고 말한다. 악인들이 본 절부터 20절까지 언급한 대로 잘못되는 것은 17절 말씀과 같이 하나님의 법을 버렸기 때문이다. 신앙이 잘못되면 누구든지 행위가 잘못되는 것이다. 본 절은 도둑질(제 8계명)과 간음(제 7계명)을 범한 것을 책망하는 것이다.

시 50:19. 네 입을 악에게 내어 주고 네 혀로 거짓을 꾸미며.

아삽은 '너는 네 입을 악에게 내어주고, 네 혀는 속임수와 짝했구나'라고 말한다. 불경건한 종교인들은 악한 마음에서 나오는 것을 통제하지 않고 그냥 입으로 쏟아내고 거짓을 꾸미는 사람들이다. 그들은 입을 악에게 내어 주어 제 6계명을 범했고, 혀로 거짓을 꾸며 제 9계명을 범했다. 우리는 마음의 악을 그냥 쏟아내면 큰 죄인으로 전락한다. 그런고로 우리는 바울처럼 그 악을 고백해서(딤전 1:15) 악으로부터 자유해야 한다.

시 50:20. 앉아서 네 형제를 공박하며 네 어머니의 아들을 비방하는도다.

아삽은 '네가 앉아서는 네 형제들을 비방하고, 네 어미의 아들들을 비난하는구나'라고 말한다. 불경건한 종교인들은 악을 통제하지 못하여 속에서 악이 나오는 대로 하여 형제들을 비방하고 어머니의 아들들을 비난하게 된다는 것이다. 오늘 우리는 악을 고백하여 악으로부터 자유하거나 아니면 성령 충만을 받아서 성령의 지배를 받으며 살아야 할 것이다.

시 50:21. 네가 이 일을 행하여도 내가 잠잠하였더니 네가 나를 너와 같은 줄로 생각하였도다 그러나 내가 너를 책망하여 네 죄를 네 눈앞에 낱낱이 드러내리라 하시는도다.

아삽은 '네가 이 일들을 행하여도 내가 잠잠하였더니, 너는 내가 너와 같을 것이라고 착각하였다. 그러나 내가 너를 책망하여, 네 죄들을 네 눈앞에 하나하나 낱낱이 드러낼 것이라'고 말한다. 하나님께서 사람이 잘 못할 때에 잠시 동안 잠잠하실 때 사람들은 하나님을 착각하기를 하나님도 인간과 같은 분이구나 한다는 것이다. 그러나 하나님은 사람들에게 회개의 기회를 주실 만큼 주신 다음에는 하나하나 드러내어 심판하신다.

22-23절. 결론적 권면을 주다.

시 50:22. 하나님을 잊어버린 너희여 이제 이를 생각하라 그렇지 아니하면 내가 너희를 찢으리니 건질 자 없으리라.

아삽은 '하나님을 잊어버린 너희들아! 부디 이것을 깨달으라. 그렇지 않으면 내가 너희들을 조각조각 찢을 것이니, 아무도 건질 사람이 없을 것이라'고 말한다. 우리는 하나님께서 우리의 회개를 위해 잠시 기다려 주시는 것을 고맙게 생각하고 빨리 죄를 자복해야 할 것이다.

시 50:23. 감사로 제사를 드리는 자가 나를 영화롭게 하나니 그의 행위를 옳게 하는 자에게 내가 하나님의 구원을 보이리라.

아삽은 '감사한 마음을 가지고 제사를 드리는 사람이 나를 영화롭게 하는 것이니, 행위가 바른 사람, 즉 감사하는 사람에게는 내가 하나님의 구원을 보여줄 것이라'고 말한다. 감사로 제사를 드리는 것은 모든 제물의 요점이다. 감사로 제사를 드리는 사람은 신자의 인격을 통으로 드리는 것이니 신앙으로 사는 사람이다. 여기 "그의 행위를 옳게 하는 자"란 말은 '감사로 제사를 드리는 자'란 말과 같은 뜻이다.

제 51 편 사죄와 성결을 기원하다

시편 전체에는 7개의 회개 시(6, 32, 38, 51, 102, 130, 143편)가 있는 중 본편이 대표적인 회개시로 불린다. 본편이 대표적인 회개 시로 불리는 이유는 본편이 폐부를 찌르는 참회의 감정이 넘치기 때문이다. 제 2권에는 다윗의 시가 18편이 있고 그 중 15개의 회개 시가 본편에서 시작하여 계속해서 나타난다. 저작시기를 1) 포로기 이후(Kittel, Gunkel), 또는 2) 다윗의 저작으로 보면서도 마지막 2절은 후대의 추가라는 설들도 있다(Rosenmueller, Lange). 마지막 2절이 예루살렘이 멸망한 후 그 회복기를 가리킨다고 보기 때문이다. 그러나 본편의 저작 시기는 3) 표제에서 밝힌 바와 같이 다윗의 생애에서 일대 오점으로 꼽히는 밧세바와 간통한 후라는 것이 일반적으로 받아들여지고 있는 학설이다(Hengsternberg, Kay, Delitzsch, Alexender, 박윤선, 이상근). 3)번의 학설이 가장 바른 것으로 본다.

본편의 내용은 1) 사죄를 간구하다(1-6절), 2) 회복의 은혜 9가지(7-15절), 및 3) 다윗은 자기 개인의 회개로 나라까지 흥하기를 기원하다(16-19절)는 내용으로 구성되어 있다.

"다윗의 시, 인도자를 따라 부르는 노래, 다윗이 밧세바와 동침한 후 선지자 나단이 그에게 왔을 때"라는 표제는 삼하 12장의 역사적 사건을 지칭하는 것으로 보는 것이다. 그 때 다윗은 우리아의 아내와 제 7계명을 범하였고, 그 남편 우리아를 전쟁에서 고살(故殺)해서 제 6계명을 범하게 했다. 선지자 나단은 하나님의 명령을 따라 다윗 왕에게 대담하게 그의 죄를 책망했고 다윗은 또한 겸손하게 선지자의 명에 순종하여 회개했기에 본편과 같은 위대한 회개 시를 산출했다. 그 결과 후대의 수많은 성도들에게 회개의 은혜를 받게 했다(롬 5:20, 이상근).

1-6절. 다윗은 먼저 그의 사죄를 간구한다. 다윗의 통회는 5가지로 성립되었다. (1) 먼저 자기의 죄를 아는 것이고(3절), (2) 죄를 인한 고통이 떠나지 않고 있는 것이며(3절), (3) 주님께 대해서만 범죄하였다는 신본주의 사상이 있는 것이고(4절), (4) 자기가 받는 유죄 판결을 당연하게 여기는 것이며(4절), (5) 죄악에 대한 심각한 통찰이 있었다(5절).

51:1. <다윗의 시, 인도자를 따라 부르는 노래, 다윗이 밧세바와 동침한 후 선지자 나단이 그에게 왔을 때> 하나님이여 주의 인자를 따라 내게 은혜를 베푸시며 주의 많은 긍휼을 따라 내 죄악을 지워 주소서 (Have mercy on me, O God, according to your steadfast love; according to your abundant mercy blot out my transgressions-ESV).

다윗은 '하나님이시여!(본편에서는 시종[始終] "하나님"으로 부르고, "여호와"는 나타나지 않는다) 주님의 인애를 따라 내게 은혜를 베푸시며, 주님의 크신 긍휼을 따라 내 죄과를 지우소서'라고 울부짖는다. 여기 "주의 인자를 따라"(according to your steadfast love)란 말은...'주님의 사랑이 크심을 따라'라는 뜻이다. 그리고 "내게 은혜를 베푸시라"는 말은 '내 죄를 사하소서'는 뜻이다.

"주의 많은 긍휼을 따라"(according to your abundant mercy)란 말은 "주의 인자를 따라"란 말과 동의어로 사용되어 '주의 많은 사랑을 따라'란 뜻이다. 다윗은 "내 죄악을 지워 주소서"라고 울부짖는다. 여기 "죄악"(פְּשָׁעַי, transgressions)이란 말은 '하나님을 거역한 일'을 뜻한다. 다윗은 밧세바를 범하고 우리아를 전쟁터에 보내 죽인 것을 하나님을 거역한 일로 여겨 심하게 통회한다. 우리가 세상에서 지은 모든 죄는 하나님을 거역한 것이다(4절).

시 51:2. 나의 죄악을 말갛게 씻으시며 나의 죄를 깨끗이 제하소서.

다윗은 '나의 죄악을 내게서 말끔히 씻어 주시고, 나의 죄를 깨끗하게 제하소서'라고 부르짖는다. 여기 "죄악"(מֵעֲוֹנִי)이란 말과 "죄"(מֵחַטָּאתִי)란 은 동의어로 사용되었지만 굳이 구별한다면 "죄악"(מֵעֲוֹנִי)이란 말은 '비도덕적 행위'를 뜻하고, "죄"(מֵחַטָּאתִי)란 말은 '계명을 맞추지 못한 것'을 뜻한다. 다윗은 밧세바를 범하고 우리아를 전장에 나가게 하여 죽인 것을 두고 비도덕적 행위로 보았고 또 계명을 지키지 못한 것으로 말한 것으로 말하고 있다. 다윗은 하나님을 향하여 이 흉악한 죄로부터 자신을 말갛게 씻어주시며 깨끗하게 씻어주시라고 울부짖는다. 우리가 어떤 죄를 지었더라도 완전 씻어주시기를 바래야 할 것이다. 말갛게 그리고 깨끗하게 제해주십사고 부르짖어야 할 것이다.

시 51:3. 무릇 나는 내 죄과를 아오니 내 죄가 항상 내 앞에 있나이다(For I know my transgressions, and my sin is ever before me-ESV).

본 절 초두에는 이유를 말하는 접속사(כִּי)가 있어 앞 절의 이유를 본 절이 제공하고 있다. 즉, 다윗은 '내가 하나님께 내 반역한 것을 잘 알고 있고 내 죄가 항상 내 앞에 있기 때문입니다'라고 고백한다. 다윗은 앞 절에서 죄를 말갛게 씻어주시고 깨끗이 제해주시라고 부르짖은 이유는 그는 자신의 죄를 훤히 알고 있었으며 항상 그의 가슴속에서 어른거리고 있었기 때문이라는 것이다. 다윗은 나단이 자신을 찾아오기 전에도 그의 마음에 죄가 걸리는 것을 참을 수가 없었다. 그런데 나단이 찾아와서 말할 때는 성령님이 함께 하시니 더 견딜 수가 없었다. "내 죄가 항상 내 앞에 있었다"는 말은 '자신의 죄가 계속해서 자신을 괴롭히고 있었다'는 것을 뜻한다.

시 51:4. 내가 주께만 범죄하여 주의 목전에 악을 행하였사오니 주께서 말씀하실 때에 의로우시다 하고 주께서 심판하실 때에 순전하시다 하리이다.

다윗은 '제가 주님께, 오직 주님께만 범죄하여 주님 눈에 보시기에 악을 행하였으므로, 주께서 말씀하실 때에 의로우시고 주께서 심판하실 때에 정당하실 것입니다'라고 말한다. "내가 주께만 범죄했다"(לְךָ לְבַדְּךָ)란 말은 강조된 말로 그의 범죄가 지존하신 하나님의 엄위를 범했다는 뜻이다. 즉, 지존하신 하나님의 엄위를 범한고로 그 죄가 크다는 뜻이다(Ridderbos). 그 범죄가 크기에 해결해 주실 분도 하나님 밖에 없다는 뜻이다. 그런고로 다윗은 참되게 회개했다. 참된 회개는 인간상대로 문제 해결을 찾지 않고 하나님 상대로 최후적인 해결을 찾는다.

"주께서 말씀하실 때에 의로우시다 하고 주께서 심판하실 때에 순전하시다 하리이다"란 말은 '하나님께서 다윗의 죄에 대하여 말씀하실 때에 당연하신 말씀으로 인정되고 또한 다윗을 판단하실 때에 당연하신 말씀으로 인정된다는 뜻이다. 하나님 앞에서 죄악을 지적 받으면서 당연하게 여기는 것이 회개의 심리이다. 십자가에 못박인 강도 중 한 강도는 "우리는 우리의 행한 일에 상당한 보응을 받는 것이니 이에 당연하거니와"라고 했다(눅 23:41).

시 51:5. 내가 죄악 중에서 출생하였음이여 어머니가 죄 중에서 나를 잉태하였나이다(Behold, I was brought forth in iniquity, and in sin did my mother conceive me-ESV).

다윗은 '보소서! 내가 태어날 때부터 악하였고, 내 어머니가 나를 잉태할 때부터 죄가 있었습니다'라고 말한다. 본 절은 아주 중요한 것을 말하는 글이라는 것을 본 절이 인정하고 있다. 즉, 본 절 초두에 "보소서"(A@he)라는 말이 있어서 본 절이 아주 중요한 것을 말하는 절임을 말하고 있다.

즉, 본 절은 다윗의 원죄(原罪, the original sin)와 인류의 원죄를 지적하고 있다(Cheyne, Rawlinson, 박윤선, 이상근). 다윗이 세상에 태어나기 전부터 죄가 있었다는 것이다. 우리의 죄는 나기 전부터 시작되었고, 구원도 우리가 나기 전부터 작정된 것이다(갈 1:15).

그러나 오늘날 많은 신학자들은 인간의 원죄를 부인하고 있다(Paul Tillich. Karl Barth). 폴틸릭은 인류의 조상들의 원죄란 실제적 역사가 아니라 하고, 칼발트는 죄악이라는 것은 우리의 존재의 제한성을 승인하지 않는 것이라고 했다(Church Dogmatics, Vol IV. p. 468). 그러나 현대 신학자들이 무슨 주장을 하든지 바울 사도가 말한 대로 우리가 "죄인의 괴수"라는 고백 한 마디(딤전 1:15; 사 6:5; 렘 17:1, 9; 롬 7:24)로 우리는 원죄를 가지고 태어난 인간임을 증명하는 것이다. 바울 사도는 그리스도의 십자가 보혈로 그리고 성령의 씻음으로 이 세상에서 죄 문제를 다 해결 받았지만 성령의 빛에 비추어볼 때 강한 죄의식을 가지고 있음을 인정하게 된 것이다.

시 51:6. 보소서 주께서는 중심이 진실함을 원하시오니 내게 지혜를 은밀히 가르치시리이다(Behold, you delight in truth in the inward being; and you teach me wisdom in my secret heart-ESV)**.**

본 절도 역시 아주 중요한 것을 말하는 글이다. "보소서"(הֵן)라는 말이 문장 초두에 나와 있으니 말이다. 즉, 다윗은 '보소서! 주께서는 중심이 진실함을 원하시고, 나에게 지혜를 은밀하게 나로 하여금 깨닫게 하십니다' 라고 말한다. 하나님은 회개하는 자에게 죄를 자복하는 일만 아니라 회개하는 자의 중심이 진실함을 원하신다. 다시 말해 마음이 진실해지는 것을 원하신다. 그런고로 마음이 진실해지도록 기도해야 한다. 다시 말해 마음이 진리(요 14:6)이신 그리스도로 충만해지기를 위해 기도해야 한다. 그러면 하나님은 마음의 "진실함"(אֱמֶת)을 받으신다. 그렇게 되면 하나님은 진실한 자의 중심에 참된 구원의 지혜를 알게 하시는 것이다.

7-17절. 다윗은 회복의 은혜 9가지를 말한다. (1) 정결하게 해주시기를 소원했다(7절). (2) 죄 때문에 극히 고민하던 다윗이 사죄로 인하여 기쁨을 얻게 하시기를 원했다(8-9절). (3) 다윗은 하나님께서 그의 죄악을 보시지도 말고 아주 도말해 주시기를 원했다(9절). (4) 새로운 심령을 지어 주시기를 원했다(10절). (5) 하나님께서 함께해 주시는 은혜를 원했다(11절). (6) 죄의 결박을 벗어나 자원하는 심령을 주시기를 원했다(12절). (7) 하나님의 말씀을 전하는 자의 자격을 이루어 주시기를 원했다(13절). (8) 피 흘린 죄를 용서하시고 구원해 주시기를 원했다(14절). (9) 찬송하는 자가 되게 하여 주시기를 원했다(15절, 박윤선).

시 51:7. 우슬초로 나를 정결하게 하소서 내가 정하리이다 나의 죄를 씻어 주소서 내가 눈보다 희리이다.

다윗은 '우슬초로 나를 정결하게 해주소서. 내가 깨끗해질 것입니다. 나를 씻겨주소서. 내가 눈보다 더 희어질 것입니다'라고 말한다. "우슬초"란 식물은 담벽에 나는 식물(왕상 4:33)로 시체를 만졌기에 더러워 진자(민 19:18)나 나환자(레 14:4)의 결례에 사용했다. 즉, 나환자의 경우 우슬초와 새의 피를 그에게 뿌려(레 14:6-7) 정결하게 했다. 다윗은 자기 자신을 한센병 환자와 같다고 느낀 것이다. 다윗은 "나의 죄를 씻어 주소서 내가 눈보다 희리이다"라고 말한다. 다윗은 하나님을 향하여 자신의 죄를 씻어주시라고 소원한다. 하나님께서 자신을 씻어주시면 눈과 같이 희어질 것이라(사 1:18)고 말씀드린다. 다윗은 자기가 지은 죄를 스스로 해결할 수 없어서 하나님을 향하여 죄를 씻어주시라고 애원한다. 우리도 십자가의 피로 우리 죄를 깨끗이 씻어 주십사고 애원해야 한다.

시 51:8. 내게 즐겁고 기쁜 소리를 들려 주시사 주께서 꺾으신 뼈들도 즐거워

하게 하소서.

다윗은 하나님을 향하여 '나로 하여금 즐겁고 기쁜 소리를 듣게 하소서. 주께서 꺾으신 뼈들도 즐거워하게 하소서'라고 애원한다. 다윗은 "주께서 꺾으신 뼈들도 즐거워하게 하소서"라고 소원한다. 여기 "주께서 꺾으신 뼈들"이란 '다윗이 범죄한 것은 뼈가 부러진 것 같은 큰 불행이며 고통이었는데' 이제 하나님께서 사죄(赦罪)하여 주신다면 그 이상 기쁨이 없다는 것이다.

시 51:9. 주의 얼굴을 내 죄에서 돌이키시고 내 모든 죄악을 지워 주소서.

다윗은 '주님의 얼굴을 내 죄에서 다른 데로 돌려주시고 내 모든 악을 지워주소서'라고 기원한다. 여기 "주의 얼굴을 내 죄에서 돌이키시라"는 말은 '주님의 정죄하시는 얼굴로 다윗을 주시하지 않으시기'를 구하는 기도이다. 그리고 "내 모든 죄악을 지워 주소서"란 말에 대하여는 1절 하반절 해석을 참조하다. 다윗은 사죄를 기원하는 이상 앞으로(10-12절)는 죄를 더 이상 짓지 않기를 바라고 있다.

시 51:10. 하나님이여 내 속에 정한 마음을 창조하시고 내 안에 정직한 영을 새롭게 하소서.

다윗은 '하나님이시여! 내 안에 깨끗한 마음을 창조하여 주시고, 내안에 정직한 영을 새롭게 하여 주소서'라고 소원한다. 여기 "내 속에 정한 마음을 창조하시라"는 기도는 '내 속에 성령으로 충만하게 해주시라'는 기도이다. 다시 말해 내 마음을 성령님께서 주장하시라는 기도이다(엡 5:18). 그리고 "내 안에 정직한 영을 새롭게 하소서"라는 기도는 역시 바로 앞의 상반절과 동의절로 '내 안을 성령으로 주장하게 하사 새롭게 해주시라'는 기도이다. 우리는 매일 성령 충만을 위해서 많이 기도해야 할 것이다(엡 5:18).

시 51:11. 나를 주 앞에서 쫓아내지 마시며 주의 성령을 내게서 거두지

마소서.

다윗은 '주님 앞에서 나를 쫓아내지 마시며, 주님의 성령을 내게서 거두지 마소서'라고 애원한다. 여기 "나를 주 앞에서 쫓아내지 마시며"라는 말과 "주의 성령을 내게서 거두지 마소서"라는 말은 동의절로 '계속해서 성령님이 다윗을 주장하게 해주시라'는 기도이다. 성령님이 다윗을 완전히 주장하시지 않으면 다윗을 주 앞에서 쫓아내신 것과 같다는 것이며 또 성령님이 다윗을 완전히 주장하시지 않으면 성령님을 다윗으로부터 거두신 것이나 다름없다는 뜻이다.

시 51:12. 주의 구원의 즐거움을 내게 회복시켜 주시고 자원하는 심령을 주사 나를 붙드소서(Restore to me the joy of your salvation, and uphold me with a willing spirit-ESV).

다윗은 '주님께서 베풀어주시는 구원의 즐거움을 내게 회복시켜주시고, 내가 지탱할 수 있도록 자원하는 심령을 주셔서 나를 붙들어 주소서'라고 애원한다. 여기 "주의 구원의 즐거움을 내게 회복시켜 주시라"는 기도는 성령 충만을 간구함으로 되는 것이다. 사람이 성령으로 지배를 받으면 구원의 즐거움을 가지고 살게 되는 것이다. "자원하는 심령"은 성령님으로 말미암아 죄악의 노예 상태에서 해방되어 선행을 감심으로 행하게 되는 심령을 의미한다(Delitzsch, 박윤선). 다윗은 하나님께서 자원하는 심령을 주셔서 다윗 자신을 붙들어 주시라고 기원하는 것이다.

시 51:13. 그리하면 내가 범죄자에게 주의 도를 가르치리니 죄인들이 주께 돌아오리이다(Then I will teach transgressors your ways, and sinners will return to you-ESV).

다윗은 '그러면 내가 범죄인들에게 주님의 길을 가르칠 것이니 죄인들이 주께로 돌아올 것입니다'라고 말한다. 본 절의 "그리하면"(then)이란 말은 '자원하는 심령을 다윗에게 주신다면'이란 뜻으로 하나님께서 다윗에게 자원하는 심령을 주시는 경우 다윗은 "범죄자에게 주의 도를 가르칠 것이라"고 말한다. 다시 말해 범죄자들에게 주님의 도(구원의 진리)를 전하고(13절), 주님의 의를 노래하며(14절), 주님을 찬양하고(15절), 통회의 제사를 드리겠다는 것이다(16-17절). 다윗이 주님의 구원의 진리를 가르치면 "죄인들이 주께 돌아올 것"이라고 말한다.

시 51:14. 하나님이여 나의 구원의 하나님이여 피 흘린 죄에서 나를 건지소서 내 혀가 주의 공의를 높이 노래하리이다(Deliver me from blood-guiltiness, O God, O God of my salvation, and my tongue will sing aloud of your righteousness-ESV)**.**

다윗은 '하나님이시여! 내 구원의 하나님이시여! 피 흘린 죄에서 나를 구하여 주소서. 내 혀로 주님의 의(義)를 기뻐 외칠 것입니다'라고 기원한다. 여기 다윗이 참회의 애절한 정을 표한다(18:46; 25:5; 27:9; 88:1). 즉, '피 흘린 죄, 곧 다윗이 밧세바와 제 7계명을 범한 죄, 그리고 그 간음죄를 감추기 위해 밧세바의 남편 우리아를 전지(戰地)에 보내어 죽인 제 6계명을 범한 죄에서 다윗 자신을 구해 주시라고 애원하는 것이다. 다윗은 하나님께서 회개하는 자신을 용서해 주시면 "내 혀가 주의 공의를 높이 노래할 것이라"고 약속한다. 여기 본 절은 하나님께서 다윗의 그 흉악한 죄로부터 다윗을 구원하시는 죄를 하나님의 의(義)로야 가능하다는 것이다. 다윗 자신에게는 아무런 의가 없으나 하나님은 의로우신 분이시니 다윗을 용서하실 수 있으시다는 것이다. 쉽게 말해 주님의 의란 회개하는 자를 용서하시는 의를 말한다(사 35:6 참조).

시 51:15. 주여 내 입술을 열어 주소서 내 입이 주를 찬송하여 전파하리이다(O Lord, open you my lips, and my mouth shall declare your praise-ESV)**.**

다윗은 '주님이시여! 내 입술을 열어 주소서. 내 입이 주님을 찬양하여 전파하겠습니다'라고 애원한다. 여기 "주여"라는 말은 "여호와"란 단어가 아니라 "아도나이"(אֲדֹנָי)라는 단어가 사용되었다. 이렇게 "아도나이"가 사용된 것은 여호와라는 엄위로운 단어를 사용하기가 죄스러워서였다. 다윗은 그만큼 낮은 마음으로 떨어진 것이다.

다윗은 여호와를 향하여 "주여 내 입술을 열어 주소서"라고 애원한다. 다윗은 자기 스스로 입을 열어 주님을 찬송할 수 없어서 "내 입을 열어 주시라"고 애원한다. 다윗은 사죄의 은혜를 받고 구원의 기쁨을 회복하고서야 주님을 찬송하겠다는 것이다. 오늘 우리가 입을 열어서 찬송하는 것이 아니라 주님께서 우리에게 은혜를 주셔서 입이 열려 찬송을 하는 것이다.

시 51:16. 주께서는 제사를 기뻐하지 아니하시나니 그렇지 아니하면 내가 드렸을 것이라 주는 번제를 기뻐하지 아니하시나이다.

다윗은 '주께서는 제사를 기뻐하지 않으십니다. 그렇지 않으면 내가 드렸을 것입니다. 주께서는 번제를 기뻐하지 않으십니다'라고 말한다. 다윗은 "주께서는 제사를 기뻐하지 아니하십니다"라고 말한다. 다윗은 '형식적으로 차려내는 제사를 원하시지 않으신다'고 말하는 것이다. 하나님께서 제사를 드리라고 말씀하셨으나(레위기) 세월이 가면서 형식적으로 흘러 하나님께서는 형식적인 제사를 거부하시고 참 제사(다음 절)를 원하신다고 하신다. 본 절에 "번제"란 말이 등장하는 것은 번제가 제사의 대표이기 때문이다.

시 51:17. 하나님께서 구하시는 제사는 상한 심령이라 하나님이여 상하고 통회하는 마음을 주께서 멸시하지 아니하시리이다.

다윗은 '하나님께서 원하시는 제물은 상한 심령입니다. 오! 하나님이시여! 주님은 상하고 아픈 마음을 멸시하지 않으십니다'라고 말한다. 오늘 우리의 심령은 상한 심령이 되어야 한다. 상하고 아파하는 마음이 되어야 한다는 뜻이다. 상하고 아픈 심령이 되기 위하여 우리는 시간을 오래 잡아 자신이 지은 죄를 생각하면서 자기 자신이 "죄를 지었나이다"라고 말씀을 드려야 한다. 다시 말해 하나님 앞에서 마음을 한없이 쳐야 한다. 그래서 자신이 하나님 앞에서 한없이 낮아져야 한다. 마치 시궁창 속을 기는 심정이 되어야 한다. 우리가 상한 마음이 되면 하나님께서 우리의 심령을 받으신다. 사 57:15; 66:1-4 참조.

18-19절. 다윗은 자기의 회개로 나라가 홍하기를 기구한다.

시 51:18. 주의 은택으로 시온에 선을 행하시고 예루살렘 성을 쌓으소서.

다윗은 '주님의 은혜로 시온에 선을 행해주시고, 예루살렘 성벽을 쌓아주소서'라고 애원한다. 다윗은 자기 자신의 죄 사유를 위해 기도하다가 자기의 죄 때문에 나라에 큰 해가 돌아오지나 않나 하여 시온(교회)을 위해 기도하는 것이다. 다윗은 밧세바와의 범죄 후 개인적으로 그리고 가정적으로 큰 환난을 받았다(삼하 13-14장). 그런고로 자기의 범죄로 말미암아 나라와 교회(시온과 예루살렘)에 큰 환난이 임하지나 않을까 염려되어 "시온에 선을 행하시고 예루살렘 성을 쌓아주시라"고 애원한 것이다. "시온에 선을 행하시고 예루살렘 성을 쌓아주시라"고 기도한 것은 교회에 좋은 일이 임하도록 기도한 것이다. 참된 지도자는 자기 때문에 교회에 큰 해가 돌아오지 않을까 하여 교회를 위하여 기도하게 마련이다. "예루살렘 성을 쌓으소서"라고 기도했으니 혹자들은 예루살렘 성이 무너진 후대에 들어 그 보수를 청원한 것처럼 보이므로 본편의 저작시기를 이스라엘 민족이 포로에서 귀환 후 삽입한 것으로 말하는 학자들이 있다(Rosenmueller, Taylor). 그러나 다윗이나 솔로몬은 항상 성의 보수 작업을 했다(삼하 5:9; 왕상 3:1; 9:15, 19, 박윤선, 이상근).

시 51:19. 그 때에 주께서 의로운 제사와 번제와 온전한 번제를 기뻐하시리니 그 때에 그들이 수소를 주의 제단에 드리리이다.

다윗은 '그때에 주께서 의의 제사와 번제와 온전한 제물을 기뻐하실 것이니, 그때에 그들이 수소들을 주님의 단에 드릴 것입니다'라고 말한다. 본 절에 두 번 진술된 "그때에"(then)란 말은 '예루살렘 성의 축성도 완성되고 교회도 안전하게 되었을 때'를 지칭한다. 다윗은 그 때에는 "주께서 의로운 제사와 번제와 온전한 번제를 기뻐하실 것이라"고 본 것이다. 다윗은 아직은 하나님께 상한 심령의 제사를 드려야 하지만(17절), 하나님께서 다윗의 기도를 들으시고 교회(시온과 예루살렘 성)를 안정시켜 주실 때에는 '주께서 의의 제사와 번제와 온전한 제물을 기뻐하실 것이니, 그때에 성민들이 수소들(레 1:3)을 주님의 단에 드리게 될 것이라'고 말한다. 이스라엘 백성들은 특별한 경우에 아주 성대한 제사를 바쳤다(삼하 24:22-25; 왕상 8:63).

제 52 편 악인과 의인의 종말

본 시편은 1절 앞에 밝혀둔 표제가 말하듯이 에돔인 도엑이 다윗과 아히멜렉 제사장을 사울에게 고발함으로 제사장들이 참변을 당했을 때를 배경하고 저작한 것이다. 그런고로 본 시편에는 악인과 의인의 대조가 확연하다. 본 시편의 내용은 1) 악인과 그의 종말(1-5절), 2) 의인과 그의 종말(6-9절)의 대조가 보여지고 있다.

"다윗의 마스길, 인도자를 따라 부르는 노래, 에돔인 도엑이 사울에게 이르러 다윗이 아히멜렉의 집에 왔다고 그에게 말하던 때에"란 표제를 위해서 먼저 "다윗의 마스길"이란 말은 '다윗의 교훈 시'라는 뜻이다(32편 표제 참조). 이 표제의 역사적 사건은 삼상 21:1-22:19에 진술되어 있다. 다윗이 사울을 피하여 가는 도중에 제사장 아히멜렉에 들러 후대를 받았으나 이 사실을 지켜 본 도엑이라는 사람이 사울에게 고발하여 85인의 제사장이 죽는 참변을 일게 했다. 사울이 그렇게 시킨 이유는 그의 생각에 그 미워하는 다윗을 숨겨준 자들이 제사장들이었을 것이라고 오해했던 까닭이다.

1-5절. 악인과 그의 종말.

시 52:1. <다윗의 마스길, 인도자를 따라 부르는 노래, 에돔인 도엑이 사울에

게 이르러 다윗이 아히멜렉의 집에 왔다고 그에게 말하던 때에> 포악한 자여 네가 어찌하여 악한 계획을 스스로 자랑하는가 하나님의 인자하심은 항상 있도다(Why do you boast of evil, O mighty man? The steadfast love of God endures all the day-ESV).

다윗은 '강포한 자여! 네가 어찌하여 악을 자랑하느냐? 하나님의 인자하심은 항상 있다'라고 말한다. 여기 "강포한 자"(הַגִּבּוֹר)란 말은 '강한 자'(mighty man)란 뜻으로 도엑을 지칭한다. 그는 사울과 아주 가까운 세력가였다(삼상 21:7; 22:9). 그는 강한 세력을 의지하여 악한 계획을 꾸몄고(제사장 가족을 죽이는 일 같은 것) 또 그런 일을 자랑했다. 그리고 "하나님의 인자하심은 항상 있다"는 말은 악인들이 하나님의 사랑을 베푸는 것이 당연하다는 것을 말한다. 그리고 도엑과 같은 악인이 있지만 하나님의 인자하심은 항상 있기 때문에 소망 중에 살 수 있다는 것이다. 오늘도 악인들이 횡행하는 세상에서도 하나님의 사랑이 충만한 것을 생각할 때에 소망이 넘친다.

시 52:2. 네 혀가 심한 악을 꾀하여 날카로운 삭도 같이 간사를 행하는도다.

다윗은 '네 혀가 악독을 꾀하여 날카로운 칼과 같이 해로운 일만 꾸미는구나'고 말한다. 도엑의 혀는 삭도로서 심한 악만 꾀하는 기관이라는 것이다. "삭도"(削刀)란 '면도칼'을 의미하는 것으로 '아주 날카로운 칼'을 뜻한다. 도엑의 혀는 날카로운 칼 같이 해로운 일만 만들어 내고 있다는 것이다. 그 일례로 도엑으로 인해 85명의 제사장과 많은 성민들이 죽임을 당한 것이다(삼상 22:18-19). 도엑만 아니라 오늘 일반 교회에도 삭도들이 종종 있어서 교회 교역자들과 일반 성도들에게 큰 해를 끼치고 있다. 그러나 하나님은 교회를 향하여 한없는 사랑을 베풀고 계신다는 것을 알아야 할 것이다.

시 52:3. 네가 선보다 악을 사랑하며 의를 말함보다 거짓을 사랑하는도다

(셀라).

다윗은 '네(도엑)가 선보다 악을 사랑하며 의를 말하기보다 거짓말을 사랑한다'고 말한다. 도엑이 처음부터 고의적으로 악을 사랑하고 거짓을 사랑하는 것이니 타락의 극치라고 밖에 말할 수 없다(이상근). 일구이언의 혀도 가증하거든(약 3:9-12) 하물며 항상 악담을 좋아하고 토하는 혀는 얼마나 가증하냐(박윤선). 우리 주위에는 항상 악만 좋아하고 거짓말을 좋아하는 무리들이 있다. 그래서 숨 쉬는 것을 빼고는 모두 악이고 모두가 거짓인 사람이란 말이 있다. 참으로 견디기 어려운 사람들이다. "셀라"라는 말에 대해서 3:2 표제 참조.

시 52:4. 간사한 혀여 너는 남을 해치는 모든 말을 좋아하는도다.

다윗은 '우리 육신의 한 부분인 혀가 항상 간사로 충만한 사람이 있다. 다시 말해 남을 해치는 말이라면 무슨 말이든지 좋아하는 사람이 있다'고 말한다. 도엑의 거짓말 한마디로 제사장 85명이 일시에 죽었으니 그 혀는 악의 근원이다.

시 52:5. 그런즉 하나님이 영원히 너를 멸하심이여 너를 붙잡아 네 장막에서 뽑아내며 살아 있는 땅에서 네 뿌리를 빼시리로다 (셀라).

다윗은 '1-4절까지의 악인은 하나님께서 영원히 멸하심이 마땅하다는 것이다. 하나님께서 너를 붙잡아 네 장막에서 뽑아내며 인간 세상에서 네 존재 자체를 빼실 것이다. 장막을 뽑아내고 뿌리를 뽑는 것은 다시는 일어나지 못하게 아주 멸절해 버리는 것이라(욥 18:14; 왕상 12:16)'고 말한다.

6-9절. 의인과 그의 종말.

시 52:6-7. 의인이 보고 두려워하며 또 그를 비웃어 말하기를 이 사람은 하나님을 자기 힘으로 삼지 아니하고 오직 자기 재물의 풍부함을 의지하며 자기의 악으로 스스로 든든하게 하던 자라 하리로다.

다윗은 '의인들이 악인들의 망하는 꼴을 보고 두려워하여 그를 비웃으며 7절과 같이 말한다'는 것이다. 악인이 시종일관 악행하는 일만 좋아하다가 아주 망해버리는 꼴을 보고 의인은 더욱 두려워하며 7절과 같이 말을 하게 된다는 것이다. 7절에서 의인은 '보라! 이 사람은 하나님을 자기 힘으로 삼지 아니하고 오직 자기의 재물이 풍부함을 의지하며 자기의 악한 계획으로 자신을 든든케 했던 자라고 할 것이라'(렘 17:5-8 참조)고 말할 것이다. 우리는 세상을 살면서 하나님을 우리의 힘으로 삼고 살아야 할 것이다.

시 52:8. 그러나 나는 하나님의 집에 있는 푸른 감람나무 같음이여 하나님의 인자하심을 영원히 의지하리로다.

다윗은 '그러나 나는 하나님의 집에서 자라는 푸른 올리브 나무와 같으며, 영원토록 하나님의 인애를 신뢰하겠다'고 각오를 다진다. 본 절 초두의 "그러나"라는 말은 앞 절들(2-7절)이 진술하는 극한 악인의 삶과는 영영 다른 의인의 삶을 진술하려는 "그러나"이다. 본 절은 의인을 식물에 비하여 설명하고 있다. 의인을 "푸른 감람나무 같다"고 말한다. "푸른 감람나무"란 성지의 대표적 식물로서 여러 가지 용도로 사용되고 있고 열매도 여러 모양으로 애용되고 있다. 따라서 다윗은 의인이 하나님의 성막 뜰에서 사랑을 받아 영영히 살아있을 푸른 감람나무에 비한다.

의인이 푸른 감람나무 같이 영영히 살아 있게 되는 이유는 하나님의 인자하심을 영원히 의지하기 때문이다. 의인은 악인이 받는 벌을 보고 하나님의 인자하심을 영영히 의지하기 때문에 푸른 감람나무와 같이 사는 것이다. 이렇게 의인이 신앙을 강화하는 이유는 다음절에 진술되어 있다.

시 52:9. 주께서 이를 행하셨으므로 내가 영원히 주께 감사하고 주의 이름이 선하시므로 주의 성도 앞에서 내가 주의 이름을 사모하리이다(I will thank you forever, because you have done it. I will wait for your name, for it is good, in the presence of the godly-ESV)**.**

다윗은 '주께서 이를 행하셨으므로 내가 영원히 주께 감사한다'고 말한다. 여기 "주께서 이를 행하셨다"는 말씀은 '주님께서 악인을 처치하셨음'을 말하는 것이다. 따라서 다윗은 영원히 주님께 감사한다는 것이다.

또 "주의 이름이 선하시므로 주의 성도 앞에서 내가 주의 이름을 사모하리이다"란 말은 '주님께서 악인을 처치하시는 선을 행하시므로 주님의 성도들 앞에서 내 자신이 주님을 사모할 것이라'고 말한다. 주님을 선전하겠다는 뜻이다. 의인은 하나님께서 악인을 벌하신 일을 감사하고, 또 악인을 처치하신 일을 많은 성도들 앞에서 간증하겠다는 것이다. 악인들처럼 살지 말라고 간증하는 것이다.

제 53 편 어리석은 무신론자

본편은 제 14편과 거의 같다. 제 14편 주해를 참조하라. 5절 내용이 각기 서로 다를 뿐이다. 똑같은 시가 거듭해서 나오는 이유에 대해서 학자들 사이에 설명이 다르다. 1) 이것은 후대의 어떤 사람이 센나그립 군대의 파멸을 목격하고 다윗의 시(詩) 제 14편을 기준하여 노래했다는 학설이 있으며, 2) 다윗이 자기의 만년에 이르러 일찍이 작성했던 제 14편을 다시 음미하여 한 줄(5절)만 변경하여 여기에 삽입했다는 학설이 있다(박윤선). 2)번의 학설을 지지한다. 본편의 내용은 1) 어리석은 무신론자(1-3절). 2) 회복의 확신(4-6절)으로 분류된다.

"다윗의 마스길, 인도자를 따라 마할랏에 맞춘 노래"란 말에 대해 제 14편 표제 주해를 참조하라. "마할랏"(מָחֲלַת)이란 말은 바로 여기에만 보이는 낱말로 곡조명으로 보이며 애처로운 곡조를 띤 곡조로 보인다.

1-3절. 어리석은 무신론자.

시 53:1. <다윗의 마스길, 인도자를 따라 마할랏에 맞춘 노래> 어리석은 자는 그의 마음에 이르기를 하나님이 없다 하도다 그들은 부패하며 가증한 악을 행함이여 선을 행하는 자가 없도다.

본 절 주해를 위해서 14:1 주해를 참조하라.

시 53:2. 하나님이 하늘에서 인생을 굽어살피사 지각이 있는 자와 하나님을 찾는 자가 있는가 보려 하신즉.

본 절 주해를 위해 14:2 주해를 참조하라. 단지 14:2의 "여호와"가 "하나님"으로 바뀐 것뿐이다.

시 53:3. 각기 물러가 함께 더러운 자가 되고 선을 행하는 자 없으니 한 사람도 없도다.

본 절 주해를 위해 14:3 주해를 참조하라. 어구에 약간의 변동이 있을 뿐이다.

4-6절. 회복의 확신.

시 53:4. 죄악을 행하는 자들은 무지하냐 그들이 떡 먹듯이 내 백성을 먹으면서 하나님을 부르지 아니하는도다.

본 절 주해를 위해서 14:4주해를 참조하라.

시 53:5. 그들이 두려움이 없는 곳에서 크게 두려워하였으니 너를 대항하여 진 친 그들의 뼈를 하나님이 흩으심이라 하나님이 그들을 버리셨으므로 네가 그들에게 수치를 당하게 하였도다.

본 절은 14:5-6과 병행하나 어구에 여러 변동이 있다. 본 절의 "너"는 '이스라엘 백성', "저희"는 '하나님과 이스라엘의 적들'을 지칭한다. 첫째, 저희 이스라엘의 적들은 두려워할 것이 없는 곳에서도 심히 두려워했다. 그 이유는 하나님께서 의인의 세대(이스라엘의 세대)에 계시기 때문이었을 것이다(14:5). 하나님께서 이스라엘과 함께 계시므로 이스라엘의 적들은 아무 때나 이스라엘을 두려워하는 것이다.

둘째, 이스라엘이 적들을 격멸한다. 저희는 이스라엘을 대항하여 진을 치지만 하나님께서는 저희를 격멸하시고 그들의 뼈를 흩으신다. 하나님께서 저들을 버리심으로 이스라엘이 저들을 수치를 당하게 하는 것이다. 그런고로 다윗은 '두려워할 것이 없는 곳에서도 그들이 두려워하였으니, 이는 하나님이 너를 향하여 진을 친 자의 뼈를 흩으셨기 때문이다. 하나님께서 그들을 거절하셨으므로 네가 그들에게 수치를 주었다'고 말한다.

시 53:6. 시온에서 이스라엘을 구원하여 줄 자 누구인가 하나님이 자기 백성의 포로된 것을 돌이키실 때에 야곱이 즐거워하며 이스라엘이 기뻐하리로다.

일부 문자적 배열에서 14:7절과 다르나 뜻은 같다. 본 절 주해를 위해서 14:7주해를 참조하라. 여기 "시온의 구원자"는 '여호와 하나님'이시고 그로 말미암아 이스라엘이 포로 생활에서 구원 받아 돌아온다는 것이다.

제 54 편 쫓겨 다니는 자가 받는 위로

본 시편의 표제가 밝힌 바와 같이 다윗이 사울에게 쫓겨 다닐 때의 시(詩)로 본 시편과 같은 시가 8편 더 있다(7, 34, 52, 54, 56, 57, 59, 142편). 본 시편의 내용은 1) 고난 중의 기도(1-3절), 2) 다윗이 받는 위안(4-5절), 3) 서원(6-7절)으로 구분된다.

"다윗의 마스길, 인도자를 따라 현악에 맞춘 노래, 십 사람이 사울에게 이르러 말하기를 다윗이 우리가 있는 곳에 숨지 아니하였나이까 하던 때에"란 말의 주해를 위해 제 53편 표제 주해를 참조하라. 여기 "십 사람들"(זִיפִים)은 유대인 족속이었으나(수 15:55) 이들을 성경에서 원수로 말한 것은 다윗이 숨어 있는 것을 사울에게 고하여 죽이려 했기 때문이다. 본 시편의 저작 시기는 삼상 23:1; 26:1에 나타나 있다. 다윗은 이 고난 중에 기도하고, 하나님의 구원을 확신하면서 감사했다.

1-3절. 고난 중의 기도.

시 54:1. <다윗의 마스길, 인도자를 따라 현악에 맞춘 노래, 십 사람이

사울에게 이르러 말하기를 다윗이 우리가 있는 곳에 숨지 아니하였나이까 하던 때에> 하나님이여 주의 이름으로 나를 구원하시고 주의 힘으로 나를 변호하소서.

다윗은 '하나님이시여! 주님의 이름으로 나를 구원하시고 주님의 권능으로 나를 판단하소서'라고 애원한다. 여기 "주의 이름"이란 말은 '주님 자신'을 지칭하는 말이지만 주님의 이름으로 나를 구원하시라는 것을 보면 "주의 이름"이란 '주님의 능력', '주님의 선', '주님의 사랑'으로 볼 수 있다. 다윗은 주님의 능력으로 다윗 자신을 구원해 주시기를 바라고 있다. 그리고 다윗은 "주님의 힘으로 다윗 자신을 변호해 주소서"라고 애원하고 있다. 즉, '주님의 힘으로 다윗 자신을 판단해 주시라'고 애원하는 것이다.

시 54:2. 하나님이여 내 기도를 들으시며 내 입의 말에 귀를 기울이소서.

다윗은 '하나님이시여! 내 기도를 들으시며 이 입으로 드리는 말에 귀를 기울이소서'라고 애원한다(39:12; 55:1 참조). 여기 "내 기도를 들으시며"라는 절과 "내 입의 말에 귀를 기울이소서"라는 동의 절로 뜻을 강조하고 있다. 이런 강조 체는 하나님의 응답을 가져온다. 우리의 기도는 심한 강조가 있어야 한다.

시 54:3. 낯선 자들이 일어나 나를 치고 포악한 자들이 나의 생명을 수색하며 하나님을 자기 앞에 두지 아니하였음이니이다.

본 절의 "낯선 자들"("외인"-개역 판 성경)이란 말과 "포학한 자들"이란 말은 동의어로 사용되어 '영적으로 하나님을 멀리 떠난 자들'(하반절)을 지칭한다. 저들은 "일어나 다윗을 치고" "다윗의 생명을 수색하는" 자들이었다. 이들(낯선 자들과 포학한 자들)은 하나님을 자기 앞에 두지 않았고 다윗을 쳤으며 다윗의 생명을 수색했다. "셀라"란 말의 주해를 위해서는 3:2주해를 참조하라.

4-5절. 다윗이 받는 위안.

시 54:4. 하나님은 나를 돕는 이시며 주께서는 내 생명을 붙들어 주시는 이시니이다(Behold, God is my helper; the Lord is the upholder of my life-ESV)**.**

본 절 초두에는 "보라"(הִנֵּה)라는 감탄사가 있어 본 절에 큰 주의를 기울일 필요가 있음을 보여준다. 즉, 다윗은 '보라! 하나님께서는 나를 돕는 분이시며 주님께서는 내 생명을 붙들어 주는 분입니다'라고 고백한다. 3절과 같은 험난한 처지에서 본 절과 같은 말을 하기는 어렵다. 그러나 다윗은 신앙인이었기 때문에 오늘 본문과 같은 말을 할 수 있었다. 다윗은 결코 하나님께서 자신을 돕는 분들 중에 한분이라는 뜻이 아니라 하나님이야 말로 전적으로 다윗을 도우시고 다른 돕는 자들이 없어도 하나님만큼은 다윗을 전적으로 돕는 분이시라는 것을 드러내는 말씀이다. 여기 "주께서는 내 생명을 붙들어 주시는 이시니이다"라는 말은 '주님은 내(다윗)게 힘을 북돋우어 주는 분'이라고 깨닫고 하는 말이다. 다시 말해 주님은 다윗의 생명을 부지해 주시는 분이라는 뜻이다.

시 54:5. 주께서는 내 원수에게 악으로 갚으시리니 주의 성실하심으로 그들을 멸하소서.

다윗은 '주님께서 내 원수의 악을 갚아 주실 것이니, 주님의 성실하신 성품으로 그들을 멸하소서'라고 애원한다. 본 절의 "갚으시리니"(יָשׁוּב)란 말은 '돌아가게 한다'는 뜻으로 '제가 만든 악을 제가 스스로 받게 한다'는 뜻이다. 원수가 다윗에게 악한 짓을 하였으니 주님이 다윗의 원수를 갚아 주시기를 비는 것이다. 다시 말해 원수가 사울에게 고하기를 다윗을 치라했는데 그 악이 원수에게 돌아가게 해 달라고 기도한 것이다. 하나님께서는 그의 성실하신 성품으로 악한 자에게 악이 돌아가게 하신다. 우리가 원수를 갚지 않아도 하나님께서 갚아주신다.

6-7절. 다윗의 서원.

시 54:6. 내가 낙헌제로 주께 제사하리이다 여호와여 주의 이름에 감사하오리니 주의 이름이 선하심이니이다(With a freewill offering I will sacrifice to you; I will give thanks to your name, O LORD, for it is good-ESV).

다윗은 '내가 주님께 즐거운 제사를 드리겠습니다. 주님이시여! 내가 주님의 이름에 감사할 것이니, 이는 주님의 이름이 선하시기 때문입니다'라고 서원한다. 본 절의 "낙헌제"란 말은 '즐거운 마음으로 드리는 제사'를 지칭한다(출 25:2; 35:29; 레 7:16; 22:21; 민 15:3 참조). 다윗은 구원 받을 것을 확신했고 구원 받은 후에 바칠 제사까지 서원하는 것이다. 본 절의 "즐겁게"란 말이 1) 그 서약에 관련되는지(Kimchi, Lange), 아니면 2) 제사에 관련되는지(Calvin, Hengsternberg, Alexander, 박윤선, 이상근) 논의가 있으나 2)번이 더 타당한 것으로 보인다. 오늘 우리는 감사제를 즐겁게 드려야 할 것이다. 우리는 범사에 감사해야 한다.

시 54:7. 참으로 주께서는 모든 환난에서 나를 건지시고 내 원수가 보응 받는 것을 내 눈이 똑똑히 보게 하셨나이다.

본 절 초두에는 이유를 나타내는 접속사(כִּי)가 있어 본 절은 전 절의 이유를 제공하고 있다. 즉, 본 절은 주님께서 다윗으로 하여금 두 가지를 경험하게 하시니 감사한다는 것이다. 첫째, "참으로 주께서는 모든 환난에서 나(다윗) 자신을 구원하셨기" 때문이고, 둘째, "다윗의 원수가 보응 받는 것을 다윗의 눈으로 똑똑히 보게 하셨기" 때문이라고 한다. 다윗은 수없는 구원을 체험했고 또 원수들이 망하는 것을 목격했기 때문에 넘치는 감사를 드린다는 것이다. 앞으로도 다윗에게는 두 가지의 사건들이 줄을 이을 것이다.

제 55 편 친구의 배반을 원통히 여기다

"다윗의 마스길, 인도자를 따라 현악에 맞춘 노래"란 말에 대하여 제

4편 주제 주해를 참조하라. 본 시편은 1) 다윗이 사울에게 박해를 받을 때에 지은 시(詩)라 하고(Calvin), 2) 다윗이 압살롬과 아히도벨에게 배신당할 때의 아픈 심정을 노래한 것으로 말하기도 한다(Hengsternberg, Kay, Delitzsch, Rawlinson, 박윤선, 이상근). 2)번을 취한다.

본 시편의 내용은 1) 고난 중에 호소한 일(1-11절), 2) 원수들이 더욱 고통을 받을 일(12-15절), 3) 하나님께서 성도는 구원하시고, 악도는 벌하신 일(16-21절), 4) 다윗이 결심한 일(22-23절)등이 진술된다.

1-11절. 고난 중에 호소한 일.

시 55:1. <다윗의 마스길, 인도자를 따라 현악에 맞춘 노래> 하나님이여 내 기도에 귀를 기울이시고 내가 간구할 때에 숨지 마소서.

다윗은 '하나님이시여! 내 기도에 귀를 기울여주시고, 내가 간구할 때에 외면하지 마소서'라고 간구한다(54:2). 상반절 "내 기도에 귀를 기울이시고" 라는 말과 하반절 "내가 간구할 때에 숨지 마소서"(13:1; 27:8; 69:17; 89:46)라는 말은 동의절이다. 상반절은 적극적으로 간구한 것이고, 하반절은 소극적인 언어로 간구한 것이다.

시 55:2. 내게 굽히사 응답하소서 내가 근심으로 편하지 못하여

다윗은 '나를 살펴보시고 내게 응답하소서. 내가 불만 가운데 편치 못하여 신음합니다'라고 아뢴다. 자신의 사정은 절친한 자로부터(41:9 참조) 배신당하여 근심하여 탄식하는 중에 있다는 것이다.

시 55:3. 이는 원수의 소리와 악인의 압제 때문이라 그들이 죄악을 내게 더하며 노하여 나를 핍박하나이다(because of the noise of the enemy, because of the oppression of the wicked. For they drop trouble upon me, and in anger they bear a grudge against me-ESV).

다윗은 '이는 저 원수들이 나에게 악담하고 또 저 악인들이 나를 억누르기 때문입니다. 진실로 그들은 나에게 재앙을 쏟으며, 나에게 원한 맺힌 마음으로 분노를 터뜨립니다'라고 말한다. 앞 절에 말한바와 같이 다윗이 근심으로 편치 못한(2절) 이유는 원수들이 다윗에게 악담하고 또 압박하는 까닭이다. 진실로 그들은 다윗 자신에게 재앙을 더하며 그리고 그들은 원한 맺힌 마음으로 노여움 중에 미워하면서 다윗을 압박한다는 것이다. 실로 이유 없는 핍박이었고 친구의 배은망덕이었다.

시 55:4. 내 마음이 내 속에서 심히 아파하며 사망의 위험이 내게 이르렀도다 (My heart is in anguish within me, the terrors of death have fallen upon me-ESV).

다윗은 '내 마음이 내 속에서 심히 아파하며 죽음의 공포가 나를 덮쳤습니다'라고 말한다. 배은망덕의 배반을 당한 다윗의 마음의 고통의 표출이다. 다윗의 마음이 심히 아팠고 죽음이 다가왔다는 강박관념에 사로잡힌 것이다.

시 55:5. 두려움과 떨림이 내게 이르고 공포가 나를 덮었도다.

다윗은 '두려움과 떨림이 내게 밀려왔고 공포가 나를 덮쳤다'고 말한다. 다윗에게는 죽음이 가까이 온 때에 느끼게 되는 두려움과 떨림이 밀려왔고, 어쩔 줄 모르는 공포에 사로잡히게 된 것이다.

시 55:6. 나는 말하기를 만일 내게 비둘기 같이 날개가 있다면 날아가서 편히 쉬리로다.

다윗은 '나 혼자 말에 내가 비둘기처럼 날개가 있다면 멀리 날아가 편히 쉬고 싶다'라고 말한다. 다윗은 심한 공포의 자리를 떠나 딴 곳으로 이동하고 싶은 심정이었다. 그래서 비둘기처럼 날개가 있다면 훨훨 날아서 편히 쉬고 싶은 심정이었다는 것이다.

다윗의 마음고생이 지극히 컸던 사실은 그가 광야로 날아가서 피했으면 좋겠다는 탄원을 보아서 알 수가 있다. 다윗이 환난 중에도 하나님을 의지했을 때는 피신할 필요를 느끼지 않았다(11:1). 그러나 여기서는 다윗이 피신하기를 원한다. 이것은 그의 불신앙이라기보다 그의 심리 고통을 묘사한 것이다. 이런 심리적 고통을 기회로 하여 믿음이 생길 수도 있다(박윤선).

시 55:7. 내가 멀리 날아가서 광야에 머무르리로다 (셀라).

다윗은 '참으로 내가 멀리 달아나 광야에 머물고 싶다'고 말한다. 다윗은 비들기처럼 날개가 있다면 멀리 날아가되 광야(사람들이 살지 않는 광야)로 날아가서 머물고 싶다는 의지를 표한다. "셀라"란 말에 대하여 3:2 주해 참조.

시 55:8. 내가 나의 피난처로 속히 가서 폭풍과 광풍을 피하리라 하였도다.

다윗은 '내가 피난처에 속히 날아가서 폭풍의 세찬 바람을 피하고 싶다'고 소원을 피력한다. 다윗이 당한 압박이 얼마나 심했기에 폭풍과 광풍이라 했을까. 다윗은 압살롬의 난리나 아히도벨의 배은망덕을 "폭풍"과 "광풍"이라 묘사한다. 그들이 이스라엘의 온 백성을 모아 다윗을 추격했으니 폭풍의 세찬 바람이라고 묘사한 것이다.

시 55:9. 내가 성내에서 강포와 분쟁을 보았사오니 주여 그들을 멸하소서 그들의 혀를 잘라 버리소서.

다윗은 '주님, 그들이 사는 성안에는, 보이는 것이 폭력과 분쟁뿐입니다. 그들을 말끔히 없애 버리시고, 그들의 혀를 잘라 버려주옵소서'라고 아뢴다. 다윗이 피란하면서 뒤돌아보았을 때 성안에서 반란군들의 강포와 분쟁을 보았기 때문에 그들을 아주 멸해 버려 주소서라고 소원한 것이다. 그리고 그들의 혀를 잘라서 공연히 다윗을 모욕하는 말을 하지 못하게 하소서라는 것이었다. 여기 "그들의 혀를 잘라 버리소서"라는 기도는 반란군들의 혀가 갈려서 서로 의견 일치가 불가능하게 해주십사 하는 소원이다.

시 55:10. 그들이 주야로 성벽 위에 두루 다니니 성 중에는 죄악과 재난이 있으며.

다윗은 '반란군들이 밤낮으로 적군 모양을 해 가지고 성벽 주위를 돌아다니고 있고, 성 안에는 죄악과 잔인한 행위가 있습니다'라고 말한다. 다윗이 쫓겨나는 나라는 아주 부패하기 짝이 없이 되었다는 뜻이다.

시 55:11. 악독이 그 중에 있고 압박과 속임수가 그 거리를 떠나지 아니하도다.

다윗은 '파괴행위가 그 성안에서 행해지고 있으며, 광장에는 압제와 속임이 떠나지 않고 있습니다'라고 말한다. 본 절의 묘사는 고대의 악정(惡政)의 특징이었다. 본 절의 "악독"이란 말은 반란군들의 수장들의 정치가 부패하여 부정부패가 횡행한다는 것을 말한다. 그리고 "압박"은 그들이 다스리는 방법이 강압적이란 뜻이다. 그리고 "속임수"란 말도 수장들의 정치가 순전히 백성들을 속이는 것이었다. 다윗이 예루살렘을 떠나니 예루살렘의 정치가 개판이 된 것이다.

12-15절. 원수들이 더욱 고통 받을 일.

시 55:12. 나를 책망하는 자는 원수가 아니라 원수일진대 내가 참았으리라 나를 대하여 자기를 높이는 자는 나를 미워하는 자가 아니라 미워하는 자일진대 내가 그를 피하여 숨었으리라.

다윗은 '나를 책망하는 사람이 원수가 아니다. 만약 원수였다면 참을 수 있었을 것이다. 나에 대해 자기를 높이는 자가 나를 미워하는 사람이 아니다. 그렇다면 내가 피하여 숨었을 것이라'고 말한다. 본 절이 말하고 있는 다윗의 원수는 아히도벨이었을 것이다(K.&D., Rawlinson, 이상근). 아히도벨은 다윗의 모사였고 가장 가까운 친구로 다윗이 중용했다. 이런 원수는 우리가 피할 수도 없고 그로 하여금 도망하게 할 수도 없는 것이다(Bernard). 우리는 교회안에서 이런 원수가 생기지 않도록 항상 기도에 힘을 써야 할 것이다.

시 55:13. 그는 곧 너로다 나의 동료, 나의 친구요 나의 가까운 친우로다.

다윗은 '그러나 그것은 바로 너, 나의 동료이며, 나의 친구이며, 나의 가까운 벗이었다'고 말한다. 아무튼 아히도벨은 다윗의 가까운 친구로 함께 나라 일을 염려하고 또 나라 일을 맡기기도 했었다. 우리 주위에서 이런 일이 생기는 것은 예수님만 믿을 수 있는 분이라는 것을 보여주기 위함이다.

시 55:14. 우리가 같이 재미있게 의논하며 무리와 함께 하여 하나님의 집 안에서 다녔도다.

다윗과 아히도벨의 친교가 어느 정도였는지를 보여주고 있다. 즉, 다윗은 '우리가 함께 재미있게 의논하며 두터운 우정을 나누면서 무리와 어울려 하나님의 집을 드나들곤 했던 사이였다'고 말한다. 다윗은 아히도벨과 나라 일도 의논했고 두터운 정도 나누면서 무리와 어울리면서 하나님의 집에 예배할 때 함께 드나들곤 했다는 것이다. 본 절의 설명을 들어보면 아히도벨은 모사들 중 제일 윗자리를 차지하고 있었다(삼하 15:12; 16:23; 대상 27:33). 여기 "하나님의 집"이란 '성막'을 지칭한다.

시 55:15. 사망이 갑자기 그들에게 임하여 산 채로 스올에 내려갈지어다 이는 악독이 그들의 거처에 있고 그들 가운데에 있음이로다.

다윗은 '파멸이 그들 위에 있어 그들이 산 채로 스올로 내려가기를 바란다. 이는 죄악이 그들의 거처에 있고 그들 가운데 있기 때문이라'고 말한다. 아히도벨이 너무 악하여 산채로 무덤에 내려가기를 기도한 것이다. 고라의 경우도 산채로 스올로 내려갔다. 아히도벨(삼하 17:23)도, 압살롬(삼하 18:14-15)도, 또 그에게 충성한 자들(삼하 18:7-8)도 산채로 음부로 내려갔다. 다윗은 이런 기도를 하나님을 대리하여 한 것이다. 성도들 개인이 이런 기도를 함부로 해서는 안 될 것이다.

16-21절. 하나님께서 성도는 구원하시고, 악도는 벌하신 일.

시 55:16. 나는 하나님께 부르짖으리니 여호와께서 나를 구원하시리로다.

다윗은 '내가 하나님께 나의 구원을 위해 부르짖을 것이니, 여호와께서 나를 구원하실 것이다'라고 말한다. 다윗은 어쩔 수 없는 처지에서 자신의 구원을 주님께 부탁한다. 시편 제 1권(1-41편)은 줄곧 "여호와"라는 칭호를 사용하나, 제 2권(42-72편)과 제 3권(73-89편)에는 "하나님"으로 묘사되었으나 본 절에서 다윗은 이례적으로 "여호와"란 명칭을 사용하면서 간구하고 있다. 다윗이 형식에 엄격하게 매이지는 않는 것을 볼 수 있다.

시 55:17. 저녁과 아침과 정오에 내가 근심하여 탄식하리니 여호와께서 내 소리를 들으시리로다.

다윗은 '저녁과 아침과 정오에 내가 근심하며 탄식할 것이니, 주께서 내 음성을 들으실 것이라'고 말한다. 유대인들은 하루에 세 번 기도했다(단 6:10; 행 2:15; 3:1 참조). 유대인들은 원래 아침과 저녁에 제사를 드렸으나(출 29:38-42), 거기에 낮 기도가 첨가 된 것이다. 다윗은 자신의 환난을 위해 하나님께 간곡하게 기도했고 기도 응답을 확신했다.

시 55:18. 나를 대적하는 자 많더니 나를 치는 전쟁에서 그가 내 생명을 구원하사 평안하게 하셨도다.

다윗은 '나를 대항하는 자가 많을지라도, 내 생명을 치는 전쟁에서 주님께서 나를 안전하게 구원하셔서 평안하게 하실 것이라'고 말한다. 압살롬의 반란 때 압살롬의 군대가 많았을지라도 하나님은 적은 숫자의 다윗 군을 돌아보시고 압살롬을 망하게 하사 다윗의 생명을 구원하셔서 평안하게 해 주셨다(삼하 17:11; 18:6-8). 전쟁은 군대의 숫자가 많고 적음이나, 무기의 우수함이나 덜 우수함에 달려 있지 않고 순전히 하나님의 손에 달려 있는 것이다.

시 55:19. 옛부터 계시는 하나님이 들으시고 그들을 낮추시리이다 (셀라) 그들은 변하지 아니하며 하나님을 경외하지 아니함이니이다.

다윗은 '영원부터 계신 하나님께서 들으시고 그들을 낮추실 것이니, (셀라), 그들은 변하지도 아니하고 하나님을 두려워하지도 않기 때문이다'라고 말한다. 영원부터 계신 하나님께서 다윗의 호소를 들으시고 다윗을 괴롭히는 배신자들을 보응하실 것이라는 것이다. 여기 "셀라"라는 말의 주해를 위해서는 3:2 주해를 참조하라. 그들이 벌을 받은 이유는 배신자들이 도무지 변하지 아니하며 하나님을 경외하지 않는 사람들이기 때문이다.

시 55:20. 그는 손을 들어 자기와 화목한 자를 치고 그의 언약을 배반하였도다.

다윗은 '12-14절에 이어 다시 악도들의 배역에 대해서 진술한다. 악도들은 손을 들어 자기와 화목한 자들을 쳤고, 시인 다윗과 맺은 언약을 깨뜨렸으며 욕되게 했다'고 말한다. 악한 자들은 악을 행하는데 아주 빠르게 행동한다.

시 55:21. 그의 입은 우유 기름보다 미끄러우나 그의 마음은 전쟁이요 그의 말은 기름보다 유하나 실상은 뽑힌 칼이로다.

다윗은 '그의 입은 버터보다도 미끄럽지만 그의 속마음은 다툼으로 가득하다. 그의 말은 기름보다 부드러워도 실상은 뽑힌 칼이나 마찬가지로 날카롭다'라고 말한다. 본 절은 배반자들의 이중성을 지적하고 있다. 가룟 유다는 예수님을 적들에게 팔 때 입을 맞추고 넘겨주었다.

22-23절. 다윗이 결심한 일.

시 55:22. 네 짐을 여호와께 맡기라 그가 너를 붙드시고 의인의 요동함을 영원히 허락하지 아니하시리로다.

다윗은 '악도가 배신한 일과 적의 대군이 닥치는 공포 속에서 자신의 모든 문제를 여호와(16절에도 이 칭호를 사용했다)께 맡기라고 스스로 다짐한다. 그렇게 맡겨버리면 여호와께서 너 자신을 붙들어주시고 또 의인이 요동함을 영원히 허락하지 아니하실 것이라'고 다짐한다. 여호와께 맡기는 일만큼 중요한 일은 없다. 주님께 맡기면 맡긴 모든 것을 돌보아 주신다.

시 55:23. 하나님이여 주께서 그들로 파멸의 웅덩이에 빠지게 하시리이다 피를 흘리게 하며 속이는 자들은 그들의 날의 반도 살지 못할 것이나 나는 주를 의지하리이다.

다윗은 '하나님이시여! 주께서 그들을 멸망의 구덩이에 빠지게 하실 것이니, 피를 흘리게 하고 속이는 자들은 그들의 수명의 절반도 살지 못할 것입니다. 그러나 나는 주님을 의뢰하겠습니다'라고 서원한다. 하나님께서는 배신자들을 파멸의 웅덩이에 빠지게 하시고, 배은하여 피를 흘리게 하고 남을 속이는 자들은 그들이 살아야 할 날의 절반도 못 살고 망하게 하신다는 것이다. 남에게 피를 흘리게 하고 속이는 자들은 얼마나 불행한지 알 수 없다.

제 56 편 혹독한 원수의 무리를 피하기 위한 기도

본 시편은 다음 시편(제 57편)과 더불어 "쌍둥이 시"(Twin Psalms)라 불린다. 표제에 기록된 대로 다윗이 가드 지방에서 유랑하다가 잡혔을 때(삼상 21:10-15) 지은 시편으로 훗날 국민 시로 발전되었다(이상근). 본편의 내용은 1) 하나님의 긍휼을 구걸하다(1-2절). 2) 원수의 적대 행위에 대한 성도의 방어책은 어떤가(3-8절). 3) 신념과 위안(9-11절). 4) 서원을 이행하려는 결심(12-13절)으로 구성되어 있다.

"다윗의 믹담 시, 인도자를 따라 요낫 엘렘 르호김에 맞춘 노래, 다윗이 가드에서 블레셋인에게 잡힌 때에"란 말의 표제는 삼중적이다(16편 표제 주해 참조, 4편 표제 주해 참조). 첫째, 이 시는 "다윗의 믹담 시" 즉 황금 시, 혹은 금언 시이다(제 16편 표제 주 참조). 둘째, "인도자를 따라 부른 노래이다". 셋째, "요낫 엘렘 르호김에 맞춘 노래"이다. 즉, 이는 '멀리 있는 침묵의 비들기'라는 뜻으로 이것이 다윗 자신을 지칭하는 것이 분명하다. 고국을 멀리 떠나 블레셋 땅을 헤매다가 잡혔고, 입을 봉하고 미친 체만 했던 다윗이었다. 근동 지방에서는 시의 이름을 상징 명사로 부르는 일이 있었다(Calvin, 박윤선). 저작의 동기는 삼상 21:10-15에 묘사되었다. 그 당시 다윗은 가드 왕 아기스에게 잡혔고 그 위기를 모면하기 위해 미친 체 하다가 석방되었다.

1-2절. 하나님의 긍휼을 구걸하다. 다윗은 의인이었으나 자기의 의를 의지하거나 자랑하지 않았고 오직 하나님의 긍휼히 여기시는 은총을 구한다.

시 56:1. <다윗의 믹담 시, 인도자를 따라 요낫 엘렘 르호김에 맞춘 노래, 다윗이 가드에서 블레셋인에게 잡힌 때에> 하나님이여 내게 은혜를 베푸소서 사람이 나를 삼키려고 종일 치며 압제하나이다.

다윗은 '하나님이시여! 내게 은혜를 베풀어주소서. 사람들이 나를 삼키려고 온종일 나를 치며 압박합니다'라고 애원한다. 다윗의 첫마디는 하나님의 은혜를 구하는 말로 시작한다. 은혜를 구하는 이유는 가드 왕에게 잡혔을 때 가드 사람들이 다윗 자신을 삼키려고 온종일 다윗을 치고 압박했다는 것이다. 온종일 다윗을 치며 압박했으니 다윗이 당한 수모는 형언할 길이 없었다. 다윗은 가드 지방에서 미친 체도 했으니 다윗을 보는 자마다 조롱을 했을 것이다. 우리는 사람들의 수모를 당할 때 변명하기보다는 하나님의 은혜를 구해야 할 것이다.

시 56:2. 내 원수가 종일 나를 삼키려 하며 나를 교만하게 치는 자들이 많사오니.

다윗은 '내 원수가 종일 나를 삼킬 듯이 하며 많은 사람들이 나를 거만하게 칩니다'라고 말한다. 원수들이 다윗을 칠 때에 그는 당황하지 않고 다음 절들과 같이 하나님의 은혜를 구했다. 본 절의 "내 원수"(שׁוֹרְרַי)란 말은

'나의 감시자'란 뜻이다. 가드 지방에서 다윗을 잡아 감금하고 압제하고 무시하면서 쳤음을 알 수 있다. 다윗이 당한 수모는 이만저만이 아니었다. 그는 그런 학대를 받으면서 하나님 앞에 간절히 은혜를 구했다.

3-8절. 원수의 적대 행위에 대한 성도의 방어책.

시 56:3. 내가 두려워하는 날에는 내가 주를 의지하리이다.

다윗은 '가드 지방에서 잡혀 압제를 받는 중 안정을 유지하기는 했으나 혹시 두려움이 찾아오는 날에는 내가 오직 주님을 신뢰하겠다'(7:1; 11:1; 18:2)고 말한다. 두려움이 찾아올 때에 두려워하지 않고 주님을 의뢰하는 일은 성령님의 역사로 가능한 것이다.

시 56:4. 내가 하나님을 의지하고 그 말씀을 찬송하올지라 내가 하나님을 의지하였은즉 두려워하지 아니하리니 혈육을 가진 사람이 내게 어찌하리이까.

다윗은 '내가 하나님께서 주시는 힘을 의지하고 하나님의 말씀을 찬송하기도 하고 내가 하나님을 의지하기도 했은즉 두려워하지 아니할 것이다. 혈육을 가진 인간이 다윗 자신을 어찌 하겠는가'라고 말한다. 문장 초두의 "내가 하나님을 의지하고"(באלהים, in Him)란 말은 '하나님께서 주시는 힘으로'라는 뜻이다(박윤선). 즉, 다윗은 하나님께서 주시는 힘으로 "하나님의 말씀을 찬송하는 것"이다. 성도의 모든 힘찬 찬송은 하나님께서 주시는 힘으로 하는 것이다. 그리고 "하나님을 의지하는 것"도 하나님께서 주시는 힘으로 되는 것이다. 하나님께서 주시는 힘으로 하나님을 의지하게 되면 혈육 있는 자들이 방해할 수 없는 것이다.

시 56:5. 그들이 종일 내 말을 곡해하며 나를 치는 그들의 모든 생각은 사악이라(All day long they seek to injure my cause; all their thoughts are against me for evil-RSV, ESV).

다윗은 '가드 사람들이 종일 내가 무슨 말을 하든지 오해하고 이해하려들지 않았다. 이런 신하들이 자기들의 말을 아기스 왕에게 보고하는 모든 말도 오해 덩어리였다. 그리고 신하들이나 왕의 모든 생각은 근본적으로 악할 뿐이었다'고 말한다. 그 세상의 모든 말과 생각은 사악일 뿐이었다. 오늘도 역시 세상은 악으로 충만해 있다.

시 56:6. 그들이 내 생명을 엿보았던 것과 같이 또 모여 숨어 내 발자취를 지켜보나이다.

다윗은 '그들이 함께 숨어서 내 생명을 엿보았듯이 내 발길을 지켜봅니다'라고 말한다. 가드 사람들은 다윗의 생명을 어떻게 할까 엿보았는데 그들은 또 모여 숨어서 다윗의 발길을 지켜보고 그들의 왕에게 보고한 것이다.

시 56:7. 그들이 악을 행하고야 안전하오리이까 하나님이여 분노하사 뭇 백성을 낮추소서.

다윗은 '가드 사람들이 악을 행하고서야 안전할 수 있겠습니까? 하나님이시여! 분노의 심판을 내려주셔서 많은 박해자들을 멸망시켜 주옵소서'라고 애걸한다.

시 56:8. 나의 유리함을 주께서 계수하셨사오니 나의 눈물을 주의 병에 담으소서 이것이 주의 책에 기록되지 아니하였나이까.

다윗은 '내가 사울에게 쫓겨나서 얼마나 방황을 했는지 주님께서 헤아리셨사오니, 내가 흘린 눈물을 주님의 병(가죽부대 병)에 담아 두십시오. 내가 방황한 일이나 흘린 눈물이 주님의 책에 기록되어 있지 않습니까?(69:28; 139:16)'라고 말한다. 여기 "나의 눈물을 주의 병에 담으소서"란 말은 다윗이 고난당한 것을 하나님께서 헤아려 보시라는 뜻이다. 어떤 이들은 내가 고생한 것을 누가 알랴 라고 말한다. 그러나 하나님께서 모르시는 것이 어디 있을까.

9-11절. 신념과 위안.

시 56:9. 내가 아뢰는 날에 내 원수들이 물러가리니 이것으로 하나님이 내 편이심을 내가 아나이다.

다윗은 '내가 부르짖어 기도하는 날(7-8절)에 내 원수들이 물러갈 것이니, 그것으로 하나님께서 나를 위하시는 줄 내가 확실히 알겠습니다'라고 말한다. 9-11절 말씀은 위의 3-4절 내용과 유사하다. 바로 그 부분 주해를 참조하라.

시 56:10. 내가 하나님을 의지하여 그의 말씀을 찬송하며 여호와를 의지하여 그의 말씀을 찬송하리이다(In God, whose word I praise, in the LORD, whose word I praise-RSV, ESV)**.**

다윗은 '내가 하나님을 힘입어 하나님의 말씀을 찬양합니다. 여호와를 힘입어 나는 주님의 말씀을 찬양합니다'라고 말한다. 누구든지 하나님의 힘을 의지하지 않고는 힘차게 하나님을 찬양할 수 없다. 하나님의 성령의 힘이 나에게 임할 때 하나님을 힘차게 찬양할 수 있는 것이다.

시 56:11. 내가 하나님을 의지하였은즉 두려워하지 아니하리니 사람이 내게 어찌하리이까.

본 절 주해를 위해서는 4절 하반절 주해를 참조하라.

12-13절. 서원을 이행하려는 결심.

시 56:12. 하나님이여 내가 주께 서원함이 있사온즉 내가 감사제를 주께 드리리니.

다윗은 '하나님이시여! 내가 주님께 약속한 것이 있사오니, 내가 감사로 드리는 제사를 주님께 드리겠습니다'라고 말한다. 다윗은 그 동안 하나님께서 내려주신 은혜가 너무 많고 풍성하여 감사제를 드릴 서원을 했는데 이제 그 서원을 이행하겠다고 말씀드린다. 우리는 매일매일 감사하지만 특별히 감사를 하는 날이 있어야 할 것이다. 우리가 살아 있다는 것이 감사하고 또 매일 놀라운 은혜를 받으니 감사하며 특별히 영생으로 인도된 것을 인하여 감사를 넘치게 해야 하겠다.

시 56:13. 주께서 내 생명을 사망에서 건지셨음이라 주께서 나로 하나님 앞, 생명의 빛에 다니게 하시려고 실족하지 아니하게 하지 아니하셨나이까.

본 절 초두에는 이유 접속사(כִּי)가 있어 앞 절의 감사의 이유를 본 절이 말하고 있다. 즉, 다윗은 감사의 이유를 두 가지로 말한다. 첫째, "주께서 내 생명을 사망에서 건지셨다"는 것이다. 주님께서 다윗의 수없는 죽음의 기회에서 구해 주신 것을 생각할 때 감사제를 드리지 않을 수 없다는 것이었다. 둘째, "주께서 나로 하나님 앞, 생명의 빛에 다니게 하시려고 실족하지 아니하게 하셨다"는 것이다. 즉, '생명의 빛을 받으면서 하나님 앞에서 거닐 수 있게 다윗의 발을 지켜 주셨기 때문이라'는 것이다. 두 가지 감사의 조건은 놀라운 것이다. 과거에 수많은 환난에서 구해 주신 것, 그리고 앞으로 주님 앞에서 생명의 빛 아래서 보호를 받으면서 살게 된 것은 무한한 감사의 이유가 되는 것이다.

제 57 편 동굴 속에서의 기도

쌍둥이 시편이라 불리는 전편과 본편은 용어도 같고 또 구조도 같고 사상이 공통된다.

다윗이 사울에게 쫓겨 다니면서 굴에 숨어 있을 때 지은 시(詩)이다. 본편의 내용은 1) 동굴 속에서 기도한 일(1-2절). 2) 하나님의 도와주심을 믿는 신념을 갖다(3-6절). 3) 승리를 믿는 찬송을 부르다(7-11절)는 말로 구성되어 있다.

"다윗의 믹담 시, 인도자를 따라 알다스헷에 맞춘 노래, 다윗이 사울을 피하여 굴에 있던 때에"란 말에 대해 전편 표제 주해 참조. "알다스헷"(אַל־תַּשְׁחֵת)이란 말은 '멸망시키지 마소서'라는 뜻의 곡명이다. 이 말은 네 시편에 나타난다(57-59편, 75편). "다윗이 사울을 피하여 굴에 있던 때에"란 말은 두 경우 중 하나의 경우일 것이다. 즉, '다윗이 사울을 피하여 아둘람 굴에 있을 때'(삼상 22:1)나 아니면 다윗이 엔게디 굴에 있을 때였을 것이다. 후자의 경우 다윗이 사울을 죽일 수 있을 때 그를 용서해 주어 신앙의 큰 승리를 거두었을 때였다.

1-2절. 동굴 속에서 기도하다.

시 57:1. <다윗의 믹담 시, 인도자를 따라 알다스헷에 맞춘 노래, 다윗이 사울을 피하여 굴에 있던 때에> 하나님이여 내게 은혜를 베푸소서 내게 은혜를 베푸소서 내 영혼이 주께로 피하되 주의 날개 그늘 아래에서 이 재앙들이 지나기까지 피하리이다.

다윗은 '하나님이시여! 내게 은혜를 베푸소서. 하나님이시여! 내게 은혜를 베푸소서. 내 영혼이 주께로 피할 것이오니, 이 재앙이 지나기까지 내가 주님의 날개 그늘 아래 피하려고 합니다'라고 기도한다. 다윗은 시를 쓰기 시작하면서 하나님의 은혜를 간구한다. 오늘 우리 역시 모든 경우 하나님의 은혜를 구해야 한다. 그리고 다윗은 "내 영혼이 주께로 피한다"고 말한다. 다윗은 주께로 피하는 것이 최고인줄 알고 이렇게 말하는 것이다. 그리고 다윗은 "주의 날개 그늘 아래에서 이 재앙들이 지나기까지 피하렵니다"라고 말한다. 여기 "피한다"는 말이 두 번 나오는데 앞의 것은 완료형으로 묘사되어 있고, 뒤의 것은 미 완료형으로 묘사되어 있다. 앞의 피한다는 말은 이미 과거에 피한 것을 말하고, 뒤의 것은 미 완료형으로 앞으로도 계속해서 피할 것을 말하는 것이다. 그리고 "주의 날개 그늘"이란 말은 '어미 닭의 날개 아래'를 비유하는 표현으로 하나님의 보호가 어미 닭이 새끼들을 보호함과 같다는 의미이다(신 32:11 참조). 독수리들이 올 때 어미 닭은 병아리들을 날개 아래 보호함과 같이 하나님은 우리들이 위험이 닥칠 때 놀랍게 보호해 주신다.

시 57:2. 내가 지존하신 하나님께 부르짖음이여 곧 나를 위하여 모든 것을 이루시는 하나님께로다.

다윗은 '지극히 높으신 하나님께, 나를 위해 모든 것을 이루시는 하나님께 내가 부르짖겠습니다'라고 말한다. 본 절은 "하나님께" 대하여 두 가지로 묘사하고 있다. 즉, 하나님은 가장 높으신 하나님이시고, 또 다윗을 위하여 모든 것을 이루시는 하나님이라고 묘사한다. 여기 모든 것을 이루시는 하나님이란 말은 다윗을 위하여 복수하시는 하나님이란 뜻을 내포하고 있다. 다윗은 그 하나님께 부르짖겠다고 말한다. 오늘 우리도 가장 높으신 하나님, 그리고 모든 것을 이루어주시는 하나님께 간절히 부르짖어야 할 것이다.

3-6절. 하나님의 도와주심을 믿는 신념을 갖다.

시 57:3. 그가 하늘에서 보내사 나를 삼키려는 자의 비방에서 나를 구원하실지라 (셀라) 하나님이 그의 인자와 진리를 보내시리로다(He will send from heaven and save me; he will put to shame those who tramples upon me. *Selah* God will send out his steadfast love and his faithfulness!-ESV)**.**

다윗은 '가장 높으신 하나님이시며 모든 것을 이루어주시는 하나님(2절)께서 하늘에서 인자와 진리를 보내사 나(다윗)를 삼키려는 자의 비방에서 나를 구원하여 주십시오. 나를 괴롭히는 자들을 꾸짖어 주십시오. (셀라) 하나님이시여! 인자와 진리를 보내어 주십시오'라고 말한다.

본 절의 "그가 하늘에서 보내사"란 말은 하반절에 있는 말씀과 같이 "하나님이 그의 인자와 진리를 보내시리로다"라는 뜻이다. 이 말씀은 하나님의 인자하시고 진실하신 구원행위를 인격화(人格化)하여 말하는 시적 표현이다(박윤선).

"나를 삼키려는 자의 비방에서 나를 구원하실지라"(יוֹשִׁיעֵנִי חֵרֵף שֹׁאֲפִי)

는 말은 '나를 삼키려는 자에게 부끄러움이 되도록 나를 구원하여 주십시오' 라는 뜻이다. 하나님께서 성도를 구원하실 때에는 성도를 해하려던 사람에게 부끄러움이 돌아가게 하시는 것이다. 홍해를 건너던 이스라엘을 따라온 애굽 사람들은 모두 홍해에 수장되었다.

"하나님이 그의 인자와 진리를 보내시리로다"라는 말은 인격화한 말로서 하나님께서 성도를 구원하시는 것은 만세전부터 성도를 사랑하신 사랑으로 구원하시는 것이고 또 하나님께서 약속하신대로 신실(진실)히 구원하시는 것이다. 사랑과 진리 두 가지는 성도들을 구원하시는 하나님의 성품이다. "셀라"에 대한 주해는 3:2 주해를 참조하라.

시 57:4. 내 영혼이 사자들 가운데에서 살며 내가 불사르는 자들 중에 누웠으니 곧 사람의 아들들 중에라 그들의 이는 창과 화살이요 그들의 혀는 날카로운 칼 같도다.

다윗은 '이 생명(내 영혼)이 사자들 가운데서 살며, 내가 사람들이 불사르는 자 중에 누웠으니, 그들의 이는 창과 화살이요, 그들의 혀는 날카로운 칼 같도다'라고 말한다. 다윗은 적을 여러 가지로 묘사한다. 즉, 저희는 잔인한 사자와 같고(7:2; 10:9; 17:12; 22:21), 모든 것을 태워버리는 불과 같으며, 저희의 입은 창과 화살과 날카로운 칼과 같다고 묘사한다. 다윗은 동굴 속에 누워 동굴 밖의 무시무시한 현실을 생생히 느끼고 있었다.

시 57:5. 하나님이여 주는 하늘 위에 높이 들리시며 주의 영광이 온 세계 위에 높아지기를 원하나이다.

다윗은 '하나님이시여! 하늘 위에 높이 들리시며 주님의 영광은 온 땅 위에서 높임을 받으소서'라고 기도한다. 여기 "주는 하늘 위에 높이 들리시며"라는 말과 "주의 영광이 온 세계 위에 높아지기를 원하나이다"란 말은 동의절로 '하나님의 영광이 온 세상에 충만하시기를 비는' 내용이다. 이는 기도의 결론이면서 송영이다. 우리는 하나님의 영광이 온 세상에 충만해지기를 기원해야 한다. 악도들이 충만한 세상에서 하나님께서 영광을 받으시도록 기도해야 할 것이다.

시 57:6. 그들이 내 걸음을 막으려고 그물을 준비하였으니 내 영혼이 억울하도다 그들이 내 앞에 웅덩이를 팠으나 자기들이 그 중에 빠졌도다 (셀라).

다윗은 '그들이 내 발 앞에 그물을 놓아서 내 영혼이 기가 꺾였습니다. 그들이 내 앞에 구덩이를 팠으나 그들이 오히려 그 가운데로 빠져버리고 말았습니다'라고 말한다. 하나님께서는 성도들을 구원하실 때 적들을 처분하시는데 있어서 적들이 판 (7:15; 119:85) 제 구덩이에 빠지게 하신다(7:15; 9:15; 39:8). "셀라"의 주해를 위해서 3:2 표제 주해 참조.

7-11절. 승리를 믿는 찬송을 부르다. 다윗은 아직 구원 받기 전에도 구원 받을 것을 확신하고 마음에서 찬송이 솟아난다.

시 57:7. 하나님이여 내 마음이 확정되었고 내 마음이 확정되었사오니 내가 노래하고 내가 찬송하리이다.

다윗은 '하나님이시여! 내 마음이 확정되었고 내 마음이 확정되었사오니, 내가 노래하며 찬송할 것입니다'라고 말한다. "내 마음이 확정되었고"와 "내 마음이 확정되었사오니"란 말은 중복체로 심히 강조된 표현이다. 참으로 마음에 안정이 찾아왔다는 뜻이다. 그 정한 마음으로 다윗은 하나님을 찬송하겠다는 것이다. 다윗은 적이 판 웅덩이에 자신들이 빠져 죽고 다윗 자신은 구원받을 것을 확신하기 때문에 찬송하려는 것이었다.

시 57:8. 내 영광아 깰지어다 비파야, 수금아, 깰지어다 내가 새벽을 깨우리로다.

다윗은 '내 영혼아 깨어나라(30:12). 비파야, 수금아, 깨어나라. 내가 새벽을 깨울 것이라'고 말한다. 여기 "내 영광아 깰지어다"란 말은 '내 영혼아 깰지어다'란 뜻이다. 즉, 다윗은 원수가 활개 치던 어두운 시기는 지나갔고 이제 승리의 아침이 오는 것을 알고 자신의 영혼에게 하나님을 찬송하라고 말한다.

"비파야, 수금아, 깰지어다 내가 새벽을 깨우리로다"란 말은 다윗이 비파와 수금 같은 악기들을 가지고 하나님을 찬송하며 새벽을 맞이하겠다는 것이다. 다윗은 자기가 구원받은 것이 너무 감사하여 새벽에 악기들을 동원하여 하나님을 찬송한다는 것이다.

시 57:9. 주여 내가 만민 중에서 주께 감사하오며 뭇 나라 중에서 주를 찬송하리이다.

다윗은 '주님이시여! 내가 백성들 중에 주께 감사하여 백성들도 주님께 감사하게 만들고 내가 민족들 가운데 주님을 찬송하겠습니다'라고 말한다. 다윗은 자신이 구원 받은 것을 혼자 기뻐하기에는 너무 벅찼던 것이다. 만민들도 알아서 함께 찬송하지 않으면 안 될 것으로 알아 만민 중에서 주님께 감사하겠다는 것이었다. 다윗은 그의 감사를 혼자서는 도무지 다 감당할 수 없었다. 그래서 그의 감사는 오늘 우리에게까지 전달되어지는 것이다.

시 57:10. 무릇 주의 인자는 커서 하늘에 미치고 주의 진리는 궁창에 이르나이다.

다윗은 '참으로 주님의 사랑은 커서 하늘에 이르렀고, 주님의 진리는 궁창에 이릅니다'라고 말한다. 하나님의 "인자와 진리"에 대해 3절 주해 참조. 하나님께서 인자와 진리로 통치하심이 온 우주에 충만하다.

시 57:11. 하나님이여 주는 하늘 위에 높이 들리시며 주의 영광이 온 세계 위에 높아지기를 원하나이다.

다윗은 '하나님이시여! 주님께서는 하늘 위에 높이 들리시며 주님의 영광은 온 땅 위에 높임을 받으소서'라고 기도한다. 본 절의 "주는 하늘 위에 높이 들리시며"라는 말과 "주의 영광이 온 세계 위에 높아지기를 원하나이다"란 말은 동의적 표현으로 중언체(重言體)이다. 하나님의 영광이 하늘 위에 높아지시기를 심히 원하는 말이다. 본 절은 5절과 더불어 후렴 역할을 한다.

제 58 편 공의를 훼손하는 자를 처치해 주시기를 원하는 기도

본편은 악인에 대한 격렬한 저주의 시(詩)이다. 본편에 진술된 악인이 불의한 법관인 것은 확실하나 구체적으로 그가 누구인지에 대한 견해는 다양하다. 1) 인간계를 통치하는 마귀라는 견해(Cheyne). 2) 포로기에 이스라엘을 통치한 바벨론이라는 견해(Hitzig, Ewald). 3) 압살롬이라는 견해(Delitzsch). 4) 사울이라는 견해(Kimchi, Hengsternberg, 박윤선, 이상근). 여러 견해 중에 4)번이 가장 옳은 것 같다. 이 시편을 다윗의 다른 작품들(64, 140편)과 비교할 때 하나님의 원수를 저주하는 사상에 있어서 공통적인 색채를 띤다. 그런고로 본편은 다윗의 작품인 것이 확실하다. 본편의 내용은 1) 다윗은 불공정하게 처신하는 악인들을 꾸짖다(1-2절). 2) 불의한 자들의 악행(3-5절). 3) 그 악도들을 처치해 주시기를 기도하다(6-9절). 4) 악도의 실패를 목도하는 의인(10-11절)으로 구성되어 있다.

"다윗의 믹담 시, 인도자를 따라 알다스헷에 맞춘 노래"에 관한 주해를 위해 57편 주해를 참조하라. "믹담 시"란 말은 '황금 시' 혹은 '금언 시'란 뜻이다. 그리고 "알다스헷"이란 말은 '멸망시키지 마소서'라는 뜻의 곡명이다.

1-2절. 다윗은 불공정하게 처신하는 악인들을 꾸짖다.

시 58:1. <다윗의 믹담 시, 인도자를 따라 알다스헷에 맞춘 노래> 통치자들아 너희가 정의를 말해야 하거늘 어찌 잠잠하냐 인자들아 너희가 올바르게 판결해야 하거늘 어찌 잠잠하냐.

다윗은 '통치자들아! 당신들이 정의를 말해야 하는데 어찌 잠잠하고 있는 것이냐? 인자들아! 당신들이 사람들을 올바르게 재판해야 하는데 어찌 잠잠하고만 있는 것이냐?'라고 말한다. 본 절의 "통치자들아"란 말과 "인자들아"라는 말은 동의어로 사용되어 '법관들'을 지칭한다. 다시 말해 법관들이 바르게 재판하지 않는 것을 꾸짖기 위해 부르는 말이다. 그리고 "너희가 정의를 말해야 하거늘 어찌 잠잠하냐"는 말과 "너희가 올바르게 판결해야 하거늘 어찌 잠잠하냐" 하는 말은 동의절이다. 통치자들은 바르게 통치하고 바르게 재판해야 하는데 왜 그렇게 하지 않느냐고 꾸짖는다. 우리가 세상에서 무슨 일을 행하든지 범사에 바르게 말하고 바르게 행동해야 할 것이다.

시 58:2. 아직도 너희가 중심에 악을 행하며 땅에서 너희 손으로 폭력을 달아 주는도다.

다윗은 '아직도 당신들이 마음속에 악한 일을 구상하며 손으로는 이 땅에서 폭력을 일삼는구나'라고 말한다. 그들의 중심은 악으로 충만했고 틈만 나면 악행을 수행하고 있었다. "너희 손으로 악을 달아준다"는 말은 '당신들의 손을 가지고 악을 행한다'는 시적 표현이다. 법관들이 바로 판단해야 하는데 그들의 머릿속에는 악행밖에 없고 그들의 행위도 역시 악을 생산하는 악행 덩어리였다.

3-5절. 불의한 자들의 악행. 이들은 보통 종류의 악인들이 아니었다. 다윗은 이들이 보통 종류의 악인들이었다면 하나님께 고발하지 않았을 것이다(박윤선).

시 58:3. 악인은 모태에서부터 멀어졌음이여 나면서부터 곁길로 나아가 거짓을 말하는도다.

다윗은 '이스라엘의 법관들은 출생 시부터 악으로 충만하여 세상에 낳을 때부터 곁길로 나아가 악인들의 대표적인 죄악인 거짓에 익숙한 사람들이 되었다'고 말한다.

시 58:4. 그들의 독은 뱀의 독 같으며 그들은 귀를 막은 귀머거리 독사 같으니.

다윗은 법관들이 얼마나 독으로 충만한 사람들인지 본 절에서 말하고 있다. 즉, '법관들의 독은 뱀의 독 같으며, 그들은 누구의 충고도 받지 않는 도무지 고치지 않는 귀머거리 독사 같다'고 말한다. "독사"는 극악한 인간을 상징하는 표현이다(140:3; 마 3:7, 이상근).

시 58:5. 술사의 홀리는 소리도 듣지 않고 능숙한 술객의 요술도 따르지 아니하는 독사로다.

다윗은 법관들이 남의 충고를 전혀 받아들이지 않는 사람들임을 묘사하고 있다. 즉, '마술사의 홀리는 소리도 듣지 않고, 능숙한 술객의 요술도 따르지 않는 독사'라고 말한다. 술사는 독사를 다룰 줄 아는 마술사인데 아라비아나 인도 지방에 있었고 저들은 퉁소와 북으로 뱀을 조종했다고 한다(박윤선, 이상근). 그러나 다윗이 말하고 있는 독사들은 그런 술사들의 소리도 듣지 않는 귀머거리 독사들이라는 것이다. 아무튼 법관들뿐만 아니라 일반 사람들도 누구의 말도 듣지 않는다면 끝장 난 것으로 보아야 한다.

6-9절. 다윗이 악도들을 처치해 주시기를 기도하다. 악도들이 망하기를 구한 일은 아주 잘 한 일이다. 악도들이 없어지기를 구한 것은 악이 멈춰지기를 위한 기도였으니 선한 일이었다.

시 58:6. 하나님이여 그들의 입에서 이를 꺾으소서 여호와여 젊은 사자의 어금니를 꺾어 내시며.

다윗은 '하나님이시여! 독사 같은 법관들로부터 이를 꺾으시고, 젊은 사자 같은 법관들의 어금니를 꺾어 주시라'고 기도한다. 본 절의 "이를 꺾으시라"는 기도와 "사자의 어금니를 꺾어 내시라"는 기도는 동의어로 법관들의 악독함을 꺾으시라는 기도이다. 법관들을 포함하여 악인들의 마음 속 깊이 자리 잡은 흉계를 뽑는 것은 아주 중요한 일이다. 우리는 그리스도를 모든 국민에게 전하여 모든 국민들이 새 사람이 되기를 소원해야 할 것이다.

시 58:7. 그들이 급히 흐르는 물 같이 사라지게 하시며 겨누는 화살이 꺾임 같게 하시며.

다윗은 '불의한 법관들이 급류와 같이 흔적도 없이 사라지게 해주십시오. 겨누던 화살이 꺾인 화살이 되게 해주십시오'라고 말한다. 여기 "물 같이 사라지게 하시라"는 기도와 "겨누는 화살이 꺾임 같게 하시라"는 기도는 동의절로서 '불의한 사람들이 이 땅에서 없어지기를 위해 기도한 것'이다. 아무튼 불의한 재판관들이나 불의한 정치가들이나 불의한 종교인들 모두의 자취가 이 땅에서 사라지기를 소망하는 기도는 아주 생산적인 기도라 할 수 있다.

시 58:8. 소멸하여 가는 달팽이 같게 하시며 만삭 되지 못하여 출생한 아이가 햇빛을 보지 못함 같게 하소서.

다윗은 '악한 법관들이 움직일 때 없어지는 달팽이 같이 죽게 하시며, 막달이 차지 못하여 세상에 나온 아이가 햇빛을 보지 못하고 죽는 것같이 죽게 해주시라'고 기도한다. 여기 "달팽이"는 자기 몸을 움직일 때 자기 몸이 닳아 스스로를 없어지게 만든다고 한다. 달팽이가 시간이 갈수록 제 몸이 없어지는 것처럼 악인들도 세상을 살면서 점점 없어져 가게 해주시라는 기도를 드리는 것이다. 그리고 제 달이 차지 못하여 출생한 아이가 햇빛을 보지 못하고 죽는 것처럼 악인들도 세상에 얼마 못 견디고 없어지게 해주십사 하는 것이다. 여기 "소멸하여 가는 달팽이 같게 하시라"는 기도와 "만삭 되지 못하여 출생한 아이가 햇빛을 보지 못함 같게 하소서"라는 기도는 동의절로 악인들이 얼마 못가서 지상에서 없어지게 해주시라는 기도이다. 다윗이 어떻게 이렇게 적절한 예화를 들었는지 성령님의 역사가 함께 한 것이다.

시 58:9. 가시나무 불이 가마를 뜨겁게 하기 전에 생나무든지 불 붙는 나무든지 강한 바람으로 휩쓸려가게 하소서.

다윗은 '가시나무 불이 가마의 내용물을 뜨겁게 하기 전에 그 가시나무가 생나무든지 혹은 이미 불 붙은 나무든지 강한 바람으로 휩쓸려서 꺼져가게 하소서'라고 애원한다. 다윗은 여기서 생나무가 어떤 형편에 있든지 빨리 강한 바람에 꺼져가기를 기도한 것처럼 악인의 악이 초창기이든지 아니면 악을 한참 발하는 형편이든지 아무튼 빨리 없어지기를 기도한다. 악은 무용한 것이다. 우리는 악인의 간계가 하루 빨리 사라지기를 위해 기도해야 할 것이다.

10-11절. 악도의 실패를 목도하는 의인.

시 58:10. 의인이 악인의 보복 당함을 보고 기뻐함이여 그의 발을 악인의 피에 씻으리로다.

본 절과 다음절은 본편의 결론이다. 이 두 절은 악인이 벌을 받을 때 의인들이 만족한다는 것을 말한다. 즉, 다윗은 '의인들이 악인들의 보복 당함을 보고 기뻐하며, 악인의 피에 발을 씻으며 기뻐한다'고 말한다. 여기 "그의 발을 악인의 피에 씻으리로다"는 말은 의인들이 악인의 피에 발을 담그고 씻는다는 것인데 승리를 묘사하는 말이다(사 63:3). 의인은 악인이 형벌 받는 것을 보고 기뻐하며 궁극적으로 승리를 기뻐한다는 것이다. "그의 발을 악인의 피에 씻는다"는 말은 비유이니 전쟁에 이긴 자가 그 대적을 완전히 이겼다고 선포하는 표시이다(박윤선).

시 58:11. 그 때에 사람의 말이 진실로 의인에게 갚음이 있고 진실로 땅에서 심판하시는 하나님이 계시다 하리로다.

다윗은 '의인에게 승리가 돌아왔을 때 성도들 외에 세상 사람들이 하는 말을 들어보아도 진실로 의인에게 갚음이 있고 진실로 땅에서 심판하시는 하나님이 계셔서 정확하게 심판하신다고 말할 것이라'는 것이다. 하나님이야 말로 정확하게 모든 것을 심판하시는 분이시다.

제 59 편 무죄한 자가 원수로부터 구원 받기를 기도하다

본편은 표제에 말한 바와 같이 다윗이 지은 작품이다. 다윗이 자기 집에서 사울의 사자들에게 습격을 당했으나 그의 아내 미갈이 그를 창문으로 달아 내렸으므로 피하게 되었다(삼상19:11-17). 본편의 내용은 1) 탄원(1-4절). 2) 다윗의 원수 된 자의 신분(5-7절). 3) 악도들에게 대한 하나님의 태도와 다윗의 소원(8-14절). 4) 찬송(15-17절)으로 구성되어 있다. 9절과 17절은 서로 유사하여 후렴 역할을 하고 있다.

"다윗의 믹담 시, 인도자를 따라 알다스헷에 맞춘 노래, 사울이 사람을 보내어 다윗을 죽이려고 그 집을 지킨 때에"란 말의 주해를 위해서 57-58편 표제 주해를 참조하라. "사울이 사람을 보내어 다윗을 죽이려고 그 집을 지킨 때에"란 말의 주해를 위해 삼상 19:11-18주해를 참조하라.

1-4절. 탄원.

시 59:1. <다윗의 믹담 시, 인도자를 따라 알다스헷에 맞춘 노래, 사울이 사람을 보내어 다윗을 죽이려고 그 집을 지킨 때에> 나의 하나님이여 나의 원수에게서 나를 건지시고 일어나 치려는 자에게서 나를 높이 드소서.

다윗은 '내 하나님이시여! 내 원수에게서 나를 건져주시고, 일어나 나를 치려는 자에게서 나를 높이 들어 안전지대에 두소서'라고 탄원한다. "일어나 치려는 자에게서 나를 높이 드소서"란 말은 '일어나 다윗을 치려는 자보다 더 높이 들어 다윗으로 하여금 상해를 면케 해 주시기를 원하는' 기도이다. 다윗은 이런 구호의 호소를 쉬지 않고 하나님께 드렸다(7:1; 22:20; 25:20; 31:1, 2, 15; 35:17; 40:13; 43:1; 69:18; 70:1, 4; 109:21 등). 우리가 하나님만 의지하여 기도하면 하나님은 우리를 높이 들어 안전지대에 두신다.

시 59:2. 악을 행하는 자에게서 나를 건지시고 피 흘리기를 즐기는 자에게서

나를 구원하소서.

다윗은 '악을 지어내는 자에게서 나를 구출하여 주시고, 피 흘리기를 즐기는 자에게서 나를 구원하소서'라고 기도한다. 본 절의 "악을 행하는 자에게서 나를 건지시고"라는 말과 "피 흘리기를 즐기는 자에게서 나를 구원하소서"라는 말은 동의절로 '다윗을 해하기 위하여 악행을 지어내고 피를 흘리기를 즐기는 자에게서 다윗을 구해주시기를 기원하는' 기도이다.

시 59:3. 그들이 나의 생명을 해하려고 엎드려 기다리고 강한 자들이 모여 나를 치려하오니 여호와여 이는 나의 잘못으로 말미암음이 아니요 나의 죄로 말미암음도 아니로소이다.

본 절 초두에는 이유 접속사(כִּי)가 있어 본 절이 앞 절의 이유를 제공하고 있다. 그리고 본 절 초두에는 본문을 강조하는 "보십시오"(הִנֵּה)란 말이 등장한다. 즉, 다윗은 '보십시오, 그들이 내 생명을 해하려고 숨어 기다리고 흉악한 자들이 모여 나를 대적합니다. 주님이시여! 나는 그들에게 죽임을 당할만한 잘못을 저지른 일도 없으며 죄를 짓지 아니하였기 때문에 나를 구원해 주십시오'라고 호소한다.

사울은 다윗을 죽이기 위해 강한 자들을 뽑아 보냈다. 사울이 그렇게 사람을 파견하여 죽이려는 것은 다윗이 범죄했기 때문이 아니었다는 것이다. 다윗은 사울과 나라를 위해서 공헌한 것뿐이었는데 사울이 다윗을 죽이려는 것은 다윗이 월등이 사람들로부터 인기가 있었기 때문이었다. 사울은 다윗을 시기하여 죽이기를 원했다. 우리는 사람을 시기할 것이 아니라 오히려 칭찬하고 사랑해야 할 것이다. 그러면 우리도 하나님으로부터 놀라운 복을 받는다.

시 59:4. 내가 허물이 없으나 그들이 달려와서 스스로 준비하오니 주여 나를 도우시기 위하여 깨어 살펴 주소서.

다윗은 '나에게는 아무런 잘못도 없습니다. 그런데도 그들이 달려와서 싸울 준비를 합니다. 주님이시여! 깨어나셔서(44:23) 나를 살피시고, 나를 도와주십시오'라고 애원한다. 다윗이 사울로부터 살해 위협을 당할 때 주님께 기도하는 것은 당연하다. 이런 기도는 정의가 바로 서게 하려는 것이고, 하나님의 의(義)를 위한 것이다(박윤선).

5-7절. 다윗의 원수 된 자의 신분.

시 59:5. 주님은 만군의 하나님 여호와, 이스라엘의 하나님이시오니 일어나 모든 나라들을 벌하소서 악을 행하는 모든 자들에게 은혜를 베풀지 마소서 (셀라).

다윗은 '주님은 만군의 하나님 여호와이시고, 이스라엘의 하나님이십니다. 깨어나서 모든 민족을 벌하소서. 그리고 모든 간사한 악인을 불쌍히 여기지 마소서'라고 기원한다. 여기 "주님은 만군의 하나님 여호와"라는 말은 '우리의 주님은 하늘의 일월성신을 지으신 여호와'란 뜻이다. "이스라엘의 하나님이시오니"란 말은 '이스라엘을 구원하시고 이스라엘을 지키시는 하나님'이란 뜻이다. "모든 나라들"이란 말은 다윗을 해하려는 사람들 중에는 이방인 에돔인 에녹이 있었다(삼하 21:7). 그리고 이스라엘인이면서 실질적으로 이방인보다 못한 사람도 있었기 때문으로 본다(Rawlinson, 이상근). 모든 나라들이라 함은 이방인과 이스라엘인 모두를 포함하는데, 모든 나라들을 벌해주시기를 다윗이 기원한 것은 이방인들의 대다수가 하나님을 대적하기 때문이고, 이스라엘인이라 할지라도 이방인과 다름없이 하나님의 대적된 사람들이 존재하기에 모든 나라가 벌을 받아야 한다고 표현한 것이다. 그들이 은혜를 받으면 그들이 번성하게 되니 반드시 벌을 받도록 기도해야 하는 것이다. "셀라"라는 말의 주해를 위해서는 3:2 주해를 참조하라.

시 59:6. 그들이 저물어 돌아와서 개처럼 울며 성으로 두루 다니고.

다윗은 사울이 보낸 사람들을 개로 비유하고 있다. 즉, '그 사람들은 개들이 저녁이 되면 성으로 돌아와서 짖어대는 것처럼 돌아다닙니다'라고 말한다. 다윗의 원수들은 개가 짖듯이 입으로 악담을 토해내고 있었다.

시 59:7. 그들의 입으로는 악을 토하며 그들의 입술에는 칼이 있어 이르기를 누가 들으리요 하나이다.

본 절 초두에는 주의를 집중해서 읽고 들으라는 뜻으로 "보십시오"(הִנֵּה) 라는 말을 더해 놓았다. 즉, 다윗은 '보십시오! 그 보냄을 받은 사람들은 입에 거품을 뿜고 그들의 입술에 칼이 있으며 누가 들으랴 라고 말한다'는 것이다. "그들의 입으로 악을 토하는 것"은 '그들의 마음에 악이 충만하니 그 악이 밖으로 나온 것'이다(마 15:18-20). 그들의 마음에 있던 것은 허위와 저주였다(94:4). 그리고 또 그들의 입술에는 칼이 있어 말로 사람들을 죽게 하고 사람을 죽일 음모를 꾸몄다(57:4, 이상근). 이런 음모를 꾸미고도 이런 것을 누가 듣고 알겠느냐고 했다(10:11-13; 64:5; 73:11). 그들이 그런 악한 말을 하면서도 하나님을 두려워하지 않았다. 그들은 심판하시는 하나님이 계신 줄 알지 못했다. 그런고로 그들은 얼마든지 악담할 수 있었다.

8-14절. 악도들에게 대한 하나님의 태도와 다윗의 소원.

시 59:8. 여호와여 주께서 그들을 비웃으시며 모든 나라들을 조롱하시리이다 (But you, O LORD, laugh at them; you hold all the nations in derision-ESV).

다윗은 문장 초두에 '그러나'(But)라는 반어를 사용하여 사울로부터 보냄 받은 사람들이 입으로 온갖 저주를 퍼붓고 있지만 '그러나 주 여호와께서 그들을 비웃으시고 주께서 온 민족을 조롱하십니다'라고 말한다. 인간들의 악한 조롱 행위와 하나님의 심판 행위 사이에는 "그러나"라는 반어가 나온 것이다. 오늘날의 사람들도 자기들의 온갖 악한 행위에는 하나님의 심판 행위가 따르는 줄 모르고 덤비는 것이다. 하나님께서 '악인들을 비웃으시며 성도들을 박해하는 나라들을 조롱하시는' 행위는 악인들의 행위를 아무 것도 아닌 것으로 하시겠다는 표현이다. 하나님은 오늘도 성도들을 박해하는 악인들을 그냥 좌시하지 않으시고 반드시 심판하신다.

시 59:9. 하나님은 나의 요새이시니 그의 힘으로 말미암아 내가 주를 바라리이다(O my Strength, I will watch for you, for you, O God, art my fortress-ESV)**.**

다윗은 '오! 하나님은 나의 요새이심으로 나의 힘이 되신 하나님을 바랄 것입니다'라고 말한다. 하나님은 다윗의 요새(피난처)가 되시고(16-17절; 9:9) 또 힘이 되신다. 다시 말해 완전한 피난처가 되신다는 것이다. 그런고로 아무도 다윗을 찾아내어 죽일 세력은 없는 것이다. 원수의 음모가 악하고 원수의 힘이 강하다 해도 두려울 것이 없다. 그런고로 다윗은 오직 주님만 바라보게 되었다. 본 절은 17절과 유사하며 두 절은 다 같이 후렴 역할을 하고 있다.

시 59:10. 나의 하나님이 그의 인자하심으로 나를 영접하시며 하나님이 나의 원수가 보응 받는 것을 내가 보게 하시리이다.

다윗은 '나의 한결같으신 사랑이신 하나님께서 나를 영접하사 적의 계략에서 구원하실 것이며, 하나님께서 내 원수가 보응 받는 꼴을 나로 하여금 목도하게(눈으로 볼 수 있게) 하실 것입니다'라고 확신한다. 다윗은 원수가 강할수록 간절히 하나님을 바라보니 하나님께서 자기를 원수로부터 구원하실 줄 더욱 확신하게 되었다. 하나님은 오늘도 우리를 한결같으신 사랑으로 대하시지만 그러나 전적으로 도우시러 오시는 것은 많은 기도를 드린 후에 되는 일이다.

시 59:11. 그들을 죽이지 마옵소서 나의 백성이 잊을까 하나이다 우리 방패 되신 주여 주의 능력으로 그들을 흩으시고 낮추소서.

다윗은 '그들을 죽이지는 마옵소서. 그들이 죽어 없어지면 내 백성이 그들의 꼴을 잊을까 합니다. 우리의 방패이신 주님, 주님의 능력으로 그들을 단계적으로 흩으시고 끌어내려 주옵소서'라고 부탁한다. 다윗은 적들이 점점 약해지는 것을 목도하면서 하나님의 심판을 느끼고 감사하게 되기를 소원한다.

시 59:12. 그들의 입술의 말은 곧 그들의 입의 죄라 그들이 말하는 저주와 거짓말로 말미암아 그들이 그 교만한 중에서 사로잡히게 하소서.

다윗은 '적들의 입술에서 튀어 나오는 말들은 곧 모두 죄들인데 그들이 말하는 저주와 거짓말로 말미암아 그들이 교만한 중에서 사로잡혀서 오랜동안 고생하게 하옵소서'라고 애원한다. 그들은 입으로 저주와 거짓말만을 말하고 있었다(10:7; 삼하 16:5-8). 그러므로 그들은 그런 말들을 하는 교만심 중에서 사로잡혀 고생하게 해주십사 하는 것이다.

시 59:13. 진노하심으로 소멸하시되 없어지기까지 소멸하사 하나님이 야곱 중에서 다스리심을 땅 끝까지 알게 하소서. (셀라).

다윗은 '하나님께서 진노하시는 중에 시간을 두고 점진적으로(11절 주해 참조) 그들을 소멸하시되 하나도 남김없이 소멸하옵소서. 그래서 하나님께서 야곱(이스라엘) 중에서 통치하시는 것을 땅 끝 사람들까지 알게 하옵소서'라고 애원한다. "셀라"의 주해에 대해서는 3:2 주해를 참조하라. 하나님은 우리의 기도에 응답하셔서 원수들을 완전히 소탕해 주신다.

시 59:14. 그들이 저물어 돌아와서 개처럼 울며 성으로 두루 다니게 하소서.

본 절 주해를 위해서는 6절 주해를 참조하라.

15-17절. 다윗의 찬송.

시 59:15. 그들은 먹을 것을 찾아 유리하다가 배부름을 얻지 못하면 밤을 새우려니와.

다윗은 본 절부터 17절까지 찬송한다. 다윗은 '그들이 먹을 것을 찾아 헤매다가 배를 채우지 못하면 울부짖습니다'고 찬송한다. 다윗은 '악도들은 먹을 것을 찾아 돌아다니다가 배가 부르지 않으면 그냥 밤을 새운다'는 것이다. 다시 말해 다윗은 본 절에서 악도들이 악한 계획을 이루려다가 이루지 못할 것이라고 확신한다는 것이다. 다윗은 악도들이 계획한 것을 이루지 못한 것을 찬송하는 것이 아니라 다음절에서 밝히는 바처럼 의인에게 내리시는 복과 대조하여 찬송을 하는 것이다(Calvin, Hengsterberg, 이상근). 우리는 악인들이 벌을 받는 것을 보고도 찬송할 수 있는 것이다.

시 59:16. 나는 주의 힘을 노래하며 아침에 주의 인자하심을 높이 부르오리니 주는 나의 요새이시며 나의 환난 날에 피난처심이니이다.

다윗은 본 절에서 세 가지 이유로 찬송한다. 첫째, "나는 주의 힘을 노래한다"는 것이다. 둘째, "아침에 주의 인자하심을 높이 부른다"는 것이다. 셋째, "주는 나의 요새이시며 나의 환난 날에 피난처이시라"고 노래한다는 것이다. 주님은 다윗의 요새(피난처)이시기 때문에 주님을 찬송한다는 것이다. 즉, 요약해서 주님은 다윗에게 언제나 힘을 주시니 찬송하고 사랑을 끊임없이 공급하시니 찬송하며, 다윗을 보호해 주시니 찬송한다는 것이다.

시 59:17. 나의 힘이시여 내가 주께 찬송하오리니 하나님은 나의 요새이시며 나를 긍휼히 여기시는 하나님이심이니이다.

다윗은 '나의 힘이 되신 주님이시여! 내가 주님을 찬송할 것이오니, 하나님은 나의 요새이시며, 나를 긍휼히 여기시는 하나님이십니다'라고 찬송한다. 요약해서 말하면 하나님은 우리의 힘이 되어주시고 피난처가 되어 주시며 끊임없이 사랑해 주시는 하나님이라는 것이다. 그러니 우리로서는 하나님을 찬송할 수밖에 없는 일이다. 본 절은 9절과 비슷한 내용으로 두 절은 후렴 역할을 하는 것이다.

제 60 편 패전 후 회복을 위해 기도하다

"다윗이 교훈하기 위하여 지은 믹담, 인도자를 따라 수산에둣에 맞춘 노래, 다윗이 아람 나하라임과 아람소바와 싸우는 중에 요압이 돌아와 에돔을 소금 골짜기에서 쳐서 만 이천 명을 죽인 때에"라는 표제에 관하여 56편 표제 주해를 참조하라. "수산에둣"(שׁוּשַׁן עֵדוּת)이란 말은 '증거의 백합화'라는 곡명이다. 이 "수산에둣"이란 말은 본편과 80편에 등장한다. 다윗이 본편을 언제 지었는가를 두고 삼하 8:13과 왕상 10-13장에 보이는데 다윗의 수리아 정벌을 틈타 에돔이 유다를 침공한 사건에 대하여 지은 것으로 보인다. 이 시편이 저작된 시기는 표제의 내용대로 받는다 (Hengsternberg, Delitzsch, Koenig). 그리고 이 시편은 다윗이 지은 것으로 본다. 여기 숫자는 삼하 8:13에서 빼낸 것이고(12,000명), 대상 18:12에는 18,000명으로 기록되어 있다. 이렇게 숫자에 차이가 생긴 이유는 처음에 12,000명을 죽이고 그 다음에 6,000명을 죽인 것으로 볼 수 있을 것이다(이상근).

본편의 내용은 1) 하나님께서 일시적인 징계로서 이스라엘을 패전하게 하신 일(1-3절). 2) 구원을 기원한 일과 하나님께서 응답하신 일(4-8절). 3) 결론적으로 다시 기도한 일(9-12절)로 구성되어 있다.

1-3절. 하나님께서 일시적인 징계로서 이스라엘을 패전하게 하시다(1-3절). 다윗은 일시 패전을 당했으나 그것을 하나님의 징계의 결과로 알았다.

시 60:1. <다윗이 교훈하기 위하여 지은 믹담, 인도자를 따라 수산에둣에 맞춘 노래, 다윗이 아람 나하라임과 아람소바와 싸우는 중에 요압이 돌아와 에돔을 소금 골짜기에서 쳐서 만 이천 명을 죽인 때에> 하나님이여 주께서 우리를 버려 흩으셨고 분노하셨사오나 지금은 우리를 회복시키소서.

다윗은 '나의 하나님이시여! 주님께서 우리를 버려 흩으셨고 진노하였사오나 이제 우리를 회복시키소서'라고 기도한다. 여기 "주께서 우리를 버려 흩으셨다"는 말은 '주님께서 우리를 전쟁에서 패배시키셨다'는 뜻이다

(44:9-11). 다윗이 수리아를 상대한 북방 전투에 몰두하는 틈을 타서 남방의 에돔 군이 반란을 일으킨 것을 이름인데 다윗은 이를 두고 하나님께서 버리신 것이라고 묘사한다. 하나님께서 한 때 버리셨으나 이제는 잃었던 지역을 도로 회복시켜 주시라는 기도를 하는 것이다. 세상에 우연이란 없는 것으로 성경은 말씀한다. 성경에 여섯 번 정도 우연이란 단어가 사용되었으나 그 단어를 사용한 용처를 보면 사람의 눈으로 보기에 우연으로 보여서 우연이란 단어를 사용한 것뿐이다(민 35:22; 룻 2:3; 삼상 6:9; 삼하 1:6; 왕상 22:34; 대하 18:33).

시 60:2. 주께서 땅을 진동시키사 갈라지게 하셨사오니 그 틈을 기우소서 땅이 흔들림이니이다.

다윗은 '주님께서 땅을 진동시키사 갈라지게 하셨사오니, 이제는 그 갈라지고 깨어진 틈을 메워 주셔서, 땅이 요동치 않게 해주십시오'라고 기도한다. 여기 "주께서 땅을 진동시키사 갈라지게 하셨다"는 말도 하나님께서 패전시키셨다는 묘사이다. 지진이 나서 땅이 갈라진 것처럼 땅이 부서졌으니 하나님께서 그 패전의 흔적을 고쳐주시라는 것이다. 그리고 "땅이 흔들림이니이다"라는 말은 에돔의 침략으로 민심의 동요가 있었던 고로 민심을 수습해 주시라는 기도이다.

시 60:3. 주께서 주의 백성에게 어려움을 보이시고 비틀거리게 하는 포도주를 우리에게 마시게 하셨나이다.

다윗은 '주님께서 주님의 백성에게 패전의 쓴맛을 보게 하시고, 우리로 하여금 포도주를 마시고 비틀거리게 하셨습니다'라고 말한다. 여기 "포도주를 우리에게 마시게 하셨나이다"라는 말은 '하나님께서 이스라엘 백성들에게 진노하셨다'는 표현이다(75:8; 사 51:17, 21; 렘 25:15).

4-8절. 구원을 기원한 일과 하나님께서 응답하신 일.

시 60:4. 주를 경외하는 자에게 깃발을 주시고 진리를 위하여 달게 하셨나이다(You have set up a banner for those who fear you, that you may flee to it from the bow-ESV).

다윗은 '주님께서 주님을 경외하는 사람들에게 깃발을 주시고, 화살로부터 피하게 하셨습니다'라고 말한다. 여기 "깃발을 주신다"는 말은 '전쟁에 앞세울 군기를 주셨다'는 뜻이다. 그리고 "진리를 위하여 달게 하셨나이다"란 말은 "진리"(קֹשֶׁט)를 '활'로 읽는 읽기를 따라서(RSV, ESV, Hitzig, Cheyne) '적의 활을 막게 하셨나이다'라는 뜻으로 보는 것이 더 문맥에 자연스럽다. 그러니까 본 절은 '주님께서 주님을 두려워하는 이스라엘 백성들에게 전쟁에 앞세울 군기를 주셨고 그 군기로 원수의 활을 피하게 하셨나이다'라는 뜻으로 보면 좋을 것이다. "셀라"라는 말에 대한 주해를 위해 3:2 주해 참조하라.

시 60:5. 주께서 사랑하시는 자를 건지시기 위하여 주의 오른손으로 구원하시고 응답하소서.

다윗은 '주님의 사랑하는 사람을 건지시기 위하여 주님의 힘 있는 손으로 구원하시고 우리에게 응답하소서'라고 애원한다. 본 절의 "주의 오른 손으로"란 말은 '주님의 힘 있는 손으로'란 뜻이다.

시 60:6. 하나님이 그의 거룩하심으로 말씀하시되 내가 뛰놀리라 내가 세겜을 나누며 숙곳 골짜기를 측량하리라(God has spoken in his holiness: "With exultation I will divide up Shechem and portion out the Vale of Succoth"-ESV).

본 절은 다윗의 기도가 응답되고 승리를 얻을 것을 하나님께서 약속하신 것을 진술하는 내용이다. 다윗은 전쟁에 승리하여 기쁨으로 요단 강 서편의 세겜이나 동편의 숙곳 골짜기를 자유롭게 주관하여 나누고 측량하겠다는 것이다. 즉, 다윗은 '하나님께서 그의 거룩함 중에서 말씀하셨습니다. 내가 기뻐하며 크게 뛰어 놀겠다. 세겜을 나누고, 숙곳 골짜기를 측량하겠다'고 말씀한다.

본 절의 "하나님이 그의 거룩하심으로 말씀하시되"(אֱלֹהִים דִּבֶּר בְּקָדְשׁוֹ)란 말은 '하나님께서 그의 거룩하신 가운데서 말씀하셨다'는 뜻인데 '하나님께서 거짓됨이 없으시고 약속 이행의 권능을 가지고 말씀하신다'는 뜻이다(박윤선). 그리고 "내가 뛰놀리라"는 말의 "내"란 말은 '다윗 자신'을 지칭한다. 이 구절부터는 다윗이 왕의 자격으로 말한다. "뛰놀리라"는 말은 원수를 이길 수 있다는 확신 때문에 기쁨이 생긴 것을 표시하는 말이다. 다윗은 하나님의 약속하신 말씀 때문에 이렇게 기뻐한다. "나누며 측량하리라"는 말은 '그 지대를 점령한다'는 뜻이다.

시 60:7. 길르앗이 내 것이요 므낫세도 내 것이며 에브라임은 내 머리의 투구요 유다는 나의 규이며.

다윗은 '길르앗도 내 것이요, 므낫세도 내 것이다. 에브라임은 내 머리에 쓰는 투구요, 유다는 내 통치 지팡이이다'라고 말한다. "길르앗"은 '요단강 동편의 유명한 영토'였고(창 37:25), "므낫세" 역시 '요단 동편의 영토'였으며(민 32:39-42), "므낫세의 반"은 서편에 있었다(수 17:7-11). "에브라임"은 '예루살렘에서 가까운 사마리아 지방'을 지칭한다. 다윗은 하나님의 말씀에 근거하여 이 지방들도 점령할 줄 확신한다(78:9; 신 33:17). 그리고 "에브라임은 내 머리의 투구"란 말은 '통치를 가능하게 하는 권력'이란 뜻이고, "유다는 나의 규"란 말은 '유다는 왕위의 지파이고 다윗의 통치의 중심지가 되는 지파이며 땅'이라는 뜻이다(박윤선).

시 60:8. 모압은 나의 목욕통이라 에돔에는 나의 신발을 던지리라 블레셋아 나로 말미암아 외치라 하셨도다.

"모압은 나의 목욕통이 될 것이라"는 말은 '모압이 내(다윗의) 종노릇을 할 것이라'는 뜻이다. 여기 "목욕통"이란 말은 '종의 지위를 상징'하는 말이다. 이 예언은 모압에 대해 발람이 일찍이 그렇게 될 것을 예언한 바 있었다(민 24:17). 모압은 앞으로 다윗에게 노예의 나라가 될 것을 확신하는 말이다.

그리고 "에돔에는 나의 신발을 던지리라"는 말은 '다윗이 에돔을 정복할 것이라'는 뜻이다. "신발을 던지리라"는 말은 '보다 낮은 노예에게 신발을 맡아 관리하게 할 것'을 가리키는 말이다(민 24:18). 다시 말해 에돔이 다윗의 통치하에 들 것이란 뜻이다.

그리고 "블레셋아 나로 말미암아 외치라"는 말은 '블레셋은 이스라엘에게 정복되어 그 속국이 되는 것을 즐거워하라'는 뜻이다(108:9). 다윗은 자기 주위의 여러 나라들을 정복하여 통치할 것을 확신하고 이런 담대한 말을 하는 것이다. 모두 믿음대로 되는 것이다.

9-12절. 결론적으로 다시 기도하다. 믿음이 강할수록 힘찬 기도를 드릴 수 있게 된다.

시 60:9. 누가 나를 이끌어 견고한 성에 들이며 누가 나를 에돔에 인도할까.

다윗은 '누가 나를 이끌어 견고한 성읍으로 데려가며, 누가 나를 에돔으로 인도하겠습니까?'라고 말한다. 여기 "견고한 성"은 '에돔의 수도 페트라(Petra)'를 지칭하는데, 다윗은 하나님께서 함께 하실 때만이 그 난공불락(공격하기 심히 어려운)의 페트라를 정복할 수 있을 것을 바라본다. 세상에는 하나님 앞에 무너지지 않는 것들이 없다. 다윗은 결국 하나님께서 함께 하시는 중에 요압을 보내어 에돔을 정복했다. 왕상 11:15 참조.

그리고 "누가 나를 에돔에 인도할까"란 말은 세상의 어느 장군에게 하는 말이 아니라 하나님께서 함께 하실 줄 믿고 이런 담대한 말을 하는 것이다. 하나님은 범사에 우리와 함께 하시니 불가능이 없다.

시 60:10. 하나님이여 주께서 우리를 버리지 아니하셨나이까 하나님이여

주께서 우리 군대와 함께 나아가지 아니하시나이다.

다윗은 '하나님이시여! 주님께서 우리를 버리지 아니하셨나이까? 하나님이시여! 주님께서 우리 군대와 함께 나아가지 아니하시렵니까?'라고 말한다. 하나님께서는 일찍이 이스라엘 민족을 징계하시기 위하여 이스라엘로 하여금 전쟁에서 패하게 하신 일이 있으셨는데, 다윗은 그 사실을 염두에 두고 하나님을 향하여 함께 나아가 주시라는 기도를 하고 있는 것이다. 우리의 과거 실패는 우리로 하여금 겸손하게 만들고 더욱 회개의 정신으로 하나님께 가까이 나아가서 승리를 부탁하게 만든다.

시 60:11. 우리를 도와 대적을 치게 하소서 사람의 구원은 헛됨이니이다.

다윗은 '과거에 실패한 경험이 있어 하나님을 향하여 우리를 도와 대적을 치게 해주십시오. 사람의 구원은 헛됩니다'라고 말씀드린다. 사람을 신뢰하지 않는 것은 하나님을 더욱 신뢰하게 만들어준다. 반대로 사람의 힘을 믿으면 하나님을 믿지 못하게 만들어준다(사 2:22; 렘 17:5).

시 60:12. 우리가 하나님을 의지하고 용감하게 행하리니 그는 우리의 대적을 밟으실 이심이로다.

다윗은 '제 자신이 하나님을 의지하고 용감하게 싸우겠습니다. 하나님은 우리의 대적(여기서는 에돔을 뜻한다)을 정복할 분이십니다'라고 고백한다. 누구든지 하나님을 철저히 의지하고 기도하면 못 이룰 일이 없다. 빌 4:13 참조. 누구든지 하나님의 힘을 의지하지 않으면 인간은 아무런 선도 이루어 낼 것이 없다. 그런고로 우리는 하나님을 철저히 믿고 하나님의 지시에 따라 최선을 다해야 하겠다. 다윗의 군대는 하나님의 도우심을 의지하여 최선을 다해 싸워서(44:5), 그 결과 승리를 얻게 되었다(삼하 8:14; 대상 18:13).

제 61 편 다윗이 다시 왕위로 복귀하면서 드린 기도

본편은 다윗이 압살롬의 반란을 피하여 요단 강 동편 마하나임에 거하다가 다윗의 군대에 의하여 압살롬이 패하고 다윗이 다시 왕위로 복귀하면서(삼하 15:25) 지은 작품으로 보는 것이 바른 견해이다(J Ridderbos, 박윤선). 본편의 내용은 1) 땅끝에서의 부르짖음(1-4절). 2) 하나님의 응답을 믿고 드리는 찬미이다(5-8절).

"다윗의 시, 인도자를 따라 현악에 맞춘 노래"라는 말에 대하여 제4편 표제 주해를 참조하라. 본 시편을 저술한 다윗은 여러 면으로 하나님을 모실 수 있는 자이다. 다윗은 하나님을 향하여 간절히 "부르짖는 자"였다(1절). 다윗은 또 "내 마음이 눌릴 때에 주님께 부르짖는다"고 했다(2절). 다윗은 또 어려움을 당할 때에 언제나 하나님께 피하기를 원했다(2a, 4절). 또 "높은 바위에 나를 인도하소서"라고 했다(2a). 다윗은 또 하나님을 "견고한 망대"라고도 말했다(3절). "주의 장막에 머물며 내가 주의 날개 아래로 피하리이다"라고 말했다(4절). 다윗은 또 과거에 하나님께서 주신 은혜를 기억하고 하나님을 믿었다(5절). 다윗은 하나님을 제일로 알았다. 그가 장수하기를 원한 것도 하나님과 함께 있을 것을 목적한 것이었다(6-7a). 그가 하나님의 인자와 진리에 의한 구원으로 보호받기를 원한 일도 주님을 영원히 찬송하며 그의 뜻을 순종하기 위함이었다(7b, 8절). 다윗은 하나님께서 그를 보호하여 주신다면 영원히 하나님을 찬송하며 매일 서원을 이행하겠다고 말한다(7-8절). 다윗은 참으로 하나님을 모실 수 있는 자격자였다(박윤선).

1-4절. 다윗이 땅 끝에서 부르짖다.

시 61:1. <다윗의 시, 인도자를 따라 현악에 맞춘 노래> 하나님이여 나의 부르짖음을 들으시며 내 기도에 유의하소서.

다윗은 '하나님이시여! 내가 간절히 폐부를 찌르는, 부르짖는 소리를 들으시고, 내 기도 소리를 귀담아 들어 응답해 주십시오'라고 애원한다. 우리는 항상 간절하게 부르짖어야 한다.

시 61:2. 내 마음이 약해 질 때에 땅 끝에서부터 주께 부르짖으오리니 나보다 높은 바위에 나를 인도하소서.

다윗은 '내 마음이 연약해질 때 내가 땅 끝에서 주님께 부르짖습니다. 내가 오를 수 없는 높은 바위로 나를 인도하소서'라고 애원한다. "내 마음이 약해질 때"란 말은 '내 마음이 기진맥진할 때'를 뜻한다. 다윗은 압살롬의 난을 피하여 요단 강 동편 마하나임으로 피했을 때 기진상태였던 것으로 보인다. "땅 끝"은 요단 강 동편 지방을 가리키는 것으로 본다(Hengsternberg, Delitzsch, Lange). "나보다 높은 바위"란 말은 '하나님의 구원의 반석'을 말한다(18:2 주해 참조).

시 61:3. 주는 나의 피난처시요 원수를 피하는 견고한 망대이심이니이다.

본 절 초두에는 이유를 말하는 접속사(־כִּי)가 있어 본 절이 앞 절의 이유를 제공하고 있다. 즉, 다윗은 '자신이 앞에서 간절히 기도한 이유는 주님은 나의 피난처이시고(18:2; 46:7, 11; 48:3), 원수들에게서 나를 지켜주는 견고한 망대이시기 때문입니다'고 말한다.

시 61:4. 내가 영원히 주의 장막에 머물며 내가 주의 날개 아래로 피하리이다(셀라).

다윗은 '내가 영원히 주님의 장막에 머무르며(18:11), 병아리들이 어미닭의 날개 아래 피하듯이 내가 주님의 날개 아래에 피하겠습니다'(17:8; 36:7; 57:1 참조)라고 말한다. "셀라"라는 말의 주해를 위하여는 3:2주해를 참조하라.

5-8절. 다윗이 하나님의 응답을 믿고 찬미를 드리다. 이 부분(5-8절)은 세 개의 연쇄된 사상이 나열되고 있다. 1) 하나님께서 주신 과거의 은혜를 기억한다는 것(5절). 2) 하나님께서 주신 은혜를 기억함으로 미래에도 다시 은혜 주실 것을 믿는다는 것(6-7절). 3) 다윗은 자기의 장수(왕정의 장수)와

보호의 은혜를 기원한 후에 서원을 붙여 말한다(8절). 이렇게 신념은 기도를 낳고 간절한 기도는 서원을 가지는 법이다(박윤선).

시 61:5. 주 하나님이여 주께서 나의 서원을 들으시고 주의 이름을 경외하는 자가 얻을 기업을 내게 주셨나이다.

다윗은 '하나님이시여! 주님은 내 서원을 들으시고, 주님의 이름을 경외하는 자가 얻을 유업을 주셨습니다'라고 말한다. 본 절은 이스라엘의 정권이 일시동안 불의한 압살롬에게 넘어 갔다가 다시 다윗에게 돌아온 것을 지칭한다. 여기 "주의 이름을 경외하는 자가 얻을 기업을 내게 주셨다"는 말은 '주님을 경외하는 자가 얻을 기업'이란 말 속에는 왕위 회복의 복도 포함되어 있을 것이다(이상근). 오늘 우리는 주님을 경외하는 자가 받을 유업이 모두 성도에게 돌아갈 줄 믿어야 할 것이다.

시 61:6. 주께서 왕에게 장수하게 하사 그의 나이가 여러 대에 미치게 하시리이다(Prolong the life of the king; may his years endure to all generations!-RSV, ESV).

다윗은 '주께서 왕의 생명을 더하여 주시고, 그의 연수가 대대에 이르게 하소서'라고 소원한다. 다윗은 자기가 탈환한 이스라엘 나라 왕조의 수명이 길게 하여 주시기를 기도한다. 여기 "다윗의 나이가 여러 대에 미치게 하시리이다"라는 기도는 1) 실제로 다윗 개인의 수가 오래일 것으로 보는 견해(Lange). 2) 다윗 자손의 왕통이 오래 지속되기를 비는 기도라는 견해(Hengsternberg). 3) 메시아 왕국이 영원하기를 비는 기도로 보는 견해(Calvin, Rawlinson, 박윤선, 이상근). 3)번의 견해가 가장 바른 것으로 본다. 이유는 실지로 1), 2)번의 견해는 성취되지를 않았다. 그런고로 본 절은 메시아 예언구가 되는 것으로 보아야 한다.

시 61:7. 그가 영원히 하나님 앞에서 거주하리니 인자와 진리를 예비하사 그를 보호하소서.

다윗은 '주님 앞에서 다윗 왕이 하나님 앞에서 영원히 살게 하시고, 주님의 인애와 진리를 베푸셔서 그를 지켜주소서'라고 애원한다. 여기 "인자와 진리를 예비하사 그를 보호하소서"라는 말에 대하여 57:3을 참조하라. "인자"란 말은 하나님께서 죄와 허물을 용서하시고 은혜를 주시는 것을 가리키는 하나님의 성품으로 본다. 그리고 "진리"란 말은 하나님께서 약속하신대로 구원을 실시하시는 하나님의 성품이다.

시 61:8. 그리하시면 내가 주의 이름을 영원히 찬양하며 매일 나의 서원을 이행하리이다.

다윗은 '그 동안 하나님의 도우심을 청원한 목적은 주님의 이름을 내가 항상 찬송하며, 맹세한 것을 매일 이행하기 위함이라'고 말한다. 다윗이 그토록 많은 은혜를 구한 목적은 은혜만 받고 뒤로 물러가는 것이 아니라 하나님을 섬기기 위함이었고 매일 서원을 이행하기 위함이었다. 우리의 은혜 구함도 하나님을 섬기기 위함이다.

제 62 편 하나님만 바라라

본편은 하나님께 대한 절대적인 신앙 속에서 잠잠히 하나님만 바라라는 것을 주문하는 노래이다. 본 시편은 다윗이 저작한 것이다. 압살롬의 반란 때라는 지적이 우세하다(Hengsternberg, Delitzsch, 박윤선, 이상근). 본편의 내용은 1) 잠잠한 신념을 가지라는 것(1-4절). 2) 신념을 다시 강조한 일(5-8절). 3) 신념을 선포한 일(9-12절) 등으로 구성되어 있다.

"다윗의 시, 인도자를 따라 여두둔의 법칙에 따라 부르는 노래"란 말에 대해 39편 표제 주해를 참조하라. "여두둔"이란 사람은 아삽과 헤만과 더불어 다윗의 악사였다(대상 16:37-43; 25:1; 대하 5:12). 훗날 이 사람의 이름은 찬양대의 명칭이 되었다(대상 25:3). 여기 "여두둔의 법칙에 따라"란 말은 '악사의 가곡(歌曲)에 의하여 부를 노래'라는 뜻이다(대상 9:16; 16:38, 41; 25:1).

"잠잠히 바라라"(דּוּמִיָּה)는 말은 '순종하는 생각으로 동요하지 않음'을 뜻한다(1, 2절). 하나님께서 우리에게 무슨 어려움을 주시든지 우리가 순종할 이유는 1) 하나님께서 우리에게 무슨 해결책이라도 주실 수 있는 힘을 가지고 계시기 때문이고, 2) 하나님께서 우리에게 무슨 어려움을 주시되 우리가 받을 것보다 가볍게 주시는 까닭이며, 3) 인간이 그것을 잘 순종하면 큰 복을 주시는 까닭이다(박윤선). 37:7주해를 참조하라.

1-4절 잠잠한 신념을 가지라.

시 62:1. < 다윗의 시, 인도자를 따라 여두둔의 법칙에 따라 부르는 노래> 나의 영혼이 잠잠히 하나님만 바람이여 나의 구원이 그에게서 나오는도다.

다윗은 '내 영혼이 잠잠히 하나님만을 기다리고 있는 것은 나의 구원이 그에게서만 나오기 때문이라'고 말한다. 이 "만"자(字)가 본 절 초두에 나타나고 또 본편에 몇 회 더 나타나서(2, 4, 5, 6절) 뜻을 강조하고 있다. 다윗은 큰 환난 중에 전적으로 하나님만 바라보고 또 하나님만 의지하는 중에 큰 침묵을 지키고 있다. 우리는 위대한 침묵을 지킬 수 있는 것이다.

시 62:2. 오직 그만이 나의 반석이시요 나의 구원이시요 나의 요새이시니 내가 크게 흔들리지 아니하리로다.

다윗은 '하나님만이 나의 반석이시고, 나의 구원이시며, 나의 요새이시니, 내가 결코 흔들리지 않을 것이다'고 말한다. 본 절의 "나의 반석"(צוּרִי, 18:2; 61:2)이란 말, "나의 구원"(יְשׁוּעָתִי, 18:2; 22:1; 23:1; 27:1; 62:1; 118:14)이란 말, 또 "나의 요새"(מִשְׂגַּבִּי, 산성, 9:9)란 말은 거의 동의어로 사용되어, 하나님은 절대적으로 우리가 의지할 수 있는 반석이시고, 우리의 구원의 근원이시며, 철통 방어를 해주시는 산성이시란 뜻이다. 이런 하나님을 바라보기 때문에 다윗은 환난 중에도 동요하지 않고 잠잠할 수 있다고 말한 것이다.

시 62:3. 넘어지는 담과 흔들리는 울타리 같은 사람을 죽이려고 너희가 일제히 공격하기를 언제까지 하려느냐.

다윗은 '넘어져 가는 담과 흔들리는 울타리 같은 사람을 죽이려고 너희들이 언제까지 일제히 사람을 공격하려느냐?'라고 묻는다. 원수들의 눈에는 잠잠히 있는 다윗이 마치 곧 넘어져 가는 담과 흔들리는 울타리 같이 보여 계속 공격하면 맥없이 넘어질 것이라고 판단한 것이다. 원수들의 이런 의도를 알면서도 다윗은 하나님만 바라보고 의지하면서 침묵을 지켰던 것이다.

시 62:4. 그들이 그를 그의 높은 자리에서 떨어뜨리기만 꾀하고 거짓을 즐겨 하니 입으로는 축복이요 속으로는 저주로다. (셀라).

다윗은 '너희가 그를 그 높은 자리(왕위)에서 떨어뜨릴 궁리만 하고, 거짓말만 즐겨 하며, 입으로는 축복하지만 마음속으로는 저주를 퍼붓고 있구나'라고 말한다. "그를 그의 높은 자리에서 떨어뜨리기만 꾀한다"는 말은 '다윗을 왕위에서 추방하려고 온갖 흉계를 꾀한다'는 뜻일 것이다. 그리고 "거짓을 즐겨한다"는 말은 '다윗을 왕위에서 추방하기 위해서 온갖 거짓 흉계를 꾸민 것'을 뜻한다. 여기 "온갖 흉계를 꾸민다"는 말은 '어쩌다가 거짓을 말하는 것이 아니라 아예 온갖 흉계를 좋아하여 열심내는 것'을 말한다. "입으로는 축복이요 속으로는 저주로다"라는 말은 '다윗 앞에서는 다윗을 축복하지만 다윗을 뒤돌아서서는 온갖 저주를 퍼붓는 행위'를 말한다. 아마도 아히도벨의 배은망덕한 행위를 지칭한 것으로 보인다. "셀라"란 말의 주해를 위해서는 3:2주해를 참조하라.

5-8절. 신념을 다시 강조하다.

시 62:5. 나의 영혼아 잠잠히 하나님만 바라라 무릇 나의 소망이 그로부터 나오는도다.

다윗은 '내 영혼아, 잠잠히 하나님만 바라보아라. 내 희망은 오직 하나님에게만 있다'고 말한다. 다윗은 자신의 영혼을 향하여 잠잠히 하나님만 바라보라고 말한다. 그 이유는 그의 희망이 하나님께로부터 나오기 때문이다.

시 62:6. 오직 그만이 나의 반석이시요 나의 구원이시요 나의 요새이시니 내가 흔들리지 아니하리로다.

본 절 주해를 위해 2절 주해를 참조하라.

시 62:7. 나의 구원과 영광이 하나님께 있음이여 내 힘의 반석과 피난처도 하나님께 있도다.

다윗은 '자신의 구원과 영광이 하나님에게서 나오고, 자신의 반석과 피난처도 하나님께 있다'고 말한다. "나의 구원과 영광이 하나님께 있다"는 말은 다윗에게 닥친 모든 환난 중에서 다윗을 구원하시는 것도 하나님께서 하시는 일이고 또 다윗에게 영광을 주시는 일도 하나님께 있다는 뜻이다. 많은 사람들은 스스로 영광을 취하려고 한다. 그러나 우리에게 영광을 주시는 분은 오직 하나님께 있음을 믿고 하나님만 바라보아야 한다.

그리고 "내 힘의 반석과 피난처도 하나님께 있도다"란 말의 주해를 위해서는 2절 주해와 9:9; 57:2주해를 참조하라.

시 62:8. 백성들아 시시로 그를 의지하고 그의 앞에 마음을 토하라 하나님은 우리의 피난처시로다 (셀라).

다윗은 '백성들아! 항상 주님을 의뢰하고 그분 앞에 너희 마음을 쏟아라. 하나님은 우리의 피난처이시라'고 말한다. 다윗은 자기가 통치하고 있는 백성들을 향해서 백성들이 어떻게 해야 할 것을 지시하고 있다. 즉, 백성들은 항상 주님을 의지할 것이고 주님을 의지할 때 백성들의 마음을 쏟아놓으라는 것이다. "마음을 쏟아놓으라"는 말은 '기도 중에 우리 속에 있는 모든 속마음을 하나님 앞에 토해 내라'는 뜻이다. 우리가 우리의 속에 있는 마음을 하나님 앞에 토해 내야 할 이유는 하나님께서 우리의 피난처이시기 때문이다. “셀라”의 주해를 위해서 3:2주해를 참조하라.

9-12절. 신념을 널리 선포하라.

시 62:9. 아, 슬프도다 사람은 입김이며 인생도 속임수이니 저울에 달면 그들은 입김보다 가벼우리로다(Those of low estate are but a breath, those of high estate are a delusion; in the balances they go up; they are together lighter than a breath-ESV).

다윗은 ‘아, 슬프도다. 신분이 낮은 사람도 입김에 지나지 아니하고, 신분이 높은 사람도 속임수에 지나지 아니하니, 그들을 모두 다 저울에 올려놓아도 입김보다 가벼울 것이라’고 말한다. “아, 슬프도다”란 말은 본 절의 내용이 슬픈 것이기에 보역한 것이다. 그리고 “사람은 입김이며 인생도 속임수이니”란 말은 ‘지위가 낮은 사람도 입김처럼 가벼운 것이며, 지위가 높은 사람도 속임으로 가득 차 있다’는 뜻이다. 그리고 “저울에 달면 그들은 입김보다 가벼우리로다”란 말은 ‘지위가 낮은 자들이나 지위가 높은 사람 모두를 다 저울에 올려놓아도 입김보다 가벼울 것이라’는 뜻이다. 본 절은 인간은 전적으로 부패하여 다른 사람을 구원해 낼 수 없으니 신앙의 대상이 될 수 없음을 말한 것이다(박윤선).

시 62:10. 포악을 의지하지 말며 탈취한 것으로 허망하여지지 말며 재물이 늘어도 거기에 마음을 두지 말지어다.

다윗은 ‘남을 억압하는 힘을 의지하지 말고, 빼앗아서 무엇을 얻으려는 헛된 희망을 가지지 말며, 재물이 늘어나더라도 거기에 마음을 두지 말라’고 말한다. 본 절은 세 가지 금기(禁忌)를 말한다. 즉, 정치를 하는 사람들(압살롬 같은 사람들)은 남을 억압하는 일을 하지 말고 또 남에게서 무엇을 탈취하지도 말며, 재물이 늘어도 거기에 마음을 두지 말라는 것이다. 본 절은 특히 우리나라에 큰 경종을 울리는 말이다. 정치하는 사람들은 남을 누르는 일을 하지 말아야 하고 또 국민들은 국가의 것이나 남의 것을 도둑질해서는 안 될 것이며, 그리고 사회인들이나 성도는 재산불리는 재미를 가지고 살지 말라는 것이다. 실패자가 되는 것이다.

시 62:11. 하나님이 한두 번 하신 말씀을 내가 들었나니 권능은 하나님께 속하였다 하셨도다(Once God has spoken; twice have I heard this: that power belongs to God-RSV, ESV)**.**

다윗은 '하나님께서 한 번 말씀하셨고 그것을 내가 두 번 들었으니, 권능이 하나님께 있다는 것이다'라고 말한다. 즉, 하나님께서 한번 말씀하시면 그것은 절대적이다. 두 번 말씀하시면 아주 확실한 사실이 되는 것이다. 이와 같이 확실한 사실은 모든 권능이 하나님께 속하고 하나님은 모든 권능의 궁극적인 근원이 되신다는 것을 말한다(이상근).

시 62:12. 주여 인자함은 주께 속하오니 주께서 각 사람이 행한 대로 갚으심이니이다.

다윗은 '주님이시여! 인자하심이 주님께 속하오니 주님은 각 사람의 행위대로 갚으실 것입니다'라고 말한다. 권능만이 아니라(11절) 인자하심도 하나님께 속한 것이오니 주님은 권능과 사랑 두 가지를 사용하면서 각 사람이 행한 대로 갚으신다는 것이다. 주님께서 각 사람에게 권능을 주시고 사랑을 베풀어주셔서 한 생애를 살게 하신다. 그리고 각 사람이 어떻게 행했느냐를 보시고 그 행위대로 심판하신다는 것이다. 우리는 하나님에게 큰 권능을 구하고 또 사랑을 의지하여 하나님의 뜻을 실현해야 할 것이다.

제 63 편 광야에서 주님께 드린 기도

본 시편은 다윗이 압살롬의 난을 피하여 광야에서 피난 생활을 할 때(삼상 15:16-30; 16:1-14)에 작성한 것으로 보인다(Delitzsch, Lange, Rawlinson, 박윤선, 이상근). 다윗은 메마른 광야를 방황하는 중 광야와 같은 심령을 느끼면서 진심을 다하여 하나님을 갈망한다. 다윗이 갈망하는 정도는 42-43편과 통한다. 본 시편의 내용은 1) 광야에서 갈망한 일(1-7절). 2) 하나님의 심판에 대한 신념(8-11절)으로 구성되어 있다.

"다윗의 시, 유다 광야에 있을 때에"란 말의 주해를 위해서는 바로 본 시편의 서론을 참조하라.

1-7절. 다윗이 광야에서 하나님을 갈망하다.

시 63:1. <다윗의 시, 유다 광야에 있을 때에> 하나님이여 주는 나의 하나님이시라 내가 간절히 주를 찾되 물이 없어 마르고 황폐한 땅에서 내 영혼이 주를 갈망하며 내 육체가 주를 앙모하나이다.

본 절과 2절은 다윗이 정성어린 기도를 드리는 것을 묘사하고 있다. 다윗은 '하나님이시여! 주님은 내 하나님이십니다, 내가 간절히 주님을 찾습니다. 내 육체가 물이 없어 마르고 곤고한 땅에서 주님을 갈망하며 내 육체가 주님을 사모합니다'라고 애원한다. 다윗은 유다 광야에서 압살롬의 난을 피하여 피난 생활을 하면서 그 심령이 메마름을 심각히 느끼면서 하나님의 은혜를 갈망한다는 것이었다(42:1-2 참조). 다윗은 메마른 자신의 심령을 채우기 위하여 심각히 기도를 한다.

시 63:2. 내가 주의 권능과 영광을 보기 위하여 이와 같이 성소에서 주를 바라보았나이다(So I have looked upon you in the sanctuary, beholding your power and glory-ESV).

다윗은 '내 자신이 주님의 권능과 영광을 보기 위하여 옛날 예루살렘 성전에서 신앙생활을 할 때나 지금이나 마찬가지로 이 광야에서 성소에서 주님을 바라보고 있다'고 말한다. 여기 "이와 같이"(כֵּן)란 말은 본 절 초두에 놓여 있어서 강조되고 있다. 다윗은 과거 예루살렘 성전에서 주님의 권능과 영광을 보기 위해서 주님을 바라본 것처럼 지금도 여전히 이 광야에서 주님의 권능과 영광을 보기 위하여 주님을 바라보고 있다는 것이다. 그 때나 이 때나 동일하게 주님의 권능과 영광을 보기 위하여 애써 기도하고 있다.

오늘 우리 역시 주님의 권능과 영광을 보기 위하여 애써 기도해야 할 것이다.

시 63:3. 주의 인자하심이 생명보다 나으므로 내 입술이 주를 찬양할 것이라.

본 절 초두에는 "왜나하면"(כִּי)이란 이유 접속사로 시작하여 본 절이 앞 절의 이유를 제공하고 있다. 즉, 다윗은 '주님의 성소에서 주님을 바라보고 사모하는(1, 2절) 이유는 주님의 인자하심이 우리의 가장 귀하다는 생명보다 나으므로 다윗이 주님의 인자하심을 충분히 받기를 원하고 또 입술이 주님을 찬양하겠다'고 말한다.

시 63:4. 이러므로 나의 평생에 주를 송축하며 주의 이름으로 말미암아 나의 손을 들리이다(So I will bless you as long as I live; I will lift up my hands and call on you name-ESV).

다윗은 '주님의 인자가 우리의 생명보다 낫기 때문에(앞 절) 나의 한 생애가 다 하도록 주님을 찬양하며 두 팔을 치켜 올리고 주님 이름을 찬양하리이다'라고 말한다. 문장 초두의 "이러므로"(so)란 말은 다윗이 앞 절에 말한바 "주님의 인자가 생명보다 낫기 때문에"란 뜻이다. 여기 "나의 손을 들리이다"란 말은 '기도할 때 손을 들고 기도하겠다'는 뜻이다.

시 63:5. 골수와 기름진 것을 먹음과 같이 나의 영혼이 만족할 것이라 나의 입이 기쁜 입술로 주를 찬송하되.

다윗은 '내 영혼이 가장 좋고 기름진 것을 먹은 것같이 만족하면서 내 입이 기뻐하는 입술로 주님을 찬양할 것입니다'라고 말한다. 다윗은 메마른 광야에서 주님께 기도함으로 그의 영혼만큼은 아주 만족함을 느끼며 자신의 입이 기뻐하는 입술로 주님을 찬양하겠다고 하는 것이다. 렘 31:14 참조.

시 63:6. 내가 나의 침상에서 주를 기억하며 새벽에 주의 말씀을 작은 소리로 읊조릴 때에 하오리니.

본 절은 다윗이 기쁜 입술로 주님을 찬송하는(앞 절) 시간을 말하고 있다. 그것은 다윗이 자신의 침상에서 주님을 기억할 때에 찬송한다는 것이다. 그리고 또 다윗은 새벽이 되어 주님의 말씀을 작은 소리로 읊조릴 때 찬송하겠다고 말한다. 다윗에게는 밤중이 가장 좋은 시간이었고 또 새벽에 주님의 말씀을 작은 소리로 읊조릴 때가 가장 좋은 시간이었던 것으로 보인다. 사실은 보통 사람들도 마찬가지이다.

시 63:7. 주는 나의 도움이 되셨음이라 내가 주의 날개 그늘에서 즐겁게 부르리이다.

다윗은 '자신이 주님을 친히 찬양하는 이유는 주님께서 자신의 도움이 되셨기 때문이라고 말한다. 그리고 다윗이 또 주님을 찬양할 이유는 자신이 요단 강 동편 광야로 나온 것이 주님의 날개 그늘로 나온 것으로 생각하여 즐겁게 찬송을 부르겠다'고 말한다. 다윗은 과거에 주님의 도움을 받았으니 현재와 미래에도 도움이 있을 것으로 기대했다. 그리고 다윗은 압살롬의 난을 피하여 피난길에 오른 것이 바로 주님의 날개 그늘에 있는 것으로 생각한 것이다.

8-11절. 다윗은 하나님께서 적들을 심판하시리라는 신념으로 가득 차 있다.

시 63:8. 나의 영혼이 주를 가까이 따르니 주의 오른손이 나를 붙드시거니와.

다윗은 '자기의 영혼이 주님을 가까이 따르니 주님께서는 주님의 힘 있는 손으로 다윗을 붙들어 주신다'고 고백한다. 성도가 어려운 환경을 만났을 때 그 영혼이 주님과 더 가까이 가까워지는데 그 때 주님의 힘 있는 손으로 붙들어주심은 확실한 것이다.

시 63:9. 나의 영혼을 찾아 멸하려 하는 그들은 땅 깊은 곳에 들어가며.

다윗은 '나의 영혼을 찾아 죽이려고 노리는 자는 땅 아래 깊은 곳 곧 음부로 떨어질 것이라'고 말한다. 성도의 영혼을 찾아 멸하려 하는 자들은 참으로 위험한 삶을 살게 되는 것이다.

시 63:10. 칼의 세력에 넘겨져 승냥이의 먹이가 되리이다.

바로 앞 절에서는 다윗의 영혼을 멸하려 하는 다윗의 원수들은 땅 깊은 곳 음부에 떨어진다고 했는데, 본 절에서는 전쟁에 넘겨져 승냥이의 먹이가 될 것이라고 말한다. 이 예언은 압살롬에게 그대로 이루어졌다(삼하 18:6-14). 여기 "승냥이"란 '들개'를 뜻한다.

시 63:11. 왕은 하나님을 즐거워하리니 주께 맹세한 자마다 자랑할 것이나 거짓말하는 자의 입은 막히리로다(But the king shall rejoice in God; all who swear by him shall exult, for the mouths of liars will be stopped-ESV).

문장 초두의 "그러나"(ו)란 말은 앞 절들(9, 10절)과의 대비 때문에 생긴 낱말이다. 다윗의 원수들은 비참하게 벌을 받지만(앞 절들) 왕(다윗)은 하나님을 즐거워할 것이라고 말한다. 여기 "왕"이란 말이 갑자기 나타나고 또 다윗이 자신을 왕이라고 한 문제를 가지고 본편을 다윗이 지은 시(詩)가 아니라고 주장하는 자들이 생겨났다. 그러나 다윗이 자신을 왕으로 칭하는 것은 시편에서 종종 있는 일이다(18:50; 72:1).

다윗은 하나님을 즐거워할 것이라고 말한다. 그리고 "주께 맹세한 자" 곧 '주를 믿는 성도들'마다 자신들이 맹세한 것들이 다 이루어질 것이므로 자랑할 것이라고 한다.

"거짓말하는 자의 입은 막히리로다"란 말 앞에는 이유 접속사(כִּי)가 있어 바로 그 앞의 문장인 "주께 맹세한 자마다 자랑할 것이라"는 말의 이유를 제공하고 있다. 그런고로 이 구절의 뜻은 다음과 같다. 곧, 주로 맹세하는 자마다 자랑하는 이유는 거짓말하는 자의 입이 막히는(실패하는) 까닭이라는 것이다(박윤선).

제 64 편 극악한 자를 면하게 해 주소서

본편은 바로 앞 편과 같이 압살롬의 반란 때의 작품으로 본다(Ridderbos, Rawlinson, 박윤선, 이상근). 본편의 내용은 1) 악인의 간계(1-6절). 2) 악인의 멸망(7-11절)으로 구성되어 있다.

"다윗의 시, 인도자를 따라 부르는 노래"란 말에 대한 주해를 위해 4편 표제 주해를 참조하라. 이하 이런 표제가 종종 등장한다.

1-6절. 다윗이 악인의 간계를 말하다. 다윗의 원수들의 죄악은 1-6절에 여러 가지로 묘사되어 있다. "비밀한 꾀"(2절), "요란한 일", "독한 말"(3절), "완전한 자를 해하고 두려워하지 않음"(4절), "악한 목적으로 장려함"(5절), "죄악을 도모함"(6절) 등이다. 이런 죄를 범하는 자들은 극악하여 회개할 가능성은 없고 남은 것은 하나님의 심판밖에 없다.

시 64:1. <다윗의 시, 인도자를 따라 부르는 노래> 하나님이여 내가 근심하는 소리를 들으시고 원수의 두려움에서 나의 생명을 보존하소서.

처음 두 절은 다윗의 기도로 원수가 공격해 오는 두려움에서 다윗을 구원해 주시기를 빌고 있다. 즉, 다윗은 '하나님이시여! 내가 탄식할 때에 부르짖는 내 소리를 들으시고, 내 생명을 원수의 위협에서 보호하소서'라고 기도한다. 지금 다윗은 자신을 죽이려고 총공격하는 원수들로 말미암아 큰 근심과 두려움에 있었다(삼하 15:14; 17:2). 이 때 다윗은 하나님께 기도한다. 감사하게도 하나님은 우리가 두려움과 근심 가운데 부르짖는 소리 또한 귀찮아하지 않으시고 기쁨으로 들어주신다.

시 64:2. 주는 악을 꾀하는 자들의 음모에서 나를 숨겨 주시고 악을 행하는 자들의 소동에서 나를 감추어 주소서.

본 절의 "악을 꾀하는 자들"이란 말과 "악을 행하는 자들"이란 말의 뜻은 약간 다르다. "악을 꾀하는 자들"이란 다윗을 죽이기 위해 악을 꾀하는 수뇌부를 뜻하고, "악을 행하는 자들"은 수뇌부의 지휘를 따라 악행을 실행하는 자들을 지칭한다.

그리고 "음모에서 나를 숨겨 주시고"란 말과 "소동에서 나를 감추어 주소서"란 말은 똑 같은 뜻을 말하는 말이다. 하나님은 우리 성도들을 세상 방법으로 숨겨주시지 않고도 얼마든지 숨겨주실 수 있으시지만 다윗은 "숨겨 주시라"고, 또 "감추어 주시라"고 애원한다. 다윗이 폭도들의 폭압에서 건짐 받기 위해 하나님을 향해 숨겨주시라고 기도하는 것은 당연한 일이다.

시 64:3. 그들이 칼 같이 자기 혀를 연마하며 화살 같이 독한 말로 겨누고

본 절은 원수들의 언어폭력에 대해 진술한다. 즉, 다윗은 본 절에서 '원수들은 칼날처럼 자기들의 혀를 날카롭게 벼려서 화살처럼 독설을 쏘아댑니다'라고 말한다. 언어폭력도 일종의 강한 폭력이다. 언어폭력으로도 얼마든지 사람을 죽일 수 있다(11:2; 57:4).

시 64:4. 숨은 곳에서 온전한 자를 쏘며 갑자기 쏘고 두려워하지 아니하는도다.

본 절도 앞 절과 같이 원수들의 행태를 말한다. 즉, 다윗은 '원수들이 숨은 곳에서 온전한 자, 곧 다윗 자신을 쏘고 그것도 갑자기 쏘고서는 전혀 두려워하지도 않습니다'고 말한다. 본 절에서는 다윗이 자신을 지칭하여 "온전한 자"라고 묘사하고 있다. 이 말은 다윗이 하나님처럼 완전하다는 뜻은 아니고 다만 '성실한 사람' 혹은 '정직한 사람'이란 뜻으로 말한 것이다 (Rawlinson). 세상은 성실하지 못한 사람들이 성실한 사람을 마구 해하는 세상이다.

시 64:5. 그들은 악한 목적으로 서로 격려하며 남몰래 올무 놓기를 함께 의논하고 하는 말이 누가 우리를 보리요 하며.

본 절도 역시 원수들의 행태를 지적한다. 즉, 다윗은 '원수들이 악한 목적을 가지고 서로 격려하며, 남의 눈을 피해 올무 놓기를 꾀하고 하는 말이 누가 우리를 볼 것인가'라고 말한다. 우리는 세상에서 격려할 것을 격려하고, 남의 앞에 올무를 놓는다는 것은 아예 생각도 말며, 우리의 한 동작 한 동작을 하나님께서 다 보신다는 것을 알고 살아야 할 것이다.

시 64:6. 그들은 죄악을 꾸미며 이르기를 우리가 묘책을 찾았다 하나니 각 사람의 속뜻과 마음이 깊도다.

본 절은 원수들의 행태를 비웃는 다윗의 말이다. 즉, 다윗은 '원수들은 불의한 일을 꾸미고는, 자기들이 꾸민 계략이 더 할 수 없이 완전하다고 말하니, 사람의 속과 마음에는 악한 생각이 무궁무진하게 들어 있는 것이다' 라고 말한다(이상근).

7-11절. 악인의 멸망. 위에 진술된 극악한 자들에 대하여 하나님의 심판은 반드시 오고야 만다.

시 64:7. 그러나 하나님이 그들을 쏘시리니 그들이 갑자기 화살에 상하리로다.

다윗은 '악인들이 다윗을 죽이려고 서로 격려하면서 악한 꾀를 산출해 내지만(6절) 그러나 하나님께서 그 원수들을 먼저 쏘실 것이니 그 원수들은 갑자기 화살에 상하게 될 것이라'고 말한다. 원수들은 하나님의 심판에 묘책 없이 당하고 마는 것이다.

시 64:8. 이러므로 그들이 엎드러지리니 그들의 혀가 그들을 해함이라 그들을 보는 자가 다 머리를 흔들리로다.

다윗은 '하나님께서 원수들을 향하여 화살을 쏘실 것이니(7절) 그 원수들이 엎드러질 것이다. 결국 그들의 악한 혀(악한 말)가 그들을 해한 꼴이 된 것이다. 원수들을 지켜보는 자들이 하나님의 심판이 그들에게 임한 것을 인정하며 머리를 흔들 것이라'고 말한다.

시 64:9. 모든 사람이 두려워하여 하나님의 일을 선포하며 그의 행하심을 깊이 생각하리로다.

다윗은 '원수들이 하나님의 심판을 받는 것을 보고(7-8절), 하나님의 심판을 지켜본 모든 사람이 두려워하여 하나님께서 하신 일을 선포하며, 그분의 행하신 일을 깊이 생각할 것이라'고 말한다. 하나님의 심판을 지켜본 사람들이 한 일이 두 가지이다. 하나는 하나님께서 심판하시는 것(예를 들어 아히도벨이 심판 받은 일, 또 압살롬이 심판 받은 일 등)을 지켜본 사람들이 무수한 사람들에게 하나님께서 심판하신 사실을 널리 전파할 것이고, 또 하나는 하나님의 심판을 지켜본 자들이 하나님의 심판하심을 깊이 생각해서 세상에서 더욱 바르게 살게 될 것이다.

시 64:10. 의인은 여호와로 말미암아 즐거워하며 그에게 피하리니 마음이 정직한 자는 다 자랑하리로다.

다윗은 '자신을 포함한 의인들은 여호와의 심판으로 말미암아 더욱 하나님을 즐거워하고 하나님에게 피할 것이라(의지할 것이며)'고 말한다. 그리고 '정직한 사람들도 하나님의 심판을 보고 자랑하고 기뻐할 것이라'고 말한다. 본 절의 "의인"이란 말과 "정직한 자"란 말은 동의어로 사용되어 하나님의 심판을 지켜보고 하나님을 좋아하고 하나님을 선전하는 사람들을 지칭한다. 본 절의 "자랑"은 하나님의 심판을 자랑하고 감사한다는 뜻이다. 우리는 하나님의 심판을 자랑해야 할 것이다.

제 65 편 승리와 풍년으로 인한 감사

전편까지의 고뇌의 분위기는 일단 사라지고, 본편부터 68편까지는 찬미의 분위기로 바뀐다. 본편부터 이어지는 환희의 분위기를 1) 산헤립이 이끄는 앗수르 군대가 격퇴되었을 때(Delitzsch), 2) 어느 유월절 때, 3) 어느 풍년을 맞이했을 때(Hengsternberg, Hitzig, Kyre, 이상근)등의 의견들이 있으나 3)의 견해가 가장 바른 것으로 보인다. 본편의 내용은 1) 성전에서의 찬미(1-4절). 2) 전 주민의 찬미(5-8절). 3) 풍년의 찬미(9-13절) 등으로 구성되어 있다.

"다윗의 시, 인도자를 따라 부르는 노래"란 말에 대한 주해를 위해서는 앞 편 표제 주해를 참조하라. 리델보스는 말하기를 "이 시편이 다윗의 작품인 것을 반대할만한 근거는 없다. 보편주의 사상은 하필 포로 시대에 처음으로 생기고 다윗 시대에는 그것이 없었던 것처럼 말하는 것은 잘못이다"라고 했다(Ridderbos, 박윤선).

1-4절. 성전에서 찬미하다.

시 65:1. <다윗의 시, 인도자를 따라 부르는 노래> 하나님이여 찬송이 시온에서 주를 기다리오며 사람이 서원을 주께 이행하리이다(Praise is due to you, O God, in Zion; and to you shall vows be performed-ESV, There will be silence before You, and praise in Zion, O God, And to You the vow will be performed-NASB)**.**

다윗은 '하나님이시여! 시온에서 주님을 찬양함이 마땅한 일입니다. 우리가 주님께 한 서원을 지키려고 합니다'라고 말한다. 여기 "시온"이란 말은 '예루살렘'을 뜻하는 말인데 '교회'를 상징한다. 그리고 "기다림"(דֻּמִיָּה)이란 말은 '잠잠함'을 의미하기도 한다. 그러니까 "찬송이...잠잠하다"는 말은 '찬송하고 싶어서 긴장하여 고대한다'는 뜻이다(박윤선). 그리고 "사람이 서원을 주께 이행하리이다"라는 말은 '사람이 하나님께서 주신 은혜를 감사히 생각하여 과거의 서원을 이제 이행하고자 한다'는 뜻이다.

시 65:2. 기도를 들으시는 주여 모든 육체가 주께 나아오리이다.

다윗은 '우리의 기도를 들으시는 주님이시여! 육신을 가진 사람이면 누구나 주님께로 나아올 것입니다'라고 말한다. "기도를 들으시는 주여"(שֹׁמֵעַ תְּפִלָּה)란 말은 글자대로는 '기도를 듣는 자'라고 번역되는데 그 뜻은 '우리의 기도를 틀림없이 들으시는 주님'이란 뜻이다. 주님은 우리의 기도를 처음부터 끝까지 틀림없이 들으신다. 그리고 "모든 육체가 주께 나아오리이다"란 말은 '유대인이나 이방인이나 높은 자나 낮은 자나 모든 사람이 주님께 기도하려고 나아올 것이라'는 뜻이다. 모든 사람이 주님께 나아오는 이유는 주님께서 우리의 기도를 들으시기 때문이다.

시 65:3. 죄악이 나를 이겼사오니 우리의 허물을 주께서 사하시리이다.

다윗은 '죄악이 나를 이겼사오니, 주께서 우리의 허물들을 용서하실 것입니다'라고 말한다. 다윗은 자신의 심중에서 일어나는 죄악이 자신을 이겼으나 자신이 애타게 회개하는 경우 주님께서 자신을 용서 하실 것이라고 말한다. 오늘 우리는 우리 밖에서 우리를 향해 몰아쳐오는 박해에 대해서는 잘 방어하지만 우리 안에서 일어나는 죄악을 막지 못하는 약점을 가지고 있다. 우리 속에서 일어나는 죄악이 일어나지 못하도록 성령 충만(성령님이 주장하시는 일)을 구해야 할 것이다.

시 65:4. 주께서 택하시고 가까이 오게 하사 주의 뜰에 살게 하신 사람은 복이 있나이다 우리가 주의 집 곧 주의 성전의 아름다움으로 만족하리이다 (Blessed is the one whom you choose and bring near, to dwell in your courts! We shall be satisfied with the goodness of your house, your holiness of your temple!-ESV).

본 절은 앞 절의 결론으로 나온 말씀이다. 하나님의 사죄를 받고 열납된 사람(앞 절)은 복이 크다는 것을 본 절에서 말한다. 즉, 다윗은 '주님께서 택하신 사람, 그리고 주님께 가까이 오게 한 사람, 그리고 주님의 성전 뜰(성막- 신약교회 상징)에 살게 하신 사람은 복이 있다. 그런 사람들은 주님의 집(신약 교회 상징), 곧 주님의 성전(성막- 신약 교회 상징)의 아름다움으로 만족할 것이라'고 말한다.

"주께서 택하시고"란 말은 '주님을 섬기도록 택한 사람들'을 말한다. 그리고 "주께서 가까이 오게 하사"란 말은 '주님께 가까이 오게 하셔서 교제케 하시며 기도하게 하시는 사람'을 지칭한다. 그리고 "주의 뜰에 살게 하신 사람"이란 '주님의 성막 뜰에 살도록 해 주신 사람'을 뜻한다. 그리고 "주의 집 곧 주의 성전"이란 말은 '주의 성막'을 뜻한다. "주의 뜰"이나, "주의 집"이나 "주의 성전"(성막)은 모두 멀리 '신약 교회'를 상징하는 말들이기도 하다. 혹자는 다윗 시대에 아직 "성전" 시설이 건축되지 않았기 때문에 본 시편이 다윗의 저작이 아니라고 주장하는 자들이 있으나 이 낱말은 다윗 시대에 있었던 '성막'을 지칭하는 말이다. 다윗 시대에 성막 시설이 있었음을 성경이 여러 번 언급하고 있다(18:6; 27:4; 29:9; 48:9).

5-8절. 전체 주민이 찬미하다. 이 부분의 말씀은 주님께서 전쟁의 승리를 주신 것을 인하여 전체 주민이 찬송해야 할 것을 말한다.

시 65:5. 우리 구원의 하나님이시여 땅의 모든 끝과 먼 바다에 있는 자가 의지할 주께서 의를 따라 엄위하신 일로 우리에게 응답하시리이다.

본 절은 하나님을 찬미해야 할 사람들이 지구상의 전체 주민이라는 것을 말한다(2, 8절). 즉, 다윗은 '우리를 구원해 주신 하나님이시여! 땅 끝과 먼 바다 끝에 있는 모든 사람이 신뢰할 분이십니다. 주님은 우리를 구원하실 때에 주님의 의(義)를 발동하셔서 구원하시고, 악한 자를 심판하시는 일 같은 엄위하신 일로 우리에게 계속해서 응답해 주실 분이십니다'라고 말한다. 하나님은 세계 만민의 하나님이심을 우리는 알아야 할 것이다.

시 65:6. 주는 주의 힘으로 산을 세우시며 권능으로 띠를 띠시며.

다윗은 앞 절에서 모든 인간이 하나님을 찬미해야 할 것을 말한 다음 본 절과 다음절에서는 주님께서 자연계를 완전히 주장하심을 말한다. 즉, 다윗은 '주님은 주님의 크신 힘으로 산들의 뿌리를 땅속에 박으셨으며 권능의 띠를 허리에 동이셨다'고 말한다. 여기 "산"은 하나님의 능력과 확고하심의 상징이고(36:6; 95:4; 암 4:13), "띠"는 주님의 능력의 상징이다(93:1).

시 65:7. 바다의 설렘과 물결의 흔들림과 만민의 소요까지 진정하시나이다.

다윗은 '하나님은 바다의 흉용함과 물결의 흔들림과 만민이 소요하는 일까지 모두 진정하신다'고 말한다. 여기 "바다의 설렘"이란 말은 '바다의 흉용함'을 뜻한다. 하나님께서 바다의 흉용함을 진정하신다는 말씀은 성경에 흔한 진술이다(욥 38:8; 잠 8:29; 사 50:2; 51:10; 렘 5:22; 마 8:26-27; 14:32). 그리고 하나님은 "물결이 흔들리는 것"(태풍)도 진정하신다. 그리고 "만민의 소요까지 진정하신다"는 것이다. 이 말씀은 민심도 주관하신다는 뜻이다.

시 65:8. 땅 끝에 사는 자가 주의 징조를 두려워하나이다 주께서 아침 되는 것과 저녁 되는 것을 즐거워하게 하시며(so that those who dwell at the ends earth are in awe at your signs. you make the going out of the morning and the evening to shout for joy-ESV).

다윗은 '땅 끝에 사는 사람들, 곧 땅 위의 모든 주민들이 주님의 표적(하나님께서 자연계를 통치하시는 사실)을 보고 두려워합니다. 주님께서 해가 뜨고 지게 하셔서 아침이 되는 것과 저녁이 되는 것을 즐거워하게 하십니다'라고 말한다. 여기 "주님께서 아침 되는 것과 저녁 되는 것을 즐거워하게 하시며"(מוֹצָאֵי־ בֹקֶר וָעֶרֶב תַּרְנִין)란 말은 '해 뜨는 데서와 해 지는 데서도 저들이 즐거워한다'는 뜻이다(Calvin, Delitzsch, 박윤선).

9-13절. 풍년을 맞이하여 찬미하다. 풍년은 하나님께서 인간을 권고하시는 복중의 하나이다.

시 65:9. 땅을 돌 보사 물을 대어 심히 윤택하게 하시며 하나님의 강에 물이 가득하게 하시고 이같이 땅을 예비하신 후에 그들에게 곡식을 주시나이다.

다윗은 '주님께서 땅을 돌보셔서 물을 대어 심히 윤택하게 하시며(147:18; 욥 36:27-28; 렘 5:24; 마 5:45) 하나님의 강에 물이 가득하게 하시고 이와 같이 땅을 예비하신 후에 주민들에게 곡식을 주시나이다'고 말한다. 본 절의 "하나님의 강"이 무엇을 의미하느냐 하는데 대한 견해가 여러 가지이다. 1) 성지에 있는 강이나 시내들을 의미한다는 견해(교부들). 2) 신령한 복을 의미한다는 견해(Geier). 3) 하나님께서 물을 예비하신 하늘의 구름이나 대기 중의 수분을 의미한다는 견해(Calvin, Rawlinson, 박윤선, 이상근). 위의 견해들 중 3)번이 가장 바람직스럽다.

시 65:10. 주께서 밭고랑에 물을 넉넉히 대사 그 이랑을 평평하게 하시며 또 단비로 부드럽게 하시고 그 싹에 복을 주시나이다.

다윗은 '주님께서 밭고랑에 물을 넉넉하게 대사 그 이랑을 평평하게 하시며, 밭을 단비로 적시어 싹이 자라도록 복을 주십니다'라고 말한다. 주님께서 비를 넉넉히 내리시는 것(9절)과 단비로 밭을 부드럽게 하시는 것은 하나님의 지혜로 되는 일이다. 만일 비가 가늘게 내리지 않고 한몫에 많은 양의 비가 떨어지면 모든 생명체에 미치는 손해가 클 것이며 토지는 다 파괴되어 못쓰게 될 것이다(박윤선).

시 65:11. 주의 은택으로 한 해를 관 씌우시니 주의 길에는 기름방울이 떨어지며.

다윗은 '주님께서 큰 은택을 내리셔서 한 해를 이렇듯 영광스럽게 꾸며주시니, 주님께서 지나시는 자취마다, 기름방울이 뚝뚝 떨어집니다'라고 말한다. 여기 "주의 길에는 기름방울이 떨어진다"는 말은 '하나님께서 구름에서 비를 내려 오곡이 잘 되게 하시니 그것은 하나님께서 기름방울을 떨어뜨림과 같다'는 뜻이다.

시 65:12. 들의 초장에도 떨어지니 작은 산들이 기쁨으로 띠를 띠었나이다.

다윗은 '기름방울(비)이 들판의 풀밭에도 떨어지고 작은 산들이 기쁨으로 띠를 두릅니다'라고 말한다. 여기 "작은 산들이 기쁨으로 띠를 띠었나이다"란 말은 '작은 산들, 곧 언덕에도 풀들이 무성한 모습이 기쁨으로 띠 띠고 춤 추는 것 같다'는 것이다. 다시 말해 '풍성한 풀로 둘렀다'는 의미이다.

시 65:13. 초장은 양 떼로 옷 입었고 골짜기는 곡식으로 덮였으매 그들이 다 즐거이 외치고 또 노래하나이다.

다윗은 '풀밭에 풀이 많으니 양떼가 가득하고 골짜기는 곡식으로 빼곡히 덮이니 사람들이 다 즐겁게 외치고 풍년의 노래를 부른다'고 말한다. 이렇게 농사가 잘 되는 것은 하나님의 은혜이니 그 은혜를 받은 사람들이 하나님 앞에 감사하여 풍년의 노래를 부른다는 것이다.

제 66 편 구원받은 체험으로 인한 감사

본 시편의 저작 동기에 대해서는 정확하게 알 수는 없으나 국민적으로 큰 감사의 기회를 맞이하여 저작했으리라 생각된다. 그리고 저자가 누구냐를 두고 표제에 나타나 있지 않으므로 여러 견해가 등장하고 있다. 1) 마카비 시대에 저작되었을 것이라는 견해(Olshausen). 2) 바벨론 포로기에 저작되었을 것이라는 견해(Rosenmueller). 3) 히스기야가 병으로부터 나았을 때 저작되었을 것이라는 견해(Koester). 4) 히스기야가 앗수르군으로부터 해방되었을 때에 저작되었을 것이라는 견해(Delitzsch, 이상근). 5) 전편에 이어 다윗이 썼을 것이라는 견해(박윤선). 위의 견해들 중 어느 견해가 바를 것이냐를 두고 고심해 볼 일이나 아마도 5)번의 견해가 바를 것으로 보인다. 이유는 전편(65편)이 다윗의 저작인 것을 보아 그 내용을 검토해 볼 때 본편도 역시 다윗의 저작일 것으로 보는 것이다. 본편의 내용은 1) 해방을 맞이하여 국민들이 감사한 일(1-12절). 2) 개인 다윗이 소원을 이루면서 감사한 것(13-20절)으로 구성되어 있다. 따라서 앞부분은 "우리"가 주어로 되어 있고, 뒷부분은 "나"라는 말이 주어로 되어 있다. "시, 인도자를 따라 부르는 노래"란 말의 주해를 위해 4편 표제 주해를 참조하라.

1-12절. 해방을 맞이하여 하나님의 백성들이 감사한 일. 내용은 주께 찬양하라(1-4절). 하나님의 엄위하신 행적(5-7절). 찬미의 큰 강조(8-12절)로 나눌 수 있다.

시 66:1. <시, 인도자를 따라 부르는 노래> 온 땅이여 하나님께 즐거운 소리를 낼지어다.

다윗은 '온 땅 사람들이여! 모두 하나님께 즐거운 소리로 외치라'고 주문한다. 온 땅 사람들은 모두 하나님의 은혜에 감격하여 이스라엘의 큰 기쁨에 동참하라고 초청한다(65:2, 5 참조). 감사와 찬송은 중심의 기쁨을 원천으로 하고 나와야 한다.

시 66:2. 그의 이름의 영광을 찬양하고 영화롭게 찬송할지어다.

다윗은 '하나님 자신의 영광을 찬양하고 하나님을 영화롭게 찬송할지어다'라고 말한다. 여기 "그의 이름"이란 '하나님 자신'을 지칭한다. 그리고 "영광"이란 말은 '하나님의 본성'이다. 그러니까 "그의 이름의 영광을 찬양하라"는 말은 '하나님 자신의 영광을 찬양하라'는 말이다. 그리고 "영화롭게 찬송할지어다"란 말은 '하나님을 찬송하는 것으로 네 영광을 삼으라'는 뜻이다(Calvin, Aben Ezra). 다시 말해 인생은 마땅히 하나님을 영화롭게 하기를 생활의 목적으로 알아야 되며, 또 그것을 둘도 없는 영광으로 여겨야 한다(박윤선).

시 66:3. 하나님께 아뢰기를 주의 일이 어찌 그리 엄위하신지요 주의 큰 권능으로 말미암아 주의 원수가 주께 복종할 것이며.

다윗은 '온 땅 사람들이여, 이렇게 하나님께 찬송하여라. "주님의 일이 어찌 그리 두려운지요. 주님의 큰 권능으로 인하여 주님의 원수가 주님 앞에 복종할 수밖에 없다고 찬송드려야 한다"는 것이다. 하나님께서 옛날 이스라엘에게 행하신 놀라운 일들은 후대 사람들도 찬송할 일이다. 이유는 그 일들이 하나님의 교회 전체를 위한 사건이기 때문이다.

시 66:4. 온 땅이 주께 경배하고 주를 노래하며 주의 이름을 노래하리이다 할지어다 (셀라)(All the earth worships you; they sing praises to you, sing praises to your name *Selah*-ESV). 3절의 "하나님께 아뢰기를"(온 땅 사람들이여 이렇게 하나님께 찬송하여라)이란 말이 본 절에도 적용되는 말이다. 즉, 다윗은 '온 땅 사람들이여, 이렇게 하나님께 찬송하여라. "온 땅이 주께 경배해야 하고, 주께 노래해야 하며(찬송해야 하며), 주님의 이름을 찬송해야 한다"는 것이다. 우주의 교회는 하나님께 찬송해야 하는 것이다. 어느 한 지역 사람들만 아니라 모든 세계 사람들은 주님께 노래해야 한다는 것이다. "셀라"란 말의 주해를 위해 3:2주해를 참조하라.

시 66:5. 와서 하나님께서 행하신 것을 보라 사람의 아들들에게 행하심이 엄위하시도다.

다윗은 '와서 하나님께서 행하신 일들을 보라. 사람들에게 행하신 일들이 너무 두렵다'라고 말한다. 여기 "하나님께서 행하신 것"이란 다음 절(6절) 이하에 등장하는 사건들을 지칭한다. 그리고 "사람의 아들들"이란 말은 '인생들'을 지칭한다. 실로 하나님께서 인생들을 위해서 행하신 일들을 잘 살핀다면 두려워할 일들뿐이다.

시 66:6. 하나님이 바다를 변하여 육지가 되게 하셨으므로 무리가 걸어서 강을 건너고 우리가 거기서 주로 말미암아 기뻐하였도다.

본 절은 앞 절에서 미리 말씀한 것을 구체적으로 말한다. 즉, 다윗은 '주께서 홍해 바다(출 14:21-31)나 요단 강(수 3:14-16)을 마른 땅으로 바꾸어 주셨기에, 이스라엘 백성들이 걸어서 강을 건넜고, 우리('이스라엘' 지칭)가 거기서 그분으로 말미암아 기뻐하였다'고 말한다. 이스라엘은 홍해를 건넌 다음 홍해 가에서 하나님을 찬미했다(출 15:21).

시 66:7. 그가 그의 능력으로 영원히 다스리시며 그의 눈으로 나라들을

살피시나니 거역하는 자들은 교만하지 말지어다 (셀라).

다윗은 '하나님께서는 자기의 권능으로 영원히 다스리시며, 그분의 눈으로 민족들을 살피시니, 반역자들은 스스로 자만하지 말라'고 말한다. 하나님은 모든 민족들을 통치하시며 그의 눈으로 열방들을 감찰하셔서 그 어떤 불의도 용납하지 아니하신다. 이런 하나님께 아무도 거역해서는 안 된다는 것이다. "셀라"란 말의 주해를 위해 3:2 주해를 참조하라.

시 66:8. 만민들아 우리 하나님을 송축하며 그의 찬양 소리를 들리게 할지어다.

5-7절의 말씀과 같이 우리 하나님의 행하신 일을 보고 다윗은 '세계 만민들아 우리 하나님을 송축하고(1, 4절) 하나님을 찬양하는 소리를 들리게 하라(33:3; 150:5)'고 말한다.

시 66:9. 그는 우리 영혼을 살려 두시고 우리의 실족함을 허락하지 아니하시는 주시로다.

다윗은 '하나님은 우리의 영혼을 죽음 가운데서 살려 주시고, 또 우리가 죄를 짓지 않도록 지켜 주셨다'고 말한다.

시 66:10. 하나님이여 주께서 우리를 시험하시되 우리를 단련하시기를 은을 단련함 같이 하셨으며.

다윗은 '하나님이시여! 주께서 우리에게 시련을 주셨고 또 은(銀)을 제련하듯 우리를 단련하셨습니다'라고 말한다. 하나님께서는 성도들을 조용히 보호만 하시는 것이 아니라 때로는 시련의 기간을 주셔서 우리를 단련하신다. 이는 마치 은을 제련하듯 우리를 단련하신다는 것이다(12:6; 잠 17:3; 25:4; 사 1:22; 48:10).

시 66:11. 우리를 끌어 그물에 걸리게 하시며 어려운 짐을 우리 허리에

매어 두셨으며.

다윗은 '하나님께서 우리를 이끌어 그물에 걸리게도 하시고, 우리 등에 무거운 짐을 지우셔서 고생하게 만드신다'고 말한다. 우리는 고생할 때 깊이 회개하고 주님의 손길을 기다리게 된다.

시 66:12. 사람들이 우리 머리를 타고 가게 하셨나이다 우리가 불과 물을 통과하였더니 주께서 우리를 끌어내사 풍부한 곳에 들이셨나이다.

다윗은 '하나님께서 사람들로 하여금 우리들의 머리를 짓밟고 지나가게 하셨고, 우리로 하여금 불과 물 가운데로 지나게 하셨습니다. 그러나 결국에는 주께서는 우리를 풍요로운 곳으로 인도해 주셨다'고 말한다. 여기 "사람들이 우리 머리를 타고 가게 하셨다"는 말씀에 대한 예를 들어보면 고대 앗수르나 애굽의 군왕들은 병거를 타고 적의 시체 위를 타고 지나갔다는 것이다. 그리고 "우리가 불과 물을 통과했다"는 말은 극한 탄압의 방법으로 우리가 탄압을 받았다는 뜻이다. 그러나 결국은 하나님께서 구원하여 내셔서 풍부한 고향 땅으로 인도해 주셨다는 것이다.

13-20절. 다윗 개인이 소원을 이루고 감사한다. 이 부분은 "우리"란 말 대신에 "나"라는 말을 사용해서 개인의 소원을 이룬 것을 감사한다. 그러나 이렇게 된 것은 이 부분이 다른 사람의 저작일 것이라는 학설을 성립시키지 않는다. 이렇게 다윗 개인을 지칭한 것은 여기 전 교회를 대표한 입장이니 윗부분(1-12절)의 "우리"란 말과 달라진 것이 아니다 (Delitzsch, 박윤선).

시 66:13. 내가 번제물을 가지고 주의 집에 들어가서 나의 서원을 주께 갚으리니.

다윗은 '고난에서 구원받은 성도가 주님의 전에 올라가 번제를 드리면서 다윗 개인의 서원을 갚는다'고 말한다. 이스라엘인들은 그들의 종교에서 서원을 갚는 것은 하나님의 중요한 의무로 간주되었다(22:25; 50:14; 56:12;

61:8; 65:1; 116:14, 18; 132:2 등). 이스라엘인들의 서원에는 몇 종류의 서원이 있었다. 자녀의 서원이 있었고(레 27:1-8; 삼상 1:11), 나실인의 서원이 있었으며(민 6:2-21), 또 정결법의 서원이 있었다(레 27:9-13, 27-29).

시 66:14. 이는 내 입술이 낸 것이요 내 환난 때에 내 입이 말한 것이니이다.

다윗은 '내가 번제를 가지고 주님의 집에 들어가서 내 서원을 주께 갚겠다고 한 것(13절)은 내가 곤고할 때에 내 입술을 열어, 내 입이 말했던 것이라'고 말한다. 다윗은 환난을 만나서 일단 주님께서 자신을 구원해 주시면 주님께 번제물을 드리겠다고 서원을 했는데 이제 자신이 서원한 대로 이제 그 서원을 갚을 것이라고 말한 것을 실행한다는 것이었다.

시 66:15. 내가 숫양의 향기와 함께 살진 것으로 주께 번제를 드리며 수소와 염소를 드리리이다 (셀라).

다윗은 '내가 숫양의 향기와 함께 살진 번제물을 가지고 주님께로 나아옵니다. 수소와 함께 염소를 드립니다'고 말한다. 본 절의 번제는 정성껏 드리는 번제였다(삼상 15:9; 삼하 6:13). 다시 말해 서원을 갚되 정성껏 갚는다는 것이다. "셀라"에 대한 주해를 위해서 3:2주해를 참조하라.

시 66:16. 하나님을 두려워하는 너희들아 다 와서 들으라 하나님이 나의 영혼을 위하여 행하신 일을 내가 선포하리로다.

다윗은 '하나님을 경외하는 모든 성도들아, 와서 들어라. 주께서 내 영혼을 위해 행하신 일을 내가 모두 선포할 것이라'고 말한다. 여기 "하나님을 두려워하는 너희들아"라는 말은 '온 세상의 경건한 자'를 지칭하는 말이다. 다윗은 그 사람들을 불러 자신이 구원받은 사실과 또 자신이 하나님과 가까워진 사실을 간증하겠다고 말한다.

시 66:17. 내가 나의 입으로 그에게 부르짖으며 나의 혀로 높이 찬송하였도다.

다윗은 '내가 내 주님께 내 입으로 도와 달라고 부르짖었고 또 내 혀로 주님을 찬양하였다'고 말한다. 다윗은 구원을 받고 나서 잠잠할 수 가 없어 찬송한 것이다.

시 66:18. 내가 나의 마음에 죄악을 품었더라면 주께서 듣지 아니하시리라.

다윗은 '앞 절에서 자신이 하나님께 부르짖어 응답을 받은 것을 말했는데(17절), 자기가 죄악을 품고 기도했더라면 주님께서 듣지 아니하셨을 것이라'고 말한다(욥 27:9; 잠 15:29; 사 1:15; 59:1-2; 요 9:31; 요일 3:21).

시 66:19. 그러나 하나님이 실로 들으셨음이여 내 기도 소리에 귀를 기울이셨도다.

다윗은 '자기의 마음속에 죄악을 품고 기도했더라면 주님께서 내 자신의 기도 소리에 귀를 기울이지 아니하셨을 것인데(18절), 그러나 하나님께서 실제로 들으신 것을 보면 자신이 죄를 자복한 다음에 기도한 것이 확실함을 증명하는 것이다'(144:3; 욥 7:17; 약 5:14-18)라고 말한다. 우리는 항상 죄를 자복한 채 기도하여 응답을 받아야 할 것이다.

시 66:20. 하나님을 찬송하리로다 그가 내 기도를 물리치지 아니하시고 그의 인자하심을 내게서 거두지도 아니하셨도다.

다윗은 '하나님을 찬송할 것이다. 이유는 주님께서 내 기도를 물리치지 않으시고 응답해 주셨고, 그 인애하심을 내게서 거두지 아니하셨기 때문이라'고 말한다.

제 67 편 만민 구원을 위해 기도하다

본편은 표제에 그 저작자를 밝히지 않고 있다. 그러나 본편은 65편과 비슷한 점이 많이 있어 다윗이 저작한 시(詩)로 보인다. 본편은 고대 유대인들의 의견대로 보아도 메시아로 말미암아 이루어질 신약 교회를 예언한 것이다. 패트릭(Patrick) 감독은 본편이 다윗의 저작이라고 했다.

본편의 내용은 이스라엘을 통하여 만민이 구원받도록 하는 세계 선교의 정신이 넘치고 있다. 본편의 내용은 1) 만민 구원의 기도(1-3절). 2) 만민이 찬미해야 할 이유(4-5절). 3) 풍성한 추수를 하게 하신 하나님께 감사한다(6-7절)는 내용으로 구성되어 있다. "시 곧 노래, 인도자를 따라 현악에 맞춘 것"이란 말에 대한 주해를 위해서 제 4편 표제 주해를 참조하라.

1-3절. 만민 구원을 위한 기도. 하나님께서 이스라엘 민족을 택하사 특수한 은혜를 주시는 것은 이스라엘만을 위한 것이 아니고 이스라엘을 통하여 모든 다른 민족들에게 구원의 은혜를 주시려는 목적이었다.

시 67:1. <시 곧 노래, 인도자를 따라 현악에 맞춘 것> 하나님은 우리에게 은혜를 베푸사 복을 주시고 그의 얼굴 빛을 우리에게 비추사 (셀라).

다윗은 '하나님께서 우리를 불쌍히 여기시고 복을 주시며 주님의 얼굴을 우리에게 비추소서'라고 기도한다. 여기 "우리"란 말은 2절의 "만방"이란 말에 대조되어 나온 것인 만큼 이스라엘을 지칭한다. 다윗이 자기 민족에게 하나님의 은혜가 임하기를 기원한 이유는 그 은혜로 말미암아 만방이 구원받게 하려는 까닭이다. 이런 기도야말로 과연 제사장의 기도다운 기도이다. 본 절의 "은혜를 베푸사"란 말은 우리가 은혜를 받아야 하고 복을 받아야 하며 은혜의 얼굴 빛을 비추임 받아야 세계 선교의 출구가 될 수 있는 것이다. "셀라"란 말의 주해를 위해서 제 4편 표제 주해를 참조하라.

시 67:2. 주의 도를 땅 위에, 주의 구원을 모든 나라에게 알리소서.

다윗은 '주님의 구원의 복음을 땅 위에, 주님의 구원을 모든 민족 중에 알리소서'라고 기도한다. 여기 "주의 도"란 말은 '만민을 구원하시는 복음'을 지칭한다. 이스라엘에 먼저 구원의 복음을 주시고(1절), 이스라엘을 통하여 세계 만민에게 구원의 복음을 알려지게 하시라는 것이다.

시 67:3. 하나님이여 민족들이 주를 찬송하게 하시며 모든 민족들이 주를 찬송하게 하소서.

다윗은 '하나님이시여! 민족들이 주님을 찬송하게 하시며, 모든 민족들이 주님을 찬송하게 하소서'라고 말한다. 본 절의 상반절과 하반절은 동의절이다. 즉, "민족들이 주를 찬송하게 하시며"라는 상반절과 "모든 민족들이 주를 찬송하게 하소서"라는 하반절은 동의절로 이렇게 같은 뜻 있는 말을 연거푸 쓴 것은 모든 민족들이 주님을 찬송해야 한다는 것을 강조하기 위함이다.

4-5절. 만민이 찬미해야 할 이유.

시 67:4. 온 백성은 기쁘고 즐겁게 노래할지니 주는 민족들을 공평히 심판하시며 땅 위의 나라들을 다스리실 것임이니이다(Let the nations be glad and sing for joy, for you judge the peoples with equity and guide the nations upon earth-ESV).

다윗은 '족속들로 기쁘게 노래하게 하소서. 이는 주님께서 백성들을 바르게 판단하시며, 땅 위의 족속들을 인도하시기 때문입니다'라고 말한다. 본 절의 "온 백성이 기쁘고 즐겁게 노래해야 하는" 이유(כִּי־)는 1) "주님께서 백성들을 바르게 판단하시기 때문이며", 또 2) "땅 위의 나라들을 다스리실 것이기 때문이라"는 것이다. 하나님께서 통치하시는 곳에서 하나님의 공의가 나타난다는 것보다 더 큰 기쁨은 없는 것이다. 다시 말해 하나님께서 백성들을 바르게 판단하시며, 하나님께서 땅 위의 나라들을 공정하게 다스리시는 것 이상 더 기쁜 일은 없는 것이다. "셀라"란 말의 주해를 위해서는 3:2주해를 참조하라.

시 67:5. 하나님이여 민족들이 주를 찬송하게 하시며 모든 민족으로 주를 찬송하게 하소서.

다윗은 하나님을 향하여 애원한다. 즉, '하나님이시여! 모든 민족들이 주님을 찬송하게 하시며, 모든 백성들이 주님을 찬송하게 하소서'라고 애원한다. 본 절은 3절과 같으니 본 절 주해를 위해서 3절 주해를 참조하라. 다윗은 이스라엘 나라 밖의 다른 민족들도 하나님의 구원에 참여하게 되는 것을 기뻐하는 큰 사랑을 여기 나타내고 있다.

6-7절. 풍성한 추수를 하게 하신 하나님께 감사를 드리다.

시 67:6. 땅이 그의 소산을 내어 주었으니 하나님 곧 우리 하나님이 우리에게 복을 주시리로다(The earth has yielded its increase; God, our God, shall bless us-ESV).

다윗은 '땅이 그 소산을 내어 주었으니, 하나님, 곧 우리 하나님께서 우리에게 앞으로 또 복을 주실 것이라'고 말한다. 다윗은 하나님께서 하신 한 가지 복을 주신 것을 보아서 앞으로도 또 큰 복을 주실 것이라고 확신한다(6-7a). 우리가 하나님에게 기대하는 것이 많이 있어야 한다.

시 67:7. 하나님이 우리에게 복을 주시리니 땅의 모든 끝이 하나님을 경외하리로다.

다윗은 '하나님께서 우리에게 앞으로도 복을 주실 것이니, 땅의 모든 끝이 또 그분을 경외하게 될 것이다'라고 말한다. 본 절의 상반절은 6절의 하반절을 반복한 것이다. 다시 말해 하나님께서 우리에게 앞으로도 큰 복을 주실 것을 확신한다는 것이다. 그리고 본 절 하반절은 세계 모든 민족들이 하나님의 통치에 기쁘게 순종하여 하나님을 경외한다는 것이다. 하나님께서 우리에게 복을 주시는 것을 보니 또 하나님께서 모든 민족에게 큰 은혜를 주실 것을 내다 본 것이다. 하나님께서 우리 개인에게 은혜를 주시는 것을 보면 교회 전체에게 은혜를 주실 것을 내다보아야 하고 또 세계 민족 위에 은혜를 주실 것을 내다 볼 수 있어야 한다.

제 68 편 개선을 인한 찬미

본편은 65편부터 이어지는 찬미의 가락을 끝내고 있다. 본편의 저작 시기는 1) 포로 후 시기(Ewald, Cheyne), 마카비 시대(Olshausen) 등 후기설도 있긴 하나, 다윗이 저작했다는 학설(Calvin, Cornill)은 거의 보편적으로 받아들여지고 있다. 저작의 기회는 법궤를 예루살렘으로 모시고 왔을 때(삼하 10:15-19, Stier, von Hofmann), 또는 아람과 암몬 전쟁에서 개선했을 때(삼하 10:15-19, Hengsternberg, Delitzsch)로 추측하고 있으나 후설이 보다 유력하다(이상근).

본편은 "종말적 시편"이라 불리며, 종말에 가서 이스라엘을 중심하여 세계 열방이 큰 융화를 이룩하는 메시아 왕국의 모습을 보여준다는 것이다. 본편의 내용은 1) 악도의 멸망과 성도의 경사가 있을 때를 예견하다(1-18절). 2) 하나님의 백성이 하나님의 동거하심으로 받는 복(19-27절). 3) 천국 복음의 세계적 승리를 예언하는 일(28-35절) 등으로 구성되어 있다. "다윗의 시, 인도자를 따라 부르는 노래"라는 말에 대한 주해를 위해서는 4편 표제 주해를 참조하라.

1-18절. 악도의 멸망과 성도의 경사(慶事)가 있을 때를 예견하다. 하나님께서 그 원수를 정복하시는 일은 그저 나타나시기만 해도 되는 것이다. 또 하나님께서 나타나심으로 의인들은 구원을 받는다.

시 68:1. <다윗의 시, 인도자를 따라 부르는 노래> 하나님이 일어나시니 원수들은 흩어지며 주를 미워하는 자들은 주 앞에서 도망하리이다.

다윗은 '하나님께서 일어나셔서 주님의 원수들을 쫓아내시고, 주님을 미워하는 사람이 주님 앞에서 도망하게 하소서'라고 기원한다(민 10:35). 여기 "일어나사"(יָקוּם)란 말은 '하나님께서 성도들을 위하여 한번 간섭하여 주시라'는 요청의 말이다. 하나님께서 한번 일어나시면 그의 원수들 곧 주님의 미워하는 자들은 일시에 경멸되고 사방으로 도망하는 수밖에 없다. "원수들"이란 말은 다윗 개인의 원수가 아니라 "주를 미워하는 자들"을 지칭하는 말이다. 주를 미워하는 자들은 극악하여 회개할 소망이 없고 하나님께서도 원수로 여기시는 괴악한 자들이다.

시 68:2. 연기가 불려가듯이 그들을 몰아내소서 불 앞에서 밀이 녹음 같이 악인이 하나님 앞에서 망하게 하소서.

다윗은 '연기가 바람에 불려가듯이 원수들을 몰아내 주십시오. 불 앞에서 밀이 녹는 것 같이 악인들이 하나님 앞에서 망하게 해주시라'고 애원한다(22:14; 97:5).

시 68:3. 의인은 기뻐하여 하나님 앞에서 뛰놀며 기뻐하고 즐거워할지어다.

다윗은 '악인들이 망하는 것을 보고 의인들은 기뻐하여 하나님 앞에서 뛰놀며 기뻐하고 즐거워할지어다'고 말한다. 악인의 멸망과는 대조적으로 모든 고난에서 구원받고 하나님 앞에서 기뻐 뛰논다는 것이다(52:6; 58:10; 64:7-10). 하나님은 분명 상선벌악(賞善罰惡)하신다는 것을 드러내신다.

시 68:4. 하나님께 노래하며 그의 이름을 찬양하라 하늘을 타고 광야에 행하시던 이를 위하여 대로를 수축하라 그의 이름은 여호와이시니 그의 앞에서 뛰놀지어다(Sing to God, sing praises to his name; lift up a song to him who rides through the the deserts; his name is the LORD, exult before him!-ESV)**.**

다윗은 의인들을 향하여 '하나님께 노래하며 하나님을 찬양하라. 하늘을 타고(말을 타고) 이스라엘 민족을 출애굽 시키시고 또 광야를 행진시키기 위해 나가시던 여호와를 위하여 대로(大路)를 만들어 드려라. 그의 이름은 여호와이시니 그 앞에서 뛰놀라'고 말한다.

본 절에서 다윗은 의인들에게 이스라엘 민족을 출애굽 시키시며 또 광야를 인도하시던 여호와에게 찬양하며 또 죄를 자복하고 믿음을 준비해야 할 것을 권고한다. 여기 "하늘을 타고 광야에 행하시던 이"란 말은 '여호와께서 이스라엘 민족을 출애굽 시키시며 광야를 인도하시기 위해 위풍당당하게 앞에서 행진하시던 여호와'를 지칭하는 말이다. 그리고 "대로를 수축하라"는 말은 '여호와께서 이스라엘 민족을 잘 인도하시기 위해서 큰 길을 만들어 드리라'는 뜻이다. 다시 말해 이스라엘 민족은 죄를 모두 자복하고 믿음을 준비하라는 뜻이다. 오늘 우리도 그 크신 여호와를 잘 따르기 위하여 모든 죄를 다 자복하고 잘 신앙해야 할 것이다.

시 68:5. 그의 거룩한 처소에 계신 하나님은 고아의 아버지시며 과부의 재판장이시라.

다윗은 '하나님은 하늘에 계시지만 또 한편 아주 낮은 곳에 하감하셔서 고아를 돌보시며 과부를 돌보시는 재판장이시라'고 말한다. 하나님께서 이렇게 아주 낮은 자를 돌보시니 우리는 그들을 경시하거나 무시하거나 박해해서는 안 될 것이다.

시 68:6. 하나님이 고독한 자들은 가족과 함께 살게 하시며 갇힌 자들은 이끌어 내사 형통하게 하시느니라 오직 거역하는 자들의 거처는 메마른 땅이로다.

다윗은 '하나님께서 고독한 자들을 가족으로 삼으시고, 갇힌 자들을 이끌어 내셔서 아주 자유롭게 하신다. 그러나 하나님께서 하나님 자신을 거역하는 자들(반역하는 자들)의 거처로는 메마른 땅을 주신다'고 말한다(민 14:29-35).

시 68:7. 하나님이여 주의 백성 앞에서 앞서 나가사 광야에서 행진하셨을 때에 (셀라).

다윗은 이스라엘 민족의 신앙을 위하여 '하나님께서 주님의 백성 앞에서 앞서 나아가 광야에서 행진하실 때의 권능을 회상하게 한다'는 것이다. "셀라"의 주해를 위해 3:2 주해를 참조하라. 과거 은혜의 시대를 연상하게 하는 것은 신앙 회복을 위해 아주 좋은 일이다.

시 68:8. 땅이 진동하며 하늘이 하나님 앞에서 떨어지며 저 시내 산도 하나님 곧 이스라엘의 하나님 앞에서 진동하였나이다.

다윗은 여호와께서 이스라엘을 출애굽 시키시고 또 광야를 인도하실 때에 된 일들을 회상시킨다. 즉, 다윗은 '시내 산의 하나님 앞에서, 하나님, 곧 이스라엘의 하나님 앞에서 땅은 진동하고 또한 하늘은 비를 쏟았다'라고 말한다. 여기 "땅이 진동했다"는 말은 '하나님의 권능이 위대하심'을 지칭하는 말이다. 그리고 "하늘이 하나님 앞에서 떨어졌다"는 말은 하늘로부터 우레가 임하고 비 같은 것이 시내 산에 떨어진 것을 말한다. 그리고 "저 시내 산도 하나님 곧 이스라엘의 하나님 앞에서 진동하였나이다"란 말도 역시 하나님의 위엄을 보여주는 말씀이다.

시 68:9. 하나님이여 주께서 흡족한 비를 보내사 주의 기업이 곤핍할 때에 주께서 그것을 견고하게 하셨고.

다윗은 '하나님이시여! 주께서 흡족한 비를 내리셔서, 주님께서 주신 땅이 메마를 때 그것을 옥토로 만들어 주셨습니다'라고 말한다. 여기 "주의 기업"이란 말은 '가나안 땅'을 지칭한다. 가나안 땅이 가물어 메마를 때 하나님은 흡족한 비를 보내셔서 윤택하게 하셔서 젖과 꿀이 흐르는 땅으로 만들어 주셨다는 것이다. 여기 "비"를 '만나'라고 해석하는 학자가 있으나 (Hupfeld) 여기 주의 기업이 광야가 아니고 가나안이라는 것을 고려할 때 바른 해석이 아닌 것으로 보인다. 오늘 우리가 죄를 모두 자복하고 의롭게 살아갈 때 하나님께서 비뿐 아니라 온갖 좋은 것으로 충분하게 주신다.

시 68:10. 주의 회중을 그 가운데에 살게 하셨나이다 하나님이여 주께서

가난한 자를 위하여 주의 은택을 준비하셨나이다.

다윗은 '주님께서 가나안 땅을 옥토로 만드셔서(9절) 주님의 백성 이스라엘을 그 가운데서 살게 하셨습니다. 하나님이시여! 가난한 사람을 위하여 주님의 좋은 것을 마련해 주셨습니다'라고 말한다. 여기 "주의 회중"이란 말은 '이스라엘 회중'을 지칭한다. 또 "가난한 자"란 말은 역시 '이스라엘 사람들'을 지칭한다. 이스라엘 사람들은 애굽에서 종살이를 하다가 가나안에 들어왔기 때문에 일반적으로 가난하게 살았다. 그리고 오늘 우리도 하나님만 바라보고 사는 사람들이라 세상적으로는 가난하게 살고 있는 것이다. 만약에 우리 중에 누군가 부자가 되어 산다면 하루하루 양식을 구하여 사는 사람이 아닐 것이다.

시 68:11. 주께서 말씀을 주시니 소식을 공포하는 여자들은 큰 무리라.

다윗은 '주께서 명령을 내리시니, 그 승리의 소식을 전하는 여자들은 큰 무리였다'고 말한다. 본 절의 "말씀"(אֹמֶר)이란 말은 1) 승리의 약속(Kay). 2) 명령(Johnson). 3) 승리의 소식(Calvin, Hengsternberg, 박윤선, 이상근). 위의 견해들 중에서 3)번의 견해가 가장 바른 견해로 보인다. 하나님께서 출애굽의 소식이나 가나안 정복에 관한 필승의 약속을 이스라엘에게 주셨는데 그것을 여자들이 전했다(출 15:20; 삼상 18:6; 사 12:3, 4). 기쁜 소식을 듣고 이를 전하는 여자들이 큰 무리를 이루었다는 것이다. 하나님의 "말씀"(승리의 소식)은 그것이 비록 장래에 관한 것이지만 엄정한 현실과 똑같은 의미를 갖는다. 우리는 모두 그것을 성경에서 발견하여 그 말씀에 따라 행진해야 할 것이다.

시 68:12. 여러 군대의 왕들이 도망하고 도망하니 집에 있던 여자들도 탈취물을 나누도다.

본 절은 이스라엘이 가나안을 정복할 때의 광경을 진술한 것이다. 즉, 다윗은 '여러 군대의 왕들이 도망하고 도망하였으니, 집안의 여자들도 전리품을 나누었다'고 말한다. 이스라엘이 가나안을 진군할 때 여러 군대들과 왕들을 정복했을 뿐 아니라 왕들이 도망갔다. 가나안 사람들의 전리품은 군사들만이 아니라 집에 있던 부녀자들까지 밖으로 나가서 전리품을 취했다(수 8:19-22; 11:8-9; 삿 3:10; 15:14-16; 삼상 7:10-11). "왕들이 도망하고 도망하니"란 말은 이스라엘이 가나안을 침공해 들어갈 때 가나안의 왕들이 도망한 것을 말한다. "집에 있던 여자들도 탈취물을 나누었다"는 말은 하나님의 권능으로 말미암아 약한 부녀자들도 능히 적병을 쫓아내고 전리품을 나누게 되었다는 뜻이다. 하나님께서 함께 하시면 기상천외(奇想天外)한 일들이 벌어지는 것이다.

시 68:13. 너희가 양 우리에 누울 때에는 그 날개를 은으로 입히고 그 깃을 황금으로 입힌 비둘기 같도다.

다윗은 '비록 너희가 양 우리에 누웠지만 그 날개를 은으로 입히고 그 깃털을 빛나는 금빛으로 입힌 비둘기 같다'고 말한다. 가나안에 전쟁이 끝나고 평화가 와서 모든 백성이 자기의 기업과 양떼 사이에 평안히 거할 때에 그 모습이 날개는 은이요, 깃은 금빛인 비둘기같이 부유하고 평화로울 것이라는 뜻이다.

시 68:14. 전능하신 이가 왕들을 그 중에서 흩으실 때에는 살몬에 눈이 날림 같도다.

다윗은 '전능하신 분께서 그곳에서 왕들을 흩으실 때에, 살몬(세겜 근처의 산)에 눈이 흩날림 같다'고 말한다. 전능하신 하나님께서 가나안의 열왕 들을 격파하실 때에 그 왕들이 도망하는 모습이 살몬에 눈이 내림 같았다는 것이다. 눈이 내리다가 바람에 불려 사방으로 흩어지는 모양 같았다는 것이다.

시 68:15. 바산의 산은 하나님의 산임이여 바산의 산은 높은 산이로다(O

mountain of God, mountain of Bashan; O many-peaked mountain, mountain of Bashan!-ESV).

다윗은 '요단 동편의 바산의 산은 하나님의 산이다. 바산의 산은 높이 솟은 봉우리 산이다'라고 말한다. "바산의 산"은 요단 동편에 있는 산으로 아주 비옥한 목장이 딸려 있는 산이고, 현무암으로 된 산으로 뾰쪽한 봉우리들이 많아 경관을 이루고 있는 산이다. 바산의 산이 "하나님의 산"이라고 불린 것은 그 산이 높은 사실을 생각하여 불린 것이다. 이 세상의 모든 거대한 것은 특별히 하나님의 위대를 생각하게 하는 계시의 역할을 한다(박윤선). 경관을 이룩한 높은 산봉우리들이 하나님의 창조의 위력을 나타내고 있다.

시 68:16. 너희 높은 산들아 어찌하여 하나님이 계시려 하는 산을 시기하여 보느냐 진실로 여호와께서 이 산에 영원히 계시리로다.

다윗은 '너희 높은 바산의 산들, 곧 이스라엘의 적국들을 비유하는 산들아 어찌하여 하나님께서 계시기 위하여 선택한 낮은 시온 산을 시기하여 보느냐. 진실로 여호와께서 이 시온 산에 영원히 계실 것이다'고 말한다. 바산의 산이 높은 곳에서 낮은 시온 산을 시기하여 내려다보고 있다는 것이다. 하나님은 시온 산을 선택하사 그곳에 영원히 계시는데 외국의 적들을 상징하는 바산의 높은 산들이 그 시온 산을 시기해서는 안 된다는 것이다.

시 68:17. 하나님의 병거는 천천이요 만만이라 주께서 그 중에 계심이 시내 산 성소에 계심 같도다.

다윗은 '하나님의 병거는 천천이요 만만이라. 주님께서 그 시온 산에 계심이 마치 시내 산 성소에 계심 같다'고 말한다. "하나님의 병거는 천천이요 만만이라"는 말은 '하나님께서 시내 산에 천군들과도 함께 계심'을 뜻한다. 하나님께서 모세에게 율법을 부여하실 때 시내 산에 내려 오셔서(출 19:7-25) 하늘의 천군들과 함께 계셨는데 주님께서 그 수많은 병거를 거느리시고, 시내 산을 떠나 그 거룩한 시온 산으로 오셨다는 것이다. 시온 산은 두려운 곳이다. 시온 산은 시내 산에 하나님께서 나타나셨을 때와 같이 두려운 곳이다(출 19:7-25; 왕하 6:17).

시 68:18. 주께서 높은 곳으로 오르시며 사로잡은 자들을 취하시고 선물들을 사람들에게서 받으시며 반역자들로부터도 받으시니 여호와 하나님이 그들과 함께 계시기 때문이로다(you ascended on high, leading a host of captives in your train, and receiving gifts among men, even among the rebellious, that the LORD God may dwell there-ESV).

다윗은 '주님께서 높은 곳으로 오르시고, 사로잡은 자들을 취하시며, 사람들에게 심지어 반역자들에게서 예물을 받으시니, 여호와 하나님께서 거기에 사시려는 것이다'라고 말한다. 본 절의 "주께서 높은 곳으로 오르시며"란 말은 이스라엘 민족이 다윗 시대에 이르러 사방의 원수들을 멸하고 다윗이 시온에서 높이 통치권을 가졌다. 그것은 곧 하나님의 위엄이 높아진 것을 의미한다.

본 절은 바울이 엡 4:8에 인용하여 그리스도의 승천을 설명하는 구절이다. 먼저 본문의 내용이 어느 사건 때를 가리키느냐 하는 것이 문제이다. 1) 다윗이 최초로 시온 요새를 건축하고 입성했을 때(삼하 5:7, Ewald, Olshausen), 2) 다윗이 어느 한 전쟁에서 승리하고 개선을 했을 때(Hitzig), 3) 다윗이 법궤를 예루살렘 성소로 모신 때(삼하 6:12, Alford, Hofmann, Rawlinson)의 견해 등으로 보는데 3)번의 견해가 가장 타당한 것으로 본다. "선물들을 사람들에게서 받으시며 반역자들로부터도 받으시니"란 말은 다윗이 그가 정복한 열방으로부터 조공을 받은 것을 가리키며 그 열방들은 한때 다윗에게 패역한 무리들이었다. 이렇게 해서 법궤와 더불어 하나님께서는 시온의 성막에서 영원히 계시는 것이다.

19-27절. 하나님의 백성이 하나님과 함께 현재 동거하심으로 받는 복. 앞

절에서 다윗은 하나님께서 그의 백성과 동거하실 것을 말했다. 그리고 이 부분(19-27절)에서는 하나님께서 그들과 동거하신 결과를 가리킨다.

시 68:19. 날마다 우리 짐을 지시는 주 곧 우리의 구원이신 하나님을 찬송할지로다 (셀라).

다윗은 '날마다 우리의 주님을 찬송하라. 이유는 하나님께서 우리의 짐을 대신 짊어져 주시기 때문이고, 또 하나님께서 우리를 구원해 주시기 때문이다'고 말한다. 하나님은 우리의 짐을 매일 지시고 또 우리를 매일 구원해 주시기 때문에 찬송해야 하는 것이다. "셀라"란 말의 주해를 위해서 3:2 주해를 참조하라.

시 68:20. 하나님은 우리에게 구원의 하나님이시라 사망에서 벗어남은 주 여호와로 말미암거니와.

다윗은 '우리의 하나님은 우리를 구원하시는 하나님이시다. 하나님은 우리를 죽음에서 구원하여 내시는 주님이시다'라고 말한다. 본 절 초두의 "하나님"이란 말은 '그 하나님'(관사가 있다)이란 뜻으로 앞 절의 "날마다 우리의 짐을 지시는 하나님"이란 뜻이다. 그 하나님은 우리의 구원의 하나님이시다. 그 분은 우리가 사망에 처하게 되었을 때 우리를 구원해 내시는 분이시다.

시 68:21. 그의 원수들의 머리 곧 죄를 짓고 다니는 자의 정수리는 하나님이 쳐서 깨뜨리시리로다.

다윗은 '하나님께서 그의 원수들의 머리를 치시니, 죄를 짓고 다니는 자들의 머리칼이 있는 정수리를 치신다'고 말한다. 여기 하나님의 "원수들"이 누구인지를 지적한다. 즉, 하나님의 원수들이란 "죄를 짓고 다니는 자들"이라는 것이다. 다시 말해 계속해서 죄를 짓고 다니는 자들이 하나님의 원수들이다. 여기 "정수리"(קָדְקֹד שֵׂעָר)란 '머리칼이 있는 머리'를 지칭하는데 아라비아인들은 정수리의 머리칼을 길게 길러 무사의 신분을 표시하며 자랑하였다는 것이다. 즉, 그들의 정수리는 자랑의 요소였다. 하나님은 악인의 교만의 자태를 쳐서 깨뜨리신다. 하나님은 교만한 자를 깨뜨리신다.

시 68:22. 주께서 말씀하시기를 내가 그들을 바산에서 돌아오게 하며 바다 깊은 곳에서 도로 나오게 하고.

다윗은 '주님께서 말씀하시기를 내(주님)가 주님의 원수들이 높은 바산에 숨어 있다할지라도 거기서 돌아오게 하며, 내(주님)가 원수들이 바다의 깊은 곳에 숨어 있을지라도 이끌어 내실 것이라'고 말한다. 하나님은 그의 원수들이 어디에 숨어 있어도 찾아내셔서 벌하시겠다는 것이다. 죄를 짓고 하나님을 피하여 숨어 있을 자가 있을 것인가. 불가능한 일이다.

시 68:23. 네가 그들을 심히 치고 그들의 피에 네 발을 잠그게 하며 네 집의 개의 혀로 네 원수들에게서 제 분깃을 얻게 하리라 하시도다.

본 절도 역시 하나님께서 그의 원수들을 벌하시겠다는 말씀이다. 즉, 다윗은 '이스라엘은 원수들의 피로 발을 씻고, 이스라엘의 집의 개는 그 피를 마음껏 핥을 것이라'고 말한다. 다시 말해 하나님께서 이스라엘인들을 통하여 원수들을 갚아 원수들이 피를 너무 많이 흘려 이스라엘인들의 발이 피에 잠기게 된다는 것이고, 이스라엘인들의 개들이 원수들의 피를 핥게 될 것이라는 뜻이다.

시 68:24. 하나님이여 그들이 주께서 행차하심을 보았으니 곧 나의 하나님, 나의 왕이 성소로 행차하시는 것이라.

다윗은 '하나님이시여! 주님의 행진하심을 모든 이스라엘 사람들이 보았습니다. 곧 나의 하나님, 나의 왕께서 성소로 행진하시는 모습을 그들이 보았습니다'고 말한다. 하나님께서는 이스라엘로 하여금 가나안을 정복하게 하신 다음 하나님께서 왕처럼 예루살렘 성소로 행차하시는 장면을 이스라엘이 기쁨으로 환영한다는 것이다.

시 68:25. 소고 치는 처녀들 중에서 노래 부르는 자들은 앞서고 악기를 연주하는 자들은 뒤따르나이다.

다윗은 '노래하는 사람들이 앞서고, 악기를 연주하는 사람들이 뒤따르며, 그 중간에는 소고(작은 북, 탬버린)를 치는 처녀들이 간다'고 말한다.

시 68:26. 이스라엘의 근원에서 나온 너희여 대회 중에 하나님 곧 주를 송축할지어다.

다윗은 '이스라엘 자손아! 회중 한가운데서 하나님을 찬양하여라. 곧 주님을 찬양하라'고 외친다. "이스라엘의 근원에서 나온 너희여"라는 말은 '아브라함, 이삭, 야곱 등 이스라엘의 족장들의 후예들'을 지칭하는 말이다. 이스라엘의 후예들은 대회 중에서 주님을 찬양하라는 것이다.

시 68:27. 거기에는 그들을 주관하는 작은 베냐민과 유다의 고관과 그들의 무리와 스불론의 고관과 납달리의 고관이 있도다.

가나안 땅에는 12지파 중에 4지파가 대표로 거론되고 있다. 즉, 다윗은 '거기(가나안 땅)에는 작은 베냐민이 선두에 서고, 유다 지도자들이 저들 무리 가운데 있으며, 스불론과 납달리의 지도자들도 함께 있다'고 말한다. 다윗은 가나안 땅의 이스라엘 지파를 열거하는데 각 지파를 다 들어 말하지 않고 "베냐민...유다... 스불론...납달리" 지파만 열거하고 있다.

28-35절. 천국 복음의 세계적 승리를 예언하다. 이는 미래에 메시아 왕국의 완성을 바라보는 것이다.

시 68:28. 네 하나님이 너의 힘을 명령하셨도다 하나님이여 우리를 위하여 행하신 것을 견고하게 하소서.

다윗은 '네(이스라엘) 하나님께서 이스라엘에게 힘을 베푸셔서 세계를 정복하게 하셨다. 하나님이시여! 주께서 우리를 위하여 행하신 대로 힘을 나타내소서'라고 말한다. 여기 "우리를 위하여 행하신 것을 견고하게 하소서"란 말은 '하나님께서 우리를 위하여 행하신 것(모든 은혜를 주신 일)을 약속하신대로 이스라엘을 견고하게 하시라는 청원'인 것이다.

시 68:29. 예루살렘에 있는 주의 전을 위하여 왕들이 주께 예물을 드리리이다(Because of your temple at Jerusalem kings shall bear gifts to you-ESV).

다윗은 '예루살렘에 있는 주님의 성전을 위하여 세상 왕들이 모여와서 주께 저희 예물을 드릴 것이다'라고 말한다. 이런 일은 장차 메시아 왕국에서 온전하게 성취될 것이다(72:10; 사 49:23; 60:16). 이하 구체적으로 그 왕들의 이름까지 열거되고 있다. 본 절은 영적으로 그리스도의 복음이 모든 나라들을 하나님께로 인도한 사실을 예언한 것이다.

시 68:30. 갈밭의 들짐승과 수소의 무리와 만민의 송아지를 꾸짖으시고 은 조각을 발 아래에 밟으소서 그가 전쟁을 즐기는 백성을 흩으셨도다(Rebuke the beasts that dwell among the reeds, the herd of bulls with the calves of the peoples. Trample under foot those who lust after tribute; scatter the peoples who delight in war-ESV).

본 절은 여호와께서 이스라엘을 통해 열국을 정복하시는 광경을 진술한 것이다. 즉, 다윗은 '갈밭에 살고 있는 사나운 들짐승들과 수소의 무리와 사람들이 키우고 있는 송아지를 꾸짖으시고, 조공받기를 탐하는 무리를 발로 밟으소서. 전쟁을 좋아하는 백성을 흩어주십시오'라고 말한다. 본 절의 "갈밭의 들짐승"이란 말은 '애굽 왕'을 뜻하고(74:13; 사 36:6, 9; 겔 29:3), "수소의 무리"란 '앗수르 왕'을 지칭하며(Rawlinson), "만민의 송아지"란 말은 '보다 낮은 왕들'을 가리킬 것이다(이상근).

그리고 "은(銀) 조각을 발 아래에 밟으소서"란 표현은 '조공받기를 탐하는 무리를 발로 밟으시라'는 의미이다. 그리고 "그가 전쟁을 즐기는 백성을 흩으셨도다"란 말은 '하나님께서 세상의 호전주의를 버리게 하시고 하나님의 의(義)로써 다스림을 받아 평화롭게 안식하게 하심을 뜻한다. 아무튼 하나님은 이와 같이 전쟁을 좋아하는 사람들을 제압하사 흩으신다는 것이다.

시 68:31. 고관들은 애굽에서 나오고 구스인은 하나님을 향하여 그 손을 신속히 들리로다(Nobles shall come out from Egypt; Cush shall hasten to stretch out her hands to God-ESV).

다윗은 '사신들이 애굽에서 나오며 에티오피아인이 하나님을 향하여 곧 손을 들 것이라'고 말한다. 본 절은 애굽이나 구스인(에디오피아인)들이 하나님께 순종할 것이라는 뜻이다. 애굽에서는 방백들을 대사로 예루살렘으로 보내어 복종을 서약하게 하고 에티오피아인들은 항복의 표시로 손을 든다는 것이다(이상근).

시 68:32. 땅의 왕국들아 하나님께 노래하고 주께 찬송할지어다 (셀라).

이와 같이 땅의 열방들도 애굽과 구스의 뒤를 따라 모두 회개하고 하나님께 순종하며 하나님을 찬송하게 된다는 것이다. 즉, 다윗은 '세상의 왕국들아! 하나님을 노래하여라. 주님께 찬송하여라'라고 말한다. "셀라"란 말의 뜻을 위하여 3:2주해를 참조하라.

시 68:33. 옛적 하늘들의 하늘을 타신 자에게 찬송하라 주께서 그 소리를 내시니 웅장한 소리로다.

다윗은 '옛적에 하늘들의 하늘을 병거타고 다니시던 분께 찬송하여라. 보라!(הֵן) 주께서 자신의 음성을 발하시니 웅장한 소리로다'고 말한다. 옛적에 하늘들을 창조하신 하나님께서 그 하늘을 타시고(4절) 하늘 위에 오르사 계신다는 것이다. 본 절의 "하늘들의 하늘"이란 말은 구약에서 하늘을 여러 하늘들로 분류하고 있는 것을 보여준다(신 10:14; 왕상 8:27). 본 절의 "찬송하라"는 말은 바로 하늘에 오르신 그 하나님을 찬송하라는 것이다. 그 하나님께서 한번 심판의 소리를 발하시니 온 세계가 두려워하는 웅장한 소리를 내셨던 것이다.

본 절의 "보라"라는 말을 사용한 것은 "보라" 이하의 뜻이 엄중하다는 것을 말하는 것이다. 다시 말해 하나님께서 잠잠하시다가 한번 소리를 내셔서 웅장한 소리를 내시면 굉장한 심판을 내실 것이라는 뜻이다.

시 68:34. 너희는 하나님께 능력을 돌릴지어다 그의 위엄이 이스라엘 위에 있고 그의 능력이 구름 속에 있도다.

다윗은 '너희들은 능력을 하나님께 돌려라. 그분의 위엄이 이스라엘을 덮고 있고, 그분의 능력이 구름(하늘) 위에 있으니 말이다'고 말한다. 다시 말해 사람들은 모든 능력이 하나님께 있다고 선포해야 할 것이다. 또 하나님의 능력은 이스라엘을 덮고 있으며 또 하나님의 능력은 하늘 위에도 있다는 것이다. 하나님의 능력은 사람들 위에도 있고 또 하나님의 능력은 하늘에도 있다는 것이다.

시 68:35. 하나님이여 위엄을 성소에서 나타내시나이다 이스라엘의 하나님은 그의 백성에게 힘과 능력을 주시나니 하나님을 찬송할지어다 (Awesome is God from his sanctuary, the God of Israel, he is the one who gives power and strength to his people. Blessed be God!-ESV).

다윗은 '하나님이시여! 주님의 성소로부터 힘과 권능을 주시는 하나님께서는 굉장한 분이시며 또 이스라엘의 하나님께서는 그 백성에게 힘과 권능을 주시는 분이시니 하나님을 송축하라'고 말한다. 본 절의 "위엄"이란 말은 '두려움'(terribel)이란 뜻이다(47:2; 66:3, 5; 신 7:21; 10:17; 욥 37:22; 렘 20:11). 하나님은 시온의 성소에 계시면서 힘과 권능을 나타내신다. 그리고 하나님은 이스라엘 백성에게 힘과 권능을 주신다. 그런고로 이 하나님을 찬송하고 영광을 돌려야 한다는 것이다. 하나님은 지금도 우리들에게 놀라운 힘과 권능을 주시니 극진히 찬양해야 한다.

제 69 편 깊은 수렁 속에서 드리는 기도

본편은 압살롬의 반란 때의 작품으로 보이며 22편, 35편, 40편 등과 공통점이 많다. 깊은 고난의 수렁에서 드리는 기도로 보이며(Hitzig), 그 고난을 묘사한 것을 보면 예레미야 식으로 보인다(Cheyne). 본편은 22편 다음으로 신약에 많이 인용되어 있다. 횟수가 17회에 달한다(4절 이하가 요 15:25에, 9절 이하가 요 2:17; 롬 15:3에, 21절 이하가 요 19:28-29에, 22-23절 이하가 롬 11:9에, 25절 이하가 행 1:20에 등, 이상근). 그런고로 본편은 그리스도의 고난의 시로 취급된다. 본편의 내용은 1) 곤고한 사정(1-12절). 2) 구원의 호소(13-18절). 3) 악인이 받을 벌(19-28절). 4) 승리의 확신과 찬송(29-36절)으로 구성되어 있다.

"다윗의 시, 인도자를 따라 소산님에 맞춘 노래"란 말의 주해를 위해서 45편 주해를 참조하라. "소산님"은 '백합화곡'이란 뜻이다.

1-12절. 다윗의 곤고한 사정.

시 69:1. <다윗의 시, 인도자를 따라 소산님에 맞춘 노래> 하나님이여 나를 구원하소서 물들이 내 영혼에까지 흘러 들어왔나이다(Save me, O God! For the waters have come up to my neck-ESV).

다윗은 '하나님이시여! 나를 구원하소서. 물들이 내 목까지 찼습니다'라고 말한다. 본 절의 "물들"이란 말은 '원수들'을 비유하는 말이다. 이제는 원수들에 의해서 죽게 되었다는 것을 묘사한다. 다윗이 이런 환난 중에 기도했다는 것은 놀라운 일이 아닐 수 없다.

시 69:2. 나는 설 곳이 없는 깊은 수렁에 빠지며 깊은 물에 들어가니 큰 물이 내게 넘치나이다.

다윗은 '내가 설수 없는 깊은 수렁에 빠지고 깊은 물에 들어가니 큰 물(홍수)이 나를 덮칩니다'라고 말한다. 여기 "수렁"이란 말이나 "깊은 물"은 '수많은 원수들'을 만난 것이나 (18:4; 32:6), '환난의 절망 속에 들어간 것'을 뜻한다. "설 곳이 없다"는 말은 해결책이 없다는 뜻이다. "큰 물이 내게 넘치나이다"라는 말은 '큰 원수들의 둘러싸임에 싸였다'는 뜻이다. 환난이 다윗을 사로잡았을 때 다윗은 기도하지 않을 수 없었다.

시 69:3. 내가 부르짖음으로 피곤하여 나의 목이 마르며 나의 하나님을 바라서 나의 눈이 쇠하였나이다.

다윗은 너무 오래동안 기도하여 피곤해져서 목이 마르게 되었고 너무 오랫동안 하나님을 바라다가 그의 눈이 쇠하게 되었다(119:82; 신 28:32)고 말한다. 다윗은 더 이상 버티지 못할 정도로 기진맥진하게 된 것이다. 목이 마르고 눈이 쇠할 정도로 기도하기는 쉽지 않은 일이다. 우리는 이런 때를 만난다 해도 끝까지 기도해야 할 것이다. 이런 때는 하나님께서 기도를 원하시는 시기임을 알아야 할 것이다.

시 69:4. 까닭 없이 나를 미워하는 자가 나의 머리털보다 많고 부당하게 나의 원수가 되어 나를 끊으려 하는 자가 강하였으니 내가 빼앗지 아니한 것도 물어 주게 되었나이다.

다윗은 '까닭 없이 나를 미워하는 사람들이 내 머리털보다 많고, 아무 이유 없이 나를 멸하려는 거짓된 원수가 강하니, 내가 빼앗지 아니한 것도 물어주게 되었다'고 말한다. 다윗에게 은혜를 입고도 그를 배신하여 미워하는 자가 수없이 많고, 아무 이유 없이 다윗의 원수가 되어 다윗을 끊으려 하는 자가 강하였으니 다윗이 도적질 하지 아니한 것도 물어주게 되는 억울한 일이 생긴 것이다. 성도가 세상에서 남에게 아무 잘못한 일이 없는데도 억울하게 뒤집어쓰는 일이 종종 있다는 것이다.

시 69:5. 하나님이여 주는 나의 우매함을 아시오니 나의 죄가 주 앞에서 숨김이 없나이다.

다윗은 '하나님이시여! 주님은 내 어리석음을 아시오니 내 죄가 주님 앞에서 숨길 수 없다'고 말한다. 다윗은 하나님 앞에서 도움을 받기 위하여 기도하는 중 먼저 자기의 죄를 자복한다. 그가 그의 원수들 앞에서 잘못한 일이 없는데도 하나님 앞에서는 죄인임을 자복한다. 성도는 보통 다른 사람들 앞에 잘 못한 것은 없지만 하나님 앞에서는 죄인임을 알고 자복해야 한다. 고난 중에 성도는 자기가 하나님 앞에 죄가 있음을 먼저 자복해야 하는 것이다. 우리는 참으로 우매한 인간이다. 사람에게 죄를 짓지 않았다고 해도 하나님 앞에서 죄를 짓지 않은 것은 아니다. 하나님 앞에서는 죄인임을 솔직히 고백해야 하는 것이다.

시 69:6. 주 만군의 여호와여 주를 바라는 자들이 나를 인하여 수치를 당하게 하지 마옵소서 이스라엘의 하나님이여 주를 찾는 자가 나로 말미암아 욕을 당하게 하지 마옵소서.

다윗은 '만군의 주 여호와시여! 주님을 기다리는 사람들이 내가 패배하면 수치를 당하는 것이 틀림없는 일이니 그런 일이 없도록 하여 주십시오. 이스라엘의 하나님이시여! 주님을 애써 찾는 사람들이 내가 패배하면 내가 패배한 것 때문에 모욕을 당하는 일이 없도록 하여 주십시오. 주님 때문에 내가 욕을 먹고 있습니다'고 말한다. 다윗의 문제는 다윗 개인의 문제가 아니라 주님을 바라고 찾는 모든 성도에게 관련된 문제이니 자기가 결단코 실패하지 않게 하여 주시라는 기도를 드리고 있다. 오늘 우리의 실패도 우리 개인의 것으로 끝나는 것이 아니라 주의 성도들 전체에 큰 영향을 미치는 것이니 힘써 기도하여 승리해야 할 것이다.

시 69:7. 내가 주를 위하여 비방을 받았사오니 수치가 나의 얼굴에 덮였나이다.

본 절부터 12절까지는 다윗의 고난이 주님을 위한 고난임을 밝힌다. 그런고로 다윗이 받은 고난은 그리스도의 고난의 그림자이다. 즉, 다윗은 '내가 주님을 위하여 비방을 받았사오니, 수치가 내 얼굴을 덮었습니다'라고 말한다. 다윗의 고난은 주님을 위한 고난임을 밝힌다. 가령 사울로부터 받은 고난이나 압살롬으로부터 받은 고난이나 요압 등에서 받은 고난이 주님을 위하여 받은 고난이었다(삼하 15:3; 16:7-8).

시 69:8. 내가 나의 형제에게는 객이 되고 나의 어머니의 자녀에게는 낯선 사람이 되었나이다.

다윗은 '자신의 경건 때문에 자기 집안에서도 소외되는 일이 생겼다고 말한다. 형제에게 객이 되고 내 어머니의 자녀에게는 낯선 사람처럼 취급을 받았다'고 말한다. 예수님께서 공생애를 시작해서 사역하실 때 그의 모친과 동생들이 예수님을 이해하지 못한 사실과 같은 예이다(막 3:31-35).

시 69:9. 주의 집을 위하는 열성이 나를 삼키고 주를 비방하는 비방이 내게 미쳤나이다.

본 절은 예수님의 성전숙청에 인용되었다(요 2:17). 다윗은 '주님의 전(殿)을 위한 열심이 나를 삼키고, 주님을 비방하는 사람들의 모욕이 내게 미쳤습니다'라고 말한다. 여기 "주의 집"이란 '하나님의 성소'를 지칭한다. 다윗의 "하나님의 성소를 위한 열성"이 대단했다. 첫째, 다윗은 시온 산에 회막을 건설하고 법궤를 모셔 들였다(삼아 6:12-19). 둘째, 그는 항구적인 하나님의 전을 세우기를 열망했다(132:2-5; 삼하 7:12-19). 셋째, 그는 친히 성전 건축을 할 수 없다는 하나님의 말씀을 들었을 때 성전을 짓기 위하여 많은 재료를 수집했다(대상 28:11-18; 29:2-5). 넷째, 그는 성전 건축의 대업을 아들 솔로몬에게 지시했다(대상 28:9-10).

시 69:10. 내가 곡하고 금식하였더니 그것이 도리어 나의 욕이 되었으며.

본 절과 다음 절은 주님의 전을 위한 열성(9절)이 어떤 모양으로 나타났는지 설명한다. 즉, 다윗은 '내가 금식하는 중에 울었더니, 그것도 내게 비방거리가 되었습니다'라고 말한다. 금식하면서 우는 것까지 비방하여 욕한 것이다.

시 69:11. 내가 굵은 베로 내 옷을 삼았더니 내가 그들의 말거리가 되었나이다.

다윗은 '내가 베옷을 입고 금식했더니, 그것이 도리어 내 말거리가 되었습니다'라고 말한다. 여기 "굵은 베옷"은 비애와 죄 자복의 표시이다(30:12; 35:13; 삼하 12:20; 왕상 21:27). 다윗의 경건 생활 하나하나 모두 비방거리가 되었다. 세상에 말이 너무 많은 것이다.

시 69:12. 성문에 앉은 자가 나를 비난하며 독주에 취한 무리가 나를 두고 노래하나이다.

다윗은 그 박해를 받던 시절에 성문에 앉아서 나라를 걱정하던 상류층 사람들한테도 비난을 받았다. 그들이 술에 취하여 다윗을 두고 비난의 노래를 불러댄 것이다. 아무튼 다윗은 그 시대의 노리개가 된 것이다.

13-18절. 다윗이 구원을 호소하다.

시 69:13. 여호와여 나를 반기시는 때에 내가 주께 기도하오니 하나님이여 많은 인자와 구원의 진리로 내게 응답하소서(But as for me, my prayer is to you, O LORD. At an acceptable time, O God, in the abundance of your steadfast love answer me in your faithfulness-ESV)**.**

다윗은 '여호와시여! 여호와께서 나를 반기시는 때에 내가 주님께 기도드립니다. 하나님이시여! 주님의 끊임없는 사랑과 주님의 확실한 구원으로 나에게 응답하여 주십시오'라고 말한다. 여기 "나를 반기시는 때에"란 말은 '자신의 죄를 주님께 고한 것을 사죄하시리라는 신념을 받았을 때, 자신의 구하는 바가 하나님의 뜻에 부합하다는 신념을 가졌을 때, 하나님의 응답을 확신했을 때'로 본 것이다(고후 6:2 참조. 이상근). 성도는 억울하게 고통을 당하는 시기에 실망할 것이 아니고 도리어 하나님의 도우심이 나타날 좋은 기회인 줄 알고 소망 중에 뜨겁게 기도할 것이다(박윤선). "많은 인자와 진리"에 대해서는 57:3주해를 참조하라.

시 69:14. 나를 수렁에서 건지사 빠지지 말게 하시고 나를 미워하는 자에게서와 깊은 물에서 건지소서.

다윗은 '나를 수렁에서 끌어내어 주셔서 그 속에 빠져 들어가지 않게 하여 주십시오. 나를 미워하는 자들과 나의 수많은 원수들로부터 나를 건져 주십시오'라고 애원한다. 다윗은 앞 절에 이어 다시 구원을 애원한다. 다윗은 자신의 힘으로는 도저히 벗어날 수 없어서 하나님께 구원을 호소하는 것이다.

시 69:15. 큰 물이 나를 휩쓸거나 깊음이 나를 삼키지 못하게 하시며 웅덩이가 내 위에 덮쳐 그것의 입을 닫지 못하게 하소서.

본 절은 다윗이 지금 당하고 있는 고난을 비유로 말하고 있다. 다윗은 큰 고난에서 망하지 않게 구원하여 주시라고 애원한 것이다.

시 69:16. 여호와여 주의 인자하심이 선하시오니 내게 응답하시며 주의 많은 긍휼에 따라 내게로 돌이키소서.

다윗은 '주님이시여! 주님의 사랑은 한결같으시니 나에게 응답해 주십시오. 주님의 많은 긍휼에 따라 나에게로 얼굴을 돌려주십시오'라고 애원한다. 다윗은 하나님께 간구하되 자신의 의나 공로를 의지하는 것이 아니라 오직 하나님의 긍휼하심을 의지하고 내게로 돌이켜 주시라고 애원한다.

시 69:17. 주의 얼굴을 주의 종에게서 숨기지 마소서 내가 환난 중에 있사오니 속히 내게 응답하소서.

다윗은 '주님의 얼굴을 주님의 종에게 숨기지 마소서. 내가 고통 중에 있으니 속히 내게 응답하소서'라고 애원한다. 하나님께서 우리에게서 얼굴을 숨기지 않으시는 것은 얼마나 중요한 일인지 모른다(10:1; 13:1; 22:24; 27:9). 그리고 하나님께서 우리를 속히 구원하시는 것은 우리에게 참으로 중요한 것이다(22:19; 31:2; 38:22; 70:1).

시 69:18. 내 영혼에게 가까이하사 구원하시며 내 원수로 말미암아 나를 속량하소서.

다윗은 '내 영혼에 가까이 오셔서 구원하여 주시고, 내 대적에게서 나를 속량하소서'라고 기도한다. 본 절의 "구원하시며"(גָאֳלָה)란 말은 '속가(贖價)를 내고 구해내는 것'을 뜻한다. 하나님이 내시는 속가는 바로 예수님의 십자가의 피이다(벧전 1:19). 그리고 "나를 속량하소서"란 말도 속가를 내고 구원해 낸다는 말과 같다. 다윗이 사람 앞에서는 죄가 없는데도 자기를 속량해 주시라는 기도를 한 것은 자신이 하나님 앞에서는 죄가 있음을 드러내는 말이다.

19-28절. 악인이 받을 벌.

시 69:19. 주께서 나의 비방과 수치와 능욕을 아시나이다 나의 대적자들이 다 주님 앞에 있나이다.

다윗은 '주님께서 내가 받고 있는 비방과 수치와 능욕을 아십니다(7-12절). 지금 대적 자들이 다 주님 앞에 있으니 심판을 내려 주소서'라고 주님께 아뢴다.

시 69:20. 비방이 나의 마음을 상하게 하여 근심이 충만하니 불쌍히 여길 자를 바라나 없고 긍휼히 여길 자를 바라나 찾지 못하였나이다.

다윗은 '적의 비방이 내 마음을 상하게 하여 아주 절망상태에 빠졌습니다. 나를 동정해 줄 사람을 바랐으나 허사였고, 위로해 줄 이들을 바랐으나 아무런 사람도 찾지 못하였습니다'라고 말한다. 다윗의 이 형편은 예수님께서 주위에 예수님을 동정하고 위로할 이가 없는 것의 그림자가 된 것이다

(마 26:56).

시 69:21. 그들이 쓸개를 나의 음식물로 주며 목마를 때에 초를 마시게 하였사오니.

다윗은 '그들이 음식물 대신 독을 주고, 내가 목마를 때 식초를 마시게 하였습니다'라고 말한다. 본 절은 바로 예수님께서 십자가에 달리셨을 때 사람들이 쓸개 탄 포도주를 예수님께 주어 마시게 하려 한데서 성취된 예언이다(마 27:34).

시 69:22. 그들의 밥상이 올무가 되게 하시며 그들의 평안이 덫이 되게 하소서.

다윗은 '적들 앞에 놓인 식탁이 올무가 되게 하시고, 적들이 누리는 평안이 덫이 되게 하소서'라고 기원한다. 본 절은 적들이 비참하게 되기를 기원한 것이다. 벨사살이 성전의 그릇으로 술을 마시고 환락에 빠져 있을 때 벽에 손가락이 나타나 그 자신의 멸망을 예고한 것을 보고 기겁한 사건과 비슷하다(단 5:3-6).

시 69:23. 그들의 눈이 어두워 보지 못하게 하시며 그들의 허리가 항상 떨리게 하소서.

다윗은 '적들의 눈이 어두워져 보지 못하게 하시고, 적들의 허리가 항상 가누지 못하게 하소서'라고 기원한다. 다윗은 적들의 마음눈이 어두워져서 이해력이 떨어지게 하시고 또 활동력(허리는 힘을 가리킴)이 쇠약해져서 그 모든 계획하는 일이 실패되기를 기원한 것이다(박윤선). 롬 11:9, 10 참조.

시 69:24. 주의 분노를 그들의 위에 부으시며 주의 맹렬하신 노가 그들에게 미치게 하소서.

다윗은 '주님의 분노를 적들 위에 쏟으시며 주님의 맹렬하신 진노가 그들에게 미치게해 주십시오'라고 기원한다. 다윗의 원수들은 회개할 소망조차 없었던 잔인한 무리였으니 다윗의 저주는 합당한 저주였다.

시 69:25. 그들의 거처가 황폐하게 하시며 그들의 장막에 사는 자가 없게 하소서.

다윗은 '적들이 살던 집이 폐허가 되게 하시고, 그들의 장막에는 훗날 아무도 살지 못하게 하소서'라고 기원한다. 극악한 자의 자손들과 친속들이 분산해 버리는 것은 우리가 다 목도한 바이다(박윤선).

시 69:26. 무릇 그들이 주께서 치신 자를 핍박하며 주께서 상하게 하신 자의 슬픔을 말하였사오니.

본 절 초두에는 이유 접속사(כִּי)가 있어 본 절이 앞 절의 이유를 제공하고 있다. 즉, 다윗은 '이는 그들이 주께서 치신 사람들을 박해하며, 주께서 상하게 하신 사람들의 고통을 계속해서 말하기 때문입니다'라고 말한다. 고난 중에 있는 자를 위로하지 않고 도리어 핍박하는 일은 극도로 잔인한 행위이다.

시 69:27. 그들의 죄악에 죄악을 더하사 주의 공의에 들어오지 못하게 하소서.

다윗은 '적들로 하여금 더 죄를 짓게 만드셔서 하나님께로부터 의로 인정되는 은혜 안에 참여하지 못하게 하소서'라고 기원한다. 다윗은 적들이 칭의를 받는 은혜 안에 들어오지 못하게 기도한 것이다.

시 69:28. 그들을 생명책에서 지우사 의인들과 함께 기록되지 말게 하소서.

다윗은 '적들을 생명책에서 지워주셔서 의인들과 함께 생명책에 기록되지 못하게 해주소서'라고 애원한다. "생명책"에 대한 기록은 구약과 신약에 풍부하다(출 32:32; 겔 13:9; 단 12:1; 눅 10:21; 빌 4:3; 계 3:5; 13:8; 20:12; 21:27).

29-36절. 승리의 확신과 찬송.

시 69:29. 오직 나는 가난하고 슬프오니 하나님이여 주의 구원으로 나를 높이소서.

다윗은 '나는 환난과 고통 중에 있어 슬프오니, 하나님이시여! 주님의 구원으로 나를 높은 곳에 오르게 하소서'라고 기도한다. 우리는 심령이 가난한 자의 자리에 있기를 소원해야 할 것이다.

시 69:30. 내가 노래로 하나님의 이름을 찬송하며 감사함으로 하나님을 위대하시다 하리니.

다윗은 '위와 같이 구원하여 주시면 내가 노래로 하나님의 이름을 찬양하며, 감사함으로 그분을 위대하시다고 증언할 것이라'고 말한다.

시 69:31. 이것이 소 곧 뿔과 굽이 있는 황소를 드림보다 여호와를 더욱 기쁘시게 함이 될 것이라.

다윗은 '하나님을 찬양하고 또 하나님이 위대하시다고 증언하는 행위(앞절)는 소를 제물로 드리는 일보다, 다시 말해 뿔과 굽이 있는 황소를 드리는 일보다 여호와를 더욱 기쁘시게 하는 일이 될 것이라'고 말한다. 다윗은 결코 제사를 경히 여기는 것은 아니었다. 다만 다윗은 어떤 제사보다 믿음에서 나오는 찬송과 하나님 증언이 더 중요한 것을 말한 것이다.

시 69:32. 곤고한 자가 이를 보고 기뻐하나니 하나님을 찾는 너희들아 너희 마음을 소생하게 할지어다.

다윗은 '겸손한 자들이 이것을 보고 기뻐할 것이니, 하나님을 찾는 너희여! 너희 마음이 소생할 것이라'고 말한다. 여기 "곤고한 자"(עֲנָוִים)란 말은 '짓눌린 자', '겸손한 자'를 뜻한다(22:26). 다시 말해 다윗과 같은 자들을 지칭한다. 그리고 "하나님을 찾는 너희들아 너희 마음을 소생하게 할지어다"란 말은 '다윗처럼 하나님을 찾는 사람들의 마음이 소생하여 새 힘을 얻는다'는 뜻이다. 이 하반절은 상반절의 내용을 권면 식으로 바꾼 표현이다.

시 69:33. 여호와는 궁핍한 자의 소리를 들으시며 자기로 말미암아 갇힌 자를 멸시하지 아니하시나니.

다윗은 '여호와께서는 궁핍한 사람들의 애환과 기도를 들으시며, 여호와 때문에 포로 된 백성을 멸시치 아니하신다'고 말한다. 여기 "궁핍한 자"란 말은 '다윗과 같이 곤고한 사람들'을 지칭한다. 여호와께서는 다윗처럼 여호와 때문에 가난해진 사람들의 기도를 들으시며 또 여호와 때문에 꼼짝없이 갇힌 자들을 멸시하지 않으신다는 것이다. 곧 구원을 베푸신다는 것이다.

시 69:34. 천지가 그를 찬송할 것이요 바다와 그 중의 모든 생물도 그리할지로다.

다윗은 '하늘과 땅 그리고 바다와 그 안에 움직이는 모든 것들도 그분을 찬양하라'고 말한다. 다윗 자신이나(30절), 그의 동료 성도들이나(32절), 천지만물 모두가 하나님을 찬송하라는 것이다. 이것이 하나님께서 천지만물을 지으신 목적이다.

시 69:35. 하나님이 시온을 구원하시고 유다 성읍들을 건설하시리니 무리가 거기에 살며 소유를 삼으리로다(For God will save Zion and build up the cities of Judah; and people shall dwell there and possess it-ESV).

다윗은 '하나님께서 시온(예루살렘)을 구원하시고 유다 성읍들을 세우실 것이니, 무리가 그곳에 살며 그것을 소유할 것이라'고 말한다. 다윗은 자신이 구원을 받음에 따라 시온 곧 교회가 복을 받을 것을 내다 본 것이다.

시 69:36. 그의 종들의 후손이 또한 이를 상속하고 그의 이름을 사랑하는 자가 그 중에 살리로다.

다윗은 '주님의 종들의 자손이 그 땅을 물려받고, 주님의 이름을 사랑하는 사람들이 거기에서 살게 될 것이라'고 말한다. 하나님의 나라는 끊이지 않고 자자손손 계승해 나갈 것이며 계승자들은 하나님을 사랑하는 자들일 것이다.

제 70 편 긴급히 구원을 간구하다

제 40:13-17이 분리되어 새로운 시가 된 것으로 본다. 다윗은 어떤 필요에 의하여 여기서 그것을 한편의 독립 시로 적용한 것이다. 단지 몇 낱말의 변동이 있을 뿐이다. 그 분리의 이유는 알 수 없으나 예배 의식적인 이유로 본다(Rawlinson). "다윗의 시로 기념식에서 인도자를 따라 부르는 노래"는 '기념의 소제'(레 2:1-3)를 바칠 때에 부른 노래이다.

시 70:1. <다윗의 시로 기념식에서 인도자를 따라 부르는 노래> 하나님이여 나를 건지소서 여호와여 속히 나를 도우소서.

다윗은 '하나님이시여! 나를 너그럽게 보셔서 건져 주십시오. 주님이시여! 빨리 나를 도와주십시오'라고 기원한다. 40:13에는 "여호와여 은총을 베푸사 나를 구원하소서 여호와여 속히 나를 도우소서"라고 진술되어 있다. 40:13의 "여호와"가 여기서 "하나님이시여"로 바뀌었고 표현이 보다 간략해졌다. 40:13주해 참조. "속히"란 말이 하반절에 나타나 다윗이 오랫동안 구원을 갈망해 온 사실을 알 수 있다.

시 70:2. 나의 영혼을 찾는 자들이 수치와 무안을 당하게 하시며 나의 상함을 기뻐하는 자들이 뒤로 물러가 수모를 당하게 하소서.

본 절과 맞먹는 40:14은 "내 생명을 찾아 멸하려 하는 자는 다 수치와 낭패를 당하게 하시며 나의 해를 기뻐하는 자는 다 물러가 욕을 당하게 하소서"라고 진술되어 있다. 다윗은 본 절에서 '내 생명을 찾는 자들이 수치와 낭패를 당하게 하시며, 내가 망하기를 바라는 사람들이 뒤로 물러가 치욕을 받게 하소서'라고 기원한다. 40:14주해를 참조하라.

시 70:3. 아하, 아하 하는 자들이 자기 수치로 말미암아 뒤로 물러가게 하소서.

본 절과 맞먹는 40:15은 "나를 향하여 하하 하하 하며 조소하는 자들이 자기 수치로 말미암아 놀라게 하소서"라고 진술되어 있다. 40:15주해를 참조하라.

시 70:4. 주를 찾는 모든 자들이 주로 말미암아 기뻐하고 즐거워하게 하시며 주의 구원을 사랑하는 자들이 항상 말하기를 하나님은 위대하시다 하게 하소서.

본 절과 맞먹는 40:16은 "주를 찾는 자는 다 주 안에서 즐거워하고 기뻐하게 하시며 주의 구원을 사랑하는 자는 항상 말하기를 여호와는 위대하시다 하게 하소서"라고 진술되어 있다. 역시 몇 낱말의 변동뿐이다. 40:16주해를 참조하라.

시 70:5. 나는 가난하고 궁핍하오니 하나님이여 속히 내게 임하소서 주는 나의 도움이시요 나를 건지시는 이시오니 여호와여 지체하지 마소서.

본 절과 맞먹는 40:17은 "나는 가난하고 궁핍하오나 주께서는 나를 생각하시오니 주는 나의 도움이시요 나를 건지시는 이시라 나의 하나님이여 지체하지 마소서"라고 진술되어 있다. 40:17절을 본 절과 비교해 볼 때 "하나님"이란 낱말이 "여호와"로 바뀐 것뿐이다. 40:17주해를 참조하라.

제 71 편 노년을 위한 기도

본편의 저자에 대하여 여러 견해들이 열거되고 있다. 1) 예레미야의 저작일 것이라는 견해(Delitzsch). 델리취의 견해에 대하여 리델보스(Ridderbos)가 반대하는 이유는 21절에 "나를 더욱 창대하게 하시고 돌이키사 나를 위로하소서"라는 말은 선지자의 말이라기보다는 임금의 말일 것이라고 주장한다. 2) 이스라엘의 회중일 것이라는 견해(Kittel, Staerk). 그러나 이 학설은 성립되기가 어렵다. 이유는 5절의 "내가 어릴 때부터"라는 말, 9절의 "늙을 때에"란 말 등이 어떤 개인을 지칭하기 때문이다. 3) 다윗일 것이라는 견해(LXX, Kay, Hengsternberg, 박윤선, 이상근). 위의 견해들 중 3)번의 견해가 가장 타당할 것으로 보인다. 본편의 내용은 1) 기도(1-13절). 2) 찬미(14-24절)로 구성되어 있다.

1-13절. 노년에 이른 다윗이 기도하다.

시 71:1. 여호와여 내가 주께 피하오니 내가 영원히 수치를 당하게 하지 마소서.

본편의 1-3절은 31:1-3과 거의 같다. 다윗은 '주님이시여! 내가 주께 피하오니, 내가 결코 수치를 당하지 않게 하소서'라고 애원한다. 다윗은 하나님을 피난처로 삼고 주님께 의지하니 이 의뢰가 헛되지 않게 해 주십사고 애원하는 것이다. 본 절 주해를 위해 31:1주해를 참조하라.

시 71:2. 주의 공의로 나를 건지시며 나를 풀어 주시며 주의 귀를 내게 기울이사 나를 구원하소서.

다윗은 '주님은 의로우시니 주님의 의(義)로 건져 주십시오. 나에게로 귀를 기울이셔서 나를 구원해 주십시오'라고 기원한다. 여기 "주의 공의로"란 말은 '주님의 의로우심으로'란 뜻이다. 주님은 우리를 구원하시되 불의한 방법이나 강제적으로 하시지 않고 반드시 그의 의로우심으로 하신다. 그러므로 고난 받는 가운데서 하나님의 구원을 받고자하는 자는 그 고난을 받아 마땅한 특별한 죄는 없어야 한다. 만일 그에게 무슨 죄가 있다면 그는 그것을 진실하게 자복해야 한다(박윤선). 하나님은 신적인 목적을 위해 반드시 신적인 방법을 쓰신다. 불의한 방법으로 구원하시지는 않는다(31:1b-2 참조). 우리는 하나님을 향하여 우리의 구원을 호소할 때 주님의 공의로 구원하시기를 기도해야 한다.

시 71:3. 주는 내가 항상 피하여 숨을 바위가 되소서 주께서 나를 구원하라 명령하셨으니 이는 주께서 나의 반석이시요 나의 요새이심이니이다(Be to me a rock of refuge, to which I may continually come; you have given the command to save me, for you are my rock and my fortress-ESV)**.**

다윗은 '주님은 내가 항상 피하여 숨을만한 바위가 되어 주소서. 주님께서 다윗을 그 고난 받는 중에서 구원하시기로 결정하셨으니 바위가 되어 주십시오. 이는 주님께서 나의 반석이 되시고 나의 요새가 되시기 때문입니다'라고 기원한다.

"주께서 나를 구원하라 명령하셨으니"란 말은 '주님께서 다윗을 그 고난 받는 중에서 구원하시기로 결정하셨으니'란 뜻이다. 인간의 명령은 실행되지 않는 경우가 많으나 하나님의 명령은 반드시 다 실행된다.

그리고 "주께서 나의 반석이시요 나의 요새이심이니이다"란 구절 앞에는 이유를 뜻하는 "왜냐하면"(כִּי)이란 말이 나와 있어 '주님께서 나의 반석이시고 나의 요새이시기 때문에 내가 항상 숨을만한 바위가 되어 주시라'는 기도를 드리는 것이다. 주님의 별명은 "나의 반석이시고 나의 요새"이시다.

시 71:4. 나의 하나님이여 나를 악인의 손 곧 불의한 자와 흉악한 자의 장중에서 피하게 하소서.

다윗은 '나의 하나님이시여! 나를 악인의 손 곧 불의한 자와 흉악한 폭력배의 손에서 피하게 해주십시오'라고 기도를 드린다. 본 절의 "흉악한 자"란 말은 앞에 나온 말, 즉 "악인"이란 말, "불의한 자"라는 말을 설명해

준다. 누구든지 흉악한 자에게 걸리지 않아야지 일단 걸리면 하나님의 도움 없이는 도무지 빠져나오지 못한다.

시 71:5. 주 여호와여 주는 나의 소망이시요 내가 어릴 때부터 신뢰한 이시라.

다윗은 '주 여호와시여! 참으로 주님은 나의 소망(39:7)이시고, 내가 어릴 때부터 믿어온 분(40:4)이십니다'라고 말한다. 다윗은 어려서부터 하나님을 믿어왔고 지금 늙어서도(9, 17-18절) 역시 하나님을 의지하고 있다. 그러므로 그는 어떤 어려움을 만나도 걱정이 없는 것이다.

시 71:6. 내가 모태에서부터 주를 의지하였으며 나의 어머니의 배에서부터 주께서 나를 택하셨사오니 나는 항상 주를 찬송하리이다(Upon you I have leaned from before my birth; you are he who took me from my mother's womb. My praise is continually of you-ESV).

다윗은 '나는 모태에서부터 주님을 의지했고, 주님께서 나를 모친의 태에서 나오게 하셨으니, 내가 언제나 주님을 찬양합니다'라고 말한다. 다윗은 그의 어릴 때부터가 아니라 어머니의 뱃속에 있을 때부터(22:10참조), 또 태에서 나온 후에도 주님이 다윗을 붙드셨고 보호하셨다는 것이다. 그런 고로 다윗은 항상 주님을 찬송한다는 것이다.

시 71:7. 나는 무리에게 이상한 징조 같이 되었사오나 주는 나의 견고한 피난처시오니.

다윗은 '내가 하나님의 총애의 대상이 되니 많은 사람들이 나를 이상히 여겨 비난의 표적으로 삼았으나, 주님께서는 지금까지 나의 견고한 피난처가 되어 주셨습니다'라고 고백한다.

시 71:8. 주를 찬송함과 주께 영광 돌림이 종일토록 내 입에 가득하리이다.

다윗은 '주님을 찬양하는 일과 주님의 영광을 선포하는 일이 온종일 내 입에 가득합니다'라고 말한다. 이 두 가지 일로 다윗은 역경을 잘 넘어갔던 것이다.

시 71:9. 늙을 때에 나를 버리지 마시며 내 힘이 쇠약할 때에 나를 떠나지 마소서.

다윗은 '내가 늙어진 때에 나를 버리지 마시며, 내 기력이 쏙 빠질 때 나를 떠나지 마소서'라고 말한다. 다윗은 어머니의 태중에서부터 여호와를 신뢰해 왔는데 이제 아무래도 늙어가는 자신을 느끼면서 늙어 기운이 쇠약할 때를 생각하면서 미리 기도하는 것이다. 젊은이들이 늙은 때를 생각하고 기도하면 참으로 이상적일 것이다.

시 71:10. 내 원수들이 내게 대하여 말하며 내 영혼을 엿보는 자들이 서로 꾀하여.

다윗은 '자신이 늙어가는 때 다윗의 원수가 다윗에게 대해 수근거리며, 다윗의 생명을 엿보는 사람들이 함께 모여 다윗을 죽이려고 모의한다'고 말한다. 그러나 사람이 아주 약해졌을 때에도 원수들을 얼마든지 처치할 수 있다. 이유는 늙으면 약해진 때인데 우리가 약할 때 주님이 더욱 강하게 역사해 주시니 말이다(고후 12:9).

시 71:11. 이르기를 하나님이 그를 버리셨은즉 따라 잡으라 건질 자가 없다 하오니.

다윗은 '원수들의 말을 들어보면 하나님께서 다윗을 버리셨은즉 다윗을 따라 잡아서 처치해라. 건질 자가 없을 것이라고 한다는 것이다'(삼하 17:1-3 참조)고 말한다.

시 71:12. 하나님이여 나를 멀리 하지 마소서 나의 하나님이여 속히 나를 도우소서.

다윗은 '하나님이시여! 나를 멀리하지 마소서. 나의 하나님이시여! 속히 나를 도우소서'라고 애원한다(22:19; 35:22).

시 71:13. 내 영혼을 대적하는 자들이 수치와 멸망을 당하게 하시며 나를 모해하려 하는 자들에게는 욕과 수욕이 덮이게 하소서.

다윗은 '나의 생명을 대적하는 자들이 수치와 멸망을 당하게 해주시고, 나를 해하려는 자들이 비방과 치욕으로 덮이게 하소서'라고 기원한다(35:4; 40:14; 70:2). 이 때 다윗의 원수들은 다윗 개인의 적이 아니라 공적이었고 더욱이 이들은 하나님을 대적하는 하나님의 적이었으니 다윗이 이렇게 저주를 퍼부을만하다.

14-24절. 노년에 이른 다윗이 자신의 기도가 응답되고 구원의 확신을 얻게 되어 다윗은 이제 찬미한다.

시 71:14. 나는 항상 소망을 품고 주를 더욱더욱 찬송하리이다.

다윗은 '나는 항상 소망을 품고(자신은 구원을 받고 원수들은 실패하리라는 소망)을 품고 주님을 더욱더욱 찬송하겠다'고 말한다. 소망이 근원이 되고 그 소망에서 찬송이 나오는 것이다.

시 71:15. 내가 측량할 수 없는 주의 공의와 구원을 내 입으로 종일 전하리이다.

다윗은 '내가 그 뜻을 다 헤아릴 수는 없지만 주님의 의로우심과 구원하심을 내 입으로 종일 전하겠습니다'라고 말한다. 우리가 종일 할만한 일은 주님의 의로우심과 구원하심을 전하는 일이다.

시 71:16. 내가 주 여호와의 능하신 행적을 가지고 오겠사오며 주의 공의만 전하겠나이다(With the mighty deeds of the Lord GOD I will come, I will remind them of your righteousness, yours alone-ESV)**.**

다윗은 '내가 주 여호와의 능력을 가지고 오직 주님의 의, 곧 주님만 사람들에게 선포하겠습니다'라고 말한다. 다윗은 주님의 구원의 능력을 가지고 다니면서 누구를 만나든 여호와의 의(義)를 전하겠다고 말한다. 우리는 항상 여호와께서 행하신 십자가 구원을 전할 준비에 익숙해야 할 것이다.

시 71:17. 하나님이여 나를 어려서부터 교훈하셨으므로 내가 지금까지 주의 기이한 일들을 전하였나이다.

다윗은 자신이 여호와의 능하신 행적을 전했는데(16절) 그가 그렇게 한 이유가 본 절에 진술되고 있다. 그것은 바로 하나님께서 다윗을 어려서부터 교훈하셨기에 이 나이가 되도록 주님의 기이한 일들을 전했다고 말한다. 어려서부터의 교육은 아주 중요한 것이다.

시 71:18. 하나님이여 내가 늙어 백발이 될 때에도 나를 버리지 마시며 내가 주의 힘을 후대에 전하고 주의 능력을 장래의 모든 사람에게 전하기까지 나를 버리지 마소서.

다윗은 다시 노년을 위해 기도한다(9절 참조). 즉, 다윗은 '하나님이시여! 내가 늙어 백발이 될 때에도 나를 버리지 마시며, 내가 주님의 힘을 이 세대에게 전하고, 주님의 능력을 장차 올 모든 세대들에게 전하기까지 나를 버리지 마소서'라고 말한다.

시 71:19. 하나님이여 주의 공의가 또한 지극히 높으시니이다 하나님이여 주께서 큰일을 행하셨사오니 누가 주와 같으리이까.

다윗은 '하나님이시여! 주님의 의로우심이 저 하늘 높은 곳까지 미칩니다. 하나님이시여! 주님께서 위대한 일을 하셨으니, 누가 주님과 같겠습니까?'라고 말한다. 여기 "주의 공의가 또한 지극히 높으시니이다"란 말은 '하나님의 의가 지극히 높아서 인간의 의가 감히 따르지 못한다'는 뜻이다(7:7; 10:5; 18:16). 그리고 "주께서 큰일을 행하셨사오니 누가 주와 같으리이까?"라는 말은 '주님께서 큰일을 행하셨으니 인간은 아무도 그런 일을 흉내도 내지 못한다'는 뜻이다(35:10; 89:6, 8). 우리는 하나님께서 큰일을 행하신 것을 알고 얼마나 자부심을 느끼는지 모른다.

시 71:20. 우리에게 여러 가지 심한 고난을 보이신 주께서 우리를 다시 살리시며 땅 깊은 곳에서 다시 이끌어 올리시리이다.

다윗은 '주님께서 나에게 여러 가지 고난과 재난을 겪게 하셨지만 내 생명을 다시 회복시키시고, 땅속 깊은 곳에서 나를 다시 끌어 올리십니다'라고 말한다. 다윗은 자신이 겪은 고난도 그리고 현재의 구원도 모두 하나님께서 주신 것으로 믿고 있다. 과거의 고난은 하나님께서 다윗을 단련시키시기 위함이요, 현재의 구원은 하나님께서 다윗에게 사랑하심을 보이시기 위함이었다.

시 71:21. 나를 더욱 창대하게 하시고 돌이키사 나를 위로하소서.

다윗은 '하나님이시여! 나를 더욱 창대하게 만들어 주시고 돌이키셔서 나를 위로해 주십시오'라고 기도한다. 일단 하나님께서 다윗을 구원해 주셨으니 다윗 자신을 큰 인물 되게해 주십사 하는 것이고, 또 위로해 주시라는 요청이다(대상 29:28).

시 71:22. 나의 하나님이여 내가 또 비파로 주를 찬양하며 주의 성실을 찬양하리이다 이스라엘의 거룩하신 주여 내가 수금으로 주를 찬양하리이다(I will also praise you with the harp for your faithfulness, O my God; I will sing praises to you with the lyre, O Holy One of Israel-ESV**).**

다윗은 '나의 하나님이시여! 주님의 성실함을 인하여 내가 비파로 주님을 찬양합니다. 이스라엘의 거룩하신 분이시여! 내가 수금으로 주님을 찬송하겠습니다'라고 말한다. 다윗은 입으로 주님을 찬송하고, 이제는 비파와 수금으로 주님을 찬양하겠다는 것이다(32:2 주해 참조). 본 절의 "이스라엘의 거룩하신 주"라는 말은 '이스라엘의 구별되신 주'란 뜻으로 이사야가 쓰는 특징적 용어이다. 이 낱말은 이사야의 신관을 대언하는 말로 이사야의 글에 31회 출현한다.

시 71:23. 내가 주를 찬양할 때에 나의 입술이 기뻐 외치며 주께서 속량하신 내 영혼이 즐거워하리이다.

다윗은 '내가 주님을 찬양할 때에 내 입술은 흥겨운 노래로 가득 차고, 주님께서 속량하여 주신 내 영혼이 즐거워할 것입니다'라고 말한다. 다윗은 주님을 찬양할 때에 자신의 입술과 영혼이 주님을 찬양할 것이라고 말한다. "속량하여 주신 내 영혼이 즐거워하리라"는 말은 그 찬양의 시기가 주님의 구속을 받았을 때임을 표시한다.

시 71:24. 나의 혀도 종일토록 주의 공의를 작은 소리로 읊조리오리니 나를 모해하려 하던 자들이 수치와 무안을 당함이니이다(And my tongue will talk of your righteous help all the day long, for they have been put to shame and disappointed who sought to do me hurt-ESV)**.**

다윗은 '또한 내 혀가 종일토록 주님의 의를 말할 것입니다. 이는(yK) 나를 해하려던 자들이 수치와 치욕을 당하였기 때문입니다'라고 말한다. 노래로 하나님을 찬송하는 것은 수시로 하는 것이지만 다윗이 하나님의 의를 증언하는 일은 쉬지 않고 온 종일 계속하겠다는 것이다(15절 참조). 이유는 다윗을 모해하던 적들이 수치와 무안을 당했기 때문이라는 것이다(35:4; 40:14; 70:2 참조). 우리는 하나님의 의를 쉬지 말고 증언해야 하는 것이다.

제 72 편 이상적 임금의 통치

제 2권의 마지막에 있는 본편은 솔로몬 치세를 이상화한 시(詩)로서 여호와의 통치와 더 나아가 메시아 왕국의 통치의 그림자를 보이고 있다. 본편의 저작 시기에 관한 견해는 여러 가지이다. 1) 므낫세 왕과 같은 악한 왕이 나라를 다스릴 때 지은 시(詩)일 것이라는 견해(Boehl). 2) 마카비(Maccabee) 시대에 지은 시일 것이라는 견해(Duhm). 3) 탈레미(Ptolemy) 시대의 산물일 것이라는 견해(Hitzig, Wellhausen). 4) 요시야 왕의 시대의 산물일 것이라는 견해(Kittel). 5) 표제의 내용이 솔로몬과 관련되어 있으니 솔로몬 시대에 지은 시일 것이라는 견해(J Ridderbos, 박윤선). 위의 여러 견해 중 5)번의 견해가 옳은 것으로 본다. 19b를 참조하라.

본 시편은 솔로몬과 같은 인간 왕을 메시아의 모형으로 생각하여 저술되었을 것이라고 보는 것이 옳으며 특별히 삼하 2:7은 다윗의 후손 중에서 이스라엘 왕이 될 것을 예언한 동시에 장차 오실 메시아를 보여주었다는 점에서 솔로몬과 같은 인간 왕을 메시아의 모형으로 생각하여 저술되었을 것이라고 보는 것이 옳을 것이다(박윤선).

본편의 내용은 1) 이상적 임금의 인격(1절). 2) 왕의 의로운 통치(2-7절). 3) 왕의 세계적 통치(8-14절). 4) 왕에 대한 찬송(15-17절). 5) 송영(18-20절)으로 구성되어 있다.

표제의 "솔로몬의 시"(לִשְׁלֹמֹה)란 말은 1) '솔로몬이 쓴 시'라는 견해(RSV, Rawlinson). 2) '솔로몬을 위한 시'(LXX, Vulgate, AV, Aben Ezra, Kimchi, Delitzsch, 박윤선, 이상근)라는 견해. 위의 두 가지 견해 중 2)번의 견해가 바른 것으로 보인다. 후자의 경우가 옳다면 그 저자는 1) 다윗의 궁중 시인 중 한 사람일 것이라는 견해. 2) 다윗 자신일 것이라는 견해. 위의 견해 중 2)번의 견해가 더 타당한 것으로 본다. 본편은 다윗이 솔로몬을 위한 기도를 드리고 있는 것으로 보는 것이 바람직하다.

1절. 이상적 임금의 인격.

시 72:1. <솔로몬의 시> 하나님이여 주의 판단력을 왕에게 주시고 주의 공의를 왕의 아들에게 주소서.

이상적 임금은 하나님으로부터 은혜를 받아 의의 표준대로 나라를 다스리는 왕이다. 즉, 다윗은 '하나님이시여! 주님의 판단력을 왕(솔로몬 왕)에게 주시고, 주님의 의를 왕의 아들(솔로몬)에게 주소서'라고 기도한다. 여기 "판단력"(מִשְׁפָּטֶיךָ)이란 말은 '통치권'이란 뜻이다. 하나님의 심판은 "공의의 심판"이어야 한다. 솔로몬은 왕이고 또 왕의 아들로 다윗 왕의 상속자이다. 다윗은 솔로몬에게 하나님의 심판권을 주셔서 하나님의 공의를 따라 바르게 심판(통치)할 수 있게 해주시라고 기도한다. 이 이상적 통치는 메시아 왕국에서 메시아를 통해 실현되는 것이다(이상근).

2-7절. 왕의 의로운 통치.

시 72:2. 그가 주의 백성을 공의로 재판하며 주의 가난한 자를 정의로 재판하리니.

다윗은 하나님을 향하여 '솔로몬이 의(義)로 주님의 백성을, 공의로 주님의 가난한 사람들(서민들)을 판결할 것이니 주님의 통치권을 주십시오'라고 기원한다.

시 72:3. 공의로 말미암아 산들이 백성에게 평강을 주며 작은 산들도 그리하리로다.

다윗은 '하나님께서 솔로몬 왕에게 통치력을 주시면 솔로몬의 공의의 통치로 말미암아 산들도 복되어 백성에게 평강을 주며 작은 언덕들도 복을 받아 백성들에게 평강을 줄 터이니 왕에게 통치력을 주시라'고 기원한다.

시 72:4. 그가 가난한 백성의 억울함을 풀어 주며 궁핍한 자의 자손을 구원하며 압박하는 자를 꺾으리로다.

다윗은 '솔로몬이 서민들의 억울한 일을 풀어주며(사 1:23; 렘 5:28; 슥 7:10) 가난한 자의 자손을 가난에서 구원해 주며 또 압박당하는 자를 꺾어줄 것이라'(12:5; 욥 27:13; 사 16:14)고 말한다. 이상적인 왕은 가난한 백성과 궁핍한 자의 자손들의 문제들을 해결해주고 그리고 압박하는 자를 꺾어 주는 일을 잘 하는 왕이다.

시 72:5. 그들이 해가 있을 동안에도 주를 두려워하며 달이 있을 동안에도 대대로 그리하리로다.

다윗은 '왕이 가난한 백성과 궁핍한 자의 자손을 구원해주며, 압박당하는 자들의 문제를 해결해 주면 그들이 밤과 낮 가릴 것 없이 주야로 그리고 대대로 영원히 주님을 두려워할 것이라'고 말한다. 이상적 왕 한 사람의 통치력은 대단한 것인데 이 예언 역시 메시아 왕국에서 실현되는 것이다(삼하 7:13-16).

시 72:6. 그는 벤 풀 위에 내리는 비 같이, 땅을 적시는 소낙비 같이 내리리니.

다윗은 '의로운 임금의 통치력으로 인한 은혜는 베어 낸 풀 위에 비같이 내려오며, 땅을 적시는 소나기같이 될 것이라'고 말한다. 목장의 풀을 벤 후에 내리는 단비처럼 가물던 대지에 소낙비가 내림 같이 왕의 의의 통치력으로 말미암은 은혜는 백성들에게 큰 복으로 임해서 백성들은 모두 하나님에게 감사한다는 것이다.

시 72:7. 그의 날에 의인이 흥왕하여 평강의 풍성함이 달이 다할 때까지 이르리로다.

다윗은 '솔로몬이 통치하는 날에 의인이 흥왕하여 평강의 풍성함이 달이 다할 때까지(영원히) 계속할 것이라'고 말한다. 다시 말해 메시아 왕국의 영원한 평화가 임할 것이라는 말이다.

8-14절. 왕의 세계적 통치.

시 72:8. 그가 바다에서부터 바다까지와 강에서부터 땅 끝까지 다스리리니.

본 절은 하나님께서 아브라함에게 약속하신대로 이루어진 것이다(창

15:18). 즉, 다윗은 '솔로몬 왕이 바다에서부터 바다까지와 강(유브라데 강)에서부터 땅 끝까지 통치하게 될 것이라'고 말한다. 이 약속의 말씀은 다윗과 솔로몬 시대에 이루어졌다고 볼 수 있다. 그러나 이 말씀은 예수 그리스도로 말미암아 이루어질 메시아 왕국을 가리키는 영적 의미를 가진다(슥 9:10).

시 72:9. 광야에 사는 자는 그 앞에 굽히며 그의 원수들은 티끌을 핥을 것이며.

다윗은 '광야에 사는 미개한 민족들은 솔로몬 왕에게 정복당한 자가 되어 허리를 굽히게 되고(74:14; 사 23:13), 그의 원수들은 솔로몬 왕에게 정복된 표시로 땅바닥을 핥을 것이라'고 말한다.

시 72:10. 다시스와 섬의 왕들이 조공을 바치며 스바와 시바 왕들이 예물을 드리리로다.

다윗은 '다시스(길리기아에서 서반아에 이르는 해안 지방)와 섬(지중해 섬들)의 왕들이 솔로몬 왕에게 조공을 바치며, 스바(아라비아 만내에 있는 지역)와 시바(아라비아의 동남에 있었던 지역) 왕들이 솔로몬 왕에게 예물을 드릴 것이라'고 말한다. 8-10절의 말씀은 솔로몬 왕 시대에 이루어졌지만(왕상 4:24; 10:23), 그러나 이 말씀들은 많은 민족들이 그리스도에게 돌아올 것을 간접적으로 예언한 것이다(박윤선). 과연 이 예언대로 지금 신약 시대에 이루어지고 있다.

시 72:11. 모든 왕이 그의 앞에 부복하며 모든 민족이 다 그를 섬기리로다.

다윗은 '모든 왕이 솔로몬 왕 앞에 엎드리고, 모든 민족이 솔로몬을 섬길 것이라'고 말한다. 본 절은 솔로몬에게서 일부 성취되었고 장차 메시아에게서 완전히 성취될 것이다(사 49:7, 23; 60:3-14; 계 19:6).

시 72:12. 그는 궁핍한 자가 부르짖을 때에 건지며 도움이 없는 가난한 자도 건지며.

본 절부터 16절까지의 말씀은 3, 4절을 다시 진술한 것이다. 히브리어 문장에서는 어떤 중요한 것은 거듭 말하는 것들이 있다. 즉, 다윗은 '솔로몬 왕은 궁핍한 자들이 부르짖을 때 그 사람들을 건지고, 도울 사람 없는 가난한 사람을 구할 것이라'고 말한다.

시 72:13. 그는 가난한 자와 궁핍한 자를 불쌍히 여기며 궁핍한 자의 생명을 구원하며.

다윗은 '솔로몬 왕은 가난한 서민들과 궁핍한 자들을 불쌍히 여기며 궁핍한 자들의 생명을 구해줄 것이라'고 말한다. 4절 주해 참조.

시 72:14. 그들의 생명을 압박과 강포에서 구원하리니 그들의 피가 그의 눈앞에서 존귀히 여김을 받으리로다.

다윗은 '솔로몬 왕은 압제와 폭력에서 고생하는 자들을 건지고, 그들의 피를 귀히 여길 것이라'고 말한다. 본 절의 주해를 위해 4절 하반절을 참조하라. 특히 본 절은 메시아 왕국에서 실현될 것이다.

15-17절. 왕에 대한 찬송.

시 72:15. 그들이 생존하여 스바의 금을 그에게 드리며 사람들이 그를 위하여 항상 기도하고 종일 찬송하리로다.

다윗은 '솔로몬 왕이 살아 있는 동안 스바 여왕이 그에게 금을 바치며(왕상 10:1-2, 10; 겔 27:22), 백성이 그를 위해 항상 기도하고, 온종일 그를 위해 복을 빌 것이라'고 말한다.

시 72:16. 산꼭대기의 땅에도 곡식이 풍성하고 그것의 열매가 레바논 같이 흔들리며 성에 있는 자가 땅의 풀 같이 왕성하리로다.

메시아 왕국의 풍요함을 진술한다. 즉, 다윗은 '땅에 곡식이 풍성하고, 산꼭대기에도 곡식이 물결치며, 그 열매가 레바논 같고 성읍에 있는 사람들이 땅의 풀처럼 번성할 것이라'고 말한다. 히브리 문헌은 어떤 중요한 점에 대하여 강조하기 위하여 거듭 진술하는 수가 있다.

시 72:17. 그의 이름이 영구함이여 그의 이름이 해와 같이 장구하리로다 사람들이 그로 말미암아 복을 받으리니 모든 민족이 다 그를 복되다 하리로다.

다윗은 '이상적인 왕의 수한은 영원하여 하늘의 해와 같이 장구하리라(45:2, 6; 102:12; 사 9:7)'. 그리고 세계 만민은 그 이상적 왕을 인하여 복을 받을 것이라'고 말한다. 하나님은 아브라함에게 그렇게 말씀하셨다(창 12:3; 17:4, 8; 22:18; 26:4). 그리고 세계 만민은 그를 "복되다"고 찬송하는 것이다.

18-20절. 송영. 이 부분(18-20절)은 본편의 결론인 동시에 시편 제 2권(42-72편)의 결론으로 하나님을 찬송한다.

시 72:18. 홀로 기이한 일들을 행하시는 여호와 하나님 곧 이스라엘의 하나님을 찬송하며.

다윗은 '홀로 기이한 일들을 하시는 여호와 하나님, 곧 이스라엘의 하나님을 송축하라'라고 말한다. 하나님은 참으로 홀로 놀라운 이적과 기사를 행하신다(86:8, 10; 욥 5:9). 이 하나님은 이스라엘을 미리 택하셔서 그들의 하나님이 되셨다. 이 이스라엘의 하나님께 홀로 찬송과 영광을 돌려야 할 것이다(41:13; 89:52; 106:48).

시 72:19. 그 영화로운 이름을 영원히 찬송할지어다 온 땅에 그의 영광이 충만할지어다 아멘 아멘(Blessed be his glorious name for ever; may his glory fill the whole earth! Amen and Amen!)**.**

다윗은 '그분의 영화로우신 이름을 영원히 송축하라. 온 땅에 그분의 영광이 충만할 지어다'라고 말한다. 하나님의 이름을 영원히 송축해야 할 이유는 이상적 임금과 그 임금의 정치의 원인자는 하나님이시기 때문이다. 여호와의 영화로운 이름은 영원히 찬송을 받아야 할 것이고, 공간적으로 온 땅에 충만해야 할 것이다. 이 약속은 일찍이 하나님께서 친히 하신 바이다(민 14:21). "아멘 아멘"이란 말은 '진실로, 진실로 그러하다'라는 뜻이다. 이 말은 구약에서 선언할 때 사용되었고(왕상 1:36; 렘 28:6), 또 예배 시에 기도가 응답되기를 원하여 사용되었다(106:48; 느 8:6).

시 72:20. 이새의 아들 다윗의 기도가 끝나니라.

본 절은 편집자에 의해 첨가된 것이다(Delitzsch, Rawlinson, 이상근). 똑같은 부기의 말이 욥 31:40("욥의 말이 그치니라")에 있다. 이런 부기들은 저자 이외에 다른 편집자가 부기했음을 보여주는 것이다. 이 부기가 72편 전체를 위해 쓴 것이라면 72편 전체는 다윗이 저작한 것으로 보는 것이다.

제 3 권 아삽의 시 73-89편

저자는 제 3권의 17편 중 아삽[8]의 시(詩)가 계속해서 11편 나타나고(73-83편), 그 외에는 고라[9] 자손의 시가 4편, 다윗과 에단의 시가 1편씩

---

8) 아삽: 레위인 베레갸의 아들이다. 그는 게르손 자손으로서 레위인이며, 다윗과 솔로몬왕 때 찬송하는 직무를 맡은 악사의 우두머리이다(대상 6:39). 그는 언약궤를 옮길 때 제금을 치며 여호와께 찬양하였다(대상 16:4-6). 그는 열 두 개의 시편의 저자로 여겨지며(아삽의 시), 선견자 아삽과 같은 인물로 생각된다(대하 29:30). 그의 자손들이 찬송하는 직무를 맡았으며(대상 25:1; 대상 25:2), 포로에서 귀환하였고(스 2:41; 느 7:44), 성전 기공식 때 제금을 들고 찬양하였다(스 3:10). 또 예루살렘 성벽 봉헌식 때에는 나팔을 부는 직무를 맡았다(느 12:35).

9) 고라: 구약성경에서 이 이름을 가진 사람은 두 사람이다. 1. 에돔 사람 에서의 아들 고라. 그는 에서의 첩 오홀리바마(히위 족속)의 소생이다(창 36:5, 14, 18; 대상 1:25). 2. 고핫 자손인 고라. (a) 고라는 고핫 자손 이스할의 아들이며(출 6:21, 24), 모세와 아론에 대한 반역을 지도하였으며(민 16:1-3), 모세로 부터 경고를 받고(민 16:4-27), 그 무리와 함께 멸망당했다(민 16:28-35). 그러나 고라의 아들은 죽지 아니하였다(민 26:9-11). 고라와 그 무리들이 반역한 이유. 고라는 아론의 자손들만 제사장이 되는 특권과 그들만이 존경을 받는 절대적 위치에 있는 것에 대해 질투와 시기로 가득 차 있었기 때문으로 여겨진다.

나타난다. 제 3권의 내용은 국민적 애국 시들이고, 하나님은 언제나 심판자로 나타나시며, 또 친히 말씀하시는 경우가 많다(이상근). 하나님의 명칭은 "하나님, אֱלֹהִים"이다(제 1권에는 하나님의 이름이 여호와이다). 하나님과 이스라엘인의 관계가 극히 강조되어 있다.

제 73 편 왜 악인이 형통 하는가

본편의 저작 시기에 관해서는 여러 견해들이 있다. 1) 저자의 병이 나은 후에 감사해서 부른 노래라는 견해(Mowinckel). 그러나 이 견해는 성립될 수가 없다. 이유는 본 시편에 병에 대한 언급이 일체 없기 때문이다. 2) 포로 후에 저작되었다는 견해(Gunkel). 3) 포로 전 시대에 저술되었다는 견해(Eerdmans). 본편의 내용을 살필 때 3)번의 견해가 옳은 것으로 보인다.

본 시편은 욥(욥 21:7-15)이나 하박국(합 1:2-4)처럼 악인의 형통에 대한 고민을 해결한데서 오는 확신을 노래한 것이다. 즉, 악인의 형통(1-11절), 거기에 대한 고민(12-17절), 및 그 해결(18-28절)로 구성되어 있다. 이 시편은 세상에서 되어가는 일들을 어떻게 하나님의 도덕적 섭리와 조화시킬 것인가 하는 문제를 취급한다. 시인은 이 문제를 자기 자신의 지식으로 하지 않고 오직 신앙으로 해결했다(17절, 박윤선).

"아삽의 시"는 모두 12편이며, 그 중 한편은 제 2권에 편입되었고(제 50편), 그 외 11편은 제 3권에 모여 있다. 아삽은 다윗의 악장의 한 사람이었고, 또 그 수석이었다(대상 25:1). 고라의 시가 "고라 자손의 시"라 불린데

당시 모세는 모든 일반 업무에 관해 최고의 권위를 가지고 있었으며 이스라엘 전체 민족을 다스리는 모든 권세가 모세와 아론에 의해 관할되고 운영된 것 같다. 또 고라와 그 일당들 마음속에 특별히 불평을 품은 것은 그들이 제사장 직분에서 완전히 제외된 것이다. 그들은 똑 같은 레위인이면서도 언제나 성막을 쓸고 손보는 천한 일에만 종사하는 것에 대해 불평을 품은 것이다. 그래서 고라는 다단과 아비람과 온과 더불어 당을 짓고 모세와 아론 앞에 나타나서 정당하게 다른 사람도 참여하여 누려야 할 특권과 직능을 자기들만이 독점하고 찬탈하고 있다고 공격적인 말로 두 사람을 비난하며 반역했다(민 16:1-3). (b) 고라의 자손(출 6:24; 대상 6:33-38) 중에서 어떤 자들은 다윗의 용사들이 되었으며(대상 12:6), 어떤 자들은 성전 봉사에 관한 직분을 맡았으며(대상 9:19-31), 어떤 자들은 음악가들이 되고(대상 6:22-32), 어떤 자들은 시편을 기록하였다(시 42편).

대해 아삽의 경우는 단순히 "아삽의 시"라고 한 것은 그가 현저한 존재였음을 나타낼 것이다(이상근). 또 아삽은 단순히 악인(樂人)만이 아니라 대단한 신앙인으로 "선견자"라 불렸다(대하 29:30). 본편의 내용은 1) 왜 악한 자들이 형통할까 하는 문제로 고민한다(1-14절). 2) 배교의 시험을 극복하다(15-28절).

1-14절. 왜 악한 자들이 형통할까 하는 문제로 고민하다.

시 73:1. <아삽의 시> 하나님이 참으로 이스라엘 중 마음이 정결한 자에게 선을 행하시나.

시인은 '하나님께서 참으로 이스라엘 중 마음이 정결한 자에게 선을 행하실 것은 분명하다'고 말한다. "마음이 정결한 자"에 대해 24:4주해 참조.

시 73:2. 나는 거의 넘어질 뻔하였고 나의 걸음이 미끄러질 뻔하였으니.

시인은 '그러나 나 자신은 마음에 시험을 받아 거의 넘어질 뻔했고 내 걸음걸음이 미끄러질 뻔 했다'라고 말한다. 시인이 그렇게 미끄러질 뻔한 이유는 악인의 형통을 보았기 때문이다(3절).

시 73:3. 이는 내가 악인의 형통함을 보고 오만한 자를 질투하였음이로다.

본 절 초두에는 이유를 말하는 접속사(כִּי)가 있어 본 절이 앞 절의 이유를 제공하고 있다. 시인이 미끄러질 뻔한 이유는 시인이 악인들이 형통한 것을 보고 또 오만한 자들이 잘 되는 것을 보고 질투했기 때문이었다. 악인들이 형통한 것을 보고 질투할 것이 못되는 것이다(37:1; 잠 3:31; 23:17; 24:1, 19). 본 절의 "악인"이란 말과 "오만한 자"란 말은 동의어로 사용되었다.

시 73:4. 그들은 죽을 때에도 고통이 없고 그 힘이 강건하며.

본 절부터는 악인들이 형통한 예들을 말한다. 첫째, 그들은 죽을 때에도 고통이 없다는 것이고, 둘째 그들은 죽기 전 살아 있는 동안에도 건강하게 지낸다는 것이다.

시 73:5. 사람들이 당하는 고난이 그들에게는 없고 사람들이 당하는 재앙도 그들에게는 없나니.

셋째, 악인들은 다른 사람들이 당하는 고난도 없고, 넷째, 다른 사람들이 당하는 재앙도 그들에게는 없다는 것이다(욥 21:8-10 참조).

시 73:6. 그러므로 교만이 그들의 목걸이요 강포가 그들의 옷이며.

악인들이나 오만한 자들이 세상에서 형통하니 그들은 세상에 사는 동안 항상 교만했고 항상 폭력적이었다는 것이다. 이들이 항상 교만했고 사람들을 대할 때마다 항상 폭력적이었다는 것은 마치 목걸이를 항상 띠고 다니고 또 옷을 항상 걸치고 다니는 것과 같다는 것이다. 목걸이를 벗어 놓지 않고 띠고 다니며 옷을 항상 걸치고 다니는 것처럼 악인들은 항상 교만했고 폭력적이었다.

시 73:7. 살찜으로 그들의 눈이 솟아나며 그들의 소득은 마음의 소원보다 많으며.

악인들은 형통하니 살이 쪄서 그들의 눈이 솟아나며(17:10; 욥 15:27) 또 그들의 소득은 생각보다 많았다.

시 73:8. 그들은 능욕하며 악하게 말하며 높은 데서 거만하게 말하며.

본 절은 악인들이 폭력적이라는 것을 실례로 들고 있다. 악인들은 약한 자들을 능욕하고 또 악독하게 말하며, 또 말에 항상 교만함이 흘렀다는 것이다.

시 73:9. 그들의 입은 하늘에 두고 그들의 혀는 땅에 두루 다니도다.

악인들의 "입을 하늘에 두었다"는 말은 저희가 하늘처럼 말한다는 뜻으로 남들을 모욕했다는 뜻이다. 그리고 "그들의 혀는 땅에 두루 다닌다"는 말은 '그들이 세상 사람들의 모든 일들을 두고 악담한다'는 것이다. 다시 말해 말참견을 하며 악담한다는 것이다.

시 73:10. 그러므로 그의 백성이 이리로 돌아와서 잔에 가득한 물을 다 마시며(Therefore the people turn and praise them; and find no fault in them-ESV).

악인들이 여러 모로 악한 행동을 하니 백성들이 악인들한테 돌아와서 악인들의 악한 사상을 그대로 받아 모방한다는 것이다.

시 73:11. 말하기를 하나님이 어찌 알랴 지존자에게 지식이 있으랴 하는도다.

여기 "말하기를"(And they say)이란 말은 악인들이 말한다는 뜻이다. 악인들이 말하기를 하나님께서 자기들이 악을 행하는 것을 어찌 아시겠는가(10:4, 11, 13). 지존 자이신 하나님에게 자신들이 행하는 것을 아는 지식이 있으실 것인가 하고 말한다. 그들은 스스로 자신들이 악한 일을 하는 것을 인정한 셈이다. 그러나 이런 인정은 성령님에 의한 인정은 아니고 그저 상식에 의한 인정에 지나지 않는다. 결국 그들은 회개에 이르지 못하고 있었다.

시 73:12. 볼지어다 이들은 악인들이라도 항상 평안하고 재물은 더욱 불어나도다.

시인은 본 절의 말씀이 너무 중요하다고 생각하여 "볼지어다"(הִנֵּה)라는 말로 시작한다. 즉, 시인은 악인들은 사실 악인들임에도 불구하고 항상 평안히 살고 있고, 재물은 예상 밖으로 불어나고 있다고 말한다(욥 21:7-15 참조).

시 73:13. 내가 내 마음을 깨끗하게 하며 내 손을 씻어 무죄하다 한 것이 실로 헛되도다.

시인은 '참으로 내가 내 마음을 깨끗이 한 것이 헛되었고, 내 손을 무죄하도록 한 것이 헛되었구나'라고 말한다. 이렇게 마음과 행실을 깨끗이 한 것이 헛될 줄은 몰랐다는 것이다.

시 73:14. 나는 종일 재난을 당하며 아침마다 징벌을 받았도다.

시인은 '나는 종일 재앙을 당했으며, 아침마다 징계를 받았다'고 말한다. 악인들은 악행들을 행하고도 아무런 고난이나 재앙을 받지 않고 사는데 시인 자신은 의롭게 살았는데도 종일 재앙을 당하며 아침마다 징벌을 받았으니 어찌 된 일인가 하는 것이었다.

15-28절. 배교의 시험을 극복하다.

시 73:15. 내가 만일 스스로 이르기를 내가 그들처럼 말하리라 하였더라면 나는 주의 아들들의 세대에 대하여 악행을 행하였으리이다(If I had said, “I will speak thus,” I would have been betrayed the generation of your children-ESV).

시인은 '나도 그들처럼 말하며 살고 싶었지만 그렇게 말했더라면 주님의 백성을 배신하는 일이었기에 말하지 아니했다'고 말한다. “내가 만일 스스로 이르기를 내가 그들처럼 말하리라 하였더라면”이란 말은 일종의 가정이다. 그런 결심이 있었으면 그것은 벌써 범죄였을 뻔 했다는 것이다. 그런 의미에서 아삽은 말하기를 “주님의 아들들의 세대에 대하여 악행을 행하였으리이라”고 한다. 곧, 그는 하나님의 자녀(교회)에 대하여 비 진리를 선포하는 죄에 빠질 뻔 했다는 것이다(박윤선).

시 73:16. 내가 어쩌면 이를 알까 하여 생각한즉 그것이 내게 심한 고통이 되었더니.

시인은 '내가 어떻게 이 일(악인들이 형통한 문제)을 이해해야 하는가 생각할 때 그것이 내게 심한 고통이 되었다'고 말한다. 시인으로서는 악인들이 형통한 이유가 무엇인지 아무리 생각해도 알아낼 수가 없었다는 것이다. 그 일을 생각하기만 해도 골치가 아픈 일이었다는 것이다.

시 73:17. 하나님의 성소에 들어갈 때에야 그들의 종말을 내가 깨달았나이다.

시인은 '악인들이 형통한 이유가 무엇인지 알 수가 없어서 고통이었는데 시인 자신이 하나님의 성소에 들어가서 하나님 앞에 문제의 해결을 구하고 기도할 때에 악인들의 종말을 보게 되었다'고 말한다. 오늘 우리는 무슨 문제이든 해결이 되지 않는 것은 그냥 고통만 하지 말고 하나님 앞에 나아가서 문제 해결을 위해 주님께 그 뜻이 무엇인지 간구하면 어렵지 않게 해결을 보는 것이다. 하나님 앞에서 어려운 문제는 없는 것이다.

시 73:18. 주께서 참으로 그들을 미끄러운 곳에 두시며 파멸에 던지시니.

시인은 '주님께서 참으로 그 악인들을 미끄러질만한 곳에 두시며 파멸에 던지실 것을 알았다'고 말한다. 악인들의 끝 날은 반드시 망함이다.

시 73:19. 그들이 어찌하여 그리 갑자기 황폐되었는가 놀랄 정도로 그들은 전멸하였나이다.

시인은 '그 악인들이 어찌하여 그렇게 갑자기 망하였는가. 놀랄 정도로 그들은 전멸하였나이다'라고 말한다. 시인은 과거 악인들이 형통했기에 놀랐는데 이제 그들이 갑자기 전멸한 것을 보고 놀란 것이다.

시 73:20. 주여 사람이 깬 후에는 꿈을 무시함 같이 주께서 깨신 후에는 그들의 형상을 멸시하시리이다.

시인은 '사람들이 밤에 잘 때에 꿈을 꾸다가 아침에 깬 후에는 지난밤의 꿈을 무시하는 것처럼 하나님께서도 한동안 악인들을 그냥 용납하시지만 깨신 후에는 악인들을 심판하셔서 그들은 비참하게 끝난다'고 말한다. 그러므로 그들의 과거의 형통은 한동안의 꿈에 지나지 않는 것이다.

시 73:21-22. 내 마음이 산란하며 내 양심이 찔렸나이다 내가 이같이 우매 무지함으로 주 앞에 짐승이오나.

시인은 '내 마음이 과거에 악인들의 형통을 보고 쓰라렸었고, 또 창자가 찔리는 듯 아픔을 느꼈었다'고 말한다. 이제 생각하니 참으로 우매했고 무지했었다는 것을 알고 자신이 주 앞에서 무지한 짐승이나 다름없다고 고백한다(32:9; 49:20; 92:7; 잠 30:2). 우리 인생은 누구든지 무지한 짐승이나 마찬가지란 것을 고백해야 할 것이다.

시 73:23. 내가 항상 주와 함께 하니 주께서 내 오른손을 붙드셨나이다.

시인은 '아삽 자신이 악인들의 형통을 보고 불만하면서도 항상 주님과 함께 하려고 노력했고 또 성소에 들어가서 문제 해결을 받은 것(17절)을 생각하니 주님께서 아삽을 붙들어 주신 것이 확실하다는 것을 알고 감사하다'고 말한다. 우리가 항상 주님과 함께 하려고 노력하는 것은 얼마나 중요한 일인지 모른다.

시 73:24. 주의 교훈으로 나를 인도하시고 후에는 영광으로 나를 영접하시리니(You guide me with your counsel, and afterward you will receive me to glory-ESV).

시인은 '주님께서 주님의 교훈으로 시인 자신을 계속해서 인도하시고 계시고 또 앞으로는 시인 자신을 영광으로 인도하실 것이라'고 확신한다. 시인은 과거 악인들의 형통을 볼 때에는 참으로 답답한 심정을 가지고 살았으나 성소에 들어가서 하나님께 기도한 후에는 큰 깨달음을 받아서 이제는 영광의 세계를 생각하게 된 것이다.

시 73:25. 하늘에서는 주 외에 누가 내게 있으리요 땅에서는 주 밖에 내가 사모할 이 없나이다.

시인이 이제 깨달은 다음에는 하늘과 땅에서 주님밖에 없음을 말한다. 즉, 시인은 '하늘에서 주님 외에 누가 내게 있겠습니까? 땅에서도 주님밖에 사모할 자가 없습니다(63:1)'라고 말한다. 하늘에나 땅에나 시인에게는 오직 주님밖에 없다는 고백이다.

시 73:26. 내 육체와 마음은 쇠약하나 하나님은 내 마음의 반석이시요 영원한 분깃이시라.

시인은 '땅에서 아삽의 육체와 마음은 점점 쇠약해져 가나 그러나 시인의 마음에는 하나님께서 시인의 반석이시고 영원한 생명을 주시는 분깃이 되신다'고 말한다. 시인은 영원히 하나님만 신뢰한다는 것이다.

시 73:27. 무릇 주를 멀리하는 자는 망하리니 음녀 같이 주를 떠난 자를 주께서 다 멸하셨나이다.

본 절은 시인이 가지고 있는 악인들에 대한 종말을 진술한다. 본 절의 "주를 멀리하는 자는 망하리니"라는 상반절과 "음녀 같이 주를 떠난 자를 주께서 다 멸하셨나이다"라는 하반절은 동의절로 사용되었다. 악인들은 여지없이 망한다는 결론이다.

시 73:28. 하나님께 가까이 함이 내게 복이라 내가 주 여호와를 나의 피난처로 삼아 주의 모든 행적을 전파하리이다.

시인은 '하나님을 가까이하는 것이 참으로 내게 복이니, 내가 주 여호와를 내 피난처로 삼아 주님의 모든 일을 전파하는 것을 사명으로 안다'고 말한다. 하나님과 동행하는 것이 우리의 유일의 복이다.

제 74 편 파괴된 성소를 돌아보소서

본 시편은 79편과 더불어 예루살렘이 적군에 의해 함락되고, 성전이 파괴되었을 때에 지어진 시(詩)이다(6, 7절). 예루살렘 성전이 파괴된 적은 세 번 있었다. 1) A.D. 70년 로마의 디도(Titus) 장군에 의해, 2) 주전 168년 수리아의 안티오커스 에피파네스에 의해(Antiochus IV Epiphanes B.C.175-164 통치), 3) 주전 586년 바벨론 군에 의해(왕하 25:1-12) 파괴되었다. 이 세 번의 파괴 중 본 시편은 3)의 주전 586년 바벨론 군에 의해 예루살렘이 함락되고 성전이 파괴되었을 때에 저작되었다는 견해가 가장 타당하다(Delitzsch, Hengsternberg, Briggs, Taylor, 박윤선, 이상근). 본 시편의 저작자는 다윗과 동시대의 아삽이 아니고 그의 후손 중 한 사람이었을 것이다(박윤선). 아삽과 그 자손들은 시가(詩歌)에 재능이 있었다(대상 25:1; 대하 5:12; 20:14). 그들은 바벨론에 포로 되었다가 돌아온 때에도 성전에서 봉사를 했다(스 3:10; 느 11:22). 그렇다면 여기 "아삽의 시"는 당시 아삽 개인이 저작 했다고 보기 보다는 부족의 이름으로 불렸기 때문에 "아삽 자손의 시"로 이해해야 할 것이다(Delitzsch, Rawlinson).

본편의 내용은 1) 파괴된 성소를 돌보소서(1-11절). 2) 과거 하나님의 은혜를 회고함(12-17절). 3) 구원을 위한 기도(18-23절)로 구성되어 있다. "아삽의 마스길"이란 말에 대하여는 전편 표제 주해를 참조하라. 여기서는 "아삽 자손의 시"로 본다(이상근). "마스길"이란 말은 '교훈시'란 뜻이다(32편 표제 주해 참조).

1-11절. 파괴된 성소를 돌보소서.

시 74:1. <아삽의 마스길> 하나님이여 주께서 어찌하여 우리를 영원히 버리시나이까 어찌하여 주께서 기르시는 양을 향하여 진노의 연기를 뿜으시나이까.

아삽 자손 시인은 '하나님이시여! 주님께서 어찌하여 우리를 이렇게 오랫동안 버린 채 그냥 두십니까? 어찌하여 주님의 목장에 있는 양 떼에게서 진노를 거두지 않으십니까?'라고 말한다. 여기 본 절의 아삽의 자손 시인이 "어찌하여(לָמָה)"란 감탄사를 사용하여 탄식하는 것은 하나님께서 어찌하여 그렇게 오랫동안 이스라엘 민족을 이방에 방치하시느냐는 것이다. 그리고 "진노의 연기"란 말은 '하나님의 무섭고 심한 심판'을 지칭한다(18:8; 104:32; 144:5). 이런 환난을 만나 주님의 백성들이 부르짖으나 하나님의 응답은 없었다. 이스라엘은 하나님께서 기르시는 양떼(78:52)이고, 선민(79:13; 렘 23:4; 50:6)인데, 이런 주님의 백성을 어찌 아주 버리시나이까 라는 탄성이다.

시 74:2. 옛적부터 얻으시고 속량하사 주의 기업의 지파로 삼으신 주의 회중을 기억하시며 주께서 계시던 시온 산도 생각하소서.

아삽의 자손 시인은 '주님께서 옛적에 사서 구속하시고 주님의 유업의 지파로 삼으신 주님의 회중과 주께서 머무시던 시온 산을 기억하소서'라고 애원한다. 여기 아삽 자손 시인은 하나님과 이스라엘과의 특별한 관계를 드러내면서 탄식한다. 첫째, 옛적부터 친히 값을 주고 속량하신 족속이었고, 둘째, 애굽의 종살이 하던 처지에서 구속하여 내신 민족이었으며(출 15:16), 셋째, 그들을 하나님의 기업으로 삼으신 민족이었고(사 63:17; 렘 10:16), 넷째, 이 백성을 주의 회중, 다시 말해 주님의 교회로 삼으셨으며, 다섯째, 그들의 땅에 주님께서 거주하시던(78:68) 민족이라는 것이다. 이런 민족을 버리신 채 오래 두지 마시고 기억해 주시라는 애원을 하는 것이다. 오늘 우리는 주님께서 피 흘려 사신 백성이라는 것을 하나님께서 기억해 주시기를 소망해야 한다.

시 74:3. 영구히 파멸된 곳을 향하여 주의 발을 옮겨 놓으소서 원수가 성소에서 모든 악을 행하였나이다.

시인은 '원수들이 성소에서 모든 악을 행했기에 영구히 파멸된 듯이 보이는 곳을 향하여 주님의 발을 옮겨 놓으소서'라고 애원한다. 바벨론이 예루살렘 성소에서 성전을 파괴한 것은 이스라엘의 범죄 때문이었다. 그러나 이제는 하나님께서 용서하시고 주님께서 성전으로 주님의 발을 옮겨 놓으셔서 이스라엘 민족을 해방시켜 주시라는 것이다.

시 74:4. 주의 대적이 주의 회중 가운데에서 떠들며 자기들의 깃발을 세워 표적으로 삼았으니

아삽 자손은 '주님의 대적이 주님의 회중 가운데서 소동하였고, 자기 깃발을 표지로 세웠습니다'라고 말한다. 여기 "주의 대적이 주의 회중 가운데에서 떠들었다"는 말은 '바벨론 군대가 이제 예루살렘을 점령하고 자기들이 승리했다는 뜻으로 승리의 개가를 부른 것'을 뜻한다. 그리고 "자기들의 깃발을 세워 표적으로 삼았다"는 말은 '바벨론 군대가 예루살렘을 자기들의 땅으로 삼았다는 표식으로 자기들의 깃발을 세웠다'는 뜻이다.

시 74:5. 그들은 마치 도끼를 들어 삼림을 베는 사람 같으니이다.

시인은 '바벨론 군대는 예루살렘 성을 향하여 마치 도끼를 들어 삼림을 베는 사람들처럼 마구 찍어댔다'고 보고한다. 본 절은 예루살렘 성을 파괴하는 바벨론 군대의 도끼질을 형용한 것이다.

시 74:6. 이제 그들이 도끼와 철퇴로 성소의 모든 조각품을 쳐서 부수고.

시인은 좀 더 구체적으로 바벨론 군대가 예루살렘 성전을 파괴했다고 말한다. 즉, '바벨론 군대는 도끼와 쇠망치로 성소의 모든 장식품들을 찍어서, 산산조각 부수어 자기 나라로 운반했습니다'라고 말한다.

시 74:7. 주의 성소를 불사르며 주의 이름이 계신 곳을 더럽혀 땅에 엎었나이다.

시인은 '주님이 계신 성소를 불사르기도 했고 또 주님의 이름이 계신 지성소를 더럽히기도 했으며 땅에 엎기도 했다'고 말한다. 이 일은 주전

586년에 바벨론 군대가 예루살렘에 이르러 자행했던 행동이었다(왕하 25:9; 대하 36:19). 이렇게 소실된 제 1성전은 이스라엘 귀환 기에 스룹바벨에 의해 재건되었다(스 3:6, 12). 이렇게 성전이 재건된 것은 이스라엘 백성들의 기도의 응답이었다.

시 74:8. 그들이 마음속으로 이르기를 우리가 그들을 진멸하자 하고 이 땅에 있는 하나님의 모든 회당을 불살랐나이다.

시인은 '바벨론 왕과 바벨론 군대가 마음속으로 말하기를 우리가 다 함께 그들을 아주 싹쓸이 하자 하며, 땅에 있는 하나님의 회당을 모두 불살랐다'라고 말한다. 여기 "그들이 마음속으로 이르기를 우리가 그들을 진멸하자"고 마음먹고 이스라엘 국가를 아예 없애버릴 심산이었다. 그래서 예루살렘과 성전을 불살랐다(왕하 25:9-10; 대하 36:19). 그리고 바벨론 군대는 이스라엘의 모든 시설들을 파괴했고 회당도 불살랐다.

시 74:9. 우리의 표적은 보이지 아니하며 선지자도 더 이상 없으며 이런 일이 얼마나 오랠는지 우리 중에 아는 자도 없나이다.

시인은 하나님을 향하여 '우리의 표적, 즉 성전이나 여호와께 경배하는 장소는 보이지 아니하며 선지자도 더 이상 존재하지 않으므로 이런 일이 얼마나 오랠는지 우리 중에 아는 자도 없나이다'라고 보고한다. 본 절의 "우리의 표적"이란 말은 '성전이나 여호와께 경배하는 장소'를 지칭한다. 이런 장소들은 바벨론 군대에 의해 진멸되었다. 그리고 "선지자도 더 이상 없다"는 말은 예레미야는 애굽으로 끌려갔고(렘 43:6-7), 에스겔은 바벨론의 그발 강에 있었으며(겔 1:3), 다니엘은 바벨론에 있었다(단 1:6). 따라서 예루살렘에는 선지자가 없었다.

시 74:10. 하나님이여 대적이 언제까지 비방하겠으며 원수가 주의 이름을 영원히 능욕하리이까.

시인은 하나님을 향하여 '하나님이시여! 대적들이 언제까지 이스라엘을 비방하겠으며 이스라엘의 원수가 언제까지 주님의 이름을 능욕해야 하겠습니까'라고 질문한다. 앞으로 언제까지 이런 상태가 계속해야 하겠습니까라고 질문하는 것이다.

시 74:11. 주께서 어찌하여 주의 손 곧 주의 오른손을 거두시나이까 주의 품에서 손을 빼내시어 그들을 멸하소서.

시인은 '어찌하여 주님께서 주님의 오른손, 곧 힘이 있으신 오른손을 거두십니까? 주님의 품에서 손을 빼셔서 그들을 멸하십시오'라고 애원한다. 주님께서 주의 힘을 어떻게 사용하시느냐에 따라 인류역사는 달라지는 것이다.

12-17절. 과거 하나님의 은혜를 회고함. 과거에 하나님의 은혜를 회고하는 것은 현재에도 돌아보아 주시기를 간구하는 것이다.

시 74:12. 하나님은 예로부터 나의 왕이시라 사람에게 구원을 베푸셨나이다.

시인은 '하나님은 옛적부터 나의 왕이시며 사람에게 구원을 베푸시는 분이십니다'라고 고백한다. 이런 왕이 이스라엘을 위하여 일어나신다면 이스라엘은 쉽게 회복될 것이다.

시 74:13. 주께서 주의 능력으로 바다를 나누시고 물 가운데 용들의 머리를 깨뜨리셨으며.

본 절은 이스라엘 자손들의 출애굽 사건에서 나타나신 하나님의 권능을 진술하고 있다(77:16; 78:13; 106:9; 출 14:21). 즉, 시인은 '주님께서 주님의 권능으로 바다를 나누시고, 물 가운데 있는 바다용들(괴물들-애굽 군대를 지칭한다)의 머리를 깨뜨려 부수셨습니다'라고 말한다. 본 절의 "물 가운데 용들의 머리"는 애굽 군대를 지칭한다(사 51:9; 겔 29:3; 32:2). 이는 출애굽 사건에서 홍해가 갈라지고 바로의 군대가 홍해에서 전멸한 사건을 지칭한다

(출 14:27-30).

시 74:14. 리워야단의 머리를 부수시고 그것을 사막에 사는 자에게 음식물로 주셨으며.

시인은 '주님께서 리워야단의 머리를 깨뜨려 부수시고, 사막에 사는 무리에게 먹이로 주셨습니다'라고 말한다. 여기 "리워야단"이란 '악어'를 뜻하는 말인데, 이는 애굽 군을 지칭하는 말이다. 이스라엘 군대를 뒤에서 추격하던 애굽 군대를 주님께서 멸하신 후 그 시체가 바다에서 표류할 때 해변 가로 떠밀려 나가 그곳 사막지대의 조류들의 밥이 되게 하셨다는 것이다.

시 74:15. 주께서 바위를 쪼개어 큰 물을 내시며 주께서 늘 흐르는 강들을 마르게 하셨나이다.

본 절은 주님께서 광야에서 하신 일과 또 요단 강을 마르게 하신 일에 대한 진술이다. 즉, 시인은 '주님께서 광야에서 바위를 쪼개어 샘을 터뜨리셔서 개울을 만드시는가(출 17:6; 민 20:11) 하면, 유유히 흐르는 강을 메마르게 하셨습니다(수 3:13)'라고 말한다.

시 74:16. 낮도 주의 것이요 밤도 주의 것이라 주께서 빛과 해를 마련하셨으며.

시인은 '주님께서 낮도 밤도 주관하시고(창 1:5, 15-16), 해도 창조하시고 모든 빛을 창조하시고 주관하신다'고 말한다.

시 74:17. 주께서 땅의 경계를 정하시며 주께서 여름과 겨울을 만드셨나이다.

시인은 '주님께서 땅의 모든 경계를 정하셨고, 여름과 겨울을 만드셨습니다'라고 말한다. 하나님은 땅의 모든 경계를 정하셨고, 네 계절도 정하셨다는 것이다(33:7; 욥 26:10; 38:8; 잠 8:29; 렘 5:22; 행 17:26). 이런 능력의 대 주재께서 주님의 선민인 이스라엘을 현재의 비참한 상태에 방치해 두실 리가 없다는 것이다.

18-23절. 구원을 위한 기도.

시 74:18. 여호와여 이것을 기억하소서 원수가 주를 비방하며 우매한 백성이 주의 이름을 능욕하였나이다.

시인은 '주님이시여! 이것을 기억하소서. 즉, 원수가 주님을 조롱하고, 어리석은 백성이 주님의 이름을 모독하고 있습니다'고 말한다. 이 시인은 구체적으로 무엇을 말하기 전에 그것의 중요성을 말하기 위해 "이것"을 기억해 주시라고 말한다. 즉, 원수가 주님을 마구 조롱하는 것과 어리석은 백성이 주님 자신을 모독하고 있다는 사실을 기억해 주시라고 부탁한다. 본 절의 "원수가 주를 비방했다"는 사실과 "우매한 백성이 주의 이름을 능욕하였다"는 사실은 동의절로 사용되었다. 아삽 자손은 주님을 향하여 빨리 원수 즉, 우매한 백성을 멸해 주시고 주님의 백성을 구하소서(애 1:7; 2:7)라고 애원한다.

시 74:19. 주의 멧비둘기의 생명을 들짐승에게 주지 마시며 주의 가난한 자의 목숨을 영원히 잊지 마소서.

시인은 주님의 백성을 잊지 마시라는 말씀을 비유를 들어 말씀한다. 즉, '주님의 멧비둘기의 생명 같은 이스라엘을 들짐승과 같은 원수들에게 주지 마시고, 주님의 가난한 이들의 생명을 영영히 잊지 마소서'라고 애원한다. 본 절의 "멧비둘기"는 '이스라엘'을 지칭하며, "들짐승"은 '바벨론'을 비유한다. 그리고 "주의 가난한 자"란 말은 '이스라엘'을 비유한다. 이 시인은 이스라엘을 바벨론 군대에게 맡겨서 영영히 짓밟히지 않게 해주시라고 애원한다.

시 74:20. 그 언약을 눈 여겨 보소서 무릇 땅의 어두운 곳에 포악한 자의 처소가 가득하나이다.

시인은 주님을 향하여 '아브라함과 이삭과 야곱에게 세우신 언약을 눈 여겨 보십시오. 땅의 어두운 곳, 즉 바벨론 같은 곳에 포악한 자들의 처소가 가득한 형편입니다'라고 말씀드린다. 이스라엘 자손이 바벨론의 음울한 곳에서 고난 받고 있음을 상기시켜 드린다. 구원해 주시라는 것이다.

시 74:21. 학대 받은 자가 부끄러이 돌아가게 하지 마시고 가난한 자와 궁핍한 자가 주의 이름을 찬송하게 하소서.

시인은 주님을 향하여 '바벨론에서 학대를 받은 이스라엘 백성이 계속해서 학대 받다가 비참하게 끝나지 않게 하시고, 가난한 자와 궁핍한 이스라엘이 바벨론에서 해방되고 형통하여 주님의 이름을 찬송하게 되도록 만들어 주십시오'라고 애원한다. 바벨론에 있던 이스라엘 백성들의 기도의 응답으로 이스라엘은 주전 538년 페르샤 왕 고레스에 의해 독립을 얻어 이스라엘은 하나님을 찬송하면서 이스라엘 땅으로 돌아갔다. 이스라엘의 백성들의 기도는 결코 헛되지 않았다.

시 74:22. 하나님이여 일어나 주의 원통함을 푸시고 우매한 자가 종일 주를 비방하는 것을 기억하소서.

시인은 '하나님이시여! 일어나셔서 주님이 당하신 원통함을 풀으시고 어리석은 자들(바벨론 군대)이 종일 주님을 비방한 것을 기억해 주십시오'라고 애원한다. 여기 주님이 당하신 "원통함"이란 '바벨론 군대가 이스라엘을 학대하고 강포를 행한 일이야 말로 주님을 원통하게 해드린 것'이었다. 그런고로 시인은 바벨론 왕과 바벨론 군대를 보복하시라는 것이다.

시 74:23. 주의 대적들의 소리를 잊지 마소서 일어나 주께 항거하는 자의 떠드는 소리가 항상 주께 상달되나이다.

시인은 '주님을 향거해서 일어나는 대적들의 요란한 소리가 끊임없이 높아만 가니, 주님의 대적자들의 저 요란한 소리를 부디 잊지 마십시오'라고 애원한다. 바벨론 군대가 예루살렘에서 주님을 향거하면서 떠들던 소리가 아직도 귀에 쟁쟁하니 그 떠드는 소리를 잊지 마시고 쳐서 보복하시며, 이스라엘의 선민을 구원하소서라고 외치는 것이다.

제 75 편 가까이 다가오는 하나님의 진노

본 시편의 저작 시기는 1) 마카비 시대에 수리아 군대를 격퇴한 때라는 견해(Hitzig). 3) 단순히 종말관적인 예언 시라는 견해(Gunkel, Kittel). 3) 단순히 해마다 거행되는 여호와의 즉위식을 위한 축하 시라는 견해(Mowinckel, Hans Schmidt, Eerdmans). 4) 히스기야 왕 때 앗수르 대군이 멸망한 때라는 견해(왕하 19:35-37, LXX, Theodoretus, Hengsternberg, Delitzsch, J. Ridderbos). 위의 견해들 중 4)번의 견해가 가장 유력한 것으로 보인다. 10절의 말씀을 보아도 본 시편은 앗수르의 패전을 목도한 히스기야 왕의 사상을 반영시킨 것이라고 볼 수 있다(왕하 19:35; 사 37:36).

본편의 내용은 1) 정한 기약의 심판(1-3절). 2) 교만한 적에 대한 경고(4-8절). 3) 영원한 찬양(9-10절)으로 구성되어 있다. 본 시편이 역설한 것은 하나님의 심판으로 말미암아 회개하지 않은 악인들이 거꾸러진다는 내용이다.

"아삽의 시, 인도자를 따라 알다스헷에 맞춘 노래"라는 말에 대하여는 73편 표제 주해를 참조하라. "알다스헷"이란 말은 일종의 곡명으로 '멸망시키지 마소서'라는 뜻이다(57편 표제 주해 참조).

1-3절. 정한 기약의 심판.

시 75:1. <아삽의 시, 인도자를 따라 알다스헷에 맞춘 노래> 하나님이여 우리가 주께 감사하고 감사함은 주의 이름이 가까움이라 사람들이 주의 기이한 일들을 전파하나이다.

초두에 감사가 넘치는 것은 시인이 문제 해결을 볼 수 있었기 때문이다. 즉, 시인은 '하나님이시여! 우리가 주님께 감사하고 또 감사하는 이유는 주님의 이름이 가깝기 때문입니다. 사람들이 주님의 기이한 일들, 곧 간섭행위들을 전파할 것입니다'라고 말한다. "주님의 이름이 가깝다"는 말은 '주님의 심판 행위(구원 행위)가 곧 나타날 것을 예상한다'는 뜻이다. 그리고 "기이한 일들"은 '하나님의 심판 행위, 구원 행위 등'을 지칭한다. 하나님의 심판이 나타나면 주님의 백성들은 구원에 이른다.

시 75:2. 주의 말씀이 내가 정한 기약이 이르면 내가 바르게 심판하리니.

시인은 '하나님께서 말씀하시기를 내가 정하여 놓은 그 때가 이르면(하나님은 만사를 때를 정하셔서 해결하신다), 나는 공정하게 판결할 것이라'고 말한다. 하나님께서는 악인들의 형통을 그냥 두고만 보고 계시는 것이 아니라 정해 놓으신 때가 되면 하나님은 바르게 심판하셔서 악인들을 격멸하실 것이라는 뜻이다.

시 75:3. 땅의 기둥은 내가 세웠거니와 땅과 그 모든 주민이 소멸되리라 하시도다 (셀라).

본 절은 하나님께서 정의로운 판단을 하시겠다는 것을 말씀한다. 시인은 '하나님은 바로 내가 땅의 기둥을 든든히 세워서(이것은 일종의 비유로서 하나님께서 안정을 도모하시는 것이라는 뜻) 살게 하셨는데, 이스라엘의 대적이 이스라엘을 대적하니 모든 대적을 소멸하시겠다고 하신다'고 말한다. 본 절의 "땅의 기둥은 내가 세웠다"는 말은 하나님께서 창조 때 땅에 안정을 주시고 질서를 유지하게 해 주셨다는 뜻이다. 그리고 "그 모든 주민이 소멸되리라"는 말은 '하나님께서 이스라엘의 대적을 심판하셔서 소멸하시겠다'는 뜻이다.

4-8절. 교만한 적에 대한 경고.

시 75:4. 내가 오만한 자들에게 오만하게 행하지 말라 하며 악인들에게

뿔을 들지 말라 하였노니.

본 절의 말씀이 누구의 말씀이냐에 대해 두 견해가 있다. 1) 하나님이시라는 견해(Cheyne). 2) 본편을 쓰고 있는 시인의 말씀이라는 견해(Kimchi, Delitzsch). 위의 두 견해 중 2)번의 견해가 바른 것으로 본다. 이유는 4-6절은 시인의 말이고 7절은 하나님의 행위가 등장하기 때문이다. 시인은 오만한 자들과 악인들에게 경고를 말한다. 즉, '내(시인 자신)가 오만한 사람들에게 '오만하게 굴지 마라' 하였으며, 악한 사람들에게 "뿔을 들지 마라", 즉 '세력을 쓰지 말라'고 경고했다. 본 절의 "뿔"이란 말은 '권세'란 뜻인데 악인들이 사람들을 향하여 강포하는 것을 가리킨다.

시 75:5. 너희 뿔을 높이 들지 말며 교만한 목으로 말하지 말지어다.

시인은 '악인들을 향하여 당신들의 세력을 높이 들지 말며(출 32:9; 33:3; 34:9; 신 9:6; 10:16; 31:27) 교만한 목을 내밀고 말하지 말라'고 경고한다.

시 75:6. 무릇 높이는 일이 동쪽에서나 서쪽에서 말미암지 아니하며 남쪽에서도 말미암지 아니하고.

본 절은 사람이 스스로 높아질 수 없다는 것을 말한다. 하나님께서 계시니 사람이 스스로 높아진다는 것은 도저히 불가능한 것으로 알아야 한다.

시 75:7. 오직 재판장이신 하나님이 이를 낮추시고 저를 높이시느니라.

사람이 높아지고 낮아지는 것은 높이시고 낮추시는 하나님에 의해 되는 것이다. 이유는 하나님께서 재판장이시기 때문이다(50:6; 82:1). 하나님께서는 교만한 자를 낮추시고 겸손한 자를 높이신다.

시 75:8. 여호와의 손에 잔이 있어 술거품이 일어나는도다 속에 섞은 것이 가득한 그 잔을 하나님이 쏟아 내시나니 실로 그 찌꺼기까지도 땅의 모든

악인이 기울여 마시리로다.

본 절 초두에는 이유를 말하는 접속사(כִּי)가 있어 본 절이 앞 절의 이유를 제공하고 있다. 즉, 시인은 '여호와의 손에 잔이 있으니, 술거품이 일어나는구나. 혼합하여 발효시킨 포도주가 가득하여 하나님께서 그것을 쏟아내실 것이니, 땅의 모든 악인이 그 찌꺼기까지 다 마실 것이기 때문이다'라고 말한다. 본 절의 "여호와의 손에 잔이 있어"란 말은 '하나님의 손에 심판의 잔이 있다'는 뜻이다(사 51:17; 렘 25:15; 애 4:21; 겔 23:31-33). 그리고 "속에 섞은 것이 가득하여"란 말은 '취기를 더하게 하기 위하여 이것저것 섞는 것'을 뜻한다. 그리고 "찌꺼기까지"란 말은 하나님께서 인간계에 진노를 다 쏟으신다는 뜻이다. 하나님께서 이렇게 잔을 쏟으시니 누가 스스로 높아질 수가 있을 것인가(앞 절).

9-10절. 영원한 찬양.

시 75:9. 나는 야곱의 하나님을 영원히 선포하며 찬양하며.

시인은 '나(시인 자신)는 쉬지 않고 하나님을 선포하며, 찬양할 것이라'고 말한다. 하나님은 악인은 심판하시고 의인은 높이 올리시는 일을 생각하고 시인은 영원히 하나님을 선포하며 찬양할 것이라고 한다. 본 절의 "야곱의 하나님"이란 말은 '이스라엘의 하나님'이란 뜻이다.

시 75:10. 또 악인들의 뿔을 다 베고 의인의 뿔은 높이 들리로다.

시인은 본 절에서도 역시 하나님께서 하시는 일을 찬양한다. 즉, '주님은 악인의 오만한 뿔(강포)은 모두 꺾어 부숴버리시고, 의인의 뿔(권세)은 높이 들어 올리실 것이라'고 말한다. 세상만사는 모두 하나님께서 하신다. 결코 우연이란 것은 없다. 성경에 우연이란 말이 7-8회 등장하나 그것은 사람보기에 우연인 것처럼 보이는 것을 "우연"으로 표현한 것뿐이다.

제 76 편 승리를 인해 드리는 찬송

본편은 전편의 연속이다. 그리고 내용에도 공통점이 많다. 즉, 본편은 이스라엘이 앗수르를 공격했을 때 부른 국민적 노래이다(LXX, Calvin, Hengsternberg, Delitzsch, 박윤선, 이상근). 전편이 윤리적 입장에서 앗수르 군의 교만을 탓했으나, 본편은 역사적 입장에서 앗수르 군의 멸망의 모습을 묘사하고 있다. 본편의 내용은 1) 앗수르의 멸망에 대한 묘사(1-6절). 2) 두려워할 하나님의 능력(7-9절). 3) 만민은 주님께 예물을 드려야 할 것(10-12절) 등으로 구성되어 있다. "아삽의 시"란 말에 대하여 73편 표제 주해를 참조하라.

1-6절. 앗수르의 멸망에 대한 묘사.

시 76:1. <아삽의 시, 인도자를 따라 현악에 맞춘 노래> 하나님은 유다에 알려지셨으며 그의 이름이 이스라엘에 알려지셨도다.

시인은 '하나님께서 유다에 알려지셨고, 그 이름은 이스라엘 사람들 중에서 모르는 사람이 없다'고 말한다. 이는 히스기야 왕이 하나님의 권능으로 앗수르의 대군을 격퇴함으로 하나님께 대한 소문은 유다에 완전히 퍼졌으며, 이스라엘 사람들 중에도 모르는 사람이 없게 되었다는 것이다.

시 76:2. 그의 장막은 살렘에 있음이여 그의 처소는 시온에 있도다.

본 절은 위에 언급한바 하나님께서 알려지신 이유를 말한다. 즉, 시인은 '하나님의 장막은 살렘에 있고, 그분의 처소는 시온에 있다'고 말한다. "살렘과 시온"은 모두 예루살렘의 별명이다. "살렘"이란 말은 예루살렘 성의 옛 이름이었고(창 14:18), "시온"은 예루살렘을 둘러싼 산 이름에서 유래했는데, 그 산에 성전이 건립되었음으로 특히 나타난 이름이다(2:6주해 참조). 하나님의 "장막이 살렘에 있는" 증거는 다음 구절부터 관설되었는데 그것은 바로 이스라엘의 기적적 승전 때문이었다.

시 76:3. 거기에서 그가 화살과 방패와 칼과 전쟁을 없이하셨도다 (셀라).

시인은 '하나님은 예루살렘에서 이 도성을 향해 화살과 방패를 가지고 쳐들어오던 앗수르 군대를 쳐부수시고 칼과 전쟁 무기를 부수셨다'(왕하 19:35-37)라고 말한다. 이런 무서운 살육의 무기들을 일시에 초토화시키신 하나님의 놀라운 능력은 수많은 사람들을 놀라게 했을 것이다. "셀라"라는 의미에 관해서는 3:2주해를 참조하라.

시 76:4. 주는 약탈한 산에서 영화로우시며 존귀하시도다.

시인은 '주님은 앗수르의 약탈을 일삼는 산 앞에서 앗수르 군을 격멸하신 일 때문에 그 이름이 영화롭게 되셨으며 존귀하게 되셨다'라고 말한다. 본 절은 주님께서 약탈을 일삼는 원수들에게서 승리를 얻으시고 그의 택한 백성 앞에서 존귀하게 나타나신 것을 진술한다.

시 76:5. 마음이 강한 자도 가진 것을 빼앗기고 잠에 빠질 것이며 장사들도 모두 그들에게 도움을 줄 손을 만날 수 없도다.

시인은 '마음이 강한 앗수르 사람도 탈취를 당하고 잠을 자게 되었으며, 모든 용사도 무덤에서 손을 놀리지 못하고 있다'고 말한다. "잠에 빠질 것이며"라는 말은 '잠을 자게 되었다'는 뜻이다. 하나님 앞에서는 천하무적이라도 별수 없이 맥을 추지 못한다는 것이다.

시 76:6. 야곱의 하나님이여 주께서 꾸짖으시매 병거와 말이 다 깊이 잠들었나이다.

시인은 '야곱의 하나님이시여! 주님께서 진노하시니 병거와 말들이 다 깊이 죽음에 들어갈 수밖에 없게 되었다'(왕하 19:35-37)고 말한다. "야곱의 하나님"에 대하여 20:1; 75:9 주해 참조.

7-9절. 두려워할 하나님의 능력.

시 76:7. 주께서는 경외 받을 이시니 주께서 한 번 노하실 때에 누가 주의 목전에 서리이까.

시인은 '주님께서는 참으로 두려우신 분이셔서 주님께서 한 번 진노하시면 누가 감히 주님 앞에 설 수 있겠습니까?'라고 말한다. 세상에는 주님의 진노 앞에 당할 자가 없다. 누가 지진 앞에서 큰 소리를 치며, 누가 태풍 앞에서 큰 소리를 칠 수 있을 것인가. 인간은 심지어 회오리바람 앞에서도 속수무책인 수가 많지 않은가.

시 76:8. 주께서 하늘에서 판결을 선포하시매 땅이 두려워 잠잠하였나니.

시인은 '주님께서 하늘에서 판결을 내리시면 온 땅은 두려워하며 숨을 죽였습니다'고 말한다. 주님께서 하늘에서 앗수르 군대를 치기로 하시고 한번 치시니 온 땅은 두려워하며 잠잠하게 되었다는 것이다. 하나님께서 자연을 통하여 치셔도 세상 군대는 꼼짝 못하는데 하늘에서 이적으로 치시면 세상 군대는 아무 것도 아닌 양 죽는 수밖에 없게 되는 것이다.

시 76:9. 곧 하나님이 땅의 모든 온유한 자를 구원하시려고 심판하러 일어나신 때에로다 (셀라).

시인은 '바로 그 때, 즉 하나님께서 앗수르 군대에게 진노를 부으실 때에(8절) 주님께서는 이 땅에서 억눌린 사람들을 구원해 주셨습니다'라고 말한다. 그러니까 주님께서는 악인들에 대한 심판과 온유한 자들에 대한 구원을 동시에 실시하신다는 것이다. "셀라"란 말의 주해를 위해 3:2주해를 참조하라.

10-12절. 만민은 주님께 예물을 드려야 할 것.

시 76:10. 진실로 사람의 노여움은 주를 찬송하게 될 것이요 그 남은 노여움은 주께서 금하시리이다.

시인은 '진실로 사람의 분노는 주님의 영광을 더하게 되는 것뿐이요, 사람의 분노에서 남은 노(努)에 대해서는 주님께서 금하실 것입니다'라고 말한다. 진실로 사람들이 분노를 품을 때 하나님으로부터 천벌을 받게 되는

데 사람들이 그 벌을 받고는 결국은 하나님의 위대하심을 깨닫고 하나님을 찬송하게 된다는 것이다. 그런데 사람들이 분노를 품었던 것을 다 쓰지 않는 경우 사람들의 남은 노에 대해서는 하나님께서 더 분노를 품지 못하게 금하셨다가 다른 용도로 쓰신다는 것이다. 여기서 다른 용도로 쓰시는데 여기서 하나님께서 다른 악인들을 벌하시기 위하여 하나님께서 사람을 이용하신다. 하나님께서 사람들을 벌하실 때 많은 경우 다른 사람들을 쓰셔서 벌하시는 것을 볼 수 있다.

시 76:11. 너희는 여호와 너희 하나님께 서원하고 갚으라 사방에 있는 모든 사람도 마땅히 경외할 이에게 예물을 드릴지로다.

시인은 '당신들은 여호와 당신들의 하나님께 드리기로 서원한 것을 갚으라. 여기저기 사방에 있는 모든 사람들아, 마땅히 경외해야 할 그분께 예물을 드려라'고 말한다. 이스라엘 사람들은 하나님께서 앗수르 군대로부터 구원해 주신 것을 감사해서 서원한 것을 갚으라는 것이다. 모든 사람들은 예물을 드리는 것이 마땅하다는 것이다.

시 76:12. 그가 고관들의 기를 꺾으시리니 그는 세상의 왕들에게 두려움이시로다.

시인은 '하나님께서 세상 고관들의 기(氣)를 꺾으시리니 하나님은 세상의 왕들에게 두려운 존재시라'고 말한다. 하나님은 주님의 백성들을 압박하는 세상의 고관들의 기를 꺾으시는 분이시니 하나님은 그 고관들과 왕들에게 아주 두려운 존재라는 것이다.

제 77 편 과거에 받은 은혜를 인하여 위안을 얻다

본편은 명백히 밤중의 노래이다(4절). 본편의 저작자는 이스라엘의 깊은 환난 때문에 큰 고통으로 하나님께 부르짖는다. 저작자는 심한 고민 중에서 기도하다가 필경은 하나님께서 과거에 이스라엘을 구원해 주신 놀라운 행적을 생각하고 다시 힘을 얻는다(10절). 헹스텐벌키(Hengsternberg)와 델리취(Delitzsch)는 이 시편이 하박국 선지자 이후에 지은 시는 아닐 것이라고 했다. 그 이유는 하박국 3장에 이 시편의 말씀과 유사한 내용이 있어 선지자 하박국이 이 시편을 추종했을 것이라고 말했기 때문이라고 했다.

본편의 내용은 1) 시인은 끊임없이 기도하는 모습을 보인다(1-4절). 국가적으로 당하는 환난 날에 깊은 고통에 빠졌음에도 하나님께 기도하기를 쉬지 않는 모습을 보인다. 2) 이 시인이 당면한 종교적 암흑시대는 하나님께서 그의 백성을 아주 버리신지 오래 되는 것 같은 느낌을 주는 시대였다(5-9절). 그런 시대에도 시인은 낙심하지 않았다. 3) 옛날의 하나님의 행사들을 회고하며 위안과 소망을 얻는다(10-20절).

"아삽의 시, 인도자를 따라 여두둔의 법칙에 따라 부르는 노래"란 말을 위해 73, 74편의 서론을 참조하라. 여기 "여두둔의 법칙에 따라"란 말은 '여두둔(יְדִיתוּן)이란 악사가 지은 곡조에 의지하여'란 뜻이다(대상 16:41).

1-4절. 시인은 끊임없이 기도하는 모습을 보인다. 국가적으로 당하는 환난 날에 깊은 고통에 빠졌음에도 하나님께 기도하기를 쉬지 않는 모습을 보인다.

시 77:1. <아삽의 시, 인도자를 따라 여두둔의 법칙에 따라 부르는 노래> 내가 내 음성으로 하나님께 부르짖으리니 내 음성으로 하나님께 부르짖으면 내게 귀를 기울이시리로다.

시인은 '내가 내 목소리로 하나님께 부르짖을 것이니 내가 내 음성으로 하나님께 부르짖으면 하나님께서 내게 귀를 기울이실 것이라'고 말한다. 시인은 자기의 음성으로 부르짖으면 하나님께서 기도에 응답하시리라는 확신을 가지고 있었다. 우리는 기도의 확신을 가지고 기도해야 할 것이다.

시 77:2. 나의 환난 날에 내가 주를 찾았으며 밤에는 내 손을 들고 거두지 아니하였나니 내 영혼이 위로 받기를 거절하였도다.

시인은 '내가 고난당할 때에, 나는 주님을 찾았습니다. 밤새도록 두 손 치켜 들고 기도를 올리면서 내 마음은 위로를 받기조차 거절 했습니다'고 말한다. 이 시인은 환난을 당하는 중에 주님을 찾아 기도하고 밤을 맞이하여 손을 들고 기도하면서 기도를 쉬지 않았다. 그리고 기도 응답을 받기 전에는 어떤 위로도 거절했다. 시인은 그야말로 간절한 기도를 드리는 사람이었다.

시 77:3. 내가 하나님을 기억하고 불안하여 근심하니 내 심령이 상하도다(I think of God, and I moan; I meditate, and my spirit faints. [*Selah*]) (셀라).

시인은 '내가 하나님을 기억하고 곰곰히 생각하니, 내 영이 약해집니다' 라고 말한다. 이 시인이 하나님을 생각하며 또 곰곰히 생각하면서 불안하게 여기는 것은 하나님께서 바로 이 시인에게 옛날 같지 않은 것 때문이었다. 사실은 하나님께서 이 시인과 백성들에게 시련을 주셔서 새롭게 하시려는 때문이었다. 우리는 하나님께서 그렇게 대하시는 것에 고통거리로 여겨야 한다(박윤선). "셀라"의 뜻을 위해 3:2주해를 참조하라.

시 77:4. 주께서 내가 눈을 붙이지 못하게 하시니 내가 괴로워 말할 수 없나이다.

시인은 '주님께서 내 눈을 붙이지 못하게 하시고 잠을 못 자게 하시니 내가 지쳐서 말도 채 못하게 하십니다'라고 말한다. 시인은 하나님께서 자신으로 하여금 왜 고난을 계속해서 주시는 이유를 몰라서 잠을 이루지 못한다고 말하는 것이다.

5-9절. 이 시인이 당면한 종교적 암흑시대를 당했어도 시인은 낙심하지 않는다.

시 77:5. 내가 옛날 곧 지나간 세월을 생각하였사오며.

시인은 당면한 고난의 암흑시대를 생각하며 '내가 먼 옛날, 곧 태고의 때를 생각합니다'라고 말한다. 참 신자는 현재의 어려운 때를 맞이하여 옛날에 하나님께서 은혜 베푸신 것을 기억하며 힘을 얻는다. 과거에 은혜를 주신 것을 생각하며 현재와 앞으로도 은혜 주시리라 위안을 받는다.

시 77:6-7. 밤에 부른 노래를 내가 기억하여 내 심령으로, 내가 내 마음으로 간구하기를 주께서 영원히 버리실까, 다시는 은혜를 베풀지 아니하실까,

시인은 '밤에 부르던 내 노래를 생각하면서 내 생각에 깊이 잠길 때에 내가 내 영혼 속으로 묻기를 주님께서 나를 영원히 버리시는 것일까? 다시는 은혜를 베풀지 않으시는 것일까?'라고 의문(疑問)했다. 본 절부터 9절까지 나타나는 6가지 의문은 실상 회의(懷疑)는 아니었고 단지 의문일 뿐이었다. 시인이 가지는 신앙은 10절부터 드러난다.

시 77:8-9. 그의 인자하심은 영원히 끝났는가, 그의 약속하심도 영구히 폐하였는가, 하나님이 그가 베푸실 은혜를 잊으셨는가, 노하심으로 그가 베푸실 긍휼을 그치셨는가 하였나이다 (셀라).

시인은 앞 부분(6-7절)에 이어 신앙을 위하여 가지는 의문들을 또 나열한다. 즉, '하나님의 인자하심은 영원히 다하였는가? 하나님의 약속하심도 영구히 폐하고 마셨는가? 하나님께서 은혜 베푸시는 일을 잊으셨는가? 하나님께서 노하심으로 그가 베푸실 긍휼을 고만두셨는가? 하였다'고 말한다. 이런 의문들은 믿음을 더 가져보려는 동기에서 드러낸 탄원들이다. "셀라"란 말의 뜻에 대하여 3:2주해를 참조하라.

10-20절. 시인은 옛날의 하나님의 행사들을 회고하며 위안과 소망을 얻는다.

시 77:10-11. 또 내가 말하기를 이는 나의 잘못이라 지존자의 오른손의 해, 곧 여호와의 일들을 기억하며 주께서 옛적에 행하신 기이한 일을 기억하리이다.

시인은 10절 상반절에 윗 절들(7-9절)에 발표한 그의 의문들은 '나의 잘

못이라'고 말한다. 다시 말해 윗 절들(7-9절)에 발표한 그의 의문들은 아주 나약한 생각이라는 것이다. 그는 이제 연약한 생각을 접어두고 '지존자의 오른 손의 해(힘 있게 백성을 권고하시던 옛날), 곧 여호와께서 행하시던 일들을 기억하며 주님께서 행하시던 기사들을 기억하며 앞날 일은 전적으로 하나님께 맡기려 한다'고 말한다. 시인은 이제 신앙으로 돌아서서 전진해 가려는 것이다.

시 77:12. 또 주의 모든 일을 작은 소리로 읊조리며 주의 행사를 낮은 소리로 되뇌이리이다.

시인은 '주님께서 해주신 모든 일을 하나하나 묵상하고, 주님께서 이루신 그 크신 일들을 깊이깊이 되새기겠다'라고 말한다. 하나님께서 행하신 일들은 우리에게 항상 기억되어야 하는 것이다.

시 77:13. 하나님이여 주의 도는 극히 거룩하시오니 하나님과 같이 위대하신 신이 누구오니이까.

시인은 '하나님이시여! 주님의 길은 지극히 특별하시니, 하나님처럼 위대한 신이 누구겠습니까?'라고 말한다. 다시 말해 하나님의 행사의 방도는 인간을 초월하시니 하나님과 같으신 분이 없다는 뜻이다.

시 77:14. 주는 기이한 일을 행하신 하나님이시라 민족들 중에 주의 능력을 알리시고.

시인은 '주님은 놀라운 일을 하신 하나님이시니 주께서 백성들 중에 그 능력을 알리셨습니다'라고 말한다. 본 절의 "하나님"(laeh)이란 말은 앞에 관사가 있어 '그 하나님'이란 말이다. 다시 말해 '유일하신 그 하나님'이란 뜻이다. 진정한 기사를 행하시는 분은 오직 하나님뿐이시다(박윤선).

시 77:15. 주의 팔로 주의 백성 곧 야곱과 요셉의 자손을 속량하셨나이다 (셀라).

시인은 '주님의 능하신 팔로 주님의 백성 곧 야곱과 요셉의 자손을 애굽에서 건져 내셨다'고 말한다. 주님의 백성이라면 12지파를 다 열거했어야 하나 여기서는 야곱과 요셉의 자손만을 열거했다. 야곱은 12지파의 조상임으로 여기 관설되었고 요셉 지파는 기타 두 지파, 곧 에브라임과 므낫세의 조상임으로 언급되었다.

시 77:16. 하나님이여 물들이 주를 보았나이다 물들이 주를 보고 두려워하며 깊음도 진동하였고.

본 절의 "물들"이란 말은 홍해의 물을 인격화해서 사용한 표현이다. 옛날에 이스라엘 민족이 출애굽할 때 홍해의 물이 마치 눈이 있어 주님을 보고 두려운 듯이 떨었다(갈라졌다)는 것이다. 즉, 시인은 '하나님이시여! 물들이 주님을 보았습니다. 물들이 주님을 보았을 때에, 두려워서 떨었고 바다 속 깊은 물도 무서워서 떨었습니다'라고 말한다.

시 77:17. 구름이 물을 쏟고 궁창이 소리를 내며 주의 화살도 날아갔나이다.

시인은 '구름이 물을 쏟아 내고, 하늘이 천둥소리를 내며, 주님의 화살(번개)이 사방으로 날아 다녔습니다'라고 말한다. 이 모든 자연 현상들(구름이 물을 쏟아내는 일, 궁창이 소리를 내는 일, 번개가 날아다니는 일)은 모두 주님의 수중에 있다.

시 77:18. 회오리바람 중에 주의 우렛소리가 있으며 번개가 세계를 비추며 땅이 흔들리고 움직였나이다.

시인은 '주님이 내시는 천둥소리가 회오리바람과 함께 나며, 주님이 나타내시는 번개들이 번쩍번쩍 세계를 비출 때에 땅이 뒤흔들리고 떨었습니다'라고 말한다. 본 절의 모든 현상들(천둥소리, 회오리바람, 번개, 땅의 흔들림 등)도 주님께서 내시고 주장하시는 현상들이다.

시 77:19. 주의 길이 바다에 있었고 주의 곧은 길이 큰 물에 있었으나 주의 발자취를 알 수 없었나이다(Your way was through the sea, your path through the great waters; yet your footprints were unseen-ESV).

시인은 '주님께서 다니시는 길은 바다에도 있고, 주님께서 다니시는 곧은 길은 큰 바다에도 있지만 그러나 아무도 주님의 발자취를 헤아릴 수는 없습니다'라고 말한다. 본 절은 주님이 하시는 일은 확실하지만 사람들은 주님이 하시는 일을 온전히 다 헤아리지 못한다는 것을 드러낸다.

시 77:20. 주의 백성을 양 떼 같이 모세와 아론의 손으로 인도하셨나이다.

시인은 '주님께서는 주님의 백성을 양 떼처럼 모세와 아론의 손으로 인도하셨습니다'라고 말한다. 본 절의 "주님의 백성을 양떼 같이...인도하셨다"는 말은 주님의 백성은 인도자 없이는 바로 진행할 수 없기 때문에 목자가 양떼를 인도하는 것 같이 인도하셨다는 표현을 쓴 것이다(민 33:1).

제 78 편 이스라엘의 불신과 하나님의 은혜

이스라엘 민족이 출애굽한 때부터 다윗 왕국의 건설에 이르는 시점까지의 이스라엘의 역사를 두고 지은 시로 이스라엘의 불신과 하나님의 은혜가 끊임없이 대조되고 있다. 본편의 내용은 1) 저작의 목적(1-8절). 2) 이스라엘의 불신의 역사(9-64절). 3) 결론으로 하나님의 구원(65-72절)으로 구성되어 있다. 다시 9-64절을 구분해 보면 에브라임의 불신(9-11절), 광야 생활에서의 불신(12-42절), 애굽에 내린 10재앙과 하나님의 인도(43-55절), 사사시대에 이스라엘인들이 행한 우상 숭배(56-64절) 등이다.

본 시편의 저작 시기는 크게 두 구분으로 나누어져 1) 포로 후기(Ewald, Hitzig), 2) 다윗 시대(Hengsternberg, Kay, Alexander, Rawlinson, 박윤선, 이상근)로 구분되는데 2)번의 견해가 바른 것으로 보인다. 본 시편을 다윗 시대로 보는 이유는 본 시편이 다윗 시대의 기사로 끝맺는 것을 보면 확연하다. 아무튼 본편은 이스라엘이 홍해를 건넌 사건으로부터 시작하여 광야에 나타난 모든 일을 기록하고 다윗의 사적에까지 이른다. "아삽의 마스길"이란 말에 대해서는 32편, 74편 표제 주해를 참조하라. "마스길"이란 '교훈 시'를 뜻한다.

1-8절 저작의 목적. 이 부분은 본 시편의 저작의 목적을 기록해 놓은 부분이다.

시 78:1. <아삽의 마스길> 내 백성이여, 내 율법을 들으며 내 입의 말에 귀를 기울일지어다.

본편을 저술한 시인은 백성을 가르치려는 의도에서 말씀을 시작한다. 본 절의 "내 율법"이란 말과 "내 입의 말"은 동의어이다. 이는 모세 5경을 뜻하는 말로 시인이 하나님을 대리하여 하는 말이다.

시 78:2. 내가 입을 열어 비유로 말하며 예로부터 감추어졌던 것을 드러내려 하니.

시인은 '내(시인)가 내 입을 열어 비유로 말하며 예로부터 내려오는 비밀을 말해 주겠다'고 말한다. 본 절의 "비유"란 말은 '보이는 어떤 잘 아는 사물을 통하여 보이지 않는 뜻을 말하는 것'이다. 그리고 "예로부터 감추어졌던 것"이란 말은 '예로부터 감추어졌던 일은 옛날 사람들에만 중요한 것이 아니라 후대인들에게도 역시 귀중한 교훈의 가치를 포함하고 있다(박윤선). 이 시인은 예로부터 감추어졌던 것들을 드러내서 가르쳐 주겠다고 말한다.

시 78:3. 이는 우리가 들어서 아는 바요 우리의 조상들이 우리에게 전한 바라.

시인은 '그것(예로부터 감추어졌던 것)은 우리가 들어서 알고 있는 것이며 우리 조상들이 우리에게 전해 준 것이라'고 말한다. 우리는 옛부터 있었던 진리를 잘 깨닫도록 많이 기도해야 할 것이다.

시 78:4. 우리가 이를 그들의 자손에게 숨기지 아니하고 여호와의 영예와 그의 능력과 그가 행하신 기이한 사적을 후대에 전하리로다.

시인은 '우리가 이것을 덮어두지 않고 주님의 영예(영광스러운 행적)와 주님의 능력과 그가 이루신 놀라운 일들을 미래의 세대에게 전하여 주어야 할 것이라'고 말한다. 우리는 하나님의 말씀을 그대로 믿어야 하고 또 자손들에게 전해주어야 할 것이다.

시 78:5. 여호와께서 증거를 야곱에게 세우시며 법도를 이스라엘에게 정하시고 우리 조상들에게 명령하사 그들의 자손에게 알리라 하셨으니.

시인은 '주님께서 증거를 야곱에게 세우시고 이스라엘에게 법을 세우실 때에, 우리 조상들에게 명령하셔서 자손들에게 잘 가르치라고 명령하신 것이라'고 말한다. 본 절의 "증거"나 "법도"란 말은 동의어로 '모세의 율법'을 지칭한다. 그리고 "야곱"이란 말과 "이스라엘"이란 말도 동의어로 하나님의 백성을 가리킨 명칭이다.

시 78:6. 이는 그들로 후대 곧 태어날 자손에게 이를 알게 하고 그들은 일어나 그들의 자손에게 일러서(that the next generation might know them, the children yet unborn, and arise and tell them to their children-ESV).

문장 초두의 "이는"(that...might)이란 말은 목적절을 이끄는 접속사이다. 즉, 시인이 "법도를 이스라엘에게 정하시고 우리 조상들에게 명령하사 그들의 자손에게 알려야"(5절)하는 목적이 무엇인가를 본 절이 말하고 있다. 즉, '율법을 자손들에게 전하고 그 자손은 또 그들의 자손에게 전하여 자자손손 계승하게 하라는 것이라'고 말한다.

시 78:7. 그들로 그들의 소망을 하나님께 두며 하나님께서 행하신 일을 잊지 아니하고 오직 그의 계명을 지켜서.

본 절도 역시 "법도를 이스라엘에게 정하시고 우리 조상들에게 명령하사 그들의 자손에게 알려야"(5절)하는 목적이 무엇인가를 말씀하고 있다. 즉, 시인은 '그들의 소망을 하나님께 두어 여호와 신앙을 가지고, 하나님께서 하신 일들을 잊지 않고 감사하며, 하나님의 명령을 지키게 하려 함이라'고 말한다. 우리가 소망을 하나님께 둘 때 우리의 신앙이 흔들리지 않게 된다. 이 문구가 본 절에서 제일 앞에 놓인 것은 신앙이 경건생활의 목적이요 또 그 원천임을 표시하려 함이다. 우리는 하나님을 신앙하기 위하여 하나님께서 행하신 일을 잊지 않아야 하며 그의 계명을 수행해야 하는 것이다. 그뿐 아니라 우리가 하나님을 신앙하고서야 그런 일을 행할 힘을 얻는다(박윤선).

시 78:8. 그들의 조상들 곧 완고하고 패역하여 그들의 마음이 정직하지 못하며 그 심령이 하나님께 충성하지 아니하는 세대와 같이 되지 아니하게 하려 하심이로다.

본 절도 역시 "법도를 이스라엘에게 정하시고 우리 조상들에게 명령하사 그들의 자손에게 알려야"(5절)하는 목적이 무엇인가를 말씀하고 있다. 즉, '그 조상과 같이 완고하고 반역하는 세대가 되지 않으며 그 마음이 확고하지 못하여 그 영이 하나님께 신실하지 않은 세대가 되지 않게 하려는 것이라'고 말한다. 본 절에 그 목적이 두 가지로 표현되고 있다. 첫째, 후대의 자손들로 하여금 조상들의 불신을 본받지 않게 하려는 것이었고(신 9:27; 삿 2:19; 렘 3:17), 둘째, 하나님께 반항하지 않게 하려는 것이었다(신 9:7; 사 30:1, 9; 65:2; 렘 5:23; 겔 2:3-8).

9-64절. 이스라엘의 불신의 역사. 9-64절을 세분하면, 1) 이스라엘의 불신(9-11절).

시 78:9. 에브라임 자손은 무기를 갖추며 활을 가졌으나 전쟁의 날에 물러갔도다.

여기 "에브라임 자손"이란 에브라임 지파 소속 여호수아가 모세의 후계자로 등장할 때부터 이스라엘의 지도적 지파가 되었고, 남북이 분립한 후로는 더욱이 북 왕국을 대표하는 지파이기에 북 왕국을 대표하는 명칭이 되었다(삿 3:27; 7:24; 12:1-6). 에브라임, 즉 북 왕국은 병기나 활 등 군비를 잘 갖추었지만 전쟁에 승리하지 못하고 흔히 패배했다(삿 1:29; 2:14; 3:8. 13; 4:2; 6:1; 10:7 등). 북 왕국이 이처럼 전쟁에 패배한 데는 다음 절 이하에 나타나는 것처럼 하나님 앞에서 해이한 데 그 원인이 있었다.

시 78:10. 그들이 하나님의 언약을 지키지 아니하고 그의 율법 준행을 거절하며.

에브라임, 즉 북 이스라엘이 하나님의 언약을 지키지 아니했고 하나님의 율법을 준행하지 않았기 때문이었다(신 29:25; 왕상 19:10, 14; 삿 2:11-13). 오늘도 역시 하나님의 율법에서 벗어나면 모든 점에서 성공할 수가 없다.

시 78:11. 여호와께서 행하신 것과 그들에게 보이신 그의 기이한 일을 잊었도다.

시인은 '주님께서 행하신 수많은 기사를 잊었기에 믿음을 잃어 전쟁에 패배할 것이라'고 말한다(12-15, 24-28, 43-53 참조). 본 절의 "여호와께서 행하신 것"이란 말과 "그들에게 보이신 그의 기이한 일"이란 말은 동일한 것을 가리킨다. 하나님께서 행하신 것을 잊으면 믿음을 잃어 승리는 불가능한 것이다.

9-64절을 세분하면, 2) 광야 생활에서의 불신(12-42절).

시 78:12. 옛적에 하나님이 애굽 땅 소안들에서 기이한 일을 그들의 조상들의 목전에서 행하셨으되.

시인은 '애굽 땅, 소안 평야에서, 하나님께서는 조상들이 보는 눈앞에서 기적을 일으키셨다'고 말한다. 여기 "소안"(צֹעַן)이란 말은 헬라말로는 "타니스"(Tanis)이고 현대명으로는 "산"(San)이라 한다. 애굽의 동남지역의 비옥한 평야로 힉소스시대(Hyksos, B.C. 1318-1299년)에는 애굽의 중심지였다(이상근). 하나님께서 이 땅을 이스라엘에게 주시고, 그들을 위해 그들 앞에서 기이한 일들을 행하셨다.

시 78:13. 그가 바다를 갈라 물을 무더기 같이 서게 하시고 그들을 지나가게 하셨으며.

시인은 '하나님께서 홍해 바다를 갈라 물을 무더기같이 양쪽에 서게 하시고 이스라엘 사람들로 하여금 양쪽 사이를 지나가게 하셨다'고 말한다. 하나님께서 홍해를 갈라지게 하신 이 사건은 두고두고 회자되는 기적의 사건이었다.

시 78:14. 낮에는 구름으로, 밤에는 불빛으로 인도하셨으며.

시인은 '하나님께서 낮에는 구름 기둥으로, 밤에는 불 기둥으로 인도하셨다'고 말한다. 낮의 구름 기둥은 사막 지대의 더위를 막아주었고, 밤의 불기둥은 어두운 길을 밝혀주고, 밤의 추위를 막아주었다. 그리고 하나님께서는 구름기둥과 불기둥으로 이스라엘의 길을 인도하셨으며 머물러 있을 때와 떠날 때를 알려 주셨다(출 13:14-19, 21-22; 40:38; 민 9:15; 신 1:33). 하나님은 오늘도 우리를 인도하시며 때를 알게 해주신다.

시 78:15. 광야에서 반석을 쪼개시고 매우 깊은 곳에서 나오는 물처럼 흡족하게 마시게 하셨으며.

시인은 '하나님께서 광야에서 바위를 쪼개셔서, 깊은 샘에서 솟아오르는 물처럼 그 반석에서 물을 흡족하게 마시게 하셨다'고 말한다. 본 절은 므리바에서 반석을 쳐서 물을 내게 하신 사실을 가리킨다(출 17:6; 민 20:8, 11). 이 반석은 바로 그리스도의 그림자였다(고전 10:4).

시 78:16. 또 바위에서 시내를 내사 물이 강 같이 흐르게 하셨으나.

시인은 '또 하나님께서 바위에서 시내를 내셔서 물이 강같이 흐르게 하셨다'고 말한다. 하나님은 그 바위에서 강물이 흐르는 것처럼 엄청나게 흐르게 하셨다. 이야말로 이적이 아닐 수 없었다.

시 78:17. 그들은 계속해서 하나님께 범죄하여 메마른 땅에서 지존자를 배반하였도다.

시인은 '하나님께서 계속해서 이적을 베풀어주셨으나(앞 절들) 이스라엘 민족은 계속해서 하나님께 범죄하여 광야에서 지존자 곧 지극히 높으신 분을 배반했다'고 말한다. 하나님께서 계속해서 사랑의 이적을 베푸신 일과 이스라엘이 계속해서 하나님을 배반한 사실이 비교되고 있다.

시 78:18. 그들이 그들의 탐욕대로 음식을 구하여 그들의 심중에 하나님을 시험하였으며.

시인은 '이스라엘 사람들은 그들의 탐욕대로 음식을 구하여 그들의 마음속으로 하나님께서 음식을 주실는지 안 주실는지 의심했다'고 말한다. 이스라엘 민족은 끊임없이 하나님을 의심한 민족이었다.

시 78:19. 그뿐 아니라 하나님을 대적하여 말하기를 하나님이 광야에서 식탁을 베푸실 수 있으랴.

시인은 '그들이 하나님을 의심했을 뿐 아니라 또 대적하여 말하기를 하나님이 광야에서 우리들의 식탁을 차릴 수 있겠느냐?'고 말한다.

시 78:20. 보라 그가 반석을 쳐서 물을 내시니 시내가 넘쳤으나 그가 능히 떡도 주시며 자기 백성을 위하여 고기도 예비하시랴 하였도다.

시인은 '보라, 하나님께서 반석을 쳐서 물이 솟아나게 하고 시내가 넘쳐 흐르게 하였으나 자기 백성을 위해 빵도 주고 고기도 공급할 수 있겠느냐?'

라고 말한다(민 11:4).

시 78:21. 그러므로 여호와께서 듣고 노하셨으며 야곱에게 불 같이 노하셨고 또한 이스라엘에게 진노가 불타올랐으니.

시인은 '이스라엘 민족이 여러 모로 하나님을 원망하는 것을 주님께서 들으시고 노하셨으며 야곱에게 불같이 노하셨고 또한 이스라엘에게 진노하셨다'(59, 62절; 민 11:1-3; 신 3:26)고 말한다. 오늘도 하나님을 원망하면 하나님의 진노를 불러 온다.

시 78:22. 이는 하나님을 믿지 아니하며 그의 구원을 의지하지 아니한 때문이로다.

본문 초두의 이유 접속사(כִּי)는 본문이 앞 절의 이유를 제공하고 있다. 즉, 이스라엘 민족이 쉽게 하나님을 원망한(앞 절) 이유는 이스라엘 민족이 하나님을 불신한 때문이었다. 다시 말해 이스라엘 백성들이 하나님을 믿고 의지하는 신앙이 약하기 때문이었다.

시 78:23-24. 그러나 그가 위의 궁창을 명령하시며 하늘 문을 여시고 그들에게 만나를 비 같이 내려 먹이시며 하늘 양식을 그들에게 주셨나니.

백성들의 불신이 여러 모로 나타났지만 하나님께서 위의 궁창을 명령하셔서 하늘 문을 여시고 이스라엘 백성들에게 만나를 비같이 내려 먹이시며 하늘 양식을 그들에게 주셨다는 것이다(105:40; 출 16:4, 13-14; 민 11:4-31).

시 78:25. 사람이 힘센 자의 떡을 먹었으며 그가 음식을 그들에게 충족히 주셨도다.

결국은 이스라엘 백성이 힘이 세신 분 하나님이 내리시는 떡(만나)을 먹었으며 하나님께서 음식을 백성들에게 충족하게 주셨다.

시 78:26-27. 그가 동풍을 하늘에서 일게 하시며 그의 권능으로 남풍을 인도하시고 먼지처럼 많은 고기를 비 같이 내리시고 나는 새를 바다의 모래 같이 내리셨도다.

시인은 '주님께서 하늘에서 동풍을 일으키시고 주님의 권능으로 남풍을 불게 하셔서 백성들 위에 고기를 먼지처럼 내리시고 날개 달린 새들을 바다의 모래처럼 주셨다'(민 11:31-32)고 말한다. 본 절에서 주님께서 하신 일을 보면 '동풍을 하늘에서 일게 하신 일'과 '남풍을 불게 하신 일'과 '많은 고기를 비 같이 내리신 일'과 '새(메추라기)를 바다의 모래 같이 내리신 일' 등이다. 모두 이적이다. 원망하는 백성들에게 사랑을 베푸신 것이다.

시 78:28-29. 그가 그것들을 그들의 진중에 떨어지게 하사 그들의 거처에 두르셨으므로 그들이 먹고 심히 배불렀나니 하나님이 그들의 원대로 그들에게 주셨도다.

시인은 '주님께서 그것들(메추라기들)을 백성들의 진 가운데 땅 위 2규빗 쯤 내리게 하셨으니, 백성들이 사는 곳 주위에 내리게 하셨으므로 백성들이 10호멜 씩 거두어(출 16:13; 민 11:31-32) 실컷 먹고 배불렀으니(민 11:19-20), 이는 주님께서 백성들의 욕심대로 주셨기 때문이라'고 말한다. 백성들의 원망에도 불구하고 주님께서는 백성들에게 풍족히 주신 것이다.

시 78:30-31. 그러나 그들이 그들의 욕심을 버리지 아니하여 그들의 먹을 것이 아직 그들의 입에 있을 때에 하나님이 그들에게 노염을 나타내사 그들 중 강한 자를 죽이시며 이스라엘의 청년을 쳐 엎드러뜨리셨도다.

시인은 '그러나 백성들이 그 욕심에서 떠나지 않으니 음식이 아직 그들의 입에 있을 때에, 하나님께서 백성들을 향하여 분노하시므로, 백성들 중 살찐 사람들(이들은 욕심으로 먹고 살찐 자들이었다)을 쳐 죽이셔서(민 11:33) 이스라엘의 젊은이들을 엎드러지게 하셨다'고 말한다. 욕심을 조금 부렸을 때 얼른 그 죄를 자복하면 하나님의 진노를 피할 수 있었다.

시 78:32. 이러함에도 그들은 여전히 범죄하여 그의 기이한 일들을 믿지 아니하였으므로.

시인은 '하나님의 여러 가지 사랑의 기사에도 불구하고 백성들은 여전히 죄를 짓고, 하나님의 놀라운 일을 믿지 않았다'(40-41, 56-58; 민 14:2-3)고 말한다. 사람이 믿지 않는 것이 계속되면 결국 더 큰 진노가 임하는 법이다.

시 78:33. 하나님이 그들의 날들을 헛되이 보내게 하시며 그들의 햇수를 두려움으로 보내게 하셨도다(So he made their days vanish like a breath, and their years in terror-ESV).

시인은 '그러므로 주님께서 그들의 날들을 한 숨 안에 끝나게 하셨고, 그들의 햇수를 두려움 속에서 끝나게 하셨다'고 말한다. 결국 이스라엘은 하나님을 불신한 죄 때문에 그들의 날들을 눈 깜짝할 사이에 끝나게 되었고(민 14:29-35) 또 40년의 세월을 두려움 속에서 끝나게 되었다. 불신의 죄는 세월을 허송하게 되고 세상을 두렵게 살게 만든다.

시 78:34. 하나님이 그들을 죽이실 때에 그들이 그에게 구하며 돌이켜 하나님을 간절히 찾았고.

시인은 '하나님께서 그들을 죽이실 때에, 그들은 비로소 하나님을 찾았으며, 돌아와서 하나님께 빌었다'고 말한다. 하나님께서 출애굽한 이스라엘을 죽이실 때 여호수아와 갈렙을 빼고는 모두 광야에서 죽이셨다(출 32:28, 35; 33:4, 10; 민 11:33; 16:48-49). 저희는 두 사람이 죽을 때 비로소 깨닫고 회개하며 하나님께 구하며 하나님을 찾았던 것이다. 이스라엘의 역사는 불신과 심판받음과 회개의 연속이었다. 이 순환은 사사기에서도 여실히 나타난다.

시 78:35. 하나님이 그들의 반석이시며 지존하신 하나님이 그들의 구속자이

심을 기억하였도다.

시인은 '이스라엘 백성은 하나님이 자기들의 의지할 반석이시며(신 32:4) 지존하신 하나님이 자기들의 구원 주이심(19:14; 74:12)을 기억하게 되었다'고 말한다. 누구든지 회개하면 하나님이 누구이신가를 알게 된다.

시 78:36. 그러나 그들이 입으로 그에게 아첨하며 자기 혀로 그에게 거짓을 말하였으니.

시인은 '그러나 그들은 입으로 주님께 아첨하며 자기들 혀로 그분께 거짓말하였다'고 말한다. 본 절 초두의 "그러나"(w")란 말은 이제 백성들의 마음이 달라졌음을 묘사하는 말이다. 35절의 백성들의 회개는 하나님을 속이는 행위였다는 것이다. 회개한척 한 것이다. 그들은 그들의 입으로 하나님께 아첨한 것이다. "아첨한다"는 말은 속은 여전히 불신하면서 입으로는 거짓말을 한 것이다. 다시 말해 입으로만 하나님이 자기들의 반석이시며 하나님이 그들의 구속자라고 말하고 속은 변하지 않은 채 여전히 불신 상태였었다는 것이다.

시 78:37. 이는 하나님께 향하는 그들의 마음이 정함이 없으며 그의 언약에 성실하지 아니하였음이로다(Their heart was not steadfast toward him; they were not faithful to his covenant-ESV).

시인은 '주님을 향하는 그들의 마음이 확고하지 않았으며 그들은 주님의 언약에 신실하지 않았다'고 말한다. 하나님은 마음으로 드리는 진실된 예배를 원하시는데(신 10:12; 잠 3:1; 23:26, Rawlinson) 그들에게는 그런 진심이 없었다.

시 78:38. 오직 하나님은 긍휼하시므로 죄악을 덮어 주시어 멸망시키지 아니하시고 그의 진노를 여러 번 돌이키시며 그의 모든 분을 다 쏟아 내지 아니하셨으니.

시인은 '그러나(그런데도) 하나님께서 긍휼이 크셔서 그들의 죄악을 덮으시고 그들을 멸하지 않으셨으며 노를 여러 번 돌이키시고 진노를 결코 다 발하지 않으셨다'고 말한다. 본 절은 하나님의 자비하심이 크신 사실(103:8; 145:8; 출 34:6-7)로 이스라엘 백성을 대하셨다는 것을 드러낸다. 1) 이스라엘의 죄를 덮으셔서 그들을 멸하지 아니하셨다는 것이고, 2) 진노를 여러 번 돌이키셨다는 것이며, 3) 진노를 다 발하지 않으셨다(출 32:10-14; 민 14:12-20; 16:21)고 말한다. 과연 하나님은 하나님이심을 보이신다.

시 78:39. 그들은 육체이며 가고 다시 돌아오지 못하는 바람임을 기억하셨음이라.

시인은 '인생은 한낱 육체이며(창 6:3) 지나가고 돌아오지 않는 바람임(욥 7:7)을 기억하셨기 때문이라'고 말한다. 하나님께서 아시는 인생은 하나의 피조물이며 허무한 존재라는 것이다. 그런고로 죄악마다 다 벌하시는 것은 아니라는 것이다.

시 78:40. 그들이 광야에서 그에게 반항하며 사막에서 그를 슬프시게 함이 몇 번인가.

본 절은 위와 같은 하나님의 자비와 이해에 비해 이스라엘 백성들이 광야에서 하나님에게 반항하며 사막에서 하나님을 슬프시게 한 것이 헤아릴 수도 없이 많았다는 것을 강조하고 있다(신 31:27; 32:15-18; 행 7:30-43).

시 78:41. 그들이 돌이켜 하나님을 거듭거듭 시험하며 이스라엘의 거룩하신 이를 노엽게 하였도다.

이스라엘 백성들은 하나님을 수도 없이 시험했다(출 17:2, 7; 신 6:16, Hengsternberg, Kay, Cheyne). 그러므로 이스라엘의 구별되신 자를 노하시게 했다. 여기 "노하시게 했다"(RSV)는 말은 "제한했다"(AV)는 말로도 번역된다. 하나님의 무한하신 능력을 자기들의 생각 속에 제한한 것이다(20절 참조). 본 절의 “시험했다”는 말은 ‘의심했다’는 뜻이다. 이스라엘 민족은 하나님의 무한하신 능력을 의심해서 자기들의 마음속에 넣고 제한했다.

시 78:42. 그들이 그의 권능의 손을 기억하지 아니하며 대적에게서 그들을 구원하신 날도 기억하지 아니하였도다.

시인은 ‘이스라엘 백성들이 주님의 권능의 손길을 기억하지 아니했고 자기들을 대적에게서 구속하신 날도 기억하지 아니했다’고 말한다. 이스라엘 백성들은 과거에 애굽에서 구원받은 날도 잊어버렸고 광야에서 구원받은 날도 잊어버렸다. 하나님의 은혜를 잊으면 불신으로 직행한다.

9-64절을 세분하면, 3) 애굽에 내린 10재앙과 하나님의 인도(43-55절).

시 78:43. 그 때에 하나님이 애굽에서 그의 표적들을, 소안 들에서 그의 징조들을 나타내사.

시인은 ‘그 날에 하나님께서 애굽에서 표적을 나타내셨고 소안 들판에서 이적들을 나타내셨다’고 말한다. 본 절은 이미 12절에서는 “애굽 땅, 소안 평야에서”라고 묘사했으나 여기서는 “애굽”이란 낱말과 “소안 들”이라는 말을 떼어 놓아 말한다.

시 78:44. 그들의 강과 시내를 피로 변하여 그들로 마실 수 없게 하시며.

시인은 ‘하나님께서 이스라엘 백성의 강과 시내는 피로 변하여 백성들로 하여금 마실 수 없게 하셨다’고 말한다. 본 재앙은 10재앙의 첫 번째 재앙이다(출 7:19-21). 여기 강은 나일 강이다.

시 78:45. 쇠파리 떼를 그들에게 보내어 그들을 물게 하시고 개구리를 보내어 해하게 하셨으며.

본 절은 넷째 재앙인 쇠파리 재앙(출 8:24)과 둘째 재앙인 개구리 재앙에 대해 언급한다(출 8:6). 여기 파리를 쇠파리로 언급된 것은 그 파리가 사람을 무는 파리이기 때문이다. 여기 "쇠파리"로 번역한 것은 '쇠파리는 동물의 살갗을 파고 들어 피를 빨며 거기에 알을 낳는데 유충은 피하 조직에 기생하기 때문'이다. 그리고 본 절의 기록이 넷째 재앙과 둘째 재앙의 순서가 뒤바뀐 것은 본편을 기록한 저자는 역사가가 아니고 시인이기 때문에 생긴 것이다(Rawlinson).

시 78:46. 그들의 토산물을 황충에게 주셨고 그들이 수고한 것을 메뚜기에게 주셨으며.

시인은 '하나님께서는 애굽인들이 수고하여 얻은 농작물을 황충에게 내주시고, 애써서 거둔 곡식을 메뚜기에게 내주셨다'(출 10:14-15)고 말한다.

시 78:47. 그들의 포도나무를 우박으로, 그들의 뽕나무를 서리로 죽이셨으며.

시인은 '하나님께서 애굽인들의 포도나무를 우박으로 죽이셨으며 그들의 뽕나무를 서리로 죽이셨다'고 말한다. 본 절의 우박 재앙은 일곱째 재앙이다(출 9:23-25). 여기서도 앞선 황충이 재앙(앞선 절에 기록된 재앙)과 순서가 바뀌어지고, 또 뽕나무를 치신 재앙이 첨가되어 있다. 이 재앙이 있은 후 애굽의 바로는 재앙이 하나님께로부터 내린 것을 깨닫게 되었다(출 9:27-36).

시 78:48. 그들의 가축을 우박에, 그들의 양 떼를 번갯불에 넘기셨으며.

시인은 '하나님께서 애굽인들의 가축을 우박 재앙에 넘기셨으며 또 양떼는 번갯불에 넘기셨다'고 말한다. 하나님께서 뇌성과 우박과 불을 내리셔서 애굽의 가축들을 치셨다(출 9:19-25).

시 78:49. 그의 맹렬한 노여움과 진노와 분노와 고난 곧 재앙의 천사들을 그들에게 내려보내셨으며.

시인은 '하나님은 그의 맹렬한 노여움과 진노와 분노와 고난 곧 재앙을 전달하는 천사들을 애굽인들에게 내려 보내셔서 재앙을 내리셨다'고 말한다. 본 절의 노여움과 진노와 분노는 동의어로 하나님의 진노를 강조하고 있다. 세상에 내려지는 모든 고난과 재앙은 우연한 것이 아니라 하나님께서 내려 보내시는 재앙이다.

시 78:50. 그는 진노로 길을 닦으사 그들의 목숨이 죽음을 면하지 못하게 하시고 그들의 생명을 전염병에 붙이셨으며(He made a path for his anger; he did not spare them from death, but gave their lives over to the plague-ESV).

본 절의 "그는 진노로 길을 닦으셨다"(He made a path for his anger)는 표현은 '하나님은 그의 진노를 발하는 길을 준비하셨다'는 뜻이다. 하나님은 이제 그의 진노를 발하시는 길을 닦으셨으니 애굽인들의 목숨이 죽음을 면하지 못하게 하시고 애굽인들의 생명을 전염병에 넘겨주셨다는 것이다(출 11:5-6; 12:29-30).

시 78:51. 애굽에서 모든 장자 곧 함의 장막에 있는 그들의 기력의 처음 것을 치셨으나.

본 절의 "애굽"이란 말과 "함의 장막"이란 말은 동의어로 사용되어 애굽이라는 곳이 함의 자손들이 사는 곳임을 말하고 있다(창 10:6; 시 105; 23, 27). 그리고 "모든 장자"란 말과 "기력의 처음 것"이란 말도 역시 동의어이다. 하나님은 모든 장자를 바로의 아들로부터 종의 아들까지 치셨다. 하나님께서 애굽의 장자를 치신 것은 그들이 이스라엘의 아들들을 죽인데 대한 보복이었다(출 1:16, 22).

시 78:52. 그가 자기 백성은 양 같이 인도하여 내시고 광야에서 양 떼 같이 지도하셨도다.

하나님께서는 애굽의 장자를 치시는 중에 이스라엘 백성을 애굽에서 인도하여 내셨다. 하나님은 이스라엘 백성을 "자기 백성"이라 하셨으며 그들을 인도하여 내시는 것을 두고 "양같이 인도하여 내셨다"고 말씀하시고 또 광야를 인도하실 때에도 "광야에서 양 떼 같이 지도하셨도다"라고 말씀하신다.

시 78:53. 그들을 안전히 인도하시니 그들은 두려움이 없었으나 그들의 원수는 바다에 빠졌도다.

시인은 '하나님께서 이스라엘 백성을 안전히 인도하시니 이스라엘 백성들은 마음에 두려움이 없었으나 이스라엘의 원수들은 바다에 빠져죽었다'고 말한다. 하나님께서 이스라엘 백성을 안전히 인도하신 것을 보면 구름 기둥과 불기둥으로 인도하셨고(출 13:22), 홍해에서도 바다를 갈라 안전하게 건너게 하셨다는 것이다(출 14:13-22). 그러나 이스라엘 사람들을 잡기 위해 추격해 오던 애굽 군대는 바로 그 바다에 수장되고 말았다(출 14:26-31; 15:1, 4).

시 78:54. 그들을 그의 성소의 영역 곧 그의 오른손으로 만드신 산으로 인도하시고(And he brought them to his holy land, to the mountain which his right hand had won-ESV).

시인은 '하나님께서 이스라엘 백성을 하나님의 성소 곧 그의 힘 있는 오른 손으로 만드신 시온 산으로 인도하셨다'고 말한다. 하나님께서는 이스라엘을 가나안 땅으로 인도하셔서 하나님의 성소인 시온 산으로 인도하신 것이다. 여기 "그의 오른 손으로 만드신 산"이란 '예루살렘의 시온 산'으로 본다(Aben Ezra, Hitzig, Delitzsch, Rawlinson, 이상근).

시 78:55. 또 나라를 그들의 앞에서 쫓아내시며 줄을 쳐서 그들의 소유를 분배하시고 이스라엘의 지파들이 그들의 장막에 살게 하셨도다.

시인은 '이스라엘 백성들 앞에서 이방 민족들을 쫓아내시고(출 34:24; 신 7:1), 이스라엘 백성들에게 줄로 재어 유업을 분배하시며, 이스라엘 지파들을 그들의 장막에 살게 하셨다(수 13:7; 15-19장)'고 말한다.

9-64절을 세분하면, 4) 사사 시대에 이스라엘인들이 행한 우상 숭배(56-64절).

시 78:56. 그러나 그들은 지존하신 하나님을 시험하고 반항하여 그의 명령을 지키지 아니하며.

시인은 '하나님께서 이스라엘 백성들에게 가나안 땅을 주셨고 또 이스라엘 자손들로 하여금 그들의 장막에 거하게 하셨건만(앞 절) 그러나 이스라엘 백성들은 지극히 존귀하신 하나님을 의심하고 반항하여 하나님의 명령(율법)을 지키지 않고 거역했다'고 말한다. 인간은 참으로 하나님의 은혜를 거역하기에 능숙한 존재들이었다.

시 78:57. 그들의 조상들 같이 배반하고 거짓을 행하여 속이는 활 같이 빗나가서.

시인은 '이스라엘 백성들이 그들의 조상들 같이 하나님을 배반하고 거짓을 행하여 하나님을 속이기에 아주 능숙했다'고 말한다. 여기 "속이는 활 같이 빗나갔다"는 말은 '신뢰할 수 없는 화살처럼 변하고 말았다'는 뜻이다. 인간의 마음은 아주 쉽게 부패하고 썩게 마련이다.

시 78:58. 자기 산당들로 그의 노여움을 일으키며 그들의 조각한 우상들로 그를 진노하게 하였으매.

시인은 '이스라엘 백성들은 산당을 짓고 그들이 조각한 우상을 거기에 두고 우상을 경배하여 산당들에서 주님을 노엽게 하였고, 그들이 조각한 우상들로 그분을 질투하시게 만들었다(삿 17:4, 13; 18:14, 17-18, 31)'고 말한다.

시 78:59. 하나님이 들으시고 분내어 이스라엘을 크게 미워하사.

본 절의 "하나님이 들으시고"란 말은 21절의 내용과 같은 것이다. 즉, 이스라엘 민족이 여러 모로 하나님을 배반하는 것을 주님께서 들으시고 노하셨으며 야곱에게 불같이 노하셨고 또한 이스라엘에게 진노하셨다'(21절)는 것이다. 하나님은 우상 숭배하는 것을 분내어 "크게 미워"하셨다.

시 78:60. 사람 가운데 세우신 장막 곧 실로의 성막을 떠나시고(He forsook his dwelling at Shiloh, the tent where he dwelt among men-ESV).

시인은 '하나님께서 실로에 세우신 그분의 거처, 곧 그분께서 사람 가운데 세우신 장막을 버리셨다'고 말한다. 본 절의 "사람 가운데 세우신 장막 곧 사람 가운데 세우신 장막을 떠나셨다"는 말은 여호수아가 에브라임 도시에 있는 실로에다가 처음으로 하나님께서 이스라엘과 함께 하심을 나타내 주신다는 임재의 상징적 처소로 장막을 세운 것이었는데(수 18장), 이스라엘이 날로 심해가는 패역으로 인해 하나님은 이곳에 더 이상 임재하지 않으셨는바 엘리 대제사장 당시 실로의 성막에 안치되어 있던 언약궤는 블레셋인들에게 탈취 당했고(B.C. 1075년, 삼상 4:5-11) 이후에 되찾긴 했어도 다시는 실로에는 안치되지 못했다(삼상 6:19; 7:1-2). 그 후 정확한 시기는 알 수 없지만 장막은 실로로부터 놉으로 옮겨졌다(삼상 21:1). 그리고 다음에는 기브온으로 이동했다(왕상 3:4, Rawlinson). 하나님께서는 이곳에 임재 하셔서 이스라엘에게 은혜를 내리셨으나 그들이 우상 숭배를 하므로 이곳을 버리고 떠나신 것이다.

시 78:61. 그가 그의 능력을 포로에게 넘겨주시며 그의 영광을 대적의 손에 붙이시고.

시인은 '하나님께서 그의 능력을 나타내는 궤를 포로에게 내주시고, 주님의 영광을 나타내는 궤를 원수의 손에 내주셨다'고 말한다. 여기 "그의 능력"이란 말과 "그의 영광"이란 말은 동의어로 사용되어 '법궤'(언약궤)를 지칭한다(Delitzsch, Rawlinson, McCullough, 이상근). 본 절은 바로 언약궤가 블레셋에게 탈취당한 사실을 가리킨다(삼상 4:21-22). 이제 이스라엘은 하나님의 보호로부터 벗어났다.

시 78:62. 그가 그의 소유 때문에 분내사 그의 백성을 칼에 넘기셨으니.

시인은 '하나님께서 그의 소유이신 이스라엘 때문에 분을 내셔서(28:9; 33:12) 그의 백성을 적의 칼에 넘기셔서 죽게 하셨다(삼상 4:10)'고 말한다. 본 절의 "그의 소유"란 말과 "그의 백성"이란 말은 동의어로 사용되어 '하나님의 택한 백성인 이스라엘'을 지칭한다(신 9:29). 이스라엘은 엘리 제사장 당시 블레셋과의 전쟁에서 언야궤를 빼앗기고 3만명이 넘는 백성이 죽임을 당했다(삼상 4:10). 당시 제사장까지 부패했으니 나라 전체가 부패한 셈이었다. 이 정도로 썩었으니 망하는 수밖에 없었다.

시 78:63. 그들의 청년은 불에 살라지고 그들의 처녀들은 혼인 노래를 들을 수 없었으며.

본 절은 이스라엘이 블레셋 군대에게 망해서 구체적으로 청년들과 처녀들이 어떠한 형편이었는가를 보여준다. 즉, 이스라엘의 청년들은 불에 살라지도록 불에 넘겨졌고(민 21:28; 사 10:16-18) 이스라엘의 처녀들은 혼인할 사람들이 없었다는 것이다.

시 78:64. 그들의 제사장들은 칼에 엎드러지고 그들의 과부들은 애곡도 하지 못하였도다.

본 절도 이스라엘이 블레셋 군대에게 망해서 구체적으로 제사장들과 과부들이 어떠한 형편이었는가를 보여준다. 즉, 이스라엘의 제사장들은 홉니와 비느하스처럼 칼에 엎드러져 죽었고(삼상 4:11) 이스라엘의 과부들은 하나님의 심판이 너무 엄청나고 커서 애곡도 못하는 처지가 되었다는 것이다.

65-72절. 결론으로 하나님의 구원.

시 78:65. 그 때에 주께서 잠에서 깨어난 것처럼, 포도주를 마시고 고함치는 용사처럼 일어나사(Then the Lord awoke as from sleep, like a strong man shouting because of wine-ESV).

본 절과 다음 절은 하나님께서 이스라엘 민족을 블레셋 군대로부터 구원해 주신 사실을 진술하고 있다. 즉, 시인은 '주님은 잠잠히 주무시다가 결국 잠에서 깨셔서 대적을 파멸시키시려고(7:6; 35:23; 73:20 참고) 분연히 일어나셨다. 용사가 포도주를 마시고 달아오른 것처럼 갑자기 일어나셨다(사 42:13; 슥10:7 참고)'고 말한다.

시 78:66. 그의 대적들을 쳐 물리쳐서 영원히 그들에게 욕되게 하셨도다.

시인은 '주님은 블레셋 등, 그의 대적들을 물리치셔서 길이 욕되게 하셨다'고 말한다. 하나님께서 대적들을 물리치신 것은 이스라엘의 신앙인들을 통하여 하셨다.

시 78:67. 또 요셉의 장막을 버리시며 에브라임 지파를 택하지 아니하시고 (He rejected the tent of Joseph, he did not choose the tribe of Ephraim-ESV).

본 절의 "요셉의 장막"[10]이란 말과 "에브라임 지파"란 말은 동의어로 사용되어 자기들에게 주어진 사명을 제대로 감당하지 못한 지파를 하나님께

---

10) 벧엘 북쪽에 있었던 실로의 성소를 뜻한다. 이것은 에브라임 경내에 있었다. 영원한 위치로 선정되어 법궤가 그곳으로 옮겨질 때 하나님은 실로를 택하지 않으시고 예루살렘을 선택하셨다(Rawlinson).

서 버리셨음을 뜻한다. 하나님은 오늘도 자신들에게 주어진 사명을 제대로 감당하지 못하는 개인이나 단체를 버리시는 것을 알 수 있다. 본 절의 "에브라임 지파를 택하지 아니하셨다"는 말은 '여호수아 때부터 계속되어 왔던 에브라임의 지도적 위치가 상실되었음'을 의미한다.

시 78:68. 오직 유다 지파와 그가 사랑하시는 시온 산을 택하시며.

앞 절은 하나님께서 택하지 않으신 사실을 지적하고 본 절은 하나님께서 택하신 사실을 지적하신다. 즉, 하나님은 에브라임 대신에 유다를 택하셨고, 실로 대신에 예루살렘의 시온 산을 택하셨다. 곧, 시인은 '주님께서 유다 지파와 그가 사랑하시는 시온 산을 택하셨다'고 말한다. 그래서 하나님은 유다 지파에서 다윗을 세워 이스라엘의 왕을 삼으셨고(삼상 16:1-12), 시온 산에 주님의 성소를 건립하셨다(삼하 6:12-17).

시 78:69. 그의 성소를 산의 높음 같이, 영원히 두신 땅 같이 지으셨도다(He built his sanctuary like the high heavens, like the earth, which he has founded for ever-RSV, ESV).

시인은 '주님께서 성소를 하늘의 높이처럼(Delitzsch) 높게 지으셨고, 땅이 영원한 것처럼 성소를 영원한 처소처럼 세우셨다'고 말한다. 주님께서 이처럼 성소를 거창하게 세우셨지만 훗날 바벨론의 침입(B.C. 586)으로 파괴되었고 이스라엘 백성들도 포로로 끌려갔다. 즉, 본 절은 하나님께서 그의 택한 백성들과 영원히 함께 하신다는 것을 드러내신 것이다.

시 78:70. 또 그의 종 다윗을 택하시되 양의 우리에서 취하시며.

시인은 '주님의 종 다윗을 뽑아내시되, 양의 우리에서 일하는 그를 뽑으셨다'고 말한다. 즉, 다윗은 원래 베들레헴의 목자였으나 하나님은 그를 양들 사이에서 뽑아내시고 이스라엘 백성을 목양하는 큰 목자로 삼으신 것이다(삼상 16:1-12; 삼하 7:8). 하나님은 믿음의 사람을 뽑아 쓰신 것이다.

시 78:71. 젖양을 지키는 중에서 그들을 이끌어 내사 그의 백성인 야곱, 그의 소유인 이스라엘을 기르게 하셨더니(from following the nursing ewes he brought him to shepherd Jacob his people, Israel his inheritance-ESV)**.**

시인은 '젖양을 목양하던 그를 하나님께서 이끌어내셔서 그분의 백성 야곱과 그분의 유업 이스라엘을 기르게 하셨다'고 말한다. 다윗은 양을 치는 직업에서 하나님의 백성을 목양하는 일에 부름을 받았다. 다윗은 백성을 목양하기 전에 양들을 목양하는 직업을 가지고 기르는 일에 종사했다.

시 78:72. 이에 그가 그들을 자기 마음의 완전함으로 기르고 그의 손의 능숙함으로 그들을 지도하였도다(With upright heart he shephereded them, and guided them with his skilful hand-ESV)**.**

시인은 '다윗은 온전한 마음으로 백성들을 길렀고, 능숙한 손으로 백성들을 이끌었다'고 말한다. 다윗은 하나님의 뜻에 부합하게 정직하고 성실한 마음을 가지고 정치했고, 탁월한 정략으로 통치하여(행 13:22) 이스라엘을 대제국으로 성장 시켰다. 다윗은 이상적 왕으로 예수 그리스도의 예표가 되었다.

제 79 편 고난의 백성을 돌아보소서

본편은 그 내용과 취지가 제 74편과 흡사하다. 차이가 있다면 제 74편이 성소에 초점을 두었다면 본편은 백성에 관심을 두고 있다는 점이다(이상근).

저작의 시기를 보면 1) 마카비 시대로 보는 견해(B.C. 160, Theodore of Mopsuestia, Delitzsch, Staerk, Kittel). 2) 에스라 시대와 알렉산더 대왕 시대 사이에 기록되었을 것이라는 견해(Gunkel, Schmidt). 3) 바벨론에 의한 예루살렘 멸망 때로 보는 견해(B.C. 586, Keszler, Koenig, Briggs,

J. Ridderbos, Rawlinson)로 구분된다. 이 세 견해 중에 3)번의 견해가 가장 타당한 것으로 보인다.

본편의 내용은 1) 고난 받는 백성을 구원해 주시기를 기원한 일(1-7절). 원수들이 주님의 기업을 해롭게 한 것 때문에 구원을 비는 것이다. 2) 고난에서 구원 받기를 원하는 기도의 근거(8-13절)는 무엇인가? 그 근거는 (1) "우리 열조의 죄악을 우리에게 돌리지 마시기를 바라서"(8절 상반). (2) "우리가 심히 천하게 되었기" 때문(8절 하반). (3) "주의 이름의 영광을 위하여"(9절). (4) "열방으로 저희 하나님이 어디 있느냐 말하게" 되지 않도록, 구원해 주시기를 원해서(10-11절). (5) 그 원수들이 하나님을 훼방한 죄가 큰 만큼 그 원수들은 보복을 당해 마땅하다고 생각하기 때문(12절). (6) 이 시인이 자기 백성의 구원을 위하는 목적은 그와 그 백성이 하나님께 감사하기 위한 것이기 원함이었다(13절, 박윤선).

"아삽의 시"란 말은 다윗 시대에 살던 아삽이 기록했다는 의미가 아니라 아삽 계통의 악사(樂士)들이 보관해 둔 시(詩)라는 뜻이다.

시 79:1. <아삽의 시> 하나님이여 이방 나라들이 주의 기업의 땅에 들어와서 주의 성전을 더럽히고 예루살렘이 돌무더기가 되게 하였나이다.

시인은 하나님을 향하여 '하나님이시여! 바벨론 군대가 주님께서 우리에게 기업으로 주신 땅에 들어와서 주님의 성전을 더럽히고 예루살렘을 폐허가 되게 했습니다'(왕하 25:1-17; 렘 52:17-23)고 말한다(74:2 참조). 예루살렘을 폐허로 만든 것은 마카비 시대(안티오커스 시대)에는 없는 일이었다.

시 79:2. 그들이 주의 종들의 시체를 공중의 새에게 밥으로, 주의 성도들의 육체를 땅의 짐승에게 주며.

시인은 '바벨론 군대가 주님의 종들의 시체를 하늘의 새에게 먹이로 주었으며 경건한 성도들의 육체를 땅의 짐승에게 주었다'고 말한다. 이런 일은 고대의 전쟁에서 보편적으로 행해지던 일이었다(Rawlinson).

시 79:3. 그들의 피를 예루살렘 사방에 물 같이 흘렸으나 그들을 매장하는 자가 없었나이다.

시인은 '바벨론 군대가 예루살렘 종들과 성도들의 피를 예루살렘 사방에 물같이 흘렸으나 그 시체들을 매장해 주는 자가 없었다'고 말한다. 18개월간의 예루살렘 포위 중(왕하 25:1-3)에 죽은 사람의 숫자가 무수하여 예루살렘의 종들과 성도들의 피가 시내 물처럼 흘렀고 그들의 시체를 매장해 줄 사람도 없었다는 것이다(렘 52:15-16). 성지가 완전히 피바다가 된 것이다.

시 79:4. 우리는 우리 이웃에게 비방 거리가 되며 우리를 에워싼 자에게 조소와 조롱거리가 되었나이다.

시인은 '우리는 우리의 이웃(주변의 나라들, 즉 블레셋, 수리아, 모압, 암몬, 에돔 등)에게 비방거리가 되고, 우리 사방의 사람에게 조롱거리와 놀림감이 되었다'(44:13; 137:7; 애 2:15; 5:1)고 말한다. 천지의 주재이신 하나님을 섬긴다는 자들이 자기 신에게 버림을 받아 멸망을 당하는 모습은 이들에게 정녕 큰 웃음거리가 되었을 것이다(그랜드 종합 주석).

시 79:5. 여호와여 어느 때까지니이까 영원히 노하시리이까 주의 질투가 불붙듯 하시리이까.

시인은 '주님이시여! 언제까지 노하시겠습니까? 영원히 노하시겠습니까? 주님의 진노가 불붙듯 계속하시겠습니까?'고 말한다. 시인은 매우 절망적인 상황 중에도 결코 낙심하지 않으며 하나님을 바라고 부르짖기를 주저하지 않고 있다. 시인은 하나님의 긍휼이 무궁한 것을 알고 부르짖는 것이다.

시 79:6. 주를 알지 아니하는 민족들과 주의 이름을 부르지 아니하는 나라들에게 주의 노를 쏟으소서.

시인은 '주님을 경험해 보지 못한 민족들과 주님의 이름을 부르지 않는 왕국들 위에 주님의 진노를 쏟아 주소서'고 기도한다.

시 79:7. 그들이 야곱을 삼키고 그의 거처를 황폐하게 함이니이다.

본 절과 앞 절은 렘 10:25과 문자적으로 거의 같다. 어느 한편이 다른 편을 인용했을 것이다(Rawlinson). 시인은 하나님을 향하여 '이렇게 주의 노를 쏟으시라고 부르짖는 이유는 그들이 이스라엘을 삼키고, 그가 사는 거처를 황폐하게 하였기 때문입니다'라고 말한다.

시 79:8. 우리 조상들의 죄악을 기억하지 마시고 주의 긍휼로 우리를 속히 영접하소서 우리가 매우 가련하게 되었나이다.

시인은 하나님을 향하여 '우리 조상들의 죄악을 기억하여 우리에게 돌리지 마옵소서. 우리가 매우 비천하게 되었사오니, 주님의 긍휼로 우리를 속히 영접하소서'라고 애원한다. 바벨론이 이스라엘을 친 것은 이스라엘의 죄 때문이었지만 시인은 하나님을 향하여 이제는 더 이상 죄악을 기억하여 우리에게 벌을 더 내리지 마시라고 애원한다. 이유는 우리가 참으로 보기에도 너무 가련하게 되었기 때문이라는 것이다.

시 79:9. 우리 구원의 하나님이여 주의 이름의 영광스러운 행사를 위하여 우리를 도우시며 주의 이름을 증거하기 위하여 우리를 건지시며 우리 죄를 사하소서.

시인은 '우리 구원의 하나님이시여! 주님의 이름의 영광을 위하여 우리를 도우소서. 주님의 이름을 증거하도록 우리를 건지시고, 우리 죄를 용서하소서'라고 애원한다. 본 절에서 시인이 애원하는 근거는 두 가지이다. 하나는 하나님의 영광을 위하여(출 32:12; 민 14:13; 신 9:28; 32:27) 이스라엘 민족을 도우시라는 것이며 또 하나는 우리가 주님의 이름을 증거하기 위해 더 이상 벌하시지 마시고 우리 이스라엘의 죄를 사해 주시라는 것이다.

시 79:10. 이방 나라들이 어찌하여 그들의 하나님이 어디 있느냐 말하나이까 주의 종들이 피 흘림에 대한 복수를 우리의 목전에서 이방 나라에게 보여

주소서.

시인은 '어찌하여 이방 민족들이 이스라엘의 하나님이 어디 있느냐고 말하게 하십니까? 주님의 종들이 흘린 피를 갚아 주신다는 것을 우리의 눈앞에서 민족들에게 알게 하소서'라고 애원한다. 본 절에서 시인은 두 가지를 두고 애원한다. 하나는 하나님께서 이스라엘을 용서하시지 않고 치시면 이방 사람들이 하나님이 어디 계시냐고 말할 것이니 그렇게 되지 않도록 해주시라는 것이고 또 하나는 주님의 종들과 성도들이 피를 흘린데 대한 복수를 이스라엘 사람들이 보는 앞에서 이방 나라에게 부어주시라고 애원하는 것이다.

시 79:11. 갇힌 자의 탄식을 주의 앞에 이르게 하시며 죽이기로 정해진 자를 주의 크신 능력을 따라 보존하소서.

시인은 '갇힌 사람들(이스라엘 사람들)의 탄식(기도) 소리(애 1:3-5; 5:18)가 주님 앞에 이르게 하시고, 죽게 된 자를 주님의 크신 능력으로 보호하소서'라고 기도한다. 본 절의 "갇힌 자의 탄식"이란 다니엘과 세 친구들을 제외하고 '포로 되어 간 이스라엘은 대체적으로 탄식 소리를 내었고 또 기도 소리'를 내었다. 이들의 탄식 소리가 주님 앞에 이르게 해주시라는 애원이다. 그리고 "죽이기로 정해진 자"란 말은 '죽음이 임박한 자들'이란 뜻으로 이들은 고국으로 돌아갈 정도로 오래 살 수 없으니 그들을 보호해 주시라는 것이다(Rawlinson).

시 79:12. 주여 우리 이웃이 주를 비방한 그 비방을 그들의 품에 칠 배나 갚으소서.

시인은 '주님이시여! 우리의 이웃들이 주님을 비방한 그 비방을 이웃들의 품에 7배나 갚아 주시라'고 애원한다. 여기 "7배"란 말은 '충분히'란 뜻이다.

시 79:13. 우리는 주의 백성이요 주의 목장의 양이니 우리는 영원히 주께 감사하며 주의 영예를 대대에 전하리이다.

시인은 '우리는 주님의 백성이요 주님의 목장의 양이오니 우리가 주님께 영원히 감사하며, 대대로 주님의 영광을 찬양하겠습니다'고 말한다(74:1; 78:52 참조). 시인은 우리 이스라엘을 구원해 주시면 영원히 주님을 찬양하겠다는 맹세의 말을 하는 것이다.

제 80 편 포로된 이스라엘을 돌려보내 주소서

본편은 적에게 유린당한 이스라엘 나라를 생각하며(5, 6, 12, 13절), 비애에 잠겨 그 회복을 위해 기도하는 시(詩)이다. 이 시편의 저작의 때는 1) 아람의 침범 때라는 견해(Olshausen, Hitzig). 2) 바벨론의 침범 때라는 견해(Geier, Nowack, Kittel). 그러나 이 견해들을 지지할만한 재료가 이 시편 가운데 없다. 3) 앗수르의 침범 때라는 견해(LXX, Calvin, Hengsternberg, J. Ridderbos, Rawlinson, 박윤선, 이상근). 위의 세 가지 견해 중 3)번의 견해가 가장 유력하다. 70인역(LXX)의 표제에 "앗수르에 관하여"란 말이 유력한 근거가 된다.

본편의 내용은 1) 하나님의 백성이 극도로 심한 고난을 받는 고로 이스라엘의 양을 위해 기도하다(1-7절). 2) 이 시인은 하나님의 백성이 그 비참한 처지에서 아주 망하지 않을 것을 확신하고 유린당한 포도원의 회복을 위해 기도하다(8-13절). 3) 이 시인은 하나님의 백성이 기도하는 것을 보고 하나님께서 그 백성을 돌보실 것이라는 확신을 가진다(14-19절).

"아삽의 시"란 말은 '아삽의 자손'이란 뜻으로 이해된다. 제 74편 표제를 보라. 카일(Keil)은 이 시편이 다윗과 동시대 사람인 아삽의 저술이라고 주장한다. "소산님에둣"(שֹׁשַׁנִּים עֵדוּת)이란 말은 '증거의 백합화'란 뜻의 곡명이다. 제 45편 표제를 보라.

1-7절. 이 시인은 하나님의 백성들이 심한 고난을 받는 것을 보고 기도하다.

시 80:1. <아삽의 시, 인도자를 따라 소산님에둣에 맞춘 노래> 요셉을 양떼 같이 인도하시는 이스라엘의 목자여 귀를 기울이소서 그룹 사이에 좌정하신 이여 빛을 비추소서.

시인은 '요셉을 양같이 인도하시는 이스라엘의 목자시여 귀를 기울이소서. 그룹들 사이에 앉아 계신 주님이시여! 빛을 비추소서'라고 기도한다. 본 절은 하나님과 이스라엘 관계를 목자와 양으로 묘사하고 있다(74:1; 77:2078:52; 79:13). 여기 "요셉"이란 말이 본 시편의 대상이 북쪽 이스라엘인 것을 나타내고 있다. "그룹 사이에..."란 말(출 25:22)이 예루살렘 성전이 아직 건재하고 있는 것을 보인다. 이 시인은 방황하며 고난당하는 이스라엘을 목자 되신 주님께서 구원하여 주실 것을 간구하는 것을 볼 수 있다.

시 80:2. 에브라임과 베냐민과 므낫세 앞에서 주의 능력을 나타내사 우리를 구원하러 오소서.

시인은 '에브라임과 베냐민과 므낫세 앞에서 주님의 힘을 발휘하셔서 우리를 구원하소서'라고 기도한다. 본 절의 "에브라임과 베냐민과 므낫세"란 말을 보아도 본 시(詩)의 대상이 북 왕국 이스라엘인 것을 드러내고 있다. 본 절의 "에브라임과 므낫세"가 요셉의 두 아들인 점으로 보아 본 절은 앞 절의 반복임을 알 수 있다. "베냐민"은 라헬의 아들인고로 요셉 편에 속하는 것은 사실이나 이 지파는 나라가 남북으로 나누어질 때 남 왕국 유다에 속했기 때문에 문제가 되는 것이다(이상근). 그러나 유다 왕국에 속한 것은 베냐민의 일부였고, 대부분은 북왕국을 따랐다는 해답이 있다(Hengsternberg, Cook).

시 80:3. 하나님이여 우리를 돌이키시고 주의 얼굴빛을 비추사 우리가 구원을 얻게 하소서.

시인은 '하나님이시여! 우리를 돌이키시고 주님의 얼굴을 비추셔서 우리가 구원을 받게 하소서'고 기도한다. 본 절의 "돌이키시고"란 말은 '포로로

잡혀간 우리를 돌아오게 하소서'라는 뜻이다(왕하 15:29). 그리고 "주의 얼굴빛을 비추사 우리가 구원을 얻게 하소서"란 말은 '주님께서는 그 능력과 자비의 얼굴빛을 이스라엘에게 비추셔서 우리를 구원하여 주소서'(31:16; 67:1; 민 6:25)라는 뜻이다.

시 80:4. 만군의 하나님 여호와여 주의 백성의 기도에 대하여 어느 때까지 노하시리이까.

시인은 '만군의 하나님 여호와시여! 언제까지 주님의 백성의 기도에 대하여 노하시렵니까?'라고 질문한다. 하나님의 기도 응답이 더디므로 하나님의 진노가 계속하는 것으로 여겨 두려워한다(7:1 참조). "만군의 하나님"이란 말은 시편에 흔하지 않은 이름이다(24:10; 59:5; 84:8, Rawlinson).

시 80:5. 주께서 그들에게 눈물의 양식을 먹이시며 많은 눈물을 마시게 하셨나이다.

시인은 '주님께서 그들이 기도할 때 눈물을 많이 흘리게 하여 입으로 들어가게 하셨다'고 말한다. 기도하는 중에도 슬픔이 넘친다는 것이다(42:3 참조).

시 80:6. 우리를 우리 이웃에게 다툼 거리가 되게 하시니 우리 원수들이 서로 비웃나이다.

시인은 '주님께서 우리를 우리 이웃들에게 다툼거리가 되게 하시니, 우리의 원수들이 우리를 두고 함께 비웃는다'고 말한다. 본 절은 두 가지를 말한다. 하나는 이스라엘 하나를 두고 열강들이 서로 다투며 침략하려고 한다는 것이며, 또 하나는 모압이나 에돔이나 암몬 등은 이스라엘이 침략당하는 것을 보고 서로 조롱한다는 것을 말한다(44:13; 79:4).

시 80:7. 만군의 하나님이여 우리를 회복하여 주시고 주의 얼굴의 광채를 비추사 우리가 구원을 얻게 하소서.

시인은 '만군의 하나님이시여! 우리를 회복하여 주시고 주님의 얼굴을 우리에게 비추셔서 우리가 구원을 받게 하소서'라고 기도한다. 본 절은 본편에 세 번 나타나 후렴 역할을 한다(3, 7, 19절). 본 절 주해를 위해 3절 주해를 참조하라.

8-13절. 이 시인은 하나님의 백성이 그 비참한 처지에서 아주 망하지 않을 것을 확신하고 유린당한 포도원의 회복을 위해 기도하다.

시 80:8. 주께서 한 포도나무를 애굽에서 가져다가 민족들을 쫓아내시고 그것을 심으셨나이다.

앞부분(1-7절)에서는 하나님과 이스라엘의 관계를 목자와 양의 비유로 말했는데 이제 이 부분(8-13절)에서는 농부와 포도원의 비유로 말한다. 포도원(왕상 21:1-10)은 이스라엘의 소중한 기업이었다. 즉, 시인은 '주님께서는 애굽에서 한 포도나무를 뽑아다가 민족들을 쫓아내시고 그것을 심으셨다'고 말한다. 바로 그 포도나무는 이스라엘이었다(사 5:1-7; 마 21:33-41; 눅 20:9-16).

시 80:9. 주께서 그 앞서 가꾸셨으므로 그 뿌리가 깊이 박혀서 땅에 가득하며.

시인은 '주님께서 그 나무를 위해 잡초를 뽑고 돌을 골라내며 땅을 고르게 하여 뿌리를 내리게 하셔서 포도나무가 땅에 가득 찼다'고 말한다. 하나님께서 가나안 7족을 멸하시고 쫓아내시며 그 땅을 미리 준비하셔서 이스라엘로 하여금 그 땅에 뿌리를 내리고 편만하게 하셨다(신 11:24; 수 1:3). 하나님의 이 작업은 꽤 오랜 세월을 요하셨다(삿 1:27-36).

시 80:10. 그 그늘이 산들을 가리고 그 가지는 하나님의 백향목 같으며.

시인은 '그 포도나무 그늘이 산들을 가렸고 그 포도나무 가지는 하나님의 백향목 같았다'고 말한다. 본 절은 이스라엘의 영토가 동서남북 사방으로 확대된 것을 가리킬 것이다. 왜냐하면 이 구절이 북, 서, 동의 경계선을 지시하고 있기 때문이다(Hengsternberg, Kay, Professor Cheyne, Rawlinson). 포도나무가 커서 그 포도나무 그늘이 산들을 가렸다는 말은 그 영토가 남방 산악지대에 미친 것을 가리킨다.

그리고 "그 가지는 하나님의 백향목 같다"는 말은 레바논의 백향목이 북방 레바논까지 이스라엘의 영토가 되었다는 것을 가리킨다(이상근). 10-11절은 이스라엘의 인구증대와 영토 확대를 진술한다.

시 80:11. 그 가지가 바다까지 뻗고 넝쿨이 강까지 미쳤거늘.

시인은 '그 포도나무 가지는 지중해에까지 뻗고, 그 포도나무 넝쿨은 유프라테스 강에까지(창 15:18; 왕상 4:21, 24) 뻗었다'고 말한다. 이와 같은 국토 확장에 대한 예언은 다윗과 솔로몬 시대에 성취되었다.

시 80:12. 주께서 어찌하여 그 담을 허시사 길을 지나가는 모든 이들이 그것을 따게 하셨나이까.

시인은 '그런데 어찌하여 주님께서는 그 울타리를 헐으시고, 길을 지나가는 모든 사람들이 그 열매를 따먹게 하셨나이까?'고 말한다. 이스라엘의 쇠퇴는 우연한 일이 아니고 하나님의 간섭으로 되는 일이다. 본 절의 "울타리를 헐으시는 것"은 이스라엘의 국방력이 무너짐을 뜻한다. "지나가는 모든 이들"이란 말은 서쪽으로부터 동쪽으로 지나가는 애굽이나, 동쪽에서 서쪽으로 가는 아람, 앗수르, 바벨론, 수리아 등의 세력을 지칭할 것이다(이상근, 89:40-41).

시 80:13. 숲 속의 멧돼지들이 상해하며 들짐승들이 먹나이다.

시인은 '수풀의 멧돼지들이 그것을 찢고, 들짐승들이 그것을 먹는다'고 말한다. 여기 두 짐승(멧돼지들, 들짐승들)은 적국의 야수성을 드러낸 표현이다. 적국들은 난폭한 야수처럼 가나안 땅을 황폐하게 했고, 이 중에도 특별히 앗수르 군대가 그랬다(이상근, 왕하 15:29).

14-19절. 이 시인은 하나님의 백성이 기도하는 것을 보고 그 백성을 돌보실 것이라는 확신을 가진다.

시 80:14. 만군의 하나님이여 구하옵나니 돌아오소서 하늘에서 굽어보시고 이 포도나무를 돌아보소서.

시인은 '만군의 하나님이시여! 구하옵나니 이스라엘에게 돌아오셔서 하늘에서 굽어보시고 이 포도나무를 돌아보소서'(106:4)라고 간청한다. 여기 "이스라엘에게 돌아오셔서 하늘에서 굽어보시고 이 포도나무를 돌아보소서"라는 세 마디는 똑 같은 뜻의 말로서 이스라엘을 돌아보아주시라는 애원이다.

시 80:15. 주의 오른손으로 심으신 줄기요 주를 위하여 힘 있게 하신 가지니이다.

시인은 '포도원(이스라엘)은 주님의 오른손이 심으신 줄기요, 주님을 위해 강하게 하신 가지라'고 말한다. 여기 "주님의 오른손"이란 말은 '주님의 힘 있는 손'이란 뜻으로 주님의 강한 손으로 줄기를 돌보셨고 주님을 위하여 힘 있게 길러주신 가지(9-11절)라는 것이다. 주님께서 길러주신 포도나무를 주님께서 돌보아 주시라는 것이다.

시 80:16. 그것이 불타고 베임을 당하며 주의 면책으로 말미암아 멸망하오니.

시인은 '포도나무가 베어져 불에 탔고 주님의 꾸짖음에 그들이 멸망한다'고 말한다. 포도나무가 베어져 불에 타 없어진다는 것이다(사 33:12). 이스라엘이 적군의 공격으로 인해 불타고 망한다는 것이다. 이스라엘의 범죄에 대해 하나님의 징계로 이스라엘은 멸망했다.

시 80:17. 주의 오른쪽에 있는 자 곧 주를 위하여 힘 있게 하신 인자에게 주의 손을 얹으소서.

시인은 '주님의 오른쪽에 있는 자, 곧 주님을 위해 강하게 하신 인자 위에 주님의 손을 얹으소서'라고 말한다. "주의 오른쪽에 있는 자"란 말은 '주님의 오른쪽에 있는 이스라엘'이란 뜻이다. 그리고 "주를 위하여 힘 있게 하신 인자"란 말도 '하나님의 특별하신 은혜를 입은 이스라엘'이란 뜻이다. "주의 오른쪽에 있는 자"란 말과 "주를 위하여 힘 있게 하신 인자"란 말은 동의절로 사용되어 '다 같이 이스라엘'을 지칭한다. 그리고 "주의 손을 얹으소서"란 말은 '사랑의 손을 얹으소서'라는 뜻이다.

시 80:18. 그리하시면 우리가 주에게서 물러가지 아니하오리니 우리를 소생하게 하소서 우리가 주의 이름을 부르리이다.

시인은 '그리하시면 우리가 주님을 떠나지 아니할 것이오니, 우리를 소생시키소서. 우리가 주님의 이름을 부르겠습니다'라고 말한다. 다시 말해 주님께서 이스라엘에 대한 사랑을 회복시키시고 소생시켜 주신다면 우리 이스라엘도 다시는 주님을 떠나지 아니하고 우리가 주님의 이름을 찬송하고 부르겠다는 것이다. 즉, 앞 절에 기도한 내용대로 은혜 주시는 경우에는 이스라엘 백성은 주님으로부터 떠나지 않겠다는 뜻이다.

시 80:19. 만군의 하나님 여호와여 우리를 돌이켜 주시고 주의 얼굴의 광채를 우리에게 비추소서 우리가 구원을 얻으리이다.

본 절 주해를 위해서 3절 주해를 참조하라. 본 절은 3, 7절과 더불어 후렴이니 바로 그곳 주해를 참조하라.

제 81 편 나팔을 불어 하나님의 구원을 기념하다

본편은 유대인들의 전통에 의하면 신년을 당하여 부르는 시로 유대민력의 정월인 "티스리(Tischri)"월(종교력으로 7월, 태양력은 9-10월) 1일의 행사에 사용했다고 한다. 그러나 기독교 학자들의 의견은 1) 장막절 행사를 위한 시라는 견해(Targum, Kittel, Boehl, Schmidt, MoHupfeld,

Ryrie, 이상근) 2) 유월절 행사(Hengsternberg, Delitzsch, Hitzig, 박윤선)를 위한 시라는 견해로 나누어진다. 이 두 견해 중에 2)번의 견해를 취해 둔다. 6-8절에 이스라엘의 출애굽 운동이 관설되었기 때문이다(박윤선).

본편의 저작 시기에 대하여는 세 가지 견해가 있다. 1) 다윗과 동시대 사람인 아삽이 지었다는 견해(Hengsternberg, Keil). 2) 북 왕국 이스라엘의 멸망 후 북 왕국 사람이 지었다는 견해(Gunkel). 3) 남북으로 분립되기 전 어느 시대에 이 시편이 저술된 것으로 보는 견해(박윤선)로 구분된다. 아마도 3)번의 견해가 바를 것으로 본다.

본편의 내용은 1) 절기를 지킬 것(1-4절). 2) 출애굽 때의 은혜(5-7절). 3) 이스라엘의 불순종(8-12절). 4) 순종의 권면(13-16절)으로 구성되어 있다.

"아삽의 시"란 말은 본시를 아삽의 자손이 보관하고 있었다는 뜻이다. "깃딧"이란 말은 '기쁜 노래 가락'이란 뜻의 곡명이다(8편 표제 주해 참조).

1-4절. 절기를 지킬 것.

시 81:1. <아삽의 시, 인도자를 따라 깃딧에 맞춘 노래> 우리의 능력이 되시는 하나님을
향하여 기쁘게 노래하며 야곱의 하나님을 향하여 즐거이 소리칠지어다.

시인은 '우리의 힘이 되신 하나님(27:1; 28:8; 46:1)을 향하여 기쁨으로 노래하며 야곱의 하나님을 향하여 즐거이(레 23:24; 민 29:1) 외칩시다'라고 권한다. 여기 "즐거이 소리칠지어다"란 말은 '악기를 동원하여 노래합시다'라는 뜻이다.

시 81:2. 시를 읊으며 소고를 치고 아름다운 수금에 비파를 아우를지어다 (Raise a song, sound the tambourine, the sweet lyre with the harp-ESV)**.**

본 절은 성도들에게 각 사람의 재능에 따라 마음 속 깊은 곳으로부터 찬양을 드리도록 권고하고 있다. 여기 "시를 읊으라"는 말의 "시"에 해당하는 말(זִמְרָה)은 '노래'(98:5)라는 말로도 번역이 가능하고, 혹은 '악기'(암

5:23)라는 말로도 번역이 가능하다. 따라서 "시를 읊으며"라는 구절은 '악기를 연주하며'라고 해석할 수도 있고(Horsley), 또는 '노래를 부르며'라고 해석할 수도 있다(Rawlinson). 따라서 본 절은 히브리인들의 찬양이 전통적으로 악기에 맞추어 시를 읊는 것임에 근거한 표현으로 보인다.

그리고 "소고를 치고 아름다운 수금에 비파를 아우를지어다"란 말을 살펴보면 이스라엘인들의 공적 예배 시에는 대개 소고와 비파와 수금이 사용되었음을 알 수 있다(대상 15:20, 21; 16:5; 25:6; 대하 5:12; 20:28; 느 12:27). 따라서 본 절의 소고는 제금을 대신했던 것으로 볼 수 있다(Rawlinson). 아무튼 이스라엘인들은 하나님과 더불어 누리는 영적 교제의 기쁨과 감사를 더욱 생생하게 드러내기 위함이었다고 볼 수 있다. 그리고 "아우를지어다"란 말은 서로 어울려 화음을 이루라는 뜻이다.

그러나 캘빈(Calvin)의 말에 우리는 주의를 기울일 필요가 있을 것이다. 즉, 복음의 밝은 빛이 임한 오늘날(신약시대)에는 그림자와 같은 율법의 제정은 지나갔으므로 우리는 율법의 예배 의식을 모방할 필요가 없다고 했다. 캘빈의 말은 일리가 있는 말로 받아들여야 할 것이다. 그러나 신약 시대의 예배시라도 악기를 쓰지 않아야 할 것이라는 교리를 세울 수는 없을 것이다(박윤선).

시 81:3. 초하루와 보름과 우리의 명절에 나팔을 불지어다.

시인은 '초하룻날과 보름날, 그리고 우리 축제의 날에 나팔을 불라'고 권한다. 여기 "초하루"란 말은 '매달의 첫날인 초하루'를 가리킨다. 매달의 초하루 월삭에는 언제나 나팔을 불며 제사를 드렸다(민 10:10; 레 28:11-15).

그리고 "보름"이란 날은 정월(종교력 7월) 15일로 이 날은 장막절이 시작하는 날(Kittel, Rawlinson) 또는 유월절로 본다(Hengsternberg, Alexander).

그리고 "우리의 절일"이란 말은 이스라엘인들이 전통적으로 지키는 유월절, 칠칠절, 그리고 초막절(신 16:1-17)을 지칭한다. 그러나 이 절일이 어느 절일인지에 대하여는 학자들의 견해가 두 가지로 갈린다. 1) 이 절일이 종교력으로 7월 15일부터 일주일 동안 지켜지는 장막절을 지칭한다는 견해(레 23:24; 민 29:1, Anderson, Rawlinson). 2) 본편의 5절 이하에 언급되는 내용이 하나님께서 이스라엘 백성을 애굽에서 구출하신 사건에 관한 기록이기 때문에 본 절의 절기가 유월절이라고 주장한다(Alexander, Keil). 이상의 두 견해 중 어느 견해가 보다 타당한 것인지는 정하기 어렵다. 다만 본편이 장막절 내지 유월절에 낭송되는 감사 예배시인 것만은 확실해 보인다(그랜드 종합 주석).

시 81:4. 이는 이스라엘의 율례요 야곱의 하나님의 규례로다.

시인은 '이것이 이스라엘을 위한 규례이며, 야곱의 하나님의 법도'라고 말한다. 이스라엘을 위한 규례이고 야곱(이스라엘)을 위한 규례이기 때문에 온 백성은 일심으로 지켜야 하는 것이다.

5-7절. 출애굽 때의 하나님의 은혜.

시 81:5. 하나님이 애굽 땅을 치러 나아가시던 때에 요셉의 족속 중에 이를 증거로 세우셨도다 거기서 내가 알지 못하던 말씀을 들었나니.

시인은 '하나님께서 애굽 땅을 치러 나아가시던 때 요셉을 위해 그것을 증거로 세우셨고, 그곳에서 내가 알지 못하던 말씀을 들었다'고 말한다. 본 절의 "하나님이 애굽 땅을 치러 나아가시던 때에"란 말은 1) 하나님께서 애굽을 치러 나가신 것을 의미한다는 견해(Kidner, Tate). 2) '하나님께서 이스라엘을 인도하여 출애굽하신 것을 의미한다'는 견해(Driver, Boer). 이 두 견해 중에 2)번의 견해가 타당한 것으로 본다. 즉, 하나님께서 권능으로 애굽에 재앙을 내리시고 이스라엘을 애굽으로부터 구원하여 내시던 때를 말하는 것만은 분명하다(출 12:1-28, 43-49, 그랜도 종합 주석).

"요셉의 족속 중에"란 말은 1절의 "야곱"과 동의어로 사용되어 이스라엘

온 족속을 가리킨다. 아마도 이는 이스라엘 백성이 애굽에 체류하는 동안 요셉의 특별한 보호를 받았음에 의거한 표현일 것으로 보인다(Alexander, Hengsternberg). "이를 증거로 세우셨도다"란 말은 '하나님께서 유월절과 같은 절기를 제정하셔서 하나님의 구원 사역을 증거하고 기념하도록 하기 위해 영원히 준수하게 하셨다'는 의미이다(78:5).

"내가 알지 못하던 말씀을 들었다"는 말은 "내"를 '이스라엘 백성'으로 보고, "알지 못하던 말씀을 들었다"는 말은 '이스라엘 백성이 오랫동안 애굽의 생활과 풍습에 젖어 영적으로 침체된 상태였기 때문에 모세를 통해 전해지던 하나님의 말씀을 이해하지 못한 것'을 의미하는 것으로 본다(Keil, Doederlein).

시 81:6. 이르시되 내가 그의 어깨에서 짐을 벗기고 그의 손에서 광주리를 놓게 하였도다.

시인은 '하나님께서 말씀하시기를 내가 너희들의 어깨에서 짐을 벗겨 주었고, 네 손에서 벽돌 광주리를 내려놓게 하였다'고 말한다. 다시 말해 이스라엘 민족에게 애굽으로부터의 해방을 주신다는 뜻이다.

시 81:7. 네가 고난 중에 부르짖으매 내가 너를 건졌고 우렛소리의 은밀한 곳에서 네게 응답하며 므리바 물가에서 너를 시험하였도다 (셀라).

시인은 '너희(이스라엘인들)가 고난 가운데 부르짖었기에, 내가 너희들을 건져 주었고(출 2:23; 3:7; 14:10), 천둥치는 먹구름 속에서(시내산 먹구름 속에서) 내가 대답했으며(출 19:16-25), 므리바 물가에서는 백성들이 물이 없어 다투었고 하나님을 의심했으나 오히려 하나님께서 저들이 계속해서 하나님을 믿고 의지할 것인지를 알아보았다는 뜻이다(Keil). 본 절은 이스라엘이 출애굽 과정에서 하나님께 베푸신 은혜를 진술한 것이다. "셀라"에 대해서 3:2주해 참조하라.

8-12절. 이스라엘의 불순종.

시 81:8. 내 백성이여 들으라 내가 네게 증언하리라 이스라엘이여 내게 듣기를 원하노라.

시인은 '내 백성이여! 들어라. 내가 네게 증언할 것이다. 이스라엘이여! 네가 내 말을 듣는다면 내가 네게 훈계할 것이다'라고 말한다. 시인은 이스라엘의 불순종을 지적하기에 앞서 그들의 주의를 환기시켜 그들이 귀를 기울이기를 강권한다(11, 13절).

시 81:9. 너희 중에 다른 신을 두지 말며 이방 신에게 절하지 말지어다.

본 절은 시인이 강권하는 내용이다. 즉, '너희 중에 다른 신을 두지 말고 이방 우상에게 절하지 말라'고 권한다(출 20:3; 신 5:7).

시 81:10. 나는 너를 애굽 땅에서 인도하여 낸 여호와 네 하나님이니 네 입을 크게 열라 내가 채우리라 하였으나.

시인은 '나는 너를 애굽 땅에서 인도해 낸 여호와 너의 하나님이니(출 20:2; 레 26:13; 신 5:6; 호 12:9) 네 입을 크게 열어라. 내가 채워 줄 것이라(기도를 하라. 내가 채워줄 것이라)'고 말한다.

시 81:11. 내 백성이 내 소리를 듣지 아니하며 이스라엘이 나를 원하지 아니하였도다.

시인은 '그러나 내 백성이 입을 넓게 열어 기도하라는 내 음성을 듣지 않았고(78:10, 41, 56; 왕하 17:2; 대하 36:15-16), 이스라엘이 내 명령을 원하지 않았다'고 말한다.

시 81:12. 그러므로 내가 그의 마음을 완악한 대로 버려 두어 그의 임의대로 행하게 하였도다.

시인은 '이스라엘이 내 말을 순종하지 않았음으로 내가 그들의 마음을 완고하고 악한 대로 버려 두어 자기들의 멋대로 행하게 그냥 버려두었다(창 6:3; 롬 1:24, 26)'고 말한다. 하나님께서 불순종하는 사람들을 벌하시는 법은 불순종하는 대로 그냥 버려두시는 것이다.

13-16절. 순종의 권면.

시 81:13. 내 백성아 내 말을 들으라 이스라엘아 내 도를 따르라.

본 절의 "내 말"과 "내 도"는 동의어로 사용되었다. 시인은 '내 백성이 내 말을 듣고 이스라엘이 내 길을 따르기만 한다면' 승리를 할 터인데 라고 탄식 하시는 말이다.

시 81:14. 그리하면 내가 속히 그들의 원수를 누르고 내 손을 돌려 그들의 대적들을 치리니.

시인은 '내가 그들의 원수를 당장 굴복시키고 내 손이 그들의 대적을 칠 것이다'고 말한다. 결국 이스라엘의 패전은 저희의 범죄 때문이었고, 그들의 승리는 저희 회개로 말미암은 것이었다.

시 81:15. 여호와를 미워하는 자는 그에게 복종하는 체할지라도 그들의 시대는 영원히 계속되리라(Those who hate the LORD would cringe toward him, and their fate would last forever-ESV).

시인은 '여호와를 미워하는 자들(이스라엘의 원수들)은 외형적으로라도 여호와 앞에 잠시 순종하는 체하나 여호와를 미워하는 자의 시대의 불행은 영원히 계속될 것이다'라고 말한다. 여기 "그들의 시대는 영원히 계속되리라"는 말이 무슨 뜻이냐를 두고 견해가 갈린다. 1) 이스라엘의 복된 상태가 계속될 것이라는 견해(Briggs, Alexander, 박윤선, 이상근). 2) 하나님을 미워하는 자들의 불행의(파멸의) 시대가 계속될 것이라는 뜻으로 보는 견해(Anderson, W.A.VanGemeren, 그랜드 종합 주석, 옥스퍼드원어 성경대전). 이 두 견해 중 2)번의 견해가 타당한 것으로 본다.

2)번의 견해가 타당하다는 이유는 이렇다. "그들의 시대"라는 말에 해당하는 히브리 단어 "잇탐"(עִתָּם)은 '시대', '때'라는 의미의 명사 '에트'(עֵת)에 삼인칭 복수 접미어가 결합된 형태이다. 그런데 여기 "그들"이란 말의 선행사를 "이스라엘"(14절)로 보면 '이스라엘의 복된 상태가 계속될 것이라'는 뜻으로 되나 바로 본 절의 상반절에 있는 "여호와를 미워하는 자"로 보는 것이 더 타당할 것이다. 그렇다면 "그들의 시대는 영원히 계속되리라"는 말의 뜻은 '하나님을 미워하는 자들의 불행의(파멸의) 시대는 영원히 계속될 것이라'는 뜻이다. 영역본들 중에서 NIV는 "그들의 시대"를 '그들의 응징'(their punishment)으로 번역했고, RSV나 ESV는 '그들의 파멸'로 번역했다. 따라서 본 절 하반절의 뜻은 '하나님을 미워하는 자들의 파멸의 시대가 영원히 계속될 것이라는 뜻'으로 보는 것이 바른 것으로 보는 것이다.

시 81:16. 또 내가 기름진 밀을 그들에게 먹이며 반석에서 나오는 꿀로 너를 만족하게 하리라 하셨도다(But he would feed you with the finest of the wheat, and with honey from the rock I would satisfy you-ESV).

시인은 '하나님께서 너에게 기름진 밀을 먹게 하였을 것이고 반석에서 나온 꿀로 내가 너를 만족하게 하였을 것이다'고 말한다. 본 절은 하나님을 미워하는 자들의 파멸(15절)과 대조적으로 하나님께 돌아와 하나님께 순종하는 자들에 대한 복을 진술하고 있다. 여기 "기름진 밀"이란 '최상품의 밀'을 뜻하고, "반석에서 나오는 꿀"은 '천연꿀'을 말한다. 이러한 최상품의 밀과 최상품의 꿀은 하나님의 축복에 대한 은유적인 표현으로 하나님의 말씀에 청종하고 그 말씀을 생활 가운데 실천하는 자들에게 주어질 복이 얼마나 놀랍고 풍성한 것인지를 드러내고 있다.

제 82 편 불의한 재판장들에 대한 하나님의 심판

본편은 불의한 재판장들을 경계하는 것을 목표로 한다. 본편의 저작 시기에 대해서는 몇 가지 견해가 있다. 1) 여호사밧 시대에 저작되었을 것이라는 견해(대하 19:5-7, kimchi). 2) 히스기야 시대에 저작되었을 것이라는 견해(Morison). 3) 다윗 시대에 저작되었을 것이라는 견해(J. Ridderbos, Rawlinson). 위의 견해 들 중 3)번의 견해를 취한다.

본편의 내용은 1) 불의한 재판장들을 경계하다(1-4절). 2) 저들은 하나님의 심판을 받을 것을 말하다(5-8절). "아삽의 시"란 말에 대하여는 73편 표제를 참조하라.

1-4절. 불의한 재판장들을 경계하다.

시 82:1. <아삽의 시> 하나님은 신들의 모임 가운데에 서시며 하나님은 그들 가운데에서 재판하시느니라.

시인은 '하나님께서 재판장들의 회중에 일어나 재판장들 가운데서 심판하신다'고 말한다. 여기 "하나님은 신들의 모임 가운데에 서신다"는 말은 '하나님께서 재판장들 가운데 서신다'는 뜻이다. "신들의 모임"(עֲדַת־אֵל) 이란 말은 '이스라엘을 다스리는 자들' 즉 '재판장들'을 가리킨다. 이 말이 무슨 뜻이냐를 두고 견해가 갈린다. 1) 천사들이라는 견해(Hupfeld, Rosenmueller, Cheyne). 2) 이방인의 왕과 방백들이라는 견해(Gesenius). 3) 이스라엘의 재판장들이라는 견해(Delitzsch, Briggs, Rawlinson, 박윤선, 이상근). 위의 견해들 중 3)번의 견해가 바른 견해이다. 문맥에 의해서 3)번의 견해를 택한 것이다. 본 절의 "하나님은 신들의 모임 가운데에 서시며"라는 상반절과 "하나님은 그들 가운데에서 재판하시느니라"라는 하반절은 동의절이다.

시 82:2. 너희가 불공평한 판단을 하며 악인의 낯 보기를 언제까지 하려느냐 (셀라).

시인은 '너희는 언제까지 공정하지 않은 재판을 되풀이하려느냐? 언제까지 너희는 악인의 얼굴을 보아 주겠느냐?'고 질책한다. 본 절도 역시 상반절과 하반절이 동의절로 쓰였다. 불의한 재판장들은 악인으로부터 뇌물을 받고 악인의 얼굴을 두둔하며 의롭고 가난한 서민을 억압했다. 모세 율법은 그런 행위들을 엄금했다(레 19:15; 신 1:17; 16:19). "셀라"란 말에 대한 주해는 3:2주해를 참조하라.

시 82:3. 가난한 자와 고아를 위하여 판단하며 곤란한 자와 빈궁한 자에게 공의를 베풀지며.

시인은 재판장들에게 네 종류의 사람들(가난한 자들, 고아들, 곤란한 자들, 빈궁한 자들)에게 공의를 베풀라고 권한다. 이들은 최하급의 사람들이다. 이런 자들에게 선정을 베풀어야 하고 이런 자들의 재판에 대해서는 공의대로 하여 억울하게 하지 않아야 하는 것이다(사 1:23; 렘 5:28).

시 82:4. 가난한 자와 궁핍한 자를 구원하여 악인들의 손에서 건질지니라 하시는도다.

시인은 하나님의 말씀을 재판장들에게 전한다. 즉. '가난한 자들과 궁핍한 자들을 구원하여 그들을 압박하는 악인들의 압박에서 건져주라(욥 29:12; 사 1:17; 3:14-15; 미 3:2-3)는 하나님께서 말씀하신다'고 말한다.

5-8절. 저들은 하나님의 심판을 받을 것을 말하다.

시 82:5. 그들은 알지도 못하고 깨닫지도 못하여 흑암 중에 왕래하니 땅의 모든 터가 흔들리도다.

시인은 '그들이 알지도 못하고 깨닫지도 못하며 어둠 중에 헤매고 다니니, 온 땅의 기초가 모두 흔들린다'고 말한다. 불의한 재판관들이 알지도 못하고 그 바른 도를 깨닫지 못하고, 저희의 무지와 욕심 중에 행하니 사회 질서는 문란하고 동요를 일으키게 되는 것이다.

시 82:6. 내가 말하기를 너희는 신들이며 다 지존자의 아들들이라 하였으나.

시인은 '하나님께서 말씀하시기를 너희는 다 신들이며, 모두 지극히 높으신 분의 아들들이라고 말했으나'라고 말한다. 하나님께서 재판장들을 존대하여 "너희는 신들이라. 신의 아들들이라"고 하셨다(출21:6; 22:8-9). 하나님께서 재판장들을 이렇게 높이신 이유는 그들이 하나님을 대신하고 또 하나님을 위하여 재판하기 때문이다(신 1:17; 대하 19:6; 롬 13:1-2).

시 82:7. 그러나 너희는 사람처럼 죽으며 고관의 하나 같이 넘어지리로다.

시인은 '너희는 인간처럼 죽으며, 다른 지도자들처럼 쓰러질 것이라'고 말한다. 불의한 재판관들은 하나님을 대리하여 높은 직위를 맡았으나 그 일을 잘 감당하지 못하여 인간들처럼 죽게 되었으며(73:18) 다른 지도자들처럼 쓰러지는 신세가 되었다(삿 1:7; 3:21; 8:21)는 것이다. 우리는 우리에게 주어진 사명을 참으로 잘 감당하는 사람들이 되어야 할 것이다.

시 82:8. 하나님이여 일어나사 세상을 심판하소서 모든 나라가 주의 소유이기 때문이니이다.

시인은 '하나님이시여! 일어나셔서 땅을 심판하소서. 주님께서 친히 세상을 심판하셔야 할 이유는 주님께서 모든 민족을 소유하고 계시기 때문입니다'라고 말한다. 본편의 결론에서 시인은 친히 기도한다. 땅 위의 재판장들이 불의하니 재판을 저들에게 맡기지 마시고 하나님께서 친히 심판하시라는 것이다(7:7-8; 56:7; 69:5). 하나님은 만왕의 왕이시기 때문이다.

제 83 편 택한 백성의 원수들에 대하여 하나님의 처리를 기구하다

본편은 이스라엘이 원수들의 연합군에 의해 포위된 때의 작품이다(6-7절). 어느 경우인지에 대해서는 다양한 견해가 있다. 1) 다윗 왕 시대라는 견해(Gressmann, Rawlinson). 2) 솔로몬 왕 때 저작되었을 것이라는 견해(왕상 11:14, 23, 25, Eerdmans). 3) 유다의 여호야김 왕 때에 저작 되었을 것이라는 견해(Keszler). 4) 마카비 시대일 것이라는 견해(Theodoret Map., Cheyne). 5) 에스라-알렉산더 대왕 시대일 것이라는 견해(Gunkel). 6) 이런 시대는 역사상에 있었던 시대가 아니고 영적 교훈을 위해 기록해 놓은 것이라는 견해(De Wette). 7) 여로보함 II세나 웃시야왕 때 저작되었을 것이라는 견해(대하 26:6-8, Schmidt). 8) 므낫세 왕 때 저작되었을 것이라는 견해(대하 2:33, Boehl). 9) 여호사밧 왕 때일 것이라는 견해(대하 20장, Hengsternberg, Koenig, Delitzsch, Kay, Cook). 위의 여러 견해들 중에 9)번의 견해가 가장 타당한 것으로 보인다. 본편의 내용은 1) 적들의 연합군 설명(1-8절). 2) 연합군이 멸망하기를 비는 기도(9-18절)로 구성되어 있다. "아삽의 시 곧 노래"란 말에 대해서 제 73편 표제 주해를 참조하라.

시 83:1. <아삽의 시 곧 노래> 하나님이여 침묵하지 마소서 하나님이여 잠잠하지 마시고 조용하지 마소서.

시인은 '하나님이시여! 묵묵히 계시지 마시고 잠잠하지 마소서. 하나님이시여! 조용히 계시지 마소서'라고 애원한다. 시인이 세 번이나 똑 같은 말로 부르짖는 이유는 너무 다급하여 그냥 조용히 한 마디로 부르짖을 수 없었기 때문이다. 하나님의 원수 곧 이스라엘의 원수들이 이스라엘을 향해 공격해 오기 때문에 시인은 다급한 문제를 해결하실 수 있으신 하나님께 부르짖을 수밖에 없었다(3:7; 7:6; 28:1; 44:26; 68:1). 우리는 무슨 문제를 가지고 부르짖을 때 그 문제의 현실을 실감하고 최대한 간절한 심정으로 부르짖어야 할 것이다.

시 83:2. 무릇 주의 원수들이 떠들며 주를 미워하는 자들이 머리를 들었나이다.

본 절 초두에는 이유 접속사(כִּי)가 나타나 시인이 앞 절에서 다급히 부르짖은 이유를 본 절 이하가 보여주고 있다. 그리고 본 절 안에 본 절이 중요하다는 낱말 "보소서"(הִנֵּה)라는 낱말을 가지고 있어 시인이 다급히 하나님께 부르짖으니 잠잠하지 마시고 해결해 주시라고 애원하고 있다.

즉, 시인은 '보소서. 주님의 원수들이 떠들고 있으며 주님을 미워하는 자들이 머리를 치켜들었기 때문입니다'라고 애원한다. 그리고 시인이 현재의 상황이 비상한 상황이라고 말씀드리는 이유는 이스라엘을 공격해 오는 적들은 이스라엘의 원수만 아니고 "주님의 원수들"(81:5)이라는 것을 보여주고 있다. 본 절의 "머리를 들었나이다"는 말은 '원수들이 자기들의 권세나 권위를 자랑하는 것'을 의미한다. 다시 말해 이방 동맹국들이 자신들의 힘을 믿고 교만하여 하나님과 유다를 대적하는 것을 나타내는 말이었다(삿 8:28).

시 83:3. 그들이 주의 백성을 치려하여 간계를 꾀하며 주께서 숨기신 자를 치려고 서로 의논하여.

시인은 '하나님의 원수들이 주님의 백성을 치려고 음모를 꾸미고 주님께서 보호하시는 자들을 치려고 모의한다'고 말한다. 본 절의 "주의 백성"이란 말과 "주께서 숨기신 자"란 말은 동의어로 사용되어 이스라엘은 하나님의 보호를 받는 민족임을 드러내고 있다(27:5; 31:20). 그리고 "꾀하며"라는 말과 "의논하여"라는 말도 동의어로 사용되어 원수들이 이스라엘을 해치기 위해 음모를 꾸미고 있음을 보여주고 있다. 세상은 우리 성도들을 어떻게든지 해치려고 한다는 것을 알고 성도들은 항상 하나님께 기도하면서 살아야 할 것이다.

시 83:4. 말하기를 가서 그들을 멸하여 다시 나라가 되지 못하게 하여 이스라엘의 이름으로 다시는 기억되지 못하게 하자 하나이다.

시인은 '이스라엘의 원수들이 말하기를 오라, 저들을 없애버려 나라를 아주 없애버리고, 이스라엘의 이름이 더 이상 세상에서 기억되지 못하게 하자'(138:7; 왕하 24:2; 대하 20:11)고 말한다.

시 83:5. 그들이 한마음으로 의논하고 주를 대적하여 서로 동맹하니(for

they conspire with one accord; against you they make a covenant--ESV).

시인은 '주님의 원수들은 일심으로 단결해서 의논하고 있고, 주님을 대적하여 서로 언약을 세우고 있다'고 말한다. 악한 자들이 단결해서 의논하는 일이나 서로 언약을 세우는 일은 항상 하나님을 대적하는 행위였고 또 하나님의 성도들을 대적하는 행위이외에 다른 것은 없다. 그들의 동맹이나 언약은 하나님에 의하여 금방 일시적 일로 끝나고 만다.

시 83:6. 곧 에돔의 장막과 이스마엘인과 모압과 하갈인이며.

본 절부터 8절까지는 이스라엘을 없애버리기를 원하는 원수들의 명단이다. '에돔'은 사해 남방에 살았던 족속으로 이스라엘에 대하여는 항상 대적하는 적이었으며 예언자들도 항상 그들을 지탄했다(사 16:14; 렘 27:3; 겔 25:12-14; 욜 3:19; 암 9:12; 옵 6-8; 말 1:4). 다음으로 "이스마엘"은 하갈의 자손으로 북쪽 아라비아에 거주했고(창 25:13-18), "모압"은 롯의 자손으로 요단 강 동편에 거주하면서 이스라엘의 적이었다(민 22:6; 삿 3:12-30; 삼상 14:47; 삼하 8:2; 왕하 1:1; 대하 20:1-10). 그리고 "하갈인"은 하갈의 이름으로 나오면서 이곳과 대상 5:10, 19-22에만 보인다. 이스마엘의 1파로 보인다(이상근).

시 83:7. 그발과 암몬과 아말렉이며 블레셋과 두로 사람이요.

"그발"은 베니게의 중요한 성읍이었고(수 13:5; 왕상 5:18; 겔 27:9), "암몬"은 모압과 더불어 롯의 자손이며, 또 함께 요단 강 동편에 거주하면서 이스라엘의 적이었다. 그리고 "아말렉"은 출애굽 당시 이스라엘의 가장 큰 원수였으나 히스기야 이후(대상 5:42-43)에는 그 이름이 다시 나타나지 않았다. 다시 "블레셋"은 지중해 연안에 살면서 이스라엘의 가장 무서운 숙적으로 알려졌으며, "두로"는 베니게의 수도로 이스라엘과는 비교적 화친한 편이었다(삼하 5:11; 왕상 5:1-18). 그러나 솔로몬 이후에는 예루살렘의 멸망을 기뻐할 정도로 적대적인 관계로 변하고 말았다(겔 25:3; 26:2).

시 83:8. 앗수르도 그들과 연합하여 롯 자손의 도움이 되었나이다 (셀라).

"앗수르"(메소포다미아의 티그리스 강 상류에 위치해서 살았음)는 이들 이스라엘의 원수들의 배후 세력으로 그들과 연합하여 롯 자손(모압과 암몬)의 도움이 되어주었다. "셀라"에 대해서는 3:2주해를 참조하라.

시 83:9. 주는 미디안인에게 행하신 것 같이, 기손 시내에서 시스라와 야빈에게 행하신 것 같이 그들에게도 행하소서.

시인은 '주님께서 미디안인에게 행하신 것처럼(삿 6:19-25; 8:1-12) 원수들에게 해주시고, 또 드보라와 바락이 다볼산 아래의 기손 시내에서 가나안 왕 야빈과 그의 장관 시스라를 격멸하신 것처럼(삿 4장) 현재의 원수들에게도 행해주십시오'라고 기원한다. 이 시인은 과거 하나님께서 이스라엘을 위하여 행하신 것을 잘 알고 간구했다. 오늘날 우리는 하나님께서 과거에 우리에게 은혜를 베푸신 것을 기억하고 은혜를 간구해야 할 것이다.

시 83:10. 그들은 엔돌에서 패망하여 땅에 거름이 되었나이다.

시인은 '그들은 엔돌에서 멸망하여 땅의 거름이 되었습니다'라고 말한다. "엔돌"이라는 지명은 삿 4장에서는 나타나지 않으나 수 12:11; 삿 5:19에 나타난다. 므깃도 가까운 "다아나"(Taanah) 부근으로 보인다(이상근).

시 83:11. 그들의 귀인들이 오렙과 스엡 같게 하시며 그들의 모든 고관들은 세바와 살문나와 같게 하소서.

시인은 '그들의 귀족들이 오렙과 스엡처럼 되게 하시고, 그들의 모든 고관들은 세바와 살문나처럼 되게 하소서'라고 말한다. 본 절의 "오렙과 스엡"은 미디안의 장군들이었다. 이들은 에브라임 사람들에 의해 죽임을 당했다(삿 7:24-25). 그리고 "세바와 살문나"는 미디안의 왕들이었는데 기드온에 의해 죽임을 당했다(삿 8:21).

시 83:12. 그들이 말하기를 우리가 하나님의 목장을 우리의 소유로 취하자 하였나이다.

시인은 '그들 곧 미디안의 왕이며 장군들이 말하기를 하나님의 목장, 즉 이스라엘 땅을 자기네들의 소유로 만들자고 하였습니다'라고 말한다. 여기 "하나님의 목장"이란 '하나님께서 목양하시는 이스라엘'을 지칭한다(23:2).

시 83:13. 나의 하나님이여 그들이 굴러가는 검불 같게 하시며 바람에 날리는 지푸라기 같게 하소서.

시인은 '나의 하나님이시여! 그들로 하여금 굴러가는 검불 같게 하시며 바람에 날리는 지푸라기 같게 만들어 주세요'라고 말한다. 본 절의 "검불"이란 '먼지'를 뜻하는 말이다. 그리고 "바람에 날리는 지푸라기"란 '곡식 껍질로 아주 가벼운 것'을 지칭한다. 이 두 가지는 아주 가치가 없는 존재를 비유하는 말이다(1:4; 사 12:13).

시 83:14. 삼림을 사르는 불과 산에 붙는 불길 같이.

시인은 '삼림을 태우는 불길처럼, 산들을 삼키는 불꽃처럼 저희 곧 미디안의 왕이며 장군들을 멸하소서'라고 말한다. 불이 나서 나무들을 쉽게 살라 버림같이 하나님께서 악도들을 얼른 멸하시라는 말씀이다.

시 83:15. 주의 광풍으로 그들을 쫓으시며 주의 폭풍으로 그들을 두렵게 하소서.

시인은 '주님의 광풍으로, 그들을 쫓아내어 주십시오. 주님의 폭풍으로, 그들이 두려움에 떨게 해주십시오'라고 기원한다. 본 절에서는 바람으로 악도들을 처치해 주시라는 것이다.

시 83:16. 여호와여 그들의 얼굴에 수치가 가득하게 하사 그들이 주의 이름을 찾게 하소서.

시인은 '여호와시여! 이스라엘을 말살하려던 적들의 얼굴을 수치로 가득 채워서 사람들이 철저한 징계를 받아 결국 주님의 이름을 찾게 하소서'라고 애원한다. 악도들이 징계를 받고 주님의 이름을 찾는 것은 참된 회개를 한 것이다.

시 83:17. 그들로 수치를 당하여 영원히 놀라게 하시며 낭패와 멸망을 당하게 하사.

시인은 '하나님의 원수들이며 교회의 원수들이 수치를 당하여 영원히 당황하게 하시며 낭패와 멸망을 당하게 하소서'라고 기원한다.

시 83:18. 여호와라 이름하신 주님만 온 세계의 지존자로 알게 하소서.

시인은 '참으로 여호와라고 이름을 가지신 주님만이 온 땅 위에 지극히 높으신 분임을 그들에게 알게 하소서'라고 말한다. 세상의 악인들은 징벌되고 선인들은 보호를 받아 여호와의 이름만이 존귀하게 되고(74:18 주해 참조), 악인도 회개하여 온 세상이 여호와를 알고 여호와를 섬기게 되기를 기원한다. 본 절의 시인은 온 세계의 민족들이 여호와를 알아 구원받기를 기원한다. 본 절의 "지존자"란 말을 위해서는 82:6 주해를 참조하라.

본 절의 사실을 통해 우리는 시인이 사사로운 감정 때문에 하나님께 원수에 대한 징벌을 간구한 것이 아니라 그 일로 결국 하나님의 영광이 온 세계에 널리 증거되기를 바라는 마음에서 그리하였음을 알 수 있다.

제 84 편 주님의 집을 갈망하다

본편부터는 고라 자손의 시가 나온다. 지금까지는 아삽의 시(73-83편)가 나왔다. 본편에 "주의 집"에 대한 열망이 대단함을 볼 수 있어서 42-43편과 통하여 같은 저자의 작품인 것을 알 수 있다.

본편이 언제쯤 저작되었는가를 두고 1) 다윗이 사울이나 압살롬을 피하는 길의 작품으로 추측하기도 한다(Calvin, Hengsternberg, Delitzsch, Koenig). 고라는 다윗이 악인(樂人)이었으므로 다윗의 정신을 표현할 수 있었을 것이다. 2) 성전이 아직도 건재했던 포로기 이전으로 볼 수 있을 것이다(1-4, 10절, Gunkel, Eerdmans, Rawlinson, 그랜드 종합 주석).

본편의 내용은 두 번의 "셀라"를 기준하여 3분 되고, 각 부는 "복이 있나이다"로 끝난다. 즉, 1) 성전을 사모하는 자의 복(1-4절). 2) 성지순례자의 복(5-8절). 3) 주님께 의지하는 자가 받을 복(9-12절)으로 구성된다.

"고라 자손의 시, 인도자를 따라 깃딧에 맞춘 노래"에 대해서 먼저 "고라 자손의 시"는 주로 제 2권에 속해 있고, 여기 제 3권에도 4편이 있다(84편, 85편, 87편, 88편). 이제 42편 표제 주해를 참조하라. 그리고 "깃딧"의 뜻을 위해서는 제 8편 표제 주해를 참조하라.

1-4절. 성전을 사모하는 자의 복.

시 84:1. <고라 자손의 시, 인도자를 따라 깃딧에 맞춘 노래> 만군의 여호와여 주의 장막이 어찌 그리 사랑스러운지요.

시인은 '만군의 주님이시여! 주님이 계신 장막이 어찌 그리 사랑스러운지요'라고 말한다. "만군의 여호와"란 '하늘의 모든 일월성신을 만드신 창조주 하나님'을 지칭한다(24:10주해 참조). "주의 장막"이란 말은 '주님의 성전 혹은 성소'를 가리킨다. "장막이 어찌 그리 사랑스러운지요"라고 말하는 것은 '성소에 하나님께서 임재하시기' 때문이다(다음 절 주해 참조). "장막"이란 말이 복수로 표현된 것은 그 장막이 시인의 눈에 보기에는 장엄하기 때문이었다(히브리어에는 장엄하게 느껴질 때 복수로 묘사하는 법이 있다).

시 84:2. 내 영혼이 여호와의 궁정을 사모하여 쇠약함이여 내 마음과 육체가 살아 계시는 하나님께 부르짖나이다(My soul longs, yes, faints for the courts of the LORD; my heart and flesh sing for joy to the living God-ESV).

시인은 '내 영혼이 여호와의 궁전을 사모하여 기진하며 내 마음과 몸도 살아계시는 하나님께 즐거이 외칩니다'라고 말한다. 시인은 성소의 궁전(뜰)을 사모하여 거기에 가서 주님께 경배하기를 사모하는 마음이 너무 간절하여 그의 육체가 기진할 정도가 된 것이다. 이는 성전을 멀리 떠났던 경험을 가진 자의 심정으로 볼 수 있다.

시 84:3. 나의 왕, 나의 하나님, 만군의 여호와여 주의 제단에서 참새도 제 집을 얻고 제비도 새끼 둘 보금자리를 얻었나이다.

시인은 '나의 왕! 나의 하나님! 만군의 주님이시여! 참새도 주님의 제단 곁에서 제 집을 짓고, 제비도 새끼 칠 보금자리를 얻습니다'라고 말한다. 시인은 하나님을 자신의 왕으로 믿고 있고 또 자신의 하나님으로 믿고 있으며 또 그 하나님은 하늘의 일월성신을 만드신 창조주 하나님으로 믿고 있으면서 그 주님이 임재하시는 제단 곁에서 참새도 제가 살 집을 얻고 있고 제비도 자기의 새끼들을 둘 보금자리를 얻은 것을 무한 복으로 여기고 있었다. 그러니 주님의 궁정을 사모하는 마음이 얼마나 대단했는가를 알 수 있다.

시 84:4. 주의 집에 사는 자들은 복이 있나니 그들이 항상 주를 찬송하리이다(셀라).

시인은 '주님의 집에 사는 사람들은 복이 있습니다. 그들은 항상 주님을 찬양합니다'라고 한다. 여기 "주님의 집에 사는 사람들"이란 자기의 반차를 따라 성전에 올라가 그곳에 거하면서 봉사하는 제사장들과 레위인들(대상 24-26장)을 가리킨다(Matthew Henry). 그리고 더 나아가 하나님의 성전에 나아가 하나님을 경배하는 모든 성도들을 지칭한다(Anderson). 이들이 "복되다는 것"은 그 곳에서 하나님과의 영적인 교제(경배, 기도, 응답이 있으니 우리 영혼이 살아 숨 쉴 수가 있다)를 나눌 수 있기 때문이다. 주님의 집에 거하는 자만큼 복된 자는 없다. 그들은 거기서 큰 은혜를 얻고 항상 "찬송"이 넘치는 것이다. "셀라"란 말의 주해를 위해서는 3:2주해를 참조하라.

5-8절. 성지순례자의 복.

시 84:5. 주께 힘을 얻고 그 마음에 시온의 대로가 있는 자는 복이 있나이다 (Blessed are the men whose strength is in you, in whose heart are the highways to Zion-ESV).

시인은 '주님께로부터 힘을 얻고 그들의 마음에 시온으로 가는 대로가 있는 사람은 복이 있습니다'고 말한다. 본 절은 두 가지를 말하고 있다. 하나는 주님으로 말미암아 힘을 얻는 사람(예배로, 기도로, 응답을 받음으로)이 복이 있다는 것이고, 또 하나는 그들의 마음에 시온의 대로가 있는 자들은 복이 있다는 것이다. "마음에 시온의 대로 있다"함은 시온의 성전에 나아가고자 열망하는 것 곧 하나님께 나아가고자 열망하고 하나님과의 영적 교제를 추구하는 간절한 마음 자세를 가리킨다.

시 84:6. 그들이 눈물 골짜기로 지나갈 때에 그 곳에 많은 샘이 있을 것이며 이른 비가 복을 채워 주나이다.

시인은 '주님의 집에 사는 자들이 눈물 골짜기(메마른 골짜기)를 지나갈 때에, 샘물이 솟아서 마실 수 있을 것입니다. 그리고 이른 비(가을비)도 샘물을 가득 채울 것입니다'라고 말한다. 시온으로 오는 순례 길에서 눈물의 골짜기(메마른 골짜기)도 통과하나 하나님은 그곳에 많은 샘이 솟아나게 하신다는 것이다. "이른 비"는 '10-11월에 오는 파종을 위한 비'를 지칭한다. 주님의 집에 마음이 있는 자들은 어차피 비의 은택도 받는다는 것이다.

시 84:7. 그들은 힘을 얻고 더 얻어 나아가 시온에서 하나님 앞에 각기 나타나리이다.

시인은 '하나님의 성전에 나아가 하나님을 경배하는 제사장들과 레위인들과 모든 성도들은 힘을 얻고 더 얻어 나아가 시온에서 하나님을 뵐 것입니다'라고 말한다. 이들보다 더 복된 사람은 없는 것이다.

시 84:8. 만군의 하나님 여호와여 내 기도를 들으소서 야곱의 하나님이여 귀를 기울이소서 (셀라).

시인은 '하늘의 만상을 지으신 만군의 하나님 여호와시여! 내 기도를 들으소서. 야곱의 하나님이시여! 내 기도에 귀를 기울이소서'라고 애원한다. "야곱의 하나님"이란 말은 '이스라엘의 하나님'이란 뜻이다. 기도자가 "만군의 하나님 여호와여"라고 부르면서 기도하는 것은 자신의 기도가 반드시 이루어질 것이라는 확신을 가지기 위함이었다. 만군의 하나님 여호와께서 자기의 기도를 외면하실까. "셀라"란 말의 주해를 위해서는 3:2주해를 참조하라.

9-12절. 주님께 의지하는 자가 복을 받는다.

시 84:9. 우리 방패이신 하나님이여 주께서 기름 부으신 자의 얼굴을 살펴보옵소서.

시인은 '우리의 방패가 되시는 하나님이시여! 주님께서 기름 부으신 자의 얼굴을 살펴 보아 주옵소서'라고 기원한다. 여기 "우리 방패이신 하나님"이란 말은 '하나님께서 우리의 보호자가 되신다'는 뜻이다(33:20; 59:11; 89:18). "주께서 기름 부으신 자"(מְשִׁיחֶךָ)란 말은 '다윗 왕'을 지칭한다(Calvin, Alexander). 여기 다윗 왕은 또 메시아의 그림자이시다. "주께서 기름 부으신 자의 얼굴을 살펴보옵소서"라는 말은 기도자가 기도할 때 하나님을 향하여 메시아(혹은 메시아의 예표)를 보아서 기도를 응답하여 주시기를 원한다는 뜻이다(박윤선). 오늘 우리는 그리스도를 믿고 기도한다고 말한다. 그리스도를 믿지 않으면 우리의 기도는 응답되지 않는다.

시 84:10. 주의 궁정에서의 한 날이 다른 곳에서의 천 날보다 나은즉 악인의 장막에 사는 것보다 내 하나님의 성전 문지기로 있는 것이 좋사오니.

본 절 초두에는 이유를 말하는 접속사(כִּי)가 있어 앞 절에서 말한 기도의 이유를 본 절이 제시하고 있다. 즉, 시인은 '주님의 궁정에서의 한 날이 다른 곳에서의 천 날보다 나으며, 악인의 장막에서 살기보다는 내 하나님 집의 문지기로 있는 것이 더 좋기 때문입니다'라고 말한다. 여기 "주님의 궁정(뜰 부근)에서의 한 날이 다른 곳에서의 천 날보다 낫다"고 말할 수 있는 이유는 주님의 궁정이라는 장소가 좋아서가 아니라 성전에 하나님께서 임재하시기 때문이다. 시인은 하나님을 생각할 때 주님의 뜰 부근에서의 한 날이 다른 곳에서의 천 날보다 낫다는 것이다. 그래서 시인은 악인들이 아무리 화려한 장막에 사는 것보다는 하나님의 문지기로 일하는 것이 좋다는 것이다.

시 84:11. 여호와 하나님은 해요 방패이시라 여호와께서 은혜와 영화를 주시며 정직하게 행하는 자에게 좋은 것을 아끼지 아니하실 것임이니이다.

본 절 초두에는 역시 이유를 말하는 접속사(כִּי)가 있어 본 절이 전 절의 이유를 제시하고 있다. 왜 하나님이 그렇게도 좋은가? 그것은 바로 본 절이 말하고 있다. 즉, 시인은 '여호와 하나님께서는 태양과 방패이시기에, 주님께서는 은혜와 영예를 내려 주시며, 정직한 사람에게 좋은 것을 아낌없이 내려 주시기 때문입니다'라고 말한다.

"해"는 생명과 기쁨과 행복의 근원이고(사 60:19-20; 말 4:2), "방패"는 '보호와 안전'을 뜻한다(9절 참조). 여호와 하나님은 그를 믿고 따르는 자에게 이런 은혜(성도를 돌아보시는 호의)와 영화(모든 천래의 복)를 주시며 또 정직하게 행하는 자에게 모든 좋은 것을 아끼지 아니하시는 분이시다. 만약 정직하게 행하지 못했으면 회개하는 것이 정직이다(박윤선).

시 84:12. 만군의 여호와여 주께 의지하는 자는 복이 있나이다.

시인은 '만군의 주님이시여! 주님을 신뢰하는 사람에게 복이 있습니다'고 말한다(4절 주해 참조).

제 85 편 사죄하신 자를 계속 구원해 주시기를 원하다

본편의 저작 동기에 대해서는 여러 견해가 있다. 1) 새해를 맞이하여 축하하기 위해 쓴 것이라는 견해(Mowinckel). 2) 시편 1-3절이 출애굽과 같은 하나님의 은혜를 회고하기 위하여 쓴 것이라는 견해(Weiser). 3) 1-3절이 유대민족이 바벨론에서 돌아온 사실을 염두에 두고, 아직까지 그 돌아온 백성 앞에 많은 난관이 있고 애로가 있는 것을 생각하여 4-7절의 기도를 드렸다는 견해(Calvin, Delitzsch, Lange, Rawlinson, 박윤선, 이상근). 위의 세 견해 중 3)번의 견해가 가장 타당한 것으로 보인다. 본편의 내용은 1) 이미 받은 은혜에 대한 인식(1-3절). 2) 새로운 은혜를 기원하다(4-7절). 3) 즐거운 기대(8-13절)로 구성되어 있다.

"고라 자손의 시, 인도자를 따라 부르는 노래"라는 말을 위해 42편 표제를 참조하라.

1-3절. 이미 받은 은혜에 대한 인식.

시 85:1. <고라 자손의 시, 인도자를 따라 부르는 노래> 여호와여 주께서 주의 땅에 은혜를 베푸사 야곱의 포로 된 자들이 돌아오게 하셨으며.

시인은 '주님이시여, 주께서 주님의 땅에 은혜를 베푸소서. 포로가 된 야곱을 돌아오게 하셨습니다'라고 말한다. 하나님께서 이스라엘과 주님의 땅 가나안에 은혜를 베푸셔서 바벨론 포로에서 돌아오게 하셨다는 것이다(스 3-4장; 느 2-6장 참조).

시 85:2. 주의 백성의 죄악을 사하시고 그들의 모든 죄를 덮으셨나이다(셀라).

시인은 '주님의 이스라엘 백성이 과거에 죄를 지어 바벨론에 포로되어 갔었는데 이제 그 죄악을 사하시고 이스라엘의 모든 죄를 덮으셔서 이렇게 포로에서 귀환하게 하셨나이다'라고 말한다. "셀라"의 뜻을 위하여 3:2주해를 참조하라.

시 85:3. 주의 모든 분노를 거두시며 주의 진노를 돌이키셨나이다.

시인은 '주께서 모든 노를 거두시고 맹렬한 진노에서 돌이키셨습니다'라고 말한다. 이제 하나님은 이스라엘에 대한 심판을 끝내셨다는 것이다(30:5; 호 6:6).

4-7절. 새로운 은혜를 기원하다.

시 85:4. 우리 구원의 하나님이여 우리를 돌이키시고 우리에게 향하신 주의 분노를 거두소서(Restore us again, O God of our salvation, and put away your indignation toward us!-ESV)**.**

시인은 '우리를 구원해 주시는 하나님이시여! 우리를 회복시키소서. 우리를 향하신 주님의 분노를 그치소서'라고 말한다. 본 절의 기원은 두 가지이다. 하나는 이스라엘 백성이 완전히 하나님께로 돌아오게 해주시라는 것이고, 둘째는 이스라엘을 향하신 남은 분노를 완전히 거두시라는 기원이다(스 3:12-13; 느 1:5; 4:1-22 참조).

시 85:5. 주께서 우리에게 영원히 노하시며 대대에 진노하시겠나이까.

시인은 '주님께서 우리에게 영원히 분내시며 대대로 계속해서 노여움을 계속 발하시겠습니까?'고 말한다. 포로로부터 귀환하는 초기에는 아직도 하나님의 분내심이 끝나지 않았다고 느껴지는 면이 있었다. 그래서 시인은 하나님을 향하여 그런 분노마저 완전히 거두시기를 소원한다.

시 85:6. 주께서 우리를 다시 살리사 주의 백성이 주를 기뻐하도록 하지

아니하시겠나이까.

시인은 '주님께서 우리를 다시 살리셔서 주님의 백성이 주님을 기뻐하게 하지 아니하시겠습니까?'라고 질문한다. 여기 "주께서 우리를 다시 살리사" 라는 말은 '주님께서 우리로 하여금 주님께로 돌아와 삶을 얻게 해주시라는 소원이다(스 9:8 참조). "백성이 주를 기뻐하도록 하지 아니하시겠나이까"란 말은 '이스라엘 백성이 주님을 기뻐하도록 하지 아니하시겠나이까'라는 뜻이다. 구원이 완성될 때 성도는 주 안에서 기뻐하게 되고 더 나아가 주님 자신을 기뻐하게 되는 것이다.

시 85:7. 여호와여 주의 인자하심을 우리에게 보이시며 주의 구원을 우리에게 주소서.

시인이 '주님이시여! 주님의 인자하심을 우리에게 보여주시며 주님의 구원을 우리에게 주소서'라고 말한다. 여기 인자하심이란 말이 먼저 나타나고 다음으로 주님께서 베푸시는 구원이란 말이 뒤따라온다. 여호와께서 우리를 구원하시는 것은 인간의 의(義) 때문이 아니라 하나님의 인자하심 때문임을 알 수 있다. 인간의 의를 내세워 하나님의 은총을 받아보려는 자들은 결국은 구원의 길을 막는 자들이다(Calvin).

8-13절. 즐거운 기대. 본편 저자는 그의 기도에 대한 은혜로운 응답을 기대하고 있다. 그는 하나님께서 "그의 성도들에게 화평을 말씀하실 것이며"(8절), "구원이 그를 경외하는 자에게 가깝고"(9절), "긍휼과 진리", "의와 화평", 조화됨으로 인한 길을 모색하고(10, 11절), 그의 땅에 은혜의 단비를 내리시며(12절), 그의 발자국으로 나타난 길로 그의 백성들을 인도하시기(13절)를 기대하고 있는 것이다(Rawlinson).

시 85:8. 내가 하나님 여호와께서 하실 말씀을 들으리니 무릇 그의 백성, 그의 성도들에게 화평을 말씀하실 것이라 그들은 다시 어리석은 데로 돌아가지 말지로다(Let me hear what God the LORD will speak, for he will speak peace to his people, to his saints, but let them not turn back to folly-ESV).

시인은 '나(시인 자신)는 여호와 하나님께서 무엇을 말씀하시든지 들을 것입니다. 이유는 주님께서 주님의 백성, 주님의 성도들에게 평안을 말씀하실 것이 기대되기 때문입니다. 다시는 그들이 어리석은 데(망령된 데로)로 돌아가지 않게 하소서'라고 말한다.

본 절의 "내가 하나님 여호와께서 하실 말씀을 들으리니"란 말은 '내가 하나님께 드린 기도의 응답을 기다리고 있으며 또한 들을 것을 기대하고 있다'는 뜻이다(합 2:1 참조). 그리고 "무릇 그의 백성, 그의 성도들에게 화평을 말씀하실 것이라"는 말은 '특별히 그의 백성 중 선택된 자 "그 성도" 또는 "사랑하는 자"에게 화평의 구원을 말씀하실 것을 기대하고 있다는 뜻이다.

그리고 "그들은 다시 어리석은 데로 돌아가지 말지로다"란 말은 '만약 그들이 구원을 경험한 후 그들에게 불행을 가져오는 "어리석은 짓"을 또 다시 범해서는 안 된다는 것을 말한다. 성경은 이처럼 하나님을 의뢰하기를 거부하고 자기만을 신뢰하는 자를 어리석은 자(잠 14:16)라고 말하고 있다.

시 85:9. 진실로 그의 구원이 그를 경외하는 자에게 가까우니 영광이 우리 땅에 머무르리이다.

시인은 '참으로 주님을 경외하는 사람들에게 주님의 구원이 가까우니 주님의 영광이 우리 땅에 머물 것입니다'고 말한다. 본 절은 7절의 기도에 대한 하나님의 응답으로 온 것이다. 하나님을 경외하는 자에게 하나님의 구원은 가깝게 임하시고, 하나님의 영광도 함께 오는 것이다. 여기 "영광"이란 구원에 따라오는 영광스러움을 뜻한다.

시 85:10. 인애와 진리가 같이 만나고 의와 화평이 서로 입맞추었으며 (Steadfast love and faithfulness meet; righteousness and peace kiss each other-ESV).

시인은 '인애와 진리가 서로 만나고 의와 화평이 입을 맞춘다'고 말한다. 여기 "인애"란 말은 7절의 "인자하심"과 똑같은 말로 하나님의 백성에게 베푸시는 긍휼을 뜻한다. 하나님은 긍휼하시기 때문에 우리에게 구원을 베푸시고 또 진리가 있어 구원을 실시하신다. 즉, 하나님의 신실하심이 있어 긍휼을 베푸신다. 여기 인애와 진리가 같이 만난다는 말은 하나님의 긍휼하심이 그의 신실하심으로 인해 하나님의 백성을 구원하시고 회복시키시는 것이다.

그리고 "의와 화평이 서로 입맞춘다"는 말은 하나님의 구원의 은총으로 인해 죄인이 의롭다 여김을 받고 하나님의 화평을 누릴 수 있게 된다는 뜻이다.

시 85:11. 진리는 땅에서 솟아나고 의는 하늘에서 굽어보도다(Faithfulness springs up from the ground, and righteousness looks down from the sky-ESV).

본 절도 역시 하나님께서 구원을 베푸신 결과 나타나는 결과들을 말하고 있다. 즉, 시인은 '진리는 땅에서 솟아나고, 의(義)는 하늘에서 내려다본다'고 말한다. 여기 "진리는 땅에서 솟아난다"는 말은 죄 많은 인간들이 하나님의 구원의 은총으로 말미암아 이후로는 진실되고도 의로운 열매를 맺게 된다는 의미이다(대하 36:11-16).

그리고 "의는 하늘에서 굽어보도다"란 말은 인간이 의롭다 여김을 받고 또한 의의 열매를 맺게 되는 것이 전적으로 하나님께서 베푸시는 은총에 의한 것임을 뜻한다. 이래서 구원받은 천지는 진리와 의로 충만하게 되는 것이다.

시 85:12. 여호와께서 좋은 것을 주시리니 우리 땅이 그 산물을 내리로다.

본 절 역시 하나님께서 당신의 백성들에게 베푸시는 은총을 말한다.

즉, 시인은 '참으로 여호와께서 좋은 것을 주셔서 우리 땅이 그 산물을 낼 것이라'고 말한다. 여기 "좋은 것"이란 말은 일차적으로 물질적 복을 말한다. 그리고 나아가 넓은 의미에서 하나님께서 넓은 의미에서 백성들에게 베푸시는 모든 복을 지칭한다(마 6:33).

시 85:13. 의가 주의 앞에 앞서 가며 주의 길을 닦으리로다.

본 절은 하나님의 의로우신 역사를 묘사하고 있다. 의로우신 하나님은 자신이 함께 할 백성들을 먼저 의롭게 변화시킨다는 것이 본 절의 의미이다. 즉, 시인은 '의가 주님의 앞에 가며, 주님의 가실 길을 준비한다'고 말한다. 본 절은 확실히 그리스도에게 대한 예언이다(Calvin, 박윤선). 우리는 예수 그리스도를 우리의 "길"로 삼는다(요 14:6). 우리는 본 절의 "의"를 메시아 곧 그리스도로 이해하여 하나님의 의로우신 자이신 그리스도께서 성도 앞에 행하시어 성도들을 하나님 앞으로 인도하심을 예언한 것으로 보아야 한다.

제 86 편 환난 중에 기도로 호소하다

앞 편인 85편이 국민적 기도라면 본편은 개인적 기도라고 할 수 있다(Boehl). 그리고 본편의 기도를 살펴보면 기도하는 자의 자세에 중점을 두고 있다. 본편은 다윗이 압살롬을 피하여 가는 때의 작품이나 혹은 다른 환난 때의 작품으로 보이기도 하다. 그리고 본편은 다른 시편들에서의 인용이 풍부하고 출애굽기, 이사야 예레미야 등에서의 인용이 풍부하다(이상근).

본편의 저작자가 누구냐를 두고 견해가 갈린다. 1) 이 시편은 다윗 당시에 고라 혹은 고라 자손이 다윗을 위하여 지은 시라는 견해(Hengsternberg). 2) 이 시편에 나타난 고난의 정황으로 보아 다윗이 저작자였을 것이라는 견해(Alexander). 이 고난의 정황이 다윗의 생애에 부합하는 것으로 보았다. 3) 표제에 "다윗의 시"라고 한 것이 고라 자손의 시집(84-88편) 중에 삽입된 것은 고라 자손의 시도 다윗의 시와 마찬가지의 권위를 가진다는 표시라고 했다(Perowne). 이 세 견해 중에 어느 견해를 택해야 할지를 두고 하나를 택하기는 어러운 것으로 보인다. 본편의 내용은 1) 기도하는 자가 취한 경건한 자세(1-10절). 2) 경건한 서약(11-13절). 3) 구원의 호소(14-17절)로 구성되어 있다. "다윗의 기도"란 표제를 위해서 72:20주해를 참조하라.

1-10절. 기도하는 자가 취한 경건한 자세. 본편의 저작자가 경건의 자세를 보면 1) 자기는 경건하다고 한다. 2) 그는 종일 하나님에게 부르짖는다고 한다. 3) 주님은 선하사 사유하시기를 즐기신다고 한다. 4) 하나님께서는 환난 날에 기도하는 자를 돌보아 주신다고 한다. 5) 하나님께서만이 유일하신 신이라고 한다.

시 86:1. <다윗의 기도> 여호와여 나는 가난하고 궁핍하오니 주의 귀를 기울여 내게 응답하소서.

시인은 '주님이시여! 나는 가난하고 궁핍하오니, 주님의 귀를 기울여 내게 응답하소서'라고 말한다. 시인은 큰 환난을 당하여 자신은 가난하고 궁핍하오니 귀를 기울여 내 기도에 응답해 주시라고 부르짖는다. 기도자에게 겸손함은 필수적인 요소이다(31:2; 잠 22:17; 마 5:3).

시 86:2. 나는 경건하오니 내 영혼을 보존하소서 내 주 하나님이여 주를 의지하는 종을 구원하소서.

시인은 '나는 주님께서 은혜를 주신 자이오니[11] 내 영혼을 지켜주소서(97:10; 욥 7:20). 주님은 내 하나님이시니, 주님을 신뢰하는 주님의 종을 구원하소서'라고 말한다. 경건한 성도는 하나님께 그의 영혼의 보존을 간구한다. 하나님은 영혼의 보존자이시다.

시 86:3. 주여 내게 은혜를 베푸소서 내가 종일 주께 부르짖나이다.

시인은 '내가 온종일 주께 부르짖으니, 주님, 내게 은혜를 베푸소

---

11) 하나님께서는 한번 크게 은혜를 주셔서 구원의 은혜를 주신 자는 버리시지 않는다(빌 1:6).

서'(57:1-2)라고 기도한다.

시 86:4. 주여 내 영혼이 주를 우러러보오니 주여 내 영혼을 기쁘게 하소서.

시인은 '주님이시여! 내가 전심으로 주님을 우러러봅니다. 주님의 종의 마음을 기쁨으로 가득 채워 주십시오'라고 기도한다. 고난 당한 자가 우러러 의지할 분은 하나님뿐이고 그에게 참 기쁨을 주실 자도 하나님뿐이시다.

시 86:5. 주는 선하사 사죄하기를 즐거워하시며 주께 부르짖는 자에게 인자함이 후하심이니이다.

시인은 '주님은 선하시며 용서하시기를 즐거워하시는 분이시니, 주님을 부르는 모든 사람에게 인애가 풍성하십니다'고 말한다. 선하시다는 것은 하나님의 본성이시다. 선하신 하나님은 죄를 자복하는 자에게 용서하시기를 즐거워하시고 사죄하시기를 기다리신다. 누구든지 주님께 부르짖으면 풍성한 은혜를 받는다는 것이 성경의 증언이다.

시 86:6. 여호와여 나의 기도에 귀를 기울이시고 내가 간구하는 소리를 들으소서.

시인은 '여호와시여! 내 기도에 귀를 기울이시고 내가 간구하는 소리를 들으소서'(17:1; 55:1-2; 61:1)고 애원한다.

시 86:7. 나의 환난 날에 내가 주께 부르짖으리니 주께서 내게 응답하시리이다.

시인은 '내가 환난의 날에 주께 부르짖으니, 이렇게 부르짖는 이유(כִּי)는 주께서 내게 응답하시기 때문입니다'고 말한다. 본 절은 1절의 반복이다. 그러나 본 절에서 더욱 하나님의 응답을 확신하고 있다.

시 86:8. 주여 신들 중에 주와 같은 자 없사오며 주의 행하심과 같은 일도

없나이다.

시인은 '주님이시여! 신들 중에 주님과 같은 분이 없으며, 주께서 하신 일과 같은 일을 행하신 분도 없습니다'라고 말한다. 시인은 자기의 기도가 응답되었다는 확신으로부터 하나님을 향하여 찬양을 한다. "주여 신들 중에 주와 같은 자 없사오며"란 찬양은 출 15:18의 반영이고, 하반부인 "주의 행하심과 같은 일도 없나이다"라는 찬양은 사 3:24의 반영이다.

시 86:9. 주여 주께서 지으신 모든 민족이 와서 주의 앞에 경배하며 주의 이름에 영광을 돌리리이다.

시인은 '주님이시여! 주께서 지으신 모든 민족이 와서 주님 앞에 경배할 것이니, 그들이 주님의 이름에 합당한 영광을 돌릴 것입니다'라고 말한다. 시인은 결국에는 세계 인류가 모두 주님께 돌아와서 주님께 경배할 것이라고 말한다(22:27; 사 66:23; 습 2:10; 슥 14:9, 16).

시 86:10. 무릇 주는 위대하사 기이한 일들을 행하시오니 주만이 하나님이시니이다.

본 절 초두에는 이유를 말하는 접속사(כִּי)가 있어 본 절이 전 절의 이유를 설명한다. 즉, 시인은 '주님은 위대하시며 놀라운 일들을 행하시오니(72:18; 77:14) 주님만 홀로 하나님이십니다(왕하 19:15; 사 37:16)'라고 말한다. 전 인류가 주님께 돌아와 주님께 경배한다는 것이다.

11-13절. 경건한 서약.

시 86:11. 여호와여 주의 도를 내게 가르치소서 내가 주의 진리에 행하오리니 일심으로 주의 이름을 경외하게 하소서.

시인은 '주님이시여! 내게 주님의 길을 가르쳐 주소서. 내가 주님의 진리를 실행하겠습니다. 내 마음을 하나로 모으셔서 주님의 이름을 경외하게 하소서'고 말한다. 시인은 첫째, 주님의 도의 가르침을 원한다(요일 2:27).

둘째, 내가 주님의 진리를 행하겠다(25:4; 27:11)고 말한다. 주의 가르침의 도를 확실히 배우기만 하면 반드시 행하게 되는 것이다. 시인은 하나님을 향하여 자기의 마음이 일심이 되기를 원한다. 그리고 주의 이름을 경외하기를 바란다.

시 86:12. 주 나의 하나님이여 내가 전심으로 주를 찬송하고 영원토록 주의 이름에 영광을 돌리오리니.

시인은 '주 나의 하나님이시여! 내가 전심으로 주님을 찬송하며, 영원토록 주님의 이름에 영광을 돌리겠습니다'라고 말한다. 시인은 주님의 도를 배우고 일심으로 주님의 이름을 경외하게 되면(11절), 본 절의 말씀을 행할 수 있을 것을 확신한다. 즉, 전심으로 주님을 찬송할 것이고 영원토록 주님의 이름에 영광을 돌릴 수 있을 것이라고 말한다(9절; 57:9).

시 86:13. 이는 내게 향하신 주의 인자하심이 크사 내 영혼을 깊은 스올에서 건지셨음이니이다.

시인은 '내가 전심으로 주님을 찬송하고 영원토록 주님의 이름에 영광을 돌릴 수 있는 이유(כִּי)는 '나를 향하신 주님의 인자하심이 크셔서 주께서 내 영혼을 깊은 스올에서 건지셨기 때문이라'고 말한다.

14-17절. 구원의 호소.

시 86:14. 하나님이여 교만한 자들이 일어나 나를 치고 포악한 자의 무리가 내 영혼을 찾았사오며 자기 앞에 주를 두지 아니하였나이다.

시인은 '하나님이시여! 교만한 자들이 일어나 나를 공격하고 난폭한 무리가 내 영혼을 찾았사오며(7:1-2; 17:13; 119:51) 자기들 앞에 주님을 두지 아니했습니다(54:3)'라고 말한다. 불신자들은 하나님을 믿지 않기 때문에 무슨 짓이든 서슴없이 행한다.

시 86:15. 그러나 주여 주는 긍휼히 여기시며 은혜를 베푸시며 노하기를 더디하시며 인자와 진실이 풍성하신 하나님이시오니.

시인은 '그러나 주님이시여! 주님은 긍휼히 여기시고, 은혜로운 분이시며, 노하기를 더디 하시고 인애와 진실이 많으시니(5절; 출 34:6-7; 민 14:18; 욘 4:2) 다음 절(16절)처럼 은혜를 베풀어 주시라'고 말한다.

시 86:16. 내게로 돌이키사 내게 은혜를 베푸소서 주의 종에게 힘을 주시고 주의 여종의 아들을 구원하소서.

시인은 '주님의 얼굴을 내게로 돌려주시고 내게 은혜를 베푸소서. 주님의 종에게 힘을 주시고 주님의 여종의 아들을 구원하소서'(25:11; 116:16)고 말한다. 여기 "주의 여종의 아들"이란 표현은 고난을 겪으면서 낮아진 시인의 심정을 발표한 것이다. 이 말은 시인 자신이 주님의 종이라는 사실을 더 강조하는 표현이다.

시 86:17. 은총의 표적을 내게 보이소서 그러면 나를 미워하는 그들이 보고 부끄러워하오리니 여호와여 주는 나를 돕고 위로하시는 이시니이다(Show me a sign of your favor, that those who hate me may see and be put to shame because you, LORD, have helped me and comforted me-ESV).

시인은 '주님께서 나(시인) 자신에게 은총을 베푸시는 표징을 보이소서. 그러시면 나를 미워하는 자들이 보고 부끄러워할 것이니, 여호와시여, 주께서는 나를 도우시고 위로하는 분이시기 때문입니다'라고 말한다. 본 절에서 시인은 하나님께 "은총의 표징"을 구한다. 그것은 하나님께서 시인 자신에게 은총을 베풀고 계신다는 표징으로 꼭 이적이 아니더라도 인간의 눈으로 볼 수 있고, 누구나 다 함께 알아볼 수 있는 표징이다(왕하 20:8; 사 7:11). 이렇게 표징을 보여주시면 시인 자신을 미워하던 원수들도 하나님께서 시인 자신에게 은총을 베푸심을 깨닫고 그를 미워한 사실을 부끄러워 할 것이다

(6:10; 56:17). 이렇게 표징을 보여주셔야 할 이유는 여호와께서 시인을 도와오셨고 위로해 오셨다는 것을 보여주시는 것이기 때문이라고 말한다.

제 87 편 복음의 세계적 선포에 대한 예언

본편은 메시아 왕국을 보다 확대해 기록했고(86:9), 확대될 메시아 왕국에 그 왕국의 수도가 될 시온의 영광을 노래하는 것이다(이상근). 본편이 언제 저작되었는가를 두고 크게 두 가지 견해가 있다. 1) 히스기야 왕이 앗수르 군을 격퇴했을 때 저작했을 것이라는 견해(왕하 19:35-37, Dathe, Hengsternberg, Delitzsch, 루폴드, 이상근). 2) 이스라엘 백성들이 바벨론으로부터 귀환하여 성전을 재건했을 때 저작했을 것이라는 견해(Calvin, Hupfeld, 박윤선, 그랜드 종합 주석). 이 두 견해 중에 2)번의 견해가 더 바람직하다고 하겠다. 캘빈(Calvin)은 이 시편이 바벨론 포로들이 귀환했을 때 저작했을 것이라는 학설에 힘을 싣기 위해 다음과 같이 말한다. 곧, "하나님께서 이스라엘 백성들에게 은혜를 베풀어 그들을 본국으로 돌아오게 하셨으나 그 돌아온 백성의 수효는 그리 많지 못했다. 그러므로 하나님께서는 그들의 장래를 보여주며 위로 하는 의미에서 이 예언시를 주신 것이다. 그들의 장래는 모든 이방 사람들의 개종으로 인하여 세계적 교회를 이루는 영화로운 것이다"라고 했다.

본문에 등장하는 두 번의 "셀라"는 본편을 세 구분하고 있다. 그런고로 본편의 내용은 1) 하나님의 임재와 통치가 실현되는 처소로서의 시온에 대한 찬양(1-3절). 2) 하나님의 무조건적 은혜로 인해 장차 만민이 시온 백성이 될 것에 대한 예언(4-6절). 3) 시온 백성이 된 만민이 감격에 겨워 토로하게 될 신앙 고백에 대한 언급(7절)으로 구성되어 있다. "고라 자손의 시 곧 노래"란 말의 주해를 위해 제 42편 표제 주해를 참조하라.

1-3절. 하나님의 임재와 통치가 실현되는 처소로서의 시온에 대한 찬양.

시 87:1. <고라 자손의 시 곧 노래> 그의 터전이 성산에 있음이여.

시인은 '그 터전이 거룩한 산 위에 있다'고 찬양한다. 다시 말해 하나님께서 세우신 거룩한 성읍이 거룩한 산 위에 있다는 찬양이다. 하나님께서는 유다를 취하여 거룩한 땅에서 자기의 소유를 삼으셨다는 것이다(슥 2:12).

시 87:2. 여호와께서 야곱의 모든 거처보다 시온의 문들을 사랑하시는도다.

시인은 '주님께서는 야곱의 모든 거처보다 시온의 문들을 더 사랑하신다'고 말한다. 주님께서는 자신이 거하실 모든 거처보다, 또 법궤가 일시적으로 머물렀던 실로(수 18:1, 8,10)나, 기럇여아림(대하 1:4)보다 시온을 더 사랑하시고, 시온을 그의 영원한 거처로 삼으셨다(이상근). 여기 "시온의 문들"이란 말은 시온(교회의 그림자)에 대한 시적 표현이다.

시 87:3. 하나님의 성이여 너를 가리켜 영광스럽다 말하는도다 (셀라).

시인은 '하나님의 성 시온이여! 너를 가리켜 영광스럽다 말한다'고 찬양한다. 시온이 아름다운 이유는 무엇인가? 거기에 언약궤가 안치되어 있기 때문이다(삼하 6:12-19; 왕상 8:1-21). 다시 말해 언약궤는 하나님의 임재의 상징물이자 하나님과 이스라엘 간의 언약 관계를 상기시켜 주는 언약궤가 안치되어 있었기 때문이다.

"너를 가리켜 영광스럽다 말하는도다"란 말은 시온이 하나님께서 임재해 계신 결과 영광스럽게 된데 대한 찬양이다. 따라서 하나님의 전에서 하나님의 영을 소유한 성도 각 개인은 모두 영광스러운 존재들이다. "셀라"라는 말은 시편에 자주 나오는 음악 용어(47:4; 77:3; 82:2; 88:7; 89:4)로 노래를 부를 때 음성을 높이라는 지시어인 것으로 추정된다. 3:2주해 참조.

4-6절. 하나님의 무조건적 은혜로 인해 장차 만민이 시온 백성이 될 것에 대한 예언.

시 87:4. 나는 라합과 바벨론이 나를 아는 자 중에 있다 말하리라 보라 블레셋과 두로와 구스여 이것들도 거기서 났다 하리로다.

시인은 '내가 라합과 바벨론에 대하여 나를 아는 나라로 기억할 것이다. 보라! 블레셋과 두로와 구스(에티오피아)에 대하여는 이것이 거기에서 났다고 할 것이라'고 말한다. "라합"은 '자랑함'이란 뜻으로 애굽을 가리키고(89:10; 사 30:7; 51:9), "바벨론"은 애굽과 더불어 이스라엘의 양대 적국들이었다. "나를 아는 자 중에 있다 말하리라"란 말은 여호와의 날에 여호와께서 당신을 애굽에 알리시고 그날에 애굽인이 여호와를 알고 제물과 예물을 그에게 드리고 여호와를 경배하게 될 것이라는 사 19:21의 내용과 일맥상통한다. 따라서 본 절은 라합(애굽)과 바벨론 같은 하나님을 대적하던 이방인들도 장차 하나님의 구원의 은총을 입고서 저를 경외하는 자들이 될 것이라는 예언 구절로 볼 수 있다.

"블레셋"은 지중에 연안에 흩어져 사는 이스라엘의 숙적이었고(수 13:2, 3; 삿 3:3; 10:6, 7), 그리고 "두로"도 역시 이스라엘의 적국으로 분류되었다(83:7). "구스"는 이디오피아를 가리킨다(대하 12:3).

"이것들도 거기서 났다 하리로다"란 말은 '블레셋이나 두로 또는 구스 같은 나라들도 시온에서, 곧 한 부모에게서 태어난 것처럼 한분 하나님을 믿는 하나님의 백성이 될 것이라는 뜻이다. 따라서 장차 원근 각처의 모든 이방인들이 예수 그리스도 안에서 신약교회의 일원이 될 것에 대하여 예언하는 구절로 볼 수 있다(행 15:11; 롬 5:15, 그랜드 종합 주석).

시 87:5. 시온에 대하여 말하기를 이 사람, 저 사람이 거기서 났다고 말하리니 지존자가 친히 시온을 세우리라 하는도다.

시인은 '시온을 두고 말하기를 이 사람 저 사람이 그 곳에서 났으니, 지극히 높으신 분께서 친히 시온을 굳게 세우리라고 말할 것이다'고 한다. 앞 절은 세계의 민족들이 민족적으로 하나님을 믿을 것을 예언하고 있는데 반하여 본 절에서는 개인들이 하나님을 믿을 것을 예언하고 있다. 다시 말해 이 사람, 저 사람 곧 세계 만민이 시온에서 났고 그런고로 지존하신 하나님이 시온에서 메시아 왕국을 세우신다는 것이다. 여기 "시온을 세우리라"는 말은 '교회를 세우리라'란 뜻이다.

시 87:6. 여호와께서 민족들을 등록하실 때에는 그 수를 세시며 이 사람이 거기서 났다 하시리로다 (셀라).

시인은 '주님께서 민족들을 믿는 자들의 명부에 등록하실 때에는 여호와께서 그 수를 세시면서 이 사람이 거기에서 났다고 하실 것이라'고 말씀을 할 것이라는 것이다. "셀라"를 위해서는 3:2 주해를 참조하라.

7절. 시온 백성이 된 만민이 감격에 겨워 토로하게 될 신앙 고백에 대한 언급.

시 87:7. 노래하는 자와 뛰어 노는 자들이 말하기를 나의 모든 근원이 네게 있다 하리로다.

시인은 '노래하는 사람들과 춤 추는 사람들이 나의 모든 근본이 시온에 있다고 할 것이라'고 말한다. 여기 "노래하는 자와 뛰어 노는 자들"이란 하나님으로부터 은혜를 받고 기뻐하며 춤 추는 사람들을 지칭한다. 이들은 자신들의 모든 기쁨의 근원이 시온으로부터 왔다고 고백할 것이라는 말이다.

제 88 편 우울함과 고통 중에 기도를 드리다

본편은 솔로몬과 동시대 사람 헤만(왕상 4:31)의 시로서 고라 자손의 모음집에 수록된 비탄 시이다. 본편은 '질병 중에' 또는 '고통 중에'란 의미를 지닌 본편의 "마할랏르안놋"이란 말에 비추어 볼 때 아마도 시인이 불치병에 걸려 절망적인 상황에 처하여 지은 듯하다. 그런데 본편은 시편의 많은 비탄 시 중에서도 그 탄식과 호소가 가장 절박하고 애처로울 만큼 구절마다 탄식과 숨이 넘어가는 듯한 고통에 대한 호소와 절규로 일관하고 있다. 그러나 시인은 탄식 중에서도 하나님을 떠나지 않고 하나님의 도움을 간절히 바라고 있다는 점에서 시인의 이러한 절규는 고난 받는 영혼의 불평이라기보다는 오히려 하나님의 도우심이 속히 임하기를 바라는 간절한 심정의 표현이라 하겠다. 바로 앞선 87편과는 대조적인 시이고, 중세대 교회에서는 수난일 저녁 예배 때 사용되었다.

저작의 시기는 1) 히스기야 시대였을 것이라는 견해(Michaelis). 2) 욥기 시대였을 것이라는 견해(Delitzsch). 3) 바벨론 포로기라는 견해(Briggs) 등으로 추축되나 분명한 것은 알 수 없다. 3)번의 견해를 취해둔다.

또 본편의 고통이 어떤 고통이었느냐를 두고도 견해가 갈린다. 1) 한센병(Delitzsch). 2) 투옥(Hitzig). 3) 중병(Aben Ezra)일 것이라는 견해. 3)번의 견해가 바람직한 견해로 본다. 본편의 내용은 1) 고통 중에 드린 기도(1-9절). 2) 실망 중에 드린 기도(10-18절)로 구성되어 있다.

"고라 자손의 찬송 시 곧 에스라인 헤만의 마스길, 인도자를 따라 마할랏르안놋에 맞춘 노래"란 말에 대해서는 좀 긴 설명이 필요하다. 고라 자손 중에 헤만이란 사람은 있었으나(대상 6:38, 39) 그가 에스라인은 아니었다. "에스라인 헤만"이란 말은 세라(Zerah)의 후손이란 말인데(대상 2:6), 그는 고라 자손(레위 지파)이 아니고 유다 지파 사람이었다(왕상 4:31). 캘빈은 여기 헤만을 다윗 시대에 살던 고라 자손 헤만과 동일인으로 간주했다. 그렇다면 여기 "에스라인"이란 말은 후대의 서사자(Copyist)가 잘못 삽입한 듯하다고 한다. 그러나 델리취(Delitzsch)는 고라 자손 헤만이 에스라인 가문(세라의 가문)에 양자로 간 일이 있었다면 그는 고라 자손인 동시에 에스라인이었겠으니 우리의 난제는 해결된다고 했다(박윤선). 여기 "마스길"은 '교훈시'라는 뜻이고, "마할랏르안놋"은 '병자의 노래'라는 뜻이다.

1-9절. 고통 중에 기도를 드리다.

시 88:1. <고라 자손의 찬송 시 곧 에스라인 헤만의 마스길, 인도자를 따라 마할랏르안놋에 맞춘 노래> 여호와 내 구원의 하나님이여 내가 주야로 주 앞에서 부르짖었사오니.

시인은 '여호와 내 구원의 하나님이시여! 내가 극한 고통 중에 주님 앞에 밤낮으로 부르짖습니다'라고 말한다.

시 88:2. 나의 기도가 주 앞에 이르게 하시며 나의 부르짖음에 주의 귀를 기울여 주소서.

시인은 '내 기도가 주님 앞에 이르게 하시며 내 부르짖음에 주님의 귀를 기울여 주소서'라고 기도한다(86:1, 6 참조).

시 88:3. 무릇 나의 영혼에는 재난이 가득하며 나의 생명은 스올에 가까웠사오니.

시인은 '내 영혼이 고통으로 가득 찼고(욥 10:15), 내 생명이 스올(죽음)에 이르렀습니다'라고 말한다. 시인은 극심한 고난으로 거의 죽음에 이르렀음을 고백하고 있다.

시 88:4. 나는 무덤에 내려가는 자 같이 인정되고 힘없는 용사와 같으며.

시인은 '나는 구덩이로 내려가는 사람 같아 졌고, 나는 힘이 없는 사람과 같아졌다'고 말한다. 앞 절보다 더 상세히 말한다.

시 88:5. 죽은 자 중에 던져진바 되었으며 죽임을 당하여 무덤에 누운 자 같으니이다 주께서 그들을 다시 기억하지 아니하시니 그들은 주의 손에서 끊어진 자니이다.

본 절은 앞 절보다 한 걸음 더 나아가 아주 죽은 사람 같이 되었다고 묘사한다. 즉, 시인은 '나는 죽은 자 가운데 던진바 되었고, 살육당하여 무덤에 누운 자 같습니다. 주께서 더 이상 그들을 기억하지 않으시니 그들은 주님의 손에서 끊어진 자처럼 되었다'고 말한다. 하나님께서도 죽은 자들을 기억하지 않는 자나 마찬가지가 되었다는 것이다.

시 88:6. 주께서 나를 깊은 웅덩이와 어둡고 음침한 곳에 두셨사오며.

시인은 '주님께서 죽은 나 자신을 깊은 웅덩이와 어둡고 음침한 곳에 두셨다'고 말한다. 나는 이제 아주 소망 없는 사람 같이 되었다고 묘사한다.

시 88:7. 주의 노가 나를 심히 누르시고 주의 모든 파도가 나를 괴롭게 하셨나이다 (셀라).

시인은 '주님의 진노가 나를 무겁게 누르시고, 주께서 모든 파도로 나를 덮치셨다'고 말한다. 시인은 그가 당하는 모든 환난이 주님으로부터 온다고 믿고 있다(16절 주해 참조). 시인은 하나님이 주시는 환난의 파도가 그를 계속해서 친다고 믿고 있는 것이다(4:2 참조). "셀라"의 뜻에 대하여 3:2주해 참조.

시 88:8. 주께서 내가 아는 자를 내게서 멀리 떠나게 하시고 나를 그들에게 가증한 것이 되게 하셨사오니 나는 갇혀서 나갈 수 없게 되었나이다.

시인은 '주님께서는 나의 가까운 친구들마저 내게서 멀리 떠나가게 하셨고, 나를 그들 보기에 역겨운 존재가 되게 하셨으니, 나는 두루 갇혀서 빠져 나갈 수 없는 몸이 되었습니다'고 말한다. 시인이 이런 존재가 되었으니 어느 학자는 시인이 한센 병을 앓고 있었다는 추측까지 하게 되었다(Delitzsch).

시 88:9. 곤란으로 말미암아 내 눈이 쇠하였나이다 여호와여 내가 매일 주를 부르며 주를 향하여 나의 두 손을 들었나이다.

시인은 '내가 당하는 환난 때문에 내 눈까지 흐려져서 잘 보이지 않게 되었나이다. 여호와시여! 내가 매일 주님을 부르며 주님을 향하여 두 손을 들고 기도했나이다'(68:31)라고 말한다.

10-18절. 실망 중에 기도를 드리다.

시 88:10. 주께서 죽은 자에게 기이한 일을 보이시겠나이까 유령들이 일어나 주를 찬송하리이까 (셀라).

시인은 '주님께서 죽은 자에게 기이한 일을 보여주실 수 있습니까? 유령들이 죽은 자리에서 일어나 주님을 찬송할 수 있겠습니까?(욥 14:14)'고 말한다. 사람이 한번 죽으면 살았을 때에 하던 활동을 하지 못한다는 것을 말하는 것이다. 다시 말해 사람이 한번 죽으면 육체를 가지고 하나님을 더 이상 섬길 수가 없다는 뜻이다. "셀라"의 뜻을 알기 위해 3:2주해를 참조하라.

시 88:11. 주의 인자하심을 무덤에서, 주의 성실하심을 멸망 중에서 선포할 수 있으리이까(Is your steadfast love declared in the grave, or your faithfulness in Abaddon?-ESV).

시인은 '무덤에 간 사람들이 무덤에서 주님의 인자하심을 선포할 수 있으리이까? 육신을 떠난 사람들이 주님의 신실하심을 선포할 수 있으리이까?'고 말한다. 불가능한 일이다. 카돌릭의 연옥 활동 주장은 비성경적이다. 사람이 일단 죽으면 세상에서 육신을 가지고 활동하던 일들은 불가능한 것이다(12절).

시 88:12. 흑암 중에서 주의 기적과 잊음의 땅에서 주의 공의를 알 수 있으리이까.

시인은 '무덤이라는 흑암 속에서 주님의 기적을, 망각의 땅에서 주님의 정의를 경험할 수 있겠습니까?'고 말한다. 우리는 죽은 후에 천국에서는 영으로 활동하나 무덤에서 육신을 가지고 하나님의 기적을 경험하거나 혹은 공의를 알 수는 없다는 것이다.

시 88:13. 여호와여 오직 내가 주께 부르짖었사오니 아침에 나의 기도가 주의 앞에 이르리이다.

시인은 '주님이시여! 내가 주께 부르짖었사오니, 아침에 내가 드린 기도가 주님 앞에 이릅니다'고 말한다. 시인은 아직 생명이 붙어 있는 육체가운데에서 기도를 계속하고 있었다는 것이다. 그리고 그가 밤에 드린 기도가 아침에는 주님 앞에 이를 것을 믿고 있었다.

시 88:14. 여호와여 어찌하여 나의 영혼을 버리시며 어찌하여 주의 얼굴을 내게서 숨기시나이까.

시인은 '주님이시여! 어찌하여 나를 버리시며 어찌하여 주님의 얼굴을 내게서 숨기시겠습니까?'고 말한다. 시인이 자기가 당하는 환난이 극도에 달하니 주님께서 시인 자신을 버리신 것으로 생각하게 된 것이다. 사람은 이런 경우에 누구든지 하나님께서 자신을 버리셨다고 느낄 수 있는 것이다 (욥 16:2 참조).

시 88:15. 내가 어릴 적부터 고난을 당하여 죽게 되었사오며 주께서 두렵게 하실 때에 당황하였나이다.

시인은 '어릴 적부터 내가 살아오는 동안에 고난을 당하여 죽게 되었사오며, 주님의 두려움을 겪으므로 내가 절망 중에 살아오고 있습니다'고 말한다. 이는 참으로 비참한 이야기가 아닐 수 없다. 어릴 적부터 고난을 당하며 살아왔다니 말이다. 그는 어려서부터 당황 중에 살아온 것이다.

시 88:16. 주의 진노가 내게 넘치고 주의 두려움이 나를 끊었나이다.

시인은 '주님께서 나 자신에게 내려주시는 진노가 넘쳤고, 주님께서 나 자신에게 주시는 두려움이 너무 커서 나 자신을 하나님으로부터 끊어지게 만들었다'고 말한다. 그는 한 생애 동안 진노 속에서 그리고 두려움 속에서 살아온 것이다.

시 88:17. 이런 일이 물 같이 종일 나를 에우며 함께 나를 둘러쌌나이다.

시인은 '내가 당하는 이런 일들, 곧 끊임없는 진노, 끊임없는 두려움 속에서 지나는 일이 물 같이 계속해서 나를 둘러쌌으며 함께 나를 두르고 있었다'고 말한다. 시인은 하루 종일 편안할 날이 없었다. 시인은 그럴수록 신앙을 유지한 것이었다.

시 88:18. 주는 내게서 사랑하는 자와 친구를 멀리 떠나게 하시며 내가 아는 자를 흑암에 두셨나이다.

시인은 '주께서 내 사랑하는 사람들과 친구들을 내게서 떼어놓으셨으니, 내가 아는 자는 어둠뿐이었습니다'고 말한다. 그가 아무리 사랑하는 사람들과 친구들을 찾았으나 없었고 그래도 그는 또 무엇인가를 찾았으나 오직 고독과 흑암뿐이었다는 것이다.

제 89 편 다윗에게 언약하신 복을 내리소서

본편은 다윗 언약에 대한 끊이지 않는 신앙을 보인다. 그러나 이스라엘의 비참한 현상을 보면서 고민을 하고 있다. 본편의 저작 시기가 언제냐를 두고 여러 견해가 있다. 1) 르호보암 시대에 저작되었을 것이라는 견해(왕하 14:25; 대하 12:1, Calvin, Delitzsch). 2) 므낫세 시대에 저작되었을 것이라는 견해(대하 33:10-13, Herkenne). 3) 요시야왕 시대에 저작되었을 것이라는 견해(왕하 23:28-30, Venema, Keszler). 4) 마카비 시대에 저작되었을 것이라는 견해(Hitzig, Duhm). 5) 바벨론 포로 시대에 저작되었을 것이라는 견해(Dewette, Hengsternberg, Koenig, Alders). 위의 견해들 중에서 본편의 문맥을 고려할 때 5)번의 견해가 가장 타당할 것으로 보인다.

본편의 내용은 1) 시인은 하나님의 인자와 성실하심을 노래하고 다윗 언약을 주신 것을 찬양한다(1-4절). 2) 시인은 또 여호와의 능력을 찬양한다(5-18절). 3) 다윗 언약을 강조한다(19-37절). 4) 다윗 언약과 이스라엘의 비참한 현상을 대조한다(38-51절). 5) 결론(52절)으로 구성되어 있다.

"에스라인 에단의 마스길"에 대해서는 32편 표제 주해를 참조하라. 그리고 왕상 4:31; 대상 6:44 주해를 참조하라.

1-4절. 시인은 하나님의 인자와 성실하심을 노래하고 다윗 언약을 주신 것을 찬양한다. 시인의 신념은 하나님께서 다윗에게 언약 하신 것을 반드시 이루신다는 것이다.

시 89:1. <에스라인 에단의 마스길> 내가 여호와의 인자하심을 영원히 노래하며 주의 성실하심을 내 입으로 대대에 알게 하리이다.

시인은 '내가 여호와의 인애를 영원히 노래하며 내 입으로 주님의 신실하심을 대대에 알리렵니다'고 말한다. 주님의 인자하심으로 우리의 구원을 시작하시고 주님의 신실하심으로 우리의 구원을 이루시니 시인은 주님의 인자하심과 성실하심을 대대로 후세에 알리겠다는 것이다. 이 두 가지 면은 본편에 7회나 나타나 본시의 기초를 이루고 있다.

시 89:2. 내가 말하기를 인자하심을 영원히 세우시며 주의 성실하심을 하늘에서 견고히 하시리라 하였나이다.

시인은 '내가 말하기를 주님의 인애가 영원히 세워지고, 주님께서 주님의 신실하심을 하늘에 견고하게 세우실 것이라고 하였나이다'고 말한다. 주님의 인자하심은 땅에서, 그리고 주님의 성실하심은 하늘에서 견고하게 세워질 것이라고 말한 것이다.

시 89:3-4. 주께서 이르시되 나는 내가 택한 자와 언약을 맺으며 내 종 다윗에게 맹세하기를 내가 네 자손을 영원히 견고히 하며 네 왕위를 대대에 세우리라 하셨나이다. (셀라)

시인은 '주께서 말씀하시기를 내가 나의 택한 사람과 언약을 맺으며, 내 종 다윗에게 맹세하기를 내가 네 자손을 영원히 견고하게 하며 네 왕위를 대대에 이어지게 하겠다고 하신다'고 말한다. 3-4절의 말씀은 하나님께서 나단 선지를 통하여 주신 언약의 말씀이다. 그 언약은 실상 그리스도로 말미암아 나타날 세계적 구원의 복을 예언한 것이다(사 55:3-5).

5-18절. 시인은 여호와의 능력을 찬양한다.

시 89:5. 여호와여 주의 기이한 일을 하늘이 찬양할 것이요 주의 성실도 거룩한 자들의 모임 가운데에서 찬양하리이다.

시인은 '주님이시여! 하늘이 주님의 놀라우신 일을 찬양하고 거룩한 자의 회중에서 주님의 신실하심을 찬양할 것입니다'고 말한다. 여기 "주의 기이한 일"이란 '그의 백성을 구원하시기 위하여 베푸시는 이적'을 뜻한다. 그리고 "하늘"이란 말은 문자대로의 하늘(heaven)이 아니라 '하늘의 천사들'을 지칭하는 말이다. 그리고 "하늘이 찬양할 것이라"는 말은 '천사들이 찬송할 것이라'는 뜻이다. 그리고 "거룩한 자들의 모임"이란 말은 '천사들의 모임'(욥 5:1)을 지칭한다.

시 89:6. 무릇 구름 위에서 능히 여호와와 비교할 자 누구며 신들 중에서 여호와와 같은 자 누구리이까.

시인은 '하늘에서 누가 여호와와 비교될 수 있으며 신들의 아들 중에 누가 여호와와 같겠습니까?'라고 말한다. 여기 "무릇 구름 위에서"란 말은 '하늘의 천사들'을 뜻한다. 천사들은 하나님의 뜻에 순종하고 하나님을 찬미하는 일을 행하는 피조물일 뿐, 하나님과 비교할 수는 없는 자들이다. 그리고 "신들 중"이란 말은 '신들의 아들들'을 지칭하는 말로 역시 '천사'(29:1; 욥 2:1)를 가리킨다. 본 절의 하반절은 상반절을 강조하는 문장으로 강조하기 위하여 진술되었다.

시 89:7. 하나님은 거룩한 자의 모임 가운데에서 매우 무서워할 이시오며 둘러 있는 모든 자 위에 더욱 두려워할 이시니이다.

시인은 '하나님은 거룩한 자의 회중에서 매우 위엄이 있으시고, 둘러 있는 모든 천사들보다 더 두려운 분이시라'고 말한다. 여기 "거룩한 자의 회중"이란 '천사들의 모임'을 지칭한다. 본 절은 전 절을 강조하기 위한 설명으로 하나님은 그를 둘러 있으신 천사들의 모임에서도 매우 무서워할 분이시고, 두려워할 분이시라는 것이다.

시 89:8. 여호와 만군의 하나님이여 주와 같이 능력 있는 이가 누구리이까 여호와여 주의 성실하심이 주를 둘렀나이다.

시인은 '주 만군의 하나님이시여! 주님과 같이 능력 있는 분이 누구리이까. 주님이시여! 주님의 성실하심이 주님을 두르고 있습니다'라고 말한다. 본 절은 하나님의 능력과 성실하심을 노래하고 있다. 하나님은 인간의 구원을 이루시는 능력이 있으시고(출 15:11) 또 구원을 성실하게 이루신다는 것이다. 본 절의 "여호와 만군의 하나님"이라는 말의 뜻에 대해 24:10 주해 참조.

시 89:9. 주께서 바다의 파도를 다스리시며 그 파도가 일어날 때에 잔잔하게 하시나이다

본 절과 다음 절(10절)은 하나님께서 이스라엘을 애굽에서 구원하시기 위하여 홍해를 육지같이 건너게 하신 이적에 대해 진술한다. 여기 주님께서 '바다의 파도를 다스리는 분'이라는 것이며 또 '파도가 일어날 때에 얼마든지 쉽게 잔잔하게 하시는 분'이라(107:29; 욥 38:8-11; 잠 8:29; 렘 5:22; 욘 1:15)고 진술한다.

시 89:10. 주께서 라합을 죽임 당한 자 같이 깨뜨리시고 주의 원수를 주의 능력의 팔로 흩으셨나이다.

본 절은 앞 절에서 지적한 바와 같이 하나님께서 이스라엘을 애굽에서 구원하시기 위해서 홍해를 육지 같이 건너게 하신 이적에 대해 진술하는 중에 주님께서 발휘하신 능력에 대해 진술한다. 즉, 시인은 '주께서 라합(애굽)을 살육당한 자같이 깨뜨리시고, 주님의 원수(애굽)를 주님의 강한 팔로 흩으셨다'고 말한다.

시 89:11. 하늘이 주의 것이요 땅도 주의 것이라 세계와 그 중에 충만한 것을 주께서 건설하셨나이다.

시인은 '하늘도 주님의 것이요, 땅도 주님의 것이니, 주께서 세계와 그 중의 충만한 것을 세우셨다'(8:3; 24:1; 33:6; 115:16)고 말한다. 그 "중의 충만한 것을 세우셨다"는 말은 '기초를 놓으셨다'는 뜻이다.

시 89:12. 남북을 주께서 창조하셨으니 다볼과 헤르몬이 주의 이름으로 말미암아 즐거워하나이다.

시인은 '남과 북을 주님께서 창조하셨으니, 다볼과 헤르몬이 주님의 이름을 즐거이 외친다'고 말한다. 앞 절에서는 주님께서 세계를 창조하신 것을 말했는데 본 절에서는 성지를 창조하시고 또 성지의 산들을 창조하신 것에 대해 진술한다. 이 두 산(다볼산과 헤르몬 산)은 성지를 대표하는 산들이다.

시 89:13. 주의 팔에 능력이 있사오며 주의 손은 강하고 주의 오른손은 높이 들리우셨나이다.

시인은 '주님의 팔은 능력이 있고, 주님의 손은 강하며, 주님의 오른손은 높으시다'고 말한다. 여기 주님의 팔, 주님의 손, 주님의 오른 손은 모두 능력의 지체들이다. 하나님은 전능하신 하나님이심을 말하는 것이다.

시 89:14. 공의와 정의가 주의 보좌의 기초라 인자함과 진실함이 주 앞에 있나이다.

시인은 '정의와 공정이 주님의 보좌의 기초이며, 사랑과 신실하심이 주님을 시중 들며 앞장서 나간다'고 말한다. 하나님은 절대적인 능력자이시지만 절대적으로 의와 공의를 가지시고 공의의 통치를 하신다. 하나님은 그 자신 의로우시고 그 행하심이 또한 의로우신 분이시다. 하나님의 능력과 의의 통치는 또한 "인자와 신실하심"으로 나타나신다는 것이다. 하나님은 무슨 일을 행하시든지 인자하심과 진실함을 좇아 행하신다는 말이다. 이

중 "인자함"에 대해서는 1절 주해를 참조하라. 다음으로 하나님의 "진실하심"이란 그 분이 행하시는 일은 무엇이든지 참되시며 전혀 거짓됨이 없음을 뜻한다.

시 89:15. 즐겁게 소리칠 줄 아는 백성은 복이 있나니 여호와여 그들이 주의 얼굴 빛 안에서 다니리로다(Blessed are the people who know the festal shout, who walk, O LORD, in the light of your face-ESV).

시인은 '즐거운 소리를 아는 백성은 복이 있습니다. 주님이시여! 그들은 주님의 얼굴 빛 안에서 다닐 것입니다'라고 말한다. 본 절의 "즐겁게 소리칠 줄 아는 백성은 복이 있다"말은 '하나님의 은혜와 복에 대해 감사와 찬양을 돌릴 줄 아는 자들이 정녕 복된 자'라는 뜻이다. 그리고 "그들이 주의 얼굴 빛 안에서 다니리로다"라는 말은 '그들이 하나님의 특별하신 관심과 보호 속에서 생을 영위하는 것'을 뜻한다. 이는 실로 성도만이 이 땅에서 누리는 분복이다.

시 89:16. 그들은 종일 주의 이름 때문에 기뻐하며 주의 공의로 말미암아 높아지오니.

시인은 '그들이 온종일 주님의 이름을 즐거워하며, 주님의 의로 높아진다'고 말한다.

하나님의 이름과 의는 교회의 영광을 이루며 교회의 기쁨의 영원한 근원이다 (Rawlinson).

시 89:17. 주는 그들의 힘의 영광이심이라 우리의 뿔이 주의 은총으로 높아지오리니.

본 절 초두에는 이유를 나타내는 접속사(כִּי)가 있어 본 절이 앞 절의 이유를 제공한다. 즉, 시인은 '주님께서 그들의 힘의 영광이 되시고 주님의 은총으로 우리의 뿔이 높아지기 때문입니다'고 말한다. 하나님은 성도들의 힘의 근원이심으로 주님께서 은총을 내리실 때 성도들의 능력은 더욱 높아지고 영화롭게 되는 것이다. 주님께서 그들의 자랑할 만한 힘의 원천이다. 본 절의 "뿔"이란 말은 '힘'을 뜻하는 말이다(75:4-5; 92:10; 단 7:8).

시 89:18. 우리의 방패는 여호와께 속하였고 우리의 왕은 이스라엘의 거룩한 이에게 속하였기 때문이니이다.

본 절 초두에도 역시 이유 접속사(כִּי)가 나타나 본 절이 17절 하반절 내용의 원인 절인 것을 시사한다. 즉, 시인은 '우리의 힘이 주의 은총으로 높아지는 이유(17절)는 우리의 방패가 여호와의 것이고 우리의 왕은 이스라엘의 거룩하신 분에게 속하였기 때문입니다'고 말한다. 다시 말해 우리의 방패가 되는 왕이 여호와의 것이고 우리의 왕은 이스라엘의 거룩한 분에게 속했기 때문이라는 것이다.

19-37절. 다윗 언약을 강조하다.

시 89:19. 그 때에 주께서 환상 중에 주의 성도들에게 말씀하여 이르시기를 내가 능력 있는 용사에게는 돕는 힘을 더하며 백성 중에서 택함 받은 자를 높였으되.

시인은 '주님께서 이상 중에 주님의 거룩한 자들에게 말씀하시기를 내가 용사에게 도움을 베풀고, 백성 중에서 선택받은 사람을 높였다'고 말한다. 여기 본서의 중심 명제인 "다윗 언약"이 등장한다. 이는 삼하 7:4-17의 내용으로 하나님께서 예언자 나단을 통하여 말씀하셔서 다윗에게 전달하신 것이다. "주의 성도", "능력 있는 자"(삼상 17:34-36), "택한 자"는 모두 다윗을 가리키며 그를 높이는 말들이었으나 하나님은 그 위에 더욱 능력을 주셔서 다윗으로 하여금 골리앗을 죽이며 가는 곳마다 승리하게 하셨던 것이다. 아무튼 하나님은 그를 높여 메시아의 그림자로 삼으셨다.

시 89:20. 내가 내 종 다윗을 찾아내어 나의 거룩한 기름을 그에게 부었도다.

시인은 앞 절의 말씀을 이어 하나님께서 그의 성도들에게 말씀하신 것을 이어간다. 즉, '내(하나님)가 내 종 다윗을 찾아 나의 거룩한 기름을 그에게 부으셨다'고 말한다. 본 절은 하나님께서 사무엘을 통해 다윗을 베들레헴 양무리 사이에서 찾아내셔서 그에게 기름을 부어 이스라엘의 왕으로 삼으신 사실을 말한다(삼상 16:13; 행 13:22).

시 89:21. 내 손이 그와 함께 하여 견고하게 하고 내 팔이 그를 힘이 있게 하리로다.

시인은 본 절에서도 역시 19절부터 이어지는 하나님의 말씀을 전한다. 즉, '내 손이 그를 굳게 붙잡고 내 팔이 그를 강하게 할 것이라'고 말한다. 여호와의 전능하신 손(13절)이 다윗과 함께 하여 다윗을 견고하게 하고 다윗에게 힘을 실어주실 것이라고 하셨다. 이하 여러 절에 걸쳐 하나님께서 다윗과 함께 하신 것을 전한다.

시 89:22. 원수가 그에게서 강탈하지 못하며 악한 자가 그를 곤고하게 못하리로다.

시인은 본 절에서도 19절부터 이어지는 하나님의 말씀을 전한다. 즉, '원수가 그(다윗)를 강탈하지 못하며 악한 자가 그를 괴롭히지 못할 것이라' 고 약속하신다. 하나님께서 다윗과 함께 하시기 때문에 다윗의 왕권이 튼튼할 것이라(삼하 7:10)고 약속하시는 말씀이다. 원수들이 감히 다윗을 강탈하거나 곤고하게 못할 것이라는 말이다.

시 89:23. 내가 그의 앞에서 그 대적들을 박멸하며 그를 미워하는 자들을 치려니와.

19절부터 이어지는 하나님 말씀의 진술이다. 즉, 시인은 '내가 그의 앞에서 그의 대적을 박살내며 그를 미워하는 자를 칠 것이라'(삼하 7:9)는 말씀을 인용한다. 사울이나 압살롬은 다윗 앞에서 죽을 수밖에 없었다.

시 89:24. 나의 성실함과 인자함이 그와 함께 하리니 내 이름으로 말미암아 그의 뿔이 높아지리로다.

19절부터 이어지는 하나님 말씀을 기록한다. 즉, 시인은 '나(하나님)의 신실함과 인애가 그와 함께 있을 것이니, 내 이름으로 그의 뿔이 높아질 것이라'고 말한다. 하나님은 그의 신실하심과 인자하심을 절대로 거두시지 않고 다윗 앞에 두실 것이니 하나님 자신에 의해 그의 권세가 높아질 것이라고 하신다.

시 89:25. 내가 또 그의 손을 바다 위에 놓으며 오른손을 강들 위에 놓으리니.

본 절은 19절부터 이어지는 하나님 말씀이다. 즉, 시인은 '내(하나님)가 그의 손을 그 바다(지중해 바다) 위에 두고, 그의 오른손을 그 강들(유브라데 강과 나일 강) 위에 둘 것이라'고 말한다. 본 절은 하나님께서 다윗에게 복을 주셔서 그의 판도를 넓게 하실 것을 말씀하신 것이다. 본 절의 "바다"는 '지중해 바다'를 지칭하고, "강들"은 '유브라데 강과 애굽의 나일 강까지 통치하게 될 것'을 말하는 것이다. 이는 하나님께서 아브라함에게 언약하신 것(창 15:18)을 다윗이 이룰 것이라(72:8; 137:1; 왕상 4:21, 24)는 말이다. 우리가 다윗처럼 하나님을 믿으면 생각밖에 놀라운 일들이 우리에게도 이루어진다는 것을 알 수 있다.

시 89:26. 그가 내게 부르기를 주는 나의 아버지시요 나의 하나님이시요 나의 구원의 바위시라 하리로다.

시인은 '다윗이 나(하나님)를 일컬어 주님은 내 아버지시요(삼하 7:4) 내 하나님이시며 내 구원을 이루시는 반석(18:2; 삼하 22:2-3, 47)이시라고 말하게 될 것이라'고 말한다. 이는 다윗이 받은 은혜가 너무 커서 감격하여 하나님 앞에 자기의 신앙을 고백하는 것이다.

시 89:27. 내가 또 그를 장자로 삼고 세상 왕들에게 지존자가 되게 하며.

시인은 '내(하나님)가 또 그를 내 맏아들로 삼고, 세상의 왕들 가운데 가장 높은 자가 되게 할 것이라'고 말한다. 본 절의 "맏아들"이란 말은 세상의 육체적인 맏아들이란 말이 아니라 '특권을 가진 존재가 되게 하겠다'는 뜻이다(민 3:21, 41; 출 4:22). 하나님은 다윗을 세계 열왕의 으뜸을 삼으셨다.

시 89:28. 그를 위하여 나의 인자함을 영원히 지키고 그와 맺은 나의 언약을 굳게 세우며.

시인은 '다윗을 위하여 내(하나님) 인자함을 영원히 지키고, 다윗과 맺은 내(하나님) 언약을 굳게 세워서 그를 잘되게 하겠다'(3절; 삼하 7:15-16; 23:5)고 말한다.

시 89:29. 또 그의 후손을 영구하게 하여 그의 왕위를 하늘의 날과 같게 하리로다.

시인은 '내(하나님)가 그의 후손을 영구히 계속하게 하고, 그의 보좌를 하늘의 날들 같이 존속하게 할 것이라'고 말한다. 이 예언의 말씀대로 예수 그리스도께서 지금도 왕 역할을 감당하고 계신다. "셀라"의 뜻을 위해 3:2주해를 참조하라.

시 89:30-31. 만일 그의 자손이 내 법을 버리며 내 규례대로 행하지 아니하며 내 율례를 깨뜨리며 내 계명을 지키지 아니하면.

본 절부터 이하는 앞부분과는 달리 부정적인 말이 등장한다. 시인은 '만일 다윗의 자손이 내(하나님의 법) 법을 버리며 내 규례를 행하지 아니하며 내 율례를 깨뜨려 버리며 내 계명들을 지키지 아니하면 다음 절(32절)에 말한 것처럼 벌을 받게 할 것이라'(삼하 7:14)고 말한다. 이런 일들은 역사상에 그대로 생기게 되었다. 솔로몬 때(왕상 11:1-8)부터 시작해서 바벨론 포로기의 시드기야에 이르기까지 열왕들이 하나님의 법을 버려 범죄했다(대하 12:1; 왕하 8:27; 대하 24:17-24; 26:16-20; 왕하 16:2-18; 21:2-16, 20-22; 23:32, 37; 24:9, 19등).

시 89:32. 내가 회초리로 그들의 죄를 다스리며 채찍으로 그들의 죄악을 벌하리로다.

시인은 '내(하나님)가 막대기로 그들의 죄를 징계하고, 그들의 죄악을 벌할 것이라'고 말한다. 하나님의 말씀대로 열왕들은 하나님의 법을 버려 하나님의 징계의 채찍을 맞았고 드디어는 바벨론 군에게 나라를 빼앗기고 70년간 바벨론 포로 생활을 했다.

시 89:33. 그러나 나의 인자함을 그에게서 다 거두지는 아니하며 나의 성실함도 폐하지 아니하며.

시인은 '다윗의 후손이 하나님의 법을 버려 징계를 받았을지라도 하나님께서는 하나님의 인자하심을 다 거두지는 아니하며 하나님의 성실함도 완전히 폐하지 아니 하시겠다'고 말한다. 하나님께서 범죄한 사람들을 징계하셔도 하나님의 인자와 성실하심을 다 폐하시지 않겠다는 것이다. 다시 말해 회복해 주신다는 것이다.

시 89:34. 내 언약을 깨뜨리지 아니하고 내 입술에서 낸 것은 변하지 아니하리로다.

시인은 하나님께서 말씀하신 것을 본 절에 기록한다. 즉, '내(하나님)가 내 언약을 깨지 않고 내 입술에서 낸 것을 바꾸지 아니할 것이라'고 말한다. 하나님께서는 그가 언약을 체결하신 것은 파하실 수 없는 것이다(25:10). 이유는 하나님께서 한번 세우신 언약을 영구히 폐하지 아니하시기 때문이다. 실제로 언약의 파기에 관해 하나님과 인간 사이의 언약을 파한 것은 인간 측이었지 하나님 측이 아니었다. 감사하게도 범죄한 인간이 회개하고 하나님께 돌아오면 다시 그 언약의 혜택을 받는 것이다.

시 89:35. 내가 나의 거룩함으로 한 번 맹세하였은즉 다윗에게 거짓말을 하지 아니할 것이라.

본 절은 하나님께서 그의 거룩하심으로 한 번 맹세하시면서 언약하신 것은 절대로 변치 않으실 것이라는 말씀을 하신다. 여기 거룩하심으로 맹세했다는 말은 '하나님의 절대적인 도덕성으로 맹세하셨다'는 뜻이다(Rawlinson).

시 89:36. 그의 후손이 장구하고 그의 왕위는 해 같이 내 앞에 항상 있으며.

시인은 '그의 자손이 영원히 있으며, 그의 보좌는 내 앞에서 해와 같을 것이라'고 말한다. 본 절은 29절의 반복이다. 그 주해를 참조하라. 72:5; 삼하 7:13 참조.

시 89:37. 또 궁창의 확실한 증인인 달 같이 영원히 견고하게 되리라 하셨도다 (셀라).

시인은 '구름 속에 있는 진실한 증인인 달처럼, 영원토록 견고하게 서 있을 것이라'고 말한다. 본 절에 언급된 "달"은 전 절에 언급된 "해"와 함께 장구한 세월 동안 변하지 않는 것들 중의 하나로 변치 않는 것을 상징한다. 따라서 하나님께서 달을 언약의 증인으로 지칭한 것은 달이 변함없이 존속하듯 하나님의 언약도 변함이 없이 영원하리라는 사실을 강조한다. 실로 비록 해나 달이 낡아 없어져버린다 할지라도 하나님의 언약은 변함없이 영원할 것이다(마 24:35, 그랜드 종합 주석).

38-51절. 다윗 언약과 이스라엘의 비참한 현상을 대조한다. 하나님께서 언약하신대로 그 백성을 돌아보시지 않는 듯이 보이는 곤고한 때에도 성도가 실망하지 않고 기도함은 하나님을 신실하신 분으로 믿는 행위이다.

시 89:38. 그러나 주께서 주의 기름 부음 받은 자에게 노하사 물리치셔서 버리셨으며(But now you have cast off and rejected, you art full of wrath against your anointed-ESV).

시인은 '그러나 주님께서 주님의 기름 부음 받은 사람에게 진노하여 물리치고 거절하셨다'고 말한다. 하나님은 그의 인자와 성실하심을 감추시고 주님께서 기름 부어 세우신 왕에게 진노하셔서 물리치셨다는 것이다. 다시 말해 이스라엘의 임금이 국난으로 인하여 폐위 당한 것을 말한다. 시인은 여기서 하나님을 원망하는 것이 아니고 다만 그 근심거리를 하나님께 맡기는 극히 솔직하게 타개하려는 기도를 드린 것을 보여준다.

시 89:39. 주의 종의 언약을 미워하사 그의 관을 땅에 던져 욕되게 하셨으며.

시인은 '주님께서 주님의 종과 맺은 언약을 역겨워하시어 그의 왕관을 땅에 던져 욕되게 하셨다'고 말한다. 주님께서는 주님의 종 다윗과 맺으신 언약을 역겨워하시고 무효로 만드셔서 그 자손의 왕관을 땅에 던져 욕되게 하시며 그 왕위를 빼앗으셨다는 것이다.

시 89:40. 그의 모든 울타리를 파괴하시며 그 요새를 무너뜨리셨으므로.

시인은 '주님께서 이스라엘의 모든 성벽을 허무시고, 그의 요새를 황폐하게 하셨다'고 말한다. 국방을 위한 망대며 초소들을 파괴하사 적군으로 하여금 마음대로 침입하게 하신 것이다(대하 11:5-11).

시 89:41. 길로 지나가는 자들에게 다 탈취를 당하며 그의 이웃에게 욕을 당하나이다.

시인은 '길을 지나가는 원수마다 그를 약탈하였으며, 그는 자기 원수에게 비방거리가 되었다'고 말한다. 이스라엘 나라가 이웃 나라들에게 탈취를 당하고 또 능욕을 당했다는 것이다(44;13; 79:4; 80:12).

시 89:42. 주께서 그의 대적들의 오른손을 높이시고 그들의 모든 원수들은 기쁘게 하셨으나.

시인은 '주님께서 그의 대적의 오른손을 높이 들어주시고, 그의 모든 원수로 하여금 즐거워하게 하셨다'고 말한다. 주님께서 이스라엘의 원수들로 하여금 이스라엘을 치게 하셨다는 것이다(35:15).

시 89:43. 그의 칼날은 둔하게 하사 그가 전장에서 더 이상 버티지 못하게 하셨으며.

시인은 '이스라엘의 국방력을 약하게 하셔서 이스라엘이 전장에서 더 이상 버티지 못하게 하셨다'고 말한다. 범죄는 한 나라의 국방력을 약화시킨다. 성도들은 이것을 알고 회복을 위해 하나님께 기도해야 할 것이다.

시 89:44. 그의 영광을 그치게 하시고 그의 왕위를 땅에 엎으셨으며.

시인은 '주님은 이스라엘의 영화로웠던 때(다윗 시대, 솔로몬 시대)를 그치게 하시고, 그의 보좌를 땅에 던지셨다'고 말한다. 이스라엘의 자손들은 땅에 엎어져 짓밟히는 입장이 되었다.

시 89:45. 그의 젊은 날들을 짧게 하시고 그를 수치로 덮으셨나이다 (셀라).

시인은 '그의 젊음의 날들을 단축하시고, 수치로 그를 덮으셨다'고 말한다. 여기 "그의 젊음의 날을 짧게 하셨다"는 말의 뜻이 무엇이냐에 대해서는 두 견해가 있다. 1) 이스라엘의 국운이 너무 일찍이 쇠한 것을 탄식한 말씀이라는 견해(Calvin, 그랜드 종합 주석, 호크마 주석). 2) 이스라엘 임금이 포로되어 그 통치의 수명이 짧아진 것을 지칭한다는 견해(Rawlinson, 이상근). 이 견해를 지지하는 실례로는 18세 때 포로가 되어 35년간 바벨론에서 포로 생활을 한 여호야긴(왕상 25:29)과 예루살렘 최후의 날 32세의 몸으로 사로 잡혀 자기 앞에서 아들들이 죽임을 당하고 자기 두 눈도 뽑히며 바벨론으로 끌려가 죽은 시드기야(왕상 25:1-7)를 가리킨다는 견해도 있다. 이 두 견해 중에 어느 견해가 더 타당하냐 하는 것은 참으로 어렵다고 할 수 있다. 그러나 1)번의 견해를 택해둔다. 이유는 어떤 개인 왕들의 운명이 짧다는 것을 말하기 보다다는 유다 왕정 전체가 짧게 될 것을 예언하는 것으로 보는 것이 나을 것으로 보인다. "셀라"란 말의 뜻을 위해 3:2 주해를 참조하라.

시 89:46. 여호와여 언제까지니이까 스스로 영원히 숨기시리이까 주의 노가 언제까지 불붙듯 하시겠나이까.

본 절부터 52절까지는 긴 시편의 결론이다. 위와 같은 이스라엘의 비극은 언제까지 계속될 것인가 하는 최후의 하소연이다. 시인은 '주님이시여! 언제까지입니까?(13:1; 74:10; 79:5) 주께서 영영히 스스로 숨으시렵니까? 주님의 노가 언제까지 불처럼 타오르시겠습니까?'고 하소연한다. 38절부터 45절까지 다윗 왕국이 원수들의 침략을 당한 비참하고도 슬픈 현실에 대하여 탄식하던 시인은 이제 하나님의 긍휼을 간절히 간구하고 있다. 시인은 이제 하나님께서 진노를 멈추시고 다시 당신의 백성에게 자비를 베푸시면 모든 것이 금방 회복될 것이라는 확신을 가지고 있다.

시 89:47. 나의 때가 얼마나 짧은지 기억하소서 주께서 모든 사람을 어찌 그리 허무하게 창조하셨는지요.

시인은 '내 생애가 얼마나 짧은지 기억하소서. 주님께서 모든 인생을 어찌 그리 허무하게 창조하셨습니까?'라고 말한다. 시인은 하나님의 재빠른 구원을 청원할 두 가지 조건을 제시한다. 하나는 인생이 너무 짧다는 것이고 또 하나는 인생이 너무 허무하다는 것이다.

시 89:48. 누가 살아서 죽음을 보지 아니하고 자기의 영혼을 스올의 권세에서 건지리이까 (셀라).

시인은 '누가 살아서 죽음을 보지 않고 스올의 권세에서 자기 영혼을 구할 사람이 있겠습니까?'고 질문한다. 본 절은 47a의 보충이다. 짧은 인생이 다 끝나기 전에 구원을 받아 죽음에 이르지 않을 사람이 누구입니까라는 질문이다. “셀라”란 말의 주해를 위해 3:2주해를 참조하라.

시 89:49. 주여 주의 성실하심으로 다윗에게 맹세하신 그 전의 인자하심이 어디 있나이까.

시인은 ‘주님이시여! 주님의 신실하심으로 다윗에게 맹세하실 때의 그 인자하심이 어디에 있습니까?’고 질문한다. 시인은 주님의 성실하심과 인자하심을 가지고 주님께 하소연한다(1절). 주님께서 다윗에게 맹세하실 때 보이셨던 인자하심과 성실하심이 지금 어디에 있나이까? 이제 그 인자하심과 성실하심을 보이셔서 자신을 구원해 주시라는 것이다.

시 89:50. 주는 주의 종들이 받은 비방을 기억하소서 많은 민족의 비방이 내 품에 있사오니.

시인은 ‘주님께서는 주님의 종들이 나라를 잃을 때 받은 비방을 기억해 주십시오. 많은 민족들이 보인 비방이 내(시인) 품에 원한으로 쌓여 있습니다’라고 말한다. 이스라엘의 적인 강대국들이 내뱉은 훼방들이 시인의 가슴 깊은 곳에 박혀 있다는 것이다.

시 89:51. 여호와여 이 비방은 주의 원수들이 주의 기름 부음 받은 자의 행동을 비방한 것이로소이다.

시인은 ‘주님이시여! 주님의 원수들이 주님의 기름 부음 받은 사람의 행동을 비방한 것이로소이다’라고 말한다. 시인의 가슴에 한이 되어 있는 원수들의 비방은 주님의 기름 부음 받은 자의 행동에 대한 비방으로 그 비방은 왕에 대한 비방이었고 그것은 바로 이스라엘에 대한 비방이었으며 주님께 대한 비방이었다는 것이다. 시인은 그 비방을 듣고 영원히 잊을 수가 없었다.

52절. 결론.

시 89:52. 여호와를 영원히 찬송할지어다 아멘 아멘.

본 절은 제 3권 시편의 결론이다. 시인은 오직 영원히 여호와를 찬송하라는 것이다. 그것이 바로 시편이 드러내고 있는 결론이다. 시인은 자신이 당하고 있는 현실의 악착스러움에도 불구하고 영원히 하나님을 찬송하려는 것이다. 성도는 이 세상 현실의 지배를 받지 않는다(박윤선).

"아멘", "아멘"은 '진실로 그렇습니다'라는 말로 시인은 자신이 드린 기도가 헛되지 않은 줄 믿는다. 우리는 우리의 현실이 어떠하더라도 하나님을 영원히 믿어야 할 것이다.

제 4 권 무명의 시 90-106편

제 4권은 제 5권과 함께 시편의 제 3부를 구성하고, 예배 용 시편들이며, 무명작가들의 시로 주종을 이루고 있다. 제 4권은 제 3권처럼 총 17편으로 구성되어 있고, 모세의 시 1편과 다윗의 시 2편 외에는 모두 무명의 시편들이나 대체로 다윗의 시편으로 믿어지고 있다(이상근).

제 90 편 인생무상을 탄식하다

본편은 모세의 시(詩)이며 시편 중에 가장 오래된 시에 속한다. 인생의 허무함을 강조하며 그 원인은 죄임을 밝히고 있다. 모세가 이스라엘 백성을 인도한 광야 40년 동안 그들의 불신앙과 죄로 인해 출애굽한 성인들이 모세 자신을 포함하여 모두 광야에서 죽은 사실을 배경한 듯이 보인다. 본편은 예배의식에서 많이 사용되며, 1) 하나님의 영원성(1-2절). 2) 인생의 무상(3-11절). 3) 기도(12-17절)로 구성되어 있다.

"하나님의 사람 모세의 기도"의 저작자가 누구냐의 문제는 많이 토론되었으나 결국은 표제에 진술된 대로 모세의 시냐, 그 외의 저자의 것이냐에 있다. 대체로 견해는 1) 모세의 저작이라는 견해(Hengsternberg, Herkenne, Delitzsch, Koenig, Hitzig, Kay, Alexander, Rawlinson, 박윤선, 이상근).

2) 고대의 작품이라는 견해(Cheynes). 3) 예언자 시대의 작품이라는 견해(Keszler). 1)번의 견해가 가장 유력하다.

1-2절. 하나님의 영원성.

시 90:1. <하나님의 사람 모세의 기도> 주여 주는 대대에 우리의 거처가 되셨나이다.

모세는 '주님이시여! 주님은 대대로 우리의 거처가 되셨습니다'고 말한다. 본 절은 하나님을 의지하여 삶을 사는 것을 가리킨다(32:7; 91:9). 실제로 모세나 광야 세대를 살던 이스라엘백성들은 안정된 거처가 없었으나 그들은 광야에서 신앙으로 여호와 안에서 산 것이었다. 모세는 이 땅에서 정처 없이 옮겨 다니는 생활을 하고 있음을 생각하면서 인생들이 이 땅에서는 결코 안정된 거처를 얻을 수 없으며 오직 인생의 생사화복을 주관하시는 하나님만이 모든 인생이 전적으로 자신의 한 몸을 의탁할 수 있는 안전하고도 든든한 처소가 되심을 고백하고 있는 것이다.

시 90:2. 산이 생기기 전, 땅과 세계도 주께서 조성하시기 전 곧 영원부터 영원까지 주는 하나님이시니이다.

모세는 '산들이 생기기 전, 땅과 세계가 생기기 전, 영원부터 영원까지 주님은 하나님이십니다'라고 말한다. 하나님은 산과 땅, 그리고 세계를 창조하셨고, 그 창조 이전의 영원부터 세상의 종말 이후의 영원까지 하나님으로 존재하시는 것이다(93:2; 신 32:18; 잠 8:23, 28; 미 5:2; 합 1:12). 영원 전부터 계시고 영원불변하시며 천지만물을 주관하시는 하나님, 그분이야말로 인생의 참된 거처가 되신다는 것이다.

3-11절. 인생의 무상.

시 90:3. 주께서 사람을 티끌로 돌아가게 하시고 말씀하시기를 너희 인생들은 돌아가라 하셨사오니.

모세는 '주님께서 사람을 티끌로 돌아가게 하시고 "인생들아, 너희는 돌아가라"고 말씀하셨다'고 한다. 하나님은 사람을 티끌(흙)로 창조하셨고, 죄로 인해 티끌로 돌아가게 하셨다(창 3:19). 즉, 죽게 하셨다. 실로 흙으로 만들어져 흙으로 돌아가야 하는 인생은 허무하기 짝이 없는 것이다. 모세는 14-17절에서 단지 연약하고 유약한 인간일지라도 영원 자이신 하나님과 관계를 맺고 있는 한 결코 허무한 존재가 아님을 말한다.

시 90:4. 주의 목전에는 천 년이 지나간 어제 같으며 밤의 한 순간 같을 뿐임이니이다.

모세는 '주님 앞에는 천 년이 지나간 어제 같고, 밤의 한 순간 같을 뿐입니다'고 말한다. 하나님은 3절에 나타난 인생의 유한함과 대조되는 시공간을 초월한 영원 자이심을 강조한다. 특히 "천년"과 "밤의 한 순간"이란 강한 대조적인 표현은 하나님의 영원하심을 더욱 돋보이게 한다. 우리가 믿고 경외하며 의지하는 하나님은 무한 자시요, 영원 자이시다.

시 90:5-6. 주께서 그들을 홍수처럼 쓸어가시나이다 그들은 잠깐 자는 것 같으며 아침에 돋는 풀 같으니이다. 풀은 아침에 꽃이 피어 자라다가 저녁에는 시들어 마르나이다(You sweep them away as with a flood; they are like a dream, like grass which is renewed in the morning; in the morning it flourishes and is renewed; in the evening it fades and withers-ESV).

모세는 '주님께서 생명을 거두어 가시는 것이 마치 홍수가 쓸어가는 것 같아서 다 쓸려가서 보이지 않습니다. 인생은 한 순간 잠자는 것 같을 뿐이고, 아침에 돋아난 한 포기 풀과 같습니다. 풀은 아침에는 돋아나서 꽃을 피우다가도 저녁에는 시들어 말라 버립니다'라고 말한다. 여기 '홍수'나 '잠간 자는 것', 그리고 '아침에 풀이 돋아 저녁에 마르는 것'은 인생의 허무함을 그대로 드러내 주기 위해 묘사되는 시어(詩語)들이다. 어리석은 인생들은 인생의 무상함을 알지 못하니 세상에 집착하여 한 생애 허우적거리며 산다.

시 90:7. 우리는 주의 노에 소멸되며 주의 분내심에 놀라나이다.

모세는 '우리는 주님께서 노하시면 사라지고, 주님께서 노하시면 우리는 소스라치게 놀란다'고 말한다. 우리는 하나님의 심판을 받아 사라지고 소멸되며 우리는 하나님의 심판을 보고 소스라치게 놀란다.

시 90:8. 주께서 우리의 죄악을 주의 앞에 놓으시며 우리의 은밀한 죄를 주의 얼굴 빛 가운데에 두셨사오니.

모세는 '주님께서 우리의 죄악을 주님 앞에 놓으시며 우리들의 은밀한 죄들을 주님의 얼굴빛 가운데 두셨다'고 말한다. 우리의 죄악들이나 은밀한 죄들을 주님께서 속속들이 아시니 위와 같은 하나님의 심판이 우리에게 임하는 것이고 허무함이 우리에게 닥치는 것이다.

시 90:9. 우리의 모든 날이 주의 분노 중에 지나가며 우리의 평생이 순식간에 다하였나이다.

모세는 '주님의 분노 중에 우리의 모든 날이 다 지나가며, 우리의 일생이 단숨에 끝났다'고 말한다. 우리의 일생이란 범죄로 점철된 일생이라서 하나님의 징계 중에 지나가고 만다. 그나마 인생의 한 생애가 순식간에 지나가고 만다는 것이다(신 32:15, 25).

시 90:10. 우리의 연수가 칠십이요 강건하면 팔십이라도 그 연수의 자랑은 수고와 슬픔뿐이요 신속히 가니 우리가 날아가나이다.

모세는 '우리가 세상에 사는 햇수가 칠십이고 강건하게 산다면 팔십이 된다하더라도, 그 연수를 살고 나서 자주 하는 자랑은 수고롭게 살았다는 것과 슬픔 중에 한 생애를 지냈다는 이야기뿐이고 신속히 지나가니 우리가 날아가는 듯 지내왔다'고 말한다. 모세 자신은 120세를 살았으면서도 70-80

세를 산다고 말했으니 일반적으로는 그 정도를 산다는 뜻이다. 오늘날 모두들 100세를 살 것이라고 야단들이지만 그것은 주로 약으로 연명하는 삶이 될 것이다.

시 90:11. 누가 주의 노여움의 능력을 알며 누가 주의 진노의 두려움을 알리이까.

모세는 '인간들 중에 누가 주님의 노여움의 능력을 알고 있을까. 누가 주님의 놀라운 진노의 두려움을 알 수 있을까?'라고 말한다. 사실 본 절은 하나님의 심판의 능력을 측량할 수가 없다는 것을 말한다. 그분의 놀라운 권능에 대해서 아는 자가 없듯이 주님의 진노가 어느 정도로 큰지를 아는 사람은 없다는 것이다.

12-17절. 기도.

시 90:12. 우리에게 우리 날 계수함을 가르치사 지혜로운 마음을 얻게 하소서.

모세는 '주님께서 우리에게 우리의 날을 계산하는 법을 가르쳐 주셔서 지혜로운 마음을 얻게 해주시라'고 기도한다. 우리가 우리의 날이 얼마나 짧은지를 알면 인생의 무상을 알게 되고 지혜의 마음을 갖게 되는 것이다.

시 90:13. 여호와여 돌아오소서 언제까지니이까 주의 종들을 불쌍히 여기소서.

모세는 '주님이시여! 돌아와 주십시오. 언제까지입니까? 주님의 종들을 불쌍히 여겨 주십시오'라고 기도한다. 모세는 주님을 향해 돌아와 주시라고 기도한다. 모세는 전력을 다해 하나님을 찾으며 더 이상 자신들을 버리지 마시고 용서하시며 돌아오시라고 기도한다.

시 90:14. 아침에 주의 인자하심이 우리를 만족하게 하사 우리를 일생 동안

즐겁고 기쁘게 하소서.

모세는 '아침에 주님의 인애로 우리를 만족하게 하셔서 우리 평생에 즐거워하며 기뻐하게 하소서'라고 기도한다. 어느 아침에 주님께서 베푸시는 인자하심이 우리에게 임하여 우리를 만족하게 하셔서 우리 평생을 즐거워하며 기뻐하면서 지나게 해 주시라는 기도를 드리는 것이다.

시 90:15. 우리를 괴롭게 하신 날수대로와 우리가 화를 당한 연수대로 우리를 기쁘게 하소서.

모세는 '주님께서 우리를 괴롭게 만들어 주신 날수대로와 우리가 재앙을 당한 연수만큼 우리를 기쁘게 해 주소서'라고 기도한다. 모세는 자기들이 죄로 인하여 괴롬을 당하고 재앙을 당한 햇수가 길었던 것을 기억하면서 그만큼의 긴 시간만큼이나 자신들을 기쁘게 해주시라고 애원한 것이다.

시 90:16. 주께서 행하신 일을 주의 종들에게 나타내시며 주의 영광을 그들의 자손에게 나타내소서.

모세는 '주님께서 행하신 일을 주님의 종들에게 보여주시고, 주님의 영광을 그들의 자손에게 보여 주소서'라고 기도한다. 본 절의 "주께서 행하신 일"이란 바로 "주의 영광"이란 말과 동의어로 주님께서 이스라엘 민족을 구원하심으로 주님의 영광을 주님의 종들에게 나타내 주시라는 것이다. 우리는 주님을 향해 우리를 불쌍히 여기시라고 부르짖어야 한다.

시 90:17. 주 우리 하나님의 은총을 우리에게 내리게 하사 우리의 손이 행한 일을 우리에게 견고하게 하소서 우리의 손이 행한 일을 견고하게 하소서.

본 절은 앞 절이 표현한 것을 다른 표현으로 말한 것이다. 즉, 모세는 '주 우리 하나님의 은총을 우리에게 베푸셔서 우리의 손이 행한 일을 우리에게 견고하게 하시고, 우리 손이 행한 일을 견고하게 하소서'라고 기도한다.

모세는 하나님을 향하여 우리 이스라엘 민족에게 하나님의 은총을 내리셔서 우리를 구원하시고 우리 손으로 행하는 일상의 생업이 안정되고 번영되게 해주시라고 기도하는 것이다.

제 91 편 하나님을 의지한 자를 해할 수는 없다

표제가 없는 본편의 저작자가 누구냐에 대해 고래로부터 여러 견해들이 가해졌으나 크게 두 가지가 주목을 끌고 있다. 1) 즉 본편 이하 99편까지를 90편과 같이 모세의 저작이라는 견해(Selemo등 유대계 학자들, 그리고 Kay)와 2) 다윗의 저작이라는 견해(LXX, Chaldee, Syriac, Arabic, Aethiopic 등 고대의 번역 성경들, 이상근). 후자가 교회의 오랜 지지를 받아온 것으로 보인다.

본편의 내용은 1) 전쟁 또는 질병에서 구원하시는 하나님의 보호를 노래한 것으로 하나님의 보호(1-13절)와 2) 구원의 약속(14-16절)으로 구성되어 있다. 본문 중에 마귀가 예수님을 유혹할 때 사용한 구절이 나타나(11-12절) 본 시편을 유명하게 만들었다.

1-13절. 하나님의 보호.

시 91:1. 지존자의 은밀한 곳에 거주하며 전능자의 그늘 아래에 사는 자여 (He who dwells in the shelter of the Most High will abide in the shadow of the Almighty-ESV).

시인은 '지극히 높으신 분의 은밀한 곳에 사는 사람은 전능하신 분의 그늘에 머무를 것이라'고 말한다. 대대에 우리의 거처가 되신 하나님(90:1)은 우리의 "지존자시요" 또 "전능자"이시다. 그 지존자의 은밀한 곳(숨겨주시는 곳)에 거주하는 자는 전능자의 보호 아래 사는 자이니 어떤 위험도 없는 것이다. 케이(Kay)는 말하기를 "본 절이 말하는 주지는 인간 편에서 사랑의 믿음으로 나아가는 자가 하나님 편의 성실하신 사랑을 만난다는 것이다"라고 했다. 제 2차 대전 중 미군들이 전장에서 특히 본시를 애송(愛

誦)했다고 한다(이상근).

시 91:2. 나는 여호와를 향하여 말하기를 그는 나의 피난처요 나의 요새요 내가 의뢰하는 하나님이라 하리니.

시인은 '나는 여호와를 향하여 고백하기를 여호와는 나의 피난처시요, 나의 요새(피난처, 18:2)이시요, 내가 의뢰하는 하나님(28:7; 31:6; 55:23; 61:4)이라 고백할 것이라'고 말한다. 이런 고백이 있는 자가 무슨 근심이 있겠는가.

시 91:3. 이는 그가 너를 새 사냥꾼의 올무에서와 심한 전염병에서 건지실 것임이로다.

본 절 초두에는 이유 접속사(כִּי)가 있다. 즉, 전 절에서 하나님을 고백한 시인이 그렇게 고백한 이유는 하나님께서 시인 자신을 새 사냥꾼의 올무에서와 심한 전염병에서 건지실 것이기 때문이다. 여기 "새 사냥꾼"이란 '모든 위험들'을 지칭한다. "올무"란 '올가미'를 뜻한다.

시 91:4. 그가 너를 그의 깃으로 덮으시리니 네가 그의 날개 아래에 피하리로다 그의 진실함은 방패와 손 방패가 되시나니.

시인은 '주님께서 너 자신을 깃(날개)으로 덮으시고, 네가 그분의 날개 아래에 피할 것이니, 그분의 진실하심이 방패와 손방패가 될 것이라'고 말한다. 어미 닭의 날개 아래 숨은 병아리들은 외적으로부터 보호를 받는 것처럼 주님의 보호 아래 숨겨진 자들은 주님께서 그의 진실함으로 모든 위험으로부터 인생을 막아 주신다.

시 91:5. 너는 밤에 찾아오는 공포와 낮에 날아드는 화살과.

시인은 '네가 무슨 일이 닥칠지 모르는 밤의 공포와 낮에 과녁을 찾아 날아드는 화살을 두려워하지 않을 것이라'고 말한다. 하나님의 날개아래

거하는 자는 모든 위험에서 보호를 받는다. 그러니까 주님의 날개 아래에서 사는 사람들은 밤과 낮에 어떤 위험이 닥쳐와도 두렵지 않은 것이다.

시 91:6. 어두울 때 퍼지는 전염병과 밝을 때 닥쳐오는 재앙을 두려워하지 아니하리로다.

본 절도 역시 앞 절과 마찬가지로 주님의 날개 아래에서 보호를 받는 자들은 밤에 찾아오는 전염병과 밝을 때 닥쳐오는 화살 같은 것을 두려워하지 않게 된다는 것이다.

시 91:7. 천 명이 네 왼쪽에서, 만 명이 네 오른쪽에서 엎드러지나 이 재앙이 네게 가까이 하지 못하리로다.

시인은 '수많은 사람들이 우리의 곁에서 엎드러져 죽으나 이 재앙(공포, 화살, 전염병, 각종 재앙)이 우리에게 미치지 못한다'고 말한다. 오늘날 우리가 이런 소리를 하면 이단자 취급을 받을 수도 있다. 오늘날은 목사들 자신들도 참으로 이상한 소리를 많이 하는 시대를 만났다. 심지어 기도는 응답되지 않는 것이라 하고 성경은 수많은 오류를 가진 것이라 하며 개혁주의를 더 이상 주장하지 말라고 말한다. 개혁주의는 개뼈다귀라고 공공연히 떠드는 사람들이 있다. 이런 때일수록 우리는 성경을 그대로 말해야 할 것이다.

시 91:8. 오직 너는 똑똑히 보리니 악인들의 보응을 네가 보리로다.

시인은 '너는 눈으로 똑똑히 볼 것이니 악인들이 보응 받는 것을 보게 될 것이라'고 말한다.

시 91:9-10. 네가 말하기를 여호와는 나의 피난처시라 하고 지존자를 너의 거처로 삼았으므로 화가 네게 미치지 못하며 재앙이 네 장막에 가까이 오지 못하리니.

시인은 '참으로 네 자신이 여호와를 피난처로 삼고, 지극히 높으신 분을 너 자신의 거처로 삼았으므로 불행이 너 자신을 덮치지 못하고, 재앙이 네 자신의 장막에 다가오지 못할 것이라'고 말한다. 지존자를 거처로 삼았다는 것은 참으로 형언할 길 없이 큰 복임을 알 수가 있다.

시 91:11. 그가 너를 위하여 그의 천사들을 명령하사 네 모든 길에서 너를 지키게 하심이라.

시인은 '주님께서 네 자신을 위하여 자기 천사들에게 명령하여 네 자신의 모든 길에서 네 자신을 지키실 것이라'고 말한다. 하나님께서 성도들을 사랑하셔서 그의 천사들을 명하사 지키신다는 뜻이다.

시 91:12. 그들이 그들의 손으로 너를 붙들어 발이 돌에 부딪히지 아니하게 하리로다.

시인은 '성도들을 지키도록 하나님의 명령을 받은 천사들(11절)이 그들의 손으로 너 자신을 붙들어 발이 돌에 부딪히지 아니하게 하실 것이라'고 말한다. 천사들은 우리의 발만 다치지 않게 하시는 것이 아니라 우리가 도덕적으로 타락하지 않게 하신다(잠 3:23-24).

시 91:13. 네가 사자와 독사를 밟으며 젊은 사자와 뱀을 발로 누르리로다.

시인은 '천사의 지키심을 받는 네 자신(11절)이 사자와 독사를 밟으며 젊은 사자와 뱀을 짓밟을 것이라'고 말한다. 이스라엘은 적들을 치고 승리하여 발로 원수들을 밟을 것이라는 뜻이다.

14-16절. 구원의 약속.

시 91:14. 하나님이 이르시되 그가 나를 사랑한즉 내가 그를 건지리라 그가 내 이름을 안즉 내가 그를 높이리라.

시인은 '하나님께서 말씀하시기를 성도가 나를 사랑하니, 내가 그를 건지겠고, 그가 내 이름을 아니, 내가 그를 높일 것이라'고 말한다. 본 절의 "그가 나(하나님)를 사랑한즉"이라는 말과 "그가 내 이름을 안즉"이란 말은 동의어이다. 그러니까 하나님을 안다는 것은 그냥 '지식적으로 안다'는 말이 아니라 '경험적으로 하나님을 알아서 하나님을 사랑하는 것'을 지칭한다. 우리가 하나님을 사랑하면 하나님의 지키심을 받고 또 하나님으로부터 높임을 받게 된다.

시 91:15. 그가 내게 간구하리니 내가 그에게 응답하리라 그들이 환난 당할 때에 내가 그와 함께 하여 그를 건지고 영화롭게 하리라.

시인은 '그가 내게 부르짖을 때에 내가 그에게 응답하겠고, 그의 환난 때에 내가 그와 함께하여 내가 그를 건지겠고, 그를 영광스럽게 할 것이라'고 말한다(46:1).

시 91:16. 내가 그를 장수하게 함으로 그를 만족하게 하며 나의 구원을 그에게 보이리라 하시도다.

시인은 '그가 내게 부르짖을 때에(앞 절) 내가 그를 장수하게 함으로 만족하게 하며, 그에게 내 구원을 보일 것이라'고 말한다. "장수"란 하나님께 순종한 자에게 주시는 복이다(21:4; 출 20:12; 신 5:16; 왕하 20:6; 잠 3:2). 그가 하나님에게 부르짖을 때(앞 절) 그에게 하나님의 구원을 체험하게 하시는 것이다(50:23).

제 92 편 하나님의 행사를 묵상하며 찬송하다

본편은 하나님의 행사를 묵상하면서 찬송하는 시로 전적으로 하나님을 신뢰하는 자가 드리는 찬미이다. 이는 예배 용 찬미로 안식일 예배나 성전 예배에 사용되었고, 또 장막절 둘째 날에도 사용되었다고 한다(2:5, Middoth). 저작의 시기를 살펴보면 1) 제사장 여호야다의 아들 스가랴가 성전에서 죽임을 당했을 때라는 견해(대하 24:20-24, Herkenne). 2) 포로기 이후라는 견해(Delitzsch, Koenig, McClullough). 이 두 견해 중에 2)번의 견해가 타당한 것으로 보인다. 본편의 내용은 1) 하나님의 행사를 찬미하다(1-9절). 2) 의인의 최후 승리를 진술하다(10-15절)는 내용이다. “안식일의 찬송 시”란 말은 안식일에 부를 예배 용 찬송 시로 제작되었다는 뜻이다.

1-9절. 하나님의 행사를 찬미하다.

시 92:1-3. <안식일의 찬송 시> 지존자여 십현금과 비파와 수금으로 여호와께 감사하며 주의 이름을 찬양하고 아침마다 주의 인자하심을 알리며 밤마다 주의 성실하심을 베풂이 좋으니이다.

이 부분(1-3절)의 원문의 순서는 다음과 같다. 번역 상 원문의 순서가 바뀌었다.

시 92:1. 여호와께 감사하며, 오 지존자여, 주의 이름을 찬양함이 좋으니이다.

시인은 ‘가장 높으신 주님이시여! 주님께 감사를 드리며, 주님의 이름을 노래하는 것이 좋고 마땅하다는 것이라’고 말한다. 여기 “주님의 이름”이란 ‘주님 자신’을 말하는 것이다. 그러니까 주님 자신을 찬양함이 좋고 마땅하다는 것이다.

시 92:2. 아침에 주님의 인자하심을 나타내며, 밤마다 주의 성실하심을 나타냄이 좋으니이다.

시인은 ‘아침마다 주님의 사랑을 나타내며, 밤마다 주님의 성실하심을 나타내는 일이 좋습니다’라고 말한다. 아침마다 주님의 인자하심을 찬미하고, 밤에는 주님의 성실하심을 노래하는 것이 좋다는 것이다. 다시 말해 조석 간에 주님의 인자하심과 성실하심을 찬미하라는 것이다.

시 92:3. 십현금과 비파와 수금의 정숙한 소리로 주께 찬양함이 좋으니이다.

“십현금”은 열 개의 줄로 구성된 악기이고, “비파”는 보다 큰 악기였으며, “수금”은 7개의 줄로 만들어진 악기였다(33:2 주해 참조). 이런 악기들을 동원하여 지존하신 여호와를 찬양하라는 것이다.

시 92:4. 여호와여 주께서 행하신 일로 나를 기쁘게 하셨으니 주의 손이 행하신 일로 말미암아 내가 높이 외치리이다.

본 절 초두에는 “왜냐하면”(כִּי)이라는 접속사가 나와 1-3절의 하나님을 찬양할 이유가 나오고 있다. 즉, 시인은 ‘주님이시여! 주님께서 행하신 일로 나를 기쁘게 하셨으니, 주님의 손으로 하신 일 때문에 내가 즐겁게 노래합니다’고 말한다. 본 절의 주께서 행하신 일이 무엇인지 견해가 갈린다. 1) 하나님의 창조사역이라는 견해(Delitzsch). 2) 시인이 가지게 된 개인적인 은혜의 체험이라는 견해(McClullough). 3) 이스라엘을 구원하신 하나님의 섭리라는 견해(Hengsternberg, Rawlinson, 박윤선, 이상근). 위의 여러 견해들 중에 3)번의 견해가 가장 타당한 것으로 보인다. 이스라엘을 구원하신 하나님의 행사가 시인을 기쁘게 해서 시인 자신도 하나님을 높이 찬양한다는 것이다.

시 92:5. 여호와여 주께서 행하신 일이 어찌 그리 크신지요 주의 생각이 매우 깊으시니이다.

시인은 ‘주님이시여! 주님께서 행하신 일들이 어찌 그리 크신지요 주님의 생각이 너무도 깊으십니다’(40:5; 욥 11:8; 롬 11:33-36)고 말한다.

시 92:6. 어리석은 자도 알지 못하며 무지한 자도 이를 깨닫지 못하나이다.

시인은 ‘지각없는 사람은 알 수가 없고, 무지한 사람도 이것(하나님의 크고 깊은 행사)을 깨닫지 못합니다’고 말한다.

시 92:7. 악인들은 풀 같이 자라고 악을 행하는 자들은 다 흥왕할지라도 영원히 멸망하리이다.

본 절 초두의 “악인들”이란 말은 앞 절에 진술한 “어리석은 자”와 “무지한 자”들을 뜻한다. 어리석은 자와 무지한 자들은 풀같이 자라고 악을 행하는 자들은 다 흥왕할지라도 결국은 영원히 망해 버릴 것이라는 뜻이다. 악인들의 성장은 들풀의 성장과 같아서 결국은 다 말라버리는 것이다.

시 92:8. 여호와여 주는 영원토록 지존하시니이다.

시인은 ‘주님이시여! 주님은 영원토록 지극히 높으신 분이시라’고 말한다. 하나님은 영원히 인간계에서 초월해 계시고, 지존하신 분이시다.

시 92:9. 여호와여 주의 원수들은 패망하리이다 정녕 주의 원수들은 패망하리니 죄악을 행하는 자들은 다 흩어지리이다.

시인은 ‘주님이시여, 보소서(הִנֵּה, 주의를 환기시키는 단어이다), 주님의 원수들을, 보소서, 주님의 원수들은 망할 것이며 악을 행하는 모든 사람들은 흩어질 것입니다’라고 말한다.
여기 “주님의 원수들”이란 말과 “악을 행하는 모든 사람들”이란 말은 동의어로 사용되어 그들은 모두 망할 것이며 흩어질 것이라는 뜻이다.

10-15절. 의인의 최후 승리를 진술한다.

시 92:10. 그러나 주께서 내 뿔을 들소의 뿔 같이 높이셨으며 내게 신선한 기름을 부으셨나이다.

주님의 원수들의 운명(9절)과는 달리 주님께서는 나에게 새로운 힘을 부어주셔서 들소의 뿔 같이 높여주셨으며 나에게 신선한 기름을 부어주셨다는 것이다. 즉, 시인은 ‘주님은 나를 들소처럼 강하게 만드시고 신선한 기름을 부어 새롭게 해 주셨다’고 말한다. “신선한 기름을 부으셨나이다”란 말은 ‘하나님께서 그 사랑하시는 자를 귀빈처럼 접대해 주셨다’는 뜻이다.

시 92:11. 내 원수들이 보응 받는 것을 내 눈으로 보며 일어나 나를 치는

행악자들이 보응 받는 것을 내 귀로 들었도다.

시인은 '시인 자신을 엿보던 자들이 멸망하는 것을 내가 눈으로 똑똑히 보았으며, 시인 자신을 거슬러서 일어서는 자들이 넘어지는 소리를 이 귀로 똑똑히 들었다'고 말한다. 교회의 원수들은 언젠가는 반드시 넘어진다는 것이다(54:7; 59:10; 91:13).

시 92:12. 의인은 종려나무 같이 번성하며 레바논의 백향목 같이 성장하리로다.

시인은 '의인들은 종려나무처럼 우거지고, 레바논의 백향목처럼 높이 치솟을 것이라'고 말한다. 악인의 일시적인 번영을 풀에 비했는데(7절), 시인은 본 절에서 의인의 참 번영을 종려나무와 백향목에 비해 묘사한다. "종려나무"는 곧게 그리고 높게 자라고 오래 살며 그 열매로 유명하다. 그리고 "레바논의 백향목"은 그 향기와 양질의 목재로 유명하여 '나무의 여왕'으로 유명하다. 그리고 번영의 상징으로 거론된다(왕하 14:9; 겔 31:3-9; 암 2:9; 슥 11:1, 이상근).

시 92:13. 이는 여호와의 집에 심겼음이여 우리 하나님의 뜰 안에서 번성하리로다.

시인은 '그것들은 여호와의 집에 심기어 우리 하나님의 뜰에서 번성한다'고 말한다. 의인들(성도들)이 "여호와의 집에 심겨졌다"함은 그리스도와 연합한 사실을 가리키는 비유이다(박윤선). 그런고로 그들이 홍왕함은 영원한 근거를 가진 불변의 것이다. 그것이 하나님의 궁정에서 홍왕하니 말이다.

시 92:14. 그는 늙어도 여전히 결실하며 진액이 풍족하고 빛이 청청하니.

시인은 '그는 늙어서도 여전히 열매를 맺으며 윤택하고 푸르다'고 말한다. 캘빈은 말하기를 '그리스도의 왕국에 들어온 자는 장정이라도 아직도 아이로 간주된다. 그 이유는 이제야 새 세계에 들어왔기 때문이다'라고 했다.

시 92:15. 여호와의 정직하심과 나의 바위 되심과 그에게는 불의가 없음이 선포되리로다.

시인은 '여호와께서 정직하신 사실과 여호와께서 내 자신의 반석 되신 것과 여호와에게는 불의가 없음이 선포 될 것이라'고 말한다. 의인이 늙도록 청청하게 왕성한 것은 여호와의 정직하심을 나타내는 것이다. 다시 말해 상선 벌악하시는 여호와는 정직하시고, 그에게는 거짓이나 불의가 없다는 것이다.

제 93 편 하나님께서 통치하시다

본편 이하 100편까지(혹은 94편을 제하고)를 신정 시(神政詩)라 부른다. 신정시란 하나님께서 이스라엘을 다스리신다는 것을 시로 표현한 것이다. 이 신정 시는 메시아 왕국의 그림자가 되기도 하며, 본편은 금요일에 불리어 6일간의 천지 창조를 끝내신 하나님의 통치를 노래한 것이다. 저작의 동기와 시기는 1) 인류의 대 종말을 예언했을 것이라는 견해(Polus). 2) 고대 이스라엘이 바벨론의 풍습을 수입하여 여호와의 즉위식을 해마다 거행하기 위해 본시를 저작했을 것이라는 견해(Mowinckel). 이는 억설이다. 고대 이스라엘에는 이런 풍습이 없었다. 3) 이스라엘이 바벨론 포로에서 돌아왔을 때 저작되었다는 견해(Delitzsch, Hengsternberg). 4) 마카비 시대에 저작되었을 것이라는 견해(Olshausen, Hitzig). 5) 본 시편은 모세가 저술했다고 주장하는 견해(박윤선, 90편 91편 92편 그리고 본 시편 모두 모세의 저술일 것이라고 한다). 6) 다윗이 법궤를 예루살렘으로 옮겼을 때 저작했을 것이라는 견해(고대 학자들, Hupfeld, Nowack, 이상근). 위의 여섯 견해 중에서 6)번의 견해가 옳은 듯하다. 70인역(LXX)의 표제에는 "땅에 사람이 살기 시작한 안식일 전날에 대한 다윗의 찬양"이라 기록되고 있다.

본 시편의 내용은 1) 하나님께서 세계를 유지하시는 권위와 능력(1, 2절), 2) 하나님의 통치를 거스르는 세상 국가들이 일으킨 동란들(3, 4절), 3) 결론-하나님의 특수은총, 곧 복의 정점을 말함(5절)으로 구성되어 있.

표제는 91편 표제 주해를 참조하라.

1-2절. 하나님께서 세계를 유지하시는 권위와 능력.

시 93:1. 여호와께서 다스리시니 스스로 권위를 입으셨도다 여호와께서 능력의 옷을 입으시며 띠를 띠셨으므로 세계도 견고히 서서 흔들리지 아니하는도다.

시인은 '주님께서 다스리시니 위엄으로 옷을 입으셨도다. 주님께서 능력의 옷을 입으셨고 띠를 띠셨으니, 참으로 세상이 견고하여 흔들리지 아니할 것이라'고 말한다. "여호와께서 다스리시니"(יְהוָה מָלָךְ)란 말은 '여호와께서 왕이 되시니'(LXX)란 뜻이다(10:16; 47:6; 96:10; 97:1). 여호와는 스스로 계시고(출 3:14), 홀로 천지를 창조하시며(창 1:1), 또 창조하신 그 세계에서 왕이시다. 여호와께서는 우리가 의복을 입듯 스스로 권위의 옷을 입으시고 능력의 옷을 입으셨다. 하나님의 절대적 왕권의 통치하에 세계가 견고하고 요동치 않고 있다.

시 93:2. 주의 보좌는 예로부터 견고히 섰으며 주는 영원부터 계셨나이다.

시인은 '주님의 보좌는 옛적부터 견고하게 서 있으며 주님은 영원 전부터 계십니다'고 말한다. 하나님은 천지 창조 이전부터 계셨고, 주님의 왕권은 천지를 창조하신 그 때부터 항상 가지고 계셨다는 것이다(90:2; 잠 8:23; 사 63:15).

3-4절. 하나님의 통치를 거스르는 세상 국가들이 일으킨 동란들.

시 93:3. 여호와여 큰 물이 소리를 높였고 큰 물이 그 소리를 높였으니 큰 물이 그 물결을 높이나이다.

본 절의 "큰 물"이란 말은 '적들' 혹은 '원수들'을 지칭하는 말이다. 즉, 시인은 '주님이시여! 우리의 원수들이 소리를 높였고, 원수들이 그들의 소리를 높였으니 원수들이 그들의 물결을 높였습니다'고 말한다. 다시 말해 애굽이나 앗수르나 바벨론 등 대국의 군대가 파도처럼 밀려온다는 표현이다(사 8:7-8; 28:2). 이렇게 외국 군대가 밀려 온다할지라도 우리가 우리 하나님을 의뢰할 때 우리에게는 한없는 든든함이 있는 것이다.

시 93:4. 높이 계신 여호와의 능력은 많은 물소리와 바다의 큰 파도보다 크니이다.

시인은 '높이 계신 여호와의 능력은 많은 물소리보다 크시며, 바다의 파도들보다 크시다'고 말한다. 여호와께서는 높은 보좌위에서 다스리시는 능력은 세상의 많은 원수들보다 크시며(92:8) 세계가 합한 원수들의 능력보다 크시다는 것이다. 그런고로 우리는 여호와만 보고 살면 흔들리지 않는다.

5절. 결론-하나님의 특수은총, 곧 복의 정점을 말하다.

시 93:5. 여호와여 주의 증거들이 매우 확실하고 거룩함이 주의 집에 합당하니 여호와는 영원무궁하시리이다(Your decrees are very trustworthy; holiness befits your house, O LORD, forevermore-ESV).

시인은 '주님이시여! 주님의 증거들은 매우 믿을만하며, 주님의 거룩함이 주님의 집에 길이길이 어울린다'고 말한다. 여기 "주의 증거들"이란 말은 '주님의 율법'을 지칭한다(19:8; 25:10; 111:7). 하나님의 증거들이 확실하다는 것은 하나님께서 약속을 신실하게 지키셔서 그 약속을 반드시 이루실 것이라는 뜻이다. "주님의 거룩함이 주의 집에 합당하니 여호와는 영원무궁하시리이다"라는 말은 '주님의 거룩하심'이 어떤 것으로부터도 오염되지 않은 상태를 가리키는 말로 여기서는 성전과 이스라엘이 대적의 침입으로부터 안전하게 보호받을 것을 뜻하는데, 하나님께서 직접 통치하시는 성전을 넘어 '신정왕국인 이스라엘이 하나님의 보호로 대적의 침입으로부터 안전하게 지켜 주십시오' 하는 의미의 간구일 것이다.

제 94 편 박해하는 자를 신원해 주시기를 기도하다

본 시편은 이스라엘의 원수에 대한 하나님의 복수를 부르짖기 때문에 하나님의 심판적 권위를 노래하는 것으로 보아 신정 시에 삽입되었다. 본편의 저작 시기는 1) 앗수르나 바벨론의 포로 시기라는 견해(Hengsternberg). 2) 바벨론 포로기 이후 귀환 기에 저작되었다는 견해(Delitzsch, Koester, 이상근). 3) 마카비 시대에 저작되었을 것이라는 견해(Rosenmueller, Hitzig). 세 견해 중 2)번의 견해가 가장 받을만한 견해인 것으로 보인다. 본 시편의 내용은 1) 하나님께 호소하다(1-11절). 2) 성도가 악도에게 박해를 받는 의의(12-13절). 3) 하나님께서 그 박해 받는 성도를 구출하실 때가 반드시 온다는 신념(14-23절)으로 나눌 수 있다. 표제: 91편 표제 주해 참조.

1-11절. 하나님께 호소하다. 시인이 이렇게 악인을 걸어 하나님 앞에 고소한 것은 그 악인이 극도로 악하여 하나님의 미움을 받는 자였기 때문이다.

시 94:1. 여호와여 복수하시는 하나님이여 복수하시는 하나님이여 빛을 비추어 주소서.

시인은 '주님이시여! 복수하시는 하나님이시여! 복수하시는 하나님이시여! 빛을 비추소서'라고 말한다. "복수하시는 하나님이시여"라는 말은 '공의대로 갚아주심을 기대한다'는 뜻이다. "빛을 비추소서"라는 말은 '공의로운 판단을 해 주시라'는 뜻이다(신 33:2).

시 94:2. 세계를 심판하시는 주여 일어나사 교만한 자들에게 마땅한 벌을 주소서.

시인은 '온 세상을 심판하시는 주님이시여! 일어나셔서 교만한 자들에게 합당한 형벌을 주소서'라고 애원한다. 창 18:25; 렘 51:56 참조. 하나님께서는 죄인들에게 합당한 형벌을 주신다. 특별히 교만한 자들에게는 합당한 형벌을 주신다.

시 94:3. 여호와여 악인이 언제까지 악인이 언제까지 개가를 부르리이까.

시인은 '주님이시여! 악인들이 언제까지, 악인들이 언제까지 승전가를 불러야 하겠습니까?'라고 말한다. 시인은 악인들이 언제까지 이렇게 승전가를 불러야 하는 것인가 하고 질문한 것이다. 같은 말을 반복하는 것은 악인들이 언제까지 승전가를 부르고 다녀야 하는 것인가 고 강조하는 것이다. 오늘도 악인들이 언제까지 큰 소리를 치고 다녀야 하는지 알 수 없는 시대를 만났다. 의인들의 이와 같은 호소는 성경 여러 곳에 등장하고 있다(6:3; 13:1-2; 35:7; 74:10; 79:5; 89:46; 90:13; 계 6:10).

시 94:4. 그들이 마구 지껄이며 오만하게 떠들며 죄악을 행하는 자들이 다 자만하나이다.

본 절은 악인들의 악행을 들먹이고 있다. 즉, 시인은 '그들이 거만한 말을 내뱉으며 악을 행하는 모든 사람들이 자랑하고 있다'고 말한다. 저희 악인들은 오만하게 떠들고 성도들을 능멸하고 다니며 또 하나님께 모독되는 말을 거침없이 지껄이며 오만한 말로 일관한다는 것이다.

시 94:5. 여호와여 그들이 주의 백성을 짓밟으며 주의 소유를 곤고하게 하며.

시인은 '주님이시여! 그 악인들이 주님의 백성을 짓밟고, 주님의 유업(신 14:2)을 파괴하고(사 3:15; 잠 22:22), 곤고하게 압박하며 다닌다'고 말한다.

시 94:6. 과부와 나그네를 죽이며 고아들을 살해하며.

시인은 '그 악인들이 과부와 나그네를 죽이고 고아들을 살해하고 다닌다'고 말한다. 세 종류의 사람들은 세상에서 가장 불쌍한 사람들로서 하나님께서도 그들에게 사랑을 베풀며 보호하라고 말씀하신다(10:8-10; 사 1:17-23; 겔 22:6-9). 그럼에도 이런 사람들을 무자비하게 죽인다는 것이다.

시 94:7. 말하기를 여호와가 보지 못하며 야곱의 하나님이 알아차리지 못하리라 하나이다.

시인은 '원수들이 말하기를 여호와께서 자신들의 악행을 보지 못하시며 이스라엘의 하나님께서 자신들의 악행을 알아차리지 못하실 것이라'고 말한다. 이들의 변명은 어디까지나 변명이지 여호와께서 모르시는 것은 아니다.

시 94:8. 백성 중의 어리석은 자들아 너희는 생각하라 무지한 자들아 너희가 언제나 지혜로울까.

여호와께서는 원수들의 악행을 잘 알아보시고 '백성 중의 지각없는 사람들아, 우둔한 사람들아, 너희가 언제쯤이나 지혜로워지겠느냐?'고 하신다. 하나님은 이들을 속속들이 아시고하시는 말씀이다.

시 94:9. 귀를 지으신 이가 듣지 아니하시랴 눈을 만드신 이가 보지 아니하시랴.

여호와께서는 원수들의 악행을 잘 알아보시고 '귀를 지으신 분이 듣지 아니하시겠느냐? 눈을 만드신 분이 보지 아니하시겠느냐?'고 하신다. 우리 사람도 귀를 가지고 듣고 살며 또 눈을 가지고 잘 보고 지내는데 직접 귀를 지으신 분, 눈을 만드신 분이 듣지 못하시고 보지 못하시겠느냐는 것이다. 하나님은 전지전능(全知全能)하시다.

시 94:10. 뭇 백성을 징벌하시는 이 곧 지식으로 사람을 교훈하시는 이가 징벌하지 아니하시랴.

여호와께서는 원수들의 악행을 잘 알아보시고 '무수한 사람을 징벌하시는 분, 곧 지식으로 사람을 교훈하시는 분이 징벌하지 아니하시랴'고 말한다. 원수들을 잘 아셔서 반드시 징벌하신다는 것이다.

시 94:11. 여호와께서는 사람의 생각이 허무함을 아시느니라.

여호와께서는 원수들의 악행을 잘 알아보시는데 '여호와께서는 사람의 생각들을 아시며, 그것들이 헛되다는 것을 아신다'는 것이다.

12-13절. 성도가 악도에게 박해를 받는 의의.

시 94:12. 여호와여 주로부터 징벌을 받으며 주의 법으로 교훈하심을 받는 자가 복이 있나니.

시인은 '주님이시여! 주님께로부터 징벌을 받으며, 주님의 법으로 교훈을 받는 자가 복이 있습니다'고 말한다. 본 절은 10-11절의 말씀을 받아 하나님의 징벌을 받는 자가 복이 있음을 표현한다. 징벌을 받는 자는 이스라엘 백성들이며 이들은 복된 자들이라고 말한다. 하나님의 이런 징계를 받는 자는 복이 있다고 성경 여러 곳에서 증언하고 있다(89:32-33; 신 8:5; 삼하 7:14-15; 욥 5:17; 33:15-30; 잠 3:12).

시 94:13. 이런 사람에게는 환난의 날을 피하게 하사 악인을 위하여 구덩이를 팔 때까지 평안을 주시리이다.

시인은 '그분이 이런 사람을 환난의 날에 환난에서 벗어나게 하셔서, 악인을 위해 구덩이를 팔 때까지 평안을 주실 것이라'고 말한다. 하나님의 징계를 받아들여 회개하는 자는 환난의 날에도 평안을 누리고 징계를 거부하고 죽은 악인을 묻기 위해 무덤을 팔 때에도 그는 평안할 것이다.

14-23절. 하나님께서 그 박해 받는 성도를 구출하실 때가 반드시 온다고 한다.

시 94:14. 여호와께서는 자기 백성을 버리지 아니하시며 자기의 소유를 외면하지 아니하시리로다.

시인은 '여호와께서는 자기 백성을 버리지 않으실 것이며, 자기 유업(이스라엘)을 포기하지 아니하실 것이라'(신 4:31; 삼상 12:22; 사 41:17)고 말한다. 반드시 돌보시는 한 때가 있다는 것이다.

시 94:15. 심판이 의로 돌아가리니 마음이 정직한 자가 다 따르리로다.

시인은 '얼마동안 세상에는 정의가 없는 듯이 혼돈천지를 이루어 악도가 성도를 누르고 살게 된다. 그러나 나중에는 의가 밝히 드러나는 하나님의 판단의 때가 온다. 그 때 모든 성도들은 한층 열심히 의를 따르게 된다'(박윤선)고 말한다.

시 94:16. 누가 나를 위하여 일어나서 행악자들을 치며 누가 나를 위하여 일어나서 악행하는 자들을 칠까.

시인은 '누가 나를 위해 악인들을 대항하여 일어서며 누가 나를 위해 악을 행하는 자들과 맞서 줄 것인가?'라고 말한다. 이 질문에 대한 회답은 다음 절들에서 주어진다. 즉, 성도들이 행악 자들로부터 박해를 받을 때 그의 원수들을 대신 쳐주실 분은 여호와밖에 없다고 말한다.

시 94:17. 여호와께서 내게 도움이 되지 아니하셨더면 내 영혼이 벌써 침묵 속에 잠겼으리로다.

시인은 '여호와께서 나를 돕지 않으셨더라면 내 영혼이 벌써 적막한 곳으로 가게 되었을 것이라'고 말한다. 여기 "침묵 속"이란 '죽은 자의 음부'를 가리킨다(115:17). 만약 여호와께서 나 자신을 돕지 않으셨더라면 나 자신은 악인의 핍박으로 인해 죽어 음부에 가 있게 되었을 것이라고 말한다.

시 94:18. 여호와여 나의 발이 미끄러진다고 말할 때에 주의 인자하심이 나를 붙드셨사오며.

시인은 '주님이시여! 내 자신이 시험을 받아 나의 발이 미끄러진다고 말할 때에 주님의 인자하심이 나 자신을 붙들어 주셨습니다'고 말한다. 주님께서 붙들어 주셨기에 아직 건재하다는 것이다.

시 94:19. 내 속에 근심이 많을 때에 주의 위안이 내 영혼을 즐겁게 하시나이다.

시인은 '내 속에 염려가 많을 때에 주님께서 내 염려를 해결해 주셔서 위로를 주심으로 내 영혼에 기쁨을 주셨습니다'라고 말한다.

시 94:20. 율례를 빙자하고 재난을 꾸미는 악한 재판장이 어찌 주와 어울리리이까.

본 절부터 끝절(23절)까지는 본 시편의 결론이다. 시인은 이 결론에서 악인의 멸망을 확신한다. 즉, 시인은 '불의한 통치자가 주님과 교제할 수 있겠습니까? 그는 규례를 빌미삼아 악을 꾀하는 사람입니다'라고 말한다. 모세의 율법은 공의로운 재판을 가르치고 있는데 본 절의 악한 재판장은 율법을 악용하여 악을 도모하는 사람이라는 것이다. 백성을 다스린다는 명목 하에서 의인을 해하는 악인들은 성품상 하나님과 소통이 되지 않는다는 것이다.

시 94:21. 그들이 모여 의인의 영혼을 치려하며 무죄한 자를 정죄하여 피를 흘리려 하나.

시인은 '악인들은 의인의 생명을 치려고 함께 모이며, 무죄한 자를 정죄하여 피를 흘리려 한다'고 말한다. 악인들의 특징은 의인의 생명을 치려고 함께 모이는 것이라고 한다. 그들은 함께 모여 무죄한 자를 정죄하는 일에 심혈을 기울이고(10:8; 왕하 21:16; 24:4; 잠 6:17; 사 1:21; 렘 7:6) 결국에는 의인을 죽이는 일에 열심을 낸다는 것이다.

시 94:22. 여호와는 나의 요새이시요 나의 하나님은 내가 피할 반석이시라 (But the LORD has become my stronghold, and my God the rock of my refuge-RSV, ESV).

본 절 초두에는 "그러나"(AV, RSV, ESV)라는 접속사를 넣어서 말을 이어가야 할 것이다. 즉, 시인은 '그러나 주님은 나의 요새이시고, 내 하나님은 나의 피할 반석이시라'고 말한다. 시인은 악인들과 대조하여 자신의 확고한 신앙을 고백한다. 그는 오직 여호와를 의지하겠다는 것이고 여호와께서 그의 산성이 되시고 피할 바위가 되신다는 신앙으로 의롭게 살겠다고 한다(18:2).

시 94:23. 그들의 죄악을 그들에게로 되돌리시며 그들의 악으로 말미암아 그들을 끊으시리니 여호와 우리 하나님이 그들을 끊으시리로다.

시인은 '주님께서 그들의 죄악을 그들에게 되돌리시며 그들의 죄악 때문에 그들을 멸절하실 것이니, 여호와 우리 하나님께서 그들을 멸절하실 것이라'고 말한다. 악인들이 남을 해치기 위해 만들어 놓은 함정에 자기 자신들이 빠질 것이며(7:15; 35:8; 52:6; 141:9-10), 악인들은 하나님으로부터 끊김을 당해서 영원한 멸망을 당할 것이란 뜻이다.

제 95 편 하나님께 찬송하며 경배를 드리자고 하다

본편부터 100편까지가 바로 하나님께서 우주를 다스리신다는 신정 시이다. 이 예배 시는 지금도 금요일 저녁 예배에 사용된다.

본편의 저자는 다윗이다(히 4:7). 히브리어 원전에는 무명시로 되어 있으나 70인역(LXX)에는 "다윗의 시"로 표기되어 있다. 캘빈도 역시 본 시편을 다윗의 저작이라고 했다.

본편의 내용은 1) 왕에게 경배하라(1-7절). 2) 그의 음성에 순종하라(8-11절)로 구성되어 있다. 표제: 91편 표제 주해 참조.

1-7절. 왕에게 경배하라(1-7절).

시 95:1. 오라 우리가 여호와께 노래하며 우리의 구원의 반석을 향하여 즐거이 외치자.

시인은 '오라(Oh come), 우리가 여호와께 기쁘게 노래하자. 우리 구원의 반석을 향하여 크게 외치자'고 말한다. "오라"는 말은 본 절을 강조하는 말이다. 그래서 본 시편을 "초청 시"라고 한다(Rawlinson). 우리는 다 같이 하나님께 나아가서 우리의 반석이신 여호와께(18:1-2; 33:3; 48:4) 즐거이 찬송하자는 것이다. 본 절의 "구원의 반석"이란 말은 신 32:15에서 인용한 말이다. 하나님을 "반석"이라 함은 폭풍우 속에서도 요동치 아니하여 거대하고 견고한 바위의 이미지에 비유해 하나님이 우리의 절대적인 의지자, 보호자가 되심을 상징적으로 묘사한 것이다. 특히 시인은 '구원의 반석'이란 표현을 통하여 하나님은 자신의 택한 백성을 어떠한 상황 속에서도 보호하심으로 구원의 효력이 변치 않게 해주시는 분임을 강조하고 있다(그랜드 종합주석). 그리고 "즐거이 부르자"는 말은 하나님께 큰 소리로 기쁨의 찬송을 드리자는 말이다.

시 95:2. 우리가 감사함으로 그 앞에 나아가며 시를 지어 즐거이 그를 노래하자.

시인은 '우리가 감사함으로 그분 앞에 나아가서 찬송으로 그분께 크게 외치자'고 말한다. 마음은 감사의 마음으로 무장해서 그 분 앞에 나아가 노래의 가사인 시를 지어 그를 노래하자는 것이다. 우리가 무슨 일을 하든지 감사의 마음이 아니면 안 된다. 그리고 하나님 앞에 기쁨으로 나아가야 하는 것이다. 그리고 노래의 가사인 시를 지어 즐겁게 그를 노래하자는 것이다. 노래를 부를 때에는 노래의 가사가 있어야 한다고 한다.

시 95:3. 여호와는 크신 하나님이시요 모든 신들보다 크신 왕이시기 때문이로다.

본 절 초두에는 이유 접속사(כִּי)가 있어 본 절이 앞 절의 이유를 제공하고 있다. 즉, 우리가 하나님을 노래로 영광을 돌려야 할 이유는 '여호와께서는 크신 하나님이시며(77:13; 150:2), 모든 신위에 크신 왕이시기 때문이라'고 말한다. 여호와는 크신 분이시고 또 모든 우상 위에 크신 왕이시라(82:1,

6; 신 10:17)는 것이다.

시 95:4. 땅의 깊은 곳이 그의 손 안에 있으며 산들의 높은 곳도 그의 것이로다.

시인은 '땅의 깊은 곳들이 주님의 손 안에 있고 산의 높은 곳들도 주님께서 마음대로 주장하시는 곳이라'고 말한다.

시 95:5. 바다도 그의 것이라 그가 만드셨고 육지도 그의 손이 지으셨도다.

시인은 '바다도 주님의 손이 지으셨으니 주님의 것이며(104:24-25; 창 1:9) 육지도 주님의 손이 지으셨다'(창 1:9-10)고 말한다. 주님의 손이 안 지으신 것이 없다.

시 95:6. 오라 우리가 굽혀 경배하며 우리를 지으신 여호와 앞에 무릎을 꿇자.

시인은 '오라, 우리가 하나님을 경배하자. 우리를 만드신 여호와 앞에 무릎을 꿇자'고 말한다. 우리는 창조주 하나님의 피조물이니 하나님께 경배하는 것이 마땅하다(100:3; 102:18; 149:2; 신 32:6; 사 29:23). 진화론은 창조론 속으로 발 들여 놓을 틈이 없다. 진화론이 사실이라면 진화된 중간의 화석이 있어야 하는데 한 가지도 없다.

시 95:7. 그는 우리의 하나님이시요 우리는 그가 기르시는 백성이며 그의 손이 돌보시는 양이기 때문이라 너희가 오늘 그의 음성을 듣거든.

본 절 초두에는 "왜나하면"(כִּי)이라는 이유 접속사가 있어, 본 절이 앞 절의 이유를 제공하고 있다. 즉, 시인은 '우리가 주님 앞에 무릎을 꿇어야 하는 이유는 여호와께서 우리의 하나님이시오, 우리는 여호와께서 기르시는 백성이며, 그가 손으로 돌보시는 양들이기 때문이라는 것이다. 오늘 우리가 그의 음성을 듣거든 8-11절처럼 마땅히 순종해야 한다는 것이라'고 말한다.

8-11절. 왕의 음성에 순종하라. 하나님에게 순종치 않은 행동들이 이 부분(8-11절)에 몇 가지 기록되어 있다. 마음을 강퍅하게 한 일(8절), 하나님을 시험한 일(9절), 마음이 미혹된 일(10절)이 있다.

시 95:8. 너희는 므리바에서와 같이 또 광야의 맛사에서 지냈던 날과 같이 너희 마음을 완악하게 하지 말지어다.

시인은 '너희는 므리바에서와 같이, 또 광야의 맛사의 날과 같이 너희 마음을 완고하게 하지 말라'고 말한다. "므리바"(출 17:2-7)란 말은 '다툼'이란 뜻으로 물이 없어 백성이 모세와 다툰 곳이고, "맛사"란 '시험'이란 뜻으로 백성이 하나님을 시험한 곳이다. 두 사건은 백성들과의 관계로 보아 내용이 같으므로 여기 동일시 되고 있으나 서로 38년의 간격이 있는 곳이다. 거리적으로 보아도 하나는 남쪽, 하나는 북쪽에 위치해 있는 것으로 대략 320Km나 떨어져 있는 곳들이다(출 17:1-7 주해 참조). 시인은 과거의 역사를 들추며 백성들에게 마음을 완고하게 하지 말아야 한다고 말한다. 하나님 앞에서 사는 사람들은 마음을 완고하게 만드는 것은 죽음을 의미하는 것으로 알아야 한다.

시 95:9. 그 때에 너희 조상들이 내가 행한 일을 보고서도 나를 시험하고 조사하였도다.

시인은 '그 때에 너희 조상들이 내가 행한 일을 보고서도 겸손하지 않고 하나님 자신을 떠보고 시험하였다'고 말한다. 이스라엘의 조상들은 두 곳에서 하나님의 능력을 의심했고 하나님을 시험했다(출 17:2, 7).

시 95:10. 내가 사십 년 동안 그 세대로 말미암아 근심하여 이르기를 그들은 마음이 미혹된 백성이라 내 길을 알지 못한다 하였도다(For forty years I loathed that generation and said, "They are a people who go astray in their heart, and they have not known my ways"-ESV).

본 절과 다음절(11절)은 출애굽 1세대에 관하여 하나님께서 하신 말씀이다. 하나님은 '사십 년간 그 세대를 내(하나님)가 싫어하여 말하기를 그들은 마음이 빗나간 백성이며 나의 길을 알지 못했다'고 하신다. 본 절의 "40년간"이란 말은 '이스라엘이 출애굽한 후 광야에서 지낸 전체의 기간'을 뜻한다. 그리고 "그 세대"란 이스라엘 백성들 가운데 출애굽해서 광야에서 지낸 제 1세대를 지칭한다. 다음으로 "근심하여"(קוט)란 말은 '다투다', '경멸하다'는 뜻으로, 하나님께서는 광야 40년간의 기간을 통하여 이스라엘의 불순종 때문에 근심하여 진노하셨다. 결국 출애굽 제 1세대 중에서는 갈렙과 여호수아만을 제외한 모든 사람들이 가나안 땅에 들어가지 못하고 죽고 말았다(민 14:20-38). 그리고 "그들이 마음이 미혹된 백성이라"는 말은 '그들은 길을 잃고 헤맸다'는 뜻이다. 이스라엘 백성들은 하나님께서 나아가야 할 길을 제시하셨음에도 백성들이 도리어 마음을 완고하게 하여 그릇된 길로 나아가서 하나님께서 제시하신 길을 알지 못한 것이다. 오늘 우리도 마음을 완고하게 하면 죄만 짓다가 그냥 비참하게 죽는 수밖에 없다.

시 95:11. 그러므로 내가 노하여 맹세하기를 그들은 내 안식에 들어오지 못하리라 하였도다(Therefore I swore in my wrath that they shall not enter my rest-ESV).

본 절의 "그러므로"는 앞 절의 '이스라엘의 불순종 때문에'라는 뜻이다. 이스라엘의 불순종 때문에 하나님께서는 제 1세대를 향하셔서 노하여 맹세하시기를 '그들(이스라엘 1세대)은 갈렙과 여호수아를 제외하고는 모두 내(하나님)가 제공하는 안식의 땅에 들어오지 못하리라 하였다'고 말씀하신다. 본 절의 말씀은 민 14:21-23; 신 1:34-35에 진술된 말씀이다. 그리고 신약에 와서는 히 3:11; 4:3, 5에 인용된 말씀이다. 본 절의 "내 안식"이란 '하나님께서 제공하시는 가나안 땅의 안식'을 뜻한다. 여기 가나안 땅의 안식은 천국의 영원한 안식의 그림자였다. 제 1세대의 이스라엘 백성들이 하나님에게만 순종했더라면 가나안 땅에 다 들어갈 수도 있었을 것이고 그리고 가나안 땅에 들어가서 참 안식을 누릴 수 있었을 것이다. 오늘 이 땅의 성도들도 하나님의 음성에만 순종하며 그리스도 안에서 산다면 참 안식을 누릴 수 있음을 알아야 한다. 세상이 불안하지만 그리스도 안에서 하나님께 순종하여 산다면 참 안식을 누리며 살 수 있을 것이다.

제 96 편 하나님의 미래 통치를 찬송하다

본편은 앞 편과 똑같이 똑같은 시기에, 똑같은 내용으로 저작된 것으로 보인다. 본편은 다윗이 아삽에게 지어준 시(대상 16:8-36)의 일부(대상 16:23-33)와 내용이 거의 같다. 그런고로 본편도 다윗이 법궤를 예루살렘으로 모셔올 때에 불렀던 노래로 보이는 것이다(LXX, Vulgate). 고대 역본들(LXX, Vulgate, Aethiopic and Arabic versions)도 본편이 다윗의 작품이라고 했다(박윤선). 본 시편은 메시아 시로 강력히 주장된다(Calvin, Hengsternberg, Delitzsch, 박윤선, 이상근).

이 시편도 역시 신정국가의 시편들(47편, 93편; 96-99편) 중 하나이다. 본편의 내용은 1) 예수 그리스도의 오심에 대하여 예언하다(1-6절). 2) 하나님께 영광을 돌리며 섬기라(7-10절). 3) 미래에 오실 심판자 예수(11-13절)로 나누어진다. 표제: 91편 표제 주해 참조.

1-6절. 예수 그리스도의 오심에 대하여 예언하다. 이 부분에 "노래하라", "송축하라", "전파하라", "선포하라"는 등의 말들은 예수 그리스도께서 오실 일에 대하여 가장 큰 기쁨으로 전파하라는 말씀이다.

시 96:1. 새 노래로 여호와께 노래하라 온 땅이여 여호와께 노래할지어다.

시인은 '온 땅 사람들이여! 새로운 믿음으로 여호와께 노래하라. 새로운 심령이 되어 여호와께 노래하라'고 권한다. 새로운 믿음이 되기 위해서는 모든 죄를 자복해야 할 것이다. 본 절의 "새 노래"란 말에 대해 33:3; 98:1;

146:9; 사 42:10 등을 참조하라. 시인은 온 이스라엘의 선민에게 여호와를 찬송할 것을 권하고, 나아가 온 땅이 모두 주님을 찬송하라고 권한다. 이렇게 새 노래로 여호와를 찬양하라고 함은 장차 오실 예수 그리스도의 오심을 두고 노래하라는 뜻이다.

시 96:2. 여호와께 노래하여 그의 이름을 송축하며 그의 구원을 날마다 전파할지어다.

시인은 '여호와께 노래하라. 그분의 이름을 송축하라. 그분의 구원을 날마다 전파하라'고 말한다. 하나님께 대하여는 그의 이름을 송축하며(100:4; 145:1, 10), 사람들에게는 하나님의 구원을 전파하라는 것이다. 하나님의 이름을 송축하는 것과 사람들에게 하나님의 구원을 전해주는 것은 성도의 2대 의무이다.

시 96:3. 그의 영광을 백성들 가운데에, 그의 기이한 행적을 만민 가운데에 선포할지어다.

시인은 '하나님의 영광을 찬양하되 그분의 영광스러움을 세계 열방의 백성들에게 말하며, 하나님의 놀라운 행적을 모든 백성들에게 선포하라'(2:8; 47:1, 8; 138:4)고 말한다.

시 96:4. 여호와는 위대하시니 지극히 찬양할 것이요 모든 신들보다 경외할 것임이여.

시인은 '참으로 여호와는 크심으로 극히 찬양받으실 분이시고 모든 신위에 두려운 분이시라'고 말한다. 여호와는 위대하시니 극진히 찬양해야 하고 또 모든 우상들보다 경외할 분이시란 뜻이다(95:3 참조).

시 96:5. 만국의 모든 신들은 우상들이지만 여호와께서는 하늘을 지으셨음이로다.

시인은 '모든 민족의 모든 신들은 헛된 우상들이어서 허무한 것뿐이지만 오직 여호와께서는 하늘과 만유를 지으신 참 신이시라'(창 1:1; 사 42:5; 44:24)고 말한다.

시 96:6. 존귀와 위엄이 그의 앞에 있으며 능력과 아름다움이 그의 성소에 있도다.

시인은 '주님 앞에는 존귀와 위엄이 있고, 주님의 성소에는 권능과 아름다움이 있다'고 말한다. 하나님 앞에는 하나님의 존귀와 위엄이 있고, 또 주님께서 임재해 계신 성소의 그룹 사이에는 하나님의 능력과 아름다움이 충만하다고 말한다.

7-10절. 현재의 열방의 통치자.

시 96:7. 만국의 족속들아 영광과 권능을 여호와께 돌릴지어다 여호와께 돌릴지어다.

시인은 '만국의 족속들아! 영광과 능력이 여호와께 있으니 그분에게 영광과 능력을 돌리라'고 말한다. 우리에게 영광이 있는 줄 착각하고 이단자들처럼 자신들이 큰 인물인줄 알면 훗날 비참하게 되는 것이고 자기가 엄청난 권능이 있는 줄 알면 큰 일이 발생하는 것이다. 우리는 우리 자신들이 아무 것도 아닌 줄 알고 영광과 권능을 여호와께 돌려야 할 것이다.

시 96:8. 여호와의 이름에 합당한 영광을 그에게 돌릴지어다 예물을 들고 그의 궁정에 들어갈지어다.

시인은 '여호와의 이름에 합당한 영광을 그분께 돌려라. 예물을 가지고 그분의 궁정에 들어가라'고 말한다. 합당한 영광을 돌리려면 예물이 있어야 한다. 그래서 시인은 예물을 들고 그의 성소의 뜰에 들어와 주 앞에 예물을 드리라는 것이다(말 1:11).

시 96:9. 아름답고 거룩한 것으로 여호와께 예배할지어다 온 땅이여 그 앞에서 떨지어다(Worship the LORD in the splendor of holiness; tremble before him, all the earth!-ESV).

시인은 '예배에 적합한 거룩한 예복을 입고 여호와를 경배하여라(29:2; 대상 16:29 참조). 온 땅이여, 그분 앞에서 떨라'고 말한다. 온 땅의 모든 백성은 여호와를 경외하여 그 앞에서 떨라고 권한다. 그것이 지혜의 근본이요(111:10; 잠 1:7), 성도의 전 생애에 걸쳐 취해야 할 자세인 것이다(19:9; 34:9; 40:3, Rawlinson).

시 96:10. 모든 나라 가운데서 이르기를 여호와께서 다스리시니 세계가 굳게 서고 흔들리지 않으리라 그가 만민을 공평하게 심판하시리라 할지로다.

시인은 '모든 나라에 이르기를 주님께서 세계를 다스리시니(93:1; 97:1; 99:1), 세계가 굳게 서서 흔들리지 않는다. 주님이 만민을 공정하게 판결하신다고 전파하여라'(13절 참조)고 말한다. 하나님께서 세계를 통치하시는 줄 믿지 못하는 자들은 모든 방면에 있어서 언제나 동요하고 일정하게 행동하지 못한다.

11-13절. 미래에 오실 심판자 예수.

시 96:11. 하늘은 기뻐하고 땅은 즐거워하며 바다와 거기에 충만한 것이 외치고.

시인은 '하늘은 기뻐하고, 땅은 즐거워하며 바다와 거기 가득한 것들은 크게 외쳐라'고 말한다. 다시 말해 하늘과 땅, 그리고 바다와 거기에 충만한 것들이 앞으로 메시아가 오실 터이니 기뻐하여 외치라는 것이다(사 44:23; 렘 51:48 참조).

시 96:12. 밭과 그 가운데에 있는 모든 것은 즐거워할지로다 그 때 숲의 모든 나무들이 여호와 앞에서 즐거이 노래하리니.

시인은 '들판과 거기에 있는 모든 것들은 즐거워하여라. 그리고 숲의 모든 나무들도 기쁘게 노래하라'고 말한다. 즉, 밭에 있는 모든 식물들이 즐거워하라는 것이고 숲속의 모든 나무들도 다 기쁘게 노래하는 것이다(사 44:23).

시 96:13. 그가 임하시되 땅을 심판하러 임하실 것임이라 그가 의로 세계를 심판하시며 그의 진실하심으로 백성을 심판하시리로다.

본 절 초두에는 이유를 말하는 접속사(כִּי)가 있어 하늘과 땅과 바다 그리고 밭과 수풀들이 기뻐할 이유를 말한다. 즉, 시인은 '그분이 메시아로 오셔서 땅을 심판하실 것이고, 그분이 의로 세상을, 신실함으로 백성들을 심판하실 것이기 때문이다'(사 65:18-25)라고 말한다. 하나님은 과거의 천지 창조(1-6절), 현재의 의로우신 통치(7-10절), 미래의 심판(10-13절) 등이 본편에 망라되고 있다. "그가 의로 세계를 심판하시며 그의 진실하심으로 백성을 심판하시리로다"란 말은 미래의 하나님의 심판은 공의와 진실의 심판인 것이다(10절; 9:8 주해 참조).

제 97 편 하나님의 위엄찬 통치

95편, 96편과 같은 신정 시인데 하나님의 통치와 심판이 보다 더 장엄하게 묘사되어 있다. 70인역(LXX)은 이 시편에 대하여 표기하기를 "다윗의 시이니 그 땅이 회복된 때"라고 했다. 이 시편도 하나님의 통치 곧 천국 운동의 장래를 가리키므로 메시아 예언 시이다.

본편의 내용은 1) 하나님의 위엄찬 통치(1-7절). 2) 우상을 버리고 의를 행하라(8-12절)로 나누어진다. 표제: 91편 표제 주해 참조.

1-7절. 하나님의 위엄찬 통치. 신약시대에 하나님께서 보내신 독생자로 말미암아 하나님의 위엄찬 통치가 성립되었다. 그 일은 하나님께서 즐거워 할 일이시다(1a). 하나님의 의가 나타나는 위엄 앞에서 원수들은 망한다는

것이다(2-7절).

시 97:1. 여호와께서 다스리시나니 땅은 즐거워하며 허다한 섬은 기뻐할지어다.

시인은 '여호와께서 다스리시니, 땅은 즐거워하고 많은 섬들은 기뻐하라'고 말한다. 여호와께서 왕의 입장에서 세계를 통치하시며(93:1; 96:10) 새롭게 통치하시나니 온 세계와 이방인의 섬들까지 즐거워하며 무수한 섬들은 기뻐하라는 것이다. 지금 세계는 혼탁하기가 형언할 수가 없지만 그의 말씀에 순종하는 자에게는 질서가 정연하고 평강이 풍성한 세상이다.

시 97:2. 구름과 흑암이 그를 둘렀고 공의와 정의가 그의 보좌의 기초로다.

시인은 '구름과 흑암이 그분을 두르고 있으며, 의와 공평이 그분 보좌의 기초라'고 말한다. 여기 "구름과 흑암이 그를 둘렀고"란 말은 하나님께서 시내산 위에 강림하셨을 때의 광경을 연상시켜주는 구절이다(출 19:16; 신 4:11). 여기서 '구름'과 '흑암'이란 말은 아무도 범접하지 못할 하나님의 위엄과 거룩하심에 대한 경외와 신비를 묘사하기 위해 도입한 가견적 현상물이다. 그리고 "공의와 정의가 그의 보좌의 기초로다"라는 말은 하나님께서 온 세상을 통치하시는 기본 원리가 곧 공의로우심과 공평하심이라는 말이다(89:14; 96:10). 이는 불의한 세상 군주가 강포와 압제로써 백성을 다스리는 것과는 대조적이다(그래드 종합 주석).

시 97:3. 불이 그의 앞에서 나와 사방의 대적들을 불사르시는도다.

시인은 '불이 그 앞에서 나와서 에워싼 사방의 대적들을 불사른다'고 말한다. 하나님은 소멸하는 불이시요(히 12:29), 불은 그의 불가항력적인 능력과 위엄을 가리킨다. 하나님은 그의 능력과 위엄의 불로서 그를 대적하는 사방의 모든 악인들을 사르신다(50:3; 사 42:25). 하나님은 불가항력적인 능력과 위엄을 가지고 계신다. 우리가 하나님을 믿을 때 누구를 두려워 하라.

시 97:4. 그의 번개가 세계를 비추니 땅이 보고 떨었도다.

시인은 '하나님께서 사용하시는 그의 번개가 세상을 비추니, 땅이 보고 떤다'고 말한다. "번개"는 하나님의 나타나심에 흔히 동반하여(18:13; 77:18; 출 19:16), 그의 절대적이며 불가항력적인 능력을 드러낸다. 땅에 있는 살아 있는 피조물들은 번개를 보면 두려워하고 비교적 과학적인 현대인도 역시 번개를 보고 두려워한다(68:8).

시 97:5. 산들이 여호와의 앞 곧 온 땅의 주 앞에서 밀랍 같이 녹았도다.

시인은 '산들이 여호와 앞에서, 온 땅의 주님 앞에서 밀랍처럼 녹는다'고 말한다. 다시 말해 산들이 온 땅의 주님의 임재 앞에서 밀랍같이 녹고(97:5; 미 1:4), 온 땅도 녹으며(미 4:13; 슥 4:14; 6:5), 지구의 종말 때에는 모든 체질이 뜨거운 불에 풀어진다고 말한다(벧후 3:10).

시 97:6. 하늘이 그의 의를 선포하니 모든 백성이 그의 영광을 보았도다.

시인은 '하늘이 주님의 의를 선포하니, 모든 백성들이 그분의 영광을 목격했다'고 말한다. 하나님께서 심판하실 때 하늘은 그의 영광을 선포하고(50:6), 땅 위의 모든 백성은 주님의 영광을 볼 것이다.

시 97:7. 조각한 신상을 섬기며 허무한 것으로 자랑하는 자는 다 수치를 당할 것이라 너희 신들아 여호와께 경배할지어다(All worshipers of images are put to shame, who make their boast in worthless idols; worship him, all you gods!-ESV)**.**

시인은 '조각한 우상을 숭배하며 허무한 우상들을 자랑하는 사람들은 다 수치를 당할 것이다. 너희 모든 우상을 섬기는 사람들아, 주님을 경배하라'고 말한다. 다시 말해 우상을 경배하는 사람들과 우상을 자랑하는 자들은 모두 수치를 당할 것이라는 말이다. 본 절의 "너희 신들"이란 말은 우상들을 지칭하는 말이 아니라 '우상을 섬기는 사람들'을 지칭하는 말이다. 시인은 모든 우상을 섬기는 사람들에게 여호와를 경배하라고 권한다. 골 3:5에 보면 "탐심도 우상 숭배"라 했으니 '돈을 섬기는 모든 사람들도 우상숭배자들'이란 뜻이다. 부동산과 돈도 우상숭배이니 수치를 당한다는 것이다. 돈을 숭배하며 사는 사람들치고 수치를 당하지 않는 사람은 없다. 우리는 하나님께서 주시는 일용할 양식을 받아먹으면서 감사함으로 살아야 할 것이다(마 6:11).

8-12절. 우상을 버리고 의를 행하라. 하나님의 아들 예수 그리스도께서 이 세상에 오심으로 말미암아 사람들이 전에 몰랐던 여호와께서 참 신이심을 드러났고 따라서 모든 우상 숭배가 타격을 받는다(8, 9절). 그렇다면 하나님께서 이 세상에 오심으로 말미암아 하나님의 백성들이 할 일이 무엇인가?(10, 11절). 그들이 할 일은 악을 미워할 일이다. 이 시인은 또 다시 의인들에게 여호와로 인하여 즐거워하라고 권한다(12절).

시 97:8. 여호와여 시온이 주의 심판을 듣고 기뻐하며 유다의 딸들이 즐거워 하였나이다.

시인은 '여호와시여! 시온 거민들이 주님께서 심판하셨다는 말씀을 듣고 즐거워하며(48:11), 유다의 딸들이 기뻐하는 것은 주님의 판결 때문입니다'라고 말한다. 본 절의 "시온"이란 말과 "유다의 딸들"이란 말은 동의어로 사용되었고 모두 '예루살렘의 거민들'을 지칭한다.

시 97:9. 여호와여 주는 온 땅 위에 지존하시고 모든 신들보다 위에 계시니이다.

시인은 '여호와시여! 주님께서는 온 땅 위에 지극히 높으시고, 모든 신들(우상들) 위에 매우 높으십니다'라고 말한다. "주는 온 땅 위에 지존하시고"란 말과 "모든 신들보다 위에 계시니이다"란 말은 동의절로 '여호와께서 지극히 높으시다'는 뜻이다.

시 97:10. 여호와를 사랑하는 너희여 악을 미워하라 그가 그의 성도의 영혼을 보전하사 악인의 손에서 건지시느니라.

시인은 '여호와를 사랑하는 사람들아! 너희는 악을 미워하여라. 그분은 자기의 거룩한 사람들의 생명을 보존하시며, 그들을 악인들의 손에서 건져 주신다'고 말한다. 여기 "악을 미워하라"는 말은 문맥으로 보아 '우상숭배를 하지 말라'는 말인데 '모든 악을 미워해야 할 것이란 말로 받아야 할 것이다. 성도가 악을 미워하면 하나님께서도 성도들의 영혼을 보존해 주신다는 것이며, 악인들의 손에서부터 건져주신다는 것이다. 성도가 모든 악을 미워하는 것은 어려운 일은 아니다. 성령 충만을 구하여 성령의 지배를 받으며 살면 악을 멀리 할 수 있는 것이다(엡 5:18).

시 97:11. 의인을 위하여 빛을 뿌리고 마음이 정직한 자를 위하여 기쁨을 뿌리시는도다.

본 절은 앞 절 하반절을 이어 하나님께서 악을 미워하는 사람들에게 은혜 주시는 것을 나열한 것이다. 즉, 시인은 '하나님께서는 의인을 위하여 빛을 비추어 주시며, 마음이 바른 사람을 위하여 기쁨을 뿌려 주신다'고 말한다. 하나님께서는 악을 미워하는 사람들에게 영적으로 계시를 깨닫게 해주시며 영적으로 한량없는 기쁨을 주신다.

시 97:12. 의인이여 너희는 여호와로 말미암아 기뻐하며 그의 거룩한 이름에 감사할지어다.

시인은 '의인들아! 여호와 안에서 기뻐하라. 그분의 거룩한 이름에 감사하라'고 권한다. 즉, 악을 미워하는 의인들은 여호와를 믿어 기뻐하라는 것이며 하나님의 거룩한 이름을 기억하면서 감사 또 감사를 해야 할 것이다(32:11; 33:1-3).

제 98 편 이스라엘의 구원을 인하여 세계적 구원을 내다보다

본편의 사상은 이사야 40-66장에 있는 사상과 유사한 점이 많고, 역시 여호와의 장래 임재에 대하여 말한다. 그러므로 이 시편은 메시아 예언 시임이 명백하다(박윤선). 본편은 메시아 예언 시에 속한다. 70인역은 본 시편도 "다윗의 시"로 표기하고 있다. 본편의 내용은 1) 구원의 주님께 찬미하라(1-3절). 2) 노래와 악기로 찬양하라(4-6절). 3) 만물도 찬양하라(7-9절)로 분류할 수 있다. "시"란 말이 신정시들 중에 유일하게 붙어 있다.

1-3절. 구원의 주님께 찬미하라. 이 시인은 이 부분(1-3절)에서도 장차 여호와(하나님의 아들)께서 이 땅에 오실 것을 예언한다(1-3절). 신약 시대에 나타날 하나님의 의가 구약 시대에는 이스라엘 백성에게 국한하여 예표적으로 움직이고 있었다. 이 부분은 찬양의 근거를 제공하고 있다.

시 98:1. <시> 새 노래로 여호와께 찬송하라 그는 기이한 일을 행하사 그의 오른손과 거룩한 팔로 자기를 위하여 구원을 베푸셨음이로다.

시인은 '모든 악들을 자복하고 새 심령을 가지고 새 노래로 여호와께 노래하라. 노래 해야 할 이유는 그분이 놀라운 일들을 행하셨으니, 그분은 자신을 위하여 그분의 오른손(강한 손)과 거룩한 팔(하나님의 팔은 거룩한 팔이시다)로 구원을 베푸셨으니 말이다'라고 말한다. 여기 "자기를 위하여"란 말은 '자신의 영광을 위하여'란 뜻이다.

시 98:2. 여호와께서 그의 구원을 알게 하시며 그의 공의를 뭇 나라의 목전에서 명백히 나타내셨도다.

시인은 '여호와께서 압제자의 손에서 이스라엘에게는 구원을 알게 하셔서 자기의 구원을 알리시며, 세계 민족들에게는 자기가 의로우심을 드러내셨다'고 말한다. 본 절의 "그의 공의를 뭇 나라의 목전에서 명백히 나타내셨도다"란 말은 '하나님께서 그가 의로우신다는 것을 독생자를 보내어 자기 백성들을 구원하심으로 명백히 나타내셨다'는 것이다.

시 98:3. 그가 이스라엘의 집에 베푸신 인자와 성실을 기억하셨으므로 땅 끝까지 이르는 모든 것이 우리 하나님의 구원을 보았도다.

시인은 '여호와께서 이스라엘 집에 베푸신 인애와 신실하심을 기억하셨으므로 땅 끝에 있는 모든 사람까지도 우리 하나님의 구원하심을 볼 수 있었다'고 말한다. 다시 말해 여호와께서는 이스라엘에 집에 베푸신 "인애와 성실"로 대하신다(89:1 주해 참조). 주님은 이 원칙을 가지고 이스라엘을 위기에서 구원하시려고 그리스도를 보내셔서 세상은 땅 끝까지의 모든 백성이 그 구원을 보도록 한 것이다.

4-6절. 노래와 악기로 찬양하라. 이 부분은 찬양의 방법을 제시한다 (Rawlinson).

시 98:4. 온 땅이여 여호와께 즐거이 소리칠지어다 소리 내어 즐겁게 노래하며 찬송할지어다.

시인은 '온 땅 사람들이여! 여호와께 즐거이 찬양하여라. 함성을 터뜨리며, 즐거운 노래로 찬양하라'고 권한다. 먼저 여호와를 향하여 노래하라는 것이며, 소리 내어 즐겁게 찬미하라는 것이다(5-6절).

시 98:5. 수금으로 여호와를 노래하라 수금과 음성으로 노래할지어다.

다음으로 악기의 반주에 따라 여호와께 찬미하라는 것이다. 5절에서 언급하는 대표적인 악기는 수금이다(92:1 주해 참조). 이와 같이 수금으로 찬미하는 것은 성경에 언급되어 있는 찬미였다(출 15:20; 삼하 6:15; 대상 15:16, 28; 스 3:10; 느 12:27).

시 98:6. 나팔과 호각 소리로 왕이신 여호와 앞에 즐겁게 소리칠지어다.

시인은 '나팔들과 호각 소리로 왕이신 여호와 앞에서 크게 외치라'고 말한다. "나팔"은 양이나 소의 뿔로 만든 나팔로 곧은 뿔로 된 것이고, "호각"은 양이나 소의 뿔로 만든 나팔로 굽은 것으로 만든 것이었다. 이런 악기들을 사용하여 여호와 앞에서 즐거이 찬미하라는 것이다.

7-9절. 만물도 찬양하라. 자연도 함께 찬양하는 것이 마땅하다는 것이다.

시 98:7. 바다와 거기 충만한 것과 세계와 그 중에 거주하는 자는 다 외칠지어다.

96:11에도 꼭 같은 내용의 구절이 보인다. 그 주해를 참조하라. "바다와 거기 충만한 것"이란 '바다와 거기에서 사는 모든 어류들'을 지칭한다. 그리고 "세계와 그 중에 거주하는 자"란 말은 '육지와 거기 거하는 모든 동물들'을 지칭한다. 그러니까 바다 속에 있는 어류들이나 육지에서 살고 있는 모든 동물들도 다 주님을 찬양하라는 것이다.

시 98:8. 여호와 앞에서 큰 물은 박수할지어다 산악이 함께 즐겁게 노래할지어다.

시인은 '바다가 파도를 치며 찬미하고(사 55:12), 산들이 함께 기쁨으로 노래할 것이라'고 권한다. 시인은 기쁨을 표현하는데 모든 자연까지도 그냥 있어서는 안 된다는 것을 말한다.

시 98:9. 그가 땅을 심판하러 임하실 것임이로다 그가 의로 세계를 판단하시며 공평으로 그의 백성을 심판하시리로다.

본편 초두에는 이유를 말하는 접속사(כִּי)가 있어 본 절이 하나님이 지으신 모든 피조물들이 하나님을 찬양해야 할 이유를 제공하고 있다. 즉, 시인은 '여호와께서 땅을 심판하러 오실 것이로다. 그분이 의로 세상을 판단하시며, 공정함으로 백성들을 심판하실 것이기 때문이다'라고 말한다. 본편의 결론도 96편의 결론과 흡사하다(96편 주해를 참조하라). 장차 이 땅에 오실 메시아가 의와 공평으로 세상을 심판하러 오실 것이기 때문에 찬양해야 한다는 것이다.

제 99 편 우주를 통치하시는 여호와를 찬송하다

본편은 하나님께서 다스리신다는 것을 노래하는 신정시의 결론이다(제 100편이 아직 남아 있기는 하다). 본편은 여호와의 거룩하심을 노래한다. 본편은 "천사의 찬양(사 6:3)에 대한 땅의 응답"(Delitzsch)이라고도 불린다. "여호와는 거룩하시도다"가 세 번 반복되어(3, 5, 9절) 후렴 역할을 하고 있다. 따라서 내용은 삼분되어 1) 만민의 통치자(1-3절). 2) 심판 주(4-5절). 3) 용서의 주(6-9절)로 3분 되어 있다. 표제를 위해서 91편 표제를 주해 참조하라.

1-3절. 여호와는 만민의 통치자. 여호와께서 통치하신다는 사상이 이 시편에 이르러서는 가장 밝히 나타난다(B. Gemser).

시 99:1. 여호와께서 다스리시니 만민이 떨 것이요 여호와께서 그룹 사이에 좌정하시니 땅이 흔들릴 것이로다.

"여호와께서 다스리신다"는 사상은 본 시편의 주제라는 지적이 있다(Gemser). 93:1; 96:1; 97:1 주해 참조. 여호와의 통치에 땅의 만민은 떨고 요동할 것이다. 여호와께서는 성전 지성소의 언약궤를 덮고 있는 그룹들 사이에 좌정하고 계신다(80:1 주해 참조).

시 99:2. 시온에 계시는 여호와는 위대하시고 모든 민족보다 높으시도다.

시인은 '시온에 계시는 여호와는 그의 선민들 가운데서 위대하시고, 다음으로 세계의 모든 민족들 위에 높으시다'고 말한다. 그런고로 여호와는 이스라엘과 이방 세계에서 가장 높으신 분이시라는 것이다.

시 99:3. 주의 크고 두려운 이름을 찬송할지니 그는 거룩하심이로다.

시인은 '주님의 크시고 두려우신 이름을 찬양하라. 그분은 거룩하시다'라고 말한다. 주님은 크시고 두려우신 분이시다(68:35; 출 15:11; 신 7:21; 10:17; 느 1:5; 4:14). "여호와는 거룩하신 분"이시다. 이 말은 본 절에 세 번(3, 5, 9절) 나타나 후렴 역할을 한다. "거룩"이란 하나님의 첫째가 되는 속성이자 그가 그를 믿는 백성에게 요구하시는 최고의 순결이다(레 19:2).

4-5절. 여호와는 심판 주.

시 99:4. 능력 있는 왕은 정의를 사랑하느니라 주께서 공의를 견고하게 세우시고 주께서 야곱에게 정의와 공의를 행하시나이다(Mighty King, lover of justice, you have established equity; you have executed justice and righteousness in Jacob-ESV).

시인은 '왕(여호와를 뜻함, 98:4)은 강하시며 공의를 사랑하시니, 주님께서 의로우심을 견고히 하시고, 야곱 중에서 공평과 정의를 행하셨다'고 말한다. 여호와는 강력한 왕으로 나타나실 것이고, 강하신 왕의 능력은 의를 따라 행사하신다. 이유는 그는 의를 사랑하시기 때문이다. "주께서 공의를 견고하게 세우시고 주님께서 야곱에게 정의와 공의를 행하시나이다"라는 하반절에는 제 2인칭 대명사(אַתָּה)가 두 번 나타나 그 뜻은 "당신께서는 정의를 견고히 세우시고, 당신께서는 야곱 중에서 정의와 공의를 사랑하시나이다"라고 번역된다. 즉 '당신, 참 당신이야말로 야곱 중에서 정의와 공의를 사랑하시나이다'라는 뜻이 된다. 하나님께서 세상의 재판장으로서 세상 모든 사람의 행위에 대하여 의롭게 심판하시고, 또 통치하심에 있어서도 공의로 통치하신다는 것이다. 우리는 의로우시고 공의로우신 하나님을 모시고 살기 때문에 의롭게 처신해야 한다.

시 99:5. 너희는 여호와 우리 하나님을 높여 그의 발등상 앞에서 경배할지어다 그는 거룩하시도다.

시인은 '너희는 여호와 우리 하나님을 높이고 그분의 발 받등상 앞에서 경배하라. 그분은 거룩하시다'고 말한다. 여기 "발등상"은 왕이나 고관들이 의자에 앉아 있을 때 발을 올려놓는 발판(footstool)을 가리킨다. 따라서 본 절의 "그의 발등상 앞에서 경배할지어다"라는 말은 거룩하신 하나님께 완전히 무릎 꿇어 순복하는 자세로 경배하라는 말이다. "그는 거룩하시도다"란 말의 뜻에 대해서는 3절 주해를 참조하라.

6-9절. 여호와는 용서의 주.

시 99:6. 그의 제사장들 중에는 모세와 아론이 있고 그의 이름을 부르는 자들 중에는 사무엘이 있도다 그들이 여호와께 간구하매 응답하셨도다.

시인은 '여호와의 제사장들 중에는 모세와 아론이 있었고, 그분의 이름을 불렀던 사람들 중에는 사무엘이 있었다. 그들이 여호와께 부르짖을 때마다 그분께서 그들에게 응답해 주셨다'고 말한다. 시인은 이스라엘 역사를 돌아보며 기도한 분들을 세 분 빼내서 백성들에게 응답받는 기도를 드릴 것을 권고하고 있다. 제사장 무리들 중에는 모세와 아론이 있었고 여호와의 이름을 불렀던 사람들 중에는 사무엘이 있었다고 말한다. 그들이 이스라엘을 위해 기도할 때마다 하나님께서 응답하셨다는 것이다.

모세는 제사장으로 임명된 사람은 아니었으나 실제로 제사직을 수행했다. 그는 시내산에서 단에 피를 뿌렸고(출 24:6-8), 또 성막을 세웠으며(출 40:18-33), 아론과 그 아들들에게 제사장 직분을 주었다(레 14:13-19). 그리고 "사무엘"도 제사장으로 임명된 것은 아니었으나 이스라엘 백성을 위해 강력한 중보적 기도를 드린 일이 있었다(삼상 7:8-9; 9:12; 12:19-22). 우리도 교회를 위하여 그리고 나라를 위하여 기도를 드리는 사람들이 되어야 하겠다.

시 99:7. 여호와께서 구름 기둥 가운데서 그들에게 말씀하시니 그들은 그가 그들에게 주신 증거와 율례를 지켰도다.

시인은 '주님께서 그들에게 구름기둥 가운데(출 33:9; 민 12:5) 강림하사 모세와 아론에게 말씀하셨고, 이스라엘 백성들은 그 분에게서 받은 주님의 증거와 그분이 주신 규례를 모두 지켰다'고 말한다. 모세와 아론, 그리고 사무엘이 하나님께서 모세를 통해 이스라엘 백성들에게 주신 언약 백성들의 기본 생활 규범인 율법을 솔선수범하여 지켰다. 앞 절에서는 기도에 대해 말하고 본 절에서는 말씀에 대해 말씀하는 이유는 아마도 기도에 응답을 받으려면 백성들이 하나님의 말씀을 받아 지켜야 함을 말하기 위함이었을 것이다.

시 99:8. 여호와 우리 하나님이여 주께서는 그들에게 응답하셨고 그들의 행한 대로 갚기는 하셨으나 그들을 용서하신 하나님이시니이다(O LORD our God, you answered them; you were a forgiving God to them, but an avenger of their wrongdoings-ESV).

시인은 '여호와 우리 하나님이시여! 주님은 그들에게 응답하셨습니다. 주님께서는 그들의 악행을 갚으셨으나 그들을 용서하셨다'고 말한다. 여기 "그들에게"(!h,=l)를 '그들을 위하여'라는 말로 번역할 수가 있다. 그러니까 하나님은 '그들을 위하여' 응답하셨고, '그들을 위하여', 즉 '이스라엘 백성을 위하여' 그들을 용서하셨다는 것이다.

시 99:9. 너희는 여호와 우리 하나님을 높이고 그 성산에서 예배할지어다 여호와 우리 하나님은 거룩하심이로다.

시인은 '너희는 여호와 우리 하나님을 높이고, 그분의 거룩한 산에서 경배하여라. 여호와 우리 하나님은 거룩하시기 때문이다'라고 말한다. 여기 "성산"이란 하나님의 성소가 있던 '시온 산'을 이름이다. 따라서 본 절은 너희 모두는 그 시온산의 성소에 나아와 하나님을 경배하라는 말이다. "여호와 우리 하나님은 거룩하심이로다"란 말의 주해를 위해 3절 주해를 참조하라.

제 100 편 기쁨과 감사로 하나님을 섬겨라

본편은 95-99편과 같은 맥락으로 결론적 송영이다. 본편은 "여호와께서 통치하시니"란 사상으로 나타난 시편들(95-100편)의 마지막 찬송이다. 똑같은 한 저자의 저작으로 보인다.

본편의 내용은 표제 그대로 "감사의 시"로 품위 높고 아름다운 어조로 온 세계가 감사함으로 여호와 앞에 나아올 것을 권하고 있다. 1) 그가 우리의 하나님이시므로 우리는 기뻐하고 감사한다(1-3절). 2) 하나님의 인자하심이 영원하고 그 성실하심이 대대에 미치는 고로 감사한다(4-5절)는 내용이다. "감사의 시"는 '감사의 시'로 성전 예배용으로 사용된 것이다.

1-3절. 여호와가 우리의 하나님이므로 기뻐하고 감사하자.

시 100:1. <감사의 시> 온 땅이여 여호와께 즐거운 찬송을 부를지어다.

시인은 '온 땅의 주민들이여! 여호와께 즐겁게 찬송을 부릅시다'라고 권한다. 이스라엘뿐 아니라 온 세상의 주민들에게 찬미할 것을 권한다. 본문은 95:1-2과 내용이 아주 흡사하다.

시 100:2. 기쁨으로 여호와를 섬기며 노래하면서 그의 앞에 나아갈지어다.

시인은 '온 땅 사람들은 기쁨으로 여호와를 예배하며, 기쁘게 노래하며 그분 앞에 나아가자'고 권한다. 여기 "섬기며"라는 말은 '예배한다'는 뜻도 있고 봉사한다는 뜻도 있다. 문맥에 따라서 본 절에서는 예배한다는 뜻으로 보아야 할 것이다. 온 땅 사람들은 여호와께 예배하고 노래하면서 그의 앞에 나아가자는 것이다.

시 100:3. 여호와가 우리 하나님이신 줄 너희는 알지어다 그는 우리를 지으신 이요 우리는 그의 것이니 그의 백성이요 그의 기르시는 양이로다.

시인은 '온 땅 사람들에게 여호와께서 우리 하나님이신 줄 너희는 알라.

여호와는 우리를 창조하신 분이신고로 우리는 그의 것이니 그의 국민이요 그가 기르시는 양이라(74:1; 79:13; 95:7)'고 말한다.

4-5절. 하나님의 인자하심이 영원하고 그 성실하심이 대대에 미치는 고로 감사하자.

시 100:4. 감사함으로 그의 문에 들어가며 찬송함으로 그의 궁정에 들어가서 그에게 감사하며 그의 이름을 송축할지어다.

시인은 '온 땅 사람들에게 감사함으로 여호와께서 임재하신 성소의 문으로 들어가며 찬송함으로 그의 궁정에 들어가서 그에게 감사하며 그의 이름을 찬미하자'고 권한다. 본 절은 2절의 말씀을 확대한 것이다. 여기 "그의 궁정"이란 예루살렘의 성소뿐 아니라 세계 어느 곳이든지 예배 처소를 지칭하는 말이다.

시 100:5. 여호와는 선하시니 그의 인자하심이 영원하고 그의 성실하심이 대대에 이르리로다.

본 절 초두에는 이유를 말하는 접속사(yK)가 있어 본 절이 앞 절의 이유를 제공하고 있다. 다시 말해 본 절에서 시인은 즐겁게 하나님 앞에 나아갈 이유를 말하고 있다. 즉, 시인은 '여호와는 선하시기 때문이다(106:1; 107:1; 118:1, 29; 125:3; 136:1; 145:9). 즉 그의 인자하심이 영원하고 그의 성실하심이 대대에 이르기 때문이라'고 말한다(118:1-4; 136:1-26).

제 101 편 나라를 다스리는 비결

이스라엘 왕이 어떻게 왕의 임무를 수행할 수 있을까를 노래한 시로 왕의 대관식 때 낭독되었다. 본 시편이 누구의 저작인가를 두고 히브리어 원전과 70인역(LXX)을 위시하여 광범위하게 지지를 얻고 있다. 본편의 표제에도 다윗의 시라고 기록되어 있다. 다윗이 법궤를 오벧에돔의 집에서 예루살렘으로 모셔왔을 때(삼하 6:12-15)의 작품으로 보인다(Delitzsch,

박윤선, 이상근). 본편의 내용은 1) 왕의 개인적인 경건(1-4절)과 2) 국민들에 대한 교훈(5-8절)으로 분류된다. "다윗의 시"라는 말을 위해 4편 표제 주해를 참조하라.

1-4절. 왕의 개인적인 경건. 다윗은 정치가로서 인자와 공의를 겸전하고 있었다(1절). 우리는 하나님께서 거룩하심같이 우리 자신들도 거룩하게 되기 위하여 하나님을 찾아야 한다(2절). 다윗은 다른 사람들의 악을 다스리기 위하여 자기 자신이 먼저 죄악에서 떠났다(3-4절).

시 101:1. <다윗의 시> 내가 인자와 정의를 노래하겠나이다 여호와여 내가 주께 찬양하리이다.

다윗은 '내가 통치자이니 인자와 정의를 노래하겠습니다. 여호와시여! 내가 주님을 찬송하겠습니다'고 말한다. 다윗은 내가 여호와의 인자와 정의를 좋아해서 노래하겠다고 나선 것이다. 그리고 주님께서 인자와 정의의 주님이시니 주님을 찬송하겠다고 말한다. 다윗은 왕으로서 사랑을 실천하기 위해 사랑을 배우기를 원한 것이다. 그리고 사랑만 가지고 되는 것이 아니고 공의를 통치의 기준으로 삼기 위해 주님을 찬송하겠다는 것이다.

시 101:2. 내가 완전한 길을 주목하오리니 주께서 어느 때나 내게 임하시겠나이까 내가 완전한 마음으로 내 집 안에서 행하리이다(I will give ponder the way that is blameless. Oh when wilt you come to me? I will walk with integrity of heart within my house-ESV).

다윗은 '내가 완전한 길을 주목하겠습니다(18:22; 사 27:7). 나는 내 스스로의 힘으로는 완전한 길을 걸을 능력이 없어 주님께서 내게 오셔서 도와주시기를 원합니다. 내가 온전한 마음으로 내 집안에서 행하기를 원합니다'라고 말한다. 다윗은 완전한 길을 원하고 있는데 자기 개인의 힘으로는 완전한 길을 걸을 수가 없어서 주님께서 다윗에게 오시기를 소원하는 것이었다. 그런데 완전한 길을 걷는 데는 제일 중요한 것이 마음이 문제였다.

이유는 마음이 행위의 기초이기 때문이다.

시 101:3. 나는 비천한 것을 내 눈 앞에 두지 아니할 것이요 배교자들의 행위를 내가 미워하오리니 나는 그 어느 것도 붙들지 아니하리이다.

다윗은 '자신은 내가 배교자들의 악한 행위를 아주 미워해서 그 꼴도 보지 아니하겠습니다. 그리고 타락한 사람들(우상숭배자들)의 행위를 내가 미워해서 그것들이 내게 붙어 있지 못하게 하겠습니다'라고 외친다. 본 절의 "비천한 것"(בְּלִיַּעַל '배교의 악'이란 뜻)과 "배교자들(빗나간 자들, 길을 잘못 든 자들)의 행위"에 대해서는 다윗은 어느 것도 접촉하지 않겠다고 말한다. 남을 다스리는 다윗으로서는 아주 꼴도 보기 싫어한다는 뜻이다. 본 절의 "나는 그 어느 것도 붙들지 아니하리이다"는 말은 '다윗은 그 둘 중에 어느 하나라도 붙들지 않겠다는 각오를 보인 것'이다. 여호와를 사랑하는 자는 악을 미워한다(97:10 참조).

시 101:4. 사악한 마음이 내게서 떠날 것이니 악한 일을 내가 알지 아니하리로다.

다윗은 '사악한 마음(비뚤어진 마음, 심술궂은 마음)이 내게서 떠날 것이니, 내가 악한 일을 알지 아니할 것입니다'라고 말한다. 다윗은 그 마음이 중요한 줄을 잘 알았다. 사악한 마음이 자기에게서 떠나게 하겠다는 것이다. 다윗은 사악한 마음을 떠나보내게 하기 위해 "악한 일을 알지 아니할 것"이라고 한다. 여기 "악한 일을 알지 아니하겠다"다는 말은 '악한 일을 사랑하지 않겠다'는 뜻이다. 우리는 악을 사랑하는 마음을 아주 버려야 할 것이다. 악을 사랑하는 마음을 버리기 위해서는 하나님 앞에 간절히 기도해야 할 것이다.

5-8절. 국민들에 대한 교훈. 다윗은 악인을 징계함에 있어서는 사정을 보지 않았다(5-8절).

시 101:5. 자기의 이웃을 은근히 헐뜯는 자를 내가 멸할 것이요 눈이 높고 마음이 교만한 자를 내가 용납하지 아니하리로다.

다윗은 개인적으로 경건에 힘을 썼는데(1-4절), 이제는 국민 전체를 성화시키는 일에 힘을 쓰겠다고 말한다. 즉, '은밀하게 자기 이웃을 헐뜯는 자를 내가 멸할 것이고, 눈이 높고 마음이 교만한 자를 용납하지 않겠습니다'라고 말한다. 남의 눈을 피해가면서 이웃을 헐뜯는 자들을 왕으로서 멸할 것이라(15:3; 31:13)고 말하고, 또 눈이 높고 교만한 자들은 가난한 사람들을 학대할 것이므로 그들을 용납하지 않겠다(131:1 참조)고 말한다. 나라 안에는 죄인들이 없어야 한다. 그래야 나라가 평안하다.

시 101:6. 내 눈이 이 땅의 충성된 자를 살펴 나와 함께 살게 하리니 완전한 길에 행하는 자가 나를 따르리로다.

다윗은 '왕으로서 자기 눈에 보기에 충성된 자들을 자기 주위에 등용하겠다는 것이고, 완전한 길(2절)을 따르는 자들을 자기 주위에 있어 자신을 섬기게 하겠다'고 말한다.

시 101:7. 거짓을 행하는 자는 내 집 안에 거주하지 못하며 거짓말하는 자는 내 목전에 서지 못하리로다.

다윗은 '거짓을 행하는 자들과 거짓말을 하는 자들을 자기 주위에 등용하지 않겠다'고 말한다. 거짓말은 시편에 많이 경계하는 죄악이다(31:18; 40:4; 52:3; 58:3; 59:12; 62:4; 63:11; 119:163 등). "거짓"은 모든 악을 대표하는 악이다.

시 101:8. 아침마다 내가 이 땅의 모든 악인을 멸하리니 악을 행하는 자는 여호와의 성에서 다 끊어지리로다.

다윗은 '아침마다 내가 땅의 모든 악인들을 멸할 것이므로 악을 행하는 모든 사람들은 여호와의 성에서 끊어 버려질 것이라'고 말한다. 다윗왕은 아침마다 악인을 조사해서 멸하고, 모든 악인들을 끊어 나라 전체를 여호와께서 계시는 도시로 만들 것이라고 말한다. 어느 단체의 장이든지 그 단체에서 악을 제해서 성역으로 만들어야 할 것이다(삼하 6:12-19).

제 102 편 바벨론에 있는 선민이 회복을 기원하다

본편은 7개의 회개시(6, 32, 38, 51, 102, 130, 143편)중의 하나이다. 시인은 극한 고민 중에 빠져서 자신의 고통을 포로 중의 이스라엘의 고난에 비하며 회개하면서 시온의 회복을 빈다. 저작의 시기는 분명하지 않으나 포로기 말기의 저작으로 추측한다(Calvin, Walford, Rawlinson, 박윤선, 이상근). 바벨론에 있었던 어떤 수난자가 개인의 고통과 민족의 고통을 탄식하는 시로 보인다. 본편의 내용은 1) 시인의 고민(1-11절). 2) 시온의 회복(12-22절). 3) 장수의 기원(23-28절)으로 분류된다.

"고난당한 자가 마음이 상하여 그의 근심을 여호와 앞에 토로하는 기도" 라는 독특한 표제이다. 첫 단어 "고난"이란 것이 무엇을 지칭하느냐를 두고 견해가 갈린다. 이것이 '병고'라고 보는 것이 다수의 해석이다(Gunkel, Schmidt, Kittel, McCullough, Ryrie). 여기 "마음이 상하여"란 말은 '그가 병고 속에서 회개하며 이스라엘과 시온의 회복을 위해 기원한 사실을 가리킨다'고 보는 것이다.

1-11절. 시인의 고민.

시 102:1. <고난당한 자가 마음이 상하여 그의 근심을 여호와 앞에 토로하는 기도> 여호와여 내 기도를 들으시고 나의 부르짖음을 주께 상달하게 하소서.

시인은 '여호와시여! 내 기도를 들으시고, 내 부르짖음이 주님께 이르게 하소서'라고 말한다. 오래 기도하던 사람이 자기의 기도가 주님께 상달되기를 바라는 마음으로 기도한다(27:7; 39:12; 54:2; 55:1). 기도자는 자신의 기도의 내용은 차차 드러낼 것이고 우선 다급한 사정을 아뢰는 것이다.

시 102:2. 나의 괴로운 날에 주의 얼굴을 내게서 숨기지 마소서 주의 귀를 내게 기울이사 내가 부르짖는 날에 속히 내게 응답하소서.

시인은 '내 괴로운 날에 주님의 얼굴을 내게서 숨기지 마소서. 주님의 귀를 내게 기울여 내가 부르짖을 때에 속히 내게 응답하소서'고 말한다. 본 절에서도 시인은 자기의 기도의 내용을 아직 말하지 않고 자기의 기도를 들어 주시라고만 부르짖는다. "주님의 얼굴"은 모든 선과 해결이 있으므로 "얼굴"을 자신으로부터 숨기지 마시고(27:9; 69:17; 143:7), 주님의 "귀를 내게 기울여 주시면" 만사를 해결할 것이오니 "주님의 귀"를 자신에게 기울여 주십사고 애원한다.

시 102:3. 내 날이 연기 같이 소멸하며 내 뼈가 숯 같이 탔음이니이다.

본 절 초두에는 이유를 말하는 접속사(כִּי)를 사용하여 자신이 간절히 부르짖는(2절) 이유를 본 절이 제공한다. 즉, 시인은 '내 날들이 연기처럼 사라졌고, 내 뼈들이 화로의 숯불처럼 탔기 때문입니다'라고 아뢴다.

시 102:4. 내가 음식 먹기도 잊었으므로 내 마음이 풀 같이 시들고 말라 버렸사오며.

시인은 '내가 음식 먹는 것도 잊을 정도로 마음이 풀처럼 시들어 말라 버렸습니다'라고 아뢴다. 시인은 음식 먹기도 잊을 정도로 마음이 풀이 말라비틀어지는 것처럼 시들고 말라 버렸다는 것이다. 시인은 육신과 마음이 다 같이 쇠잔해져 버렸다고 말한다.

시 102:5. 나의 탄식 소리로 말미암아 나의 살이 뼈에 붙었나이다.

시인은 '내가 고통을 인하여 크게 탄식 소리가 계속 나고, 육신 상태는 뼈와 살이 서로 붙어 있는 상태라는 것입니다'라고 아뢴다(욥 19:20; 애 4:8).

시 102:6-7. 나는 광야의 올빼미 같고 황폐한 곳의 부엉이 같이 되었사오며, 내가 밤을 새우니 지붕 위의 외로운 참새 같으니이다.

시인은 '나는 광야의 올빼미 같이 되었고, 황무지의 부엉이처럼 되었습니다. 내가 잠을 이루지 못하여 지붕 위의 외로운 참새같이 되었습니다'라고 말한다. "올빼미"(pelican, 레 11:17; 신 14:16; 사 34:11; 습 2:14)와 "부엉이" 그리고 지붕 위의 외로운 "참새"는 다 같이 고독함을 상징하는 새들이다. 시인은 이와 같이 외로운 새들에게 자신을 비유하여 먼 이국땅에서 외로이 방황하며 곤고한 상태에 처한 자신의 딱한 처지를 생생하게 묘사하고 있다.

시 102:8. 내 원수들이 종일 나를 비방하며 내게 대항하여 미칠 듯이 날뛰는 자들이 나를 가리켜 맹세하나이다(All the day my enemies taunt me, those who deride me use my name for a curse-ESV)**.**

시인은 '내 원수들이 온종일 나를 비방하며, 나를 조롱하는 사람들이 나를 대적하는 맹세를 합니다'라고 말한다. 이스라엘에 대한 이와 같은 강포한 공격이 흔히 있었다(42:10; 44:13-16; 79:4; 80:6). 본 절의 "맹세하나이다"라는 말은 '저주한다'는 뜻이다.

시 102:9. 나는 재를 양식 같이 먹으며 나는 눈물 섞인 물을 마셨나이다.

본 절 초두에는 이유를 말하는 접속사(כִּי)가 있어 앞 절의 저주의 이유를 9-11절이 말하고 있다. 즉, 시인은 '나는 재를 양식처럼 먹으며, 마실 물에 내 눈물을 섞었기 때문이었습니다'라고 말한다. 다시 말해 시인이 재를 먹으며 눈물을 너무 많이 흘려 그것이 입으로 들어가는 것을 보고 원수들이 그를 아주 천시했다는 것이다.

시 102:10. 주의 분노와 진노로 말미암음이라 주께서 나를 들어서 던지셨나이다.

시인은 '이는 주님의 분노와 진노 때문이니, 참으로 주께서 나를 들어 던지셨다'라고 말한다. 위와 같은 시인의 고난(8절)은 주님의 분노와 진노 때문이었다는 것이다. 다시 말해 주님께서 나 자신과 이스라엘을 바벨론으로 던졌기 때문이었다고 말한다.

시 102:11. 내 날이 기울어지는 그림자 같고 내가 풀의 시들어짐 같으니이다.

시인은 '내 날들이 기울어지는 그림자와 같으며, 내가 말라비틀어진 풀처럼 마릅니다'라고 말한다. 시인과 이스라엘의 운명이 기울어지는 그림자 같이 곧 없어질 것이며 또 말라비틀어지는 풀처럼 말라 없어지고 멸망하게 되었다는 것이다(4절).

12-22절. 시온의 회복.

시 102:12. 여호와여 주는 영원히 계시고 주에 대한 기억은 대대에 이르리이다.

시인은 '그러나 여호와시여! 주께서는 영원히 보좌에 앉아 계시며, 주님에 대한 기억은 영원히 이를 것입니다'라고 말한다. 시인이 느끼는바 하나님께서 행하신 구원의 역사들을 영원히 잊을 수 없었다.

시 102:13. 주께서 일어나사 시온을 긍휼히 여기시리니 지금은 그에게 은혜를 베푸실 때라 정한 기한이 다가옴이니이다.

시인은 '주님께서 일어나셔서 이스라엘을 불쌍히 여기실 것이니 지금은 은총의 때이며, 정하신 때가 이르렀기 때문입니다'고 말한다. 시인은 주님께서 이제 일어나셔서 이스라엘을 불쌍히 여겨 주십사하고 호소한다(3:7; 12:5; 68:1). 그리고 지금은 이스라엘의 고통이 끝나고 이스라엘을 구원하실 때라고 부르짖는다. 그리고 "정한 기한이 다가옴이니이다"라고 말한다. 아마도 이 때는 시인이 하나님께서 예레미야를 통하여 말씀하신바 바벨론 포로 기한을 70년으로 정하신 때가 가까이 오고 있음을 기억했을 것이다(렘 25:11-12; 29:10; 단 9:2).

시 102:14. 주의 종들이 시온의 돌들을 즐거워하며 그의 티끌도 은혜를 받나이다.

시인은 '주님의 종들인 이스라엘 백성들이 참으로 시온의 돌들을 사랑하고, 그곳의 먼지에도 정을 느끼고 사랑하고 있다'(사 64:10-11; 애 4:1; 느 2:13)고 말한다. 그런고로 그들로 하여금 하루 빨리 시온으로 돌아가게 해달라는 것이다.

시 102:15. 이에 뭇 나라가 여호와의 이름을 경외하며 이 땅의 모든 왕들이 주의 영광을 경외하리니.

본 절은 유다의 회복이 주변 국가에 미치게 될 영향을 묘사한 것이다. 즉, 시인은 '뭇 나라의 민족들이 여호와를 두려워하며, 땅의 모든 왕들이 주님의 영광을 두려워하게 될 것이라'고 말한다. 이런 현상은 메시아 왕국에서 궁극적으로 실현될 것이다(사 65:17-25).

시 102:16. 여호와께서 시온을 건설하시고 그의 영광중에 나타나셨음이라.

본 절 초두에는 이유 접속사(כִּי)가 있어 열방이 모두 여호와를 경배하고 그 이름을 경외하게 될 이유가 본 절에 제시되고 있다. 즉, 시인은 '참으로 여호와께서 시온을 세우시고, 주님의 영광가운데 나타나실 것이기 때문입니다'(사 40:5; 겔 40-48장)고 말한다. 이스라엘의 구원이 세계적 구원 운동의 기점(起點)인 사실은 성경 다른 곳에도 기록되어 있다(롬 11:1).

시 102:17. 여호와께서 빈궁한 자의 기도를 돌아보시며 그들의 기도를 멸시하지 아니하셨도다.

시인은 '주님께서는 바벨론에서 헐벗고 사는 이스라엘 사람들의 기도를 들으시고 그들의 기도를 멸시하지 않으십니다'라고 말한다. 주님께서는 이스라엘 민족이 바벨론에 있으면서 곤궁한 생활 중에 기도한 것을 멸시하지 않으시고 들으셔서 포로 생활에서 돌아오게 하셨다는 것이다.

시 102:18. 이 일이 장래 세대를 위하여 기록되리니 창조함을 받을 백성이 여호와를 찬양하리로다.

시인은 '이 일(이스라엘 백성이 바벨론에서 돌아오고 나라가 회복될 사실)이 오는 세대를 위하여 기록될 것이니, 새롭게 창조될 백성이 여호와를 찬양할 것이라'고 말한다. 마치 과거 출애굽의 사실을 기록하여 전함과 같다(출 17:14; 신 31:19).

시 102:19. 여호와께서 그의 높은 성소에서 굽어보시며 하늘에서 땅을 살펴 보셨으니.

시인은 '여호와께서 성소 높은 곳(하늘의 성소)에서 바벨론 땅에서 압제 받고 있는 이스라엘 백성들을 내려다보시며, 하늘에서 땅을 살피셨다'고 말한다.

시 102:20-21. 이는 갇힌 자의 탄식을 들으시며 죽이기로 정한 자를 해방하사 여호와의 이름을 시온에서, 그 영예를 예루살렘에서 선포하게 하려 하심이라.

시인은 '이는 갇힌 자(바벨론에 있는 자들을 지칭)의 탄식을 들으시고(출 2:24; 3:7; 6:5), 바벨론에서 죽게 된 사람들을 놓아 주시기 위함이며(겔 37:11), 시온에서 여호와의 이름을 말하며, 예루살렘에서 그를 찬양하게 하시려는 것이라(15절)'고 말한다. 다시 말해 유대 민족의 회복은 단순히 그들만의 구원에 의의가 있는 것이 아니라 여호와의 이름과 그의 영광을 세상에 선포하기 위함이라고 한다.

시 102:22. 그 때에 민족들과 나라들이 함께 모여 여호와를 섬기리로다.

시인은 '그때(유대 민족이 바벨론에서 이스라엘 성지로 귀환할 때)에 백성들과 나라들이 함께 모여 여호와를 섬길 것이라'고 말한다. 이렇게 세계 민족이 모여 여호와를 경배하는 것이 메시아 왕국의 모습인 것이다 (68:29-32; 사 49:6-7, 18).

23-28절. 장수의 기원. 위와 같은 마음이 시인의 마음에 들어왔기 때문에 시인은 다시 시인 개인만 아니라 유대 민족(이스라엘 민족) 전체를 위해 기도할 용기를 가지게 되었다.

시 102:23. 그가 내 힘을 중도에 쇠약하게 하시며 내 날을 짧게 하셨도다.

시인은 '주님께서 내 기력을 중도에 쇠약하게 하시고 내 수명을 아주 짧게 단축시키셨다'고 말한다. 시인이 바벨론에서 사는 중 고민 때문에 그의 중년에 건강이 쇠약해졌고 그의 수명이 단축되었다는 것이다(11절 참조).

시 102:24. 나의 말이 나의 하나님이여 나의 중년에 나를 데려가지 마옵소서 주의 연대는 대대에 무궁하니이다.

시인은 '나의 하나님이시여! 내 중년에 나를 데려가지 마소서. 주님의 연대는 대대로 무궁합니다'라고 말한다. 시인은 자신의 중년에 요절할까 염려가 되어 장수를 빈다. 시인은 하나님의 연대는 대대로 영원무궁한 것처럼 자신도 장수의 복을 비는 것이다.

시 102:25. 주께서 옛적에 땅의 기초를 놓으셨사오며 하늘도 주의 손으로 지으신 바니이다.

본 절은 24절 하반절을 더 구체적으로 설명하는 것이다. 즉, 시인은 '옛적에 주님께서는 땅의 기초를 놓으시며, 하늘을 손수 지으셨습니다'라고 말한다. 시인은 옛적에 주님께서 세계를 지으셨으며(사 48:13) 하늘의 일월 성신도 주님의 손으로 만드신 바(89:11; 창 1:1, 7; 2:4; 히 1:10)이니 피조세계를 만드시 주님은 영원하시니 시인 자신의 문제를 해결하셔서 중년에 데려가지 마시라는 것이다.

시 102:26. 천지는 없어지려니와 주는 영존하시겠고 그것들은 다 옷 같이 낡으리니 의복 같이 바꾸시면 바뀌려니와.

시인은 '피조물들은 망할지라도(사 51:6; 65:17; 마 24:35; 막 13:31; 눅 21:33; 벧후 3:7,10, 12) 주께서는 영존하시며(12절; 9:7; 히 1:11), 그 피조물들은 다 옷같이 낡겠고 주님께서 의복같이 바꾸시면 바뀔 것이라(사 51:6)'고 말한다. 주님께서 만드신 것도 낡고 바뀔 가능성이 있으나 주님은 영원히 계신 분이니 시인의 연령을 연장시켜 주시라고 애원한다.

시 102:27. 주는 한결같으시고 주의 연대는 무궁하리이다.

시인은 '그러나 창조주이시고 영원히 스스로 계신 주님(출 3:14)은 언제나 한결같으시고 주님의 연대는 끝이 없습니다'라고 말한다.

시 102:28. 주의 종들의 자손은 항상 안전히 거주하고 그의 후손은 주 앞에 굳게 서리이다 하였도다.

본 절은 주님께서 유대(이스라엘) 민족을 바벨론에서 해방시켜 본국으로 돌려 보내주셔서 보호해 주시면 유대인들이 결코 소멸하지 않고 대를 이어 계속해서 존재하게 될 것이라고 말한다(37:39; 69:36; 렘 30:20). 즉, 시인은 '주님의 종들의 자손이 항상 안전히 살며, 그들의 후손도 주님 앞에 굳게 서 있을 것입니다'고 말한다.

제 103 편 내 영혼아 여호와를 송축하라

이 시편의 저작 시기를 두고 견해가 갈린다. 1) 혹자들은 본 시편이 바벨론 포로기 이후에 저작된 것으로 본다(Delitzsch, Kay). 이들이 이렇게 보는 이유는 본편에 아람어 풍이 있다는 점에 착안한 것이다. 그러나 아람어 풍은 다윗 시대에도 있었다. 2) 이 시편은 표제에 기록되어 있는 바와 같이 다윗이 쓴 시이다(Hengsternberg, Alexander, 박윤선, 이상근). 2)번의 견해가 더 타당하다.

본편의 내용은 한마디로 하나님께서 회복해 주시는 은혜에 대해 찬미할 것을 고조하는 것이다. 구체적으로 1) 다윗 자신이 받은 하나님의 은총에 감사한다(1-5절). 2) 모든 성도들이 공통적으로 받는 사죄의 은혜에 감사한다(6-18절). 3) 다윗은 천사들과 천군들과 모든 피조물들의 찬송을 권고한다(19-22절). "다윗의 시"라는 말을 위해 4편 표제 주해를 참조하라.

1-5절. 다윗 자신이 받은 하나님의 은총에 감사한다.

시 103:1. <다윗의 시> 내 영혼아 여호와를 송축하라 내 속에 있는 것들아 다 그의 거룩한 이름을 송축하라.

다윗은 '내 영혼아, 여호와를 송축하라. 내 속에 있는 모든 것들아, 주님의 거룩하신 이름을 송축하라'고 말한다. 다윗은 자기의 영혼을 향해 여호와를 찬미하라고 말하고 자기 속에 있는 모든 것들, 즉 모든 정성을 다하여 찬송하라고 말한다. 본 절은 시편에서 아주 중요하여 다음 절과 35절에도 반복된다.

시 103:2. 내 영혼아 여호와를 송축하며 그의 모든 은택을 잊지 말지어다.

다윗은 '자기의 겉 사람이 아니라 속사람을 향하여 여호와를 송축하라고 말한다. 그리고 여호와를 송축하기 위해서는 하나님께서 베푸신 은혜를 잊지 말아야 한다(신 6:12; 8:11, 14)'고 말한다.

시 103:3. 그가 네 모든 죄악을 사하시며 네 모든 병을 고치시며.

다윗은 '주님께서 네 모든 죄악을 용서하시고 네 모든 질병을 고치신다'고 말한다. 다윗의 찬송의 첫째 이유는 주님께서 우리의 모든 죄악을 사하신다는 것이다(25:11, 18; 32:1; 51:9; 85:2; 86:5). 그리고 찬양하자는 둘째 이유는 주님께서 모든 병을 고치신다는 것이다. 신유의 은사를 받지 않은 성도도 병 낫기를 위하여 주님께 기도할 때 주님께서 고쳐주신다.

시 103:4. 네 생명을 파멸에서 속량하시고 인자와 긍휼로 관을 씌우시며.

다윗은 '네 생명을 구덩이에서 구속(19:14 참조)하시고, 인애와 긍휼로 네게 관을 씌우신다'고 말한다. 다시 말해 다윗은 인생이 위기에 빠졌을 때 주님께서 구원해 주시고(56:13; 116:8), 나아가 사랑과 긍휼을 뒤집어씌우신다(8:5; 18:50; 23:6)고 말한다.

시 103:5. 좋은 것으로 네 소원을 만족하게 하사 네 청춘을 독수리 같이 새롭게 하시는도다.

다윗은 '좋은 것들을 가지고 네 소원을 만족하게 하셔서(145:16; 딤전 6:17) 네 청춘으로 하여금 피곤할 줄 모르는 독수리처럼 새롭게 하신다'(사 40:3)고 말한다. "독수리"는 노쇠함으로 죽는 것이 아니라 너무 오래 살아서 그 부리가 너무 길어짐으로 잘 사용하지 못하게 되어 먹지 못해 죽는다고 한다(박윤선).

6-18절. 모든 성도들이 공통적으로 받는 사죄의 은혜에 감사한다.

시 103:6. 여호와께서 공의로운 일을 행하시며 억압당하는 모든 자를 위하여 심판하시는도다.

다윗은 '여호와께서 의로운 일을 행하시며, 억눌린 모든 사람에게 공의를 베푸신다'고 말한다. 여기 "공의로운 일을 행하셨다"는 말과 "억눌린 모든 사람에게 공의를 베푸셨다"는 말은 동의절이다. 다시 말해 여호와께서 의로운 일을 행하셨다는 말은 압박당하는 모든 자를 위해 공의의 심판을 하셨다는 뜻이다. "압박당하는 자에게 공의의 심판을 베푸는 것은 언제나 의로운 일로 간주된 것이다"(9:9; 10:18; 72:2; 146:7; 출 2:23-25; 욥 35:9-14; 사 1:17 등).

시 103:7. 그의 행위를 모세에게, 그의 행사를 이스라엘 자손에게 알리셨도다.

다윗은 '주님께서 자신의 길을 모세에게, 자신이 하신 일을 이스라엘 자손에게 알리셨다'고 말한다. 하나님께서는 이스라엘을 대표한 모세에게 공의로운 구원을 베푸셨다. 그는 이스라엘 백성의 원수들을 진멸하셨다.

시 103:8. 여호와는 긍휼이 많으시고 은혜로우시며 노하기를 더디 하시고 인자하심이 풍부하시도다.

본 절부터 12절까지 하나님께서 성도들에게 그의 자비가 어떠하심을 보여주셨다. 성도가 범죄할 때 1) 노하기를 더디하셨다(8절). 2) 노를 영원히 품지 아니하셨다(9절). 3) 벌하시긴 하시되, 죄 지은만큼 심하게 하시지 아니하셨다(10절). 4) 필경 사죄하시어 동이 서에서 먼 것 같이 죄를 철저히 사하셨다(12절). 즉, 다윗은 '여호와는 긍휼이 많으시고 은혜로우시며, 노하기를 더디 하시며, 인애가 많으시다'고 말한다. 본 절은 하나님께서 그의 이름을 반포하시면서 친히 선포하신 말씀이었다(출 34:6-7). 시편에 이 말씀은 여러 번 반복되었다(86:15; 111:4; 112:4; 145:8).

시 103:9. 자주 경책하지 아니하시며 노를 영원히 품지 아니하시리로다.

다윗은 '주님께서 두고두고 꾸짖지도 않으시고, 분노를 영원히 품지도 않으신다'고 말한다. 하나님께서 때로는 이스라엘을 경책하시지만 항상 꾸짖는 것은 아니시었고(사 57:16; 렘 3:5), 이스라엘이 범죄할 때에 노하기도 하시나 죄를 자복할 때에는 그 노를 풀으신다는 것이다(겔 18:27).

시 103:10. 우리의 죄를 따라 우리를 처벌하지는 아니하시며 우리의 죄악을 따라 우리에게 그대로 갚지는 아니하셨으니.

다윗은 '우리의 죄를 따라 우리를 처벌하지 않으시고, 우리의 죄악대로 우리에게 보응하지 않으신다'고 말한다. 다시 말해 우리 죄에 대하여 지은 그대로 갚지 않으시고 우리 잘못에 대해 저지른 그대로 갚지 않으신다는 것이다.

시 103:11. 이는 하늘이 땅에서 높음 같이 그를 경외하는 자에게 그의 인자하심이 크심이로다(For as high as the heavens are above the earth, so great is his steadfast love toward those who fear him-ESV)**.**

다윗은 '하늘이 땅에서 높은 것같이 자신을 경외하는 사람들에게 주님께서 무제한의 인자를 내리신다'고 말한다(36:5). 다시 말해 하늘이 땅에서 높음같이 주님을 두려워하는 사람에게는 그의 사랑도 크시다는 것이다.

시 103:12. 동이 서에서 먼 것 같이 우리의 죄과를 우리에게서 멀리 옮기셨으며.

다윗은 '동이 서에서 먼 것같이 주께서 우리의 허물을 우리에게서 멀리 옮기셨다'고 말한다. 동과 서는 얼마나 먼가. 하나님의 인자하심은 결과적으로 우리의 죄를 옮기시는 원인이 된다(Rawlinson).

시 103:13. 아버지가 자식을 긍휼히 여김 같이 여호와께서는 자기를 경외하는 자를 긍휼히 여기시나니.

다윗은 '아버지가 자식을 불쌍히 여기듯 여호와께서는 자신을 경외하는 사람들을 불쌍히 여기신다'고 말한다. 여호와는 자신을 경외하는 성도들에게 절대적인 사랑을 베푸신다(신 32:6; 욥 10:8; 사 29:16; 63:16).

시 103:14. 이는 그가 우리의 체질을 아시며 우리가 단지 먼지뿐임을 기억하심이로다(For he knows our frame; he remembers that we are dust-ESV)**.**

여호와께서 자기를 경외하는 자를 불쌍히 여기시는(13절) 이유에 대해 다윗은 '주께서 우리가 어떻게 만들어졌는지를 아시며, 우리가 티끌임을 기억하시기 때문이라'고 말한다. 다시 말해 우리가 티끌로 만들어졌음을 주님께서 아시기 때문이라는 것이다.

시 103:15. 인생은 그 날이 풀과 같으며 그 영화가 들의 꽃과 같도다.

다윗은 '인생 자체는 그 날이 풀과 같이 약하고 짧은 것이고(37:2; 90:5-6; 102:11; 사 40:6-8), 그 인생의 영화는 들의 꽃처럼 피었다가 떨어지는 꽃과 같다'(사 28:1; 약 1:10; 벧전 1:24)고 말한다. 참으로 허무하다는 말로밖에는 표현할 길이 없다.

시 103:16. 그것은 바람이 지나가면 없어지나니 그 있던 자리도 다시 알지 못하거니와.

다윗은 '꽃은 바람이 한번 불면 사라지니, 그 있던 곳을 더 이상 알 수 없다'고 말한다. 여기 "바람"이란 말은 만물을 말려버리는 '시록코(sirocco)'라고 하는 동풍을 말함이다(Rawlinson). 다시 말해 지역에 따라 이름이 다른 사막의 타는 듯 하는 열풍을 말한다. 그와 같이 인생도 그의 가장 영화로운 시기가 대부분의 시간을 환난과 고통, 질병, 재앙 등의 바람으로 시들게 된다(Rawlinson). "그 있던 자리도 다시 알지 못한다"는 말은 '그 종적조차 알 길이 없는 것이라'는 뜻이다.

시 103:17. 여호와의 인자하심은 자기를 경외하는 자에게 영원부터 영원까지 이르며 그의 공의는 자손의 자손에게 이르리니.

다윗은 '15절과 같이 인생은 허무하나 여호와의 인자하심은 자기를 경외하는 자에게 영원부터 영원까지 이르며, 주님의 의는 자손들의 자손들에게 전해지는 것이라'고 말한다.

시 103:18. 곧 그의 언약을 지키고 그의 법도를 기억하여 행하는 자에게로다.

다윗은 '주님의 공의(17절)는 주님의 언약을 지키고 주님의 교훈을 기억하여 따르는 사람들에게 전해진다'라고 말한다. "언약"이란 뜻을 위해서는 25:10 주해를 참조하라.

19-22절. 다윗은 천사들과 천군들과 모든 피조물들의 찬송을 권고한다.

시 103:19. 여호와께서 그의 보좌를 하늘에 세우시고 그의 왕권으로 만유를 다스리시도다.

다윗은 '여호와께서는 통치하시기 위하여 하늘에 보좌를 세우시고(102:19), 그의 강력한 왕권으로 모든 것을 다스리신다(47:2; 단 4:34-35)'고 말한다. 다윗은 천군들과 모든 피조물들의 찬미의 대상으로서의 하나님의 위대하심을 설명한다.

시 103:20. 능력이 있어 여호와의 말씀을 행하며 그의 말씀의 소리를 듣는 여호와의 천사들이여 여호와를 송축하라(Bless the LORD, O you his angels, you mighty ones who do his word, obeying to the voice of his word!-ESV).

다윗은 '주님의 모든 천사들아! 여호와를 송축하라. 주님의 말씀을 행하는 힘 있는 천사들아! 주님의 말씀을 들어라'고 말한다. 본 절에서 다윗은 모든 천사들에게 여호와를 송축하라고 권한다(29:1; 148:2). 천사들은 주님의 말씀을 행하는 존재, 또 힘 있는 천사들이라 한다. 다윗은 인간으로서 이렇게 강력하고 주님의 말씀을 행하는 천사들에게 여호와를 찬송하라고 권하는 권위 있는 자임을 드러내고 있다.

시 103:21. 그에게 수종들며 그의 뜻을 행하는 모든 천군이여 여호와를 송축하라(Bless the LORD, all his hosts, his ministers that do his will!-ESV).

다윗은 '주님의 모든 군대들아, 그의 뜻을 이루는 종들아, 주님을 찬양하라'고 말한다. 본 절에서 다윗은 "군대들"이란 말과 "종들"이라는 단어를 사용하고 있다. 본 절에 등장하는 "종들"이라는 낱말이나 "천군"이란 낱말을 두고 1) 천사들보다 하급의 천사들로 보는 견해(24:10; 148:2; 사 40:26; 마 25:31; 막 8:38; 눅 2:13; 9:26; 히 12:22; 유 1:14, 이상근). 2) 천사와 똑 같은 피조물로 보는 견해(Rawlinson, Robert G. Bratcher, 그랜드 종합주석, 호크마 주석). 위의 두 견해 중에 2)번의 견해가 타당한 것으로 본다. 두 천사(천사와 천군) 종류는 역할의 차이를 말하는 것이지 계급의 차이를 말하는 것은 아닌 것으로 보아야 할 것이다. 사람의 경우도 남녀가 역할의 차이가 있는 것이지 계급의 차이가 있는 것은 아닌 것과 같다(갈 3:28). 천군도 역시 "봉사자"로 지음을 받았으니 여호와를 찬송하자는 것이다.

시 103:22. 여호와의 지으심을 받고 그가 다스리시는 모든 곳에 있는 너희여 여호와를 송축하라 내 영혼아 여호와를 송축하라.

다윗은 '주님께서 만드신 모든 것들아! 주님께서 다스리시는 모든 곳에 있는 너희들아! 여호와를 송축하라. 내 영혼아! 여호와를 송축하라'고 말한다. 본 절은 하늘의 천사들을 포함해서 여호와의 지으심을 받은 모든 피조물들과 여호와께서 다스리시는 우주 안에 있는 모든 피조물들을 향해서 여호와를 송축하라고 말하며 특별히 인간 영혼을 향해서 여호와를 송축하라고 권한다. 여기 특별히 주의해서 볼 것은 본 절 끝의 "내 영혼아 여호와를 송축하라"는 말은 본편 1절 초두의 "내 영혼아 여호와를 송축하라"는 말과 평행 법 중의 하나이다. 이를 특별히 두미일치(頭尾一致) 용법이라 한다.

제 104 편 하나님의 창조사역을 찬송하라

본편도 역시 전편과 같이 "내 영혼아 여호와를 송축하라"는 말로 시작하고 끝내는 것을 볼 수 있다. 그런고로 본편의 저자도 앞 편의 저자와 똑 같은 저자(다윗)인 것을 알 수 있다. 그러나 송축의 내용이 전편에서는 하나님의 인자하심이었으나, 본편에서는 하나님께서 창조하신 사역임을 보여준다. 본편의 내용도 대체로 창조의 6일을 따르고 있다. 제 1일은 하나님의 영광(1-4절), 제 2일은 하나님께서 땅과 바다의 경계를 정하신 일(5-9절), 제 3일은 주님께서 금수, 채소, 곡식, 과실, 초목들을 기르신 일(10-18절), 제 4일은 해와 달의 순환과 밤낮의 교체로 인하여 발생되는 일들을 정하신 일(19-24절), 제 5일은 바다와 어족을 만드신 일(24-29절), 하나님께서 자연계를 보존하신 일과 통치하신 일(30-32절), 서원과 신념을 발표하신 일(33-35절)로 구성되어 있다.

1-4절. 이 부분(1-4절)은 하나님의 영광이 드러난 일을 말한다(창조 제 1일).

시 104:1. 내 영혼아 여호와를 송축하라 여호와 나의 하나님이여 주는 심히 위대하시며 존귀와 권위로 옷 입으셨나이다.

다윗은 ' 내 영혼아! 여호와를 송축하라. 여호와 나의 하나님이시여! 주께서는 매우 위대하시며 존귀와 위엄으로 옷을 입으셨다'고 말한다. 본 절의 상반절을 위해 103:1주해를 참조하라. "여호와 나의 하나님이여 주는 심히 위대하시다"는 말은 본편 전체의 주제로 이 사상은 본편 전체에 펴져 있다. 대 우주의 창조주이신 하나님은 심히 "위대하셔서" 그는 "존귀"와 "권위"를 옷 입고 계신다.

시 104:2. 주께서 옷을 입음 같이 빛을 입으시며 하늘을 휘장 같이 치시며.

다윗은 '주님께서 옷을 입은 것같이 빛으로 자신을 두르시고 계시며, 하늘을 천막 치듯이 치시고 계신다'고 말한다. 하나님께서는 하늘(창 1:6-8)과 땅(창 1:9-10)을 만드시기 이전에 제일 첫 번째로 빛을 창조하셨다(창 1:3). 하나님은 창조의 첫날에 "빛"을 지으시고(창 1:3), 빛을 입으시며 빛으로 나타나셨다. 그리고 하늘을 지으시되 휘장을 펴는 것 같이(사 40:22) 하늘을 펴셨다.

시 104:3. 물에 자기 누각의 들보를 얹으시며 구름으로 자기 수레를 삼으시고 바람 날개로 다니시며.

본 절은 하나님께서 하늘 위에서 운행하시는 모습을 묘사한 것이다. 즉, 다윗은 '물 위에 주님의 누각의 들보를 얹으시고, 구름을 주님의 수레로 삼으시며 바람 날개를 타고 다니신다'고 말한다. 본 절의 "물에 자기 누각의 들보를 얹으셨다"는 말은 인간들이 들보와 서까래로 누각을 짓는 것처럼 하나님도 "궁창위의 물"(창 1:7)에 거처로서 누각을 만드셨다. 그리고 구름으로 그의 수레를 삼으시고(사 19:1), 바람으로 날개를 삼아(18:10) 하늘 위를 운행하신다는 것이다.

시 104:4. 바람을 자기 사신으로 삼으시고 불꽃으로 자기 사역자를 삼으시며 (he makes his messengers winds, his ministers a flaming fire-ESV).

다윗은 '바람을 주님의 사신(심부름꾼)으로 삼으시고, 타오르는 불을 주님의 사역자로 삼으신다'고 말한다. 여기 "바람을 자기 사신으로 삼으신다"는 말은 '바람을 주님의 심부름꾼으로 삼으신다'는 말인데, 그것은 자연적인 현상이 우연한 현상이 아니라 하나님의 섭리로 이루어지는 현상임을 강조하는 말이다. 그리고 "불꽃(번개)으로 자기 사역자를 삼으신다"는 말은 '번개로 자기 심부름꾼으로 삼으신다'는 말인데, 그것은 자연적인 현상이 우연한 현상이 아니라 하나님의 섭리로 이루어지는 현상임을 강조하는 말이다(그랜드 종합 주석). 히 1:7은 본 절을 인용하면서 바람을 '천사'로 묘사했는데 이는 천사가 하나님의 뜻을 이루는 도구임을 표현하기 위함이다.

5-9절. 제 2일은 하나님께서 땅과 바다의 경계를 정하신 일을 말한다.

시 104:5. 땅에 기초를 놓으사 영원히 흔들리지 아니하게 하셨나이다(You set the earth on its foundations, so that it should never be moved-ESV).

본 절은 땅의 창조에 대한 묘사로 지구를 흔들리지 않게 하셨다는 시적인 표현이다. 즉, 다윗은 '땅을 지으시되 든든한 토대 위에 놓으셔서 홍수나 바닷물에 의하여 흔들리지 않게 하셨다'(욥 26:7)고 말한다. 이는 땅의 견고함에 나타난 하나님의 완전한 창조를 노래한 시적인 표현이다.

시 104:6. 옷으로 덮음 같이 주께서 땅을 깊은 바다로 덮으시매 물이 산들 위로 솟아올랐으나.

다윗은 '옷으로 덮듯이 깊은 물로 땅을 덮으셔서, 물들이 산들 위에 섰었다'고 말한다. 하나님께서 시초에 천지가 혼돈 상태에 있을 때 옷으로 덮듯이 깊은 물로 땅을 덮으셔서 물들이 산들 위에까지 와서 섰었다는 것을 말하는 것이다(창 1:2, 9).

시 104:7. 주께서 꾸짖으시니 물은 도망하며 주의 우렛소리로 말미암아 빨리 가며.

창조의 둘째 날에는 하나님께서 분류작업을 하시는 날이었다. 혼돈 상태에 있었던 천지를 하늘과 땅으로 나누시고, 또 육지와 바다를 각각 나누셔서 자기 위치를 차지하게 하신 것이다. 본 절은 물이 한 곳에 모여 바다를 이룩했다는 것(창 1:9)을 시적으로 표현한 것이다.

시 104:8. 주께서 그들을 위하여 정하여 주신 곳으로 흘러갔고 산은 오르고 골짜기는 내려갔나이다.

다윗은 모든 것이 제 위치를 얻어서 주님께서 그들을 위하여 정해 주신 곳으로 흘러갔고 산들은 올라가고 물들은 골짜기 곧 주께서 터를 놓으신 곳으로 내려갔다'고 말한다.

시 104:9. 주께서 물의 경계를 정하여 넘치지 못하게 하시며 다시 돌아와 땅을 덮지 못하게 하셨나이다.

다윗은 '주님께서 경계를 정하여 물이 넘지 못하게 하셨으며, 물이 다시 돌아와서 땅을 덮지 못하게 하셨다'고 말한다. 하나님은 중력(重力)의 원리를 이용하셔서 물이 한곳에 모여 있게 하셨고 육지를 침범하지 못하게 하셨다.

10-13절, 제 3일은 주님께서 금수, 채소, 곡식, 과실, 초목들을 기르신 일을 말한다.

시 104:10. 여호와께서 샘을 골짜기에서 솟아나게 하시고 산 사이에 흐르게

하사.

본 절부터 20절까지는 창 1:20의 "물들은 생물로 번성케 하라"는 말씀을 아름답게 묘사하고 있다. 즉, 다윗은 '주님께서 골짜기마다 샘물이 솟아나게 하셔서 산 사이로 흐르게 하셨다'고 말한다. 다윗은 하나님의 창조의 완벽성과 선하심을 노래하고 있는 것이다. 인간들이 살기 적합한 거처를 제공해 주기 위해 하나님께서 땅에서 물이 솟아나게 하신 것은 생물들을 살리는 일이 아닐 수 없다.

시 104:11. 각종 들짐승에게 마시게 하시니 들나귀들도 해갈하며.

다윗은 '여호와께서 샘을 골짜기에서 솟아나게 하셔서 각종 들짐승에게 모두 마시게 하시고 들나귀들도 갈증을 해갈하게 하셨다'고 말한다. 하나님께서 들 나귀들까지 돌보신다는 것을 말한다(104:27; 145:15; 출 20:10; 욘 4:11).

시 104:12. 공중의 새들도 그 가에서 깃들이며 나뭇가지 사이에서 지저귀는도다.

다윗은 '하늘의 새들이 물가에 깃들이고 나뭇가지들 사이에서 지저귄다'고 말한다. 물가의 나무가 무성해서 그 나무 가지에는 새들이 깃들어 그 물을 마시면서 거기서 노래한다. 하나님은 공중의 새들도 돌보심을 알 수 있다.

시 104:13. 그가 그의 누각에서부터 산에 물을 부어 주시니 주께서 하시는 일의 결실이 땅을 만족시켜 주는도다.

다윗은 '주님께서 그의 누각에서 산에 물을 부어 주시니, 주님께서 하신 일의 열매로 땅이 만족하고 있다'고 말한다. 여기 "누각"이란 말은 하나님의 처소인 하늘을 뜻하는 말이다. 그러므로 "그가 그의 누각에서부터 산에 물을 부어 주신다"는 말은 '주님께서 하늘에서 비를 내려주신다'는 뜻이다.

그리고 “주께서 하시는 일의 결실이 땅을 만족시켜 주는도다”란 말은 ‘주님께서 하시는 일의 결실로 땅에 만족을 주셨다’는 것을 뜻한다. 다시 말해 땅에 물을 공급하시는 하나님의 역사로 인해 땅에 풍성한 결실이 거두어지고 있음을 나타낸 말이다.

14-18절. 초목과 새와 짐승을 만드신 일(창조 제 3일).

시 104:14. 그가 가축을 위한 풀과 사람을 위한 채소를 자라게 하시며 땅에서 먹을 것이 나게 하셔서.

다윗은 ‘주님께서 비를 내리셔서 가축을 위하여 풀이 자라게 하시고, 사람을 위하여 채소가 자라게 하시며 땅에서 양식이 나오게 하셨다’(창 1:29-30)고 말한다. 주님께서 우리의 일용할 양식을 주신다는 것을 알 수 있다.

시 104:15. 사람의 마음을 기쁘게 하는 포도주와 사람의 얼굴을 윤택하게 하는 기름과 사람의 마음을 힘 있게 하는 양식을 주셨도다.

다윗은 ‘주님은 사람의 마음을 기쁘게 하는 포도주와 사람의 얼굴을 빛나게 하는 기름과 사람의 마음을 힘 있게 하는 양식을 주셨다’고 말한다. “주님께서 사람의 마음을 기쁘게 하는 포도주”를 주셨다는 것을 볼 때 주님께서 기쁨의 근원임을 알 수 있다. 그리고 “주님께서 사람의 얼굴을 윤택하게 하는 기름”을 주셨다는 것은 ‘주님께서 사람을 고귀하고 풍요롭게 하셨음’을 의미한다.

시 104:16. 여호와의 나무에는 물이 흡족함이여 곧 그가 심으신 레바논 백향목들이로다.

다윗은 ‘여호와께서 키우신 나무들이 만족해하고, 주께서 심으신 레바논의 백향목들이 만족한다’고 말한다. 하나님께서 키우신 수목의 대표로 레바논의 백향목이 등장한다. 하나님께서 내리시는 비로 나무들이 자라고 특히 여기 레바논의 백향목이 거론되어 물을 흡족하게 흡수하여 잘 자란다고 말한 것이다.

시 104:17. 새들이 그 속에 깃들임이여 학은 잣나무로 집을 삼는도다.

다윗은 '위의 나무들 속에는 새들이 보금자리를 만들고 살며(12절), 학은 잣나무에 집을 짓고 산다'고 말한다.

시 104:18. 높은 산들은 산양을 위함이여 바위는 너구리의 피난처로다.

다윗은 '높은 산들은 산양을 위한 곳이며 바위는 너구리의 피난처입니다'라고 말한다. 여기 "너구리"란 말은 '바위 너구리, 오소리 등 바위 사이에 집을 짓고 사는 짐승'을 가리킨다.

19-24절. 이 부분(19-24절)에는 해와 달의 순환과 밤낮의 교체를 정하신 일을 말한다(제 4일).

시 104:19. 여호와께서 달로 절기를 정하심이여 해는 그 지는 때를 알도다.

본 절은 여호와께서 달과 해를 통하여 시각을 알게 하신 것을 말한다. 즉, 다윗은 '주님께서는 달을 지어 때를 구분하도록 해 주셨으며, 해는 그 지는 때를 알게 하셨다'고 말한다. 달을 통하여 달과 절기를 알게 하셨고(창 1:14), 해가 서쪽으로 지는 것으로 한 날의 마감을 알려 주셨다. 유대인들은 달 중심으로 달력을 정했으며 고대 유대인들은 모두 달을 보고 달력을 정했다.

시 104:20. 주께서 흑암을 지어 밤이 되게 하시니 삼림의 모든 짐승이 기어나오나이다.

다윗은 '주님께서 어두움을 만드셔서 밤이 되게 하시니, 숲의 온갖 짐승들이 기어 나와 다닌다'고 말한다. 밤이 되어 사방이 어두워지면 야행성(夜行性) 동물들이 그들의 먹이를 구하기 위해 활동을 시작하는 것이다. 만약 밤이 없었다면 밤에만 돌아다니고 먹이를 찾는 동물들이 먹이를 구하지 못하여 굶어죽을 것이다. 주님께서 밤을 만드신 이유가 분명해 진다.

시 104:21-22. 젊은 사자들은 그들의 먹이를 쫓아 부르짖으며 그들의 먹이를 하나님께 구하다가 해가 돋으면 물러가서 그들의 굴속에 눕고.

다윗은 '힘이 좋은 사자는 먹이를 위해 으르렁거리며 하나님께 먹거리를 구하다가 해가 돋으면 물러가서 자기 굴에 눕는다'고 말한다. 다시 말해 힘 센 사자들을 비롯한 야행성 동물들은 굶주려 부르짖으며 그들의 먹이를 구하다가 해가 돋으면 다른 동물들에게 공포의 시간이었던 그 시간에 물러간다는 것이다.

시 104:23. 사람은 나와서 일하며 저녁까지 수고하는도다.

다윗은 '사람은 일하러 나와서 저녁까지 일하며 수고한다'고 말한다. 즉, 사람들이 잠자리에서 나와서 해가 지도록 노동하여 그들의 생계를 위하여 수고한다는 것이다(창 3:17-19).

시 104:24. 여호와여 주께서 하신 일이 어찌 그리 많은지요 주께서 지혜로 그들을 다 지으셨으니 주께서 지으신 것들이 땅에 가득하니이다.

다윗은 '여호와시여! 주님께서 하신 일이 어찌 그리 많은지요. 주님께서 이 모든 것을 지혜로 지으셨으니, 땅이 주님의 피조물로 가득하다'고 말한다. 땅 위에는 주님께서 지혜로 지으신 보화로 가득한 것이다(24:1; 105:21).

25-29절. 제 5일은 바다와 어족을 만드신 일을 말한다.

시 104:25. 거기에는 크고 넓은 바다가 있고 그 속에는 생물 곧 크고 작은 동물들이 무수하니이다.

다윗은 '땅 위에는 아주 크고 넓은 바다가 있고 그 바다 속에는 생물 곧 크고 작은 동물들이 무수하다'고 말한다. 큰 동물들은 사람의 육안으로 볼 수 있고 작은 동물들은 현미경으로 볼 수 있다. 바다 속의 생물들을 다 알아낼 수는 없는 일이다.

시 104:26. 그 곳에는 배들이 다니며 주께서 지으신 리워야단이 그 속에서 노나이다.

다윗은 '바다에는 배들이 오가며 주님께서 지으신 리워야단이 논다'고 말한다. "리워야단"을 두고 해석이 갈린다. 1) 바다의 큰 물고기라고 말하는 견해(Lange). 2) 고래로 보는 견해(Calvin, Delitzsch, Briggs, Rawlinson, 이상근). 2)번의 견해가 더 타당한 듯하다.

시 104:27. 이것들은 다 주께서 때를 따라 먹을 것을 주시기를 바라나이다.

다윗은 '이런 모든 생물들은 다 주님께서 때를 따라 먹을 것을 주시기를 바라고 있다'고 말한다. 이런 모든 생물들이 주님을 바라보며, 주님께서 가축들에게 먹거리를 주시고(14절), 맹수들에게 고기를 주심같이(23절), 자기들에게도 먹거리를 주시기를 바란다는 것이다. 주님은 한 가지도 친히 만드신 피조물에 예외 없이 먹거리를 주신다.

시 104:28. 주께서 주신즉 그들이 받으며 주께서 손을 펴신즉 그들이 좋은 것으로 만족하다가.

다윗은 '주님께서 그들에게 주시면 그들이 받아먹고, 주님께서 주님의 손을 펴시면 그들이 좋은 것으로 만족한다'고 말한다. 모든 피조물의 생애가 전적으로 주님의 손에 달려 있는 것이다.

시 104:29. 주께서 낯을 숨기신즉 그들이 떨고 주께서 그들의 호흡을 거두신즉 그들은 죽어 먼지로 돌아가나이다.

다윗은 '주님께서 얼굴을 숨기시면 그들이 떨고, 주님께서 저희 호흡을 거두시면 그들은 죽어 티끌로 돌아간다'고 말한다. 주님께서 저들을 떠나

낯을 숨으시면, 저들은 떨게 되고, 주님께서 그들의 호흡을 거두시면 그들은 죽어 티끌로 돌아간다는 것이다.

30-32절. 하나님께서 자연계를 보존하신 일과 통치하신 일을 말한다.

시 104:30. 주의 영을 보내어 그들을 창조하사 지면을 새롭게 하시나이다.

29절의 묘사가 생물의 죽음에 관한 것이라면, 본 절은 그후 새로운 창조로 세상이 새롭게 된 것을 묘사하는 것이다. 즉, 다윗은 '주님께서 주님의 영을 보내시면 그들이 창조되고, 지면은 새로워진다'고 말한다. 다시 말해 주님께서 주님의 영을 보내사 천지를 창조하시고(창 1:2; 2:7) 지면을 새롭게 하셨던 것이다.

시 104:31. 여호와의 영광이 영원히 계속할지며 여호와는 자신께서 행하시는 일들로 말미암아 즐거워하시리로다.

다윗은 '여호와의 영광이 영원할 것이며 여호와께서 그 하신 일들로 말미암아 기뻐하실 것이라'고 말한다. 모든 생물은 태어나면 때가 되어 죽으며 새로운 생명으로 교체되지만 여호와의 영광은 영원히 계속할 것이라는 말이다.

그리고 "여호와는 자신께서 행하시는 일들로 말미암아 즐거워하시리로다"(may the LORD rejoice in his works-ESV)는 말은 여호와의 창조 사역과 자연계에 나타내신 하나님의 모든 섭리를 통하여 즐거워하실 것이라는 뜻이다. 하나님께서는 창조하신 후에 '보시기에 심히 좋았더라'(창 1:4, 10, 12, 18,21, 25, 31)고 하셨다.

시 104:32. 그가 땅을 보신즉 땅이 진동하며 산들을 만지신즉 연기가 나는도다.

다윗은 '주님께서 땅을 보시니 땅이 떨고(18:7; 114:7) 산들에 닿으시니 산들이 연기를 뿜어낸다'(144:5; 출 19:18; 신 4:11)고 말한다. 다시 말해 하나님께서는 지진도 일으키시고 산에서 분화가 일어나게 하신다.

33-35절. 서원과 신념을 발표하신 일.

시 104:33. 내가 평생토록 여호와께 노래하며 내가 살아 있는 동안 내 하나님을 찬양하리로다.

다윗은 '내 평생 여호와께 노래하며 내가 사는 동안 내 하나님을 찬송하겠다'고 말한다. 우리는 하나님의 넘치는 은혜에 대하여 무한 감사를 드려야 하는 것이다.

시 104:34. 나의 기도를 기쁘게 여기시기를 바라나니 나는 여호와로 말미암아 즐거워하리로다.

다윗은 '내가 기도를 드리는 것을 주님께서 기쁘게 여기셔서 응답하시기를 바라나니 나는 여호와께서 내 기도 응답을 기쁘게 응답하시는 것을 즐거워한다'고 말한다(32:11; 33:1).

시 104:35. 죄인들을 땅에서 소멸하시며 악인들을 다시 있지 못하게 하시리로다 내 영혼아 여호와를 송축하라 할렐루야.

다윗은 '주님께서 죄인들을 땅에서 없애버리시며 악인들을 다시 일어나게 못하게 하실 것이로다'라고 말한다. 그리고 다윗은 마지막으로 "내 영혼아 여호와를 송축하라 할렐루야"라고 말한다. 103:1주해 참조. "할렐루야"(הַלְלוּ־יָהּ)란 말은 '여호와를 찬송하라'는 뜻이다(계 19:1, 3, 4, 6).

제 105 편 출애굽의 역사를 인하여 찬송하다

본편과 다음 편(106편)은 이스라엘의 역사를 다루는 연속 시(78, 106, 107, 135, 136편과 더불어)이다. 곧, 이 시편의 제목은 하나님께서 아브라함에게 주신 약속 성취에 신실하셨다는 것이다. 본편은 포로기의 경험을 언급하는 시로서(106:40-41, 45-47) 포로기 이후의 작품이다. 본편의 1-15절은 대상 16:8-22(다윗이 법궤를 옮길 때의 노래)과 매우 흡사하다.

본편의 내용은 1) 찬미(1-7절). 2) 아브라함의 역사(8-15절). 3) 요셉의 역사(16-23절). 4) 모세의 역사(24-36절). 5) 출애굽의 역사(37-45절)로 구성되어 있다.

표제: 본편은 전편과 후편처럼 히브리어 원전에는 표제가 없으나 고대 여러 번역들(LXX, Vulgate, Aethiopic, Arabic) 안에는 전편의 결말에 있던 "할렐루야"가 여기 옮겨져 표제 역할을 하고 있다(이상근).

1-7절. 찬미. 본편의 저작자는 모든 신자들에게 여호와의 행사를 만민 중에 알게 하라고 권한다(1, 2 절). 본편을 저술한 시인은 자기 시대의 이스라엘 백성도 여호와를 자랑하고, 여호와를 구해야 한다고 한다(3, 4절).

시 105:1. 여호와께 감사하고 그의 이름을 불러 아뢰며 그가 하는 일을 만민 중에 알게 할지어다.

시인은 '여호와께 감사하며 그 이름을 불러 아뢰며 주께서 하신 일을 백성들 중에 알리라'고 말한다. 시인은 하나님께서 주신 은혜가 너무 커서 감사하면서 만민 중에 알리라'고 말한다(106:1; 107:1; 111:1; 136:1; 138:1). 1-15절은 대상 16:8-22(다윗이 법궤를 옮길 때의 노래)과 흡사하다.

시 105:2. 그에게 노래하며 그를 찬양하며 그의 모든 기이한 일들을 말할지어다.

시인은 '주님께 노래하며 찬송하라. 주님의 모든 놀라운 일을 묵상하라'고 권한다. 즉, 시인은 주님께서 이스라엘을 위해 행하신 기이한 일들을 말하며 묵상하라고 권하는 것이다.

시 105:3. 그의 거룩한 이름을 자랑하라 여호와를 구하는 자들은 마음이 즐거울지로다.

시인은 '주님의 거룩하신 이름에 영광을 돌려라(34:2). 여호와를 찾는 사람의 마음에 즐거움이 있구나'(33:21)라고 말한다. 여호와를 찾는 사람들은 언제나 예외 없이 즐거움이 임하는 것을 느낀다.

시 105:4. 여호와와 그의 능력을 구할지어다 그의 얼굴을 항상 구할지어다.

시인은 '여호와와 그분의 능력을 구하라. 항상 그분의 얼굴을 구하라'고 말한다. 여호와를 향하고 그의 능력을 구하며, 여호와의 얼굴을 구하여 넘치는 은혜를 구하라는 것이다. "그의 얼굴을 항상 구한다"는 것은 '하나님의 도우심을 구하는 것'을 말한다(민 6:25-26).

시 105:5. 그가 행하신 기적과 그의 이적과 그의 입의 판단을 기억할지어다 (Remember the wonderful works that he has done, his miracles, and the judgments he uttered-ESV).

시인은 '주님께서 행하신 놀라운 일들(2절)을 기억하고, 주님의 이적들과 그리고 그 입의 판결들을 기억하라'고 권한다. "그의 이적"은 27-36절과 39-41절에서 다루어지고 있다. 그리고 "그의 입의 판단을 기억할지어다"란 말은 '하나님께서 이스라엘을 출애굽 시키실 때에 그의 권능으로 나타내신 공의로운 구원 행위'를 지칭한다.

시 105:6. 그의 종 아브라함의 후손 곧 택하신 야곱의 자손들아.

본 절은 시인이 5절의 권면을 해야 하는 대상들을 말한다. 즉, 주님의 종 아브라함의 후손들, 곧 주께서 택하신 야곱의 자손들에게 5절의 권면을 하라는 것이다.

시 105:7. 그는 여호와 우리 하나님이시라 그의 판단이 온 땅에 있도다.

시인은 '그분은 여호와 우리 하나님이시며 그분의 판결이 온 땅에 있다'고 말한다. 시인은 본 절에서 하나님의 양면, 즉 그가 여호와 우리의 하나님이시며 또 세계 만민을 심판하시는 우주적 하나님이신 것을 선포한다. 다시 말해 그가 우리 이스라엘의 하나님이시며 세계 만민을 심판하시는 우주적 하나님이신 것을 선포하는 것이다.

8-15절. 아브라함의 역사.

시 105:8. 그는 그의 언약 곧 천 대에 걸쳐 명령하신 말씀을 영원히 기억하셨으니.

시인은 '주님께서 자신의 언약, 곧 주님께서 천 대에 명령하신 말씀을 영원히 기억하셨다'고 말한다. 하나님은 이스라엘과 언약을 맺으셨는데 하나님의 언약은 천대에 이르도록 변치 않는다는 것이다. 여기 "천 대에 명령하신 말씀"이란 말은 한계가 없는 무한의 기간 곧 영원을 상징하는 기간을 말한다. 그리고 "명령하신"이란 말은 '영원히 세우신 그의 약속의 말씀'이란 뜻이다. 이는 신 7:9의 '천대까지 그 언약을 이행하시며'라는 말씀을 연상케 한다. "언약"에 대해 25:10주해 참조.

시 105:9-10. 이것은 아브라함과 맺은 언약이고 이삭에게 하신 맹세이며 야곱에게 세우신 율례 곧 이스라엘에게 하신 영원한 언약이라.

시인은 '이 언약(8절)은 주님께서 아브라함과 맺으신 언약이고(창 15:18; 17:2-8) 이삭에게 하신 맹세이며(창 26:3-5) 야곱에게 세우신 규례이고(창 28:13) 이스라엘에게 주신 영원한 언약이라'고 말한다.

시 105:11. 이르시기를 내가 가나안 땅을 네게 주어 너희에게 할당된 소유가 되게 하리라 하셨도다.

시인은 '주님께서 말씀하시기를 내가 네게 가나안 땅을 유업의 몫으로 줄 것이라 하셨다'고 말한다. 3대를 통하여 언약하신 말씀(9-10절)은 가나안을 이스라엘의 기업의 땅으로 주신다는 것이었다(창 13:15; 17:8; 26:3; 28:13).

시 105:12. 그 때에 그들의 사람 수가 적어 그 땅의 나그네가 되었고.

시인은 '그 당시에 그들의 수가 매우 적어서 거기에서 나그네가 되었다'고 말한다. 아브라함의 가족 숫자가 매우 적어 따라서 그 땅의 나그네에 지나지 않았다는 것이다(창 14:14; 33:1).

시 105:13. 이 족속에게서 저 족속에게로, 이 나라에서 다른 민족에게로 떠돌아다녔도다.

시인은 '아브라함의 가족들이 사람 수가 매우 적어 이 족속에게서 저 족속에게로, 그리고 이 나라에서 다른 민족에게로 떠돌아다녔다'고 말한다. 아브라함은 하란에서 가나안, 블레셋, 애굽 등지로 유리방황했고, 이삭도 야곱도 여러 지방으로 유리방황했다.

시 105:14. 그러나 그는 사람이 그들을 억압하는 것을 용납하지 아니하시고 그들로 말미암아 왕들을 꾸짖어.

믿음의 조상들의 가족들은 이리저리 유리방황했지만 하나님께서는 사람들이 그들을 억압하는 것을 허락하지 아니하시고 믿음의 조상들 때문에 이방 왕들을 꾸짖으셨다는 것이다. 하나님께서 개입하시니 믿음의 조상들은 압박도 받지 않고 안전히 살다가 간 셈이었다.

시 105:15. 이르시기를 나의 기름 부은 자를 손대지 말며 나의 선지자들을 해하지 말라 하셨도다.

시인은 '주님께서 내 기름 부음을 받은 자를 건드리지 말고 내 선지자를 해치지 마라 하셨다'고 말한다. 하나님께서 이방 왕들에게 아브라함을 해하지 못하게 하셨다. 아브라함은 하나님께서 택하신 족장이요 또 하나님의 예언자였으므로 해하지 말라고 하신 것이었다(창 20:6-7).

16-23절. 요셉의 역사.

시 105:16. 그가 또 그 땅에 기근이 들게 하사 그들이 의지하고 있는 양식을 다 끊으셨도다.

시인은 '하나님께서 가나안 땅에 기근이 들게 하셔서(창 41:54; 42:1) 가나안인들이 의지하고 있는 양식을 다 끊으셨다'고 말한다. 하나님께서는 필요에 따라 기근이 들게도 하신다는 것을 말한다.

시 105:17. 그가 한 사람을 앞서 보내셨음이여 요셉이 종으로 팔렸도다.

시인은 '그러나 주께서 그들 앞서 한 사람을 보내셨으니, 종으로 팔린 요셉이었다'고 말한다. 하나님께서 요셉을 애굽 땅으로 보내실 때 종으로 팔려가게 하셨다(창 33:28; 39:1).

시 105:18. 그의 발은 차꼬를 차고 그의 몸은 쇠사슬에 매였으니.

시인은 '요셉은 그 발이 차꼬를 차고 그 목이 쇠사슬에 매였다'(창 40:3)고 말한다. 요셉은 애굽에 팔려간 후 처음에는 보디발 집의 종으로 일하다가 보디발 부인의 농간으로 옥에 들어가게 되었고 훗날 옥사장의 후의로 옥중 사무를 맡았을 때는 보다 자유롭게 되었다(창 39:22).

시 105:19. 곧 여호와의 말씀이 응할 때까지라 그의 말씀이 그를 단련하였도다.

시인은 '주님의 말씀이 이루어질 때까지 여호와의 말씀이 그를 단련하였다'고 말한다. 본 절의 "여호와의 말씀이 응할 때까지라"는 말씀을 두고 견해가 갈린다. 1) 떡 맡은 관원장과 술 맡은 관원장의 꿈을 해몽한 요셉의 말을 가리킨다는 견해(Delitzsch, Kennicott, Rawlinson, 이상근, 호크마 주석). 그러나 이 견해를 지지한다는 것은 무리가 따른다. 요셉은 두 관원장의 꿈을 해석해 주고도 2년을 기다려서 감옥에서 풀려 나왔다(창 41:1). 따라서 이 견해를 취할 경우 "응할 때까지라"는 말과 조화를 이루지 못한다.

2) 하나님의 작정을 지칭한다는 견해(창 15:13, Calvin, 박윤선, 그랜드 종합 주석, 옥스퍼드 원어성경 대전). 즉, 요셉은 하나님의 작정에 따라 그 기한이 차기까지 잠시 고난을 받은 것이다. 이 두 견해 중에 2)번의 견해가 바른 것으로 보인다.

시 105:20. 왕이 사람을 보내어 그를 석방함이여 뭇 백성의 통치자가 그를 자유롭게 하였도다.

시인은 '애굽 왕이 사람을 보내어 그를 풀어 주고 백성들의 통치자(애굽 왕)가 그를 자유롭게 하였다'고 말한다. 애굽 왕은 요셉을 옥에서 석방시켜 왕 앞으로 오게 했다(창 41:14).

시 105:21. 그를 그의 집의 주관자로 삼아 그의 모든 소유를 관리하게 하고.

시인은 '애굽 왕은 요셉을 애굽을 다스리는 주관자(총리)로 삼하 그의 모든 소유를 관리하게 했다'고 말한다(창 41:40).

시 105:22. 그의 뜻대로 모든 신하를 다스리며 그의 지혜로 장로들을 교훈하게 하였도다.

시인은 '애굽 왕은 요셉의 뜻대로 애굽의 모든 신하들을 다스리게 하며(창 41:40-44), 요셉의 지혜로 장로들에게 가르치게 하였다'고 말한다. 이는 요셉의 지혜가 장로들의 지혜보다 월등히 우수함을 증명하는 것이다.

시 105:23. 이에 이스라엘이 애굽에 들어감이여 야곱이 함의 땅에 나그네가 되었도다.

시인은 '요셉이 애굽의 총리가 된 후에 야곱(이스라엘)이 애굽으로 내려갔고, 야곱 집이 함의 땅(78:51, 애굽 땅)에서 나그네가 되었다'(창 46:1-7)

고 말한다. 그래서 야곱 집은 애굽에서 약 400년간 노예 생활을 했다(창 15:13).

24-36절. 모세의 역사. 하나님께서는 이스라엘의 출애굽을 위하여 모세를 보내셔서 준비를 시키셨고 모세를 지도자로 쓰시기 위하여 애굽에 재앙을 주셨다.

시 105:24. 여호와께서 자기의 백성을 크게 번성하게 하사 그의 대적들보다 강하게 하셨으며.

시인은 '주님께서 자기의 백성을 매우 번성하게 하시어 그 대적들보다 더 강하게 하셨다'고 말한다(출 1:9). 처음에 70인 가족으로 내려간 이스라엘 백성이 크게 번성하여 장정만 60만 명에 이르렀다. 이스라엘 백성이 애굽인들보다 더욱 왕성해졌다(출 1:7, 12, 20).

시 105:25. 또 그 대적들의 마음이 변하게 하여 그의 백성을 미워하게 하시며 그의 종들에게 교활하게 행하게 하셨도다.

시인은 '이스라엘이 강성해지매 주님께서 애굽인들의 마음을 돌려 주님의 백성을 미워하게 하셨고, 주님의 종들을 속이게 하셨다'(출 1:8-22)고 말한다.

시 105:26. 그리하여 그는 그의 종 모세와 그의 택하신 아론을 보내시니.

시인은 '그래서 주님께서 자기의 종 모세(출 3:10-18; 4:1-9)와 택하신 아론을 보내셨다'(출 4:14-17)고 말한다.

시 105:27. 그들이 그들의 백성 중에서 여호와의 표적을 보이고 함의 땅에서 징조들을 행하였도다.

시인은 '그들(모세와 아론) 중에서 주님의 표적을 보이고, 함의 땅에서 기적들을 행하게 하셨다'고 말한다. "표적과 기적"은 '이적과 기사'로 이해된다.

시 105:28. 여호와께서 흑암을 보내사 그곳을 어둡게 하셨으나 그들은 그의 말씀을 지키지 아니하였도다.

본 절은 주님께서 애굽에 내리신 아홉째 재앙인 흑암에 관해 말한다(출 10:21-23). 즉, 시인은 '주님께서 어둠을 보내시어 그곳을 어둡게 하셨으나 그들은 주님의 말씀을 지키지 아니하였다'고 말한다. 여기 "그들은 그의 말씀을 지키지 아니하였다"는 말은 '모세와 아론은 하나님의 명령을 수행하는 과정에서 바로의 공격을 충분히 예상할 수 있었음에도 불구하고 하나님의 명령을 조금도 어기지 아니하고 담대하게 수행했다'는 것이다(Calvin).

시 105:29. 그들의 물도 변하여 피가 되게 하사 그들의 물고기를 죽이셨도다.

시인은 '주님께서 그들의 물을 피로 변하게 하시고, 그들의 물고기를 죽게 하셨다'고 말한다(출 7:20-21).

시 105:30. 그 땅에 개구리가 많아져서 왕의 궁실에도 있었도다.

시인은 '그 땅에 둘째 재앙인 개구리가 많아져서 왕의 궁실에도 있었다'(출 8:6)고 말한다.

시 105:31. 여호와께서 말씀하신즉 파리 떼가 오며 그들의 온 영토에 이가 생겼도다.

시인은 '여호와께서 말씀하신즉 넷째 재앙인 파리 재앙(출 8:21)과 셋째 재앙인 이 재앙(출 8:17)이 생겼다'고 말한다. 본 절에 다섯째(생축에 생겼을 악질, 출 9:3)와 여섯째(온역, 출 9 :15)는 생략되고 있다.

시 105:32. 비대신 우박을 내리시며 그들의 땅에 화염을 내리셨도다.

시인은 '일곱째 재앙인 우박 재앙을 하나님께서 내리시며(출 9:18, 23) 그들의 땅에 화염을 내리셨다'(출 9:23)고 말한다. 출 9:23에 "불을 내려 땅에 달리게 하시니..."에 기록되어 있는 불을 의미한다.

시 105:33. 그들의 포도나무와 무화과나무를 치시며 그들의 지경에 있는 나무를 찍으셨도다.

시인은 '그들의 포도나무와 무화과나무를 치시며, 그들 영토 안에서 자라고 있는 나무들을 꺾으셨다'고 말한다. 출 9:25에는 "우박이 애굽 온 땅에서 사람과 짐승을 막론하고 밭에 있는 것을 쳤으며 우박이 또 밭의 모든 채소를 치고, 들의 모든 나무를 꺾었다"고 말한다. 그리고 78:47 주해를 참조하라.

시 105:34. 여호와께서 말씀하신즉 황충과 수많은 메뚜기가 몰려와(He spoke, and the locusts came, and young locusts without number-RSV, ESV).

본 절은 여덟째 재앙인 메뚜기 재앙에 관해 말한다. 즉, 시인은 '주님께서 말씀하시니, 황충과 메뚜기 떼가 수 없이 날아왔다'(출 10:1-15)고 말한다. "황충"이란 '일종의 메뚜기 또는 성장과정에 있는 메뚜기'를 지칭한다(Rawlinson). 황충이 수없이 날아온 것은 여호와의 명령으로 날아온 것이다.

시 105:35. 그들의 땅에 있는 모든 채소를 먹으며 그들의 밭에 있는 열매를 먹었도다.

시인은 '몰려온 메뚜기가 애굽 땅에 있는 모든 채소를 먹어 치웠고 또 그들의 밭에 있는 열매를 먹어버렸다'고 말한다. 출 10:15에 "메뚜기가 온 땅을 덮어 땅이 어둡게 되었으며 메뚜기가 우박에 상하지 아니한 밭의 채소와 나무 열매를 다 먹었으므로 애굽 온 땅에서 나무나 밭의 채소나 푸른 것은 남지 아니하였더라"고 말한다.

시 105:36. 또 여호와께서 그들의 기력의 시작인 그 땅의 모든 장자를 치셨도다.

본 절은 애굽에 내린 열 번째 재앙인 장자를 죽이신 재앙에 대하여 말한다. 즉, 시인은 '주님께서 그들 땅의 모든 장자, 곧 그들의 모든 힘의 첫 열매를 치셨다'(출 12:29)고 말한다. "장자"는 '기력의 시작'을 뜻한다.

37-45절. 출애굽의 역사.

시 105:37. 마침내 그들을 인도하여 은금을 가지고 나오게 하시니 그의 지파 중에 비틀거리는 자가 하나도 없었도다.

시인은 '드디어 여호와께서 이스라엘 군대를 인도하여 은금을 가지고 나오게 하시니(출 12:35-36) 그들이 나올 때 그의 지파 중에 비틀거리는 자가 하나도 없었다'고 말한다. 다시 말해 그들이 출애굽 할 때 한 사람도 걸음을 잘 걷지 못한 자가 없이 건강하게 잘 걸어 나왔다는 것이다.

시 105:38. 그들이 떠날 때에 애굽이 기뻐하였으니 그들이 그들을 두려워함이로다.

시인은 '이스라엘 사람들이 나올 때에 애굽 사람들이 기뻐하였으니(출 11:1, 8; 12:31, 33), 이스라엘 사람들에 대한 두려움이 애굽 사람들에게 다가왔기 때문이라'고 말한다. 애굽에 내렸던 10가지 재앙을 인하여 애굽인들은 이스라엘 백성들을 두려워하여 이스라엘이 떠날 때에 기뻐한 것이었다. 그러나 그들은 금방 마음이 변했다. 자기들이 부려 먹던 노예를 그냥 보낸다는 것은 여간 큰 손해가 아닌 것으로 알아 애굽인들은 이스라엘 사람들을 붙잡으려고 이스라엘을 추격했다(출 14:1-9).

시 105:39. 여호와께서 낮에는 구름을 펴사 덮개를 삼으시고 밤에는 불로 밝히셨으며.

시인은 '이스라엘이 떠난 후 주님께서 이스라엘이 낮의 뜨거운 햇빛을 가려 주시기 위해 구름을 펴셔서 덮개를 삼아 주시고 밤에는 불로 밝혀 주셨다'고 말한다. 하나님은 이스라엘로 하여금 길을 떠나게 하셨으니 밤낮으로 그들의 길을 인도하신 것이다(출 13:21; 14:19-21).

시 105:40. 그들이 구한즉 메추라기를 가져 오시고 또 하늘의 양식으로 그들을 만족하게 하셨도다.

본 절은 역사적으로 순서가 뒤바뀌었다. 하나님께서는 먼저 매일 아침 이스라엘 백성들에게 만나를 내려 먹게 하셨다(출 16:14-15)[12]. 시인은 '이스라엘이 요구하니, 주님께서 메추라기를 보내시고 또 그들에게 하늘 양식으로 만족하게 해 주셨다'고 말한다. 하나님께서 이스라엘 백성들에게 만나 다음으로 그들이 싫증이 나서 고기를 구했을 때 메추라기를 보내셔서 실컷 먹게 하셨다(출 16:3, 13; 민 11:31).

시 105:41. 반석을 여신즉 물이 흘러나와 마른 땅에 강 같이 흘렀으니.

시인은 '주님께서 바위를 가르셔서 물이 솟아 나오게 하여 마른 땅에 강이 흐르게 하셨다'고 말한다(출 17:5-6; 민 20:8-11).

시 105:42. 이는 그의 거룩한 말씀과 그의 종 아브라함을 기억하셨음이로다.

시인은 '하나님께서 위와 같이 이스라엘 백성에게 큰 은혜를 주시면서 광야 길로 인도하신 이유는 그가 그의 종 아브라함과 언약을 맺으신 거룩하신 말씀을 기억하셨기 때문이라'고 말한다. 하나님께서는 아브라함과 한번

12) 이스라엘에게 매일 아침 내려 주셨던 만나는 40년간 계속 주시다가 이스라엘이 가나안에 들어가 유월절을 지킬 때까지 주셨다(수 5:12).

언약을 맺으시고 그것을 반드시 지키시는 분이시기 때문이다.

시 105:43. 그의 백성이 즐겁게 나오게 하시며 그의 택한 자는 노래하며 나오게 하시고.

본 절은 다시 출애굽 초기에 대해서 말한다. 즉, 시인은 '주님께서 자신의 백성이 기쁨으로 나오게 하시며(37절), 자신이 택한 사람들이 즐거이 노래하며 나오게 하셨다(출 12:35-51; 15:1-21)'고 말한다.

시 105:44. 여러 나라의 땅을 그들에게 주시며 민족들이 수고한 것을 소유로 가지게 하셨으니.

시인이 '여러 민족들의 땅을 이스라엘에게 주시어, 여러 족속들이 수고한 것을 이스라엘이 소유하게 하셨다'고 말한다. 다시 말해 이스라엘 백성들이 가나안에 들어가기 전에도 여러 민족의 땅을 이스라엘에게 주셨으며, 또 가나안에 이르렀을 때 이스라엘에게 열방의 땅을 기업으로 주셨으며, 또 이방 민족이 수고한 많은 것을 이스라엘의 소유로 주셨다(수 8-12장).

시 105:45. 이는 그들이 그의 율례를 지키고 그의 율법을 따르게 하려 하심이로다 할렐루야(that they might keep his statutes, and observe his laws. Praise the LORD!-ESV).

시인은 '위와 같이 하나님께서 이스라엘 백성을 애굽에서 구출하여 내시고, 광야 길을 은혜로 인도하시며 또 가나안 땅을 기업으로 주셔서 들어가게 하신 목적은 저희에게 모세 율법을 지켜 행하게 하려는 것이었다'고 말한다(왕하 17:7-23; 대하 36:14-17; 사 1:2-23; 렘 2:5-37). 44절 주해를 참조하라. 그리고 "할렐루야"란 말에 대하여 104:35 주해를 참조하라.

제 106 편 이스라엘의 불신실과 하나님의 신실

본편은 전편에 이어지는 역사 시로 똑같은 저자에 의해 기록된 것으로 보인다. 본편은 "할렐루야 시"라 불리는 10편에 속한다(106, 111, 112, 113, 135, 146, 147, 148, 149, 150편). 본편을 "할렐루야 시"라고 하는 것은 "할렐루야"라는 구로 시작하기 때문이다. 또 위의 10편 중 8편(111, 112편을 제한)은 시편의 끝도 "할렐루야"로 끝맺는다(이상근).

본편의 내용은 1) 하나님께 감사하라는 권면(1-5절). 2) 이스라엘의 불신앙(6-42절). 3) 하나님의 신실하심(43-46절). 4) 구원을 위한 기도(47-48절)로 구성되어 있다. 이 시편의 처음 두 구절은 다윗이 아삽에게 지어준 시의 일부분(대상 16:34-36)과 일치한다.

이 시편은 언제 지었을까? 이 시편이 포로 후 시대의 산물이라는 견해(B. Gemser). 이 시편에 사용된 어체(語體)와 사상 내용이 다니엘의 기도(단 9장)나, 느헤미야에 있는 기도(느 9:5-38)와 유사한 점이 있다는 것 때문이다. 이 시편이 포로 후 시대에 저술되었다고 할 수는 있으나 포로 후 퍽 멀리 떨어진 때라고는 생각할 수 없다(박윤선).

1-5절. 하나님께 감사하라는 권면(1-5절). 이 시편의 저작자는 하나님의 자비에 대하여 감사하며 찬송한다(1-3절). 이 시인은 포로된 유대인들 중에 남아 있으면서 자기도 고국에 돌아갈 기회를 갈망한다(4-5절).

시 106:1. 할렐루야 여호와께 감사하라 그는 선하시며 그 인자하심이 영원함이로다.

시인은 '할렐루야, 여호와께 감사하라. 그분은 선하시며 그분의 인애는 영원하시다'고 말한다. 본 시편은 시작과 끝이 "할렐루야"라는 말로 시작하고 또 끝맺는다. 그래서 "할렐루야 시"라고 불린다. "할렐루야"라는 말은 '여호와를 찬송하라'는 뜻이다(105:35주해 참조).

"여호와께 감사하라. 그는 선하시며 그 인자하심이 영원함이로다"의 뜻을 위해서는 100:5 주해를 참조하라. 우리는 진심으로 여호와께 감사해야 한다.

시 106:2. 누가 능히 여호와의 권능을 다 말하며 주께서 받으실 찬양을 다 선포하랴.

시인은 '누가 여호와의 능하신 일들을 다 말할 수 있으며, 누가 그분에 대한 찬양을 다 돌려드릴 수 있으랴?'고 말한다. 세상에 여호와의 능하신 일이나 그 분에 대한 찬양을 다 돌려 드릴 수가 없고(50:2; 92:5; 사 40:12-17; 롬 11:33-36), 그것이 가능한 자는 아래 절이 말해 준다.

시 106:3. 정의를 지키는 자들과 항상 공의를 행하는 자는 복이 있도다.

"여호와의 권능을 다 말하며 주께서 받으실 찬양을 다 선포할 자"(앞 절)는 다른 사람이 아니라 "정의를 지키는 자들(하나님의 말씀을 선히 지키는 자)과 항상 공의를 행하는 자(일상생활에서 항상 의를 행하는 자)"라는 것이다. 그런 자들이 감당할 수 있다는 것이다.

시 106:4. 여호와여 주의 백성에게 베푸시는 은혜로 나를 기억하시며 주의 구원으로 나를 돌보사.

본 절은 시인 개인을 위해 기도한다. 즉, 시인은 '여호와시여! 주님의 백성에게 베푸시는 은총으로 나를 기억하시며, 주님의 구원으로 나를 돌아보아 주소서'라고 말한다. 시인은 자신이 주님의 은혜와 구원아래 있게 해주십사고 기원한다(18:35; 85:7).

시 106:5. 내가 주의 택하신 자가 형통함을 보고 주의 나라의 기쁨을 나누어 가지게 하사 주의 유산을 자랑하게 하소서.

시인은 '나로 하여금 구원을 받아서 주님께서 택하신 이스라엘 백성의 형통함을 보게 해주시며, 주님의 나라(이스라엘 나라)에 넘치는 기쁨을 함께 누리게 해주시며, 주님의 기업(이스라엘 나라)을 자랑하게 해주소서'고 말한다. 다시 말해 시인은 자신이 주님께서 택해 주신 이스라엘 나라가 잘 되는 것을 보게 해주시고 또 그들이 형통하게 되어 기쁨을 가질 터인데 그 기쁨에 동참하게 해주시며 또 주님의 유산인 이스라엘 나라를 자랑할 수 있게 해주시라는 기도를 드린다(스 3:12; 6:22).

6-42절. 이스라엘의 불신앙. 이스라엘 백성이 범한 죄악은 홍해에서 거역한 일(7절), 그러나 하나님께서 "자기 이름을 위하여" 구원해 주신 일(8-12절), 이들이 하나님을 시험한 일(14절), 이스라엘이 질투한 일(16절), 우상 숭배한 일(19, 28절), 낙토(가나안)를 멸시한 일(24절), 광야에서 지도자 모세까지도 범죄한 일(33절), 하나님께서 멸하라고 하신 이족(異族)들을 남겨둔 일(34절), 우상을 섬긴 일(35-39절)등이 진술되어 있다.

시 106:6. 우리가 우리의 조상들처럼 범죄하여 사악을 행하며 악을 지었나이다.

이제 시인은 이스라엘의 과거의 죄를 회고한다. 즉, 시인은 '우리는 우리 조상들과 마찬가지로 죄를 지었고 잘못하며 악을 행하였습니다'라고 말한다. 여기 시인은 자기들 동시대의 사람들이 심각하게 죄를 지은 사실을 고백한다. "범죄했다", "사악을 행했다"(사특했다), "악을 지었다"는 말들은 그들이 심각하게 죄를 지었다는 것을 고백하는 말이다. 시인이 이렇게 고백하는 것은 하나님의 용서의 은총을 구하기 위함이었을 것이다. 용서의 은총을 받지 못하면 자기 시대의 이스라엘이 형통하지도 못할 것이며 이스라엘 나라가 기쁨도 가질 수 없을 것임을 알고(5절) 죄를 고백하는 것이다. 오늘 우리 교회도 많이 타락했음을 알고 죄를 통회해야 할 것이다.

시 106:7. 우리의 조상들이 애굽에 있을 때 주의 기이한 일들을 깨닫지 못하며 주의 크신 인자를 기억하지 아니하고 바다 곧 홍해에서 거역하였나이다.

시인은 '우리의 조상들이 애굽에 있을 때 주님의 놀라운 일들을 깨닫지 못하였고, 주님의 풍성한 인자도 기억하지 못했기 때문에 바다 곧 홍해에서 거역하였습니다'라고 말한다. 시인은 자신의 조상들이 애굽에 있을 때 주님께서 모세를 통해서 열 번이나 일으켜주신 이적들을 깨닫지 못했기 때문에, 주님께서 자신의 조상들에게 기적을 통하여 보여주신 인애를 기억하지 못하고 감사하지 않았기 때문에, 애굽을 떠나 홍해를 건너기 직전 애굽 군이 뒤에 좇아올 때 하나님을 대신한 모세를 향해 "애굽에 매장지가 없어서 당신이 우리를 이끌어 내어 이 광야에서 죽게 하느냐 어찌하여 당신이 우리를 애굽에서 이끌어 내어 우리에게 이같이 하느냐"고 원망했다(출 14:11-12). 우리는 성령 충만을 구해서 성령의 지배를 받으며 살아야 원망을 하지 않을 수 있는 것이다.

시 106:8. 그러나 여호와께서는 자기의 이름을 위하여 그들을 구원하셨으니 그의 큰 권능을 만인이 알게 하려 하심이로다.

본 절은 하나님께서 이스라엘의 원망 죄(출 14:11-12)에도 불구하고 구원하셨다는 말씀을 말하고 있다. 첫째 자기의 이름을 위하여 구원하셨고 또 둘째 주님의 권능을 세상 만민이 알도록 하기 위해서였다(출 7:5; 14:4, 18; 15:11-16). 여기 "자기의 이름을 위하여"란 말은 '여호와의 권능과 그의 신실하심을 위하여'라는 뜻이다.

시 106:9. 이에 홍해를 꾸짖으시니 곧 마르니 그들을 인도하여 바다 건너가기를 마치 광야를 지나감 같게 하사.

시인은 '여호와께서는 자기의 이름을 위하여, 그리고 그의 큰 권능을 만민이 알게 하시려고(앞 절) 주님께서 홍해를 꾸짖어 마르게 하셔서 그들로 깊은 바다를 광야처럼 지나가게 하셨습니다'라고 말한다(104:7; 출 14:21-22).

시 106:10. 그들을 그 미워하는 자의 손에서 구원하시며 그 원수의 손에서 구원하셨고.

시인은 '주님께서 이스라엘을 미워하는 애굽인들의 손에서 구원하셨고

(출 2:23; 3:9; 5:6-19) 원수의 손에서 구속하셨습니다'라고 말한다.

시 106:11. 그들의 대적들은 물로 덮으시매 그들 중에서 하나도 살아남지 못하였도다.

시인은 '물이 그 대적을 덮으니, 그들 중 하나도 살아남지 못하고 다 물에 빠져 죽었습니다'(출 28-30장; 15:10)라고 말한다. 헤엄쳐서 도망한 사람도 없었다는 것이다. 이것이 성도들의 원수들이 당하는 벌이다.

시 106:12. 이에 그들이 그의 말씀을 믿고 그를 찬양하는 노래를 불렀도다.

시인은 '애굽 군대가 모두 물에 빠져죽는 것을 보고 이스라엘인들이 주님의 말씀들을 믿고(출 14:31) 주님을 찬양하며 노래하였습니다'라고 말한다. 여기 "노래를 불렀다"는 말은 '모세의 노래(출 15:1-18)를 부른 것을 말하는 것'이다. 사람은 하나님께서 자주 이적을 보여주어야 하나님을 믿고 노래를 부르는 것을 볼 수 있다. 우리는 이적을 보고 믿을 것이 아니라 하나님의 언약을 기억하고 믿어야 할 것이다.

시 106:13. 그러나 그들은 그가 행하신 일을 곧 잊어버리며 그의 가르침을 기다리지 아니하고.

시인은 '그러나 그들은 주님께서 그들로 하여금 홍해를 건너게 하신 기적을 곧 잊어버렸다. 그들은 먹는 문제, 마시는 문제 때문에 그들은 주님을 원망했다. 그들은 마라에서(출 15:24), 신광야에서(출 16:3), 그리고 시내 광야에서(민 11:4) 하나님을 원망하고 의심하기를 그치지 아니하였다'고 말한다. 우리는 하나님께서 우리의 일용할 양식을 반드시 주시는 줄 알고 하나님의 권능과 사랑을 의심하지 않아야 할 것이다. "그들이...주님의 가르침을 기다리지 아니했다"는 말은 '그들은...그들에게 관계된 하나님의 계획의 진전을 기다리지 않고 그들 자신의 꾀를 내어 하나님을 거역했다'는 뜻이다.

시 106:14. 광야에서 욕심을 크게 내며 사막에서 하나님을 시험하였도다.

시인은 '그들은 광야에서 욕심을 크게 내었으며 사막에서는 하나님을 의심하기까지 하였다'(민 11:4)고 말한다. "욕심을 크게 냈다"는 말은 '필요 이외의 것을 탐냈다'는 뜻이다. "하나님을 시험했다"는 말은 '하나님을 의심했다'(78:18)는 뜻이다. 하나님을 의심한다는 것은 인간에게 있을 수 없는 심리이다. 우리는 전적으로 하나님을 믿어야 하는 것이다.

시 106:15. 그러므로 여호와께서는 그들이 요구한 것을 그들에게 주셨을지라도 그들의 영혼은 쇠약하게 하셨도다.

시인은 '주님께서는 원망하는 그들(14절)이 구한 것을 주시긴 하셨으나(민 11:31-32), 그들의 영혼은 쇠약하게 만드셨습니다'라고 말한다. 육신은 만족하게 되었으나 영혼은 아주 메마르게 되었다. 여기 "그들이 요구한 것을 그들에게 주셨다"는 말은 '주님께서 그들에게 메추라기를 주셨다'는 것을 뜻한다(민 11:31-32). 그리고 "그들의 영혼은 쇠약하게 하셨다"는 말은 '그들의 영혼에 만족함이 없었다'는 뜻이다. 원망하는 심령은 아무리 육신은 흡족하게 채워졌어도 영혼은 아주 기쁘지 않았다는 뜻이다(민 11:20). 우리 신자들은 영혼 중심으로 살아야 한다.

시 106:16-17. 그들이 진영에서 모세와 여호와의 거룩한 자 아론을 질투하매 땅이 갈라져 다단을 삼키며 아비람의 당을 덮었고.

본 절부터 18절까지는 고라 당이 모세와 아론을 대항하다가 멸망한 사실을 진술한다. 즉, 시인은 '그들의 영혼이 메말라 빠진 중에(15절) 진영에서 모세와 여호와의 거룩한 자 아론(레 8:2-12)을 시기하였기에 땅이 갈라져 다단을 삼키고 아비람의 무리를 덮었다'(민 16:1-35)고 말한다. 여호와의 종들을 시기하고 원망하면 반드시 하나님의 벌을 받는다. 땅이 갈라져 사람을 삼키고 땅이 사람을 덮치는 벌은 희귀한 벌이다. 여기 "고라"의 이름을 제한 것은 그는 다음절에 등장하는 것처럼 불에 삼켜진 것으로 보인다

(Rawlinson).

시 106:18. 불이 그들의 당에 붙음이여 화염이 악인들을 살랐도다.

시인은 '불이 그들 무리 가운데 타올라 불길이 그 악한 사람들을 살랐다'고 말한다. 고라와 그 당은 더욱 악했으므로 불에 타죽게 한 것으로 보인다(민 16:35-40; 유 1:11).

시 106:19. 그들이 호렙에서 송아지를 만들고 부어 만든 우상을 경배하여.

본 절은 금송아지를 만들어 숭배한 죄를 진술한다. 즉, 시인은 '그들이 호렙에서 송아지를 만들고 부어 만든 우상을 숭배했다'(출 32:4; 신 9:8-16)고 말한다. 송아지를 만들어 엎드려 숭배한 죄는 하나님의 은총을 거스르는 죄일 뿐 아니라 십계명의 둘째 계명을 거스르는 엄중한 죄이다(출 20:4-5).

시 106:20. 자기 영광을 풀 먹는 소의 형상으로 바꾸었도다(They exchanged the glory of God for the image of an ox that eats grass-RSV, ESV)**.**

본 절은 모세가 하나님의 계명을 받기 위해 시내 산에 올라간 사이에 산 아래서 기다리다 지친 백성들은 아론을 시켜 금송아지를 부어 만들고 숭배한 것을 진술한다(출 32:1-6; 신 9:8-16). 즉, 시인은 '하나님의 영광을 풀 먹는 소의 형상과 바꾸었다'고 말한다. 하나님은 사람이 만든 무엇으로든지 대신할 수 없는 영광스러운 영원 자존하신 신이신 데도 불구하고 그 때의 이스라엘 백성은 이 영광스러운 영광을 일개의 송아지에 비하였으니 그 얼마나 큰 죄악인가.

시 106:21. 애굽에서 큰일을 행하신 그의 구원자 하나님을 그들이 잊었나니.

시인은 '송아지 숭배에 참여한 사람들은 애굽에서 위대한 일들을 하신 그들의 구원자 하나님을 쉽게 잊었기 때문이라'고 말한다. 다시 말해 애굽에서 행하신 여러 재앙들과 홍해를 갈라지게 하신 그 크고 놀라운 역사를 쉽게 잊었기 때문이었다. 이렇게 사람들이 쉽게 잊기 때문에 구약에서는 잊지 말라는 많은 말씀을 주고 있다.

시 106:22. 그는 함의 땅에서 기사와 홍해에서 놀랄 만한 일을 행하신 이시로다.

시인은 '주님은 함의 땅에서 놀라운 일과 홍해에서 무서운 일을 하신 분이시라'고 말한다. "함의 땅"이란 말은 '애굽의 별명'이다(105:23, 27). "놀랄 만한 일"이란 한편으로 이스라엘을 위하여 출애굽 하게 하신 일을 지칭하고 또 다른 한편으로 추격해 오던 애굽 군대를 물속에 수장시키신 일을 하신 것을 지칭한다.

시 106:23. 그러므로 여호와께서 그들을 멸하리라 하셨으나 그가 택하신 모세가 그 어려움 가운데에서 그의 앞에 서서 그의 노를 돌이켜 멸하시지 아니하게 하였도다.

시인은 '이스라엘 백성이 금송아지를 숭배했을 때 주께서 이스라엘 백성을 모두 멸하고 모세의 자손으로 더욱 번성케 하시겠다고 하셨으나 주님의 택하신 자 모세가 하나님과 이스라엘 백성들 중간에 서서 주님의 분노를 돌이켜 멸하시지 않도록 하였다'(출 32:10-13, 31-34; 신 9:14, 25)고 말한다.

시 106:24. 그들이 그 기쁨의 땅을 멸시하며 그 말씀을 믿지 아니하고.

본 절부터 27절까지는 이스라엘이 하나님께서 주시고자 하는 기쁨의 땅(가나안 땅)을 주시고자 한 것을 불신하고 애굽으로 돌아가고자 한 것을 진술한다. 여기 "기쁨의 땅"이란 가나안 땅을 지칭한다(민 13:27-33). 이스라엘의 정탐꾼들은 가나안 땅을 정탐한 후 그 땅을 멸시하고 애굽으로 돌아가고자 했다(민 14:3). 가나안 땅을 멸시한 것은 바로 그 땅을 주시고자

하신 하나님의 말씀을 믿지 아니하고 멸시한 것이었다(창 15:18-21).

시 106:25. 그들의 장막에서 원망하며 여호와의 음성을 듣지 아니하였도다.

시인은 '그들의 장막에서 여호와의 말씀을 원망하며 여호와의 음성을 순종하지 아니하였다'(민 14:1-4)고 말한다. "여호와의 음성을 듣지 아니하였다"는 말은 '하나님께서 그들 앞에 있는 가나안 민족들을 쫓아내시겠다는 많은 언약들을 가슴에 새기지 아니했다'(출 3:17; 6:8; 15:15-17)는 것이다. 우리는 무슨 언약이든지 하나님의 언약이라면 가슴에 새겨야 하는 것이다.

시 106:26. 이러므로 그가 그의 손을 들어 그들에게 맹세하기를 그들이 광야에 엎드러지게 하고.

시인은 '그들 앞에 있는 가나안 민족들을 쫓아내시겠다는 많은 언약들을 가슴에 새기지 아니했음으로 하나님께서 손을 들어 이스라엘 민족에게 맹세하시기를 여호수아와 갈렙을 제외하고 그들이 광야에서 엎드러져 죽게 하시겠다'(민 14:26-35)고 말한다.

시 106:27. 또 그들의 후손을 뭇 백성 중에 엎드러뜨리며 여러 나라로 흩어지게 하리라 하셨도다.

시인은 '이스라엘 민족들 당대 뿐 아니고 그들의 후손을 뭇 백성 중에 엎드러뜨리며 여러 나라로 흩어지게 하실 것이라고 경고하신다'(레 26:33; 신 28:64; 겔 20:23)고 말한다. 여기 "여러 나라로 흩어지게 된 것"은 이스라엘이 광야에서 죄를 범한 결과임을 말하고 있다. 이스라엘 민족은 완전히 멸망하여 멀리 서(西)아시아까지 흩어지게 되었다. 얼마는 하란에(대상 5:26), 얼마는 고산과 하볼 하숫가에(왕하 17:6), 얼마는 "메대 사람의 여러 성읍"에, 또 다른 사람은 바벨론(왕하 24:14-16; 대하 36:20; 겔 1:1-3)에 흩어지게 되었다(Rawlinson). 사람들의 죄악은 당대에 뿐 아니라 후대에까지 막대한 영향을 주는 것을 알고 죄를 멀리해야 할 것이다.

시 106:28. 그들이 또 브올의 바알과 연합하여 죽은 자에게 제사한 음식을 먹어서.

본 절부터 31절까지는 이방 우상을 섬긴 죄에 대하여 진술한다. 즉, 시인은 '그들은 또 바알브올과 짝하며 죽은 자에게 바친 제물을 먹었다'고 말한다. 여기 "바알브올"(בַּעַל פְּעוֹר)이란 말은 '브올의 주'란 뜻으로 모압의 우상이다. 이는 모압의 "그모스"(Chemosh(민 21:20; 삿 11:24) 우상을 가리키는 것으로 보인다(Rawlinson). 그리고 "죽은 자에게 제사했다"는 말은 '죽은 자에게 제사한 제물을 먹은 것'을 가리킨다(Dewette, Lange, 이상근). 민 25:2-3 참조.

시 106:29. 그 행위로 주를 격노하시게 함으로써 재앙이 그들 중에 크게 유행하였도다.

시인은 '이스라엘 민족은 우상을 섬겼고, 또 발람의 간교한 속임수에 빠져 모압 여인들로 더불어 음행한 사건으로 염병으로 이스라엘 백성들 가운데 돌아 2만 4천명'이나 죽었다(민 25:8-9).

시 106:30. 그 때에 비느하스가 일어서서 중재하니 이에 재앙이 그쳤도다.

시인은 '그 때 이스라엘 민족이 바알브올 우상 숭배에 가담하고 또 모압 여자들과 음행한 죄 때문에 하나님의 진노가 임한 것을 보고 격분한 아론의 손자 비느하스가 일어나 이스라엘 남자와 그와 음행한 모압 여자를 죽여 하나님의 재앙을 막았다'고 말한다(민 25:7-8).

시 106:31. 이 일이 그의 의로 인정되었으니 대대로 영원까지로다.

시인은 '비느하스가 행한 일(앞 절)을 하나님께서 의(義)로 인정하셔서 비스하스와 평화의 언약, 곧 비느하스와 그의 후손에게 영원한 제사장의 직분을 주시기로 약속하셨다'(민 25:10-13 참조)고 말한다.

시 106:32. 그들이 또 므리바 물에서 여호와를 노하시게 하였으므로 그들 때문에 재난이 모세에게 이르렀나니.

본 절과 다음절은 이스라엘 민족의 또 하나의 범죄를 말한다. 즉, 이 부분(32-33절)은 이스라엘 백성들이 므리바("다툼"이란 뜻)에서 마실 물이 없어서 여호와를 원망하였고 모세까지도 이 사건을 두고 노여워하여 반석을 두 번 쳐서 가나안 땅에 들어가지 못하는 비극에 이르게 되었다. 모세는 마치 자기가 물을 내어주는 것처럼 바위를 두 번이나 쳐서 하나님의 영광을 가리고 말았다(민 20:2, 10, 13; 신 1:37; 3:26). 우리 인간이 하나님의 영광을 가린다는 것은 비극으로 가는 길이다.

시 106:33. 이는 그들이 그의 뜻을 거역함으로 말미암아 모세가 그의 입술로 망령되이 말하였음이로다(for they made his spirit bitter, and he spoke rashly with his lips-ESV)**.**

본 절은 재난이 모세에게 닥친 이유를 설명한다. 시인은 '재난이 모세에게 이른 이유는 이스라엘 백성들이 모세의 뜻을 거역함으로 말미암아 모세가 그의 입술로 망령되이 말하였기 때문이라'고 말한다. 모세의 망령된 말은 "반역한 너희여 들으라 우리가 너희를 위하여 이 반석에서 물을 내랴"(민 20:10)고 말하면서 반석을 두 번 친 것이었다.

시 106:34. 그들은 여호와께서 멸하라고 말씀하신 그 이방 민족들을 멸하지 아니하고.

본 절부터 42절까지는 이스라엘 백성들이 가나안에 들어간 후에 가나안 족속을 모두 멸하라 하신 하나님의 명령(출 23:32-33)을 거역한 결과 이스라엘 백성들에게 미친 악영향과 그에 대한 하나님의 심판이 진술되어 있다. 이스라엘 백성들이 이방 민족들을 멸하지 아니한 일은 이방인들에 대한 사랑이 아니라 하나님의 명령 거역이라는 사실을 알아야 할 것이었다.

시 106:35. 그 이방 나라들과 섞여서 그들의 행위를 배우며.

시인은 '이스라엘 백성이 이방민족들과 혼합되어 이방민족의 우상숭배를 배우며 이방여인과의 음행에 동화되었다'(삿 2:13, 19; 3:6-7; 6:25; 10:6)고 말한다.

시 106:36. 그들의 우상들을 섬기므로 그것들이 그들에게 올무가 되었도다.

이스라엘 백성들은 이방의 우상들(바알, 아스다롯, 그모스, 몰록, 레판 등)을 섬기므로 그 우상들이 이스라엘 백성들에게 올가미가 되었다(왕상 11:7; 왕하 21:19; 행 7:43).

시 106:37. 그들이 그들의 자녀를 악귀들에게 희생제물로 바쳤도다(They sacrificed their sons and their daughters to the demons-RSV, ESV)**.**

시인은 '이스라엘 백성들이 자기네들의 자녀를 악귀들에게 희생 제물로 바쳤다'고 말한다. 이방의 우상들을 없애지 않았음으로 이스라엘 백성에게 닥친 재앙이 바로 자기들의 자녀를 몰록 우상에게 희생제물로 바치게 된 것이다(레 18:21; 신 18:10; 왕하 3:27; 렘 7:31; 겔 23:37).

시 106:38. 무죄한 피 곧 그들의 자녀의 피를 흘려 가나안의 우상들에게 제사하므로 그 땅이 피로 더러워졌도다.

시인은 '이스라엘 백성들이 무죄한 피, 곧 자기 아들들과 딸들의 피를 흘려 가나안 우상들 곧 몰록에게 바쳤고(렘 7:31), 바알에게도 바쳤으며(렘 19:5) 또 그모스에게 바쳤으니(왕하 3:27) 무죄한 피를 가나안의 우상들에게 제사함으로 그 땅이 더러워졌다'고 말한다. 피가 땅을 더럽힌다는 말은 민 35:33에 진술되어 있다. 거기에 보면 "너희는 너희가 거주하는 땅을 더럽히지 말라 피는 땅을 더럽히나니 피 흘림을 받은 땅은 그 피를 흘리게 한 자의 피가 아니면 속함을 받을 수 없느니라"고 말하고 있다(민 35:33).

시 106:39. 그들은 그들의 행위로 더러워지니 그들의 행동이 음탕하도다.

시인은 '그들은 자기들의 행실, 즉 이방인을 본받아 행한 일로 부정하게 되었고, 자기 행위로 음탕한 일을 행하게 되었다'(겔 23:2-21; 호 2:2-5)고 말한다.

시 106:40-41. 그러므로 여호와께서 자기 백성에게 맹렬히 노하시며 자기의 유업을 미워하사 그들을 이방 나라의 손에 넘기시매 그들을 미워하는 자들이 그들을 다스렸도다.

앞 절의 말씀대로 우상숭배의 행위로 더러워진 결과 여호와께서 자기 백성에게 맹렬히 노하시며 또 자기의 유업인 이스라엘을 미워하셔서(78:56-64) 이스라엘을 이방 나라, 즉, 메소보다미아(삿 3:10), 모압(삿 3:12), 블레셋(삿 3:31), 가나안(삿 4:2), 미디안(삿 6:1), 암몬(삿 10:7-16), 애굽(대하 12:2), 앗수르(대상 5:25, 25; 대하 28:19, 20), 바벨론(왕하 25:1)의 손에 넘기시매 이스라엘 백성을 미워하는 강대국들이 이스라엘을 다스렸다는 것이다. 하나님께서 징벌하시는 방법은 이웃 나라들을 사용하셔서 이스라엘을 괴롭혀 주시는 것이었다.

시 106:42. 그들이 원수들의 압박을 받고 그들의 수하에 복종하게 되었도다.

본 절은 바로 앞 절(41절)의 반복이다. 이스라엘이 범죄했을 때 하나님은 이스라엘로 하여금 원수들의 압박을 받게 하셨고 강대국의 수하에 복종하게 하신 것이다(삿 4:6-11; 삼상 13:19-20).

43-46절. 하나님의 신실. 하나님께서는 이스라엘 백성을 징계하시면서도 필경 불쌍히 여기셨다(43-46절).

시 106:43. 여호와께서 여러 번 그들을 건지시나 그들은 교묘하게 거역하며 자기 죄악으로 말미암아 낮아짐을 당하였도다.

시인은 '주님께서 사사들을 보내셔서 원수들의 압박을 받는 이스라엘을 여러 번 건져주셨으나, 이스라엘은 자기 생각대로 거역하며 자기 죄악 때문에 낮아졌다'고 말한다.

시 106:44. 그러나 여호와께서 그들의 부르짖음을 들으실 때에 그들의 고통을 돌보시며.

시인은 '그럼에도 불구하고 주께서는 그들의 부르짖음을 들으실 때마다 그들의 고난을 돌아보아 주셨다'고 말한다. 하나님은 참으로 신실하신 분이시다. 이스라엘이 부르짖을 때마다 그의 언약을 기억하셔서 그 고통을 돌아보아 주셨다(삿 3:9-15; 4:3; 삼상 12:10-11; 왕하 17:13 등).

시 106:45. 그들을 위하여 그의 언약을 기억하시고 그 크신 인자하심을 따라 뜻을 돌이키사.

시인은 '주님께서는 그들을 위하여 자신의 언약을 기억하셨고 그 풍성한 인애를 따라 마음을 돌이키셨다'고 말한다. 주님께서는 이스라엘을 위하여 자신이 아브라함과 이삭과 야곱과 세우신 언약을 기억하셨고 자신의 풍성한 인자하심을 따라 뜻을 돌이키셨다는 것이다(삼하 24:16; 대상 21:15).

시 106:46. 그들을 사로잡은 모든 자에게서 긍휼히 여김을 받게 하셨도다.

시인은 '주님께서는 이스라엘을 사로잡은 모든 사람 앞에서 그들이 불쌍히 여김을 받게 하셔서(왕상 8:50; 왕하 25:27-30; 스 1:4-6) 드디어 예루살렘으로 돌아와 나라를 다시 세우게 하셨다'고 말한다.

47-48절. 구원을 위한 기도. 시인은 결론적으로 구원해 주시기를 하나님께 기도한다(47-48절).

시 106:47. 여호와 우리 하나님이여 우리를 구원하사 여러 나라로부터 모으시고 우리가 주의 거룩하신 이름을 감사하며 주의 영예를 찬양하게 하소서.

시인은 '여호와 우리 하나님이시여! 우리 이스라엘을 구원하시고 민족들 중에서 모으셔서 우리가 주님의 거룩하신 이름에 감사하고 찬양으로 주께 영광을 돌리게 하소서'라고 기도한다. 여기 "우리를 구원하사"라는 말은 4절의 "나를 기억하시며"와 대조가 된다(Rawlinson). 4절에서는 시인 개인을 위해 기도했으나 이 결론적 기도에서는 백성 전체를 위해 기도하고 있다. 우리는 나 개인을 위해 기도하는 것을 넘어 나라와 민족을 위해 기도해야 할 것이다. 아무튼 시인은 이스라엘이 세계 여러 나라로 헤어진 마당에 그냥 있는 것을 원치 않고 예루살렘으로 돌아가 하나님의 성소를 재건하여 예배를 드리게 되도록 기도하고 있다.

시 106:48. 여호와 이스라엘의 하나님을 영원부터 영원까지 찬양할지어다 모든 백성들아 아멘 할지어다 할렐루야.

본 절은 특별한 송영구로 제 4권의 결론을 맺고 있다(41:13; 72:19; 89:52 주해 참조). 그러나 본 절은 전 절과 잘 연결되어 본편의 결론 역할도 한다. 즉, 시인은 '여호와 이스라엘의 하나님을 영원부터 영원까지 송축하라. 모든 백성들은 아멘, 할렐루야'라고 찬양한다. "할렐루야"에 대해 1절 주해 참조.

제 5 권 다윗과 무명 시인의 시 107-150편

제 5권은 제 4권과 한 부분을 이루고 있으며, 주로 예배 용 시들이다. 표제에 기록되어 있는 저자를 보면 다윗의 시편이 15편, 무명작가의 시가 18편(그 중에 12편은 할렐루야 시, 111-117, 146-150편), 솔로몬의 시가 1편, 성전에 올라가는 노래가 15편(120-134편, 그 중에 다윗 시가 4편, 솔로몬의 시가 1편), 도합 49편이다. 포로기 이후의 작품이 많고, 제 2성전의 예배 용 시로 사용된 것으로 보인다. 그런고로 그 내용의 소박하고, 웅장한 것은 비길 데가 없다(이상근).

제 107 편 이스라엘이 포로에서 돌아온 것을 인하여 감사하다

본편은 바벨론 포로 생활로부터 귀환한 이후의 작품으로 보인다. 본편은 제 5권의 서론 역할을 한다. 본편의 내용은 1) 바벨론 포로 생활로부터의 구원에 대한 감사(1-3절). 2) 광야에서 구원받은 일 감사(4-9절). 3) 포로에서 구원 받은 일에 대한 감사(10-16절). 4) 병에서 구원 받은 일 때문에 감사(17-22절). 5) 바다의 풍랑에서 구원 받은 일 때문에 감사(23-32절). 5) 토지를 회복한 일 때문에 감사(33-38절). 6) 압제자의 처벌과 선인의 구원 때문에 감사하는 일(39-43절)로 구성되어 있다.

1-3절. 바벨론 포로 생활로부터의 구원에 대한 감사.

시 107:1 여호와께 감사하라 그는 선하시며 그 인자하심이 영원함이로다.

105, 106편의 시작과 공통된다. 그 주해들을 참조하라.

시 107:2-3. 여호와의 속량을 받은 자들은 이같이 말할지어다 여호와께서 대적의 손에서 그들을 속량하사 동서남북 각 지방에서부터 모으셨도다.

시인은 '여호와에 의해서 포로 생활에서 구속받은 자들(사 44:22-24; 51:11; 렘 31:11)은 이렇게 말하라. 여호와께서 그들을 대적의 손에서 구속하셔서 동서남북 각지에서 가나안 땅으로 모아 주셨기 때문에 감사한다'고 말한다.

4-9절. 광야에서 구원받은 일 때문에 감사.

시 107:4-5. 그들이 광야 사막 길에서 방황하며 거주할 성읍을 찾지 못하고 주리고 목이 말라 그들의 영혼이 그들 안에서 피곤하였도다.

시인은 '이스라엘이 황량한 광야에서 헤매며 거주할 성읍을 찾지 못하였고, 또 주리고 목말라 그들의 영혼이 속에서 피곤하였다'고 말한다. 시인은 먼저 이스라엘 백성들이 출애굽 한 후에 광야에서 겪었던 일들에 비유하여 바벨론의 포로 생활의 고달픔을 묘사하고 있다. 즉, 시인은 이스라엘 백성들의 바벨론 포로생활의 어려움을 과거 이스라엘 백성이 애굽에서 구원받은 40년간 광야 생활을 할 당시 겪었던 어려움에 비유하여 표현하고 있는 것이다(그랜드 종합 주석).

시 107:6. 이에 그들이 근심 중에 여호와께 부르짖으매 그들의 고통에서 건지시고.

시인은 '바벨론에 갇혀 있던 그들이 고통 중에 회개하면서 여호와께 부르짖으니, 주께서 그 고난에서 그들을 건지셔서 예루살렘으로 돌아오게 하셨다'고 말한다. 성도들은 문제에 부딪혔을 때 하나님께 부르짖어 문제를 해결 받아야 한다.

시 107:7. 또 바른 길로 인도하사 거주할 성읍에 이르게 하셨도다.

본 절은 이스라엘이 부르짖을 때 바른 길로 인도해 주신다는 것을 보여주신다는 표현이다. 즉, 시인은 '여호와께서 그들을 바른 길로 인도하셔서 거주할 성읍에 이르게 하셨다'고 말한다. 여기 "거주할 성읍"이란 예루살렘 성 혹은 이스라엘 나라에 대한 비유적 표현이다.

시 107:8. 여호와의 인자하심과 인생에게 행하신 기적으로 말미암아 그를 찬송할지로다.

시인은 '주님의 인애와 사람들에게 행하신 놀라운 기적으로 말미암아 여호와께 감사하라'고 말한다. 여호와께서 일을 행하시는 방법은 인애와 기적이다. 본 절도 6절과 마찬가지로 후렴 역할을 한다. 이 후렴 역할은 15절, 21절, 31절에 다시 나타난다.

시 107:9. 그가 사모하는 영혼에게 만족을 주시며 주린 영혼에게 좋은 것으로 채워주심이로다.

본 절은 앞 절에서 말한 여호와를 찬송해야 할 이유를 제공하고 있다.

즉, 시인은 '주께서 목마른 영혼을 만족시키시며 주린 영혼을 좋은 것으로 채워 주시기 때문이라'고 말한다. 여호와께서 "목마른 영혼"과 "주린 영혼" 에게 좋은 것으로 채워주시기 때문에 그를 찬송해야 하는 것이다. 우리 주님은 항상 좋은 것으로 채워주시는 분이시다.

10-16절. 포로에서 구원 받은 일에 대한 감사.

시 107:10-11. 사람이 흑암과 사망의 그늘에 앉으며 곤고와 쇠사슬에 매임은 하나님의 말씀을 거역하며 지존자의 뜻을 멸시함이라.

시인은 '사람들이 어둠과 사망의 그늘에 살며 곤고함과 쇠사슬에 매여 살게 되는 것은 그들이 하나님의 말씀을 거역하며 지극히 높으신 분의 뜻을 멸시했기 때문이다'고 말한다. 이스라엘이 포로 생활을 하게 된 것은 하나님 앞에 범죄 했기 때문이라는 것이다.

시 107:12. 그러므로 그가 고통을 주어 그들의 마음을 겸손하게 하셨으니 그들이 엎드러져도 돕는 자가 없었도다.

시인은 '그러므로 주께서 그들에게 고통을 주어 그들의 마음을 낮추시니 그들이 넘어져도 도울 자가 없었다'고 말한다. 고통은 사람의 마음을 낮춘다. 사람에게 고통이 심할수록 더욱 낮아지게 마련이다. 그들은 엎드러져도 돕는 자가 없었는데 돕는 자가 하나도 없다는 것이 더욱 겸손하게 만들었다.

시 107:13. 이에 그들이 그 환난 중에 여호와께 부르짖으매 그들의 고통에서 구원하시되.

시인은 '그때 이스라엘이 고통 중에 여호와께 부르짖으니, 주께서 그 고난에서 그들을 구원하셨다'고 말한다. 본 절을 위해서 6절 주해를 참조하라.

시 107:14. 흑암과 사망의 그늘에서 인도하여 내시고 그들의 얽어 맨 줄을 끊으셨도다.

시인은 '여호와께서 이스라엘이 당하고 있는 흑암과 사망의 그늘에서 인도하여 내셨고 그들을 얽어매었던 줄을 끊으셨다'고 말한다. 아무리 지독한 포로 생활이라도 여호와께서는 건져 내시기에 능하신 하나님이시다.

시 107:15. 여호와의 인자하심과 인생에게 행하신 기적으로 말미암아 그를 찬송할지로다.

본 절 주해를 위해 8절 주해를 참조하라.

시 107:16. 그가 놋문을 깨뜨리시며 쇠빗장을 꺾으셨음이로다.

시인은 '주님께서 놋으로 만든 대문을 깨뜨리셨고 쇠로 만들어 채운 빗장을 꺾으셨기 때문이라'고 말한다. 여호와께서 이스라엘을 해방하시기 위해서 놋 대문을 깨뜨리셨으며 쇠로 만들어 채운 빗장도 꺾으셨다는 것이다.

17-22절. 병에서 구원 받은 일 때문에 감사.

시 107:17. 미련한 자들은 그들의 죄악의 길을 따르고 그들의 악을 범하기 때문에 고난을 받아(Some were fools through their sinful ways, and because of their iniquities suffered affliction-ESV)**.**

시인은 '미련한 자들은 자기들의 허물과 죄악 때문에 고통을 당했다'고 말한다. 즉, 어떤 이들은 자기들의 허물을 고집스럽게 따르기 때문에 어리석은 사람들이며, 또 자기들의 악을 고집스럽게 따르기 때문에 고난을 당한다는 것이다. 이스라엘 백성들이 바벨론 포로와 같은 고난을 당한 원인이 그들의 고집스러운 허물과 악을 따랐기 때문이라는 것이다. 여기 시인이 이스라엘이 허물과 악을 행했다는 것을 말하는 것은 그런 중에도 그들이 회개함으로 하나님께서 그들을 용서하시고 해방하셨다는 것을 강조하기 위함임을 드러내고 있다. 이는 하나님의 인자하심과 언약을 신실히 지키시는 분임을 드러내는 것이다.

본 절의 "고난"이란 말은 '질병'을 뜻하는 말이다(Calvin, Rawlinson). 구약성경은 일반적으로 질병을 죄에 대한 하나님의 보응으로 간주했다(왕하 5:27; 대하 21:15; 욥 33:17-22).

시 107:18. 그들은 그들의 모든 음식물을 싫어하게 되어 사망의 문에 이르렀도다.

시인은 '이스라엘 사람들은 심적 육적 고통 때문에 음식물을 싫어하여 거의 죽게 되었다'고 말한다(102:4; 욥 33:20-22). 죄를 고집하지 말고 죄를 자복한다는 것이 사는 길이다.

시 107:19. 이에 그들이 그들의 고통 때문에 여호와께 부르짖으매 그가 그들의 고통에서 그들을 구원하시되.

본 절 주해를 위해 6절 주해를 참조하라.

시 107:20. 그가 그의 말씀을 보내어 그들을 고치시고 위험한 지경에서 건지시는도다.

시인은 '여호와께서는 그의 말씀을 보내셔서 병든 자들을 고쳐주셨고(왕하 20:4; 사 38:4-8), 또 사경(死境)에 있는 사람들을 건져 주신다'고 말한다. 여호와께서는 바벨론에서 고통 받고 있는 이스라엘 백성들을 말씀으로 구원하실 것을 말씀하신 것이다. 여호와께서 고레스 왕을 명령하셔서 이스라엘 민족을 해방하셨다. 우리는 하나님의 말씀을 붙잡아야 한다. 말씀에 사로잡혀 기도하고, 말씀에 사로잡혀 삶을 살아가야 한다.

시 107:21. 여호와의 인자하심과 인생에게 행하신 기적으로 말미암아 그를 찬송할지로다.

본 절 주해를 위해서는 8절 주해를 참조하라.

시 107:22. 감사제를 드리며 노래하여 그가 행하신 일을 선포할지로다(And let them offer sacrifices of thanksgiving, and tell of his deeds in songs of joy!-ESV).

시인은 본 절에서 두 가지를 말한다. 하나는 감사제를 드리라는 것이고 또 하나는 기쁨의 찬양을 불러서 하나님께서 행하신 일을 널리 전파하라는 것이다. 감사와 전파는 아주 중요한 두 가지 행위가 아닐 수 없다.

23-32절. 바다의 풍랑에서 구원 받은 일 때문에 감사.

시 107:23. 배들을 바다에 띄우며 큰 물에서 일을 하는 자는.

본 절에서 시인이 "배를 타고 바다에 나가 대양에서 장사하는 자들"(48:7; 왕상 9:26-28; 10:22; 대하 20:36)에 대해 언급하는 이유는 이스라엘의 바벨론 포로 생활에서의 귀환을 비유하기 위함이다. 즉, 바다에서 풍랑을 만난 항해자가 어떻게 구원을 받느냐 하는 것이다. 그 답은 다음 절에서 언급하고 있다.

시 107:24. 여호와께서 행하신 일들과 그의 기이한 일들을 깊은 바다에서 보나니.

바다에서 풍랑을 만난 항해자가 어떻게 구원을 받느냐 하는 것이 본 절에 진술되어 있다. 즉, "여호와께서 행하신 일들과 그의 기이한 일들을 깊은 바다에서 보게 된다"는 것이다. 다시 말해 바다에서 폭풍과 폭우 중에도 하나님께서 기적적으로 평정시켜 주신다는 것이다. 하나님께서 이스라엘 민족을 바벨론에서 해방하시는 것도 하나님의 이적으로 해결된다는 것이다. 모든 이적스러운 일들은 하나님께서 이루시니 우리로서는 죄를 자복하는 일만을 하면 된다.

시 107:25. 여호와께서 명령하신즉 광풍이 일어나 바다 물결을 일으키는도다.

시인은 '주님께서 말씀하셔서 폭풍을 일으키시고 파도를 치솟게 하신다'고 말한다. 주님께서 명령하시니 바다에 광풍이 일어나서 바다 물결을 일으킨다는 것이다(147:5, 8; 욘 1:4). 하나님께서 명령하시니 이스라엘은 바벨론까지 잡혀 왔다는 것을 말한다.

시 107:26. 그들이 하늘로 솟구쳤다가 깊은 곳으로 내려가나니 그 위험 때문에 그들의 영혼이 녹는도다.

본 절은 풍랑에 배가 시달릴 때의 모습을 묘사한 것이다. 바다의 풍랑 때문에 바다가 하늘로 솟구쳤다가 잠시 후에 깊은 곳으로 내려가는 그 위험 때문에 선원들의 영혼이 혼비백산된다는 것이다. 이스라엘 민족이 죄를 지어 바벨론 군대가 침략하여 이스라엘은 정신없이 되었었다는 것이다.

시 107:27. 그들이 이리저리 구르며 취한 자 같이 비틀거리니 그들의 모든 지각이 혼돈 속에 빠지는도다.

풍랑을 따라 배가 심히 흔들리고 배안에 있었던 자들은 거의 혼미한 속에서 고통당했다는 것을 말한다. 이스라엘 백성들이 바벨론의 침략으로 한 때 혼이 난 것을 말한다.

시 107:28. 이에 그들이 그들의 고통 때문에 여호와께 부르짖으매 그가 그들의 고통에서 그들을 인도하여 내시고.

본 절은 6, 13, 19절의 반복이다. 그 절들의 주해를 참조하라.

시 107:29. 광풍을 고요하게 하사 물결도 잔잔하게 하시는도다.

시인은 '주님께서 폭풍을 잠잠하게 하시니 파도가 잔잔하게 되었다'고 말한다. 예수님도 말씀 한마디로 풍랑을 잠잠하게 하셨다(마 8:26). 하나님은 그의 말씀을 고레스 왕의 입에 넣으셔서 이스라엘을 해방시켜 주셨다. 그래서 이스라엘은 가나안으로 돌아갔다.

시 107:30. 그들이 평온함으로 말미암아 기뻐하는 중에 여호와께서 그들이 바라는 항구로 인도하시는도다.

시인은 '그들이 풍랑이 잠잠해지니 바다가 조용해져서 선원들이 기뻐하는 중에 여호와께서 그들이 바라는 항구로 인도하셨다'고 말한다. 선원들은 하나님의 은혜로 그들이 바라는 항구로 인도함을 받게 된 것이다. 여기 "바라는 항구"란 말은 '바라던 항구'란 뜻으로 이스라엘 백성이 바라던 예루살렘을 뜻하는 말이고 또 오늘 우리가 원하는 하나님 나라이며 우리의 피난처와 안식처가 되시는 예수 그리스도이시다.

시 107:31. 여호와의 인자하심과 인생에게 행하신 기적으로 말미암아 그를 찬송할지로다.

본 절 주해를 위해 8절 주해를 참조하라.

시 107:32. 백성의 모임에서 그를 높이며 장로들의 자리에서 그를 찬송할지로다.

본 절은 22절과 마찬가지로 하나님의 구원의 은혜를 체험한 자는 모두 하나님을 찬송하라는 것이다.

33-38절. 토지를 회복한 일 때문에 감사.

시 107:33. 여호와께서는 강이 변하여 광야가 되게 하시며 샘이 변하여 마른 땅이 되게 하시며.

4-32절에서는 네 가지 비유를 들어 우리 구원받은 성도들이 하나님을 마땅히 찬양해야 한다는 것을 말했는데, 이제 본 절 이하에서는 성도들이 하나님을 절대적으로 찬양해야 한다는 것을 말한다. 즉, 하나

님의 공의로우신 통치 때문에 하나님을 찬양해야 한다고 말한다. 본 절은 여호와께서 자연을 완전히 주장하시는 것을 보고 하나님을 찬양해야 한다는 것을 말한다.

시 107:34. 그 주민의 악으로 말미암아 옥토가 변하여 염전이 되게 하시며.

주민이 악을 버리지 않으면 옥토가 변하여 소금밭이 된다는 내용이다. 이는 분명히 소돔 고모라를 염두에 둔 말(창 13:10; 19:28)이다. 롯이 선택하여 갔던 소돔과 고모라 지역은 땅이 기름지고 물이 넉넉한 곳이었다. 그러나 그 지역 사람들의 죄악으로 말미암아 하나님의 심판을 받아 소금밭으로 변하고 말았다.

시 107:35. 또 광야가 변하여 못이 되게 하시며 마른 땅이 변하여 샘물이 되게 하시고.

시인은 '또 주님께서는 사막을 연못으로, 마른 땅을 물 나는 샘으로 바꾸신다'고 말한다. 본 절은 33절과 정반대의 구절로 하나님의 절대적인 능력을 강조하는 구절이다(사 35:7; 41:18). 본 절은 여호와께서 자연을 완전히 통제하시는 분이시니 하나님을 찬양해야 한다는 것을 말한다.

시 107:36. 주린 자들로 말미암아 거기에 살게 하사 그들이 거주할 성읍을 준비하게 하시고(And there he lets the hungry dwell, and they establish a city to live in-RSV, ESV).

시인은 '주님께서 굶주린 자들을 그곳에 살게 하시니, 그들이 거주할 성읍을 세운다'고 말한다. 즉, 소금밭을 만났던 사람들(34절)이 다시 옥토로 돌아와 그곳에 살게 하시니 그들이 거주할 성읍을 세운다는 것이다(창 4:17; 11:4; 25:16).

시 107:37. 밭에 파종하며 포도원을 재배하여 풍성한 소출을 거두게 하시며.

시인은 '밭에 씨를 뿌리고 포도원을 경작하여 풍성한 소출을 거둘 것이라'고 말한다. 항상 죄를 자복하며 열심히 일하는 자는 과거의 굶주림에서 벗어나 하나님의 복의 산물인 땅의 산물을 풍성히 얻게 될 것이라는 것이다(사 49:19; 54:1; 겔 36:30, 33-36).

시 107:38. 또 복을 주사 그들이 크게 번성하게 하시고 그의 가축이 감소하지 아니하게 하실지라도.

시인은 '주님께서 그들에게 복을 주셔서 그들이 매우 번성하고(창 13:16; 22:17; 26:4; 32:12) 가축도 줄어들지 않게 하신다'고 말한다. 그러나 이어지는 구절로 보아 그들의 번영은 제한적인 것을 알 수 있다.

39-43절. 압제자의 처벌과 선인의 구원 때문에 감사. 이 부분(39-43절)에 나타난 대로 하나님께서는 압박하는 자들은 낮추시고 핍박 받는 자들은 높이신다고 한다.

시 107:39. 다시 압박과 재난과 우환을 통하여 그들의 수를 줄이시며 낮추시는도다.

시인은 '그들이 폭군이나 외세에 의해 압박을 받고, 땅 위에 닥치는 재난을 만나고, 내란 또는 국가 간의 전쟁과 같은 우환으로 수가 줄고 비천하게 되게 한다'고 말한다. 즉, 하나님은 인간들이 죄를 범하면 징계하시고 회개하면 다시 회복시킴으로 인생들로 하여금 하나님만을 의지하게 하신다.

시 107:40. 여호와께서 고관들에게는 능욕을 쏟아 부으시고 길 없는 황야에서 유리하게 하시나.

본 절은 욥 12:21을 인용한 것이다. 시인은 '주님께서 귀인들을 멸시하고 길 없는 광야에서 그들을 방황하게 하신다'고 말한다. 여기 "고관들"은 '하나님의 권위를 무시하고 교만하여 하나님 앞에서 안하무인하는 자들'을 지칭하는 말로 하나님께서는 이런 자들을 징치하사 멸시를 당하게 하신다는 것이다. 그리고 "길 없는 황야에서 유리하게 하신다"는 말(욥 12:24)은 '하나님께서 교만한 자들을 도움이 없는 곤경에 처하신다는 것을 비유적으로 표현하는 것'이다(Hengsternberg).

시 107:41. 궁핍한 자는 그의 고통으로부터 건져 주시고 그의 가족을 양떼 같이 지켜 주시나니.

시인은 '주님께서는 궁핍한(겸손한) 자는 그가 당하고 있는 고통으로부터 건져주시고 그의 가족을 양떼 같이 지켜 주신다'고 말한다.

시 107:42. 정직한 자는 보고 기뻐하며 모든 사악한 자는 자기 입을 봉하리로다.

시인은 '정직한 사람은 이것을 보고 기뻐하며 악인은 모두 그 입을 봉하게 한다'고 말한다. 하나님의 주권적 통치는 사람들에게 두 가지 다른 반응을 일으킨다. 즉, 겸손한 자들로는 하나님의 의로우심을 찬양하게 하며, 교만한 자들로는 그 거만하고 무례한 입을 봉하게 만드는 것이다(그랜드 종합 주석).

시 107:43. 지혜 있는 자들은 이러한 일들을 지켜보고 여호와의 인자하심을 깨달으리로다.

시인은 '지혜 있는 자들은 하나님께서 역사하시는 일들을 잘 지켜보고 여호와의 인애를 깨달아 알라'고 말한다. 여호와를 경외하는 자들은 여호와를 경외하는 중에 지혜를 얻고 그로 인해 여호와를 깊이 찬양해야 할 것이다.

제 108 편 감사와 기도

본편은 다윗의 시를 합성한 것으로 1-5절은 57:7-11에서 취해 왔으며, 6-13절은 60:5-12에서 취해 왔다. 앞부분(1-5절)은 과거의 은혜에 대한 감사를 표현한 것이고, 뒷부분(6-13절)은 미래의 승리를 위한 기도이다.

"다윗의 찬송 시"란 말을 위해서는 4편 표제 주해를 참조하라.

1-5절. 과거의 은혜에 대한 감사. 57:7-11주해를 참조.

시 108:1. <다윗의 찬송 시> 하나님이여 내 마음을 정하였사오니 내가 노래하며 나의 마음을 다하여 찬양하리로다.

"하나님이여! 내 마음을 확정하였아오니"란 말은 '참으로 마음에 안정이 찾아왔다'는 뜻이다. 그 정한 마음으로 다윗은 하나님을 찬송하겠다는 것이다. 57:7 주해를 참조하라.

시 108:2. 비파야, 수금아, 깰지어다 내가 새벽을 깨우리로다.

다윗은 원수가 활개 치던 어두운 시기는 지나갔고 이제 승리의 아침이 오는 것을 알고 자신의 영혼에게 하나님을 찬송하라고 말한다. 57:8 주해를 참조하라.

시 108:3. 여호와여 내가 만민 중에서 주께 감사하고 뭇 나라 중에서 주를 찬양하오리니.

다윗은 자신이 구원 받은 것을 혼자 기뻐하기에는 너무 벅찼다. 만민들도 알아서 함께 찬송하지 않으면 안 될 것으로 알아 만민 중에서 주님께 감사하겠다는 것이었다. 57:9 주해를 참조하라.

시 108:4. 주의 인자하심이 하늘보다 높으시며 주의 진실은 궁창에까지 이르나이다.

하나님께서 인자와 진리로 통치하시는 것이 온 우주에 충만하다는 것이다. 57:10 주해를 참조하라.

시 108:5. 하나님이여 주는 하늘 위에 높이 들리시며 주의 영광이 온 땅에서 높임 받으시기를 원하나이다.

다윗은 본 절에서 하나님의 영광이 하늘 위에 높아지시기를 심히 원한다고 말한다. 57:11 주해를 참조하라.

6-13절. 60:5-12주해를 참조.

시 108:6. 주께서 사랑하시는 자들을 건지시기 위하여 우리에게 응답하사 오른손으로 구원하소서.

본 절의 "주의 오른 손으로"란 말은 '주님의 힘 있는 손으로'란 뜻이다. 60:5 주해를 참조하라.

시 108:7. 하나님이 그의 성소에서 말씀하시되 내가 기뻐하리라 내가 세겜을 나누며 숙곳 골짜기를 측량하리라.

다윗은 전쟁에 승리하여 기쁨으로 요단 강 서편의 세겜이나 동편의 숙곳 골짜기를 자유롭게 주관하여 나누고 측량하겠다는 것이다. 60:6 주해를 참조하라.

시 108:8. 길르앗이 내 것이요 므낫세도 내 것이며 에브라임은 내 머리의 투구요 유다는 나의 규이며.

다윗은 하나님의 말씀에 근거하여 여러 지방들도 점령할 줄 확신한다 (78:9; 신 33:17). 60:7 주해를 참조하라.

시 108:9. 모압은 내 목욕통이라 에돔에는 내 신발을 벗어 던질지며 블레셋 위에서 내가 외치리라 하셨도다.

다윗은 자기 주위의 여러 나라들을 정복하여 통치할 것을 확신하고 지극히 담대한 말을 한다. 모두 믿음대로 되는 것이다. 60:8 주해를 참조하라.

시 108:10. 누가 나를 이끌어 견고한 성읍으로 인도해 들이며 누가 나를

에돔으로 인도할꼬.

"누가 나를 에돔에 인도할까"란 말은 세상의 어느 장군에게 하는 말이 아니라 하나님께서 함께 하실 줄 믿고 담대한 말을 하는 것이다. 하나님은 범사에 우리와 함께 하시니 불가능한 일이 없다. 60:9 주해를 참조하라.

시 108:11. 하나님이여 주께서 우리를 버리지 아니하셨나이까 하나님이여 주께서 우리의 군대들과 함께 나아가지 아니하시나이다.

우리의 과거 실패는 우리로 하여금 겸손하게 만들고 더욱 회개의 정신으로 하나님께 가까이 나아가서 승리를 부탁하게 만든다. 60:10 주해를 참조하라.

시 108:12. 우리를 도와 대적을 치게 하소서 사람의 구원은 헛됨이니이다.

사람을 신뢰하지 않는 것은 하나님을 더욱 신뢰하게 만들어준다. 반대로 사람의 힘을 믿으면 하나님을 믿지 못하게 만들어준다(사 2:22; 렘 17:5). 60:11 주해를 참조하라.

시 108:13. 우리가 하나님을 의지하고 용감히 행하리니 그는 우리의 대적들을 밟으실 자이심이로다.

다윗의 군대는 하나님의 도우심을 의지하여 최선을 다해 싸워서(44:5), 그 결과 승리를 얻게 되었다(삼하 8:14; 대상 18:13). 60:12 주해를 참조하라.

제 109 편 저주를 택한 자에게 하나님께 보복하여 주시기를 원한다

본편은 "다윗의 시"라고 표제를 붙인 대로 다윗이 지은 시이다. 다윗은 원수의 박해를 당하여 저주를 선포한다. 본편의 내용은 1) 박해 중에 드리는 호소(1-5절). 2) 원수에 대하여 보복을 호소하는 기도(6-20절). 3) 주님의 구원을 위하여 드리는 기도(21-31절)로 구성되어 있다. 본편에 원수를 저주하는 말씀이 많은 것을 두고(6-15절), 성도가 어떻게 원수를 저주할 수 있는가라는 의문을 품을 수가 있다. 이 시편의 저주는 개인이 말하는 저주가 아니라 하나님의 원수에 대하여 저주를 하는 것이다. "다윗의 시, 인도자를 따라 부르는 노래"라는 말에 대한 주해를 위해서는 4편 표제 주해를 참조하라.

1-5절. 박해 중에 드리는 호소.

시 109:1. <다윗의 시, 인도자를 따라 부르는 노래> 내가 찬양하는 하나님이여 잠잠하지 마옵소서.

다윗은 '내가 지금도 주님을 찬양하고 있습니다(28:1; 35:22; 39:12). 잠잠하지 마십시오'라고 말한다. 시인은 다음 절부터 자신을 박해하는 자들에 대해 설명 하면서 잠잠하지 마시기를 구한다.

시 109:2. 그들이 악한 입과 거짓된 입을 열어 나를 치며 속이는 혀로 내게 말하며.

다윗은 '악인들이 나를 대항하여 악한 입을 열고, 속이는 입을 열며, 거짓된 혀로 나를 대항하여 말합니다'라고 그들을 고발한다. 다윗은 사울에게(삼상 22:7-13), 압살롬에게(삼하 15:3, 4), 시므이에게(삼하 16:8), 아히도벨에게(삼하 16:20-21) 무고한 중상과 모략을 당했다. 우리 주님께서도 세상에 계시는 동안 이루 헤아릴 수 없이 많은 비방과 중상과 모략을 당하셨다(마 11:19; 12:24; 26:61; 눅 23:2).

시 109:3. 또 미워하는 말로 나를 두르고 까닭 없이 나를 공격하였음이니이다.

다윗은 '앞 절에 이어 악인들이 미워하는 말로 다윗 자신을 에워싸고 이유 없이 공격합니다'라고 말한다. 다윗이 사울에게 당한 박해를 보면 헤아릴 수도 없이 많았다(삼상 11:8; 19:2; 23:3). 예수님도 십자가에서 죽기까지 하셨다. 우리도 세상에서 수없는 모욕을 받으면서 살아가고 있다.

시 109:4. 나는 사랑하나 그들은 도리어 나를 대적하니 나는 기도할 뿐이라.

다윗은 '나 자신은 그들을 사랑하나 그들은 도리어 나 자신을 대적하니, 나 자신은 기도할 뿐이라'고 말한다. 우리는 다윗의 이 태도를 견지해야 할 것이다. 분냄으로 대항하거나 폭력으로 대처해서는 안 될 것이다(삼상 24:6, 12; 26:9-11). 그들을 사랑하고 기도만 해야 할 것이다. 그러면 우리는 주님께서 우리를 박해하는 사람들이 보복되는 것을 볼 수 있을 것이다(삼상 31장; 삼하 19:1-23). 우리는 선으로 악을 이겨야 할 것이다(롬 12:17-21).

시 109:5. 그들이 악으로 나의 선을 갚으며 미워함으로 나의 사랑을 갚았사오니.

다윗은 '악인들이 나 자신에게 선을 악으로, 내 자신의 사랑을 미움으로 갚습니다'고 말한다. 다윗은 본 절에서 악인들의 속성을 온전히 보여주고 있다. 다윗이 본 절에서 악인들의 행태를 보여주고는 더 이상 악인들의 악을 폭로하지 않고 다음 절부터는 저주를 퍼붓는다.

6-20절. 원수에 대하여 보복을 호소하는 기도.

시 109:6. 악인이 그를 다스리게 하시며 사탄이 그의 오른쪽에 서게 하소서.

본 절에는 두 가지 저주의 말이 나온다. 첫째, "악인이 원수를 다스리게 해주시라는 것"이다. 여기 "악인이 원수를 다스리게 하시라"는 말은 '악인을 다윗의 원수위에 세워서 통제하게 하시고 심판하게 하시라'는 것이다. 다윗의 원수위에 악인을 세워 다스리게 해주시라는 저주는 아주 큰 저주임에 틀림없다. 둘째, "사탄이 그의 오른쪽에 서게 하소서"라는 저주이다. 원수를 대적하는 자로 사탄을 세워주시라는 것이다. 하나님을 빼놓고는 세상에서는 사탄이 제일 큰 대적자이다.

시 109:7. 그가 심판을 받을 때에 죄인이 되어 나오게 하시며 그의 기도가 죄로 변하게 하시며.

본 절에도 또 두 가지의 저주가 나온다. 셋째, 원수가 심판을 받을 때 회개하지 않고 심판을 받으니 "죄인으로 정죄 받게 해주십사"는 것이다. 넷째, "원수가 하는 기도가 죄로 변하게 해주시라"는 것이다. 기도할 때 죄를 자복하고 기도해야 하는데 죄가 있는 채 기도하니 응답되지는 않고 그 기도의 내용이 죄로 변하는 것이다.

시 109:8. 그의 연수를 짧게 하시며 그의 직분을 타인이 빼앗게 하시며.

본 절에도 또 두 가지의 저주가 나온다. 다섯째, "원수가 사는 날이 짧게 살게 해주시라는 것"(55:23; 잠 10:27; 전 7:17). 여섯째, 원수가 일찍 죽으니 "원수의 직분을 타인이 빼앗게 하시라는 것"이다. 베드로는 이 후반부의 내용을 가롯 유다에게 적용시켰다(행 1:20).

시 109:9. 그의 자녀는 고아가 되고 그의 아내는 과부가 되며.

본 절에도 또 두 가지의 저주가 나온다. 일곱째, 원수가 일찍 죽어(8절) 결국 "그 자녀들이 고아가 되게 하시라"는 것. 여덟째, 원수가 일찍 죽어(8절) 결국 "원수의 아내가 과부가 되게 하시라"는 것이다.

시 109:10. 그의 자녀들은 유리하며 구걸하고 그들의 황폐한 집을 떠나 빌어먹게 하소서.

아홉째, 원수가 일찍 죽어(8절) "그 자녀들은 이리 저리 방황하며 구걸하고 그들의 황폐한 집을 떠나 빌어먹게 하소서"라는 저주이다.

시 109:11. 고리대금하는 자가 그의 소유를 다 빼앗게 하시며 그가 수고한 것을 낯선 사람이 탈취하게 하시며.

열째, "빚쟁이가 그의 가진 것을 다 빼앗게 하시며 낯선 자가 그의 수고하여 얻은 소득을 빼앗게 하소서"라는 저주이다.

시 109:12. 그에게 인애를 베풀 자가 없게 하시며 그의 고아에게 은혜를 베풀 자도 없게 하시며.

열한째, "원수에게 인애를 베풀 자가 없게 하시며 그의 고아들에게 은혜를 베풀 자도 없게 하시라는 것"이다.

시 109:13. 그의 자손이 끊어지게 하시며 후대에 그들의 이름이 지워지게 하소서.

열둘째, "그의 후손이 끊어지게 하시며 그들의 이름이 다음 세대에는 지워지게 하소서"라는 저주이다. 이런 저주는 이스라엘인들에게는 가장 무서운 저주의 하나였다(37:28; 욥 18:18; 잠 10:7).

시 109:14. 여호와는 그의 조상들의 죄악을 기억하시며 그의 어머니의 죄를 지워 버리지 마시고(May the iniquity of his fathers be remembered before the LORD, and let not the sin of his mother be blotted out!-ESV)**.**

본 절부터 20절까지는 다윗의 원수가 저주 받을 일을 톡톡히 했다는 것을 증거한다. 즉, 원수의 조상들의 죄악을 사하지 말고 기억하시며, 원수의 어머니의 죄를 사하지 마시고 지워버리지 마시라"는 것이다.

시 109:15. 그 죄악을 항상 여호와 앞에 있게 하사 그들의 기억을 땅에서 끊으소서.

본 절은 14절과 연결된 말씀으로 "그들의 죄가 사함 받지 못하고 여호와 앞에 항상 있게 하시고, 땅에서 그들에 대한 기억은 끊어지게 해주시라"는 것이다.

시 109:16. 그가 인자를 베풀 일을 생각하지 아니하고 가난하고 궁핍한

자와 마음이 상한 자를 핍박하여 죽이려 하였기 때문이니이다.

다윗의 원수가 저주 받을 수밖에 없는 이유를 말한다. 즉, '그가 인애를 이웃에게 베풀 생각은 하지 않고 가난한 자와 궁핍한 자와 마음이 상한 자를 박해하여 죽이려고 하였기 때문이라'고 말한다. 이런 죄는 사울이 다윗에게 행한 짓이었다(삼상 18:11; 19:1, 10).

시 109:17. 그가 저주하기를 좋아하더니 그것이 자기에게 임하고 축복하기를 기뻐하지 아니하더니 복이 그를 멀리 떠났으며.

다윗은 '그(다윗의 원수)가 저주를 좋아했으니, 그것이 그에게 이르게 하시고, 복을 기뻐하지 않았으니, 복이 그에게서 멀어지게 하소서'라고 말한다.

시 109:18. 또 저주하기를 옷 입듯 하더니 저주가 물 같이 그의 몸속으로 들어가며 기름 같이 그의 뼈 속으로 들어갔나이다.

다윗은 '그(다윗의 원수)가 남을 저주하기를 옷 입듯 하더니, 저주가 물같이 그 몸속에 기름같이 그 뼛속에 배어들게 하소서'라고 말한다.

시 109:19. 저주가 그에게는 입는 옷 같고 항상 띠는 띠와 같게 하소서.

다윗은 '원수의 저주가 그에게는 몸에 두른 겉옷 같고 항상 매는 허리띠 같게 하소서'라고 말한다. 원수가 남을 저주하기를 옷 입듯 했으니(전 절) 이제는 자기 자신에게 항상 옷 입듯 따른다는 것이다.

시 109:20. 이는 나의 대적들이 곧 내 영혼을 대적하여 악담하는 자들이 여호와께 받는 보응이니이다.

본 절은 6-19절의 결론으로 나온 말이다. 즉, 다윗은 '이것, 곧 6-19절의 저주는 나의 대적들, 곧 내 영혼을 대적하여 악담하는 자들이 여호와께 받는 보응이 되게 하소서'라고 말한다.

21-31절. 주님의 구원을 위하여 드리는 기도.

시 109:21. 그러나 주 여호와여 주의 이름으로 말미암아 나를 선대하소서 주의 인자하심이 선하시오니 나를 건지소서.

본 절부터 29절까지는 다윗이 이제 하나님께 기도를 시작한다. 먼저 그의 요구를 제시하고(22-25절), 도움을 요청하며(26절), 구원을 구하고(27절), 복을 빌어주며(28절), 원수를 이기는 승리(29절)를 열거하고 있다(Rawlinson). 즉, 다윗은 '여호와 나의 주님이시여! 주님의 이름을 위하여 저에게 행하시고, 주님의 인애는 선하시니, 저를 건지소서'라고 말한다. 다윗은 하나님의 영광을 위하여 다윗 자신에게 행해 주시고 주님의 인애가 선하시니 다윗 자신을 구원해 주십사고 애원한다.

시 109:22. 나는 가난하고 궁핍하여 나의 중심이 상함이니이다.

다윗은 '자신은 가난하고 궁핍하며 제 마음이 상처를 받았기 때문입니다'라고 말한다. 다윗은 사울이나 압살롬을 피해 길을 떠날 때 그는 가난하고 궁핍했었고(16절), 그는 중심이 상해 있었던 것이다.

시 109:23. 나는 석양 그림자 같이 지나가고 또 메뚜기 같이 불려가오며.

다윗은 '저는 기우는 그림자처럼 지나가는 존재이고(102:11) 메뚜기같이 정처 없이 불려 가는 신세입니다'라고 말한다.

시 109:24. 금식하므로 내 무릎이 흔들리고 내 육체는 수척하오며.

다윗은 '제 형편은 금식으로 무릎이 후들거리고(35:13; 69:10) 제 몸은 기름기가 없어 수척하다'고 말한다.

시 109:25. 나는 또 그들의 비방 거리라 그들이 나를 보면 머리를 흔드나이다.

다윗은 '제 자신이 그들을 사랑했으나 그들에게 비방거리가 되었고, 그들이 저를 보면 절레절레 머리를 흔듭니다'(22:7; 44:14; 마 27:39)고 말한다.

시 109:26. 여호와 나의 하나님이여 나를 도우시며 주의 인자하심을 따라 나를 구원하소서.

다윗은 21절과 같이 '여호와 나의 하나님이시여! 나를 도와주소서. 주님의 인애를 따라 나를 구원하소서'고 말한다.

시 109:27. 이것이 주의 손이 하신 일인 줄을 그들이 알게 하소서 주 여호와께서 이를 행하셨나이다.

다윗은 '다윗이 어려운 상황에서 기적적으로 구원을 받았을 때 이것이 주님의 손인 것을 그들로 알게 하소서(59:13). 여호와시여! 주께서 그것을 행하셨다'고 말한다.

시 109:28. 그들은 내게 저주하여도 주는 내게 복을 주소서 그들은 일어날 때에 수치를 당할지라도 주의 종은 즐거워하리이다.

다윗은 '그들은 저주하여도 주님은 제 자신에게 복을 주십시오. 그들은 악한 일을 하기 위해 일어날 때 그 일이 완전히 실패하여 수치를 당하여도 주님의 종은 즐거워할 것입니다'라고 말한다. 여기 다윗은 자신을 가리켜 "주의 종"이라고 부른다(69:17 참조).

시 109:29. 나의 대적들이 욕을 옷 입듯 하게 하시며 자기 수치를 겉옷같이 입게 하소서.

다윗은 '저를 대적하는 원수들은 모욕으로 옷 입고 벗지 못하게 하시며, 수치를 겉옷처럼 둘러서 벗지 못하게 하소서'라고 기원한다.

시 109:30. 내가 입으로 여호와께 크게 감사하며 많은 사람 중에서 찬송하리니.

다윗은 '내가 입으로 여호와께 크게 감사하며, 많은 사람들이 모인 가운데서 주님을 찬양할 것이라'고 말한다. 다윗은 자신이 받은 구원에 대해 하나님께 감사를 드리겠다는 것이며 또 자기 혼자 찬송하는 것이 아니라 여러 사람이 듣는 중에 하나님께 찬송하겠다고 말한다.

시 109:31. 그가 궁핍한 자의 오른쪽에 서사 그의 영혼을 심판하려 하는 자들에게서 구원하실 것임이로다.

다윗은 '자신이 여호와께 감사하며 찬송해야 할(앞 절) 이유는 여호와께서 궁핍한 자(다윗 자신을 지칭, 22절)의 오른쪽에 서셔서 그의 영혼을 심판하는 자들에게서 구원하실 것이기 때문이라'고 말한다.

제 110 편 메시아에 대한 예언 시

본편은 유명한 메시아 시로 신약에도 가장 많이 인용된 구절이다(마 22:44; 26:64; 막 12:36; 눅 20:42; 행 2:34-35; 고전 15:25; 히 1:13; 5:6; 7:1, 17, 21; 10:13). 이 시편의 저작자는 1) 갓이나 나단이 저작했을 것이라는 견해(Ewald). 2) 다윗이 그의 말년에 지었을 것이라는 견해(삼하 23:2-4, 그랜드 종합 주석). 두 견해 중에서 2)번이 확실한 견해일 것이다.

이 시편의 저작 시기는 1) 매코비 시대에 저작되었다는 견해(Hitzig와 기타 비평가들). 2) 다윗이 솔로몬을 왕위에 등극시킬 때 저작했다는 견해(어떤 학자들, 왕상 1:32-37, 47-48). 3) 다윗의 작품인 것은 확실하나 어떤 경우에 지은 것인지는 확실히 알 수 없다는 견해(박윤선). 위의 세 견해 중에 2)번의 견해도 택할 수가 있으나 3)번의 견해가 가장 바른 것으로 보인다. 본편의 내용은 1) 메시아가 왕이 되신다는 것(1-3절). 2) 메시아가 제사장 되신다는 것(4절). 3) 메시아가 승리자가 되실 것(5-7절)을 예언한다. "다윗의 시"란 말에 대하여는 4편 표제 주해를 참조하라.

1-3절. 메시아가 왕이 되신다는 것. 예수님께서 왕으로 오셔서 통치하실 그리스도에 대해 묘사하고 있다.

시 110:1. <다윗의 시> 여호와께서 내 주에게 말씀하시기를 내가 네 원수들로 네 발판이 되게 하기까지 너는 내 오른쪽에 앉아 있으라 하셨도다(A Psalm of David. The LORD says to my lord: "Sit at my right hand, till I make your enemies your footstool"-RSV, ESV).

다윗은 '여호와께서 내 주님께 말씀하시기를 "내가 네 원수들을 정복하여 네 발받침대로 삼을 때까지 내 오른쪽에 앉아 있어라"고 하셨습니다'고 말한다. 예수님께서 본 절을 친히 인용하셨고(마 22:44; 막 12:36; 눅 20:42; 행 2:34-35), 이 구절을 자신에게 적용도 하셨다. 여기 "내 주"는 '왕 되시며, 나의 주님이 되시는 메시아'를 가리킨다. 그리고 "네 원수들"이란 '사탄'을 뜻한다. 그리고 "네 원수들로 네 발판이 되게 하기까지"란 말은 '그리스도께서 사탄을 완전히 정복하시는 시기까지'란 뜻이다. 곧 그리스도께서 다시 오시는 그 시기까지를 말한다. "네 발판"이란 말은 '네 발받침대'를 뜻한다. 다윗은 성전이 하나님의 발등상인 언약궤를 봉안(奉安)하는 곳이라고 했으며(대상 28:2), 이사야는 땅이 하나님의 발등상이라고 했다(사 66:1).

시 110:2. 여호와께서 시온에서부터 주의 권능의 규를 내보내시리니 주는 원수들 중에서 다스리소서.

다윗은 '여호와께서 시온[13]으로부터 주님의 능력의 지팡이를 보내실 것이니, 주님은 그 원수들 가운데서 다스리소서'라고 말한다. 여기 "권능의 규를 내보내시리니"란 말은 통치의 법장을 내어 뻗친다는 의미인데, 그리스도의 영(靈)과 진리의 통치가 온 천하에 펴짐을 가리킨다. 이 통치는 신약 시대의 복음 운동을 예언한 것이다(박윤선).

시 110:3. 주의 권능의 날에 주의 백성이 거룩한 옷을 입고 즐거이 헌신하니

---

13) "시온"이란 말은 원래 예루살렘의 동남쪽에 위치한 산으로 다윗 시대부터는 예루살렘과 동의어로 사용되었다(삼하 5:7; 왕상 8:1; 애 2:4). 본 절에서는 '거룩한 성'인 '새 예루살렘' 곧 '하나님께서 계신 곳'을 지칭한다.

새벽이슬 같은 주의 청년들이 주께 나오는도다.

다윗은 '주님께서 왕권을 잡으시고 통치하실 때 주님의 백성이 거룩한 의의 옷을 입고 즐거이 헌신하니, 주님의 청년들이 새벽이슬 같이 주님께 나옵니다'라고 말한다. 여기 "주의 권능의 날"이란 '성령님의 권능이 특별히 역사하시는 신약 시대'를 통틀어 말한다. "주의 백성이 거룩한 옷을 입고 즐거이 헌신하니"란 말은 '성도들이 그리스도께서 칭의해 주신 의의 옷을 입고 나아와 봉사한다'는 뜻이다. "주님의 청년들이 새벽이슬 같이 주님께 나옵니다"란 말은 '주님의 성도들이 새벽이슬 같이 활기에 차고 아름다운 모습으로 주님께 나아와 봉사한다'는 뜻이다.

4절. 메시가가 제사장이 되신다는 것. 그리스도께서 멜기세덱의 반차를 좇은 제사장직을 겸직하게 될 것을 보여주고 있다.

시 110:4. 여호와는 맹세하고 변하지 아니하시리라 이르시기를 너는 멜기세덱의 서열을 따라 영원한 제사장이라 하셨도다.

본 절은 메시아가 제사장 되신다는 것을 말한다. 즉, 다윗은 '여호와께서 맹세하시기를 "너(메시아)는 영원히 멜기세덱 계열을 따른 제사장이다" 하셨으니, 변치 아니하실 것입니다'라고 말한다. "여호와께서 맹세하셨다"는 말은 '여호와의 맹세는 영원히 변치 않으신다는 것'을 말하는 말이다. "너는 멜기세덱의 서열을 따라 영원한 제사장이라"는 말은 '모세 율법에 의한 제사장이 있기 전에 있었던 제사장'을 이름이다. 이 제사장은 아브라함에게 복을 선언하고 아브라함으로부터 십일조를 받은 특별한 제사장이다(창 14:18-20).

히 7:1-3에 의하면 멜기세덱은 1) 의의 왕이고 또 살렘(평화) 왕이며, 2) 지극히 높으신 하나님의 제사장이며, 3) 아비도 없고 어미도 없으며 족보도 없고, 4) 생명의 시작도 없고 끝도 없으며, 5) 하나님의 아들과 같고, 영원한 제사장이었다(이상근). 이 모든 말들은 메시아에게 적용되고, 그는 그리스도의 제사직의 완벽한 그림자였다. 이 예언대로 예수님께서는 왕이시자 영원한 제사장으로 오셔서 십자가 구속을 통해 그의 백성의 구속을 완성하시고, 지금도 하늘 보좌 우편에 앉으사 성도들을 위해 중보하시며 만왕의 왕으로 통치하고 계신다(히 7:27; 9:28; 벧전 3:18).

5-7절. 메시아가 승리자가 되실 것. 그리스도께서 공의로운 진노로 재림하시어 적그리스도 나라들의 임금들을 심판하신다는 것이다. 우리 본문의 "그 노하시는 날"이란 말은 그의 재림하시는 날을 지칭한다(계 2:27; 6:16, 17; 19:15-16, 19-21).

시 110:5. 주의 오른쪽에 계신 주께서 그의 노하시는 날에 왕들을 쳐서 깨뜨리실 것이라.

다윗은 '주 여호와께서 메시아이신 왕의 오른쪽에 계셔서(16:8; 121:5) 그 최후의 분노의 날에 왕들을 쳐서 깨뜨리실 것이라'고 말한다. 이 구절은 시인이 하나님의 계시에 의해서 부활하신 예수님께서 승천하셔서 이 세상을 심판할 권세를 가지고 하나님의 우편에 앉아 계심을 바라보면서 서술한 것이다. "그의 노하시는 날에 왕들을 쳐서 깨뜨리실 것이라"는 말은 '그의 최종적인 재림의 날에 이 세상의 왕들을 심판하실 것이라'는 뜻이다. 예수님께서는 아버지께서 심판을 다 아들에게 맡기셨다고 말씀한 바 있다(요 5:22).

시 110:6. 뭇 나라를 심판하여 시체로 가득하게 하시고 여러 나라의 머리를 쳐서 깨뜨리시며.

본 절은 앞 절(5절)을 보다 구체적으로 설명한 것으로 그리스도의 심판이 전 우주적이어서 모든 나라에 미치며 매우 철저할 것임을 시사한다. 즉, 다윗은 '여러 나라들의 머리인 왕들을 파멸하실 때에(앞 절) 뭇 나라들을 심판하셔서 전장(戰場)에는 시체로 가득하게 하시며 땅의 우두머리들을 치실 것이라'고 말한다.

시 110:7. 길 가의 시냇물을 마시므로 그의 머리를 드시리로다.

본 절은 일종의 시적인 표현이며 의인법적 표현이다. 다윗은 '메시아께서 길가의 시냇물을 마시므로 머리를 높이 들면서 새 힘을 얻어 나서실 것입니다'고 말한다. 그러나 메시아는 피곤치 않으시고(사 40:28), 만물을 그 발 아래 복종시킬 때까지(히 2:8) 쉬지 않으실 것이다.

제 111 편 하나님의 위대하심을 찬송하다

시편 111-118편까지는 포로 생활 후 귀환기의 작품들로 보이며, 대체로 할렐루야 시들이다. 더욱이 본편과 다음 편(112편)은 '쌍둥이 시'라 불리고, 동일 저자의 것으로 다 같이 할렐루야 시이며(106, 111, 112, 113, 135, 146, 147, 148, 150편과 함께), 또 다 같이 알파벳 시이다(9-10, 25, 34, 37, 111, 112, 119, 145 등과 함께, 이상근).

본편과 다음 시편은 서로 밀접하게 연결되어 있다. 본편은 하나님의 영광, 능력, 자비가 성도들에게 나타난 사실을 칭송하고, 다음 편은 그런 처지에 있는 성도들이 행복한 사실로 인하여 하나님께 찬송해야 한다는 것을 말한다(박윤선). 본편의 내용은 1) 여호와의 행사를 찬미한다는 것(1-4절). 2) 그 행사의 결과(5-9절). 및 3) 결론이다(10절).

1-4절. 여호와의 행사를 찬미하다. 여호와의 행사가 존귀하고 엄위하며 그 의가 영원히 있다는 것(3절), 하나님께서 과거에 이스라엘에게 기이한 일을 행하셨다는 것(4절 상반), 우리는 그가 은혜로우시고 자비하신 줄 안다(4절 하반절).

시 111:1. 할렐루야, 내가 정직한 자들의 모임과 회중 가운데에서 전심으로 여호와께 감사하리로다.

시인은 '할렐루야! 내가 정직한 사람들의 모임과 회중 가운데서 온 마음으로 여호와께 감사할 것이라'고 말한다. 여기 "할렐루야!"란 말은 '여호와를 찬송하라'는 뜻이다(104:35 주 참조). 이 말이 처음 등장한 것을 보면 본편이 할렐루야 시의 시작인 것을 알리는 것이다.

"내가 정직한 자들의 모임과 회중 가운데서 전심으로 여호와께 감사하리로다"라는 말은 '내가 전심을 다해(109:30 주해 참조) 여호와께 감사하겠다는 것인데(9:1; 119:34, 58, 69) 그것도 혼자 감사하는 것이 아니라 이스라엘의 공회 중에서 찬미하겠다'고 다짐한다. "정직한 자의 회"란 '택한 백성 이스라엘의 공회'를 지칭한다.

시 111:2. 여호와께서 행하시는 일들이 크시오니 이를 즐거워하는 자들이 다 기리는도다(Great are the works of the LORD, studied by all who delight in them-ESV).

시인은 '여호와께서 하시는 일들이 위대하시니, 여호와께서 하시는 일들을 즐거워하는 모든 자가 탐구하는구나'라고 말한다. 여호와께서 행하시는 일들이 너무 위대하셔서 인간들이 다 알 수는 없으나 즐거워하는 자들 모두가 그 행사를 탐구하고 있다는 것이다.

시 111:3. 그의 행하시는 일이 존귀하고 엄위하며 그의 공의가 영원히 서 있도다.

시인은 '주님께서 하시는 일은 위대하실 뿐(2절) 아니라 영광스럽고 또 위엄이 있으시며, 주님의 공의는 영영히 불변하게 지속될 것이라'고 말한다. "그(주님)의 공의가 영원히 서 있다"는 말은 '하나님의 행사에는 하나님의 의가 현저하게 나타난다'는 뜻이다. 다시 말해 하나님은 공의를 통해 이 세상을 통치하시고 섭리하신다는 것이다.

시 111:4. 그의 기적을 사람이 기억하게 하셨으니 여호와는 은혜로우시고 자비로우시도다.

시인은 '주님께서 자신의 놀라운 일들(출애굽 사건, 바벨론 귀환 사건 등)을 사람들로 하여금 기억하게 하셨으니 여호와는 은혜로우시고 긍휼이 풍성하신 분이시라'(103:13 참조)고 말한다.

5-9절. 여호와의 행사의 결과. 하나님께서 과거에 이스라엘에게서 광야에 양식을 주셨다는 것(5절 상 반절), 하나님께서 과거 이스라엘에게 열방을 기업으로 주셨다는 것(6절), 우리는 영원토록 하나님께서 공의에 의하여 그 원수는 멸하시고 그 백성은 구원하시는 줄 알게 되었고(7, 8절), 하나님의 구원 계약은 영원한 줄 알게 되었다(9절).

시 111:5. 여호와께서 자기를 경외하는 자들에게 양식을 주시며 그의 언약을 영원히 기억하시리로다.

시인은 '주님께서는 자신을 경외하는 사람들에게 양식을 주셨으며(136:25), 또 이스라엘의 조상들과 맺으신 언약을 영원히 기억하신다'(105:8)고 말한다. 주님께서는 그가 언약하신대로 영원히 일을 하신다.

시 111:6. 그가 그들에게 뭇 나라의 기업을 주사 그가 행하시는 일의 능력을 그들에게 알리셨도다.

시인은 '주님께서 민족들의 유업의 땅(가나안 땅)을 이스라엘 백성들에게 주셔서, 친히 하신 일의 능력을 보여주셨다'고 말한다.

시 111:7. 그의 손이 하는 일은 진실과 정의이며 그의 법도는 다 확실하니.

시인은 '주님의 손으로 하신 일들은 진실하고 공평하며, 주님의 교훈들은 모두 신뢰할 수 있다'고 말한다. 주님께서 행하신 것은 모두 진실되고 공의롭다. 거짓은 사탄에게 속한 것으로 여호와께서 하시는 일은 그와 같은 것은 하나도 없으시다. "그의 법도는 다 확실하다"는 말은 '여호와의 법도는 확실한 것으로 일점일획이라도 폐하여지지 않고 반드시 다 이루어지는 것'이다.

시 111:8. 영원무궁토록 정하신 바요 진실과 정의로 행하신 바로다.

시인은 '여호와의 법도는 확실한 것으로 일점일획이라도 폐하여지지 않고 반드시 다 이루어지는 것일(7절) 뿐 아니라 영원 무궁히 확고하며 진실하고 올바르게 행하여졌다'고 말한다.

시 111:9. 여호와께서 그의 백성을 속량하시며 그의 언약을 영원히 세우셨으니 그의 이름이 거룩하고 지존하시도다.

시인은 '주님께서 자신의 택한 백성을 애굽에서 구속하셨고(출 6:6) 그의 택한 백성을 구속하심으로 자신의 언약을 영원히 세우셨으니, 주님의 이름이 거룩하고 두렵다'고 말한다. "그의 언약을 영원히 세우셨다"는 말은 '택한 백성을 대속하시는 일을 영원히 행하셨다'는 뜻이다.

10절. 결론. 시인은 하나님의 구원 행사가 앞으로도 영원히 있을 것을 결론한다.

시 111:10. 여호와를 경외함이 지혜의 근본이라 그의 계명을 지키는 자는 다 훌륭한 지각을 가진 자이니 여호와를 찬양함이 영원히 계속되리로다.

시인은 '여호와를 경외하는 것이 지혜의 근본이다(잠 1:7; 9:10; 전 1:16). 이것을 행하는 모든 자에게 좋은 지각이 있으니, 주님을 찬양함이 영영히 계속될 것이라'고 말한다. 본 절의 "여호와를 경외한다"는 말은 '여호와를 극진히 존경하고 두려워한다'는 뜻이다. 그리고 "그의 계명을 지키는 자"란 말은 '율법의 한 계명 한 계명을 실행하는 자'를 지칭한다(1:2; 119:16, 17, 77). 여호와를 극진히 존경하는 것은 지혜의 근본(시초)이다. 그리고 그의 계명을 지키는 자는 훌륭한 지각을 가진 자가 된다.

무한한 존재 앞에서의 유한한 존재의 두려움, 거룩한 자 앞에서의 죄 있는 자의 두려움을 소유할 때 참된 지혜를 얻을 수 있다(Rawlinson). 시인은 1절에서 "할렐루야"로 시작해서 마지막 절에서 "할렐루야"와 동일한 의미의 말인 "여호와를 찬양하라"는 말씀으로 마친다. 우리는 아무리 여호와를 찬양해도 부족한 것을 알고 계속해서 여호와를 찬양해야 할 것이다.

제 112 편 여호와를 경외하는 자가 받을 복

본편의 서론을 위해서 111편 서론을 참조하라. 본편의 내용은 1) 의인이 받을 복(1-9절). 2) 악인은 없어진다(10절)는 내용이다.

1-9절. 의인이 받을 복(1-9절). 이 시편은 하나님을 경외함으로 이 세상에서도 강성해진다는 것을 말한다. 그런 사람들은 그런 복을 받는다(2절). 재물이 풍부해 진다(3절). 그는 선량하니만큼 화가 변하여 복이 되기도 한다(4절). 그는 잘 되어 간다는 것이다(5, 6절). 그는 흉악한 소식을 들어도 두려워하지 않는다(7, 8절). 그는 가난한 자를 구제하기 때문에 두려워하지 않는다(9절).

시 112:1. 할렐루야, 여호와를 경외하며 그의 계명을 크게 즐거워하는 자는 복이 있도다.

시인은 '할렐루야, 여호와를 경외하며 그분의 명령들을 크게 즐거워하는 사람은 복이 있다'고 말한다. 여기 "할렐루야"란 말의 주해를 위해서 111:1 주해를 참조하라. 그리고 "여호와를 경외한다"는 말과 "그의 계명을 크게 즐거워하는 자"라는 말의 주해를 위해서 111:10의 주해를 참조하라. "여호와를 경외하며" "그의 계명을 크게 즐거워하는 자는 복이 있다"는 것이다. "복이 있다"는 말은 '하나님께서 복(육신을 위한 복과 신령한 복)을 내려주신다'는 뜻이다.

시 112:2. 그의 후손이 땅에서 강성함이여 정직한 자들의 후손에게 복이 있으리로다.

시인은 '여호와를 경외하며 그의 계명을 크게 즐거워하는 자(1절)의 후손이 땅에서 강성하며 정직한 사람들의 자손이 강성하는 복을 받을 것이라'고 말한다. 여기 "강성함"이란 '부유하고 번창하는 것'을 뜻한다. 그러니까 여호와를 경외하며 그의 계명을 지키는 자는 본인뿐 아니라 그 자손도 강성하게 된다는 것이다. 본 절의 "정직한 자들"이란 말은 '하나님을 경외하는 자들'이란 뜻이다. 우리는 후손들에게 재산을 물려주고 별세하려고 할 것이 아니라 본인이 하나님을 경외하다가 천국에 가면 나머지는 하나님께서 알아서 처리하신다는 것을 알아야 할 것이다.

시 112:3. 부와 재물이 그의 집에 있음이여 그의 공의가 영구히 서 있으리로다.

시인은 '부요와 재물이 하나님을 경외한 자의 집에 있으며 또 하나님을 경외한 의(義)의 행위가 영영히 유효할 것이라'고 말한다. 본 절의 "부요"와 "재물"이란 말은 동의어로 사용되었는데 '자족하는 삶'을 뜻한다. 그리고 "그의 공의"란 말은 부와 재물을 하나님으로부터 받게 하는 공의를 말하는 것으로 하나님을 경외한 의로운 행위를 말한다.

시 112:4. 정직한 자들에게는 흑암 중에 빛이 일어나나니 그는 자비롭고 긍휼이 많으며 의로운 이로다(Light dawns in the darkness for the upright; he is gracious, merciful, and righteous-ESV).

시인은 '정직한 사람에게는 어둠 속에서도 빛이 비치니, 그는 은혜롭고 긍휼이 많으며 의롭다'고 말한다. 본 절의 "정직한 사람"이란 '하나님을 경외하는 사람'을 뜻한다(2절 주해 참조). 하나님을 경외하는 사람에게는 "흑암 중에 빛이 일어난다"는 것이다. "흑암 중에 빛이 일어난다"는 말은 '어려운 환난 중에도 여호와께서 은혜의 빛을 비추어 주신다'는 뜻이다. 의인은 사망의 음침한 골짜기를 다닐지라도 해(害)를 두려워하지 않을 수 있다는 것이다(23:4).

그리고 "그는 자비롭고 긍휼이 많으며 의로운 이로다"란 말은 크게 두 개의 견해로 나뉜다. 1) "주님은 자비롭고 긍휼이 많으며 의로운 이시라"(the LORD is gracious, merciful, and righteous-RSV)로 해석하는 견해. 2) 의로운 정직자는 하나님을 본받아 자비롭고 긍휼이 많으며 의로운 자라는 견해(KJV, NIV, ESV, NRSV, YLT, 박윤선, 이상근). 2)번의 견해가 바른 견해이다. 이 하반절의 말은 '의인이란 하나님을 본받아 어질고 자비롭고 의로운 자'라는 것이다.

시 112:5. 은혜를 베풀며 꾸어 주는 자는 잘 되나니 그 일을 정의로 행하리로다.

본 절은 앞 절의 후반부를 보충해 설명하는 글이다. 즉, 시인은 '남들에게 은혜를 베풀며 꾸어 주는 자는 잘될 것이니(37:26), 그 일을 정의로 행해야 할 것이라'고 말한다. 하나님께서 어떤 사람에게는 그의 구제 행위를 보시고 물질적으로 복을 주신다.

시 112:6. 그는 영원히 흔들리지 아니함이여 의인은 영원히 기억되리로다.

본 절 초두에는 이유를 말하는 접속사(כִּי)가 나타나 앞 절의 이유를 제공하고 있다. 즉, 시인은 '그와 같은 의인은 영원히 흔들리지 않을 것이며, 후대인들은 그를 영원히 의로운 사람으로 기억할 것이기 때문이라'고 말한다. 그러므로 그의 구제하는 의의 행위가 계속하는 동안 그의 부요도 요동하지 않는다는 것이다.

시 112:7. 그는 흉한 소문을 두려워하지 아니함이여 여호와를 의뢰하고 그의 마음을 굳게 정하였도다.

시인은 '그 의인은 나쁜 소식을 두려워하지 않을 것이다. 그 이유는 여호와를 신뢰하는 그의 마음이 확고하기 때문이라'고 말한다. 우리는 여호와를 굳세게 신뢰하면서 세상에서 그 어떤 나쁜 소식도 두려움 없이 살아야 할 것이다.

시 112:8. 그의 마음이 견고하여 두려워하지 아니할 것이라. 그의 대적들이 받는 보응을 마침내 보리로다.

본 절은 전 절의 보충을 위한 것이다. 즉, 시인은 '그 의인의 마음은 확고하여 세상에서 아무 두려움이 없이 살 것이니, 마침내 그는 그의 대적이

망하는 꼴을 보게 될 것이라'고 말한다(54:7; 59:10).

시 112:9. 그가 재물을 흩어 빈궁한 자들에게 주었으니 그의 의가 영구히 있고 그의 뿔이 영광 중에 들리리로다.

본 절은 고후 9:9에 기록된 말씀과 같은 말씀이다. 즉, 시인은 '그 의인은 가난한 사람들에게 넉넉하게 나누어주었으니, 그의 의로운 행위가 영원히 기억되고, 그는 영광을 받으며 높아질 것이라'고 말한다. 본 절의 "뿔"이란 말은 선행 뒤에 따르는 '권세' 혹은 '영예'란 뜻이다.

10절. 악인은 영멸한다.

시 112:10. 악인은 이를 보고 한탄하여 이를 갈면서 소멸되리니 악인들의 욕망은 사라지리로다(The wicked man sees it and is angry; he gnashes his teeth and melts away; the desire of the wicked will perish!-ESV).

시인은 '의인이 하나님으로부터 받는 것을 악인이 보고 분개하여 이를 갈면서(35:16; 37:12; 욥 16:9; 애 2:16; 행 7:54) 녹아 없어지고, 악인들의 욕망이 사라질 것이다'(1:6)고 말한다. 아무리 시기해 보아도 시기로써는 남들을 해하지 못하고 결국 자기 멸망에 사용될 뿐이다(박윤선).

제 113 편 높이 계신 분께서 낮아지셔서 구원하시는 하나님을 찬양하라

본편은 "할렐루야 시"(111-118, 146-150편)에 속한다. 113-118편은 특히 한 그룹이 되고, 114:1의 말을 따서 "애굽 할렐"(Egyptian Hallel)이라 불린다. 이 할렐루야 시들은 유대인의 삼대절기(유월절, 오순절, 장막절) 때 불렸고, 특히 유월절 때에 애용되었는데, 유월절 식사 때 113-114편은 식사 전, 둘째 잔 이전에 불렀고, 115-118편은 식사 후, 즉 넷째 잔을 마신 후에 불렀다. 주 예수께서 최후의 만찬 때 부르신 찬미(마 26:30)도 이 시편을 부르신 것으로 보인다(이상근).

본편의 내용은 1) 여호와의 종들은 주를 찬양하라(1-3절). 2) 하나님은 가장 높으시기 때문에 찬송을 받으실만하다(4-5절). 3) 천한 자를 높이시기 때문에 우리는 주님을 찬양해야 한다(6-9절) 등으로 구성되어 있다.

1-3절. 여호와의 종들은 주를 찬양하라.

시 113:1. 할렐루야, 여호와의 종들아 찬양하라 여호와의 이름을 찬양하라.

"할렐루야"란 말은 '여호와를 찬양하라'는 뜻이다. 본 시편에는 "할렐루야"가 시편의 시작과 끝에 있다. "여호와의 종들아 찬양하라 여호와의 이름을 찬양하라"는 말의 주해를 위해 104:35; 105:45; 106:1; 111:1; 112:1 주해를 참조하라. 여호와의 종인 입장에 있는 이스라엘은 여호와의 이름을 찬양하라는 것이다. 오늘 우리도 여호와를 찬양해야 한다.

시 113:2. 이제부터 영원까지 여호와의 이름을 찬송할지로다.

시인은 '지금부터 영원토록 여호와의 이름을 찬송하라'고 권한다. 시간 제한 없이 영원토록 여호와의 이름을 찬송해야 한다는 것이다(115:18; 121:8; 147:12).

시 113:3. 해 돋는 데에서부터 해 지는 데에까지 여호와의 이름이 찬양을 받으시리로다.

시인은 '해 돋는 데서부터 해 지는 데까지 공간의 제한 없이 여호와의 이름을 찬양하라'고 권한다. 이 말씀대로 세계 만민이 여호와의 이름을 찬양할 것이다.

4-5절. 하나님은 가장 높으시기 때문에 찬송을 받으실만하다.

시 113:4. 여호와는 모든 나라보다 높으시며 그의 영광은 하늘보다 높으시도다.

시인은 '여호와는 모든 민족 위에 높으시며 그분의 영광도 하늘보다 높으시다'라고 말한다. 여호와는 세계 모든 민족의 왕이시며(47:2), 또 그의 영광은 하늘 위에 높으시다(대하 6:18).

시 113:5. 여호와 우리 하나님과 같은 이가 누구리요 높은 곳에 앉으셨으나.

시인은 '누가 여호와 우리 하나님과 같겠느냐? 주께서 보좌에 높이 앉아 계시다'고 말한다. 이렇게 높으시니(89:6) 여호와의 이름을 찬양해야 할 것이다.

6-9절. 천한 자를 높이시기 때문에 우리는 주님을 찬양해야 한다.

시 113:6. 스스로 낮추사 천지를 살피시고.

시인은 '주님께서는 높은 보좌에 앉아 계셔서 통치하시나(5절) 스스로 낮추셔서 하늘과 땅을 살피시고 궁핍한 자들을 돌보신다'고 말한다. 하나님의 이와 같은 자기 비하는 그리스도의 성육신에서 그 절정에 달하신 것이다(요 1:14; 빌 2:6-11).

시 113:7. 가난한 자를 먼지 더미에서 일으키시며 궁핍한 자를 거름 더미에서 들어 세워.

시인은 '주님께서는 가난한 자를 티끌에서 일으키시며 궁핍한 자를 거름 더미에서 들어 올리셔서 사용하신다'(삼상 2:8; 눅 1:52-53)고 말한다.

시 113:8. 지도자들 곧 그의 백성의 지도자들과 함께 세우시며.

시인은 '궁핍한 자를 거름 더미에서 들어 올려서(7절) 귀족들, 곧 자기 백성의 귀족들과 함께 앉히신다'고 말한다. 하나님께서 이렇게 올리셔서 사용하신 종들은 요셉, 다윗, 다니엘, 모르드개 같은 자들이었다.

시 113:9. 또 임신하지 못하던 여자를 집에 살게 하사 자녀들을 즐겁게 하는 어머니가 되게 하시는도다. 할렐루야.

8절은 남자의 경우를 말씀했고 본 절은 여자를 높이신 사실을 두고 말씀한다. 즉, 시인은 '주님께서 잉태하지 못하던 여자로 하여금 떳떳하게 집에 살게 하셔서, 많은 아이들을 거느리고 즐거워하는 어머니가 되게 하신다. 할렐루야'라고 말한다. 가령 한나와 같은 경우를 들 수 있다(삼상 2:5). "할렐루야"가 끝에 나와 할렐루야 시로서 완벽한 형태이다(104, 105, 106, 115, 116, 117, 135, 146편 등).

제 114 편 구속하시는 하나님 앞에서 대자연도 찬양해야 한다

본편은 출애굽 때의 여호와의 능력을 찬양하며, 시인은 본편을 가지고 바벨론에서 해방되어야 하는 백성을 격려한다. 70인역(LXX)에는 본편이 다음 편과 합쳐 있다. 본편의 내용은 1) 유다가 주님의 성소가 될 것(1-2절). 2) 홍해와 요단 강에서 나타난 하나님의 능력(3-6절). 3) 능력의 주님 앞에 두려워해야 할 것(7-8절) 등이다.

1-2절. 유다가 주님의 성소가 되고 이스라엘은 주님의 영토가 될 것.

시 114:1-2. 이스라엘이 애굽에서 나오며 야곱의 집안이 언어가 다른 민족에게서 나올 때에 유다는 여호와의 성소가 되고 이스라엘은 그의 영토가 되었도다.

시인은 '이스라엘이 애굽에서 나올 때에, 야곱의 집안이 다른 언어를 쓰는 민족에게서 떠나올 때에, 유다는 주님의 성소가 되고, 이스라엘은 그의 영토가 되었다'고 말한다. 여기 "이스라엘이 애굽에서 나왔다"는 말과 "야곱의 집안이 언어가 다른 민족에게서 나왔다"는 말은 동의절이다.

"유다는 여호와의 성소가 되었다"는 말은 '그들이 가나안에 들어가 거기서 정착했을 때 유다 지파의 영역에 하나님의 성전이 건립되어 여호와께서 계시는 성전이 되었다'는 뜻이다. 그리고 "이스라엘은 그의 영토가 되었다"는 말은 '그외 이스라엘의 모든 지파들은 하나님께서 지배하시는 영토가 되었다'는 뜻이다. 그래서 이스라엘은 전체적으로 하나님의 것이 되었고,

하나님께서 지배하시는 백성이 된 것이다.

3-6절. 홍해와 요단 강에서 나타난 하나님의 능력.

시 114:3. 바다가 보고 도망하며 요단은 물러갔으니.

시인은 '홍해 바다는 그들을 보고 도망쳤고, 요단 강은 뒤로 물러났다'고 말한다. 홍해 바다는 이스라엘 백성 앞에서 갈라져 이스라엘 백성들을 건너게 했고(출 14:19-24), 요단 강은 이스라엘 백성들 앞에서 흐르기를 멈추고 길을 터서 이스라엘 백성들로 하여금 건너게 했다는 것이다(수 3:13-17).

시 114:4. 산들은 숫양들 같이 뛰 놀며 작은 산들은 어린 양들 같이 뛰었도다.

시인은 '시내 산에서 하나님께서 모세에게 율법을 부여하실 때 온 산들이 숫양들 같이 뛰놀았으며(출 19:18) 작은 산들은 어린 양같이 뛰었다'고 말한다. 하나님께서 모세에게 율법을 부여하실 때 자연도 하나님의 임재에 대하여 놀라움을 표하여 그의 장엄하심을 축하한 것이었다.

시 114:5. 바다야 네가 도망함은 어찌함이며 요단아 네가 물러감은 어찌함인가.

시인은 '바다야! 네가 어찌하여 도망하며, 요단아! 네가 어찌하여 뒤로 물러났느냐?'고 질문한다. 홍해 바다가 대답할 리 없고 요단 강이 대답할 리는 없다. 홍해나 요단 강이 대답할 리가 없으나 그것들을 의인화하여 사람에게 질문하듯 질문하고 독자들로 하여금 스스로 대답하게 했다. 홍해가 도망한 것이나 요단 강이 물러간 것은 여호와를 두려워하여 순종했기 때문이었다는 것이다. 대자연도 하나님의 위엄에 놀라서 순종한 것이라는 것이다.

시 114:6. 너희 산들아 숫양들 같이 뛰놀며 작은 산들아 어린 양들 같이 뛰놂은 어찌함인가.

시인은 '산들아! 너희가 어찌하여 숫양들같이, 언덕들아! 너희가 어찌하여 어린 양들같이 뛰었느냐?'고 질문한다. 역시 산들이 대답하거나 숫양들이 대답하거나 할리는 없다. 산들과 작은 산들이 뛴 것은 여호와의 임재에 놀라 두려워했다는 것이다. 하나님의 임재가 있을 때에 두려워하지 않을 자연이 어디에 있겠는가?

7-8절. 능력의 주님 앞에 두려워해야 할 것.

시 114:7. 땅이여 너는 주 앞 곧 야곱의 하나님 앞에서 떨지어다.

시인은 '땅 위에 살고 있는 사람들아! 너는 주님 앞, 곧 야곱의 하나님 앞에서 떨라'고 말한다. 자연도 떨고 있는데 사람들도 하나님의 임재 앞에 떨어야 마땅하다는 것이다. 우리는 하나님 앞에서 옷깃을 여며야 하며 경외심을 가져야 마땅하다. 인간들이 하나님의 임재 앞에서 쉽게 하나님을 잊어버려서는 안 될 것이다.

시 114:8. 그가 반석을 쳐서 못물이 되게 하시며 차돌로 샘물이 되게 하셨도다.

시인은 '주님께서 모세를 통해 바위를 쪼개어 연못이 되게 하셨고, 차돌을 쳐서 물이 나는 샘이 되게 하셨다'(출 17:6; 민 20:11)고 말한다. 하나님께서 이런 이적을 베풀어 사람들로 하여금 마시게 하셨으니 그 사실을 잊지 말고 하나님을 경외해야 마땅하다는 것이다.

제 115 편 하나님이여 능력을 행하소서

본편은 예배 때 부르는 시(詩)로, 저작의 시기는 귀환기의 작품으로 보이나(Hengsternberg, Lange), 혹은 히스기야의 전승 시로 추측하기도 한다. 몇몇 학자들에 의하면 본편은 성전 예배에서 교독 시로 사용된 듯하고 (Delitzsch, Briggs, Rawlinson), 70인역(LXX)에서는 본편이 전편과 합쳐져 있으나 내용적으로 두 개의 시인 것이 분명하다. 본편의 저자가 누구냐를 두고 여러 견해가 있다. 1) 모세의 저작이라는 견해. 2) 다윗의 저술이라는 견해. 3) 히스기야 시대에 하나님의 권능으로 앗수르 군대가 파멸되고 이스라엘이 구원 받은 사실에 대한 시라는 견해. 4) 이방 원수들과의 전쟁이 있었을 때에 하나님의 도우심을 기원한 기도라는 견해(Delitzsch). 위의 여러 견해 중 4)번의 견해가 가장 합리적인 견해같이 보인다.

본편의 내용은 1) 여호와와 우상의 차이(1-8절). 2) 그러므로 여호와를 의지할 것(9-11절). 3) 이스라엘에게 복을 주시는 여호와(12-18절)로 구성되어 있다.

1-8절. 여호와와 우상의 차이.

시 115:1. 여호와여 영광을 우리에게 돌리지 마옵소서 우리에게 돌리지 마옵소서 오직 주는 인자하시고 진실하시므로 주의 이름에만 영광을 돌리소서.

시인은 '여호와시여! 영광을 우리에게 돌리지 마옵소서, 우리에게 돌리지 마옵소서. 주님은 인애하시고 신실하시니, 오직 주님의 이름에만 영광을 돌리소서'고 말한다. 여기 "영광을 우리에게 돌리지 마옵소서"란 말과 "우리에게 돌리지 마옵소서"란 말이 겹쳐 나와 강조적이다. 그리고 "주님은 인애하시고 신실하시니"란 말에 대하여 36:5 주해를 참조하라. 이스라엘을 구원하신 그 인자하심 때문에 주님의 이름에 영광을 돌리시라는 것이다. 오늘 우리도 주님에게만 영광을 돌려야 한다.

시 115:2. 어찌하여 뭇 나라가 그들의 하나님이 이제 어디 있느냐 말하게 하리이까.

시인은 '어찌하여 여러 민족들로 하여금 "그들(이스라엘)의 하나님이 이제 어디 있느냐?" 하고 말하게 하겠습니까?'고 말한다. 만일 하나님께서 이스라엘을 도와주시지 않아서 이스라엘이 패하면 세계의 여러 민족이 이스라엘을 도우시는 하나님이 지금 어디 있느냐고 말할 터이니 그런 일이 발생하지 않게 되도록 해 주시라는 애원이다.

시 115:3. 오직 우리 하나님은 하늘에 계셔서 원하시는 모든 것을 행하셨나이다.

시인은 '우리 하나님은 하늘에 계셔서 하고자 하시는 것은 무엇이든지 다 이루십니다'고 말한다. 그러니 지금 하나님께서 이스라엘을 도우시라는 것이다.

시 115:4. 그들의 우상들은 은과 금이요 사람이 손으로 만든 것이라.

시인은 '이방나라들의 우상들은 은과 금으로 만든 것이고(단 3:1; 렘 10:4, 11), 사람의 손으로 만든 것이라'고 말한다.

시 115:5-7. 입이 있어도 말하지 못하며 눈이 있어도 보지 못하며 귀가 있어도 듣지 못하며 코가 있어도 냄새 맡지 못하며 손이 있어도 만지지 못하며 발이 있어도 걷지 못하며 목구멍이 있어도 작은 소리조차 내지 못하느니라.

본 절(5절)부터 7절까지는 우상은 아무 것도 아니라는 것을 구체적으로 열거한다. 우상을 만들 때 말을 하라고 입을 만들어 놓았는데도 말을 하지 못하며, 눈까지도 만들어 놓았는데 한 가지도 보지도 못하고(5절), 들으라고 귀를 만들어 놓았는데도 큰 소리도 듣지 못하며, 냄새를 분별하라고 코를 만들어 놓았는데 냄새를 맡지 못하며(6절), 백성들의 일을 돕도록 손을 만들어 놓았는데도 한 가지 일도 거들지 못하고, 걸어 돌아다니면서 도우라고 발을 만들어 놓았는데도 걷지를 못하며, 소리를 내어 의사 표시를 하라고 목구멍을 만들어 놓았는데도 작은 소리 하나 내지 못하는 아무 쓸모없는 존재(7절)라는 것이다.

시 115:8. 우상들을 만드는 자들과 그것을 의지하는 자들이 다 그와 같으리로다.

시인은 '우상을 만드는 사람이나 우상을 의지하는 사람은 모두 우상과 같은 수준이 되고 만다'고 말한다. 우상을 만드는 사람이나 우상을 의지하는 사람의 입, 눈, 귀, 코, 손, 발, 목구멍 등 모든 기관이 제 기능을 발휘하지 못하는 바보 수준의 사람이 되고 만다는 것이다. 참으로 외모는 사람이지만 기능이 거의 마비된 사람이 된다는 것이다(사 44:9; 렘 2:5).

9-11절. 그러므로 여호와를 의지할 것.

시 115:9. 이스라엘아 여호와를 의지하라 그는 너희의 도움이시요 너희의 방패시로다.

시인은 '그러므로 이스라엘아! 주님을 의지하여라. 주님은 이스라엘의 도움이 되어 주시고, 방패가 되어 주신다'(33:20)고 말한다. 주님은 우리를 모든 방면에서 도우시고, 또 모든 방면에서 방패가 되어 주신다. 이 얼마나 즐거운 일인가.

시 115:10. 아론의 집이여 여호와를 의지하라 그는 너희의 도움이시요 너희의 방패시로다.

본 절은 전 절의 반복이다. 전 절은 "이스라엘아!"라고 불렀는데 본 절에서는 "아론의 집이여!"라고 부른다. 즉, 시인은 '아론의 집(제사장 집)이여! 여호와를 의지하여라. 그분은 너희 도움이 되시고 너희 방패가 되어 주신다'고 말한다. 성전 예배에서 제사장들과 일반 백성들이 나누어 교독한 것으로 보인다.

시 115:11. 여호와를 경외하는 자들아 너희는 여호와를 의지하여라 그는 너희의 도움이시요 너희의 방패시로다.

시인은 '주님을 경외하는 사람들아! 주님을 의지하여라. 주님은 여호와를 경외하는 각 개인의 도움이 되어 주시고, 방패가 되어 주신다'고 말한다. 여호와를 경외하는 자들이 여호와를 의지할 이유는 여호와께서 하나님을 경외하는 자들의 도우심이시고 방패이시기 때문이라는 것이다. 우리는 철저히 의지하여 여호와의 도움으로 살아야 할 것이고, 환난의 방패막이를 앞세워 살아야 할 것이다.

12-18절. 이스라엘에게 복을 주시는 여호와.

시 115:12. 여호와께서 우리를 생각하사 복을 주시되 이스라엘 집에도 복을 주시고 아론의 집에도 복을 주시며.

시인은 '여호와께서 우리를 기억하시어 복을 주실 것이니, 이스라엘 집에도 복을 주실 것이고 아론의 집에도 복을 주실 것이라'고 말한다. 여호와를 의지하면(9-11절) 여호와께서는 의지하는 자들에게 복을 주신다.

시 115:13. 높은 사람이나 낮은 사람을 막론하고 여호와를 경외하는 자들에게 복을 주시리로다.

시인은 '높은 자들이나 낮은 자들을 막론하고 누구든지 여호와를 경외하는 자에게는 복을 주실 것이라'고 말한다.

시 115:14. 여호와께서 너희를 곧 너희와 너희의 자손을 더욱 번창하게 하시기를 원하노라.

시인은 '여호와께서 너희, 곧 너희와 너희 자손을 번성케 하시기를 바란다'고 말한다. 본 절은 여호와께서 아브라함에게 복을 내리신 말씀이고, 계속해서 다짐하신 복이었다(창 13:16; 17:4-6; 18:18; 22:17; 28:14). 여기 "너희 곧 너희"라는 말은 대상자인 이스라엘을 특히 지적하는 강조체이다. "너희와 너희의 자손을 더욱 번창하게 하시기를 원하노라"는 말씀은 '여호와께서 그의 무한하신 은혜로 바벨론에 포로된 유대 민족이 필경 하나님으로부터 복을 받아 그의 자손의 인수(人數)가 증가되기를 더욱 증가되기를 축원하는 문투이다.

시 115:15. 너희는 천지를 지으신 여호와께 복을 받는 자로다.

시인은 '너희는 천지를 지으신 여호와로부터 복 받기를 원한다'고 말한다. 다시 말해 이스라엘은 천지의 창조자시요, 또 대주재자이신 여호와께서 특히 선택하셔서 복을 주시는 선민이라는 것이다.

시 115:16. 하늘은 여호와의 하늘이라도 땅은 사람에게 주셨도다.

시인은 '하늘은 여호와의 하늘이라도 땅은 사람들에게 주셨다'고 말한다. 본 절도 역시 장차 이스라엘의 사람 수(數)가 증가되리라는 확신의 근거를 준다. 그 확신의 근거는 그들에게 복을 주신 분이 전능하신 하나님이신 사실과 또 하나님께서 땅을 인간에게 주시어 번식하라고 하신 사실에 두는 것이다(박윤선).

시 115:17. 죽은 자들은 여호와를 찬양하지 못하나니 적막한 데로 내려가는 자들은 아무도 찬양하지 못하리로다.

시인은 '죽은 자들은 여호와를 찬양하지 못하며 적막한 곳에 내려간 자들도 찬양하지 못한다'고 말한다. 사람이 죽으면 하나님을 찬송하지 못한다는 것이다(6:5; 30:9; 88:11). "죽은 자들은 여호와를 찬양하지 못한다"는 구절과 "적막한 데로 내려가는 자들은 아무도 찬양하지 못하리로다"(94:17; 사 38:18)는 구절은 동의절이다. "적막한 데"란 말은 '음부'를 지칭하는 말이다.

시 115:18. 우리는 이제부터 영원까지 여호와를 송축하리로다 할렐루야.

시인은 '그러나 우리는 지금부터 영원토록 여호와를 송축할 것이다(146:2)'라고 말한다. 신자들은 죽은 후에도 영원히 살아서 여호와를 찬송한다는 것이다. "할렐루야"가 시편 끝에 나타나 있다. 시작에는 없다(106편 서론 참조).

제 116 편 기도 응답을 받은 자의 결심

본편은 개인적 위기(중병 등, 3, 8, 10절 참조)에서 구원받은 자의 감사와 서약을 기록한 시(詩)이다. 누가 본편을 저술했느냐에 대한 견해는 1) 히스기야가 그의 중병에서 고침 받고 저술했다는 견해(사 38장, Rawlinson). 2) 다윗의 작품으로 보는 견해(Calvin). 3) 바벨론 포로 생활에서 귀환한 무명의 시인이 저술했다는 견해(Hengsternberg, Delitzsch, McCullough, 이상근)등이 있다. 3)번의 견해가 바른 것으로 본다. 본편에 아람어풍이 있는 것을 보고 짐작한다(7, 12, 16절). 그리고 다른 시들로부터의 인용이 많은 점이 그런 짐작을 하게 한다. 본편의 내용은 1) 구원의 감사(1-9절). 2) 구원받은 자의 서약(10-19절)으로 구성되어 있다.

1-11절. 구원에 대한 감사. 3절의 "사망의 줄", "스올의 고통", 6절의 "내가 어려울 때", 8절에 "내가 넘어짐", 10절의 "내가 큰 곤란을 당하였도다", 시인은 하나님만 절대 신뢰할 분인 줄 알았다(11절).

시 116:1. 여호와께서 내 음성과 내 간구를 들으시므로 내가 그를 사랑하는도다.

시인은 '여호와께서 내 음성과 내 간구를 들으셨으므로, 내가 여호와를 사랑한다'고 말한다. 여호와께서 우리의 기도를 들으신 것을 알았다면 당연히 여호와를 사랑해야 하는 것이 사실이다.

시 116:2. 그의 귀를 내게 기울이셨으므로 내가 평생에 기도하리로다.

시인은 '주님께서 그 귀를 내게 기울이셨으므로 내가 평생에 기도할 것이라'고 말한다. 주님께서 주님의 귀를 피조물인 나에게 기울이신 것을 안다면(사 37:17) 평생을 다하여 기도한다(사 38:20)는 것도 당연한 일이다.

시 116:3-4. 사망의 줄이 나를 두르고 스올의 고통이 내게 이르므로 내가 환난과 슬픔을 만났을 때에 내가 여호와의 이름으로 기도하기를 여호와여 주께 구하오니 내 영혼을 건지소서 하였도다.

시인은 '죽음의 올가미가 나를 두르고 죽음의 공포가 내게 엄습하여 이르므로 내가 고통과 슬픔을 만났을 때(사 38:10, 18), 내가 여호와의 이름을 불러서 "여호와시여! 내가 주께 구하오니, 내 생명(사 38:5)을 구해주시라" 했다'고 말한다.

시 116:5. 여호와는 은혜로우시며 의로우시며 우리 하나님은 긍휼이 많으시도다.

시인은 '여호와는 우리의 환난에서 우리를 구원하실 만큼 은혜로우시고 의로우시며 우리 하나님은 긍휼이 풍부하시다'고 말한다. 우리는 기도 응답을 받고 본 절의 간증을 해야 하는 것이다. 은혜로우시고, 의로우시며, 긍휼이 많으시다는 말을 왜 하지 못하는가.

시 116:6. 여호와께서는 순진한 자를 지키시나니 내가 어려울 때에 나를 구원하셨도다(The LORD preserves the simple; when I was brought low, he saved me-RSV, ESV)**.**

본 절의 "순진한 자"(the simple)란 말은 '단순한 자들'이란 뜻이다. 세상적으로는 어리석게 보여서 오직 하나님만 바라보는 단순한 자들을 지칭한다. 하나님은 오직 하나님만 바라보는 자들을 지켜주신다. 우리는 세상적으로 어리석기만 하면 되니 얼마나 처세하기가 좋은가. 하나님은 우리가 단순한 사람으로 살아가는 중에 어려움을 만나 주님만 찾을 때 우리를 구원해 주신다.

시 116:7. 내 영혼아 네 평안함으로 돌아갈지어다 여호와께서 너를 후대하심이로다(Return, O my soul, to your rest; for the LORD has dealt bountifully with you-RSV, ESV)**.**

시인은 '내 영혼아! 네 안식으로 돌아가라. 이유는 주님께서 너를 지금까지 후대하셨으니 충분히 안식으로 돌아갈 수 있다'고 말한다. 여기 "네 안식으로 돌아가라"는 말은 '오직 하나님만 바라보는 중에 고난에서 해방되라'는 말이다. 안식으로 돌아갈 이유는 여호와께서 지금까지 후대하셨기 때문이라는 것이다. 만일 이 때가 포로 생활로부터 귀환기였다면 가나안 복지로 돌아가라는 뜻이었을 것이다(85:1, 이상근).

시 116:8. 주께서 내 영혼을 사망에서, 내 눈을 눈물에서, 내 발을 넘어짐에서 건지셨나이다.

시인은 '주님께서 이 시인을 후대하신 것이 확실한 것은 주님께서 내 영혼을 사망에서 건지셨고, 내 눈에서 눈물을 거두셨으며 내 발이 넘어지지 않게 하셨다'고 말한다. 이 시인의 고난이 중병이었다면 그의 영혼은 사망에 가까웠었고, 그의 눈에는 항상 눈물이 고였었으며, 그의 발은 넘어졌었던 것이다.

시 116:9. 내가 생명이 있는 땅에서 여호와 앞에 행하리로다.

시인은 '내가 생명의 땅에서 여호와 앞에 행할 것이다'라고 말한다. "여기 생명이 있는 땅에서"란 말은 '시인이 살아있는 땅에서', 즉 살아서 여호와 앞에 감사하며 살겠다는 것이다. "여호와 앞에 행하리로다"란 말은 문맥으로 보아 여호와를 사랑하고(1절), 여호와께 기도하며(2, 3절), 여호와 앞에서 평안히 사는 것 등을 들 수 있다. 아무튼 성도는 여호와의 기대에 부응하는 삶을 살아야 할 것이다.

시 116:10. 내가 크게 고통을 당하였다고 말할 때에도 나는 믿었도다.

시인은 '"내 인생이 왜 이렇게 고통스러우냐?" 하고 생각할 때에도, 나의 믿음은 흔들리지 않고 믿었습니다'고 말한다.

시 116:11. 내가 놀라서 이르기를 모든 사람이 거짓말쟁이라 하였도다.

시인은 '나는 한 때 몹시 두려워, "믿을 사람 아무도 없다" 하고 말하곤하였습니다'라고 말한다. 시인은 한 때 고난 중에서 사람을 의지해 보았으나 사람을 믿을 것이 못되어 그는 모든 사람은 거짓말쟁이라 한 것이다(31:22). 사람을 믿어본 후에 오직 하나님만 믿게 되는 계기를 얻었다.

12-19절. 구원받은 자의 서약. 시인은 하나님께 서원한 것을 갚겠다고 말한다(14절). 하나님께 "감사제"를 드리겠다 한다(17, 19절).

시 116:12. 내게 주신 모든 은혜를 내가 여호와께 무엇으로 보답할까.

시인은 '오직 내가 여호와를 믿고 보니 여호와께서 내게 주신 은혜가 너무 커서 내가 무엇으로 여호와께 보답할까를 생각하게 되었다'고 말한다.

시 116:13. 내가 구원의 잔을 들고 여호와의 이름을 부르며.

시인은 '내가 구원의 은혜에 감격하여 보답하겠다는 뜻으로 주님의 성호를 찬양하며 여호와께 영광을 돌리겠습니다'라고 말한다. 시인은 자신에게 베푸신 하나님의 은혜를 감사하게 받아들이고 있음을 보여주고 있다. 본절의 "내가 구원의 잔을 들고"란 말은 문자적인 내용이 아니라(유월절 잔처럼) 상징적인 뜻으로 보아야 할 것이다(Hengsternberg). 즉, 구원의 은혜에 감격하여 여호와의 이름을 찬송한다는 것이다.

시 116:14. 여호와의 모든 백성 앞에서 나는 나의 서원을 여호와께 갚으리로다.

시인은 '제 자신이 주님께 서원한 것을 모든 백성이 보는 앞에서 다 이루겠습니다'라고 말한다. 시인이 서원한 것은 주님 앞에서 갚겠다는 것을 18-19절에서 반복한다. 그가 무슨 서원을 했는지에 대해서는 말하지 않는다.

시 116:15. 그의 경건한 자들의 죽음은 여호와께서 보시기에 귀중한 것이로다.

시인은 '여호와를 섬기는 경건한 자들의 죽음에 대해서는 여호와께서 귀중히 보신다'고 말한다. 여호와를 섬기는 경건한 자들의 죽음에 대해서 여호와께서는 깊은 관심을 가지고 관할하신다는 것이다. 결코 독거사(獨居死)를 당하거나 저주 받은 자처럼 죽는 일이 없도록 돌보신다.

시 116:16. 여호와여 나는 진실로 주의 종이요 주의 여종의 아들 곧 주의 종이라 주께서 나의 결박을 푸셨나이다.

시인은 '여호와시여! 나는 참으로 주님의 종이요, 주님의 여종의 아들(86:16) 곧 주님의 종입니다. 주님께서 나의 결박을 푸셨습니다'고 말한다. 시인은 자신이 심히 비천한 종인 것을 알고 있었는데 이런 종을 고난의 결박에서 풀어주셨다는 엄청난 감격을 가지고 있었다.

시 116:17. 내가 주께 감사제를 드리고 여호와의 이름을 부르리이다.

시인은 '내 자신이 주님께서 내 결박을 푸신 것을 감사해서 감사의 제사를 드리고 여호와의 이름을 높이 부르겠습니다'(50:14)고 말한다.

시 116:18. 내가 여호와께 서원한 것을 그의 모든 백성이 보는 앞에서 내가 지키리로다.

시인은 '내 자신이 여호와께 서원한 것을 주님의 모든 백성 앞에서 갚겠습니다'라고 말한다. 본 절은 14절의 반복이다. 그 주 해설 참조.

시 116:19. 예루살렘아, 네 한가운데에서 곧 여호와의 성전 뜰에서 지키리로다.

시인은 '예루살렘아! 네 한가운데서 주님의 성전 뜰에서, 주님께 서원한 것들을 모두 이루겠다'고 말한다. 그리고 '할렐루야!'라고 말한다. "할렐루야"가 시편 끝에 나오는 경우이다. 4 편(104, 105, 115, 117편)에 속한다. 시인은 여호와의 성전 뜰에서 여호와께 감사의 예배를 드리기로 한 것이다. 106편 서론과 115:18주해를 참조하라.

제 117 편 누구든 하나님을 찬양할 자격을 얻을 수 있다

본편은 성경의 중앙을 차지하는 장이다. 또 가장 짧은 시편이면서도 그 내용은 가장 넓어 만민에게 여호와 찬양을 부추기고(1절), 그 이유로 여호와의 2대 속성인 인자와 진실을 밝히고 있다(2절). 이 시편은 포로 후 시대의 것일 것으로 추측된다. "칭송"이란 말도 역시 아람어풍이다. 이 시는 47편처럼 신약 시대의 세계 선교를 예언한다.

시 117:1. 너희 모든 나라들아 여호와를 찬양하며 너희 모든 백성들아 그를 찬송할지어다.

시인은 '너희 모든 나라들아! 여호와를 찬양하며, 너희 모든 백성들아! 주님을 찬송하여라'고 말한다. 이스라엘만이 아니라 만국 백성들은 오직 참 신이신 여호와를 찬양하라고 권한다(2:1, 8; 9:5, 15). 시편 자체는 짧으면서도 그 시야는 아주 광대하다.

시 117:2. 우리에게 향하신 여호와의 인자하심이 크시고 여호와의 진실하심이 영원함이로다 할렐루야.

시인은 '우리에게 향하신 여호와의 인자하심이 크시고 신실하심이 영원하시다'고 말한다. 만국이 여호와를 찬양할 이유는 여호와의 인자하심이 크고 그 언약을 지키시는 그 신실하심이 영원하였던 것이다. "인자와 진실"에 대해 89:24 주해를 참조하라. "할렐루야"란 말에 대하여 116:19 주해를 참조하라.

제 118 편 구원받은 후 성전을 찾아가는 자의 시(詩)

본편은 애굽 할렐시의 마지막 편이다(113편 서론 참조). 교회 개혁자 루터가 애송한 시로 포로 귀환 후 제 2성전이 낙성된 후(주전 516년) 유월절 행렬 때 불렀다는 노래라는 유력한 견해가 있다(Hengsternberg, Delitsch, Kay). 본편 22-24절과 스 3:10-11, 25절과 느 1:11과의 유사점이 이 학설을 뒷받침 하는 듯하다.

저작 시기는 1) 포로 후 시대 곧, 제 2성전이 건축된 때 저작했으리라는 견해(Hengsternberg, Delitzsch, Kay). 22-24절이 스 3:10, 11에 해당하고, 25절은 느 1:11과 유사한 것으로 보아 이 학설을 지지하는 듯하다. 2) 마카비 시대의 저작이라는 견해(Dewette, Rosenmueller). 3) 다윗의 저작이라는 견해(Talmud경, Targum역, Calvin, 박윤선)로 구성되어 있다. 위의 세 견해 중 3)번의 견해가 가장 바람직한 것으로 보인다. 22-23절이 그리스도에게 적용된 메시아 구가 되었다.

본편의 내용은 1) 여호와께서 주신 구원을 인하여 감사하자는 초청을 하다(1-13절). 2) 이 시인 자신의 찬송(14-24절). 3) 국가의 대표자 다윗의 기도(25, 26절). 4) 하나님의 구원을 확신하므로 함께 하나님에게 감사하자고 부탁하는 것(27-29절)으로 구성되어 있다.

1-13절. 여호와께서 주신 구원을 인하여 감사하자는 초청을 하다.

시 118:1. 여호와께 감사하라 그는 선하시며 그의 인자하심이 영원함이로다.

시인은 '여호와께 감사하라. 그분은 선하시며 그분의 인자하심은 영원하시다'고 말한다. 106:1 주해 참조.

시 118:2. 이제 이스라엘은 말하기를 그의 인자하심이 영원하다 할지로다.

시인은 '이제 이스라엘은 말하기를 "그분의 인자하심이 영원하다"고 하라'고 말한다. 이스라엘의 과거 역사를 돌아볼 때 감사할 일이 너무 많아 여호와의 인자하심이 영원하다고 찬송하자(3, 4절)고 말하는 것이다.

시 118:3. 이제 아론의 집은 말하기를 그의 인자하심이 영원하다 할지로다.

시인은 '아론의 집 사람들은 말하기를 "그분의 인애하심은 영원하다"고 하라'고 말한다. 여기 아론의 집 사람들은 '제사장들'을 지칭한다.

시 118:4. 이제 여호와를 경외하는 자는 말하기를 그의 인자하심이 영원하다 할지로다.

시인은 '여호와를 경외하는 자는 각자마다 말하기를 "그분의 인애하심은 영원하다"고 하라'고 말한다. 일반 이스라엘 사람들도 여호와께 그 인자하심이 영원하다고 말하라는 것이다.

시 118:5. 내가 고통 중에 여호와께 부르짖었더니 여호와께서 응답하시고 나를 넓은 곳에 세우셨도다.

시인은 '내 자신이 속박의 고통 중에 여호와께 부르짖었더니(단 9:4-19), 여호와께서 내게 응답하시고 나 자신과 이스라엘을 넓은 가나안 땅으로 옮겨 주셨다'고 말한다.

시 118:6. 여호와는 내 편이시라 내가 두려워하지 아니하리니 사람이 내게 어찌할까.

시인은 '여호와께서 내 편에 계시니 내 자신이 두려움이란 없다. 사람이 내게 어찌하겠느냐?'고 말한다. 초대 교회사가 요셉푸스(Josephus A.D. 37-110년)는 이스라엘은 하나님과 동맹한 나라라고 했다.

시 118:7. 여호와께서 내 편이 되사 나를 돕는 자들 중에 계시니 그러므로 나를 미워하는 자들에게 보응하시는 것을 내가 보리로다.

시인은 '여호와께서 내 편이 되어 나를 도우시니, 나를 미워하는 자가 망하는 것을 내가 볼 것이라'(54:7; 59:10)고 말한다. 역사상에 여호와의 편이 패한 적이 있는가. 한 번도 없었다.

시 118:8-9. 여호와께 피하는 것이 사람을 신뢰하는 것보다 나으며 여호와께 피하는 것이 고관들을 신뢰하는 것보다 낫도다.

시인은 '여호와의 편이 되는 것이 사람의 편이 되는 것보다 낫고 여호와의 편이 되는 것이 권세 있는 자를 의지하는 것보다 낫다'(62:8-9)고 말한다. 사람의 편이 되는 것과 여호와의 편이 되는 것은 비교도 되지 않는다. 우리는 언제나 여호와를 신뢰하는 사람들이 되어야 할 것이다.

시 118:10. 뭇 나라가 나를 에워쌌으니 내가 여호와의 이름으로 그들을 끊으리로다(All nations surrounded me; in the name of the LORD I cut them off!-RSV, ESV)**.**

시인은 '모든 민족들이 나를 에워쌌으나, 내가 여호와의 이름으로 그들을 끊었다'고 말한다. 모든 민족, 모든 나라, 모든 군대, 모든 세력이 시인 자신을 에워싸도 나 자신 한 사람의 기도로 그들을 끊었다는 것이다. 여호와 한분의 힘은 지상 세력의 전부를 합한 것보다 더 우세하시다.

시 118:11. 그들이 나를 에워싸고 에워쌌으니 내가 여호와의 이름으로 그들을 끊으리로다.

시인은 '그들이 나를 에워싸고 에워쌌으나, 나 혼자 여호와의 이름으로 그들을 끊었다'고 말한다. 본 절은 앞 절의 반복이다. 특히 원수의 강한 포위를 강조한다.

시 118:12. 그들이 벌들처럼 나를 에워쌌으나 가시덤불의 불 같이 타 없어졌나니 내가 여호와의 이름으로 그들을 끊으리로다.

시인은 '그들이 벌떼처럼 나 자신을 에워쌌으나, 가시덤불이 불에 타는 것같이 타서 소멸되어 없어졌나니 내가 여호와의 이름으로 그들을 끊었다'고 말한다.

시 118:13. 너는 나를 밀쳐 넘어뜨리려 하였으나 여호와께서는 나를 도우셨도다.

시인은 '네가 나를 밀어 넘어뜨리려고 했으나, 여호와께서 나를 도우셨다'고 말한다. 다시 말해 적들은 이스라엘을 넘어뜨리려 했으나 하나님께서 도우셔서 안전하게 보호해 주신 것이다. 현재도 주위 나라들은 교회를 계속해서 넘어뜨리려 한다. 이렇게 많은 수의 적들이 성도들을 압박하는 것은 한분 하나님을 의지하여 이기라는 신호이다.

14-24절. 이 시인 자신의 찬송.

시 118:14. 여호와는 나의 능력과 찬송이시요 또 나의 구원이 되셨도다.

시인은 '여호와께서는 지금도 나의 힘과 찬송이시다. 여호와께서는 그 동안 계속해서 내 자신의 구원이 되셨다'고 말한다. 시인은 여호와께서 지금도 시인 자신의 힘이 되시며 찬송을 일으키시는 분이라고 말한다. 여호와께서는 그 동안도 자기 자신을 구원해 주셨다는 것이다(출 15:2).

시 118:15. 의인들의 장막에는 기쁜 소리, 구원의 소리가 있음이여 여호와의 오른손이 권능을 베푸시며.

시인은 '의로운 사람들의 집에는 기쁜 소리, 구원의 소리가 있다! 여호와의 오른손이 권능을 행하셨기 때문이다'고 말한다. 즉, 의롭게 사는 이스라엘 사람들의 집에는 항상 기쁜 소리, 구원을 찬양하는 소리가 있다. 이유는 여호와의 힘 있으신 손으로 구원을 베풀어주시기 때문이라는 것이다(출 15:6, 12).

시 118:16. 여호와의 오른손이 높이 들렸으며 여호와의 오른손이 권능을 베푸시는도다.

시인은 '여호와의 오른손(힘 있는 손)이 높이 들려서 권능을 행하셨다. 여호와의 오른손(힘 있는 손, 창 48:14; 출 29:20; 겔 21:22)이 권능을 행하셨다'고 말한다. 본 절의 상반절을 하반절이 반복하고 있다. 이런 반복은 히브리어의 특징이다. 1, 2, 3, 4, 8, 9절, 10-11절 등의 반복을 보라.

시 118:17. 내가 죽지 않고 살아서 여호와께서 하시는 일을 선포하리로다.

시인은 '내 자신이 죽지 않고 살아서, 주님께서 하신 일을 선포하겠다'고 말한다. 시인은 여호와의 힘으로 시인 자신을 살려 주셨기 때문에 여호와께서 하시는 구원 행위를 선포하겠다고 말한다. 다시 말해 여호와께서 이스라엘을 구원해 주셨기 때문에 이스라엘은 여호와의 구원을 선포하고 증언하겠다는 것이다. 인생이 살아서 해야 하는 일은 하나님을 선포하는 일이다.

시 118:18. 여호와께서 나를 심히 경책하셨어도 죽음에는 넘기지 아니하셨도다.

시인은 '주님께서는 나 자신을 엄히 징계하시긴 하셨어도(렘 31:18; 고후 6:9) 나를 죽게 버려두지는 않으셨다'고 말한다. 주님께서는 성도들이 범죄 할 때에 사람들을 시켜서 엄하게 징계하시기는 하셔도 아주 죽게는 하지 않으시고 살려 주신다는 것이다(신 8:5; 삼하 7:14; 잠 3:12; 히 12:8, 11).

시 118:19. 내게 의의 문들을 열지어다 내가 그리로 들어가서 여호와께 감사하리로다.

시인은 '내게 의(義)의 문들을 열어라. 내가 들어가 여호와께 감사할 것이라'고 말한다. 여기 "의의 문들"이란 '성전 문들'을 지칭한다. 성전 문들을 의의 문들이라 한 것은 다음 절처럼 의로운 자들이 들어가기 때문이다. 여기 의의 문들은 구원의 문이 되시는 예수 그리스도를 예표한다.

"내가 그리로 들어가서 여호와께 감사하리로다"란 말은 '이스라엘이 경배자의 행렬을 이루어 드디어 성전 문에 도달하여 그 안에 들어가 여호와께 감사하며 경배하기를 원하고 있다는 것'을 보여주고 있다(100:4).

시 118:20. 이는 여호와의 문이라 의인들이 그리로 들어가리로다.

시인은 '성전 문은 여호와의 문이니, 의인들이 이리로 들어갈 것이라'고 말한다. 여호와의 성전에는 의로운 이스라엘 백성이 들어가는 곳이었다. 여기 "의인들"이란 말은 죄 없는 사람들이란 말이 아니라 하나님과의 바른 관계를 맺은 사람들을 뜻하는 말이다. 우리가 하나님을 믿을 때 즉시 의인이 되는 것이다(창 15:6).

시 118:21. 주께서 내게 응답하시고 나의 구원이 되셨으니 내가 주께 감사하리이다.

시인은 '주님께서 내게 응답하시며 내 구원이 되셨으니, 내가 주님께 감사한다'고 말한다. 성전의 문이 열려서 의의 무리가 성전 뜰에 들어가 감사의 찬송을 부르는데 그 내용은 주님께서 이스라엘의 기도를 들어 주셔서 이스라엘을 구원하셨으니 감사하다는 내용이었다. 이스라엘의 기도를 들어 주셨으니 이스라엘의 구원이 이스라엘에게 이루어졌다는 것이다.

시 118:22. 건축자가 버린 돌이 집 모퉁이의 머릿돌이 되었나니.

시인은 '건축자들의 버린 돌이 집 모퉁이의 머릿돌이 되었다'고 말한다. 본 구절의 뜻은 주위 사람들로부터 멸시와 박해를 받던 시인이 하나님의 구원의 은혜로 영예롭게 된 자신의 전격적인 상황 변화를 비유적으로 묘사한 것이다. 만일 본 구절을 시인이 다윗을 두고 쓴 것이라면 이 구절은 다윗이 사울의 박해에서 구원을 받아 이스라엘의 왕으로 세움 받은 사실을 묘사한 것이라 할 수 있을 것이다(Calvin, 박윤선). 본문에서 이 돌[14])을 이스라엘을 가리키는 것으로 본다면 그들이 열방으로부터는 버린 돌이었으나 하나님은 그들을 집 모퉁이의 머릿돌로 소중히 쓰신다는 것이다(이상근).

또 본문은 예수님께서 인용하셨고, 신약에도 여러 번 인용되어(마 21:42;

---

14) "모퉁이의 머릿돌"이란 건물의 가장 중요한 돌로서 이 돌을 중심하여 벽이 쌓이고 또 이 돌에 건축자의 이름을 새겼다.

행 4:11; 엡 2:20; 벧전 2:7) 그리스도에 대한 예언구가 되었다. 즉, 유대인에게 버린바 된 그리스도가 이방인들에게는 환영되어 모퉁이의 머릿돌이 되었다는 것이다(마 21:42 주해 참조).

시 118:23. 이는 여호와께서 행하신 것이요 우리 눈에 기이한 바로다.

시인은 '이는 여호와께서 행하신 것이요, 우리 눈에 놀라운 일이라'고 말한다. 시인 자신이나 또는 다윗, 또는 이스라엘이 이방의 열방으로부터 버린바 되었으나 하나님께서 중요한 모퉁이의 머릿돌로 삼으신 것은 여호와께서 행하신 바요 우리 눈에 아주 기이한 하나님의 섭리인 것이다. 예수님께서는 이 말씀을 자신에게 적용하셔서 유대인들이 자신을 버리고 이방인들이 그를 머릿돌로 받아들인 것이 하나님께서 행하신바 기이한 일이라고 하신 것이다.

시 118:24. 이 날은 여호와께서 정하신 것이라 이 날에 우리가 즐거워하고 기뻐하리로다.

시인은 '이 날은 여호와께서 정하신 날로, 이 날에 우리가 즐거워하고 기뻐하자'고 말한다. "이 날"은 즉 '시인이 구원받은 날', 혹은 '다윗이 왕위에 오른 날', '이스라엘이 구원받은 날'이고, 특히 예수 그리스도께서 만왕의 왕으로 이 땅에 오셔서 성도들을 영화롭게 하시고 악의 세력을 심판하실 주의 날을 지칭한다. "이 날에 우리가 즐거워하고 기뻐하리로다"란 말은 '이 날은 하나님께서 만들어 주신 날이니 하나님의 백성들은 즐거워하고 기뻐할 날이라'는 것이다.

25-26절. 국가의 대표자 다윗의 기도.

시 118:25. 여호와여 구하옵나니 이제 구원하소서 여호와여 우리가 구하옵나니 이제 형통하게 하소서.

시인은 '여호와시여! 부디 우리를 구하소서. 여호와시여! 부디 우리에게 번영을 주소서'라고 기원한다. 본 절을 시인이 다윗의 기도를 인용하는 것으로 본다면 다윗이 이스라엘 민중을 위하여 구원을 기원하며 번영을 기원하는 것이다. 기도해서 불가능함이 없는 것이다.

시 118:26. 여호와의 이름으로 오는 자가 복이 있음이여 우리가 여호와의 집에서 너희를 축복하였도다(Blessed be he who comes in the name of the LORD! We bless you from the house of the LORD-ESV).

시인은 '여호와의 이름으로 오는 자가 복이 있다. 우리가 여호와의 집에서 너희에게 복을 빈다'고 말한다. 로린슨(Rawlinson)은 본 절을 경배자의 행렬이 성전 내부에 도달할 때 그곳에 기다리고 있던 제사장 찬양대가 경배하러 오는 경배자에게 복을 비는 말이라고 한다. 주님의 이름으로 주님께 경배하러 오는 자들이 복이 있는 것이다. "우리가 여호와의 집에서 너희를 축복하였다"는 말은 '우리가 모든 복의 샘인 여호와의 집에서 여호와의 이름으로 오는 이에게 복을 빈다'는 말이다. 상반절 하반절 모두 "여호와의 이름으로 오는 자가 복이 있다"란 말은 '만왕의 왕으로 오시는 자이신 예수 그리스도를 찬양해야 한다'는 말이다.

27-29절. 하나님의 구원을 확신하므로 함께 하나님에게 감사하자고 부탁하다.

시 118:27. 여호와는 하나님이시라 그가 우리에게 빛을 비추셨으니 밧줄로 절기 제물을 제단 뿔에 맬지어다.

본 절은 경배자들의 행렬의 응답이다. 즉, 시인은 '경배자들은 여호와께서 하나님이시다. 그가 우리에게 빛을 주셨으니, 희생제물을 줄로 제단 뿔에 매라'고 말한다. 제사장 찬양대의 복 빎을 받으며 경배자의 행렬이 성전 내부에 들어가 제단에 이르러 제단 뿔에 그들의 제물을 매면서 '여호와는 우리의 하나님이시라. 우리가 고난 중에 있을 때 우리를 환하게 비추어 구원하셨으니 이제 우리의 감사의 제물을 여기에 묶고 주님께 바치나이다'

라고 하는 것이다. 이렇게 해서 그들의 감사의 예배는 끝나는 것이다.

시 118:28. 주는 나의 하나님이시라 내가 주께 감사하리이다 주는 나의 하나님이시라 내가 주를 높이리이다.

본 절은 앞 절의 반복이다. 즉, 시인은 '주님은 나의 하나님이시다. 내가 주께 감사할 것이다. 주님은 나의 하나님이시다. 내가 주님을 높일 것이다'라고 말한다. 제물을 제단에 바치는 동안 여러 번 감사했을 것이다. 하나님께 감사하고 하나님을 높인다고 말한 것이다.

시 118:29. 여호와께 감사하라 그는 선하시며 그의 인자하심이 영원함이로다.

본 절은 1절의 반복이다. 1절 주해를 참조하라. 본 절은 후렴구의 어조로 되어 있고, 여호와 찬양 예배 때에 반복되었다(2-4절; 106:1; 107:1; 136:1-26; 대상 16:34; 대하 5:13; 스 3:11).

제 119 편 하나님의 율법을 찬송하다

본편은 시편 150편 중에서 가장 긴 시이며(175절), 성경 전체 중에서도 가장 긴 장(章)이다. 본편은 완전히 알파벳 순서로 된 시로(9-10, 25, 34, 37, 111, 112, 119, 145편), 히브리어 알파벳 순서를 따라 22부로 되어 있고, 각 부는 8절씩으로 구성되어 있어 매절마다 그 순서를 따르고 있다(예를 들어 1-8절은 모두 אָ로, 9-16절은 모두 ב로 시작되는 식으로 되어 있다). 본 시편의 주제는 "율법의 묵상"이다(신 6:1-9의 명을 따라). "율법"이란 낱말을 달리 표현하는 9개의 낱말이 등장한다(Rawlinson).

1) "율법"이란 낱말이 등장한다. 율법이란 말은 하나님의 말씀을 총칭하는 것이다.

2) "말씀"이란 낱말-하나님께서 하신 말씀이란 뜻이다.

3) "증거"란 낱말로 등장한다. "증거"란 '하나님의 품성에 대한 증거'란

뜻이다.

4) "도"란 낱말로 등장한다.

5) "법도"란 말로 등장한다.

6) "율례"란 말로 등장한다.

7) "계명"이란 낱말로 등장한다.

8) "판단"이란 낱말로 등장한다.

9) "규례"란 말로 등장한다.

본 시편(119편)의 저자가 누구인가를 두고 견해가 갈린다. 1) 다윗이 왕위에 오르기 전에 저작했을 것이라는 견해(Venema, Michaelis), 2) 마카비 시대의 인물이 저작했으리라는 견해(Hitzig), 3) 에스라가 저작했을 것이라는 견해(McCullough). 3)번의 견해가 가장 타당한 것으로 보인다(이상근). 이유는 에스라가 바벨론 포로기를 겪은 인물이기 때문에 119편의 저자라고 본다. 더욱이 그는 율법 학사였기 때문에 이 거대한 기록의 저자였을 것으로 보인다. 율법과 저자와의 관계를 살펴보면 1) 이 율법을 깨닫는 것도 하나님의 은혜로 된다고 했고(7, 12, 18, 34절), 2) 이 율법을 지키는 것도 하나님의 은혜로만 되는 줄 알았으며(5, 10, 29절), 3) 이 율법이 그를 소생케 한다고 했고(93절), 4) 그는 주의 법도를 즐거워한다고 했다(14, 24, 35, 62, 70, 162, 174절, 박윤선).

1-8절. 율법을 행하는 자가 복을 받는다. 1-8절은 알렙(א)으로 시작한다. 1-8절은 본편의 서론으로 시 1편과 비슷하다.

시 119:1. 행위가 온전하여 여호와의 율법을 따라 행하는 자들은 복이 있음이여.

시인은 '그 행실이 온전하고 주님의 법대로 사는 사람은 복이 있다'라고 말한다. 여기 본 절은 "복이 있음이여"(אַשְׁרֵי)가 문장 처음에 나타나 강조되고 있다. 다시 말해 "흠이 없는 사람, 여호와의 율법을 따라 사는 사람은 복이 있는 사람이라"(1:6; 23:3)는 것이다. 그런데 문장의 특징은 흠이 없는 사람이란 말이 먼저 나오고, 여호와의 율법을 따라 사는 사람이란 말이 바로 뒤따라 나온다는 것이다. 흠이 없다는 말은 아주 완전무결한 자를 뜻하는 말이 아니라 다음 절에 나오는 대로 여호와의 증거들을 지키고 여호와를 구하는 자를 지칭한다.

시 119:2. 여호와의 증거들을 지키고 전심으로 여호와를 구하는 자는 복이 있도다.

본 절은 전 절을 다른 말로 묘사한 것이다. 즉, 시인은 '여호와의 증거들을 지키고 온 마음으로 여호와를 구하는 자들은 복이 있다'고 말한다. 누가 복이 있는 사람인가. 그것은 여호와의 증거(하나님의 품성을 측면에서 말해주는 말씀)들을 지키는 사람이고, 전심을 다하여 여호와를 구하는 사람이다(36:10; 64:10). "전심으로 여호와를 구하는 사람"이란 '마음과 뜻과 성품을 다하여 간절히 여호와를 찾는 자'를 말함인데 '그런 사람은 하나님을 만나는 경험을 하게 될 것'이다(신 4:29; 렘 29:13).

시 119:3. 참으로 그들은 불의를 행하지 아니하고 주의 도를 행하는도다.

시인은 '그들은 악을 행치 아니하고 주님의 길을 걷는다'고 말한다. 복 있는 자의 소극적인 모습은 불의를 행하지 아니하고 적극적으로는 주님의 도를 행하는 것이다.

시 119:4. 주께서 명령하사 주의 법도를 잘 지키게 하셨나이다.

시인은 '주님께서 주님의 교훈들을 우리에게 주셨고, 우리로 성실하게 지키게 하셨습니다'고 말한다. 복된 자는 주님께서 주님의 교훈들을 주신 줄을 알며 또 성실하게 지키게 하신 것을 안다는 것이다. 문장 초두의 "주님께서"란 말이 강조되어 있다. 주님께서 오늘도 우리에게 주님의 법도를 성실하게 지키라고 하신다. 지키기 위해서는 먼저 그 말씀을 읽어야 하고 묵상해야 한다. 두 가지를 잘 하면 성실하게 지키게 된다.

시 119:5. 내 길을 굳게 정하사 주의 율례를 지키게 하소서.

시인은 '내가 주님의 율례들을 성실하게 지킬 수 있도록 내 자신이 걸어가는 길이 흔들리는 일이 없게 해 주십시오' 라고 말한다. 마음이 확정된다는 것은 아주 중요한 일이다.

시 119:6. 내가 주의 모든 계명에 주의할 때에는 부끄럽지 아니 하리이다.

시인은 '내 자신이 주님의 모든 계명들을 낱낱이 마음에 새긴다면 내 자신이 죄에 빠져 부끄러움을 당할 일은 없을 것입니다'라고 말한다.

시 119:7. 내가 주의 의로운 판단을 배울 때에는 정직한 마음으로 주께 감사하리이다.

시인이 '내 자신이 주님의 의로운 판단들을 배우게 되면 올바른 마음으로 주님께 감사하겠습니다'라고 말한다. 주님의 말씀을 배우게 되면 신기한 내용을 깨닫게 되니 감사가 넘치게 된다.

시 119:8. 내가 주의 율례들을 지키오리니 나를 아주 버리지 마옵소서.

시인은 '내 자신이 주님의 율례들을 지킬 것이니, 나를 아주 버리지 마소서'라고 말한다. 여기 "율례들"이란 말은 '말씀들', 또는 '율법들'을 지칭하는 말이다.

9-16절. 청년이 그 행위를 정결하게 하는 방법. 이 부분은 ב라는 글자로 시작한다.

시 119:9. 청년이 무엇으로 그의 행실을 깨끗하게 하리이까 주의 말씀만 지킬 따름이니이다.

시인은 '청년이 무엇으로 자기의 행실을 깨끗케 하겠습니까? 주님의 말씀을 따라 주의하는 것입니다'라고 말한다. 청년이 무엇을 가지고 세상을 깨끗하게 사는 방법이 없다. 주님의 말씀을 읽고 묵상하고 그 말씀을 지킴으로 가능한 것이다.

시 119:10. 내가 전심으로 주를 찾았사오니 주의 계명에서 떠나지 말게 하소서.

시인은 '내 자신이 온 마음으로 주님을 찾고 있는 중이오니(2절), 내 자신이 주님의 명령들에서 떨어져 나가지 않게 하소서'고 부탁한다.

시 119:11. 내가 주께 범죄하지 아니하려 하여 주의 말씀을 내 마음에 두었나이다.

시인은 '내 자신이 주님께 죄를 짓지 아니하기 위해 주님의 말씀을 내 마음에 간직하고 있습니다'라고 말한다. 주님의 말씀을 마음에 간직하고 있으면 성령님을 모시고 있는 것이나 다름없는 일이니 죄를 범하지 않게 된다.

시 119:12. 찬송을 받으실 주 여호와여 주의 율례들을 내게 가르치소서.

시인은 '찬송을 받으서야 할 주 여호와시여! 주님의 규례들을 내게 가르치소서'라고 말한다. 여호와께서는 수많은 이유로 찬송을 받으실만한 분이시다. 그 중 한 가지는 우리에게 주님의 율례(율법)들을 가르치실 수 있기 때문이다. "주님의 율법은 주님께서 가르치실 때만이 그 뜻을 알 수 있는 것이다"(Rawlinson).

시 119:13. 주의 입의 모든 규례들을 나의 입술로 선포하였으며.

시인은 '주님의 입에서 내신 모든 규례들을 내 입술로 선포하였습니다'라고 말한다. 주님의 입으로 내신 모든 규례들을 내 마음으로 받아들였고, 또 내 입술로 남들에게 선포했다는 것이다.

시 119:14. 내가 모든 재물을 즐거워함 같이 주의 증거들의 도를 즐거워하였나이다.

시인은 '내 자신이 모든 재물을 즐거워함같이 주님의 증거들의 길을 즐거워합니다'라고 말한다. 여기 "모든 재물을 즐거워함 같이"란 말은 모든 세상 사람들이 일반적으로 재물을 즐거워한다는 뜻이다. 그리고 "주님의 증거들의 도"(the way of your testimonies)란 말은 단순히 '주님의 율례'를 뜻하는 말이다. 시인은 보통 사람들이 재물을 즐거워함 같이 시인은 주님의 말씀을 더 사랑하고 즐거워한다는 것을 말씀한다. 이러한 사실은 72절, 127절에 비추어 볼 때 쉽게 이해가 된다.

시 119:15-16. 내가 주의 법도들을 작은 소리로 읊조리며 주의 길들에 주의하며 주의 율례들을 즐거워하며 주의 말씀을 잊지 아니하리이다.

시인은 '내 자신이 주님의 법도들을 묵상하고 주님의 길들을 주의 깊게 묵상하며(96절) 내가 주님의 규례들을 즐거워하고(24, 40, 47, 70, 77절) 주님의 말씀을 마음속에 깊이 간직하여(11절) 잊지 아니하겠습니다'라고 말한다. 말씀을 묵상하고 말씀을 심히 좋아하며 마음속 깊이 간직하여 잊지 아니하는 것이 얼마나 중요한지 알 수 없다.

17-24절. 이 시인이 살아 있는 목적. 이 부분은 (ג)라는 글자로 시작한다.

시 119:17. 주의 종을 후대하여 살게 하소서 그리하시면 주의 말씀을 지키리이다.

시인은 '주님의 종을 후대하여 살게 해주십시오. 그리하시면 내 자신이 활력 넘치게 살면서 주님의 말씀을 지키겠습니다'라고 말한다. 이 시인의 삶의 목적은 주님의 말씀을 지키는 것이었다.

시 119:18. 내 눈을 열어서 주의 율법에서 놀라운 것을 보게 하소서.

시인은 '내 눈을 열려지게 하옵소서. 나로 하여금 주님의 법에서 놀라운 일들을 깨닫게 하소서'라고 말한다.

시 119:19. 나는 땅에서 나그네가 되었사오니 주의 계명들을 내게 숨기지 마소서.

시인은 '나는 땅에서 나그네가 되었사오니(39:12; 히11:13-16), 한 생애를 의롭게 살게 하기 위해서 나 자신에게서 주님의 명령들을 숨기지 마소서'라고 말한다.

시 119:20. 주의 규례들을 항상 사모함으로 내 마음이 상하나이다.

시인은 '내 영혼이 주님의 규례들을 항상 사모하다가 마음이 쇠약해지고 말았으니(42:1-2) 계명들을 보게 하소서(18절)'라고 말한다.

시 119:21. 교만하여 저주를 받으며 주의 계명들에서 떠나는 자들을 주께서 꾸짖으셨나이다.

본 절에서 시인은 자신의 하나님의 말씀에 대한 열정을 강조하기 위해 그와 전혀 대조되는 삶을 사는 자들, 곧 율법을 무시하고 거스르며 사는 자들의 특징을 묘사하고 있다. 그들의 특징을 보면 본 절에서 첫째 "교만하다"는 것이 특징이다. 율법을 거슬러 사는 자들은 자신의 본질을 바르게 인식하지 못하여 교만하게 된다. 둘째 특징은 "저주를 받는 것"이 특징이다. 사울의 경우를 들 수 있다(삼상 13:8-14). 그들은 하나님의 최종적 심판의 날에 영원한 저주를 받게 된다(계 20:12-15). 셋째 특징은 "계명에서 떠난다"는 것이다. 이들은 결국은 주님의 계명에서 떠남으로 멸망에 이르게 된다. 즉, 시인은 '주님께서 교만한 자들을 꾸짖으시니, 그들은 주님의 명령들을 벗어나 저주받은 자들입니다'라고 말한다.

"주의 계명들에서 떠나는 자들을 주께서 꾸짖으셨나이다"라고 말씀한다. 그런데 주님의 책망에는 두 가지 성격이 있다. 하나는 완전히 진멸하시는 책망이 있고(출 14:23-31; 대하 14:9-15), 둘째 자기 백성을 바로 세우시기 위한 책망이 있다.

시 119:22. 내가 주의 교훈들을 지켰사오니 비방과 멸시를 내게서 떠나게 하소서.

시인은 앞 절과는 전혀 다르게 '내 자신이 주님의 증거들을 지켰사오니, 내게서 비웃음과 멸시가 멀리 떠나가게 하소서'라고 말한다.

시 119:23. 고관들도 앉아서 나를 비방하였사오나 주의 종은 주의 율례들을 작은 소리로 읊조렸나이다.

시인은 '고관들이 모여 앉아 나를 모함했으나 나 자신은 개의치 않고 주님의 규례들을 묵상하겠습니다'라고 말한다. 주님의 율례들을 묵상한 이유는 다음 절에 있는 대로 주님의 율례들이 시인의 즐거움이었기 때문이다 (16, 47, 70, 77절).

시 119:24. 주의 증거들은 나의 즐거움이요 나의 충고자니이다.

시인은 '참으로 주님의 증거들은 나의 기쁨이고 나의 충고자들입니다'라고 말한다. 주님의 말씀을 묵상하는 일은 묵상하는 자에게 엄청난 즐거움을 주고 또 그 말씀들이 우리에게 엄청난 충고를 준다는 것이다.

25-32절. 깊은 환난에서 구원을 얻게 하시는 하나님의 말씀. 이 부분은 모든 절들이 다 ד라는 글자로 시작한다.

시 119:25. 내 영혼이 진토에 붙었사오니 주의 말씀대로 나를 살아나게 하소서.

시인은 '내 자신의 영혼이 환난을 만나 죽은 자와 같이 진토에 누워 (44:25) 맥을 추지 못하고 있사오니 주의 말씀대로 나를 살아나게 하소서'라 말한다.

시 119:26. 내가 나의 행위를 아뢰매 주께서 내게 응답하셨사오니 주의 율례들을 내게 가르치소서.

시인은 '내가 나 자신의 영혼의 죽은 자와 같은 형편(앞 절)을 아뢰매 주님께서 내게 응답하셨사오니 이제는 주의 율례들을 내게 가르치소서'라고 말한다. 주님께서 내게 가르쳐 주시면 내 영혼이 살아날 것이라는 확신이다.

시 119:27. 나에게 주의 법도들의 길을 깨닫게 하여 주소서 그리하시면 내가 주의 기이한 일들을 작은 소리로 읊조리리이다.

시인은 주님을 향해 '나에게 주의 법도들의 길을 깨닫게 하여 주소서 그리하시면 내가 주의 기이한 일들을 작은 소리로 읊조리리이다'고 말한다. 본 절은 앞 절의 하반절과 연결된다. 주님께서 시인에게 주님의 법도들의 길을 깨닫게 해 주시면 시인 자신이 주님의 법의 기이한 일들(92:5)을 계속해서 묵상하겠다는 것이다.

시 119:28. 나의 영혼이 눌림으로 말미암아 녹사오니 주의 말씀대로 나를 세우소서.

시인은 '내 영혼이 환난과 곤고로 말미암아 시달려 녹을 지경이 되었사오니, 주님의 말씀으로 나에게 힘을 주십시오'라고 말한다. 주님의 말씀은 그 묵상하는 자에게, 실천하는 자에게 새 힘을 주는 것이오니 심령을 살려주시라는 기도를 하는 것이다.

시 119:29. 거짓 행위를 내게서 떠나게 하시고 주의 법을 내게 은혜로이 베푸소서.

시인은 '하나님의 율법에 위반된 모든 행위를 나 자신에게서 떠나가게 하시고, 주님의 율법을 깨닫게 하시며 그 율법대로 행하게 해주시기를 구한다'고 말한다. 거짓된 행위로부터 멀어진다는 것은 큰 복이 아닐 수 없다. 그리고 항상 주님의 법대로 행한다는 것은 더더구나 큰 복이다.

시 119:30. 내가 성실한 길을 택하고 주의 규례들을 내 앞에 두었나이다.

시인은 '내 자신이 진리의 길(성실한 행위)[15]을 택하고, 주님의 규례들, 곧 내 자신이 따라야 할 말씀들을 내 자신 앞에 두었습니다'라고 말한다.

시 119:31. 내가 주의 증거들에 매달렸사오니 여호와여 내가 수치를 당하지 말게 하소서(I cling to your testimonies, O LORD; let me not be put to shame!-ESV).

시인은 '여호와시여! 내가 주님의 증거들에 매달렸사오니, 나로 하여금 수치를 당하지 말게 하소서'라고 말한다. 시인 자신이 주님의 증거들(말씀들)에 딱 매달려 있으니 절대로 수치를 당하는 일이 없게 해주시라는 소원이다.

시 119:32. 주께서 내 마음을 넓히시면 내가 주의 계명들의 길로 달려가리이다.

시인은 '주님께서 고난으로 좁아진 내 자신의 마음을 넓게 해주시니[16], 내가 주님의 명령들의 길로 달려가겠습니다'라고 말한다.

33-40절. 하나님의 말씀을 깨닫게 하시고 또 지키게 하시기를 원하다. 이 부분 말씀은 각 절마다 ה로 시작하고 있다.

시 119:33. 여호와여 주의 율례들의 도를 내게 가르치소서 내가 끝까지 지키리이다.

시인은 '여호와시여! 주님의 율례들의 길을 내게 가르치소서. 내가 끝까지 지키겠습니다'라고 말한다. 여기 "율례들의 도"란 말은 두 단어가 다 '말씀'이란 뜻이니 강조되어 있다(12, 26, 33, 64, 68, 108, 124절 등). 주님의 율법의 깊은 뜻을 가르쳐 주시면 끝까지 지키겠다는 결심이다.

---

15) 성실한 행위란 도덕적으로 의로우며(창 20:3-10), 욕심없이 봉사하고(민 16:15), 정직하게 행하는 것 등(고후 7:2)을 지칭한다(그랜드 종합 주석).

16) 자기 본위의 좁다란 마음은 언제나 신본주의, 곧 하나님 말씀 의존주의와 합치할 수 없다(박윤선).

시 119:34. 나로 하여금 깨닫게 하여 주소서 내가 주의 법을 준행하며 전심으로 지키리이다.

본 절은 앞 절의 반복이고 강조하는 글이다. 즉, 시인은 '나로 하여금 주님의 법을 깨닫게 하소서. 내가 주님의 법을 따르고 온 마음으로 지키겠습니다'라고 말한다.

시 119:35. 나로 하여금 주의 계명들의 길로 행하게 하소서 내가 이를 즐거워함이니이다.

시인은 '나 자신으로 하여금 좌우로 치우치지 말고 주님의 명령의 길로 걷게 하소서. 내 자신이 그 길을 즐거워하기 때문입니다'라고 말한다(16, 24, 47, 70, 77, 11, 174절, Rawlinson).

시 119:36. 내 마음을 주의 증거들에게 향하게 하시고 탐욕으로 향하지 말게 하소서.

시인은 '내 자신으로 하여금 주님의 증거들(말씀들)에게로 향하게 하시고(10, 34절), 절대로 세상이 따르는 탐욕을 향하여 눈을 돌리지 말게 하소서(72절)'라고 말한다.

시 119:37. 내 눈을 돌이켜 허탄한 것을 보지 말게 하시고 주의 길에서 나를 살아나게 하소서.

시인은 '내 자신의 눈을 돌이켜 세상의 헛된 것(재물, 명예, 향락)을 보지 말게 하시고, 내 자신이 주님의 길 안에서 걸어서 생명을 얻게 하소서'라고 말한다.

시 119:38. 주를 경외하게 하는 주의 말씀을 주의 종에게 세우소서.

시인은 '주님을 경외토록 만들어 주시는 주님의 말씀을 주님의 종에게 확립시키셔서 종으로 하여금 요동하지 말게 하소서'라고 말한다.

시 119:39. 내가 두려워하는 비방을 내게서 떠나게 하소서 주의 규례들은 선하심이니이다(Turn away the reproach which I dread; for your rules are good-ESV).

시인은 '내 자신이 율법을 범함으로 생기는 훼방을 나에게서 떠나게 하소서(31절 참조). 주님의 규례들은 선하여 인간의 행복을 증진하여 주기 때문입니다'라고 말한다. 다시 말해 율법을 범함으로 생겨나는 비방을 시인 자신에게서 떠나게 해주시라는 애원이다. "주의 규례들은 선하심이니이다"란 말은 '주님께서 세워주신 규례 자체가 옳고 인간의 복을 증진해 주기 때문이니이다'라는 뜻이다.

시 119:40. 내가 주의 법도들을 사모하였사오니 주의 공의로 나를 살아나게 하소서.

시인은 '내 자신이 지금 주님의 법도들(교훈들)을 사모하였사오니(20, 131절), 내 자신이 주님의 의로 생명을 얻게 하소서'(37절)라고 말한다. 본 절 주해를 위해 20절 주해를 참조하라. 본 절 하반절 "주의 공의로 나를 살아나게 하소서"라는 말은 '소극적인 면에서는 악을 자신에게서 제거해 주시라는 것이며, 적극적인 면에서는 주님의 의에 동참하게 해주시라'는 뜻이다.

41-48절. 하나님의 말씀대로 구원해 주심과 그 말씀을 증거하며 지키기를 원하다. 이 부분의 각 절은 히브리어 글자 ו로 시작한다.

시 119:41. 여호와여 주의 말씀대로 주의 인자하심과 주의 구원을 내게 임하게 하소서.

시인은 '여호와시여! 주님의 인애를 내게 임하게 하시고, 주님의 약속대로(신 28:1-14) 그 구원을 내게 임하게 하소서'라고 말한다. 우리는 주님의 인애에 대해서 감사가 넘쳐야 하지만 그 인애가 내 자신에게 임하게 해주시라는 기도를 해야 할 것이다. 그리고 주님의 약속하심을 따라 주님의 구원을 간구해야 할 것이다.

시 119:42. 그리하시면 내가 나를 비방하는 자들에게 대답할 말이 있사오리니 내가 주의 말씀을 의지함이니이다(then shall I have an answer for those who taunts me, for I trust in your word-ESV).

시인은 '그리하시면 나를 비난하는 자들에게 내가 대답할 말을 얻을 것입니다. 이유는 내가 주님의 말씀을 신뢰하기 때문입니다'라고 말한다. 여기 "그리하시면"이란 말은 '주님께서 인자하심과 구원을 내게 주시면'이란 뜻이다. 그렇게 하시면 시인 자신이 자신을 비방하는 자들에게 대답할 말이 있게 될 것이라고 말한다. 시인은 하나님의 말씀을 철저히 신뢰하기 때문에 그런 말을 하는 것이었다. 우리가 하나님의 말씀을 신뢰할 때 무슨 대답이라도 할 수 있게 된다.

시 119:43. 진리의 말씀이 내 입에서 조금도 떠나지 말게 하소서 내가 주의 규례를 바랐음이니이다.

시인은 '내 자신이 주님의 규례들을 간절히 바라기 때문에 진리의 말씀이 내 입에서 잠시도 떠나지 않게 해주십시오'라고 말한다. 본 절의 "진리의 말씀"이란 시인이 자기를 대하여 훼방하는 자들에게 제시할 수 있는 타당한 답변으로서의 하나님의 말씀을 의미한다(Hengsternberg). 결국 본 절은 주님의 인자와 구원을 시인 자신에게 베푸셔서 대적으로부터 승리하게 해주시라는 요청인 것이다.

시 119:44. 내가 주의 율법을 항상 지키리이다 영원히 지키리이다.

시인은 '내 자신이 주님의 율법을 마음속에 넣으면 그 말씀이 역사하여 율법을 항상 지키게 될 것이니 항상 지키겠다고 한다. 그리고 내 자신은 잠시도 끊이지 않고 영원히 지키겠다'고 다짐한다.

시 119:45. 내가 주의 법도들을 구하였사오니 자유롭게 걸어갈 것이오며.

시인은 '내 자신이 주님의 교훈들을 구하였사오니, 곧 주님의 말씀을 깨닫고 지키고자 하였사오니 죄의 올가미에 걸리지 않고 양심의 자유를 얻어 자유롭게 다닐 것입니다'라고 말한다.

시 119:46. 또 왕들 앞에서 주의 교훈들을 말할 때에 수치를 당하지 아니하겠사오며.

시인은 '내 자신이 양심의 가책이 없이 자유롭게 다닐 뿐더러(앞 절) 여러 왕들 앞에서 거침없이 주님의 증거들을 말하여도 부끄러워하지 않게 될 것입니다'라고 말한다.

시 119:47. 내가 사랑하는 주의 계명들을 스스로 즐거워하며.

시인은 '내 자신이 주님의 계명들을 사랑하기에 그것들이 나의 기쁨이 됩니다'라고 말한다. 주님의 계명들이 사랑스럽다면(48, 97, 113, 119, 127, 159, 163, 167절) 그것들이 얼마나 기쁨이 되는지 모른다(14, 16, 29, 35, 77절).

시 119:48. 또 내가 사랑하는 주의 계명들을 향하여 내 손을 들고 주의 율례들을 작은 소리로 읊조리리이다(I lifted up my hands toward your commandments, which I love, and I will meditate on your statutes-ESV)**.**

시인은 '또 내 자신이 사랑하는 주님의 명령들을 향하여 두 손을 들고[17], 내가 주님의 규례들을 묵상하겠습니다'(15절)라고 말한다. 사람이 구원을 받으면 이렇게 계명을 지킨다.

17) 여기 "두 손을 들고"란 말은 주님의 계명을 사랑하며 순종한다는 표시이다.

49-56절. 하나님의 말씀은 유일한 소망이다. 이 부분은 각 절마다 z]이란 글자로 시작한다.

시 119:49. 주의 종에게 하신 말씀을 기억하소서. 주께서 내게 소망을 가지게 하셨나이다.

시인은 '주님은 종에게 특별히 하신 약속의 말씀(신 28:1-14)을 기억해 주십시오. 주님께서는 그 말씀으로 내게 소망을 주셨습니다'(74, 81, 147, Rawlinson)라고 말한다.

시 119:50. 이 말씀은 나의 고난 중의 위로라 주의 말씀이 나를 살리셨기 때문이니이다.

시인은 '주님의 말씀(주님의 작정과 규례와 약속을 포함하는 말씀)이 내 자신이 고난을 받는 중에 위로가 되었습니다. 주님의 말씀이 나를 살리셨습니다'라고 말한다. "주의 말씀이 나를 살리셨기 때문이니이다"라는 말은 '주님의 말씀이 이 시인에게 생명과 힘과 용기를 주었기 때문이라'는 뜻이다. 오늘도 주님의 말씀은 우리를 하루하루 살리고 있다.

시 119:51. 교만한 자들이 나를 심히 조롱하였어도 나는 주의 법을 떠나지 아니하였나이다.

시인은 '교만한 자들이 나 자신을 심히 조롱했어도(35:16; 44:13-14) 주님의 말씀이 나 자신을 살리셨기 때문에 나 자신은 주님의 법을 떠나지 아니하였나이다'라고 말한다.

시 119:52. 여호와여 주의 옛 규례들을 내가 기억하고 스스로 위로하였나이다.

시인은 '여호와시여! 주님의 옛부터 내려오는 규례들[18](하나님의 영원

---

18) 여기 "옛 규례"란 겸손한 자를 높이시고(사 57:15), 교만한 자를 낮추시는(잠 16:18) 하나님의 공의의 법칙(렘 25:5-11)을 지칭한다.

한 통치 원리로서의 말씀)을 내가 기억하고 스스로 위로를 받았나이다'라고 말한다.

시 119:53. 주의 율법을 버린 악인들로 말미암아 내가 맹렬한 분노에 사로잡혔나이다.

시인은 '주님의 율법을 버린 악인들의 불신앙을 목격하고 맹렬한 분노가 나 자신을 사로잡았습니다'라고 말한다. 하나님의 말씀을 짓밟고 악을 행함으로써 하나님의 영광을 가리는 자들을 향한 의로운 분노였다(민 25:11). 하나님의 말씀을 사랑하는 자는 하나님의 말씀을 짓밟는 악행을 볼 때에 의로운 분노를 발할 수밖에 없는 것이다.

시 119:54. 내가 나그네 된 집에서 주의 율례들이 나의 노래가 되었나이다.

시인은 '덧없는 나그네 세상에서(이방의 포로 생활을 보내면서) 주님의 규례들은 나의 즐거운 매일의 노래가 되었습니다'라고 말한다. 시인은 그만큼 주님의 율례들을 좋아하고 사랑했다. 이처럼 주님의 말씀은 이 세상에서 나그네의 삶을 살아가는 성도들에게 힘을 공급하는 활력소가 되는 것이다.

시 119:55. 여호와여 내가 밤에 주의 이름을 기억하고 주의 법을 지켰나이다.

시인은 '여호와시여! 내가 캄캄한 환난의 밤에도 주님의 이름을 기억하고(63:6; 149:5) 주님의 법을 잊은 적이 없이 그 법을 지키는 것을 즐거움으로 알고 실행하고 있습니다'라고 말한다. 시인은 이처럼 곤고한 상황에 처해서도 주님의 이름을 기억하고 주님의 법을 지켰다고 고백한다.

시 119:56. 내 소유는 이것이니 곧 주의 법도들을 지킨 것이니이다.

시인은 '내 자신이 주님의 법을 지키는 것을 내 유일한 재산으로 알고 그 법도들을 기쁨으로 지키고 있습니다'라고 말한다.

57-64절. 하나님의 말씀을 제일로 아는 생활. 이 부분은 절마다 j,라는 글자로 시작한다.

시 119:57. 여호와는 나의 분깃이시니 나는 주의 말씀을 지키리라 하였나이다.

시인은 '여호와는 나의 모든 것(73:26; 142:5)이 되고 주님 외에 내 소유는 없으니 내가 주님의 말씀들을 지키기로 약속하였습니다'라고 말한다. 시인은 오직 하나님만을 바라보며 살기를 작정한 것이다. 사실 하나님만을 자신의 분깃으로 소유하는 것보다 더 큰 복은 없다. 성도들은 오늘날 하나님만을 분깃으로 삼고 살아야 한다.

시 119:58. 내가 전심으로 주께 간구하였사오니 주의 말씀대로 내게 은혜를 베푸소서.

시인은 '내 자신이 온 마음을 다해서 주님께 간구하오니(45:12), 주님께서 약속하신 대로(25절), 내게 은혜를 베풀어 주십시오'(41절)라고 기원한다. 본 절 주해를 위해 34절 주해를 참조하라. "주께 간구하였사오니"란 말은 '주님의 얼굴을 구하였사오니'란 뜻이다. "주님의 얼굴을 구한다"는 뜻은 '주님의 복과 은혜를 구한다'는 것을 뜻한다.

시 119:59. 내가 내 행위를 생각하고 주의 증거들을 향하여 내 발길을 돌이켰사오며.

시인은 '내 자신이 내 자신의 잘 못된 실수를 생각하고 주님의 증거들을 향하여 내 발길을 돌렸습니다'라고 말한다. 성도들은 자신이 걸어온 잘 못된 발길을 생각해 보아야 할 것이다. 그리고는 우리 발길을 주님의 말씀들을 향하여 돌려야 할 것이다. 우리는 항상 주님의 말씀을 그 행동의 준거로 삼아야 한다.

아담 클락은 57-59절을 요약해서 경건한 생활의 비결이란 의미로 말하기를 "결심은 시작을 잘 하게 하고(57절), 기도는 경건을 계속하게 하며(58절), 반성은 실수를 교정시킨다"라고 했다(Adam Clark, 박윤선).

시 119:60. 주의 계명들을 지키기에 신속히 하고 지체하지 아니하였나이다(I hasten and do not delay to keep your commandments-ESV).

시인은 '내가 지금 주님의 명령들을 지키기를 신속히 하고 지체하지 않습니다'라고 말한다. 시인은 진정한 회개 자로 지체 없이 계명을 지키는 삶을 가지고 있음을 보여주고 있다. 오늘 우리는 계명을 지키는데 있어 순간도 지체할 것이 없다.

시 119:61. 악인들의 줄이 내게 두루 얽혔을지라도 나는 주의 법을 잊지 아니하였나이다(Though the cords of the wicked ensnare me, I do not forget your law-ESV).

시인은 '악인들이 나를 잡으려고 줄로 얽어매어도 나 자신은 지금 주님의 법 지키기를 잊지 않습니다'(23, 157, 161절)라고 말한다. 여기 "악인의 줄"이란 말은 '의인을 잡으려는 중상모략과 음모'를 지칭한다.

시 119:62. 내가 주의 의로운 규례들로 말미암아 밤중에 일어나 주께 감사하리이다.

시인은 '한밤중에라도 주님의 의로운 규례들이 생각나면 내가 벌떡 일어나 주님의 말씀을 묵상하며 주님께 감사합니다'(55절)라고 말한다. 밤중에 일어나 묵상하며 감사한다는 말은 이 시인이 주야로 묵상한다는 것을 보여주는 말이다(시 1편).

시 119:63. 나는 주를 경외하는 모든 자들과 주의 법도들을 지키는 자들의 친구라.

시인은 '주님을 경외하는 사람이면 누구나 나는 친구로 삼습니다. 주님의 법도를 지키는 사람이면 누구나 나는 친구로 삼습니다'라고 말한다. 시인은 주님을 경외하는 사람들과 주님의 법도들을 지키는 자들의 친구였으니 악인들과는 가까이 하지 않는다는 것이다(1:1).

시 119:64. 여호와여 주의 인자하심이 땅에 충만하였사오니 주의 율례들로 나를 가르치소서.

시인은 '여호와시여! 주님의 인애가 땅에 충만하오니 주님의 규례들을 내게 가르치소서'라고 말한다. 즉, 주님의 사랑이 이 땅에 가득 차 있다(145:9). 하나님은 사랑으로 우주를 창조하셨고 또 사랑으로 우주를 섭리하시고 계시니 우주는 언제나 사랑으로 가득 차 있다. "주의 율례들로 나를 가르치소서"란 말(12, 26, 33, 68, 108, 124, 135절, Rawlinson)은 '주님의 율법에 대한 영적지각(靈的知覺)을 베푸소서'라는 뜻이다. 33절 주해를 참조하라.

65-72절. 고난당하는 것이 유익한 줄 알게 되다. 매절 ט라는 글자로 시작한다.

시 119:65. 여호와여 주의 말씀대로 주의 종을 선대하셨나이다(You have dealt well with your servant, O LORD, according to your word-ESV).

시인은 '여호와시여! 주님은 주님의 말씀대로 지금까지 주님의 종을 잘 대해 주셨습니다'라고 말한다. "주의 종을 선대하셨나이다"(41, 58, 170절)라는 말은 '주님의 종에게 복을 주어오셨다'는 뜻이다.

시 119:66. 내가 주의 계명들을 믿었사오니 좋은 명철과 지식을 내게 가르치소서(Teach me good judgment and knowledge, for I believe in your commandments-ESV).

시인은 '내 자신이 주님의 계명을 하나님의 말씀으로 믿사오니 올바른 통찰력[19]과 지식[20]을 가르쳐 주셔서 선악과 사리를 분별하게 해 주소서'라고 기원한다. 본 구절의 의미는 전체적으로 주님의 계명을 더욱 확실하게 지킬 수 있도록 주변 상황을 분별할 수 있는 분별력과 지혜를 구하는 구절이다.

시 119:67. 고난당하기 전에는 내가 그릇 행하였더니 이제는 주의 말씀을 지키나이다.

시인은 '고난당하기 전에는 정신을 차리지 못하여 내가 그릇 행하였더니, 이제는 내가 주님의 말씀을 지킵니다'(51, 56, 87절)라고 말한다. 이제 고난을 당할지라도 주님의 말씀을 지키게 된 것을 감사하게 생각한다.

시 119:68. 주는 선하사 선을 행하시오니 주의 율례들로 나를 가르치소서.

시인은 '주님은 선하시므로 선을 행하시니 주님의 규례들을 내게 가르치소서'라고 말한다. 주님의 규례들을 배우면 시인도 선해질 것을 기대하는 것이다.

시 119:69. 교만한 자들이 거짓을 지어 나를 치려하였사오나 나는 전심으로 주의 법도들을 지키리이다.

시인은 '교만한 자들이 지금도 거짓으로 나를 치려하오나(22, 23, 42, 78절), 나는 온 마음으로 주님의 규례들을 지킬 것입니다'라고 말한다.

시 119:70. 그들의 마음은 살져서 기름덩이 같으나 나는 주의 법을 즐거워하나이다.

시인은 '그들의 마음은 살쪄서 기름덩이처럼 둔해졌으나(17:10) 나는 주님의 법을 즐거워합니다'(16, 24, 35)라고 말한다. 그들의 마음은 비둔해져서 주님의 법에 둔감하나 나 자신은 주님의 법을 즐거워하고 있다는

---

19) "명철"이란 말은 본래 맛을 분별해 내는 미각을 가리킬 때 사용되던 말로, 점차 어떤 사물이나 행위의 가치를 판단하는 분별력이나 이해력을 가리키는 말로 사용되었다.

20) "지식"이란 말은 어떤 사실에 대한 명확한 인식을 의미한다.

것이다.

시 119:71. 고난당한 것이 내게 유익이라 이로 말미암아 내가 주의 율례들을 배우게 되었나이다.

시인은 '고난을 당한 것이 내게 유익이 되어(67절 주해), 내가 주님의 규례들을 깨닫게 되었습니다'라고 말한다. 사람은 고생을 해보아야 하나님을 더욱 알게 되고 말씀의 뜻을 알게 된다.

시 119:72. 주의 입의 법이 내게는 천천 금은보다 좋으니이다.

시인은 '고난을 받아 주님의 율례들의 의미를 배우고 난(앞 절) 후에는 주님의 입에서 나온 법이 내게는 천만 금은보다 더 귀합니다'라고 말한다.

73-80절. 시인의 여러 가지 소원. 매절마다 y:라는 글자로 시작한다.

시 119:73. 주의 손이 나를 만들고 세우셨사오니 내가 깨달아 주의 계명들을 배우게 하소서(Your hands have made and fashioned me; give me understanding that I may learn your commandments-ESV).

시인은 '주님의 두 손으로 나를 창조하셨고(100:3; 138:8; 욥 10:8) 나를 빚으셨으니, 주님의 계명의 뜻을 배울 수 있는 총명도 주십시오'라고 말한다.

시 119:74. 주를 경외하는 자들이 나를 보고 기뻐하는 것은 내가 주의 말씀을 바라는 까닭이니이다(Those who fear you shall see me and rejoice, because I have hoped in your word-ESV).

시인은 '주님을 경외하는 자들이 나를 보고 기뻐할 이유는 내가 지금까지 주님의 말씀을 바랬기 때문입니다'라고 말한다. 시인 자신이 주님의 말씀을 바라 왔기 때문에 주님을 경외하는 자들이 시인 자신을 보고 기뻐할 것은 불을 보듯 환한 사실이라는 것이다. 다시 말해 시인이 고통에서 구원 받는 것을 본 경건한 자들이 하나님의 신실하심을 인하여 구원의 확신을 갖게 될 것이라는 말이다(그랜드 종합 주석).

시 119:75. 여호와여 내가 알거니와 주의 심판은 의로우시고 주께서 나를 괴롭게 하심은 성실하심 때문이니이다.

시인은 '여호와시여! 주님의 심판이 의로운 것과 주께서 신실하시기 때문에 나로 고난 받게 하신 것을 내가 압니다'라고 말한다. 여기 "주의 심판은 의로우시다"는 말은 '시인에 대한 하나님의 징계가 공의에 근거한 정당한 것이었다'는 뜻이다. 여호와 자신은 불의가 없으시기에 자신 있게 심판을 하신다. 그리고 "주께서 나를 괴롭게 하심은 성실하심 때문이니이다"란 말은 '시인이 현재 당하고 있는 고난은 하나님께서 공의를 성실하게 집행하신 결과'라는 말이다. 하나님께서 행하시는 모든 것은 그의 성실하심의 결과이다.

시 119:76. 구하오니 주의 종에게 하신 말씀대로 주의 인자하심이 나의 위안이 되게 하시며.

시인은 '간구하오니 주님께서 종에게 말씀하신 대로 주님의 인애가 고난 중에 있는 주님의 종인 나 자신에게 위로가 되게 하소서'(41절, 90:15)라고 말한다.

시 119:77. 주의 긍휼히 여기심이 내게 임하사 내가 살게 하소서 주의 법은 나의 즐거움이니이다.

시인은 '나 자신을 향한 주님의 긍휼히 여기심이 내게 임하여 나로 하여금 살게 하소서. 주님의 법은 나의 기쁨입니다'(16, 24, 47, 111, 174절, Rawlinson)라고 말한다.

시 119:78. 교만한 자들이 거짓으로 나를 엎드러뜨렸으니 그들이 수치를

당하게 하소서 나는 주의 법도들을 작은 소리로 읊조리리이다.

시인은 '교만한 자가 까닭 없이(69절) 나를 괴롭혔으니(51절) 그들로 수치를 당하게 하소서(35:4, 26; 40:14). 오직 나는 주님의 법도들을 묵상해서 그것으로 고난을 극복하겠습니다'라고 말한다.

시 119:79. 주를 경외하는 자들이 내게 돌아오게 하소서 그리하시면 그들이 주의 증거들을 알리이다.

앞 절(78절)의 교만한 자들과는 달리 주님을 경외하는 자들이 시인 자신에게 돌아오면 함께 주님의 증거의 말씀을 배워 주님의 증거들을 알게 될 것이라는 뜻이다.

시 119:80. 내 마음으로 주의 율례들에 완전하게 하사 내가 수치를 당하지 아니하게 하소서(May my heart be blameless in your statutes, that I may not be put to shame!-ESV).

시인은 '내 마음으로 하여금 주님의 율례들을 완전히 지켜서, 내가 수치를 당하지 않게 해주십시오'(31절)라고 기원한다. 다시 말해 신자의 마음이 주님의 말씀을 아는데 있어서 건전하여야 그 생활도 건전해 지고 실패하지 않는다(박윤선).

81-88절. 고난 중에도 주님의 말씀을 지키면서 그의 구원을 애원하다. 매절마다 כּ라는 글자로 시작한다.

시 119:81. 나의 영혼이 주의 구원을 사모하기에 피곤하오나 나는 주의 말씀을 바라나이다.

시인은 '내 영혼이 주님의 구원을 갈망하여 피곤하오나 나는 주님의 말씀에 내 소망을 둡니다'라고 말한다. 본 절의 "나의 영혼이 주의 구원을 사모하기에 피곤하오나"라는 말은 구원을 약속하고 있는 주님의 말씀의 신실 성을 확신하며 그 신실 성에 근거하여 주님의 인자하심을 구하는 시인의 철저한 신앙 자세가 드러나고 있다. 그리고 "나는 주의 말씀을 바라나이다"란 말은 '하나님의 구원하심이 지연됨에 따라 자신의 영혼은 곤비한 가운데 있지만 하나님을 의지하는 자를 구원하시겠다는 하나님의 약속의 말씀에 대한 자신의 의지와 신뢰에는 변함이 없다'는 뜻이다(그랜드 종합 주석).

시 119:82. 나의 말이 주께서 언제나 나를 안위하실까 하면서 내 눈이 주의 말씀을 바라기에 피곤하니이다.

본 절은 앞 절의 해석이다. 즉, 시인은 '주님께서 나를 언제쯤 위로해 주실까 하면서 주님의 말씀을 너무 오래 기다리다가 시력조차 피곤해졌습니다'라고 말한다. 고통의 기간을 단축시켜 속히 구원해 주십사하는 호소이다.

시 119:83. 내가 연기 속의 가죽 부대 같이 되었으나 주의 율례들을 잊지 아니하나이다.

시인은 '내 모습이 연기 속의 가죽 부대같이 되었으나, 내가 주님의 규례들을 잊지 아니하고 있습니다'라고 말한다. 여기 "가죽 부대"란 '물이나 포도주를 담는 가죽 부대'를 가리키는데, "연기 속의 가죽 부대"란 '연기에 그을려서 오그라들고 단단해져 쓸모없이 된 자신의 모습'을 비유하는 말이다. 시인은 자신이 너무 심한 고난과 염려로 인해 영육 간에 상당히 지쳐 있어서 끝내는 죽게 될 처지에 있음을 묘사한 것이다. 시인은 이처럼 고난과 염려로 인해 거의 죽게 된 입장에 있으나 그래도 주님께서 주신 율례들을 잊지 않고 있다는 것을 고백하고 있다.

시 119:84. 주의 종의 날이 얼마나 되나이까 나를 핍박하는 자들을 주께서 언제나 심판하시리이까.

시인은 '주님의 종이 앞으로 살아갈 날들이 얼마나 되겠습니까? 언제 주께서 나를 박해하는 자를 심판하시겠습니까?'라고 말한다.

시 119:85. 주의 법을 따르지 아니하는 교만한 자들이 나를 해하려고 웅덩이를 팠나이다.

시인은 '교만한 자들이 나를 해하려고 구덩이들을 팠습니다(7:15; 9:15). 그들은 주님의 법을 따르지 않는 자들입니다'라고 말한다.

시 119:86. 주의 모든 계명들은 신실하니이다 그들이 이유 없이 나를 핍박하오니 나를 도우소서.

시인은 '나 자신은 주님의 모든 계명들을 따라 신실하게 살고 있는데 그들(시인의 원수들)이 까닭 없이 교만하게 나를 핍박하오니 나를 도우소서'(69, 78절)라고 말한다. 시인 자신 측에 아무 잘 못이 없는데 핍박하니 하나님의 도움을 청한 것이다.

시 119:87. 그들이 나를 세상에서 거의 멸하였으나 나는 주의 법도들을 버리지 아니하였사오니.

시인은 '그들(시인의 원수들)이 이 땅에서 나를 거의 죽을 지경에 이르게 만들었으나, 나 자신은 지금까지 주님의 교훈들을 버리지 아니하고 지키고 있습니다'(69, 78, 83절)라고 말한다.

시 119:88. 주의 인자하심을 따라 나를 살아나게 하소서 그리하시면 주의 입의 교훈들을 내가 지키리이다.

시인은 '주님의 사랑으로 나를 되살아나게 해주십시오(25, 37, 44, 107, 149, 156, 159, Rawlinson). 그러시면 나 자신은 주님께서 내신 교훈들을 계속해서 지키겠습니다'라고 말한다.

89-96절. 하나님 말씀의 영원 불변성. 매절마다 ל라는 문자로 시작된다.

시 119:89. 여호와여 주의 말씀은 영원히 하늘에 굳게 섰사오며.

시인은 '여호와시여! 주님의 말씀은 영원히 살아 있으며, 하늘에 굳게 자리를 잡고 있어 땅 위의 것이 변하는 것처럼 절대로 변함이 없습니다'(89:2; 약 1:17)라고 말한다. 본 절은 하나님 말씀의 영원 불변성을 드러내는 말이다.

시 119:90. 주의 성실하심은 대대에 이르나이다 주께서 땅을 세우셨으므로 땅이 항상 있사오니.

시인은 '주님의 신실하심은 영원합니다. 땅의 기초를 주님께서 세워 놓으신 것이기에 땅이 언제나 흔들림이 없습니다'라고 말한다. 하나님의 말씀이 영원히 변치 않는(89절) 이유는 하나님의 신실하심 때문이다.

시 119:91. 천지가 주의 규례들대로 오늘까지 있음은 만물이 주의 종이 된 까닭이니이다.

시인은 '만물이 모두 주님의 종들이기에 천지가 오늘날까지도 주님의 규례들대로(30절) 변함없이 존재하고 있습니다'라고 말한다.

시 119:92. 주의 법이 나의 즐거움이 되지 아니하였더면 내가 내 고난 중에 멸망하였으리이다.

시인은 '만약 주님의 법(말씀)이 내 기쁨이 되지 않았더라면 나 자신은 고난 중에 멸망하였을 것입니다'라고 말한다. 주님의 말씀이 나를 고난 중에 인내하게 만들어 주었다는 것이다(16, 24, 35, 47, 70, 77절, Rawlinson).

시 119:93. 내가 주의 법도들을 영원히 잊지 아니하오니 주께서 이것들 때문에 나를 살게 하심이니이다.

시인은 '나 자신이 영원히 주님의 법도들(말씀들)을 잊지 아니합니다(16, 61, 83). 그것들로 인해 주님께서 나를 살게 하셨기 때문입니다'(50절)라고 말한다.

시 119:94. 나는 주의 것이오니 나를 구원하소서 내가 주의 법도들만을 찾았나이다.

시인은 '나는 주님의 것이오니, 나를 구원하소서. 내가 주님의 법도들(말씀들)만을 찾았습니다'라고 말한다. 시인이 하나님에게서 구원을 얻을 수 있는 근거는 그가 영원하신 하나님의 말씀으로 말미암아 지음을 받아서 하나님의 종이 되어 있기 때문이라는 것이다.

시 119:95. 악인들이 나를 멸하려고 엿보오나 나는 주의 증거들만을 생각하겠나이다.

시인은 '악인들이 나를 멸하려고 기회를 엿보고 있으나(56:6) 나 자신은 당황하지 않고 주님의 증거들(말씀들)을 깊이 생각합니다'라고 말한다.

시 119:96. 내가 보니 모든 완전한 것이 다 끝이 있어도 주의 계명들은 심히 넓으니이다.

시인은 '모든 완벽한 것이 다 끝이 있어도 주님의 명령들은 완전성에 있어서 제한이 없다는 것입니다'라고 말한다. 세상의 모든 것이 다 변화되지만 하나님의 말씀은 영원히 존속할 위대한 것이라는 말이다.

97-104절. 하나님의 말씀을 사랑하다. 매절마다 히브리어 글자로 מְ으로 시작한다.

시 119:97. 내가 주의 법을 어찌 그리 사랑하는지요 내가 그것을 종일 작은 소리로 읊조리나이다.

시인은 '내 자신이 주님의 법(말씀)을 얼마나 사랑하는지요(47, 48, 113, 119, 127절, Rawlinson). 내 자신이 온종일 그것을 묵상하고 지냅니다'(15, 23, 48, 78절, Rawlinson)라고 말한다.

시 119:98. 주의 계명들이 항상 나와 함께 하므로 그것들이 나를 원수보다 지혜롭게 하나이다.

시인은 '나 자신이 주님의 계명들을 봉독하고 묵상함으로 그것이 나를 원수들보다 지혜롭게 합니다'(신 4:6, 8)라고 말한다. 오늘 우리도 계명이 항상 나와 함께 하도록 묵상하고 연구하는 삶을 살아야 할 것이다.

시 119:99. 내가 주의 증거들을 늘 읊조리므로 나의 명철함이 나의 모든 스승보다 나으며.

시인은 '내 자신이 주님의 증거들을 묵상하므로 내가 나의 모든 스승(세속적인 스승)보다 더 지혜로워진다'라고 말한다. 하나님의 말씀을 묵상하는 자는 원수들보다 지혜로워지고, 학식을 자랑하는 스승보다 지혜로워지며, 세상 경험이 많은 노인보다 지혜로워진다는 것이다.

시 119:100. 주의 법도들을 지키므로 나의 명철함이 노인보다 나으니이다.

시인은 '나 자신이 주님의 교훈들을 지키므로 내가 노인들보다 더 현명하게 됩니다'라고 말한다. 비록 시인이 젊다고 해도 세상 경험을 많이 한 노인보다 구원 방면에 있어서는 더 명철한 것이다.

시 119:101. 내가 주의 말씀을 지키려고 발을 금하여 모든 악한 길로 가지 아니하였사오며.

시인은 '주님의 말씀을 지키려고 내 발을 금하여 모든 악한 길로 들어서지 않았습니다'라고 말한다. 물론 시인이 자신의 의지를 반드시 성공적으로 지킨 것은 아니다. 그는 때로는 말씀에서 떠나기도 했다(176절). 그러나 그는 어떻게든 하나님의 말씀을 따라 살려고 했다는 것이다.

시 119:102. 주께서 나를 가르치셨으므로 내가 주의 규례들에서 떠나지 아니하였나이다.

시인은 '주님께서 나를 가르쳐주셨으므로 내가 지금 주님의 율례들에서 떠나지 않고 있습니다'(30, 31, 51, 157, 168절, Rawlinson)라고 말한다.

시 119:103. 주의 말씀의 맛이 내게 어찌 그리 단지요 내 입에 꿀보다 더 다니이다.

시인은 '주님의 말씀의 맛이 내게 어찌나 그리 단지요. 내 입에서 꿀보다 더 단 것을 느낍니다'(19:10)라고 말한다. 주님의 말씀을 묵상해보면 그 말씀이 꿀맛 같음을 알 수 있게 되고, 실천해 보면 그 말씀의 맛이 꿀맛같이 단 것을 느끼게 된다.

시 119:104. 주의 법도들로 말미암아 내가 명철하게 되었으므로 모든 거짓 행위를 미워하나이다.

시인은 '주님의 법도들을 묵상하고 지킴으로 내 자신이 명철하게 되었으므로(98, 100절) 모든 거짓 행위를 미워하게 되었습니다'라고 말한다.

105-112절. 하나님의 말씀을 지키면서 고난에서 구원해 주시기를 기원하다. 매절마다 히브리 글자로 נ 로 시작한다.

시 119:105. 주의 말씀은 내 발에 등이요 내 길에 빛이니이다.

시인은 '주님의 말씀은 내 발이 실족하지 않게 비춰주는 등이고, 내 길을 훤히 비춰주는 빛입니다'(출 13:22)라고 말한다. 주님의 말씀이야 말로 인생의 참된 인도자라는 것이다. 주님의 말씀은 죄로 인해 소경이 되어 죄의 어둠속을 헤매는 인생들을 구원으로 인도하는 생명의 빛이시다(요 1:4).

시 119:106. 주의 의로운 규례들을 지키기로 맹세하고 굳게 정하였나이다.

시인은 '내 자신이 주님의 의로운 규례들(말씀들)을 지키기로 맹세하고 결심하였습니다'라고 말한다.

시 119:107. 나의 고난이 매우 심하오니 여호와여 주의 말씀대로 나를 살아나게 하소서.

시인은 '여호와시여! 내 자신의 고난이 매우 심하오니(23, 28, 50, 51, 61, 71, 78절, Rawlinson), 주님의 말씀대로 나를 살려주소서'(25, 37, 40, 88절)라고 기원한다.

시 119:108. 여호와여 구하오니 내 입이 드리는 자원제물을 받으시고 주의 공의를 내게 가르치소서.

시인은 '여호와시여! 내가 기쁨으로 드리는 감사의 기도를 즐거이 받아 주시고, 주님의 규례들을 내게 가르쳐 주십시오'(12, 26, 33절)라고 기원한다. 여기 "자원제물"이란 '하나님께 드리는 감사의 표현으로서 자원하여 드리는 감사를 위한 제물'이다.

시 119:109. 나의 생명이 항상 위기에 있사오나 나는 주의 법을 잊지 아니하나이다.

시인은 '내 자신의 생명이 항상 고난의 위기에 처해 있사오나, 내가 주님의 법을 잊지 않고 있습니다'라고 말한다(16, 83, 93절). 시인은 주님의 말씀에 대한 뜨거운 사랑의 열정을 보여주고 있다.

시 119:110. 악인들이 나를 해하려고 올무를 놓았사오나 나는 주의 법도들에서 떠나지 아니하였나이다.

시인은 '악인들이 나 자신을 해하려고 올무를 놓았사오나, 나는 주님의 교훈들에서 떠나지 아니하고 지키고 있습니다'라고 말한다. 우리는 악인들이 우리 주위에서 우리를 해하려고 해도 주님의 말씀에서 떠나지 아니해야 한다. 85, 95절 주해를 참조하라.

시 119:111. 주의 증거들로 내가 영원히 나의 기업을 삼았사오니 이는

내 마음의 즐거움이 됨이니이다.

시인은 '주님의 증거들(말씀들)을 내 영원한 재산 삼았으니, 그것들이 내 마음에 기쁨이 됩니다'(16, 24, 35, 47절)라고 말한다. 우리는 주님의 말씀을 우리의 재산으로 알아야 한다. 이유는 그 말씀이 우리의 마음에 한없는 기쁨을 주기 때문이다.

시 119:112. 내가 주의 율례들을 영원히 행하려고 내 마음을 기울였나이다.

시인은 '나 자신은 주님의 규례들을 영원히(33절) 행하기로 내 마음을 정하고 있습니다'라고 말한다(34, 44절).

113-120절. 시인의 소망은 오직 하나님의 말씀을 지킴에 있다. 매절마다 히브리어 글자 ס으로 시작한다.

시 119:113. 내가 두 마음 품는 자들을 미워하고 주의 법을 사랑하나이다.

시인은 '나 자신은 단순히 하나님만 믿기 때문에 두 마음을 품은 자[21], 곧 믿음에 정함이 없는 자(약 1:8, Cheyne)를 미워하지만, 주님의 법은 사랑합니다'(97, 119, 127, 159, 163절, Rawlinson)라고 말한다.

시 119:114. 주는 나의 은신처요 방패시라 내가 주의 말씀을 바라나이다.

시인은 '주님은 내 자신이 적의 공격을 받을 때 나의 피난처시요(27:5; 32:7; 91:1), 내 몸을 보호해 주는 나의 방패이시니(3:3; 18:2, 30), 내 자신의 소망은 오직 주님의 말씀이라'(43절)고 말한다. "나의 은신처요"라는 말과 "방패시라"는 말은 동의어로 사용되어 있다. 따라서 주님의 말씀이 은신처 역할, 및 방패 역할을 한다는 것이다.

---

21) "두 마음을 품은 자"란 '두 주인을 겸하여 섬기는 자'(호 10:2; 마 6:24), 곧 '하나님과 세상을 겸하여 섬기는 자로서 한 마디로 믿음에 정함이 없는 자'(약 1:8)를 가리킨다. 하나님은 이러한 자를 미워하시고 싫어하신다(계 3:16). 따라서 성도들은 하나님과 세상을 겸하여 섬기려는 자를 경계하고 미워해야 한다.

시 119:115. 너희 행악자들이여 나를 떠날지어다 나는 내 하나님의 계명들을 지키리로다.

시인은 '율법을 무시하고 악을 행하는 자들아 나를 떠나라. 나는 내 하나님의 명령을 지키겠다'고 다짐한다. 시인은 율법을 무시하고 악을 행하는 비류들과 분리를 선언한다. 그리고 그는 그들을 떠나 오직 주님의 계명을 지키겠다고 말한다. 우리는 세상의 비류들과 함께 하지 말고 주님께서 우리에게 지키라고 주신 계명을 따라 살아야 할 것이다.

시 119:116. 주의 말씀대로 나를 붙들어 살게 하시고 내 소망이 부끄럽지 않게 하소서.

시인은 '주님의 말씀대로 나를 붙들어 살려주시며, 내가 소망한 대로 수치가 되지 않게 구원 하소서'(22:5; 25:3)라고 기원한다.

시 119:117. 나를 붙드소서 그리하시면 내가 구원을 얻고 주의 율례들에 항상 주의하리이다.

시인은 '주님! 주님의 손으로 나를 붙들어 주소서. 그리하시면 내가 구원을 받고 항상 주님의 규례들을 지키겠습니다'라고 다짐한다.

시 119:118. 주의 율례들에서 떠나는 자는 주께서 다 멸시하셨으니 그들의 속임수는 허무함이니이다.

시인은 '주님의 규례들로부터 떠나는 자들은 주님께서 돌보지 않으시고 멸망에 처하도록 방치하셨으니, 그 이유는 그들 속에 진실이 없고 허무한 것만 존재하기 때문입니다'라고 말한다. 이런 사람들이 세상에 존재하는 이유는 그들을 보고 신자들이 경성하기 때문이다.

시 119:119. 주께서 세상의 모든 악인들을 찌꺼기 같이 버리시니 그러므로 내가 주의 증거들을 사랑하나이다.

시인은 '주님께서 세상의 악인들을 다 쓰레기 취급하셔서 버리시니(37:38; 91:8), 내가 주님의 증거들을 사랑합니다'라고 말한다. 시인이 주님의 증거들을 사랑하는 이유는 그런 사람들이 하나님의 심판을 받고 망하는 것을 보고 시인은 더욱 주님의 증거들을 사랑한다는 것이다.

시 119:120. 내 육체가 주를 두려워함으로 떨며 내가 또 주의 심판을 두려워하나이다.

시인은 '주님께서 악인들을 찌꺼기 취급하셔서 버리시는 것을 시인이 보고 주님의 말씀을 사랑하게 되었고(앞 절), 또 다른 한편 본 절에서는 시인이 주님을 두려워하여 떨며 주님의 심판을 두려워하게 되었다'고 말한다. 본 절에서 "내 육체가 주님을 두려워함으로 떤다"는 것은 인간이 약하다는 것을 드러낸 말씀이다.

121-128절. 핍박자에게서 구원해 주심과 주님의 말씀을 깨닫게 해주시기를 원하다. 매절마다 히브리어 글자 ע으로 시작한다.

시 119:121. 내가 정의와 공의를 행하였사오니 나를 박해하는 자들에게 나를 넘기지 마옵소서.

시인이 '주님이시여! 내 자신이 공의와 정의(두 단어는 율법을 뜻하는 말이다)를 행하였으니, 억압하는 자들에게 나를 내주지 마십시요'라고 부탁한다. 본 절은 율법을 준행함으로 구원을 얻을 수 있다는 공로 개념을 말하는 것이 아니다. 단지 주님의 말씀을 의뢰하는 자를 주님께서 구원하신다는 주님의 약속에 근거한 겸허한 구원의 호소이다.

시 119:122. 주의 종을 보증하사 복을 얻게 하시고 교만한 자들이 나를 박해하지 못하게 하소서.

시인은 '주님의 종에게 보증이 되셔서 복을 얻게 하시고, 교만한 자가 나를 압제하지 못하게 하소서'라고 기원한다. 여기 "보증하사"(עֲרֹב)란 말은 '보증인이 되어 중재자의 역할을 하는 것'을 뜻한다. 따라서 본 절은 주님께서 보증인이 되셔서 첫째, 시인으로 하여금 복을 얻게 해주시라는 것과 둘째, 교만한 자들이 시인 자신을 박해하지 못하게 해주시라는 기원이다.

시 119:123. 내 눈이 주의 구원과 주의 의로운 말씀을 사모하기에 피곤하니이다.

시인은 '나 자신의 눈이 주님의 구원과 주님의 의로운 말씀을 사모하기에 피곤해졌습니다'라고 말한다. 본 절은 82절 하반절의 반복이다.

시 119:124. 주의 인자하심대로 주의 종에게 행하사 내게 주의 율례들을 가르치소서.

시인은 '주님의 인자하심을 따라 나에게 대해 주시고, 주님의 율례들을 내게 가르쳐 주십시오'라고 기원한다. 본 절 주해를 위해 41, 77절 주해를 참조하라. 그리고 "주의 율례들을 가르치소서"란 말은 11, 26, 33, 64, 68, 108, 135절을 반복한 것이다(Rawlinson).

시 119:125. 나는 주의 종이오니 나를 깨닫게 하사 주의 증거들을 알게 하소서.

시인은 '나는 주님의 종이니 깨닫게 하셔서 주님의 증거들을 알게 하소서'라고 기원한다. 시인은 나 자신은 주님의 종이오니(17, 23, 38, 49, 65절, Rawlinson), 깨닫도록 역사하셔서 주님의 증거의 말씀을 알게 하소서(34, 66, 73, 144절, Rawlinson)라고 기원한다.

시 119:126. 그들이 주의 법을 폐하였사오니 지금은 여호와께서 일하실 때니이다.

시인은 '사람들이 주님의 법을 폐하였사오니, 지금은 여호와께서 저희를 심판하실 때입니다'라고 말한다.

시 119:127. 그러므로 내가 주의 계명들을 금 곧 순금보다 더 사랑하나이다.

시인은 '악인들이 주님의 계명들을 폐한 이때에 나 자신은 주님의 계명들을 순금보다 더 사랑합니다'라고 말한다(72절 주해 참조).

시 119:128. 그러므로 내가 범사에 모든 주의 법도들을 바르게 여기고 모든 거짓 행위를 미워하나이다.

본 절은 이 부분(121-128절)의 결론이다. 즉, 시인은 '나는 범사에 주님의 모든 교훈들을 옳은 것으로 여기고 모든 거짓된 행위들을 미워합니다'(104, 164절)라고 말한다.

129-136절. 하나님 말씀의 기이함을 사모하다가 그의 은혜로 보게 되어 더욱 확신을 가지다. 매절마다 히브리어 글자 פּ로 시작한다.

시 119:129. 주의 증거들은 놀라우므로 내 영혼이 이를 지키나이다.

시인은 '주님의 증거들은 경외감을 금할 수 없어서 내 영혼이 그 증거들을 지킵니다'라고 말한다. 주님의 증거들은 사실 세상 지식을 초월한, 하늘에 속한 지식으로 그 깊이와 넓이에 경탄을 금할 수가 없다. 그러므로 시인 자신이 주님의 증거들을 지킨다는 것이다.

시 119:130. 주의 말씀을 열면 빛이 비치어 우둔한 사람들을 깨닫게 하나이다(The unfolding of thy words gives light; it imparts understanding to the simple-RSV, ESV).

시인은 '주님의 말씀을 온전히 설명하고 해석하면, 거기에서 빛이 비치어(98-100, 104, 105절) 우둔한 사람도 깨닫게 합니다'(19:7; 잠 1:4)라고 말한다. 여기 "우둔한 사람들"(the simple)이란 말은 하나님 앞에서 두 마음을 품지 않은 자들로서 일편단심 하나님만 공경하는 신자들을 가리킨다(19:7; 27:4; 마 11:25).

시 119:131. 내가 주의 계명들을 사모하므로 내가 입을 열고 헐떡였나이다.

시인은 '나 자신이 주님의 명령들을 사모하므로(20, 40절) 입을 벌리고 사모하는 모습을 하고 헐떡입니다'라고 말한다. 본 절은 사람이 공기를 호흡하지 않으면 죽겠기 때문에 호흡하는 것처럼 그가 하나님의 계명이 아니면 죽을 줄 알고 사모하는 모습이다(박윤선).

시 119:132. 주의 이름을 사랑하는 자들에게 베푸시던 대로 내게 돌이키사 내게 은혜를 베푸소서.

시인은 '주님의 이름을 사랑하는 사람들에게 하시던 대로 나를 향하여 은혜를 베푸소서'(41, 58, 76, 77절)라고 기원한다. 본 절은 누구에게든지 은혜를 주시고자 하시는 하나님의 자비를 바로 이해한 신앙이다(박윤선).

시 119:133. 나의 발걸음을 주의 말씀에 굳게 세우시고 어떤 죄악도 나를 주관하지 못하게 하소서.

시인은 '내 걸음을 주님의 말씀위에 굳게 세우시고(40:2) 어떤 죄악도 나를 주장치 못하게 하소서'라고 기원한다. 우리가 우리의 마음으로 주님을 붙들고 있으면 죄를 짓지 않게 되는 것이다.

시 119:134. 사람의 박해에서 나를 구원하소서 그리하시면 내가 주의 법도들을 지키리이다.

시인은 '사람들의 억압(121절)에서 나를 구속하셔서 나 자신으로 하여금 감사하는 마음으로 주님의 교훈들을 지키게 하소서'라고 말한다.

시 119:135. 주의 얼굴을 주의 종에게 비추시고 주의 율례로 나를 가르치소서.

시인은 '주님의 종에게 주님의 얼굴을 비춰 주시고(4:6; 44:3; 민 6:25-26), 주님의 율례들을 내게 가르쳐 주십시오'(26, 33, 124절)라고 기원한다.

시 119:136. 그들이 주의 법을 지키지 아니하므로 내 눈물이 시냇물 같이 흐르나이다.

시인은 '사람들이 주님의 법을 지키지 아니하는 것을 보고(53절) 내가 슬픔을 이기지 못하여 내 눈에서 눈물이 시냇물같이 흐릅니다'라고 말한다.

137-144절. 원수가 하나님의 말씀을 잊어버린 사실을 원통하게 여기는 동시에 자기 자신은 그 말씀을 극진히 사모한다. 이 부분(137-144절)은 매절마다 히브리어 글자 צ 로 시작한다.

시 119:137. 여호와여 주는 의로우시고 주의 판단은 옳으니이다.

시인은 '여호와시여! 주님은 본성적으로 의로우시고(7:9; 11:7; 25:8; 116:5; 145:17, Rawlinson) 주님의 판단은 옳으십니다'(106, 160, 164절, Rawlinson)라고 말한다.

시 119:138. 주께서 명령하신 증거들은 의롭고 지극히 성실하니이다.

시인은 '주님께서 명령하신 증거들은 의롭고 아주 신실합니다'라고 말한다. 다시 말해 주님께서 명령하신 증거들은 그의 성품을 그대로 반영해서 의롭고 성실하다는 것이다. 결국 하나님의 말씀은 변개치 않고 반드시 성취된다(마 5:18).

시 119:139. 내 대적들이 주의 말씀을 잊어버렸으므로 내 열정이 나를 삼켰나이다.

시인은 '내 대적들이 주님의 말씀들을 잊었으므로 내 열심이 나를 불태웁니다'라고 말한다. 대적이 율법을 버린데 대해 시인은 맹렬한 노를 발하기도 했고(53절), 눈물을 흘리기도 했으나(136절), 본 절에서는 자신을 소멸하기까지 한다고 한다(69:9). 율법에 대한 시인의 열성을 보인 것이다(이상근).

시 119:140. 주의 말씀이 심히 순수하므로 주의 종이 이를 사랑하나이다.

시인은 '주님의 말씀은 불로 연단한 정금 같이(벧전 1:7) 아주 순수함으로 주님의 종이 주님의 말씀을 사랑합니다'(97, 113, 119, 127, 159, 163절, Rawlinson)라고 말한다.

시 119:141. 내가 미천하여 멸시를 당하나 주의 법도를 잊지 아니하였나이다.

시인은 '나 자신이 비록 비천하여 멸시를 당하나(22, 51절) 내가 주님의 교훈들을 잊지 않고 지키고 있습니다'라고 말한다.

시 119:142. 주의 공의는 영원한 공의요 주의 율법은 진리로소이다.

시인은 '주님의 의는 영원한 의로 변함이 없고, 주님의 법은 진리로 오류가 없습니다'라고 말한다. "주님의 의"는 지극히 순수한 의(義)이시고 항상 변함없이 동일하시다. 정의에 대한 인간적인 개념같이 변동되는 것이 아니다. "주님의 율법은 진리로소이다"란 말은 '법이 절대적인 영원한 진리에 기초하고 있는바 영원히 변치 않는 절대적인 진리이다(요 14:6).

시 119:143. 환난과 우환이 내게 미쳤으나 주의 계명은 나의 즐거움이니이다.

시인은 '환난과 우환이 나 개인에게 미쳤으나(22, 23, 28, 50, 51, 61, 67, 69절, Rawlinson) 주님의 명령들은 내 기쁨입니다(16, 35, 47, 77, 174절, Rawlinson)'라고 말한다.

시 119:144. 주의 증거들은 영원히 의로우시니 나로 하여금 깨닫게 하사 살게 하소서.

시인은 '주님의 증거들은 언제나 의로우시니(138, 142, 152절, Rawlinson), 그것으로 나를 깨우쳐 주시고 이 몸이 활력을 얻어 살게 해주십시오'라고 말한다.

145-152절. 하나님께서 그 말씀대로 구원해 주시기를 호소하다. 이 부분(145-152절)은 매절마다 히브리어 ק라는 글자로 시작한다.

시 119:145. 여호와여 내가 전심으로 부르짖었사오니 내게 응답하소서 내가 주의 교훈들을 지키리이다.

시인은 '여호와시여! 내가 온 마음을 다하여 부르짖으니 내게 응답해 주셔서 환난에서 구원해 주소서. 내가 주님의 규례들을 지키겠습니다'라고 말한다.

시 119:146. 내가 주께 부르짖었사오니 나를 구원하소서 내가 주의 증거들을 지키리이다.

시인은 '내가 주께 부르짖었사오니 나를 구원하소서. 내가 주님의 증거들을 지키겠습니다'라고 말한다. 본 절은 앞 절을 다른 표현으로 반복한 것이다.

시 119:147. 내가 날이 밝기 전에 부르짖으며 주의 말씀을 바랐사오며.

시인은 '내가 날이 밝기도 전에 일어나서 기도하며(62절) 주님의 말씀을 갈망하여 울부짖었습니다'라고 말한다. 시인은 주님의 말씀을 갈망하여 견디지 못하고 시간이 되기 전에 일어나서 부르짖은 것이다.

시 119:148. 주의 말씀을 조용히 읊조리려고 내가 새벽녘에 눈을 떴나이다.

시인은 '주님의 말씀을 묵상하려고 새벽녘에 눈을 떴습니다'라고 말한다. 앞 절은 새벽녘에 주님의 말씀을 바래서 기도한 것을 말하고, 본 절은 주님의 말씀을 묵상하려고 새벽녘에 눈을 뜬 것을 말한다.

시 119:149. 주의 인자하심을 따라 내 소리를 들으소서 여호와여 주의

규례들을 따라 나를 살리소서.

시인은 '여호와시여! 주님의 언약에 근거한 변함없는 사랑을 따라 내 기도를 들어 주시고, 주님께서 친히 세우신 규례들을 따라(132절) 나를 살려 주소서'라고 기원한다.

시 119:150. 악을 따르는 자들이 가까이 왔사오니 그들은 주의 법에서 머니이다.

시인은 '악을 따르는 자들이 나 자신을 박해하려고 가까이 와 있습니다. 그들은 주님의 법을 버리고 떠난, 법과는 거리가 먼 사람들입니다'(21, 53, 118, 126, 136절, Rawlinson)라고 말한다.

시 119:151. 여호와여 주께서 가까이 계시오니 주의 모든 계명들은 진리니이다(But You are near, O LORD, and all your commandments are true-ESV).

시인은 '대적들의 지속적인 박해는 분명 시인에게는 큰 고난과 두려움이었을 것이나 그러나 여호와시여! 주님께서 나 자신에게 가까이 계셔서 나 자신을 보호하고 계시다는 사실을 깨달았습니다. 주님의 계명은 모두 다 영원히 진실합니다'(142절)라고 말한다.

시 119:152. 내가 전부터 주의 증거들을 알고 있었으므로 주께서 영원히 세우신 것인 줄을 알았나이다.

시인은 '예전부터 내가 주님의 증거들을 연구하여 알았습니다. 주께서 그것들을 임시적으로 세우신 것이 아니라 영원히 세우신 줄 알았습니다'라고 말한다. 이러한 지식 때문에 시인은 박해자들의 박해를 두려워하지 않고 끝까지 버티면서 지금까지 지내왔다는 것이다.

153-160절. 환난 중에서 구원해 주시기를 기구하다. 이 부분(153-160절)은

매절마다 히브리어 글자 ר로 시작한다.

시 119:153. 나의 고난을 보시고 나를 건지소서 내가 주의 율법을 잊지 아니함이니이다.

시인은 '내 고난을 보시고(50, 67, 71, 75, 92절, Rawlinson) 나를 구원하소서. 내가 주님의 법을 잊지 않고 있습니다'(16, 83, 93, 109, 141, 176절, Rawlinson)라고 말한다.

시 119:154. 주께서 나를 변호하시고 나를 구하사 주의 말씀대로 나를 살리소서.

시인은 '주님께서 내 변호인이 되사 나를 변호하여 나 자신을 구원하여 주시고, 주님께서 약속하신 말씀대로 나를 살려 주십시오'(25절)라고 애원한다.

시 119:155. 구원이 악인들에게서 멀어짐은 그들이 주의 율례들을 구하지 아니함이니이다.

시인은 '악인들에게는 구원이 멀리 떨어져 있습니다. 이유는 그들이 주님의 규례들을 구하지 아니하기 때문입니다'라고 말한다. 주님의 말씀은 구원의 근거이고 생명의 빛이라는 것이다(요 1:1-4; 행 20:32).

시 119:156. 여호와여 주의 긍휼이 많으오니 주의 규례들에 따라 나를 살리소서.

시인은 '여호와시여! 주님의 긍휼이 크시오니 주님의 율례들을 따라 나를 살려 주소서'라고 애원한다. 본 절은 149절과 비슷하다.

시 119:157. 나를 핍박하는 자들과 나의 대적들이 많으나 나는 주의 증거들에서 떠나지 아니하였나이다.

시인은 '나를 박해하는 자들과 나의 대적들이 많으나(22, 23, 51, 61,

25:18, Rawlinson) 나 자신은 주님의 증거들로부터 떠나려 하지 않습니다'(51절)라고 말한다. 본 절의 "나를 핍박하는 자들"이란 말과 "나의 대적들"이란 말은 동의어로 사용되었다.

시 119:158. 주의 말씀을 지키지 아니하는 거짓된 자들을 내가 보고 슬퍼하였나이다.

시인은 '주님의 말씀을 지키지 아니하는, 거짓된 자들을 보고 내가 슬퍼합니다'라고 말한다. 136절을 참조하라.

시 119:159. 내가 주의 법도들을 사랑함을 보옵소서 여호와여 주의 인자하심을 따라 나를 살리소서.

시인은 '여호와시여! 내가 얼마나 주님의 교훈들을 사랑하는지 보옵소서(97, 113, 119, 127, 163절, Rawlinson). 그리고 주님의 인자하심을 따라 나를 살려 주소서'(149, 154, 156절, 이상근)라고 기원한다.

시 119:160. 주의 말씀의 강령은 진리이오니 주의 의로운 모든 규례들은 영원하리이다(The sum of your word is truth; and every one of thy righteous ordinances endures forever-ESV)**.**

시인은 '주님의 말씀은 모두 진리입니다. 그러므로 주님의 의로운 규례들은 모두 영원합니다'(144절)라고 말한다. 여기 "강령"이란 말은 '총수'를 의미한다. 본 절의 의미는 하나님의 말씀은 모두 진리이니만큼, 그것이 신앙의 기초로서 영원히 흔들리지 않는다는 뜻이다.

161-168절. 시인은 핍박 중에서도 하나님의 말씀을 두려워하며 사랑하며 감사한다고 한다. 이 부분은 매절마다 히브리어 글자 ש로 시작한다.

시 119:161. 고관들이 거짓으로 나를 핍박하오나 나의 마음은 주의 말씀만 경외하나이다.

시인은 '고관들이 아무 이유 없이 나를 핍박하오나(78, 86절) 내 마음은 저들을 두려워하지 않고 주님의 말씀들을 경외합니다'라고 말한다. 오늘 우리도 주님의 말씀 이외에는 아무 것도 두려워할 필요가 없다.

시 119:162. 사람이 많은 탈취물을 얻은 것처럼 나는 주의 말씀을 즐거워하나이다.

시인은 '많은 탈취물을 손에 넣은 사람이 즐거워하는 것같이 나는 주님의 말씀을 즐거워하고 있습니다'(14, 72, 127절, Rawlinson)라고 말한다.

시 119:163. 나는 거짓을 미워하며 싫어하고 주의 율법을 사랑하나이다.

시인은 '나는 거짓을 미워하고 싫어하지만 주님의 법은 사랑합니다'라고 말한다. 본 절 주해를 위해 104절과 159절 주해를 참조하라. 주님의 백성은 마땅히 거짓을 미워하고 주님의 말씀을 사랑해야 한다.

시 119:164. 주의 의로운 규례들로 말미암아 내가 하루 일곱 번씩 주를 찬양하나이다(Seven times a day I praise you for thy righteous ordinances-ESV)**.**

시인은 '주님의 의로운 율례들로 인하여(160절) 내가 하루에 수도 없이 주님을 찬양합니다'(12:6; 79:11)라고 말한다. 여기 "주의 의로운 규례들로 말미암아"란 말은 '주님의 공의로운 규례들을 생각하면서'라는 뜻으로 보는 것이 좋을 것이다(표준 새 번역). "하루 일곱 번씩"이란 말은 '하루에 수도 없이 많이'란 뜻이다.

시 119:165. 주의 법을 사랑하는 자에게는 큰 평안이 있으니 그들에게 장애물이 없으리이다.

본 절은 주님의 율법(말씀)을 사랑하는 자에게는 두 가지 복이 있다고 말한다. 즉, 시인은 '주님의 법을 사랑하는 사람들에게는 큰 평안이 있고 그들에게는 저희들 자신을 넘어뜨리려는 장애물이 없습니다'라고 말한다. 참으로 주님의 법을 사랑하며 섬기는 자들에게는 참된 평안이 있다. 또 아무도 그의 평안을 빼앗지 못한다. 그러나 주님의 말씀에서 떠난 자에게는 평안이 없고 불안과 혼란만이 있다는 것이다.

시 119:166. 여호와여 내가 주의 구원을 바라며 주의 계명들을 행하였나이다(I hope for your salvation, O LORD, and I do your commandments-ESV).

시인은 '여호와시여! 내가 주님의 구원을 바라며 내가 주님의 명령들을 행합니다'(81, 123절)라고 말한다. 이 시인은 주님의 구원을 계속해서 바라면서 동시에 주님의 계명들을 하나하나 지킨다고 말한다.

시 119:167. 내 영혼이 주의 증거들을 지켰사오며 내가 이를 지극히 사랑하나이다.

시인은 '내 중심으로 주님의 증거들을 지키고 있으며 내가 그 증거들을 심히 사랑합니다'(97, 127, 159절)라고 말한다.

시 119:168. 내가 주의 법도들과 증거들을 지켰사오니 나의 모든 행위가 주 앞에 있음이니이다(I keep your precepts and testimonies, for all my ways are before you-ESV).

시인은 '내 자신이 주님의 교훈과 주님의 증거들을 지킵니다(166, 167절). 그 이유는 내 자신의 모든 길이 주님 앞에 있기 때문입니다'라고 말한다. "왜냐하면 나의 모든 행위가 주 앞에 있음이니이다"라는 하반절이 상반절("내가 주의 법도들과 증거들을 지킨다")과 어떤 관계가 있는 가를 보면 '시인의 삶의 내용들을 하나님께서 낱낱이 아신다'는 것을 의미한다. 캘빈의 모토인 "하나님 앞에서"를 연상하게 하는 말이다. 다시 말해 내가 행하고 말하고 생각한 것이 주님 앞에서 숨겨진 것이 아무 것도 없고 생각과 말과 행실에서 주님의 법을 지키기 위하여 애썼다는 말이다(Rawlinson).

169-176절. 하나님께서 기도를 들어 주시고 구원해 주시기를 원하다. 이 부분은 매절마다 히브리어 글자 ת로 시작한다.

시 119:169. 여호와여 나의 부르짖음이 주의 앞에 이르게 하시고 주의 말씀대로 나를 깨닫게 하소서.

시인은 '여호와시여! 내 자신의 부르짖음이 주님 앞에 이르게 하시고, 주님의 말씀으로 나를 깨우쳐 주소서'(144절)라고 기도한다. 여기 "나의 부르짖음"이란 말은 '대적들로부터의 구원을 위한 호소'를 뜻한다. 주님은 그의 백성들의 모든 구원의 호소를 결코 외면하시지 않는다. 그리고 "주의 말씀대로 나를 깨닫게 하소서"(כִּדְבָרְךָ הֲבִינֵנִי)란 말은 '주님의 말씀으로 나 자신을 깨닫게 하소서'라는 뜻이다. 이 말씀은 말씀이 의미하는 진정한 뜻을 바로 이해하게 해주시라는 소원이다. 우리는 바른 말씀 이해를 위해서 강한 열망을 가져야 할 것이다.

시 119:170. 나의 간구가 주의 앞에 이르게 하시고 주의 말씀대로 나를 건지소서.

시인은 '내 구원을 위한 간구가 주님 앞에 이르게 하시고, 주님의 약속하신 말씀대로 나를 구원하소서'(50:15; 91:15)라고 말한다.

시 119:171. 주께서 율례를 내게 가르치시므로 내 입술이 주를 찬양하리이다.

시인은 '나 자신이 원하는 대로(169절) 주님께서 주님의 규례들을 내게 가르쳐 주시니 내 입술이 주님을 찬양할 것입니다'라고 말한다. 시인은 주님의 율례들을 깨달았기 때문에 그 입에서 찬양이 넘쳐흐른다고 말하는 것이다. 7절 주해를 참조하라.

시 119:172. 주의 모든 계명들이 의로우므로 내 혀가 주의 말씀을 노래하리이다

시인은 '주님의 모든 명령들이 의로우므로 내 혀가 주님의 말씀을 노래할 것입니다'라고 말한다. 주님의 말씀은 어느 말씀이나 진리 아닌 것이 없기 때문에 시인이 전 인격을 다하여 주님의 말씀을 찬양한다는 것이다.

시 119:173. 내가 주의 법도들을 택하였사오니 주의 손이 항상 나의 도움이 되게 하소서.

시인은 '내가 주님의 교훈들을 지켜 살기로 하였사오니, 주님의 손이 나와 함께 하사 나의 도움이 되게 하소서'라고 기원한다. 여기 "법도"(פִּקּוּדֶיךָ)란 말은 '지시'(directions)란 뜻이다. 그러므로 이 구절은 하나님의 도우심을 구하는 시인의 삶이 먼저 주님의 지시에 순종하는 삶이었음을 말해준다. 그리고 "주님의 손"이란 말은 성도들에게 복을 주시고 인도하시며 도움과 구원을 베푸시는 주님의 능력을 상징한다(37:24; 신 32:39).

시 119:174. 여호와여 내가 주의 구원을 사모하였사오며 주의 율법을 즐거워하나이다.

시인은 '여호와시여! 내가 주님의 구원을 사모하오며(81, 166절 참조) 주님의 율법을 기뻐합니다(16, 35, 47, 70, 77, 111절, Rawlinson). 그러므로 나를 구원해 주소서'라고 말한다.

시 119:175. 내 영혼을 살게 하소서 그리하시면 주를 찬송하리이다 주의 규례들이 나를 돕게 하소서.

시인은 '악의 세력이 강한 세상에서 나의 영혼을 살리셔서(25, 37, 40, 88, 107, 154, 159절 참조) 주님을 찬양하게 하시고, 주님의 규례들이 나를 돕게 하소서'라고 기원한다.

시 119:176. 잃은 양 같이 내가 방황하오니 주의 종을 찾으소서 내가 주의 계명들을 잊지 아니함이니이다(I have gone astray like a lost sheep; seek your servant, for I do not forget your commandments-ESV).

시인은 '나는 지금까지 길 잃은 양같이 길을 방황하여 왔습니다(67절). 주님의 종인 나 자신을 찾아 주십시오. 왜냐하면 나 자신은 방황 중이기는 하지만 주님의 계명들을 잊지 않고 살아 왔습니다'(15, 20, 40절 참조, Rawlinson)라고 말한다. "잘못하다가 길을 잃은 것은 나 자신이요, 찾아서 지켜주시는 이는 주님이십니다"(Bridge).

제 120 편 투쟁을 좋아하는 자들로 인한 고통

본편은 120-134편 그룹의 "성전에 올라가는 노래"라는 표제가 붙은 그룹의 첫째 편이며 그 뜻이 "올라가는" 것이므로 "올라가는 노래"(A Song of Ascents) 또는 "계단의 노래"(A Song of Steps)라고 부른다. 본편은 대체로 다윗의 작품이나 혹은 솔로몬의 것 혹은 귀환기의 작품으로 본다.

표제의 "성전에 올라가는 노래"란 말의 뜻에 대해서는 1) 3대 절기 때 성전에 올라가던 순례자의 노래로 본 학설(Ewald, Hengsternberg, Alexander). 2) 성전 안의 부인의 뜰에서 남자의 뜰에 이르는 15계단을 오르면서 부른 노래란 학설(Rawlinson). 3) 이 시편들을 노래할 때 그 곡조를 올려 불러야 할 것이라는 데서 생긴 학설(Calvin). 4) 바벨론에서 해방된 이스라엘이 예루살렘을 향하여 올라가면서 부르는 노래를 뜻한다는 학설(박윤선). 4)번의 학설이 가장 그럴듯해 보인다.

본편은 원래 "이리 사이의 양"(Delitzsch)같은 시인의 구출을 기원하는 개인적인 시였으나 이것이 민족 전체에 적용된 것으로 본다(이상근).

"성전에 올라가는 노래"란 말을 위해 위의 서론을 참조하라. 여기 15편(120-134편)중에 다윗의 시가 4편, 솔로몬의 시가 1편, 그 외 10편은 무명 시들이다. 본편의 내용은 1) 시인은 악인이 괴롭게 하는 환경에서 벗어나게 해주시기를 기도한다(1-2절). 2) 거짓된 입술이 받을 화(3-4절). 3) 시인 자신이 받을 구체적인 고난(5-7절).

1-2절. 시인은 악인이 괴롭게 하는 환경에서 벗어나게 해주시기를 기도하다.
시 120:1. <성전에 올라가는 노래> 내가 환난 중에 여호와께 부르짖었더니 내게 응답하셨도다.

시인은 '내가 내 개인적인 환난 중에 여호와께 부르짖었더니, 주님께서 내게 응답하셨습니다'라고 말한다. 이 시인은 과거에 고난 중에서 기도하여 주님의 응답을 받은 사실을 전감으로 하여 현재의 고난 중에서도 기도할 동기를 가진다. 하나님은 인간과 달라서 한번 택하여 은혜 주시기 시작하신 사람을 영원히 버리지 않으신다(박윤선).

시 120:2. 여호와여 거짓된 입술과 속이는 혀에서 내 생명을 건져 주소서.

시인은 '여호와시여! 거짓된 사람에게서 내 영혼을 건지소서'라고 기원한다. 우리는 거짓된 사람을 감당하지 못한다. 그런고로 주님께 구하여 그 거짓된 사람에게서 건짐을 받아야 한다.

3-4절. 거짓된 입술이 받을 화.
시 120:3. 너 속이는 혀여 무엇을 네게 주며 무엇을 네게 더할꼬.

시인은 '너 속이는 혀여! 네게 무엇을 주며 네게 무엇을 더해줄까?'라고 묻는다. 시인은 자신이 거짓된 사람에게 무엇을 주겠다는 것이 아니라 주님께 기도하여 주시게 하겠다는 것이다.

시 120:4. 장사의 날카로운 화살과 로뎀 나무 숯불이리로다.

시인은 '용사의 날카로운 화살과 로뎀 나무 숯불이 아닐까 한다'라고 대답한다. 시인은 앞 절에서 거짓된 사람에게 무엇을 줄까하고 질문했는데 이제 본 절에서는 "장사의 날카로운 화살과 로뎀 나무 숯불을 주겠노라"고 대답해 준다. 아주 뜨끔한 꼴을 보여주겠다는 말이다. 시인은 주님께 기도하여 용사의 날카로운 화살과 또 하나 로뎀나무 숯불을 주님께 구하여 그 두 가지를 선물로 주겠다는 것이다. 한국의 경우 참나무 숯불을 주겠다는 것이다. 유대인의 전설에 두 나그네가 광야에서 로뎀나무 아래서 그 마른 가지로 불을 피워 식사를 지어먹고 갔는데 1년 후에 그 장소에 돌아와 보니 아직도 그 재가 뜨거웠다는 말이 있다(Midrash in 박윤선, 이상근).

5-7절. 시인 자신이 받을 구체적인 고난.

시 120:5. 메섹에 머물며 게달의 장막 중에 머무는 것이 내게 화로다.

시인은 '내가 메섹에 머물며 게달의 장막들에 거하므로 나에게 화가 임하였도다'라고 말한다. "메섹"은 야벳의 자손으로(창 10:2) 카스피 바다와 흑해 사이에 거주했고(겔 38:2), "게달"은 이스마엘 자손으로(창 25:13) 아라비아 지방에 거주했다. 두 족속은 다투기를 좋아하고 거짓말에는 능수능란했다는 것이다. 시인이 실제로 이런 족속들과 함께 살았다는 것이 아니고 상징적인 표현이다(Calvin, Briggs, 박윤선, 이상근).

시 120:6. 내가 화평을 미워하는 자들과 함께 오래 거주하였도다.

시인은 '내가 화평을 미워하는 자들과 너무 오래 거주했구나'라고 말한다. 본 절은 전 절의 해석이다. 시인 자신이 화평을 미워하는 자들과 함께 오래 거주한 것이 큰 화였다는 뜻이다. 오늘날 한국에는 도시 생활을 하면서 많은 화를 당한 사람들이 산으로 들어가서 산(山) 사람으로 살아가는 사람들이 점점 늘어가고 있다.

시 120:7. 나는 화평을 원할지라도 내가 말할 때에 그들은 싸우려 하는도다.

시인은 '나는 화평하기를 원하지만 내가 말할 때에 그들은 싸우려든다'고 말한다. 바벨론으로부터 귀환한 사람들이 예루살렘 성을 재건하고 있을 때 사마리아인들은 귀환민들과 싸우려 했던 것이다(스 2:19-20; 4:1-23;

6:2-14). 싸움 좋아하는 사람을 말릴 사람은 없다. 기도하는 수밖에 달리 방책은 없다.

제 121 편 천지를 지으신 여호와께서 나를 도와주시다

본편은 순례자의 노래 중 가장 아름다운 노래이다. 본편이 언제 저작되었는가를 두고 견해가 갈린다. 1) 이스라엘 사람들이 바벨론에서 해방되어 이스라엘을 향해서 출발할 때에 지은 노래라고 하는 견해(Philips). 2) 예루살렘에 접근한 성도들이 예루살렘과 성전이 서 있는 산들이 보일 때 부른 노래라는 견해(이상근, 그랜드 종합 주석). 2)번이 보다 바른 견해로 보인다. 본시는 그 거룩한 산들처럼 움직이지 않는 자세로 이스라엘을 지키시는 하나님의 은혜를 찬양한 노래인 듯하다. "성전에 올라가는 노래"란 표제에 대하여는 120편 표제를 참조.

시 121:1. <성전에 올라가는 노래> 내가 산을 향하여 눈을 들리라 나의 도움이 어디서 올까

본 절의 "산들"을 두고 그 견해가 갈린다. 1) 예루살렘으로의 귀환 도중 넘어야 할 난관으로 여겨지는 산들을 지칭한다는 견해(Anderson). 2) 이방 성소들을 포함한 예배 처소들로 보고 시인이 여기서 여호와께 예배를 드리기에 합당한 장소가 과연 어디인지를 묻고 있다고 보는 견해(E. H, Blakeney). 3) 하나님께서 계시는 시온 산을 지칭한다는 견해(Delitzsch, Rawlinson, 이상근). 이 비유를 뒷받침하기 위해 87:1, 125을 참조하라. 4) 일종의 비유로서 산같이 큰 세상 세력을 의미한다는 견해(Calvin, 박윤선). 3)번이나 4)번을 택하는 것이 좋을 것이다. 시인은 '내가 산들을 향하여 눈을 들 것이다. 나의 도움이 어디서 올까?'라고 말한다. 이 세상 것은 아무리 훌륭하고 커도 그것은 역시 나(인생)와 같은 피조물인 정도에 지나지 않는다. 그것은 나를 구원할 수 없다.

시 121:2. 나의 도움은 천지를 지으신 여호와에게서로다.

시인은 '나의 도움은 천지를 창조하신 여호와로부터 온다'고 말한다. 천지를 지으신 여호와께서 도우시니 못 도우실 것이 없으시다.

시 121:3. 여호와께서 너를 실족하지 아니하게 하시며 너를 지키시는 이가 졸지 아니하시리로다.

시인은 '여호와께서 너의 발을 미끄러지지 않게 하시며, 너를 지키시는 여호와께서는 졸지도 아니하실 것이라'고 말한다. "여호와께서 너를 실족하지 아니하게 하셔야" 하는 이유는 '너 자신이 실족하면(죄를 지으면) 아무리 천지를 창조하신 여호와 하나님이라도 너를 돕지 못하시니 너를 도우시기 위해서는 첫째 너희 발이 미끄러지지 않게 하시는 것'이다. 우리는 여호와께서 우리를 도우시기 위해 우리를 실족하지 않게 하시는 것에 대해서 감사해야 할 것이다. 그리고 여호와께서 우리를 도우시기 위해서는 여호와 자신께서 "졸지 않으시는 것"이 필요하다. 여호와께서는 우리를 돕기 위해서 순간이라도 졸지 아니하셔야 한다. 그래서 "너를 지키시는 여호와가 졸지 아니하신다"(사 27:3)고 말한다. 우리는 순간이라도 졸지 않고 우리를 도우시는 여호와께 무한 감사를 드려야 할 것이다.

시 121:4. 이스라엘을 지키시는 이는 졸지도 아니하시고 주무시지도 아니하시리로다.

본 절은 전 절의 하반절을 상설한 것이다. 여호와께서는 이스라엘에 대하여 주야로 졸지도 아니하시고 주무시지도 아니하시며 도우신다.

시 121:5. 여호와는 너를 지키시는 이시라 여호와께서 네 오른쪽에서 네 그늘이 되시나니.

본 절은 여호와께서 이스라엘을 아주 힘 있게 지켜주신다고 말한다. 즉, 시인은 '여호와는 이스라엘을 지켜주시는 분이시다. 주님은 네 오른쪽에

서서 너를 보호하는 그늘이 되어 주시는 분이라'고 말한다. 여기 "오른쪽"은 '힘 있는 편'을 가리키는 말로 여호와께서 이스라엘을 힘 있게 붙들어 주시는 분이란 뜻이다. 그리고 "네 그늘이 되신다"는 말은 '이스라엘의 보호자가 되어 주신다'는 뜻이다. 천지를 지으신 분이 이스라엘을 보호하시니 보호에 소홀하실 것이 없으신 분이다.

시 121:6. 낮의 해가 너를 상하게 하지 아니하며 밤의 달도 너를 해치지 아니하리로다.

본 절은 앞 절의 하반절을 더 자세히 설명하는 말이다. 즉, 시인은 '낮의 해가 너를 해하지 못하며, 밤의 달도 너를 상하게 하지 못할 것이라'고 말한다. 여기 "낮의 해와 밤의 달"은 낮에 받는 해(害)와 밤에 받는 해(害)를 총칭하는 말이다. 여호와께서 이스라엘의 보호막이 되어 주시니 그 어떤 것도 이스라엘을 해할 수가 없다는 것이다. 오늘날 이 세상은 너무 험하다고 야단들이다. 그러나 그 어느 것도 우리를 해할 수는 없는 것이다.

시 121:7. 여호와께서 너를 지켜 모든 환난을 면하게 하시며 또 네 영혼을 지키시리로다.

시인은 '천지를 지으신 여호와께서 이스라엘을 지켜 모든 환난을 면하게 해주시며 또 각 영혼을 평안하게 지켜주신다'고 말한다. 여호와께서는 이스라엘인의 영육을 보호해 주시는 분이시다.

시 121:8. 여호와께서 너의 출입을 지금부터 영원까지 지키시리로다.

시인은 '여호와께서는 이스라엘의 삶을 이제부터 영원까지 지켜 주실 것이라'(신 28:6; 삼상 29:6)고 말한다. 눈동자처럼 지켜 주실 것이라는 뜻이다(91:11).

제 122 편 거룩한 성 예루살렘에 대한 찬양

본편이 다윗의 저작이냐 아니냐를 두고 견해가 갈린다. 1) 다윗의 저작이 아닐 것이라는 견해(Hupfeld, Briggs). 2) 다윗의 저작일 것이라는 견해(Calvin, Hengsternberg, Rawlinson, 박윤선, 이상근)로 나누어진다. 2)번의 견해를 취한다. 본편의 내용은 1) 예루살렘에 다달았을 때의 기쁨을 노래하다(1-5절). 2) 예루살렘 성의 평안을 빌다(6-9절)라는 내용이다.

표제의 "다윗의 시"란 말을 위해서는 4편 주해를 참조하고, "성전에 올라가는 노래"란 말을 위해서는 120편의 표제 주해를 참조하라. 이 부류에 속한 다윗의 시는 4편에 이른다(122, 124, 131, 133편).

1-5절. 순례자가 예루살렘에 도달했을 때의 기쁨을 노래하다. 하나님께 예배드리는 일을 무서운 짐으로 생각하는 자는 하나님의 자녀가 아니다. 예루살렘이 복을 받았으면서도 감사하지 않을 때에 하나님은 함께 하시지 않는다(박윤선).

시 122:1. <다윗의 시 곧 성전에 올라가는 노래> 사람이 내게 말하기를 여호와의 집에 올라가자 할 때에 내가 기뻐하였도다.

다윗은 '사람들이 나에게 여호와의 집에 올라가자 말할 때에 내가 기뻐하였도다'(5:7; 28:2; 138:2)라고 말한다. 이유는 하나님께 예배하러 올라가자는 말은 마치 하나님을 뵈러 올라가는 것 같고 하나님께 은혜 받으러 올라가자 하는 말이니 기뻐하지 않을 수 없었다.

시 122:2. 예루살렘아 우리 발이 네 성문 안에 섰도다.

다윗은 '예루살렘아! 우리 발이 네 성문 안에 들여 놓아 있다'라고 말한다. 성문 안에 발을 들여 놓았을 때의 감격은 이루 말할 수 없었다. 이제 곧 하나님 앞에 예배하고 또 복을 받을 시간이 다가오니 얼마나 설렜겠는가?

시 122:3. 예루살렘아 너는 잘 짜여진 성읍과 같이 건설되었도다.

다윗은 '예루살렘아! 너는 모든 것이 치밀하게 잘 짜여진 성읍처럼 잘도 건설되었구나'라고 말한다. 순례자들은 예루살렘에 도착해서 그 성을 볼 때에 첫눈에 그 성의 조밀한 장관에 놀란다는 것이다.

시 122:4. 지파들 곧 여호와의 지파들이 여호와의 이름에 감사하려고 이스라엘의 전례대로 그리로 올라가는도다.

다윗은 '지파들, 곧 여호와의 지파들, 이스라엘의 12지파들이 여호와께 감사하려고 이스라엘의 전례들을 따라 그곳으로 올라가고 있구나'라고 말한다. 이스라엘의 12지파들이 이렇게 예배하려고 예루살렘에 올라간 것도 다윗의 눈에는 참으로 아름다운 광경이었다. 이스라엘의 12지파들이 이렇게 예배하려고 예루살렘에 올라간 것은 다윗 시대에나 있었던 일이지 바벨론 포로기 이후에는 불가능했던 일이다.

시 122:5. 거기에 심판의 보좌를 두셨으니 곧 다윗의 집의 보좌로다(There thrones for judgment were set, the thrones of the house of David-ESV).

다윗은 '거기에 다스리기 위하여 놓여있는 보좌가 놓여 있으니, 다윗 집의 보좌라'고 말한다. 예루살렘에는 정치 지도자도 있어 그 보좌가 있는 것도 아름다워 보인 것이다. 이 보좌는 다윗 집의 보좌였다. 본 절의 보좌란 말이 복수로 된 것은 위엄을 드러내는 복수(Plural of dignity)로 쓰인 것이다.

6-9절. 예루살렘 성의 평안을 빌다. 하나님께서 함께 하시는 예루살렘을 사랑하며 복을 비는 자가 형통한 법이다(6-9절). 하나님께서 함께 하여주시는 자녀의 복을 빌면 그 자신이 복을 받는다(박윤선).

시 122:6. 예루살렘을 위하여 평안을 구하라 예루살렘을 사랑하는 자는 형통하리로다.

다윗은 '예루살렘의 평안을 간구하여라. 예루살렘을 사랑하는 자는 형통할 것이다'라고 말한다. 다윗은 예루살렘의 순례자들에게 예루살렘의 평안, 곧 예루살렘의 안정과 번영을 위해 기도해야 할 것이라고 말한다. 예루살렘의 평안을 구하는 자는 자신도 형통의 복을 받을 것이라고 말한다.

시 122:7. 네 성 안에는 평안이 있고 네 궁중에는 형통함이 있을지어다.

다윗은 '예루살렘의 순례자들은 예루살렘 성안에 평안이 있고 예루살렘 성내의 궁중의 위정자들에게 형통함이 있으라고 기도해야 할 것이라'고 권한다.

시 122:8. 내가 내 형제와 친구를 위하여 이제 말하리니 네 가운데에 평안이 있을지어다(For my brethren and companions' sake I will say, "Peace be within you!"-ESV).

다윗은 '이제 내 형제들과 친구들을 위하여 이제 내가 말하기를 원하는 것은 "너희 중에 평강이 있을 것이다"라는 것이다'라고 말한다. 형제들과 친구들을 위하여 평안을 비는 것은 나 자신도 복 받을 일이다.

시 122:9. 여호와 우리 하나님의 집을 위하여 내가 너를 위하여 복을 구하리로다(For the sake of the house of the LORD our God, I will seek your good-ESV).

다윗은 '여호와 우리 하나님의 집을 위하여 나는 너의 복을 구할 것이다' 라고 말한다. 여기 우리 "하나님의 집"이란 '다윗에 의하여 지어진 성막'(5:7; 27:4; 52:8; 55:14)을 이름이다. 다윗의 성막 이전에는 광야에서 모세의 성막이 있었고(출 40:34-35), 다윗의 성막 이후에는 솔로몬의 성전이 있었다(대하 5:13-14). 다윗은 "내가 너를 위하여 복을 구하리로다"라는 말은 다윗이 예루살렘을 위하여 복을 구하겠다는 말이다. 다윗이 예루살렘에 복을 구한 이유는 그곳에 하나님의 집이 있었기 때문이다.

제 123 편 땅에서 멸시를 받는 자가 호소하다

본편은 적의 박해와 격멸 속에서 엄연히 서서 하나님을 바라보며 도우심을 구하는 기도이다. 저작의 시기는 바벨론 포로기가 끝날 무렵, 혹은 이스라엘이 수모를 받는 때이거나 귀환의 초기, 사마리아인들의 방해를 받던 시기로 추측된다(Perowne, 박윤선, 이상근). 본편의 내용은 1) 시인은 하나님께서 하늘에 계신 사실을 지적한다(1-2절). 2) 시인은 자기가 당하고 있는 괴로운 처지를 하나님께 호소한다(3-4절)는 내용으로 구성되어 있다. "성전에 올라가는 노래"란 말의 뜻을 위해서는 120편 표제 주해를 참조하라.

1-2절. 시인은 하나님께서 하늘에 계신 사실을 지적한다. 시인은 하나님의 손에서 무엇이나 받기를 원하여 기다리는 자가 된 것이다. 그것이 종의 심리이다.

시 123:1. <성전에 올라가는 노래> 하늘에 계시는 주여 내가 눈을 들어 주께 향하나이다.

시인은 '하늘 보좌에서 다스리시는 주님이시여!(2:4; 11:4; 사 57:15; 마 6:9) 내가 눈을 들어 주님을 향하고(121:1) 있습니다'라고 말한다. 주님께서 하늘에 계시니 시인은 땅 위의 그 어디서나 고난과 역경을 당하므로 오직 하나님으로부터의 은혜를 구하는 것이다.

시 123:2. 상전의 손을 바라보는 종들의 눈 같이, 여주인의 손을 바라보는 여종의 눈 같이 우리의 눈이 여호와 우리 하나님을 바라보며 우리에게 은혜 베풀어 주시기를 기다리나이다.

시인은 '고대의 노예의 길흉이나 생사는 주인의 손에 달려 있었듯 종들의 눈이 상전의 손을 바라고 여종의 눈이 여주인의 손을 바라보고 있었다. 우리 눈이 여호와 우리 하나님을 바라며 주께서 우리에게 긍휼을 베푸실 때까지 바라보나이다'라고 말한다. 혹시 그 주인의 원조가 지체되거나 허락되지 않는 경우에라도 그는 불평하지 못했다.

3-4절. 시인은 자기가 당하고 있는 괴로운 처지를 하나님께 호소한다. 시인은 기도로써 모든 난관을 정복해 나아간다.

시 123:3. 여호와여 우리에게 은혜를 베푸시고 또 은혜를 베푸소서 심한 멸시가 우리에게 넘치나이다.

시인은 '여호와시여! 우리를 긍휼히 여기시고 또 우리를 긍휼히 여기소서. 우리가 수많은 멸시를 넘치게 받고 있습니다'라고 말한다. 여기 "우리에게 은혜를 베푸시고"란 말과 "또 은혜를 베푸소서"란 말은 동의절로 긍휼히 여기소서란 말을 강조한 것이다.

시 123:4. 안일한 자의 조소와 교만한 자의 멸시가 우리 영혼에 넘치나이다.

시인은 '안일한 자들의 비웃음과 거만한 자들의 멸시가 우리의 심령에 넘치게 임하고 있습니다'라고 말한다. 여기 "안일한 자"는 하나님의 경고에 대하여 아무런 깨달음이 없이 태연하게 지내는 자를 지칭한다. 이런 자는 하나님을 경외하는 성도의 모든 경성(警醒)하는 행위를 조소한다.

제 124 편 환난이 지난 후 하나님의 보호가 컸던 것을 깨닫다

본편은 저자가 큰 위기에서 구원 받은 것을 감사하는 시로 1) 다윗이 수리아, 에돔의 전쟁에서(삼하 10장, 12:26-31) 구원 받은 것을 회고하는 시라는 추측이 있다(Hengsternberg, Lange, 박윤선, 이상근). 2) 혹은 귀환기로 돌리는 설도 있다(Delitzsch). 그러나 그 근거가 약한 것으로 보는 시선이 있다(이상근). 두 견해 중에 1)번의 견해를 취한다. 본편의 내용은 1) 여호와께서 적의 공격에서 구원시켜 주심(1-5절)과 2) 거기에 대한 찬송(6-8절)으로 구성된다. "다윗의 시 곧 성전에 올라가는 노래"란 말의 뜻을 위해서는 122편 표제 주해를 참조하라.

1-5절. 여호와께서 적의 공격에서 구원시켜 주신 일을 말하다. 하나님께서는 억울하게 압제를 당하는 자들의 편이 되어 주신다.

시 124:1. <다윗의 시 곧 성전에 올라가는 노래> 이스라엘은 이제 말하기를 여호와께서 우리 편에 계시지 아니하셨더라면 우리가 어떻게 하였으랴.

다윗은 '이스라엘은 이제 말하기를 "만일 여호와께서 우리 편에 계시지 아니하셨더면 우리가 어떻게 하였으랴"라고 말해야 한다'고 말한다. 다윗은 이스라엘이 격전지에서 여호와께서 우리 편에 계시지 아니하셨더라면 우리는 망하고 살아남지 못했을 것이라고 말한다. "여호와께서 우리 편에 계시지 아니하셨더라면"이란 말이 얼마나 중요했던지 다음 절에서도 다시 한 번 등장한다.

시 124:2. 사람들이 우리를 치러 일어날 때에 여호와께서 우리 편에 계시지 아니하셨더라면.

다윗은 '암몬과 수리아 군이 우리를 치러 일어날 때(삼하 16:6-8) 여호와께서 우리 편에 계시지 아니하셨더라면 우리는 산채로 잡혀 먹혔을 것이라'고 말한다. 다윗은 과거를 회고하면서 아찔한 생각이 들은 것이다.

시 124:3. 그 때에 그들의 노여움이 우리에게 맹렬하여 우리를 산채로 삼켰을 것이며.

다윗은 '그 격전지에서 우리를 향한 적들의 분노가 맹렬하여 우리를 산 채로 삼켰을 것이라'(56:2; 57:3)고 말한다. 그 격전지에서 여호와께서 이스라엘을 돕지 않으셨더라면 이스라엘은 완전히 멸망했을 것이라고 말한다.

시 124:4. 그 때에 물이 우리를 휩쓸며 시내가 우리 영혼을 삼켰을 것이며.

다윗은 '그 격전지에서 물(적들)이 우리를 휩쓸어버렸을 것이며 시내(적들)가 우리 영혼들을 삼켰을 것이라'(18:4; 144:7)고 말한다.

시 124:5. 그 때에 넘치는 물이 우리 영혼을 삼켰을 것이라 할 것이로다.

다윗은 '그때에 그 성난 물결(적들)이 우리의 영혼 위로 넘쳐흘렀을 것이다'라고 말한다. 본 절은 앞 절의 반복이다. 저자는 당시의 격전이 너무 생생했었다.

6-8절. 구원 받고 하나님을 찬송한 일.

시 124:6. 우리를 내주어 그들의 이에 씹히지 아니하게 하신 여호와를 찬송할지로다.

다윗은 그 격전지에서 적들로부터 구원받은 일이 너무 생생해서 감격의 찬송을 부른다. 즉, 다윗은 '우리를 그들의 이에 씹히지 않게 하신 여호와를 송축하자'고 말한다.

시 124:7. 우리의 영혼이 사냥꾼의 올무에서 벗어난 새 같이 되었나니 올무가 끊어지므로 우리가 벗어났도다.

다윗은 '새들이 사냥꾼들의 올무(91:3; 124:7; 141:10)에서 벗어나듯 우리 영혼이 벗어났으며, 올무가 끊어지므로 우리가 올무에서 벗어났다'라고 말한다. 적의 포위망은 하나님에 의하여 완전히 깨어진 것이었다(삼하 10:9-14).

시 124:8. 우리의 도움은 천지를 지으신 여호와의 이름에 있도다.

다윗은 결론적으로 '우리의 도움은 천지를 지으신 여호와의 이름에 있는 것이다'(121편 참조)라고 말한다. 여기 "여호와의 이름"이란 '여호와 자신'을 뜻한다.

제 125 편 성도의 안전

124편은 하나님으로부터 과거에 받은 하나님의 은혜를 회고한 시이고, 본편은 하나님께서 신자들에게 현재와 미래까지 계속해서 주실 은혜로운 보호를 음미하는 시이다. 본편의 저작 시기에 대해서는 견해 차이가 있다.

1) 이 시편은 이스라엘 백성들이 본토에서 살 때에 지은 시라는 견해(Moll). 2) 이스라엘이 바벨론 귀환기의 저작으로 보는 견해(Hengsternberg, Alexander, Perowne, 박윤선, 이상근). 두 견해 중 2)번의 견해가 바른 것 같다. 느 2:16; 6:17 참조. 본편의 내용은 1) 신자의 안전에 대한 비유(1-3절). 2) 선한 자와 정직한 자를 위한 기도(4-5절)로 구성되어 있다. "성전에 올라가는 노래"라는 표제를 위해서는 120편 표제의 주해를 참조하라.

1-3절. 신자는 안전하다. 성도들의 거처는 하나님 자신이니 얼마나 안전한가. 주님께서는 반드시 악한 자를 벌하시니 성도들은 얼마나 안전한가(3절).

시 125:1. <성전에 올라가는 노래> 여호와를 의지하는 자는 시온 산이 흔들리지 아니하고 영원히 있음 같도다.

시인은 '여호와를 신뢰하는 사람들은 흔들리지 않으며 영원히 서 있는 시온 산과 같다'(사 28:16)고 말한다. 여기 "산"은 부동(不動)과 안식의 표상(表象)이다. 성도에게도 환난, 질고, 사망 등이 있으나 그가 주님의 언약의 사랑에 참여한 경우 하나님으로부터 끊기지 않는다.

시 125:2. 산들이 예루살렘을 두름과 같이 여호와께서 그의 백성을 지금부터 영원까지 두르시리로다.

시인은 '산들이 예루살렘을 두르고 있듯 여호와께서 자기 백성을 지금부터 영원까지 두르실 것이라'고 말한다. 예루살렘을 두르고 있는 산들은 동쪽에 감람산이요, 남쪽에 지옥의 언덕이 있으며, 서쪽에는 여호사밧 산이 있고, 북쪽에는 스코파스(Scopas) 산 등이 있다. 아무튼 여호와께서 그의 성도들을 두르셔서 어느 편에서 오는 적이든 막아주셔서 안전하게 지켜주시는 것이다.

시 125:3. 악인의 규가 의인들의 땅에서는 그 권세를 누리지 못하리니 이는 의인들로 하여금 죄악에 손을 대지 아니하게 함이로다.

시인은 '여호와께서 위(2절)와 같이 보호하시기 때문에 악인의 권세가 의인들의 분깃(기업, 소유, 땅) 위에 미치지 못할 것이다. 그것은 의인들로 하여금 불의에 손을 대지 않게 하기 위함이라'고 말한다.

4-5절. 선한 자와 정직한 자를 위한 기도.

시 125:4. 여호와여 선한 자들과 마음이 정직한 자들에게 선대하소서.

시인은 '여호와시여! 선한 사람들과 마음이 바른 사람들에게 선을 베푸소서'라고 기원한다. 여기 "선한 사람들"이란 말과 "마음이 바른 사람들"이란 말은 동의어로 사용되어 성도들을 지칭한다. 시인은 여기서 성도들에게 선을 베푸시기를 빌고 있다.

시 125:5. 자기의 굽은 길로 치우치는 자들은 여호와께서 죄를 범하는 자들과 함께 다니게 하시리로다 이스라엘에게는 평강이 있을지어다.

시인은 '자기의 굽은 길로 치우치는 자(삿 5:6, 하나님을 떠난 배도자들)를 여호와께서는 악을 행하는 사람들과 함께 다니게 하실 것이다. 이스라엘에 평강이 있을 것이다'라고 말한다. 시인은 본 편을 예언이 아닌 기도로 끝을 맺고 있다(Rawlinson).

제 126 편 돌아온 포로가 기도하다

본편은 포로에서 돌아온 귀환민이 가지는 기쁨과 난제가 뒤섞여 "고-감미(bitter-sweetness)의 시"라 불린다. 본편의 내용은 1) 귀환의 큰 기쁨(1-3절). 2) 기도와 신념(4-6절)으로 구성되어 있다. "성전에 올라가는 노래"라는 말을 위해서는 120편 표제 주해를 참조하다.

1-3절. 귀환의 큰 기쁨. 하나님께서 우리를 도와주시는 일은 모두 다 놀라운 것이다.

시 126:1. <성전에 올라가는 노래> 여호와께서 시온의 포로를 돌려보내실

때에 우리는 꿈꾸는 것 같았도다.

시인은 '여호와께서 시온의 포로를 돌아오게 하신 때에 우리는 꿈꾸는 것 같았다'고 말한다. "꿈꾸는 것 같았도다"라는 말은 '생각밖에 너무나 좋은 것'을 뜻한다. 주전 536년에 고레스의 메대-바사군에 의해 이스라엘이 해방되어 귀국 했던 때의 그 기쁨은 너무 엄청나서 꿈꾸는 듯이 믿기 어려운 일이었다(행 12:9). 우리 신자들이 앞으로 받을 내세의 구원도 그와 같이 꿈같은 기이한 일이 될 것이다.

시 126:2. 그 때에 우리 입에는 웃음이 가득하고 우리 혀에는 찬양이 찼었도다 그 때에 뭇 나라 가운데에서 말하기를 여호와께서 그들을 위하여 큰일을 행하셨다 하였도다.

시인은 '그 때에 우리 귀환민의 입은 웃음으로 가득했고 그 때에 우리의 혀는 기쁨의 노래로 가득하였다. 그 때에 이스라엘만 아니라 다른 민족들 중에서 사람들이 "여호와께서 그들을 위해 큰일을 행하셨다"고 축하하였다' 라고 말한다.

시 126:3. 여호와께서 우리를 위하여 큰일을 행하셨으니 우리는 기쁘도다.

시인은 '여호와께서 우리 이스라엘을 위하여 엄청난 일을 행하셨으니 우리는 기쁘구나'라고 말한다. 이스라엘 사람들은 기쁨을 비길 데가 없었고 주체 할 수가 없었다.

4-6절. 기도와 신념. 시인은 바벨론에 남아 있는 포로가 유대 땅으로 돌아오게 되기를 위해 기도한다(4절). 이 시인은 바벨론에 남아 있는 백성이 돌아올 때가 있을 것을 소망한다(5-6절).

시 126:4. 여호와여 우리의 포로를 남방 시내들 같이 돌려보내소서.

시인은 '여호와시여! 우리의 포로를 네게브 시내들처럼 돌아오게 하소서'라고 말한다. "남방 시내들 같이 돌려보내소서"라는 말은 남방(Negeb)의 시내들이 평소에는 아주 말랐다가 가을 우기에는 물이 가득하게 흐르는 것처럼 이스라엘의 포로들이 바벨론에 그대로 남은 자가 많았는데, 이제 그들을 우기의 남방 시내들이 물이 가득하게 흐르듯이 돌아오게 해주시라고 (스 3:12-13) 부탁하는 것이다.

시 126:5. 눈물을 흘리며 씨를 뿌리는 자는 기쁨으로 거두리로다.

시인은 '눈물을 흘리며 씨를 뿌리는 사람들은 기쁨으로 거둘 것이다'라고 말한다. 본 절의 의미를 두고 견해가 갈린다. 1) 바벨론에서 눈물을 흘리며 포로 생활을 하던 자들이 이제 고국으로 돌아오면 기쁨의 보상을 받는다는 견해(박윤선). 2) 가나안의 메마른 땅에서 고생스럽게 씨를 뿌리고 건설하는 자는 기쁨의 소득을 거둔다는 견해(Delitzsch, Rawlinson). 위의 두 견해 중에서 2)번의 견해가 더 바람직스럽다. 실제로 포로 귀환민들은 성전 재건에서(스 3:12-13), 성곽 재건에서(느 1:4) 눈물을 흘린 것으로 보는 것이다.

시 126:6. 울며 씨를 뿌리러 나가는 자는 반드시 기쁨으로 그 곡식 단을 가지고 돌아오리로다.

본 절은 전 절의 반복이다. 포로에서 돌아온 귀환민들이 눈물로 국토의 재건이며 농사를 했으니 기쁨의 추수를 거둔 것으로 볼 수 있다. 이런 진리는 인간 세상에서 어디든지 적용될 진리일 것이다.

제 127 편 모든 것은 하나님의 복에 달렸다

본편은 72편과 더불어 솔로몬이 쓴 시편으로 잠언조의 성격이 솔로몬의 저작권을 뒷받침하고 있다(Lange, Rawlinson). 본편의 내용은 1) 하나님께 의탁하지 아니하면 모든 수고가 다 헛되다는 것(1-2절). 2) 가정의 자녀들은 하나님이 주신 복이라는 것(3-5절). "솔로몬의 시 곧 성전에 올라가는 노래"란 말에 대하여 72편 표제와 120편 표제 주해를 참조하라.

1-2절. 하나님께 의탁하지 아니하면 모든 수고가 다 헛되다.

시 127:1. <솔로몬의 시 곧 성전에 올라가는 노래> 여호와께서 집을 세우지 아니하시면 세우는 자의 수고가 헛되며 여호와께서 성을 지키지 아니하시면 파수꾼의 깨어 있음이 헛되도다.

솔로몬은 '여호와께서 집을 세우지 아니하시면 세우는 자의 수고가 헛되며, 여호와께서 성을 지키지 아니하시면 지키는 자의 깨어 있음도 헛되다'고 말한다. 건축자가 아무리 수고하여 집을 세워보아도 그 배후에 여호와께서 세워주시지 않으면 불의의 사고로 실패하고 말 수도 있다는 것을 말한다. 여기 "집"이란 또 하나의 집인 성전을 가리킴으로 솔로몬은 힘들여 성전을 건축하고(왕상 5-8장) 그 거대한 공사를 주님께서 이루셨다고 믿은 것이다. 또 파숫군이 아무리 깨어서 성을 지켜보아도 여호와께서 지켜주지 않으시면 불의하게 적의 공격을 받아 실패하게 되는 것이다.

시 127:2. 너희가 일찍이 일어나고 늦게 누우며 수고의 떡을 먹음이 헛되도다 그러므로 여호와께서 그의 사랑하시는 자에게는 잠을 주시는도다.

솔로몬은 '너희가 일찍 일어나고 늦게 누우며 수고의 양식을 먹는 것이 헛되다. 그러므로 주님께서 자신의 사랑하는 사람에게 잠을 주신다'고 말한다. 하나님께 신뢰하는 마음으로 기도하지도 않고 하나님의 말씀을 순종하지도 않는 사람은 아무리 사업에 수고하며 힘써도 진정한 성공을 거두지 못한다는 말이다.

"여호와께서 그의 사랑하시는 자에게는 잠을 주시는도다"란 말에는 몇 가지 견해가 있다. 1) 하나님께서 그들에게 육체적 수면을 주신다는 의미라는 견해. 2) 사람이 잠자는 때에는 모든 근심을 잊으며 모든 일을 제쳐놓고 다만 그 피로한 심신이 아울러 새롭게 치료되며 보강된다는 의미라는 견해. 3) 하나님을 신뢰하며 그를 사랑하는 자는 잠자는 동안에도 하나님께서 그의 경영하는 일을 잘 되게 하신다는 뜻이라는 견해(사 30:7, 15; 마 6:25-34). 이 세 가지 견해 중에 3)번의 견해가 본 절의 뜻에 가장 합당하다.

우리는 하나님을 의지하고 믿음으로 사는 중에 염려 없이 살 수 있어야 할 것이다.

3-5절. 가정의 자녀들은 하나님이 주신 복이다.

시 127:3. 보라 자식들은 여호와의 기업이요 태의 열매는 그의 상급이로다.

솔로몬은 '보아라! 자식들은 여호와께서 주신 기업이요 태의 열매는 여호와의 상급이다'라고 말한다. 자식은 여호와께서 주신바 가옥이나 토지 보다 더 소중한 기업이요, 또 여호와께서 은혜로 주신 상급인 것이다(이상근).

시 127:4. 젊은 자의 자식은 장사의 수중의 화살 같으니.

솔로몬은 '젊어서 낳은 자식들은 용사의 손에 들린 화살들과 같다'라고 말한다. 젊어서 낳은 자식은 노경이 된 부모를 보호해 주기를 장사의 수중에 있는 화살이 보호하듯 한다는 것이다(이상근).

시 127:5. 이것이 그의 화살통에 가득한 자는 복되도다 그들이 성문에서 그들의 원수와 담판할 때에 수치를 당하지 아니하리로다.

솔로몬은 '화살통이 화살로 가득한 사람은 복이 있다. 그는 성문에서 원수들과 말할 때에 수치를 당하지 않을 것이라'고 말한다. 여기 "성문"이란 곳은 재판이 열리는 곳이다. 전통에 화살이 가득히 꽂혀 있는 사람, 다시 말해 자식이 많은 사람은 세력이 있어 성문의 재판석에서 원수들과 말할 때에도 수치를 당하지 않는다는 것이다.

제 128 편 하나님을 경외하는 자의 가정(家庭)

본편은 전편과 같이 잠언에 가까운 시이며, 전편의 후반부와 밀접하게 관련되어 성도의 가정의 복을 노래한다. 전편(127편)이 말한 대로 여호와를 믿지 않고 행한 모든 수고는 헛되나(127:2), 본편에서는 여호와를 경외하는 자가 복을 받는다고 말한다(2절). 그러므로 이 두 시편은 서로 연속해서 읽을 만하다(박윤선).

본편의 내용은 1) 여호와를 경외하는 자가 받는 산업과 처자들(1-4절). 2) 여호와를 경외하는 자가 받는 복과 교회와의 관계(5-6절)로 구성되어 있다. 1-6절을 세분하면 ㄱ) 신앙(1절). ㄴ) 근로(2절), ㄷ) 부부애(3절), ㄹ) 자녀(4절), ㅁ) 순례(5절), ㅂ) 장수(6절) 등을 말하고 있다. “성전에 올라가는 노래”란 말의 주해를 위해서는 120편 표제 주해를 참조하라.

1-4절. 여호와를 경외하는 자가 받는 산업과 처자들.

시 128:1. <성전에 올라가는 노래> 여호와를 경외하며 그의 길을 걷는 자마다 복이 있도다.

시인은 ‘여호와를 경외하며 여호와께서 지시하시는 대로 그 길을 가는 자는 모두 복되다’고 말한다. 여호와를 경외하는 사람은 그 실생활에서 바르게 행하게 된다는 것이다. 이런 신앙 자는 복을 받는다(112:1; 115:13).

시 128:2. 네가 네 손이 수고한 대로 먹을 것이라 네가 복되고 형통하리로다.

시인은 ‘위와 같은 신앙 자(1절)는 수고한 대로 먹고 복되고 형통할 것이라’고 말한다.

시 128:3. 네 집 안방에 있는 네 아내는 결실한 포도나무 같으며 네 식탁에 둘러앉은 자식들은 어린 감람나무 같으리로다.

시인은 ‘앞에 말한 신앙 자(1절)의 집 안방(부인 방)에서 생활하는 아내는 열매를 맺은 포도나무 같고, 또 식탁에 둘러앉은 자식들은 어린 감람나무 가지들 같이 보인다’고 말한다. “네 아내는 결실한 포도나무 같다”는 말은 ‘하나님을 경외하는 자(1절)의 아내는 자녀를 많이 낳고 또 잘 길러낸 점에서 결실한 포도나무에 비할 만 하다는 뜻이다. “네 식탁에 둘러앉은 자식들은 어린 감람나무 같으리로다”란 말은 ‘앞에 말한 신앙 자(1절)의 자식들은 어린 감람나무처럼 잘 자라서 미래가 훤하게 보인다는 뜻이다.

시 128:4. 여호와를 경외하는 자는 이같이 복을 얻으리로다.

본 절 초두에는 "보라"(הִנֵּה)라는 말이 등장하여 본 절이 아주 중요한 것을 말하는 고로 주의해서 읽어야 한다는 것을 드러낸다. 즉, 시인은 '보라! 여호와를 경외하는 자는 이같이 복을 받을 것이라'고 말한다. 여호와를 경외하면 앞에(1-3절) 말한바와 같이 현저히 복을 얻는다는 것을 말한다.

5-6절. 여호와를 경외하는 자가 받는 복과 교회와의 관계.

시 128:5. 여호와께서 시온에서 네게 복을 주실지어다 너는 평생에 예루살렘의 번영을 보며(The LORD bless you from Zion! May you see the prosperity of Jerusalem all the days of your life!-ESV).

시인은 '여호와께서 시온의 성막(여호와께서 임재 해 계신 곳)에서 너에게 복을 내리시기를 빈다. 너는 너의 사는 모든 날 동안 예루살렘의 번영을 보기를 바란다'고 말한다. 여기 "시온"은 신약 교회의 예표이다. 구약 성도들도 하나님께서 임재 해 계시는 시온의 성막에서 복을 받기 위해 3대 절기에 그곳에 출석했는데, 신약 교회의 성도들도 교회가 잘 되도록 기도해야 한다.

"너는 평생에 예루살렘의 번영을 보며"라는 말은 '예루살렘의 평화와 번영을 보라!'는 뜻이다. 여기 "보며"(רְאֵה)라는 말은 명령형으로 "보라!"는 뜻이다. 이 구절의 말은 하나님을 경외하는 성도 각 개인의 의로운 신앙은 성도 개인에게는 물론 공동체에게까지 복을 가져다주는 복된 것임을 시사한다(Calvin, Matthew Henry).

시 128:6. 네 자식의 자식을 볼지어다. 이스라엘에게 평강이 있을지로다.

시인은 '네 아들딸 그리고 네 손자손녀를 보면서 오래오래 살기를 바란다. 이스라엘에게 평화가 있기를 바란다!'라고 말한다. "네 자식의 자식을 볼지어다"란 말은 자손의 번창을 기원하는 말이다. 가정이 번영하고 자녀가 번성하는 것은 중요한 일이다. 욥도 최후가 잘 되었다(욥 42:16). "이스라엘에게 평강이 있을지로다"라는 말은 본편의 결론적 축원이다.

제 129 편 이스라엘을 박해하던 자들의 종말

본편은 귀환후의 작품으로 보이며 여기 박해자는 바벨론 또는 예루살렘의 재건을 방해한 사람들을 지칭하는 듯싶다. 이 시편은 그 내용이 이스라엘의 수난을 회고한 점으로 보아 포로후 시대의 작품이다. 또 이 시편에 아람어풍이 있으니(Delitzsch) 그것도 역시 포로후 시대의 작품임을 암시한다.

본편의 내용은 1) 과거를 회고하다(1-3절). 2) 미래를 전망하다(4-8절)로 구성되어 있다. 저자가 과거를 회고한 일은 적들에게 핍박받던 일을 돌아본 것이고, 미래를 전망한 것은 박해자의 최후를 전망한 것이다. "성전에 올라가는 노래"란 말을 위해 120편 표제 주해를 참조하라.

1-3절. 과거를 회고하다. 이 시편의 저자는 이스라엘이 과거 여러 차례 핍박 자들로부터 괴롭힘 당한 사실을 말한다(1-2절).

시 129:1. <성전에 올라가는 노래> 이스라엘은 이제 말하기를 그들이 내가 어릴 때부터 여러 번 나를 괴롭혔도다.

시인은 '이스라엘은 이제 말하여라. "그들이 나의 어릴 때부터 나를 많이 괴롭혔다"고 말하라'고 한다. 이스라엘은 과거 애굽에 있을 때부터 여러 이방들(모압, 메소포다미아, 가나안 원주민들, 암몬, 블레셋, 수리아, 앗수르, 바벨론 등)로부터 많은 괴롭힘을 당해 왔다고 말하라는 것이다.

시 129:2. 그들이 내가 어릴 때부터 여러 번 나를 괴롭혔으나 나를 이기지 못하였도다.

시인은 '그들 이방 원수들이 나(이스라엘)의 어릴 때부터 나를 많이 괴롭혔으나 그들이 나를 이기지는 못하였다'고 말한다. 그들이 이스라엘을 이기지 못한 것은 여호와의 도우심 때문이었다. 여호와를 이길 그 어떤 적도 세상에는 없다.

시 129:3. 밭가는 자들이 내 등을 갈아 그 고랑을 길게 지었도다.

시인은 이방인들이 이스라엘을 가혹하게 취급한 것을 묘사한다. 즉, 이방인들이 밭가는 자들이 되어 이스라엘을 땅에 엎어놓고 그 등을 쟁기로 갈아엎는 식으로 등위에 고랑을 길게 지었다는 것이다. 참으로 가혹의 극치를 보여준 것이다.

4-8절. 미래를 전망하다. 성도를 핍박하는 악인들의 장래는 아무런 소망도 없다(6-8절).

시 129:4. 여호와께서는 의로우사 악인들의 줄을 끊으셨도다.

여호와께서는 이방인들이 이스라엘을 가혹하게 박해했으나 여호와께서 의로우셔서 악인들의 핍박의 줄을 끊어주셨다는 것이다. 참된 해방 자는 여호와이신 것이다.

시 129:5. 무릇 시온을 미워하는 자들은 수치를 당하여 물러갈지어다.

시인은 '하나님께서 임재 해계신 시온을 미워하는 자는 모두 수치를 당하여 물러가라'고 말한다.

시 129:6. 그들은 지붕의 풀과 같을지어다 그것은 자라기 전에 마르는 것이라.

시인은 '이스라엘을 박해하는 적들은 자라기도 전에 시들어버리는 지붕위의 풀같이 되라'고 말한다. 이스라엘인의 지붕은 평평하고 그곳은 돌을 엉성하게 덮는다. 지붕은 흙이 얕으므로 풀이 신속히 자라나기는 하나 햇빛에 급속히 죽고 마는 것이다. 악인은 패권을 잡자마다 금방 망하고 만다는 것을 보여준다.

시 129:7. 이런 것은 베는 자의 손과 묶는 자의 품에 차지 아니하나니.

시인은 '지붕 위의 풀은 그것을 베는 자의 손과 그것을 묶는 자의 품에 차지 아니한다'고 말한다. 이스라엘의 적들은 지붕 위의 풀을 수확할 여유도 없이 망하고 만다는 것이다.

시 129:8. 지나가는 자들도 여호와의 복이 너희에게 있을지어다 하거나 우리가 여호와의 이름으로 너희에게 축복한다 하지 아니하느니라.

시인은 '지나가는 자들도 지붕 위의 풀을 베는 자들에게 여호와의 복이 너희에게 있을 것이라든가 혹은 우리가 여호와의 이름으로 너희에게 복이 있기를 기원한다고 말하지 아니한다'고 말한다.

제 130 편 깊은 환난에서 부르짖다

본편은 7개의 회개시(6, 32, 38, 51, 102, 130, 143편) 중의 하나로 말틴 루터가 "바울적 시편"이라 부른 아름다운 회개 시이다(Delitzsch). 본편은 포로민의 시로 이제 이스라엘인들이 이스라엘이 포로가 된 것이 죄의 결과임을 깨닫고 그 죄를 회개하며(1-4절), 하나님의 구원을 대망하는 것이다(5-8절). "성전에 올라가는 노래"란 말을 위하여 120편 표제 주해를 참조하라.

1-4절. 이스라엘이 죄를 회개하다. 이 시편의 저술자는 "깊은 데서" 하나님께 부르짖었다(1-2절). 이 시편의 저술자는 극심한 환난 중에 깊은 죄감을 가지고 하나님의 용서를 빌었다(3-4절).

시 130:1. <성전에 올라가는 노래> 여호와여 내가 깊은 곳에서 주께 부르짖었나이다.

시인은 '여호와시여! 깊은 곳에서 내가 주님께 부르짖습니다'라고 말한다. 여기 "깊은 곳"(מַעֲמַקִּים)이란 말은 '땅의 가장 낮은 곳'을 뜻한다(69:2-3, 14-15; 사 51:10; 겔 27:34). 본 절에서는 극심한 환난을 가리킨다

(Delitzsch, Briggs, Lange). 저술자는 바벨론 포로 생활의 심각한 고통에서 하나님께 부르짖은 것이다.

시 130:2. 주여 내 소리를 들으시며 나의 부르짖는 소리에 귀를 기울이소서.

시인은 '주님이시여! 내 소리를 들으시며 나의 간구하는 소리에 귀를 기울이소서'라고 말한다.

시 130:3. 여호와여 주께서 죄악을 지켜보실진대 주여 누가 서리이까.

시인은 '여호와시여! 만일 주께서 죄악을 살피신다면 주님이시여, 누가 주님 앞에 설 수 있겠습니까?'(76:7)라고 말한다. 여기서 시인은 이스라엘의 바벨론 포로가 그들의 죄의 결과인 것을 인정하고 하나님의 은혜로운 사유를 빌고 있다.

시 130:4. 그러나 사유하심이 주께 있음은 주를 경외하게 하심이니이다.

시인은 '그러나 용서하심이 주께 있으니(32:1; 130:4; 출 34:7; 왕상 8:30, 34, 36, 39; 단 9:9; 요일 1:9, Rawlinson) 주님을 경외케 하려 하시기 때문입니다'라고 말한다.

5-8절. 이스라엘이 하나님의 구원을 대망하다. 이 시인은 위에 말한 것 같은 은혜를 받기 위하여 하나님을 기다린다고 한다(5-8절).

시 130:5. 나 곧 내 영혼은 여호와를 기다리며 나는 주의 말씀을 바라는도다.

시인은 '내가 여호와를 기다리고 내 영혼이 주님의 말씀에 내 소망을 둡니다'라고 말한다. 본 절의 "나 곧 내 영혼"이란 말은 시인이 하나님께 마음 깊은 데서 전심으로 하소연하는 자세를 묘사하는 말이다. 시인은 전심으로 하나님을 바라보며, 그가 이스라엘의 죄를 사유하시고, 그들을 구원하실 말씀을 주실 것을 대망하는 것이다.

시 130:6. 파수꾼이 아침을 기다림보다 내 영혼이 주를 더 기다리나니 참으로 파수꾼이 아침을 기다림보다 더하도다.

시인은 '파수꾼이 아침을 기다림보다 내 영혼이 주님을 더 기다리니, 참으로 파수꾼이 아침을 기다림보다 더 합니다'라고 말한다. 같은 말이 중복되어 강조하고 있다. 파수꾼은 밤새도록 잠시도 눈을 붙이지 않고 적군의 침입을 감시하기 때문에 지치고 피곤하여 아침이 되어 교대하기를 고대하는 것이다. 시인은 하나님을 대망하기를 그 파수꾼의 기다림보다 더하는 것이다(이상근).

시 130:7. 이스라엘아 여호와를 바랄지어다 여호와께서는 인자하심과 풍성한 속량이 있음이라.

시인은 '이스라엘아! 여호와를 바라라. 여호와께는 인자하심과 풍성한 구속이 있기 때문이다'라고 말한다. 여호와께서는 인자하시고 풍성한 구원의 능력이 계시니(111:9) 이스라엘이 비록 환난의 깊은데 빠져 있다고 해도 넉넉히 구원하실 수 있는 것이다.

시 130:8. 그가 이스라엘을 그의 모든 죄악에서 속량하시리로다.

시인은 '여호와께서 이스라엘을 그 모든 죄악에서 넉넉히 구원하실 것이다'(25:22; 103:3-4)라고 말한다.

제 131 편 어린 아이같이 의뢰하자

본편은 여호와 앞에서의 겸손과 절대적 신뢰를 노래한 것으로 본편을 젖 뗀 아이의 어머니에 대한 신뢰에 비한다. "다윗의 시 곧 성전에 올라가는 노래"란 말을 위해 122편의 표제 주해를 참조하라. 이 시편은 그 제목이 말하는 대로 다윗의 시인데 다윗의 겸손을 보여준다. 다윗은 사울의 박해를 10년 동안이나 받으면서 겸손히 참았고 왕위에 오르는 과정에서도 폭력을 사용하지 아니하고, 오직 하나님의 섭리에 순종했다. 다윗은 시므이라는 자에게서 저주와 훼방을 받으면서도 시므이의 행동을 여호와의 시키신 것이라고 생각하고 겸손히 참았다(삼하 16:5-14). 본편의 내용은 1) 하나님 앞에서 다윗은 교만하지 아니하다(1절). 2) 다윗은 하나님 앞에서 만족했다(2-3절)라는 내용이다.

1절. 하나님 앞에서 다윗은 교만하지 아니하다.

시 131:1. <다윗의 시 곧 성전에 올라가는 노래> 여호와여 내 마음이 교만하지 아니하고 내 눈이 오만하지 아니하오며 내가 큰일과 감당하지 못할 놀라운 일을 하려고 힘쓰지 아니하나이다.

다윗은 '여호와시여! 내 마음이 교만하지 아니했고 내 눈이 높지 않았사오니, 나는 큰 일들과 놀라운 일들을 멀리 했습니다'라고 말한다. "교만"이란 자기에게 합당하지 아니한 위대한 일을 바라보는 것이다(Delitzsch). 다윗은 지금까지 교만하지 않았고 지금도 교만한 자세를 취하지 않고 있다.

2-3절. 다윗은 하나님 앞에서 만족했다.

시 131:2. 실로 내가 내 영혼으로 고요하고 평온하게 하기를 젖 뗀 아이가 그의 어머니 품에 있음 같게 하였나니 내 영혼이 젖 뗀 아이와 같도다.

다윗은 '실로 내 자신이 어머니의 품에 안긴 젖 뗀 아이같이 내 마음을 고요하게 했고 평온하게 하였으니, 내 마음이 젖 뗀 아이와 같습니다'(130:5-6)라고 말한다. "젖 뗀 아이"는 더 이상 젖을 구하기 위해 울지 않고 어머니가 곁에 있는 것으로 평온하고 만족하게 지내는 것이다.

시 131:3. 이스라엘아 지금부터 영원까지 여호와를 바랄지어다.

다윗은 '이스라엘아! 지금부터 영원까지 여호와를 소망할지어다'라고 말한다. 다윗은 자신이 그러하듯 이스라엘 전체가 어려움 중에서라도 여호와를 신뢰하고 소망할 것을 권하는 것이다(130:7 참조).

제 132 편 하나님의 집과 다윗의 집을 위해 기도하다

본편은 성전에 올라가는 노래 중에서 가장 긴 시(詩)이다. 본편은 다윗의 법궤 안치를 위한 간곡한 심정을 노래한 시이다(8, 9절). 그런고로 본시의 저작자는 다윗의 후계자인 솔로 몬으로 본다(대하 5:2-5, Delitzsch, 박윤선, 이상근). 본시의 "기름 부음 받은 자"(12, 17절)는 메시아를 가리킴으로 이를 메시아 예언 시로 본다(Calvin, Delitzsch).

본편의 내용은 1) 옛날 다윗이 하나님 앞에서 성전을 짓겠다고 한 서원을 회상한다(1-5절). 2) 다윗이 하나님의 언약궤를 오벧에돔의 집에서 시온으로 옮겨와 그가 예비한 장막에 안치할 때(삼하 6:12-19)의 감격적인 상황을 회상한다(6-7절). 3) 법궤 이전을 위한 기도(8-9절). 4) 하나님께서 다윗에게 주신 언약을 회상하면서 그 언약들이 반드시 실현되리라는 확신을 노래한다(10-18절). "성전에 올라가는 노래"란 말의 뜻을 위해서 120편 표제 주해를 참조하라.

1) 1-5절. 옛날 다윗이 하나님 앞에서 성전을 짓겠다고 한 서원을 회상하다.

시 132:1. <성전에 올라가는 노래> 여호와여 다윗을 위하여 그의 모든 겸손을 기억하소서.

솔로몬은 '여호와시여! 다윗과 그가 당한 모든 고난을 기억하소서'라고 말한다. 다윗이 하나님의 성전을 세우기를 심히도 원했고 또 법궤를 옮겨오기를 간절히 원했으며, 또 근심까지 한 심정을 기억해 주시라는 것이다(삼하 7:2). 성도가 선한 소원, 선한 근심은 후대 사람이 기억해 준다는 것은 참으로 아름다운 일이 아닐 수 없다.

시 132:2. 그가 여호와께 맹세하며 야곱의 전능자에게 서원하기를.

솔로몬은 '다윗이 법궤 안치를 위해 여호와께 맹세하였고 야곱의 전능자에게 서원까지 한 것을 기억해 주시라'고 말한다.

시 132:3. 내가 내 장막 집에 들어가지 아니하며 내 침상에 오르지 아니하고.

솔로몬은 '진실로 나(다윗)는 하나님의 법궤를 모시기까지 그리고 법궤를 처소에 안치하기까지(5절) 내 장막 집에 들어가지 아니하며 내 침상(삼하 5:11)에 오르지 아니하겠노라'(4절)라고 전한다.

시 132:4. 내 눈으로 잠들게 하지 아니하며 내 눈꺼풀로 졸게 하지 아니하기를.

솔로몬은 '내(다윗의) 눈으로 잠들게 아니하며, 내 눈가에 졸음도 허락하지 아니하겠노라'고 전한다.

시 132:5. 여호와의 처소 곧 야곱의 전능자의 성막을 발견하기까지 하리라 하였나이다.

솔모몬은 '여호와의 처소, 곧 야곱의 전능자가 계실 곳을 발견하기까지 내 눈으로 잠들게 아니하며 내 눈가에 졸음도 허락하지 아니하겠다'고 말한다.

2) 6-7절. 다윗이 하나님의 언약궤를 오벧에돔의 집에서 시온으로 옮겨와 그가 예비한 장막에 안치할 때(삼하 6:12-19)의 감격적인 상황을 회상한다.

시 132:6. 우리가 그것이 에브라다에 있다 함을 들었더니 나무 밭에서 찾았도다.

솔로몬은 '보라! 하나님의 언약궤가 에브라다(에브라임-예루살렘 남서쪽 기럇여아림)에 있다는 것을 우리가 듣고 난후 나무 밭(기럇여아림의 축소된 이름)에서 그것을 찾았다'고 말한다. 법궤는 블레셋 땅에서 돌아온 후 에브라다(에브라임-예루살렘 남서쪽 기럇여아림)에 20년간이나 머물렀다가 이스라엘이 나무 밭에서 찾아온 것이다.

시 132:7. 우리가 그의 계신 곳으로 들어가서 그의 발등상 앞에서 엎드려 예배하리로다.

솔로몬은 '자신과 이스라엘인들은 여호와의 계시는 성막에 들어가 여호와의 발 앞에서 경배하자'라고 말한다.

3) 8-9절. 법궤 이전을 위한 기도.

시 132:8. 여호와여 일어나사 주의 권능의 궤와 함께 평안한 곳으로 들어가소서.

본 절은 솔로몬이 성전을 건축하고 법궤를 안치한 후 하나님께 헌신 기도한 내용의 한 구절을 인용한 것으로(대하 6:41), 솔로몬은 그가 한 말을 다윗의 말인 듯 묘사하고 있다. 물론 다윗도 법궤를 성막에 안치하는 중에 이러한 간구를 했으리라는 것도 능히 짐작할 수가 있다. 여기 분명한 것은 본 구절이 언약궤를 성전 안으로 안치할 때 부르던 노래의 첫머리였다.

시 132:9. 주의 제사장들은 의를 옷 입고 주의 성도들은 즐거이 외칠지어다.

대하 6:41에는 '주님의 제사장으로 구원을 입게 하시고 또 주님의 성도로 은혜를 기뻐하게 하소서'라고 기록되어 있다. 당시 다윗은 제사장들에게 의의 옷을 입으라 했고, 의로운 마음이 되라고 했으며, 그리고 모든 성도들에게는 일심으로 외치라고 말했다. 물론 이 역시 솔로몬의 말을 다윗이 한 것처럼 묘사한 것이다(대하 6:41).

4) 10-18절. 하나님께서 다윗에게 주신 언약들이 반드시 실현되리라는 확신을 노래한다.

시 132:10. 주의 종 다윗을 위하여 주의 기름 부음 받은 자의 얼굴을 외면하지 마옵소서.

솔로몬은 '주님의 종 다윗을 위하여 주님의 기름 부음 받은 자의 얼굴을 물리치지 마소서'라고 소원한다. "주의 기름 부음 받은 자"란 말은 다윗을 가리킨다. 대하 6:42에서는 솔로몬을 지칭하고 있다. 본 절의 말씀은 주님께서 기름 부어 세우신 자의 소원을 물리치지 마옵소서라는 것이다. 그리고 이 "기름 부음 받은 자"는 메시아를 지칭하고, 따라서 본문은 메시아 예언구란 지적이 있다(Delitzsch).

시 132:11. 여호와께서 다윗에게 성실히 맹세하셨으니 변하지 아니하실지라 이르시기를 네 몸의 소생을 네 왕위에 둘지라.

솔로몬은 '여호와께서 다윗에게 확실하게 맹세하셨으니, 돌이키지 아니하실 것이다. 내(여호와)가 네 몸(다윗)에서 날 네 후손(솔로몬과 그 후손 왕들, 그리고 예수 그리스도)을 네 보좌에 앉게 할 것이라'고 말한다. 본 절은 삼하 7:12의 말씀에 의거해서 된 말씀이다. 하나님께서는 다윗에게 그의 아들이 다윗의 왕위를 계승할 것을 약속하신다.

시 132:12. 네 자손이 내 언약과 그들에게 교훈하는 내 증거를 지킬진대 그들의 후손도 영원히 네 왕위에 앉으리라 하셨도다.

솔로몬은 '만일 네 자손이 내(하나님) 언약과 내(하나님)가 가르치는 법도들을 지키면 그들의 자손도 대대로 네 보좌에 앉을 것이라 하셨다'라고 말한다. 본 절은 삼하 7:14-16, 왕상 8:26에 의거한 절이다. 그러나 실지로 다윗의 자손은 하나님의 언약과 율법을 범함으로 그 왕통은 중단되었고, 바벨론 포로로 끝났다. 그래서 이 영원한 왕위의 약속은 다윗의 자손인 메시아에서 성취되었다.

시 132:13. 여호와께서 시온을 택하시고 자기 거처를 삼고자 하여 이르시기를.

솔로몬은 '정말로 여호와께서 시온(다윗의 도성)을 택하시고 그곳을 자기 성전으로 삼기를 원하셨다'고 말한다.

시 132:14. 이는 내가 영원히 쉴 곳이라 내가 여기 거주할 것은 이를 원하였음이로다(This is my resting place for ever; here I will dwell, for I have desired it-ESV)**.**

솔로몬은 하나님께서 '이곳(시온-다윗의 도성)은 나의 영원한 안식처이다. 내가 원하니 이곳에 성전을 세워 이를 나(하나님)의 지상의 거처로 삼아 여기에 영원히 살겠다'라고 하셨다고 말한다(68:16 참조). 솔로몬은 여기서 다윗 성이 하나님의 영원한 안식의 처소가 되는 것이 하나님의 뜻으로 된 것임을 밝힘으로 다윗 왕권의 영원성을 다시 강조하고 있다.

시 132:15. 내가 이 성의 식료품에 풍족히 복을 주고 떡으로 그 빈민을 만족하게 하리로다.

솔로몬은 '내가 이 성의 양식에 풍성히 복을 주어 가난한 자를 빵으로 배부르게 할 것이다'라고 말한다. 여호와께서 거하시는 시온 성에 복을 주셔서 먼저 양식을 풍족하게 주신다. 빈민들에게도 풍족한 양식을 주셔서 주린 자가 없게 하시는 것이다(이상근).

시 132:16. 내가 그 제사장들에게 구원을 옷 입히리니 그 성도들은 즐거이 외치리로다.

솔로몬은 '내가 그 제사장들을 구원으로 옷 입힐 것이니, 그 성도들은 기쁨으로 노래할 것이다'(9절 참조)라고 말한다. 앞 절(15절)이 물질적 복인데 반해 본 절은 구원을 베풀어주시는 종교적 복이라고 할 수 있다.

시 132:17. 내가 거기서 다윗에게 뿔이 나게 할 것이라 내가 내 기름 부음 받은 자를 위하여 등을 준비하였도다(There I will make a horn to sprout for David; I have prepared a lamp for my anointed-ESV)**.**

솔로몬은 '그곳에서 내가 다윗을 위하여 한 뿔이 자라게 하고 내 기름 부음 받은 자를 위하여 한 등불을 준비하겠다'라고 말한다. 본 절의 "뿔",

"등"이란 말은 '메시아'를 가리키는 말이다(Calvin, Delitzsch, Rawlinson). 다시 말해 "이새의 줄기에서 한 싹이"(사 11:1-2)나는 것처럼 다윗에게 한 뿔이 나고, 그 "기름 부은 자", 즉 '메시아'에게 등을 예비해 주시는 것이다. 그래서 메시아 그리스도는 세상의 빛이 되시고, 또 하나님의 계시를 인간에게 보이신 것이다. 다윗에게 흔히 등이 약속되었으나(왕상 11:36; 15:4; 왕하 8:19), 여기서는 그의 자손인 메시아에게 약속된 것이다(이상근).

시 132:18. 내가 그의 원수에게는 수치를 옷 입히고 그에게는 왕관이 빛나게 하리라 하셨도다.

솔로몬은 '내(여호와)가 그의 원수들을 수치로 옷 입히겠으나, 그의 머리에는 면류관이 빛나게 할 것이다'라고 말한다. 다윗의 자손인 메시아를 대적하는 원수들은 망하게 하여 수치를 입게 하고(35:4, 26; 109:29), 메시아 자신은 "만왕의 왕이신"(계 19:16), "영원한 왕으로"(29:10) 그 머리 위에 면류관이 빛나게 할 것이다.

제 133 편 형제 화목의 즐거움

본편은 형제 화목의 아름다움을 노래한 것으로 그것은 해마다 3대 절기 때 온 백성이 예루살렘으로 순례한 큰 소득이었다. 본편의 저자가 누구냐를 두고는 학자들 간에 거의 통일된 의견을 갖고 있다. 즉, 다윗이 저작자라는 것이다(Delitzsch, 그랜드 종합 주석, 박윤선). 본편의 내용은 형제 화목의 아름다움과 그 복에 대함이다.

"다윗의 시 곧 성전에 올라가는 노래"라는 말을 위해서는 122편 표제 주해를 참조하라.

시 133:1. <다윗의 시 곧 성전에 올라가는 노래> 보라 형제가 연합하여 동거함이 어찌 그리 선하고 아름다운고.

다윗은 '보라, 형제들이 연합하여 함께 사는 것이 얼마나 좋고 아름다운가'라고 말한다. 형제가 연합함이 아름다운 것은 해마다 세 차례의 순례에서 이루어졌다. 전국에서 모인 이스라엘 각 지파들이 예루살렘에 모여 함께 동거하며 좋아하는 모습은 참으로 보기에도 좋았고 아름다운 것이었다. 여기 형제가 동거했다는 말은 주로 심령으로 동거함을 가리킨다.

시 133:2. 머리에 있는 보배로운 기름이 수염 곧 아론의 수염에 흘러서 그의 옷깃까지 내림 같고.

다윗은 '머리에 부은 값진 기름이 수염, 곧 아론의 수염에 흘러서 그 예복의 옷깃까지 내려감 같다'라고 말한다. 형제 화목의 아름다움을 대제사장의 수염에 흐르는 향유에 비한다. 여기서 기름은 제사장을 세울 때 거룩하게 구별하기 위해 머리에 부었던 거룩한 기름을 가리키는데 이스라엘 공동체 전체가 동일하게 하나님의 백성으로 성별되고, 동일한 하나님의 복에 참여한 자들로서 하나로 온전히 연합되어 있음을 상징적으로 묘사한 것이다. 한편 이러한 이스라엘 백성들의 모습은 기름이 상징하는 성령으로 말미암아 대제사장 되신 그리스도를 중심으로 한 교회 공동체를 이룬 성도들의 모습을 예시한다.

시 133:3. 헐몬의 이슬이 시온의 산들에 내림 같도다 거기서 여호와께서 복을 명령하셨나니 곧 영생이로다.

다윗은 '헐몬의 이슬이 시온의 산들 위에 내림과 같구나. 여호와께서 거기서 복을 베푸시니, 곧 영생이로다'라고 말한다. 본 절은 형제 화목에 임하는 복을 말한다. 형제들에게는 복이고, 그 형제 화목도 하나님께서 주시는 복과 연관 되는 것이다(레 25:21; 신 28:8).

제 134 편 밤에 봉사하는 여호와의 종들아 송축하라

본편은 "성전에 올라가는 노래"의 결론편이다(120편 서론 참조). 델리취

(Delitzsch)는 말하기를 본편은 인사와 답사 식으로 된 시라고 했다(Rawlinson). 즉, 성전 순례자들이 밤에 근무하는 레위 지파 사람들(제사장들)에게 "여호와를 송축하라"고 하자(1, 2절), 레위 지파 사람들은 그 순례자들에게 복이 있기를 축원한 것이라고 한다(3절). 그러나 캘빈은 생각하기를 이 시인이 제사장들에게 말한 것뿐이라고 했으니, 이 시편 말씀 전체(1-3절)가 다 제사장들을 상대해서 준 말씀이라고 했다. "성전에 올라가는 노래"라는 표제를 위해서는 120편 표제 주해를 참조하라.

시 134:1. <성전에 올라가는 노래> 보라 밤에 여호와의 성전에 서 있는 여호와의 모든 종들아 여호와를 송축하라(Come, bless the LORD, all you servants of the LORD, who stand by night in the house of the LORD!-ESV).

시인은 '밤에 여호와의 집에서 봉사하면서 서 있는 여호와의 모든 종들아, 여호와를 찬송하라'고 말한다. 이는 밖에서 안으로 들어간 순례자들이 밤에 성전 안에서 봉사하고 있는 종들(대상 9:33, 제사장 및 레위인들)에게 격려하기 위해 한 말이다.

시 134:2. 성소를 향하여 너희 손을 들고 여호와를 송축하라.

시인은 '성소를 바라보면서 너희의 손을 들고 주님을 송축하라'고 말한다. "성소를 향하여 너희 손을 들고"란 말은 '지성소를 향하여(Jerome) 손을 들고 기도하는 심정으로'라는 뜻이다. "여호와를 송축하라"는 말은 '신령과 진정으로 하나님을 경배하고 찬양하라'는 요구이다(요 4:24).

시 134:3. 천지를 지으신 여호와께서 시온에서 네게 복을 주실지어다.

본 절은 성전에 남아 있는 성전봉사자들의 응답이다. 다시 말해 성전봉사자들은 하나님의 성전에 순례하기 위해 올라온 순례자들을 향하여 하나님께서 복 주시기를 축원한 말이다. 특별히 여기서 하나님께서 복을 선언하신 장소를 "시온"으로 언급한 것은 시온에 하나님의 성전이 있다는 것을 드러낸 말로서 시온이 하나님의 임재의 처소로 여겨졌기 때문이다.

제 135 편 여호와의 선하심을 찬송하라

본편은 111-118편과 함께 할렐루야 시이며(106, 111편 서론 참조), 역시 귀환기의 시편으로 다른 시편과 율법서, 예언서 등에서의 합성 시이다. 이는 예배용으로 절기 때에 부른 듯하다(이상근). 본편의 내용은 1) 찬송하라(1-4절). 2) 자연계에 보이신 영광을 찬송하라(5-7절). 3) 출애굽 때에 보이신 큰 권능을 찬송하라(8-14절). 4) 우상은 허무한 것이다(15-18절). 5) 여호와를 찬송하라(19-21절) 등으로 구성되어 있다.

1-4절. 여호와를 찬송하라.

시 135:1. 할렐루야 여호와의 이름을 찬송하라 여호와의 종들아 찬송하라.

시인은 '할렐루야! 여호와의 이름을 찬양하라. 여호와의 종들아! 그분을 찬양하라'고 말한다. "할렐루야"(הַלְלוּ־יָהּ)란 말은 '여호와를 찬송하라'는 뜻이다(계 19:1, 3, 4, 6). "여호와의 이름을 찬송하라 여호와의 종들아 찬송하라"는 말을 위해 113:1 주해를 참조하라. "여호와를 찬송하라"(104:35; 105:1, 48; 111:1; 112:1; 113:1)는 말과 "여호와의 이름을 찬송하라"(113:1)는 말은 동의절이다.

시 135:2. 여호와의 집 우리 여호와의 성전 곧 우리 하나님의 성전 뜰에서 있는 너희여.

제사장과 레위인만 아니라 하나님께 경배하기 위하여 성전 큰 뜰에 모인 모든 성도들도 여호와를 찬송하라는 것이다(19-20절 참조).

시 135:3. 여호와를 찬송하라 여호와는 선하시며 그의 이름이 아름다우니 그의 이름을 찬양하라.

본 절은 여호와를 찬송할 이유를 말하고 있다. 여호와를 찬송할 이유는 "여호와는 선하시기 때문에" 찬송할 것이고(86:5; 119:68), "그의 이름이 아름다우니까"(52:9; 54:6) 찬송하라는 것이다. 이하 여호와를 찬송할 이유를 또 말한다.

시 135:4. 여호와께서 자기를 위하여 야곱 곧 이스라엘을 자기의 특별한 소유로 택하셨음이로다.

본 절도 여호와를 찬송할 이유를 또 말한다. 즉, 첫째 여호와께서 이스라엘을 택하신 이유이다. 여호와께서 이스라엘을 특별한 소유로 택하셔서 그의 기업의 소유로 삼으셨기 때문이다(신 4:20; 7:6).

5-7절. 자연계에 보이신 영광을 찬송하라.

시 135:5. 내가 알거니와 여호와께서는 위대하시며 우리 주는 모든 신들보다 위대하시도다.

여호와를 찬송할 또 둘째 이유는 여호와께서는 위대하시며 우리 주님은 신들보다 위대하시기 때문이라는 것이다(96:4). 하나님의 위대하신 능력은 자연에 나타나 있으시다(6-7절).

시 135:6. 여호와께서 그가 기뻐하시는 모든 일을 천지와 바다와 모든 깊은 데서 다 행하셨도다.

시인은 '여호와께서는 그가 기뻐하시는 모든 일들을 하늘과 땅에서, 바다와 모든 깊은 곳에서 다 이루셨다'(115:3)라고 말한다. 하나님께서 원하시는 일은 먼저 자연계를 만드시고 섭리하시는 일이시다.

시 135:7. 안개를 땅 끝에서 일으키시며 비를 위하여 번개를 만드시며 바람을 그 곳간에서 내시는도다.

시인은 '하나님은 땅 끝에서 안개를 일으키시고 비를 내리시려고 번개를 일으키시며 바람을 창고에서 끌어내신다'고 말한다. 본 절은 안개를 일으키시는 일(렘 10:13; 51:16), 비를 위하여 번개를 일으키시는 일, 또 바람을 불게 하시는 일(욥 38:22) 등 자연 현상을 시적으로 표현한 것이다.

8-14절. 출애굽 때에 보이신 큰 권능을 찬송하라.

시 135:8. 그가 애굽의 처음 난 자를 사람부터 짐승까지 치셨도다.

시인은 '여호와께서 애굽의 모든 장자를 사람부터 짐승들까지 치셨도다'라고 말한다. 본 절은 출애굽 때 여호와께서 애굽에 내리셨던 10재앙의 마지막 재앙이며 또 가장 큰 재앙이었던 장자의 죽음을 지칭한다(출 12:29-33).

시 135:9. 애굽이여 여호와께서 네게 행한 표적들과 징조들을 바로와 그의 모든 신하들에게 보내셨도다.

시인은 '애굽인들아! 주님께서 표적과 기사를 너희에게 나타내셨다. 바로의 모든 신하에게 나타내 보이셨다'라고 말한다. 본 절은 여호와께서 애굽인들에게 행하신 표적들과 징조들(78:43; 출 4:9, 21)을 말하며 또 바로와 그의 신하들에게 보내신 것을 말한다. 이로 말미암아 이스라엘의 출애굽이 있게 된 것이다.

시 135:10. 그가 많은 나라를 치시고 강한 왕들을 죽이셨나니.

시인은 '이스라엘 백성이 광야에서와 가나안에 들어가서 많은 나라들을 쳤고 강한 왕들을 죽였다'고 말한다.

시 135:11. 곧 아모리인의 왕 시혼과 바산 왕 옥과 가나안의 모든 국왕이로다.

본 절은 앞 절을 자세히 설명한다. 즉, 시인은 '이스라엘 백성이 요단강 동편에서 아모리 왕 시혼(민 21:24; 신 2:33)과 바산 왕 옥(민 21:35;

신 3:3)을 멸했고, 서편에서 여호수아가 31왕을 격멸한 것이다(수 12:7-24)' 라고 말한다. 여호수아와 이스라엘 백성들은 이 때 여호와의 능력을 의지하여 수많은 나라들과 왕들을 격멸했다.

시 135:12. 그들의 땅을 기업으로 주시되 자기 백성 이스라엘에게 기업으로 주셨도다.

시인은 '여호와께서 전 절에 열거된 나라와 왕들의 땅을 자기의 백성 이스라엘에게 기업으로 주셨다'(78:55; 136:21; 출 6:8)고 말한다.

시 135:13. 여호와여 주의 이름이 영원하시니이다 여호와여 주를 기념함이 대대에 이르리이다.

시인은 '여호와시여! 주님의 이름이 영원하시고, 여호와시여! 주님에 대한 기억이 대대에 이를 것입니다'라고 말한다. 과거 이스라엘 역사에 대한 회상을 통해 볼 때 이스라엘에 대한 하나님의 크신 은혜와 여호와의 절대적 주권과 권능을 인식한 시인의 하나님의 능력에 대한 한없는 찬사이다. 본 절의 의미에 대해서 102:12 주해를 참조하라.

시 135:14. 여호와께서 자기 백성을 판단하시며 그의 종들로 말미암아 위로를 받으시리로다.

시인은 '여호와께서는 자기 백성에게 잘 못하는 열방을 심판하시고(54:1-3; 출 2:23-25), 자기 백성이 범죄할 때 진노하시지만 그 진노를 영원히 품지 않으시고(103:9) 그들을 긍휼히 여기십니다'(Kay, Cheyne)라고 말한다.

15-18절. 우상은 허무한 것이다.

시 135:15. 열국의 우상은 은금이요 사람의 손으로 만든 것이라.

시인은 '민족들의 우상은 은과 금으로 만들어진 것이고, 사람의 손으로 만들어진 것이다'라고 말한다. 14절까지 여호와의 큰 권능을 말씀하다가 갑자기 본 절에 와서는 우상에 대해 말한다. 하나님과 대조시켜 그 허무성을 말하기 위함이다. 우상은 은과 금으로 사람들이 만든 공예품에 지나지 않는 것이다(115:4 주해 참조).

시 135:16-18. 입이 있어도 말하지 못하며 눈이 있어도 보지 못하며 귀가 있어도 듣지 못하며 그들의 입에는 아무 호흡도 없나니. 그것을 만든 자와 그것을 의지하는 자가 다 그것과 같으리로다.

사람이 만들어 놓은 우상의 각 기관(입, 눈, 귀, 입)은 아무 역할을 하지 못한다는 것이다. 그래서 우상을 만든 자와 우상을 의지하는 사람이 우상과 같다는 것을 말한다. 이 부분의 주해를 위해서 115:5-8주해를 참조하라.

19-21절. 여호와를 찬송하라. 이 부분은 서론적 찬송인 1-4절과 대응이 된다.

시 135:19. 이스라엘 족속아 여호와를 송축하라 아론의 족속아 여호와를 송축하라.

시인은 '이스라엘 족속들아! 여호와를 찬송하라. 아론의 족속이여(제사장들과 레위족속들)! 여호와를 찬송하라'고 말한다.

시 135:20. 레위 족속아 여호와를 송축하라 여호와를 경외하는 너희들아 여호와를 송축하라.

시인은 '성전에서 봉사하는 레위 족속들이여! 여호와를 찬송하라. 여호와를 경외하는 너희들(일반 성도들)아! 여호와를 찬송하라'(115:11, 13)고 말한다.

시 135:21. 예루살렘에 계시는 여호와는 시온에서 찬송을 받으실지어다 할렐루야.

시인은 '예루살렘에 거하시고(48:1-3; 76:2), 시온에서 그 백성에게 복을 내리시는(134:3) 여호와께서는 시온에서부터 찬송을 받으소서'라고 말한다. "할렐루야"란 말은 '여호와를 찬송하라'는 뜻이다(105:35주해 참조). 본절의 할렐루야는 할렐루야 시의 결말의 할렐루야이다.

제 136 편 여호와께 감사하라

본편은 "감사하라"(הוֹדוּ)는 시들(105, 107, 108, 135, 136편) 중에서 마지막 시편이다(박윤선). 본편은 전편(135편)과 같이 합성시(신 4:34, 35; 10:17; 스 3:11)이고, 회고적이며, 절기용으로 보인다. 히브리어 원전에서 각 절이 2행으로 되어 있고 "그 인자하심이 영원함이로다"라는 후렴이 반복되어 제사장과 회중이 교독한 것으로 보인다(이상근). 본편은 135편의 절들을 뒤따르고 있으니 이스라엘 사람들에게 하나님을 찬양하라는 요구이다. 그 요구는 자연 속에서 영화롭게 나타나고 있는 하나님(5-9절), 역사 속에서 보이는 하나님(10-24절)에 근거하고 있다(Rawlinson). 본 시편의 내용이 앞 편과 유사하지만, 다만 "그 인자하심이 영원함이로다"라고 한 것은 이 시편에 특이한 표현이다.

본편의 내용은 1) 뛰어나신 하나님께 감사하라(1-3절). 2) 천지 창조의 위업을 감사하라(4-9절). 3) 출애굽의 역사를 감사하라(10-24절). 4) 하나님의 사랑은 모든 인류에도 나타나 있으니 감사하라(25-26절)는 말로 구성되어 있다.

1-3절. 여호와 자신의 뛰어나심 때문에 감사하라.

시 136:1. 여호와께 감사하라 그는 선하시며 그 인자하심이 영원함이로다(O give thanks to the LORD, for he is good, for his steadfast love endures for ever-ESV)**.**

시인은 '여호와께 감사하라. 그분은 선하시기 때문이며 그분의 인애가 영원하시기 때문이다'라고 말한다. 지존하신 하나님께서 영원토록 선하시고 인자하시니 우리는 무한히 감사해야 한다는 것이다. 본 절부터 시작하여 본편 끝까지 매절마다 있는 "그 인자하심이 영원함이로다"란 말은 감사의 절정을 이루는 후렴구이다. 아마도 제사장이 상반절을 읽으면 회중들이 본 구절을 제창한 듯싶다.

시 136:2. 신들 중에 뛰어난 하나님께 감사하라 그 인자하심이 영원함이로다.

시인은 '모든 신들이라고 하는 신들 가운데 가장 뛰어나신 하나님께 감사하라. 그 인자하심이 영원하기 때문이다'라고 말한다. "신들의 신"은 신 10:17에 처음 나타난다. 하나님은 이방의 모든 신들 위에 초월한 신이시요, 유일하신 참 신이시다(신 10:17; 수 22:22; 단 2:47; 11:36, Rawlinson).

시 136:3. 주들 중에 뛰어난 주께 감사하라 그 인자하심이 영원함이로다.

시인은 '모든 주들(lords)이 세상에 많은데 그 주들 중에 여호와는 뛰어난 주님이시다. 그 주님에게 감사하라는 것이고, 그 주님의 인자하심이 영원하시기 때문에 감사하라'고 말한다. "주들 중의 주"란 말은 신약에도 여러 번 나타난다(딤전 6:15; 계 17:14; 19:16, Rawlinson).

4-9절. 천지 창조의 위업으로 인하여 감사하라.

시 136:4. 홀로 큰 기이한 일들을 행하시는 이에게 감사하라 그 인자하심이 영원함이로다.

시인은 '홀로 큰 이적을 행하시는 분(72:18)께 감사하라. 그분의 인애가 영원하시기 때문이다'라고 말한다. 본 절의 "홀로 큰 기이한 일들을 행하시는 이"란 말의 표현은 다음 절부터 나타나는 천지 창조의 위업을 진술하려는 것이다.

시 136:5. 지혜로 하늘을 지으신 이에게 감사하라 그 인자하심이 영원함이로다.

시인은 '지혜로 하늘의 일월성신(창 1:1)을 지으신 이에게 감사하라. 그분의 인애가 영원하시기 때문이다'라고 말한다. 일월성신 창조는 하나님의 지혜만으로 된 것이 아니라 하나님의 능력으로 된 것이다.

시 136:6. 땅을 물 위에 펴신 이에게 감사하라 그 인자하심이 영원함이로다.

시인은 '땅을 물 위에 펴신 분께 감사하라. 그분의 인애가 영원하시기 때문이다'라고 말한다. 하나님께서 땅을 지으셨는데, 땅과 물이 뒤섞여 혼돈 상태에 있었던 것(창 1:2)을 물을 한 곳에 모아 바다가 되고, 육지가 드러나게 하신 것이다(창 1:9).

시 136:7. 큰 빛들을 지으신 이에게 감사하라 그 인자하심이 영원함이로다.

시인은 '하늘의 해와 달을 지으신 분(창 1:14-16)께 감사하라. 그분의 인애가 영원하시기 때문이다'고 말한다.

시 136:8. 해로 낮을 주관하게 하신 이에게 감사하라 그 인자하심이 영원함이로다.

시인은 '해로 하여금 낮을 주관하게 하신 분(창 1:16)께 감사하라. 그분의 인애가 영원하시기 때문이라'라고 말한다.

시 136:9. 달과 별들로 밤을 주관하게 하신 이에게 감사하라 그 인자하심이 영원함이로다.

시인은 '달과 별들로 하여금 밤을 다스리게 하신 분(창 1:16, 18)께 감사하라. 그분의 인애가 영원하시기 때문이다'라고 말한다.

10-24절. 출애굽의 역사를 인하여 감사하라.

시 136:10. 애굽의 장자를 치신 이에게 감사하라 그 인자하심이 영원함이로다.

시인은 '출애굽 때 애굽의 장자들을 치신 분(135:8)께 감사하여라. 그분의 인애가 영원하시기 때문이다'라고 말한다. 하나님께서 애굽의 장자를 치신 이적은 10재앙 중 마지막 재앙이다.

시 136:11. 이스라엘을 그들 중에서 인도하여 내신 이에게 감사하라 그 인자하심이 영원함이로다.

시인은 '10재앙 끝에 이스라엘을 그들 가운데서 인도하여 내신 분께 감사하라(출 12:51; 14:19-31). 인도하여 내신 분의 인애가 영원하시기 때문이다'라고 말한다.

시 136:12. 강한 손과 펴신 팔로 인도하여 내신 이에게 감사하라 그 인자하심이 영원함이로다.

이스라엘을 애굽에서 인도하여 내실 때 '강력한 손과 능력의 손으로 인도하여 내신 분께 감사하라(출 6:6; 신 7:8, 14). 그분의 인애하심이 영원하기 때문이라'고 말한다.

시 136:13. 홍해를 가르신 이에게 감사하라 그 인자하심이 영원함이로다.

시인은 '모세가 홍해 위로 손을 내밀었을 때 홍해를 가르신 분께 감사하라. 그분의 인애가 영원하시기 때문이다'(출 14:21)라고 말한다.

시 136:14. 이스라엘을 그 가운데로 통과하게 하신 이에게 감사하라 그 인자하심이 영원함이로다.

시인은 '이스라엘을 홍해 가운데로 통과하게 하신 분께 감사하라(출 14:22, 29). 그분의 인애가 영원하시기 때문이다'라고 말한다.

시 136:15. 바로와 그의 군대를 홍해에 엎드러뜨리신 이에게 감사하라 그 인자하심이 영원함이로다.

시인은 '바로와 그의 군대를 홍해에 엎으셔서 죽이신 분께 감사하라(출 15:1-10). 그분의 인애가 영원하시기 때문이다'라고 말한다.

시 136:16. 그의 백성을 인도하여 광야를 통과하게 하신 이에게 감사하라 그 인자하심이 영원함이로다.

시인은 '이스라엘 백성을 광야에서 인도하신 분께 감사하라(출 13:20-22; 신 8:15). 그분의 인애가 영원하시기 때문이다'라고 말한다.

시 136:17. 큰 왕들을 치신 이에게 감사하라 그 인자하심이 영원함이로다.

시인은 '큰 왕들을 치신 분께 감사하라(135:10-11). 그분의 인애가 영원하시기 때문이다'라고 말한다.

시 136:18. 유명한 왕들을 죽이신 이에게 감사하라 그 인자하심이 영원함이로다.

시인은 '큰 왕들을 치신 분께 감사하라. 그분의 인애가 영원하시기 때문이다'라고 말한다. 여기 "큰 왕들"이라고 말한 것은 오렙(삿 7:25), 세바(삿 8:5), 살문나(삿 8:5), 아각(민 24:7)등 악한 왕들을 죽게 하신 것을 진술한 것이다.

시 136:19. 아모리인의 왕 시혼을 죽이신 이에게 감사하라 그 인자하심이 영원함이로다.

시인은 '아모리인의 왕 시혼(135:11; 민 21:24)을 죽이신 분께 감사하라. 그분의 인애가 영원하시기 때문이다'라고 말한다.

시 136:20. 바산 왕 옥을 죽이신 이에게 감사하라 그 인자하심이 영원

함이로다.

시인은 '바산 왕 옥(135:11; 민 21:33-35)을 죽이신 분께 감사하라. 그분의 인애가 영원하시기 때문이다'라고 말한다.

시 136:21. 그들의 땅을 기업으로 주신 이에게 감사하라 그 인자하심이 영원함이로다.

시인은 '그 땅을 유업으로 주신 분(135:12; 수 12:1-12)께 감사하라. 그분의 인애가 영원하시기 때문이다'라고 말한다.

시 136:22. 곧 그 종 이스라엘에게 기업으로 주신 이에게 감사하라 그 인자하심이 영원함이로다.

시인은 '주님의 종 이스라엘에게 유업으로 주신 분께 감사하라. 그분의 인애가 영원하시기 때문이다'라고 말한다. 본 절은 앞 절을 보충 설명한 것이다.

시 136:23. 우리를 비천한 가운데에서도 기억해 주신 이에게 감사하라 그 인자하심이 영원함이로다.

시인은 '우리를 비천한 데(애굽의 종살이 중에서 또 바벨론의 포로 살이 중)서 기억하신 분께 감사하라. 그분의 인애가 영원하시기 때문이다'라고 말한다.

시 136:24. 우리를 우리의 대적에게서 건지신 이에게 감사하라 그 인자하심이 영원함이로다.

시인은 '이스라엘을 대적에게서 건지신 분께 감사하라. 그분의 인애가 영원하시기 때문이다'라고 말한다.

25-26절. 하나님의 사랑은 모든 인류에도 나타났으니 감사하라는 것이다.

시 136:25. 모든 육체에게 먹을 것을 주신 이에게 감사하라 그 인자하심이 영원함이로다.

시인은 '모든 육체(동물들에게까지)에게 양식을 주시는 분께 감사하라(104:27; 145:15; 147:9; 욘 4:11, Rawlinson). 그분의 인애가 영원하시기 때문이다'라고 말한다.

시 136:26. 하늘의 하나님께 감사하라 그 인자하심이 영원함이로다.

시인은 '하늘의 하나님께 감사하라. 이유는 그분의 인애가 영원하시기 때문이다'라고 말한다. 여기 "하늘의 하나님"이란 말은 '영광스런 하나님'이란 뜻인데 에스라, 느헤미야, 다니엘서에서 즐겨 사용하는 하나님의 칭호이다(스 1:2; 5:11-12; 6:9-10; 7:12, 21; 느 1:4-5; 2:4, 20; 단 1:18-19, Rawlinson). 본 절은 이스라엘 백성들이 그들의 해방을 하나님의 크신 능력과 섭리에 의한 것임을 알고 하나님께 영광 돌렸음을 암시한다.

제 137 편 바벨론 강변에서 울다

본편은 저작자를 알 수 없다. 본편의 저작 시기를 두고 견해가 갈린다. 1) 혹자는 본편을 예레미야의 예언적 시라고 보았고(Michaelis), 2) 본편은 포로 생활 귀환 직후의 작품인 것으로 짐작된다(Perowne, Alexander, Rawlinson, 이상근). 이유는 포로생활이 격정적으로 또 아름답게 묘사되어 있는 것을 보아 그렇게 짐작된다. 그러나 이 학설이 성립될 수 없는 이유는 7-9절의 문맥을 보아 이 시편이 아직 바벨론 멸망 전에 집필한 것이 드러나기 때문이다(Robert G. Bratch and William D. Reyburn, 박윤선). 3) 본 시편은 이스라엘 백성들의 포로 생활(B.C. 586-538) 말년에 쓰인 것으로 보인다. 이유는 본편의 매절에 스며있는 비통하고 처절한 감정의 생생한 묘사와 또 마지막에 나타나 있는 바벨론에 대한 저주로 보아 짐작할 수가 있다(그랜드 종합 주석). 세 견해 중 3)번의 견해가 가장 타당한 것으로 보인다.

본편의 내용은 1) 바벨론에 대한 치욕적 회고(1-4절). 2) 예루살렘에 대한 극진한 애모(5-6절). 3) 적을 향한 극심한 복수심 발휘(7-9절)로 구성되어 있다.

1-4절. 바벨론에 대한 치욕적 회고.

시 137:1. 우리가 바벨론의 여러 강변 거기에 앉아서 시온을 기억하며 울었도다.

시인은 '유대인들은 바벨론의 여러 강가, 거기에 앉아 시온을 기억하며 울었도다'라고 말한다. 포로 생활을 하던 유대인들은 바벨론의 여러 강가에 앉아 잠시의 휴식 시간에 수금을 타며(다음 절) 잠시 즐겼을 것이다. 그러나 노동을 하던 유대인들은 그 강변에 앉아 시온을 생각하며 슬피 울었다(단 8:2).

시 137:2. 그 중의 버드나무에 우리가 우리의 수금을 걸었나니.

시인은 '강가의 버드나무에 우리는 우리의 수금을 걸었다'라고 말한다. 강가에 앉아 잠시 쉬는 동안에 바벨론 사람들이 유대인들에게 수금을 타보라고 주문했을 때 슬픔에 잠긴 유대인들은 수금에 맞추어 찬송 할 기분이 아니어서 버드나무에 악기를 걸고 시온 생각에 잠겼다(다음 절).

시 137:3. 이는 우리를 사로잡은 자가 거기서 우리에게 노래를 청하며 우리를 황폐하게 한 자가 기쁨을 청하고 자기들을 위하여 시온의 노래 중 하나를 노래하라 함이로다.

시인은 '바벨론 여러 강변에 앉아 우리가 버드나무에 수금을 걸고 수금을 타지 않은 이유는 거기서 우리를 사로잡은 자들이 우리에게 노래를 청하고, 우리를 고문하던 자들이 시온의 노래 중 하나를 부르라고 주문했기 때문이라'고 말한다. 바벨론 사람들이 유대인들에게 시온 노래를 부르라고 요청한 이유는 정복자인 자신들이 유대인들의 노래를 통해 그들의 승리감을 만끽하기 위함이었을 것이다. 유대인들이 바벨론 사람들의 요청을 거절한 이유는 다음 절에 나온다.

시 137:4. 우리가 이방 땅에서 어찌 여호와의 노래를 부를까.

시인은 '우리가 어찌 불신의 땅에서 여호와의 노래를 부를까?'라고 말한다. 도무지 불신의 땅에서 하나님께 예배할 때나 부를 여호와의 노래를 부를 기분이 아니었던 것이다.

5-6절. 예루살렘에 대한 극진한 애모.

시 137:5. 예루살렘아 내가 너를 잊을진대 내 오른손이 그의 재주를 잊을지로다.

시인은 '예루살렘아! 내가 너를 잊는다면 내 오른손이 그 재주를 잊는 것이 나을 것이다'라고 말한다. 시인은 자기 오른 손의 재주, 곧 수금을 타는 재주나 손을 놀려 일하는 재주를 잊을 수 없었다. 그러나 시인이 예루살렘을 잊을 수는 더욱 없었다는 것이다. 어떻게 시온을 잊고 살 수는 없었다.

시 137:6. 내가 예루살렘을 기억하지 아니하거나 내가 가장 즐거워하는 것보다 더 즐거워
하지 아니할진대 내 혀가 내 입천장에 붙을지로다.

시인은 '내 자신이 예루살렘을 기억하지 아니하거나, 내가 즐거워하는 어떤 것보다 예루살렘을 더 즐거워하지 아니한다면 내 혀가 입천장에 붙어 말도 못하고 음식을 못 먹어도 좋다'라고 말한다. "내 혀가 내 입천장에 붙을지로다"라는 말은 큰 저주를 받아도 좋다는 의미이다.

7-9절. 적을 향한 극심한 복수심 발휘.

시 137:7. 여호와여 예루살렘이 멸망하던 날을 기억하시고 에돔 자손을 치소서 그들의 말이 헐어 버리라 헐어 버리라 그 기초까지 헐어 버리라

하였나이다.

시인은 '여호와시여! 예루살렘이 무너지던 날에 바벨론의 연합군(왕하 24:2)에 가담했던 에돔 자손이 앞장서서 입으로 떠들던 말을 기억하소서(애 4:21-22; 겔 25:12; 35:5; 옵 1:10-14, Rawlinson). 그들은 예루살렘을 부셔버려라, 부셔버려라. 그 기초까지 부셔버려라(왕상 11:15-16; 대상 18:12; 렘 49:7-12; 암 1:11-12; 말 1:3-5, Rawlinson)고 떠들었습니다'라고 말한다.

시 137:8. 멸망할 딸 바벨론아 네가 우리에게 행한 대로 네게 갚는 자가 복이 있으리로다.

시인은 '멸망할 딸 바벨론아! 네가 우리에게 행한 대로 네게 갚는 자에게 복이 있을 것이다'라고 말한다. "멸망할 딸 바벨론"이란 말은 '멸망 받을 수밖에 없는 여자 같은 바벨론'이란 뜻이다. 바벨론을 여자 같다고 말한 것은 히브리인들이 국가나 한 성(城)을 여성화 시켜 언급했던 예에 따른 것이다(사 47:1; 계 17:1-8). 그리고 "멸망할"이라고 말한 것은 바벨론이 '멸망할 것을 미리 내다보고 한' 말이다. 바벨론이 하나님의 손에 의하여 이스라엘을 때리는 막대기로 지정되어 사용되었지만 너무 잔인하고 지나치게 이스라엘을 쳤기 때문에 바벨론은 B.C. 539년에 바사(Persia)의 고레스에 의해 멸망되었다(단 5:30-31).

본 절의 "네가 우리에게 행한 대로 네게 갚는 자가 복이 있으리로다"란 말은 '네가 우리 이스라엘에게 행한 대로 네(바벨론)게 갚는 자에게 복이 있을 것이라'는 뜻이다. 결국 바벨론이 이스라엘에게 과도하게, 또 잔인하게 행한 대로 고레스는 바벨론을 멸망시켰다. 하나님은 잔인하게 구는 자들을 벌하신다.

시 137:9. 네 어린 것들을 바위에 메어치는 자는 복이 있으리로다.

시인은 '네(바벨론의) 어린 것들을 사로잡아 바위에 메어치는 이에게 복이 있을 것이다'라고 말한다. 전 절에 이어 바벨론을 멸망시키는 자에게 복이 있을 것이라는 뜻이다. "어린 아이들을 반석에 메어치는" 등의 잔혹한 학살 행위는 고대 전쟁에서 흔히 있던 행위였다(왕하 8:12; 사 13:16-18; 호 10:14; 13:16; 나 3:10, Rawlinson). 이와 같이 바벨론에게 가혹한 복수를 해 주는 자가 복이 있을 것이라는 뜻이다.

제 138 편 모든 왕들 중에서 높아진 은혜를 인하여 감사하다

본편 이하 145편까지의 8편은 다윗의 시로 그가 하나님의 은혜의 언약(삼하 7장)을 받은 후의 작품들로 보인다(Hengsternberg). 본편은 다윗이 응답을 받고 열왕을 정복한 후에 부른 전심의 감사시이다. 본편의 내용은 1) 기도 응답에 대한 감사(1-3절). 2) 열왕들이 앞으로 주님께 감사할 것을 예언한 일(4-5절). 3) 주님의 뜻이 궁극적으로 성취할 것에 대한 신념(6-8절)으로 구성되어 있다. "다윗의 시"란 말을 위해서는 3편 표제 주해를 참조하라. 본편은 분명히 메시아 예언 시로서 메시아의 구원 성격을 자세히 말한다.

1-3절. 다윗이 기도 응답에 대해 감사하다.

시 138:1. <다윗의 시> 내가 전심으로 주께 감사하며 신들 앞에서 주께 찬송하리이다(I give you thanks, O LORD, with my whole heart; before the gods I sing your praise-ESV)**.**

다윗은 '내가 마음을 다하여 주님께 감사하며 신들 앞에서 주님을 찬양합니다'라고 말한다. 다윗은 전심을 다하여(나누어지지 않은 마음으로, 119:2) 주님께 감사하고 있으며 또 신들 앞에서 주님을 찬양한다는 것이다. 그런데 여기 "신들"이란 말이 누구를 지칭하느냐 하는 것이 문제이다. 1) 천사들을 지칭한다는 견해(70인역, Luther, Calvin, Michaelis, Rosenmueller, 박윤선). 2) 이방의 신들이라는 견해(Jerome, Hengsternberg, Hupfeld, Hitzig, 호크마 종합 주석, 이상근). 3) 땅 위의 권위 있는 통치자들을 지칭한다는 견해(Aben Ezra, Kimchi, Delitzsch, Rawlinson, 그랜드 종합 주석) 등으로 본다. 모두 그럴듯한 견해이지만 문맥으로 보아 본 절에서는 3)번의 견해가 가장 타당한 것으로 보인다.

시 138:2. 내가 주의 성전을 향하여 예배하며 주의 인자하심과 성실하심으로 말미암아 주의 이름에 감사하오리니 이는 주께서 주의 말씀을 주의 모든 이름보다 높게 하셨음이라.

다윗은 '내가 주님의 성전을 향하여 경배하며, 주님의 인애와 성실하심을 인하여 주님의 이름에 감사할 것이니, 주님께서 주님의 이름과 주님의 말씀을 만물 위에 높이셨기 때문입니다'라고 말한다. 본 절의 "주님의 성전"이란 말은 '다윗이 세운 장막'을 이름이다(출 23:19; 25:8; 29:42-43). 다윗은 자기가 지은 성막에서 모든 성도들과 같이 주님께 경배하며, 하나님께서 이스라엘을 구원하시는 인자하심과 언약을 지키시는 성실하심을 인하여 주님께 감사를 드린다는 것이다.

"주께서 주의 말씀을 주의 모든 이름보다 높게 하셨음이라"는 말은 주님의 언약을 중시하시고 그 언약을 지키심으로 그의 인자와 성실을 다른 속성들보다 더 높이 드러내셨다는 뜻이다. 따라서 본 절은 결국 언약에 신실하신 하나님의 도덕적 성품을 다른 어떤 성품보다 더 강하게 부각시킨다는 표현이다. 한편 언약에 대한 신실성은 약속하신 메시아이신 예수 그리스도를 인간의 구원을 위해 보내주신 사건에서 그 절정을 이룬다(창 49:10; 사 9:6-7; 미 5:2; 요 1:14, 그랜드 종합 주석).

시 138:3. 내가 간구하는 날에 주께서 응답하시고 내 영혼에 힘을 주어 나를 강하게 하셨나이다.

다윗은 '내가 고난을 당해 부르짖던 그 날에 주께서 내게 응답해 주셨고, 내 영혼에 힘을 주셔서 강하게 해 주셨습니다'라고 말한다. "내 영혼에 힘을 주어 나를 강하게 하셨다"는 말은 어떤 일을 감당할 수 있는 힘을 주셨다는 말이다.

4-5절. 다윗이 앞으로 열왕들이 주님께 감사할 것을 예언하다.

시 138:4. 여호와여 세상의 모든 왕들이 주께 감사할 것은 그들이 주의 입의 말씀을 들음이오며.

다윗은 '여호와시여! 땅의 모든 왕들이 주님께 돌아와 주님을 찬양할 것은 하나님께서 다윗과 동행하시면서 복을 내리시며 그들이 주님의 말씀을 들었기 때문입니다'라고 말한다(삼하 5:11-12; 8:10 참조).

시 138:5. 그들이 여호와의 도를 노래할 것은 여호와의 영광이 크심이니이다.

다윗은 '그들이 여호와의 도를 노래할 것은(사 49:22-23; 60:3-5) 여호와의 영광이 큼을 알았기 때문입니다'(사 60:1-3; 66:18)라고 말한다.

6-8절. 주님의 뜻이 궁극적으로 성취될 것에 대한 신념을 말하다.

시 138:6. 여호와께서는 높이 계셔도 낮은 자를 굽어살피시며 멀리서도 교만한 자를 아심이니이다.

다윗은 '여호와께서는 높이 계셔도 낮은 자를 굽어 살피셔서 저들의 필요를 채워주시고(사 57:15) 멀리서도 교만한 자를 아셔서 심판하신다'라고 말한다.

시 138:7. 내가 환난 중에 다닐지라도 주께서 나를 살아나게 하시고 주의 손을 펴사 내 원수들의 분노를 막으시며 주의 오른손이 나를 구원하시리이다.

다윗은 '내가 환난 중에 다닐지라도 주님께서 내 생명을 보존하시고 (23:4), 손을 펴셔서 내 원수들의 노를 막으시며 주님의 힘 있는 손으로 나를 건지실 것이 확실 합니다'(18:35; 60:5; 63:8; 108:6, Rawlinson)라고 말한다.

시 138:8. 여호와께서 나를 위하여 보상해 주시리이다 여호와여 주의 인자하심이 영원하오니 주의 손으로 지으신 것을 버리지 마옵소서(The LORD will fulfil his purpose for me; your steadfast love, O LORD, endures for ever. Do not forsake the work of your hands-ESV).

다윗은 '여호와께서 나를 위해 그가 목적하신바(약속이나 구원의 일들)를 끝까지 이루어주실 것입니다(57:2). 여호와시여! 주님의 인자하심은 영원합니다. 주님께서 친히 지으신 이 모든 것(다윗 자신이나 다른 모든 성도들)을 버리지 말아주십시오'라고 말한다.

제 139 편 하나님의 전지하심을 아는 성도가 원수들을 비웃다

본편은 시편 전체 중에서 가장 아름다운 가락으로 엮어져 있다. 본편의 저작 시기에 대한 다른 두 견해가 있다. 1) 본 시편 중에 아람어풍이 있다하여 바벨론의 귀환기 이후로 돌려야 한다는 견해(Horsley, Delitzsch, Hupfeld). 2) 다윗의 저작이라는 견해(Calvin, Hengsternberg, Jebb)이다. 두 견해 중 2)번의 견해를 취한다.

본편의 내용은 4부로 나누어지며 1) 하나님의 전지하심을 노래하다(1-6절). 2) 하나님의 편재성(徧在性)을 노래하다(7-12절). 3) 하나님의 전능하심을 노래하다(13-18절). 4) 악에서의 구출을 기도하다(19-24절)로 나누어진다.

"다윗의 시, 인도자를 따라 부르는 노래"라는 말의 주해를 위해 4편 표제 주해를 참조하라.

1-6절. 하나님의 전지하심을 노래하다.

시 139:1. <다윗의 시, 인도자를 따라 부르는 노래> 여호와여 주께서 나를 살펴 보셨으므로 나를 아시나이다.

다윗은 '여호와시여! 주님께서 나를 살피셨기에 나를 아시게 되었습니다'라고 말한다.여호와께서 다윗 자신을 완전히 살피셨기에(17:3) 다윗 자신을 너무 잘 아신다는 것이다.

시 139:2. 주께서 내가 앉고 일어섬을 아시고 멀리서도 나의 생각을 밝히 아시오며.

다윗은 '주님께서는 내가 앉고 일어서는 것 전체를 아시며 멀리서도 내 생각을 분별하고 계시니 모르시는 것이 없이 속속들이 아십니다'라고 말한다.

시 139:3. 나의 모든 길과 내가 눕는 것을 살펴 보셨으므로 나의 모든 행위를 익히 아시오니.

다윗은 '나의 활동 전체와 쉬는 것을 살펴 보셨음으로 내 모든 행위를 밝히 알고 계십니다'(119:168)라고 말한다.

시 139:4. 여호와여 내 혀의 말을 알지 못하시는 것이 하나도 없으시니이다.

다윗은 '여호와시여! 보소서 주께서는 내가 혀로 말하는 것 그 모두를 아십니다'라고 말한다. 하나님은 우리가 하는 말을 한 마디도 못 들으시거나 모르시는 일이 없으시다(이상근).

시 139:5. 주께서 나의 앞뒤를 둘러싸시고 내게 안수하셨나이다.

다윗은 '주님께서 내 앞뒤를 둘러 감싸주시고 내게 손을 얹어주셨습니다'라고 말한다. 주님께서 성도의 앞과 뒤를 두르고 계셔서 성도를 샅샅이 아시고 계시며, 또 성도 위에 손을 얹어 성도를 인도하고 계신다는 것이다(10절 참조).

시 139:6. 이 지식이 내게 너무 기이하니 높아서 내가 능히 미치지 못하나이다(Such knowledge is too wonderful for me; it is high, I cannot attain it-ESV).

다윗은 '이런 깨달음(주님께서 내 앞뒤를 둘러 감싸주시고, 내 위에 손을 얹어 인도해 주시고 계시다는 지식)은 내게 너무나 기이하고 너무 높아 내가 그것에 이를 수는 없습니다'라고 말한다.

7-12절. 하나님의 편재성(偏在性, 어디나 계심)을 노래하다.

시 139:7. 내가 주의 영을 떠나 어디로 가며 주의 앞에서 어디로 피하리이까.

다윗은 '내가 주님의 영을 떠나 어디로 가며 내가 주님의 얼굴을 피해 어디로 도망가겠습니까?'라고 말한다. "내가 주의 영을 떠나 어디로 가며"라는 말과 "내가 주의 앞에서 어디로 피하리이까"라는 말은 동의절이다. 우리는 하나님께서 어디나 계심으로 하나님을 피할 수 없다는 것이다. 우리는 어디서나 하나님과 동행하는 것이다. 우리는 최고로 행복한 자들이다.

시 139:8. 내가 하늘에 올라갈지라도 거기 계시며 스올에 내 자리를 펼지라도 거기 계시니이다.

본 절은 앞 절을 더 구체적으로 설명한다. 즉, 다윗은 '내가 하늘에 올라가더라도 주께서 거기 계시며, 내 육체가 음부에 내려가서 숨는다 하더라도 하나님은 나를 거기서도 관리해 주십니다'라고 말한다. 우리는 우주의 어디에 가더라도 주님의 관리(take care)를 피할 수 없다는 것이다.

시 139:9. 내가 새벽 날개를 치며 바다 끝에 가서 거주할지라도.

다윗은 '내가 새벽 날개(아침의 태양광선)를 타고 바다 저편에 가서 산다 해도'라고 말한다. 바다 끝에도 땅 끝에도 주님께서 안 계신 곳이 없으시고 주님의 손이 미치지 않는 곳이 없으시다는 것이다.

시 139:10. 거기서도 주의 손이 나를 인도하시며 주의 오른손이 나를 붙드시리이다.

다윗은 '내가 바다 끝에 가도(앞 절) 주님의 손이 나를 인도하시며 주님의 힘 있으신 손이 나를 붙드십니다'라고 말한다. 우리는 주님의 손의 인도를 피할 수 없으며 주님의 붙드심을 피할 길이 없는 것이다.

시 139:11. 내가 혹시 말하기를 흑암이 반드시 나를 덮고 나를 두른 빛은 밤이 되리라 할지라도.

다윗은 '내가 말하기를 참으로 어둠이 나를 덮어 버리고, 나를 두른 빛이 밤이 되리라 하더라도 나는 숨김을 당하지 못한다'라고 말한다.

시 139:12. 주에게서는 흑암이 숨기지 못하며 밤이 낮과 같이 비추이나니 주에게는 흑암과 빛이 같음이니이다.

다윗은 '어둠조차 주님께는 어둡지 않고 밤도 낮과 같이 환하니, 주님께는 어둠과 빛이 다를 바 없고 같기 때문입니다'라고 말한다. 실로 하늘과 땅도(7-8절) 동쪽과 서쪽도(9-10절) 어둠과 빛도(11-12절) 어디든지 주님이 계시지 않는 곳이 없다.

13-18절. 하나님의 전능하심을 노래하다.

시 139:13. 주께서 내 내장을 지으시며 나의 모태에서 나를 만드셨나이다.

다윗은 '주님께서 내 장기를 만드시고, 내 어머니의 태에서 나를 짜 맞추셨습니다'라고 말한다. 주님은 우리의 신체의 장부까지 지으시고 어머니의 배속에서 우리의 몸이 형성될 때에도 그 형성과정에서 주님께서 주관하셨다는 것이다(욥 10:11).

시 139:14. 내가 주께 감사하옴은 나를 지으심이 심히 기묘하심이라 주께서 하시는 일이 기이함을 내 영혼이 잘 아나이다.

다윗은 '내가 주님께 감사함은 나를 지으심이 심히 기이하게 만드셨기 때문입니다. 주님께서 하신 일이 기이하심을 내 영혼이 잘 알고 있습니다'라고 말한다. 우리는 주님께서 우리를 지어주신 것을 인하여 감사하고 찬양해야 할 것이다. 인체의 신비는 신묘막측(神妙莫測)하여 다 헤아릴 수 없다. 한 마디로 놀라울 뿐이다. 우리는 놀라운 것을 구하러 멀리 갈 것도 없다. 그것이 우리의 신체 안에 다 있는 것 아닌가!(Spurgeon).

시 139:15. 내가 은밀한 데서 지음을 받고 땅의 깊은 곳에서 기이하게 지음을 받은 때에 나의 형체가 주의 앞에 숨겨지지 못하였나이다.

다윗은 '내가 은밀한 데서 지음 받을 때, 곧 내가 땅의 깊음 속에서 만들어질 때, 내 골격이 주님의 눈으로부터 숨겨지지 아니하였습니다'라고 말한다. 본 절의 "은밀한 데"란 말과 "땅의 깊은 곳"이란 말은 동의어로 '어머니의 자궁 속'을 지칭하는 말이다. 우리는 누구나 다 지음 받은 골격이 주님으로부터 숨겨지지 못하였다는 것이다.

시 139:16. 내 형질이 이루어지기 전에 주의 눈이 보셨으며 나를 위하여 정한 날이 하루도 되기 전에 주의 책에 다 기록이 되었나이다.

다윗은 '나의 형질이 이루어지기 전에 주님의 눈이 보셨으며, 나를 위해 정해진 날이 하루도 시작되기 전에 그 모든 것이 주님의 책에 기록되었습니다'라고 말한다. 우리의 몸이 형성되기 전에 이미 주님의 눈이 우리를 보셨다는 것이며, 우리의 날이 시작되기 전 벌써 우리는 모두가 주님의 책에 다 기록되었다는 것이다.

시 139:17. 하나님이여 주의 생각이 내게 어찌 그리 보배로우신지요 그 수가 어찌 그리 많은지요.

다윗은 '하나님이시여! 주님의 생각(우주 만물을 주관하시고 섭리하시는 하나님의 계획)이 어찌 그리 내게 보배로우신지요(측량하기 어렵다는 뜻)? 그 수가 어찌 그렇게 많은지요(하나님의 섭리의 내용이 다양하다는 뜻)?'라고 말한다. 주님의 성도를 위하시는 생각은 참으로 보배롭고 귀한 것이다. 그리고 또 주님의 생각이 많아 그 수를 셀 수도 없는 것이다. 인간의 지혜와 능력으로는 하나님의 계획과 지혜를 다 측량할 수가 없으며 하나님의 자기 계시를 통해서만 하나님의 계획과 지혜를 인지할 수 있을 뿐이다.

시 139:18. 내가 세려고 할지라도 그 수가 모래보다 많도소이다 내가 깰 때에도 여전히 주와 함께 있나이다.

다윗은 '내가 주님의 우주 만물을 주관하시고 섭리하시는 계획을 세어보려고 할지라도 그 수가 모래보다 더 많습니다. 내(다윗)가 잘 때에나 깨어날 때에도 보면 여전히 주님과 함께 있고 주님을 묵상하고 있습니다. 나(다윗)는 하나님의 계획의 광대함과 무한함을 셀 수도 없습니다'라고 말한다.

19-24절. 악에서의 구출을 기도하다.

시 139:19. 하나님이여 주께서 반드시 악인을 죽이시리이다 피 흘리기를 즐기는 자들아 나를 떠날지어다.

다윗은 '하나님이시여! 주님께서 반드시 악인을 죽이실 것입니다(5:6, 10; 7:9-13; 9:19; 10:15; 21:8-12, Rawlinson). 피 흘리기를 즐기는 자들아! 나를 핍박하는 일을 중단하고 나에게서 떠나가거라'고 말한다.

시 139:20. 그들이 주를 대하여 악하게 말하며 주의 원수들이 주의 이름으로 헛되이 맹세하나이다.

본 절은 다윗이 악인에 대한 하나님의 공의로운 심판을 선포하며 그들과의 단절을 선언한(앞 절) 이유를 진술한 것이다. 즉, 다윗은 '악인들은 주님께 대하여 악독한 말을 하며, 그러므로 주님의 원수들은 주님의 이름으로 헛되이 맹세하는 자들입니다'라고 말한다.

시 139:21. 여호와여 내가 주를 미워하는 자들을 미워하지 아니하오며 주를 치러 일어나는 자들을 미워하지 아니하나이까.

본 절은 부정적 질문체로 뜻을 강조하고 있다. 즉, 다윗은 '여호와시여!

내가 주님을 미워하는 자를 미워하지 않으며, 주님을 대적하여 일어나는 자를 어찌 증오하지 않겠습니까?'라고 말한다.

시 139:22. 내가 그들을 심히 미워하니 그들은 나의 원수들이니이다.

다윗은 '내가 위와 같은 악인들을 심히 미워하니, 그들은 내 원수들입니다'라고 말한다. 다윗의 악인에 대한 강한 미움이 잘 표출되어 나타난다. 즉, 다윗은 악인들이 하나님께 대한 공공연한 증오나 멸시하는 것을 자신의 인격에 욕을 한 것과 마찬가지로 멸시와 모욕을 느끼고 그들을 미워하며 원수같이 여긴다는 것이다(Rawlinson).

시 139:23. 하나님이여 나를 살피사 내 마음을 아시며 나를 시험하사 내 뜻을 아옵소서.

다윗은 '하나님이시여! 나를 살피셔서 내 마음을 아시고, 나를 시험하셔서 내 생각을 아옵소서'라고 말한다. 다윗은 전지하시며 악을 미워하시는 하나님께서 자신의 삶과 생각을 살피시고 시험하심으로 자신이 악인들과 같은 죄악된 길로 가지 아니하고 바른 길로 갈 수 있도록 인도해 주시기를 간구하고 있다(26:12; 욥 23:10; 롬 5:4).

시 139:24. 내게 무슨 악한 행위가 있나 보시고 나를 영원한 길로 인도하소서.

다윗은 '내 안에 무슨 악한 행위가 있는지 보시고 만일 주님의 눈에 나의 악이 발견되면 그 악을 제하여 주시고 나를 영원한 길, 곧 영원한 생명의 길(잠 4:18; 마 5:6)로 인도하소서'라고 말한다. 영생으로 가야 하는 사람들에게는 악이란 반드시 제거해야 하는 요소이다. 악왜냐하면 누구든지 악이 있으면 망하기 때문이다.

제 140 편 잔인한 악도로부터 구원해 주시기를 청원하다

140-143편은 일단의 시집(詩集)으로 그 시체(詩體), 시의 내용, 셀라의 용법 등이 공통되어 있다(이상근). 시의 내용은 다 같이 원수의 압박으로부터 구원을 호소하는 것으로 다윗이 사울의 핍박으로 피난 중이었을 때의 작품으로 보인다(박윤선). 본편의 내용은 1) 악인에게서 건져주옵소서(1-5절). 2) 악인의 꾀가 와해되기를 빈다(6-8절). 3) 악인이 멸망하기를 빈다(9-13절)는 내용으로 구성되어 있다. "다윗의 시, 인도자를 따라 부르는 노래"란 말의 주해를 위해 4편 표제 주해를 참조하라.

1-5절. 악인에게서 건져주옵소서.

시 140:1. <다윗의 시, 인도자를 따라 부르는 노래> 여호와여 악인에게서 나를 건지시며 포악한 자에게서 나를 보전하소서.

다윗은 '여호와시여! 악인에게서 나를 건지시며 난폭한 자에게서 나를 보호하소서'라고 기원한다. 다윗은 여호와를 향하여 악인들로부터 자신을 건져주시며 그 난폭한 악인들부터 보호해 주시라고 기도한다. 앞 편의 원수에 대한 말이 있었음(19-22절)에 이어서 다윗은 원수의 손에서 구원해 주시기를 기원한 것이다. 그러므로 두 시편은 같은 시기에 저술된 듯하다. 시인의 원수는 악하고 강포하며(1절), 모해하며(2절), 독한 말을 하는(3절) 교만한 자이다(5절).

시 140:2. 그 들이 마음속으로 악을 꾀하고 싸우기 위하여 매일 모이오며.

다윗은 '그들은 마음에 악을 꾀하고(28:3; 36:4; 62:3, Rawlinson) 싸우려고 매일 모이고 있다'(68:30; 120:7)고 하나님께 보고한다.

시 140:3. 뱀 같이 그 혀를 날카롭게 하니 그 입술 아래에는 독사의 독이 있나이다 (셀라).

다윗은 '그들은 뱀 같이 혀를 날카롭게 하며 그 입술 아래에는 독사의 독이 있습니다 (셀라)'라고 말한다. 악인들의 혀는 날카로워 그것으로 다윗을 찔렀고(52:2; 57:4), 그 입술 아래에는 독사의 독이 있어 그것으로 다윗 자신을 죽이려 한다(54:4; 롬 3:15)는 것이다. "셀라"란 말을 위해서는 3:2주해를 참조하라.

시 140:4. 여호와여 나를 지키사 악인의 손에 빠지지 않게 하시며 나를 보전하사 포악한 자에게서 벗어나게 하소서 그들은 나의 걸음을 밀치려 하나이다.

본 절은 1절보다 더 뜻을 강조하고 있다. 즉, 다윗은 '여호와시여! 악인의 손에서 나를 지켜주시며 악인의 손에 빠지지 않게 하시며 나를 보전하사 난폭한 자에게서 나를 보호하소서. 그 악인들은 나의 걸음을 밀쳐 넘어지게 하고 있습니다'고 보고한다. 다윗은 시급하게 구원을 호소하고 있다.

시 140:5. 교만한 자가 나를 해하려고 올무와 줄을 놓으며 길 곁에 그물을 치며 함정을 두었나이다 (셀라).

다윗은 '교만한 자가 나를 해하려고 덫과 그물을 쳐놓고 있으며 내 길목에 함정을 파 두었습니다'라고 여호와께 보고한다. 악인들은 다윗을 잡으려고 온갖 사람 잡는 시설을 설치하여 잡으려 한다(31:4; 35:7; 57:6; 119:110, 141:9; 142:3, Rawlinson).

6-8절. 악인의 꾀가 와해되기를 빌다.

시 140:6. 내가 여호와께 말하기를 주는 나의 하나님이시니 여호와여 나의 간구하는 소리에 귀를 기울이소서 하였나이다.

다윗은 '내가 여호와께 말하기를, 주님은 나의 하나님이시오니, 여호와시여! 내 간구하는 소리에 귀를 기울이소서라고 했습니다'라고 말한다. 다윗은 "주님이 나의 하나님"이라고 믿는 믿음으로 차서 하나님께서 그 원수를 반드시 벌하시리라고 확신한다.

시 140:7. 내 구원의 능력이신 주 여호와여 전쟁의 날에 주께서 내 머리를 가려 주셨나이다.

다윗은 '내 구원의 능력이 되시는 주 여호와시여!(יְהוִֹה אֲדֹנָי-흔하지 않은 칭호이다) 전쟁의 날에 주께서 내 머리를 감싸 주셨습니다'라고 말한다. "내 구원의 능력이 되시는 주 여호와시여!"라는 칭호는 흔하지 않은 칭호로서 하나님께서 다윗의 원수를 반드시 벌하시리라는 확신을 피력하고 있다.

그리고 "전쟁의 날에 주께서 내 머리를 가려 주셨나이다"라는 말은 과거 전쟁의 날에 하나님께서 친히 다윗의 방패와 투구가 되셔서 적들의 화살과 칼로부터 다윗을 보호해 주셨다는 의미이다(18:2; 33:20). 그리고 이 말에는 현재 다윗을 해하려는 악한 자들의 궤계로부터도 구원해 주시기를 바라는 소망이 내포되어 있다.

시 140:8. 여호와여 악인의 소원을 허락하지 마시며 그의 악한 꾀를 이루지 못하게 하소서 그들이 스스로 높일까 하나이다 (셀라).

다윗은 '여호와시여! 악인의 소욕을 허락하지 마시오며, 그들의 계획이 이루어지지 않게 하옵소서. 그들이 교만할까 염려됩니다'라고 애원한다. 악인들이 교만해지면 점점 높아져서 더 많은 해를 끼칠 터이므로 염려가 된 것이다. "셀라"란 말의 주해를 위해 3:2주해를 참조하라.

9-13절. 악인이 멸망하기를 빌다.

시 140:9. 나를 에워싸는 자들이 그들의 머리를 들 때에 그들의 입술의 재난이 그들을 덮게 하소서(As for the head of those who surround me, let the mischief of their lips overwhelm them!-ESV).

다윗은 '나를 에워싸고 있는 자들이 승리하지 못하게 해주십시오. 그들이 남들에게 퍼붓는 재앙을 다시 그들에게 되돌려 주십시오'라고 기원한다. 그 악도들의 토한 악담이 도로 그들 자신을 해하게 해주시라는 기원이다. 남들에게 퍼붓는 악담은 참으로 위험한 것이다. 그것이 되돌아오니 말이다.

시 140:10. 뜨거운 숯불이 그들 위에 떨어지게 하시며 불 가운데와 깊은 웅덩이에 그들로 하여금 빠져 다시 일어나지 못하게 하소서.

다윗은 '타는 숯불이 그들 위에 쏟아지게 하시고 그들이 불 가운데와 수렁에 빠져 다시는 일어나지 못하게 하소서'라고 애원한다. 여기 "뜨거운 숯불"이나 "불", 또 "깊은 수렁"은 하나님의 진노의 심판을 가리키는 말들이다. 이런 것들이 악인의 머리 위에 떨어지게 하사 멸망하게 해주셔서 다시는 재기하지 못하게 해주시라고 빈다.

시 140:11. 악담하는 자는 세상에서 굳게 서지 못하며 포악한 자는 재앙이 따라서 패망하게 하리이다.

다윗은 '모함하는 자는 세상에서 굳게 서지 못하게 해주시고, 난폭한 자는 재앙이 따라다녀 패망하게 하옵소서'라고 말한다. 남을 괴롭히는 자들은 자기가 반드시 망할 줄 알아야 할 것이다.

시 140:12. 내가 알거니와 여호와는 고난 당하는 자를 변호해 주시며 궁핍한 자에게 정의를 베푸시리이다.

다윗은 '내 자신이 알기로는 여호와께서는 고난 당하는 자를 변호해 주시며, 가난한 자에게 공의를 베푸십니다'(9:4, 9)라고 말한다. 세상에서 바로 사는 중에 고난 당하는 일은 아주 복된 것이다. 이유는 여호와께서 변호해 주시기 때문이다.

시 140:13. 진실로 의인들이 주의 이름에 감사하며 정직한 자들이 주의 앞에서 살리이다.

다윗은 '분명히 의인들은 주님의 이름에 찬양을 돌리게 되고, 정직한 사람은 주님 앞에서 복되게 살 것입니다'라고 말한다. 의롭게 산다는 것, 정직하게 산다는 것은 참으로 복된 것이다. 그들은 주님의 이름에 감사하게 되고 또 복되게 살게 되기 때문이다.

제 141 편 악에 빠지지 않게 구원해 주시기를 기도하다

본편의 서론을 위해 바로 앞 편(140편) 서론을 참조하라. 그리고 본편은 63편과도 저작의 동기나 내용면에서 비슷하다. 초대 교회에서는 63편은 아침의 찬미(63:1)로 사용했고, 본편은 저녁의 찬미(2절)로 사용했다(이상근). 본편의 저술 시기에 대해서는 여러 견해로 갈린다. 1) 이 시편의 몇 구절 내용이 지혜 문학의 성격을 띤다는 이유로 그 저술 연대가 늦을 것이라는 견해(Gunkel, Schmidt)가 있다. 그러나 이 견해는 성립될 수 없다고 반론을 제기하는 학자가 있다(Gemser). 2) 본편은 다윗이 압살롬의 반란을 염두에 두고 저작한 시라고 보는 견해(Delitzsch, Gemser)가 있다. 3) 많은 주석가들은 다윗이 사울을 너그럽게 용서하던 일을 기억하여 지은 시라는 견해(삼상 24장, 그랜드 종합 주석)가 있다. 3)번의 견해를 취해 둔다.

본편의 내용은 1) 악에 빠지지 않게 빌다(1-6절). 2) 악인에게서 구원받기 위해 빌다(7-10절)는 내용이다. "다윗의 시"란 말의 표제 주해를 위해서는 3편 표제 주해를 참조하라.

1-6절. 악에 빠지지 않게 기도하다.

시 141:1. <다윗의 시> 여호와여 내가 주를 불렀사오니 속히 내게 오시옵소서 내가 주께 부르짖을 때에 내 음성에 귀를 기울이소서.

다윗은 '여호와시여! 내가 주께 부르짖었사오니, 속히 내게 오소서. 내가 부르짖을 때 내 소리를 들어 주소서'라고 기원한다. 본 절은 사정이 급박함을 드러내고 있다(22:19; 31:2; 38:22; 40:17; 102:2, Rawlinson).

시 141:2. 나의 기도가 주의 앞에 분향함과 같이 되며 나의 손 드는 것이 저녁 제사 같이 되게 하소서.

다윗은 '내 기도를 주님께 드리는 분향처럼 받아 주시고, 손을 위로 들고서 드리는 기도는 저녁 제물처럼 받아 주십시오'라고 기원한다. "분향함과 같이"란 '하나님 앞에 올리는 향기처럼' 되게 해주시라는 것이고, 또

"손 드는 기도"는 저녁 제사같이 하나님 앞에 바쳐지는 것이 되게 해주시라는 것이다(호 14:2).

시 141:3. 여호와여 내 입에 파수꾼을 세우시고 내 입술의 문을 지키소서.

다윗은 '여호와시여! 내 입 가장자리에 파수꾼을 세우시고, 내 입술의 문을 지켜주소서'라고 애원한다. 다윗은 말의 실수를 두려워하여 주님에게 자신의 입 언저리에 파수꾼을 세워주시라고 부르짖는다(39:1). 우리는 말에 실수가 없도록 여호와께 부르짖어야 할 것이다.

시 141:4. 내 마음이 악한 일에 기울어 죄악을 행하는 자들과 함께 악을 행하지 말게 하시며 그들의 진수성찬을 먹지 말게 하소서.

다윗은 '내 마음이 악한 것에 기울어 악행을 하는 자들과 함께 악을 행하지 말게 하시고, 그들의 진미를 먹지 않게 하소서'라고 기원한다. 여기 진수성찬을 먹지 않도록 기도한 것은 악인들이 마련한 진수(보기 드물게 잘 차린 음식)와 사치 생활에 동참하지 않도록 기원하는 것이다.

시 141:5. 의인이 나를 칠지라도 은혜로 여기며 책망할지라도 머리의 기름 같이 여겨서 내 머리가 이를 거절하지 아니할지라 그들의 재난 중에도 내가 항상 기도하리로다.

다윗은 '악인의 진수성찬을 거부한(앞 절) 다윗 자신은 이제는 의인이 나를 칠지라도 은혜로 여기고, 의인이 나 자신을 꾸짖어도 머리의 기름 같이 여겨서 내 머리가 거절치 않을 것입니다. 참으로 여전히 나는 그들의 악행 중에도(yet my prayer is continually against their wicked deeds-ESV) 기도할 것입니다'라고 말한다. 악인들의 악행 중에도 기도하는 것은 악인의 악에 빠지지 않는 비결이다.

시 141:6. 그들의 재판관들이 바위 곁에 내려 던져졌도다 내 말이 달므로

무리가 내 말을 들으리로다(When their judges are thrown over to the cliff, then they shall hear my words, for they are pleasant.-ESV).

다윗은 '그들의 통치자들이 돌부리에 걸려 넘어지면, 그때서야 백성들은 내 말이 옳고 달았음을 알고서, 내 말에 귀를 기울일 것입니다'라고 말한다. 본 절의 "바위 곁"은 '바위의 모퉁이'를 의미하는데 "바위 곁에 내려 던져졌도다"는 말은 매우 비참한 죽음을 죽었음을 묘사한다(삼상 31:9, 10; 삼하 18:9-15). 그리고 "내 말이 달므로 무리가 내 말을 들으리로다"란 말은 다윗에게서 돌아섰던 많은 백성들이 악인들의 심판 받음을 보면서 다시 다윗에게 돌아와 다윗의 말이 옳았음을 알고 다윗에게 충성을 맹세하고 그의 명령에 순종한 사실을 가리킨다.

7-10절. 악인에게서 구원 받기를 위해 기도하다.

시 141:7. 사람이 밭 갈아 흙을 부스러뜨림 같이 우리의 해골이 스올 입구에 흩어졌도다(As when one plows and breaks up the earth, so shall our bones be scattered at the mouth of Sheol-ESV).

다윗은 '바위가 땅에 부딪쳐서 깨지듯이 우리의 해골이 부서져서 스올 어귀에 흩어질 것입니다'라고 말한다. 본 절은 박해를 받는 다윗 일행의 참상을 진술한다. 바위가 땅에 부딪쳐서 깨지면 흙이며 돌이 흩어져 있는 것같이 다윗과 그의 동료들의 해골이 음부 입구에 흩어진 것 같다는 것이다. 본 절은 원수들에게 유린을 당하고 있는 다윗과 및 그의 동무들의 참상을 가리키는 비유이다. 이렇게 비참함을 경험하는 다윗이었으므로 주님께 간절한 마음으로 기도했던 것이다.

시 141:8. 주 여호와여 내 눈이 주께 향하며 내가 주께 피하오니 내 영혼을 빈궁한 대로 버려 두지 마옵소서.

다윗은 '주님 여호와시여! 내 눈을 주께 향하고 내가 주께 피하오니, 내 영혼을 비천한 대로 내버려 두지 마옵소서'라고 기원한다. 앞 절과 같이 비참한 처지에서도 다윗의 눈은 그 비참한 환경을 보지 않고 주님을 바라본다. 그리고 그의 몸은 주님의 품 안으로 피한다.

시 141:9. 나를 지키사 그들이 나를 잡으려고 놓은 올무와 악을 행하는 자들의 함정에서 벗어나게 하옵소서.

다윗은 '그들이 나를 잡으려고 쳐 놓은 덫과 악을 행하는 자의 함정에서 나를 지켜주소서'(40:4-5)라고 기도한다.

시 141:10. 악인은 자기 그물에 걸리게 하시고 나만은 온전히 면하게 하소서.

다윗은 '악인으로 하여금 자기들이 쳐놓은 그물에 걸려 멸망하게 하시고, 나는 무사히 피하게 하소서'(7:15; 35:8; 57:6; 잠 5:22, Rawlinson)라고 기원한다. 다윗은 원수가 자승자박(자기의 행위로 자기 자신이 묶여서 꼼짝 못하게 됨을 뜻함)의 화에 빠지기를 기원한다. 다윗은 하나님의 대언자의 입장에서 교회의 공익을 위하여 본 절과 같은 기도를 한 것이고, 결코 사적인 이해관계에서 그렇게 기도한 것이 아니다(박윤선).

제 142 편 동굴에서 부르짖다

본편의 서론을 위해 140편 서론을 참조하라. 다윗이 사울의 박해를 피해 아둘람 굴(삼상 22:1), 또는 엔게디 굴(삼상 24:1-3)에 있을 때의 작품으로 믿어진다(이상근). 이 밖에 7, 34, 52, 54, 56, 57, 59편도 역시 박해를 받는 중에 지은 시들이다(박윤선). 이 시편이 다윗 이후의 작품이라는 확실한 증표는 갖지 못한다(Delitzsch). 본편의 내용은 1) 다윗은 환난을 당하여 성공을 위해 기도한다(1-5절). 2) 다윗은 구원해 주시기를 위해 기도한다(6-7절).

"다윗이 굴에 있을 때에 지은 마스길 곧 기도"에 대한 주해를 위해 먼저 "굴"에 대해서는 위의 서론을 참조하고, "마스길"이란 말은 '교훈'이란 뜻이다. 32편 표제 주해를 참조하라.

1-5절. 다윗은 환난을 당하여 성공을 위해 기도한다.

시 142:1. <다윗이 굴에 있을 때에 지은 마스길 곧 기도> 내가 소리 내어 여호와께 부르짖으며 소리 내어 여호와께 간구하는도다.

다윗은 '내가 큰 소리로 여호와께 부르짖고, 소리 높여 간구합니다'라고 기원한다. 본 절은 "소리 내어"라는 말을 반복한다. 격정에 사로 잡혀 소리 내어 기도한 것이다. 이것은 다윗의 기도의 간절성을 드러낸다. 소리를 내어 기도하면 그 기도의 사상이 잘 풀리고 조직화되고 열심을 가지고 기도하게 된다(박윤선).

시 142:2. 내가 내 원통함을 그의 앞에 토로하며 내 우환을 그의 앞에 진술하는도다.

다윗이 소리 내어(앞 절) 기도하는 이유를 말한다. 즉, 다윗은 '내가 내 원통함을 주님 앞에 토하며 내 괴로움을 그 앞에 아뢲니다'라고 말한다. 여기 "내 원통함"이란 말과 "내 우환"이란 말은 동의어이다. 다윗이 원통했던 이유는 사울을 위해 충성했는데 사울은 그를 기필코 죽이려 했기 때문이다. 사람이 이런 원통함을 당하면 하나님만을 더욱 의지하게 된다.

시 142:3. 내 영이 내 속에서 상할 때에도 주께서 내 길을 아셨나이다 내가 가는 길에 그들이 나를 잡으려고 올무를 숨겼나이다.

다윗은 '내 영이 내 안에서 기진할 때에도 주님께서 내 길을 아셨습니다. 나를 잡으려고 사람들이 내가 걷는 길목에 덫을 놓았습니다'(140:5; 141:9-10)라고 말한다. 다윗이 하나님께 원통함을 아뢴 이유는 하나님께서 다윗의 근심을 아시고 구원하실 대책을 준비하시기 때문이다.

시 142:4. 오른쪽을 살펴 보소서 나를 아는 이도 없고 나의 피난처도 없고 내 영혼을 돌보는 이도 없나이다.

다윗은 '내 오른쪽(주위)을 살펴보아 주소서. 나를 아는 사람이 없고,

내가 피할 곳이 없으며 나를 지켜 줄 사람도 없습니다'라고 말한다. 다윗은 환난 가운데서 온전히 외로운 상태에 처해 있었던 것이다. 다윗이 이렇게 외로운 처지에 있었으니 주님을 더욱 의지하게 되었다.

시 142:5. 여호와여 내가 주께 부르짖어 말하기를 주는 나의 피난처시요 살아 있는 사람들의 땅에서 나의 분깃이시라 하였나이다.

다윗은 '여호와시여! 내가 주님께 부르짖습니다. 주님은 나의 피난처시요(9:9; 18:1-2; 57:1; 59:9, 16, 17, Rawlinson) 생존 세계에서 내가 받은 유일한 기업이시라 했다'고 말한다. 다윗의 생존 세계에서 유일한 기업은 주님뿐이라는 것이다(16:5; 73:26).

6-7절. 다윗은 구원해 주시기를 위해 기도한다.

시 142:6. 나의 부르짖음을 들으소서 나는 심히 비천하니이다 나를 핍박하는 자들에게서 나를 건지소서 그들은 나보다 강하니이다.

다윗은 '나의 부르짖음을 들어 주소서. 나는 너무나 비천합니다. 나를 박해하는 자들에게서 나를 건져 주소서. 그들은 나보다 강합니다'라고 말한다. 다윗이 주님께 기도를 들어주시라고 부르짖는 이유는 두 가지였다. 하나는 자신이 심히 비천하게 되었다는 것이고 또 하나는 자신이 약해졌다는 이유이다. 비천하게 되었다는 것과 자신이 약하다는 것은 큰 이유가 아닐 수 없었다. 하나님은 비천해진 우리와 약한 우리를 특별히 돌아보신다.

시 142:7. 내 영혼을 옥에서 이끌어 내사 주의 이름을 감사하게 하소서 주께서 나에게 갚아 주시리니 의인들이 나를 두르리이다(Bring me out of prison, that I may give thanks to your name! The righteous will surround me; for you will deal bountifully with me-ESV)**.**

다윗은 '내 영혼을 감옥에서 끌어내셔서 내 자신이 주님께 감사하게 하소서. 주님께서 내게 은혜를 베푸실 것이기 때문에 의인들이 나를 둘러쌀 것입니다'라고 말한다. 본 절의 "옥"이란 말은 적의 포위 속에 있는 것을 상징적으로 표현하고 있는 말이다(88:8; 107:10-14). 이런 난관 속에 있는 다윗 자신을 구원시켜 주시면 주님께 감사할 것이라는 의미이다. 그리고 다윗을 옥에서 이끌어 내주시면 수많은 의인들이 그 자신의 주위를 둘러쌀 것이라는 뜻이다. 이후에 다윗은 문자적으로 이 기도의 응답을 받아 사울은 죽고 다윗이 왕위에 올랐을 때 의인들이 다윗 주위를 두르게 되었다.

제 143 편 상한 영혼을 고치소서

본편의 서론을 위해 140편 서론을 참조하라. 본편은 압박으로부터의 호소(140-143편)를 구하는 시집의 마지막 편이고, 7개의 회개 시(6, 32, 38, 51, 102, 130, 143편) 중 마지막 편이다. 그리고 70인역(LXX)의 어느 사본에는 "그 아들 압살롬이 그를 잡으려고 따라올 때"란 문구가 첨가되고 있다. 역시 거의 전체가 기도문이다. 다윗은 자신의 환난의 원인이 자신의 죄임을 깨닫고 죄를 참회한다. 본편의 내용은 1) 다윗이 죄를 뉘우치다(1-6절). 2) 핍박에서의 구원을 호소하다(7-12절). "다윗의 시"란 말을 위해 3편 표제 주해를 참조하라.

1-6절. 다윗이 죄를 자복하다.

시 143:1. <다윗의 시> 여호와여 내 기도를 들으시며 내 간구에 귀를 기울이시고 주의 진실과 의로 내게 응답하소서.

본 절 주해를 위해 141:1과 142:1주해를 참조하라. 다윗은 '여호와시여! 내 기도를 들으시고 내 간구에 귀를 기울여 주소서. 주님의 신실하심과 의로우심으로 내게 응답하소서'라고 기원한다. 다윗은 주님의 언약을 지키시는 신실하심과 의로운 자를 구원하시는 의를 따라 다윗 자신의 기도에 응답해 주시라고 기도한다.

시 143:2. 주의 종에게 심판을 행하지 마소서 주의 눈앞에는 의로운 인생이

하나도 없나이다.

다윗은 '주님의 종에게 심판을 하지 마소서. 이유는 살아있는 어느 누구도 주님 앞에서는 의롭지 못하기 때문입니다'(14:1-3; 130:3; 롬 3:9-11)라고 간구한다.

시 143:3. 원수가 내 영혼을 핍박하며 내 생명을 땅에 엎어서 나로 죽은 지 오랜 자 같이 나를 암흑 속에 두셨나이다.

다윗은 '원수가 나를 추격하여 내 생명을 땅에 메어쳐버렸고 죽은 지 오래된 자처럼 나를 어둠 속에 살게 하고 말았습니다'라고 말한다. 본문의 내용은 애 3:6과 흡사하다.

시 143:4. 그러므로 내 심령이 속에서 상하며 내 마음이 내 속에서 참담하니이다.

다윗은 '그러므로 내 기력은 내 속에서 약해졌고(42:2), 내 심장은 내 속에서 박동조차 멎어 버렸습니다'(40:15)라고 말한다.

시 143:5. 내가 옛날을 기억하고 주의 모든 행하신 것을 읊조리며 주의 손이 행하는 일을 생각하고.

다윗은 '내가 옛날을 기억하며 주께서 하신 모든 일을 묵상하며 내가 주님의 손이 행하신 일을 생각합니다'라고 말한다. 다윗은 앞 절(4절)에서 보는 것처럼 참담한 지경에 있었다. 그러나 그가 그래도 낙심하지 않았던 이유는 하나님께서 다윗을 위해 행하신 옛날의 일들을 기억하여 묵상할 수 있었기 때문이다(77:5, 10-12). 그래서 다윗은 그 주님께서 현재 환난가운데 있는 자신 또한 구원해 주시기를 기대했다.

시 143:6. 주를 향하여 손을 펴고 내 영혼이 마른 땅 같이 주를 사모하나이다(셀라).

다윗은 '주님을 향하여 내가 손을 펴고, 내 영혼이 마른 땅이 비를 사모하는 것처럼 주님을 몹시도 사모합니다'(42:1)라고 말한다.

7-12절. 핍박에서의 구원을 호소하다.

시 143:7. 여호와여 속히 내게 응답하소서 내 영이 피곤하니이다 주의 얼굴을 내게서 숨기지 마소서 내가 무덤에 내려가는 자 같을까 두려워하나이다 (Answer me quickly, O LORD! My spirit fails! Hide not your face from me, lest I be like those who go down to the pit-ESV**).**

다윗은 '여호와시여! 내게 속히 응답하소서. 내 영이 피곤하니, 내게서 주님의 얼굴을 숨기지 마시고(27:9; 69:17; 102:2) 내가 구덩이에 내려가는 이들같이 되지 않게 하소서'(28:1)라고 애원한다. 본 절은 다윗이 주님을 향하여 급속히 구원해 주시기를 바라는 기도의 내용이다.

시 143:8. 아침에 나로 하여금 주의 인자한 말씀을 듣게 하소서 내가 주를 의뢰함이니이다 내가 다닐 길을 알게 하소서 내가 내 영혼을 주께 드림이니이다.

다윗은 '아침에 나로 하여금 주님의 인자한 말씀을 듣게 하소서. 내가 주님을 의지합니다. 내가 가야 할 길을 알게 하소서. 내가 주님을 향하여 내 영혼을 듭니다'라고 말한다. 여기 "아침에"란 말은 '새벽에'란 뜻으로 '일찍', '빨리'의 뜻이다. 이는 하나님의 진노로 인해 겪은 길고 어두운 밤, 즉 고난을 끝내고 새롭게 하나님의 사랑을 받는 때를 상징하기도 한다(46:5; 90:14). 그리고 "주의 인자한 말씀을 듣게 하소서"라는 말은 '주님의 구원을 베풀어 주시라'는 뜻이다. 그리고 "내가 내 영혼을 주께 드림이니이다"라는 말은 '내가 내 영혼을 들어올린다'는 의미로 이는 하나님으로부터 기도의 응답을 받기 위해 주님을 바라보는 것을 의미한다.

시 143:9. 여호와여 나를 내 원수들에게서 건지소서 내가 주께 피하여 숨었

나이다.

다윗은 '여호와시여! 내가 주께 내 몸을 피하오니, 내 원수들에게서 나를 건져 주소서'(140:1, 4; 142:6)라고 기도한다.

시 143:10. 주는 나의 하나님이시니 나를 가르쳐 주의 뜻을 행하게 하소서 주의 영은 선하시니 나를 공평한 땅에 인도하소서(Teach me to do your will, for you are my God! Let your good spirit lead me on a level path!-ESV).

다윗은 '주님은 나의 하나님이시니, 나를 가르쳐 주님의 뜻을 행하게 하소서(25:4-5; 139:24). 그리고 주님의 선한 주님의 영께서 나를 평탄한 땅으로 인도 하소서'라고 기원한다. 여기 "나를 공평한 땅에 인도 하소서"란 말은 '문자적으로 나를 평탄한 땅으로 인도 하소서'란 뜻으로 사울의 추적과 핍박으로부터 벗어나 안전하게 살아갈 수 있는 곳으로 인도해 주소서라는 의미이다. 다시 말해 흑암의 권세나 대적의 핍박이 없는, 기쁨으로 가득 찬 하나님의 나라로 인도해 주소서라는 뜻이다. 성도들은 앞으로 성령님의 인도를 따라 사는, 안전한 삶을 끊임없이 구해야 할 것이다(요 16:13; 롬 15:16; 고후 1:22).

시 143:11. 여호와여 주의 이름을 위하여 나를 살리시고 주의 공의로 내 영혼을 환난에서 끌어내소서.

다윗은 '여호와시여! 주님의 이름과 영광을 위하여 내 생명을 보존하시며(119:25, 37, 50, 88, 93, Rawlinson), 주님의 의로우심으로 나를 환난에서 끌어내 주소서'라고 기원한다.

시 143:12. 주의 인자하심으로 나의 원수들을 끊으시고 내 영혼을 괴롭게 하는 자를 다 멸하소서 나는 주의 종이니이다.

다윗은 '주님께서 내게 대한 인자하심으로 내 원수들을 끊어주시고 내 영혼을 괴롭게 하는 자를 다 멸해주소서. 이유는 나는 주님의 종이기 때문에(27:9; 69:17; 86:2, 4, 16; 116:16, Rawlinson) 이렇게 비는 것입니다'(5:10; 7:9; 10:15; 28:4-5; 35:4-6, 8, Rawlinson)라고 말한다.

제 144 편 하나님 백성이 받을 복

본편은 두 부분으로 나뉘어져 전반부(1-11절)는 다윗 자신의 시(詩)들에서의 인용으로 된 합성 시로 위기에서 하나님의 도우심을 구하는 시이고, 후반부(12-15절)는 여호와를 자기 하나님으로 삼는 백성들이 받을 복을 노래한 시이다. 그리고 주격이 전자의 글(1-11절)에서는 단수로 되어 있으나 후자(12-15절)에서는 복수로 된 것도 주목된다(이상근). 그리고 70인역(LXX), 라틴역(Vulgate), 에디오피아역, 아라비아역 등에는 "다윗이 골리앗을 이긴 사건에 관하여 지은 시"라는 구절이 첨가되고 있다(박윤선). 본편의 내용은 1) 찬송(1-4절). 2) 원수에게서 구원해 주시기를 원하는 기도(5-11절). 3) 택한 백성이 받는 복(12-15절) 등으로 구성되어 있다. "다윗의 시"란 말을 위해서 3편 표제 주해를 참조하라. 본 시편의 저작자가 다윗인 것은 그 문투와 사상이 증거하고 있다.

1-4절. 찬송.

시 144:1. <다윗의 시> 나의 반석이신 여호와를 찬송하리로다 그가 내 손을 가르쳐 싸우게 하시며 손가락을 가르쳐 전쟁하게 하시는도다.

다윗은 '나의 반석이신 여호와를 송축합니다. 이유는 주님이 내 손을 훈련시켜 전쟁하게 하셨으며, 손가락을 훈련시켜 전투하게 하셨기 때문입니다'(18:34)라고 말한다.

시 144:2. 여호와는 나의 사랑이시요 나의 요새이시요 나의 산성이시요 나를 건지시는 이시요 나의 방패이시니 내가 그에게 피하였고 그가 내 백성을 내게 복종하게 하셨나이다.

다윗은 '주님은 나의 인애이시고, 나의 요새이시며, 나의 산성이시고, 나의 구원자이시며, 나의 방패이시고, 나의 피난처이시며, 내 백성을 나에게 복종시키시는 분이시다'(18:2, 47)라고 말한다.

시 144:3. 여호와여 사람이 무엇이기에 주께서 그를 알아주시며 인생이 무엇이기에 그를 생각하시나이까.

다윗은 '여호와시여! 사람이 무엇이기에 주님께서 자신을 알아 주시며, 인생이 무엇이기에 자신을 생각해 주십니까?'라고 감격해한다. 본 절 주해를 위해 8:4주해를 참조하라. 다윗은 스스로를 생각할 때 자신이 아무 것도 아닌 사람임을 알고 있는데, 주님께서 자신을 구원하시며 또 관심을 두고 계신다는 사실에 너무 감격해한다. 여호와의 사랑을 아는 사람마다 여호와의 사랑과 관심에 대해 항상 끝없는 감사를 드리게 된다.

시 144:4. 사람은 헛것 같고 그의 날은 지나가는 그림자 같으니이다.

다윗은 '사람은 헛것(한숨) 같고(39:5; 62:9) 그의 날들은 지나가는 그림자(102:11; 109:23) 같습니다'라고 자신을 알고 있다. 이런 인간에 대해 여호와께서는 독생자를 보내셔서 십자가 대속의 사랑을 입혀주셨다(막 10:45).

5-11절. 원수에게서 구원해 주시기를 원하는 기도.

시 144:5. 여호와여 주의 하늘을 드리우고 강림하시며 산들에 접촉하사 연기를 내게 하소서(Bow your heavens, O LORD, and come down! Touch the mountains so that they smoke!-ESV).

본 절 주해를 위해 18:9 주해를 참조하라. 다윗은 '여호와시여! 하늘을 기울이시고 내려오소서. 그리고 산들에게 발을 접촉하셔서 산들이 연기를 뿜게 하소서'라고 애원한다. 원수들이 피할 수 없도록 무서운 천벌을 내려주시라는 주문이다(박윤선).

시 144:6. 번개를 번쩍이사 원수들을 흩으시며 주의 화살을 쏘아 그들을 무찌르소서.

다윗은 '번개를 번쩍여 원수들을 흩어 주시며, 주님께서 화살을 쏘아 그들을 무찔러 주소서'라고 애원한다. 본 절의 "번개를 치시는 것"과 "화살을 쏘시는 것"도 역시 무서운 천벌을 상징하는 말들이다. 18:7-15 주해 참조.

시 144:7. 위에서부터 주의 손을 펴사 나를 큰 물과 이방인의 손에서 구하여 건지소서.

본 절 주해를 위해 18:16, 44 주해를 참조하라. 다윗은 '주님께서 위로부터 주님의 손을 펴시어 큰 물에서(원수들로부터) 나를 건지시며, 이방인들의 손에서 나를 구원해 주소서'라고 애원한다. 본 절의 "큰 물"과 "이방인들의 손"은 동의어로 사용되었다.

시 144:8. 그들의 입은 거짓을 말하며 그의 오른손은 거짓의 오른손이니이다.

다윗은 '그들의 입은 거짓을 말하며(12:2), 그들의 오른손은 거짓의 오른손입니다'라고 보고를 드린다. 원수들의 입이나 오른손은 모두 거짓투성이라는 것이다. 다시 말해 언행 모두 거짓일 뿐이라는 것이다. 성도들은 거짓된 사람들을 감당할 수가 없다. 기도하는 수밖에 없다.

시 144:9. 하나님이여 내가 주께 새 노래로 노래하며 열 줄 비파로 주를 찬양하리이다.

본 절 주해를 위해 33:2-3 주해를 참조하라. 다윗은 '하나님이시여! 내가 주님께 새 노래를 부르며, 열 줄 비파(33:2 참조)로 주님께 찬양하겠습니다'라고 말한다. 여기 "새 노래"란 말은 '하나님의 구원에 대한 감사와 기쁨의 노래'를 지칭한다(33:3; 사 42:10 참조). 다윗은 5-8절에서 주님의 구원을 호소하다가 본 절부터 11절까지는 그의 간구에 대하여 확신하고 하나님께 찬송하고 있는 것이다.

시 144:10. 주는 왕들에게 구원을 베푸시는 자시요 그의 종 다윗을 그 해하려는 칼에서 구하시는 자시니이다.

다윗은 '주님은 이스라엘의 왕들에게 승리를 베푸시는 분이시고, 그의 종 다윗 자신을 해하는 칼에서 구출하시는 분이십니다'라고 찬양한다. 다윗은 자신의 이름을 불러 지적한다(18:50; 삼하 7:26, Rawlinson).

시 144:11. 이방인의 손에서 나를 구하여 건지소서 그들의 입은 거짓을 말하며 그 오른손은 거짓의 오른손이니이다.

다윗은 '이방인들의 손에서 나를 구하여 건져 주소서. 그들의 입이 거짓을 말하며 그들의 오른손은 거짓의 오른손입니다'라고 보고한다. 본 절은 7-8절의 반복으로 후렴 역할을 한다(Rawlinson).

12-15절. 택한 백성이 받는 복.

시 144:12. 우리 아들들은 어리다가 장성한 나무들과 같으며 우리 딸들은 궁전의 양식대로 아름답게 다듬은 모퉁잇돌들과 같으며.

다윗은 '우리의 아들들은 청년이 되었는데 나무처럼 튼튼하게 잘 자라 주었고, 우리의 딸들은 궁전 모퉁이를 장식한 우아한 돌기둥처럼 아름답게 잘 다듬어져 있다'라고 감사한다. 다윗은 자기의 딸들이 집을 아름답게 장식한 돌들과 같이 거룩한 아름다움이 있음을 감사하는 것이다.

시 144:13. 우리의 곳간에는 백곡이 가득하며 우리의 양은 들에서 천천과 만만으로 번성하며.

다윗은 '우리의 곳간에는 온갖 곡식이 가득하며 우리가 기르는 양 떼는 넓은 들판에서 수천 배, 수만 배나 늘어나고 있다'고 감사한다.

시 144:14. 우리 수소는 무겁게 실었으며 또 우리를 침노하는 일이나 우리가 나아가 막는 일이 없으며 우리 거리에는 슬피 부르짖음이 없을진대(may our cattle be heavy with young, suffering no mishap or failure in bearing; may there be no cry of distress in our streets!-ESV).

본 절은 이스라엘의 번영을 말한다. 다윗은 '우리가 먹이는 소들은 무겁게 실었고, 낙태하는 일도 없으며, 잃어버리는 일도 없고, 우리의 거리에는 울부짖는 소리가 전혀 없을 것이라'고 감사한다. 소들이 무겁게 싣고 다니는 것은 풍부한 추수를 했다는 것을 보여주는 것이다. 그리고 소들이 낙태하는 일도 없고, 잃어버리는 일도 없고, 무슨 불행을 만나 슬피 울부짖는 일도 없다는 것이다. 최의원 박사는 본 절을 기원문("우리의 가축은 축나거나 유산하지 아니하고 몸이 성하며 우리의 광장에서 울부짖는 일이 없게 하소서!")으로 번역했으나 11-15절은 택한 백성들이 복을 받은 것을 말하는 문장이니 복을 주시라는 기원문으로 번역할 필요는 없을 것으로 보인다.

시 144:15. 이러한 백성은 복이 있나니 여호와를 자기 하나님으로 삼는 백성은 복이 있도다.

다윗은 '이러한(12절부터 14절까지 진술하여 온) 백성은 복을 받은 백성이다. 여호와를 자기 하나님으로 섬기는 백성은 행복하다'고 찬양한다.

제 145 편 하나님의 선하심을 찬송하다

본편은 다윗의 이름이 딸린 마지막 작품이다(박윤선). 그리고 본편으로부터 시작하여 마지막 편인 150편까지는 시편 전체의 결론적 부분이며, 찬양시집으로 용어와 내용에 공통점들이 많다. 본편은 8개의 알파벳 시(9, 10, 25, 34, 37, 111, 119, 145편)의 마지막 시(詩)이나 13절 다음에 "눈"(nI) 이란 글자가 빠져 있다. 본편의 내용은 찬송할 일이 무엇인가를 말하고 있다. 즉, 1) 주의 이름(1-3절), 2) 주님의 기사(4-7절), 3) 주님의 은혜(8-10절), 4) 주님의 나라(11-13절), 5) 주님의 섭리와 구원(14-21절) 때문에 찬송해야 한다는 것이다. "다윗의 찬송시"란 말의 주해를 위해 3편 표제 주해를 참조하라.

1-3절. 주의 이름.

시 145:1. <다윗의 찬송시> 왕이신 나의 하나님이여 내가 주를 높이고 영원히 주의 이름을 송축하리이다.

다윗은 '왕이신 나의 하나님이시여! 내가 주님을 높이고 영원히 주님의 이름을 송축하렵니다'라고 고백한다. 여호와께서는 인류 전체의 하나님이시니 당연히 다윗이 주님을 높이고 영원히 주님을 찬송하겠다고 말한다.

시 145:2. 내가 날마다 주를 송축하며 영원히 주의 이름을 송축하리이다.

다윗은 '내가 날마다 주님을 송축하며, 영원토록 주님의 이름을 송축하렵니다'라고 고백한다. 하루도 지나치지 않고 그리고 영원히 계속 주님을 송축하겠다는 것이다.

시 145:3. 여호와는 위대하시니 크게 찬양할 것이라 그의 위대하심을 측량하지 못하리로다.

다윗은 '여호와의 위대하심이 크시니(48:1; 96:4) 주님은 찬양받으실 분이시다. 그분의 위대하심을 다 측량할 수 없다'(롬 11:33)고 고백한다.

4-7절. 주님의 기사.

시 145:4. 대대로 주께서 행하시는 일을 크게 찬양하며 주의 능한 일을 선포하리로다.

다윗은 '자신은 자기 세대에서 다음 세대로 주님의 행하신 일을 칭송하며 주님의 능하신 일을 선포하려고 합니다'(44:1; 78:3-7; 출 12:26-27; 신 32:7, Rawlinson)라고 말한다.

시 145:5. 주의 존귀하고 영광스러운 위엄과 주의 기이한 일들을 나는 작은 소리로 읊조리리이다(הֲדַר כְּבוֹד הוֹדֶךָ וְדִבְרֵי נִפְלְאוֹתֶיךָ אָשִׂיחָה On the glorious splendor of your majesty, and on your wondrous works, I will meditate-ESV).

다윗은 '주님의 위엄의 영광스러운 탁월함과 주님의 놀라운 기적들에 대해서 내가 가슴 깊이 새기렵니다'(26:7; 71:17)고 말한다. "나는 작은 소리로 읊조리리이다"라는 말에 대해 공동번역은 '전하고 또 전하리이다'라고 번역했다. 가능한 번역이다. 아무튼 다윗은 주님의 지극한 위엄과 놀라운 기적들에 대해 가슴 깊이 새기겠다는 것이다.

시 145:6. 사람들은 주의 두려운 일의 권능을 말할 것이요 나도 주의 위대하심을 선포하리이다.

다윗은 '사람들은 주님의 두려운 행위들의 권능을 말하고, 나는 주님의 위대하심을 선포할 것입니다'라고 말한다. 본 절의 "사람들은 주의 두려운 일(애굽의 열 재앙이나 홍해가 갈라진 기적 등)의 권능을 말할 것이요"라는 상반절과 "나도 주의 위대하심을 선포하리이다"(3절)라는 하반절은 동의절이다.

시 145:7. 그들이 주의 크신 은혜를 기념하여 말하며 주의 공의를 노래하리이다.

다윗은 '그들이 주님의 크신 구원의 은혜를 기억하여 말하며, 주님의 의(義)를 기뻐 외칠 것입니다'라고 말한다. 본 절은 주님의 백성들이 그들에게 베푸신 하나님의 의를 기억하면서 큰 소리로 주님을 찬양할 것이라는 뜻이다.

8-10절. 주님의 은혜.

시 145:8. 여호와는 은혜로우시며 긍휼이 많으시며 노하기를 더디 하시며

인자하심이 크시도다.

다윗은 '여호와께서는 은혜로우시며 긍휼히 많으시고, 노하기를 더디 하시며 인애가 풍성하시다'라고 고백한다. 본 절은 86:15; 출 34:6-7과 거의 같다. 여호와의 은혜의 크심을 여러 가지로 드러낸 것이다.

시 145:9. 여호와께서는 모든 것을 선대하시며 그 지으신 모든 것에 긍휼을 베푸시는도다.

다윗은 '여호와께서는 모든 것을 은혜로 돌보아 주시고, 그가 창조하신 모든 것들에 긍휼을 베푸신다'고 말한다. 본 절은 악인에게나 의인에게나 동일하게 햇빛을 주시며 비를 내리시는 것과 같이 최후의 심판이 이르기까지 피조 세계를 보존하기 위해 모든 만물에 내리시는 하나님의 일반 은총을 노래한 것이다(욥 25:3; 마 5:45).

시 145:10. 여호와여 주께서 지으신 모든 것들이 주께 감사하며 주의 성도들이 주를 송축하리이다.

다윗은 '여호와시여! 주께서 지으신 모든 것이 주께 감사하며(148:2-3) 그 중에 주님의 성도가 주님을 찬송할 것입니다'라고 말한다.

11-13절. 주님의 나라.

시 145:11. 그들이 주의 나라의 영광을 말하며 주의 업적을 일러서.

다윗은 '그들이 주님 나라의 영광을 찬양하며(22:28; 45:6), 그들을 구원시킨 주님의 권능을 말할 것입니다'라고 한다. "그들이 주님 나라의 영광을 말하는 이유"는 저희 성도들만이 주님 나라의 영광을 알 것이기 때문이다.

시 145:12. 주의 업적과 주의 나라의 위엄 있는 영광을 인생들에게 알게 하리이다.

다윗은 '그들 성도들이(앞 절) 주님께서 그들을 구원하신 일(5, 11절)을 사람에게 알게 할 것이니, 주님 나라의 빛나는 영광을 사람들에게 알게 할 것입니다'라고 말한다. 사람에게 알리는 것이 성도들의 의무이기도 한 것이다.

시 145:13. 주의 나라는 영원한 나라이니 주의 통치는 대대에 이르리이다.

다윗은 '주님 나라는 영원한 나라이다(단 4:3, 34). 하나님의 나라가 끝난다는 것은 생각할 수도 없는 일이다. 하나님은 그의 왕국을 끝내지 않을 것이며 스스로 물러나지도 않으실 것이다. 주님의 통치는 대대에 이를 것입니다'(33:11; 45:17; 49:11; 61:6; 62:5, Rawlinson)라고 말한다.

14-21절. 주님의 섭리와 구원.

시 145:14. 여호와께서는 모든 넘어지는 자들을 붙드시며 비굴한 자들을 일으키시는도다.

다윗은 '여호와께서는 모든 넘어지는 자들을 붙들어 바로 세워 주시며(37:24) 비굴하여 엎어지려는 자들을 일으켜 주신다'(146:8)고 말한다.

시 145:15. 모든 사람의 눈이 주를 앙망하오니 주는 때를 따라 그들에게 먹을 것을 주시며.

다윗은 '모든 사람은 자기들의 필요를 얻고자 주님을 바라보며, 주님께서는 때를 따라 저희의 원대로 그들에게 양식을 주신다'(104:21, 27; 136:25; 147:9)고 말한다.

시 145:16. 손을 펴사 모든 생물의 소원을 만족하게 하시나이다.

다윗은 '주님은 그의 손을 펴사 아낌없이 모든 생물의 소원을 만족하게 주신다'고 말한다.

시 145:17. 여호와께서는 그 모든 행위에 의로우시며 그 모든 일에 은혜로우

시도다.

다윗은 '여호와께서는 그 모든 행위에서 의롭게 행하시며, 그 모든 일에서 은혜로우시다'(85:10)라고 말한다. 하나님께서 행하시는 모든 일은 언제나 공의로우시고 은혜로우시다(116:5).

시 145:18. 여호와께서는 자기에게 간구하는 모든 자 곧 진실하게 간구하는 모든 자에게 가까이 하시는도다.

다윗은 '여호와께서는 자기를 부르는 모든 자, 곧 진실하게 그에게 간구하는 모든 자에게 가까이 하셔서 구원해 주신다'(34:18; 46:1; 119:151, 신 4:7, Rawlinson)고 말한다.

시 145:19. 그는 자기를 경외하는 자들의 소원을 이루시며 또 그들의 부르짖음을 들으사 구원하시리로다.

다윗은 '주께서는 자기를 두려워하며 간구하는 자들의 소원을 이루시며 그들의 부르짖음을 들으시고 그들을 구원해 주신다'라고 말한다.

시 145:20. 여호와께서 자기를 사랑하는 자들은 다 보호하시고 악인들은 다 멸하시리로다.

다윗은 '여호와께서는 자기를 사랑하는 모든 자를 보호하시나(31:23; 97:10), 악인은 모두 멸하실 것이라'고 말한다.

시 145:21. 내 입이 여호와의 영예를 말하며 모든 육체가 그의 거룩하신 이름을 영원히 송축할지로다.

다윗은 '내 입이 여호와의 영광을 찬양할 것입니다. 모든 육체도 그의 거룩한 이름을 영원히 송축해야 할 것입니다'라고 말한다. 다윗은 본 시편 처음에 하나님을 찬송하는 말로 시작했는데(1-2절) 이제 끝에 와서도 또 하나님을 영원히 찬송하겠다고 말한다. 인간이 자신을 만들어 주시고 구원해 주시는 하나님을 찬미하는 것은 당연한 일이다(150:6; 사 43:21).

제 146 편 한 평생 찬송하련다

146-150편은 시편 전체의 결론으로서 마지막 할렐루야 시(111편 서론 참조)이다. 마지막 할렐루야 시라고 부르는 이유는 이 5개의 시편이 할렐루야로 시작하고 할렐루야로 끝나기 때문이다. 이 시편들에는 불평의 호소나 고통의 호소가 없는 순전한 찬양 시로 포로 생활을 마감하고 귀환한 기쁨을 노래한 것으로 믿어지며 유다의 회당에서 아침 예배 때 사용된 것으로 보인다(이상근). 146-148편 세 시편은 70인역(LXX)에서는 학개와 스가랴의 작품으로 되어있다.

본편(146편)은 전편과 공통되는 점이 많고 개인적인 찬미이나 그 외 4편은 회중이 부른 찬미이다. 본편의 내용은 1) 여호와를 찬양하라(1-2절). 2) 여호와를 의지하는 자가 받을 복(3-10절)으로 구성되어 있다. 전체 10절에 "여호와"란 말이 무려 10회나 나타나 있다.

1-2절. 여호와를 찬양하라.

시 146:1. 할렐루야 내 영혼아 여호와를 찬양하라.

시인은 '할렐루야! 내 영혼아, 여호와를 찬양하라'고 말한다. 본편 주해를 위해 103:1; 104:1 주해를 참조하라. "할렐루야"의 뜻을 위해 104:35 주해와 111편 서론을 참조하라.

시 146:2. 나의 생전에 여호와를 찬양하며 나의 평생에 내 하나님을 찬송하리로다.

시인은 '내가 평생토록 주님을 찬양하며 내가 살아 있는 한, 내 하나님을 찬양하련다'고 말한다. 시인의 마음속에는 찬송으로 가득 찬 것으로 보인다. 104:33의 내용과 거의 같다. 본편의 "생전"이란 말과 "평생"이란 말은 동의어로 사용되어 본 절의 내용을 강조하고 있다.

3-10절. 여호와를 의지하는 자가 받을 복.

시 146:3. 귀인들을 의지하지 말며 도울 힘이 없는 인생도 의지하지 말지니.

시인은 '너희는 힘 있는 고관도 의지하지 말며, 구원할 능력이 없는 사람도 의지하지 말라'고 말한다. 고관이나 사람이나 믿을 것이 못된다. 우리는 여호와만 의지하며 그만을 찬양해야 할 것이다.

시 146:4. 그의 호흡이 끊어지면 흙으로 돌아가서 그 날에 그의 생각이 소멸하리로다.

본 절은 전 절의 고관이나 인생을 의지하지 말아야 할 이유를 말한다. 시인은 '사람은 숨이 끊어지면 흙으로 돌아가니, 그가 세운 모든 계획이 바로 그 날로 다 사라지고 말기 때문이라'(창 2:7, 10)고 말한다.

시 146:5. 야곱의 하나님을 자기의 도움으로 삼으며 여호와 자기 하나님에게 자기의 소망을 두는 자는 복이 있도다.

시인은 '야곱의 하나님으로 자기 도움을 삼으며, 여호와 자기 하나님께 소망을 두는 자는 복이 있다'고 말한다. "야곱의 하나님"이란 말은 '이스라엘의 하나님'이란 말인데 그 뜻은 좀 더 강조적이다. "야곱의 하나님"이시요, "여호와 하나님"만을 의지하는 자가 복이 있는 자이다(22:9; 39:7; 62:5; 71:5, Rawlinson).

시 146:6. 여호와는 천지와 바다와 그 중의 만물을 지으시며 영원히 진실함을 지키시며.

본 절부터 10절까지는 여호와를 의지하는 것이 복된 이유를 열거한다. 시인은 첫째, 여호와는 천지와 바다와 그 안의 모든 만물을 지으신 전능하신 분이시며, 둘째, 언약하신 바를 진실하게 영원히 지키시는 분이시라(145:18)고 말한다.

시 146:7. 억눌린 사람들을 위해 정의로 심판하시며 주린 자들에게 먹을 것을 주시는 이시로다 여호와께서는 갇힌 자들에게 자유를 주시는도다.

시인은 셋째, 억눌린 사람들을 위해 공의로(바르게) 재판해 주시며(103:6), 넷째, 굶주린 사람에게 먹을 것을 주시며(145:15-16), 다섯째, 감옥에 갇힌 죄수를 석방시켜 주시는 분이라(단 6:23; 행 12:7-10)고 말한다.

시 146:8. 여호와께서 맹인들의 눈을 여시며 여호와께서 비굴한 자들을 일으키시며 여호와께서 의인들을 사랑하시며.

여섯째, 눈먼(영육간의 맹인 된) 사람들의 눈을 뜨게 해주시고(35:5), 일곱째, 강자에게 짓눌린 약자들을 일으켜 세우시고(145:14), 여덟째, 주님은 의인을 사랑하시는 분이시다.

시 146:9. 여호와께서 나그네들을 보호하시며 고아와 과부를 붙드시고 악인들의 길은 굽게 하시는도다.

아홉째, 나그네를 지켜 주시고, 열째, 고아와 과부를 도와주시며(82:3; 출 22:21-22; 레 19:33-34; 신 10:18; 욥 29:12; 사 1:28; 렘 7:6, Rawlinson), 열한째, 악인의 길은 멸망으로 이끌어주신다(145:20). 성도들을 억울하게 한 악인들을 멸망하게 하는 하나님은 얼마나 좋은 분인지 모른다.

시 146:10. 시온아 여호와는 영원히 다스리시고 네 하나님은 대대로 통치하시리로다 할렐루야.

열두째, 주님께서 영원히 다스려 주시고, 하나님께서 대대로 다스려 주시니 인생은 그 분만 의지해야 한다. 본 절 주해를 위해 145:13 주해를 참조하라. 본 절 초두의 "시온아!"라는 말은 '시온 땅에 살고 있는 주민들'을 부르는 말이다. "할렐루야"란 말의 주해를 위해 1절 주해를 참조하라.

제 147 편 이스라엘의 회복자이심을 감사하다

본 편은 바벨론 포로에서 돌아온 귀환민이 예루살렘 성을 재건했을 때(느 12:27-43)의 작품으로 믿어지며(Delitzsch, Rawlinson, B. Gemser), 예루살렘 성 봉헌식 때에 부른 노래라는 지적도 있다(Hengsternberg, 이상근). 본편의 내용은 1) 하나님은 이스라엘의 회복자이시다(1-7절). 2) 하나님은 자연계의 주가 되신다(8-11절). 3) 예루살렘은 주님을 찬양하라(12-20절)는 것으로 되어 있다.

1-7절. 하나님은 이스라엘의 회복자이시다.

시 147:1. 할렐루야 우리 하나님을 찬양하는 일이 선함이여 찬송하는 일이 아름답고 마땅하도다.

시인은 '할렐루야! 우리 하나님을 찬송함이 선한 일이며, 그분을 찬양함이 아름답고 마땅한 일이로다'(92:1; 135:3)라고 말한다. 여기 "할렐루야"의 뜻을 위해 104:35 주해와 111편 서론을 참조하라.

시 147:2. 여호와께서 예루살렘을 세우시며 이스라엘의 흩어진 자들을 모으시며.

본 절은 여호와께서 이스라엘을 회복시켜 주시고 예루살렘의 흩어진 자들을 모으신 일을 인하여 찬양하는 것이다. 흩어진 자들이 모음을 입은 것은 바사(Persia) 왕 고레스에 의해 바벨론에서 해방되어 귀국했고(B.C. 538년), 예루살렘 성전과 성을 재건했다. 이들이 돌아온 것은 스룹바벨(B.C. 538년), 에스라(B.C. 457년), 느헤미야(B.C.445년) 등의 인도로 이루어졌으니 예루살렘 재건은 90년 이상(B.C.538-444년)의 세월이 걸린 일이었다(Rawlinson).

시 147:3. 상심한 자들을 고치시며 그들의 상처를 싸매시는도다.

시인은 '여호와께서 마음이 상한 자를 고쳐 주시며, 그 상처를 싸매 주신다'라고 말한다. 여호와께서 포로 생활에서 마음이 상할 자들을 돌아오게 하셔서 고쳐 주셨다(51:17; 137:1-4).

시 147:4. 그가 별들의 수효를 세시고 그것들을 다 이름대로 부르시는도다.

시인은 '여호와께서는 하늘의 별의 수효가 몇 개인지를 아시며, 그것들 모두를 다 이름을 붙여 그 이름까지 다 아신다'(욥 9:9; 사 40:26)고 말한다. 그와 같이 여호와께서는 이스라엘의 흩어진 포로들의 수효를 다 아시고 그 이름까지 아신다는 것이다.

시 147:5. 우리 주는 위대하시며 능력이 많으시며 그의 지혜가 무궁하시도다.

시인은 '우리 주님은 위대하시고(145:6), 전능하시며(139:13-18), 그 지혜는 헤아릴 수 없다(139:1-6)'고 말한다. 이런 하나님을 찬미하는 것은 마땅한 일이다.

시 147:6. 여호와께서 겸손한 자들은 붙드시고 악인들은 땅에 엎드러뜨리시는도다.

시인은 '여호와는 겸손한 자를 일으키시나(145:14; 146:8), 겸손한 자들을 억압하는 악인은 땅에 던지신다(146:9)'고 말한다.

시 147:7. 감사함으로 여호와께 노래하며 수금으로 하나님께 찬양할지어다.

시인은 '감사한 마음으로 여호와께 노래하며, 수금의 반주로 우리 하나님께 찬송하라'(33:2; 150:3)고 부탁한다.

8-11절. 하나님은 자연계의 주가 되신다.

시 147:8. 그가 구름으로 하늘을 덮으시며 땅을 위하여 비를 준비하시며 산에 풀이 자라게 하시며.

시인은 '여호와는 구름으로 하늘을 덮으셔서 땅에 비를 공급하시고 산에 풀이 자라게 하신다'(104:13)고 말한다.

시 147:9. 들짐승과 우는 까마귀 새끼에게 먹을 것을 주시는도다.

시인은 '들짐승(104:27; 145:15-16)과 우는 까마귀 새끼(눅 12:24)에게 먹이를 주신다'고 말한다. 들짐승들에게 먹을 것을 주시는 여호와께서 사람들에게도 온갖 먹을 것을 주신다.

시 147:10. 여호와는 말의 힘이 세다 하여 기뻐하지 아니하시며 사람의 다리가 억세다 하여 기뻐하지 아니하시고.

시인은 '주님께서는 말의 힘을 기뻐하지 아니하시며, 사람의 다리가 억센 것을 즐거워 아니하신다'고 말한다. 주님께서는 주님 자신이 전능하시니 사람의 육체나 사람이 가지고 사용하는 기구 같은 것들이 강한 것을 원치 않으신다. 주님께서는 사람 측의 약한 것을 원하신다. 주님은 사람이 약할 대로 약해서 주님을 더욱 의지하는 것을 원하신다(고후 12:9). 주님은 우리 인생이 약해서 주님을 더욱 의지하는 것을 원하신다.

시 147:11. 여호와는 자기를 경외하는 자들과 그의 인자하심을 바라는 자들을 기뻐하시는도다.

시인은 '여호와께서는 자기를 경외하는 자를 기뻐하시며, 그 인애하심을 기다리는 자를 기뻐하신다'라고 말한다. 여호와께서는 우리 인간 측의 어떤 것이 강하기를 원하지 않으시고 여호와를 경외하고 주님의 인자하심을 바라는 것을 기뻐하신다(149:4).

12-20절. 예루살렘은 주님을 찬양하라.

시 147:12. 예루살렘아 여호와를 찬송할지어다 시온아 네 하나님을 찬양할지어다.

시인은 '예루살렘아! 여호와를 찬송하라. 시온아! 네 하나님을 찬양하라'

고 말한다. 여기 "예루살렘아"라는 말과 "시온아"라는 말은 동의어로 사용되어 예루살렘 주민들을 불러 찬양을 권고하는 말이다. 시인이 예루살렘 주민을 불러 찬양을 권하는 이유를 다음 절 이하에 열거되어 있다.

시 147:13. 그가 네 문빗장을 견고히 하시고 네 가운데에 있는 너의 자녀들에게 복을 주셨으며.

여기 시인이 여호와를 찬양해야 할 첫째 이유를 말한다. 즉, 시인은 '주님께서 네 문의 빗장을 견고케 하셨고(느 3:3, 6, 13, 14; 7:3), 네 안에 있는 자녀들에게 복을 내리셨기 때문이라'고 말한다. 주님을 찬양할 이유는 주님께서 예루살렘 시민을 보호하셨고 자녀들에게 복을 주셨기 때문이라는 것이다.

시 147:14. 네 경내를 평안하게 하시고 아름다운 밀로 너를 배불리시며.

여호와를 찬양해야 할 둘째 이유는 '주님께서 예루살렘 성내에 평화를 주셨고, 가장 좋은 밀(음식)로 너를 만족케 하셨다'(느 10:28-39; 12:44-47; 13:12-15, Rawlinson)는 것이다.

시 147:15. 그의 명령을 땅에 보내시니 그의 말씀이 속히 달리는도다.

본 절은 여호와께서 명령과 말씀을 땅에 보내셔서 여호와의 뜻을 이루게 하셨다는 것을 말한다. 오늘날 땅 위의 모든 일은 주님께서 내리신 명령과 말씀을 보내셔서 이루어진 일이다. 하나도 우연이란 없다.

시 147:16-18. 눈을 양털 같이 내리시며 서리를 재 같이 흩으시며 우박을 떡 부스러기 같이 뿌리시나니 누가 능히 그의 추위를 감당하리요 그의 말씀을 보내사 그것들을 녹이시고 바람을 불게 하신즉 물이 흐르는도다.

여호와를 찬양해야 할 셋째 이유는 주님께서 눈을 양털 같이 내리시고, 서리를 내리시며(16절), 우박을 내리시고(17절), 또 우박을 녹이셔서 물이 흐르게 하신다(18절)는 것이다. 시인이 자연계에서 되는 일들을 여기 열거한 것은 인간의 구원도 오직 하나님의 손에 달려 있음을 암시하기 위함이다. 구원만 아니라 인간의 모든 복도 하나님의 손에 달려 있음을 암시한다.

시 147:19. 그가 그의 말씀을 야곱에게 보이시며 그의 율례와 규례를 이스라엘에게 보이시는도다.

본 절은 여호와를 찬양해야 할 넷째 이유를 말하고 있다. 본 절에서는 여호와께서 선민에게 말씀을 주시고 율례와 규례를 주신 것 때문에 찬송하라는 것이다. 즉, 주님은 말씀을 야곱에게 전하시고, 주님의 규례와 법도를 이스라엘에게 알려 주셨다는 것이다(출 19-24장). 하나님께서 이스라엘 백성을 언약 백성이 되게 하셔서 하나님의 특별한 지도를 받게 하셨으니 하나님을 찬양함이 마땅하다는 것이다.

시 147:20. 그는 어느 민족에게도 이와 같이 행하지 아니하셨나니 그들은 그의 법도를 알지 못하였도다 할렐루야.

시인은 '여호와께서 어느 다른 민족에게도 그와 같이 하신 일이 없으시니, 그들은 아무도 그 법도를 알지 못했다(신 4:8)'고 말한다. 여호와께서 이스라엘 민족을 특별 취급하신 것을 성도들이 찬양해야 마땅하다는 것을 말한다. 구원은 다른 민족들에게는 생소한 것이고 성도들에게만 주신 특권임을 알아야 한다. 본 절의 "할렐루야"란 말의 주해를 위해 104:35; 146:1, 10 주해와 111편 서론을 참조하라.

제 148 편 모든 피조물이 찬양하다

본편도 역시 할렐루야 시이다(146편 서론 참조). 본편도 역시 전편과 내용이 같고, 같은 시대의 시인의 손에 의해 집필된 시로 모든 피조물에게 찬양을 권하는 시이다. 수리아 역은 본편을 학개와 스가랴의 작품이라고 말한다. 본편의 내용은 1) 하늘에서 찬양하라(1-6절). 2) 땅에서 찬양하라 (7-10절). 3) 인류는 찬양하라(11-14절)로 되어 있다.

1-6절. 하늘에서 찬양하라.

시 148:1. 할렐루야 하늘에서 여호와를 찬양하며 높은 데서 그를 찬양할지어다.

시인은 '할렐루야! 하늘에서 여호와를 찬양하며 높은 데서 그분을 찬양하라'라고 말한다. 본편은 할렐루야(여호와를 찬양하라!)로 시작하여 할렐루야로 끝난다(14절). 하늘(천사나 하늘 군대)에서부터 찬양을 해서 온 우주가 찬양을 하자고 말한다. 111편 서론을 참조.

시 148:2. 그의 모든 천사여 찬양하며 모든 군대여 그를 찬양할지어다.

시인은 '주님의 모든 천사들(103:20-21)이여, 여호와를 찬양하며, 주님의 모든 군대(103:21)여, 여호와를 찬양하라'고 말한다. 여기 "모든 군대"란 말도 '모든 천사들'을 지칭하는 말이다.

시 148:3. 해와 달아 그를 찬양하며 밝은 별들아 다 그를 찬양할지어다.

시인은 '해와 달아! 여호와를 찬양하며 빛나는 모든 별들아! 그분을 찬양하라'라고 말한다. 이들 천체들은 밝은 빛을 비치는 것으로 하나님을 찬양한다.

시 148:4. 하늘의 하늘도 그를 찬양하며 하늘 위에 있는 물들도 그를 찬양할지어다.

시인은 '하늘의 하늘(68:33; 신 10:14; 왕상 8:27, Rawlinson)도, 하늘 위의 물들도 여호와를 찬양하라'(창 1:7)고 말한다. 여기 "하늘 위의 물들"이란 '구름에 들어 있는 물들'을 지칭한다. 그들이 비가 되어 내리는 것은 하나님의 능력을 찬양하는 것이다.

시 148:5. 그것들이 여호와의 이름을 찬양함은 그가 명령하시므로 지음을 받았음이로다.

시인은 '그것들(하나님께서 창조한 모든 것들)이 여호와의 이름을 찬양할 것은 주께서 말씀으로 명령을 내리시니, 그것들이 지음 받았기 때문이다'(33:8; 창1:3, 6, 9, 11, 14, 15, Rawlinson)라고 말한다. 지음 받은 것들이 지은 분을 찬양하는 것은 당연한 일이다.

시 148:6. 그가 또 그것들을 영원히 세우시고 폐하지 못할 명령을 정하셨도다(And he established them forever and ever; he gave a decree, and it shall not be pass away-ESV)**.**

시인은 '여호와께서 자연계를 창조하시고 그 피조물들을 영원히(언제까지나) 보존하시고(89:37), 없어지지 않을 규칙(자연 법칙)을 주셨다'고 말한다. 이 자연 법칙은 현세가 존속하는 한 불변의 법칙으로 남아 있다(104:9; 렘 5:22; 31:35, 36; 33:25).

7-10절. 땅에서 찬양하라.

시 148:7. 너희 용들과 바다여 땅에서 여호와를 찬양하라.

시인은 '너희 바다의 괴물들(혹은 고래들, 74:13)과 깊은 바다(36:6)여! 땅에서도 여호와를 찬양하라'라고 말한다.

시 148:8. 불과 우박과 눈과 안개와 그의 말씀을 따르는 광풍이며.

시인은 '불(번개)과 우박과 눈과 안개와 주님의 명령을 따르는 광풍은 때를 따라 일어나서 땅을 새롭게 하며 모든 생물을 살게 해주시는 것들인데 그것들도 주님을 찬양해야 한다'(107:25)고 말한다.

시 148:9. 산들과 모든 작은 산과 과수와 모든 백향목이며.

시인은 '산들과 모든 언덕, 과실나무(포도, 감람, 무화과 등)와 백향목들

(레바논의 특산물)도 주님을 찬송하라'고 말한다.

시 148:10. 짐승과 모든 가축과 기는 것과 나는 새며.

시인은 '짐승과 모든 가축과 기는 동물들(104:25; 창 1:24, 25, 30)과 나는 새들도 주님을 찬송하라'고 말한다. 세상에 사는 피조물들은 모두 주님을 찬송해야 한다는 것이다.

11-14절. 인류는 찬양하라.

시 148:11. 세상의 왕들과 모든 백성들과 고관들과 땅의 모든 재판관들이며.

시인은 '세상 왕들과 모든 백성들, 고관들과 땅의 모든 통치자들도 다 주님을 찬송해야 한다'고 말한다. 세상에서는 높은 사람들이나 낮은 사람들 모두가 주님을 찬송해야 한다.

시 148:12. 총각과 처녀와 노인과 아이들아.

시인은 '총각들이나 처녀들, 그리고 노인들과 아이들도 다 주님을 찬양해야 한다'고 말한다. 우리 자신들도 인류라고 한다면 우리 역시 주님을 찬양해야 한다.

시 148:13. 여호와의 이름을 찬양할지어다 그의 이름이 홀로 높으시며 그의 영광이 땅과 하늘 위에 뛰어나심이로다.

시인은 '모든 피조물은 여호와의 이름을 찬양하라. 이유는 주님의 이름이 홀로 높으시고(8:1), 그 위엄이 천지에 가득하기 때문이다(8:1; 19:1; 57:5, 11; 63:2; 89:17, Rawlinson)'라고 말한다.

시 148:14. 그가 그의 백성의 뿔을 높이셨으니 그는 모든 성도 곧 그를 가까이 하는 백성 이스라엘 자손의 찬양 받을 이시로다 할렐루야.

시인은 '주님께서 자기 백성의 뿔을 높이셨으니, 주님은 모든 성도, 곧 주님을 가까이하는 이스라엘 자손의 찬양을 받으실 분이시다 할렐루야'라고 말한다. 여기 "그의 백성의 뿔을 높이셨다"는 말은 '주님께서 이스라엘의 힘과 영광을 원수 위에 높이셨다'는 뜻이다. 그런고로 이스라엘 백성들은 여호와를 찬양해야 한다는 것이다. 이스라엘은 하나님께서 가까이 하신 백성이므로(신 4:7) 하나님은 이스라엘의 찬양의 대상이시다. "할렐루야"란 말의 주해를 위해 104:35; 146:1, 10 주해와 111편 서론을 참조하라.

제 149 편 성도들이 하나님을 찬송하다

149편은 146-150편(할렐루야 시집)의 네 번째 시(詩)로 1) 이스라엘 성도들의 승리의 찬양(1-5절), 2) 적국들에게 임할 심판(6-9절)을 노래한다. 본시의 저작 시기에 대해서는 두 가지 견해로 갈린다. 1) 후반부(6-9절)의 격렬한 어조 때문에 마카비 독립 운동시대(B.C.168-164편)에 저작되었을 것이라는 견해(Hitzig, Briggs. Taylor)와 2) 보다 앞선 귀환기의 저작이라는 견해(Hengsternberg, Stier, Alexander, Wordsworth)로 나누어지는데, 이 두 견해 중 2)번의 견해가 보다 바른 것으로 본다. 이 시편은 에스라와 느헤미야 때에 지은 작품일 것으로 보인다(Gemser, 박윤선).

1-5절. 이스라엘 성도들의 승리의 찬양.

시 149:1. 할렐루야 새 노래로 여호와께 노래하며 성도의 모임 가운데에서 찬양할지어다.

시인은 '할렐루야! 여호와께 새 노래를 부르며, 성도의 회중 가운데서 그분을 찬양하라'고 말한다. 여기 "새 노래"란 말은 성도들이 부르는 찬양(33:3; 느 4:7-23; 6:2-16)을 지칭한다. "할렐루야"란 말의 주해를 위하여 104:35; 146:1, 10 주해와 111편 서론을 참조하라.

시 149:2. 이스라엘은 자기를 지으신 이로 말미암아 즐거워하며 시온의 주민은 그들의 왕으로 말미암아 즐거워할지어다.

시인은 '이스라엘아! 자기를 지으신 이(여호와)를 기뻐하며, 시온의 백성아! 자기 왕(여호와)을 즐거워하라'고 말한다. 본 절의 "이스라엘아!"란 말과 "시온의 백성아!"란 말은 동의어이다.

시 149:3. 춤 추며 그의 이름을 찬양하며 소고와 수금으로 그를 찬양할지어다.

시인은 '춤 추며 그분의 이름(여호와 자신)을 찬양하고(150:4), 소고(애굽에서 수입된 탬버린, 68:25; 출 15:20; 삿 11:34; 삼하 6:5)와 수금(일반적인 악기, 68:25)으로 여호와를 찬송하라'고 말한다.

시 149:4. 여호와께서는 자기 백성을 기뻐하시며 겸손한 자를 구원으로 아름답게 하심이로다.

시인은 '여호와께서는 자기 백성을 기뻐하시며, 겸손한 자(고통을 받으며 억압당하는 이스라엘을 지칭함)를 구원으로 아름답게 하신다'(10:17; 22:26; 147:6)고 말한다.

시 149:5. 성도들은 영광 중에 즐거워하며 그들의 침상에서 기쁨으로 노래할지어다.

시인은 '성도들아! 영광 중에 기뻐하며, 침상에서도 기쁨의 노래를 부르라'고 말한다. 1-4절과 같이 구원에 동참한 이스라엘 성도들은 구원받은 영광중에 기뻐하며, 낮만이 아니라 밤에 침상에서라도 기뻐 노래하라는 것이다(6:6; 77:2-6 참조). 바울과 실라와 같이(행 16:25) 잠자리에 들어 휴식을 취할 한밤중에도 여호와를 찬양하라는 것이다.

6-9절. 적국들에게 임할 심판.

시 149:6-7. 그들의 입에는 하나님에 대한 찬양이 있고 그들의 손에는 두 날 가진 칼이 있도다. 이것으로 뭇 나라에 보수하며 민족들을 벌하며.

시인은 '성도들의 입에는 자신들을 구원하여 주신 하나님에 대한 찬양이 있고(58:1 참조), 또 한편 그들의 손에는 양날 선 칼이 있어(6절, 느헤미야가 예루살렘 성벽을 재건하는 중 이방인들과 전쟁할 때 산발랏, 게셈, 도비야 같은 자들을 대적하는데 칼을 사용했다는 것을 말한다, 느 4:13, 16-18) 열방에게 복수하며, 민족들에게 징벌을 내릴 것이다(7절)'고 말한다.

6절의 "두 날 가진 칼"이란 말에 대해 일부 학자들의 해석을 보면 이는 전쟁 무기가 아니라 '하나님의 말씀'에 대한 은유적 표현으로 악의 궤계에 유혹되지 않기 위하여 성령의 검, 곧 하나님의 말씀(엡 6:17)으로 무장했음을 의미한다고 주장하기도 한다. 거부할 수 없는 해석이다. 7절의 "뭇 나라에 보수하며"라는 말과 "민족들을 벌하며"라는 말은 동의절로 사용되었다.

시 149:8. 그들의 왕들은 사슬로, 그들의 귀인은 철고랑으로 결박하고.

본 절은 7절에 이어 이스라엘이 이방 왕들을 사슬로 묶고 귀인들을 쇠고랑으로 결박할 것을 진술하는 내용이다. 즉, 시인은 '그들의 왕들을 쇠사슬로 묶고, 그들의 고관들도 쇠고랑으로 채운다'고 말한다. 본 절은 과거에 이방 왕들이 이스라엘 왕들을 쇠사슬로 결박하여 끌고 간 것처럼(왕하 25:7), 이방 왕들을 사슬로 결박할 것이라는 말이다. 그리고 과거에 이방 왕들이 이스라엘 귀인들을 결박해서 갔던 것처럼(왕하 24:15) 이방의 귀인들을 결박할 것이라는 뜻이다.

시 149:9. 기록한 판결대로 그들에게 시행할지로다 이런 영광은 그의 모든 성도에게 있도다 할렐루야.

시인은 '기록된 판결문대로 그들에게 시행할 것이니, 그것은 주님을 믿는 성도 모두의 영광이라'고 말한다. 본 절은 이스라엘이 그의 적들에게 보복한다고 기록된 대로(신 32:41-42) 원수 국가에게 보복할 것이며 이렇게 이스라엘이 승리하고 보복하는 영광은 모든 이스라엘 성도들에게 있을 것이라고 한다. 이것은 큰 영광이 아닐 수 없다. "할렐루야"의 뜻을 위해서는 104:35; 146:1, 10 주해와 111편 서론을 참조하라.

제 150 편 모두 다 찬양하라

본 시편이 "할렐루야" 시편들의 마지막인 만큼 앞 시편들(146-149편)의 저자가 지은 듯하다(박윤선). 1편이 시편 전체의 서론인 것처럼 제 150편은 시편 전체의 총 결론이다. 동시에 본편은 마지막 할렐루야 시집(146-150편)의 결론이고 동시에 제 5권의 결론이기도 하다(이상근). 아무튼 시편의 총 결론으로 전심전력으로 하나님을 찬양하라는 내용이다.

본 시편의 내용은 1) 찬송할 만한 장소(場所)도 총동원되어 "성소"와 "궁창"에 찬송으로 채우게 하라(1절). 2) 찬송에 동원된 악기들도 총 동원되었다(3-5절). 3) 찬송할 자들도 총동원되어 "호흡이 있는 자마다" 찬송을 해야 한다고 한다(6절).

1절. 찬송할 장소도 총동원되어 "성소"와 "궁창"에 찬송으로 채우게 하라.

시 150:1. 할렐루야 그의 성소에서 하나님을 찬양하며 그의 권능의 궁창에서 그를 찬양할지어다.

시인은 '할렐루야! 그 성소에서 하나님을 찬양하며, 그 권능의 창공에서 그분을 찬양하라'고 말한다. 여기 "성소"란 문자적으로 땅 위의 '성전'(Rawlinson)을 의미하나, 하나님의 능력과 은총이 나타나 있는 온 세상을 지칭한다. 이유는 인류는 어디서든지 하나님을 찬양해야 하니 여기 성전을 온 세상으로 해석해야 하는 것이다. 그리고 "권능의 궁창"이란 '하나님의 권능이 나타나는 곳'을 말하는데 하나님의 전능하심이 온 세상에 펼쳐져 있는 그의 권능이 나타나는 드넓은 우주 전체를 포함하는 장소를 뜻한다. 본 절은 모든 피조물들이 시공을 초월하여 하나님만을 찬양함이 마땅함을 말하는 것이다. "할렐루야"란 말의 주해를 위해 104:35; 146:1, 10 주해와

111편 서론을 참조하라.

2절. 왜 찬송해야 하는가를 말하고 있다.

시 150:2. 그의 능하신 행동을 찬양하며 그의 지극히 위대하심을 따라 찬양할지어다.

시인은 '그 능하신 행위로 인하여 그분을 찬양하며, 그 지극히 위대하심을 따라 그분을 찬양하라'고 말한다. 능하신 행위란 수없이 많은 능력 있는 일들을 지칭한다. 그리고 "위대하심"이란 하나님의 위대하신 광대하심(Kay), 다양한 광대하심(Cheyne), 속성적 위대하심을 뜻한다.

3-5절. 찬송에 필요한 악기들도 총 동원되었다.

시 150:3. 나팔 소리로 찬양하며 비파와 수금으로 찬양할지어다.

시인은 '나팔(81:3; 98:6; 레 23:24; 25:9; 민 10:10; 삼하 6:15, Rawlinson) 소리로 그분을 찬양하며, 비파(57:8; 81:2; 108:2)와 수금(71:22; 92:3; 98:5; 147:7; 149:3)으로 그분을 찬양하라'고 말한다.

시 150:4. 소고 치며 춤 추어 찬양하며 현악과 퉁소로 찬양할지어다.

시인은 '소고(탬버린, 149:3) 치고 춤 추어 그분을 찬양하여라. 현악(줄이 있는 악기) 과 피리(목관 악기의 한 가지)를 연주하며 그분을 찬양하라'고 말한다.

시 150:5. 큰 소리 나는 제금으로 찬양하며 높은 소리 나는 제금으로 찬양할지어다.

시인은 '큰소리 나는 심벌즈로 그분을 찬양하며, 높은 소리 나는 제금으로 그분을 찬양하라'고 말한다. 여기 "큰 소리 나는 제금"과 "높은 소리 나는 제금"의 차이는 제금을 수직으로 잡을 때 큰 소리가 나고, 수평으로 잡으면 높은 소리가 난다고 한다. 따라서 제금은 악기 연주 방법에 의한 소리의 차이라고 이해할 수 있다는 것이다(그랜드 종합 주석).

6절. 찬송할 자들도 총동원되어 "호흡이 있는 자마다" 찬송을 해야 한다고 한다.

시 150:6. 호흡이 있는 자마다 여호와를 찬양할지어다 할렐루야.

시인은 '지금 숨 쉬고 있는 생명체마다 여호와를 찬양하라'(계 5:13)고 말한다. 하나님을 찬양하는 것은 모든 생명 있는 존재들의 마땅한 본분이다(147:1; 사 43:7, 21). "할렐루야"란 말의 주해를 위해 104:35; 146:1, 10 주해와 111편 서론을 참조하라.

-시편 주해 끝-

시편 주해

2020년 1월 28일 초판 1쇄 인쇄
2020년 2월 13일 초판 1쇄 발행
지은이 | 김수홍
발행인 | 박순자
펴낸곳 | 도서출판 언약
주 소 | 수원시 영통구 중부대로 271번길 27-9, 102동 1303호
전 화 | 070-7518-9725
E-mail | kidoeuisaram@naver.com
등록번호 | 제374-2014-000006호

정가 39,000원

* 독자의 의견을 기다립니다.

ISBN : 979-11-952332-0-5 (04230)(세트)
ISBN : 979-11-89277-13-0 (04230)